www.ingramcontent.com/pod-product-compliance
Lightning Source LLC
Chambersburg PA
CBHW070039080526
44586CB00013B/857

محمّدرضا پهلوی

آخرین شاهنشاه

۱۹۸۰-۱۹۱۹

دکتر هوشنگ نهاوندی
ایو بوماتی

ترجمه از فرانسه: دادمهر

شرکت کتاب

Mohammad Reza Pahlavi
The Last Shah/1919- 1980
Subject: Iranian Contemporary History
Author: Dr. Houshang Nahavandi - Yves Bomati
Published by: Ketab Corporation
Copyright© 2025 Ketab Corporation
All right reserved.
2nd Edition by: Ketab Corporation

محمدرضا پهلوی، آخرین شاهنشاه ۱۹۸۰-۱۹۱۹
نویسنده: دکتر هوشنگ نهاوندی - ایوبوماتی
ترجمه از فرانسه: دادمهر
موضوع: تاریخ معاصر ایران
ناشر: شرکت کتاب
چاپ دوم شرکت کتاب: ۲۰۲۵ میلادی - ۱٤۰٤ خورشیدی - ۲٥۸٤ ایرانی خورشیدی

No part of this book may be reproduced in any manner without the express written
consent of the publisher,
except in the case of brief excerpts in critical reviews or articles.
For information about permission to reproduce selections from this book, write to
Permissions@Ketab.com

The Library of Congress Cataloging-in-publishing Data is available upon request.

ISBN:978-1- 59584-415-6
Ketab Corporation:
12701 Van Nuys Blvd., Suite H,
Pacoima, CA, 91331, USA

2 2 3 4 5 6 7 8 25

فهرست

یادداشت سرآغاز ۱
دیباچه ۳
سرآغاز ـ «من حکم می‌کنم» ۹

بخش اول
پدر و پسر
پیدایش یک دودمان سلطنتی

فصل اول — سربازی از لشکر قزاق ۱۵
فصل دوم ـ سردار سپه ۲۷
فصل سوم ـ شاهنشاه ۴۹
فصل چهارم ـ تربیت ولیعهد (۱۹۳۸-۱۹۲۶) ۷۹
فصل پنجم ـ فوزیه ـ شاهزاده خانم فراموش شده (۱۹۴۸-۱۹۳۸) ۹۳

بخش دوم
در سایه مردان بزرگ ۱۹۵۳ ـ ۱۹۴۱

فصل اول ـ فروغی، مردی که محمدرضا شاه را بر تخت سلطنت نشاند ۱۱۵
فصل دوم ـ قوام، مردی که بر استالین پیروز شد ۱۳۷
فصل سوم ـ ثریا، عشق بزرگ ۱۸۵
فصل چهارم ـ مصدق، مردی که با اشک‌هایش امپراتوری بریتانیا.... ۲۱۵
فصل پنجم ـ طرح آژاکس ۲۵۱
فصل ششم ـ سپاهی دولتمرد و مرجع تقلید ۲۷۷

بخش سوم
در جستجوی قدرت ۱۹۶۳ ـ ۱۹۵۳

فصل اول ـ «من اداره امور را شخصاً به دست خواهم گرفت» ۹۱۳

فصل دوم ـ ساواک، وسیله‌ای برای حکومت؟ ۳۴۹
فصل سوم ـ شهبانو فرح ۳۷۹
فصل چهارم ـ خشایارشاه و فیدل کاسترو ۳۹۷
فصل پنجم ـ «انقلاب سفید» و «ارتجاع سیاه» ۴۲۹
فصل ششم ـ انزوای قدرت ۴۵۳

بخش چهارم
شاهنشاه ۱۹۷۸ ـ ۱۹۶۳

فصل اول ـ یک روز از زندگی شاه ۴۷۱
فصل دوم ـ عصر طلایی ۴۸۹
فصل سوم ـ جشن‌های تخت جمشید ۵۳۳
فصل چهارم ـ دیپلمات و فرمانده کل قوا ۵۷۳

بخش پنجم
درسراشیبی سقوط
اول ژانویه ۱۹۷۸ ـ ۸ سپتامبر ۱۹۷۸

فصل اول ـ بیماری و قدرت ۶۱۱
فصل دوم ـ سیاستمداران نابینای جهان غرب ۶۳۳
فصل سوم ـ «چه طور ساواک به خود اجازه می‌دهد.... ۶۵۵
فصل چهارم ـ «مگر من با این‌ها چه کرده‌ام؟» ۶۷۹
فصل پنجم ـ از «آخوند شپشو» تا «امام نوظهور» ۷۰۳

بخش ششم
سقوط
۹ سپتامبر ۱۹۷۸ - ۲۷ ژوئیه ۱۹۸۰

فصل اول ـ «این دیگر چه بازی‌ای است؟» ۷۲۳
فصل دوم ـ «صدای انقلاب شما را شنیدم» ۷۴۷
فصل سوم ـ «دربدری و رنج‌های بسیار» ۷۸۱
فصل چهارم ـ «در سرزمین دوست» ۸۲۳
سرانجام ـ قاهره، ۲۹ ژوئیه ۱۹۸۰ ۸۲۹

یادداشت سرآغاز

زندگی‌نامه محمدرضا پهلوی- آخرین شاهنشاه ایران- در ژانویه ۲۰۱۳ در پاریس انتشار یافت و در ماه‌های فوریه، مارس و سپس ژوئن همین سال به سبب استقبالی که از آن شده بود سه بار تجدید چاپ شد.

طبق آماری که در پایان نیمه اول سال جاری از سوی مراجع صنفی در پاریس منتشر شد، در ده سال اخیر این نوشته از لحاظ فروش چهارمین زندگی‌نامه (بیوگرافی) پرفروش در فرانسه بوده است. دو برنامه یک ساعته رادیویی و یک برنامه تلویزیونی در فرانسه و دو برنامه طولانی رادیویی در بلژیک به آن اختصاص داده شد و رادیوهای فارسی زبان نیز درباره آن بحث‌ها و مصاحبه‌هایی ترتیب دادند و بیش از ده روزنامه و نشریه فرانسوی مقالاتی مفصل به آن اختصاص دادند که جملات کوتاهی از بعضی از این مقالات در پشت جلد این ترجمه نقل شده است.

ترجمه این اثر که اکنون به همت شرکت کتاب انتشار می‌یابد، با امانت و دقت بسیار و عمدتاً با نظارت و بازخوانی نویسنده انجام گرفته و حتی ترتیب جمله‌بندی‌های اصلی در آن رعایت شده است. خوانندگان محترم توجه خواهید فرمود که مخاطب اصلی کتاب خوانندگان فرانسه زبان و به‌ویژه فرانسویان بوده‌اند و بسیاری از توضیحات برای

آگاهی آنان داده شده. هم‌چنین در موارد بسیار برای آگاهی خوانندگان فارسی زبان مترجم یادداشت‌هایی را در حاشیه بدان افزوده است که از پانویس‌های نویسندگان متمایز گردیده.

نویسندگان کتاب و نیز مترجم از تلاش‌های شرکت کتاب، مدیر محترم آن آقای بیژن خلیلی و همکاران‌شان صمیمانه کمال تشکر را دارند.

دیباچه

در طی دهه ۱۹۸۰ که هر دو نویسنده این کتاب - یکی ایرانی و آن دگر فرانسوی در یکی از دانشکده‌های پاریس تدریس می‌کردند - عادت داشتند هر چهارشنبه پس از پایان درس خود با یکدیگر ناهار بخورند. در این گفتگوهای دوستانه، اندک اندک اندیشه و طرح نوشتن سه زندگی‌نامه شاهان گذشته ایران پدیدار شدند. نخستین آن‌ها شاه عباس بزرگ (۱۶۲۹ - ۱۵۸۷)، پنجمین پادشاه دودمان صفوی بود. این کتاب در سال ۱۹۹۸ بوسیله انتشارات پِرن[1] چاپ و منتشر شد و سال بعد به دریافت جایزه بهترین کتاب تاریخی سال از فرهنگستان فرانسه[2] نائل آمد.

اندیشه کتاب دوّم زندگی‌نامه نادرشاه افشار (۱۷۴۷-۱۷۳۶) «آخرین جهانگشای آسیا» بود که بخش مهمی از تحقیقات مربوط به آن انجام یافت ولی هنوز تدوین نشده.

کتاب سوّم زندگی‌نامه محمدرضا پهلوی آخرین شاه ایران بود که دوران پادشاهی او با انقلاب اسلامی پایان پذیرفت.

پس از سال‌ها بررسی و جستجو، تدوین این زندگی‌نامه به پیشنهاد و اصرار مدیر

1- Perrin
2- Academie Francaise

عامل شرکت انتشارات پرَن جامه عمل پوشید، چرا که ایشان معتقد بودند (و حق داشته و دارند) که تدوین چنین کتابی برای درک بیشتر و تجزیه و تحلیل بهتر دو مسأله مهم جهان امروز – تسلط بر منابع نیرو و اعتلای اسلام‌گرایی افراطی[1] – نه تنها سودمند بلکه واجب و ضروری است.

زندگی‌نامه‌های محمدرضا شاه پهلوی فراوانند. به آن‌ها باید خاطرات و نوشته‌های خود او، ملکه ثریا، شهبانو فرح و آثار و خاطرات مردان سیاسی بسیار (چه ایرانی و چه غیرایرانی) و کتب سیاسی و تحلیلی فراوانی را در همه زبان‌های مهم جهان افزود، که کم و بیش با بی‌طرفی و به دور از گرایش‌های عقیدتی به رشته نگارش درآمده‌اند.

بیش از سه دهه پس از درگذشت محمدرضا شاه پهلوی، به نظر دو نویسنده این کتاب، زمان آن فرا رسیده است که در پرتو اسناد و مدارک سیاسی که دیگر دسترسی به آن‌ها مجاز و ممکن است – به‌ویژه اسناد امریکایی – و خاطرات شخصیت‌هایی که غالباً پس از مرگ‌شان اجازه انتشار آن‌را داده‌اند با واقع‌بینی علمی و بی‌طرفی به این شخصیت و دوران سلطنت و حکومتش پرداخته شود.

در باره محمدرضا شاه بحث و گفتگو و مجادله بسیار شده و می‌شود، گروهی وی را یک دیکتاتور خشن می‌دانند و گروهی دیگر از او بی‌چون و چرا ستایش می‌کنند.

این کتاب حاصل مشاهدات و بررسی‌های دو محقق مختلف است. یکی از آن‌ها، افزون بر بررسی‌های علمی و دانشگاهی، شخصاً شاهد و ناظر دوران سلطنت او و نشیب و فرازهای آن و نیز سرانجام کار و زندگی‌اش بود. دیگری که جوان‌تر است – از دور بر این دوران نظر داشت، اما با دقت به بررسی آن پرداخت.

دوران پادشاهی محمدرضا پهلوی و زندگی سیاسی او، برآیند یک تاریخ طولانی و گذشته‌هایی است که مردم باختر زمین به آن آگاهی درستی ندارند. بسیاری از آن‌ها از رسوم و آداب درباری، از رفتار روحانیون شیعه و از امید و آرزوهای مردم ایران و از بلند پروازی‌های شاه که می‌خواست کشور خود را به پنجمین قدرت جهان تبدیل کند، تعجب می‌کنند. ولی اگر به تاریخ و به گذشته ایران آشنا بودند، دچار شگفتی نمی‌شدند.

۱- این اصطلاح را برای ترجمه Islamisme اختیار کرده‌ایم. (مترجم)

جهان غرب چه عکس‌العملی در برابر پادشاه ایران که با تأنی و تأمل حوزه قدرت خود را در داخل و خارج توسعه داد و مخصوصاً - با افزایش قیمت نفت خام - اقتصاد جهان را دچار آشفتگی کرد، از خود نشان داد؟ بازتاب کوشش محمدرضا شاه که کشور خود را از عقب‌افتادگی نجات دهد و راه‌گشای جهان سوم باشد چه بود؟ رفتار نیروهای سنت‌گرا و مردم ایران در برابر دگرگونی‌های ناگهانی جامعه ایرانی چه بود؟

هدف این کتاب پاسخ دادن به این پرسش‌ها و بسیاری پرسش‌های دیگر است و این کوشش در لابلای رویدادها و نشیب و فرازهای زندگی مردی انجام گرفته که روزی مورد ستایش جهان بود و روز دیگر دربدر و سرگردان شد، تا آنجا که تنها آرزویش این بود که بتواند در گوشه‌ای از جهان در آرامش و آبرومند بمیرد. سرنوشت محمدرضا پهلوی، سرنوشتی بیرون از قواره‌های عادی و خارق‌العاده و شگفت‌انگیز است که تاکنون تاریخ و تاریخ‌نویسان نتوانسته‌اند به همه رازها و زوایای آن پی ببرند.

هدف نویسندگان این کتاب نه دفاع و ستایش از زندگی و ترازنامه محمدرضا پهلوی بوده و نه انتقاد و بدگویی از آن، بلکه می‌خواستند و می‌خواهند با ارائه واقع‌بینانه مدارک و وقایع - چنانکه بودند و هستند - امکان یک داوری منصفانه را در باره آن‌ها فراهم آورند. به همین سبب است که در آغاز کتاب اشاره‌هایی طولانی به دوران قاجاریه (سلسله‌ای که قبل از دودمان پهلوی بر تخت سلطنت ایران بود) و ترازنامه رضاشاه، پدر محمدرضا پهلوی شده. بدون این اشارات قضاوت در باره راه و روش‌ها و اقدامات آخرین شاه ایران میسر نیست. هم چنین کوشش کرده‌ایم که شخصیت‌هایی چون علی اکبر داور، ذکاءالملک فروغی، احمد قوام، دکتر محمد مصدق، محمد ساعد، سپهبد رزم‌آراء، سپهبد زاهدی، ابراهیم حکیمی، دکتر منوچهر اقبال، حسنعلی منصور و بسیاری دیگر را که در این سال‌ها هر کس به قدر خود، نقش و سهمی داشته‌اند به خوانندگان معرفی کنیم، و نیز به تفصیل از سه همسر شاه، فوزیه، ثریا و فرح که یکی پس از آن دگر شریک زندگی و فعالیت او بوده‌اند. سخن گفته‌ایم.

برای نیل به آن هدف نویسنده ایرانی کتاب در طی سی سال اخیر مدارک و اسناد فراوان (و غالباً ضد و نقیض) را جمع‌آوری کرده و به‌ویژه مجموعه بزرگی از نوشته‌ها و سندها در باره انقلاب اسلامی و اسلام‌گرایی افراطی فراهم آورده است و نیز با بسیاری

از بازیگران و دست‌اندرکاران و یا ناظران این دوران به گفتگو نشسته و حتی به بایگانی بعضی از آنان دسترسی داشته است. کاری که برای بسیاری از مفسران و محققان غیرایرانی که در باره ایران و انقلاب اسلامی بسیار نوشته‌اند ولی حتی به زبان فارسی آشنایی نداشته و ندارند، آسان نیست.

نویسنده فرانسوی کتاب که متخصص در ادیان مشرق زمین است و درباره ایران بسیار خوانده و بررسی‌های فراوان کرده است، امکان آن را یافت که بعد از پیروزی انقلاب اسلامی و سال‌ها پس از مرگ محمدرضا شاه پهلوی سفری طولانی به این کشور انجام دهد و دانسته‌های خود را با مشاهدات عینی تطبیق دهد و مطالعات خود را در باره آیین زرتشت، تشیع و بهائیت تکمیل کند. هم چنین به مدارک و اسناد بسیار درباره ایران و انقلاب اسلامی و دوران سلطنت قاجاریه و پهلوی به زبان‌های فرانسه، انگلیسی و اسپانیایی دسترسی داشته است.

به این ترتیب برداشت‌های دو نویسنده کتاب به آسانی با یکدیگر تلفیق شدند. یکی با وفاداری نسبت به گذشته و تاریخ کشورش، دیگری با فاصله‌گیری از حوادث و با دید یک خارجی. هر دوی آن‌ها روحیه و رویه علمی و دانشگاه را مقدم بر هر برداشت دیگر تلقی کردند و به این ترتیب کتاب حاضر به گفتگویی سازنده و خلاق میان خاور و باختر تبدیل شد.

سی و سه سال پس از پایان سلطنت محمدرضا پهلوی، داوری‌ها و جهت‌گیری‌های سیاسی و عقیدتی در باره او و ترازنامه دورانش اندک اندک به پایان رسیده و قضاوت و تجزیه و تحلیل علمی و تاریخی (و مستند) جای آن‌ها را گرفته است. نه تنها بسیاری از اسناد رسمی و دولتی - بلکه منابع و مدارک خصوصی فراوان در دسترس محققان قرار دارند که نویسندگان کتاب از مجموع آن‌ها بهره گرفته‌اند.

نویسندگان کتاب وظیفه خود می‌دانند از همه کسانی که آنان را در تحقیقات‌شان یاری دادند سپاس‌گزاری کنند.[1]

۱- اسامی به ترتیب الفبای لاتین ذکر شده. (مترجم)

ابتدا از دو دوست که دیگر زنده نیستند و ذکر نام آنان مشکلی برای امنیت آن‌ها پیش نخواهد آورد. نخست استاد علامه ایرج افشار و آن دگر آقای مهدی آستانه‌ای که با وجود همه مشکلات و مخاطرات کتاب‌ها و اسناد گرانبهای بسیاری را برای نویسنده ایرانی کتاب ارسال داشتند.

یاد و سپاس فراوان ما به:

آقای دکتر امیراصلان افشار، سفیر پیشین و آخرین رئیس کل تشریفات شاهنشاهی، آقای پروفسور پرویز آموزگار، آقای نورمحمد عسگری، مرحوم سپهبد حسین آزموده، خانم سدا آغاسیان، سرهنگ حسن عقیلی‌پور، مرحوم امیرخسرو افشار، سپهبد سیاوش بهزادی، سرلشگر منوچهر بیگلری، پروفسور ابوالقاسم بنی‌هاشمی، خانم الهه قطبی، شاهزاده عبدالعزیز فرمانفرمائیان، و نیز به آقای دکتر هادی هدایتی استاد دانشگاه تهران و وزیر پیشین آموزش و پرورش که در طول تدوین این کتاب راهنمائی‌های ارزنده و اطلاعات خود را از ما دریغ نداشت.

به سرهنگ سیروس خیلتاش، آقای نادر مالک، آقای ایرج مبشّر، آقای مهندس محمدرضا مقتدر، آقای پروفسور علیرضا مهران، به خانم دانی یل مارتن[1] متوفی به سال ۲۰۱۱، به سرهنگ یزدان نویسی، به سناتور علی رضائی (متوفی به سال ۲۰۱۰) به آقای مهرداد پهلبد همسر شاهدخت شمس پهلوی خواهر ارشد محمدرضا شاه.

به مرحوم منوچهر صانعی، آجودان کشوری شاه که در آخرین روزهای سلطنتش همواره همراه او بود، به آقای پروفسور عباس صفویان «پزشک مخصوص شاهنشاه آریامهر»، به آقای دکتر محمد حسن سالمی، به آقای پروفسور ژزف سانتاکُرس[2]، به آقای دکتر داریوش شیروانی، به دکتر محمدرضا تقی‌زاده، به پی‌یر دو ویلماره[3]، متوفی به سال ۲۰۰۸ به بانو توران وکیلی، به آقای مهندس فریدون یزدان‌پناه، به شاهزاده سلطان علی قاجار متوفی به سال ۲۰۱۱.

1- DANIELE MARTIN
2- Joseph Snta-Croce
3- Pierre F. de Villemarest
مدیر مرکز اروپائی اطلاعات که اکنون در بایگانی تاریخی وزارت دفاع ملی فرانسه ادغام شده است.

و نیز به خانم امانوئل فلوره[1] که اوراق این کتاب را به دقت خواند و نظر داد.

از مرکز اسناد و مدارک قانونی و رسمی دولت فرانسه[2] که امکان دسترسی به بایگانی آن به نویسندگان داده شد سپاسگزاریم.

و سرانجام سپاس ما به آقای اردشیر زاهدی، هم به خاطر روایت‌ها و شهادت‌های ارزنده‌اش و هم به سبب دسترسی به مرکز اسناد و تصاویرش، از جمله بیش از دویست نامه‌ی دست‌نویس از محمدرضا شاه پهلوی.

از آقای بنوا ایور[3] مدیر عامل شرکت انتشارات پِرَن که مشوق و بانی تدوین این کتاب بود و به نویسندگان آن اعتماد کامل کرد و به خانم سه‌سیل ماژورِل[4] که مباشر کار این کتاب بود و نویسندگان را از آغاز تا انجام یاری داد، صمیمانه متشکریم.

1- EMANUELLE FLORET
2- Direction de L' information legale et administerative.
3- Benoit Yvert.
4- Cecile Majorel

سرآغاز

«من حکم می‌کنم»

در بامداد روز ۲۳ فوریه ۱۹۲۱، احمد شـــاه قاجار هنوز پادشـــاه ایران بود. ولی مردم ایران دانستند که نقطه عطفی در تاریخ کشورشان پدیدار شده است.

از نخستین ساعات روز این اعلامیه که مصوّر به علامت ملی شیر و خورشید بود در همه جای پایتخت ایران به دیوارها، به در ورودی مساجد، در برابر عمارات دولتی و در چهارراه‌های مهم الصاق شده و به چشم می‌خورد:

«من حکم می‌کنم»

۱ – تمام اهالی شهر تهران باید ساکت و مطیع احکام نظامی باشند...

کســـانی که در اطاعت از مـــواد فوق خودداری نمایند به محکمـــه نظامی جلب و به سخت‌ترین مجازات‌ها خواهند رسید.

رئیس دیوزیون قزاق اعلیحضرت اقدس شهریاری و فرماندهی کل قوا
رضا

این اعلامیه در شب ورود قوای نظامی به تهران (کودتای سوم اسفند) با شتاب فراوان

نوشته و چاپ شد. اعلامیه‌ای که در نهایت امر سرنوشت ایران را دگرگون کرد.[۱]

در اعلامیه برقراری حکومت نظامی در پایتخت ایران اعلام شـــده و به اطلاع اهالی رسیده بود. انتشار همه مطبوعات تا اخطار ثانوی و تشکیل دولت جدید ممنوع شده بود. «دکاکین» فروش مشــروبات الکلی، سینماها، تماشاخانه‌ها، قمارخانه‌ها و همه مکان‌های تفریح و تفرج تا اخطار ثانوی بســته شــد. اعلام شد که هر کس در حال مستی در معابر عمومی دیده شــود تحویل محاکم نظامی خواهد شد. اجتماعات بیش از سه نفر ممنوع اعلام شد.

در اعلامیه مندرج بود که همه ادارات و دوائر دولتی، حتی پست و تلگراف تا تشکیل دولت جدید تعطیل می‌شوند و فقط سازمان مسئول پخش ارزاق مجاز به فعالیت خواهد بود و جز این‌ها...

با این اعلامیه و اوامر و نواهی خشن آن، نخستین سنگ بنای سلسله پهلوی، که تا ۱۶ ژانویه ۱۹۷۹ بر ایران سلطنت کرد، نهاده شد. مرد ناشناسی – رضاخان میرپنج – با امضای این اعلامیه تاریخ ایران را ورق زد. «من حکم می‌کنم» وی شعار نمادین دوران حکومت و سلطنتش شد. چنانکه عبارت «پیام شما را شنیدم» از ژنرال دوگل به هنگام مسافرتش به الجزیره بعد از انتخاب به ریاست مملکت در ۱۹۵۸، در تاریخ ماندگار ماند.

مســاله آن بود، که در آن هنگام، در شــب کودتای سوم اسفند، «ارتش اعلیحضرت اقدس شــهریاری» که رضاخان خود را فرمانده آن اعلام کرده بود. عملاً وجود خارجی نداشت، لشکر قزاق تنها واحد منظم آن بود. رضا خان فرمانده این ارتش کم و بیش موهوم نبود و در حقیقت با سرنوشــت بازی می‌کرد. او متخلفیــن از اوامر و نواهی ارتش را به محاکم نظامی تهدید می‌کرد. این دادگاه‌ها نیز وجود نداشتند.

حقیقت آن اســت که در آن لحظات، رضاخان سرنوشــت ایران را با اراده شخصی

۱- نویســنده اعلامیه که بود؟ البته نه رضاخان میرپنج که چنین ضبط و ربطی نداشــت. بعضی‌ها آن را به مســعودخان کیهان یکی از همراهان سردارسپه بعدی و بعضی دیگر به مرتضی خان (یزدان پناه) یا به فضل‌الله خان (زاهدی) که از افسران باسواد لشکر قزاق بودند نسبت داده‌اند. سیدضیاءالدین طباطبائی که در رجزخوانی ید طولائی داشت خود را نویسنده آن دانسته. (صدرالدین الهی – سیدضیاء مرد اول یا مرد دوم کودتا، شــرکت کتاب، لس‌آنجلس ۲۰۱۱) نویســنده متن هر که بود، انتشار آن سرآغاز افسانه رضا به شمار می‌رود. (مترجم)

خود به دست گرفت. سرنوشت کشوری را که در حال از میان رفتن بود، که خارجیان قسمت‌های مهمی از آن را در اشغال خود داشتند و کم و بیش بر امور آن حکومت می‌کردند، کشوری را که علی رغم تاریخ درخشانش، تمدن پرفروغش و سنت‌های چند هزار ساله‌اش می‌رفت که نابود شود.

این مرد که بود؟ از کجا می‌آمد؟ پدر محمدرضا پهلوی، کودکی که در ۲۶ اکتبر ۱۹۱۹ چشم به جهان گشوده بود، که بود؟

بخش اول

پدر و پسر

پیدایش یک دودمان سلطنتی

فصل اول

سربازی از لشکر قزاق

کودتائی که در ۲۳ فوریه ۱۹۲۱ سرنوشت ایران را دگرگون کرد، ناگهان و به یک‌باره رخ نداد. برای این‌که آن را در چهارچوب تاریخ قرار دهیم، باید چهل و سه سال به عقب بازگردیم، به روستای آلاشت در مازندران، واقع در هفتاد کیلومتری سواحل دریای خزر. در ارتفاع ۱۸۰۰ متر از سطح دریا، در منطقه سواد کوه. روستائی که سردار سپه و شاه بعدی، رضاخان، به روز ۱۶ مارس ۱۸۷۸ در آن چشم به جهان گشود.

سرزمین مازندران مانند منطقه همسایه‌اش گیلان، در پناه سلسله کوه‌های بلند البرز و جنگل‌های انبوه، اصالت خود را طی اعصار و قرون حفظ کرده بود. سپاهیان اسکندر مقدونی، متجاوزین عرب و غارتگران چنگیز و تیمور بر این دو منطقه دسترسی نیافتند. راه‌های بزرگ تجارتی از این دو منطقه عبور نمی‌کرد. مازندران سرزمین رویائی شاعران و نویسندگان بسیار بود که زیبائی و طراوت و اعتدال هوای آن را ستوده‌اند. مانند بزرگ‌ترین شاعر ایرانی فردوسی طوسی[1] که از «همیشه بهار» آن سخن گفته.

سواد کوه منطقه‌ای است پرنشیب و فراز، مملو از جنگل‌های انبوه، و در زمان تولد رضا به دور از نابسامانی‌ها و حوادث کشور.

۱- شاعر پارسی زبان (۱۰۲۰-۹۴۰) سراینده شاهنامه، تاریخ حماسی بزرگی‌های ایران.

در آلاشت، یک خانواده، یا به عبارت درست‌تر یک طایفه که گویا سیصد تن به آن تعلق داشتند، در میان اهل محل برجسته و ممتاز بود. طایفه پهلوان، رضا فرزند این طایفه بود. اعضای این طایفه سخت به سرزمین خود دلبسته بودند و به رعایت دقیق سنت‌ها و آداب محلی معروف. بسیاری از آنان به خدمت ارتش زمان قاجار درآمدند. از جمله مرادعلی خان پدربزرگ رضا که درجه سرهنگی داشت و به سال ۱۸۵۶ درگیر و دار فتح هرات کشته شد. فتح هرات آخرین درخشش قدرت امپراطوری در حال زوال ایران بود. آخرین پسرش عباس‌علی خان که گویا در حدود سال ۱۸۱۵ متولد شده، به داداش بیک معروف بود. او نیز به خدمت ارتش قاجاریه درآمد و به فرماندهی گردان سوادکوه رسید. داداش بیک چند بار ازدواج کرد. آخرین همسرش نوش‌آفرین از تبار گرجی، ۲۱ سال جوان‌تر از او بود. خانواده نوش‌آفرین از آن گروه مردم گرجستان بودند که پس از شکست ایران در جنگ دوم ایران و روس و قرارداد ترکمانچای[1] از سرزمین خود به داخل ایران پناه آوردند. سرنوشت آن‌ها را می‌توان با آن عده از ساکنان آلزاس و لِرن[2] مقایسه کرد که برای فرار از تسلط آلمان‌ها پس از شکست ناپلئون سوم در جنگ ۱۸۷۰ به داخل فرانسه مهاجرت کردند.

در ۱۶ مارس ۱۸۷۸، داداش بیک، که با معیارهای آن زمان مردی سالخورده بود، از نوش‌آفرین دارای پسری شد که به وی رضا نام دادند. خانواده داداش بیک، محترم بود اما ثروتمند نبود. خانه‌ای که در آن می‌زیستند، بسیار ساده بود. همه خانواده در روزهای سرد زمستان بیشتر اوقات خود را زیر کرسی در اطاق اصلی آن می‌گذراندند. ایران آن سال‌ها، کشوری فقیر بود، حتی برای یک خانواده صاحب نام و نشان چون پهلوان.

خانواده داداش بیک در میان طایفه پهلوان با دشواری و برخوردهای سرد دیگران روبرو بود. ازدواجش را با نوش‌آفرین که گرچه ایرانی بود ولی «بیگانه» تلقی می‌شد، تحمل نمی‌کردند.

اندکی بعد از تولد رضا، در ۲۶ نوامبر ۱۸۷۸، داداش بیک درگذشت و نوش‌آفرین که یک پسر بیشتر نداشت با وضعی بس دشوار روبرو شد. طایفه پهلوان او را برنمی‌تافتند.

۱- نگاه کنید به فصل بعدی، سردار سپه. طبق این قرارداد گرجستان از امپراطوری ایران منفصل شد و به تسلط روس‌ها درآمد. (مترجم)

2- Lorraine-Alsace

او از حمایت آنان برخوردار نبود. ناچار بر آن شـــد که سرنوشـــت خود را به دست گیرد. خانواده نوش‌آفرین در تهران می‌زیســـتند. نتیجه آن‌که وی تصمیم گرفت فرزند خود را در قنداقی گرم به‌پیچد و راهی تهران شود. می‌بایست پیاده صد کیلومتر از کوره راه‌های جنگلی و کوهســـتانی بگذرد تا به جاده اصلی ملحق شود، که عبور از آن اندکی آسان‌تر بود. نوش‌آفرین به دنبال کاروانی به راه افتاد، از گردنه‌ها و معابر دشوار گذشت. هوا سرد و بورانی بود. او تنها یک هدف داشـــت، رضا را زنده به تهران و محیط امن خانواده‌اش برساند و نجات دهد.

در باره این مســـافرت اطلاعات دقیق و موثّقی در دســـت نداریم. ولی این سفر آغاز حماسه واقعی یا کم و بیش واقعی درباره آغاز کار رضاشاه و دودمان پهلوی است.

گویا نزدیک بود طی این سفر رضای نوزاد از فرط سرما بمیرد. نوش‌آفرین به امامزاده هاشـــم، ساختمان کوچکی در ارتفاع سه هزار متری از ســـطح دریا پناه برد[1]. در آن‌جا به مراقبت از نوزاد خود پرداخت و وی اندک اندک حیات دوباره یافت. زندگی‌نامه نویسان رضاشاه از معجزه و فرزند معجزه سخن گفته‌اند. قدر مسلم این است که پس از این همه دشواری‌ها نوش‌آفرین و رضا به تهران رسیدند.

نوش‌آفرین جز گویش محلی مازندرانی به زبان دیگری آشـــنا نبود. به عبارت دیگر فارسی نمی‌دانست. اما سرانجام کوشش و اصرارش به نتیجه رسید و توانست محل اقامت دو برادر خود را پیدا کند. این هر دو در خدمت ارتش قاجار بودند. نوش‌آفرین در اقامتگاه یکـــی از آنـــان حکیم علی‌خان که طبیب و یاور ارتـــش و در خدمت کامران میرزا حاکم تهران معروف به نایب‌السلطنه بود - چرا که طی مسافرت‌های پدرش نیابت سلطنت به او تفویض می‌شد - اقامت گزید.

زندگی نوش‌آفرین و فرزندش بســـیار ســـاده و فقیرانه بود. می‌شـــود گفت که فقط جایی برای اقامت داشتند و سقفی که زیر آن خود را از برف و باران در امان نگاه دارند. نوش‌آفرین درآمدی نداشت. نمی‌توانست حتی پسرش را به مکتب خانه محل بفرستد که حداقل خواندن و نوشتن یاد بگیرد. وی به صورت خدمتکار خانه برادر خود درآمد و رضا همواره در کنارش بود.

۱- بنای این «امامزاده» هنوز هم موجود است و گروهی به زیارت آن می‌روند. (مترجم)

نوش‌آفرین در سال ۱۸۸۵ درگذشت. رضا هفت سال داشت. برادر دیگرش ابوالقاسم خان که او نیز صاحب منصب ارتش قاجار بود، قبول کرد که رضا به خانه‌ی وی بیاید و در آنجا اقامت گزیند. می‌توان حدس زد که زندگی رضای خردسال و بی‌پدر و مادر، آسان نبود. کودک یتیمی، رها شده به حال خود، عملاً بی‌سرپرست، ولگرد و سرانجام خشن. چنان‌که در زبان فارسی می‌گویند در کوچه بزرگ شد و جز قانون خشونت کوچه و بازار تابع هیچ نظم و قراری نبود¹. سرانجام ولگردی و سرگردانی او باعث نگرانی ابوالقاسم خان شد.

رضا، در چهارده سالگی، نوجوانی بود، مغرور، بی‌باک و در ضمن بسیار حساس و زودرنج. بلند بالا و قوی و اهل زد و خورد بود. برای این‌که زندگی وی را به نظم آورد، دائی‌اش با استفاده از روابطی که داشت او را به سوی خدمت در ارتش هدایت کرد.

در سال ۱۹۳۶، طی یکی از مسافرت‌هایش به مازندران که سالی دوبار به آنجا می‌رفت. (ولی هرگز به آلاشت زادگاه خود نرفت) رضا که دیگر شاهنشاه ایران بود. در جمع اطرافیانش به این دوران اشاره کرد، «من در آن موقع سربازی تقریباً لخت بودم. هیچ چیز نداشتم. حتی غذا نداشتم. گرسنه بودم. هرگز محبت و عاطفه پدر و مادر را ندیده بودم. بیمار بودم. گرسنه بودم. دیناری در جیب نداشتم. هیچ کس به من کوچک‌ترین اعتنائی نمی‌کرد. مشکلات زندگی قانون زندگی را به من آموختند. تصمیم گرفتم از هیچ چیز و هیچ‌کس نترسم، هر مانعی را از پیش پا بردارم و پیشرفت کنم».

ارتش آن روز ایران مرکب بود از چند واحد بی‌نظم و ترتیب و انضباط، فاقد تجهیزات و وسائل لازم با فرماندهانی فاسد و بی‌اطلاع. به سربازان این ارتش بعد از یک دوران کوتاه آموزشی، یک تفنگ و گاهی یک اسب داده می‌شد و می‌گفتند که هر طور میسر است معاش خود را تأمین کنند. این سربازان گاهی در بعضی تشریفات رسمی حاضر می‌شدند و نمایشی می‌دادند. روایات موجود نشان می‌دهد که چندان نظم و ترتیبی نداشتند. حقیقت آن است که ایران آن روز ارتش شایسته این نام را نداشت و اصولاً وسیله این که چنین نیروئی داشته باشد نداشت.

۱- وضعی که زندگی قهرمانان بعضی رمان‌های ویکتور هوگو، چارلز دیکنز و ماکسیم گورکی را به یاد می‌آورد. (مترجم)

چنین ارتشی با روحیات رضا تطبیق نمی‌کرد. با پشتیبانی دائی خود توانست وارد لشکر قزاق بشود. این واحد ارتشی تشکیلات و ترتیبات خاص خود را داشت و از جمله مسئول حفاظت دربار و شخص شاه بود.

لشکر قزاق در سال ۱۸۷۹ پس از مسافرت ناصرالدین شاه به اروپا ایجاد شد. یک سال قبل از آن، ناصرالدین شاه طی مسافرت به روسیه، از مانورهای نظامی که به فرمان آلکساندر دوم تزار وقت روسیه به افتخارش ترتیب داده شده بود، به تحسین و تعجب افتاده و از تزار خواست که افسرانی در اختیارش قرار دهد که لشکری با همان نظم و ترتیب برای ایران بوجود آورند. بدین‌سان «تیپ قزاق ایران» ایجاد شد که بعداً لشکر قزاق نام گرفت. فرماندهان آن همه روس بودند. فرمان‌ها به زبان روس داده می‌شد. دوره‌های آموزشی درجه‌داران و افسران به زبان روسی بود. انضباط خشن و شدیدی که در آن هنگام مرسوم قوای مسلح روسیه بود بر این لشکر نیز حکومت می‌کرد. بر کوچک‌ترین نافرمانی و خطا با شدیدترین تنبیهات بدنی کیفر داده می‌شد. قبول این انضباط و این ترتیبات، قیمتی بود که می‌بایست رضا برای تعلق به یک ارتش واقعی و منظم بپردازد. ارتشی که به ظاهر ایرانی و در خدمت شاه بود.

رضا خیلی زود دریافت که برای اطاعت کردن و سرباز صفر یا به اصطلاح قزاق بودن آفریده نشده. پس به سوادآموزی پرداخت. خواندن و نوشتن آموخت. البته در سطح نازل. دست‌نویس‌هایی که از او بجا مانده همه به خطی ساده و تقریباً کودکانه و مملو از غلط‌های املائی است. رضا هرگز مرد بافرهنگی نشد، اما کنجکاوی وی بی‌پایان بود. می‌خواست یاد بگیرد و حافظه‌ای قوی داشت.

در مسافرت‌های متعددش به شهرهای ایران همواره گروهی اهل فضل و ادب همراهش بودند. طی این مسافرت‌ها همیشه عادت به درد دل داشت. از کودکی خود و دشواری‌های زندگی‌اش سخن می‌گفت. رنج‌های جوانی خود را بازگو می‌کرد. البته حتماً قصدش آن بود که گفته‌هایش یادداشت و بازگو شود و به اصطلاح حماسه زندگی‌اش را بسازد. اما از پرسش و کنجکاوی در باره تاریخ و گذشته ایران و واقعیات جهان دریغ نداشت. می‌خواست بداند و بیاموزد.

حکایـــت کرده‌اند که روزی به هنگام توقف و صــرف ناهار در فیروزکوه مازندران، نقطه‌ای در ۲۰۰۰ متر ارتفاع از ســطح دریا، از شــاعر بزرگ دوران ادیب‌السلطنه سمیعی خواســت که جریان حمله اســکندر مقدونی را به ایران حکایت کند. با دقت به سخنان ادیب‌الســلطنه گوش می‌داد. چون ماجرا به قتل داریوش سوم و ازدواج اجباری دخترش با اسکندر مقدونی و سرانجام آتش‌سوزی تخت جمشید رسید، ناگهان رضاشاه این مرد بی‌رحم و بلند قامت، زار زار گریســـت. بر بدبختی‌های گذشته ایران می‌گریست. گرچه کمتر کسی تا آن زمان اشک به چشمان او دیده بود.

رضا شاه گریست. آیا فقط تحت تأثیر قدرت بیان شاعر بزرگ زمان قرار گرفته بود یا به خاطر آن بود که ایرانیان اصولاً توجه خاص به تاریخ و گذشته خود دارند و بعضی از ناکامی‌های تاریخ آنان جزئی از حافظه و خاطره آن‌ها است؟ احتمالاً هر دوی این عوامل..

به هر حال در لشکر قزاق رضا اندک اندک مورد توجه قرار گرفت. هم به خاطر آن‌که خواندن و نوشتن آموخته و باسواد شده بود و هم به خاطر دقت و توجهی که به ظاهر و لباس خود می‌کرد. برای آن زمان یک نظامی پاکیزه و خوش‌پوش بود. در بیســت و یک ســالگی به درجه نایب ارتقاء یافت. دیگر افسر شده بود. در طی این مدت اقلاً سه بار با گروهی از قزاقان به حفاظت سفارتخانه‌های خارجی گمارده شد. سفارت هلند، سفارت آلمان و ســفارت بریتانیا. از این مأموریت‌ها و رفتار خارجیان با ایرانیان که آنان را چون نوکران خود می‌دانستند خاطره بسیار بدی داشت.[1]

در همین مقطع از زمان بود که مامور شــد با افراد خود شــاهزاده عبدالحسین میرزا فرمانفرما را که به ولایت کرمانشــاه منصوب شده بود به محل مأموریتش در غرب ایران (مجاورت عراق کنونی) همراهی کند. برخلاف تحقیرهای خارجیان او از این مأموریت خاطره خوبی داشت و همواره با شاهزاده پرنفوذ و قدرت قاجار حسن رابطه خود را حفظ کرد.

در این دوران وی را معمولاً رضا خان سوادکوهی می‌نامیدند. اشاره‌ای به محل ولادت او و سکونت خویشاوندانش. هنگامی که به فرماندهی یک واحد مسلسل سنگین از مارک

۱- پس از کودتای ســوم اســفند، یکی از نخستین تصمیمات سردارســپه آن بود که افراد ارتش دیگر از حفاظت نمایندگی‌های خارجی منع شــوند. پلیس، آن هم به طور عادی و زیر نظر افسران خود، مباشر و مامور این کار شد. (مترجم)

ماکسیم گمارده شد، او را رضا ماکسیم خواندند. ترقی وی در سلسله مراتب لشکر قزاق بر روی هم عادی و به نظر بسیاری رضایت‌بخش بود. اما، بر اساس همه روایت‌هائی که در دست داریم، رضا فرمانبری از خارجیان را برنمی‌تافت. او تحمل نمی‌کرد که زبان مصطلح در لشکر قزاق روسی باشد نه فارسی. از وضع دلخراش ارتش ایران آن روز بسیار دلشکسته بود. شاید از همان زمان بود که به اندیشه ایران دیگری افتاد.

در سال ۱۸۹۴، رضا خان با دختری به نام مریم ازدواج کرد. از این خانم اطلاع زیادی در دست نیست. فقط می‌دانیم که سال‌ها بعد- یعنی در ۲۲ فوریه ۱۹۰۳ -[۱] از او دارای دختری شد که به او فاطمه نام دادند و بعد از آغاز سلطنت پهلوی به همدم‌السلطنه ملقب یا موسوم شد.[۲]

باید گفت که طی این سال‌ها رضاخان همواره در مأموریت و خارج از تهران بود و زندگی خانوادگی منظمی نداشت و نمی‌توانست داشته باشد. درگیر و دار این مأموریت‌ها، چند بار زخمی شد. می‌دانیم که مریم، همسر اولش، چند ماه پس از تولد فاطمه درگذشت و رضاخان تربیت دخترش را به تنهایی به عهده گرفت.

در این زمان وی به مردی خشک و پاک، با قدرت فرماندهی و درایت نظامی معروف شد. اطرافیانش هم از او می‌ترسیدند و هم به وی احساس احترام و ستایش داشتند. به سال ۱۹۱۵، که او سی و هفت سال داشت، به درجه سرهنگی در لشکر قزاق ارتقاء یافت.

در این هنگام، دیگر رضاخان به فکر آینده خود افتاد و در مقام ازدواج با دختری از خانواده‌ای به‌اصطلاح محترم برآمد که مقام وی را در جامعه تثبیت کند. توقعاتش زیاد بود. اما نه ثروتی داشت، نه عنوانی، نه خانواده متشخصی، به‌علاوه دختری دوازده ساله داشت که می‌توانست مانع ازدواج وی با یک خانواده صاحب نام و نشان شود. رضاخان ناچار همه شبکه ارتباطات خود را به کار انداخت، وامی گرفت تا بتواند هزینه‌های ازدواج را بپردازد. به این ترتیب توانست با دختر امیرتومان (سرتیپ) تیمورخان آیرملو (که مانند مادرش نوش‌آفرین از تبار گرجی بود) ازدواج کند.

۱- همه این تاریخ‌ها بعد از سلطنت پهلوی رسمیت یافته‌اند و طبیعتاً باید با اندکی شک و تردید تلقی شوند. (مترجم)

۲- همدم‌السلطنه در سال ۱۹۹۲ درگذشت.

تیمورخان ســه دختر و یک پسر داشــت. یکی از دخترانش نیم‌تاج خانم، متولد ۱۷ مارس ۱۸۹۶، نوزده ســاله بود و با معیارهای آن زمان تقریباً «پیردختر» محسوب می‌شد. زیبا نبود و ظاهراً خوش اخلاق هم نبود. ولی رضاخان نیز در آن شرائط نمی‌توانست توقع بیشتری داشته باشد. بعدها، پس از کودتای سوم اسفند که رضاخان، به مقام سردارسپه و فرمانده ارتش نائل آمد به نیم‌تاج خانم لقب تاج‌الملوک داده شد و این همان نامی است که در تاریخ از وی به جا مانده.

در ۱۸ اکتبر ۱۹۱۷[۱] نخستین فرزند رضاخان و تاج‌الملوک بعدی به دنیا آمد. دختری که به وی شــمس نام دادند. تقریباً دو سال بعد در ۲۶ اکتبر ۱۹۱۹، رضاخان و همسرش دارای یک پســر - محمد رضا - و یک دختر - اشــرف، دوقلو شدند. بالاخره در ۱۹۲۲، علی‌رضا، متولد شد که در ۲۶ اکتبر ۱۹۵۴ در یک سانحه هوائی کشته شد.

ازدواج رضا و نیم‌تاج خانم، برای شــاه آینده ایران خوش‌یمــن بود. در ۱۹۱۹، وی در رأس لشــکر قزاق موفق به پاکســازی منطقه کاشــان و قلع و قمع یاغیان آن شــد[۲] و نام و شــهرتی یافت. در ســال ۱۹۲۰ سرانجام به فرماندهی لشــکر قزاق برگزیده شد و جای ســردار استارُسلســکی[۳] را گرفت که به قوای ضد بلشویک موسوم به ارتش سفید پیوســته بود. انتصاب رضاخان به فرماندهی لشــکر قزاق بدون اشکال صورت نگرفت. انگلیس‌ها به احمد شــاه پیشنهاد و توصیه کردند که یک شاهزاده ضعیف‌النفس قاجار را که از دوستان‌شان بود به این سمت انتخاب کند. افسران ایرانی لشکر قزاق با این انتصاب موافق نبودند و از گزینش رضاخان جانبداری کردند. ناچار صاحب منصبان ایرانی به چند شخصیت سیاسی و با نفوذ متوسل شدند. از جمله شاهزاده عبدالحسین میرزا فرمانفرما. سرانجام احمد شاه تسلیم شد و رضاخان را به فرماندهی لشکر قزاق برگزید. همین موضع بود که مداخله وی را در کودتای ۲۳ فوریه ۱۹۲۱ (سوم اسفند) میسر گردانید که سپس به وزارت جنگ نیز برگزیده شد.

رضاخان دیگر چهل و چهارساله بود و آرزوهای دیگری در سر داشت. پس به فکر ازدواج دیگری افتاد که باز هم موقعیت اجتماعی او را افزایش دهد. دیگر چه کسی، چه

۱- از این پس می‌توان به تاریخ‌های مذکور در زندگی نامه خاندان پهلوی اعتماد بیشتری داشت. (مترجم)
۲- ماجرای نایب حسین کاشی. (مترجم)
3- Starosselski

خانواده‌ای، می‌توانست دست رد بر سینه مرد توانای ایران بزند؟ پس یکی از همرزمان و همکاران خود سرلشــکر (بعدی) خدایارخان را که با طبقات بالای جامعه آن روز تهران رفت و آمد و حُسن رابطه داشت مأمور کرد که در جستجوی ازدواج برجسته‌تری برای او برآید. خدایارخان نزد شاهزاده ثروتمند و پرنفوذ مجدالسلطنه - دائی ناصرالدین شاه و بزرگ یکی از شــاخه‌های مهم قاجاریه - از نوه‌اش توران (امیرسلیمانی) که هیجده ساله بود خواستگاری کرد. مجدالسلطنه بدون چون و چرا پذیرفت. گویا حتی از پسر و نوه‌اش نیز پرسشی نکرده بود. توران به حکم سنت و عادات زمانه بر تصمیم رئیس خانواده گردن نهاد. در سال ۱۹۲۳ از این ازدواج پسری، غلامرضا پهلوی، متولد شد.

ازدواج رضاخــان و توران امیرســلیمانی دیری نپائید. ظاهراً داســتان گردن‌بندی که رضاخان به همسرش هدیه کرده و او آن را به جواهرفروش در بازار فروخته بود، سخت به سردار سپه گران آمد و او را اندکی پس از تولد غلامرضا طلاق داد. توران امیرسلیمانی پس از ســقوط رضاشــاه مجدداً ازدواج کرد. با این حال همه او را تا پایان عمرش ملکه توران خطاب می‌کردند.

رضا بار دیگر در جســتجوی وصلتی با خاندان قاجــار برآمد. بار دیگر خدایارخان مأمور ترتیب این کار شــد. این بار از شــاهزاده خانم عصمت دولتشاهی دختر شاهزاده مجلل‌الدوله خواســتگاری شد و وی که چهارمین همسر رضا شاه بود در سال ۱۹۲۳ به عقد ازدواج او درآمد. پس از نیل رضاخان به سلطنت او را گاهی ملکه عصمت و گاهی ملکه ایران می‌خواندند. می‌گویند که رضا شاه تا پایان عمرش در ۱۹۴۴ به او سخت دلبسته بود. از این ازدواج چهار پسر و یک دختر به جای ماند. عبدالرضا متولد اول اکتبر ۱۹۲۴، در حالی که هنوز پدرش بر تخت سلطنت ننشسته بود. سپس احمدرضا و محمودرضا، فاطمه و سرانجام حمیدرضا[1].

۱- ملکه توران اندکی پیش از انقلاب اسلامی به اتفاق پسرش شاهپور غلامرضا و همسرش (ملک‌پور) به پاریس آمد و در سال ۱۹۹۵ در این شهر درگذشت. ملکه عصمت در ایران ماند. اموالش را مصادره کردند و مقامات جمهوری اسلامی با اعطای مقرری ناچیزی وی را در مهمانخانه کوچکی منزل دادند. او نیز در سال ۱۹۹۵ درگذشت. ملکه تاج‌الملوک (ملکه پهلوی - ملکه مادر) از ایران خارج شد. مدتی به اتفاق دخترش شاهدخت شمس و دامادش (آقای مهرداد پهلبد) در کرنا واکا در مکزیک زیست و در دهم مارس ۱۹۸۲ در لس‌آنجلس درگذشت. هفت روز قبل از هشتاد و ششمین سال عمرش، ملکه مادر در سال‌های آخر عمر دچار یک بیماری طولانی شده بود و اندک اندک حافظه خود را از دست داد. چنانکه حتی از مرگ پسرش محمدرضا شــاه بی‌خبر ماند. شاهپورها و شاهدخت‌های پهلوی همه ایران را قبل از انقلاب ترک کردند و در امریکا یا اروپا مستقر شدند. تنها حمیدرضا در ایران ماند. سال‌ها قبل از آن محمدرضا شاه او را به علت

در مجموع، رضاشاه از چهار ازدواجش، چهار دختر و هفت پسر داشت. تاج‌الملوک، مادر ولیعهد، همواره به عنوان همسر نخست و ملکه رسمی کشور تلقی می‌شد. می‌گویند که رضا شـــاه حتی در اوج قدرت از وی حساب می‌برد. وی را ملکه پهلوی می‌خواندند و پس از مرگ همسرش و سلطنت محمدرضا شاه، ملکه مادر مجدداً یک بار (و به قولی دوبار) ازدواج کرد. پسرش نیز به وی احترام بسیار می‌گذاشت و می‌کوشید که او را هرگز نرنجاند. ملکه مادر گروه اطرافیان و به‌اصطلاح دربار کوچک خود را داشـــت: تنی چند از شـــاهزادگان قاجار و رجال آن دوران، گروهی نویســـنده و شاعر و هنرمند کم و بیش فراموش شده، درِ کاخش همواره بر این گروه گشوده بود. غالباً پسر و عروسش را به شام دعوت می‌کرد. ســـالی دو ضیافت مجلل می‌داد. یکی برای سالروز ۲۸ مرداد و بازگشت محمدرضا شاه به تخت سلطنت پس از سقوط دکتر مصدق، و آن دگر برای تولد شاهپور رضا ولیعهد، نوه‌اش.

سرنوشت رضاخان واقعاً حیرت‌انگیز است: سرباز ساده‌ای از لشکر قزاق، امیر لشکر، میرپنج، ســـردار سپه، نخست وزیر و سرانجام شاهنشاه ایران. تشنه قدرت مطلقه بود. اما هرگز مست قدرت نشد. به زندگی ساده سربازی خو گرفته بود. همیشه با سادگی لباس می‌پوشید و لباس متحدالشکل نظامی را ترجیح می‌داد. روی زمین می‌خوابید. غذای وی ساده بود و غالباً به اندکی برنج (پلو) و جوجه و ماست بسنده می‌کرد. گه‌گاه یک گیلاس عرق می‌خورد. به همسرانش وفادار ماند. از شب زنده‌داری و هر گونه تفریحی بیزار بود. پیاده‌روی را بسیار دوست می‌داشت. چه در باغ قصورش و چه در کوچه‌ها و خیابان‌های تهران یا شهرهای دیگر.

قدرت شـــخصی و ترقـــی ایران (به نحوی کـــه خود می‌پنداشـــت) تنها هدف‌ها و

سوء‌رفتار و بی‌نظمی‌هایی که در زندگی‌اش بود از عنوان شاهپور خلع کرده بود. بعد از انقلاب بازداشت و زندانی شد. بارها وی را با قیافه‌ای پیر و شکسته و بدون دندان در تلویزیون جمهوری اسلامی نمایش دادند. وی در ۲۷ ژوئیه ۱۹۹۲ درگذشت. پسر شاهپور علیرضا سرنوشتی حیرت‌انگیز یافت. چون مدتی با گروه‌های مخالف رژیم عمویش - که اعضای آن‌ها همه از طبقات بالای جامعه آن روز ایران برآمده بودند، همکاری و یا لااقل همفکری و رفت و آمد داشت – مورد خشم محمدرضا شاه واقع شد و حتی چند روزی به زندان افتاد. شاه به وی ابلاغ کرد که دیگر حق ندارد خود را پهلوی بخواند. علی – پاتریک نام پهلوی اسلامی را اختیار کرد. پس از انقلاب چند ماهی در ایران ماند. اموال او را نیز مصادره کردند. او که دچار نشـیب و فرازهای فکری و عرفانی مختلف شد، اکنون در سوئیس زندگی ساده‌ای دارد. در باره زندگی داخلی خاندان پهلوی، لااقل در سال‌های نخست، به خاطرات سلیمان بهبودی، تهران، ۱۹۹۴ مراجعه کنید.

شهوت‌های زندگی وی بودند. شاید وارث تاج و تخت ایران می‌بایست در این حد باشد. ماجرای زندگی و سلطنت او را خواهیم دید.

فصل دوم

سردار سپه

تاریخ ایران در دوران قاجاریه و نشیب و فرازهای سیاسی و اجتماعی این کشور پس از سال ۱۷۹۴ که این دودمان بر تخت سلطنت نشست، برای درک و توجیه کودتای ۱۹۲۱، حائز اهمیت اساسی است. در این دوران ما شاهد انحطاط تدریجی ایران و عدم کفایت شاهان آن در حفظ استقلال کامل و به ویژه تمامیت ارضی این کشور بودیم. درست همانند امپراطوری عثمانی که در جهان غرب «مرد بیمار اروپا» نام گرفته بود.

تاریخ این دوران می‌تواند تصویر کاملی از وضع ایران در زمان کودتا و پیش از آغاز اعتلای پهلوی‌ها در اختیار خواننده بگذارد و نشان می‌دهد که در چه مقتضیات و شرائطی رضاخان قدرت را به دست گرفت و چرا و چگونه خود او و فرزندش محمدرضا به اقداماتی برای ساختن ایرانی دیگر دست زدند.

در پایان قرن هجدهم، قاجاریه قدرت و تسلط خود را در سرتاسر ایران مستقر کردند. آقا محمدخان بنیانگذار این دودمان بود. او در سال ۱۷۴۲ چشم به جهان گشود و هنگامی که هفت ساله بود اختهاش کردند و شانزده سال در شرائطی کم و بیش دشوار یا زندانی و یا تحت نظر بود و سرانجام توفیق یافت که از چنگال جانشینان کریم‌خان زند

کــه بــا او مهربانی‌هایی هم می‌کرد فرار کند. در این هنــگام بود که تلاش او برای نیل به قدرت و سلطنت آغاز شد. ابتدا طوائف مختلف قاجار را به دور خود جمع کرد و متحد نمود و ســپس به تسخیر مناطق مختلف ایران پرداخت. آقا محمد معروف به شقاوت و ســنگدلی بود. به عنوان مثال برای تنبیه مردم کرمان که به مقاومت در برابرش دست زده بودند دســتور به کور کردن هزاران تن داد. اما همین بی‌رحمی و سنگدلی و بیمی که در اهالی کشور ایجاد کرده بود و نیز نبوغ نظامی و کفایت او در فرماندهی وی را در اتحاد و برقراری مجدد تمامیت ارضی همه مناطق امپراطوری وسیع ایران آن روز موفق ساخت. وی توانست مجدداً ارتشی نیرومند به وجود آورد. قدرت خود را بر خوانین محلی تحمیل کرد، تمام منطقه قفقاز را تا منتهی الیه شمالی آن داغستان و نیز گرجستان را به حیطه قدرت ایران بازگرداند[۱]. در پایان سلطنتش ایران عملاً سرحدات دوران صفویه[۲] را بازیافته بود.

مناطق شمالی امپراطوری ایران همواره در معرض تهدید توسعه‌طلبی روسیه تزارها بود به همین ســبب آقا محمد پایتخت ایران را به تهران که شــهرکی در نزدیکی ری بود منتقل کرد که از آن‌جا بهتر بتواند مواظب حرکات همسایه توسعه‌جوی خود باشد و در صورت لزوم به مقابله با آن بپردازد.

آقا محمد به سال ۱۷۹۴ تاج‌گذاری کرد و در ۱۷۹۶ به دست چند تن از مستخدمان خود که آنها را به علت دزدی محکوم به مرگ کرده بود، کشته شد.

برادرزاده‌اش خان باباخان در ۱۷ ژوئن ۱۷۹۷ با نام فتحعلی شاه به جای او بر تخت ســلطنت جلوس کرد. در زمان فتحعلی شــاه انحطاط طولانی ایران آغاز شــد. او نه از تجددطلبی بوئی برده بود، نه وسعت نظر سیاسی و نظامی داشت و نه از انقلاب صنعتی که دنیای غرب را دچار تحول می‌ساخت مطلع بود. اما امپراطوری ایران سرزمینی پهناور و ثروتمند بود و هنوز در صحنه جهان قدرت بزرگی محســوب می‌شــد و سیاست‌های استعماری و توسعه طلب بر آن چشم طمع داشتند، چنانکه انگلیس‌ها با امپراطوری‌های عثمانی و هند آغاز کرده بودند. روس‌ها نیز دســت کمی از انگلیس‌ها نداشــتند. پس از

۱- شقاوت او با مسیحیان گرجستان که در جستجوی کسب حمایت روسیه تزاری بودند، خاطرات بدی به جای گذاشت.

۲- دودمانی که از ۱۵۰۱ تا ۱۷۳۶ بر ایران سلطنت کرد و در زمان شاه عباس کبیر (۱۶۲۹-۱۵۸۷) به اوج اعتلا و قدرت خود رسید.

اردوکشی ناکام به سواحل دریای خزر و تحمل تلفات بسیار، به تحریک در مناطق شمالی قفقازیه و گرجستان پرداختند و فرمانروایان محلی آن‌ها را که خراج گذار تهران بودند به نافرمانی برانگیختند. فتحعلی در مقام مقابله و ایستادگی برآمد. از محدودیت امکانات نظامی و تسلیحاتی ایران بی‌خبر نبود. سعی کرد با ناپلئون اول متحد شود که به نتیجه‌ای نرسید. ملاقات ناپلئون و آلکساندر اول در تیلسیت و تفاهم موقت آنان امیدهای فتحعلی را نقش بر آب کرد. اما وی در اراده خود تغییری نداد و به سال ۱۸۰۴ به روسیه اعلام جنگ داد. فتحعلی شاه یک نیروی شصت‌هزار نفری فراهم آورد و فرماندهی آن را به فرزند و ولیعهدش عباس میرزا سپرد. با وجود نبوغ و ذکاوت نظامی عباس میرزا و شجاعت و تهور ایرانیان، ایران در جنگ ده ساله خود با روسیه شکست خورد و بر اساس مفاد قرارداد گلستان که در ۲۴ اکتبر ۱۸۱۳ منعقد شد، تسلط خود را به قسمت اعظم گرجستان و بخش مهم دیگری در بلاد قفقاز از دست داد.

عباس میرزا که با حفظ مقام ولایت‌عهد به حکومت آذربایجان منصوب شده بود در طی این جنگ توانست به علل اصلی و اساسی شکست ایران و ضعف کشورش پی ببرد. ساختار حکومت ایران خانخانی بود، ارتش ایلیاتی و توپخانه آن ضعیف و کهنه. پایه همه چیز نوسازی کشور بود. برای تحقق این هدف، عباس میرزا جوانان بسیاری را به اتریش، روسیه و انگلستان فرستاد که در این کشورها به علوم جدید، فنون نظامی و هنر قلعه‌سازی آشنا شوند. این اقدام عباس میرزا نتیجه غیرمستقیم دیگری هم داشت که البته خودش تصور آن را نمی‌کرد. بعضی از این جوانان به طریقت فراماسونری گرویدند و به این ترتیب اول هسته این مسلک به‌وجود آمد که در دهه‌های بعد به خصوص در اواخر قرن نوزدهم، تأثیر بسیار در تحول اجتماعی و سیاسی ایران داشت. شاهزاده نوآور به این کار اکتفا نکرد. افسران اتریشی بسیاری را برای آموزش ارتش جدیدی که در آرزوی ایجادش بود، استخدام کرد. او به اصلاح دستگاه قضائی پرداخت، امر به ترجمه کتب علمی و فنی به زبان فارسی داد. چاپخانه جدیدی بنیاد نهاد. همه این اصلاحات را سردار سپه تقریباً یک قرن بعد از سر گرفت. او ستایش و احترام خود را نسبت به این شاهزاده نوآور و میهن‌پرور پنهان نمی‌کرد. گرچه متعلق به سلسله‌ای بود که وی سبب انقراض آن شد.

روس‌ها خیلی زود متوجه خطری شدند که اصلاحات بنیادی عباس میرزا و تجدید

حیات سیاسی و نظامی ایران برای آنان در برداشت.. آنان ایران را ضعیف و درمانده می‌خواستند، نه توانا. در این گیر و دار بود که به سال ۱۸۳۰ آخوند متعصبی موسم به سیدمحمد مجتهد بر ضد روس‌ها اعلام جهاد کرد و هیاهوی بزرگی برانگیخت که فتحعلی را به جنگ با همسایه شمالی و بازپس گرفتن سرزمین‌های از دست رفته وادارد. عباس میرزا به خطری که کشورش را تهدید می‌کرد متوجه بود. از پدرش التماس کرد که تسلیم عوام بازی و هیاهوی این آخوند و روحانیونی که به دنبال وی براه افتاده بودند، نشود. ضعف ارتش ایران را به پدر تاجدارش یادآور شد. فتحعلی تاب ایستادگی در برابر هیاهوی آخوندها را نداشت و بار دیگر به امپراطوری روسیه اعلام جنگ داد و عباس میرزا را که بیمار و دچار سل استخوانی بود به فرماندهی سپاهیان ایران برگزید. عباس میرزا به فرمان پدر گردن نهاد. این بار جنگ ایران و روس دو سال بیشتر به طول نیانجامید (۱۸۲۸-۱۸۲۶).

ایرانیان شکست خوردند. بر اثر قرارداد ترکمانچای، ایران قسمت‌های باقیمانده ارمنستان و گرجستان و تمام شمال آذربایجان را از دست داد. سیل فراریان و مهاجرین به داخل کشور سرازیر شد و مشکلات بسیار آفرید. مادر رضاخان و خانواده همسر دومش ملکه تاج‌الملوک از فرزندان و نوادگان همین مهاجرین بودند. پرداخت غرامات جنگی سنگینی به ایران تحمیل شد که اگر کشور در پرداخت آن تأخیر می‌کرد. نه تنها روس‌ها مجاز بودند که چند شهر جنوب رود ارس (سرحد جدید ایران روس) را همچنان در اشغال خود نگاه دارند، بلکه اجازه یافتند که به سایر نقاط کشور لشکرکشی کنند. فتحعلی از ترس هجوم ارتش تزارها به تهران به همه این شرائط گردن نهاد. اما از پرداخت غرامات جنگی امتناع کرد و مقرر داشت که پسرش یعنی عباس میرزا، این مبالغ را از محل «عواید آذربایجان» و یا از درآمد و ثروت شخصی خود بپردازد! عباس میرزا ناچار شد حتی اموال و اثاثیه خود را بفروشد تا این وجوه را فراهم آورد. اطرافیانش از او پیروی کردند. با این حال، روس‌ها قبل از تخلیه ایران به غارت اقامتگاه‌های شاهزادگان و بزرگان منطقه پرداختند و مجموعه بی‌نظیر اشیاء عتیقه آرامگاه شیخ صفی‌الدین اردبیلی نیای سلسله صفوی (متوفی به سال ۱۳۳۴ میلادی) ربودند و بردند که بسیاری از آن‌ها هم اکنون در موزه آرمیتاژ سن پطرسبورگ موجود است و به نمایش گذارده شده.

به محض انعقاد قرارداد ترکمانچای، سید محمد مجتهد که به خود عنوان مجاهد داده بود، ناپدید شد. تشخیص عباس میرزا درست بود. آغاز جنگ دوم ایران و روس و هیاهوی سید محمد مجتهد ناشی از توطئه و اغوای عوامل امپراطوری تزارها و یک بازی ماهرانه بود و آخوندی که به وی مجاهد لقب داده بودند عامل و مزدور آن‌ها. اندکی بعد سید محمد در مسکو ظاهر شد. روس‌ها وی را در اقامتگاهی مجلل مستقر کردند و برای قدردانی از «خدمتش» مقرری مناسبی برای خود و اعقابش برقرار شد که پرداخت آن تا انقلاب اکتبر ادامه داشت.

خاطره قرارداد ترکمانچای را ایرانیان هرگز فراموش نکرده و نمی‌کنند و آن را به عنوان مظهر ضعف کشورشان و تحقیر ایرانیان تلقی می‌کنند. از همان زمان بود که بیم و بدبینی نسبت به سیاست روسیه در ایرانیان آغاز شد که تا پایان جنگ دوم جهانی و پس از آن ادامه یافت. از آن پس احتیاط در برابر دو همسایه جنوبی (امپراطوری بریتانیا) و شمالی (روسیه، اتحاد جماهیر شوروی) به صورت یکی از بنیادهای سیاسی و نظامی رویه ایران درآمد.

پنج سال پس از این ماجرا عباس میرزا درگذشت، در حالی که سی و شش سال بیش نداشت. فتحعلی، شاید بر اثر ناراحتی وجدان، شاید برای قدردانی، فرزند ارشد او محمد میرزا را به ولایت‌عهدی برگماشت. سلطنت طولانی فتحعلی شاه که به سال ۱۷۹۷ آغاز شده بود، در ۱۸۳۴ به پایان رسید. تاریخ از سلطنت سی و هفت ساله او تصویری بس منفی ضبط کرده. جهان به سرعت پیش می‌رفت ولی ایران در حال انحطاط و سکون بود و درجا می‌زد. او قسمت مهمی از سرزمین ایران را از دست داد. دلمشغولی او تنها حرمسرای بزرگش بود و ساختن اقامتگاه‌های متعدد برای سکنای همسرانش و یا برای تفریحاتش. از آن جمله است آغاز کارهای ساختمانی کاخ گلستان. تنها نقطه مثبتی که از او در تاریخ بجای مانده تشویقش از شاعران زمان بود که به آغاز یک نهضت تجدد در شعر و ادب فارسی انجامید. خود او نیز از هنر شاعری بی‌بهره نبود و در دیوانش که منتشر شده، چند قطعه‌ای اشعار زیبا می‌توان یافت.

جانشین فتحعلی، محمد شاه از ۱۸۳۴ تا ۱۸۴۸ سلطنت کرد. وی در آغاز پادشاهی، قائم مقام فراهانی، مرد مورد اعتماد و پیشکار پدرش را به صدارت عظمی برگزید. قائم

مقام فراهانی مردی بود ادیب، هنرپرور، مشـوق شـاعران و نویسندگان و آشنا به اوضاع جهانی. او کوشـید کاری را که عباس میرزا آغاز کـرده بود ادامه دهد. جوانان دیگری را برای تحصیل و کسـب دانش به اروپا فرستاد. به نوسازی ساختار اداری کشور پرداخت. مقرری شاهزادگان و درباریان و روحانیون بانفوذ را کاهش داد یا قطع کرد تا در محاسبات خزانه تعادلی برقرار کند. نتیجه آن‌که آخوندها و درباریان علیه او و سیاستش متحد شدند و محمد شـاه ضعیف و تأثیرپذیر را واداشتند که فرمان به قتلش بدهد. در روز ۲۶ ژوئن ۱۸۳۵ قائم مقام را مسموم کردند و به قتل رسید. روزی بد یمن و شوم برای ایران و برای امکان نوسازی و تحول کشور. درویش دلقکی موسوم به حاج میرزا آغاسی که معلم محمد شاه بود به جانشینی قائم مقام منصوب شد و وضع به صورت قبل برگشت.

در این هنگام دامنه شـورش و نافرمانی در غرب افغانسـتان کنونی و ایالت هرات گسترش یافت. محمد شاه تصمیم گرفت که به آن‌جا لشکرکشی کند و قدرت حکومت مرکزی را بار دیگر مسـتقر سـازد. انگلیس‌ها ایران را تهدید کردند که اگر به این اقدام دست بزنند، بندرهای خلیج فارس را به آتش خواهند بست. تهران تسلیم شد. انحطاط و ضعف ایران محتوم بود. باید گفت که محمد شاه بیمار و دچار نقرس شدیدی بود و بیشتر به سـلامت خود توجه داشـت تا به سرنوشت کشورش و حاجی صدراعظم و درباریان دسیسـه‌گر، بهره‌ای از میهن‌دوستی و توجه به منافع و سرنوشت ایران نداشتند. راه برای تحریکات دو امپراطوری بریتانیا و روسیه باز بود و هر یک شبکه عوامل و مزدوران خود را توسعه می‌دادند.

محمد شـاه در سپتامبر ۱۸۴۸ درگذشـت. ولیعهدش ناصرالدین میرزا هنوز بیست ساله نبود. گرچه رسماً عنوان حکومت آذربایجان را داشت. ناصرالدین میرزا حتی امکان پرداخت هزینه انتقالش را به پایتخت نداشت. خزانه تهی بود و اوضاع کشور در آشوب. صرافان و ثروتمندان حتی از وام دادن به او امتناع کردند. کسی برایش اعتباری قائل نبود. خوشـبختانه مردی با قدرت و درایت اسـتثنائی در کنارش بود: میرزاتقی خان فراهانی کـه همـکار نزدیک قائم مقام بـود و او نیز همانند عباس میرزا و قائـم مقام فراهانی به نوسـازی ایران اعتقاد داشت. میرزاتقی خان آشـپززاده‌ای بیش نبود. قائم مقام اول (پدر صدراعظم اصلاح طلب) وی را با فرزند خود (صدراعظم شهید) به تحصیل گماشت چرا

که نبوغ ذاتی و کفایت او را درک کرده بود. میرزاتقی خان هرگز در ادب و نویسندگی و فرهنگ‌پروری به پای هم‌درس خود نرسید. اما در تدبیر و تسلط بر مسائل سیاسی شاید از او هم فراتر رفت. به خدمت عباس میرزا درآمد و در کنار قائم مقام به رتق و فتق امور آذربایجان پرداخت. پس از قتل قائم مقام و در کنار ولیعهد خردسال محمد شاه، عملاً اداره امور آذربایجان به دست او افتاد. دوبار به مأموریت خارج از کشور رفت. بار اول به روسیه، در میان اعضای هیأتی که به ریاست صوری یکی از شاهزادگان قاجار برای عذرخواهی رسمی از قتل گریبایدف[۱] به آن کشور اعزام شده بود. بار دیگر به عثمانی برای مذاکره و عقد قراردادی در باره سرحدات دو امپراطوری.[۲]

در طی این دو سفر طولانی، میرزاتقی خان مطالعات قبلی خود را در باره اوضاع جهان، تکمیل کرد. آن‌چه را در خارج از ایران می‌گذشت دید. با سیاستمداران و مسئولان کشورهای دیگر مذاکره و تبادل نظر کرد و بیش از پیش به ضرورت اصلاحات عمیق برای بازسازی ایران پی برد.

پس از مرگ محمد شاه، مهدعلیا، ملکه مادر ولیعهد، نیابت سلطنت را در تهران به عهده گرفت تا تاج و تخت را برای فرزند خود حفظ کند. میرزاتقی خان به اعتبار و امضای شخصی خود که مورد اعتماد ثروتمندان و بازاریان تبریز بود، وجوه لازم برای پرداخت هزینه انتقال ناصرالدین میرزا را به تهران وام گرفت و مراسم باشکوهی برای تاج‌گذاری وی (۱۳ دسامبر ۱۸۴۸) در پایتخت ترتیب داد. به این ترتیب سلطنت ناصرالدین شاه، چهارمین پادشاه قاجار، آغاز شد که تقریباً نیم قرن (تا ۱۸۹۶) به طول انجامید. نخستین سال‌های پادشاهی ناصرالدین، نویدبخش بود. میرزاتقی خان به عنوان و لقب امیرنظام و سپس امیرکبیر منصوب شد. یعنی در حقیقت همه امور کشوری و لشکری ایران را به کف با کفایت خود گرفت. امروزه ایرانیان از او با لقب امیرکبیر یا حتی امیر یاد می‌کنند و همه او را یکی از بنیان‌گذاران ایران نوین و آغاز کننده اصلاحات و تغییرات اساسی در کشورشان تلقی می‌کنند. امیر، به راه عباس میرزا و قائم مقام رفت و همه مُصلحان بعدی تا زمان مشروطیت و سپس خاندان پهلوی به راه او رفتند.

۱- سفیر تزار در تهران، که شاعری معروف هم بود. Griboiedov
۲- مرزهای کنونی ایران و ترکیه در همین زمان تعیین شدند. (قرارداد ارزروم)

از سپتامبر ۱۸۴۸ تا دسامبر ۱۸۵۱، امیرکبیر که خواهر تنی شاه، عزةالدوله‌را به همسری اختیار کرده بود، کوشش کرد که ایران را به صورت یک کشور متجدد و هم‌آهنگ با پیشرفت و تحول دنیا درآورد. ابتدا با ارتشی کوچک موفق شد شورش‌ها و نافرمانی‌هایی را که در چند نقطه کشور پدیدار شده بود فرو نشاند. از اتریش، مربیانی برای تربیت صاحب منصبان ارتش جدید ایران استخدام کرد که هم به انگلیس‌ها گران آمد و هم به روس‌ها که کشور را سرزمینی تحت نفوذ خود می‌خواستند و می‌دانستند و با حضور ابرقدرتی دیگر در صحنه امور آن مخالف بودند. در همین راستا کارگاه‌های اسلحه‌سازی و به‌ویژه توپ‌ریزی ایجاد شد. بر اساس یک گزارش رسمی انگلیس‌ها، یک سال بعد از صدارت امیر ارتشی که تحت فرمان او بود بر بیش از ۱۳۲۰۰۰ افسر و سرباز و مستخدم غیرنظامی با تشکیلات و سلسله مراتبی منظم شامل بودند. افسران و درجه‌داران و سربازان مرتباً مقرری خود را دریافت می‌داشتند که این خود انقلابی در رویه‌های آن دوران بود. امیر، واحد خاصی برای حفاظت شاه و ابنیه سلطنتی تشکیل داد که در حقیقت احیای همان «گارد جاویدان» زمان هخامنشیان بود.

انگلیس‌ها از تجدید حیات نیروی نظامی ایران سخت بیمناک شدند. فرستاده دولت بریتانیا در تهران، در گزارش به پالمرستون[1] که در رأس دیپلماسی آن کشور بود خطرات اعتلای قدرت نظامی ایران را یادآور شد و افزود که این امر ممکن است بار دیگر بلندپروازی‌های دیرین ایرانیان را احیا کند و خطری برای منافع بریتانیا به وجود آورد.[2] احساس این خطر هنگامی که امیر تصمیم به ایجاد یک نیروی دریایی برای ایران گرفت افزایش یافت و پالمرستون به ایران یادآور شد که «لندن نمی‌تواند چنین رویه‌ای را تحمل کند.» امیرکبیر با فرانسه و سپس امریکا وارد مذاکره شد که ناوهای جنگی مورد نیاز ایران را از این دو کشور خریداری کند. اما دیگر دوران قدرت و حیاتش اجازه تحقق این آرزو را نداد.

تنظیم امور مالی و تعادل دخل و خرج دولت برنامه‌ی بزرگ دیگر امیر بود که در سال

۱- Lord Palmerston- هم اوست که گفت: «بریتانیای کبیر دوست یا دشمن ندارد. فقط منافع ثابتی دارد که باید در حفظ آن‌ها بکوشد.»

۲- مقایسه این بیان با نگرانی‌های جهان غرب از اعتلای قدرت نظامی و سیاسی ایران در سال‌های ۱۹۷۰ بی‌فایده نیست. تشابه رفتاری امریکا و انگلیس را با شاه، با رفتار لندن نسبت به امیر نمی‌توان نادیده گرفت. (مترجم)

دوم صدراتش تحقق یافت. مانند قائم‌مقام از هزینه‌های دربار و مقرری‌های شاهزادگان و اطرافیان شاه کاست. نتیجه آن که آنان نیز به جمع دشمنانش افزوده شدند مخصوصاً مهدعلیا مادرشاه که امیر «هرزگی‌ها»ی او را برنمی‌تافت و مکرراً از شاه می‌خواست که به آن ها خاتمه دهد.

اقدامات و تصمیمات امیر در همه شئون جامعه ایران گسترش یافت. او تلقیح اجباری بر ضد آبله را برقرار کرد[1]. نخستین بیمارستان دولتی ایران را بنیان نهاد. کشور دارای نخستین پست خود، موسسه نامه‌رسانی دولتی بین تهران و شهرهای مهم گردید، که همان پست‌خانه مبارکه دولت علیه باشد.

امیر بنیان گذار نخستین روزنامه ایران، جریده «وقایع اتفاقیه» است که در زمان او منظماً و سپس تا انقلاب مشروطیت کم و بیش طبع و نشر می‌شد. فرمان ناصرالدین‌شاه در مورد تأسیس این روزنامه جالب است. در آن بر ضرورت اطلاع همگان از آنچه «در غرب و شرق دنیا» می‌گذرد تأکید شده. بدین‌سان راه بر آموزش اجباری که آن هم در دوران سلطنت پهلوی‌ها آغاز گردید، گشوده شد.

تحریکات سفارتخانه‌های خارجی علیه اصلاحات امیر سبب شد که او شبکه مراقبت خاصی برای نظارت بر اعمال آنان و مخصوصاً روابطی که با شخصیت‌های ایرانی برقرار می‌کردند، به وجود آورد که به «خفیه نویسان» مشهور شدند و آنرا می‌توان نخستین دستگاه اطلاعاتی ایران دانست. در سیاست بین‌الملل، امیر با اتریش، فرانسه و پروس نزدیک شد که بدین ترتیب تعادلی با نفوذ روس و انگلیس در ایران به بوجود آورد. همچنین یک معاهده دوستی و همکاری با ایالات متحده امریکا و سپس با ژاپن منعقد کرد.[2]

امیر سعی کرد به بدرفتاری‌هایی که با متدینان به ادیان دیگر می‌شد پایان دهد. جزیه را لغو کرد. مجازات ترک اسلام و گرویدن به مذاهب دیگر را از بین برد. با ایجاد نخستین

۱- آبله کوبی همگانی که در زمان امیر آغاز شده بود، سپس به دست فراموشی سپرده شد و پس از کودتای سوم اسفند آن را از سر گرفتند.(مترجم)

۲- این سیاست را همه دولت‌های ایران در سال‌های بعد از مشروطیت نصب‌العین خود قرار دادند. مخصوصاً رضاشاه و نیز طی چند سالی محمدرضاشاه به آن توجه خاص داشتند و بهای آن را هم پرداختند، چنان که نویسندگان در صفحات بعدی کتاب به تفصیل درباره آن گفتگو کرده‌اند. (مترجم)

محاکم غیرشـرعی کوشـید به برابری همه ایرانیان در مقابل دستگاه عدالت جامه عمل بپوشاند. مانند زمان شاه عباس کبیر به آنان اجازه‌ی تأسیس مدارس اختصاصی داده شد که از حفاظت دولت برخوردار بودند. امیر آنان را ایرانیانی مانند ایرانیان مسلمان و برابر با آنان می‌دانست. با همان حقوق و با همان وظایف، نه بیشتر و نه کمتر.

رفتار او با کسانی که به دیانت بابی (و سپس بهائی) گرویده بودند جز این بود. به‌ویژه هنگامی که آن‌ها در مقام شورش بر ضد حکومت مرکزی و مقاومت مسلحانه برآمدند و یا به آن متّهم شدند و سوءقصدی به جان شاه شد که همه آن را به بابیان نسبت دادند. ایرانیان بهائی همواره نسبت به این جنبه از سیاست امیر با نظر انتقاد نگریسته‌اند.[1]

طرح نخستین نقشه شهرسـازی برای پایتخت ایران نیز اندیشــه دیگر امیر بود که فرصت پیاده کردن آن را نیافت. اما شاید، مهم‌ترین اقدام امیر بنیان گذاری نخستین مرکز آموزش عالی به سبک جدید در ایران، یعنی دارالفنون بود. امیر هیأتی را مأمور اتریش کرد که استادان مورد نیاز را در آن‌جا استخدام کنند. امپراطور اتریش فرانسوا ژزف[2] اعضای آن را شخصاً به حضور پذیرفت. و در حسن انجام وظیفه‌ای که داشتند مراقبت کرد. چندین استاد اتریشی - دو ایتالیائی - یک فرانسوی و یک هلندی استخدام شدند و به ایران آمدند. در این میان ساختمان دارالفنون به دست ایرانیان طراحی شد و به انجام رسید.[3] دارالفنون در حقیقت دانشگاهی بود که در آن هفت رشته تدریس می‌شد. از جمله علوم، پزشکی، فنون نظامی و هنر قلعه‌سازی و استحکامات. به تصمیم امیر قرار بر آن شد که همه دروس به زبان فرانسه تدریس شود و بر هر استادی مترجمی گمارده شد. اما دانشجویان ایرانی خیلی زود فرانســه را فرا گرفتند و نیاز به مترجم در سال‌های بعدی از میان رفت. سریعاً تعداد دانشجویان به پانصد تن رسید که همه آنان مقرری (بورس) دریافت می‌داشتند. روز دهم دسامبر ۱۸۵۱، ناصرالدین شاه شخصاً دارالفنون را افتتاح کرد. اما امیر کبیر دیگر آن‌جا نبود. دشمنانش در خفا به دور مهد علیا و شخصی موسوم به میرزا آقاخان نوری که علناً

۱- نگاه کنید به دکتر فریدون وهمن، صد و شصت سال مبارزه با آئین بهایی، باران، ۲۰۱۰.
۲- FRANÇOIS JOSEPH، امپراطور اتریش و سپس اتریش هنگری متولد به سال ۱۸۳۰، وی در سال ۱۸۴۸ به تخت سلطنت نشست و تا پایان عمرش به سال ۱۹۱۶ امپراطور بود. (مترجم)
۳- بعد از تأسیس دانشگاه تهران، عمارتِ دارالفنون به دبیرستان اختصاص یافت که از مهم‌ترین مدارس متوسطه ایران محسوب می‌شد. گویا اخیراً مقامات جمهوری اسلامی این دبیرستان را تعطیل کرده‌اند و این بنای تاریخی اندک اندک به مخروبه‌ای تبدیل شده. در سال ۱۹۷۸ وزارت علوم و آموزش عالی وقت، مدرسه عالی پلی‌تکنیک تهران را به دانشگاه تبدیل کرده و بر آن امیر کبیر نام نهاد. (مترجم)

دست نشانده سفارت انگلیس بود و سودای جانشینی امیر را داشت، گردهم آمدند. در همه کشورها و در همه ادوار، سیاست‌های خارجی به دست مزدوران داخلی مقاصد خود را در داخل ممالک دیگر به انجام رسانده و می‌رسانند. سید محمد «مجاهد» نخستین روحانی سرشناسی بود که خود را به روس‌ها فروخت و میرزا آقاخان نوری نخستین سیاستمداری که به مزدوری انگلیس‌ها درآمد. هر دوی آن‌ها راه‌گشای بسیاری دیگر بودند.

سرانجام ناصرالدین در برابر فشار سیاست‌های خارجی (روس و بخصوص انگلیس) روحانیون و درباریان و مادرش که در حقیقت بازیچه آنان شده بود، تسلیم شد. او جوان و ضعیف بود. به وی می‌گفتند چه کسی بر مملکت حکومت می‌کند، شاه یا صدراعظم؟ او چگونه به خود اجازه داده (البته در یادداشتی محرمانه) هرزگی مهدعلیا را نکوهش کند؟ اگر قدرت مطلقه را به دست گیرد چه خواهد شد؟ تا کجا می‌توان سفارتخانه‌های خارجی را ناراضی و ناراحت کرد؟...

ناصرالدین کمتر از چهارسال بعد از آغاز صدارت امیر، فرمان به عزل او داد. قسم خورد که جان وی را حفظ کند. وی را به کاشان تبعید کردند و عملاً در باغ فین زندانی شد. قسم شاه ارزشی نداشت. اندکی پس از برکناری امیر دستور قتل وی را صادر کرد و در روز ۱۰ ژانویه ۱۸۵۲ این جنایت بزرگ، که یکی از روزهای سیاه تاریخ ایران است عملی شد.

در این روز شوم و سیاه، ایران یکی از بزرگ‌ترین خدمتگزاران خود را از دست داد. قتل امیر سبب توقف همه اصلاحاتی شد که وی آغاز کرده بود. اصلاحاتی که پس از انقلاب مشروطیت و بعد از روی کار آمدن سردار سپه دوباره از سر گرفته شد. اصلاحات امیر پیش از دوران مِی جی[1] در ژاپن آغاز شد و اگر ادامه می‌یافت و موفق می‌شد به همان نتایجی می‌رسید که کشور آفتاب تابان به آن نائل شد. البته با توجه به اوضاع و احوال و تاریخ و ویژگی‌های ایران و ایرانیان. ایران از همان قرن نوزدهم در شمار کشورهای نیرومند درمی‌آمد. اما اصلاحات امیر عوامل مقتدر بسیاری را ناراحت می‌کرد و به منافع

۱- Meiji، نامی که به صد و بیست و سومین امپراطور ژاپن داده شد که از ۱۸۶۷ تا ۱۹۱۲ بر آن کشور سلطنت و حکومت کرد و منشاء اصلاحاتی شد که این کشور را به قدرتی بزرگ تبدیل نمود. می جی به همان اصلاحات و اقداماتی دست زد که امیرکبیر آغاز کرده بود. اما دلیلی در دست نداریم که از امیر الهام گرفته باشد. (مترجم)

آنان لطمه می‌زد: نخست ملکه مادر و درباریان که امیر نه هرزگی‌های آنان را برمی‌تافت و نه ولخرجی‌ها و فسادشان را. سپس روحانیون را که از توفیق امیر در جدایی تدریجی دیانت و سیاست و عرفی ساختن قوانین بیمناک شدند و می‌دانستند که امتیازات خود را از دست خواهند داد. و بالاخره دو ابرقدرت همسایه ایران را که کشور را ناتوان و درمانده می‌خواستند و بلند پروازی‌های ایران را تحمل نمی‌کردند که مانع اِعمال نیات سوء آنان شود.

سِرپرسی سایکس[1] سال‌ها بعد، یعنی در ۱۹۱۵، در تاریخ ایران خود نوشت، «می گویند هر ملتی شایسته حکومتی است که دارد. اگر این بیان درست باشد باید بر حال ایران و ایرانیان گریست. ایران حکومتی قرون وسطائی دارد که مسئولان آن اندیشه‌ای جز کسب مال و پر کردن جیب‌های خود ندارند. با این حال، تأثر و تأسفی که بر هر بازدید کننده کاخ فین و باغ‌های وسیع اطراف آن دست می‌دهد، نشان آن است که اگر امیرکبیر بیست سال بر ایران حکومت کرده بود و مردانی پاکدامن و با کفایت چون خودش پرورش می‌داد، ایران امروز حال و روزی دیگر داشت. قتل امیرکبیر یک فاجعه واقعی برای ایران بود و راه ترقی را بر این کشور بست». تجزیه و تحلیلی درست، آن هم از جانب یک سیاستمدار و صاحب نظر بریتانیائی.

پس از برکناری امیرکبیر، میرزا آقاخان به صدارت عظمی برگزیده شد. شاه و مهدعلیا، همسر امیر را واداشتند که به عقد ازدواج پسر صدراعظم جدید درآید. عزت‌الدوله ناچار به اطاعت شد. اما پس از برکناری میرزا آقاخان از شوهر دوم خود طلاق گرفت.

بهر تقدیر باید گفت که خاندان سلطنت، به ویژه مهدعلیا، روحانیون، سفارتخانه‌های روس و به‌ویژه انگلیس با عزل و قتل امیر پیروزی بزرگی به دست آوردند. اما نام امیرکبیر برای ایرانیان به صورت یک افسانه و حماسه درآمد و قتلش لکه ننگی برای قاجاریه شد. ایران از آن پس دارای دو دشمن دائم شد. امپراطوری‌های روس و انگلیس، مانند لهستان که طی چندین قرن رودرروی پروس و روسیه و طمع‌های استعماری و ارضی آنان بود.

با قتل امیر دوران تاریک و سیاه تاریخ معاصر ایران آغاز شد. انقلاب مشروطیت

۱- سرپرسی سایکس Sir Percy Sykes – دیپلمات و مورخ معروف انگلیسی که ایران را نیز خوب می‌شناخت. تاریخ ایران History of Persia وی هنوز هم معتبر است. (مترجم)

(۱۹۰۶) روزنه امیدی گشود که خیلی زود بسته شد و دوران روشنائی در ۲۳ فوریه ۱۹۲۱ آغاز گردید.

* * * * *

در سال‌های پس از قتل امیر، ایران بار دیگر با مسأله هرات روبرو شد که هنوز رسماً جزئی از این کشور بود. در ژانویه ۱۸۵۳ تهران قراردادی با لندن منعقد کرد که در آن از همه حقوق خود بر هرات و سودای نوعی حاکمیت بر سرتاسر افغانستان چشم‌پوشی کرد. اما بر اثر بی‌نظمی‌ها و شورش‌هایی که در افغانستان روی داد، ناصرالدین تصمیم به لشکرکشی به هرات گرفت. روس‌ها که در جنگ کریمه درگیر بودند، او را به این اقدام تشویق کردند که مزاحمتی برای بریتانیای کبیر فراهم آورند. شاهزاده مراد میرزا حسام‌السلطنه، پسر عباس میرزا، به فرماندهی نیروهای اعزامی ایران برگزیده شد و افرادش هرات را به محاصره خود درآوردند که این شهر در ۲۵ اکتبر ۱۸۵۶ تسلیم شد و به تصرف ایرانیان درآمد. لندن بلافاصله تصمیم گرفت که از «بیداری» مجدد ایران جلوگیری کند. در اول نوامبر، فرماندار کل هندوستان رسماً به ایران اعلام جنگ داد. در روز چهارم دسامبر بحریه انگلیس ابتدا جزیره خارک و سپس بندر بوشهر را گلوله باران و سپس تصرف کرد. ناوگان بریتانیا سپس به سوی شهرهای ساحلی دیگر خلیج فارس پیش رفتند و حتی کشتی‌هایی وارد شط کارون شدند. ایران وسیله‌ای برای دفاع از بنادر و سواحل خود نداشت. پالمرستون حق داشت که مانع ایجاد نیروی دریایی ایرانی در خلیج فارس شود و دیگر امیرکبیر هم نبود که از کشور دفاع کند. ناصرالدین ناچار به تسلیم شد و فرمان به تخلیه هرات داد.

در ۴ مارس ۱۸۵۷، به وساطت ناپلئون سوم، قرارداد پاریس بین دو دولت به امضا رسید و ایران رسماً و برای همیشه از تمام دعاوی خود بر سرزمین‌های افغانستان چشم‌پوشی کرد. این آغاز عقب‌نشینی‌ها و چشم پوشی‌های دیگر بود. در سال ۱۸۸۱، همه مناطق تحت نفوذ یا استیلای ایران در آسیای مرکزی به همان علل و دلایل، یعنی فقدان نیروی نظامی و قدرت سیاسی از دست رفت. در این میان انگلستان تسلط خود را در قسمتی از بلوچستان و مجمع‌الجزایر بحرین و چند جزیره دیگر در خلیج فارس برقرار کرد و ایران به سرحدات کنونی خود تنزل یافت. از قدرت و نفوذ دوران صفوی، به‌ویژه شاه عباس کبیر، بلندپروازی‌ها و فتوحات نادر و حتی آقا محمدخان قاجار دیگر اثری باقی

نماند. ایران بهای گران قتل امیر را می‌پرداخت.

دوران چهل و هشت سال سلطنت ناصرالدین شاه، سال‌های نکبت‌باری برای ایران و ایرانیان بود. ناصرالدین فقط به شکار و به زن علاقه داشت. او نخستین پادشاه ایران بود که به باختر زمین سفر کرد. طی سه مسافرت طولانی و پرهزینه عازم کشورهای اروپایی شد، ۱۸۷۳ – ۱۸۷۸ – ۱۸۸۹، بهانه رسمی این سفرها «بررسی» برای یافتن اندیشه‌های نوینی در زمینه پیشرفت و تحول ایران بود. اما فکری به سرش نیامد!

هر چه بیشتر سعی کرد که درهای ایران را به هر اندیشه و طرح نوینی به‌بندد، حتی روزنامه رسمی وقایع‌اتفاقیه که امیر بنیان نهاده بود منظماً منتشر نمی‌شد. می‌بایست ایرانیان را در نادانی و تاریکی نگاه داشت تا بتوان بر آنان بی‌هیچ دشواری حکومت کرد. با این وجود، بیداری ایرانیان آغاز شده بود. مسافرت و اقامت طولانی سید جمال‌الدین اسدآبادی معروف به افغانی در ایران و انتشار اندیشه‌هایش در کشور، یکی از عوامل این بیداری بود. جراید فارسی زبان لندن[۱] و کلکته[۲] یا اسلامبول[۳] در خفا به ایران می‌رسیدند و دست به دست می‌گشتند و گروه کوچکی از برجستگان جامعه به انجمن‌های فراماسونی گرویده بودند و با اندیشه‌های آزادیخواهانه انس و الفت یافتند. سید جمال‌الدین اسدآبادی یکی از بنیان گذاران این انجمن‌ها در ایران بود.

ایرانیان که دیگر چشم به‌راه مردی سرنوشت ساز نبودند در جستجوی راه نجات دیگری برآمدند: دموکراسی غربی. در آخرین سال‌های سلطنت ناصری جامعه ایران به ظاهر امن و آرام، اما نارضائی‌های بسیار در آن در حال پیدایش بود. در ماه مه ۱۸۹۶، در حالی که دربار با تحمل هزینه‌های بسیار سرگرم به برپایی مراسمی برای پنجاهمین سال سلطنت ناصرالدین، پادشاه ذوالقرنین، بود، وی در صحن حضرت عبدالعظیم، امامزاده‌ای در نزدیکی تهران، به دست یکی از پیروان سید جمال‌الدین، موسوم به میرزا رضا کرمانی و به احتمال قوی به اشاره یا تشویق او به قتل رسید. خود سید جمال را نیز در استانبول به فرمان سلطان عبدالحمید زهر دادند و کشتند. چرا که اندیشه‌هایش مقبول دربار عثمانی و مخصوصاً این سلطان مستبد که به خونخواری شهرت داشت نبود.

۱- قانون – که پرنس ملکم خان ناظم‌الدوله بانی آن بود. (مترجم)
۲- حبل المتین. (مترجم)
۳- اختر. (مترجم)

مظفرالدین میرزای ولیعهد که سالخورده و بیمار بود بر جای پدر به تخت سلطنت نشست. شاه جدید، گرچه خسته و ظاهراً از طول مدت انتظارش برای رسیدن به تاج و تخت دلگیر و تا حدی نومید بود، با این حال به استقراض از خارج و به گرو گذاشتن دارائی‌های مملکت، سه بار به اروپا سفر کرد. اما سفرهای او و همراهان متعددش در گشایش افق فکری جامعه بی‌اثر نبود. مظفرالدین برخلاف پدرش مردی متمایل به سازش و دور از خشونت بود. در اطرافش چند تنی روشنفکر و آشنا به مسائل دنیای متحول آن روز بودند. دهه سلطنت او سرآغاز دگرگونی اوضاع ایران شد. در تهران و چند شهر دیگر موج نارضائی از گرانی نرخ ارزاق و زورگوئی حکام و ارباب قدرت و مداخلات سیاست‌های خارجی در امور کشور اندک اندک بالا گرفت و به تظاهرات مردمی تبدیل شد. جناحی از روحانیون و انجمن‌های فراماسونی که دیگر علنی شده بود، این تظاهرات را عملاً رهبری می‌کردند. همه خواستار پایان زورگوئی حکومت، استقرار عدالت قضائی و تحدید اختیارات دربار، یعنی شخص شاه، بودند.

به این ترتیب در روز ۱۵ اوت ۱۹۰۶، مظفرالدین فرمان مشروطیت را توشیح کرد و سپس قانون اساسی ایران که ملهم از قانون اساسی بلژیک بود، تهیه، تصویب و اعلام شد.

فرمان مشروطیت به خط و انشاء یکی از درباریان روشنفکر آن دوران، قوام‌السلطنه است و قانون اساسی را برادران پیرنیا (حسن، مشیرالدوله و حسین مؤتمن‌الملک) و محمد علی فروغی (ذکاءالملک) تدوین کردند.

فرمان مشروطیت و قانون اساسی ۱۹۰۶ به سلطنت استبدادی در ایران پایان داد و قوای مملکت را ناشی از ملت دانست.

حق حاکمیت ملی متعلق به همه ایرانیان اعلام شد که حقوق خود را از طریق نمایندگان منتخب خویش اعمال می‌کردند. سلطنت ودیعه‌ای اعلام شد که به خواست خداوند (موهبت الهی) از جانب ملت به شاه تفویض می‌شود. نتیجه آن‌که مانند هر ودیعه دیگری قابل استرداد می‌بود.

سلطنت مطلقه ناشی از مشیت الهی در ایران به پایان رسید. کاتب فرمان، قوام‌السلطنه، مشیرالدوله، مؤتمن‌الملک، ذکاءالملک و تنی چند از روشنفکران و مصلحین آن زمان از

جمله فراماسون‌ها بودند. و نیز از دو تن روحانی بلند پایه‌ای که حرکت مشروطه را رهبری کردند. یک تن قطعاً[۱] و دیگری به احتمال قریب به یقین[۲] به این طریقت تعلق داشتند.

فرمان مشروطیت و پس از آن اعلام قانون اساسی، ناشی از یک انقلاب اصیل و مردمی بود. ایران نخستین کشور منطقه و نخستین کشور اسلامی است که دارای حکومت مشروطه شد. اندیشه‌های والای امیرکبیر، استقلال ملی، توسعه اقتصادی، بنیان‌گذاری صنایع جدید، ایجاد یک زیربنای اقتصادی، گسترش آموزش عالی، زندگی دوباره یافتند. اما دوران تحقق آرزوهای بزرگ ایرانیان کوتاه بود.

پنج روز پس از اجرای فرمان مشروطیت و افتتاح مجلس، مظفرالدین شاه درگذشت. یک نوع هرج و مرج انقلابی یا سیاسی جایگزین حکومت مطلقه سلطنتی شد. کاری از پیش نمی‌رفت.

بحران سیاسی بین‌المللی و رقابت بین ابرقدرت‌های اروپائی باعث شد که با میانجی‌گری فرانسه، بریتانیای کبیر و امپراطوری روسیه که رو در روی قدرت فزاینده آلمان و متحدانش بودند، اختلافات دیرینه خود را در آسیا کنار بگذارند. این دو امپراطوری در ۳۱ اوت ۱۹۰۷ قراردادی در زمینه تقسیم ایران به مناطق نفوذ امضا کردند. تهران و منطقه مرکزی ایران از این تقسیم برکنار ماند که اصطکاکی میان قوای دو ابرقدرت که هر یک نظارت منطقه نفوذ خود را به دست گرفتند، ایجاد نشود. ارتش روسیه وارد شمال ایران شد و به کشتار میهن‌پرستان پرداخت. انگلیس‌ها قدری ملایم‌تر بودند. اما دست کمی نداشتند. تهران به این تقسیم و پی‌آمدهای آن شدیداً اعتراض کرد. هیچ کس حتی به خود زحمت نداده بود که دست کم تقسیم ایران را به دو منطقه نفوذ و یک منطقه بی‌طرف قبلاً به مقامات ایرانی اطلاع دهد. ایران ناتوان و درمانده بود و محلی از اِعراب نداشت.

محمد علی میرزا، ولیعهد مظفرالدین شاه بر تخت سلطنت نشست. او مردی بود خشن و مستبد الرای. رعایت قانون اساسی و حاکمیت ملی را برنمی‌تافت. بر آن شد که با پشتیبانی روس‌ها بساط مجلس و مشروطیت را برچیند. کودتا کرد. به فرمان او لشکر قزاق مجلس را در ژوئن ۱۹۰۸ به توپ بست. بسیاری از سران انقلاب مشروطه یا به قتل

۱- سید عبدالله بهبهانی (مترجم)
۲- سید محمد طباطبایی (مترجم)

رسیدند، یا زندانی و تبعید شدند. حکومت خشن و استبدادی او یکسال بیشتر به طول نیانجامید. آذربایجان و سپس گیلان (در سواحل جنوبی دریای خزر) به پا خواستند. سپس بختیاری‌ها هم به آنان پیوستند و سرانجام قوای مشروطه‌خواهان تهران را در ژوئیه ۱۹۰۹ فتح کردند. محمد علی شاه معزول و تحت حمایت روس و انگلیس روانه تبعید شد و مشروطیت دوباره برقرار گشت. سلطان احمد میرزا ولیعهد شاه مخلوع، به سلطنت رسید. اما چون یازده ساله بود، دو نایب‌السلطنه پیاپی[۱] به انجام وظایف وی منصوب شدند تا او به سن قانونی سلطنت (۲۰ سالگی) برسد. هرج و مرج سیاسی و ناامنی نه تنها در سرتاسر کشور که حتی در تهران حکمفرما بود. دولت‌های زودگذر می‌آمدند و می‌رفتند. خزانه تهی بود و حکومت حتی در پایتخت نیز قدرتی نداشت. حکومت مرکزی و وحدت ملی توهمی بیش نبود. آغاز نخستین جنگ جهانی (۱۹۱۴) بر دشواری‌ها افزود. ایران اعلام بی‌طرفی کرد. اما قدرت و وسیله تضمین آن را نداشت. قوای روس و انگلیس و عثمانی قسمت‌های مهمی از خاک کشور را اشغال کردند. کشور در حال اضمحلال بود.

انقلاب ۱۹۱۷ در روسیه امیدهای زودگذری به وجود آورد. پس از انعقاد قرارداد برست لیتوسک (۳ مارس ۱۹۱۸)، با امپراطوری آلمان رژیم جدید مسکو، شوروی استقرار یافت و همه امتیازاتی را که تزارها بعد از ۱۸۱۳ در ایران به دست آورده بودند ملغی اعلام داشت. اما سرزمین‌های اشغالی را برای خود نگاه داشت.[۲]

فروپاشی موقت قدرت امپراطوری روسیه – و پیروزی متفقین بر اتحاد مثلث سه امپراطوری آلمان – اتریش و عثمانی، عملاً امپراطوری بریتانیا را به صورت تنها ابرقدرت حاضر و نافذ در منطقه خاورمیانه درآورد. به‌ویژه که در زمان جنگ دریاداری انگلیس قسمت اعظم سهام شرکت نفت ایران و انگلیس[۳] را که صاحب امتیاز استخراج منابع نفتی جنوب ایران بود خریداری کرده و دیگر هرج و مرج و ناامنی را در این کشور تحمل نمی‌کرد. بیم تسلط بلشویک‌ها بر ایران یا قسمتی از ایران، لندن را واداشت که ارتشی به فرماندهی ژنرال آیرونساید[۴] به قفقازیه اعزام دارد که از نیروهای روس سفید حمایت کنند، باشد که از پیشرفت کمونیست‌ها جلوگیری شود. ولی هزیمت روس‌های سفید موقعیت

۱- عضدالملک رئیس ایل قاجار و ناصرالملک همدانی، قره گزلو. (مترجم)

۲- با این حال ایران نخستین دولتی بود که حکومت جدید روسیه را به رسمیت شناخت.

3- Anglo-Persian Oil Company

4- Ironside

سوق‌الجیشی ایران را بیشتر کرد و این کشور را در خط اول جبهه مقاومت در برابر انقلابیون و خطر پیشرفت آنان به سوی جنوب قرار داد. سقوط ایران، هندوستان را مستقیماً به خطر می‌انداخت و حفظ تمامیت و موقعیت آن به صورت اولویت اصلی سیاست لندن در منطقه درآمد. پس انگلیس‌ها بر آن شدند نوعی شبه تحت‌الحمایگی بر ایران تحمیل کنند و «منطقه مقاومتی» در برابر رفتار «غیرقابل نظارت» بلشویک‌ها بوجود آورند. لاجرم قرارداد ۱۹۱۹ با دولت وقت ایران امضا شد. چند سیاستمدار ایرانی با دریافت رشوه‌های کلان به امضای این قرارداد گردن نهادند. شاید هم گمان می‌بردند که راه چاره دیگری برای حفظ ایران نیست! طبق این قرارداد که در ظاهر به استقلال و موجودیت ایران احترام می‌گذاشت – نظارت و اداره قوای مسلح – سازمان اداری و مالی و دستگاه‌های عمده دولتی ایران به انگلیس‌ها تفویض می‌شد.[۱] انتشار متن قرارداد ۱۹۱۹، اعتراض و قیام یکپارچه مردم ایران را برانگیخت. حتی احمد شاه ضعیف‌النفس و محتاط یکی دوبار تظاهر به مخالفت با آن کرد.[۲]

بی‌تکلیفی و هرج و مرج و آشوب ادامه داشت. در ۱۸ مه ۱۹۲۰ نیروهای سرخ در بندر انزلی (واقع در کنار دریای خزر، استان گیلان) پیاده شدند و مرکز ایالت گیلان را به تصرف خود درآوردند و در آن‌جا از تشکیل حزب کمونیست ایران حمایت کردند، یا بانی آن شدند.

ورود قوای ارتش سرخ به ایران، خطر را به امپراطوری بریتانیا نزدیک‌تر کرد و لندن را سخت نگران ساخت. در این هنگام بود که لندن به فکر ترتیب یک «کودتا» در ایران افتاد تا حکومتی مقتدر در این کشور به وجود آورد، از فروپاشی آن جلوگیری کند و قادر به ایستادگی در مقابل بلشویک‌ها باشد تا، در نهایت امر، آیرونساید بتواند قوای خود را از منطقه خارج کند.

سه تن برای رهبری این کودتا پیش بینی شده بودند، یک روحانی عوام‌باز و جاه‌طلب، سید حسن مدرس، یک شاهزاده قاجار فیروزمیرزا نصرت‌الدوله، که در گردنه اسدآباد گیر کرده بود و نتوانست خود را به تهران برساند، به علاوه نقطه ضعف دیگری هم داشت: او

۱- مشابه قراردادهایی که با مصر و عراق (بعد از وصول این کشور مصنوعی به استقلال) منعقد شد. اما ایران نه مصر بود و نه عراق. (مترجم)
۲- گرچه به دریافت مقرری خود از خزانه‌داری اعلیحضرت پادشاه بریتانیای کبیر ادامه داد! (مترجم)

مردی تحصیل کرده و دانش آموخته در دانشگاه آکسفورد بود اما به نزدیکی با انگلیس‌ها اشتهار داشت و یکی از بانیان ایرانی قرارداد ۱۹۱۹ محسوب می‌شد و بنابر این حضورش در رأس کودتا مهر انگلیسی به آن می‌زد. داوطلب سوم روزنامه‌نویس پرشور، جاه‌طلب و جوانی بود که چهره یک «مرد نوین» داشت: سیدضیاءالدین طباطبائی. او بدون تردید قبول کرد. اما نیروی نظامی لازم برای کودتا در اختیار نداشت. در آن موقع فقط لشکر قزاق قادر به این کار بود، همان لشکری که ده‌ها سال پیش با کمک روسیه تزاری ایجاد شده بود و دیگر یک فرمانده ایرانی داشت. میرپنج رضا خان[1]، طبیعتاً انگلیس‌ها با او تماس گرفتند.

ژنرال آیرونساید به دیدار رضاخان رفت. به اتفاق نظر همه راویان رضا او را ایستاده پذیرفت. گفتگوی میان این دو تن آسان نبود. از هر جهت با یکدیگر متفاوت بودند. هر دو از خودراضی و تا حدی متکبر بودند. با این حال ژنرال انگلیسی دقیق و انسان شناس خیلی زود دریافت که رضاخان بدلباس و به دور از رعایت آداب معاشرت همان کسی است که می‌تواند کارساز باشد. وی هم‌چنین متوجه شد که رضاخان مانند او از خطر استیلای بلشویک‌ها بر ایران بیمناک است و می‌خواهد در برابر آن ایستادگی کند و مصمم است که به هر قیمت از اضمحلال ایران جلوگیری کند، یعنی آن‌چه بریتانیایی هم در آن زمان می‌خواستند. رضاخان هم، باهوش و جاه‌طلبی ذاتی خود، دانست که لحظه سرنوشت برای او فرا رسیده. او در نخستین ملاقاتش با سیدضیاء فهمید که این روزنامه‌نویس پرشور و ناطق زبردست در برابر قدرت اراده و بلندپروازی او وزنه‌ای به‌شمار نمی‌آید. می‌دانست که انگلیس‌ها به او نیاز دارند و کس دیگری نیست که در آن روزها بتواند جانشین وی شود. بازی غریبی بود. هر یک می‌خواست دیگری را وسیله قرار دهد. در آن لحظه انگلیس‌ها و سیدضیاء با رضاخان یک هدف داشتند. زمان اختلاف نظر هنوز نرسیده بود.

در روز ۲۳ فوریه، رضاخان در رأس لشکر قزاقش به آسانی بر پایتخت ایران تسلط یافت. کودتائی تقریباً بدون خونریزی، افرادش کاخ سلطنتی را محاصره کردند. او چنان‌که دیدیم خود را فرمانده کل قوا معرفی کرد و اعلامیه معروفش «من حکم می‌کنم ...» را انتشار داد.

نمایندگان «اعلیحضرت پادشاه» بریتانیا، بقیه کار را انجام دادند. احمد شاه را به عزل

۱- میرپنج را می‌توان معادل سرتیپ تلقی کرد. در متن کتاب فقط نوشته شده است رضاخان، که شرح احوالش قبلاً آمده بود. (مترجم)

نخســت‌وزیر وقت واداشتند[1] و فرمان انتصاب ســیدضیاء را که اصلاً نمی‌شناخت از او گرفتند. سیدضیاء در نخستین دیدارش با احمد شاه از او خواست که با فرمان دیگری وی را به ســمت «دیکتاتور» کشور منصوب کند[2]. اما سلطان قاجار دیگر زیر بار نرفت. رضا خان طالب وزارت جنگ بود. سیدضیاء که از همان آغاز کار از او بیمناک شده بود، قبول نکرد. رضا ناچار شد سر فرود آورد. مبارزه میان این دو نفر اول کودتا[3] از همان روز آغاز شد.

هشت روز بعد، احمدشاه رضاخان را به لقب و سمت «سردار سپه» معنون و منصوب کرد. یعنی عملاً فرماندهی یا لااقل اداره ارتش را به او ســپرد. گویا حتی از نخست وزیر خود کسب نظر نکرده بود. شاه می‌خواست از رضاخان برای تضعیف سیدضیاء استفاده کند زیرا از مقاصد و جاه‌طلبی او ســخت می‌ترســید. رضاخان به نوبه خود در احمدشاه عامل و وسیله‌ای برای ضعیف کردن نخست وزیر می‌دید و هر چه بیشتر نسبت به سلطان قاجار اظهار اطاعت و وفاداری و کوچکی می‌کرد.

شــاید نخســت‌وزیر در ابتدای کار متوجه این بازی ماهرانه نشد. به ذکاوت و اراده سیاسی خود و به حمایت دولت بریتانیا اعتماد داشت و می‌بالید. حکام ایالات مختلف را که مخالف خود می‌پنداشت و زیر بارش نمی‌رفتند عزل کرد. دستور به بازداشت بیش از یک‌صد تن از شخصیت‌های برجسته سیاسی، درباریان، شاهزادگان بانفوذ، روزنامه‌نویسان داد. پایتخت ایران متشنج و اوضاع سیاسی آشفته بود.

در این گیرودار بود که وزیر مختار بریتانیا نزد نخســت‌وزیر رفت و خواستار آزادی شــاهزاده فیروزمیرزا نصرت‌الدوله شد، همان وزیر اســبقی که برای انجام کودتا در نظر گرفته شده و بر اثر برف و راه بندان در گردنه اسدآباد گیر کرده بود و اکنون در زندان به ســر می‌برد. نخست وزیر یادداشتی در این زمینه خطاب به سردار سپه نوشت و فرستاده انگلیس‌ها را نزد او هدایت کرد. زیرا زندانیان در تحویل قوای انتظامی بودند.

۱- فتح الله خان اکبر، ســپهدار رشــتی، مردی ســلیم النفس که در رأس یک دولت محلّل قرار داشت و می‌گویند تا ساعت نه صبح همان روز، نه از خبر عزل خود اطلاع داشت و نه از تعیین جانشینش. با کسی کاری نداشت و کسی را هم با او کاری نبود. (مترجم)

۲- سید ضیاء در خاطراتش به این نکته اذعان دارد و می‌گوید که می‌خواست موسولینی ایران شود. نگاه کنید به صدرالدین الهی – سیدضیاء، انتشارات شرکت کتاب، ۲۰۱۱. (مترجم)

۳- اصطلاح از صدرالدین الهی است. (مترجم)

رضا خان سردارســپه فرستاده سفارت را که حامل دستور نخست وزیر بود، ایستاده پذیرفت. از او سبب دیدارش را پرسید. دیپلمات انگلیسی جواب داد که برای آزادسازی شــاهزاده نصرت‌الدوله آمده است. رضاخان گفت: «ممکن است علت این تقاضای خود را بفرمائید؟» دیپلمات جواب داد: «شاهزاده به دریافت نشان از اعلیحضرت پادشاه بریتانیا مفتخر شده و به همین سبب تحت حمایت ما است. شما نمی‌توانید او را در زندان نگاه دارید». پاسخ رضاخان سرد و قاطع بود: «نشانش را پس بگیرید» و به گفتگو خاتمه داد. شاید این جریان نقطه آغاز تضادها میان لندن و سردار سپه باشد. واقعه دیگری این برودت و تضاد را تشدید کرد و تقریباً به یک برخورد دیپلماتیک میان دو کشور ایران و انگلیس منتهی شد. اقامتگاه تابستانی فرستادگان انگلیسی در قلهک (واقع در شمال تهران آن روز) واقع بود. برای تأمین آسایش آن‌ها و جلوگیری از استقرار افراد «نامناسب» در محل، قنسول انگیســی اعلامیه‌ای در آن‌جا منتشــر کرده و به در و دیوار نصب کرده بود که همه نقل و انتقالات ساکنان قلهک باید با اطلاع قبلی و اجازه قنسولگری باشد. این اعلامیه، که حداکثر تحقیر نسبت به ایران و ایرانیان بود سخت بر سردار سپه گران آمد. ارتباط مستقیمی با او و حیطه مسئولیتش نداشت. اما دستور داد که اعلان‌ها را از دیوارهای محل بکنند و به قنسول ابلاغ کرد که دیگر از این قبیل مداخلات در امور کشور ایران اجتناب کند و دیگر رو در روئی میان رضاخان و انگلیس‌ها آغاز شده بود.

رضاخــان مرد میدان و «کارســاز» بود. اما نه آن چنان که انگلیس‌ها می‌پنداشــتند و می‌خواستند.

در این ماه فوریه ۱۹۲۱، محمدرضا پسر ارشد رضا خان و نیمتاج خانم آیرملو - ملکه تاج‌الملوک بعدی - دو ساله بود و در خانه کوچکی (سه اطاقه) در محله سنگلج واقع در مرکز تهران می‌زیست.

فصل سوم

شاهنشاه

بیشترین و نخستین دل‌مشغولی رضاخان سردار سپه، پس از آن‌که قدرتش در راس قوای مسلح مسجل شد، وضع پایتخت کشور بود.

تهران آن روز هیچ نداشت. نومیدی و تنگدستی بعضی از ساکنان شهر به آن جا رسیده بود که برخلاف تمام سنت‌ها و قواعد ملی و دینی، اجساد مردگان خود را نیز در کنار کوچه‌ها رها می‌کردند، یا به خندق‌های شهر می‌انداختند باشد که «بلدیه، - سازمانی ناتوان، بی‌نظم و ترتیب- آن‌ها را جمع‌آوری و کفن و دفن کند. نظمیه، تهران که چند افسر سوئدی در رأس آن بودند، ضعیف و درمانده بود. اراذل و اوباش، چاقوکشان حرفه‌ای و لشوش و الوات بر بسیاری از محلات تهران حکومت می‌کردند. جان و مال و ناموس کسی از دست این باج‌بگیران در امان نبود. بیشتر مردم جرئت نداشتند که شب‌ها از خانه‌های خود بیرون بیایند زیرا که امنیتی در کار نبود. به محض غروب آفتاب، تهران سرد و خاموش بود. تنی چند از صاحبان قدرت و ثروت، با مشعل‌داران یا فانوس به دستان و همراهی محافظان مسلح از منازل خود خارج شده به این سو و آن سو می‌رفتند.

در بسیاری دیگر از شهرها وضع از این هم بدتر بود.

رضاخان از مدت‌ها پیش به اولویت استقرار آسایش و امنیت در «دارالخلافه ممالک محروسه ایران» اندیشیده بود. نخستین گام وی آن بود که نظمیه را تحت فرماندهی خود بگیرد و به آن نظمی بدهد و این کار را کرد. سپس ژاندارمری را در قوای مسلح تحت فرمان خود ادغام کرد. نه نخست‌وزیر به وی چنین دستوری داده بود و نه سلطان احمد شاه. دیگر اتخاذ تصمیم از خود او بود و رأساً عمل می‌کرد. در این گیرو دار تعدادی از درجه‌داران لشکر قزاق، «قدیمی‌ها» به قول خودش که به آنان اعتماد کامل داشت، از سربازخانه‌ها ناپدید شدند و چند روزی خبری از آن‌ها نبود. سه یا چهار روز پس از بازگشت آنان به محل خدمت خود، در این سو و آن سوی تهران و در خندق‌های پایتخت، اجساد سردستگان اشرار و باج بگیران محلات یافته شد. هیچ کس ارتباط رسمی میان این دو اتفاق نیافت، یا جرئت بیان آن را نیافت. تقارن یا اتفاقی بیش نبود. اما آسودگی خاطر به ساکنان تهران بازگشت. و «قاطعان طریق» ناپدید شدند! رضاخان امنیت را در تهران برقرار کرده بود. اعلامیه‌های رئیس دولت را کسی نمی‌خواند. امنیت بازیافته شهر را همه احساس می‌کردند.

روابط سلطان احمد شاه و نخست وزیرش روز به روز تیره و تیره‌تر می‌شد. آخرین پادشاه قاجار رفتار بی‌بند و بار سیدضیاء و عدم توجه او را به آداب و رسوم دربار تحمل نمی‌کرد. سید در برابرش می‌نشست بدون آنکه شاه او را دعوت به نشستن کرده باشد، دائماً سیگار می‌کشید که دور از نزاکت درباری بود، او را «شما» خطاب می‌کرد و سوم شخص جمع را به کار نمی‌برد. بدتر از همه آنکه بسیاری از شاهزادگان و اطرافیان شاه را توقیف کرده بود و سلطان قاجار تحت فشار نزدیکان خود و اقوام آنان قرار داشت.

احمدشاه در جستجوی تلافی بود. خیلی زود به اختلاف سید با سردار سپه پی برد و دریافت که نخست وزیر سودائی جز تضعیف سردار سپه در سر ندارد. سید برای آن که سردار را تحت نظر و قدرت خود بگیرد، پیشنهاد کرد که او را به وزارت جنگ منصوب نماید ولی فرماندهی کل قوا را «برای رعایت اصول» از او سلب کند. شاه پذیرفت. رضاخان وزیر جنگ شد. اما سلطان احمد شاه او را از سمت و عنوان سردار سپه برکنار نکرد. ترفند سیدضیاء به ضرر او تمام شد. از آن پس دیگر رضاخان مرکز قدرت شد. برای بیست سال.

تصمیم احمد شاه برای برکناری نخست وزیر قطعی شده بود. سید جز سفارت انگلستان حامی و پشتیبانی نداشت. شاه از وزیر جنگ، که آنی از ابراز کوچکی و فرمانبری نسبت به او خودداری نمی‌کرد یاری خواست. سید ضیاء را به کاخ (فرح‌آباد) احضار کرد و از رضاخان خواست که در همان محل حاضر و گوش به امر باشد. در روز ۲۵ مه، به استناد قانون اساسی که در غیاب یا به هنگام تعطیل قوه مقننه اختیار کامل عزل و نصب وزیران (و در نتیجه نخست وزیر را) به شاه داده بود. برخورد نهائی میان دو تن درگرفت. شاه برکناری نخست وزیرش را به او ابلاغ کرد. نخست وزیر برآشفت و تندی کرد. شاه رضاخان را فراخواند. به اشاره او، سردار سپه به چند صاحب منصبی که همراهش بودند گفت: «آقا را به خانقین ببرید»[1]. دوران صد روزه حکومت سید به پایان رسیده بود[2]. نخست وزیر سیگار به لب و بدون خداحافظی شاه را ترک کرد. از سرحد ایران به بغداد و سپس به اروپا رفت، مدتی در مونترو در سوئیس زندگی می‌کرد و سرانجام به فلسطین که سرزمینی تحت حکومت بریتانیا بود، رفت و در آنجا به «فلاحت» مشغول شد و در سال ۱۹۴۲ به ایران بازگشت.

شاه قانوناً می‌توانست سردار سپه را به ریاست دولت برگزیند و چه بسا سردار چشم به راه این تصمیم بود. اما او تصمیم دیگری گرفت. افکار عمومی در انتظار انتصاب یکی از شخصیت‌های وجیه‌الملّه بود. شاه مردی قدرتمند را که می‌پنداشت قادر به رو در روئی با وزیر جنگ است برگزید: احمد قوام‌السلطنه.

قوام‌السلطنه به سال ۱۸۷۳ (یا به قولی ۱۸۷۷) متولد شده بود. پس از تحصیلات سنتی متعارف و آموختن زبان و ادب و تاریخ، و زبان فرانسه، به خدمت دربار قاجار درآمده بود. به سال ۱۹۰۶ و صدور فرمان مشروطیت به وسیله مظفرالدین شاه قاجار او دبیر حضور بود و سمت یا عنوان وزارت داشت. کاتب فرمان مشروطیت اوست. هم در مفادش که اصل حاکمیت ملی و ایجاد مجلس و پایان سلطنت مطلقه را در بر داشت و هم در تحریرش – چرا که مردی بسیار خوش خط بود. پس از آن مدتی وزیر جنگ بود و سپس در سال ۱۹۱۸ به سمت والی یا حاکم خراسان و سیستان، بزرگ‌ترین ایالت آن

۱- خانقین، منطقه مرزی ایران و بین‌النهرین آن روز و عراق امروز که هنوز وجود نداشت. (مترجم)
۲- روایت سیدضیاءالدین از این صحنه با آن چه در اینجا آمده اندکی متفاوت است. نگاه کنید به سیدضیاء... کتاب ذکر شده. (مترجم)

روز ایران، برگزیده شد و مأموریت یافت که در مقابل تجاوزات بلشویک‌ها و مداخلات انگلیس از طریق بلوچستان و افغانستان مقاومت و تمامیت ارضی و حاکمیت ایران را حفظ کند. او در مشهد - مرکز خراسان - عملاً چون نایب‌السلطنه رفتار می‌کرد. پس از کودتا زیر بار سیدضیاء نرفت و حتی به دستورات و ابلاغات وی اعتنائی نکرد و پاسخی نداد. نخست وزیر دستور به توقیفش داد. ژاندارم‌ها او را بازداشت کردند با او بدرفتاری‌ها شد. اقامتگاهش را غارت کردند و خودش را تحت‌الحفظ با درشکه به تهران انتقال دادند و در باغشاه زندانی کردند.

قوام‌السلطنه مردی بود بسیار ثروتمند، خوش پوش، باسواد، به غایت مبادی ادب، از خودراضی و مشهور به جاه‌طلبی، در راه رسیدن به قدرت و حکومت رضاخان سردار سپه، تنها مانع او بود و تضاد منافع میان این دو غیرقابل اجتناب گردید. قوام‌السلطنه تنها شخصیتی بود که سردار سپه (و رضاشاه بعدی) از قدرت و نفوذش بیم داشت. اندکی بیش نماند که او نیز سردار را، مردی تازه به دوران رسیده، مبری از آداب و تشریفات و ظرائف و ناآشنا به اشراف منشی می‌دانست که خود مظهر و نمونه تمام عیار آن بود.

قبل از اعلام عزل سیدضیاء، شاه وزیر دربار خود شاهزاده شهاب‌الدوله را با اتومبیل رلزرویس سلطنتی به سراغ قوام‌السلطنه در زندان باغشاه فرستاد که عنایت و ابراز احترامی استثنائی بود. در این هیأت بود که یک زندانی با لباس مندرس به فرح‌آباد آمد و به ریاست دولت برگزیده شد، حال آن‌که نخست وزیر در راه تبعید بود.

به این ترتیب در ۴ ژوئن ۱۹۲۱ قوام‌السلطنه (که احمد شاه به او لقب جناب اشرف هم داد) نخستین کابینه خود را معرفی کرد.

همسر قوام‌السلطنه در مشهد مانده بود، داستان حرکتش به تهران قابل توجه است. به دستور نخست وزیر او را نیز محرمانه توقیف کردند، جواهرات و اموال شخصی‌اش مصادره شد. با وجود سرمای سخت زمستان و بیماری‌اش او را در یک گاری انداختند و راهی تهران کردند. در شاهرود، شهری میانه راه تهران و مشهد، به او خبر دادند که اقامتگاهش در تهران مُهر و موم شده. اجازه یافت که تلگرافی به نخست وزیر بفرستد. در این پیام به رفتار زشتی که با وی می‌شود، توقیف بدون مجوزش و ضبط اموالش در

تهران اعتراض کرد. روز بعد پاسخ تلگراف خود را دریافت داشت. که در آن «رئیس‌الوزرا» اعلام داشته بود که شخصاً از او در اقامتگاهش استقبال خواهد کرد و تلگراف با عرض دست‌بوسی ختم می‌شد و به امضای قوام‌السلطنه بود. بازی غریب سرنوشت.

پس از عزل و تبعید سیدضیاء، شاه مجلس جدید را افتتاح کرد و دمکراسی پارلمانی دوباره برقرار شد. شش دولت یکی پس از دیگری در مدتی کوتاه اداره امور کشور را به دست گرفتند. قوام‌السلطنه پیاپی دوبار نخست وزیر بود. بار دوم از سپتامبر ۱۹۲۱ تا ژانویه ۱۹۲۲.

حسن پیرنیا (مشیرالدوله) جانشین او شد. سپس مستوفی‌الممالک (حسن مستوفی) جای او را گرفت که اندکی بعد جای خود را به مشیرالدوله داد. وزیران تقریباً همان‌ها بودند و جابجا می‌شدند.

در این دوران آشفته، اوضاع داخلی ایران اندک اندک تغییر یافت. احمد شاه، بیشتر اوقات در فرانسه بود. سلسله قاجار دیگر اعتبار و احترامی نداشت. مردم شاهان قاجار را مسئول انحطاط کشور و همه بی‌نظمی‌ها و حقارت‌ها می‌دانستند. احمد شاه علناً به خاطر زنبارگی و تجارت گندم (که در شأن شاه نمی‌بود) مورد انتقاد بود.

قوام‌السلطنه طی ماه‌هائی که در رأس حکومت بود عملاً اختیارات تام داشت. یکی از نخستین اقداماتش تأسیس مدرسه عالی فلاحت (دانشکده کشاورزی بعدی) بود که تنی چند از استادانش از فرانسه استخدام شدند. قانون دیگری برای حمایت از محصولات و مصنوعات داخلی به تصویب رسید که سازمان‌های دولتی را مکلف به مصرف آن‌ها می‌کرد. مقررات ثبت اسناد و معاملات اموال غیرمنقول وضع و اجرای آن‌ها آغاز شد. تصمیمی که برای روحانیون خوش‌آیند نبود و یکی از امتیازات مهم و منابع درآمد آنان را سلب می‌کرد. کابینه مشیرالدوله شیر و خورشید سرخ ایران و سپس انستیتو پاستور را تأسیس کرد که یک متخصص فرانسوی برای مدیریت آن برگزیده شد. سرانجام اصلاحات و تغییراتی که از زمان مشروطیت مردم چشم به راه آن‌ها بودند در سایه امنیت و نظمی که در کشور ایجاد شده بود، اندک اندک جامه عمل می‌پوشید.

در ۲۸ اکتبر ۱۹۲۳، مجلس شورای ملی، به نخست وزیری رضاخان سردار سپه

رأی تمایل داد. به این ترتیب او تا ۸ اوت ۱۹۲۵، پیاپی سه کابینه مختلف تشکیل داد و در رأس قوه مجریه بود. رضاخان طی سه سال قبل به تدریج موقعیت سیاسی و مملکتی خود را برقرار و تحکیم کرده بود. به یاری دوستان و همکاران نزدیکش – چه نظامی و چه غیرنظامی – توانسته بود امنیت را در سرتاسر ایران برقرار و مخصوصاً از تجزیه کشور جلوگیری کند. شورش‌های محلی یا ایلیاتی را که تقریباً همیشه از حمایت سیاست‌های خارجی برخوردار بودند، فرونشانده بود. طی همین سال‌ها مسکو متوجه شد که روز به روز قدرت و نفوذ وی افزایش می‌یابد و کوشید که به وی نزدیک شود و عوامل خود را در مناطق شمالی کشور به حال خود رها کرد[1] که همه آن‌ها به سرعت پراکنده شدند، به روسیه گریختند یا با حکومت مرکزی از در سازش درآمدند. مدارک و گزارش‌هایی که از این دوران در دست است نشان می‌دهند که فرستادگان مسکو مرتباً و گاهی هر روز با رضاخان سردار سپه و نخست‌وزیر ملاقات می‌کردند. سیاست استقلال ملی رضاخان و حساسیت یا دشمنی که با انگلیس‌ها داشت، برای مسکو مفید بود. ولی هنوز چهره واقعی او را ندیده و نشناخته بودند.

رضاخان هنگامی که به ریاست دولت رسید، به سرعت تحقّقِ تغییرات و اصلاحات مملکتی افزود. نخستین اقدام او تنظیم امور مالی و تعادل بودجه کشور بود. سپس یک وام پنج میلیون دلاری از ایالات متحده امریکا برای خرید اسلحه و تجهیزات ضروری برای ارتش، دریافت شد. رضاخان تقویت و تجهیز و نوسازی ارتش را ضامن وحدت و قدرت ایران می‌دانست. پیاده کردن این برنامه به شاهزاده قاجار، امیر لشکر امان‌الله میرزا جهانبانی که فارغ‌التحصیل بهترین مدرسه نظام روسیه تزاری بود سپرده شد. اما تنظیم امور ارتش تنها به دست یک تن میسر نبود. تصمیم گرفته شد که شصت تن و سپس هر ساله چهل تن از جوانان ایرانی که در انتخاب آنان حداکثر دقت انجام گرفته بود، برای تحصیل فنون نظامی به فرانسه اعزام شوند. به این ترتیب بسیاری از افسرانی که استخوان‌بندی ارتش نوین ایران را تشکیل دادند فارغ‌التحصیلان مدارس نظام معروفی بودند چون سن سیر[2]،

۱ - اشاره است به جناحی از نهضت جنگل که علیرغم میرزاکوچک خان مسلکِ اشتراکی داشتند و با روس‌ها همکاری می‌کردند. احسان‌الله خان و دار و دسته‌اش جعفر جوادف (که بعداً پیشه‌وری نام گرفت) و بسیاری دیگر از آن جمله بودند. حیدر عمواغلی بنیان‌گذار نهضت کمونیستی در ایران طی همین دوران در شرائطی که هنوز روشن نیست در گیلان به قتل رسید. (مترجم)

۲ - Saint Cyr- یکی از معتبرترین دانشکده‌های افسری جهان. (مترجم)

فونتن بلو[۱]، سمور[۲] یا مدرسه عالی پزشکی نظامی لیون[۳]. سردار سپه به این هم اکتفا نکرد و با الهام از سن سیر دانشکده افسری تهران را بنیان نهاد و یک افسر عالیرتبه فرانسوی را به فرماندهی آن گماشت. این تدابیر برای انگلیس‌ها ناخوشایند بود که عدم رضایت خود را دیگر پنهان هم نمی‌کردند.

بحران دیگری به وخامت روابط رضاخان با لندن افزود و آن ماجرای شیخ خزعل بود. این شیخ تقریباً بلامنازع و به استقلال بر خوزستان حکومت می‌کرد. از سردار سپه و هدف‌هایش بیم داشت و علناً و رسماً تحت‌الحمایه بریتانیا بود. مردی بود بسیار ثروتمند، خشن، بی‌پروا و سنگدل. در خدمت انگلیس‌ها و به‌ویژه شرکت نفت جنوب بود و امنیت منطقه را برای آنان تأمین می‌کرد. خزعل هر ساله مالیات یا باجی به تهران می‌پرداخت و خود را در امان می‌پنداشت. کار او به جایی رسید که یک قرارداد تحت‌الحمایگی با لندن امضا کرد و خود را در پناه بریتانیای کبیر در امنیت کامل می‌دید و علم شورش برافراشت. هدف‌های وی در سال ۱۹۲۴ علنی شد. لندن از او علناً حمایت می‌کرد. در تهران نیز بسیاری به وی حسن نظر داشتند باشد که به دست او سردار سپه را تضعیف یا حتی برکنار کنند. از جمله یاران خزعل محمد حسن میرزا ولیعهد و نایب‌السلطنه و آخوند پرنفوذ و متعصبی موسوم به سیدحسن مدرس بودند. شیخ سپاهی مرکب از سی هزار سوار نظام و مجهز به چند توپ فراهم آورد و رسماً ادعای خودمختاری کرد. شورش شیخ خزعل برای سردار سپه قابل تحمل و قبول نبود. او می‌خواست ایران را متحد کند و شیخ سودای تجزیه کشور را داشت. سردار شخصاً فرماندهی قوای اعزامی به خوزستان را به دست گرفت و سرتیپ جوانی موسوم به فضل‌الله زاهدی را به نیابت خود برگزید و اعلام داشت که «به خوزستان می‌روم که یا آخرین نغمه‌های ملوک‌الطوائفی را از میان بردارم و یا در زیر خرابه‌های شوش مدفون شوم.»[۴] در این لشکرکشی، سردار سپه برای اول بار در تاریخ ایران سه هواپیمای کوچک نیز در اختیار داشت: نیروی هوایی ایران.

لندن بی‌درنگ به این لشکرکشی سردار اعتراض کرد، سپس در یک «اتمام حجت»

---

۱ - Fountainebleau – در رشته توپخانه. (مترجم)

۲ - Saumur- مدرسه عالی سوار نظام. (مترجم)

3 -Lyon.

۴ - ماجرای شورش و تجزیه طلبی شیخ خزعل و «کمیته قیام سعادت» او و سرانجام کارش به تفصیل در کتاب دکتر هوشنگ نهاوندی سه رویداد و سه دولتمرد، از انتشارات شرکت کتاب، لس‌آنجلس، ۲۰۰۹، آمده است. (مترجم)

رسمی یادآور شد که شیخ خزعل «تحت‌الحمایه» بریتانیای کبیر است، که عملیات نظامی، امنیت حوزه نفتی جنوب ایران را به خطر می‌اندازد و در سـرحدات عراق که سـرزمینی تحت مسئولیت بریتانیا بود مسأله می‌آفریند. رضاخان به این تهدیدها اعتنائی نکرد. نخستین مصاف بزرگ او با انبوه سپاهیان شیخ در اول نوامبر ۱۹۲۴ در زیدون روی داد و پیروزی نصیب سـردار شـد در ۱۹ نوامبر خزعل در تلگرافی از گذشـته ابراز تأسف کرد و عذر خواست. رضاخان پاسخ داد که «عذرش در صورتی پذیرفته خواهد شد که شخصاً تسلیم شود». شیخ تسلیم نشد. از رضاخان می‌ترسید. منتظر مداخله نظامی انگلیس‌ها و دستوری از احمدشـاه بود که در آن هنگام در نیس می‌زیست. اما هیچ‌یک کاری نکردند. سرانجام پس از مداخله نیروی هوائی کوچک سردار سپه، خزعل به اهواز که دیگر به تصرف قوای رسمی درآمده بود، وارد شد و تقاضای شرفیابی کرد. رضاخان مدتی وی را منتظر گذاشت و بالاخره رخصت داد که بیاید. شیخ بار یافت. خود را به پای سردار انداخت و در حضور جمع تقاضای عفو کرد که پذیرفته شد. رضاخان به او اجازه داد که به اتفاق یکی از سران ایل بختیاری که از همدستانش بود به کشتی خود که در نزدیکی محمره (خرمشهر) لنگر انداخته بود و او می‌پنداشت که در آب‌های بین‌المللی است برود و در آن جا اقامت کند. سرکشی شیخ و دعوی استقلال کمیته قیام سعادت رسماً پایان پذیرفت. اما تحریکات این امیر پرنخوت که می‌خواسـت سلطان قسـمتی از خاک ایران شود و هم‌چنان از حمایت ولیعهد و مدرس و مخالفان سردار سپه در تهران برخوردار بود، هم‌چنان ادامه داشت.

رضاخان به سـرتیپ زاهدی که به سـمت حاکم کل و فرماندهی قوای خوزسـتان منصوب شـده بود، دسـتور داد کـه کار را فیصله دهد. زاهـدی در یک طرح ضربتی با کماندوی کوچکی از درجه‌داران ورزیده، شبانگاه ناگهان به هنگامی که خزعل در کشتی خود مجلس طرب و بزم برقرار کرده و مسـت بود حمله کـرد، وی را ربود و بی‌درنگ به تهران اعزام داشت. افراد مسلحش خلع سلاح شدند، کشتی وی و چند ناوچه توپدار او مصادره گردید. ولی به دستور رضاخان، خانه بزرگی در تهران، خانه و باغ وسیعی در شـمیران به وی اختصاص یافت که با اسـتفاده از ثروت کلانش در آن‌جا زندگی مرفه و مجللی داشت و گه گاه به حضور شاه نیز بار می‌یافت.[1]

---

۱ - شیخ اندکی قبل از آغاز جنگ جهانی دوم در سن قریب به هشتاد سالگی در تهران درگذشت. جنازه‌اش در امامزاده عبدالله مدفون است. (مترجم)

پایان شورش خزعل، پیروزی بزرگی برای سردار سپه بود و در حقیقت راه نیل به مرحله بالاتری را بر او گشود. در ۱۴ آوریل ۱۹۲۵، با وجود مخالفت‌های بسیار، مجلس عنوان ریاست عالیه ارتش و فرماندهی کل قوا را به عنوان سردار سپه او افزود. دیگر برای احمد شاه قدرت و اعتباری باقی نمانده بود. برادرش محمد حسن میرزا ولیعهد در تهران مانده و سمت نیابت سلطنت داشت اما نزد مردم منفور بود. تنها کسی که می‌توانست مرد میدان رو در روئی با رضاخان سردار سپه باشد و مانع راه او گردد. قوام‌السلطنه بود. او را متهم به توطئه علیه رئیس دولت و فرمانده کل قوا کردند. نظمیه اسنادی (محتملاً ساختگی) ارائه داد و به اقرارهای چند تنی که بازداشت شده بودند استناد کرد. قوام‌السلطنه جلب و اقامتگاهش بازرسی و عملاً غارت شد. در این موقع احمد شاه از خود غیرتی نشان داد و از نخست‌وزیرش در تلگرافی که از نیس مخابره شده بود خواست (یا دستور داد) که به این حرکات خاتمه داده شود. قوام‌السلطنه آزاد و به اروپا تبعید شد و سرانجام در پاریس رحل اقامت افکند. اندکی قبل از جنگ دوم جهانی اجازه یافت که به ایران برگردد و به املاک خود در لاهیجان برود ولی از مداخله در امور سیاسی و مملکتی ممنوع شد.

با خروج اجباری قوام‌السلطنه از میدان سیاست، دیگر مانعی در راه صعود سردار سپه به مرحله بعدی قدرت وجود نداشت. در این هنگام بود که در سرتاسر ایران نهضتی برای پایان دادن به سلطنت و برقراری جمهوری به راه افتاد. طرفداران سردار و فرماندهان پادگان‌های محلی به این آتش دامن می‌زدند. همه جا اشاره به الگوی ترکیه و برقراری جمهوریت در آن کشور می‌شد. در سرتاسر ایران موافقان و مخالفان سلطنت قاجاریه و برقراری نظام جمهوری به مبارزه با یکدیگر برخاستند. حتی در میدان بهارستان و صحنه مجلس شورای ملی.

در آن زمان کسی برای قاجاریه امیدی نمی‌دید و خلع احمد شاه را همگان غیرقابل اجتناب و محتوم می‌دانستند. اما اعلام جمهوریت، آن هم به پیروی از الگوی ترکیه، یعنی جدائی مذهب از سیاست و منع مداخله روحانیون در امور عرفی و مملکتی خوش آیند روحانیت نبود. سران جامعه روحانی در قم و مشهد و نجف به رضاخان سردار سپه توصیه کردند که مانع گسترش نهضت جمهوری‌خواهی شود و خود بر تخت سلطنت نشیند.

در ۴ آوریل ۱۹۲۵، سردار سپه در اعلامیه‌ای از مردم خواست که به تظاهرات به نفع

جمهوریــت خاتمه دهند. او در این اعلامیــه بر ضرورت ادامه اصلاحات تأکید کرد و از همگان خواست که وحدت ملی را حفظ کنند و در راه نجات کشور با او یگانه شوند.

مقصــودش از ایــن عبارات چه بود؟ آینــده خیلی نزدیک آن را عیــان کرد. در این گیرودار، قانونی که در ژوئن ۱۹۲۳ کابینه مشــیرالدوله به تصویب قوه مقننه رســانده و انتخــاب یک نام خانوادگــی را الزامی کرده بود به مرحله اجرا درآمد. طبیعتاً کلیه رهبران سیاسی و نخبگان کشور کوشیدند که در این زمینه پیش قدم شوند. رضاخان در رأس آن‌ها بود. می‌بایست چه نامی را برگزینند؟ سواد کوهی، نامی که در آغاز دوران خدمتش به کار می‌گرفت؟ پهلوان، مانند همه افراد طایفه و اقوامش؟ سردار، راه‌حل دیگری برگزید و به توصیه روشنفکران و کارشناسانی که در اطرافش بودند و او را ناجی آینده ایران می‌دانستند. نام پهلوی را انتخاب کرد که البته اشــاره‌ای به پهلوان و نام طایفه‌اش بود اما در حقیقت اشارتی به زبان پهلوی در برداشت که زبان ایرانیان قبل از قرن هفتم میلادی، حمله عرب و تحمیل خشــونت‌آمیز اســلام به مردم ایران بود. انتخاب نام پهلوی نشان از هدف‌های سیاسی و جاه‌طلبی رضاخان سردارسپه داشت. به خودی خود محتوی نام سلسله‌ای جدید و بازگشت به ریشه‌های تاریخ و تمدن و سنت‌های کهن ایرانی بود.

در روز ۷ آوریل ۱۹۲۵، یعنی سه روز پس از صدور اعلامیه‌ای که در آن به نهضت جمهوریت پایان داده شده بود، رضاخان، سردارسپه و رئیس دولت نامه‌ای به مؤتمن‌الملک (حسین پیرنیا) رئیس وجیه‌المّله و محترم مجلس نوشت و استعفای خود را به او – و نه به احمد شاه که هنوز رئیس قانونی مملکت بود – تقدیم داشت. سردار سپه در این نامه علت استعفای خود را ناشی از «تحریکات مفسدین و دسائس عمال بیگانه و ایجاد دلسردی» دانســت و بی‌درنگ عازم ملک کوچکی شــد که به تازگی در بومهــن (نزدیکی تهران) خریــداری کرده بــود. به همه اطرافیانش گفته بود که پس از مدتی کوتاه به قصد زیارت عازم کربلا خواهد شــد و از آن‌جا به یکی از ممالک خارجی – احتمالاً ترکیه – خواهد رفت و در آن‌جا فرود خواهد آمد.

احمد شاه تصور کرد که لحظه سرنوشت و تغییر مسیر تاریخ برای او فرا رسیده است. در تلگرافی به رئیس مجلس اعلام داشــت که استعفای نخست وزیری که اصولاً به وی تقدیم نشــده بود می‌پذیرد. در پیام دیگری مستوفی‌الممالک (حسن مستوفی) شخصیت

وجیه‌المله و مقبول عامه را به ریاست دولت برگزید، مشیرالدوله (حسن پیرنیا) را به وزارت جنگ و امیر لشکر امان‌الله میرزا جهانبانی رئیس ارکان حرب قشونی (ستاد کل ارتش) را به مسئولیت اداره امور ارتش گمارد.

اعلام این تصمیمات از جانب پادشاهی که عملاً فاقد قدرت و نفوذ بود، موجی از تظاهرات و نارضائی برانگیخت. هیأتی مرکب از نخست‌وزیر و وزیر جنگی که خود او برگزیده بود (مستوفی‌الممالک و مشیرالدوله) و تنی چند از برجستگان کشور چون مصدق‌السلطنه و مستشارالدوله راهی اقامتگاه سردار شدند و از او خواستند که به پایتخت بازگردد. مجلس رضاخان پهلوی را مجدداً به ریاست دولت برگزید. برای احمد شاه دیگر آبروئی باقی نمانده و مسخره خاص و عام شده بود. اما رئیس دولت به بازی سیاسی ماهرانه‌ای ادامه داد، در چند پیام پیاپی جویای احوال شاه شد و از او خواست که هر چه زودتر تاریخ مراجعت خود را معین کند که خودش شخصاً تا سرحد به استقبال وی برود! برای حفظ ظاهر بهتر از این نمی‌شد عمل کرد. رضاخان می‌خواست نشان دهد که در چهارچوب قانون اساسی عمل می‌کند. اما برای ابراز مخالفت و عدم احترام خود نسبت به محمد حسن میرزا ولیعهد و نایب‌السلطنه، از معرفی وزیرانش به او امتناع کرد و از محمد مصدق (مصدق‌السلطنه) که به وزارت امورخارجه انتخاب کرده بود، به عنوان وزیر ارشد کابینه خواست که این کار را به جای او انجام دهد. مصدق چنین کرد، اما بعداً از قبول وزارت خارجه عذر خواست!

کار دیگر تمام شده بود. از احمد شاه دیگر عکس‌العملی دیده نشد. اکثریت مردم مخالف او و مخالف قاجاریه بودند. اما سلطان احمد هنوز شاه بود...

در روز ۲۸ اکتبر ۱۹۲۵ نخستین گام رسمی در زمینه انقراض قاجاریه برداشته شد: گروهی از احزاب سیاسی، انجمن‌های مختلف، جامعه وکلای دادگستری، نمایندگان سه اقلیت رسمی مذهبی (مسیحیان، زرتشتیان و کلیمیان) و نیز همه جامعه روحانیت پایتخت، در بیان نامه مشترکی پایان سلطنت قاجاریه را خواستار شدند.

در روز ۳۱ اکتبر، مجلس شورای ملی انقراض قاجاریه را به اکثریتی قاطع اعلام کرد، یا به عبارت دیگر ودیعه‌ای را (سلطنت) که از جانب ملت به آن خاندان سپرده شده بود

بازپس گرفت. چهار تن از نمایندگان مخالفت خود را علناً از فراز تریبون مجلس ابراز داشتند. یکی از آنان دکتر محمد مصدق بود که سال‌ها پس از آن حُسن رابطه و رفت و آمد خود را با رضا شاه ادامه داد، اما سمت‌های مختلف وزارت، ریاست دیوان عالی تمیز و نخست وزیری را که به او پیشنهاد شده بود نپذیرفت.[۱] سه مخالف دیگر (سید حسن تقی‌زاده، حسین علاء و یاسائی) در طی سال‌های سلطنت رضا شاه به مقامات عالیه رسیدند. مجلس، رضا خان پهلوی را به ریاست دولت موقت برگزید و به او عنوان والاحضرت اقدس داد. همچنین مقرر شد که مجلس مؤسسان دعوت شود و در باره آینده نظامات کشور و قانون اساسی اتخاذ تصمیم کند.

به این ترتیب یک صفحه از تاریخ ایران ورق خورد.

محمد حسن میرزا ولیعهد عازم تبعید شد. با او مودبانه رفتار شد و نه بیشتر به دستور رضاخان با رجال دوره قاجار حتی نزدیکان و محرمان احمد شاه، رفتار نظام جدید محترمانه و همراه با رعایت آداب و اصول بود. بیشتر آنان در دوران سلطنت رضاشاه به مقامات عالیه رسیدند. رضاشاه می‌خواست از هر گونه نفاق در گروه راهبران سیاسی اجتناب شود و روال حکومت ادامه یابد. چگونگی رهبری و هدف‌های سیاسی کشور دیگرگون شدند، اما خدمتگزاران دولت به انجام وظایف خود ادامه دادند. دشمنی و عنادی با کسی نشد و رعایت احترام همگان ملحوظ بود. ذکر واقعه‌ای که در نخستین روزهای بعد از انقراض قاجاریه روی داد بی‌مناسبت نیست: گروهی انبوه از طبقات مختلف شهری به دیدار «والاحضرت اقدس پهلوی» آمده بودند. یکی آنان سخن به ستایش از رضاخان پرداخت ولی سخنانی دور از نزاکت نسبت به احمدشاه بر زبان آورد. رضاخان برآشفت،

۱ - سخنان دکتر مصدق در مجلس شایان توجه است: «... اولاً راجع به سلاطین قاجار بنده عرض می‌کنم که کاملاً از آن‌ها مأیوس هستم زیرا در این مملکت خدماتی نکرده‌اند که بنده بخواهم در این‌جا از آن‌ها دفاع کنم». او قاجاریه را «اگر هم قوم و خویش خودم باشد» بی‌چون و چرا محکوم کرد و غیبت سلطان احمد شاه را از کشور مذموم دانست. در باره سردار سپه گفت: «نسبت به آقای رضاخان پهلوی، بنده نسبت به شخص ایشان عقیده‌مند هستم و ارادت دارم... این که ایشان خدماتی به مملکت کرده‌اند گمان نمی‌کنم بر احدی پوشیده باشد...» او سپس به اصل مطلب می‌پردازد، «آقای رئیس‌الوزراء سلطان می‌شوند و مقام سلطنت را اغفال می‌کنند. آیا امروز در قرن بیستم هیچ کس می‌تواند بگوید که مملکتی که مشروطه است پادشاهش هم مسئول است... در مملکت مشروطه رئیس‌الوزراء مهم است نه پادشاه... اگر رضاخان پهلوی شاه بشوند بدون مسئولیت این خیانت به مملکت است... بنده به عقیده خودم خیانت صرف می‌دانم که شخصاً یک وجود موثری را بلااثر کنید...» استدلال مصدق دقیقاً مستند به روح قانون اساسی بود. مساله جدائی سلطنت را از حکومت مطرح می‌کند که سال‌ها بعد میان قوام، سپس خود او و سپهبد زاهدی با محمدرضا شاه پهلوی به میان آمد.

کشیده آبداری به متملق بیچاره زد و دستور داد که بی‌درنگ او را از میان جمع برانند. اندکی بعد تنی چند از اطرافیان به او گوشزد کردند که این حرکت در شأن رئیس مملکت نبود و نباید او خود را در یک سربازخانه تصور کند. رضاخان جواب داد که هیچ کس حق بی‌احترامی به شاه را ندارد ولو مخلوع باشد. اما قول داد که از آن پس رعایت آداب و رسوم را بنماید و به وعده خود تقریباً عمل کرد!

مجلس مؤسسان کار خود را در ششم دسامبر ۱۹۲۵ آغاز کرد. در میان هواداران والاحضرت اقدس گروهی خواهان سلطنت انتخابی[۱] بودند و گروه دیگر طرفدار سلطنت موروثی، رضاخان راه‌حل دوم را اختیار کرد.

شش روز بعد، در ۱۲ دسامبر مجلس مؤسسان تاج و تخت سلطنت را نسل بعد از نسل به اعلیحضرت رضاشاه پهلوی و فرزندان ذکور بلافصل او سپرد و او را به عنوان شاهنشاه ایران برگزید. عنوان شاهنشاه از کورش کبیر تا حمله عرب مرسوم بود و در سال ۱۵۰۱ با رسیدن شاه اسمعیل صفوی به تخت سلطنت دوباره معمول گشت. به محض اتمام کار مؤسسان شاهنشاه جدید به مجلس رفت و در مقابل نمایندگان ملت سوگند یاد کرد که به قانون اساسی وفادار و نگاهبان استقلال و تمامیت ارضی کشور باشد.

در روز شانزدهم، در کاخ گلستان، یادگاری از زمان قاجاریه که ایرانیان آن را گه‌گاه با کاخ ورسای مقایسه می‌کنند، رجال کشور و نیز دیپلمات‌های «مقیم دربار شاهنشاهی» به حضور رضاشاه بار یافتند و سلطنت او را تبریک گفتند. از قضایای اتفاقیه، در آن زمان «مقدم السفرا» فرستاده و وزیر مختار پادشاه بریتانیای کبیر بود که این تکلیف را پس از آن همه کارشکنی در برابر شاه جدید، انجام داد.

در روز ۱۹ دسامبر، شاه تازه محمدعلی فروغی (ذکاءالملک) را که گذشته از مراتب علمی و ادبی، از رجال برجسته دو دهه اخیر سلطنت قاجار بود، مأمور تشکیل دولت جدید کرد. شانزده سال پس از آن فروغی که نخستین نخست وزیر او بود. آخرین نخست‌وزیر او نیز شد و فرزند ولیعهدش محمدرضا پهلوی را بر تخت سلطنت نشاند.

۱- از جمله سلیمان میرزا اسکندری وزیر معارف کابینه رضاخان پهلوی که بعد از شهریور ۱۳۲۰ از جمله بنیان‌گذاران حزب توده شد و ریاست لااقل نمادین آن را به عهده گرفت. (مترجم)

در ۲۸ ژانویه، طبق ماده ۳۰ قانون اساسی - محمد رضا پهلوی پسر ارشد پادشاه جدید - رسماً به سمت ولایت‌عهد و وارث قانونی تاج و تخت برگزیده و اعلام شد. در این روز است که محمدرضا رسماً وارد صحنه تاریخ شد، حال آن که هفت سال بیش نداشت. دوران کودکی او دیگر پایان یافته بود.

در ۲۵ آوریل ۱۹۲۶، مراسم تاجگذاری رضاشاه که از ترتیبات و تشریفات دوران صفویه و قاجاریه اقتباس شده و الهام گرفته بود، انجام یافت. ابتدا تاج سلطنتی تنی چند از شاهان پیشین را با شکوه و جلال و تشریفات خاص یکی پس از دیگری به وی عرضه داشتند. سپس شمشیر شاه اسمعیل بنیان‌گذار سلسله صفوی در سال ۱۵۰۱، شمشیر شاه عباس کبیر و نادرشاه افشار، جهانگشای بزرگ و چند شاه دیگر به وی تقدیم شد. تاج سلطنتی پهلوی اول که دیگر همه او را رضاشاه یا شاهرضا می‌خواندند ساخته و پرداخته یک جواهرساز ایرانی موسوم به سراج‌الدین بود که در طرح آن از تاج‌های شاهنشاهان ساسانی الهام گرفته بود. در این مراسم، ولیعهد، شاهپور محمدرضا پهلوی، در کنار پدر خود بود. سال‌ها بعد هنگامی که مراسم تاج‌گذاری محمدرضا شاه ترتیب داده شد، وی مراسمی ملهم از جهان غرب ترتیب داد. کاری که باعث تأسف بسیاری شد.

در تصاویری که از این تاجگذاری به جای مانده، رضاشاه به پیروی از شاهان پیشین بر تخت طاووس جلوس کرده، عصای سلطنتی را در دست راست خود دارد. بر تاج سلطنتی‌اش «دریای نور»، الماس نادری به وزن ۱۸۶[1] قیرات می‌درخشد. این قطعه الماس را مانند بسیاری گوهرهای گرانبهای دیگر (و تخت طاووس) نادرشاه در سال ۱۷۳۹ پس از فتح دهلی به عنوان غرامت جنگ از هندیان گرفته و به ایران آورده بود و قبلاً به امپراطور هندوستان شاه جهان تعلق داشت. رضاشاه طبیعتاً هرگز این گوهر بی‌همتا را ندیده بود. هنگامی که آن را به وی عرضه داشتند، تنی چند از اطرافیان به بدگوئی از فتحعلی شاه قاجار پرداختند که نام خود را در ذیل آن حک کرده و به این ترتیب ارزش آن را تقلیل داده بود. همه در این زمینه داد سخن دادند و هر کس چیزی بر تنقید از فتحعلی افزود. رضا شاه به فکر فرو رفته و به همه این سخنان گوش داد و سپس با آرامی گفت: «خیر. بسیار

۱ - این وزن تخمینی بیش نیست، ظاهراً هرگز این الماس را از نگینی که در آن قرار دارد بیرون نیاورده و وزن نکرده‌اند. این نگین به شیر و خورشید، علامت ایران، مصدّر است که با صد و پنجاه قطعه برلیان و چهار یاقوت ساخته شده. محمدرضا شاه نیز در تاج‌گذاری خود از این الماس استفاده کرد.

کار خوبی کرده حق داشت» پیرامونیان با شگفتی نمی‌دانستند چه بگویند. رضا شاه افزود: «اگر این کار را نکرده بود، دریای نور را هم انگلیس‌ها می‌دزدیدند». اظهارنظر رضاشاه به زودی در همه شهر منعکس شد. اما دستور رسید که مطبوعات از درج آن اجتناب کنند که بهانه دیگری برای اختلاف با دولت بریتانیا به وجود نیاید.[۱]

رضا شاه برای آغاز و انجام اصلاحات بنیادی، منتظر تاجگذاری خود نشد. نخستین تصمیم مهم وی برقراری نظام اجباری (خدمت وظیفه ملی) بود. مدت آن به دو سال برای همگان و یک سال برای دارندگان گواهینامه پایان تحصیلات متوسطه یا بیشتر معین شد. این تصمیم یک انقلاب اجتماعی تمام عیار در ایران آن روز بود. زیرا واقعاً اجباری و همگانی بود و به امر و مراقبت رضاشاه، استثنائی برای احدی وجود نداشت. به این ترتیب جوانان برخاسته از مناطق و طبقات و گروه‌های اجتماعی مختلف با یکدیگر آمیختند، که خود قدمی اساسی و مؤثر برای تحکیم مبانی واقعی وحدت ملی و همدلی ایرانیان بود. گروهی از روحانیون به مخالفت با این تصمیم برخاستند و آن را مغایر «شرع مقدس» اعلام کردند. تظاهرات آنان در قم و مشهد خشن و شدید بود. رضاشاه دستور داد که با قدرت و حتی خشونت به این تظاهرات پایان داده شود و چنین شد.

تصمیم دیگر رضاشاه، در نخستین روزهای پادشاهیش، تحقق به یکی از آرزوهای دیرین ایرانیان بود که نادرشاه فرصت انجام آن را نیافت و شاید بعداً اقدام به آن یکی از علل مهم قتل امیرکبیر (از جمله به تحریک انگلیس‌ها) بود: تأسیس نیروی دریائی ایران. چند کشتی جنگی به ایتالیا سفارش داده شد. تعدادی از جوانان ایرانی برای آموزش فنون دریانوردی به ایتالیا گسیل شدند. انگلیس‌ها با خشم و نارضائی به این تدبیر جدید رضاشاه می‌نگریستند، تا به موقع انتقام خود را بگیرند.[۲]

رضا شاه، نیروی هوائی کوچکی نیز برای ایران به وجود آورد. در اطراف تهران، چند

۱ - به احتمال قوی اشاره رضاشاه به قطعه الماس دیگری است موسوم به کوه نور که آن هم مدت‌ها بر تخت طاووس نصب بود و در هندوستان شهرت داشت که هر که صاحب آن باشد بر جهان تسلط خواهد یافت. این گوهر نادر مدتی متعلق به ایرانیان بود. سپس به تملک شاهان افغانستان درآمد، سپس رد آن را در پنجاب یافتند. سرانجام انگلیس‌ها آن را به عنف تملیک کردند و به ملکه ویکتوریا تقدیم شد (۱۸۵۰). وزن کوه نور ابتدا ۱۸۶ قیرات بود. انگلیس‌ها، برای افزودن درخشش و زیبائی آن، دوباره آن را تراش دادند. وزنش به ۱۰۸ قیرات رسید. کوه نور در تاج ملکه الیزابت همسر ژرژ ششم نصب شد و اکنون در خزانه جواهرات سلطنتی انگلیس در برج لندن نگاهداری می‌شود و هندی‌ها هنوز مدعی مالکیت آن هستند.

۲ - نگاه کنید به قسمت بعدی کتاب، فصل اوّل، فروغی، مردی که محمدرضا شاه را بر تخت سلطنت نشاند.

کارخانه کوچک اسلحه‌سازی و یک کارخانه هواپیماسازی (هواپیماهای سبک شکاری) موسـوم به شـهبار بنیان نهاده شـد. می‌توان غرور و شـادی ایرانیان را از مشاهده پرواز هواپیماهای سـاخت ایران بر فراز آسمان کشورشـان، تصوّر کرد. این‌ها همه نشانه‌ها و جلوه‌های رستاخیز ملی ایران بود.

تجدید قدرت نظامی و احیای ارتش ایران تنها هدف رضاشاه نبود. به بسط و توسعه اقتصادی نیز توجه خاص داشـت و برای آن اولویت قائل می‌شـد. در سال ۱۹۲۸ امتیاز انتشار اسکناس که به انگلیس‌ها داده شده بود لغو و به بانک دارنده امتیاز آن (بانک شاهی) ۲۰۰٬۰۰۰ لیره غرامت پرداخت شد. از این پس بانک ملّی ایران انحصار انتشار اسکناس را به دست آورد و ایرانیان حاکم بر سیاست پولی کشور خود شدند. پیش از آن رضاشاه بانک سپه را تأسیس کرد (۱۹۲۵) که مباشر نگاهداری و اداره وجوه بازنشستگی افسران و درجه‌داران نیروهای مسلح شاهنشاهی بود. در سال ۱۹۲۶ بانک رهنی ایران برای تأمین اعتبار و تشـویق خانه‌سـازی تأسیس شد و در سـال ۱۹۳۲ ضرابخانه شاهنشاهی ایجاد گشت. ضرب سکه نیز تحت اختیار ایرانیان قرار گرفت.

سال‌های سلطنت رضاشـاه، یک دوران التهاب و شور ملّی در زمینه بسـط و توسـعه اقتصادی اسـت. ایران دچار تب پیشـرفت و دگرگونی شده بود. در آستانه جنگ جهانی دوّم، ایـران دارای یک زیربنای صنعتی و کشـاورزی واقعی شـده و در تولید اکثر مواد مصرفی، منسوجات نخی و پشمی، قند، آرد و سایر مواد غذایی خودکفا بود.

نخستین کارخانه ذوب آهن ایران به آلمان سفارش داده شد و ساختمان عظیم آن در حوالی کرج تقریباً به پایان رسیده بود، که انگلیس‌ها کشتی حامل ماشین‌های این کارخانه را- با وجود اعتراضات مکرر دولت ایران- در بحراحمر توقیف کردند و حتی خسارت آن را هم نپرداختند! سال‌های طولانی انتظار لازم آمد که سرانجام ایران دارای صنایع ذوب آهن و پولاد شود.

ساختمان راه‌آهن سرتاسری کشور یکی از پیشرفت‌های نمادین ایران در این دوران بود. در ۹ فوریه ۱۹۲۶، قانون سـاختمان راه‌آهن سرتاسری با وجود مخالفت شدید چند تن از نمایندگان که دکتر مصدق در رأس آن‌ها بود، در مجلس شورای ملی به تصویب

رسید. مصدق ساختمان راه‌آهن را «خیانت به وطن» خوانده بود. طرح راه‌آهن را مهندسان آلمانی فراهم کردند و اجرای آن به وسیله شرکت‌های آلمانی، دانمارکی و ایرانی صورت گرفت. در روز ۲۵ اوت ۱۹۳۸ رضاشـــاه راه‌آهن سرتاسری ایران را، که دریای خزر را به خلیج‌فارس متصل می‌ساخت، در مراسمی باشکوه و همراه با شادی همه ملت ایران که به اهمیت اجرای این طرح بزرگ پی برده بودند، افتتاح کرد. حتی سران کشورهای مختلف دنیا پیام‌های تبریک گرمی برای دولت ایران و شخص شاه فرستادند. ساختمان این راه‌آهن نشانه یک جهش بزرگ اقتصادی در ایران بود. معادل ۱۷/۵۰ میلیون لیره انگلیس مصروف ساختمان راه‌آهن سرتاسری شده بود که طول آن ۱۳۹۴ کیلومتر بود. رقمی بزرگ و طرحی چشمگیر برای آن زمان. رضاشاه در مراسم افتتاح گفت که «یک آرزوی هشتاد ساله ایرانیان اکنون تحقّق می‌یابد.» این طرح، مظهر بزرگی و حاصل تلاش‌های او بود. شخصاً به نظم و ترتیب راه‌اهن سرتاســری ایران توجه داشت. مراقب بود که ترن‌ها در ساعات مقرر به مقصد برسند، واگن‌های مسافربری پاکیزه و مناسب باشند، هشتاد و چند ایستگاه راه‌آهن که همه به وسیله آلمان‌ها طرح‌ریزی شده بود به نحو شایسته نگاهداری شوند.

چند روز بعد، در ســی‌ام اکتبر ۱۹۳۸، ساختمان خط آهن سرتاسری دوم، از مغرب به مشــرق- میان تبریز و مشهد- آغاز گردید. سپس در چهارم دسامبر همان سال، ایجاد خط سوّمی از تهران به اصفهان و یزد شروع شد. اجرای همه این طرح‌ها به سرعت پیش می‌رفت که حمله قوای متفقین به ایران همه را برای سال‌های طولانی متوقف کرد. نکته مهم آن‌که ایران برای تحقق این طرح‌های بزرگ ســـاختمان راه‌آهن سرتاسری دیناری از خارج وام نگرفت.

علاوه بر این خطوط آهن، ایران در این دوران به ســـاختمان هزاران کیلومتر راه‌های شوسه دست زد و تهران به همه شهرهای بزرگ و کوچک کشور متصل شد.

قبل از رضاشاه، تهران شهری بود با خیابان‌ها و کوچه‌های خاکی و کثیف و تنگ که شایســـته پایتخت کشوری متحوّل و مترقّی نبود. طرح شهرسازی جدیدی برای پایتخت ریخته شــد و سرلشــکر کریم بوذرجمهری یکی از یاران نخستین رضاشاه مأمور اجرای آن گردید. در این زمینه اشــتباهاتی هم صورت گرفت که بی‌شباهت به اشتباهات بارون

هوسمان[1] شهردار پایتخت فرانسه در زمان امپراطوری ناپلئون سوم نیست. ولی تهران نیمه مخروبه به صورت پایتختی پاکیزه و شایسته درآمد.

سیاست شهرسازی دوران رضاشاه، نتایجی چشم‌گیر داشت. در طی مدت شانزده سال جمعیت تهران از ۲۰۰/۰۰۰ به ۵۳۰/۰۰۰ تن رسـید. همین تحول در همه شهرهای ایران به چشم می‌خورد. سـاختمان‌های عظیمی در تهران (و سایر شهرها) برای وزارتخانه‌ها، استانداری‌ها، مدارس و مراکز نظامی و یا فرهنگی ایجاد شد.

رضاشـاه مرد فرهیخته‌ای نبود. اما در معماری سلیقه‌ای خاص داشت معنای زیبائی و تناسب را ذاتاً می‌دانست. از زمان او هیچ بنای نازیبا و نامتناسبی به جای نمانده. سبک «معماری رضا شـاهی» مانند سبک معماری دوران شاه عباس یکی از مراحل تاریخ هنر ساختمان و معماری در ایران است که حتی رژیم منبعث از انقلاب اسلامی نیز بر آن ارج نهاده و ابنیه مهم آن را جزو آثار تاریخی و میراث‌های ملی کشور ثبت نموده و نگاهداری می‌کند.

قبلاً دیدیم که از آغاز قدرتش، رضا به تنظیم امور مالی و بودجه کشـور توجه کرد و چون به تخت سـلطنت نشست شـخصاً به تأمین تعادل بودجه مملکتی پرداخت. در تمام دوران سلطنت او بودجه متعادل بود و هرگز هزینه‌ها از درآمدها تجاوز نکردند. در این زمینه می‌بایسـت ناچار به مسأله نفت و درآمدهای کشور از این ممّر توجه شود. در همان آغاز کار دو تصمیم مهم گرفته شد. نخست آن‌که حساب‌های درآمد نفت جداگانه نگاهداری شـود و از بودجه عادی کشـور متمایز باشـد. دوم آن‌که عواید نفتی فقط به هزینه‌های عمرانی و نیازهای ارتش اختصاص یابد. دریغ که این عواید ناچیز و نیازهای کشور فراوان بودند.

در آن زمان قرارداد (یا امتیازنامه) دارسـی حاکم بر روابط نفتی ایران و انگلیس بود. این قرارداد در سال ۱۹۰۱ میان ویلیام ناکس دارسی[2] و مظفرالدین شاه قاجار منعقد شده

۱- Baron Haussmann (۱۸۰۹-۱۸۹۱). از سـال ۱۸۵۳ تا ۱۸۷۰ اسـتاندار و شـهردار پاریس بود. پاریس قدیمی را دگرگون کرد، خیابان‌های متعدد جدیدی گشود. عمارات اطراف ساختمان‌های تاریخی را تخریب کرد که این ساختمان‌ها جلوه دیرین خود را بازیابند. بسیاری از پل‌ها، باغ‌های عمومی، میدان‌های پاریس یادگار دوران اوسـت. متأسـفانه اشتباهاتی هم مرتکب شد. بسیاری از ابنیه قدیمی را از میان برد، چنان‌که بوذرجمهری نیز دروازه‌های تاریخی تهران را از روی نادانی تخریب کرد. (مترجم)

2-William k'Nox D'Arcy

بود. مظفرالدین شـاه به دارسـی اجازه که در قسمت بزرگی از خاک ایران به جستجوی نفت بپردازد. سـطح این منطقه در حدود ۴۸۰/۰۰۰ کیلومتر مربع و مدّت امتیاز شـصت سـال بود. در مقابل ده هزار لیره انگلیسی و مقداری سهام به مظفرالدین داده شد و مقرر گردید که ۱۶درصد از منافع احتمالی بهره‌برداری به دولت ایران پرداخت شود. در ابتدای کار، قراردادی که بسـته شـده بود به نفع دارسـی نبود و او توان مالی تحمل هزینه‌های سـنگین جستجو و اکتشـاف نفت را نداشت. به همین سـبب قسمت اعظم سهام خود را به شـرکتی موسـوم به بورما اُیل کمپانی[1] در گلاسـکو فروخت. درست در هنگامی که این شـرکت نیز از کشـف منابع زیرزمینی نفت ناامید شـده بود، معجزه‌ای رخ داد و به سـال ۱۹۰۸ ذخائر زیرزمینی بزرگی کشـف شـد. «بورما» شرکت جدیدی موسوم به Anglo- Persian Oil Company[2] تشـکیل داد و به سـاختمان تصفیه‌خانه نفت آبادان پرداخت، که به زودی به بزرگ‌ترین تصفیه‌خانه جهان تبدیل شـد. تصفیه‌خانه در سال ۱۹۱۳ شروع به کار کرد. در سال‌های جنگ اول جهانی، وینستون چرچیل که در آن زمان لُرد اوّل دریاداری بریتانیا بود، دولت انگلیس را وادار به سرمایه‌گذاری در این شرکت کرد و در حقیقت نظارت آن را به دسـت گرفت. ایران بازنده بزرگ این فعل و انفعالات بود و مستقیماً در برابر یک ابرقدرت بزرگ جهانی قرار گرفت.

این وضع برای رضاشـاه قابل تحمّل نبود. بر آن شـد که با یک اقدام چشـم‌گیر به خارجی و داخلی نشان دهد که دوران ضعف و زبونی قاجاریه به پایان رسیده است. در ۲۸ اکتبر ۱۹۳۲، به هنگام بازدید از تصفیه‌خانه آبادان، مرکز و قلب تأسیسات نفتی انگلیس، شـهری که در آن «بومی‌ها و سـگ‌ها» حق ورود به بعضی باشـگاه‌ها و مراکز شرکت را نداشتند، بدون رعایت تشریفات و علی‌رغم حیرت همه حاضران، چه ایرانی، چه خارجی، دستور داد که سر یک لوله بزرگ را که آماده اتصّال به کشتی‌های نفت‌کش بود باز کردند و نفت سیاه به شط‌العرب سرازیر شد. سکوت سنگینی بر حاضران مستولی بود که دقیقاً نیم ساعت به طول انجامید. رضاشاه به شط‌العرب نگاه می‌کرد و حاضران انگلیسی و ایرانی که جرأت حرف زدن نداشـتند او را و نفتی را که به شـط می‌ریخت. سـرانجام رضاشاه گفت: «حالا که نفت ما را می‌دزدند، لااقل هیچ‌کس از آن نفعی نبرد». فردای آن روز جراید

1- Burmah Oil Company
2- A.P.O.C

بـا عکس و تفصیلات این ماجرا را نقل کردند. عبارت «حالا که نفت ما را می‌دزدند»، با عبارت «حال که این نفت برای ما منفعتی ندارد» جایگزین شده بود. این واقعه آغاز جنگ نفت میان ایران و انگلیس بود.

سید حسن تقی‌زاده وزیر مالیه، حمله را آغاز و به شرکت نفت ابلاغ کرد که دولت ایران از این پس از دریافت حق‌الامتیاز مقّرر در معاهده دارسی امتناع خواهد کرد، زیرا هم وجوه آن «غیر مکفی» اسـت و هم «نامتناسب» با منافع کلی «بهره‌برداری» و به هر تقدیر پاسخگوی نیازهای ایران نیست.

بحـث و دعوی بر سـر قرارداد ۱۹۰۱ بود. رضاشـاه در طی جلسـه هیأت دولت، رونوشتی از قرارداد را به آتش انداخت و گفت که دیگر هیچ کس مجاز نیست در برابر او کلمه «قرارداد» را (که متضّمن رضایت طرفین است) بر زبان بیاورد.

در ۲۷ نوامبر ۱۹۳۲، دولت ایران رسماً امتیازنامه دارسی را لغو کرد. تبلیغات وسیعی علیه «سیاست استعماری بریتانیا» در جراید و محافل سیاسی ایران آغاز شد. لندن ابتدا به لغو یک جانبه قرادادی «که با رعایت همه اصول و موازین منعقد شـده» شدیداً اعتراض کرد و به تهدید ایران پرداخت. برای پاسخ به این تهدیدات رضاشاه دستور داد که نیروی دریائی کوچک و نوبنیاد ایران (نه ناو و ناوچه جنگی) که در دو بندر خرمشهر و شاهپور مسـتقر شـده بود به مانورهای نظامی بپردازد و قدرت دفاعی خود را نشان دهد. مبادله یادداشـت‌های شدیداللحن و سـخنان تند و تیز میان مقامات دو کشور آغاز شد. تهران بـه تازگی صلاحیت دیوان عالی بین‌المللی لاهه را در حل و فصل اختلافات بین‌المللی شناخته و به آن ملحق شده بود. لندن از ایران به دادگاه لاهه شکایت کرد. تهران پاسخ داد که روابط با کمپانی نفتی یک مسـأله داخلی است نه بین‌المللی و دادگاه فاقد صلاحیت است. در نتیجه انگلیس‌ها از ایران به جامعه ملل[1] شکایت بردند. محمد علی فروغی که در آن زمـان وزیـر امورخارجه بود. مأمور دفاع از منافع و پرونده ایران شـد و راهی ژنو گردید. لندن به این شکایت اکتفا نکرد و چند ناو جنگی خود را در برابر بندرهای ایران به نمایش درآورد. به پادگان‌های انگلستان در عراق (که عملاً تحت‌الحمایه بریتانیا بود) آماده باش داده شـد و نیروهای بریتانیائی به سوی مرزهای ایران به حرکت درآمدند. رضاشاه

۱- Sociètè des Nations مسـتقر در ژنو، که سـازمان ملل متحد پس از جنگ جهانی دوم جایگزین آن شد.

مرد تسلیم نبود. نیروی دریایی ایران مجدداً به حال آماده باش درآمد. در دوم فوریه ۱۹۳۳، لشــکر خوزســتان و در دوازدهم همان ماه لشکر بلوچســتان و سیستان همین دستور را دریافت کردند. بحران به حد اعلای خود رسیده بود.

شورای جامعه ملل، چهار ماه به دولتین ایران و بریتانیا مهلت داد که اختلافات خود را از طریق «مذاکرات مسالمت آمیز» حل کنند. دکتر ادوارد بنش[1] به عنوان میانجی برگزیده شد. مذاکرات دو طرف در ژنو، تهران و لندن آغاز شد. از جانب ایران، محمد علی فروغی، سید حسن تقی زاده و علی اکبر داور (وزیر عدلیه) با همکاری سی تن کارشناس و مترجم در مذاکرات شرکت داشتند.

در روز ۱۴ مه ۱۹۳۳ معاهده جدیدی در ۲۶ ماده بین دو طرف به امضا رسید که بعد از مذاکرات کوتاهی به تصویب مجلس شورای ملی ایران رسید. از همان زمان بعضی از صاحب نظران ایرانی و غیرایرانی، از این‌که رضا شـــاه پس از آن همه تندخوئی به انعقاد چنین قراردادی تن در داده است، اظهار تعجب کردند. به هر تقدیر، بر طبق قرارداد جدید حق‌الامتیاز ایران از ۱۶ درصد به ۲۰ درصد منافع افزایش یافت و کمپانی ضمانت کرد که سود بهره‌برداری هر چه باشد، مبلغ آن برای ایران از ۷۵۰۰۰۰ لیره انگلیسی کمتر نخواهد بود. به دولت ایران حق نظارت در حسابداری شرکت نفت داده شد و نیز وسعت منطقه بهره‌برداری به ۲۶۰۰۰۰ کیلومتر مربع تقلیل یافت و نیز انگلیس‌ها انحصار توزیع نفت و بنزین را در داخل کشور از دست دادند. در مقابل شرکت نفت امتیاز قابل ملاحظه‌ای به دست آورد: تاریخ انقضای قرارداد قبلاً در ۱۹۶۱ تعیین شده بود (یعنی شصت سال پس از انعقاد آن)، بیست و پنج سال تمدید شد. نکته‌ای که بعداً همه از آن انتقاد کردند و رضاشاه و تقی‌زاده را مورد نکوهش قرار دادند.

ایران امتیازاتی به دســت آورده بود، درآمدش افزایش می‌یافت. اما در نهایت امر نه رضاشـــاه راضی شـــد و نه به‌ویژه مردم ایران که در آن زمان امکان اظهارنظری نداشـــتند. ریشه‌های بحران نفتی ۱۹۵۱ و قیام ملی ایرانیان به رهبری دکتر مصدق و همه کوشش‌هایی که محمدرضا شاه برای احقاق حقوق ایران کرد و در سقوطش موثر بود، در همین بُرحه از زمان قرار دارد. تلاش ایرانیان برای رهایی همیشگی از قید نفوذ بریتانیا در اینجا با شکست

---

۱ – Dr. Edouard Benes رئیس جمهور بعدی چکسلواکی. (مترجم)

روبرو شد.

نتیجه فوری انعقاد قرارداد جدید افزایش درآمدهای نفتی ایران بود که به رضا شاه امکان تسریع در برنامه‌های بسط و توسعه اقتصاد کشور را داد.

بنیادی‌ترین و انقلابی‌ترین اقدامات سلطنت رضاشاه، بی چون و چرا تدوین و تصویب و اجرای مجموعه قوانین مدنی، تجاری، جزائی و آئین‌های دادرسی و بنیادگذاری سازمان عدلیه نوین ایران است که در مجموع از قوانین فرانسه و سوئیس الهام گرفته بود. این کار عظیم نزدیک به ده سال به طول انجامید و به جدائی مبانی حکومت و قضاوت از امور دینی منتهی شد و دست روحانیون را در مداخله در امور عرفی بست. به دنبال آن «حق قضاوت قنسولی»[۱] خارجیان که پس از قرارداد ترکمن‌چای بر ایران تحمیل شده بود، مُلغی گشت.

بانی و گرداننده این برنامه بزرگ علی‌اکبر داور، حقوق‌دان بزرگی بود که پس از پایان تحصیلاتش در سوئیس به ایران آمد و در شمار اصلاح طلبان و ترقی‌خواهان برجسته کشور محسوب می‌شود. نزدیک به ده سال وزیر دادگستری بود. آثار اقدامات اصلاحی او را می‌توان از بعضی جهات با اصلاحات امیرکبیر مقایسه کرد که اگر اراده آهنین و حمایت مستمر رضاشاه نبود، کارش به جائی نمی‌رسید.

به نوشته هلن کارِر دانکوس[۲] «رضا شاه به ایران یک نظام عقیدتی و طرز تفکر ملی[۳] ارزانی داشت. او کوشید ایرانی مستقل و توانا بنیان نهد و ایران را با سنت‌های دیرین تاریخی‌اش آشتی دهد»

ایران در زمان رضاشاه شدیداً (و به‌عقیده بعضی بیش از حد توان) ملت‌گرا[۴] بود. کوشش عظیم و بی‌سابقه‌ای برای احیای فرهنگ و هنر و سنت‌های دیرین ایرانی در این دوران به عمل آمد. این کوشش حتی قبل از سلطنت رضاشاه آغاز شد. رضاخان سردارسپه در سال ۱۹۲۱ به پیشنهاد عبدالحسین تیمورتاش و محمد علی فروغی و چند تن دیگر از

1- Capitulation.

۲ - خانم Hèlène Carrere d' Encausse نویسنده و متفکر بزرگ فرانسوی که در حال حاضر دبیر کل مادام‌العمر فرهنگستان فرانسه است و مقالاتی چند در باره ایران نوشته.(مترجم)

3 - Idèologie

4 - Nationaliste.

ترقی‌خواهان و اصلاح‌طلبان انجمن آثار ملی را بنیان نهاد و آن را مامور احیاء و نگاهبانی میراث‌های ملی ایران کرد. نخستین اقدامی که بر این انجمن مقرر شد، برگذاری جشن هزاره فردوسی و ساختمان آرامگاه این شاعر بزرگ بود که پدر ناسیونالیسم ایران و احیاء کننده زبان فارسی پس از حمله عرب محسوب می‌شود. عبدالحسین تیمورتاش در آن هنگام گفت، کاری که فردوسی برای حفاظت وحدت ملی و هویت ایرانی کرد دست کمی از دست‌آوردهای کورش کبیر ندارد». بدین‌سان بود که هزاره فردوسی در سال ۱۹۳۴ برگزار شد و رضاشاه شخصاً آرامگاه باشکوه او را در طوس، نزدیکی مشهد، گشود. سال بعد آرامگاه حافظ در شیراز افتتاح شد.[۱]

تصمیمات دیگری که ممکن است امروز کمتر به نظر آیند اتخاذ شدند و در حقیقت جنبه نمادین داشتند. از جمله صدور تصویب‌نامه تغییر و نوسازی تقویم ایرانی که به سال ۱۹۲۵ انجام گرفت. تقویم ایرانی که میراث دوران‌های پیش از اسلام و حمله عرب بود در طی قرون به تدریج تغییراتی یافته. از جمله نام‌های ایرانی و فارسی ماه‌ها به اسامی عربی و ترکی تبدیل شد. حال آن‌که تقویم، ساخته و پرداخته شاعر و ریاضی‌دان بزرگ ایرانی حکیم عمر خیام بود که در قرن یازدهم (میلادی) طول مدت یک سال را به ۳۶۵/۲۴۲۱ روز معین کرد که به مراتب از تقویم میلادی دقیق‌تر است. تصمیم گرفته شد که تقویم پرداخته عمر خیام دیگر بار مرسوم شود و نام‌های ایرانی دوباره متداول گردد. در زمینه دیگری، رضاشاه پس از آغاز سلطنتش، راه ایران را هر چه بیشتر از انگلیس‌ها و دنیای آنگلوساکسن جدا کرد. از سال ۱۹۲۶ به بعد هر سال یک صد تن دانشجوی ایرانی که با دقتی خاص انتخاب می‌شدند برای «تحصیلات عالیه» به اروپا اعزام شدند. تقریباً همیشه به فرانسه و هرگز به انگلستان، همه آن‌ها از بورس تحصیلی مکفی برخوردار بودند و سرپرستی محصلین ایرانی در اروپا بر حسن رفتار و پیشرفت تحصیل آنان مراقبت داشت.

فرانسه، تقریباً در همه رشته‌ها، ارتش، سازمان‌های اداری، قانون‌گزاری و آموزش متوسطه و عالی، به عنوان کشور نمونه برگزیده و آموزش زبان فرانسه در دوره متوسطه اجباری شد.

رضا شاه در سال ۱۹۳۵فرمان به تشکیل فرهنگستان ایران داد که هدف و برنامه آن

۱ - پس از جنگ جهانی دوم آرامگاه سعدی نیز در شیراز بوسیله انجمن آثار ملی بازسازی شد و به دست محمدرضا شاه پهلوی گشایش یافت. مقبره قبلی و کوچک و ساده بود.

پاکسازی و نوسازی زبان فارسی و هماهنگ ساختن آن با تحول اقتصادی و اجتماعی بود. محمد علی فروغی به عنوان نخستین رئیس فرهنگستان ایران برگزیده شد.[1] فرهنگستان ایران در این زمینه کارهای بزرگی انجام داد و متاسـفانه، پس از جنگ دوم جهانی دچار انحطاط شد.

بازسازی دانشگاه، اقدام بزرگ دیگر دوران رضاشاه است که در حقیقت در سایه و بر اساس بنیادی نهادی شد که امیرکبیر آغاز کرده و پس از قتلش اندک اندک دچار انحطاط شده و تقریباً چیزی از آن باقی نمانده بود، مگر عمارتی نیمه مخروبه. استادانی با حقوق و مزایای ناچیز و دانشجویانی سرگردان و غالباً نومید از آینده خود. البته از آغاز قرن بیستم و به‌ویژه پس از انقلاب مشروطه، قدم‌های مثبتی در این زمینه برداشته شده بود. از جمله تأسیس مدرسه علوم سیاسی به ابتکار مؤتمن‌الملک (حسین پیرنیا) و مشیرالدوله (حسن پیرنیا) و ذکاءالملک (محمد علی فروغی) و ایجاد یک مدرسه کوچک حقوق که تنی چند از استادانش فرانسوی بودند.

رضاشاه پس از نیل به سلطنت، این کارها را دنبال کرد. ابتدا مدرسه عالی تجارت و دارالمعلمین (دانشسرا) عالی و سپس یک دانشکده فنی برای تربیت مهندسان مورد نیاز کشور تأسیس شد. در سال ۱۹۳۴ به دستور شاه ۳۰۰٬۰۰۰ متر مربع زمین در شمال تهران برای ایجاد پردیس[2] دانشگاه تهران خریداری شد. این اقدام در مجلس شدیداً مورد انتقاد قرار گرفت و علی اصغر حکمت وزیر معارف (فرهنگ) وقت به ولخرجی متهم شد. به هنگام نصب سنگ بنای نخستین دانشکده دانشگاه جدید، دانشکده پزشکی، علی اصغر حکمت که از انتقادات مجلس ناراحت بود و از عکس‌العمل شـاه نگران، به توضیحاتی درباره ضرورت و فایده خرید این اراضی پرداخت. رضاشاه به او فرصت پایان سخنانش را نداد، در میان گفتارش دوید و گفت: «خواهید دید که به زودی این سیصدهزار متر برای دانشگاهی که شایسته پایتخت ایران باشد کافی نخواهد بود و به میلیون‌ها متر زمین احتیاج خواهید داشت». چنین هم شد. رضاشاه دورنگر بود و حق داشت. مهندس معمار فرانسوی

---

۱ - «پیام من به فرهنگستان» اثر جاویدان محمدعلی فروغی، نه تنها یکی از شاهکارهای نثر فارسی است، بلکه از نظر مطلب و مفهوم هنوز می‌تواند سرمشق و نمونه باشد. پس از فروغی حسن وثوق (وثوق‌الدوله)، حسـین سمیعی (ادیب‌السـلطنه) و حاج میرزا نصرالله تقوی به فرهنگستان ریاسـت داشتند. دو تن اول شاعرانی نامدار بودند و سومی بیشتر اهل فقه و اصول و متون فلسفی بود. (مترجم)

2 - Campus.

آندره گُدار¹ به عنوان طراح پردیس برگزیده شد. همچنین طرح ساختمان‌های کتابخانه ملی تهران و موزه ایران باستان به او تفویض شد. دانشکده هنرهای زیبای دانشگاه تهران را نیز او بنیان نهاد و نخستین رئیس آن بود. اندکی بعد، یک استاد فرانسوی متخصص سرطان، پروفسور شارل ابرلن² به ریاست دانشکده پزشکی دانشگاه تهران برگزیده شد و راه و روش‌های نوین آموزش پزشکی را در آنجا پیاده کرد. بدین‌سان طی سال‌های متمادی، فرانسه زبان خارجی اصلی مورد استفاده در آموزش عالی بود.

بازسازی و نوسازی آموزش در همه سطوح و به‌ویژه آموزش عالی نمی‌توانست همراه با یک نهضت وسیع فرهنگی نباشد. رضاشاه نه دانش آموخته بود و نه روشنفکر. اما ایران‌دوست بود، می‌دانست چه باید کرد و شخصاً به این مهم پرداخت. مراکز و موسسات متعدد برای تشویق و یا احیای هنرهای سنتی ملی چون خاتم کاری خطاطی، زردوزی، تذهیب، کاشی‌سازی... تأسیس شد. شاه دستور داد که از محصولات آن‌ها در سازمان‌ها و بناهای دولتی استفاده شود که نمونه‌های بارز آن در کاخ‌های سلطنتی زمان او هنوز ماندگار است. دو هنرستان عالی موسیقی³ یکی برای موسیقی غربی و دیگری برای موسیقی ایرانی بنیان نهاده شد. همچنین به ابتکار محمدعلی فروغی در سال ۱۹۳۰ قانونی برای نظارت دقیق بر حفاری در آثار باستانی و حفاظت آثار عتیقه و جلوگیری از صادرات آن به خارج به تصویب مجلس شورای ملی رسید، سازمان خاصی برای آن تأسیس و ریاست آن به آندره گُدار تفویض شد.

در طی سال‌های سلطنت رضاشاه و در چهارچوب نهضت فرهنگی که او مشوق و حامی آن بود، کوششی وسیع برای تصحیح و انتشار آثار کهن فرهنگ و ادب هزار ساله ایران به عمل آمد و دسترسی به آنان برای عامه مردم میسر شد. همچنین به موازات کتب درسی ابتدائی و متوسطه، گزیده‌هایی از نثر و نظم کهن فارسی انتشار یافت که امروزه مورد توجه خاص کتاب‌شناسان و اهل ادب است.

بسیاری از نویسندگان و شاعران ایرانی قرن بیستم در زمان رضاشاه نام و نشانی یافتند و به انتشار آثار خود موفق شدند از جمله علی دشتی، محمد حجازی، صادق هدایت،

---

1 - Andrè Godard.
2 - Charles Oberling
3 - Conservatoire.

سعید نفیسی، بهار، نیما...

شـــاه که خود از آشنایی به زبان‌های خارجی بی‌بهره بود همواره به وزیر فرهنگ در ضرورت ترجمه و انتشار آثار مهم علمی و ادبی جهان تأکید می‌کرد و می‌خواست ایرانیان نه تنها به فرهنگ ملی خود که به فرهنگ و معارف و علوم کشورهای دیگر نیز آشنایی و تسلط یابند.

دو واقعه مهم را می‌توان به عنوان نمونه‌ها و مظاهر این انقلاب فرهنگی و اجتماعی نام برد:

- نخست برگذاری هزاره فردوسی به سال ۱۹۳۴ در طوس و گشایش آرامگاه او در حضور ایرانشاسان سرشناس سرتاسر جهان. جریانی که قبلاً به آن اشاره شد.
- دیگری، کشـــف حجاب به ســـال ۱۹۳۵ که بحث و گفتگو در باره آن هنوز هم ادامه دارد. به دســـتور رضاشـــاه «چادربرداری» و ممنوعیت حجاب با خشونت انجام شد. این تصمیم را می‌توان نقطه عطفی در تاریخ اجتماعی ایران و سرآغاز نهضت آزادی زنان به شمار آورد.

گروهی از روحانیون بی‌درنگ به مخالفت با این تصمیم پرداختند. تظاهراتی در قم و مشهد و چند شهر دیگر صورت گرفت. رضاشاه در تصمیم خود پابرجا ماند و به ناامنی‌ها با خشونت پاسخ داده شد. ملکه تاج‌الملوک، شاهدخت‌ها و همسران رجال سیاسی بدون حجاب در مراسم و تشریفات مختلف حاضر و ظاهر شدند. همچنین مقرر شد که مردان نیز به «اسلوب غربی» لباس بپوشند.

انجام همه این اصلاحات و تغییرات، نهضت بازسازی ملی و توسعه اقتصادی، بدون اراده آهنین رضاشاه و متأسفانه بدون اعمال قدرت و حتی خشونت میسر نگردید. پذیرش و تحمل این همه نوگرائی و دگرگونی آن هم در مدتی کوتاه برای جامعه آسان نبود. در نخستین ســـال‌های سلطنت رضاشـــاه، آزادی بیان و انتقاد تا حدی وجود داشت. اقلیت مجلس که رهبری آن با دکتر مصدق بود، در باره همه قوانین و طرح‌ها اظهار نظر و انتقاد می‌کرد ولی به تدریج اعمال قدرت مطلق برای پیشبرد کارها، نظامی گری، ستایش فردی

و عدم تحمل انتقاد بر فضای سیاسی حکمروا شد.

به احتمال قریب به یقین مسافرت رضاشاه به ترکیه در سال ۱۹۳۴، تنها سفرش به خارج به استثنای یک زیارت کوتاه در عتبات عالیات که در گذشته جزئی از ایران بودند، آن هم قبل از نیل به تخت و تاج، در این رویه حکومت و شخص او، بی‌تأثیر نبوده‌اند. مصطفی کمال رهبر ترکیه و دولتش با جلال و فخری بی‌نظیر از رضاشاه استقبال کردند. در این سفر رضاشاه متوجه شد که کشورش با وجود همه امکاناتی که دارد، هنوز در بسیاری از شئون از ترکیه عقب مانده است و احساس کرد که باید موانع را سریعاً ولو با خشونت از میان بردارد. سفر ترکیه روحیه رضاشاه را تغییر داد و اراده او را در نوسازی و تغییر ساختار جامعه ایران محکم‌تر نمود و بر آن شد که به اقدامات خود سرعت بیشتری بدهد، حتی اگر به قیمت سختگیری‌های بیشتر باشد. نخستین تصمیم او «چادر برداری» و در نتیجه رو در روئی خشونت‌آمیز با روحانیون بود. دیگر اراده خود را در جدائی دیانت از سیاست پنهان نمی‌کرد و برای روحانیون حتی به صورت تشریفاتی سهمی در راهبری امور کشور قائل نبود. بدون شک رضاشاه مسلمان و به اصطلاح خداشناس بود. اما آداب و رسوم مذهبی را رعایت نمی‌کرد. آیا خشونت او با روحانیون برای آن نبود که بدهی خود را به آنان در نیل به تاج و تخت فراموش کند یا به دست فراموشی بسپارد؟

البته باید گفت که در تمام مدت سلطنت او ظواهر دموکراسی در کشور رعایت می‌شد. در مجلس شورای ملی بحث و گفتگو در باره قوانین پیشنهادی دولت امری عادی و معمول بود. اما وکلای مجلس با تصویب دولت، یا حتی شخص شاه، انتخاب می‌شدند. اکثریت آنان از بزرگ مالکان، شخصیت‌های پرنفوذ محلی یا بعضاً از نامداران فرهنگی بودند و توقع رضاشاه آن بود که رابطه‌ای میان دولت و مردم باشند. باید گفت که در زمان او روحانیون به مجلس راه نیافتند.

آزادی بیان، مخصوصاً در مسائل سیاسی، محدود بود. با وجود حُسن روابط دو دولت ایران و شوری، حزب کمونیست ایران و تبلیغ «مرام اشتراکی» ممنوع شد و تنی چند از رهبران آن (گروه پنجاه و سه نفر و بعضی دیگر) به زندان افتادند. در نخستین سال‌های حکومت و سلطنتش، رضاشاه با سران سرکش ایلات که سودای خودمختاری و عادت به عدم اطاعت از حکومت مرکزی داشتند، با خشونت بسیار رفتار کرد و تنی چند از آنان

را به جوخه آتش سپرد. همچنین بعضی از رجال سرشناس[۱] در زمان حکومت او به علل مختلف و غالباً مشکوک، در زندان یا تبعید جان سپردند. از این استثنائات که بگذریم، باید گفت که دوران حکومت رضاشاه استبدادی بود - اما توأم با خونریزی و قتل مخالفان یا دگراندیشان نبود. مردم عادی در امنیت بودند و کسی را با آنان کاری نبود. به همین سبب فعالیت اقتصادی و سرمایه‌گذاری خصوصی همواره در گسترش بود و کشور از رونقی خاص برخوردار گردید.

رضاشاه با اکثر رجال یا شاهزادگان مهم یا کمتر مهم دوره قاجاریه با احترام بسیار رفتار می‌کرد و در دربار به روی آنان باز بود. بسیاری چون مشیرالدوله و مؤتمن‌الملک خود را به کلی از سیاست کنار کشیدند و گوشه انزوا گزیدند دیگران گه گاه سری به دربار می‌زدند. عصرها از آنان پذیرائی می‌شد. گاه رضاشاه شخصاً در این دید و بازدیدها حاضر می‌شد و با این و آن نرد می‌باخت. همه نخست وزیرانش[۲] به جز یک تن[۳] از رجال کم و بیش سرشناس عهد قاجاریه بودند و شاهزادگان قاجار به زندگی اجتماعی، سیاسی و یا خصوصی خود بدون مزاحمت ادامه دادند.

از اقدامات قابل سرزنش و تاسف‌آور رضاشاه، سعی وی در خرید املاک بزرگ مالکان مازندران در سالهای بعد از ۱۳۱۲ است که در شرائطی غیرمنصفانه و عملاً به اجبار صورت گرفت. البته باید گفت که در این «املاک اختصاصی»، اقدامات چشمگیری برای بهبود شرائط زندگی کشاورزان - خانه‌سازی، تأسیس مدارس ابتدائی و درمانگاه‌ها، زه‌کشی اراضی مزروعی...، صورت گرفت که بزرگ مالکان یا نمی‌خواستند یا نمی‌توانستند به آن بپردازند. بهرحال بعد از شهریور ۲۰ املاک این افراد به آنان مسترد شد.

این کار در شأن رضاشاه که زندگی ساده و سربازی داشت نبود و حق آن بود که خود و خانواده‌اش به اعتباری که از بودجه کشور در اختیار دربار گذاشته می‌شد، عواید متعارف

۱ - مانند سیدحسن مدرس، عبدالحسین تیمورتاش، نصرت‌الدوله فیروز سردار اسعد بختیاری...، دکتر تقی ارانی که مدتی مامورین شهربانی را به قتلش متهم می‌کردند - بر اثر بیماری در زندان وفات یافت که امروزه سران حزب توده و مورخان و نویسندگان متعلق به آن، اشتباه عمدی یا غیرعمدی خود را پذیرفته‌اند. (مترجم)

۲ - ذکاء الملک فروغی، حاج مخبرالسلطنه هدایت، مدیرالملک جم، منصور الملک، به مصدق‌السلطنه (دکتر مصدق) پیشنهاد نخست وزیری کرد که او نپذیرفت. چند ماه قبل از پایان سلطنتش برای خوش‌آمد انگلیسی‌ها او را چند ماهی به زندان انداخت و سپس به املاکش در احمدآباد تبعید کرد.(مترجم)

۳ - دکتر احمد متین دفتری ملقب به متین الدوله که در زمان قاجار اسم و رسمی نداشت. (مترجم)

مقام سلطنت و مقرری¹ که دریافت می‌داشتند، بسنده می‌کردند.

چندین دهه بعد از مرگ وی و مخصوصاً پس از سقوط سلطنت در ایران، رضاشاه برای بسیاری از ایرانیان به صورت یک حماسه ملی و قهرمان تاریخی درآمده است که مبارزه او را با مداخلات روحانیت در امور سیاسی و تلاش خستگی ناپذیرش را برای بسط و توسعه اقتصادی و رستاخیز فرهنگی و ملی، بی‌چون و چرا ستایش می‌کنند.

* * * * *

آغاز جنگ جهانی دوم در نهایت امر به برکناری رضاشاه از سلطنت و تبعیدش به خارج از ایران انجامید. بر ولیعهد و جانشین او، محمدرضا پهلوی، لازم آمد که اندک اندک در جستجوی راه‌حل‌های دیگری برای نیل به قدرت و نحوه سلطنت برآید و هدف‌های پدرش را به صورت‌های دیگری دنبال کند.

---

۱ - از جمله مقرری تولیت آستان قدس رضوی و عواید املاک سلطنتی که بعداً محمدرضا شاه به تقسیم آنان اقدام کرد. (مترجم)

فصل چهارم

تربیت ولیعهد
(۱۹۳۸-۱۹۲۶)

دوران کودکی محمدرضا پهلوی در ۲۸ ژانویه ۱۹۲۶ به پایان رسید، حال آنکه او هفت سال و اندی بیش نداشت. عهدی دیگر در زندگی او آغاز شد که آثار آن را در رویه وی نسبت به فرزند ارشد و ولیعهدش و تربیت او به آسانی می‌توان دید.

نخستین تصمیم رضاشاه پس از اعلام ولایت‌عهد محمدرضا پهلوی، تعیین پیشکاری برای او بود. چراغعلی‌خان امیراکرم بزرگ طایفه پهلوان، به این سمت برگزیده شد. در حقیقت این انتصاب برای ابراز احترام یا لااقل توجهی به خانواده وی بود، نه چیز دیگر. امیراکرم مردی بود سالخورده و بیمار. نه از وظایف پیشکاری ولیعهد اطلاع داشت و نه قادر به تقبّل آن بود. عملاً سلیمان‌خان بهبودی، پیشکار و مرد مورد اعتماد رضاشاه این کار را به عهده گرفت.

رضاشاه می‌خواست فرزند و ولیعهدش از تربیتی شایسته پادشاه آینده ایران برخوردار شود و آنچه را او نمی‌دانست و نتوانسته بود بیاموزد، فرا گیرد. رضاشاه به هیچ زبانِ خارجی آشنایی نداشت فقط چند کلمه‌ای روسی می‌فهمید که آن را در لشکر قزاق فرا

گرفته بود. به گویش آذری نیز که مخلوطی از زبان فارسی قدیم و ترکی است و در شمال غربی ایران متداول است نا آشنا نبود، ولی این گویش یک زبان خارجی محسوب نمی‌شد و به هر حال دانستن آن امتیازی نبود. رضاشاه هرگز به آداب و تشریفات سلطنت اعتنایی نداشت. لباس ساده نظامی می‌پوشید، ساده غذا می‌خورد و حتی با ظرائف پخت و پز ایرانی بیگانه بود. خواندن و نوشتن را دیر آموخته بود و خطی ابتدایی و شاید کودکانه داشت. اما به هنر خطّاطی اهمیت بسیار می‌گذاشت و در معماری حسن سلیقه‌ای داشت که مورد تائید همگان است. او هنگامی که خدمت خود را آغاز کرد به اندیشه سلطنت نبود، فرزند توده مردم ایران بود و این را با سربلندی همواره یادآور می‌شد. ولی می‌خواست ولیعهدش را برای سلطنت پرورش دهد و آن‌چه را نداشت و کمبودش را احساس می کرد به او ارزانی دارد. به همین سبب شاهپور محمدرضا، هنگامی که رسماً به ولایت‌عهد منصوب و معرفی شد، دیگر لذایذ زندگی کودکان را از دست داد و چنان‌که خود بارها گفت و نوشت دوران طفولیت‌اش مانند سایرین نبود. برنامه‌ای که رضاشاه برای تربیت او طراحی کرد و به مرحله عمل درآورد، دقیق و سخت و سنگین و آمیخته با انضباط شدید بود. در محوطه اقامتگاه‌های سلطنتی یک مدرسه کوچک اختصاصی برایش تأسیس شد. بیست تن دانش‌آموزان این مدرسه همه فرزندان نظامیان بودند. رضاشاه تصور می‌کرد که این گروه بعداً اطرافیان ولیعهدش خواهند بود و هر یک از آنان آینده‌ای فراخور خود در ایران فردا خواهند داشت[۱].

یک سال پس از آن، آموزشگاهی به نام دبستان نظامی گشوده شد و همه این گروه به آن منتقل شدند. برنامه دبستان نظامی فشرده و دشوار بود. دانش‌آموزان مکلف بودند لباس متحدالشکل شبه نظامی بپوشند. دروس دبستان در ساعت ۸ بامداد آغاز می‌شد، سه ساعت به طول می‌انجامید و در میان ساعات درس، ده دقیقه استراحت به دانش‌آموزان داده می‌شد. از یازده و سی دقیقه (۱۱/۵) تا سیزده و سی دقیقه (۱/۵) وقت صرف ناهار بود. سپس بار دیگر کلاس‌ها شروع می‌شد و به همان ترتیب تا ساعت هفده (۵ بعدازظهر) ادامه داشت. شش ساعت درس در همه روزهای هفته. البته به استثنای جمعه که روز تعطیل ایرانیان است. برنامه دروس عبارت بود از فارسی، تاریخ و جغرافیا، حساب و

۱- یکی از آنان حسین فردوست، فرزند درجه‌داری از گارد سلطنتی بود. محمدرضا با او الفت یافت. در سال‌های پادشاهی‌اش به مقامات عالی رسید و سرانجام به او خیانت کرد و به خدمت جمهوری اسلامی درآمد، چنان‌که در فصول بعدی خواهیم دید.

تعلیمات مدنی[1]. همچنین آموزش یک زبان خارجی که فرانسه باشد، اجباری بود.

به معلمان دستور داده شده بود که انضباط دقیقی را رعایت کنند و اندک استثنایی برای ولیعهد قائل نشوند. شاهپور محمدرضا، گرچه کودک ضعیف‌الجثه‌ای بود، به ورزش، بازی‌های مختلف در هوای آزاد بسیار علاقه داشت. بازی مورد علاقه خاص او در این زمینه، چوگان با دوچرخه[2] بود که برای آن، دوچرخه‌های کهنه را به کار می‌گرفتند.

همچنین به دستور پدرش، ولیعهد به آموختن سوارکاری پرداخت. مربی سوارکاری‌اش یکی از درباریان قاجار، از تبار ترکمن، به نام ابوالفتح آتابای بود که در سال‌های آخر سلطنت او عنوان میرآخور سلطنتی داشت و تا پایان کار به او وفادار ماند.

یک‌سال بعد رضاشاه تصمیم گرفت که ولیعهدش هر روز ناهار را با او صرف کند. ناهاری ساده و سالم چنان‌که شاه دوست می‌داشت. سپس هر وقت مُیسر بود پدر و پسر با هم به گردش می‌رفتند. گویا از همان زمان رضاشاه کوشید که اندک‌اندک پسرش را با مسائل سیاسی مملکتی آشنا کند. اما صحبت‌های آنان همیشه سیاسی و به اصطلاح جدی نبود. راویان نوشته‌اند که پدر و پسر گاهی با هم آواز می‌خواندند، یا آهنگ‌های قدیم ایرانی و یا آهنگ‌هایی را که تازه متداول و «مُد روز» شده بود[3]. در همین زمان بود که رضاشاه یک خانم فرانسوی، مادام ارفع را به عنوان مربی پسر خود برگزید، چنان‌که در خانواده‌های اشرافی و ثروتمند باختر زمین معمول بود و هنوز هم هست[4]. مادام ارفع، بیش و پیش از همه زبان فرانسه را به شاهپور محمدرضا آموخت. اما به این کار بسنده نکرد. برای او از تاریخ اروپا و کشورهای بزرگ جهان صحبت می‌کرد. گویا قصه‌گوی خوبی بود و موفق به جذب و جلب توجه شاگرد خود شد. مخصوصاً در روایت زندگی مردان بزرگ تاریخ مهارت داشت. چون فرانسوی بود، اکثر این بزرگان از دیدگاهش فرانسوی بودند. وی محمدرضا را به ظرائف پخت و پز فرانسوی نیز آشنا کرد. در طول عمرش، ولیعهد و سپس پادشاه ایران هرگز پرخور نبود. اما غذاشناس و علاقمند به ظرائف آشپزی،

۱- سالخوردگان احتمالاً به یاد دارند که برنامه مدارس ابتدایی آن زمان نیز همین بود (مترجم)

2- Polo - Cyclisme

۳- خاطرات سلیمان بهبودی که موّجه‌ترین سند درباره این دوران زندگی داخلی رضاشاه و ولیعهد او محسوب می‌شود.

۴- Madame Arfa، در سال ۱۹۵۸ در پاریس درگذشت. تا پایان عمرش، محمدرضا شاه مواظب زندگی او بود.

مخصوصاً فرانسوی، بود. بعداً به شراب‌های فرانسوی نیز آشنا شد. هرگز در نوشیدن شراب اسراف و زیاده‌روی نمی‌کرد، اصولاً زیاده‌روی در طبیعتش نبود. اما شراب‌شناس و شراب دوست بود.

شاه به مادام ارفع دستور داده بود که با شاگردش فقط به زبان فرانسه صحبت کند. سال‌ها بعد کنت دو مارانش[1] در این باره نوشت: «اگر ظاهر شاه، که همه آن را می‌شناختند، نبود. امکان نداشت کسی دریابد که او یک فرانسوی با فرهنگ و فرهیخته که همه چیز را می‌داند نیست.»

رضا شاه عقل سالم را در بدن سالم می‌دانست و حق داشت. به دستور او پسرش را وادار به آموختن شمشیربازی، بُکس، کُشتی و سواری کردند. سه ورزش اوّل را دوست نمی‌داشت و بعداً رها کرد. اما تا پایان عمرش ورزشکار و ورزش دوست استثنائی و بسیار کاردان و قابل بود.

در برنامه تربیت ولیعهد نکات و مسائل دیگری هم بود. یکی از آن‌ها فراگرفتن تاریخ ایران بود. علاوه بر برنامه آموزش رسمی، ساعات درس اختصاصی برای وی ترتیب داده شد. رضاشاه شخصاً بر حسن انجام این برنامه نظارت می‌کرد. بعداً همه کسانی که با محمدرضا شاه تماس داشتند اطلاعات تاریخی او را ستوده‌اند، که متأسفانه پسر ارشد و ولیعهدش از این توجه بی‌بهره ماند. همچنین ولیعهد معلمین مخصوصی برای فراگیری خط و زبان فارسی داشت. اطلاعات ادبی وی خوب و خطش زیبا و پخته بود. طی سال‌های پادشاهی‌اش محمدرضا پهلوی، هر گاه که فرصتی دست می‌داد، از معلم ادبیاتش میرزا عبدالعظیم‌خان قریب، یکی از بزرگان ادب فارسی و متخصص سرشناس دستور زبان صحبت می‌کرد و یادآور می‌شد که «شاگرد او بودیم».

در یک کلام، رضاشاه، خواست هر چه کمبود داشت، اطلاعات عمومی، تاریخ، جغرافیا، زبان و ادب فارسی و زبان‌های خارجی، در اختیار ولیعهدش بگذارد. در حقیقت وی را ناچار از فراگیری این رشته‌ها کرد و آن‌ها را لازمه فرهنگ یک پادشاه می‌دانست.

۱- Conte Alexandre de Maraeches (رئیس D.G.S.E)، از برجسته‌ترین کارشناسان اطلاعاتی «جهان آزاد»، مشاور رُنالد ریگان و سلطان حسن دوم و از دوستان نزدیک محمدرضا شاه بود. نگاه کنید به خاطراتش (مترجم)

سال‌های تحصیلات ابتدایی شاهپور محمدرضا پهلوی به این ترتیب به پایان رسید. قسمت اعظم تعطیلات تابستانی او در «کاخ سلطنتی» بابل می‌گذشت، ساختمانی متعلق به یک بازرگان روس[۱] که پس از انقلاب اکتبر و از دست دادن ثروتش به ژنرال رضاخان که هنوز نام پهلوی هم نداشت، فروخت و وی آن را برای «نورچشمی محمدرضا خان» و به نام او ابتیاع کرد. این ساختمان که در اسلوب روسی قرن نوزدهم بنا شده بود در میانه باغی مملو از درختان پرتقال قرار داشت و سال‌ها مورد علاقه خاص محمدرضا شاه بود.

در ژوئن ۱۹۳۱، که شاهپور محمدرضا دوازده ساله بود و تحصیلات ابتدایی وی به پایان رسید، به اخذ گواهینامه آموزش ابتدایی موفق شد. حاصل این دوران که شباهت زیادی به «سال‌های کودکی دیگران» نداشت چه بود؟

نخست آن‌که وی خجول بود و تا پایان عمرش حتی در اوج قدرت و عظمت به نحوی خجول ماند. دیگر آن‌که وی تسلط خاصی بر احساسات خود یافت، می‌توانست آن‌ها را به خوبی پنهان کند و حفظ ظاهر نماید. از همین زمان آموخت که در همه شرایط و مقتضیات رفتاری شایسته داشته باشد و خود را چنان‌که باید و شاید نشان دهد. این نوجوان دوازده ساله فارسی را خوب می‌دانست، به مبانی دستور این زبان آشنا بود، اطلاعات تاریخی شایسته‌ای داشت، زبان فرانسه را فرا گرفته و به روانی صحبت می‌کرد. قهرمانان او لوئی یازدهم بودند که «فرانسه را متحد کرد»، هانری چهارم که کاتولیک‌ها و پروتستان‌ها را «با یکدیگر آشتی داد» و مخصوصاً ریشلیو[۲] که منافع ملی را در سیاست خارجی‌اش به ملاحظات مذهبی ترجیح داد و بانی رویه دیپلماسی ملی در اروپا است[۳]. لوئی چهاردهم را به خاطر عظمت آثارش می‌ستود، جزئیات انقلاب فرانسه و سرنوشت شوم لوئی شانزدهم و جنگ‌های ناپلئون اول امپراطور بزرگ فرانسه برایش راز و رمزی نداشت. محمدرضا، از حافظه‌ای بسیار قوی برخوردار بود و آن‌چه را می‌شنید و می‌دید فوراً به خاطر می‌سپرد. او در حقیقت دو فرهنگ داشت. ایرانی و فرانسوی و پدرش وی را در این زمینه تشویق می‌کرد، زیرا از فرانسویان بیمی نداشت و نگران سیاست‌های

۱- ساختمان معروف تومانیانس (نگاه کنید به خاطرات سلیمان بهبودی)

۲- Cardinal de Richelieu صدراعظم لویی سیزدهم، پادشاه فرانسه.

۳- بسیاری از مورخان وی را با شاه‌عباس کبیر مقایسه کرده‌اند که او هم در سیاست خارجی خود مصالح و منافع ایران را نصب‌العین قرار داد و نه مسائل مذهبی و شعار اتحاد اسلام را که مورد استفاده امپراطوری عثمانی بود. (مترجم)

توسعه طلبی روس و انگلیس بود و نمی‌خواست پادشاه آینده ایران تحت تأثیر این دو کشور باشد.

به محض پایان تحصیلات ابتدایی او، رضاشاه تصمیم گرفت که ولیعهدش را برای دوران دبیرستان به خارج اعزام دارد. باز هم امتیازی که خود کمبود آن را احساس می‌کرد. گروهی از پیرامونیان مدرسه به غایت اشرافی و اشراف‌پرور انگلیسی ایتون[1] را پیشنهاد کردند که رضاشاه با خشونت آن را رد کرد. گروهی دیگر به کالج سُرِز[2] در نزدیکی تولوز در فرانسه اشاره کردند که به سال ۱۶۸۲ تأسیس شده و محل پرورش اشراف‌زادگان کاتولیک فرانسه بود. رضاشاه برای ولیعهدش مدرسه‌ای غیر مذهبی می‌خواست و این نظر را نیز نپذیرفت. بحث در میان صاحب‌نظران اطرافش داغ بود. سرانجام بر سر مدرسه رُزِه[3] در سوئیس، واقع در شهرک رُل[4] بین ژنو و لوزان توافق حاصل شد و این انتخاب مورد تائید رضاشاه قرار گرفت. مدرسه رُزِه واجد همه شرایطی بود که رضاشاه می‌خواست. در کشوری بی‌طرف و به دور از رقابت‌های سیاسی بین‌المللی قرار داشت که به میهمان‌نوازی و حُسن رفتار مردمش معروف بود. زبان متداول در رُزه فرانسه بود و شاگردانش همه از فرزندان اشراف و سرآمدان کشورهای جهان بودند. همه مطلعین شبکه دوستی و ارتباط فارغ‌التحصیلان آن مدرسه را می‌ستودند و رضاشاه گمان می‌برد که این شبکه برای آینده فرزندش سودمند خواهد بود. مدرسه رُزِه را در سال ۱۸۸۰ یک بلژیکی به نام پی‌یر کارنال[5] بنیان نهاده بود. به او گفتند که انضباط و اصول اخلاقی در محیط آن با دقت رعایت می‌شود، آموزش زبان‌های خارجی (غیر از فرانسه که زبان رسمی آنجا بود) در این مدرسه متداول و از سطحی رضایت‌بخش بهره‌مند است و از بامداد تا شامگاه دانش‌آموزان تحت مراقبت مربیان برجسته از برنامه‌ای منظم برخوردارند. رضاشاه تصاویر زیادی از ساختمان‌های مدرسه را دید و آن‌ها را پسندید و در نهایت امر، این محل را برای «دوران غربت» ولیعهدش مناسب دانست.

از اوائل سپتامبر ۱۹۳۱، تدارک وسائل سفر شاهپور محمدرضا آغاز شد. برای این‌که

1-Eaton معروف به Gentleman Factory
2-College de Soreze
3-Rosey
4-Rolle
5- Piere Carnal

تنها نباشد و احساس «غربت» نکند قرار شد برادر کوچک‌ترش شاهپور علی‌رضا و همچنین مهرپور یکی از پسران وزیر دربار عبدالحسین تیمورتاش و نیز حسین فردوست نیز همراه او باشند. لازم آمد که برای شخص اخیر لباس‌ها و وسائل لازم فراهم شود که شایسته همراهی پسران پادشاه و فرزند وزیر توانا و دنیا دیده دربار شاهنشاهی باشد[1].

علاوه بر این‌ها دو مربی و سرپرست برای گروه تعیین شدند، نخست دکتر مؤدب‌الدوله نفیسی[2] برآمده از یک خانواده برجسته و متشخص فارس که به او عنوان پیشکار و طبیب مخصوص ولیعهد داده شد و آن دگر آقای مستشار که مأموریت یافت آموزش فارسی، رسم‌الخط و ادبیات و تاریخ ایران را به شاهپور محمدرضا (و همراهانش) دنبال کند. شاه به آنان دستور داد که با گروه تحت سرپرستی خود بدون گذشت و با نهایت دقّت رفتار کنند و منظماً گزارش‌های کاملی درباره رفتار و پیشرفت درسی آن‌ها برایش ارسال دارند. عبدالحسین تیمورتاش وزیر دربار شاهنشاهی مأموریت یافت که این گروه را تا سوئیس هدایت کند و آن‌ها را به مقصد برساند.

رضاشاه، ملکه تاج‌الملوک، شاهدخت‌ها شمس و اشرف، شاهپور غلامرضا نابرادری محمدرضا تا بندر پهلوی (انزلی) مسافران را همراهی کردند. در آن‌جا شاه به مربیان گروه گفت که انتظار دارد که آن‌ها را مرد بپرورند. سپس همگی تا بادکوبه به یک کشتی روسی سوار شدند. این سفر آغاز مرحله دیگری در زندگی محمدرضا پهلوی بود.

طی این مسافرت با شاهپور محمدرضا چون یک نوجوان عادی رفتار نمی‌شد. همه او را ولیعهد آینده ایران می‌دانستند و با او روابط و رفتاری در این حد داشتند. همیشه لباس برازنده‌ای بر تن داشت، اطرافش را می‌گرفتند و به او احترام بسیار می‌گذاشتند. در بادکوبه دولت اتحاد جماهیر شوروی واگُن مخصوصی که بسیار مجلّل بود در اختیار ولیعهد و همراهانش گذاشت و به این ترتیب آن‌ها از خاک شوروی و سپس لهستان و آلمان گذشتند. در هر مرحله و هر توقف از آن‌ها رسماً و با تشریفات شایسته استقبال می‌شد. رفتار ولیعهد ایران به تصدیق همگان بی‌عیب و نقص و در شأن او بود و عبدالحسین

۱- آیا نباید ریشه‌های رفتار بعدی حسین فردوست که گویا از سال‌ها پیش جاسوس و عامل شوروی ها بود و در نهایت امر به محمدرضا شاه که ولی‌نعمتش بود خیانت کرد، در همین احساس حقارت جستجو شود؟ گروه دیگری گرایش‌های جنسی او را عنوان کرده‌اند که در همه کشورها سازمان جاسوسی شوروی از آن برای ارعاب و استخدام افراد استفاده می‌کردند. (مترجم)

۲- لقبی که در زمان قاجار به وی داده شده بود.

تیمورتاش بر همه چیز نظارت داشت.

در ژنو وزیر مختار ایران و مقامات سوئیسی از ولیعهد و همراهانش رسماً استقبال کردند. سال‌ها بعد محمدرضا شاه گفت: «خوشحالی ما از دیدن آن همه مناظر تازه و شهرهای ناشناخته زائدالوصف بود. فراموش نکنید که ما چهار نوجوان بودیم که هرگز کشور خود را ترک نکرده بودند[1].»

در نخستین سال اقامتش در سوئیس، شاهپور محمدرضا نزد خانواده‌ای موسوم به مرسیه[2] در شهر کوچک شایی[3] می‌زیست و ضمن تعقیب دروس یک آموزشگاه مقدماتی و تکمیل زبان فرانسه با آداب و رسوم و طرز زندگی فرنگی از نزدیک آشنا شد.

او در سپتامبر ۱۹۳۲ به همراهی سه نوجوان دیگری که با وی به سوئیس آمده بودند به مدرسه رُزه وارد شد و دوران آموزش خود را در آن‌جا آغاز کرد. گزارش دقیقی از ورودش به این مدرسه و نخستین برخوردش با مدیر و معلمان و مربیان آن و ملاحظه ساختمان مجللش نداریم. می‌دانیم که آقای کارنال که همه او را موسیو کارنال[4] می‌نامیدند شخصاً به استقبالش رفت. در سال ۱۹۱۷، بنیانگذار مدرسه و پدر مدیر وقت آن تصمیم گرفت که در تمام مدت زمستان فعالیت‌های آن را به گاشتاد[5] (که بعداً شهری مورد علاقه خاص محمدرضا شاه شد) منتقل کند که دانش‌آموزان علاوه بر تحصیل، از ورزش‌های زمستانی، به خصوص اسکی، استفاده کنند. مدرسه رُزه پسرانه بود ولی معاونت آن را همسر آقای کارنال، یک بانوی آمریکایی، به عهده داشت. شاید به همین سبب بیشتر شاگردان آن آمریکایی بودند، یا فرزندان دیپلمات‌های این کشور و یا پسران خانواده‌های بسیار ثروتمند آن. بسیاری از فرزندان خانواده‌های سلطنتی نیز در رُزه تحصیل می‌کردند. محمدرضا با بسیاری از آنان دوستی پایدار یافت. در میان شاگردان، نوجوانی به نام ارنست پرُن[6] فرزند یکی از مستخدمین مدرسه نیز بود که بعداً در شمار دوستان و به قولی رازداران

۱- گفتگو با فریدون صاحب جمع مؤلف زندگی‌نامه محمدرضا شاه، نگاه کنید به فهرست مأخذ

2- MERCIER

3- CHAILLY

4- Monsieur Carnal

5- GASTADT

۶- Ernest Peron، شاهپور محمدرضا این شخص را علی‌رغم عدم تمایل پدر تاجدارش به ایران دعوت کرد. رضاشاه نه همجنس‌گرایی این شخص را می‌پسندید و نه ادا و اطوارش را. در سال ۱۹۴۳، محمدرضا شاه به او عنوان «منشی مخصوص» داد ولی در سال ۱۹۵۳ به سبب بی‌احتیاطی‌ها و اشتباهاتی که در

ولیعهد و سپس پادشاه آینده ایران درآمد.

ولایت‌عهد ایران، امتیازاتی نیز به شاهپور محمدرضا ارزانی داشت. یکی از آن‌ها این بود که به وی یک اطاق اختصاصی داده شـد. این استثناء اعتراضاتی را در میان شاگردان دیگر باعث شد که موسیو کارنال به آن‌ها اعتنایی نکرد. ولیعهد ایران بر روی‌هم شاگردی بی‌سـر و صدا بود که مسـأله‌ای برای مدرسه نیافرید. خوش اشتها بود و خیلی زود رشد کرد. در پانزده سالگی قد او به ۱۷۰ سانتی‌متر رسید. وضع نمرات و کارنامه‌هایش بسیار رضایت‌بخش بود. ورزش و مخصوصاً فوتبال را بسـیار دوسـت می‌داشـت و به عنوان دروازه‌بان تیم فوتبال مدرسه انتخاب شد. این تیم در مسابقات محلی به قهرمانی رسید و به همین سبب تصویر ولیعهد ایران را در چند روزنامه چاپ کردند. شاهپور محمدرضا خیلی از این توفیق خوشحال و سربلند شد. گزارش آن‌را به تهران دادند که موجب رضامندی و شعف رضاشاه گردید.

محمدرضا در تاریخ، جغرافیا و زبان فرانسه در میان بهترین شاگردان بود. انگلیسی را خیلی زود و خوب فرا گرفت که بعداً با اندک لهجه فرانسوی به این زبان سخن می‌گفت. در ریاضیات نسبتاً ضعیف بود و ناچار شد چند درس خصوصی بگیرد. مکلّف بود پنج بار در هفته در دروس اختصاصی آقای مستشار نیز حاضر شود. محمدرضا علاقه خاصی به این کار نداشت ولی دستور مؤکد پدرش بود و اطاعت کرد. بعداً از این دروس اختصاصی اظهار رضایت می‌کرد. تسلط وی به زبان و ادب و تاریخ ایران برایش امتیازی خاص بود که ارج آن را می‌دانسـت. وی رعایت کامل احترام معلمش را می‌کرد، چرا که می‌دانست رفتارش را به تهران گزارش خواهند داد. هنگامی که برادران کوچک‌ترش به رُزه آمدند، دیگر رعایت زیادی از شئون آقای مستشار نمی‌کردند. شاید به این سبب که دیگر مراقبت وزیر مختار ایران و گزارش‌های دکتر مؤدب‌الدوله نفیسی در کار نبود. سفارت ایران، دکتر مؤدب‌الدوله و آقای مستشار مکلّف بودند هر هفته روزهای سه‌شنبه گزارشی از رفتار و زندگی ولیعهد به ایران بفرسـتند، خود او نیز هر هفته به پدرش نامه می‌نوشت. هر هفته یکی از مسـتخدمان وزارت دربار به پست مرکزی تهران می‌رفت که این نامه‌ها را بگیرد و برای رضاشـاه بیاورد، که به محض دریافت هر کاری داشـت رها می‌کرد و به مطالعه آن‌ها می‌پرداخت و اگر تأخیری حاصل می‌شد، ابراز نگرانی می‌کرد. رضاشاه از فرزند و

مذاکرات محرمانه با انگلیس‌ها مرتکب شده بود، از دربار و ایران رانده شد.

ولیعهدش راضی بود و به او می‌بالید.

زمستان‌ها، مدرسه رُزه، چنان‌که دیدیم، به گاستاد منتقل می‌شد. از بیم اتفاقات متعارف در ورزش‌های زمستانی، شکستن دست و پای ولیعهد، و خشم رضاشاه، دکتر مؤدب‌الدوله او را از شرکت در این ورزش‌ها منع کرده بود. اما شاهپور محمدرضا اعتنایی نکرد، یک‌بار اندکی زخمی شد ولی گزارشی به تهران نرفت و مسأله‌ای پیش نیامد. محمدرضا در پنهان‌کاری استاد شده بود. نامه‌هایی که میان او و رضاشاه رد و بدل شد و گزارش‌های هیأت همراهانش در دست نیست. قدر مسلم این است که دوران تحصیلش در رُزِه، شاهپور محمدرضای ضعیف‌الجثه را به جوان ورزشکار نیرومند و بی‌باکی تبدیل کرد که حتی تا آخرین روزهای زندگی‌اش و با وجود شدّت بیماری که دچار آن بود، سعی می‌کرد چالاکی خود را با ورزش صبحگاهی سبکی حفظ کند.

او دروس اختصاصی آقای مستشار را دوست نمی‌داشت، ولی بعداً فایده آن‌ها را دریافت. با وجود علاقه‌اش به جغرافیا، بعضی از جنبه‌های دروس آن را نیز برنمی‌تافت از جمله اجبار در فراگیری نام رودخانه‌ها و شط‌های بزرگ پنج قاره جهان، مشخصات آب و هوای مناطق مختلف و امثال این جزئیات را. اما هنگامی که به تخت سلطنت نشست از نشان دادن اطلاعات خود در این موارد دریغ نمی‌کرد و خیلی خوشش می‌آمد!

برنامه اجباری بعدازظهرهای یکشنبه خود را نیز اصلاً نمی‌پسندید ولی مطابق معمول تحمل می‌کرد. وزیر مختار ایران در سوئیس، دکتر مؤدب‌الدوله، آقای مستشار و غالباً یکی دو دیپلمات دیگر، او و همراهانش را به چایخانه‌ها و قنادی‌های معروف ژنو، لوزان یا شهرهای کوچک اطراف می‌بردند، وی را در صدر میزی که قبلاً «رزرو» شده بود می‌نشاندند، انواع و اقسام شیرینی‌های لذیذ و سنگین سوئیسی را سفارش می‌دادند و با وی چون یک سلطان شرقی رفتار می‌کردند: «والاحضرت از این شیرینی میل بفرمائید»، «والاحضرت، لطفاً این شیرینی را بچشید، مقوّی است، برایتان خوب است»، «والا حضرت شیرکاکائو سرد می‌شود، میل بفرمائید»... همه اطرافیان به این میز و کسانی که بر آن نشسته بودند زیرچشمی نگاه می‌کردند. شاهپور محمدرضا احساسات تعجب یا حتی تمسخر آنان را حدس می‌زد. اما دَم برنمی‌آورد، شیرینی‌ها را می‌خورد، شیرکاکائو را می‌نوشید. می‌بایست قبول کند- تحمل

کند-می‌پذیرفت.

در تابستان ۱۹۳۶، گروه چهار نفری و همراهان‌شان برای گذراندن تعطیلات به ایران بازگشـــتند. تغییرات و تحولات ایران در طی پنج سال غیبت آن‌ها برای‌شان حیرت‌انگیز و واقعاً چشـــم‌گیر بود. ایران چهره‌ای دیگر یافته بـــود، دگرگونی از همان بندرپهلوی به چشـــم می‌خورد. راه‌های تازه، راه‌آهن به مازندان برای عزیمت به بابل و «کاخ ســـلطنتی» خیابان‌های وســـیع و پاکیزه و روشن تهران، اقامتگاه‌های زیبا و خوش سلیقه‌ای که برای اعضای خاندان سلطنت ساخته شده و به آن نام «کاخ» داده بودند.

رضاشـــاه او را همـــه جا به همراه خود می‌برد، به او می‌بالیـــد، تربیت او را والاترین خدمت خود به ایران می‌دانست و به پیرامونیان می‌گفت که کارهای بزرگ برای وطنش خواهد کرد[1].

سال بعد، در ژوئن ۱۹۳۷، شاهپور محمدرضا در امتحانات نهایی دوره دوم متوسطه سوئیس توفیق یافت و به دریافت گواهینامه آن[2] نائل آمد، زمان بازگشت به ایران فرا رسیده بود. هنوز نوزده سال هم نداشت ولی مجبور بود با دوران جوانی خود و سال‌های خوش آن برای همیشه وداع کند. می‌بایست مانند همه جوانان ایرانی به خدمت نظام وظیفه برود. چون دارای گواهینامه پایان دوره متوسطه بود، راهی دانشکده افسری تهران شد. در روز اول خدمتش، رضاشاه او را به دانشکده آورد. برای هم‌دوره‌هایش سخنانی راند و گفت که همه آن‌ها را چون فرزندان خود می‌داند.

واحدی که محمدرضا به آن پیوست مرکب از سی تن بود که بعضی از آنان سال‌ها بعد نام و شهرتی یافتند. اویسی، نعمت‌الله نصیری، قره‌باغی و ... حسین فردوست. برنامه آموزشـــی سنگین‌تر از معمول بود و به امر شـــاه برای فرزندش استثنائی وجود نداشت. بیدارباش در ســـاعت ۵:۳۰ صبح، چه تابســـتان، چه زمستان. سپس آماده‌سازی و ورزش بامدادی و صرف صبحانه. ساعت ۹ بامداد شروع دروس نظری یا عملی. در نیمروز صرف ناهار دسته جمعی. از ساعت ۱۴ تا ۱۷، باز هم دروس نظری یا عملی. از ساعت ۱۷ تا ۱۹،

۱- همه این جزئیات در زندگی‌نامه شاه به قلم فریدون صاحب‌جمع، یا خاطرات سلیمان بهبودی مندرج است. نگاه کنید به فهرست مأخذ

2- La Maturité Fédérale

مطالعه و آماده‌سازی دروس. علاوه بر همه این‌ها، راهپیمایی‌های طولانی، تمرین حمله یا دفاع شبانه. تقریباً برنامه‌ای که برای تربیت گروه‌های ضربتی (کوماندو) اجرا می‌شود. همه این‌ها اجباری بود و امر شاه و گریزی از آن نبود. تصمیم گرفته شد که یک بار تمرین چتربازی نیز برای دانشجویان این گروه ترتیب داده شود. شاهپور محمدرضا، این بار بسیار تردید کرد. دلش نمی‌خواست، اما امر پدرش بود و بر آن گردن نهاد. این اولین و آخرین پرش وی با چتر نجات بود، گرچه شش سال بعد، در هفده اکتبر ۱۹۴۶، گواهینامه خلبانی را دریافت کرد و خلبان قابلی هم شد.

یادگار و عادت به جا مانده از این دوره برای پادشاه آینده ایران وسواس وی در نظم و ترتیب و رعایت انضباط و عدم تحمّل بعضی حرکات بود. سه روایت کوچک، و البته به خودی خود فاقد اهمیّت، نشان دهنده این روحیه است:

سال‌ها بعد، در یک مراسم نظامی، برادرش شاهپور غلامرضا را که نظامی حرفه‌ای و در آن موقع سرتیپ بود، مشاهده کرد موهای خود را بیش از حد معمول برای شاه بلند کرده و در دو طرف صورتش به صورت چکمه درآورده بود. شاهپور غلامرضا در کنار برادر تاجدارش بود. شاه به او اعتنایی نکرد. در پایان مراسم به امیرعباس هویدا نخست‌وزیر که او هم در کنارش بود به صدای بلند گفت: «به این آقا بگوئید که کسی که خود را امیر ارتش شاهنشاهی می‌داند نباید موی سرش را به صورت رقاصان فلامینکو درآورد[۱].» مطلب ارتباطی با هویدا نداشت که نمی‌دانست چه کند و چه بگوید. اما همه سخنان شاه را شنیدند. از جمله خود شاهپور غلامرضا که از آن پس موی سر خود را «چنانکه شایسته یک افسر ارتش شاهنشاهی» باشد اصلاح کرد.

روز دیگری، برادرزاده‌اش، شاهپور علی پاتریک را در یک ضیافت دربار دید که ریش گذاشته، بی‌درنگ به امیر اسدالله علم وزیر دربار گفت: «یک شاهزاده حق ندارد ریش بگذارد. به او ابلاغ کنید یا ریش خود را بتراشد، یا دیگر به دربار نیاید[۲]». علی پاتریک اطاعت کرد اما مسائل دیگری به وجود آورد که خواهیم کرد.

واقعه دیگر مربوط به سال‌های آخر سلطنت است. در ۴ نوامبر ۱۹۷۶، به مناسبت

۱- روایت یکی از وزیران حاضر در آن جا به نویسنده ایرانی این کتاب.
۲- روایت خود شاهپور علی پاتریک به نویسنده ایرانی کتاب.

سالروز تولد شاهپور رضا ولیعهد، امیرعباس هویدا که هنوز نخست‌وزیر بود، یک کنسرت خصوصی خواننده معروف فرانسوی جو داسَن[1] را به او هدیه داد. هدیه‌ای پرخرج و نامعقول، آن هم از خرانه عمومی. هویدا می‌دانست که ولیعهد به جو داسَن و آوازهایش بسیار علاقمند است و محمدرضا شاه نیز از آهنگ‌هایی که او خوانده بسیار خوشش می‌آید. جو داسَن و نوازندگانش بی سر و صدا به تهران آمدند.

امیرعباس هویدا ضیافت شام کوچکی، با سلیقه خاص که داشت، در کاخ پذیرایی دولت ترتیب داد[2]. پس از صرف شام، کنسرت جو داسَن آغاز شد. همه آهنگ‌های معروف خود را خواند. لذت شاه از شنیدن آن ها مشهود بود و گه‌گاه خودش جو داسَن را همراهی و آوازهایش را با او تکرار می‌کرد، که واقعاً استثنائی بود. پس از پایان کنسرت می‌بایست لااقل «جوان‌ها» برقصند. ولیعهد از جو داسَن اجازه خواست که جزو ارکستر بنشیند و طبل بزند. جو داسَن خیلی خوشش آمد و او را تشویق کرد. به محض آن‌که شاه متوجه شد به صدای بلند گفت: «این رفتار شایسته ولیعهد شاهنشاهی ایران نیست»... ضیافت ادامه یافت، اما لذت و خوشی ولیعهد جوان که روز تولدش را جشن گرفتند از بین رفته بود. شاه نیز اندکی بعد میهمانی را ترک کرد!

به دوران خدمت نظام محمدرضا پهلوی برگردیم: در این یک سال، پادشاه آینده ایران با مبانی فنون ارتشی و نظامی آشنا شد. در پایان دوره خدمتش، آخر بهار ۱۹۳۸، در میان همگان رتبه اوّل را حائز شد و گواهینامه ستوان دومی را از دست پدر تاجدارش دریافت داشت. بعداً در مصاحبه‌ای گفت: «نمی‌دانم نمرات خوبی که به من داده بودند به حق بود، یا به خاطر موقع و مقامی که داشتم».

به هر حال، از نظر رضاشاه دوران «تربیت ولیعهد» به پایان رسیده بود و دیگر فرصت زیادی برای پرداختن به زندگی خصوصی و تفریحات جوانی برایش باقی نگذاشت. مقرر داشت که در همه مسافرت‌ها و بازدیدها همراه شاه باشد، در جلسات هیأت وزیران و نشست‌های دیگر (در ابتدا بدون حق اظهارنظر) شرکت کند. اجازه یافت که به بازدید از نقاط مختلف، پیشرفت طرح‌های عمرانی، افتتاح ساختمان‌ها و کارخانه‌ها برود و

1-Joe Dassin

۲- نویسنده ایرانی کتاب که در آن موقع هنوز رئیس دانشگاه تهران بود و همسرش نیز به این ضیافت دعوت شده بودند و حضور داشتند.

شــرفیابی‌های اختصاصی داشته باشد. برنامه‌ای بسیار سنگین که ولیعهد با نظم و ترتیب و بدون شِکوه و شکایت، آن هم با کمال وقار و رفتارهای بسیار شایسته و برازنده انجام می‌داد. سپس رضاشاه مقرر داشت که بعضی از وزیران (امورخارجه و فرهنگ) در مورد پرونده‌های حوزه مسئولیت خود با ولیعهد مشورت کنند. او را آماده این کار می‌دانست و این برنامه را بخشی از آماده‌سازی او برای سلطنت.

در ایــن میان، برای زندگی خصوصی شــاهپور محمدرضا جــا و وقت زیادی باقی نمی‌ماند. رضاشــاه شــخصاً مراقب بود که رفتار ولیعهدش نمونه باشد و سرزنشی بر او وارد نیاید. درباره روابط خصوصی‌اش شایعاتی وجود داشت که یکی از آن‌ها می‌توانست سرنوشت وی را تغییر دهد. به دوشیزه‌ای از یک خانواده محترم، فیروزه ساعد، دل بست، که عمویش از برجســته‌ترین دیپلمات‌های ایران بــود و بعداً به مقامات عالی‌تر از جمله نخست‌وزیری رسید. می‌گویند اجازه خواست که با او ازدواج کند. رضاشاه اجازه نداد و شاهپور محمدرضا به رأی پدر گردن نهاد.

او برای پسرش آرزوها و برنامه‌های دیگری در سر داشت.

فصل پنجم

فوزیه- شاهزاده خانم فراموش شده

(۱۹۴۸-۱۹۳۸)

در همه افسانه‌ها و داستان‌ها، چون هزار و یک شب، ولیعهدها عاشق شاهزاده خانم‌های زیبا می‌شوند و با آن‌ها ازدواج می‌کنند و به این ترتیب قصه‌ها حُسن خِتام می‌یابند. درباره‌ی ولیعهد ایران که هنوز در سوئیس می‌زیست جریان چیز دیگری بود. او به شاهزاده خانم زیبایی دل نبسته بود. در فکر ازدواج نبود. پدرش در این فکر بود[۱].

در سال ۱۹۳۸ و بازگشت شاهپور محمدرضا به ایران، گروه کاملاً محرمانه‌ای که تصور می‌شد اعضای آن به وضع خانواده‌های سلطنتی آشنائی دارند در دربار تشکیل و مأمور جستجو و یافتن همسری مناسب برای ولیعهد ایران شد.

آن‌ها نخست به فکر دختر احمدشاه، آخرین پادشاه قاجار(متوفی به سال ۱۹۳۱) افتادند. گرچه سلسله قاجار در ۱۹۲۵ منقرض شده بود. افراد خانواده‌اش، از دور و نزدیک،

۱- یکی از منابع اصلی در مورد ازدواج و سپس طلاق محمدرضا شاه و شاهزاده خانم فوزیه، جلد بیستم از خاطرات، یادداشت‌ها و اسناد دکتر قاسم غنی است (نگاه کنید به فهرست مأخذ) دکتر قاسم غنی طبیب، دانشگاهی، اهل ادب، نماینده مجلس و پس از آن وزیر و سفیر بود. در تدارک مقدمات این ازدواج شرکت داشت و سپس در مقام سفیر کبیر ایران در مصر مأمور ترتیب طلاق محمدرضا و فوزیه شد.

با دشواری یا سخت‌گیری خاص مواجه نشدند. پیشکاران همسران و دخترانش به وکالت و بـــه نمایندگی آنان اموال و املاک‌شـــان را در ایـــران اداره می‌کردند، عواید آن را وصول نموده و به خارج حواله می‌دادند. بسیاری از قاجاریه در جوامع سیاسی و مدنی و در ارتش مصدر مقامات مهم بودند.

ازدواج ولیعهد ایران با دختر پادشاه معزول یا شاهزاده خانمی از سلسله‌ای که منقرض شـــده بود در تاریخ ایران سابقه داشت و به منزله نوعی آشتی میان دو خاندان سلطنتی و پایان تضادها و کینه‌های احتمالی میان آنان محســـوب می‌شد. اما قانون اساسی ایران، به نحوی که با تصویب و شاید به اشاره رضاشاه در ۱۹۲۵ اصلاح شده عملاً چنین ازدواجی را ممنوع می‌کرد. زیرا هیچ‌کس که نسبتش به قاجاریه می‌رسید حق سلطنت نداشت. هدف آن بود که راه را بر بازگشت شاهزادگان و یا منسوبان آن سلسله به تاج و تخت ایران ببندند و سلسله نوپای پهلوی را در امان نگاه دارند. در نتیجه فکر ازدواج با شاهزاده خانمی از قاجاریه کنار گذاشـــته شد، به‌ویژه که ملکه تاج‌الملوک می‌خواست خطر رقابت فرزندان ذکور دیگر رضاشاه را که از مادر قاجار بودند با پسرش دور کند.

بنابراین، گروه محرمانه دربار در جستجوی شاهزاده خانمی از یک خاندان سلطنتی مسلمان برآمد. در افغانستان کسی که شایسته ولیعهد ایران باشد یافته نشد، یا نبود. یکی از دختران بیک تونس جلب نظر کرد. اما تونس کشور مستقلی نبود و دختر سلطانی که تحت‌الحمایه فرانســـه باشد درخور شاهپور محمدرضا تشخیص داده نشد. پس از آن، به نحوی جدی، همه چشم به یکی از شاهزاده خانم‌های خاندان امپراطوری عثمانی دوختند، سلسله‌ای که از سلطنت خلع شده اما از گذشته‌ای درخشان و احترامی خاص برخوردار بود. بیم آن رفت که موجب گِله دولت ترکیه شود که کشور هم‌پیمان و دوست ایران بود. با تمام این احوال تهران بر آن شد که در زمینه انتخاب همسری برای ولیعهد با دیپلماسی ترکیه مشورت کند.

در همین ســـال ۱۹۳۷ که دربار تهران در جســـتجوی همسری شایسته ولیعهد بود، مطبوعـــات جهان و مخصوصاً هفته نامه‌های مصّور به تفصیل از تدارک ازدواج پادشـــاه جوان مصر و سودان فاروق اول (۱۹۶۵-۱۹۲۰) با دختر خانم زیبایی به نام فریده صحبت می‌کردند که شـــانزده سال بیشتر نداشت. مطالعه این مقالات و مشاهده این تصاویر نظر

گروه جستجو را به دربار مصر و دختران پادشاه فقید آن کشور فواد اوّل (۱۹۳۶-۱۸۶۸) و به‌ویژه دختر اولش شاهزاده خانم فوزیه¹ متولد ۵ نوامبر ۱۹۲۱ جلب کرد. فواد اوّل حُسن شهرتی نداشت. رویه سیاسی خشن، اخلاق بد و رفتار ناشایست وی با دو همسرش ورد زبان‌هـــا بود. از وزارت مختار ایران در مصر گزارش‌هائی در این زمینه به تهران رسیده بود و رضاشاه نسبت به فواد نظر خوبی نداشت. اما او دیگر در قید حیات نبود. عمویش محمدعلی نیابت سلطنت را بر عهده داشت چرا که فاروق هنوز به سن سلطنت نرسیده بود. رضاشـاه به خصوص توجه به اصل و نسب خانواده سلطنتی مصر داشت و زندگی بنیان‌گذار این سلسله محمدعلی پاشا را که تبار آلبانی داشت کم و بیش می‌دانست². مگر نه آن که این دو – رضاشاه و محمدعلی پاشا– شباهت‌های بسیار نیز داشتند؟

فاروق به هنگام ازدواجش هنوز هجده ساله نبود و حق اِعمال حقوق و وظایف مقام سلطنت را نداشت. نیابت سلطنت با عمویش بود و مصطفی نحاس پاشا، که بعداً هم‌زمان با دوران نهضت ملی کردن نفت در ایران، رهبر قیام ملی مصریان برای رهایی از تسلـط بریتانیا شـــد. امور آن کشور را با مقام ریاست وزراء اداره می‌کرد. براساس قرارداد ۱۹۳۶، مصریان اختیارات و امتیازاتی بسیاری را در اداره امور کشور خویش به دست آورده بودند. اما لندن نوعی نظارت و قیمومیت بر امور دفاعی و سیاست خارجی مصر و از جمله اداره ترعه سوئز را همچنان در اختیار داشت.

این موضوع تا حدی موجب نگرانی و تردید رضاشـاه در اتخاذ تصمیم گردید. اما سرانجام قرعه فال به نام شاهزاده خانم زیبای هفده ساله مصری فوزیه که بزرگ‌ترین دختر فواد اول بود، زده شد و رضاشاه در ۱۴ ژوئیه ۱۹۳۷ به احمد راد وزیر مختار ایران در قاهره دستور داد که محرمانه و بدون جلب نظر مطبوعات و محافل سیاسی، با دربار مصر درباره ازدواج شـاهپور محمدرضا ولیعهد ایران با شاهزاده خانم فوزیه تماس بگیرد و استمزاج

۱- می‌گویند که فوزیه رابطه نزدیکی با پدرش نداشت.
۲- محمد علی پاشا (۱۸۴۹-۱۷۶۹)، از صاحب منصبان ارتش عثمانی بود که پس از طی مراحلی به نیابت سلطنت مصر رسید و سلسله‌ای را که تا سال ۱۹۵۲ بر آن کشور حکومت کرد، بنیان نهاد. وی بانی تجدید حیات و نوسازی مصر بود و عملاً از سال ۱۸۰۴ بر آن‌جا حکومت مطلق داشت. پس از آن که ارتش جدید مصر را به وجود آورد. سودان را فتح کرد و شهر خرطوم پایتخت آن‌جا را بنیان گذاشت. راه‌سازی، توسعه کشاورزی، ایجاد نخستین واحدهای صنعتی، تأسیس مدارس به سبک جدید از جمله اقدامات او به شمار می‌رود. در حقیقت وی بنیان‌گذار مصر جدید و شباهت او با سردار سپه رضا شاه بعدی تردید ناپذیر است. (مترجم)

کند. هم‌چنین از وزیر مختار ایران خواسته شد که تصاویر متعددی از شاهزاده خانم فوزیه تهیه و به دربار ایران ارسال دارد.

این دستور هنگامی به احمد راد رسید که همه افراد خانواده سلطنتی مصر برای گذراندن تعطیلات تابستانی به فرانسه رفته بودند و نائب‌السلطنه هفتاد ساله نیز در لندن تحت درمان بود. احمد راد خواست خوش خدمتی کند و زودتر دستور دربار را اجرا نماید. با نحاس پاشا رئیس دولت مصر حُسن رابطه و رفت و آمد داشت. پس بر آن شد که نزد او برود و مسأله را مطرح کند. نحاس پاشا حسن استقبال کرد، اما اطرافیانش مطلع شدند و مطلب درز پیدا کرد، روزنامه‌ها به آن اشاراتی کردند و اظهارنظرهای مثبت و منفی درباره آن شد. رضاشاه از این جریان سخت برآشفت، وزیر مختارش را به تهران احضار کرد و او از سمت خود استعفاء داد.

در تهران تصمیم بر آن شد که به شایعه ازدواج ولیعهد با شاهزاده خانم مصری نقطه پایان گذاشته شود. ملکه تاج‌الملوک را وارد بازی کردند. وی از دختران چند خانواده متشخص ایران دعوت کرد که به اتفاق مادران و احیاناً بانوان دیگری از خانواده خود برای صرف چای به دربار بیایند. به آنان گفته شد که هدف جستجوی همسری برای ولیعهد ایران است. شایعه این پذیرایی‌ها کافی بود که به ماجرای ازدواج با شاهزاده خانم مصری خاتمه دهد. اما رضاشاه تغییر رأی نداده بود. یکی از دیپلمات‌های کهنه کار، جواد سینکی به وزارت مختار ایران در قاهره برگزیده شد و در ۱۶ اکتبر ۱۹۳۷ بر سر کار خود رفت. جواد سینکی امتیاز دیگری داشت و آن همسرش بود. رضاشاه می‌دانست که وی بانوئی است با سلیقه، میهمان‌نواز، کاملاً وارد به آداب اشرافی و درباری که به زبان‌های فرانسه، انگلیسی، روسی و ترکی نیز آشنا است و می‌تواند در مأموریتی که به همسرش محوّل شده بود به او کمک کند. بازی‌های درباری و تشریفاتی به جای یک اقدام سیاسی و اداری برگزیده شد و برای این‌که دست سینکی و همسرش به کلی باز باشد در یک تلگراف رسمی به تاریخ ۱۸ ژانویه ۱۹۳۸ به وزیر مختار ایران که دستور محرمانه دیگری داشت ابلاغ شد که از فکر ازدواج ولیعهد با یک شاهزاده خانم مصری صرفنظر شده است.

متعاقباً جواد سینکی در پیام سری که مستقیماً به دفتر مخصوص شاهنشاهی ارسال داشت اطلاع داد که اقدامات محرمانه و بی‌سر و صدای خود و همسرش به نتیجه مطلوب

رسیده و خانواده سلطنتی و دولت مصر با ازدواج شاهزاده خانم فوزیه و شاهپور محمدرضا ولیعهد ایران ابراز نظر مساعد کرده‌اند.

در نتیجه رضاشاه رسماً به ولیعهدش، که کم و بیش از این بازی‌ها مطلع بود، ابلاغ کرد که فوزیه برای همسری او در نظر گرفته شده. ولیعهد نیز بی‌چون و چرا بر رأی پدر گردن نهاد و گویا گفت که همیشه فرزندی مطیع بوده است.

برای دربار ایران همه چیز بر وفق مراد بود. شاهزاده خانم فوزیه دختری بود زیبا و دارای همه محاسن اخلاقی. همه حسن اخلاق و رفتار او را می‌ستودند. علاوه بر زبان مادری‌اش، به فرانسه، ایتالیایی و انگلیسی آشنایی کامل داشت. قد و بالا و چهره‌ای رعنا و زیبا داشت، تحصیلکرده و مبادی آداب بود. می‌توانست ملکه مطلوب آینده ایران باشد. محمود جم نخست‌وزیر، ازدواج آینده ولیعهد را به اطلاع مجلس شورای ملی ایران و یحیی پاشا وزیر امورخارجه مصر آن را به اطلاع پارلمان مصر رساند. وزارت امورخارجه ترکیه که در جریان این اقدامات محرمانه بود نسبت به تصمیمی که گرفته شده بود اظهارنظر موافقی کرد که به آسودگی خاطر رضاشاه افزود.

قاهره از ایران خواست که یک هیأت رسمی به ریاست نخست‌وزیر (محمود جم) برای خواستگاری از شاهزاده خانم مصری به آن کشور برود. دکتر مؤدب‌الدوله نفیسی پیشکار ولیعهد و دکتر قاسم غنی و رشید یاسمی استادان دانشگاه تهران که هر دو نماینده مجلس و آشنا به زبان‌های خارجی بودند برای عضویت در هیأت و همراهی با نخست‌وزیر معین شدند.

هیأت خواستگاری از راه عراق عازم سوریه و لبنان و از آن‌جا با کشتی ایتالیائی مارکوپولو[1] راهی اسکندریه شد. در اسکندریه فاروق که دیگر هجده ساله و رسماً و عملاً پادشاه مصر بود، از آنان پذیرایی کرد و ضیافت ناهاری مجلّل به افتخارشان ترتیب داد.

موضوع تابعیت یا ملیّت شاهزاده خانم فوزیه، ملکه آینده ایران، سبب دل‌مشغولی دولت مصر بود. مصری‌ها می‌دانستند که پادشاه آینده ایران باید الزاماً ایرانی و ایرانی‌الاصل باشد. به نخست‌وزیر ایران گفته شد که اگر فرزند شاهپور محمدرضا و شاهزاده خانم

1- Marco Polo

فوزیه قبل از اخذ ملیت ایرانی به وسیله فوزیه (که مستلزم گذشت زمان و صدور تصویب نامه دولت بود) متولّد شود، ناچار ایرانی‌الاصل نخواهد بود و نخواهد توانست که بر تخت سلطنت بنشیند. از محمود جم خواستند که راه‌حلی برای این موضوع یافته شود و او نیز پذیرفت و قولی مساعد داد که قبل از ازدواج رسمی ترتیب آن را بدهد. کافی نبود که فوزیه ایرانی بشود، می‌بایست به هنگام ازدواج ایرانی باشد. در این نکته هر دو طرف متفق بودند.

قانون، ترتیب اخذ ملیت ایرانی را معین کرده بود. یک قانون را با قانونی دیگری، ولو برای یک مورد استثنایی، می‌توان تغییر داد. در نوامبر ۱۹۳۸ دکتر احمد متین دفتری وزیر دادگستری ماده واحده‌ای را به تصویب مجلس رساند که در آن صفت و ملیّت ایرانی به شاهزاده خانم فوزیه اعطا شد. به این ترتیب فرزند ذکور احتمالی و ولیعهد آینده آنان ایرانی و ایرانی‌الاصل تلقی شد! احتیاطات و ترتیباتی که همه بی‌فایده بود. نه ازدواج شاهپور محمدرضا و شاهزاده خانم فوزیه پایدار ماند و نه ولیعهد بعدی محمدرضا شاه که واقعاً ایرانی‌الاصل بود به تخت سلطنت نشست.

پس از خواستگاری و اعلام آن، نخستین اقدام رضاشاه آن بود که نمایندگی‌های سیاسی ایران در مصر و مصر در ایران، از وزارت مختار به سفارت کبری ارتقاء یابند. به محض انتشار این خبر، لندن به شدت اعتراض کرد. استدلال دیپلماسی بریتانیا این بود که عنوان سفیرکبیر در قاهره به نماینده اعلیحضرت پادشاه بریتانیا اختصاص دارد و این ترتیب هنگامی که داده شد که انگلیس‌ها اصطلاح «کمیسر عالی» را به سفیرکبیر تغییر دادند که جنبه استعماری و نماینده و نوعی قیّم حاکم بر کشوری تحت‌الحمایه نداشته باشد و مصری‌ها در برابر پذیرفتند که کشور دیگری از این امتیاز برخوردار نشود و نباشد. در برابر عکس‌العمل انگلیس، یحیی پاشا وزیر امورخارجه مصر اندکی تردید از خودشان داد و دست به دست می‌کرد. رضاشاه عصبانی شد و علناً ابراز نارضایتی کرد. دولت ترکیه که از ابتدا مشوّق این ازدواج و نزدیکی ایران و مصر بود، از نظر ایرانیان پشتیبانی و در ماجرا دخالت کرد و سرانجام قاهره تسلیم شد.

پس از ختم این ماجرا، شاهپور محمدرضا دیگر می‌توانست عازم قاهره شود. شخصیت‌های سیاسی مهمّی همراهش بودند. از جمله حاج محتشم‌السلطنه اسفندیاری

رئیس مجلس شورای ملی و نیز وزیر امورخارجه. نخستین دیدار شاهپور و شاهزاده خانم در کاخ قُبّه صورت گرفت. سپس در کاخ عابدین نخستین مراسم ازدواج این دو (یا نیمی از ازدواج، با رعایت سنن مصری و ترتیبات مرعی در تسنّن) برگزار شد. پذیرایی‌هائی نیز ترتیب داده شـده بود. اما جلال و شکوه چندانی نداشت. مصری‌ها- مخصوصاً فاروق و مادرش ملکه نازلی- به ولیعهد ایران و همراهانش احترام زیادی نمی‌گذاشتند. پادشاه آینده ایران هرگز این رفتار را فراموش نکرد. «نمی‌توانید تصور کنید که چقدر ما در آن زمان از رفتار مصری‌ها رنج کشیدیم. آن‌ها تجمل و شکوه دربار و کاخ‌های خود و جلال و ابهّت مراسمی را که ترتیب داده بودند مرتباً به رخ ما می‌کشیدند. خوشبختانه همه این‌ها متعلق به گذشته‌ای دور دست است. امروز همه چیز تغییر کرده.»[۱]

پس از پایان این مراسـم و تشریفات، ملکه نازلی، تازه داماد و تازه عروس، شاهزاده خانـم فائزه خواهر فوزیه به اتفاق همراهان مصری و ایرانی، بر ناو سـلطنتی محمدعلی سـوار و عازم ایران شدند. ناو سلطنتی محمدعلی دو طبقه، بسیار باشکوه و پرجلوه بود، از ترعه سوئز گذشت و پس از طی دریای احمر و خلیج‌فارس در بندر نوبنیاد شاهپور، با ساختمان‌های ساده و محقّرش که کوچک‌ترین تشابهی با جلال و درخشندگی اسکندریه نداشـت، پهلو گرفت. روایت‌ها و تصاویری کـه از آن زمان به جا مانده بیانگر اختلاف فاحش میان سر و وضع ایرانی‌ها و مصری‌ها است.[۲] مخصوصاً اختلاف میان ملکه نازلی که زیباترین لباس‌ها را بر تن داشت، حال آن‌که ملکه تاج‌الملوک با لباس شبیه پیراهن‌های قرن نوزدهم و یک کاپ پوست (که در آن فصل بی‌معنی بود) ظاهر شد. در بندر شاهپور جایی برای پذیرایی از این هیأت‌ها وجود نداشـت. ناچار همه را مسـتقیماً به واگن‌های مجلل سلطنتی که آماده و در انتظار بود، هدایت کردند. نیش زدن‌ها و اشارات موهن ملکه نازلی از همانجا آغاز شد و طبیعتاً به گوش ولیعهد ایران می‌رسید و رنجش می‌داد.

تهران در انتظار عروس و داماد و همراهان‌شان بود. پایتخت ایران در این سال دیگر آن

۱- پس از مرگ سـرهنگ ناصر (۱۹۷۰) و پیش از برقراری مجدّد روابط سیاسـی رسمی میان دو کشور، هیأت‌هایی چند از ایران به مصر رفتند. یکی از آنان هیأتی دانشـگاهی به ریاست دکتر هوشنگ نهاوندی رئیس وقت دانشگاه تهران بود. در مراجعتش به تهران محمدرضا شاه از او درباره وضع مصر (که در آن موقع درخشان نبود) سؤالات مفصلی کرد. ایران آن روز در اوج درخشش و محمدرضا شاه از ترازنامه کار خود به حق سربلند و مغرور بود. این سخنان در شرفیابی نویسنده ایرانی کتاب به زبان شاه آمده بود.

۲- از جمله نگاه کنید به خاطرات شاهدخت اشرف پهلوی Visages dans un miroir که در سال ۱۹۸۰ به وسیله مؤسسه Robert Laffont در پاریس چاپ و منتشر شد.

شهر خاک‌آلود زمان قاجار با کوچه‌های تنگ و تاریک نبود. خیابان‌های بسیاری تعریض و آسفالت یا سنگ‌فرش شده و شب‌ها به نحو مطلوب روشن بود. ساختمان‌های جدید دولتی و کاخ‌های سلطنتی با سلیقه ساخته شده و نشان از تجدید حیات ایران داشت. با این حال تهران، قاهره و به خصوص اسکندریه نبود.

رضاشـــاه می‌خواست از عروســش و همراهان او به نحوی برازنده پذیرائی کند. به همین علت تا حد امکان شهر را پاک‌سازی و نمای بسیاری از عمارات را بازسازی کرده بودند. طاق نصرت‌های متعدد در مســیر میهمانان برپا شده بود. شاگردان مدارس در این مسیر پرچم‌های کوچک ایران و مصر را به دست داشته و تکان می‌دادند. اهالی تهران نیز در همه جا بودند و ابراز شادی می‌کردند.

ولی همه این‌ها جلوه زیادی نداشت و رضاشاه از این نکته غافل نبود. به همین سبب شاهزاده خانم فخرالدوله، عمّه پدری آخرین پادشاه قاجار را که به وی احترام بسیار داشت محرمانه به دفتر خود فرا خواند. رضاشاه همیشه می‌گفت: «در خاندان قاجار دو مرد وجود دارد یکی شاهزاده عباس میرزا و آن دگر شاهزاده خانم فخرالدوله.» فخرالدوله بانوئی بود با اقتدار و مقیّد به تشریفات، دنیا دیده و گرم و سرد روزگار چشیده. شاه به او گفت: «ما با مسائل تشریفات زیادی روبرو هستیم و تجربه‌ای نداریم. خواهش می‌کنم سرپرستی و ترتیب ضیافت‌ها و مراســم را به خاطر ایران به عهده بگیرید.»[1] شاهزاده خانم قاجار این درخواســت (یا امریه) را پذیرفت و مراســم عقدکنان مجدد و پذیرایی‌های بعد از آن را ترتیب داد، که همه این‌ها در مجموع آبرومند و مناسب بود.

مراســم دوم عقد در ۲۵ آوریل ۱۹۳۹ در کاخ گلســتان انجام شد. این بار با رعایت سنت‌های ایرانی و ترتیبات مرعی در تشیّع. ملکه نازلی همچنان به بدرفتاری و توهین به ایرانیان ادامه می‌داد و مخصوصاً می‌خواست خود را برتر از خانواده سلطنتی ایران نشان دهد.[2] اشکال‌تراشی و بدخلقی او شهره خاصّ و عام بود. شاید به این علت که در زمان حیات شوهرش فواد، عملاً در کاخ سلطنتی زندانی بود و اجازه خروج نداشت. می گویند که پس از مرگ فواد و برای انتقام از او همه لباس‌هایش را به قیمت ناچیز به کهنه‌فروشی

۱- روایت دکتر علی امینی فرزند خانم فخرالدوله و رئیس الوزرای بعدی ایران به نویسنده ایرانی کتاب
۲- درباره این روزها و جزئیات و نکات بســیار دیگری نگاه کنید به خاطرات حاج مخبرالســلطنه هدایت (خاطرات و خطرات) که پس از مرگ رضاشاه در تهران انتشار یافت (چاپ سوم- تهران- زوّار)

واگذار کرد. پس از آن نازلی که هنوز زیبائی و دلنشینی خود را تا حدی حفظ کرده بود، ماجراهای عشقی فراوان داشت که گه‌گاه جراید غربی و مجلّات مصور به آن‌ها اشاره می‌کردند. همه می‌دانستند که ملکه نازلی عادت به رعایت آداب اسلامی و به جای آوردن نماز ندارد، گرچه رسماً و قانوناً مسلمان بود. صبحگاهی در کاخ گلستان که محل اقامتش بود تصمیم گرفت نماز بخواند، جا نماز و مُهر در اطاقش نگذاشته بودند، قیل و قال و هیاهو به پا کرد. نزدیک به نیم ساعت طول کشید که آن‌چه را او خواسته بود فراهم کردند. هر چه می‌توانست به ایرانیان گفت و تحقیر خود را نسبت به آنان به صدای بلند اظهار داشت. دربار ایران همه این‌ها را تحمّل کرد. رضاشاه می‌خواست هر چه زودتر کار را تمام کند، و ولیعهدش همسری در شأن خود و در شأن ایران داشته باشد. هنگامی که ملکه نازلی تصمیم گرفت بالاخره راه برگشت به مصر و از آن‌جا حرکت به فرانسه را در پیش بگیرد. همه در دربار خوشحال شدند. ولیعهد و همسرش برای گذراندن ماه عسل به سواحل دریای خزر و «کاخ سلطنتی» بابل رفتند. شاید در آرزوی ماه‌عسلی دیگر در اروپا بودند. اما شرایط اجازه نمی‌داد. لااقل فرصتی پیدا شد که بالاخره با یکدیگر نزدیک شوند.

زندگی ولیعهد و شاهزاده خانم فوزیه در آرامش می‌گذشت و ظاهراً با یکدیگر تفاهم کامل داشتند. شاهپور محمدرضا عربی نمی‌دانست و شاهزاده خانم فوزیه فارسی. با یکدیگر به زبان فرانسه صحبت می‌کردند. شایعه‌ای در مورد روابط آنان در تهران وجود نداشت. رضاشاه شخصاً مراقب و مواظب آسایش و حُسن رابطه آنان بود. هر روز دو ساعت آنان را می‌پذیرفت. ولیعهد مترجم رضاشاه و عروسش بود. ولی فوزیه خیلی زود فارسی را فرا گرفت و به شهادت کسانی که در آن زمان با وی تماس داشتند، پیشرفت‌های قابل ملاحظه‌ای لااقل در گفتگو به زبان فارسی پیدا کرد و بدون نیاز به مترجم با پدر شوهرش صحبت می‌کرد و رضاشاه از این جهت بسیار خوشنود و راضی بود و گویا عروسش را با صبر و حوصله در جریان زندگی اجتماعی و سیاسی ایران می‌گذاشت. می‌خواست ملکه آینده کشور را مهیای ادای وظایف خود کند.

رضاشاه همیشه به تنهایی ناهار می‌خورد. برای این‌که تفاهم و ارتباط بیشتری با عروس خود پیدا کند، تصمیم گرفت هر موقع که میسر باشد، ولیعهد و همسرش را به صرف ناهار دعوت کند.[1] البته حسادت‌هایی هم از این توجّه در خانواده سلطنتی پدیدار

۱- برای تمام این نکات از خاطرات نصرالله انتظام که در آن زمان هم رئیس کل تشریفات وزارت امورخارجه

شـد. ناهار رضاشاه همواره ساده و سـربازی بود. بیشتر اوقات به مقداری پلو با جوجه، ماست و سپس یک یا دو فنجان چای اکتفا می‌کرد. به خاطر پسر و عروسش یک «دسر» هم به این غذای سـاده افزوده شد. اما رضاشاه عادات خود را تغییر نداد. می‌بایست در سـاعت معیّن، نه زودتر و نه دیرتر، صرف ناهار کند. روزی به سـر میز رفت. فوزیه در کنارش بود و هر دو به صرف غذا پرداختند. ولیعهد با تأخیر به آنان ملحق شد و دید که پدر و همسرش به زحمت مشغول گفتگو هستند. رضاشاه که از تأخیر ولیعهد خشمگین بود، او را بر سر میز نپذیرفت. شاهپور محمدرضا از آن روز دانست که نباید در ملاقات‌ها و وعده‌هایش با پدر تاجدار، کوچک‌ترین تأخیری داشـته باشد. انضباط نظامی حتی در روابط خانوادگی او حکمفرما بود.

همه راویان در یک نکته اتفاق نظر دارند. روابط رضاشاه با فوزیه گرم و محبت‌آمیز بود و شاهزاده خانم جوان توانست اندک اندک بر خشونت رفتار و سردی همیشگی رضاشاه فائق آید. چه بسا همین نکته حسادت بسیاری را برانگیخت. میان فوزیه و مادرشوهرش ملکه تاج‌الملوک روابط خاصّی وجود نداشــت. این دو هر یک به دنیایی تعلق داشتند و این دو دنیا بسیار دور بودند. فوزیه احترام ملکه را رعایت می‌کرد و تاج‌الملوک نیز ظاهراً با او کاری نداشت، گرچه تحقیرها و بدرفتاری‌های ملکه نازلی را فراموش نکرده بود. با حضور رضاشاه و حمایت او از عروسش، هنوز زمان انتقام ملکه تاج‌الملوک و بعضی دیگر از پهلوی‌ها فرا نرسیده بود. در انتظار موقع مناسب بودند....

روابط فوزیه و شــاهدخت اشراف در ابتدا بسیار حسنه بود. هر دو تقریباً هم سن و ســال و از یک نسل بودنـد، به زبان فرانسه با یکدیگر گفتگو می‌کردند. اندک‌اندک نوعی دوسـتی میان آن‌ها برقرار شــد که فوزیه هنوز آن را فراموش نکرده. در تهران- برخلاف قاهره- امکانات تفریح و تفرّج وجود نداشت. گه‌گاه فوزیه و اشرف سری به مغازه‌های

و هـم رئیس کل تشــریفات دربار بود بهره گرفته‌ایـم (خاطرات، تهـران- ۱۹۹۹)، نصرالله انتظام یکی از برجسته‌ترین دیپلمات‌های ایران بود، به هنگام انقلاب اسلامی تقریباً نود سال داشت و سال‌ها از سیاست دور بود. معذالک او را (که زمانی هم رئیس مجمع عمومی سازمان ملل بود) توقیف کردند و بر اثر رفتاری که با او شد در زندان درگذشت. کتاب جالب دیگری در این زمینه اخیراً در پاریس به طبع رسیده. Caroline Gaultier Kuhn, Princesses D' Egypte, Paris, Rive Neuve, 2009 کــه تهیه مطالب آن با اجازه اعضای خانواده سلطنتی مصر یا ذوی‌الحقوق آنان تدوین گردیده. همچنین توفیق یافتیم با تنی چند از ناظران آن دوره و یکی از ندیمه‌های شاهزاده خانم فوزیه مصاحبه کنیم و از اطلاعات و روایات آنان بهره‌مند شویم.

خیابان لاله‌زار می‌زدند، مخصوصاً به فروشـــگاهی موسوم به پیرایش که اجناس خارجی و مخصوصاً «پاریســـی» می‌فروخت و میعادگاه شیک‌پوشان شـــهر بود. پس از برکناری رضاشاه، دوستی این دو سریعاً به پایان رسید. اشرف به همراه پدرش راهی تبعید شد. اما زود به تهران بازگشت، ولی وضع تغییر یافته بود. فوزیه ملکه ایران و بانوی اوّل کشور بود و شاهدخت اشرف این را برنمی‌تافت. دوران دوستی آن‌ها به پایان رسید و برخوردهای زیادی میان‌شـــان رخ داد. ده‌ها ســـال بعد هنوز درباریان کهنه‌کار یکی از این برخوردها را به یاد دارند که شاهدخت گلدان کریستال پر از گُلی را به سوی ملکه ایران پرتاب کرد و گویا همین برخورد یکی از علل اصلی دور شدن فوزیه از ایران و جدائی او با محمدرضا شاه شد.

خوشبختانه روابط فوزیه با خواهر دیگر محمدرضا شاه، شاهدخت شمس خوب و دوستانه بود و باقی ماند، تا آن‌جا که شاهدخت حتی بعد از جدائی برادرش از او، دوستی خود را با وی ادامه داد که ملکه سابق ایران هنوز هم از آن خاطره خوشی دارد.

در ۲۶ اکتبر ۱۹۴۰، نخســـتین و تنها فرزند این زوج جوان، شاهدخت شهناز، متولّد شـــد. البته همه در دربار چشـــم به راه تولّد پســـری بودند. ولی رضاشاه از خود شادی و رضایت بسیار نشان داد. او برای نوه خود ویلای کوچکی هم ساخته و آماده کرده بود و تقریباً هر روز به دیدارش می‌رفت و از او احوالپرسی و مراقبت می‌کرد.[۱]

از همین اوان فوزیه فعّالانه در زندگی اجتماعی همسرش مشارکت داشت. استعفاء و تبعید رضاشاه به این مشارکت شکل و نقش دیگری را داد. از ۱۶ سپتامبر ۱۹۴۱، تقریباً دو سال بعد از ازدواج با شاهپور محمدرضا، فوزیه دیگر ملکه ایران بود و تا ۱۸ نوامبر ۱۹۴۸ (رسماً ملکه ایران ماند. در ۲۱ سپتامبر ۱۹۴۲، مجله آمریکایی معروف لایف[۲] تصویر پشت جلد خود را به ملکه فوزیه اختصاص داد، تصویری که به وسیله عکاس معروف سه‌سیل بتون[۳] گرفته شـــده بود. در این تصویر ملکه فوزیه لباس تیره رنگ گلداری به تن دارد و

۱- شاهدخت شهناز یک بار با اردشیر زاهدی فرزند سپهبد زاهدی که جانشین مصدق شد ازدواج کرد و بار دوم با خسرو جهانبانی که شاهزاده قاجار بود. او بار اول از اردشیر زادهدی در سال ۱۹۵۸ دارای دختری شد (والاگر مهناز) و از همسر دومش در سال ۱۹۷۱ دارای پسری شد موسوم به کیخسرو و سپس دختری که به وی فوزیه نام نهادند. شاهدخت شهناز و همسرش اکنون در سوئیس زندگی می‌کنند.

2- Life

3- Cecil Beaton

گوئی به دوردست‌ها نگاه می‌کند. لایف از او با ستایش بسیار سخن می‌گفت «بانویی با زیبایی کامل و بی‌عیب و نقص، چشمان آبی درخشان، پوست صورتی کم‌رنگ و فریبنده» و سرانجام او را به عنوان «ونوس آسیا» معرفی کرده بود. در روزهای دشواری که ایران می‌گذراند، این مقاله و پشت جلد مجله لایف برای ایران و ایرانیان دلگرم کننده و نوعی تبلیغ مثبت و مناسب بود، اما بار دیگر رشک و حَسَد بعضی از اعضای خانواده پهلوی را که دور از مراقبت رضاشاه به او به عنوان «بیگانه» می‌نگریستند، برانگیخت.

ملکه فوزیه وظایف خود را به تمام و کمال انجام می‌داد. از مؤسسات خیریه و یتیم‌خانه‌ها بازدید می‌کرد. همواره در کنار همسرش بود و روابط آنان استوار و خدشه‌ناپذیر به نظر می‌رسید. اما بسیاری از پهلوی‌ها رفتار ملکه نازلی را فراموش نکرده بودند. برای آن‌ها زمان تلافی فرا رسیده بود. ملکه دیگر فارسی را به خوبی فراگرفته و صحبت می‌کرد.[1] اما در دربار همه می‌کوشیدند اطرافش را خالی کنند. شهرت داده شد که شاه، دور از سایه پدرش و مراقبت‌های دائم او، به خوش‌گذرانی‌های محرمانه پرداخته. در آغاز هیچ دلیلی بر این شایعات وجود نداشت. سپس درباریان مخالف فوزیه، مساله سُنی بودن او را عنوان کردند. حال آن‌که نه محمدرضا شاه به رعایت آداب مذهبی توجه داشت و نه ملکه فوزیه و این مطلب که بر کسی هم پوشیده نبود، برای آن‌ها فاقد اهمیت بود.

فوزیه به این مطالب اهمیتی نمی‌داد. وظایف ملکه ایران و وظایف مادری را چنانکه شایسته بود، انجام می‌داد. می‌گویند که هر روز چند ساعت به مطالعه مجلّات و جراید خارجی و روزنامه‌های فارسی (که غالباً از پدر شوهرش انتقاد می‌کردند) می‌گذراند. سعی می‌کرد روابط حسنه‌اش را با محمدرضا شاه حفظ کند. اما به تدریج سردی و دوری میان آنان پدیدار شد و «بحران دربار» مشکلی بر مشکلات فراوان رؤسای دولت‌های وقت، که با مسائل مهم مملکتی روبرو بودند، افزود.

ملکه فوزیه تصمیم گرفت که به این بحران و برودت حاصل در روابط با شوهرش نقطه پایان بگذارد و در بهار سال ۱۹۴۵ رهسپار مصر شد. جنگ به پایان رسیده و رفت و آمد میان دو کشور تا حدی آسان شده بود.

۱- به روایت بعضی از اطرافیان ملکه سابق ایران، بیش از هفتاد سال بعد، او هنوز فارسی را فراموش نکرده، خوب می‌فهمد و تا حدی به این زبان سخن می‌گوید. (مترجم)

در آن زمان ایران با یکی از بحران‌های بزرگ تاریخ خود مواجه بود. شـــوروی‌ها از تخلیه مناطق شمالی ایران خودداری می‌کردند و دو رژیم جدایی‌طلب یکی در آذربایجان و آن دگر در بخشـــی از کردستان ایجاد کرده بودند در چنین شرایطی، مسافرت فوزیه به مصر و آغاز دوری و ســـپس جدایی او از محمدرضا شـــاه به خودی خود اهمیت زیادی نداشت. اما این مطلب برای دربار و بخشی از دستگاه دیپلماسی ایران یک نوع دل‌مشغولی دائم به وجود آورد. از دیدگاه تشـــریفاتی، مســـافرت ملکه ایران به مصر یک سفر رسمی بود. یک هیأت رسمی به ریاست امیر محترم و پرنفوذ ارتش سپهبد مرتضی یزدان‌پناه و همسرش- سر ندیمه مخصوص- یک رئیس تشریفات و دو افسر گارد سلطنتی به همراه ملکه بودند. دو هواپیمای مخصوص مصری به تهران آمدند، یکی برای ملکه و همراهانش و دیگری برای انتقال اثاثیه و جامه‌دان‌ها.

در فرودگاه اسکندریه، سفیر کبیر ایران در مصر محمود جم، همان نخست‌وزیر پیشین که ترتیب ازدواج شاه و فوزیه را داده بود، به اتفاق همسرش و همه اعضای سفارت ایران، به استقبال ملکه فوزیه آمده بودند. فوزیه در ساختمان مجلّلی[1] که متعلق به برادرش بود، مستقر شد و چند ندیمه مصری برای همراهی‌اش از قاهره آمده به وی ملحق شدند. چند روز بعد ملکه ایران به اتفاق هیأت همراهانش به قاهره رفت. تاج گلی نثار مقبره پدرش فوآد اوّل کرد و سپس تاج گل دیگری بر آرامگاه موقت رضاشاه گذاشت. این آخرین باری بود که هیأت ایرانی همراهش در کنار او بودند. ملکه فوزیه خود را به تدریج از همراهان ایرانی‌اش دور کرد و سپس اصولاً از پذیرفتن آنان سر باز زد. در رفت و آمدها و تشریفات رسمی فقط ندیمه‌های مصری به همراهش بودند. در تهران، درباریان از این وضع اظهار تعجّب و نگرانی می‌کردند. شاه به وسیله محمود جم از احوال و رفتارش جویا می‌شد و خود سه بار تلگرافی از همسرش احوالپرسی کرد. اما تنها یک پاسخ دریافت کرد. سپس تاریخ مراجعتش را به ایران جویا شد. اما ملکه پاسخی نداد.

سپهبد یزدان‌پناه و همراهانش از اقامت بی‌فایده خود در قاهره ناراحت بودند و از شاه اجازه مراجعت به تهران را خواستند. محمدرضا شاه از آنان خواست که اندکی صبر کنند. اما سرانجام اجازه داد.

1- Villa Antoniadès

سرانجام در ماه اوت (۱۹۴۵) توضیحات رسمی درباره رفتار ملکه ایران به محمود جم داده شد. ملک فاروق او را احضار کرد و گفت که ملکه فوزیه دیگر به ایران باز نخواهد گشت، چرا که در تهران با وی بدرفتاری شده و مورد توهین و تحقیر قرار گرفته است. ملک فاروق از سفیر ایران خواست که به تهران برود و مراتب را شخصاً و حضوراً به اطلاع شاه برساند. کاری که آسان نبود.

جم از وزارت امورخارجه کسب اجازه کرد که موقتاً محل مأموریت خود را ترک کند و به تهران بیاید. جوابی نمی‌رسید، زیرا شاه بر آن بود که با همسرش آشتی کند. چند بار هدایائی برای او فرستاد، از او تاریخ مراجعتش را پرسید. اما پاسخی دریافت نداشت. ناچار حسین علاء وزیر دربار شاهنشاهی را مأمور مسافرت به مصر و گفتگو با ملکه فوزیه کرد. علاء به محض ورود به قاهره از ملکه خواست که به اتفاق محمود جم به دیدارش برود. به او پاسخ داده شد که او در قاهره نیست و به اتفاق برادر تاجدارش به مسافرت رفته.

سرانجام علاء و جم موفق شدند که با عالی‌ترین مقامات مصری ملاقات کنند. شاهزاده محمدعلی نایب‌السلطنه سابق که دیگر ولیعهد مصر شده بود، رئیس دفتر ملک‌فاروق و هم‌چنین نقراشی پاشا رئیس‌الوزرا، هر دو از شخصیت‌های مصری خواستند که برای بازگشت ملکه به ایران پا در میانی کنند و به نوبه خود گِله‌های شاه را از او عنوان کردند: فوزیه سحرخیز نیست، تا نیمروز اطاق خواب خود را ترک نمی‌کند، وظایفش را انجام نمی‌دهد... علاء و جم سپس از ملکه نازلی (که به احتمال قریب به یقین در این تحریکات دست داشت) تقاضای شرفیابی کردند که پذیرفته نشد.

ماجرا، کم‌کم جنبه مضحک به خود گرفت. ملکه فوزیه درخواست کرد- یا به نام او درخواست کردند- که موجودی حسابش در تهران ۹۲۰/۱۰۱ ریال (که در آن زمان اندک نبود) به قاهره منتقل شود. این تقاضای بی‌درنگ اجرا شد. سپس خواست که پالتوهای پوست و بعضی جواهرات و وسائل شخصی‌اش که در تهران مانده بود برایش ارسال گردد. دولت دیپلمات جوانی را مأمور این کار کرد. سفیر ایران در مصر همچنان از ملکه فوزیه می‌خواست که به دیدارش برود که پذیرفته نمی‌شد. محمدرضا شاه نیز چند بار برای همسرش دسته‌های گل فرستاد و در تلگرافی به زبانِ فرانسه جویای احوال و تاریخ بازگشتش به ایران شد. اما پاسخی دریافت نداشت.

در این شرایط ادامه اقامت محمود جم در قاهره میسّر نبود و برای دولت ایران تحقیرآمیز به نظر می‌رسید. او را به تهران فراخواندند و سرپرستی سفارت به یک کاردار محّول شد. به نظر می‌رسید که دیگر کاری نمی‌شود کرد.

در اکتبر ۱۹۴۶، دکتر قاسم غنی، که هم در انتخاب فوزیه برای همسری محمدرضا شاه مداخله داشت و هم در تشریفات ازدواج آنان دست‌اندر کار بود، به سفارت ایران در مصر منصوب شد. مأموریت او روشن بود یا ترتیب بازگشت ملکه را به ایران بدهد، یا به جدائی او با محمدرضا شاه رسمیت بخشد. به عبارت دیگر کار را تمام و مطلب را روشن و حل کند.

دکتر غنی مردی دانشمند و کار کشته بود، نه تنها به فرانسه که زبان مصطلح و معمول در دربار مصر بود، بلکه به انگلیسی و مخصوصاً عربی هم آشنا بود و تکلّم می‌کرد. وی با جدیّت به قسمت اول مأموریت خود یعنی اصلاح روابط شاه و ملکه پرداخت. با نخست‌وزیر و وزیر امورخارجه و شخصیت‌های مذهبی مصر ملاقات‌ها داشت. پس از مراسم تسلیم استوارنامه‌هایش به ملک فاروق، که جنبه رسمی و تشریفاتی داشت، از او وقت ملاقات خواست. در انتظارش گذاشتند اما پافشاری کرد و سرانجام موّفق شد و «مسأله» را با او صراحتاً مطرح کرد. سفیر ایران بر ضرورت مراجعت ملکه به ایران تأکید می‌کرد. ملک فاروق شکایات خواهرش را از ایران و ایرانیان یادآور می‌شد. دکتر غنی گزارش مفصلی از این ملاقات به دفتر مخصوص شاه فرستاد که در پاسخ به او دستور دادند به پافشاری خود ادامه دهد. او سرانجام موفق شد از ملکه فوزیه- که هنوز رسماً ملکه ایران بود- وقت ملاقات بگیرد. گفتگویی طولانی و بی‌حاصل داشتند که در پایان آن سفیر از فوزیه خواست که بار دیگر او را به حضور خود بپذیرد و ملکه ایران جواب داد که فعلاً این کار برایش میسر نیست.

دکتر غنی مردی خستگی‌ناپذیر بود. به محمدعلی نایب‌السلطنه سالخورده سابق روی آورد و از او تقاضای پا در میانی کرد. محمدعلی با آشتی محمدرضا شاه و ملکه فوزیه موافق بود و عقیده بر بازگشت او به تهران داشت اما از فرصت استفاده جسته سخت از خلقیات و رفتار ملک فاروق، حسادت شدیدش، اشتباهات سیاسی‌اش، انتقاد کرد.

در این زمان حاج امین‌الحسینی مفتی اعظم فلسطین که سال‌های جنگ جهانی دوم را در آلمان و در کنار هیتلر گذرانده و سپس مدتی ناپدید شده بود از قاهره سر در آورد. حاج امین‌الحسینی در سال ۱۹۳۹ شورشی بر ضد انگلیسی‌ها در فلسطین برپا کرد که با خشونت سرکوب شد، به عراق و سپس به ایران گریخت. رضاشاه به وی پناه داد و با او مهربانی کرد و ترتیب مسافرتش را به ترکیه (و سپس آلمان) داد. این اقدام رضاشاه بر نارضایی لندن از او افزود، اما مفتی اعظم خود را مدیون شاه ایران می‌دانست. دکتر غنی به دیدار او رفت و درخواست کرد که از اعتبار نفوذش در جامعه مصری و نزد ملک فاروق استفاده کند و وسائل آشتی شاه و ملکه ایران را فراهم آورد. حاج امین‌الحسینی چنین کرد، اما به جائی نرسید.

دیگر واقعاً همه چیز به بن‌بست رسیده بود.

در پائیز ۱۹۴۷ دربار مصر رسماً از ایران خواست که ترتیب «جدایی مسالمت‌آمیز» محمدرضا شاه و ملکه فوزیه داده شود. شاه هنوز در آشتی پافشاری می‌کرد. به دکتر غنی دستور داده شد که به ملکه فوزیه بگوید که در صورت بازگشت به ایران همه تغییراتی که ضروری و مطلوب اوست در دربار داده خواهد شد. به او پاسخ دادند که ملک‌فاروق - که از شاه ایران نفرت داشت - با این نظر موافق نیست و ملکه فوزیه به ایران مراجعت نخواهد کرد.

بنای کارها دیگر بر حفظ ظواهر بود. مذاکراتی طولانی در زمینه تعیین شرایط طلاق و استرداد جواهرات ملکه فوزیه آغاز شد. دربار تهران پذیرفت که همه این جواهرات جز دو انگشتری متعلق به رضاشاه به فوزیه داده شود. دربار مصر، بدون اطلاع و موافقت فوزیه، از استرداد شمشیر رضاشاه و نشان‌های او که در مصر مانده بود خودداری می‌کرد که محمدرضا شاه این اقدام را یک نوع «پستی غیرقابل وصف» دانست. سرانجام با بازپس دادن آن‌ها موافقت شد و این کار به هنگام بازگشت جنازه رضاشاه به ایران تحقق پذیرفت.

به این ترتیب، همه «جزئیات مسئله» حل و فصل شد. حال دیگر می‌بایست طلاق رسمیت یابد و اعلام شود. مطابق قوانین اسلام حق طلاق با شوهر بود. این کار بی‌سر و صدا در تهران انجام شد. سپس دربار ایران و دربار مصر در اعلامیه‌ای آن را به اطلاع

همگان رساندند. در این اعلامیه گفته شده بود که آب و هوای ایران برای سلامت ملکه فوزیه مساعد نبود و به همین سبب با تقاضای طلاق وی موافقت شد. وزارتین امورخارجه دو کشـــور نیز در اعلامیه دیگری یادآور شــدند که جدائی محمدرضا شاه و ملکه فوزیه تأثیر ســوئی در روابط دوستانه دو کشــور نخواهد داشت. بدین‌سان در ۱۸ نوامبر ۱۹۴۸ این جدائی رسمی و قطعی شد. دو روز بعد، وزارت امورخارجه ایران به دکتر غنی ابلاغ کرد که ادامه مأموریتش در قاهره دیگر مصلحت نیســت و وی به سفارت کبرا در آنکارا برگزیده شده.

قربانی اصلی همه این ماجراها شــاهدخت شــهناز بود که در این زمان هشت سال داشــت و ســه ســال از مادر خود دور بود. ملکه تاج‌الملوک، با همه تندخوئی که به وی نسبت داده می‌شد، با محبت و عاطفه فراوان شاهدخت شهناز را که سرپرستی رسمی وی با پدرش بود زیر بال و پر گرفت. پس از چندی شــهناز عازم بلژیک شــد و در مدرســه شبانه‌روزی لئونی‌دو واها[1] واقع در شهر لی‌یژ[2] به ادامه تحصیل پرداخت. این مدرسه یکی از مؤسسات اشرافی منطقه فرانسه زبان بلژیک محسوب می‌شد و می‌شود. ساختمان آن به سبک سال‌های ۱۹۳۰ بنا شده، دارای آزمایشگاه‌های متعدد، استخر، کتابخانه، تالارهای مطالعه و موســیقی است و قسمت‌های مختلف آن با تابلوهائی از نقاشان معروف تزئین شده.[3]

در فوریه ۱۹۵۵ شهناز پس از سال‌ها جدائی به دیدار پدرش به شهر مونیخ در آلمان رفت. در این زمان محمدرضاشــاه و ملکه ثریا ســرگرم مسافرتی رسمی به آلمان فدرال بودند. این ملاقات به اصرار سپهبد زاهدی صورت گرفت و گویا چندان گرم نبود. وی در سال ۱۹۵۷ با اردشیر زاهدی فرزند سپهبد ازدواج کرد. ازدواجی عاشقانه که هفت سال به طول انجامید و با توافق دو طرف در ۱۹۶۴ پایان پذیرفت.

شــاهدخت شهناز و ملکه فوزیه پس از این ازدواج مرتباً با یکدیگر دیدار داشتند و روابط آمیخته به محبتی میان آنان برقرار شد که گویا هنوز هم ادامه دارد.

1- Lèonie de Waha
2- Liege
۳- این اطلاعات از جانب مدیریت مدرسه در اختیار نویسنده فرانسوی کتاب گذاشته شده.

در سال ۱۹۴۹، پنج ماه پس از جدائی رسمی‌اش با شاه ایران، شاهزاده خانم فوزیه که بیست و هشت سال داشت با افسر سی و یک ساله ارتش مصر موسوم به سرهنگ شیرین بیک[1] که از خانواده‌های اشرافی و در دانشگاه کمبریج انگلستان تحصیل کرده بود و بعداً مدتی کوتاه وزیر جنگ آن کشور هم شد، ازدواج کرد. همسر دوم فوزیه از اطرافیان ژنرال نجیب، رهبر گروه موسوم به «افسران آزاد» بود که ملک فاروق را در سال ۱۹۵۲ از سلطنت برکنار و وادار به جلای وطن کردند. همین امر باعث شد که برای ملکه سابق ایران و خواهر پادشاه معزول مصر مزاحمتی ایجاد نشود. حال آن‌که همه اعضای دیگر این خانواده تبعید و اموال‌شان مصادره شد. در اسکندریه خانه‌ای کوچک به شاهزاده فوزیه و همسرش داده شد و نظام حکومتی جدید مصر یک مقرری ماهیانه هم برای آنان تصویب کرد. این دو دارای یک پسر و یک دختر شدند (که نابرادری و ناخواهری شاهدخت شهناز هستند) و تا سقوط سرهنگ ناصر زندگی ساده و بلکه محقّری داشتند. به گفته اطرافیان ملکه سابق ایران، او مایل بود در آخرین ماه‌ها و روزهای زندگی محمدرضا شاه که وی مقیم مصر بود به دیدارش برود، اما خجالت کشید، یا به قول خودش «جرأت نکرد». در حال حاضر وی بیشتر اوقات را در اسکندریه می‌گذراند و گاهی به سوئیس می‌آید و در آپارتمان کوچکش در لوزان زندگی می‌کند. به هنگام اقامت در سوئیس همیشه سری به اقامتگاه اردشیر زاهدی داماد سابقش می‌زند و گاهی نیز چند روزی در آن‌جا می‌ماند. هر دو نسبت به یکدیگر احترام و علاقه خاص دارند. در سال‌های اخیر چند بار نیز اردشیر زاهدی به دیدارش در اسکندریه رفته.

محمدرضا شاه از سفرش به مصر و رفتار فاروق اول با وی خاطره خوشی نداشت و این برداشت طی سال‌های متمادی در رفتار وی با مصریان و روابط دو دولت ایران و مصر سوءتاثیر گذاشت. او مخصوصاً از ملک فاروق کینه به دل داشت، گرچه تقریباً همیشه آن را پنهان می‌کرد. نه سال ازدواج و شش سال زندگی مشترک با شاهزاده خانم مصری، سال‌های دشوار جنگ دوم جهانی و برکناری اجباری پدرش از تخت سلطنت، یاد دورانی که سلطنت می‌کرد اما قدرتی نداشت. سکوت ملکه فوزیه به هنگام جدائی آن‌ها و پیام‌هایی را که بی‌جواب گذاشته بود، تحریکات ملک فاروق، همه این‌ها جزو خاطرات خوش زندگی وی نبود و کمتر میل داشت به آن‌ها اشاره کند، یا فقط به جنبه‌های سیاسی

1- Chirine Bey

ایام ناتوانی ایران می‌پرداخت.

نباید دشواری‌های زندگی ملکه فوزیه، رنج‌های وی را در ایران، رفتار ناپسند بعضی از درباریـــان و اعضای خانواده پهلوی را با او به‌ویژه بعد از دوری رضاشـــاه، که حامی و مواظبش بود، نادیده گرفت. چه بســا شایعات درســـت یا نادرستی که از «بی‌وفائی»های همسرش منتشر می‌شد به گوش او رسیده بود. با این‌حال جای تعجب است که به محض پایان جنگ، همسرش، کشوری را که ملکه آن بود و فرزندش را رها کرد و رفت و دیگر بازنگشـــت. او هرگز در این باره سخنی نگفته و حتی در برابر اطرافیان و نزدیکانش مُهر سکوت بر لب زده.

محمدرضا پهلوی، ملکه نازلی و ملک‌فاروق را مسئولان اصلی این رفتار می‌پنداشت. شاید در ابتدا فاروق خود را برتر از شاهپور محمدرضا می‌دانست و با او رفتاری آمیخته با تحقیر و تکبّر داشـــت. اما ســـریعاً این احساس جای خود را به حسادت داد که یکی از خصوصیات فاروق بود.

هنگامی که ملک فاروق، معتاد به مشروبات الکلی و قمار و عیش و نوش و روز به روز بدنام‌تر می‌شـــد، اندک اندک آفتاب بخت محمدرضا شاه طلوع کرد. به برکت تدبیر دولت‌های زمان جنگ و پایداری نخست‌وزیرانش، ایران توانست استقلال خود را حفظ کند. ســـپس در رویارویی با روســـیه شـــوروی و تجزیه‌طلبانی که این دولت از آن‌ها در آذربایجان و کردستان حمایت می‌کرد، به همت و رهبری داهیانه قوام‌السلطنه پیروز شد. به هنگامی که ملک‌فاروق در سراشیبی انحطاط و بدنامی بود، محمدرضا تبدیل به مظهر ایرانی رو به بزرگی و ترقی درآمد. همه به فاروق با نظر تحقیر می‌نگریستند. حال آن‌که هاری ترومن[۱]، ژرژ ششم[۲]، رئیس جمهوری فرانسه ونسان اوریل[۳] و رئیس دولتش آندره ماری[۴] یا روسای کشورهای سوئیس و ایتالیا و جاهای دیگر با احترام به استقبال محمدرضا پهلوی می‌رفتند و بر او قدر می‌نهادند.

شاهزاده خانم زیبا و برازنده مصری در حقیقت قربانی رشک و حسادت و کوته‌بینی

1-Harry S.Truman
2- George VI
3- Vincent Auriol
4- André Marie

برادرش شد. سرنوشت دردناک دوران ازدواجش با محمدرضا پهلوی و سال‌های بعدی زندگی او کمتر مورد توجه مورخان و راویان قرار گرفته. شاید سکوت خود او در این زمینه بی‌تأثیر نبوده. ولی باید این داستان را از سر گرفت و دوباره نوشت.

بخش دوم

در سایه مردان بزرگ
۱۹۵۳ - ۱۹۴۱

فصل اول

فروغی، مردی که محمدرضا شاه را بر تخت سلطنت نشاند

پس از انجام مراسم عقد و ضیافت‌های بزرگی که در کاخ گلستان و سفارت مصر برگزار شد، محمدرضا پهلوی و همسرش سرانجام فراغتی یافتند و برای گذراندن ماه عسل عازم کاخ سلطنتی بابل شدند. این ساختمان و باغ پرتقال وسیع و زیبای آن البته محلی مطبوع و دلنشین بود. اما در آن‌جا وسایل تفریح و سرگرمی خاصی برای این زوج جوان وجود نداشت. در نزدیکی آن بندر کوچک و نوبنیاد بابلسر و مهمانسرای بزرگش وجود داشت. اما در آن فصل محیط آن‌جا هم آرام و بی‌سر و صدا بود و به هر حال مراقبت شدید محافظان ولیعهد و همسرش زندگی آنان را آسان نمی‌کرد.

دلمشغولی و نگرانی محافل سیاسی و دولتی هم در این روزها کم نبود. دنیا آخرین روزهای آرامش نسبی خود را می‌گذراند و جنگ جهانی دوم در حال تکوین بود. خاورمیانه و نزدیک نمی‌توانست از این بحران، آتشی زیر خاکستر، برکنار بماند. رضاشاه نگران بود. او می‌دانست که ولیعهد به اوضاع جهان آشنا است و با تسلط به دو زبان فرانسه و انگلیسی می‌تواند یار و پشتیبان او باشد. لاجرم او را به تهران خواست و ماه عسل زوج

جوان حتی دو هفته هم طول نکشید. شاه از این پس، ولیعهد را از نزدیک در راهبری امور کشور شـــریک و سهیم کرد. نه تنها شاهپور محمدرضا در جلسات مهم سیاسی شرکت می‌کرد، بلکه به او اجازه اظهار نظر داده شد. او از این امکان با احتیاط کامل استفاده می‌کرد. نمی‌خواست سخنی که مطبوع پدرش نباشد، بر زبان آورد و می‌دانست که اتخاذ و تصمیم نهائی به هر حال با شـــخص شاه خواهد بود. در این ماه‌ها شاه ولیعهدش را به مسافرت، حضور در مراسم و تشریفات مهم، افتتاح تأسیسات جدید و بازدید از برنامه‌های عمرانی تشویق می‌کرد. شاهپور محمدرضا در همه جا ظاهر می‌شد و غالباً شاهزاده خانم فوزیه در کنارش بود. هر دو با مردم مهربان و همیشه خندان بودند و رفتارشان به دل‌ها می‌نشست.

یکی از این مراسم، که برای ایرانیان اهمیت فراوان و استثنائی داشت، افتتاح فرستنده رادیو تهران - صدای ایران - در ۲۴ آوریل ۱۹۴۰ بود[1]. به این ترتیب رضاشاه می‌خواست فرزند و ولیعهدش را به همه ایرانیان بشناســـند. در این روز مردم ایران برای نخستین بار صدای پادشـــاه آینده خود را شنیدند. بسیاری از خود می‌پرسیدند آیا رضا شاه ولیعهد را برای جانشینی خودش آماده نمی‌کند؟

خطر به ایران و مخصوصاً به شخص رضاشاه نزدیک و نزدیک‌تر می‌شد.

در اول سپتامبر ۱۹۳۹ با حمله آلمان به لهستان و سپس ورود فرانسه و بریتانیای کبیر به جنگ، مخاصمات جنبه جهانی یافتند و در حقیقت جنگ دوم جهانی آغاز شد. فردای آن روز دولت ایران بی‌طرفی رســـمی کشـــور را در این درگیری اعلام کرد و از اتباع همه ممالک درگیر خواستار شد که به این بی‌طرفی احترام بگذارند، مقررات آن را رعایت کنند و از هر اقدامی که مباین آن باشد خودداری نمایند. همچنین مراقبت شدیدی در رفت و آمدهای داخلی و رفتار اتباع این دولت‌ها مقرر شد.

در روز دوازدهم سپتامبر، رضا شاه دوره دوازدهم قانون‌گزاری (مجلس دوازدهم) را افتتاح کرد. ولیعهد در کنارش بود. شاه مجدداً بی‌طرفی ایران را یادآور شد. در ۲۴ نوامبر هنگامی که وزیر مختار جدید بریتانیا برای تسلیم استوارنامه‌هایش به حضور او باریافت باز بر بی‌طرفی ایران تأکید نمود و به همه وزیران و مقامات عالی‌رتبه دولتی دستور داده

---

۱ - نگاه کنید به کتاب بسیار جالب مهندس احمد معتمدی، تاریخ بی سیم و رادیو در ایران، لوس‌آنجلس، کلبه کتاب، ۲۰۰۹.

شد که مراقب رعایت این اصل باشند.

سیاست بریتانیا از دیرباز نسبت به رضاشاه بدبین و مشکوک بود و حتی به وی کینه می‌ورزید. رادیوی لندن انتقاد و بدگوئی از شاه ایران را آغاز کرد. انگلیس‌ها از ایران گله‌ها و شِکوه‌های فراوان داشتند. از مدت‌ها پیش دیگر بریتانیای کبیر نفوذ دیرین خود را در ایران از دست داده بود. رضاشاه به یکی از آرزوهای دیرین ایرانیان که ایجاد نیروی دریائی برازنده‌ای در آب‌های خلیج فارس و دریای عمان بود جامه عمل پوشاند که لندن آن را برنمی‌تافت و خطرناک می‌دانست. به این هم اکتفا نکرد. ناوها و ناوچه‌های نیروی دریائی نوین ایران به ایتالیا سفارش داده شد و افسران آن را مدارس بحریه ایتالیائی تربیت کردند، ولو آن‌که شاه برای موسولینی احترامی قائل نبود و از چشم‌داشت‌هایش نسبت به خاورزمین اظهار نگرانی می‌کرد.[1]

فرانسه همکار اصلی ایران در زمینه آموزشی، فرهنگ، باستان‌شناسی، اصلاحات اداری و قضائی، تربیت افسران نیروهای مسلح، فراگرفتن زبانش در دبیرستان‌ها و دانشکده‌ها عملاً اجباری شده بود. البته این کشور هم‌پیمان بریتانیا بود، ولی در آفریقا و قسمتی از آسیا رقیب این کشور نیز محسوب می‌شد و به هر حال لندن نزدیکی تهران و پاریس را (گرچه یک‌بار برای مدتی کوتاه قطع شد) تحمل نمی‌کرد.

از همه بدتر برای لندن تحکیم روزافزون روابط ایران و آلمان، به‌ویژه بعد از روی کار آمدن آدولف هیتلر بود. رضا شاه گرایشی به مرام ناسیونال سوسیالیست نداشت، در آن زمان کسی از فجایع نازی‌ها با خبر نبود و کشورهای اروپا و امریکا به آلمان دست دوستی دراز می‌کردند. اما لندن در آلمان رقیب و هم‌آورد خطرناکی می‌دید. رضا شاه قدرت آلمان آن دوران و انضباط حاکم بر آن کشور را با دیده تحسین می‌نگریست و هر چه بیشتر تحکیم روابط دو کشور را تشویق کرد. در آستانه جنگ دوم جهانی، آلمان در اقتصاد ایران مقام اول را داشت. بر اساس قراردادهای تهاتری قسمت اعظم صادرات مواد اولیه ایران را به قیمت و با شرایطی مطلوب، آن هم در دوران بحران اقتصادی جهانی، می‌خرید و در برابر آن کالاهای صنعتی مورد نیاز کشور را تأمین می‌کرد. پنج هزار مهندس، بازرگان، کارگر فنی و متخصص مختلف آلمانی در ایران مشغول به کار بودند. آلمان نخستین ارتباط

۱ - خاطرات نصرالله انتظام، منبع ذکر شده.

هوایی ایران با اروپا را برقرار کرده بود.

پس از انعقاد قرارداد آلمان و شوروی در ۲۳ اوت سال ۱۹۳۹، حمله این دو کشور به لهستان و شکست سریع و سپس تقسیم این کشور، رضاشاه بیشتر به آلمان نزدیک شد. افکار عمومی ایران نیز در آن دوران در مجموع هوادار آلمان بود. نه به سبب گرایش به مرام نازی بلکه به علت دشمنی و کینه دیرین نسبت به روس و به خصوص انگلیس[1].

در ۲۶ اکتبر ۱۹۳۹، دکتر احمد متین‌دفتری که مشهور به دوستی و نزدیکی با آلمان‌ها بود، به جای مرد محتاط و محافظه کاری چون محمود جم (مدیرالملک) به ریاست دولت منصوب شد.

علی اصغر حکمت، دانشگاهی و سیاست‌مداری که معلوم نیست به چه سبب به مخالفت با انگلیس‌ها اشتهار داشت به سمت وزیر کشور برگزیده شد که مسئولیتی حساس به حساب می‌آمد. همچنین رضاشاه، به حاج محتشم السلطنه اسفندیاری از شخصیت‌های کار کشته دوران قاجار، آشنا به مسائل بین‌المللی و رئیس مجلس شورای ملی که مورد اعتمادش بود مأموریت داد که به آلمان برود. در برلن هیتلر وی را با احترام و تشریفات خاص پذیرفت و آن دو گفتگوئی طولانی داشتند.

به احتمال قوی رضا شاه می‌خواست با آلمان‌ها نزدیک شود. تهران روابط خود را با اتحاد جماهیر شوروی نیز تحکیم کرد و در ۱۸ اکتبر ۱۹۳۹ یک قرارداد مودت و توسعه مبادلات تجاری با ژاپن (هم پیمان آلمان) منعقد نمود. همه این‌ها موجب ناراحتی و تشدید حساسیت انگلیس‌ها شد. و به تبلیغات رادیو لندن علیه ایران و رضاشاه افزود. در همین گیرودار آن‌ها کشتی باربری حامل ماشین‌ها و وسائل کارخانه ذوب آهن ایران را (که برپایی آن هم از آرزوهای دیرین ایرانیان و حتی از هدف‌های مشروطه‌خواهان بود) توقیف کردند و به اعتراضات ایران وقعی نگذاشتند. نوعی جنگ سرد میان دو کشور ایران و بریتانیای کبیر آغاز شده بود.

با تمام این احوال، رضاشاه جانب احتیاط را رعایت می‌کرد. برای آرام کردن انگلیس‌ها احمد متین دفتری در ۲۶ ژوئن ۱۹۴۰ از ریاست دولت برکنار شد و حتی بدون آن‌که رسماً

---

۱ - نگاه کنید به نوشته Hélène Carrère d'Encausse تحت عنوان L'Iran en quête d'équilibre در مجله فرانسوی علوم سیاسی، شماره دوم از سال ۱۹۶۷.

اعلام شود، چند روزی روانه زندان گردید.[1]

علی منصور (منصورالملک) وزیر پیشــه و هنر دولت متین دفتری، برجای رئیس معزول دولت نشست و علی‌اصغر حکمت نیز بی‌کار شد. باید گفت که منصور مشتهر به نزدیکی و دوستی با انگلیس‌ها بود. همچنین به دستور رضا شاه دکتر محمد مصدق که از منتقدان و مخالفان انگلیس‌ها محسـوب می‌شد (و عموی متین دفتری نیز بود) بازداشت و به بیرجند تبعید شد. با وی بدرفتاری خاصی نکردند، با اتومبیل شخصی و راننده خود روانه بیرجند شد و مستخدم و آشپزش را نیز همراهش کردند که مواظب او باشد. به هر حال چند ماه بعد به پادرمیانی ولیعهد، دکتر مصدق از زندان آزاد شد، به تهران عودت داده شد و در ملک شخصی‌اش در نزدیکی پایتخت[2] مستقر گردید.

پس از تابستان ۱۹۴۱ و سرایت جنگ به اتحاد جماهیر شوروی، وضع ایران بار دیگر تغییر یافت. فشار دو همسایه بزرگ (انگلیس و روس) که دیگر اشتراک منافع داشتند و هم‌پیمان شده بودند، بر ایران آغاز شد و روز به روز افزایش یافت. تبلیغات ضد ایرانی و ضد رضاشاه مسکو به برنامه‌های تند و توهین‌آمیز انگلیس‌ها و رادیوی لندن افزوده شد.

صحبت از حمله قوای دو کشور به ایران، تجدید مناطق نفوذ در شمال و جنوب به میان آمد و ایران مستقیماً در تهدید دو ابرقدرت همسایه قرار گرفت.

در ۲۶ ژوئن، ۱۹ ژوئیه و ۱۶ اوت ۱۹۴۱، فرسـتادگان دو کشور طی یادداشت‌هایی تند و خشــونت‌آمیز از دولت ایران خواستند که همکاری خود را با آلمان‌ها قطع کند، به حضور اتباع آلمان و ایتالیا در کشور خاتمه دهد و عملاً در جرگه ممالک هم‌پیمان روس و انگلیس درآید.

هواپیماهای بریتانیائی چند بار به فضای ایران تجاوز کردند. توپخانه ضد هوائی ایران برای اخطار به آنان شلیک کرد و وزارت امورخارجه یادداشت‌های اعتراضیه شدیداللحنی به وزارت مختار انگلیس در تهران و مسئولان دیپلماسی آن کشور در لندن ارسال داشت. جرائد مهم جهان علناً از احتمال حمله قریب‌الوقوع دو کشور شوروی و بریتانیا به ایران

---

۱ - پس از ورود قوای متفقین به ایران نیروهای بریتانیائی متین دفتری را جلب و بازداشت کردند که مدتی طولانی در زندان آنان بود.

۲ - اشاره است به احمدآباد (مترجم)

گفتگــو می‌کردند. مقالات آنان مرتباً ترجمه و از جانب نمایندگی‌های سیاســی ایران در خارج به تهران ارسال می‌شد و به استحضار رضا شاه می‌رسید. حتی ملک فاروق با تمام بی‌مهری که به شــوهر خواهرش داشت، شاهپور محمدرضا را شخصاً از جریان تدارک مقدمات تجاوز به ایران آگاه کرد.

عکس‌العمل رضا شاه چه بود؟ به دولت دستور داده شد که به روس‌ها و انگلیس‌ها اطمینان خاطر دهد، بر مراقبت اتباع آلمان در سرتاسر کشور افزوده شد. اما رضا شاه اخراج آنــان را از ایــران نپذیرفت. همچنین دولت به تدارک اقداماتی جهت مقابله با یک حمله احتمالی به ایران پرداخت و پادگان‌های سرحدی، مخصوصاً در شمال کشور، تقویت شده عملاً به حالت آماده باش درآمدند. ارتش مرخصی‌های همه افسران و درجه‌داران را لغو کرد و به آنان ابلاغ شد که به محل خدمت خود بروند. همه این تدابیر علنی نبود و اعلام نشد، اما نمی‌توانست مخفی بماند و مخفی نماند. نگرانی زیادی در مردم پدیدار شد و با وجود مراقبت و ممانعت مأموران انتظامی بسیاری از ساکنان شمال کشور که از سربازان شوروی بیم داشتند، راهی تهران شدند.

رضا شاه در برابر فشارهای روس و انگلیس تسلیم نشد. آیا ارتش ایران را تواناتر از آن می‌دانست که بود و تصور می‌کرد که متجاوزین احتمالی از مقاومت آن بیم دارند و به کشور حمله نخواهند کرد؟ بعضی از گفته‌هایش در آن روزها دلالت بر این موضع‌گیری دارد. احتمال قوی‌تر آن است که او می‌خواست وقت بگذراند. پیشروی نیروهای آلمان در خاک اتحاد جماهیر شوروی سریع و حیرت‌آور بود. نیروهای انگلیسی در همه جا در حال ضعف و عقب‌نشینی بودند. فرانسه، که نیروهای مسلح‌اش از تواناترین، در جهان محسوب می‌شد، شکست خورده و با آلمان کنار آمده بود.

در این تابستان ۱۹۴۱، بر روی هم، تعادل قوا به نفع کشورهای محور و به زیان متفقین به نظر می‌رسید. افکار عمومی ایران نیز بیشتر طرفدار آلمان‌ها بود. در این چهارچوب شاید ترجیح رضاشاه بر این بود که موجبات رنجش آلمان‌ها را فراهم نیاورد و موضع کشور را در صورت پیروزی آنان حفظ کند.

اما، فشار متفقین بر ایران افزایش می‌یافت و از تهران صریحاً می‌خواستند که وضع

خود را روشن و جبهه خود را مشخص کند.

رضا شاه و دولت ایران، از ایالات متحده امریکا تقاضای وساطت کردند. کردِل هول[1] در پاســخ از ایران خواست که با متفقین همکاری و همراهی نماید. از این جهت نیز راه فرجی نبود.

در روز ۲۵ اوت ۱۹۴۱، ساعت پنج صبح نیروهای مسلح بریتانیا از جنوب و جنوب غربی و قوای ارتش شوروی از شمال به خاک ایران تجاوز کردند. در همان روز و همان ساعت سفیر کبیر اتحاد جماهیر شوروی و وزیر مختار بریتانیای کبیر به اقامتگاه خصوصی علی منصور نخســت وزیر رفتند و خواســتار دیدار فوری او شــدند. نخست وزیر را از خواب بیدار کردند و وی با توجه به اوضاع و احوال و ساعت غیرعادی مراجعه فرستادگان روس و انگلیس با لباس خانگی، آنان را پذیرفت. آن دو، یادداشتی به نخست‌وزیر تسلیم داشتند که در آن اشعار شده بود که «دولتین مجبور به اتخاذ» تدابیر یک جانبه نظامی علیه ایران شده‌اند که مطلقاً مغایر با حاکمیت و حقوق ملی ایران نیست، بلکه هدف آن پایان بخشیدن به براندازی و تحریکات آلمان‌ها در ایران است. جای گفتگویی باقی نمانده بود. مذاکرات کوتاه طرفین به زبان فرانسه صورت گرفت. تنها زبان خارجی که علی منصور به آن آشنا بود. پس از خروج فرستادگان روس و انگلیس نخست‌وزیر با شتاب خود را آماده کرد و رهسپار اقامتگاه تابستانی رضاشاه در سعدآباد واقع در بلندی‌های شمال پایتخت شد. رضا شــاه که سحرخیز بود وی را بی‌درنگ پذیرفت. سپس سفیر شوروی و وزیر مختار بریتانیا را احضار کرد. جواد عامری کفیل وزارت امورخارجه در مذاکرات حضور داشت[2] و سخنان شاه را به فرانسه برای آن دو و گفته‌های آنان را به فارسی برای رضاشاه ترجمه می‌کرد. رضاشاه از آنان پرسید: «هدف شما چیست؟ اگر قصد جنگ و ستیز دارید که دیگر جای گفتگو نیست. اگر می‌خواهید آلمان‌ها از ایران بروند نظر شما تأمین خواهد شد».

وزیر مختار بریتانیا گفت: «اعلیحضرتا زمان گفتگوهای سیاسی به سر رسیده اکنون دیگر کلام آخر با قوای نظامی اســت و فرمانده‌هــان نیروهای نظامی رهبری عملیات را به‌عهده دارند.»

1- Cordell Hull

۲ - نگاه کنید به خاطرات نصرالله انتظام و سلیمان بهبودی – منابع ذکر شده.

جای تفاهم و توافقی میان مواضع کاملاً متضاد وجود نداشت. چند ساعت بعد، رضا شاه وزیر مختار آلمان را احضار کرد. این بار نصرالله انتظام در مذاکرات حضور داشت و سخنان دو طرف را ترجمه می‌کرد.[1] فرستاده آلمان با رعایت کامل تشریفات متنی را برای شاه قرائت کرد که طی آن پشتیبانی دولت متبوعش از سیاست بی طرفی ایران اعلام شده بود. دیگر کار از کار گذشته بود.

رضا شاه دستور به احضار وزیران داد و جلسه هیأت دولت در حضورش تشکیل شد. ولیعهد دیگر همواره در کنار پدرش بود و در جلسه شرکت داشت. تصمیم گرفته شد که پیامی برای رئیس جمهوری ایالات متحده فرستاده شود. متن پیام با همکاری ولیعهد آماده شد، که در آن به بمباران شهرهای بلادفاع در شمال کشور به وسیله هواپیماهای شوروی و تلفات وارد به غیرنظامیان اشاره شده بود. شاه متن پیام را امضا کرد که انتظام آن را بلافاصله به فرانسه درآورد و بی‌درنگ برای روزولت مخابره شد.

غروب همان روز مجلس شورای ملی به جلسه فوق‌العاده‌ای فراخوانده شد. علی منصور در آن متن کوتاهی را که شرح وقایع روز بود قرائت کرد و جلسه بدون مذاکره پایان پذیرفت.

از ارتش کوچک ایران که برای حفظ امنیت داخلی و دفاع از تمامیت کشور تشکیل شده بود در مقابل نیروهای نظامی دو ابرقدرت جهانی کار عمده‌ای برنمی‌آمد. بعضی از پادگان‌ها با دلیری و فداکاری مقاومت کردند. لشکر کرمانشاه راه را بر پیشرفت قوای انگلیس بست. در اطراف اهواز توپ‌های ۱۰۵ لشکر خوزستان قدرت آتش خود را نشان دادند. در مقابل بسیاری از شهرهای کشور بمباران شد و توپ‌های ضدهوائی ایران به هواپیماهای مهاجم تیراندازی بی‌حاصلی کردند. اما وجود خود را نشان دادند.

بریتانیایی‌ها از فرصت استفاده جسته، غافلگیرانه همه کشتی‌ها و ناوگان جنگی ایران را در خرمشهر بمباران و غرق کردند و افسران و خدمه آن‌ها را کشتند. از جمله دریادار بایندر، افسری بی‌پروا و میهن‌دوست، به شهادت رسید.

هنگامی که خبر این فاجعه به رضا شاه رسید با تلخکامی بسیار به گریه افتاد و گفت:

۱- خاطرات نصرالله انتظام.

«این‌ها نور چشمان من بودند... چه نیروی دریائی زیبایی داشتیم این‌ها هیچ چیز برای ما باقی نخواهند گذاشت».

در ۲۷ اوت ۱۹۴۱، تهران از دو دولت شوروی و بریتانیای کبیر تقاضای «ترک مخاصمه» کرد، تعطیل سفارتخانه‌های آلمان و ایتالیا را اعلام داشت و ترتیب انتقال اتباع دو کشور از طریق ترکیه داده شد، کاری که با نظم و ترتیب انجام پذیرفت.

رضا شاه می‌دانست که فصلی از تاریخ ایران بسته شده و یک تغییر اساسی در حال تکوین است: «می‌دانستم که تغییر غیرقابل اجتناب است. متفقین به کشور ما حمله کرده‌اند. تصور می‌کنم که آخر سلطنت من فرا رسیده. انگلیس‌ها ترتیب آن را خواهد داد.»

در همان روز تقاضا یا اعلام ترک مخاصمه، ۲۷ اوت ۱۹۴۱، به علی منصور، که به قولی شاه را چنان‌که باید و شاید در جریان تدارک حمله به ایران نگذاشته بود، با وجود شهرتی که به طرفداری از انگلیس‌ها داشت تکلیف شد که اِستعفای خود را تقدیم کند و اوامر شاه را اطاعت کرد. مرد میدان رو در روئی با بحرانی که آغاز شده بود به حساب نمی‌آمد.

رضاشاه مشاوره برای جایگزینی منصور را آغاز کرد. چند تن از شخصیت‌های سیاسی را احضار کرد و به حضور پذیرفت. در مورد حضور چند تن دیگر از رجال عهد قاجار در تهران از اطرافیانش پرسید. نظر ولیعهد را جویا شد و سرانجام تصمیم گرفت که از نخستین رئیس دولت دوران سلطنتش محمد علی فروغی (۱۹۴۲-۱۸۷۷) یاری بخواهد. فروغی در آن زمان شصت و چهار ساله بود. از پنج سال پیش رابطه خوبی با رضاشاه نداشت. مردی بود مورد احترام همه اما گوشه گیر. هرگز به دربار نمی‌آمد، در مراسم و تشریفات شرکت نمی‌کرد. در جستجوی شهرت و مقام نبود. بیمار بود و تقریباً خانه نشین.

رضا شاه مردی باهوش بود. غرور خود را زیر پا نهاد که از مردی که تصور می‌کرد قادر به حل مشکلات خواهد بود کمک خواست. اندکی قبل از آن از پیرامونیان خود در باره حضور قوام‌السلطنه (دشمن دیرینش) پرس و جو کرده بود که به او گفتند، در املاک خود در شمال ایران و دسترسی به وی دشوار است.

بهرحال، عصر روز ۲۸ اوت ۱۹۴۱ به رئیس تشریفات دربار نصرالله انتظام دستور داد که به محمدعلی فروغی تلفن کند و او را به دربار بخواهد. فروغی حدس می‌زد که جریان از چه قرار است، به انتظام گفت که از توجه و عنایات ملوکانه مفتخر است. بیماری خود و نداشتن وسیله نقلیه شخصی و پایان روز را بهانه کرد و گفت: «آیا نمی‌توان شرفیابی را به فردا محول کرد که اعلیحضرت به شهر تشریف خواهند آورد؟»[1] انتظام اصرار ورزید و فروغی همچنان ابرام کرد. ناچار شد گزارش مذاکرات خود را به عرض شاه رساند که خشمگین شد و گفت: «با اتومبیل خودتان بروید و فروغی را بیاورید.»

در ساعت ۲۱ (نه شب) سرانجام فروغی به سعدآباد رسید. بسیاری از شخصیت‌های سیاسی و نظامی و ولیعهد شاهپور محمدرضا در اطاق‌های انتظار بودند و اکثراً برای تسلط بر اعصاب خود، به قدم زدن مشغول. شرفیابی فروغی طولانی بود. هنگامی که از دفتر شاه خارج شد با ولیعهد دست داد و با خونسردی بسیار به وی گفت: «در این روزهای سخت ناچار از بازگشت به خدمت شدم» و رفت.

فردای آن روز انتصاب محمدعلی فروغی به ریاست دولت رسماً اعلام شد. فروغی با رضاشاه توافق کرده بود که همه وزیران کابینه منصور را در سمت‌هایشان نگاه دارد. فقط علی سهیلی، دیپلمات مبرز و کارکشته را به وزارت امورخارجه برگزید و جواد عامری کفیل آن وزارت را به وزارت کشور.

محمدعلی فروغی، ملقب به ذکاءالملک، از خاندانی برجسته و اهل علم و ادب برخاسته و از افتخارات ایران بود. وی در سال ۱۹۰۷ ریاست مدرسه عالی علوم سیاسی تهران را به‌عهده داشت. در سال ۱۹۰۹ به نمایندگی مجلس شورای ملی انتخاب شد و مدتی کوتاه رئیس آن مجلس نیز بود. در دوران زندگی سیاسی خود سمت‌های گوناگون داشت، از جمله: وزارت امور خارجه، وزارت دارائی و حتی وزارت جنگ، در نتیجه کاملاً به پیچ و خم‌های اداری و رموز مدیریت و سیاست داخلی کشور آشنا بود. هرگز وارد دسته‌بندی‌های سیاسی نمی‌شد. در هیچ دسته و گروه و حزبی نبود. زندگی ساده و کوچکی داشت و چه بسا شخصاً خریدهای خانواده را انجام می‌داد، چون مستخدمی نداشتند.

---

۱ - یادآوری می‌شود که در ایام تابستان دربار به سعد آباد منتقل می‌شد.

به هنگام تصدی وزارت امورخارجه سه بار ریاست هیأت نمایندگی ایران را در نشست‌های سالیانه جامعه ملل[۱] بعهده داشت و یک بار در ۱۹۲۸ به ریاست مجمع عمومی آن انتخاب شد. در محافل بین‌المللی مورد احترام بود. در آن روزهای دشواری که ایران با آن روبرو بود، فروغی بی‌چون و چرا مرد میدان و مرد روز بود.

در آغاز سلطنت رضاشاه فروغی دوبار به ریاست دولت رسید. اما احترام او نزد ایرانیان تنها به علت این سوابق سیاسی داخلی یا بین‌المللی نبود. مردم او را به عنوان یک دانشمند، یک استاد علامه، یک فیلسوف بی‌همتا می‌شناختند. وی بنیان‌گذار و نخستین رئیس فرهنگستان ایران، از بنیان گذاران و نخستین رئیس انجمن آثار ملی، ناقد و مصحح آثار بزرگان شعر و ادب فارسی چون فردوسی، خیام، سعدی و حافظ بود. نویسنده کتب متعددی نیز بود. از جمله سیر حکمت در اروپا که پس از ده‌ها سال هنوز مرجعیت دارد. وی بعضی از آثار مهم فلسفی غرب را نیز به فارسی ترجمه کرد مانند نوشته‌های فیلسوف فرانسوی مونتنی[۲] یا گفتار در باره روش درست راه بردن عقل اثر دکارت.[۳]

رضا شاه فرزانگی آن را داشت که سرنوشت ایران را به دست چنین مردی بسپارد. او دیگر می‌دانست که پایان دوران سلطنتش نزدیک است و سرنوشت خودش و شاید پسرش و آینده سلسله‌ای که بنیان نهاده بود در ترازوی تاریخ قرار دارد. ولی می‌دانست که گله‌های گذشته فروغی از او هر چه باشد، این مرد بزرگ به او خیانت نخواهد کرد[۴]. فروغی اهل وفا و صداقت بود، نه دوروئی و خیانت.

فروغی سه هدف برای دولت خود تعیین کرد. نخست پایان رسمی مخاصمه و حفظ استقلال و تمامیت ارضی ایران. دوم برقراری مبانی حکومت پارلمانی که جنبه ظاهرسازی نداشته باشد و به این ترتیب ایران اندک اندک به سوی یک دموکراسی واقعی تحول یابد. سوم، بقای سلطنت که آن را ضامن وحدت ملی می‌دانست. به همین سبب از روز نخست ولیعهد را در همه تصمیمات و موضع‌گیری‌های خود شریک و سهیم کرد، چون

1 - Société des Nations S.D.N.

۲ - Michel de Montaigne، فیلسوف و نویسنده فرانسوی (۱۵۹۳-۱۵۳۳)

۳ - René Descartes فیلسوف فرانسوی (۱۶۵۱-۱۵۹۶). مولف Discours de la Mèthode.

۴ - در ماجرای شورش مشهد و فتنه بهلول در مسجد گوهر شاد، اسدی داماد فروغی که استاندار خراسان بود، در شرائطی که روشن نیست، متهم به همدستی یا کم کاری و محکوم به اعدام شد و رضاشاه او را عفو نکرد. (مترجم)

می‌دانست که بهای سنگین صیانت سلطنت آن است که پدر را فدای فرزند کند.

در نخستین ساعات آغاز حکومتش فروغی با بحرانی غیرمنتظره و وخیم روبرو شد. در ۲۹ اوت ۱۹۴۱ سرتیپ هوائی احمد نخجوان وزیر جنگ با استناد به رایزنی و تصمیم یک شـورای غیررسمی افسران عالی‌رتبه ارتش، بدون اطلاع شاه، نخست وزیر و رئیس ستاد ارتش (سرلشکر ضرغامی) نیروی زمینی را منحل کرد و به سربازان وظیفه اجازه داد که به شـهرها و مساکن خود بازگردند. شاه و رئیس دولت از طریق رادیو در جریان این تصمیم قرار گرفتند! بعداً دانسته شد که نیمی از حاضران مخالف این تصمیم بودند و نیم دیگر قطعیت آن را موکول به تصویب فرمانده کل قوا یعنی شاه دانستند.[1]

در طی چند سـاعت پایتخت ایران وضعی دلخراش و هراس‌انگیز پیدا کرد. هزاران جوان به خیابان‌ها ریختند. نه پولی داشتند، نه لباس درست و حسابی و نه می‌دانستند به کجا بروند و چه بکنند. عکس‌العمل شاه فوری و خشن بود. همه سران ارتش را احضار و در حضور آنان وزیر جنگ و یک افسـر ارشد دیگر را که هم‌دست او می‌دانست خلع درجه کرد و پاگون‌های آنان را کند. گویا ضرباتی نیز به آنان وارد آورد. سپس فریاد زد که سلاح کمری‌اش را بیاورند که فی‌المجلس آنان را سیاست کند. رئیس کل تشریفات و چند تن از افسـران عالی‌رتبه که حضور داشتند، با زحمت بسیار او را آرام کردند. با این حال شاه دستور داد که نخجوان از ارتش اخراج شود. سپس همنام او، سرلشکر محمد نخجوان (امیرموثق) را که افسری تحصیل کرده روسیه تزاری بود به وزارت جنگ گماشت و به او امر کرد که خود را به نخست وزیر معرفی کند.

در این ماجرا، حکومت برگ برنده و مهمی را از دست داد. دیگر ارتشی حتی برای برقراری نظم در داخل کشور و در پایتخت در اختیارش نبود. عکس‌العمل نخست وزیر فوری بود. سـپهبد امیر احمدی را که شـهرت به قدرت و شدت عمل داشت و تا حدی

---

۱ - بعضی را عقیده بر این بود و هست که این تصمیم حیرت‌انگیز سرتیپ نخجوان به الهام متفقین اتخاذ شد که می‌خواستند از هر گونه مقاومت نظامی در پایتخت پیشاپیش جلوگیری کنند و وسیله‌ای در اختیار رضاشاه باقی نگذارند. چند ماه پس از این ماجرا و خلع درجه از نخجوان بوسیله رضاشاه، درجات نظامی او به وی مسترد شد. اما دیگر سمت و پستی نیافت. سی و هفت سال بعد از این اتفاق، به تشویق امریکائی‌ها، دو امیر ارشد ارتش که بسیاری آن‌ها را متهم به خیانت می‌کنند، به استناد رایزنی یک شورای غیررسمی (چنانکه خواهیم دید) ارتش ایران را بی‌طرف اعلام کردند و عملاً به سلطنت محمدرضا شاه پهلوی پایان بخشیدند

کنار گذاشته شده بود، احضار کرد و به فرمانداری نظامی تهران گماشت. امیراحمدی فقط چهارصد درجه‌دار شاغل یا بازنشسته در اختیار داشت و بس. فروغی افسر عالی‌رتبه دیگری، سرتیپ فضل‌الله زاهدی را نیز به ریاست ژاندارمری کل کشور منصوب کرد، به او ارتقاء درجه داد. سرلشکر فضل‌الله زاهدی همان قهرمان بازپس گرفتن خوزستان و سقوط خزعل بود. نخست وزیر وی را مأمور کرد که به وسیله ژاندارمری قدرت و حاکمیت دولت را در سرتاسر کشور، در دوردست‌ترین نقاط، حفظ کند و مستّقر نگاه دارد.

پایان رسمی مخاصمات هدف اول دولت فروغی بود. با وجود برخوردهایی در این‌جا و آن‌جا، نخست وزیر و وزیر خارجه‌اش موفق شدند که به آن جنبه رسمی بدهند.

در سی‌ام اوت رسماً توافق حاصل شد که قوای ارتش شوروی مرجحاً در شمال و شمال غربی کشور و نیروهای بریتانیائی در جنوب و جنوب غربی مستقر شوند. حضور آنان در پایتخت می‌بایست فقط جنبه «نمادین» داشته باشد. همچنین توافق شد که مذاکرات برای انعقاد یک قرارداد همکاری و مودت بین سه دولت آغاز شود. شوروی‌ها و بریتانیائی‌ها قبول کردند که عایدات شیلات شمال و نفت جنوب را کماکان به دولت ایران بپردازند.

دو روز بعد از حصول این توافق رئیس جمهوری ایالات متحده در پیامی گرم حمایت خود را از استقلال و حاکمیت ملی ایران به اطلاع رضاشاه رساند و به او به خاطر توافق سه دولت تبریک و تهنیت گفت، که این خود یک پیروزی سیاسی برای ایران آن روز بود.

علی‌رغم خاتمه رسمی مخاصمات، مسائل مهمی هنوز باقی مانده بود. اتحاد جماهیر شوروی و بریتانیای کبیر هر دو خواستار برکناری رضا شاه و پایان نظام سلطنتی در ایران بودند. انگلیس‌ها می‌خواستند با رضاشاه تصفیه حساب کنند. نه رفتار گذشته او را فراموش کرده بودند و نه نزدیکی وی را به آلمان و ایتالیا و نه برتری را که طی سال‌ها برای فرانسه در صحنه جامعه، فرهنگ و ارتش ایران قائل شده بود. لندن فراموش می‌کرد - یا نمی‌خواست به یادآورد که هیچ یک از این سه کشور سابقه اختلاف استعماری و جستجوی استقرار نفوذ خود در ایران نداشتند. شوروی‌ها به سهم خود، رویه ضدکمونیستی رضا شاه

را نمی‌بخشیدند. به هر حال هر دو کشور در سقوط سلطنت و برقراری جمهوری در ایران توافق داشتند و جمهوریت را نظامی قابل انعطاف‌تر از سلطنت می‌پنداشتند.

فشـــار سیاســـی دولتین بر تهران روزافزون بود و قوای ارتش سرخ هر چه بیشتر به تهران نزدیک می‌شدند. هواپیماهای انگلیسی و روسی نیز مکرراً بر فراز تهران پرواز کردند و با وجود خاتمه رســـمی مخاصمات چند بمبی به روی شـــهر انداختند که بیشتر ایجاد وحشـــت کرد تا خســـارت. تبلیغات ضدایرانی و ضدرضاشاه رادیوهای لندن و مسکو و دهلی – هندوستان در آن زمان مستعمره انگلیس بود- شدّت یافت. آن‌ها همچنان رضاشاه را دیکتاتور و دولت ایران را هم‌دســـت آلمان نازی می‌خواندند، به خصوص که رادیوی برلین در برنامه‌های فارســـی خود از او جانبداری می‌کـــرد و ایران را به مقاومت در برابر متفقین تشویق می‌نمود.

گویا در این گیرو دار، رضاشاه اندک اندک روحیه خود را باخت و از این‌که به دست روس‌ها اسیر و به مناطقی دوردست تبعید شود سخت بیمناک بود.

فروغی رســـماً نه به فشـــارهای سیاســـی روس و انگلیس وقعی می‌گذاشت و نه به تبلیغات شدید رادیوهای آن‌ها. به آن‌ها می‌گفت که حق مداخله در امور داخلی ایران را ندارند. متفقین برای آن‌که او را وادار به تسلیم و یا مصالحه کنند، پیشنهاد کردند که رسماً جمهوریت را اعلام کند و خود ریاست جمهوری را به عهده گیرد که وی با صراحت و خشنونت رد کرد. سپس به محمد ساعد، دیپلمات محترمی که سفیر کبیر ایران در مسکو بود، پیشنهاد نیابت سلطنت کردند. او نیز زیر بار نرفت.

این بار لندن پیشـــنهاد کرد که سلطنت به قاجاریه اعاده شود. احمد شاه فرزند ذکور نداشت. ولیعهد او محمد حسن میرزا نیز فوت کرده بود. سلطنت به فرزندش حمید میرزا می‌رسید. می‌گفتند جوانی است برازنده، خوش پوش، با سواد و آشنا به زبان‌های خارجی، بخصوص که افسر ارتش بریتانیا نیز بود! متوجه شدند که حمید میرزا با همه این خصائص فارسی نمی‌داند! این فکر نیز به کنار گذاشته شد. اما طرح برکناری پهلوی‌ها هنوز پابرجا بود.

در روز ۱۵ سپتامبر ۱۹۴۱، فروغی بیمار و بستری بود. علی سهیلی وزیر امورخارجه

تلفنی به وی اطلاع داد که سفیر شوروی و وزیر مختار بریتانیا نزد وی آمده و مصراً می‌خواهند که رضاشاه استعفا دهد و ظرف ۲۴ ساعت از تهران خارج شود. به سهیلی اخطار شد که اگر این کار انجام نشود، قوای متفقین به تهران آمده و مساله را فیصله خواهد داد. گفتند که مراتب به اطلاع رضاشاه نیز رسیده. این بار کار جدی بود و با وقت گذرانی حل نمی‌شد.

همان روز، ساعت ۱۴ (دو بعدازظهر) بود که زنگ در خانه فروغی در خیابان سپه به صدا درآمد. فرزند ارشدش محسن (مهندس محسن فروغی) رفت و در را باز کرد. رضاشاه با لباس نظامی به دیدارش آمده بود. محسن، دستپاچه شاه را به اطاق پذیرائی ساده اقامتگاهشان هدایت کرد و رفت که پدرش را که استراحت می‌کرد در جریان بگذارد. فروغی، که حتی هنوز به درستی لباسش را نپوشیده بود خود را به اطاق پذیرایی رساند. محسن چای آورد. رضاشاه به او اشاره کرد که در را به بندد و دیگر مزاحم‌شان نشود. مذاکرات آنان نزدیک به دو ساعت طول کشید[1] و در حدود ساعت چهار بعد از ظهر رضاشاه اقامتگاه محمدعلی فروغی را ترک کرد. از مذاکرات آنان هیچ نمی‌دانیم و روایتی در دست نیست. فقط ذکاءالملک به محسن گفت: «اعلیحضرت سیگاری روشن کردند، چون متوجه شدند که من سرفه می‌کنم، عذرخواهی و سیگار را فوراً خاموش کردند».

فردای آن روز، ۱۶ سپتامبر ۱۹۴۱ - بیست و دو روز پس از تهاجم قوای متفقین به ایران - شاه و نخست وزیرش در کاخ مرمر در تهران ملاقاتی طولانی داشتند. رضا شاه از فروغی خواست که پشت میز تحریرش بنشیند و استعفانامه او را از سلطنت تحریر کند. فروغی با انشای خاص و خط خوش خود این کار را انجام داد.

رضاشاه سپس دفترش را ترک کرد و به قدم زدن در باغ پرداخت. ولیعهد و چند تن از شخصیت‌های سیاسی و نظامی هم در آنجا بودند. هیچ کس یارای آن را که سخن بگوید نداشت. سکوتی سنگین بر آن محیط حاکم بود. رضاشاه دستور داد که وسائل نقلیه

---

۱ - نگاه کنید به روایت محسن فروغی از این جریان در مجله آینده، جلد شانزدهم شماره ۹ تا ۱۲، تهران - ۱۹۹۰.

فرناند فروغی، بیوه مسعود فروغی فرزند ذکاءالملک، کتابچه‌ای به زبان مادری خود فرانسه در شرح احوال و زندگی خود و خانواده‌اش، برای اطلاع اقوام و دوستان نزدیک نوشته و برای آنان ارسال داشته بود. از خانم سدا آغاسیان که نسخه‌ای از این متن ماشین شده بسیار جالب و پراحساس را در اختیار نویسندگان کتاب گذاشتند، صمیمانه متشکریم.

را آماده کنند ولیعهد که سخت ناراحت بود به پدرش گفت، اگر روس‌ها وارد تهران شوند، در این‌جا انقلاب خواهد شد. رضا شاه به پسرش خندید و گفت: «دعوا بر سر لحاف ملانصرالدین است. این‌ها استعفای مرا می‌خواهند...»

اندکی بعد، فروغی استعفا نامه را که از آن رونوشت برداشته بود آورد و شاه آن را توشیح کرد. سلطنت او در این لحظه به پایان رسید. پسرش به وی نزدیک شد. شاه مستعفی به او گفت: «ترتیبات لازم را با نخست وزیر دادم». سپس رو به فروغی کرد گفت: «پسرم را به شما می‌سپارم و هر دوی شما را به خداوند قادر متعال». پسرش را در آغوش گرفت. چشمانش پر از اشک بود. سرش را برگرداند که دیده نشود. به سوی اتومبیل خود رفت، سوار شد و کاروان وسائل نقلیه به راه افتاد.

این همه وقار و متانت مانع آن نشد که شاه مستعفی به یک‌باره فرسوده نشود و درهم شکسته به نظر نیاید. دخترش شاهدخت اشرف که قبلاً به اتفاق تنی چند از افراد خانواده پهلوی به اصفهان رفته بود در خاطراتش می‌نویسد:[1] «از پنجره خانه‌ای که در آن سکنی داشتیم به باغ نگاه می‌کردم. ناگهان مردی بسیار سالخورده و درهم شکسته را دیدم که به اتفاق دو تن دیگر در آن‌جا قدم می‌زند. چون نزدیک شدند به یک‌باره دریافتم که این پیرمرد بسیار سالخورده و فرسوده که لباس شخصی هم به تن داشت کسی جز پدرم نیست. در ظرف یک‌ماه بیست سال پیر شده بود. شاید هم در این روزها گرفتار یک نوع سکته مغزی شده بود».

اصفهان مرحله‌ای در سفر طولانی شاه مستعفی بود. استعفا داده بود ولی هنوز متفقین از او بیم داشتند و می‌خواستند هر چه زودتر و هر چه بیشتر از ایران دور شود. به توصیه یا با پشتیبانی فروغی اظهار علاقه کرده بود. که به آرژانتین برود. متفقین مخالفتی نشان ندادند. او هم در هوای سفر به امریکای جنوبی بود... کاروان اتومبیل‌ها مجدداً به راه افتاد. یزد، کرمان و سرانجام بندرعباس در کنار تنگه هرمز. سفری طولانی، ۱۰۰۰ کیلومتر، و بسیار خسته کننده. همه فرزندانش جز شاهپور محمدرضا همراهش بودند. می‌دانست که این آخرین سفرش در ایران و آخرین تماسش با خاک وطن است. قبل از سوار شدن به کشتی که در انتظارش بود. خم شد مشتی از خاک ایران را برداشت که تا آخرین لحظه حیات

۱- متن ذکر شده صفحه ۵۶.

به همراه داشت. سپس مأمورین گمرک را فراخواند و به آنان دستور داد که جامه‌دان‌های خود او و اطرافیانش را بگشایند و بازرسی کنند. صورت مجلسی تنظیم شد که هیچ شیئی گرانبها به همراه ندارند.

یک ناو کوچک و ناراحت انگلیسی موسوم به باندارا[1] در کنار اسکله بندرعباس لنگر انداخته در انتظارشان بود. شاه مستعفی سخت بیمار بود. با حرارت بدن در حدود چهل درجه، تورم و گوش درد شدید، به او گفتند که کشتی عازم بمبئی در هندوستان است. در نیمه راه به او گفته شد که انگلیس‌ها تغییر عقیده داده‌اند و فرماندار کل هندوستان اجازه پیاده شدنش را در خاک هند نخواهد داد.[2] سپس به او تفهیم شد که به جزیره موریس خواهند رفت که رضا شاه حتی دقیقاً نمی‌دانست در کجا واقع است. شاه مستعفی اعتراضی کرد، تلگرامی هم برای ابراز این نارضایتی تدوین شد که اجازه مخابره آن را ندادند[3] او دیگر زندانی بود. در ساحل بمبئی وی را به کشتی دیگری موسوم به بورما منتقل کردند که راهی جزیره موریس شد.

رضاشاه و همراهانش در روز ۱۹ اکتبر ۱۹۴۱ به جزیره موریس رسیدند. فرماندار جزیره، لااقل این ادب و ظرافت را داشت که پرچم ایران را به احترام شاه پیشین برفراز ساختمانی که وی در آنجا اقامت گزید (و حق خروج نداشت) برافرازد. اقامت رضاشاه در جزیره موریس شش ماه به طول انجامید. در تمام این مدت دولت ایران می‌کوشید که شرایط زندگی و تبعید وی را بهبود بخشد که کار آسانی نبود. سرانجام به شاه پیشین ایران و همراهانش اجازه داده شد که به افریقای جنوبی بروند. آن‌ها در سی مارس ۱۹۴۲ به بندر دوربان رسیدند، چند روزی در آنجا ماندند و سپس راهی ژوهانسبورگ، شهر بزرگ و پایتخت اقتصادی آن کشور شدند. عمارت بزرگ، اما نسبتاً فرسوده‌ای برای آنان تدارک شده بود. رضاشاه تقریباً هرگز از آنجا خارج نمی‌شد. چون شمعی کم کم می‌سوخت و آب می‌شد. وی در ۲۶ ژوئیه ۱۹۴۴ در همان جا در گذشت. دربار شاهنشاهی در تهران

1- Bandara.
۲ - تشابه تمام این مراحل با سرنوشتی که امریکائی‌ها برای فرزندش، آخرین شاهنشاه ایران ترتیب دادند قابل توجه است. چنان‌که در صفحات آخر کتاب خواهد آمد. (مترجم)
۳ - جزئیات مراحل این سفر در خاطرات شاهدخت شمس پهلوی و علی ایزدی که پانزده سال پس از انقلاب در ایران به طبع رسید مندرج است. جناب مهرداد پهلبد که قبلاً متون آن را مطالعه کرده بودند، به نویسنده ایرانی کتاب اظهار داشته‌اند که تغییری در آن‌ها داده نشده

اعلام عزاداری کرد. در شـــرایط آن روز ایران و با حضور قوای خارجی، این عزاداری به اختصار برگزار شد. جنازه رضاشاه را از ژوهانسبورگ به قاهره انتقال دادند و در مسجد رفاهی موقتاً به خاک سپرده شد. در بهار سال ۱۹۵۰ که اوضاع ایران دیگر ثباتی یافته بود، جنازه وی با تشریفات لازم به تهران آورده شد و آن را در آرامگاهی مجلل در شهر ری به خاک سپردند. پس از پیروزی انقلاب اسلامی، خمینی دستور به تخریب این آرامگاه داد. اما جنازه رضاشاه در آن‌جا نبود. فرزندش احتیاط لازم را مرعی داشته ترتیب انتقال آن را به نقطه‌ای در خاک ایران داده بود که از مکان آن کسان کمی اطلاع دارند.

با تبعید رضا شاه راه برای مداخله بیشتر قدرت‌های خارجی در ایران باز شد. نابسامانی و هرج و مرجی که بر کشور مسلط شده بود، بی‌شباهت به وضع سال‌های پایان سلطنت قاجاریه نبود. چه کسی می‌توانست سکان کشتی توفان‌زده ایران را به دست گیرد و آن‌را به ساحل نجات برساند؟ طی چند ساعتی شاهپور محمدرضا نه ولیعهد بود (چرا که پدرش کناره‌گیری کرده بود) و نه شاه زیرا در برابر مجلس شورای ملی مراسم تحلیف انجام نشده بود.

سرنوشـــت ایران در دست فروغی بود و ایران در حال فروپاشی. به محض حرکت رضاشاه از تهران، نخست وزیر به علی سهیلی دستور داد که فرستادگان روس و انگلیس را به وزارت امورخارجه بخواهد و مراتب را رسماً به اطلاع آنان برساند. سهیلی بعداً جریان این ملاقات و پیآمدهای آن را روایت کرد.[1] آن‌ها گفتند از قرار معلوم قرار است که فردا والاحضرت ولیعهد برای انجام سوگند سلطنت به مجلس بروند. ما آمده‌ایم به شما بگوییم که دولت‌های ما سلطنت ایشان را نخواهند شناخت». سهیلی به آن دو گفت: «قرار ما بر این که شما در کارهای داخلی ما دخالت نکنید و گمان نمی‌کنم که نظر شما مورد قبول دولت ما قرار گیرد». بولارد (وزیر مختار بریتانیا) گفت «اما ما اجازه نمی‌دهیم. ما آمده‌ایم به شما ابلاغ کنیم که دولت‌های ما سلطنت ایشان را نخواهند شناخت»

علی سهیلی ناچار دو سفیر را به دفتر نخست وزیر که مطلع شده و با شتاب به آن‌جا آمده بود، هدایت کرد. بولارد متکلم وحده بود، همان حرف‌ها را تکرار می‌کند و فروغی،

۱ - روایت علی سهیلی به عبدالحسین مفتاح، نگاه کنید به خاطرات سیاسی ایشان، ایران، پل پیروزی جنگ جهانی دوم — انتشارات مرد امروز، لندن، ۱۹۸۴.

که خیلی ناراحت شده بود گفت «ما به نظر دولت‌های شما اهمیت نمی‌دهیم تصمیمی است گرفته شده و فردا ولیعهد به مجلس خواهند رفت». وزیر مختار انگلیس که منتظر این قاطعیت نبود پاسخ داد «مقصودمان این بود که تصمیم دولت‌های خودمان را به اطلاع شما برسانیم. حالا خود دانید». و آن دو دفتر فروغی را ترک کردند. گفتگو به بن بست کامل رسیده بود.

فروغی، ساعت به ساعت به وسیله گزارش‌های دفاتر تلگراف و تلفن و پایگاه‌های ژاندارمری، از پیشرفت قوای متفقین به سوی تهران مطلع می‌شد. می‌دانست که باید تسلیم نشود و چند ساعتی بیشتر در اختیارش نیست. قدم اول آن بود که از جانب شاهپور محمدرضا که دیگر نه ولیعهد بود و نه شاه اطمینان حاصل کند. پس از چند لحظه درنگ با افسردگی و نگرانی رهسپار اقامتگاه او شد. هنگام دیدار شاهپور را سخت افسرده دید. بدون این‌که فرصت سخن به فروغی بدهد گفت: «می‌گویند آمده‌اید بگویید که این‌ها مرا به سلطنت نخواهند شناخت. اگر فکر می‌کنید که صلاح مملکت در این است که من نباشم، هر چه آن‌ها می‌خواهند بکنید» فروغی با ناراحتی و قاطعیت جواب داد: «تصمیم است که گرفته شده. فردا به مجلس تشریف فرما خواهید شد. همین طور هم به نمایندگان روس و انگلیس گفته شد». اتخاذ تصمیم و تعیین رویه کشور با او بود و شاهپور محمدرضا چاره‌ای جز تمکین نداشت.

فروغی از کاخ سلطنتی عازم دیدار حاج محتشم‌السلطنه اسفندیاری رئیس مجلس شد. ملاقات آن‌ها کوتاه بود و ترتیبات لازم را دادند.

در روز ۱۶ سپتامبر ۱۹۴۱، بر پایتخت کشور، فضائی غریب حاکم بود. ترس، شایعات گوناگون و انتظار حوادثی که هیچ کس از کم و کیف آن نمی‌توانست اطلاعی داشته باشد.

بامدادان، حاج محتشم‌السلطنه نمایندگان مجلس را جمع کرد و دستور داد که درهای مجلس را به بندند. سپهبد امیراحمدی مأموریت یافت که امنیت تهران را به هر قیمت حفظ کند. او چهارصد درجه‌دار در اختیار داشت. آنان سوار بر چندین کامیون و به همراه چند زره پوش فرسوده سال‌های ۱۹۳۰ که هنوز قادر به حرکت بودند در تهران به حرکت و گردش درآمدند. حفاظت پارلمان مورد توجه خاص او بود و تأمین شد.

به محض تجمع وکلاء، نخست وزیر به مجلس آمد و استعفانامه رضاشاه را برای آنان قرائت کرد. ایران دیگر پادشاهی نداشت. برای چند ساعتی سرنوشت کشور به دست علامه‌ای سالخورده و بیمار بود. سرنوشتی نامعلوم. در همین اوان به فروغی گزارش شد که قوای ارتش سرخ به کرج در چهل کیلومتری تهران رسیده‌اند و به سوی پایتخت در حرکت هستند.

حال می‌بایست بی‌سرو صدا و بدون جلب نظر جاسوسانی که قطعاً در تهران به نفع روس و انگلیس فعالیت می‌کردند، شاهپور محمدرضا را به مجلس آورد تا مراسم تحلیف انجام شود. هوا گرم و فضا سنگین و شهر در ساعت ۱۴ (دو بعد از ظهر) آرام و خلوت بود. فروغی نزد شاهپور محمد رضا رفت. وی را متقاعد ساخت که با لباس شخصی در اتومبیل ساده‌ای در کنارش قرار گیرد و راهی مجلس شود. وسیله نقلیه دیگری البسه تشریفاتی مقام سلطنت و نخست وزیر را حمل می‌کرد. هر دو اتومبیل بدون جلب نظر وارد محوطه مجلس شدند. شاهپور محمدرضا به اطاقی رفت که به کمک یکی از درباریان لباس رسمی و تشریفاتی خود را به تن کند. فروغی در اطاق دیگر به همین کار پرداخت.

در این گیرو دار، حاج محتشم‌السلطنه وکلا را به تالار کاخ بهارستان فراخواند. هیچکدام ژاکت (لباس رسمی معمول در این تشریفات) به تن نداشتند زیرا از جریان کار آگاه نبودند. همه آنها در زمان حکومت رضاشاه، با رضایت او و شاید به دستورش به نمایندگی برگزیده شده بودند. اما چند روزی بود که سروصدای بعضی از آنها بلند شده و حتی سخن از جمهوری می‌گفتند.

انتظار چندان به طول نیانجامید. در راس ساعت پانزده و ده دقیقه شاهپور محمدرضا ملبس به لباس رسمی در حالی که گردن‌بند نشان‌های رسمی کشور را به گردن داشت و شمشیر پدرش را به کمر بسته بود وارد مجلس شد. نخست وزیر و رئیس مجلس در دو سویش و رئیس تشریفات شاهنشاهی پشت سرش بودند. شاهپور محمدرضا به «کلام الله مجید» سوگند یاد کرد که قانون اساسی را رعایت کند و حافظ و نگاهبان مفاد آن و ضامن استقلال و حاکمیت و تمامیت ارضی ایران باشد. سپس سخنرانی کوتاهی ایراد کرد که فروغی با شتاب مفاد آن را نوشته بود و مفاد آن تائید سوگندنامه‌اش بود.

نمایندگان غافلگیر و متحیر بودند. برخاستند و به گرمی برای شاه ایران دست زدند.

در ساعت ۱۵ و ۳۰ (سه و نیم بعد از ظهر) محمدرضا شاه پهلوی کاخ بهارستان را ترک کرد. خبر انجام این مراسم به سرعتی وصف‌ناپذیر در شهر پیچیده بود. جمعیتی عظیم در مقابل کاخ بهارستان اجتماع کرده بود. شاهزاده جوان تقریباً محرمانه به مجلس آمده بود و اکنون پادشاه ایران در رُلس رویس سلطنتی و تشریفات متعارف، در میان ملتی که بهترین محافظانش بودند به کاخ سلطنتی بازمی‌گشت.

در ساعت ۱۶ (چهار بعد از ظهر)، نخستین واحدهای قوای متفقین وارد تهران شدند. آیا برای توقیف رضاشاه آمده بودند؟ او دیگر در تهران و در دسترس آنان نبود. آیا برای جلوگیری از رسیدن شاهپور محمدرضا به سلطنت آمده بودند؟ او دیگر پادشاه قانونی ایران بود. فروغی در بازی ماهرانه‌اش پیروز شده و محمدرضا شاه را بر تخت سلطنت نشانده بود.

پادشاه جدید ایران – که در ۲۶ اکتبر ۱۹۱۹ متولد شده بود – در این روز ۱۶ سپتامبر ۱۹۴۱، هنوز به بیست و دو سالگی نیز نرسیده بود. زندگی سیاسی پرنشیب و فرازش آغاز می‌شد.

فصل دوم

قوام، مردی که بر استالین پیروز شد

سلطنت محمدرضا پهلوی در حقیقت روز بعد از این مراسم آغاز شد.

شاه جوان بدون اشتیاق زیاد و به خاطر انجام وظیفه سلطنت را پذیرفت. در جستجوی آن نبود. شباهت رفتار او با لوئی شانزدهم و نیکلای دوم در این زمینه شایان توجه است. از همان آغاز سلطنت رفتارش با همه بسیار مؤدبانه بود و نشان از تسلط کامل برخود داشت. از خشونت و صراحت لهجه و تندی پدرش اثری در او نبود.

در سیاست تازه کار و بی‌اطلاع نبود. پس از بازگشتش از سوئیس، رضاشاه وی را به انجام وظایفش آشنا کرده و عادت داده بود. در جلسات مختلف شرکت می‌کرد و هر چه بیشتر در مراسم مختلف به تنهایی حضور می‌یافت. شخصیت‌ها و مسئولین سیاسی و نظامی را می‌شناخت. می‌دانست چه باید بکند و به‌ویژه می‌دانست که باید مُهر سکوت بر لب بزند و احساسات خود را بیان نکند. به نصّ و روح سوگند نامه‌اش وفادار بود. می‌دانست که حکومت با دولت است و اعمال حاکمیت ملی با مجلس و نمایندگانش.

شاه جوان آداب و رسوم سلطنت را فراگرفته بود. اما در عمل با زندگی سیاسی جدید ایران آشنایی نداشت. طبق قانون اساسی ایران - که در این زمینه از قانون اساسی بلژیک

الهام گرفته بود – عزل و نصب وزراء و نخستین آنان یعنی رئیس دولت با «مقام سلطنت» بود. اما از همان آغاز اجرای قانون اساسی، رسم بر این نهاده شد که قبل از انتصاب نخست‌وزیر، شاه از مجلس کسب نظر کند و به اصطلاح رأی تمایل یعنی نظر نمایندگان قوه مقننه را بخواهد. قبل از ۱۹۲۵، در دو نوبت احمدشاه قاجار از حق «عزل و نصب» خود رأساً استفاده کرده بود، آن هم در مواقعی که قوه مقننه در حال تعطیل بود. در نتیجه سنت بر این نهاده شد که به هنگام «تعطیل مجلس» حق عزل و نصب به شاه باز می‌گردد. پس از رسیدن به سلطنت، رضاشاه که در جستجوی قدرت مطلق بود با استناد به نصّ قانون اساسی راساً رؤسای دولت را تعیین کرد که آنان سپس با وزیران خود به مجلس می‌رفتند و رأی اعتماد می‌گرفتند و همواره چنین بود.

همه چیز پس از تحلیف محمدرضا شاه تغییر کرد. فروغی استعفای خود را تقدیم شاه جوان کرد و مقرر داشت که برای تعیین جانشین‌اش، از مجلس رأی تمایل خواسته شود. محمدرضا شاه بر این قرار نخست‌وزیرش گردن نهاد و این عمل قدمی به سوی استقرار نوعی دموکراسی پارلمانی در ایران بود که به مدت شانزده سال به دست فراموشی سپرده شده بود.

پس از استعفای فروغی، محمدرضا شاه پهلوی، حاج محتشم‌السلطنه اسفندیاری رئیس مجلس را «احضار کرد» و از او نظر و «تمایل» نمایندگان را نسبت به انتصاب نخست‌وزیر جدید خواستار شد. اسفندیاری در «جلسه خصوصی» از وکلای مجلس کسب نظر کرد که به محمدعلی فروغی رأی تمایل دادند. در این هنگام «فرمان»[1] انتصاب او به ریاست دولت صادر شد. به این ترتیب شاه یکی از امتیازات مهم سلطنت را که پدرش برای خود فراهم کرده و اختصاص داده بود، از دست داد.

در حقیقت در این سال‌ها، شاه جوان اختیاری نداشت. رؤسای دولت که در یک فضای سیاسی پارلمانی پر هرج و مرج، یکی جانشین دیگری می‌شدند، وزیران خود را رأساً، یا غالباً تحت فشار گروه‌های مختلف پارلمانی و سفارتخانه‌های خارجی، به‌ویژه سفارت انگلیس، تعیین می‌کردند و گاهی با زحمت بسیار از مجلس رأی اعتماد می‌گرفتند. هدف اصلی آن‌ها این بود که چند ماهی دوام بیاورند.

۱ - کلمه فرمان Firman در زبان فرانسه نیز مصطلح است. (مترجم)

محمدرضا شاه رسماً فرمانده کل قوا بود. اما فروغی در ۶ اکتبر ۱۹۴۱ قانونی را که به ابتکار سردار سپه و رئیس دولت وقت در سال ۱۹۲۴ به تصویب مجلس رسیده و اختیار اداره امور ارتش را به وی می‌داد، لغو کرد. از آن پس اداره امور قوای مسلح با وزیر جنگ بود[1] که این کار را زیر نظر رئیس دولت انجام می‌داد. پیشنهاد انتصابات و ترفیعات ارتش با او بود و اداره و هماهنگی اقدامات واحدهای مسلح با رییس ستاد، نتیجه آن‌که شاه، یعنی فرمانده کل قوا، به توشیح فرامینی که به وی می‌دادند اکتفا می‌کرد و اگر مداخله یا اظهارنظری داشت دارای جنبه خصوصی بود که با رییس دولت یا وزیر جنگ در میان گذارده می‌شد.

علاوه بر این‌ها، آزادی عملش بیش از این‌ها محدود بود. کشور عملاً در اشغال قوای بیگانه بود. نه شاه مایل بود به استان‌های «تحت اشغال» برود و نه دولت‌هایش می‌خواستند که او خود را در چنین شرایطی قرار دهد. ناچار در پایتخت می‌ماند. هفت یا هشت ماه از سال را در کاخ اختصاصی خود در تهران می‌گذراند و اندکی بیش از چهار ماه را در کاخ سعدآباد. حتی در این سال‌های دشوار که به اقامتگاه مورد علاقه‌اش «کاخ» سلطنتی بابل هم نرفت، چرا که مازندران در اشغال نیروهای ارتش سرخ بود. نه خودش می‌خواست و نه نخست‌وزیرانش به مصلحت او دانستند که در استان‌های مختلف کشور، واحدهای ارتش‌های خارجی به او ادای احترامات نظامی کنند.

در چنین مقتضیاتی، شاهی که فاقد اختیارات واقعی بود، چه می‌توانست بکند؟ در درجه اول پذیرفتن مردان و مسئولان سیاسی، از جمله سران حزب توده[2] شخصیت‌های اقتصادی، مقامات مذهبی، ادبا و نویسندگان... این شرفیابی‌ها بیشتر وقت او را می‌گرفت. ولی برایش بسیار آموزنده بود.

محمدرضا شاه مردی بسیار کنجکاو و علاقمند به فراگیری بود. به او خبر دادند که بعدازظهرهای سه شنبه گروهی از شخصیت‌های سیاسی و فرهنگی و ادبی، برای صرف

---

۱ - در این سال‌ها کسی که بیش از همه این سمت را به عهده داشت، سپهبد امیراحمدی بود که با صمیمیت دستورات روسای دولت‌های مختلف را اجرا می‌کرد. اما همواره به شاه وفادار بود و وفادار ماند و به این ترتیبِ تضادی میان این سه مقام (شاه، رئیسِ دولت، وزیر جنگ) پیدا نشد.

۲ - که قطعاً از شوروی‌ها استجازه می‌کردند و احتمالاً مکلف بودند گزارش شرفیابی‌ها را به مقامات سفارت شوروی بدهند و آنان را در جریان اظهار نظرها و گرایش‌های شاه بگذارند.(مترجم)

چای دور هم جمع می‌شوند و از شعر و ادب و تاریخ و فرهنگ ایران گفتگو می‌کنند. از طریق رئیس کل دربار، حسین سمیعی (ادیب‌السلطنه) که از شاعران بزرگ زمانه نیز بود از این گروه خواست که در جلسات آنان شرکت کند و وقتی نوبت او رسید، خود پذیرای آنان باشد. آن‌ها نیز طبیعتاً پذیرفتند. محمدرضا شاه هر سه‌شنبه که می‌توانست به اتفاق سپهبد یزدان‌پناه (که خود اهل فرهنگ بود) به این مجالس می‌رفت. روزی در باره مفهوم فلسفی و عرفانی یکی از غزلیات حافظ پرسید روز دیگری درخواست کرد که زندگی و به‌ویژه فلسفه ابن‌سینا را برایش بازگو کنند[۱] حاضران این جلسات بعداً همگی تواضع و مهربانی و کنجکاوی محمدرضا شاه را ستودند.

محمدرضا شاه وزنه سیاسی مهمی نبود. اما می‌توانست به این ترتیب هم بیاموزد و هم شبکه روابط سیاسی و اجتماعی خود را تقویت کند. همگان زود دریافتند و دانستند که شاه مردی رازدار است و عادت به تکرار آن‌چه به او می‌گویند و می‌شنوند ندارد. به این ترتیب اندک اندک محرم اسرار رجال سیاسی و غیرسیاسی ایران شد و چون حافظه‌ای بسیار قوی داشت همه چیز را به خاطر می‌سپرد و در نتیجه خیلی چیزها را که کسی نمی‌دانست، فرا می‌گرفت و می‌دانست.

محمدرضا شاه مردی بسیار مؤدب بود، با دقت به آن‌چه می‌گفتند گوش فرا می‌داد حتی به مطالب پیش پا افتاده، حتی به آن‌چه می‌دانست و برایش مطلقاً تازگی نداشت و در نتیجه به‌تدریج مردی شد وارد به همه بگو مگوهای سیاسی تهران و در جریان تحریکات این و آن، اختلافات گروه‌های سیاسی، دوستی‌ها و دشمنی‌ها.

با این حال، آیا می‌توان گفت که محمدرضا شاه، به مردم، به ملت و به ملتش نزدیک بود؟ این موضوع حتی امروزه نیز مورد بحث و گفتگوی مورّخان است. قدر مسلم این است که محمدرضا شاه طی این روزهای دشوار خود را در کاخ‌هایش زندانی نکرده بود. به سوی مردم می‌رفت. ملکه فوزیه غالباً همراهش بود. با هم از مؤسسات آموزشی، بیمارستان‌ها، زایشگاه‌ها، مؤسسات خیریه بازدید می‌کردند. در ضیافت‌ها و پذیرائی‌هایی که جهت جمع‌آوری اعانه برای این مؤسسات ترتیب داده شد، حضور می‌یافتند.

محمدرضا شاه قدرتی نداشت، در نتیجه مخالفی هم نداشت. محبوب مردم بود،

۱ - شرح این نشست‌ها به تفصیل در جلد سوم خاطرات و یادداشت‌های دکتر قاسم غنی آمده است.

مظهر وحدت ملی و موجودیت ایران بود. جوانی بود خوش‌رو، خوش برخورد، برازنده، گشاده‌رو، هم‌میهنانش او را دوست داشتند و او نسبت به آنان ابراز محبت می‌کرد. نقطه ثابتی بود در طوفانی مهلک که ایران دچار آن شده بود.

زندگی خصوصی او در این سال‌ها، محدود بود. ملکه مادر، تاج‌الملوک، در تهران مانده بود. شاهدخت اشرف خواهر دوقلویش که همراه پدر به تبعید رفته بود، زود به پایتخت ایران بازگشت. ملکه مادر که تندخو و در مجموع بد برخورد بود، عروسش را چندان برنمی‌تافت. روابط اشرف، اندک اندک با همسر برادرش، ملکه فوزیه رو به سردی نهاد و سپس جداً بحرانی شد. جمع خانوادگی آنان دیگر گرمی نداشت. از این دیدگاه محمدرضا شاه تنها بود.

فروغی، مردی که او را به تخت سلطنت نشانده بود به اتفاق وزیرانش امور کشور را تا آنجا که می‌توانست اداره می‌کرد. همه چشم انتظار به او دوخته بودند. مسائلی که می‌بایست فوراً حل و فصل شود کم نبود. در درجه اول می‌بایست روابط ایران با متفقین، یا اشغالگران، نظم و ترتیب و چهارچوبی پیدا کند. فروغی که بیمار و فرسوده بود به اتفاق وزیر خارجه‌اش علی سهیلی به این مهم پرداخت. بیان نامه سی‌ام اوت ۱۹۴۱ اصولی را میان سه کشور مقرر داشته بود که می‌بایست شکل رسمی و قانونی پیدا کند. مذاکرات با متفقین آسان نبود و یازده هفته به طول انجامید و به عقد قرارداد سه جانبه میان ایران، اتحاد جماهیر شوروی و بریتانیای کبیر منتهی شد. در این پاییز ۱۹۴۱، فروغی واقعاً خطر کرد: او پذیرفت که ایران رسماً و عملاً در اردوی متفقین قرار گیرد. به قوای آن‌ها اجازه داده شد که در خاک ایران مستقر شوند یا از خاک ایران عبور کنند. در برابر، آن‌ها پذیرفتند که حضور و استقرار قوای‌شان در ایران «مطلقاً جنبه اشغال نظامی نخواهد داشت، و هر موقع ضرور باشد از کمک به ایران دریغ نورزند. متفقین (یعنی در حقیقت روس و انگلیس) مجدداً به احترام بر استقلال سیاسی و تمامیت ارضی ایران صحه گذارند و تعهد کردند که در صورت حمله قوای خارجی به ایران از این کشور دفاع کنند. اتحاد جماهیر شوروی و بریتانیای کبیر رسماً متعهد شدند که حداکثر شش ماه بعد از پایان جنگ جهانی، یا خاتمه مخاصمات، یا آتش بس میان متفقین با آلمان نازی و کشورهای هم‌پیمانش قوای خود را از خاک ایران خارج کنند.

چهار سال بعد هویدا شد که پایداری فروغی و سهیلی برای اخذ این تعهد چه اهمیتی داشته و چقدر برای آینده ایران مفید بوده است.

همچنین متفقین قبول کردند که حداکثر مساعی خود را برای حفظ وضع اقتصادی ایران مبذول دارند و با وجود مشکلات ناشی از جنگ از کمک به این کشور دریغ نورزند. تعهدی که البته هرگز اجرا نشد. مجلس در تصویب این قرارداد دست به دست می‌کرد. بسیار بودند کسانی که در پیروزی متفقین شک و تردید داشتند. افکار عمومی بر روی هم طرفدار آلمان‌ها – یا درست‌تر بگوییم مخالف روس و انگلیس – بود. سرانجام قرارداد سه جانبه به تصویب مجلس و توشیح شاه رسید و در نهایت امر ایران در شمار کشورهای متفق بر ضد آلمان نازی و هم پیمان‌هایش قرار گرفت.

تصویب قرارداد و جهت‌گیری فروغی باعث عدم محبوبیت شدید وی در میان اکثریت ایرانیان شد. تبلیغات آلمان‌ها، خصوصاً رادیو برلن که همه در ایران به آن گوش می‌دادند، علیه او شدت گرفت. گفتند «جهود» است، که درست نبود. گفتند فراماسون است، که راست بود. متهم شد که مزدور روس و انگلیس است. سپس وی را متهم به هم‌دستی با امریکایی‌ها کردند!

دشمنانش به این هم اکتفا نکردند. در روز ۲۵ ژانویه ۱۹۴۲، هنگامی که از پشت تریبون مجلس با نمایندگان سخن می‌گفت به وی سوءقصدی شد که او را مجروح کرد. نخست وزیر سالخورده را از جلسه خارج کردند و چون جراحاتش سخت نبود، زخم‌بندی شد و به مجلس بازگشت. مجدداً پشت تریبون رفت از نمایندگان عذر خواست و گفت، «جمله معترضه‌ای بود که پایان یافت» و با صدایی ضعیف به سخنان خود ادامه داد.

دیپلماسی ایران در ششم فوریه ۱۹۴۲ به پیروزی قابل ملاحظه‌ای دست یافت و فرانکلین روزولت رئیس جمهوری ایالات متحده در پیامی که برای فروغی فرستاد، رسماً تعهد کرد که آن کشور از استقلال و تمامیت ارضی و حاکمیت ملی ایران دفاع خواهد کرد. اعلامی که برای فروغی و همه ایرانیان بسیار گرانبها و ارزنده بود و امریکائیان پس از پایان مخاصمات دلبستگی خود را به آن‌ها ثابت کردند.

کار فروغی هنوز به پایان نرسیده بود. می‌بایست به بعضی از آثار دوران حکومت رضاشاه که دیگر با اوضاع و احوال تطبیق نمی‌کرد، پایان بخشد: فرمانی را به امضای محمدرضا شاه رساند که در آن همه زندانیان سیاسی از عفو کامل و اعاده حیثیت برخوردار شدند و به مسکن و مأوای خود برگشتند. تفتیش مطبوعات پایان یافت. قانونی به تصویب مجلس رسید که بر اساس آن، املاک و اموال غیرمنقولی که رضاشاه کم و بیش به عنف خریداری کرده بود به صاحبان قبلی آن مسترد شد و احیاناً از آنان رفع خسارت به عمل آمد. بعضی از این مالکان به معاوضه اموال خود مجبور شده بودند. اما زیر بار بازپس گرفتن املاک سابق نشدند. به این ترتیب ماجرایی که سبب ناراحتی افکار عمومی و بهانه‌ای به دست مخالفان و منتقدان شده بود پایان پذیرفت. اما بی‌درنگ هیاهویی دیگر به راه افتاد. رضاشاه متهم شد که جواهرات سلطنتی را که متعلق به دولت بود و قابل خرید و فروش نبود، به همراه برده است. شاه سابق به هنگام ترک خاک ایران، مأموران گمرک را وادار کرده بود که همه جامه‌دان‌ها و اسباب و وسایل خود و همراهانش را بازرسی و صورت‌جلسه‌ای در مورد آن‌ها تنظیم نمایند. اما کمتر کسی در جریان این دستور بود. چند روزنامه کوچک کم خواننده که این جا و آن‌جا شروع به انتشار کرده بودند، موضوع را عَلَم کردند و سرانجام هیاهویی به راه انداختند. نخست وزیر بی‌درنگ هیأتی مرکب از چند نماینده مجلس و قضات دیوان عالی کشور را مأمور کرد که به این ماجرا برسند. آن‌ها مجموع جواهرات سلطنتی و همه کاخ‌ها را بازدید کردند. گزارشی که دادند جای اندک شک و تردید باقی نمی‌گذاشت. همه چیز سر جای خود بود. چه جواهرات، چه وسائل و مبل کاخ‌ها، چه اشیاء گرانبها. گزارش دقیقی تهیه و به مجلس تقدیم شد که طرح و تأیید آن سرو صداها را خواباند.

مشکل دیگری برای دولت، نخست‌وزیر و وزیر امور خارجه مطرح و آن هزاران افسر و درجه‌دار و سرباز ایرانی بودند که قوای متفقین آن‌ها را به اسارت برده بودند. بریتانیایی‌ها اشکالی در استخلاص آنان بوجود نیاوردند. اما گفتگو با شوروی‌ها دشوار بود و حصول نتیجه مثبت مدت‌ها به طول انجامید.

ایجاد فضای باز سیاسی، به ایجاد احزاب متعدد انجامید. حزب کمونیست ایران که با حزب کمونیست چین قدیم‌ترین احزاب کمونیست جهان است و در سال ۱۹۱۷

تأسیس شده بود، دیگر بار اعلام موجودیت کرد.[1] علاوه بر این رؤسای ایلات بزرگ و کوچک جنوب یا شرق ایران که بازداشت یا در تبعید و تحت نظر بودند از عفو عمومی و اعاده حیثیت استفاده کرده به مناطق خود بازگشتند و غالباً به سرکشی و نافرمانی و ایجاد اغتشاش پرداختند و تقریباً در همه جا عوامل سیاست بریتانیا از آنان حمایت می‌کردند.

ایرانی دیگر، با احزاب سیاسی متعدد و کم و بیش توانا، با سرکشی ایلات و عشایر پا به عرصه وجود گذاشته بود. فروغی خسته و فرسوده بود و می‌دانست که آخرین ماه‌ها و شاید روزهای زندگی‌اش نزدیک است. در این اندیشه بود که راهبری دولت را به کسی دیگر بسپارد. ناچار شد دوباره دولت خود را ترمیم کند و سرانجام در ۷ مارس ۱۹۴۲ با وجود آن‌که از مجلس رأی اعتماد گرفته بود، نزد شاه رفت و استعفای خود را به او تقدیم داشت. محمدرضا شاه صمیمانه از کناره‌گیری فروغی متأثر و متأسف بود. سه روز بعد وی را به وزارت دربار شاهنشاهی منصوب کرد. سمتی که بیشتر جنبه افتخاری و تشریفاتی داشت ولی به اعتبار و احترام خود او نیز می‌افزود.

علی سهیلی جانشین فروغی شد و سیاست او را تا حد امکان ادامه داد. در ۱۲ آوریل ۱۹۴۲ ایران با ژاپن قطع رابطه کرد و اتباع ژاپن از راه اتحاد جماهیر شوروی رهسپار بازگشت به کشور خود شدند. اندکی بعد در ده ژوئن ۱۹۴۲ به روابط سیاسی ایران با دولت مارشال پتن[2] که در ویشی[3] مستقر بود، پایان داده شد. ورود ایالات متحده امریکا به جنگ و ضربات سنگینی که در نقاط مختلف جهان به نیروهای آلمان و ایتالیا وارد می‌آمد، افکار عمومی ایران نیز به تدریج تغییر یافت. همگان دریافتند که بینش سیاسی و سوق‌الجیشی فروغی درست بود. ابراز حق‌شناسی به وی در همه محافل آغاز شد.

وضع مزاجی و سلامت آن علامه بزرگ نیز روز به روز بدتر می‌شد. محمدرضا شاه از حال او نگران بود. از احمد قوام نخست وزیرش که اوت ۱۹۴۲ جانشین علی سهیلی شده بود، خواست که موافقت واشنگتن را برای انتصاب فروغی به سفارت ایران در ایالات متحده بخواهد. قوام نیز چنین کرد. محمدرضا شاه تصور می‌کرد که در واشنگتن وسایل بهتری برای مداوای نخست وزیر پیشین و وزیر دربارش وجود دارد، که اشتباه

---

۱ - حزب بلشویک روسیه در سال ۱۹۱۸ تغییر نام داد و تبدیل به حزب کمونیست سرتاسری روسیه شد.
2 - Mare'chal Petain
3 - Vichy

هم نمی‌کرد.

فروغی که تقریباً در حال نزع بود، به آموختن زبان انگلیسی پرداخت. اما یک ماه بعد در ۲۹ نوامبر ۱۹۴۲ چشم از جهان فرو بست. این بار همه ایران در مرگ او سوگوار شدند. شاه و قوام مراسم باشکوهی برای عزاداری ترتیب دادند و خود در آن حضور یافتند. ایران بزرگ مرد نادری را از دست داده بود.

شش ماه بعد از کناره‌گیری فروغی و اندکی پس از استعفای اجباری علی سهیلی، شخصیت دیگری با صفات و خصائص دیگری جانشین او شد: احمد قوام. کار سهیلی آسان نبود. می‌بایست به روابط با «متفقین» سر و صورتی بدهد، با ناامنی روزافزون در سرتاسر کشور مقابله کند و برای کمبود مواد غذایی یک نوع آغاز قحطی، در سرتاسر کشو، به‌ویژه در پایتخت راه‌حل‌های مناسب بیابد. ارتش ایران ضعیف بود و قوای اشغالی مانع تحرکش در داخل کشور می‌شدند. «متفقین» ایران، مواد غذائی موجود را به نفع قوای خود، یا برای ارسال به جبهه جنگ، مصادره می‌کردند و دولت امکان جلوگیری از آن‌ها را نداشت. در اصفهان سرلشکر زاهدی که فرمانده پادگان و لشکر مستقر در آنجا بود خواست از تعدیات انگلیس‌ها جلوگیری کند. کماندوئی را به خانه‌اش اعزام داشتند. او را ربودند و به فلسطین تبعید و سه سال در یک سلول انفرادی زندانی کردند. در سرتاسر ایران نیز صدها تن به اتهام مخالفت با متفقین و گرایش به پیروزی آلمان‌ها بازداشت شدند.

وزیر امورخارجه دولت سهیلی، محمد ساعد دیپلمات ورزیده‌ای بود که به چند زبان خارجی از جمله روسی آشنائی و تسلط کامل داشت، همان کسی که متفقین به وی پیشنهاد نیابت سلطنت کرده بودند و نپذیرفته بود. وزیر جنگ او سرلشکر امان‌الله میرزا جهانبانی، افسر عالی‌رتبه‌ای، با تجارب سیاسی و آشنا به مسائل بین‌المللی بود. اما نه حسن‌نیت سهیلی کارساز بود، نه تجربه و دانش و ورزیدگی ساعد و نه شخصیت امان‌الله میرزاجهانبانی. ایران در معرض توفانی مهلک قرار داشت و کشتی‌بان دیگر می‌خواست.

محمدرضا شاه نیز هر چه می‌توانست می‌کرد. به اتفاق ملکه فوزیه به این‌سو و آن‌سو می‌رفت. عطایائی به امورخیریه و مؤسسات بهداشتی، فرهنگی ارزانی می‌داشت که قطره‌ای بود در دریای نیازمندی‌های فزاینده کشور.

سهیلی شش ماه مقاومت کرد. در آن روزها، تغییر مسیر و روش مشتی از نمایندگان مجلس که نخســت وزیر به توقعات آنان جواب مســاعد نداده بود، باعث سقوط دولت می‌شد.

سهیلی رفت و احمد قوام به توصیه و پیشنهاد نمایندگان به نخست وزیری منصوب شــد. مردی با خصائص و صفات و گذشته‌ای بحث‌انگیز. در ســال‌های ۱۹۲۳ و ۱۹۲۴ احمد قوام متهم به توطئه علیه ســردار ســپه رضاخان پهلوی شد. اتهاماتی که صحت و سقم آن روشن نبود. پس از مدت کوتاهی که در بازداشت گذراند به پادرمیانی احمدشاه آزادش کردند و عازم اروپا گردید. سال‌ها بعد که قدرت رضاشاه تثبیت شده و شاید دیگر خطری را از جانب او متوجه خود نمی‌دید، با بازگشتش به ایران موافقت کرد به دو شرط. یکی آن‌که در سیاســت دخالت و حتی اظهارنظر نکند، دیگــر آن‌که به گیلان برود و در املاک وسیعش مستقر شود وبه پایتخت نیاید. قوام به ایران بازگشت، به گیلان رفت و در اقامتگاهش در میان باغ‌های چای در لاهیجان مستقر شد. اما در خانه – یا درست‌تر بگوییم قصر کوچک باشکوهش – در خیابان رفائیل که همه آن را خیابان قوام‌السلطنه می‌نامیدند. به روی میهمانان و بازدید کنندگان باز بود و از آنان پذیرایی می‌شد. در سال ۱۹۴۰ شایع شــد که از آلمان ها برای سرنگونی رضاشــاه کمک خواسته است. در سال ۱۹۴۴ وی را متهم کردند که می‌خواهد به کمک روس و انگلیس محمدرضا شاه را از کار برکنار کند. هیچ دلیلی بر این شــایعات و اتهامات وجود نداشت اما همه آن ها دلالت بر این می‌کرد که بســیاری از او واهمه داشتند، که مردی با قواره‌ای استثنایی بود، یا خارج از قواره‌های متعارف.[1]

در یک کلام، مجلس به شخصیتی ابراز تمایل کرد که هیچ‌کس در صلابت و قدرت و صلاحیتش تردید روا نمی‌داشت. اما حب جاه و قدرت‌طلبی او نیز بر هیچ کس پوشیده نبود و شاید همین نقطه ضعفش بود.

محمدرضا شاه قوام را می‌شناخت و از او بیمناک بود اما هرگز با او ملاقاتی نداشت. ناچار بود از رأی تمایل مجلس پیروی کند. به ســفیر انگلیس گفت، «قوام از املاکش به

۱ - در باره این شایعات و اتهامات نگاه کنید به:
Abbas Milani, Eminent Persians: the Men and Women Who Made Modern Iran, Vol 2, Syracuse University Press, New York 2008.

تهران آمده. من نگران هستم»

در این تابستان ۱۹۴۲ پس از رأی تمایل مجلس، احمد قوام به کاخ سلطنتی فراخوانده شد که مأمور تشکیل دولت جدید شود. ملاقاتش با شاه به خوبی برگذار نشد. هنگامی که محمدرضا شاه را دید و با یکدیگر دست دادند به شاه گفت: «ماشاءالله خیلی بزرگ شده‌اید».[1] این عبارت بر شاه گران آمد، به او برخورد. تصور کرد که قوام می‌خواهد او را تحقیر کند. همزیستی سیاسی این دو در شرایطی دشوار آغاز شد و از همان ابتدای کار تحریکاتی در دربار علیه رئیس دولت آغاز شد و برای اول بار شهرت یافت که شاهدخت اشرف خواهر دوقلوی شاه در آن دخالت دارد. قوام از شاهدخت نفرت و نسبت به او نظر تحقیر داشت. شاهدخت اشرف نیز قوام را برنمی‌تافت و از او سخت بیمناک بود. وی در خاطراتش به بدی از قوام یاد می‌کند: «او اشراف‌زاده‌ای است به تمام و کمال. ظاهر یک زندانبان را دارد. در دفترش صندلی برای بازدید کنندگان وجود نداشت. حتی وزیرانش و نمایندگان پارلمان ناچار بودند در مقابل او بایستند. دستور داده بود که کسی مستقیماً با وی مکاتبه نکند و اگر مطلبی دارد به منشی‌اش بنویسد. این دستور حتی شامل وکلای مجلس نیز می‌شد و اگر کسی در مجلس به او خطاب می‌کرد، عادت داشت رو به منشی خود برگرداند و بگوید: «این آقا چه می‌گویند؟»[2]

شاهدخت اشرف هرگز منبع قابل اعتمادی نبوده و مخصوصاً از قدرت قوام بیمناک بود البته قوام مردی بود متکبر و از خودراضی. اما بسیار مبادی آداب بود و با دوستان و نزدیکانش رفتاری محبت‌آمیز داشت.[3] داستان نبودن صندلی در دفتر قوام اختراعی بیش نیست، یا کسانی برای خوش آمد شاهدخت اشرف آن را حکایت کرده‌اند و او از فرط نفرتی که از قوام داشت آن را نقل کرده.

محمدرضا شاه، لااقل در حفظ ظواهر با نخست وزیر خود می‌کوشید. اما در خاطرات خود کوچک‌ترین اشاره‌ای به این دوران از سلطنتش نکرده احتمالاً فراموش نکرده بود که در ماه‌های حکومت قوام، اختیارات و امکاناتش حتی از زمان نخست وزیران دیگر این

۱ - روایت امیرخسرو افشار که از همان موقع جزو نزدیکان مشاوران قوام بود به نویسنده ایرانی کتاب.
۲ - شاهدخت اشرف، منبع ذکر شده، صفحه ۹۵.
۳ - روایات شاهزاده عبدالعزیز فرمانفرمائیان به نویسنده ایرانی کتاب. خانواده مهندس فرمانفرمائیان با خانواده قوام روابط نزدیک و دوستانه داشتند.

سال‌ها کمتر بود.

در این دوران بود که شاه جوان، در حالی که لباس فرماندهی کل قوا را به تن داشت برای نخستین بار در مراسم پایان دوران آموزش یک دوره از دانشکده افسری شرکت کرد. تسلای خاطری بیش نبود. سپس در ۲۹ سپتامبر ۱۹۴۲ برای آشنایی با وضع ارتش و استماع گزارش مسئولان مختلف نظامی، باز هم ملبس به لباس متحدالشکل نظام، به وزارت جنگ رفت. قوام هم با او به این مراسم رفت و همواره در کنارش بود. می‌خواست نشان بدهد که «رییس واقعی» او است.

هنگامی که وینستون چرچیل نخست وزیر بریتانیا سر راه مسافرتش به مسکو در تهران توقف کرد. ناهاری برای او و شاه ایران و قوام ترتیب داده شد. شاه و چرچیل به انگلیسی مکالمه می‌کردند، زبانی که قوام به آن آشنا نبود که تا حدی که در آن ضیافت کنار گذاشته شد. اما این دلخوشی زودگذری بیش نبود.

در این روزهای دشوار روابط خانواده سلطنتی و نخست وزیر در رأس مسائل مملکتی نبود. مسأله مهم تأمین ارزاق عمومی و مبارزه با کمبود و قحطی بود که اندک اندک فراگیر می‌شد. آهنگ افزایش سالیانه قیمت‌ها به ۴۰درصد رسیده بود. متفقین همه راه‌ها و خطوط آهن شمال به جنوب کشور را تحت نظارت داشتند و در بهره‌برداری از آن‌ها برای خود تقدم کامل برقرار کرده بودند. بهره‌برداری از این محورها شبانه‌روزی بود. کامیون‌های ایرانی نیز در صورتی می‌توانستند از قطعات یدکی بهره‌مند شوند که به خدمت متفقین درمی‌آمدند.

در چنین مقتضیات و شرائطی ایرانیان به صورت «شهروندان درجه دوم»[1] یا «شبه شهروند» درآمدند. گویی از اتباع کشوری تحت اشغال بیگانه هستند ونه هم‌پیمان و متحد روس و انگلیس. برای مسافرت می‌بایست «جواز مخصوص بگیرند» و به هر تقدیر وسائل نقلیه «متفقین» یا در خدمت آن‌ها بر اتومبیل‌ها، اتوبوس‌ها و کامیون‌های ایرانی حق تقدم داشتند. همین حکم بر کالاهای وارداتی ایرانیان جاری بود که بایستی در بنادر منتظر اجازه باشند، ناچار بازار سیاه پدیدار شد و توسعه یافت. گروهی کوچک از آن بهره‌مند شدند، به ثروت‌های کلان دست یافتند یا لااقل در رفاه نسبی می‌زیستند و از کمبود مواد غذایی

۱ - اشرف پهلوی، منبع ذکر شده، ۵۸.

در رنج نبودند. اکثریت حتی به نان شب خود محتاج بودند پایتخت ایران در حال انفجار و انقلاب بود.

در این میان خطر بمباران آلمان‌ها پدیدار شد. قوام تقاضا کرد که قوای متفقین تهران را تخلیه کنند و پایتخت ایران شهر «بلادفاع» و بنابر این در پناه بمباران اعلام شود. با این تقاضا مخالفت شد. از متفقین خواستار ۱۲۰۰۰۰ تن گندم شد که بتواند پاسخگوی کمبود نان در تهران شـود. مسکو و لندن در پاسخ پذیرفتند که ۱۰۰۰ تن گندم در اختیار دولت ایران بگذارند! صف‌های طولانی مردم تهی‌دست در برابر همه نانوایی‌ها و دکان‌های مواد غذایی به چشـم می‌خورد، در حالی که همه می‌دانسـتند که شوروی‌ها عملاً همه برنج محصول شمال ایران را مصادره و در حقیقت غارت می‌کنند و می‌برند. بدتر از همه آن که چهل هزار تن لهستانی که از اردوگاه‌ها و زندان‌های استالین آزاد شده بودند در این میان به ایران آمدند و در تهران مستقر شدند. ایرانیان با وجود همه دشواری‌هایی که داشتند با آنان گشاده‌رویی و حُسن رفتار نشان دادند. این لهستانی‌ها از خود آنان شوربخت‌تر بودند.

سـرانجام قوام با پافشاری بسـیار توفیق یافت که قراردادی برای خرید مقادیر کافی گندم با دولت ایالات متحده امضا کند. اما نوش داروی پس از مرگ بود. در روز ۸ دسامبر ۱۹۴۲، شورشی بزرگ در تهران پدید آمد. دانشجویان دانشگاه، دانش‌آموزان دوره متوسطه، بیکاران، ناراضیان در برابر مجلس تجمع کردند و به سـنگ‌پرانی به سوی کاخ بهارستان پرداختند. چند تن از نمایندگان مجلس که گفته می‌شـد از نزدیکان دربار و شـاهدخت اشرف هستند از کاخ بهارستان خارج شدند و با دلسوزی و همدردی به متظاهرین توصیه کردند که به دربار بروند و به شـاه متوسل شوند. آنان نیز چنین کردند. نمایندگانشان به دیدار رئیس کل دربار شاهنشاهی نائل آمدند که **«مراحم اعلیحضرت»** را به آنان ابلاغ کرد. «مراحمی» که سریعاً به عنوان حمایت و تأیید تلقی شد و تظاهرات را به شورش تبدیل کرد.

قوام دسـتور داده بود که قوای نظامی از حرکت تظاهر کنندگان در خیابان‌های شهر جلوگیری کنند. اما سرتیپ حسن ارفع رئیس ستاد ارتش به این دستور وقعی نگذاشت و عجب آنکه اندکی بعد شاه رأساً و بدون اطلاع وزارت جنگ وی را به درجه سرلشکری ارتقاء داد که این عمل به صورت مخالفت علنی با نخسـت‌وزیر تلقی شد. آشوبگران به

اقامتگاه نخست‌وزیر حمله بردند و آن را به آتش کشیدند و غارت کردند که این عمل نه بار اول بود و نه بار آخر[1] قوام دستور داد که از این «اتفاق» حتی در حضور وی سخنی نگویند خود را بالاتر و برتر می‌دانست.

عکس‌العمل نخست وزیر در برابر این جریان‌ها قاطع، خشن و فوری بود. به سپهبد امیراحمدی وزیر جنگ دستور داد که نظم را در شهر برقرار کند. امیراحمدی کارها را به دست گرفت و با خشونتی که به آن شهرت داشت عمل کرد. شایع شد که چهل تن کشته و صد تن زخمی شده‌اند. رقم دقیق تلفات هرگز روشن نشد، اما سه روزه آرامش و نظم به پایتخت برگشت. قوام دستور به تعلیق و توقیف موقت کلیه مطبوعات داد. اختیار عملیات نظامی از رئیس ستاد سلب و به وزیر جنگ تفویض شد. سپهبد امیراحمدی موفق شد بسیاری از اموال و وسائل غارت شده را بازیابد و به صاحبان اصلی آنان بازپس دهد. قوام به قید فوریت قانونی برای پرداخت خسارات دیگران از تصویب مجلس گذراند. در این لایحه قانونی اموال و دارایی خود او به صراحت استثنا شده بود. نمونه‌ای بارز از تفاخر اشرافی او.

برای رویارویی با کمبود نان و مواد غذائی، دولت نان، گوشت، چای، قند و شکر و چند ماده غذایی مورد احتیاج اولیه مردم را جیره‌بندی کرد. اهالی پایتخت به این ترتیب برای اول بار با کوپن‌های جیره‌بندی آشنا شدند! قوام که دیگر خود را **قادر و بلامنازع** می‌دانست از مجلس تقاضای اختیارات تام کرد که بتواند با «تصویب نامه‌های قانونی» به اداره امور مملکتی بپردازد. مجلسیان مقاومت کردند و گویا شاه به طور ضمنی از آنان پشتیبانی می‌کرد.

در حقیقت وضع قوام، شباهت به وضع سزار[2] در رُم داشت. نمی‌توانست نفر دوم باشد. می‌خواست به تنهایی سکان حکومت را در دست داشته باشد. چون به مانع برخورد در روز ۱۵ فوریه ۱۹۴۳ نزد شاه رفت و استعفای خود را تقدیم داشت که بی‌درنگ پذیرفته

۱ - نخستین بار در سال ۱۹۲۱، پس از کودتای سید ضیاء بود که وی قوام‌السلطنه را از حکومت خراسان معزول کرد و حکم به توقیف او و اعزامش به تهران داد. بار دوم در سال ۱۹۲۳ بود که قوام به توطئه علیه رضاخان سردار سپه متهم شد. اقامتگاهش مورد بازرسی نظمیه وقت قرار گرفت، اسناد و حتی اثاثیه‌اش را ضبط کردند و هرگز پس ندادند و بالاخره بار سوم در سال ۱۹۵۲ که طرفداران دکتر مصدق خانه‌اش را غارت کردند و آتش زدند و پلیس ممانعتی به عمل نیاورد.

2 - Jules Cesar.

شد! به عادتی که داشت، تهران را به سوی لاهیجان ترک کرد. اما از دور ناظر بر همه جریان‌های سیاسی بود و شبکه‌های سیاسی توانایش به فعالیت خود ادامه می‌دادند. در این بازی حق با شاه بود یا با قوام؟ قدر مسلم این است که قوام می‌پنداشت و می‌دانست که بحران فزاینده وضع کشور و دشواری‌هایی که در افق پدیدار می‌شد. توسل به او را ناگزیر خواهد کرد و ساعت سرنوشتش فراخواهد رسید.

تاریخ به او حق داد. عدم ثبات سیاسی، ابتدا به کندی و سپس به سرعت آغاز شد و شاه در مقابله با آن‌ها ناتوان بود و به نظاره مشغول. اما هر چه بیشتر به ضرورت استقرار یک دولت مقتدر و یک نظام سیاسی توانا، یعنی ثبات سیاسی واقعی، در کشورش اعتقاد می‌یافت و آن را - به حق - شرط لازم و واجب انبساط سیاسی و بسط و توسعه اقتصادی و اجتماعی می‌دانست.

قوام رفت و مجلس بار دیگر به علی سهیلی رأی تمایل داد. در روز ۱۷ فوریه ۱۹۴۳، سهیلی وزیران خود را معرفی کرد. سپهبد امیراحمدی وزیر جنگ بود و محمد ساعد وزیر امور خارجه. محمدرضا شاه نفس راحتی کشید چرا که نه غرور و انعطاف‌ناپذیری قوام را برمی‌تافت و نه جاه‌طلبی او را.

در روز سوم اکتبر ۱۹۴۳، محمدرضا شاه تصمیم گرفت که سرانجام از پایتخت خود خارج شود و به زیارت مرقد امام هشتم شیعیان در مشهد برود. مرحله نخست سفرش را تا شاهرود با راه آهن انجام داد و بقیه را با اتومبیل. در همه جا با استقبال گرم و محبت‌آمیز مردم روبرو شد. به هنگام ورود به شهر مشهد - مرکز استان خراسان - مجبور شد ابتدا از مقابل گارد احترام ارتش سرخ عبور کند و چند قدم دورتر از برابر گارد احترام قوای ایرانی. کار آسانی نبود، تحقیرآمیز بود، اما چاره‌ای هم نبود.

پس از زیارت مرقد امام رضا، محمدرضا شاه به بازدیدهای متعارف از بیمارستان‌ها، موزه‌ها، مؤسسات آموزشی و کارخانه‌ها پرداخت. و نمایندگان طبقات مختلف مردم را به حضور پذیرفت. سپس به توس، محل آرامگاه شاعر بزرگ ایران فردوسی[1] رفت و تاج گُلی بر آن نثار کرد. ادای احترام به مرد و شاعر بزرگی که زبان فارسی را بعد از حمله

۱ - ابوالقاسم فردوسی در حدود سال ۹۴۰ بعد ار میلاد مسیح در توس چشم به جهان گشود و در سال ۱۰۲۰ درگذشت. دانشگاه مشهد که در ۱۹۴۹ تأسیس شده، به نام فردوسی نام‌گذاری شده است.

عرب زنده کرد، جنبه نمادین داشت و از دیدگاه افکار عمومی به عنوان درودی بر ابدیت ایران و نگاهی پرامید به آینده‌ای بهتر تلقی شد. مگر نه آنکه فردوسی مظهر همه این‌ها بود. این مسافرت برای محمدرضا شاه مفهوم و معنای دیگری هم داشت. او دیگر پادشاه تهران نبود. شاه ایران بود. بالاخره به عنوان و در مقام شاه توانسته بود از پایتخت کشورش خارج شود و با مردم شهرستان‌ها تماس بگیرد.

در مراجعت به پایتخت، کردِل هول وزیر امورخارجه امریکا که «لکنت زبانش به او طرز سـخنی مهرآمیز و آرامش بخش می‌داد»[1] و آنتونی آیدن[2] رئیس دیپلماسی بریتانیای کبیر به دیدارش آمدند. هر دو راهی مسـکو بودند که کنفرانس بزرگی را که قرار بود از ۲۸ نوامبر تا اول دسـامبر در تهران تشکیل شود و مبانی دنیای بعد از پایان جنگ جهانی را بریزد، آماده کنند. اسـتالین تصمیم گرفته بود که تهران محل این کنفرانس باشـد. زیرا ایران تنها کشور همسایه اتحاد جماهیر شوروی بود که می‌توانست بدون خطر با هواپیما به آن‌جا سفر کند.

در ۲۶ نوامبر ۱۹۴۳، استالین و همراهانش، از جمله مولوتف[3] مرد شماره ۲ در سلسله مراتب شـوروی و مارشـال ورشـیلف[4] در تهران فرود آمدند. فردای آن روز چرچیل و هیأت همراهانش رسیدند و سرانجام روزولت با گروهی بزرگ و خیره کننده. استالین و چرچیل هر یک به سفارتخانه‌های خود رفتند که در فاصله چند صد متری از یکدیگر قرار دارند. روزولت تصمیم گرفت که در سفارت شوروی اقامت کند. پسر و دامادش، پزشک مخصوص و مستخدم وی نیز به همراهش در همان جا سکنی گزیدند.

سـران سه کشـور بزرگ در پایتخت ایران بودند و کنفرانس تهران آغاز شد جریان ایـن کنفرانس یکی از تلخ‌ترین خاطرات زندگی محمدرضا شـاه اسـت. برخلاف همه اصول نزاکت سیاسـی و تشـریفات متداول، نه رئیس جمهور امریکا به دیدارش رفت و نه رئیس‌الوزرای بریتانیا. چرچیل او را بین دو جلسه، آن هم در سفارت شوروی و گویا

1 - Arthur Schelsinger L'Ere de Roosvelt, La crise du monde ancien, Denoël, Paris, 1956.
2 - Anthony Eden.
3 - Molotov.
4 - Marèchal Vorochilov.

ایستاده «پذیرفت» گویی رئیس کشوری که میزبان کنفرانس است به تکدی نزد او آمده! روزولت حاضر به ملاقات طولانی‌تری با او شد اما از محمدرضا شاه پرسید که آیا حاضر است بعد از پایان دوران ریاست جمهوری او را به عنوان متخصص احیای جنگل‌های ایران استخدام کند. «چگونه می‌شد چنین بیانی را تفسیر کرد؟»[1] آیا روزولت قصد تمسخر یا تحقیر او را داشت؟

عجب آن که، استالین، که مردی شرقی و بیشتر مبادی بعضی آداب و سنن تشریفاتی بود، رفتاری به مراتب شایسته‌تر داشت. در روز اول دسامبر (۱۹۴۳) به اتفاق وزیر امورخارجه‌اش مولوتف و سفیر شوروی در تهران ماکزیمف[2] شخصاً در کاخ مرمر (اقامتگاه پیشین رضاشاه) به دیدار محمدرضاشاه آمد. شاه به اتفاق نخست وزیر علی سهیلی و وزیر امورخارجه محمد ساعد (که هر دو روسی‌دان بودند) آنان را پذیرفت.

استالین ادب و ظرافت را به آن حد رساند که صبر کرد که شاه فنجان چای خود را بردارد و سپس او این کار را کرد. مگر نه آن که او شاه بود و اولویت داشت؟ البته استالین می‌خواست با این رفتار ظریف دل شاه را به دست آورد، شاید او را بفریبد. اما نزاکت و ادای احترام او را هرگز محمدرضا شاه فراموش نکرد چنان‌که بی‌بند و باری روزولت و چرچیل را از یاد نبرد.

پس از این ملاقات استالین و مولوتف، سهیلی و ساعد را پذیرفتند و بدون واسطه مترجم مذاکراتی طولانی داشتند. نخست وزیر و وزیر امورخارجه ایران استالین را متقاعد کردند که «اعلامیه تهران» را که در آن، بار دیگر احترام به استقلال و تمامیت ارضی کشور تأیید و تأکید شده و نقش این کشور به عنوان «پل پیروزی» مورد ستایش قرار گرفته بود امضا کند. دیگر کسی در پیروزی متفقین در جنگ جهانی دوم تردید نداشت و این اعلامیه یک توفیق بزرگ سیاسی برای ایران و برای سهیلی و ساعد بود.

با تمام این احوال ایران در این روزگار وزنه‌ای به شمار نمی‌آمد و در معادلات بین‌المللی جائی نداشت. سه کشور بزرگ ضیافت‌های باشکوهی در سفارتخانه‌های خود برپا کردند. شاه ایران، شاه کشور میزبان، به هیچ یک از این مراسم دعوت نشد که او این

1 – Réponse a'I' Historie.
2 – Maximov.

را هم فراموش نکرد.

فقد ثبات سیاسی در ایران همچنان ادامه داشت. در ۶ آوریل ۱۹۴۴ علی سهیلی ناچار به کناره‌گیری شد. مجلس به دکتر محمد مصدق، سخنگو و رهبر اقلیت و جناح ملی‌گرا اظهار تمایل کرد، اما او پس از سه روز از قبول ریاست دولت سرباز زد. نوبت به محمد ساعد رسید که نه ماه دوام آورد و تا ۲۵ نوامبر به سر کار بود. سپس به توصیه مصدق، خواهرزاده‌اش مرتضی قلی بیات (سهام‌السلطان) مردی آرام و محترم و معتدل بر سر کار آمد. در ۱۳ مه ۱۹۴۵ دولت او نیز سقوط کرد. در این میان، در ۶ سپتامبر ۱۹۴۴ دولت اتحاد جماهیر شوروی تقاضای امتیاز استخراج نفت شمال ایران را کرد. معاون وزارت خارجه خود را با تهدید و خشونت کلام به ایران فرستاد، توده‌ای‌ها به تظاهرات به نفع اعطای این امتیاز دست زدند. ایران با بحرانی تازه روبرو شده بود.

در این زمان بود که به ابتکار دکتر مصدق قانونی به تصویب مجلس رسید که هر نوع مذاکره در باره اعطای هر نوع امتیاز را به هر دولت خارجی تا زمانی که قوای بیگانه در ایران باشند منع کرده بود. این لایحه قانونی که مجلس آن را با شتاب و تقریباً به اتفاق آراء (وکلای حزب توده رأی مخالف دادند) تصویب کرد، در آینده‌ای نزدیک برگ مهمی برای کشور شد و مفید فوائد بسیار گردید.

در این شرائط بحرانی و پرخطر شاه ملاقاتی مهم و تاریخی داشت که در رویه و رفتار آینده‌اش تأثیر فراوان گذاشت. ژنرال دوگل، رئیس فرانسه آزاد که به دیدار استالین می‌رفت در ۲۷ نوامبر ۱۹۴۴ در تهران توقف کرد، به سفارت فرانسه «که قسمتی از خاک» این کشور محسوب می‌شد رفت و با محمدرضا شاه ملاقاتی طولانی داشت.[1]

ژنرال دوگل از یاد نبرده بود که ایران از سال ۱۹۴۲ روابط خود را با حکومت ویشی قطع کرده بود. فراموش نکرده بود که این کشور در ماه ژوئیه ۱۹۴۴ دولت فرانسه آزاد را که او ریاستش را داشت به رسمیت شناخته. ملاقاتش با شاه سرآغاز روابطی پایدار و استوار و اعتماد متقابل میان این دو شخصیت بود که هرگز از میان نرفت. ژنرال دوگل بعداً در خاطراتش نوشت: در طی جنگ جهانی من با شاه جوان ایران دیدار داشتم. او

۱ - این سفارت عمارتی است به سبک ساختمان‌های زمان ناپلئون سوم، در همان خیابانی واقع است که سفارتخانه‌های بریتانیای کبیر، شوروی (روسیه) ایتالیا و واتیکان قرار دارند.

کشـــوری را به ارث برده بود که از هر سو دستخوش رقابت‌های بین‌المللی و توطئه‌های داخلی بود.» ســـپس می‌افزاید: «او رئیس کشوری بود که قدمتش به سرچشمه‌های تاریخ جهان می‌رسید.... به مسائل کشور خود آشنایی عمیق داشت»[۱]. از آن پس، در همه احوال و شرایط، ژنرال دوگل همواره به محمدرضا شاه توصیه کرد که در برابر فشارهای خارجیان ایستادگی کند. شاه در باره او می‌نویسد: «من مجذوب شخصیت استثنائی و بیرون از قواره او شـــدم. هنگامی که به سخنانش در باره فرانسه گوش فرا می‌دادم، احساس می‌کردم که خودم در باره آرمان‌هایی که برای وطنم داشتم سخن می‌گویم. من هم می‌خواستم که ایران مستقل و سربلند باشد و مورد احترام جهانیان قرار گیرد... این وطن‌پرست بزرگ برای من چون راهنمایی بود»[۲].

از آن پس شـــاه و دوگل با یکدیگر منظماً مکاتبه داشـــتند. هر بار که محمدرضاشاه به اروپا می‌آمد، ســـری به دوگل می‌زد و ساعت‌هایی را با یکدیگر به گفتگو می‌نشستند. هنگامی که برای حضور در مراسم مذهبی درگذشت دوگل که در کلیسای بزرگ نوتردام[۳] برگزار شد به پاریس آمد، تنها شخصیت و رئیس کشوری بود که مادام دوگل در اقامتگاه خانوادگی‌شان در کلمبه[۴] با وی ملاقات نمود و شاه از این ملاقات خاطره‌ای پرشور داشت.

اردشیر زاهدی که به مدت پنج سال رئیس دیپلماسی ایران بود و در این مقام بارها با ژنرال دوگل دیدار و گفتگو داشت در مقدمه خاطراتش می‌نویسد در مذاکراتم با ژنرال دوگل گاهی این احساس به من دست می‌داد که او با لحنی مملو از عاطفه پدرانه از شاه سخن می‌گوید. شاه نیز برای او احترام و تحسینی قائل بود که به هیچ شخصیت بین‌المللی دیگر نداشت»[۵].

پس از پیروزی انقلاب اسلامی و در طی ماه‌های تبعید و دربدری‌اش شاه مکرراً در مصاحبه‌های مطبوعاتی و یا گفتگوهای خود اظهار داشت که اگر دو گل بر سر کار می‌بود،

---

1 - Charles De Gaulle, Mémoires del' Espoir, Paris, Plon.

۲ - محمدرضا پهلوی، منبع ذکر شده.

3 - Notre Dame De Paris.

4 - Colombey-Les deu x Eglises.

۵ - اردشیر زاهدی:
Mèmoires, Tèmoignages sue l'Iran d'hier, T.I. Godefroy de Bouillou, Paris, 2009, Preface

آن‌چه بر سر ایران آمد، نمی‌آمد و رفتاری که با خمینی در فرانسه شد، صورت نمی‌گرفت.

اما نه تاریخ را می‌توان دوباره نوشت و نه سرنوشت‌ها را دگرگون کرد.

در ماه مه ۱۹۴۵ جنگ جهانی در اروپا به پایان رسید و در ماه سپتامبر همان سال در آسـیا، ایران و ایرانیان چشـم به راه بهبود وضع خود و سرنوشتی دیگر شدند. در صحنه سیاست داخلی ایران، همه چیز به روال گذشته ادامه یافت. سه کابینه مختلف یکی پس از دیگـری بر سـر کار آمدند و رفتنـد. ابتدا از مه ۱۹۴۵ تا ۶ ژوئن همان سـال، ابراهیم حکیمی وزیر مشـاور سابق دولت قوام‌السلطنه بر سـر کار آمد.[1] پس از او محسن صدر (صدرالاشـراف) رأی تمایل گرفت، کابینه خود را تشـکیل داد و معرفی کرد ولی هرگز موفق به اخذ رأی اعتماد از مجلس نشد. محسن صدر حقوق‌دان، به حد افراط متدین و ضدکمونیست بود. صدر رفت و برای مدت سه ماه تا ۲۸ ژوئن ۱۹۴۶ بار دیگر حکیمی به ریاست دولت رسید.

در صحنه بین‌المللی بحرانی شدید و بی‌سابقه در انتظار ایران بود در اجرای قرارداد سـه جانبه پائیز ۱۹۴۱، قوای متفقین می‌بایسـت خاک ایران را شـش ماه بعد از خاتمه مخاصمات تخلیه کنند. در ۲۱ اکتبر ۱۹۴۵ دولت محسـن صدر رسـماً به مسکو و لندن خاطرنشـان سـاخت که در اجرای تعهد خود باید نیروهای نظامی خود را حداکثر تا ۲ مارس ۱۹۴۶ از خاک ایران خارج کنند. امریکائی‌ها حتی منتظر فرارسیدن این موعد نشده و شـروع به خروج قوای خود از ایران کرده بودند. انگلیس‌ها در ۲۹ اکتبر آغاز به بیرون بردن نیروهای نظامی خود کردند. اما شوروی‌ها به اجرای این تعهد اعتنائی نشان ندادند و این سـرآغاز یکی از بحران‌های بزرگ و طولانی میان «شـرق و غرب»، «جهان آزاد» و «دنیای کمونیست» بود که به زودی «جنگ سرد» نام گرفت.

---

۱ - ابراهیم حکیمی ملقب به حکیم‌الملک اصولاً طبیب و تحصیل کرده فرانسه بود. در آغاز قرن بیستم پس از پایان تحصیلاتش به تهران بازگشت و به سمت پزشک مخصوص مظفرالدین شاه قاجار برگزیده شد. اما رویه‌های درمانی‌اش مطلوب شاه نبود. از کار کناره گرفت و حتی شغل طبابت را رها کرد. ثروتی داشت و از محل عواید آن می‌زیست و می‌کوشید که در رده اول صحنه سیاسی ایران ظاهر نشود. مردی بود مشتهر به محافظه کاری و احتیاط در زمینه مسائل سیاسی و اجتماعی، یکی از بزرگان فراماسونری کهن ایران نیز بود. محمدرضا شاه در خاطرات خود (پاسخ به تاریخ) او را «وطن پرست ولی نزدیک به انگلیس‌ها» دانسته اما سند و مدرک یا عملی که دال بر این بیان باشد ارائه نکرده. درستکاری و تقوای سیاسی حکیم‌الملک هرگز مورد تردید قرار نگرفته و او همواره به شاه وفادار ماند.

مرکز اصلی این بحران استان آذربایجان بود. نفت نیز عامل دیگری بود که شوروی‌ها را به عدم وفای به عهد و عدم تخلیه قوای خود از خاک ایران واداشت. در حقیقت می‌توان گفت که از همان آغاز حکومت بلشویکی، مسکو ایران را «منطقه آغاز انقلاب در شرق» تلقی می‌کرد. «زمینه‌های این انقلاب را سیاست‌های استعماری بریتانیا و روسیه (تزاری) به خوبی آمده کرده‌اند. جرقه‌ای کافی است که آتش را روشن کند و ایران نقطه آغاز انقلابی در سرتاسر خاور زمین شود... موقعیت جغرافیایی ایران برای ما اهمیت فراوان دارد برای آن که این کشور آزاد شود (یعنی در جرگه کشورهای تحت نفوذ مسکو درآید. مترجم) باید ابتدا تسلط سیاسی خود را بر آن برقرار کنیم. ایران کلید انقلاب (کمونیستی – مترجم) در شرق است. باید این کلید در دست ما باشد. باید به هر قیمت شده این کشور در اختیار ما باشد. ایران باید سرزمین انقلاب گردد»[1]

استالین می‌خواست دریای خزر را به صورت یک دریاچه داخلی در امپراطوری شوروی درآورد. با جنگ دوم جهانی عدم ثبات سیاسی در ایران از سر گرفته شد و شوروی‌ها شرایط را برای تسلط نهائی بر آن آماده دیدند. ایران در حدود ۲۵۰۰ کیلومتر مرز مشترک با شوروی داشت و این خود زمینه را برای سرایت آرمان‌ها و هدف‌های کشور اخیر به آن آماده ساخته بود. از سال‌های ۱۹۰۶-۱۹۰۵ نخستین هسته‌های مهم از احزاب انقلابی روسیه در ایران پدیدار شد، بعداً حزب کمونیست ایران ایجاد گردید که رضاشاه به فعالیت آن پایان داد و سپس در سال ۱۹۴۱ حزب توده ایران به وجود آمد که بسیاری از مخالفان نظام حکومتی وقت به آن پیوستند. در این میان باید جداگانه از جعفر پیشه‌وری نام برد که گرچه از بنیان‌گذاران حزب کمونیست ۱۹۲۰ بود اما به حزب توده نپیوست. پس از جنگ جهانی، حزب توده در ایران قدرت و نفوذی قابل ملاحظه یافت، هشت نماینده به مجلس چهاردهم فرستاد که هفت تن آنان در مناطق اشغالی قوای شوروی انتخاب شده بودند. توده‌ای‌ها بر کارخانه‌های نساجی استان مازندران دست گذاشتند و قسمت اعظم محصولات آن‌ها را به شوروی فرستادند و بقیه به نفع حزب توده در بازار داخلی به فروش می‌رسید.

---

1 - K.M. Troianovski
به نقل از Xenia Joukoff-Zudin, Robat C.North
Soviet Russia and the East, 1920 -1927 Stanford University Press, Stanford 1957, P.29.

شوروی‌ها تسلط کامل بر ایران را حق خود می‌دانستند. اتکای آنها به حزب توده، دست نشانده خودشان، بود. همچنین در مقام آن برآمدند که حکومت‌های مستقل یا خودمختار در آذربایجان و قسمتی از کردستان بنیان نهند. آن‌ها دیگر بی‌پروا به اجرای طرح جدایی آذربایجان پرداختند.

در پنج نوامبر ۱۹۴۵، ارتش سرخ مقداری اسلحه میان افراد منتسب به حزب توده در چند شهر آذربایجان پخش کرد. افراد مزبور کلانتری‌ها و ژاندارمری‌های آن شهرها یا شهرک‌ها را محاصره کردند و به آن‌ها تاختند. افراد پلیس و ژاندارمری در مقام مقابله و مقاومت برآمدند. اما بی‌درنگ سربازان ارتش سرخ به یاری مهاجمین آمدند و در کشتار مأمورین انتظامی ایران همکاری کردند. جنازه‌های مقتولین را به تیرهای چراغ برق آویختند یا به طناب بسته در کوچه‌ها کشیدند و گرداندند. سپس نوبت به «متنفذین» محلی و مالکان اراضی مزروعی رسید. با حمایت ارتش سرخ موجی از غارت، کشتار، تجاوز به عنف به زنان و دختران، آذربایجان را فرا گرفت. چنین بود که «دولت خلق آذربایجان» به ریاست جعفر پیشه‌وری که ریاست حزبی به نام دموکرات آذربایجان (وارث حزب توده در محل) را به‌عهده گرفته بود، اعلام موجودیت کرد. در بیستم نوامبر نوبت به بخشی از کردستان رسید که در اشغال شوروی‌ها بود. در آن‌جا نیز عَلَم طغیان برافراشته شد و در ۲۲ ژانویه ۱۹۴۶ حکومت خودمختار یا جمهوری کردستان نیز (در جهان غرب موسوم به جمهوری مهاباد که به اصطلاح پایتخت آن بود) اعلام موجودیت کرد. شهرهای آذربایجان یکی پس از دیگری با حمایت ارتش سرخ شورش کردند. شوروی‌ها کوچک‌ترین کلانتری یا پادگان ژاندارمری را خلع سلاح کردند، اسلحه آن را به کمونیست‌ها دادند و در قتل و عام افراد آن نظارت و یا حتی مشارکت نمودند.

در ۲۴ نوامبر، واشنگتن شدیداً نسبت به این مداخلات و اعمال به مسکو اعتراض کرد. سپس لندن نیز از امریکایی‌ها پیروی نمود. عکس‌العمل مردم ایران یکپارچه بود، همه از حفاظت وحدت ملی و تمامیت ارضی کشور حمایت می‌کردند. محمدرضاشاه مظهر این نهضت وحدت ملی بود. تا می‌توانست این جا و آن جا ظاهر می‌شد. مردم به او ابراز احساسات می‌کردند. محبوب بود.

در ۲۶ نوامبر، نمایندگان مجلس به اتفاق آراء، البته به استثنای وکلای کمونیست،

خواستار تخلیه فوری ایران از قوای شوروی شدند. تصمیم بی‌حاصل. در همان روز ارتش سرخ که تصور می‌کرد دیگر اختیار همه چیز را در دست دارد و مسلط بر اوضاع است از اعزام دویست تن ژاندارم و دو گروه کوچک از پزشکان نظامی به مازندران جلوگیری کرد. آشفتگی بر سرتاسر شمال ایران مستولی بود.

در ۲۹ نوامبر پادگان تبریز، مرکز استان آذربایجان، مورد حمله قرار گرفت. اما از خود دفاع کرد و مهاجمین عقب نشستند. این بار ارتش شوروی مداخله‌ای نکرد. با استفاده از همین عدم مداخله آندره ویشینسکی معاون وزارت امور خارجه و نماینده اتحاد جماهیر شوروی در سازمان ملل هر نوع مداخله شوروی‌ها را در حوادث آذربایجان تکذیب کرد.

در دوم دسامبر مجلس شورای ملی در قطعنامه‌ای شورش کمونیست‌ها را در آذربایجان «قیام و اقدام مسلحانه علیه استقلال و تمامیت ارضی کشور» اعلام کرد. این مصوبه، به دادگاه‌های فوق‌العاده نظامی اجازه می‌داد که مسببین و مقدمین و عاملان این حوادث را محاکمه و مجازات کنند. اما مجلس شورای ملی ایران، در این روزگار، چه وزن و اعتباری در برابر ارتش سرخ داشت؟ هیچ.

قوای شوروی در یک صد کیلومتری شمال غربی تهران، نیروی اعزامی نسبتاً مختصری را که ستاد ارتش راهی تبریز و کمک به پادگان آن شهر کرده بود متوقف ساختند.[1] این کاروان نظامی مرکب بود. از دو گروهان ارتش، یک گروهان ژاندارمری و شش زره پوش سال‌های ۱۹۳۰! حال آن که کشتار و چپاول در آذربایجان و منطقه اشغالی کردستان همچنان ادامه داشت.

برای جستجوی یک راه‌حل سیاسی، دولت مرتضی قلی‌بیات نخست وزیر پیشین را که معروف به مسالمت و بردباری و مردی اهل مذاکره بود به استانداری آذربایجان منصوب کرد. بیات نمی‌توانست از طریق جاده تهران تبریز به این شهر برود چرا که راه مسدود بود، نه با راه‌آهن لااقل تا میانه که آن هم در ید قدرت شوروی‌ها و کمونیست‌ها قرار داشت. فرود هواپیماهای ایرانی هم در فرودگاه تبریز از جانب شوروی‌ها ممنوع شد. استاندار منصوب دولت مرکزی ایران ناچار شد با یک هواپیمای نظامی شوروی به محل مأموریت خود برود. چند روزی در آن‌جا ماند. مسالمت و مذاکره‌اش به جایی نرسید. به

۱ - در شریف‌آباد قزوین.

همان ترتیب که رفته بود او را به تهران بازگرداندند. تودهنی علنی به دولت ایران!

دولت ایران دیگر واقعاً ناتوان بود. در برابر ارتش سرخ کاری از ارتش ایران برنمی‌آمد. توقعات دولت خودمختار پیشه‌وری (رسمیت زبان ترکی، اختیارات کامل برای اداره منطقه...) که مورد تأیید مسکو بود، از نظر دولت و مجلس ایران نه قابل قبول بود و نه قابل بحث.[۱] دولت حکیمی هر اقدام دیگری را بی‌حاصل دید. به‌ویژه که در تبریز، تشکیل یک مجلس قانونگزاری اعلام شد. وزیرانی تعیین شدند و پیشه‌وری به خود عنوان نخست‌وزیر یا رئیس دولت داد. چاره کار در آن دیده شد که از مسکو به سازمان ملل متحد که تازه پا به عرصه وجود گذاشته و مرکزش در لندن بود، شکایت کنند. این اقدام در آن ماه‌ها، آن هم علیه اتحاد جماهیر شوروی در دنیا قابل تصور هم نبود. انعکاسی مافوق تصور داشت.

کمونیست‌های ایران بی‌درنگ تحت حمایت نیروهای مسلح شوروی به تظاهرات وسیعی علیه دولت دست زدند. حکیمی با خونسردی و صبر و حوصله‌اش خم به ابرو نیاورد و ایستادگی کرد. حتی به بهانه سن و سال و سالخوردگی یکی دوبار در مذاکراتش با سفیر شوروی تظاهر کرد که به خواب رفته است. گاهی نیز متوسل به بهانه ناشنوائی می‌شد که آن‌چه را که نمی‌خواست بشنود، نشنود. هدف دولت ایران آن بود، که به هر قیمت شده، تا موقعی که تقاضای ایران در دستور شورای امنیت سازمان ملل قرار نگرفته وقت بگذراند و دوام بیاورد. سرانجام با پشتیبانی ایالات متحده امریکا، بریتانیای کبیر و فرانسه که هنوز ژنرال دوگل در رأس آن بود و تازه به عضویت دائم شورای امنیت درآمده بود توفیق حاصل شد.

برای دولت حکیمی توفیقی بزرگ به دست آمده بود. در این تلاش ملی محمدرضا شاه، اکثریت مردم ایران و مردان سیاسی از جمله دکتر مصدق رهبر اقلیت مجلس، گرچه بعضی از یارانش به حزب توده و تجزیه طلبان پیوسته بودند.[۲] از دولت حمایت می‌کردند. اما دیگر رمقی برای رئیس دولت باقی نمانده بود. بحران به مردی با توان دیگر و بیشتر

۱ - نگاه کنید به Le Monde diplomatique، شماره مخصوص، ۹۳، ژوئن - ژوئیه ۲۰۰۷، در همین شماره هلن کارر دانکوس یادآور می‌شود که کردها از خشونت و رفتار حکومت تبریز به مراتب بیشتر نگران بودند تا از دولت ایران، جامعه ایرانی که همواره مرکب از عوامل متشکله مختلف بود که به هم‌زیستی با یکدیگر عادتی دیرینه داشتند، برای آنان جا و مقامی مناسب داشت.

۲ - اشاره به حزب ایران است. (مترجم)

احتیاج داشت.

در آذربایجان بحران روز به روز شدت می‌یافت. پادگان دو هزار نفری تبریز که مسلح به یک توپخانه کوچک و چند زره‌پوش بود، یکی از آخرین برگ‌های دولت مرکزی در این رو در روئی به‌شمار می‌رفت. به فرمانده لشکر تبریز دستور داده شد اسلحه و مهمات خود را تخریب کنند که به دست تجزیه طلبان نیافتد و کلیه افسران و درجه‌داران را رهسپار تهران نمایند. فرمانده لشکر، سرتیپی خائن به دولت مرکزی موسوم به درخشانی به اتکای تصمیم «شورای افسران» لشکر تسلیم پیشه‌وری شد![1]

دیگر دست پیشه‌وری و یارانش در خشونت به کلی باز شده بود. اما به سرعت مقاومت مردم آذربایجان در برابر این وضع تشکّل یافت. از یک طرف برادران ذوالفقاری و یدالله خان اسلحه‌دار باشی در منطقه زنجان و خمسه و میانه گروه‌های پارتیزانی و جنگ و گریز با تجزیه‌طلبان تشکیل دادند و به پاخاستند. از سوی دیگر به دستور آیت‌الله عظمی بروجردی رهبر شیعیان جهان، روحانیون منطقه به هدایت آیت‌الله سیدکاظم شریعتمداری (که در سال‌های انقلاب اسلامی از او نام خواهیم برد)، مهم‌ترین آخوند مقیم تبریز، یک نهضت مقاومت منفی در برابر کمونیست‌ها ترتیب دادند و به حکومت آنان گردن ننهادند.

در سال‌های بحرانی ۱۹۴۲ تا ۱۹۴۶ که ایران دچار نابسامانی و آشفتگی بود، ارتش ایران نیز توانایی کافی برای مقابله با بحران‌ها و نافرمانی‌های داخلی که در شمال به وسیله شوروی‌ها و در جنوب از سوی انگلیس‌ها تقویت می‌شدند، نداشت.

«متفقین» در حقیقت سهم بزرگی در آشفتگی اوضاع ایران داشتند. ایستگاه‌ها و خطوط آهن ایران را در اختیار گرفته بودند. بر وسائل ارتباطاتی و مخابراتی نظارت داشتند. کارخانه‌های کوچک اسلحه‌سازی ایران را تصاحب کرده بودند. وعده می‌دادند که جبران

---

۱ - به یاد داریم که به هنگام حمله متفقین به ایران، سرتیپ دیگری، احمد نخجوان، با استناد به تصمیم یک شورای غیررسمی دیگر (که در حقیقت چنین تصمیمی هم نگرفته بود) نیروی زمینی را منحل کرد و پایتخت ایران را بلادفاع نمود. درخشانی به تهران بازگشت زیرا به حمایت شوروی‌ها اعتماد داشت. با این حال، به دادگاه نظامی تحویل شد و تحت تعقیب قرار گرفت. به علت عدم رعایت دستورات و خیانت در انجام وظایف محوله در زمان جنگ محکوم به اعدام شد. شاه با استفاده از اختیارات قانونی‌اش محکومیت او را یک درجه تخفیف داد و به پانزده سال زندان تبدیل کرد. سپس بار دیگر از تخفیف مجازات‌های دیگری بهره‌مند شد و سرانجام قبل از پایان محکومیت‌اش رهایی یافت و در جراید و نشریات به دفاع از خود پرداخت. پایان سرنوشت او را در فصل مربوط به ساواک خواهیم خواند.

این خسارات را خواهند کرد. اما به این وعده‌ها هرگز وفا نشد. صدها تن از شخصیت‌های سیاسی، اداری، اقتصادی و به‌ویژه نظامی را به اتهام مخالفت با متفقین یا حسن‌نظر به آلمان‌ها بازداشت کردند و به اعتراضات مکرر تهران به این بازداشت‌های غیرقانونی وقعی نگذاشتند. همه وحشت داشتند که این زندانیان را به سیبری و اردوگاه‌های وحشتناک آن بفرستند که حکایت فجایع آن‌ها را همه از قول لهستانی‌ها شنیده و می‌دانستند.

پافشاری دولت ایران سرانجام موجب شد که از تبعید آنان جلوگیری شود. اکثریت آنان را در اراک، واقع در مرکز کشور و دور از قوای شوروی، متمرکز کردند و گروه دیگری را در تهران. دولت ایران توانست از طریق مأمورین شهربانی هویت آن‌ها را دریابد و دادگستری اعلام داشت که چون از نظر قوانین کشوری اتهامی به آنان وارد نیست. تعقیب آن‌ها در مراجع قضائی نیز موردی نخواهد داشت.

باید گفت که رفتار نیروهای نظامی متفقین با مردم در این سال‌ها، مشکل عمده‌ای پیش نیاورد انضباطی بسیار سخت و خشن بر رفتار سربازان ارتش سرخ حکومت می‌کرد. اگر کوچک‌ترین تخلفی در رفتار و حرکات‌شان مشاهده می‌شد، مجازات می‌شدند. حتی اجازه قبول یک فنجان چای و شیرینی از کسانی را که به هر علت به آنان مراجعه می‌کردند (مثلاً برای خرید یا تحویل گرفتن کالاها) نداشتند و در صورت تخلف آن‌ها را به جبهه می‌فرستادند. مجازات رفتن به روسپی‌خانه‌ها تیرباران بود. سر وضع و لباس‌شان در مجموع مندرس بود و بسیاری از اهالی شمال به آنان ابراز دلسوزی می‌کردند.

انضباط سربازان ارتش بریتانیا (که بسیاری از آنان و شاید اکثرشان هندی بودند) در این حد نبود. ولی مساله عمده‌ای برای مقامات ایرانی پیش نیاوردند. هنگام شکست‌های پیاپی قشون انگلیس، به‌ویژه در برابر ژاپنی‌ها، کودکان و جوانان خوشحالی خود را به آنان ابراز می‌کردند. ولی آنان دستور داشتند که عکس‌العملی نشان ندهند و تجاهل کنند.

با امریکاییان وضع به کلی متفاوت بود. برخلاف روس‌ها و انگلیس‌ها کسی با آنان طرفیت خاص نداشت. امریکا در ایران سوابق استعماری نداشت. رفتار آزاد و خلقیات آنان اسباب تعجب می‌شد. اما برای ایرانیان حضورشان در مقابل قوای دو همسایه شمالی و جنوبی اطمینان بخش بود. به خصوص که بازار سیاه بسیاری از کالاهای مورد نیاز

طبقات متوسط را تغذیه و تأمین می‌کردند و با خود بسیاری از شیوه‌های ناشناخته زندگی را به ارمغان آورده بودند. شاهدخت اشرف در خاطراتش می‌نویسد: «سربازان امریکائی، در غیر ساعات خدمت امکانات مالی زیادی برای خرج کردن داشتند. بازار، میخانه‌ها و دانسینگ‌ها گرم شد. زنان بسیاری در کوچه و خیابان به خودفروشی پرداختند تا بتوانند زندگی خود را تأمین کنند. روحانیون از این رفتار به خشم افتادند. اما چاره‌ای نبود... قبل از اینکه امریکایی‌ها به ایران بیایند، ما فقط موسیقی فرانسوی یا ایرانی را می‌شناختیم و به آن انس داشتیم. امریکایی‌ها فرستنده رادیوئی مخصوص خود را در امیرآباد تأسیس کردند. ایرانیان، لااقل ساکنان تهران با موسیقی جاز و آوازهای امریکایی آشنایی یافتند. سلایق اندک اندک تغییر یافت.

خلقیات و روحیات مردم، بیشتر در تهران، تحت تأثیر این عوامل و شرائط تغییر می‌یافت، اما مسائل سیاسی و حکومتی به جای خود باقی بود.

حکیمی ناچار به کناره‌گیری شد. دوره قانونگزاری (مجلس چهاردهم) رو به پایان بود. انتخابات جدیدی در آن شرائط حتی قابل تصور هم نبود. ولی در انتخاب رئیس جدیدی برای دولت هم گریزی وجود نداشت. مجلس به اکثریتی ضعیف، علیرغم اشارت نامساعدی که از دربار و شاید شخص شاه می‌رسید، به احمد قوام رأی تمایل داد. در ۲۷ ژانویه ۱۹۴۶، قوام به کاخ سلطنتی احضار و رسماً مأمور تشکیل دولت جدید شد. در فرمان انتصاب، شاه از او خواسته بود که «به بحران خاتمه دهد» و «نظم را در کشور برقرار سازد».

زمان سرنوشت تاریخی قوام فرا رسیده بود.

قوام به مبارزه‌ای حیرت‌انگیز برخاست. از سوئی ژزف استالین فاتح جنگ جهانی دوم که جهان در برابرش می‌لرزید. از سوی دیگر او، نخست وزیر کشوری ناتوان که بخش مهمی از سرزمینش در اشغال بیگانگان یعنی همان نیروهای استالین بود، با ارتشی ضعیف که قدرت تحرک و عمل چندانی نداشت و می‌بایست با دو رژیم جدائی طلب که شوروی به وجود آورده بود به مصاف بپردازد.

مبارزه نابرابر بود و بخت قوام ناچیز.

اما قوام مرد میدان رو در روئی با دشواری‌ها و بازیگر سیاسی توانائی بود.

نخست وزیر جدید، به محض انتصاب به دیپلمات‌های ایرانی در واشنگتن و لندن دستور داد که مجدانه به کوشش در زمینه شکایت ایران از شوروی و طرح آن در شورای امنیت سازمان ملل ادامه دهند. اما رابطه خود را به کلی با شوروی‌ها قطع نکنند.

در ۴ فوریه ۱۹۴۶، حسن تقی‌زاده سفیر کبیر ایران در لندن با آندره ویشینسکی فرستاده شوروی در سفارت ایران ملاقاتی طولانی داشت. به دستور قوام علی سهیلی نخست وزیر پیشین که به زبان روسی تسلط داشت در مذاکرات حضور یافت. سفیران آمریکا و انگلیس در سازمان ملل نیز بعنوان ناظر به این ملاقات دعوت شدند. گفتگوها بیش از سه ساعت و نیم به طول انجامید اما به جایی نرسید. ارتش سرخ قصد تخلیه ایران را نداشت ویشینسکی اظهار داشت که دولت اتحاد جماهیر شوروی ضرورتی در این تخلیه نمی‌بیند! از ایفای تعهدات قرارداد سه جانبه و مفاد اعلامیه تهران خبری نبود.

نخست وزیر جدید در روز چهاردهم فوریه وزیران خود را به مجلس معرفی کرد و رأی اعتماد گرفت. سپس در هیجدهم همان ماه با یک هواپیمای دوموتوره نظامی شوروی عازم مسکو شد. اعضای هیأت نمایندگی ایران، یعنی همراهانش، با دقت فراوان انتخاب شده، همه تسلط کامل به زبان روسی داشتند و غالباً در مسائل بین‌المللی و روابط میان دو دولت بصیرت کافی داشتند. هواپیمای حامل قوام و همراهانش توقفی در باد‌کوبه داشت. قوام بر آن شد که از این شهر بازدید کند. می‌خواست به مسکو یادآور شود که یک صد سال پیش شهری از شهرهای ایران بود که روس‌ها به زور به امپراطوری خود ملحق کرده یعنی در حقیقت اشغال کرده بودند. این بازدید جنبه نمادین داشت. قوام می‌دانست چه می‌کند.

در روز ۱۹ فوریه قوام و همراهانش به مسکو رسیدند. قوام در کاخ پذیرائی رسمی دولت شوروی که برای اقامت چرچیل ساخته شده بود، سکنی داده شد و همراهانش در بهترین مهمانسرایی که در مسکو بود، رحل اقامت افکندند.

در روز بیستم، نخستین جلسه مذاکرات طرفین انجام شد. مولوتف، مرد شماره ۲ شوروی بر هیأت روسی ریاست می‌کرد. مذاکرات پیشرفتی پیدا نکرد.

در روز بیست و یکم، استالین و قوام به تنهایی با یکدیگر ملاقات کردند و دو هیأت نمایندگی بار دیگر در کاخ کرملین به گفتگو نشستند.

همه روایات دلالت بر این دارد که نخستین گام‌ها در زمینه حل بحران در این ملاقات برداشته شد. قوام با ذکاوت سیاسی خود دریافت که مبانی معامله بزرگی که با استالین خواهد داشت، کدامند. قوام از این ملاقات با احترام شخصی زیادی نسبت به استالین خارج نشد. پس از مراجعت به تهران در یک گفتگوی خصوصی به امیرخسرو افشار مشاورش در امور بین‌المللی گفت: «استالین بدبو بود، مخلوطی از بوی چرم و توتون پیپ معمولی. دندان‌هایش نیاز به دندانساز داشت. با چشمان یک آدمکش به من می‌نگریست و می‌خواست مرا بترساند»[1] قضاوت یک اشرافی به تمام و کمال در باره مردی «کوتاه قد» که دشمن ایرانش می‌دانست که باید (و چگونه) بر او پیروز شود.

در روز پنجم مارس، استالین ضیافت با شکوهی در کاخ کرملین به افتخار احمد قوام و هیأت نمایندگی ایران برپا کرد. اعضای هیأت در اقامتگاه اختصاصی قوام جمع شدند که از آن‌جا رهسپار کاخ کرملین گردند. قوام در این‌جا متوجه شد که چهار تن روزنامه‌نگاری که همراهش آمده‌اند دعوت نشده‌اند و به ضیافت نخواهند آمد. به تندی به میهمانداران خود گفت: «اگر همه همراهان من نیایند ما هم به ضیافت نخواهیم رفت». دستور از استالین بود که فرستادگان جراید نباشند. صاحب منصبان تشریفات شوروی جرأت عدم اطاعت نداشتند. به التماس افتادند. قوام تغییر عقیده نداد. وقت می‌گذشت. بعد از گفتگوهای بسیار و تماس با کرملین، شوروی‌ها سرانجام تسلیم شدند. نخستین پیروزی قوام.

ضیافت شام با تأخیر آغاز شد. محیط در ابتدا نسبتاً سرد و رسمی بود. رفتار قوام آمیخته با تکبر بود.[2] استالین مدعوین شوروی خود را به نخست وزیر ایران معرفی کرد. چهل تن بودند، همه از بزرگان سیاست شوروی، فرماندهان ارتش سرخ و رهبران حزب کمونیست، استالین می‌خواست به قوام بگوید که به او پاس و احترام بسیار می‌گذارد. قوام

---

۱ - روایت امیرخسرو افشار به نویسنده ایرانی کتاب.
۲ - جریان این ضیافت را جهانگیر تفضلی مدیر روزنامه ایران ما که عضو هیأت بود، بعداً حکایت کرده: آینده، تهران، ۱۹۹۰

دیگر می‌دانست که هدف اصلی استالین دست‌اندازی انحصاری بر منابع نفت شمال ایران است[۱] و آن را یکی از مهره‌های اصلی تسلط خود بر این کشور یا قسمتی مهم از این کشور می‌داند. قوام از برگ‌ها و مهره‌هایی که در دست استالین بود اطلاع داشت: حزب توده با قدرت و نفوذش در سرتاسر کشور، دو رژیم تجزیه‌طلب در شمال غربی کشور که کاملاً در اختیارش بودند و بخصوص حضور قوای اشغالی ارتش سرخ در شمال کشور. استالین مطمئن بود که می‌تواند طرح تسلط بر ایران را عملی کند و می‌خواست قوام را به آلت دست خود و وسیله این دست‌اندازی تبدیل کند. قوام وارد بازی استالین شد، تصمیم گرفت او را فریب دهد، تنها هدفش این بود که قوای ارتش سرخ ایران را تخلیه کنند و می‌دانست که پس از آن دستش باز خواهد شد. معامله بزرگ این بود: تخلیه ایران در مقابل امتیاز نفت. همه کوشش قوام بر آن بود که موجبات تخلیه ایران را فراهم آورد، به مسکو بقبولاند که بحران آذربایجان فقط یک مساله داخلی است ولی در مقابل آن‌ها را مطمئن سازد که امتیاز انحصاری نفت شمال را به دست خواهند آورد.

فردای مذاکره قوام با استالین، فرمانده نیروهای شوروی در ایران تصمیم به تخلیه سمنان، سپس شاهرود و سپس مشهد را از ارتش سرخ اعلام کرد.

اقامت قوام در مسکو سه هفته به طول انجامید. باز هم ناچار شد با یک هواپیمای نظامی شوروی به ایران بازگردد. از فرودگاه مستقیماً به دیدار شاه رفت که گزارش مذاکرات خود را بدهد. رسماً هیچ چیز حل نشده بود. اما اندک اندک نتایج مثبتی از مذاکرات احساس می‌شد. آغاز تخلیه قوای ارتش سرخ، توفیق بزرگی برای ایرانیان و برای قوام بود.

شوروی‌ها سفیر جدیدی به ایران فرستادند[۲] که مذاکره با تهران را ادامه داد. در پنجم آوریل دولتین اعلام کردند که قوای شوروی ظرف چهل و پنج روز ایران را تخلیه خواهند کرد و قانون واگذاری امتیاز انحصاری بهره‌برداری از منابع نفتی شمال ایران برای تصویب تقدیم قوه مقننه خواهد شد.[۳] در همین اعلامیه تصریح شده بود که مساله آذربایجان، یک

۱ - هلن کارر دانکوس، در نوشته ذکر شده، موضع دولت شوروی و استالین را دقیقاً تجزیه و تحلیل کرده است (ایشان - به عنوان بزرگترین متخصص شوروی و روسیه در فرانسه تلقی می‌شود و در حال حاضر دبیر کل مادام‌العمر فرهنگستان فرانسه است - مترجم) که ما از آن بهره گرفته‌ایم.

2 - Sadtchikov.

۳ - قوه مقننه یعنی مجلس شورای ملی در آن زمان دائر نبود. بنابر این می‌بایست منتظر انتخابات می‌شدند. دو روز بعد از مراجعت قوام به تهران دوره قانونی مجلس به پایان رسیده بود.

امر داخلی است. ترتیب مسالمت‌آمیزی برای اجرای اصلاحات طبق قوانین موجود با روح خیرخواهی نسبت به اهالی آذربایجان از طرف دولت داده خواهد شد.

دو روز بعد، شـاه لقب «جناب اشرف» را به قوام اعطا کرد. او دقیقاً در جریان بازی قوام بود و در هفته‌ها و ماه‌های بعد از آن، این دو تن گله‌ها و کینه‌های خود را به نسبت به یکدیگر فراموش کردند و صمیمانه در جهت مصالح عمومی همکاری نمودند. هر جا که قوام نمی‌خواست جواب صریحی به خارجی‌ها بدهد «ضرورت کسب نظر ملوکانه» را عنوان می‌کرد و هر موقع که شـاه با مشـکلی از این دست مواجه می‌شد می‌گفت: «با نخست وزیر ما صحبت کنید. این کار مربوط به او است». هر دو نقش خود را با تردستی بازی می‌کردند.

سیاسـت قوام، با تأیید شاه، روشن بود: شـوروی‌ها را آسوده خاطر کند که هر چه زودتر به تعهد خود در تخلیه ارتش سرخ جامه عمل بپوشانند. برای اطمینان خاطر آنان سـه وزیر توده‌ای را وارد کابینه کرد: در وزارت فرهنگ[۱] وزارت پیشـه و هنر[۲] و وزارت بهداری[۳] و یکی از یاران و مؤتلفان آن روز توده‌ای‌ها را به وزارت دادگستری گماشت.[۴]

به وزیران توده‌ای تفهیم کرد که آن‌ها را به عنوان «نمایندگان» اتحاد جماهیر شوروی تلقی می‌کند. قبل از مراسم معرفی به شاه از اقامتگاه قوام دو تن از این وزیران برای کسب تکلیف و دسـتورالعمل مستقیماً به سفارت شـوروی تلفن کردند که تعلیمات لازم را از سفیران کشور اخذ کنند.[۵]

قوام برای فریفتن شوروی‌ها به این هم اکتفا نکرد، دستور داد طبق مقررات حکومت نظامی که همچنان در پایتخت برقرار بود چند تن از رجال سیاسـی معروف به مخالفت با سیاسـت مسـکو در ایران بازداشت شـوند، که چند هفته بعد آزاد شدند. اصل مطلب آن بود که اسـتالین راضی و آسوده خاطر شـود و ارتش سرخ زودتر از ایران برود. قوای نظامی شوروی کشور را در موعد مقرر ترک کردند. اما شوروی‌ها قبل از این کار بر بنیه و

۱ - دکتر فریدون کشاورز.(مترجم)
۲ - ایرج میرزا اسکندری.(مترجم)
۳ - دکتر مرتضی یزدی.(مترجم)
۴ - اللهیار صالح. (مترجم)
۵ - نگاه کنید به خاطرات دکتر فریدون کشاورز (منبع ذکر شده) و خاطرات ایرج اسکندری، جلد دوم، چاپ پاریس ۱۹۸۸، که البته هر یک برای خود نقش مهم‌تری قائل شده‌اند.

تسلیحات نیروهای دو رژیم تجزیه‌طلب آذربایجان و مهاباد افزودند. قوای نظامی آن‌ها را تحت فرماندهی واحد درآوردند و یک سرهنگ ک-ژ-ب (سرویس اطلاعاتی شوروی) موسوم به غلام یحیی با عنوان ژنرال فرماندهی این نیروهای مشترک را به عهده گرفت. برای استالین دیگر تردیدی باقی نمانده بود که همه برگ‌های برنده را در دست دارد.

ظاهراً جز قوام و شاه کسی از مقاصد واقعی دولت ایران اطلاع نداشت نگرانی در همه محافل سیاسی حاکم بود. وثوق‌الدوله، برادر ارشد قوام و نخست وزیر سابق، امیرخسرو افشار مشاور نخست وزیر را فراخواند و نگرانی خود را به وی بازگو کرد. هنگامی که پیام رئیس‌الوزرای پیشین قاجاریه به قوام رسانده شد وی لبخندی زد و گفت: «خاطر برادرم را آسوده کنید. من می‌دانم چه می‌کنم ولی از ایشان تعجب می‌کنم که در کاردانی من شک و تردید دارند»[۱]

ابوالحسن ابتهاج رییس کل بانک ملی و مشاور اقتصادی مورد اعتماد قوام نیز نگرانی شخصی خود و بازاریان را به نخست وزیر یادآور شد که مخصوصاً از حضور وزرای کمونیست در دولت نگران بودند. قوام به او پاسخ داد: «این وزیران هیچگونه اختیاری نخواهند داشت تا بتوانند مزاحمتی ایجاد کنند. ابتهاج در خاطرات خود می‌افزاید: «موضوع را به قدری کوچک و بی‌اهمیت تلقی کرد که باعث شگفتی من شد»[۲]

قوام در میان توفان، راه خود را با حمایت شاه ادامه می‌داد. برای اثبات حسن‌نیت خود نمایندگان حکومت تجزیه‌طلب تبریز را برای مذاکره به پایتخت دعوت کرد. مذاکرات به طول انجامید اما به هیچ نتیجه‌ای نرسید و نمی‌توانست برسد. هدف نخست‌وزیر ایران وقت گذرانی بود. وی دوروئی یا بازی سیاسی خود را به جایی رساند که در ضیافتی باشکوه که وزیران توده‌ای و کمیته مرکزی حزب، به افتخارش ترتیب داده بودند شرکت کرد. ولی با تأخیر به باشگاه حزب رسید، اعتنائی به وزیران خود نکرد، گر چه در تملق و کوچکی نسبت به وی با یکدیگر رقابت می‌کردند.

هنگامی که سرانجام قوای ارتش سرخ از ایران رفتند، ورق به یک‌باره برگشت. به پیشنهاد یا تصمیم قوام، شاه سرلشکر علی رزم‌آرا به ریاست ستاد ارتش برگزید. محمدرضا

۱ - روایت امیرخسرو افشار به نویسنده ایرانی کتاب.
۲ - خاطرات ابوالحسن ابتهاج، جلد اول، لندن، ۱۹۹۱، صفحه ۲۳۷.

شاه و قوام به او دستور دادند که ارتش را به سرعت برای یک مقابله نظامی با تجزیه طلبان آذربایجان آماده کند.[۱]

در این گیرو دار برای رئیس دولت و رئیس ستاد ارتش، مسأله دیگری پیش آمد و آن غائله فارس بود . ایلات منطقه جنوب، سر به نافرمانی برداشتند. یکی از هدف‌های اصلی آنان برکناری وزیران توده‌ای از دولت بود. قوام به افسر عالی رتبه دیگری سرلشکر فضل‌الله زاهدی که تازه از زندان انگلیس‌ها آزاد شده بود مأموریت داد که با اختیارات تام نظامی و سیاسی و اداری به این ماجرا پایان دهد که وی با آمیختن قهر و لطف در این مهم توفیق یافت و دست رزم‌آرا در تمرکز همه توانایی ارتش در برابر تجزیه‌طلبان آذربایجان باز شد.[۲] دیگر همه واحدهای ارتش ایران و نیروهای هوایی کوچکش در برابر قوای پیشه‌وری آماده به عمل بودند.

با خروج قوای ارتش سرخ از ایران، عمر دوران وزارت توده‌ای‌ها نیز به پایان رسید و قوام آنان را از کابینه بیرون کرد. دوره چهاردهم تقنینه نیز به آخر رسیده بود و دست شاه و قوام در تمشیت امور باز بود. شوروی‌ها از این رو به قوام اظهار نگرانی کردند. قوام به آن‌ها اطمینان خاطر می‌داد. به ادامه مذاکرات با رژیم پیشه‌وری تظاهر کرد. مسکو به نوبه خود به تقویت نظامی و تسلیحاتی دست نشاندگان خود پرداخت.

نخست وزیر استدلال و بیان دیگری را عنوان کرد: برای تصویب موافقت‌نامه تفویض امتیاز بهره‌برداری انحصاری از منابع نفت شمال به شوروی‌ها انجام انتخابات مجلس ضروری است و لازمه انجام آن در سرتاسر کشور آن است که نیروهای انتظامی کشور در همه جا (از جمله در آذربایجان و منطقه مهاباد) حاضر و ناظر و مستقر باشند. رو در روئی نظامی و مخاصمه نزدیک و نزدیک‌تر می‌شد. قوام امیدوار بود با بازی سیاسی خود شوروی‌ها را از مداخله مستقیم در مخاصمه که دیگر آن را غیر قابل اجتناب می‌دانست، باز

۱ - سرلشکر رزم‌آرا (که بعد از این ماجرا به درجه سپهبدی ارتقاء یافت) فارغ‌التحصیل مدرسه نظامی (دانشکده افسری) Saint Cyr فرانسه، آشنا به چند زبان خارجی و مولف یک دوره کامل هشت جلدی جغرافیای ایران بود همه قدرت کار و حسن تشخیص وی را در آرایش قوای نظامی و راهبری آن‌ها می‌دانستند و می‌ستودند. در شبانه روز بیستٍ ساعت کار می‌کرد و فقط چهار ساعت می‌خوابید.
۲ - هلن کارر ونکوس در نوشته خود که قبلاً ذکر کرده‌ایم این تجزیه و تحلیل را کاملا تایید می‌کند که ما از نوشته او بهره گرفته‌ایم.

دارد. در ملاقاتی به جرج آلن[1] سفیر کبیر ایالات متحده اظهار داشت: «آنها (شوروی‌ها) نفت ما را به هر قیمت شده می‌خواهند. آنها حاضرند حتی کمونیست‌ها را فدای نفت کنند»[2]

ارتش ایران آماده مصاف با تجزیه طلبان شد.

در نهم نوامبر ۱۹۴۶، هاری ترومن[3] رئیس جمهوری ایالات متحده امریکا پیامی برای ژزف استالین فرستاد و در آن با قاطعیت و صراحت وی را از دخالت نظامی مستقیم در یک مخاصمه احتمالی میان دو طرف (دولت مرکزی ایران و تجزیه‌طلبان) نهی کرد و یادآور شد که در این صورت ایالات متحده دست روی دست نخواهد گذاشت. استالین روحیه و طرز عمل ترومن را آزموده بود و می‌شناخت. می‌دانست که اهل شوخی نیست. می‌دانست که امریکا دارای سلاح اتمی است.[4]

در نیمه ماه نوامبر رزم‌آرا آماده عمل بود. ارتش ایران روابط و مواصلات مختلف را با آذربایجان قطع کرد. راه‌آهن و جاده‌ها و پست و تلگراف را در اختیار گرفت. شوروی‌ها تکان نخوردند.

در تهران و چند شهر بزرگ دیگر، توده‌ای‌ها که هنوز قدرتی قابل ملاحظه داشتند به تظاهرات وسیعی در حمایت از تجزیه‌طلبان آذربایجان و مهاباد پرداختند، چندین کارخانه را اشغال کردند. قوام تسلیم نشد.

رییس دولت در پیامی به مسئولان تبریز یادآور شد: «اگر اعزام نیروی نظامی از تهران به آذربایجان با نافرمانی و مقاومت فرقه‌ی دموکرات روبرو شود عواقب وخیمی برای آنها خواهد داشت و بدیهی است که مسئولیت هر حادثه‌ای متوجه مسئولان آن استان

---

1 - George Allen.
۲ - گزارش جرج آلن به وزارت امورخارجه ایالات متحده، ۶ سپتامبر ۱۹۴۶ جرج آلن در این ماجرا دوستی و صداقت خود را با ایران و ایرانیان و نخست وزیر کشور نشان داد و حتی در چند مورد با مقامات عالی‌رتبه دولت متبوع خود رو در رو شد.(مترجم)
3 - Harry S. Truman.
۴ - طبق مدارکی که بعداً منتشر شد امریکائی‌ها سه بمب اتمی داشتند که دو تای آن‌ها را بر ضد ژاپن به کار برده و آن کشور را وادار به تسلیم کرده بودند. بنابر این یک بمب بیشتر برای‌شان باقی نمانده بود. روس‌ها بمب اتمی نداشتند ولی این نکته را نیز نمی‌دانستند و شاید به این علت بود که استالین از مداخله نظامی مستقیم در این ماجرا اجتناب کرد. (مترجم)

خواهد بود».

به موازات ارسال این پیام و پیام‌های دیگر قوام از سفیر شوروی خواست که توده‌ای‌ها را آرام کند تا اشکالی در حل و فصل مسائل و انجام انتخابات و تشکیل مجلس که برای تصویب قانون واگذاری امتیاز نفت شـــمال به شـــوروی‌ها ضرورت دارد، پیش نیاید. به نظر می‌رسد که شوروی‌ها بار دیگر در دام افتادند و دست نشاندگان خود را به مسالمت دعوت کردند.

در روز ســـیزدهم نوامبر، بر اثر شـــورش مردم زنجان که از پشـــتیبانی چریک‌های ذوالفقاری، اسلحه‌دارباشـــی و شاهســـون برخوردار بودند، شهر زنجان – که در میانه راه تهران به تبریز قرار دارد – از تســـلط فرقه دموکرات آزاد شـــد. رهبران رژیم تجزیه طلب تبریز هنوز به تبلیغات و هیاهوی خود ادامه می‌دادند. «مرگ هســـت اما بازگشت نیست» شعار آنان بود. قوای قابل ملاحظه‌ای را در قافلانکوه جهت مقاومت در برابر ارتش ایران متمرکز کردند. قوام پیام قاطع دیگری در ۲۶ نوامبر برای مسئولان تبریز فرستاد و به آنان ابلاغ کرد: «اعزام نیرو به آذربایجان برای جنگ و زد و خورد نیســـت و ســـنگربندی فرقه دموکرات در حوالی قافلانکوه انتخابات را به تأخیر خواهد انداخت. باید از ایجاد هر گونه اشکال در راه رسیدن نیروهای نظامی به آذربایجان فوراً جلوگیری شود.»

هماهنگی و همکاری شـــاه – قوام – رزم‌آرا در رهبری عملیات سیاســـی و نظامی کارساز و کاملاً موثر بود.

در روز ششم دسامبر شاه شخصاً به زنجان آمد و اعلام داشت که فرماندهی عملیات نظامـــی را به عهده می‌گیرد. او به تازگی گواهی‌نامه خلبانی خود را گرفته بود. با هدایت یک هواپیمای کوچک یک موتوره دو نفری و ســـر باز که رزم‌آرا در کنارش بود بر روی خط جبهه پرواز کرد. سربازان ایران، او و رزم‌آرا را دیدند. شور و هیجانی بیرون از تصور در آنان پدید آمد که شاه جوان خطر کرده در ارتفاع کم و در تیررس افراد فرقه دموکرات به بازرسی آرایش نظامی و دیدارشان آمده است. همه به شاه دست تکان می‌دادند و ابراز محبت می‌کردند و دانســـتند که شاه در کنارشان است. این یکی از رویدادها و تصاویری است که شاه تا پایان عمر فراموش نکرد.

تشـنج و بحران نزد اطرافیان پیشـه‌وری و تجزیه طلبان نیز اندک نبود. تنی چند از سـران حکومت آذربایجان به پیشه‌وری پیشنهاد و توصیه کردند که ژنرال غلام یحیی را از فرماندهی نیروهای آذربایجان برکنار کند و شخصی را که به فنون نظامی آشنا باشد به جای وی بگمارد. پیشه‌وری جواب داد «شما که می‌دانید نمی‌توانم این کار را بکنم. دستور مسکو است»[۱]

با نخستین یورش ارتش که چریک‌های منطقه زنجان و خمسه پیشاپیش آنان بودند، نیروهای نظامی پیشـه‌وری و غلام یحیی و افراد وفادارش پا به فرار نهادند و در سـر راه خود هر چه می‌یافتند غارت کرده بر کامیون‌ها بار می‌کردند و به سوی مرزهای شوروی می‌بردند.

در تهران، اضطراب و پریشانی بر سفارت شوروی حکمفرما شد. سادچیکوف تقاضای دیدار نخست وزیر را کرد. به او گفته شد که «برای استراحت به املاک خود در شمال رفته. خواست تلفنی با او گفتگو کند، اما «در این نقطه دور افتاده تلفن وجود نداشت!» تقاضای شرفیابی فوری به حضور شاه کرد. او در خط اول جبهه و غیرقابل دسترسی بود. در مقام دیدار و مذاکره با چند وزیر برآمد، آن‌ها گفتند که صلاحیتی در این معضل ندارند. وزارت امورخارجه از سفیر شوروی خواست که اندکی صبر و حوصله داشته باشد.

در روز ۱۲ دسامبر تبریز آزاد شد. مقاومت کُردهای منطقه مهاباد نیز فرو پاشید. شاه به تهران بازگشت «استراحت» قوام در اطراف لاهیجان هم به پایان رسید و هر دو در تهران ظاهر شـدند. شبانگاه ضیافتی در دربار ترتیب داده شد. رهبران ایران آزادی آذربایجان را جشن گرفتند اگر چه این ضیافت خصوصی بود شایعه آن در تهران پیچید.

فردای آن روز، قوام سفیران شوروی و ایالات متحده را به دفترش فراخواند و به آنان پایان بحران آذربایجان را اعلام کرد و همان روز به سـفیر ایران در امریکا دسـتور داد که شکایت از مسکو را که دیگر موردی نداشت پس بگیرد.

آخرین پرده‌های بحران هنوز بازی نشده بود. پیشه‌وری و همراهانش رهسپار سرحد ایران و شـوروی شـدند. چهل اتومبیل سـواری، یک صد کامیون پر از اشیاء و کالاهای

۱ - نگاه کنید به خاطرات سیاسی بسیار جالب دکتر نصرت الله جهانشاه‌لو نایب رئیس دولت آذربایجان، ما و بیگانگان، که ابتدا در برلن غربی به طبع رسـیده بود، نایاب شـد و شرکت کتاب آن را در سال ۲۰۰۴ تجدید چاپ کرد (در لس آنجلس) و اکنون در دسترس است.

مختلف، سی و پنج جیپ و هفت اتوبوس کاروان فراریان را تشکیل می‌داد. قوای ارتش سرخ از آنان حفاظت می‌کردند.

چند ماه بعد، در سوم اوت ۱۹۴۶، در بادکوبه اعلام شد که پیشه‌وری در یک «حادثه رانندگی» کشته شده است. خیلی زود دانسته شد که وی به دستور استالین که شکست او را نمی‌بخشید به قتل رسیده است.[۱]

در ۱۶ دسامبر ۱۹۴۶ قسمتی از اسلحه و مهماتی که از قوای مسلح تجزیه‌طلبان به غنیمت گرفته شده (که غالباً رها کرده و گریخته بودند) در تبریز به تماشای نمایندگان مطبوعات بین‌المللی و داخلی گذاشته شد. از آن جمله بود پنجاه هزار قبضه تفنگ، پنج هزار مسلسل سنگین و سبک، چند صد عراده توپ ساخته‌ی شوروی، چند تانک و میلیون‌ها فشنگ و مهمات.

مسأله موافقت‌نامه مربوط به تفویض بهره‌برداری انحصاری از نفت شمال باقی مانده بود. قوام از آغاز کار طرح خود را ریخته بود و حال می‌بایست قسمت دوم معامله بزرگش را با استالین تصفیه کند. انتخابات مجلس انجام شده بود و حزب دموکرات که او بنیان گذارش بود در این مجلس اکثریت قاطع داشت. پس از اخذ رأی تمایل از مجلس، شاه قوام را مجدداً مأمور تشکیل کابینه کرد و او بلافاصله لایحه قانونی مربوط به تصویب این

۱ - همسر پیشه‌وری که از خانواده‌ای کهن و محترم بود، ناچار در روسیه ماند و با شرایطی بسیار دشوار می‌زیست سال‌ها بعد به هنگام یک سفر رسمی شاه به مسکو، از اینکه خدمتکار مهمانسرای دولتی بزرگی بود که همراهان شاه در آن سکنی کرده بودند، استفاده جست و نامه‌ای به سرلشکر (سپهبد بعدی) دکتر ایادی پزشک مخصوص محمدرضا شاه داد و درخواست کرد که پادشاه ایران وی را به وطنش بازگرداند. شاه با رهبران شوروی گفتگو کرد. به شرط آن که کار بی‌سر و صدا و بدون تبلیغات انجام گیرد، موافقت کردند. برای اجتناب از هر نوع «حادثه»ای یک هواپیمای نظامی ایران، خانم پیشه‌وری را قبل از پایان سفر رسمی شاه به تهران بازگرداند که سال‌ها بعد در این شهر درگذشت.
پیشه‌وری و همسرش یک پسر داشتند که کاوه و به قولی داریوش نام داشت. پس از قتل پیشه‌وری او را از مادرش گرفتند و سرپرستی وی به عمویش (برادر پیشه‌وری) که در ارتش سرخ سرگرد پزشک بود تفویض شد. وی در بادکوبه بزرگ شد، تحصیل کرد، ازدواج نمود و دارای دو فرزند شد. سال‌ها بعد خود و همسر و فرزندانش به غرب پناهنده شدند که از سرنوشت بعدی آنان اطلاعی نداریم (در مورد سرنوشت فرزند پیشه‌وری نگاه کنید به کتابی که مورخ آذربایجانی جمیل حسنلی در بادکوبه نوشته و قسمت مهم آن در شماره‌های مختلف روزنامه کیهان چاپ لندن طی سال ۲۰۰۵ ترجمه و چاپ شده).
بیش از سی هزار تن به دنبال پیشه‌وری از آذربایجان و جاهای دیگر به خاک شوروی پناهنده شدند. تقریباً همه آنان زندانی و به اردوگاه‌های منطقه «سیبری یا جمهوری‌های دوردست دیگر شوروی تبعید شدند. داستان غم‌انگیز زندگی و سرنوشت آنان را دو تن از رهبران سابق حزب توده در کتابی موسوم به مهاجرت سوسیالیستی... تدوین کرده‌اند که بوسیله موسسه پیام امروز در تهران چاپ و منتشر شده (نگاه کنید به فهرست مآخذ).

موافقت‌نامه را تقدیم قوه مقننه نمود. با بسیاری از نمایندگان در خلوت ملاقات کرد و به یک یک آنان گفت که تعهد او در انعقاد این موافقت‌نامه برای کسب موافقت شوروی‌ها در تخلیه ایران بوده و با تقدیم لایحه به قوه مقننه پایان می‌پذیرد. اما آن‌ها تکلیفی در تصویب آن ندارند و باید آزادانه طبق وجدان خود و در مصلحت مملکت عمل کنند.

دو روز بعـــد، قوام در مصاحبه‌ای با ادوارد ســـابلیه[۱] خبرنگار روزنامه لوموند[۲] که از دوســـتان و مورد اعتمادش بود و مستقیماً و بدون واسطه مترجم انجام شد گفت: «وعده من بجای خود باقی است. توافق اصولی من با شوروی‌ها تعهدی است که کرده‌ام و بجای خود باقی است. من کسی نیستم که زیر امضای خود بزنم و به مردی که به وعده‌اش وفا نمی‌کند شـــهرت یابم. به همین سبب تقاضای تصویب موافقت‌نامه را از مجلس خواهم کرد. اما وضع به کلی تغییر کرده است. نمایندگان منتخب مردم آزادی کامل در قضاوت و تصمیم خود دارند. ما نمی‌توانیم تصمیمی را که خلاف باور و عقیده آنان باشد به آن‌ها تحمیل کنیم. بنابر این ممکن است که موافقت‌نامه تصویب قوه مقننه نرسد. من شخصاً با چنین احتمالی موافق نیستم چرا که با همسایه شمالی ایجاد سوءتفاهم خواهد کرد.

در پایان مصاحبه قوام از سابلیه خواست که متن کامل آن را بی‌درنگ و حتی قبل از آن که در پاریس به چاپ برسد در اختیار جراید تهران بگذارد.

انتشار این مصاحبه در تهران و پاریس چون بمبی بود. سفیر شوروی تقاضای ملاقات فوری با رئیس دولت ایران را کرد که در جواب اظهار نگرانی شدید وی اظهار داشت که کاری از دست او ساخته نیست و تصمیم با نمایندگان ملت است.

مجلس در تاریخ ۵ نوامبر ۱۹۴۷ به اتفاق آراء (به استثنای دو نماینده نزدیک به حزب توده) رأی به رد قرارداد و ممنوعیت هر امتیاز جدیدی در زمینه بهره‌برداری از منابع نفتی ایران داد. با این «ترفند ایرانی»[۳] قوام یک‌بار دیگر استالین را فریب و شکست داد. استالین به خاطر امتیاز نفت قوایش را از ایران خارج کرده بود. نفت را هم بدین‌سان از دست داد و ادوارد سابلیه و روزنامه لوموند واسطه این بازی سیاسی شدند.

---

۱ - Edouard Sablier: جریـــان ایـــن مصاحبـــه و متن کامل آن در کتاب خاطرات ادواد ســـابلیه La Creation du Moude, Paris, Plon, ۱۹۸۴ آمده است.

2 - Le Monde.

۳ - اصطلاح از ادوارد سابلیه است که کلمات "Astuce Persane" را به کار برده.

قوام باز هم «ترفند» دیگری زد. در دقیقه آخر مذاکرات مجلس شورای ملی، به توصیه او دوست نزدیک و رازدارش پروفسور رضازاده شفق پیشنهاد کرد که دولت مکلف شود مذاکرات لازم را برای «احقاق حقوق حقه ملت ایران» از منابع نفتی جنوب کشور با شرکت نفت ایران و انگلیسی آغاز کند. با تصویب این پیشنهاد، قوام از یک طرف به شوروی‌ها نشان داد که رقبای انگلیسی آنان را نیز فراموش نکرده و بعد از مسکو نوبت لندن فرارسیده است و از طرف دیگر کوشید که به درآمد نفت و امکانات توسعه اقتصاد ایران افزوده شود.

شاه که در ظاهر «غیرمسئول» بود و جز تنفیذ و توشیح مصوبات مجلس اختیاری نداشت، از جان و دل با بازی‌های قوام در این موارد موافق بود و خوشحال شد. هم با نفوذ شوروی‌ها در ایران مخالف بود که در مبارزه با آن نقش مهمی داشت و هم رفتار ناپسند انگلیس‌ها را با پدرش و خودش و توهین‌ها و تحقیرهایی را که نسبت به او شده بود به خاطر داشت. به دست قوام انتقام می‌کشید. اما چه بهتر بود اگر می‌توانست قوام را نیز کنار بگذارد و از تحمل تفاخر و تکبر و قدرتش رها شود!

ابرهای سنگین و تاریک به اهمیت و تدبیر قوام از آسمان سیاست ایران دور شده بود و بازی‌های سیاسی متعارف آغاز گردید.

قوام با اصرار قانون خاصی از مجلس گذراند که محکومان دادگاه‌های نظامی و عادی پس از آزادی آذربایجان و منطقه مهاباد مشمول عفو قرار گیرند. آشتی ملی و پایان تصفیه حساب‌ها برای او ضروری و واجب بود. به هر قیمت شده فرمانی هم در این زمینه از شاه گرفت که او نیز اهل خونریزی و خشونت نبود.

در حالی که قوام با همه این بحران‌های سیاسی و بین‌المللی رو در رو بود از توجه به مسائل داخلی و ضرورت اصلاحات اساسی نیز غافل نماند. حزب دموکرات ایران که وی بانی آن شد برنامه‌ای بسیار مترقی (حتی برای امروز) داشت و توانست برای مدتی همه ایران غیرکمونیست، یعنی اکثریتی قاطع را زیر پرچم خود گردآورد و سد سدیدی در برابر نفوذ عوامل شوروی در ایران شد. قوام برای اول بار طرح برابری سیاسی میان زنان و مردان را پیش کشیده به دستور او برنامه‌های وسیع خانه‌سازی، بهبود اوضاع شهرها و

مرمت راه‌ها آغاز شــد. مراکز جدید تولید برق برای جبران کمبود نیرو که از زمان جنگ آغاز شــده بود، به خارج سفارش داده شد. قوام بنیان گذار برنامه‌ریزی اقتصادی در ایران است. نخستین بانک توسعه صنعتی و معدنی را برای کمک به بخش خصوصی او ایجاد کرد. همچنین برای بار نخست، نه تنها در ایران بلکه در خاورمیانه، قانون کار را به تصویب رســاند. حداکثر ساعات کار در هفته به چهل و هشت ساعت تقلیل یافت و تثبیت شد، ســازمان بیمه‌های اجتماعی کارگران بنیان گرفت و حتی قدم‌های کوچکی در راه تحقق اصلاحات ارضی برداشته شد. همه این اصلاحات و ابتکارات، آن هم در روزگار دشوار و تنگدســتی و بحرانی که بر ایران حکمفرما بود جنبه انقلابی داشت و نشانه یک بینش سیاسی استثنائی بود.

پــس از آزادی آذربایجان و اســتقرار مجدد نظم و آرامش در کشــور که خطر دور شده بود، تحریکات دربار علیه قوام آغاز شد. شاه نیز دیگر سوء نظر خود را به او پنهان نمی‌کرد. مرکز دســائس درباری شاهدخت اشرف بود که کینه و نفرت خود را از رئیس توانای دولت حتی پنهان هم نمی‌کرد. دامنه تحریکات برای فراهم آوردن موجبات سقوط دولت بالا گرفت. به او سرزنش کردند که یکی از دوستانش را به سفارت ایران در پاریس گمــارده. وی را متهم کردند که در برابر شــوروی‌ها و حکومت جدائی طلب آذربایجان سخت‌گیری کافی نکرده است... محمدرضا شاه عملاً از این هیاهو حمایت می‌کرد. او در حقیقت می‌خواست کاری کند که تمام افتخار آزادی آذربایجان در برابر افکار عمومی و تاریخ از آن او شود.[1]

به همین ســبب اندک اندک دور قوام خالی شد و اکثر دوستان سیاسی‌اش او را رها کردند هنگامی که در دهم دسامبر برای دادن گزارشی از ترازنامه اقداماتش و تقاضای رأی اعتماد به مجلس شــورا رفت، در پایان سخنانش گفت: «بالاخره روزی فراخواهد رسید که مردم بی‌غرضی در این مملکت اوراق تاریخ را ورق بزنند و از میان سطور آن حقایق مربوط به زمان ما را بخوانند. من می‌روم و تاریخ ایران قضاوت خواهد کرد که به روزگار این ملت چه آمده است و به پاداش فداکاری با خادمین مملکت چه رفتاری شده است».

چنانکه انتظار داشــت مجلس به او رأی اعتماد نــداد و او کناره گرفت. با قوام میان

۱ - نگاه کنید به فصل پاسخ به تاریخ پیرامون آزادی آذربایجان که در آن فقط یک بار از قوام نام برده شده.

رفتاری شد که با بیسمارک،[1] کلمانسو[2] و دوگل[3] در آلمان و فرانسه شده بود. قوام بعد از کناره‌گیری عازم پاریس شد. دولت حکیمی (وزیر مشاور کابینه خود او) به دستور محمد رضا شـــاه حتی از دادن گذرنامه سیاســـی (که از حقوق نخست وزیران سابق بود) به وی خودداری کرد. قوام از دور اوضاع سیاســـی داخلی ایران را تعقیب می‌کرد و بار دیگر در صحنه آن ظاهر شد. اما دورانش کوتاه بود، چنان که خواهیم دید.

در زمان ســـلطنت و به خصوصی قدرت محمدرضا شـــاه، نامی از نقش او در وقایع آذربایجان برده نمی‌شد.

از همان سال‌ها، مورخین و مفسران خارجی، با اتفاق نظر، وی را بانی اصلی رهائی آذربایجان و پایان حکومت‌های تجزیه طلب تبریز و مهاباد دانســـته‌اند. بسیاری او را تنها مرد سیاسی جهان می‌شناسند که موفق شد استالین را به زانو درآورد. پس از پایان سلطنت پهلوی شهبانو فرح و شاهپور غلامرضا (به ترتیب همسر سوم و برادر شاه) در خاطرات خود از او تجلیل بسیار کرده، کوشیده‌اند که جبران مافات را بنمایند.

ماجرای آذربایجان تنها جنبه داخلی نداشـــت و یکی از مبانی آغاز جنگ ســـرد میان شـــرق و غرب شد. استالین دریافت که ایران سیاست نزدیکی به ایالات متحده امریکا را برگزیده است انحطاط قدرت حزب توده نیز آغاز شد. رویه ایران در معادلات بین‌المللی تأثیر خاص گذاشت و تعادل‌های قبلی را دگرگون ساخت و در نهایت امر در سرنوشت ایران موثر بود.

---

۱ - صدراعظم بزرگ پروس که بنیان گذار امپراطوری آلمان شد (ژانویه ۱۸۷۱). بعد از درگذشت ویلهلم اول، جانشین او ویلهلم دوم که قدرت و ابهت بیسمارک را برنمی‌تافت او را برکنار کرد. بیسمارک به سال ۱۸۹۸، در املاک خود درگذشت، ۸۳ سال داشت. (مترجم)

۲ - Georges Clèmanceau، رئیس دولت فرانسه در پایان جنگ جهانی اول که بانی پیروزی فرانسه و متفقین بر آلمان و متحدانش شـــد. وی را «ببر فرانســـه» و «پدر پیروزی» لقب دادند. مردی قدرتمند و انعطاف‌ناپذیر بود. پس از پایان جنگ و انعقاد قرارداد ورسای، مجلسین فرانسه از ادامه حمایت از سیاست او خودداری کردند، حتی او را به ریاست جمهور نیز که مقامی تشریفاتی بود انتخاب نکردند. در سال ۱۹۲۹ (به سن هشتاد و هشت سالگی) در استان وانده که موطنش بود با تلخکامی درگذشت. اما اکنون از قهرمانان تاریخ فرانسه است. (مترجم)

۳- ژنرال دوگل، رهبر مقاومت و بانی تجدید حیات فرانســـه بعد از جنگ جهانی دوم شـــد، اما اندکی بعد احزابِ سیاسی آن کشور که حکومت و قدرت وی را تحمل نمی‌کردند، کنارش گذاشتند. در سال ۱۹۵۸ مجدداًبه قدرت رســـید و فرانســـه را از جنگ داخلی نجات داد. مجســـمه وی هم اکنون در یکی از میادین پاریس در برابر مجسمه کلمانسو قرار دارد. در یک نظرخواهی فرانسویان او را بزرگ‌ترین مرد تاریخ فرانسه دانسته‌اند.(مترجم)

قبل از پایان حکومت قوام و قطعاً به تشـویق و تأیید او، محمدرضا شـاه به سفری نسبتاً طولانی در چند استان ایران رفت. کشور آسودگی خود را باز یافته بود. وحدت ملی و تمامیت ارضی آن تأمین بود. قوام با قدرت سکان حکومت را در دست داشت. شاه از مسئولیت به دور و محبوب و مظهر وحدت ملی بود.

این سـفر تاریخی او در ۲۴ مه ۱۹۴۷ آغاز شـد. وی هرگز آن سفر را فراموش نکرد و گه‌گاه اسـتقبالی را که مردم از او کردند یا تظاهرات آخرین روزهای سلطنتش مقایسه می‌کـرد.[۱] مگر آن که تظاهر کنندگان روزهای آخر فرزندان تظاهر کنندگان سـال ۱۹۴۷ نبودند؟ این سـفر شاه از شهر قزوین - که روزی پایتخت شاهنشاهی ایران بود[۲] - واقع در صد و چهل کیلومتری شمال غربی کشور آغاز شد. سپس به زنجان رفت، شهری که کمتر از یک‌سال پیش در آن‌جا مستقر شده و در مقام فرمانده کل قوا به حرکت ارتش به سوی تبریز نظارت کرده بود.

در هر دو شهر شور و هیجان مردم در حد اعلی بود.

در روز ۲۷ مه در میان شادی و پایکوبی اهالی به شهر تبریز رسید. در برابر شهرداری آن شـهر، که به آن‌جا فرود آمده بود، مردم شـب تا دیر وقت اجتماع کرده برایش ابراز احساسات می‌کردند و کف می‌زدند. مجبور شد چند بار به ایوان عمارت شهرداری بیاید و از آنان تشکر کند و از آنان شخصاً بخواهد که متفرق شوند.

در مرند، شهر دیگری از آذربایجان، واقع در شمال غربی تبریز، سیصد طاق نصرت، هر یک به نام یکی از قربانیان حکومت پیشه‌وری در آن‌جا افراشته شده بود.

شهرها و روستاهای مسیر او از قالی مفروش بودند، همه جا گلباران می‌شد. همه جا توقف می‌کرد، با مردم دسـت می‌داد، کودکان را می‌بوسید، به تقاضاهای اهالی رسیدگی می‌کرد. مردم مدرسه، ورزشگاه، بیمارستان، درمانگاه، آب آشامیدنی می‌خواستند. می‌گفت به دولت تعلیمات لازم را خواهد داد. محمدرضا شاه در این سفر واقعاً با ملت خود نزدیک بود و با مردم نزدیک می‌شد. کاری که قوام اشرافی و اشراف منش و سرد، از آن عاجز بود.[۳]

۱ - گفتگو با نویسنده ایرانی کتاب در قاهره، مه ۱۹۸۰.
۲ - از ۱۵۵۵ تا ۱۵۹۷.
۳ - در این صفت قوام نیز می‌توان وی را با بیسمارک مقایسه کرد. (مترجم)

پس از آذربایجان، نوبت به گیلان رسید. در شهر رشت مرکز این استان که اهالی آن مشهور به ابراز احساسات فراوان و شور و هیجان نیستند، استقبال از آذربایجان هم گرم‌تر بود. یک ساعت و نیم لازم آمد تا اتومبیل سر باز شاه از ورودی آن روز شهر تا میدان شهرداری برسد، فاصله‌ای در حدود یک کیلومتر و شاید کمتر. فقط یک افسر ارتش در کنار راننده شاه نشسته بود و تعداد محافظان اطراف وی ناچیز و مثل همه جای دیگر طرز عمل آنان غیرحرفه‌ای بود.

مردم برای این‌که با شاه از نزدیک تماس بگیرند، دست‌هایش را ببوسند از او تشکر کنند به داخل اتومبیل هجوم آوردند که چند بار به شدت تکان خورد و موجب نگرانی شاه شد. از قوای انتظامی و محافظین دیگر کاری برنمی‌آمد. مردم دست به دست هم داده و خود حلقه‌ای به دور اتومبیل فراهم آوردند تا بالاخره او را به میدان شهرداری رساندند.

در سال ۱۹۸۰، چند هفته قبل از پایان زندگی‌اش، محمدرضا شاه هنوز این صحنه‌ها و این دقایق را فراموش نکرده بود.

سفر شاه در ۱۲ ژوئن ۱۹۴۷ به پایان رسید و او به پایتخت بازگشت قوام همچنان با تفاخر حکومت می‌کرد. پاس او را نگاه می‌داشت، اما اختیاری برایش باقی نمی‌گذاشت. اختیار حکومت با رئیس دولت بود و مقام سلطنت مبری از مسئولیت متعلق به شاه.

پس از برکناری قوام، بازی‌های سیاسی متعارف آغاز شد و دولت‌های کوتاه مدت و ناپایدار یکی جانشین دیگری می‌شد.

محمدرضا شاه می‌کوشید لااقل ظاهراً خود را از این عدم ثبات به دور نگاه دارد ولی از نتایج آن برای کشورش رنج می‌برد. سفرهای خود را از سرگرفت در مارس ۱۹۴۸ عازم بلوچستان و سیستان شد. مناطقی واقع در جنوب غربی کشور، وسیع و کم جمعیت، دور از راه‌های تجارتی اصلی که بیشتر مردمش را ایلات و طوایف سنی مذهب تشکیل می‌دادند که سخت پای‌بند خودمختاری داخلی و رعایت آداب و سنن محلی خود بودند ولی همیشه به تاج و تخت ایران وفادار مانده بودند. برای نخستین بار در تاریخ کشور

یکی از شاهان ایران به این مناطق سفر می‌کرد.[1] در این خطه نیز استقبال مردم پر از شور و احساس و گرم بود. اما ورای ابراز این احساسات صمیمانه، همه خواهان اجرای سریع برنامه‌های عمرانی، ساختمان مدارس و درمانگاه‌ها و نوسازی شهرها بودند. شاه بیش از پیش دریافت که ایرانیان چه می‌خواهند و چه باید کرد و اجرای این خواسته‌ها را با فقدان ثبات سیاسی در تهران و رفت و آمد کابینه‌های کوتاه‌مدت، دشوار می‌دید. از بلوچستان و سیستان به خراسان رفت، مدتی طولانی در آن منطقه ماند و سپس مستقیماً با هواپیما رهسپار تبریز شد و در آن شهر دو روز رحل اقامت افکند این بار قسمت اعظم اقامتش مصروف بازدید از واحدهای نظامی و پادگان‌های محلی شد. بحران با اتحاد جماهیر شوری ادامه داشت و نمایش قدرت نظامی بازیافته ایران ضروری بود.

در این مقطع از زمان محمدرضا شاه واقعاً محبوب بود. هیچ کس مسئولیت مسائل و مشکلات ناشی از دوران جنگ جهانی را به او نسبت نمی‌داد. اگر مسئولی بود دولت‌های وقت بودند. محمدرضا شاه به ایفای نقش مظهر وحدت ملی اکتفا می‌کرد و در این نقش کسی را به او ایراد و اعتراضی نبود. اما در مقابل ناتوانی و بی‌ثباتی دولت‌ها و بازی‌های سیاسی و پارلمانی فلج کننده، هر چه بیشتر تمایل به اعمال قدرت و دخالت در امور اجرائی احساس می‌کرد. روسای دولت که از مداخلات وکلای مجلس به تنگ آمده بودند به او پناه می‌آوردند و مداخله و حمایتش را می‌خواستند. ناچار شد یک‌بار – و برای نخستین بار – هیات رئیسه مجلس را بخواهد و نارضائی خود را به اعضای آن گوشزد کند. مردم از این مداخله در امور اجرائی ناراضی نبودند چرا که از دولت‌ها ناراضی بودند. در داخل دربار و خانواده سلطنتی نیز بسیاری او را به مداخله بیشتر در راهبری امور مملکتی تشویق می‌کردند. در رأس آن‌ها شاهدخت اشرف قرار داشت که روزنامه‌های خارجی از همین زمان وی را «پلنگ سیاه»[2] لقب دادند. روزنامه‌های داخلی نیز هنوز کاملاً آزاد بودند و شاهدخت اشرف به زودی آماج حملات و انتقادات شدید آنان قرار گرفت.

شاهپور علی رضا – تنها برادر تنی شاه – که پس از یک اقامت طولانی در اروپا در تاریخ ۹ فوریه ۱۹۴۸ به ایران بازگشته بود، در همین جهت اقدام می‌کرد و با خواهرش در

۱ - البته یکی از نخستین دودمان‌های پادشاهی ایران پس از حمله عرب، یعنی سلسله صفاریان از سیستان برخاسته بود. صفاریان علم استقلال ایران را برافراشتند و پایه‌های خلافت عباسی را به لرزه درآوردند. یعقوب لیث تا بغداد به پیش رفت. (مترجم)

2 - Panthere noire.

ضرورت تقویت شاه و مداخله بیشتر او در امور کشور هم‌داستان بود.

شاهپور علی رضا در ارتش فرانسه خدمت کرده، با یک خانم فرانسوی ازدواج کرده بود. در جنگ‌های ایتالیا و سپس آلمان در صفوف قوای نظامی فرانسه آزاد ابتدا تحت فرماندهی مارشال ژوئن[1] و سپس مارشال دولاتر دوتاسین‌یی[2] جنگیده و درجه ستوان یکمی داشت. بسیاری، رفتار و خلقیاتش را با پدرش رضا شاه مقایسه کرده و مشابه آن می‌دانستند. او طرفدار نوعی سلطنت قدرتمند بود و نفرت خود را از بازی‌های سیاسی و تحریکات پارلمانی پنهان نمی‌کرد. می‌گفت باید شاه واقعاً بر کشور فرماندهی کند و تسلیم سیاست بازان نشود. محمدرضا شاه رویه و بازی‌های سیاسی شاهدخت اشرف و شاهپور علی رضا را تأئید نمی‌کرد. اما چیزی خلاف آن هم نمی‌گفت.

محمدرضا شاه به خوبی دریافته بود که تعادل قوا در منطقه دیگرگون شده، که ایران با منابع نفتی سرشارش مورد توجه و چشم‌داشت ابرقدرت‌ها قرار گرفته و باید از این موقعیت استفاده کرد. می‌دانست که زمان آن فرا رسیده که در صحنه جهانی ظاهر شود و خود را به دنیا بشناساند. با فرهنگ و تمدن جهان غرب آشنایی کامل داشت. زبان فرانسه را به حد کمال و چون زبان مادری خود می‌دانست. انگلیسی‌اش نیز رضایت بخش بود، گر چه لهجه فرانسوی مختصری داشت. اما جز سوئیس و مناطق مختلف آن و چند ایالت فرانسوی هم مرز این کشور از نزدیک با هیچ یک از ممالک جهان آشنا نبود. بر آن شد که به بازدید از کشورهای مختلف جهان بپردازد و از اروپای غربی شروع کرد.

سفر طولانی وی به خارج در روز ۱۸ ژوئیه ۱۹۴۸ آغاز شد. در روز نوزدهم از جزیره مالت (که هنوز جزئی از امپراطوری بریتانیا بود) و تأسیسات نظامی و استحکاماتش که در زمان جنگ شهرت فراوان یافتند، بازدید کرد. در روز بیستم به لندن رسید. انگلیس‌ها می‌خواستند خاطره‌های ناخوش رفتارشان را در زمان جنگ از یاد محمدرضا شاه ببرند، یا جبران کنند. احساسات ضدانگلیسی در ایران روز به روز افزایش می‌یافت و دوستی با محمدرضا شاه برای آنان می‌توانست ذی‌قیمت باشد. از هیچ توجه و احترامی نسبت به شاه ایران دریغ نکردند. در کاخ بوکینگهام از او پذیرائی شد. بزرگ‌ترین نشان بریتانیای کبیر را به وی دادند. پادشاه و ملکه بریتانیا ضیافت شامی پرجلال و شکوه به افتخارش

1 - Maréchal Juin.
2 - Maréchal de Lattre de Tassigny

برپا داشتند که به طور استثنایی ملکه مادر نیز در آن شرکت کرد. نخست وزیر وقت انگلستان کلمنت آتلی[1] ضیافت ناهاری به افتخار وی ترتیب داد. به بازدید تاسیسات نظامی انگلستان و دانشگاه آکسفورد رفت. در مراسم افتتاح بازی‌های المپیک شرکت داشت. همه این‌ها ظواهری بیش نبود. مذاکرات سیاسی فراموش نمی‌شد. محمدرضا شاه و چرچیل با یکدیگر ملاقات کردند. اما در آن کوچک‌ترین اشاره‌ای به گذشته نشد و گویا اصولاً مطالب سیاسی مطرح نگردید.

محمدرضا شاه در اول اوت ۱۹۴۸ به پاریس رسید. آندره ماری[2] رئیس الوزرای فرانسه شخصاً از او در فرودگاه بورژه[3] استقبال کرد. آثار جنگ هنوز در پاریس هویدا بود اما طبق همه روایات و مصاحبه‌ها دیدار پایتخت فرانسه برای وی بسیار لذت بخش و پر از احساس و هیجان بود. با وجود محدودیت‌های زمان، استقبال و پذیرائی‌های دولت فرانسه در حد اعلای شکوه و جلال بود. همه می‌دانستند که شاه به زبان و ادبیات و فرهنگ فرانسه آشنایی و دلبستگی خاص دارد. مراسم مختلفی به افتخار شاه جوان ایران ترتیب یافت. او تاج گلی نثار آرامگاه سرباز گمنام در میدان اتوال[4] پاریس کرد. از آرامگاه ناپلئون و موزه لوور[5] بازدید نمود و در آن جا نمایشگاه هنر ایران را به اتفاق رییس جمهوری وَنسان اریول[6] و رئیس‌الوزرای فرانسه آندره ماری افتتاح کرد. رئیس جمهوری فرانسه مهم‌ترین نشان نظامی فرانسه[7] را به وی اعطا نمود. مگر نه آن که او فرمانده کل قوای یکی از متحدین فرانسه در جنگ دوم جهانی بود؟ محمدرضا شاه به بازدید سواحل نرماندی[8] که قوای متفقین در آن‌جا پیاده شده بودند رفت و سرانجام مسافرت خود را با اقامتی نسبتاً خصوصی در جنوب فرانسه پایان داد.

سه هفته از آغاز مسافرتش می‌گذشت. اما سفر پایان نیافته بود. در روز دهم اوت محمدرضا شاه به سوئیس رسید. این مرحله از مسافرتش جنبه رسمی نداشت و به

1 - Celement Atlee.
2 - Andre' Marie.
3 - Le Bourget.
4 - Place de l'ètoile
5 - Louvre.
6 - Vincent Auriol.
7 - La Croix de guerre aver Palme.
8 - Normandie.

اصطلاح خصوصی بود. اما برای او یادآورنده خاطرات دلپذیر دوران نوجوانی و آغاز جوانی بود و شور و هیجان بسیار در برداشت.

با وجود جنبه «غیررسمی» سفر، برنامه‌اش سنگین بود: دیدارهای رسمی، باریابی مقامات مختلف آن کشور، بازدید از صنایع و دانشگاه‌ها. به یاد جوانی چندین ساعت در خیابان‌های شهر ژنو به گردش پرداخت. در جستجوی خاطرات دورانی بود خوش و بی‌غم.

در روز ۱۸ اوت به رم رسید. رئیس جمهوری ایتالیا و رئیس دولت آن کشور که در حقیقت سکان حکومت به دست او بود، آلچیدو دوگاسپری،[1] از وی در فرودگاه استقبال کردند. در این شهر نیز با کنجکاوی خاصی که در نهادش بود به بازدید بناهای تاریخی و موزه‌ها رفت. سپس از شهرهای فلورانس، ونیز، میلان و ناپل نیز بازدید نمود. گویا از ملاقاتش با پاپ پی دوازدهم[2] در کاخ کاستل گرندولفو[3] خاطره‌ای عمیق داشت. پاپ به شاه ایران مهم‌ترین نشان واتیکان را اهدا نمود.[4] شاه رئیس مملکتی بود که از قرن شانزدهم با واتیکان روابط سیاسی برقرار کرد. امری استثنائی و بدون سابقه در روابط دنیای مسیحی با کشورهای مسلمان.

سرانجام، در ۲۷ اوت ۱۹۴۸ سفر شاه به ایتالیا پایان یافت و وی پس از اقامت کوتاهی در قبرس به ایران بازگشت.

در تهران، مسائل بسیار و شایعات فراوان در انتظارش بودند.

---

1 - Alcido de Gasperi.
2 - Pie XII.
۳ - Castel Gandolfo (اقامتگاه تابستانی پاپ در نزدیکی رم. مترجم)
4 - L'Eperon d'Or.

فصل سوم

ثریا، عشق بزرگ

به هنگام بازگشت به تهران محمدرضا شاه عملاً مجرد بود. فوزیه نخستین همسرش در اواخر بهار ۱۹۴۵ تهران را ترک کرده و دیگر بازنگشته بود. اعلام جدایی رسمی آنان در شرف تکوین بود و در ۱۸ نوامبر ۱۹۴۸ انجام پذیرفت. شایعات بسیاری در مورد زندگی خصوصی شاه وجود داشت. در ایران و به‌ویژه در پایتخت همه مشتاق دانستن جزئیات آن بودند. از «روابط» وی در جراید خارجی گفتگوی بسیار می‌شد. سنت مطبوعات ایران، حتی جراید نزدیک به جناح چپ افراطی و حزب توده، بر آن بود که کاری به کار زندگی خصوصی شخص شاه نداشته باشند. اما روزنامه‌ها و نشریات خارجی که به تهران می‌رسید مملو از اخبار خوش‌گذرانی‌های محمدرضا شاه بود و تصاویری نیز در این زمینه منتشر می‌کردند. بسیاری از ایرانیان از این مطالب و از این تصاویر ناراحت می‌شدند و انتظار داشتند که پادشاه‌شان زندگی خصوصی و خانوادگی منظمی داشته باشد.

در چهارم فوریه ۱۹۴۹، حادثه‌ای بزرگ در زندگی شاه و سیاست ایران روی داد. هنگامی که محمدرضا شاه برای شرکت در مراسم اعطای دانشنامه‌های فارغ‌التحصیلان برجسته دانشگاه به تالار دانشکده حقوق می‌رفت، مورد سوء قصدی قرار گرفت که عامل

اصلی آن حزب توده بود[1].

یکی از اعضای این حزب موسوم به ناصر فخرآرائی با کارت مطبوعات روزنامه کوچکی موسوم به پرچم اسلام در صف نمایندگان و مخبران جراید بود، سلاح کمری کوچک خود را در دستگاه عکاسی‌اش پنهان کرده بود، هنگامی که شاه به نزدیکی‌اش رسید پنج تیر به سوی شاه شلیک کرد که دو تا از آن‌ها به محمدرضا شاه اصابت کرد، یکی به صورتش و دیگری به بازویش. با وجود خونریزی زیاد، شاه اصرار کرد که پانسمان شده، در مراسم شرکت کند. وی را متقاعد کردند که به بیمارستان منتقل شود و چنین شد. جراحاتش نسبتاً سطحی بود و در بیمارستان ارتشی (یوسف‌آباد) مورد مداوا قرار گرفت و سپس به کاخ اختصاصی بازگشت. دلیری و پایمردی وی افکار عمومی را سخت تحت تاثیر قرار داد. اما مسأله تداوم سلطنت و جانشینی او را نیز مطرح کرد. اگر شاه در این سوءقصد جان سپرده بود، چه می‌شد؟

تنی چند از رجال سیاسی موضوع را با خود شاه مطرح کردند. آیت‌الله عظمی بروجردی که مورد احترام و رعایت همگان بود در این زمینه پیامی برایش فرستاد. همگان و از جمله آیت‌الله عظمی از او خواستند که به زندگی خصوصی و خانوادگی خود سر و صورتی بدهد تا به شایعاتی که وجود داشت پایان داده شود. در نهایت امر، شاه از نخستین ازدواج خود خاطره چندان خوشی نداشت و نمی‌خواست بار دیگر تجربه‌ای نافرجام در این زمینه داشته باشد.

ملکه مادر، تاج‌الملوک، بر آن شد که کارها را به دست گیرد. از یکی از اطرافیانش فروغ ظفر بختیاری، فرزند سردار ظفر از سران ایلات بختیاری خواست که در میان دختران برجسته بختیاری همسر مناسبی برای محمدرضاشاه جستجو کند.[2] فروغ ظفر در میان دختران جوان خانواده‌اش به یاد ثریا، فرزند خلیل‌خان اسفندیاری بختیاری افتاد که وی را

۱-پس از شکست طرح تجزیه آذربایجان و منطقه مهاباد، در حالی‌که حزب توده فعالیت‌های سیاسی ظاهری خود را ادامه می‌داد، برای براندازی رژیم دست به عملیات تروریستی زد، یک «کمیته ترور» تشکیل داد که مباشر رهبری این سوء قصدها شد. همه رهبران مهم حزب توده در خاطرات سیاسی خود این نکته را پذیرفته و هر یک دیگران را متهم به مسئولیت آن کرده‌اند. نگاه کنید به خاطرات دکتر فریدون کشاورز، ایرج میرزا اسکندری، دکتر کیانوری، انور خامه‌ای...

۲- بعضی از جزئیات و رویدادهای این فصل از خاطرات ملکه ثریا: Soraya Le Palais de Solitude, Michel Lafon, Paris, 1991 اقتباس شده‌اند.

قبلاً در سوئیس دیده بود و او را به تمام و کمال شایسته معرفی به ملکه مادر و شخص شاه دانست.

تاج‌الملوک تعدادی از تصاویر تازه ثریا را خواست. فروغ ظفر یکی از بختیاری‌ها، گودرز را که عکاس حرفه‌ای و مقیم لندن بود مأمور این کار کرد. در همین گیر و دار فروغ ظفر با شاهدخت شمس خواهر ارشد شاه که موقتاً در لندن بود تماس گرفت و از او خواست که با ثریا که او نیز در پایتخت انگلستان اقامت داشت، ملاقات کند.

شاهدخت شمس، ثریای جوان را که هجده ساله بود[۱]، به یکی از میهمانی‌های خصوصی خود در لندن دعوت کرد. اطرافیان ثریا از اقدامات خشونت‌آمیز رضاشاه با سران ایل بختیاری خاطرات خوشی نداشتند. اما همه این‌ها متعلق به گذشته بود. ثریا به این پذیرایی رفت: «خاویار، شامپاین و همه لذایذ شرقی، شاهدخت شمس در حد اعلای مهربانی بود». شاهدخت و ثریا گفتگوهای زیادی با یکدیگر داشتند، از اصفهان که ثریا در آن‌جا چشم به جهان گشوده بود صحبت کردند، رابطه خوبی میان آن‌ها برقرار شد. شاهدخت ثریا را شب بعد به تأتر دعوت کرد، با هم به دیدن چند نمایشگاه هنری رفتند، چای خوردند. شمس پیامی برای ملکه مادر فرستاد: «نیازی به دیدار دختران دیگر ندارم، گویی ثریا برای این‌که ملکه ایران بشود، زائیده شده، هم بسیار زیبا است، هم رفتار و تربیتی شایسته و برازنده دارد». تصاویری که ملکه مادر خواسته بود در این میان به تهران رسید. شاه که از پیام خواهرش نیز آگاهی یافته بود، خواستار دیدار ثریا در تهران شد. شاهدخت شمس با تدبیر و قدم به قدم عمل کرد. می‌خواست ثریا را بهتر و در همه شرایط و مقتضیات بشناسد. از ثریا دعوت کرد که به همراهش به پاریس برود. وی نیاز به اجازه پدرش داشت. خلیل خان که شاید از طریق فروغ ظفر اطلاعاتی به دست آورده بود موافقت کرد.

ثریا، با اجازه پدر و مادرش، به همراه شاهدخت شمس راهی پاریس شد. برای حفظ شئون و ظواهر یکی از عمه‌هایش نیز او را همراهی می‌کرد. هر سه تن در مهمانسرای کریون[۲] پاریس فرود آمدند و در آن‌جا مستقر شدند. بازدید از نمایشگاه‌ها، صرف چای در

۱- ثریا خود را در این مقطع از زمان شانزده ساله دانسته. این نوشته او چنان درست به نظر نمی‌رسد. وی متولد سال ۱۹۳۲ و در ۱۹۵۰ هجده ساله بود.

۲-Hotel Crillon یکی از مجلل‌ترین مهمانخانه‌های پاریس، که در آن زمان و طی سال‌های متمادی،

چایخانه‌های تجمّلی و اشرافی، خرید از مغازه‌ها و خیاطی‌های مشهور چون دیور[۱]، بالمن[۲]، فات[۳]، سرگرمی اصلی آنان بود.

اقامت آنان پانزده روز به طول انجامید. یک روز هنگام گردش و تفرّج در باغ تویلری[۴]، شاهدخت از برادر تاجدارش سخن گفت، تنهایی وی را مطرح کرد و گفت که «میل دارد یک زندگی گرم خانوادگی داشته باشد» و افزود: «چه خوب بود که دختر جوانی چون شما (ثریا) شریک زندگی او گردد.»

به ثریا تفهیم شد که تصاویر بسیاری از او برای شاه فرستاده شده، که شاهدخت از او مفصلاً با برادرش صحبت کرده و او مشتاق دیدارش است. شاهدخت شمس از ثریا دعوت کرد که به همراهش عازم تهران شود. هم‌چنین به او گفت: «خواهرم اشرف سبب اصلی جدائی ملکه (فوزیه) و برادرم بود، باید از او احتیاط و اجتناب کرد. وی زنی جاه‌طلب است.»

چند روز بعد شمس و ثریا و عمه‌اش عازم تهران شدند. در سر راه تهران هر سه توقفی در رُم داشتند. در این شهر خلیل خان دخترش را در جریان آداب و مراسم درباری گذاشت. هر چه می‌دانست درباره خلقیات و صفات محمدرضاشاه، وضع اطرافیانش و جریان‌های دربار به او گفت. ثریا در خاطراتش می‌گوید که او در این زمینه‌ها به نصایح پدرش توجه زیادی نکرد و رفتار طبیعی، غیرمتکلّف و صمیمانه او بود که محمدرضا شاه را جلب کرد، که در همان «نگاه اول» دلباخته او شد.

ثریا به خانواده‌ای متشخص و محترم تعلّق داشت. پدرش خلیل خان اسفندیاری نوه برادر سردار اسعد یکی از سران جنبش مشروطه ایران بود و بسیاری از این خانواده در سیاست، ارتش و یا زندگی اقتصادی ایران نقش و مقام داشتند.

خلیل خان، تحصیلات خود را در برلن انجام داده بود. در آن‌جا به سال ۱۹۲۴ با

مدعوین رسمی دولت فرانسه در آنجا سکنی داده می‌شوند. کاخ قدیمی محل این مهمانسرا در میدان کنکورد واقع است. (مترجم)

1 -Dior
2 - Balmain
3 -Fath
4 - Tuilleries

دختر خانمی موسوم به اواکارل[1] آلمانی، از تبار بالت، متولد شهر مسکو آشنا شد و در سال بعد با او ازدواج کرد. بعد از پایان تحصیلاتش خلیل خان و همسرش به ایران بازگشتند و در اصفهان، پایتخت پیشین شاهنشاهی ایران مستقر شدند. بسیاری از افراد خانواده‌های مختلف ایل بختیاری در اصفهان مقیم بودند. علاوه بر این، گروهی آلمانی نیز در این شهر می‌زیستند. خلیل خان و همسرش تنها نبودند و احساس تنهایی نمی‌کردند.

ثریا در این شهر در ۲۲ ژوئن ۱۹۳۲ در یک بیمارستان خصوصی انگلیسی[2] متولد شد. ماه‌های نخست زندگی وی در اصفهان گذشت. پدر و مادرش در سال ۱۹۳۳ عازم برلن شدند. شاید خلیل‌خان از مراقبت‌های شدید مأمورین امنیتی درباره افراد سرشناس ایل بختیاری احساس ناراحتی می‌کرد. زندگی در برلن برای این خانواده دلپذیر بود. در این شهر بود که ثریا («رایا»[3] چنان‌که اطرافیانش به او نام داده بودند) با حیوانات انس گرفت. پدر بزرگش فرانز کارل[4] بعداً برای او حکایت کرد که روزی به هنگام گردش در یک باغ عمومی سگی با ظاهر ترسناک به آنان نزدیک شد. همه از این حیوان ترسیدند. اما ثریا به وی نزدیک شد، در آغوشش گرفت و بی‌درنگ این دو با یک دیگر الفت یافتند.

با تمام این احوال، خلیل خان و همسرش از محیط سیاسی برلن و اعتلای قدرت نازی‌ها و سختگیری‌های سیاسی آنان (که مزاحم خانواده اسفندیاری بختیاری نبود) که تشنجی در محیط به وجود می‌آورد ناراحت بودند و در سال ۱۹۳۷ تصمیم به بازگشت به اصفهان گرفتند. محل سکونت آنان در این شهر خانه‌ای بود به اُسلوب نیمه ایرانی، نیمه فرنگی که در باغ مصفائی قرار داشت. ثریا دو سگ داشت که به آنان علاقه فراوان ابراز می‌داشت. پنج ساله بود. از همین زمان چه در زبان فارسی و چه در زبان‌های دیگر لهجه اصفهانی پیدا کرد که هرگز از دست نداد. در همین سال ۱۹۳۷ بود که برادرش بیژن چشم به جهان گشود. ثریا و بیژن تا پایان زندگی ملکه آینده، بسیار به یکدیگر نزدیک بودند.

ده سال بعد در سال ۱۹۴۷، این خانواده پدر، مادر، دختر و پسر به اروپا برگشتند. خلیل‌خان به چند زبان خارجی آشنا بود. در زوریخ مستقر شدند. در آن‌جا خلیل اسفندیاری

---

1 - Eva Karl
2 - English Missionary Hospital
3 – Raya
4 -Franz Karl

نمایندگی چند بازرگان ایرانی را داشت و به کار صادرات و واردات سرگرم بود. همچنین به واردات و فروش قالی به حساب شخصی خود می‌پرداخت. یک زندگی خانوادگی آرام و متعارف. ثریا را به یک مدرسه شبانه‌روزی[1] در شهر مونترو[2] فرستادند. سپس به مدرسه دیگری[3] در شهر لوزان[4] رفت و سپس برای تکمیل زبان انگلیسی در سال ۱۹۵۰ رهسپار لندن شد که در آن‌جا تنی چند از بختیاری‌ها نیز ساکن بودند. در پایتخت انگلستان بود که آشنایی وی با شاهدخت شمس سرنوشت وی را دگرگون کرد.

ثریا در این هنگام هجده سال داشت. دختر خانمی بود به غایت زیبا، بلند بالا، با چشمانی آبی و عمیق که همه را تحت تأثیر قرار می‌داد. زیبائی و جذابیت خاص او، نقاشی‌های کلاسیک ایرانی را به یاد می‌آوردند. چه کسی می‌توانست در برابر جذابیت چنین ماهرخی مقاومت کند؟

ثریا، پس از ورود به تهران در خانه عمویش مستقر شد. در همان شب ورودش با وجودی که خسته بود، شاهدخت شمس او را به ضیافتی نزد ملکه مادر دعوت کرد که در آن‌جا با شاه آشنا شود. «او چون آهن‌ربا مرا جذب کرد. زیبا بود. لبخندی دلنشین داشت. اندامش برازنده و متناسب بود... اقرار می‌کنم که از همان لحظه، از همان نگاه نخست عاشقش شدم.» شاه نیز متقابلاً همین احساس را نسبت به ثریا یافت.

از این پس محمدرضا شاه و ثریا در چهارچوب آداب و رسوم درباری آن روز ایران با یکدیگر دیدار و معاشرت داشتند. آداب و رسومی که موجب ناراحتی و سپس گله ملکه سابق یعنی فوزیه شده بود و سرانجام در جدائی او و محمدرضا شاه بی‌اثر نبود. ثریا از شام‌های خانوادگی یاد می‌کند. همه با احتیاط و رعایت احترام با یکدیگر صحبت می‌کردند. صمیمیت و بگو و بخندی در میان نبود. با آن‌چه ثریا به آن‌ها عادت داشت، تفاوت بسیار بود بعد از شام همه روی مبل‌های سنگین «مانند اطاق انتظار سردفتران اسناد رسمی» می‌نشستند. ملکه تاج‌الملوک و دخترانش در صدر مجلس بودند. حاضران به بازی‌های دسته جمعی، بیشتر سوال و جواب‌های مربوط به جغرافیا، می‌پرداختند.

۱- موسوم به La Printanière

2 - Montreux

3 - Les Roseaux

4 - Lausanne

ثریا می‌نویسد که همه زیرچشمی به او نگاه می‌کردند. جملگی می‌خواستند بدانند و دریابند که آیا قادر به انجام وظایف خود خواهد بود یا نه. زیرا همه حدس می‌زدند که محمدرضا شاه عاشق او شده است.

شبی پدر ثریا نزد او آمد و صراحتاً از او پرسید که آیا حاضر به ازدواج با محمدرضا شاه هست یا نه؟ زیرا فردای آن روز شاه می‌خواست رسماً نامزدی آن دو را اعلام نماید. ثریا به پدرش پاسخ داد «به شاه بگو که آماده‌ام، که همسرش خواهم شد» و اضافه می‌کند که برای نخستین بار عاشق شده بود.

تشریفات نامزدی به سادگی برگزار شد. اوضاع اقتصادی و سیاسی ایران دشوار بود و افکار عمومی ولخرجی‌های بی‌مورد را تایید نمی‌کرد. دربار و دولت نیز نمی‌خواستند مردم را ناراحت کنند. پس از اعلام رسمی نامزدی دیگر شاه و ثریا می‌توانستند آزادانه و بدون حضور شخص ثالث به گردش بروند. اسب سواری که هم شاه و هم ثریا در آن مهارت داشتند تفریح مطلوب آنان بود و نیز پرواز با هواپیما چرا که شاه گواهینامه خلبانی خود را دریافت داشته و خلبان ورزیده‌ای شده بود.

یک روز تصمیم گرفتند به رامسر بروند. رضاشاه در آن اقامتگاه زیبایی ساخته بود که همه به آن کاخ سلطنتی می‌گفتند. ساختمانی بود زیبا با نمای مرمر صورتی، در میان باغ وسیعی پر از درختان پرتقال و دیدی وسیع و لذت‌بخش بر دریای خزر پیدا بود که این باغ سال‌هاست نگاهداری و نظافت نشده و آن را به حال خود رها کرده‌اند. به گردش در باغ پرداختند، محمدرضاشاه مجبور شد با دستان خود در میان انبوه شاخه‌ها برای‌شان راه باز کند. «نمی‌دانم من به سوی او رفتم، یا او به سوی من آمد. به هم نزدیک و نزدیک‌تر شدیم. لب‌های‌مان به هم پیوستند. بوسه‌ای طولانی، خیلی طولانی، خیلی خیلی طولانی، بوسه‌ای عاشقانه اما دور از نگاه دیگران. نخستین بوسه ما».

در این روزها شاه و ثریا به رعایت تشریفات توجهی نداشتند دو جوان، عاشق یکدیگر بودند. از این که با یکدیگر باشند لذت می‌بردند. شاه، به بازی یا عادت معمول خود که پرسش و پاسخ بود می‌پرداخت «عادتی که نزد او واقعاً یک بیماری بود»: نخستین پادشاه قاجار که بود؟ نام همسر لوئی چهاردهم چه بود؟ اسم واقعی راسپوتین[1] چه بود؟...

1 -Raspoutine

قرار بر آن شد که مراسم ازدواج در نخستین روزهای ماه نوامبر ۱۹۵۰ انجام گیرد. با وجود بحران سیاسی و مشکلات اقتصادی که کشور با آن درگیر بود، رجال سیاسی تهران و خانواده‌های آنان، خود را برای شرکت در این مراسم آماده می‌کردند و همه جا گفتگو از این مراسم بود.

ناگهان، در ۲۶ اکتبر ثریا دچار تب و لرز شدیدی شد، تقریباً بی‌حال و بی‌هوش بود. ملکه آینده ایران دچار بیماری حصبه شده بود که در آن موقع در پایتخت ایران شیوع داشت و به صورت تقریباً همه گیر درآمده بود. در تهران شایع شد که شاهدخت اشرف وی را مسموم کرده، چرا که از نفوذ وی بر برادرش که سخت عاشق شده بود، بیم دارد.

بعداً همین شایعات اشرف را متهم کردند که با خوراندن معجون‌های خاص مسئول نازائی ثریا شده است! خود شاهدخت در این باب می‌نویسد: «گرچه من در این زمان غالباً در اروپا بودم، معاندان شایع کردند که من با خوراندن ادویه مخصوص مسئول نازائی ثریا هستم.»[۱]

بهترین اطبای تهران به بالین ثریا که دیگر نامزد رسمی شاه بود. فراخوانده شدند. دکتر کریم ایادی، فارغ‌التحصیل مدرسه پزشکی فرانسه در سال‌های ۱۹۳۰، که از دیرباز طبیب مخصوص محمدرضا شاه بود، معالجه وی را به دست گرفت. استراحت کامل و آنتی‌بیوتیک‌ها را که تازه رواج یافته و اکثر اطبای وقت با آن موافق نبودند تجویز کرد. شاه روزی دو بار به عیادتش می‌رفت، آن قدر متأثر و نگران بود که چند بار در حضور نزدیکانش به گریه افتاد که مبادا خطری متوجه ثریا باشد.

این رفتار از مردی همواره مسلط بر اعصابش و مراقب حفظ ظواهر، نشانه عشق وافری به ثریا بود. حال ثریا اندک‌اندک بهبود یافت، اشتهای خود را بازیافت، در خوردن خاویار، شکلات‌های سوئیسی و غذاهای لذیذ افراط کرد و.. دوباره بیمار شد. این بار دچار ناراحتی جهاز هاضمه و ذات‌الریه شده بود... سه روز بین مرگ و زندگی بود. محمدرضا شاه دقیقه‌ای بالین او را ترک نمی‌کرد و همیشه در کنارش بود، واقعاً تسلط بر اعصابش را از دست داده بود. بار دیگر دکتر ایادی وی را نجات داد. ثریا بهبود یافت اما لاغر، بی‌نهایت خسته و فرسوده شده بود. این بار دکتر ایادی داروهای مقّوی و رژیم غذائی خاصی به وی

۱- متن ذکر شده، صفحه ۱۳۶

تجویز کرد و سرانجام پس از چند هفته ثریا بار دیگر به «دنیای زندگان» بازگشت. همه در دربار نفس راحتی کشیدند.[۱] مردم برای نامزد شاه دلسوزی می‌کردند و ترحم آن‌ها باعث محبوبیت وی در میان همگان شد، حتی قبل از آن که ملکه ایران شود.

سرانجام تاریخ مراسم ازدواج برای ۱۲ فوریه ۱۹۵۱، در کاخ مرمر معیّن شد. این کاخ که ۳۰۰۰ متر مربع زیربنا داشت در میان باغی مصفا واقع و در زمان رضاشاه با الهام از سلیقه خاص ایرانی او ساخته شده بود. هزار و ششصد تن به این مراسم دعوت شده بودند. شاه و نامزدش در کنار یکدیگر بر کاناپه‌ای نشستند. در مقابل آنان میزی مملو از شیرینی‌های ایرانی، تکه بزرگی نان، چندین تخم‌مرغ رنگ کرده، دو شمعدان یکی نقره و آن دگر طلا، سبزی‌های مختلف، یک کاسه نبات، سکه‌های طلا و البته یک مجلّد از قرآن، گذاشته شده بود. دو روحانی بزرگ تهران عقد ازدواج را جاری کردند.[۲]

پس از انجام مراسم عقد، بر طبق سنن ایرانی ملکه مادر ظرف کریستال زیبائی را که پر از سکه‌های طلا و چند تکه قند بود بر سر عروس و داماد گرفت. اندکی قند سابیده به سرشان ریخت و سکه‌ها را پخش کرد. همه این‌ها همراه با عباراتی مشتمل بر آرزوی سعادت و پرباری ازدواج آنان.

ملکه ثریا بعداً در خاطرات خود نوشت: این کار خوش یُمن نبود. می‌بایست طبق سنن بانویی را که در زندگی زناشوئی‌اش خوشبخت بوده برای این کار انتخاب می‌کردند که ملکه تاج‌الملوک در این وضع نبود.

پس از پایان این تشریفات، گروهی از مدعوین به اطاق مجاور رفتند که در آن بعضی از هدایایی که به داماد و عروس ارزانی شده بود، به معرض تماشای مدعوین گذاشته بودند. از آن جمله بود که یک جفت گلدان بلور (کریستال) از جانب شاهدخت اشرف و ظرف کریستال مجللی که هدیه رئیس‌جمهوری آمریکا هاری ترومن.

اندکی بعد برای شرکت در ضیافتی مجلّل، عروس و داماد و مدعوین رهسپار کاخ گلستان شدند. کاخی از زمان قاجار، در بهار و تابستان باغ وسیع کاخ که وجه تسمیه آن نیز هست، پر از گل‌های زیبا است و نغمه فوّاره‌های کوچک در میان حوضچه‌ها و آب‌نماهای

۱- بیشتر این جزئیات از خاطرات ثریا، متن ذکر شده، اقتباس شده.
۲- این جزئیات از خاطرات ملکه ثریا و شاهدخت اشرف اقتباس شده

مینای آن به گوش می‌خورد، درختانش پر برگ و شکوفا هستند. مجموعه‌ای مصفا، منوّر و دلنشین. اما در این نیمه زمستان باغ غمگینی بود، حوضچه‌ها و آب‌نماها یخ زده بود، نغمه فوّاره‌ها شنیده نمی‌شد، پرندگان بر درخت‌ها ننشسته بودند. ثریا بعداً از خود پرسید که آیا این نیز علامت بدی نبود، بد یُمن نبود؟

هنگامی که عروس و داماد به میان جمعیت آمدند. همه مدعوین سریعاً متوجه خستگی ثریا شدند که بعد از دوران بیماری و نقاهت دیگر رمقی نداشت. لباس عروس ثریا را کریستیان دیور[1] ساخته و پرداخته بود و ملیله‌دوزی آن بسیار سنگین بود.[2] شاه و دکتر ایادی ترتیبی دادند که خیاط قابلی در آخرین دقیقه آن را کوتاه کند که تحمل بار سنگین آن آسانتر شود. با این حال ملکه دچار سرگیجه بود. دکتر ایادی به وی تجویزکرد که گه‌گاه معجون و نمک‌های خاصّی را که به وی داده بود، استنشاق کند که از حال نرود[3]. به این ترتیب با وجود خستگی و ضعف فراوانی که داشت دوام آورد و با مدعوین رفتاری شایسته و برازنده داشت. در ساعت ۲ بامداد، ضیافت به پایان رسید. شاه و ملکه ثریا رهسپار کاخ اختصاصی شدند، در راه محمدرضا شاه به همسرش گفت: «حال دیگر شما ملکه یک کشور بیست میلیون نفری هستید.»[4]

به کاخ که رسیدند، مستخدمه‌ای لباس سنگین عروسی را از تن ثریا درآورد و لباس خوابش را بر او پوشاند و کفش راحتی‌های «بسیار نازیبائی» را به پاهایش کرد. چند دقیقه بعد شاه به وی ملحق شد و سرانجام دو همسر جوان تنها شدند. «شبی پر از هیجان و لذت بود. هر دوی ما در این شب سیزدهم فوریه غرق دریای خوشبختی و لذایذ آن شدیم...»[5]

ثریا همیشه آرزو داشت که ماه‌عسلش را در جزیره کاپری[6] بگذراند. با کشتی کوچکی در آب‌های اطراف آن گردش کند، رمان‌های موریس دکبرا و پی‌یر بنوار[7] را در آن‌جا بخواند. میان آرزوها و رویاهایش با واقعیات ممکن فاصله بسیار بود. حال مزاجی ملکه

1 - Christian Dior

۲- خاطرات شاهدخت اشرف و ملکه ثریا، متون ذکر شده
۳- خاطرات ملکه ثریا، متن ذکر شده
۴- همان منبع
۵- همان منبع
۶-Capri، جزیره‌ای زیبا در دریای مدیترانه، نزدیک به سواحل جنوبی ایتالیا (مترجم)
۷- Maurice Dekobra (۱۸۸۵-۱۹۷۳) و Piere Benoit (۱۸۸۶-۱۹۶۲) دو رمان‌نویس معروف فرانسه در نیمه قرن بیستم، دوّمی عضو فرهنگستان فرانسه نیز بود.

امکان سفر طولانی به وی نمی‌داد. اوضاع داخلی نیز رو به آشفتگی می‌رفت و دوری شاه از وطنش به مصلحت نبود. ناچار به اقامتی کوتاه در ارتفاعات پربرف شمال تهران رضایت دادند. ثریا در خاطراتش می‌نویسد: «من او (شاه) را دیده بودم که با چه مهارتی هواپیمای خود را می‌راند، توانائی او را در سوارکاری مشاهده کرده بودم. در این مسافرت متوجه شدم که اسکی‌بازی است استثنائی که می‌تواند هم‌آورد برجسته‌ترین قهرمانان شود. او در همه رشته‌ها، ورزشکاری به تمام معنای کلمه بود.» اما در این لذایذ نیز برای ملکه جوان که دوران نقاهت را می‌گذراند امکان مشارکت نبود. اطباء وی را از اسکی و حتی از گردش در برف نهی کرده بودند، مبادا دچار سرماخوردگی شود و ناراحتی‌های ریوی وی عود کند. از دور، همسرش را نگاه می‌کرد و حسرت می‌خورد.

این ماه عسل نیز دیری به طول نیانجامید. در روز هفتم مارس ۱۹۵۱ سپهبد رزم‌آرا نخست‌وزیر به دست یکی از اعضای گروه فدائیان اسلام[1] به قتل رسید. شاه ناچار شد عاجلاً به تهران باز گردد. زندگی زناشوئی ملکه ثریا در شرایطی دشوار آغاز شد. طی مدت دو سال زندگی او پر از نشیب و فرازهای سیاسی گردید: ابتدا روزهای پرهیجان نهضت ملی ایران و ملی شدن نفت که شاه بی‌چون و چرا از آن حمایت می‌کرد و با رهبرش دکتر مصدق همراه و هماهنگ بود. سپس دشواری‌های اقتصادی و سیاسی که پدیدار شدند، اجبار به فرار از ایران، روی کار آمدن سپهبد زاهدی که سلطنت را نجات داد و بازگشت آنان را به ایران میّسر ساخت.

به هر حال، می‌بایست در کاخ سلطنتی تهران و سپس در سعدآباد زندگی کنند و ثریا می‌بایست به این زندگی سر و صورت دهد. آشپزی کاخ و غذاهایی که به شاه و ملکه می‌دادند مطبوع طبع ثریا نبود. ملکه، دو آشپز کاخ را مرخص کرد و صورت غذاها را تغییر داد. همچنین شرکت فرانسوی ژانسن[2] را مأمور تغییر تزئینات داخلی و معماری کاخ سلطنتی کرد که از زمان رضاشاه بجا مانده بود و با سلایق او به هیچ‌وجه منطبق

۱- گروه اسلامیون افراطی که با الهام از اخوان‌المسلمین مصر توسل به آدم‌کشی‌های سیاسی و اعمال خشونت را به عنوان رویه اصلی «فعالیت» خود انتخاب کرده بودند. (مترجم)

۲- موسسه ژانسن به سال ۱۸۸۰ در پاریس به وسیله یک طراح و مبل‌ساز هلندی ژان هانری ژانس Jean Henri Jansen بنیان نهاده شد. به مناسبت نمایشگاه بین‌المللی سال ۱۸۸۹ پاریس شهرتی جهانی یافت. سبک مبل‌ها و تزئیناتی که ارائه می‌داد (و می‌دهد) مخلوطی است از اسلوب‌های هولیوود، قرن هجدهم فرانسه و مبل‌های روستائی. موسسه ژانسن به زودی مشتریان فراوان پیدا کرد. از جمله در زمان ریاست جمهوری کندی تزئینات داخلی کاخ سفید واشنگتن را به این موسسه تفویض کردند.

نبود. این تغییر و تبدیل‌ها خوش آیند بسیاری از درباریان و اعضای خانواده سلطنتی واقع نشد. روابط ثریا و ملکه مادر به تدریج رو به سردی گرائید. ملکه تاج‌الملوک توقّع داشت که عروسش، همسر «پسرش» هر روز به دیدارش برود. ثریا می‌خواست ملکه باشد، نه عروس ملکه مادر. ناچار مقام تشریفاتی وی بر همسر رضاشاه که رو به پیری می‌رفت سبقت گرفت و او توقع دیدارهای روزانه را رعایت نکرد. با این حال هر دو کوشیدند که ظواهر را حفظ کنند. شاهدخت شمس همیشه با او در نهایت مهربانی بود. ولی افراط در این مهربانی و توجه ثریا را خسته کرد و به او حساسیتی داد. شاید ثریا تصور می‌کرد که هدف و منظور اصلی شمس این است که وی را از خواهرش برحذر و دور نگاه دارد. «این دو خواهر دشمن یکدیگر»، با یکدیگر در مبارزه و رودررویی دائم بودند. «شمس که پراحساس‌تر بود می‌خواست دوستی مرا (ثریا را) جلب کند و برای خود نگاه دارد. اشرف می‌خواست مقام و قدرت مرا داشته باشد[1]».

ملکه ثریا ذکاوت استثنائی و زندگی پرماجرای شاهدخت اشرف را به دیده ستایش می‌نگریست. ولی روابطشان به سرعت رو به سردی گرائید و تیره شد. «ما هرگز با یکدیگر علناً ستیزه و مشاجره نکردیم. اشرف به قدر کافی باهوش بود که به این کار دست نزند. من بیش از هر چیز به همسرم وفادار و مواظب شئون بودم، پس از این نوع برخوردها اجتناب می‌ورزیدم[2]». با این وجود، طبق روایات قابل وثوقی که از درباریان آن زمان در دست است، روابط آنان به آن‌جا رسید که دیگر حتی با یکدیگر صحبت نمی‌کردند («قهر بودند») و ثریا موفق شد که همسرش را از شرکت در پذیرایی‌های اشرف منصرف کند. بحران نفت تا حدی مسأله را حل کرد چرا که مصدق اشرف را مجبور به ترک ایران کرد و او در پاریس رحل اقامت افکند.

فضای دربار سنگین و غیرقابل تحمل شده بود. شاه نمی‌خواست که برخلاف میل ثریا، که عمیقاً دوستش می‌داشت هیچ‌کاری انجام دهد. ثریا بیشتر به فعالیت‌های خیریه، بازدید از درمانگاه‌ها و شیرخوارگاه‌ها و مدارس می‌پرداخت و برخلاف شهبانو فرح دیبا که سال‌ها بعد جانشینش شد در امور سیاسی دخالت نمی‌کرد. ولی در سفرهای شاه به استان‌ها و شهرستان‌های کشور غالباً همراهش بود.

۱- خاطرات ملکه ثریا، منبع ذکر شده
۲- همان منبع

خوشـــی و انبساط خاطر زوج سلطنتی مشـــهود خاص و عام بود. ملکه در خلوت همســـرش را «موشـــی» می‌خواند و شاه او را ثریا. همیشه دســـت به دست به گردش یا حتی به بازدیدهای رســـمی می‌رفتند. در خلوت به فرانسه گفتگو می‌کردند و یکدیگر را «تو» خطاب می‌نمودند. در مراســـم تشریفاتی و در حضور دیگران به کار بردن اصطلاح «اعلیحضرت» و «علیاحضرت» الزامی بود.

ثریا در همه جا بود و تصاویرش در همه جا به چاپ می‌رسید. در مجلات ایتالیایی، فرانسوی، آمریکایی، آلمانی... از آن جمله به هنگام افتتاح آرامگاه نوبنیاد سعدی در اول مه ۱۹۵۲ که بازتاب جهانی داشت.

به این قرار زندگی زناشـــویی آنان هفت ســـال در تفاهم متقابل و وفاداری کامل به یکدیگر گذشـــت. محمدرضا شاه، عاشـــق ثریا بود و به او وفادار ماند. در این نکته همه درباریان و همه روایات اتفاق‌نظر دارند.

تصویر زندگی محمدرضا شاه و ثریا برای دیگران، چه مردم ایران و چه در مطبوعات بین‌المللی حکایت از خوشـــبختی و عشق متقابل داشت و چنین هم بود. اما اندک‌اندک نوعی نگرانی در میان آن دو و در دربار ایران پدیدار شد. ملکه ثریا هنوز باردار نشده بود و تاج و تخت ایران وارثی نداشت. پس از سال ۱۹۵۴ شاه و ملکه ثریا در مقام جستجوی علت این امر افتادند. محمدرضا شاه قبلاً بچه‌دار شده بود و ناچار شبهه نازائی متوجه ملکه شد. مشاوره با اطباء در خارج آسان‌تر بود و سر و صدای آن بلند نمی‌شد، یا هنوز نمی‌شد. بنابراین از هر سفری استفاده کردند که ثریا از پزشکان صاحبنظر در این مورد مشورت کند.

نخســـتین سفر رســـمی آنان به خارج در پنجم دســـامبر ۱۹۵۴ آغاز شد. دربار یک هواپیمای چهار موتوره شـــرکت هلندی K.L.M را بـــه ۱۴۰۰۰ دلار کرایه کرد.[۱] و زوج ســـلطنتی و همراهان‌شان با آن رهسپار خارج شدند. نخستین توقف آنان در بیروت بود. رئیس‌جمهور وقت لبنان کامیل شمعون که دوست ایران و به‌ویژه دوست نزدیک سپهبد زاهدی نخست‌وزیر بود از آنان به اتفاق همه اعضای دولتش استقبالی بسیار باشکوه به‌عمل

۱- بســـیاری از جزئیات اتفاقاتی که در این سفر افتاد، گذشته از گزارش‌های رسمی که در جراید ایران به طبع می‌رســـید، در خاطرات ملکه ثریا (منبع ذکر شده) و همچنین در خاطرات اردشیر زاهدی که در آن موقع آجودان کشوری و همراه زوج سلطنتی بود درج شده که از آنها بهره گرفته‌ایم.

آورد.

شاه و ملکه از بیروت عازم آمستردام شدند. در فرودگاه آن شهر خانواده سلطنتی هلند به استقبال آمده بودند و ناهار مجلّلی در همانجا به افتخارشان ترتیب دادند. جهان غرب می‌خواست علاقه خود را به بهبود روابطش با ایران پس از ختم ماجرای مصدق نشان بدهد و این نخستین گام بود.

در روز ششم دسامبر شاه و ملکه به نیویورک رسیدند و در مهمانسرای معروف والدرف آستوریا[1] رحل اقامت افکندند. شاه، چنان‌که می‌دانیم یک بار به آمریکا سفر کرده بود. اما برای ملکه ثریا این بار اوّل بود، «من بلافاصله از نیویورک خوشم آمد. شهری که می‌توان در آن به صورت ناشناس و بدون مزاحمت روزنامه‌نویسان کنجکاو به گردش پرداخت. سایه ابرها بر آسمانخراش‌های شهر منظره‌ای در شأن تابلوهای نقاشی ماگریت[2] به وجود می‌آورد.»[3]

در نیویورک نخستین معاینات طبی از ملکه ثریا انجام شد. این معاینات نمی‌توانست پنهان بماند. در تهران اعلام شد که پنج پزشک برجسته آمریکایی در یکی از بیمارستان‌های بزرگ نیویورک شاه را مورد معاینه قرار داده و اعلام داشته‌اند که حال مزاجی‌اش کاملاً عادی است! مقصود آن بود که توجه را از ملکه منحرف کنند. ولی کسی فریب نخورد. معاینات برای ثریا چندان مطلوب نبود و نمی‌توانست باشد.

نتیجه آن‌ها این بود که همه چیز کاملاً عادی است و با گذشت زمان ثریا می‌تواند باردار شود. بعضی از پزشکان نظر دادند که با یک عمل جراحی ساده و کوچک مشکل حل خواهد شد. اما ملکه ایران بی‌درنگ با این فکر مخالفت کرد.[4]

پس از نیویورک نوبت به واشنگتن رسید. مرحله رسمی مسافرت. رئیس‌جمهوری هواپیمای خود را برای شاه و ملکه ایران به نیویورک فرستاد و با این هواپیما بود که آن‌ها،

---

1 - Waldorf Astoria

۲- Magritte نقاش معاصر معروف بلژیکی (مترجم)

۳- خاطرات ملکه ثریا، متن ذکر شده

۴- پس از جدائی محمدرضا شاه و ملکه ثریا، دیگر نامی از وی در انتشارات و اسناد رسمی دولتی ایران برده نشد. در گاهنامه پنجاه سال شاهنشاهی پهلوی، همه جزئیات این امر مندرج است. اما ملکه همراه شاه نیست. گوئی اصولاً وجود ندارد. با ملکه فوزیه نیز چنین کردند!

در روز سـیزدهم دسـامبر به پایتخت ایالات متحده وارد شـدند. ریچارد نیکسون نایب رئیس‌جمهوری از آنان در فرودگاه استقبال کرد و پرزیدنت آیزنهاور و بانو، در مدخل کاخ سـفید. رئیس‌جمهوری و بانو به افتخار آنان ضیافتی به ناهار ترتیب دادند و جان فوستر دالس[1] وزیر امورخارجه شامی باشکوه ترتیب داد.

در روز ۱۷ دسامبر، زوج سلطنتی به سانفرانسیسکو رسیدند. می‌بایست شب کریسمس را نزد راندلف هرست[2] سرمایه‌دار معروف که مالک تعدادی از جراید مهم بود بگذرانند. حادثه‌ای جریان عادی این پذیرایی را به هم زد. ظاهراً بر اثر یک بی‌احتیاطی آب از سقف تالار ناهارخوری ساختمان (که عمارتی قدیمی بود) گذشت و میز مجللی را که برای شام چیده بودند، کثیف کرد. میزبانان مجبور شدند برنامه صرف مشروب (کوکتل) قبل از شام را یک ساعت بیشتر از آن‌چه مقرّر بود طول دهند تا میز شام دوباره آماده شود!

بعد از شام راندلف هرست میهمانان خود را به اطاق خواب‌شان هدایت کرد و به آنان گفت که در تختخواب «دیوبری»[3] رفیقه[4] لوئی پانزدهم خواهند خوابید. کاشـف به عمل آمد که مقصود مادام دوباری[5] است. شاه و ملکه بسیار از این بیان خندیدند در مجموع با وجود ماجرای تأخیر شام، شب خوبی گذرانده بودند.

فردای آن، ۲۵ دسامبر، برای اقامتی طولانی به لس‌آنجلس رفتند. برنامه اقامت بیشتر رفت و آمدها و ضیافت‌های تشریفاتی و بازدید از استودیوهای سینمایی هولیود اختصاص داشت. بازدید برای هر دوی آنان تازگی داشت و با خوشی و لذت همراه بود. هنرپیشگان مشـهور بسیاری به دیدارشـان آمدند، یا آنان را به اقامتگاه‌های خود دعوت کردند. از آن جمله جودی گارلاند[6]، باربارا استاینویک[7]، گریر گارسون[8] و کیم نُواک[9]. ملکه ثریا به خوبی می‌دانست که در جراید غرب، از رابطه عاشقانه بعضی از آن‌ها با محمدرضا شاه گفتگوی

1 - John Foster Dalles
2 - Randolph Hearst
3 - Dioubeyri
4 - Girl Friend
5 - Madame Du Barry
6 - Judy Garland
7 - Barbara Steinwik
8 - Greer Garson
9 - Kim Novak

بسیار شــده و ظاهراً این شایعات نادرست هم نبوده است.[۱] متوجه شد که «همسرش به بعضی از این ســتاره‌های مشهور با نظری عاشــقانه نگاه می‌کند.»[۲] متقابلاً باید گفت که رابرت تایلور[۳] و گاری کوپر[۴] نیز چشــم از ملکه ایران برنمی‌داشتند و در ستایش زیبائی و جذابیت وی ســخن می‌گفتند. همه این‌ها بازی‌هایی بیش نبود. ملکه ثریا در خاطراتش یادآور می‌شود که «طی این روزها و شب‌ها رفتار شاه با وی بیش از همیشه گرم و عاشقانه بود». اما انتظار بارداری ملکه هم‌چنان آن‌ها را نگران می‌کرد، شــب‌ها، هفته‌ها و ماه‌ها را می‌شمردند و چشم به راه بودند.

مســافرت ادامه یافت: فلوریدا، آیداهو، تگزاس، دترویت، شیکاگو... همه جا بازدید از مراکز صنعتی، تاسیسات نظامی، کارگاه‌های ساختمانی، بنیادهای تحقیقاتی در برنامه‌ها پیش‌بینی شــده بود. شاه که دیگر می‌دانست می‌خواهد و بر آن است که نه تنها سلطنت بلکــه حکومت کند، آرزوهــای دور و دراز و بلندپروازی‌های خــود را برای ایران پنهان نمی‌کرد. او می‌دانست که در پی موافقت‌نامه‌های نفتی که امضاء شده[۵] ایران امکانات مالی وســیعی برای تحقّق برنامه‌های بزرگ توسعه و عمران خواهد داشت. هیچ چیز را برای ایران زیادی نمی‌دانست، آرزوها و خواسته‌هایش برای وطن گاهی شگفت‌انگیز بود و گاه هراس می‌آورد.

در بازگشت به نیویورک، دانشگاه معروف و معتبر کلمبیا[۶] درجه دکترای افتخاری به محمدرضا شاه تقدیم داشت. نخستین عنوان دکتری افتخاری در شمار بسیاری دیگر. در این شهر شاه و ملکه با گریس کلی[۷] دیدار داشتند. باز ثریا به یاد آورد که مطبوعات غرب درباره رابطه‌ای عاشقانه میان همسرش و این ستاره زیبای هالیود، که هنوز همسر پرنس موناکو نشده بود، بسیار نوشته بودند. می‌بایست گذشت و چشم پوشید...

قبل از ترک آمریکا، باز برنامه‌های تشریفاتی بسیار در انتظار شاه و ملکه ایران بود. از

۱- می‌تواند اشاره‌ای به کیم نواک باشد. (مترجم)
۲- خاطرات ملکه ثریا

3 - Robert Taylor
4 -Gary Cooper

۵- به فصول بعدی نگاه کنید. اشاره است به قرارداد با کنسرسیوم (مترجم)

6 - Columbia
7 - Grace Kelly

جمله ضیافت فرماندار ایالت نیویورک آورل هاریمان[1] که قبلاً به ایران آمده بود و آن‌ها را خوب می‌شناخت[2] پذیرایی شکوهمند شهردار نیویورک رابرت واگنر، ملاقات و صرف غذا با نویسندگان و مدیران نیویورک تایمز[3]، مصاحبه و گفتگو در باشگاه مطبوعات... ثریا در خاطراتش از دیدار پر شـــور و هیجان آنان با پانصد تن دانشجویان ایرانی یاد می‌کند. همه جا شاه از برنامه‌ها و آرزوهای خود برای ایران سخن می‌گفت. همه جا به وابستگی کشورش به «دنیای آزاد» اشاره می‌کرد. همه جا ثریا در کنارش بود، وظایف ملکه و نماینده ایران را به تمام و کمال انجام می‌داد. آشـــنایی کامل به زبان انگلیســـی همه را به ستایش وامی‌داشت. زیبائی او، چشمان عمیق و خیره‌کننده‌اش، در جراید مورد بحث بود. گاهی از او بیش از همسرش صحبت می‌کردند...

ســـفر آمریکا بیش از دو ماه به طول انجامید. ایران آرام بود. سپهبد زاهدی با قدرت و تدبیر ســـکان حکومت را در دست داشت. شاه نیز آسوده خاطر بود. در روز ۱۲ فوریه ۱۹۵۵، شاه و ملکه با کشتی اقیانوس‌پیمای بزرگ کوین‌مری[4] از نیویورک عازم اروپا شدند. پنج روز بعد «کوین مری» در بندر ســـاتهامپتون[5] پهلو گرفت. بازگشت به انگلستان برای ثریا بسیار خاطره‌انگیز بود. دختر جوان دانشجویی از آن کشور رفته بود و اکنون ملکه و مظهر کشـــور بزرگی با آینده‌ای درخشان به آن‌جا باز می‌گشت. سفر انگلستان برای شاه معنی و مفهومی سیاسی داشت. بعد از جلب موافقت و تائید آمریکاییان نسبت به سیاست خود و آینده‌ای که برای ایران ترسیم کرده بود. اکنون نوبت بریتانیای کبیر بود. به همسرش گفت «با انگلیس‌ها کار و دشـــوارتر خواهد بود، انگلیس‌ها مغرور و تلافی‌جو هســـتند. مسلماً شکستی را که در ماجرای ملی شدن نفت و اخراج از آبادان از ما خوردند فراموش نکرده‌اند. اما می‌دانند که باید با ما کنار بیایند. از محبت و عنایت به آنان دریغ نکنید».

انگلیس‌ها در جســـتجوی تجدید روابط حســـنه با ایران بودند. هنگامی که کشـــتی کوین‌مری در بندر ســـاتهامپتون پهلو گرفت، لرد لوئی مونت باتن[6] شـــخصیت برجسته سیاســـی و نظامی آن کشـــور و عموی همسر ملکه به استقبال‌شان آمده بود که عملی بود

1 - Averll Hariman

۲- نگاه کنید به فصل بعدی.

3 - New-York Times

4 - Queen Mary

5 - Southampton

6 - Lord Louis′ Mountbatten

کاملاً اسـتثنائی و نشان از ابراز احترام بسیار داشت. در ایستگاه ویکتوریای لندن، عموی ملکه دوک اف گلاستر[1] با جمعی از رجال طراز اول بریتانیائی به استقبال آمده بودند. دوک اف گلاستر شخصاً زوج سلطنتی ایران را تا اقامتگاه سفیر ایران در لندن همراهی کرد. شاه و ملکه در آنجا فرود آمدند. فردای آن روز الیزابت دوم ملکه بریتانیا و همسرش پرنس فیلیپ ضیافتی مجلل در کاخ بوکینگهام ترتیب داده بودند. چرچیل که بار دیگر نخست‌وزیر بود و وزیر خارجه‌اش آنتونی ایدن نیز حضور داشتند. اما چون ملکه غیرمسئول بود و سـلطنت می‌کرد نه حکومت، در حضورش هیچ اشاره‌ای به مسائل سیاسی نشد. بعد از پایان ضیافت دو فرزند خانواده سـلطنتی انگلیسی پرنس چارلز[2] و پرنسس آن[3] آمدند و به شـاه و ملکه ایران معرفی شـدند. محمدرضا شاه نگاهی پرمعنی به ملکه ثریا کرد. در انتظار آن بود که او نیز وارثی برای تاج و تخت خود داشته باشد. قرار بود که ثریا با چند متخصص بزرگ انگلیسـی در این باره مشورت کند، که کرد. همه چیز بدون سر و صدا انجام شـد. نظر آنان روشـن و بی‌چون و چرا بود: ملکه ایران مساله‌ای ندارد، باید انتظار کشید.

در روز ۱۶ فوریه ملکه مادر الیزابت، «زنی سـالخورده و پرمحبت».[4] از شـاه و ملکه ایـران برای صرف چای دعوت کرد. آیا ثریا می‌توانسـت حتی تصور کند که این «زن سالخورده» سال‌ها بعد از مرگ او خواهد زیست؟

ملاقات‌ها، ضیافت‌ها، دیدارها و بازدیدهای رسمی بار دیگر از سر گرفته شد. از جمله ضیافت شـام وینستون چرچیل، که دوباره به جای آتلی رئیس دولت شده بود به افتخار شاه و ملکه ایران و همراهانشان. کلمنت اتلی، رهبر حزب کارگر که پس از جنگ جای چرچیل را گرفته بود و اکنون دیگر بار جای خود را به او داده بود جزو مدعوین بود. به هنگام صرف غذا چرچیل و اتلی مرتباً با هم شوخی می‌کردند. شاه از این نوع رابطه که در ایران کمتر مرسوم بود، اندکی به تعجب افتاد.

اما ضیافت نخست وزیر بریتانیا، تبدیل به نوعی شکنجه یا لااقل رنج و زحمت برای

---

1 - Duc of Glocester
2 - Prince Charles.
3 - Princesse Anne.

۴ - خاطرات ملکه ثریا.

شاه و ملکه ایران شد. چرچیل تقریباً کر بود «اثر غیرقابل جبران و درمان سن و سال» چنان که خود می‌گفت. حاضر نبود سمعک به گوش بگذارد. همه مجبور بودند برای آن که او چیزی بشنود فریاد بزنند. سوالاتی می‌کرد، اما جواب‌ها را نمی‌فهمید، چون نمی‌شنید. در نتیجه خودش بیش از دیگران آن هم به صدای بلند حرف می‌زد و تقریباً متکلم وحده بود.

در مراجعت به اقامتگاه سفیر ایران، شاه و ملکه خسته و مستأصل بودند و تقریباً چیزی هم نخورده بودند. هم خسته بودند و هم گرسنه. اردشیر زاهدی به مهمانسرای بزرگ دورچستر[1] که خودش در آن‌جا اقامت داشت رفت. مقدار زیادی غذاهای سرد، انواع پنیر و شیرینی و چند بطری شراب مرغوب فراهم کرد و به اقامتگاه شاه و ملکه ایران آورد. همه به دور میز نشستند و با اشتها به صرف غذا پرداختند. خستگی‌ها کم کم فراموش شد.[2]

در روز ۲۳ فوریه ۱۹۵۵ شاه و ملکه و همراهانشان، این بار با هواپیما، عازم آلمان شدند. شورای سلطنت که در ایران طبق قانون اساسی وظایف شاه را ایفا می‌کرد در مورد ضرورت این مسافرت ابراز تردید کرده بود. بعضی گفته بودند که شاید سفر رئیس مملکت به آلمان هنوز زود باشد. از پایان جنگ حتی ده سال هم نگذشته بود! نظر سپهبد زاهدی جز این بود و طبیعتاً همه آن را پذیرفتند. رئیس دولت راساً تصمیم گرفت که قبل از ورود شاه و ملکه به آلمان، همه محدودیت‌هایی که از زمان جنگ برای آلمان‌ها وجود داشت لغو شود، محل سفارت آن کشور در ایران و اقامتگاه سفیر در شمیران که در اختیار دولت بود به جمهوری آلمان فدرال مسترد شد. کمتر کشوری تا آن زمان چنین اقدامی کرده بود و تصمیم سپهبد زاهدی مقدمه مناسبی برای سفر شاه و ملکه ایران به آلمان بود و با حسن تلقی مواجه شد.

هواپیمای حامل شاه و ملکه ایران در فرودگاه هامبورگ بر زمین نشست و آن‌ها مستقیماً رهسپار هتل آتلانتیک،[3] بزرگ‌ترین و مجلل‌ترین مهمانسرای آن شهر شدند. در مقابل مهمانسرا، جمع کثیری گرد آمده نسبت به ثریا ابراز احساسات می‌کردند. ثریا می‌نویسد: «آن‌ها برای ملکه ایران کف نمی‌زدند. نسبت به دختر آلمانی که رفته بود و اکنون

---

1 - Dorchester.

۲ - خاطرات اردشیر زاهدی.

3 - Hotel Atlantic.

به کشورش باز می‌گشـــت ابراز احساسات می‌کردند». محمدرضا شاه به او گفت: «آن‌ها برای تو ابراز احساسات می‌کنند. برو و تشکر کن» و می‌افزاید: «در نگاه او دیدم که از این وضع دلخوش نیست. تحمل نمی‌کند که کس دیگری در رده اول باشد و او در سایه قرار گیرد». ثریا حق داشت. این هم از خصائص اخلاقی شاه بود. قبول نمی‌کرد و برنمی‌تافت که کس دیگری، حتی همسرش، از او بیشتر جلب توجه کند. قوام و مصدق این خصلت را آزموده بودند و چند روز دیگر نوبت سپهبد زاهدی بود.

اقامت محمدرضا شاه و ملکه ثریا در آلمان دو هفته به طول انجامید از کُلن، مونیخ، بادن بادن، و البته بُن پایتخت «آلمان غربی» بازدید کردند. شـــاه در آلمان با صدراعظم آن کشور کنراد آدنائور[1] ملاقاتی طولانی داشت و همچنان ثریا با متخصصان پزشکی دست به گریبان بود.

در این جا نیز به او گفتند که مشکلی ندارد و مساله نازائی او موقت است و با گذشت زمان حل خواهد شد.

به مناســـبت مسافرتش به آلمان، سپهبد زاهدی مصراً از شاه خواست که با دخترش شاهدخت شهناز که در لیژ بلژیک بود ملاقاتی داشته باشد. محمدرضا شاه اندکی تردید از خود نشان داد. پاسخ سپهبد زاهدی قاطع بود: «حتی قابل تصور هم نیست که شما به اروپا بیائید و دختر خود را نه‌بینید. چنین رفتاری برای ایرانیان غیرقابل فهم خواهد بود».[2] شاه تسلیم شد. سفیر ایران در بلژیک شاهدخت شهناز را برای یک شب به مونیخ آورد. پدر و دختر ملاقاتی کوتاه داشتند که باعث نقاری میان ثریا و همسرش شد. ملکه برای ابراز ناخشنودی خود از شرکت در برنامه‌ای که برای آن‌ها در اپرای مونیخ ترتیب داده شده بود خودداری کرد و شاه تنها به آن جا رفت.

از مونیخ شاه رهسپار بغداد شد. ملکه ثریا خسته و از این سفر طولانی و تحمیل همه برنامه‌ها و تشـــریفات، به جان آمده بود. در بغداد نماند و بی‌درنگ راهی تهران شـــد. شاه درصدد ترتیب الحاق ایران به پیمان دفاعی بغداد بود که در حقیقت ادامه شـــبکه دفاعی پیمان آتلانتیک شمالی در برابر تهدیدات اتحاد جماهیر شوروی به شمار می‌آمد. به همین

1 - Konrad Adenauer.

۲ - مرکز اسناد اردشیر زاهدی – مونترو.

منظور در بغداد ماند. الحاق ایران به این پیمان موجب دیگری برای تشدید اختلاف نظرها میان شاه و سپهبد زاهدی شد که با این کار مخالف بود. رئیس دولت ایران افزایش بودجه نظامی کشــور را نیز تأیید نمی‌کرد و این دو امر با یکدیگر مربوط بودند. الحاق به پیمان بغداد تعهدات جدیدی پدیدار می‌ساخت و فشاری بر بودجه امور مملکتی بود که سپهبد آن را برنمی‌تافت...

ماه‌ها گذشتند، ثریا با پزشکان عالی مقام سوئیسی نیز در باره «نازائی خود مشورت کــرد. آن‌هــا نیز نظر همکاران دیگر خود را تائید کردند کــه علت خاصی وجود ندارد و با گذشــت زمان مساله حل خواهد شد. ولی ماه‌ها می‌گذشــت و از بارداری ملکه ایران خبری نبود. زندگی داخلی و اجتماعی شاه و ملکه ایران به روال عادی خود می‌گذشت. ثریا هم‌چنان می‌درخشید. با حســادت و بگومگوهای خانواده سلطنتی ایران روبرو بود. اما محمدرضا شاه و او متحد و یک دل بودند و اعتنائی نمی‌کردند و عشق آنان هم‌چنان پابرجا بود.

مســافرت‌های رســمی دیگری در پیش بود که وقفه‌ای در این شایعات و گفتگوها پیش آورد:

در ۱۵ فوریه ۱۹۵۶ شاه و ملکه برای یک سفر رسمی عازم هندوستان شدند.[۱] در این ملاقات شاه و پاندیت نهرو[۲] مذاکراتی مفصل در زمینه روابط سیاسی دو کشور و مسائل منطقه‌ای داشتند. برای بار نخست شاه با خانم ایندیراگاندی دختر رهبر هندوستان، که آن موقع مقام وزارت داشــت و سپس به ریاست دولت رسید و سرانجام کشته شد، آشنایی پیدا کرد.

پذیرایی‌ها و تشریفات مختلف همه جا در سطح عالی و بسیار پرشکوه بود. از جمله شکار ببر، آن هم سوار بر فیل. شاه اصولاً اهل شکار نبود و آن را دوست نمی‌داشت. ملکه ثریا، مانند اکثر بختیاری‌ها شکار دوست بود. اما نه شکار حیوانات وحشی آن هم سوار بر فیل! بهر حال همه چیز به خوبی گذشت.

---

۱ - نگاه کنید به خاطرات ملکه ثریا و اردشیر زاهدی (کتب ذکر شده). در گاهنامه پنجاه سال شاهنشاهی پهلوی جریان این ســفر، مانند همه وقایع دیگر، روز به روز و غالباً ســاعت به ساعت ذکر شده. اما هیچ جا نامی از ملکه ثریا نیست.

۲ - Pandit Nehru یا جواهر لعل نهرو

در این سفر، به محمدرضا شاه دو دکترای افتخاری دیگر نیز داده شد. ظاهراً شاه از این امتیاز خیلی خوشش می‌آمد. آن‌ها در مجموع بیست و یک روز در هندوستان ماندند. سپس در راه بازگشت به تهران توقفی کوتاه در کراچی پایتخت آن روز پاکستان داشتند. سپس در روز پانزدهم ماه مه (۱۹۵۶) برای یک سفر رسمی دیگر رهسپار ترکیه شدند. محمدرضا شاه در این سفر، مسیری را که بیست و دو سال پیش پدرش طی کرده بود و اماکنی را که او دیده بود بازدید کرد و سرانجام در دانشگاه اسلامبول به دریافت دکتری افتخاری دیگری نائل آمد. دیگر همه می‌دانستند که از این امتیاز خوشش می‌آید...

شاه و ملکه روز ۲۹ مه (۱۹۵۶) به تهران بازگشتند و در روز ۲۵ ژوئن عازم مسکو شدند. مسافرت رسمی به اتحاد جماهیر شوروی، معنی و مفهوم سیاسی و بین‌المللی دیگری داشت و بسیار حساس بود. بار دیگر محمدرضا شاه از همسرش خواست که همه کوشش خود را برای جلب محبت و حسن تفاهم شوروی‌ها به کار برد. ایران در سوم نوامبر ۱۹۵۵ به عضویت پیمان بغداد درآمده و قدمی بزرگ در زمینه نزدیکی با ایالات متحده امریکا برداشته بود. شوروی‌ها از این موضوع سخت ناراحت بودند. آیا واقعاً لبخند زیبا و جذابیت استثنائی ثریا می‌توانست این ناراحتی را کاهش دهد؟ در برنامه مسافرت بازدید از مسکو، استالین‌گراد، کریمه و آسیای مرکزی شوروی (که قسمت اعظم آن تا نیمه قرن نوزدهم تحت نفوذ و بعضاً تسلط ایران بود) پیش‌بینی شده بود. ثریا حداکثر کوشش خود را برای جلب محبت و تفاهم شوروی‌ها به کار برد نه تنها با همسران رهبران شوروی و جمهوری‌های مختلف آن (که کمتر شباهتی به همسران رهبران جهان غرب داشتند) بلکه با خود مسئولان و به خصوص با کسانی که به استقبال یا دیدارشان می‌آمدند یا حتی در کوچه و بازار با آن‌ها برخورد می‌کرد. در بسیاری از مناطق آسیای مرکزی هنوز زبان فارسی رایج بود و تماس با مردم را آسان می‌کرد. ملکه ثریا با همه دست می‌داد، به همه لبخند می‌زد. بچه‌ها را در آغوش می‌گرفت و می‌بوسید. سعی می‌کرد چهره‌ای دلپذیر در برابر مطبوعات، عکاس‌ها و فیلم‌برداران داشته باشد. در همه این زمینه‌ها توفیق یافت.

مسکو استقبال بی‌نظیر برای شاه و ملکه و همراهان‌شان تدارک دیده بود. در این شهر نیز با متخصصان شوروی در باره «نازائی» ملکه مشورت شد. معایناتی انجام گرفت. آن‌ها نیز همه چیز را طبیعی یافتند و بعضی انجام یک عمل کوچک و ساده جراحی را توصیه

کردند که بار دیگر با مخالفت صریح ثریا روبرو شد.

مسافرت شاه و ملکه در سیزده ژوئیه ۱۹۵۶ به پایان رسید. در بازگشت به تهران، بار دیگر شایعات مختلف در باره «نازائی» ثریا و آینده دودمان پهلوی اوج گرفت. گویا در این زمان بود که برای نخستین بار ثریا به همسرش گفت که نمی‌خواهد به‌هیچ‌وجه مانعی در راه تداوم سلطنت پهلوی باشد و حتی پیشنهاد کرد که با اصلاح قانون اساسی یکی از برادرانش را (که همه از مادر منسوب به قاجاریه بودند) به ولایت‌عهد برگزیند که شاه نپذیرفت.

محمدرضا شاه با احتیاط بسیار و در لفافه عبارات به او گفت که بعضی از درباریان توصیه می‌کنند که وی به مدتی کوتاه همسر دومی اختیار کند و پس از تولد ولیعهد از او جدا شود. عکس العمل ثریا خشن و قاطع بود و اشعار داشت که هرگز زیر بار این راه‌حل نخواهد رفت. چه اطمینانی وجود داشت که «همسر دوم» باردار شود و پسری بزاید؟ اگر چنین می‌شد چه گونه ممکن و میسر بود که شاه مادر ولیعهد را طلاق دهد؟ آیا معقول بود که «تعدد زوجات» در سطح شاه اصلاح طلب و نوپرداز به مرحله تحقق درآید؟ به این پرسش‌ها پاسخی وجود نداشت، یا شاه پاسخی که در شأن او باشد نداشت.

مسأله به جای خود باقی ماند و موجب دلمشغولی و بلکه نگرانی محافل سیاسی و محیط کوچک ولی پر از بگو مگو و تحریکات دربار بود. در ۲۶ اکتبر ۱۹۵۴ (روز تولد شاه) شاهپور علی‌رضا تنها برادر تنی شاه در یک حادثه هواپیما که خود آن را هدایت می‌کرد کشته شده بود. او می‌توانست تنها وارث قانونی برادرش باشد. مسأله جنبه سیاسی و شاید ملی پیدا کرده بود که دشمنان ثریا آن را دست‌آویز قرار دادند.

در این مقطع از زمان بود که تنی چند به فکر پسر شاهپور علی‌رضا، شاهپور علی پاتریک افتادند. در روز سوم نوامبر دربار شاهنشاهی رسماً اعلام کرد که علی پاتریک، که در آن هنگام هفت ساله بود، به حضور ملکه مادر تاج‌الملوک بار یافته است. به این ترتیب وی را نیز به نحو غیرمستقیم وارد این بازی کرند. فردای آن روز عبدالحسین مفتاح، دیپلماتی کار کشته، که در زمان مصدق و سپس سپهبد زاهدی کفالت وزارت امورخارجه را به عهده داشت، به دفتر وزیر امورخارجه فرا خوانده شد. وزیر متبوعش از او پرسید که

آیا حاضر است پیشکاری و کفالت شاهپور علی پاتریک را بعهده گیرد. جواب عبدالحسین مفتاح منفی بود و دلایل بسیار داشت: نخست آن‌که، مادرش یعنی همسر شاهپور علی‌رضا هنوز رسماً در دربار پذیرفته نشده و در حقیقت از نظر تشریفاتی وجود خارجی ندارد. دیگر آن که هم خود این خانم و هم مادرش (یعنی مادربزرگ علی پاتریک) شهرت به بدخلقی و خشونت دارند وتماس با آن‌ها موجب اشکال خواهد بود. مفتاح که همه این ماجرا را به تفصیل در خاطرات سیاسی خود حکایت کرده[1] مشکل دیگری را هم عنوان کرد. علی پاتریک و مادر و مادربزرگش در خانه‌ای محقر در مرکز تهران زندگی می‌کنند. چه گونه می‌توان در چنین شرایطی برای وی پیشکار و کفیل معین کرد. و به آن جنبه رسمی و درباری داد؟ در حقیقت همه می‌دانستند، و مفتاح و وزیر متبوعش نیز غافل نبودند، که این کار آسان نیست. سرانجام پس از رفت و آمدهای مختلف برای جلب مفتاح به او پیشنهاد شد که با مقام سفارت به سمت «آجودان کشوری شاهنشاه» منصوب شود و پیشکاری و کفالت علی پاتریک با مقرّری مناسبی به وی مفّوض گردد. مفتاح بر این راه‌حل گردن نهاد و رسماً به حضور شاه معرفی شد. دوران خدمتش در این سمت ده ماه بود همواره با مادر و و مادربزرگ بدخلق و بدبرخورد علی پاتریک دست به گریبان بود. اما توفیق یافت که اقامتگاه مناسبی برای آنان در ارتفاعات شمال تهران فراهم کند. به همسر شاهپور علی‌رضا عنوان خانم پهلوی (مادام پهلوی) داده شده و چند معلم برای آموزش علی پاتریک تعیین گردید.

همه این تدابیر به وضع بیوه و فرزند شاهپور علی‌رضا سرو صورتی داد اما مساله ولایت‌عهد را حل نکرد. همسر علی‌رضا در پی ازدواجش ایرانی «شده بود» اما «ایرانی الاصل» نبود. توسل به راه‌حلی که برای شاهزاده خانم فوزیه به کار گرفته شده بود، هم مضحک بود و هم غیرممکن. این «راه‌حل» هم کنار گذاشته شد. عبدالحسین مفتاح به سفارت در تونس منصوب و رهسپار آن کشور شد. برای علی پاتریک مقرری مناسبی برقرار گردید و توانست از ارث پدرش استفاده کند و «مادام پهلوی» در تهران به زندگی و بدخلقی خود ادامه داد.

هفت سال پس از ازدواج شاه و ثریا، زندگی مشترک آنان به سر دو راهی سرنوشت رسیده بود. ملکه سابق ایران در خاطراتش نوشته «عجیب است. هرگز شاه در ابراز محبت

۱ - عبدالحسین مفتاح، متن ذکر شده.

و عشق خود به من به این حد شــور و گرمی و دلباختگی نشــان نداده بود» و ســپس می‌افزاید: «اما اندک اندک به هر دوی ما با نظری غریب نگاه می‌کردند. محمدرضا شــاه برای آخرین بار هدیه‌ای واقعاً ملوکانه به ملکه داد. همان ســفر به جزیره کاپری که ثریا همواره آرزویش را داشت، سرانجام آنچه برای ماه عسل‌شان در خواب و خیال دیده بود در پایان زندگی زناشــوئی آن‌ها جامه عمل پوشید. سه هفته در کاپری ماندند و از آن‌جا ســری به پاریس زدند. شاه از نمایشگاه هوائی بورژه[1] بازدید کرد و چند ملاقات سیاسی داشــت. بار دیگر اطبای متخصص زنان و زایمان به معاینه ثریا پرداختند و همان جواب متعارف را دادند که باید صبر و حوصله به خرج داد.

در تهران، نمایندگان مجلس به مناسبت این سفر از ثریا تجلیل کردند که نماینده و معرف برازنده زنان ایران و تاریخ کشورش می‌باشد. مردمان بسیاری برایش طلسم و دعا می‌فرستادند که گردنش بیاویزد تا باردار شــود. دیگران برای وی نسخه‌هایی از قرآن را فرســتادند که گویا در «مراقد متبرکه» خریداری کرده بودند و می‌پنداشتند که گره از کار فروبسته وی خواهد گشود. اما گره‌های زندگی ملکه ایران، یا تنها گره زندگی‌اش، هم‌چنان بسته ماند.

در ماه مارس ۱۹۵۸ ســرانجام محمدرضا شــاه صراحتاً موضوع را با وی در میان گذاشــت و سرانجام نتیجه گرفت: یک راه بیشــتر برای‌مان باقی نمانده، باید از هم جدا شویم. او به ثریا توصیه کرد که عازم اروپا شود تا با پی‌آمدهای مطبوعاتی، سیاسی و مردمی اعلام جدائی آنان روبرو نگردد. ثریا تصمیم گرفت به سن مورتیز[2] در سوئیس برود و در انتظار «گره‌گشایی» شود.

محمدرضا شاه در جستجوی راه‌حل مناسبی بود از دامادش اردشیر زاهدی[3] خواست که فوراً به ســوئیس برود و مساله را برای پدرش سپهبدزاهدی که دیگر از سیاست دور اما نفوذش در ایران هم‌چنان پایدار بود، بازگو کند و از او راه چاره‌ای بخواهد. نظر سپهبد زاهدی صریح و روشــن بود: طلاق مجدد شــاه در افکار عمومی حســن تأثیر نخواهد داشت. با این حال اگر شاه، چاره دیگری نمی‌بیند و واقعاً مصمم است، شورائی از رجال

---

1 - Salon aéronautique du Bourget.
2 - Saint Moritz.
۳ - اردشیر زاهدی در سال ۱۹۵۷ با شاهدخت شهناز یگانه دختر شاه و ملکه سابق فوزیه ازدواج کرده بود.

سالخورده دعوت کند که در میان آنان تنی چند از سران ایل بختیاری نیز حاضر باشند، و از آنان نظرخواهی کند. شاه بر این پیشنهاد گردن نهاد. علاوه بر چند تن از سران بختیاری دو تن از افسران برجسته و سالخورده ارتش، دو روحانی سرشناس، شخص نخست وزیر و چند رجل سیاسی نیز در این شورا حضور داشتند.

ثریا در مهمانسرای پالاس سن مورتیز[1] و منتظر تلفن همسرش بود و سرانجام چون نومید شد، خودش به او تلفن کرد. طرز صحبت شاه عاری از محبت و کاملاً متفاوت بود «می‌بینم چه می‌شود کرد. وقتی همه چیز به نتیجه رسید با شما تماس خواهم گرفت».

گفتگوهای شورای رجال به طول انجامید. هر کس چیزی می‌گفت و توافقی حاصل نمی‌شد. سرانجام همه رأی به تائید جدایی شاه و ملکه دادند. عموی پدر ملکه که از سران بختیاری بود، دکتر ایادی که ثریا او را «دوست» خود می‌دانست و سپهبد یزدان‌پناه که سال‌ها قبل در ترتیب طلاق محمدرضا شاه و فوزیه شرکت کرده بود و مورد احترام همه بود، مأموریت یافتند که به سن مورتیز بروند و نتیجه را با ملکه ایران در میان بگذارند. ثریا آنان را با وقار و متانت فراوان پذیرفت. اما شاه به او تلفن نکرد. وی در یک پیام رادیویی ضمن اظهار تأسف طلاق خود را به اطلاع مردم رساند و علت آن را که نازائی همسرش بود اعلام داشت. گویا لحن بیانش پر از احساس و غمناک بود.

پس از اعلام طلاق، دکتر محمدعلی هدایتی که حقوقدانی سرشناس و مبرز بود[2] مأمور شد که به دیدار «ملکه سابق» برود و جزئیات مطلب را حل و فصل کند. توافق شد که به ثریا عنوان «والاحضرت»[3] داده شود. همه جواهرات و اشیاء شخصی‌اش به او بازپس داده شد و توافق شد که تا موقعی که مجدداً ازدواج نکند از مقرری ماهیانه‌ای که در شأن وی باشد بهره‌مند گردد. هم‌چنین تعهد شد که بنیاد پهلوی یک قطعه زمین چهل هزار متری در حومه تهران را که به پدرش تعلق داشت خریداری نماید تا در زندگی خانوادگی آنان نیز اختلالی پیش نیاید. همه چیز حل و فصل و تمام شده بود.

بعداً گفته شد که هفت واگن برای حمل اشیاء شخصی ثریا به اروپا لازم آمد[4] که

---

1 - Palace Hotel.

۲ - رئیس دانشکده حقوق و علوم سیاسی و اقتصادی، وزیر بعدی دادگستری در دولت دکتر اقبال.(مترجم)

۳ - به فرانسه Son Altesse Imperiale.

۴ - مجله Le Point de Vue.

معقول به نظر نمی‌رسد. در میان جواهرات شخصی‌اش یک قطعه برلیان ۲۲/۳۷ قیراطی، انگشتر نامزدی او، و قطعات جواهر دیگری ساخته معروف‌ترین زرگران جهان چون وان کلیف[۱] پیاژه[۲] بوشرون[۳] لالاونیس[۴] کارتیه،[۵] بولگاری[۶] و مجموعه‌ای از فیروزه‌های گرانبهای ایرانی وجود داشت. همچنین چند قطعه قالی نفیس بافت اصفهان.[۷] ثریا قبل از ترک ایران همه نامه‌های خصوصی و اوراق محرمانه خود را سوزانده بود، یا در اروپا این کار را کرد. به هر حال هیچ یک از آن‌ها در دست نیست.

برای اجتناب از مزاحمت خبرنگاران و عکاسـان ثریا، مدتی سعی کرد که از نظرها مخفی بماند. سـپس به اتفاق مادرش و برادرش بیژن به یک سفر دور دنیا پرداخت. بعد از آن برای مدتی در شهر رُم مستقر شد و سرانجام به پاریس آمد و در یک آپارتمان ۲۶۱ متری واقع در شماره ۴۶–۴۸ خیابان مونتنی[۸] اقامت گزید که تزئینات داخلی آن را به سِرژ ربن[۹] محول کرده بود و تا پایان عمرش در سال ۲۰۰۱ در همانجا ساکن بود.

پـس از اسـتقرارش در رم و سـپس اقامت در پاریس، «والاحضـرت ثریا» یکی از شـخصیت‌های سرشـناس مورد توجه مطبوعات مصوّر جهان بود. خوانندگان این قبیل مطبوعات به نشـیب و فرازهای زندگی خصوصی و احساسـاتی‌اش علاقه خاص نشان می‌دادند. ثریا نمی‌خواست با غم و غصه زندگی کند. در یک میهمانی در رم با تولید کننده معروف فیلم‌های سینمایی دینودولاران تیس[۱۰] آشنا شد. وی ثریا را به بازی در فیلم‌های سینمایی تشویق و دعوت کرد. به این ترتیب او در دو فیلم بازی کرد. نخستین آن‌ها «سه چهره»[۱۱] عنوان داشت و کارگردان آن میکل آنژلو آنتونیونی[۱۲] بود. اندکی بعد در فیلم «شرر»

---

1 - Van Cleef.
2 - Piaget.
3 - Boucheron.
4 - Lalaounis.
5 - Cartier.
6 - Bulgari.
۷ - برگرفته از اطلاعیه خبرگزاری فرانسه AFP 3-6-2002 به مناسبت فروش این اشیاء بوسیله موسسه Drouot-Montaigne پس از درگذشت ملکه ثریا.
8 - Av: Montaingne.
9 - Serge Robin.
10 - Dino de Laurentis.
11 - I tre volti.
12 - Michelangelo Antonioni.

الهه آتش[1] نقش کوچکی به وی تفویض شــد. کارگردان این فیلم رابرت دی[2] بود. ثریا، که حاضر نشــده بود توصیه پزشکان را برای تحمل یک عمل جراحی کوچک به منظور ممکن ساختن بارداری‌اش قبول کند، برای تسهیل بازی در فیلم‌های سینمائی به یک عمل جراحی زیبائی نسبتاً سنگین برای تغییراتی در صورتش تن در داد. در طی همین «زندگی سینمائی» بود که با هنرپیشه و کارگردانی موسوم به فرانکو ایندو وینا[3] آشنا شد او متأهل و دارای دو فرزنــد بود برای آن‌که با ثریا زندگی و ازدواج کند به زندگی خانوادگی خود پایان داد و طلاق گرفت. زندگی مشترک آنان پنج سال به طول انجامید. این شریک دوم زندگی‌اش نیز در یک ســانحه هوائی در پنجم مه ۱۹۷۲ کشــته شد و باز هم ثریا با غم و اندوهی دیگر مواجه گشت.

اندکی بعد از جدایی از ثریا محمدرضا شاه زندگی عادی پیشین خود را از سر گرفت. شــایعات مختلف در باره روابط وی با تنی چند از زنان مقیم تهران، از جمله همسر یک دیپلمات عالیرتبه سفارت فرانسه، در شهر وجود داشت که با ازدواجش با فرح دیبا پایان پذیرفت.

محمدرضا شــاه و ثریا تا پایان عمرشــان احساسات عاشــقانه‌ای نسبت به یکدیگر داشــتند. ثریا گه‌گاه به واســطه امیراســدالله علم یا دکتر ایادی از همسر سابقش تقاضای کمک مالی می‌کرد. یک بار در سال ۱۹۷۳ مقرری ماهیانه او افزایش داده شد و دیگر بار برای خرید آپارتمانش در پاریس به او کمک کردند. این دو چند بار نیز با یکدیگر به نحو محرمانه ملاقات کردند. از جمله یکبار در مهمانسرای پلازای پاریس[4] که به روایت شهود سه ساعت با یکدیگر بودند. بار دیگر در کنار دریاچه لمان در مهمانسرای مجللی[5] واقع در اوشی[6] محله اشرافی شهر لوزان که دیدارشان نصف روز به طول انجامید.

1 - 1965-She Dèesse dufeu.
2 - Robert Dey.
3 - Franco Indovina.
4 - Hôtel Plaza Athe'née
5 - Beau Rivage Palace.
6 - Ouchy.

پس از پیروزی انقلاب اسلامی و در دوران دربدری شاه، مکاتباتی با یکدیگر داشتند. سه تن واسطه مبادله نامه‌های آنان بودند که طبیعتاً هیچکس از متن و محتوای آن‌ها با خبر نیست.

در واپسین روزهای زندگی‌اش شاه همواره در فکر ثریا بود. برای تسکین رنج‌هایش، اردشـیر زاهدی داماد سابقش روزی در بیمارستان قاهره به وی گفت: «به زودی حال‌تان بهتر می‌شود. با هم به سوئیس می‌رویم خواهید توانست در آن‌جا استراحت کنید. خواهید توانست بار دیگر ثریا را ببینید».[1] محمدرضا شاه به گریه افتاد و گفت «نه، نمی‌خواهم که او مرا در این وضع و حال به‌بیند».

پس از مرگ شـاه، ثریا اظهار علاقه کرد که در مراسـم تشییع جنازه‌اش شرکت کند که «تا دم خاکسپاری در کنارش باشد». اردشیر زاهدی در یک مذاکره تلفنی طولانی و به پاس دوسـتی و مؤدت دیرین‌شان وی را منصرف کرد زیرا حضورش مسائل تشریفاتی و خانوادگی مختلف پدید می‌آورد. ثریا تاج گل بزرگی نثار آرامگاه شوهر سابقش کرد.

چهار سال بعد، ثریا به اتفاق برادرش بیژن به قاهره رفت و چنان‌که خودش نوشته بر سر آرامگاه محمدرضا شاه و به یاد گذشته‌ها بسیار گریست.

ثریا، در ۲۵ اکتبر ۲۰۰۱ در پاریس درگذشـت. شصت و نه سال داشت. اندکی قبل از آن به دیانت کاتولیک درآمده بود. مراسم مذهبی مجللی در کلیسای کاتولیک امریکائی پاریس واقع در خیابان ژرژ پنجم برگذار شد. چهارصد تن در داخل کلیسا در این مراسم شرکت داشتند از جمله شاهپور غلامرضا پهلوی برادر شاه و کنت دوپاری[2] وارث تاج و تخت فرانسه و تنی چند از بختیاری‌ها. گروهی انبوه نیز در خارج کلیسا به تماشا یا برای شرکت در مراسم آمده بودند. شمار مخبرین روزنامه‌ها و عکاسان و فیلم‌برداران بسیار بود. جنازه ملکه سـابق ایران در تابوتی پوشیده از پارچه ابریشم آبی رنگ که بر آن فقط یک شاخه گل سرخ نهاده شده بود، به داخل کلیسا آورده شد. پس از پایان مراسم جنازه وی را به مقبره خانوادگی واقع در نزدیکی شهر مونیخ بردند و در همان‌جا به خاک سپرده شد.

ملکه پیشـین ایران وصیت کرده بود که دار و ندارش در پاریس به فروش گذاشـته

۱ - روایت اردشیر زاهدی به نویسنده ایرانی کتاب.

2 - Conte de Paris.

شـود. گویی می‌خواسـت که یادگارهای زندگی پرماجرایش پراکنده و ناپدید شود. این حراج سـه روز طول کشـید، از ۲۹ تا ۳۱ مه ۲۰۰۲. همه چیز به فروش رفت. از جمله اتومبیل رولزرویس سال ۱۹۸۵ وی که به قیمت ۶۵۰۰۰ اورو خریداری شد. حاصل این حراج بیش از حدانتظار پیش‌بینی موسسـه فروشنده بود و به شش میلیون اورو بالغ شد. به خواست ثریا این مبلغ میان سه بنیاد خیریه آلمانی به تساوی تقسیم شد. این بود پایان زندگی و آخرین یادگارهای همسر دوم محمدرضاشاه.

فصل چهارم

مصدق، «مردی که با اشک‌هایش امپراتوری بریتانیا را به زانو درآورد»[1]

محمدرضا شاه، به ترتیبی نه چندان برازنده، در پایان سال ۱۹۴۷ قوام را کنار گذاشت. قوام خصائص بسیار داشت. اما شخصیتی متکبر و قدرت‌طلب بود که شاه او را برنمی‌تافت. قوام می‌خواست حکومت کند و به شاه نقشی تشریفاتی بدهد. این نیز برای محمدرضا شاه قابل تحمّل نبود. با این حال او ناچار بود با مقتضیات سیاسی روز و قدرت مجلس و بازی‌های مجلسیان بسازد. هنوز امکانات سیاسی کافی نداشت.

در این مقطع از زمان عدم ثبات سیاسی بر ایران حکمفرما بود. مجلسیان با بازی‌ها و اختلافات و سازش‌های خود، کابینه‌ها را می‌آوردند و می‌بردند. بر اساس قانون اساسی تفکیک و استقلال قوای سه گانه - مقننه، مجریه، قضائیه - الزامی بود. اما نخست‌وزیران منصوب مجبور بودند در عمل نظر مجلسیان را در تشکیل کابینه و تعیین وزیران خود رعایت کنند. نتیجه بی‌ثباتی سیاسی بود و ناتوانی دولت‌های زودگذر.

در فاصله ۱۸ دسامبر ۱۹۴۷ و ۳۰ آوریل ۱۹۵۱، هفت بار روسای دولت تغییر و تبدیل

---

۱ - عنوان مجله امریکائی TIME به مناسبت انتخاب او به عنوان مرد سال ۱۹۵۱.

یافتند. ابتدا سردار فاخر حکمت رئیس مجلس بر سر کار آمد. فرمانش را گرفت، اما دولتی تشکیل نداد و دوران زمامداریش ده روز بیشتر طول نکشید و در ۲۸ دسامبر عذر خواست. ابراهیم حکیمی برای سومین بار نخست‌وزیر شد و به جای او نشست، یا در واقع جای قوام را گرفت. حکومت‌اش شش ماه دوام آورد و رفت. مجلسیان به عبدالحسین هژیر وزیر دارائی‌اش رأی تمایل دادند که مردی بود در کار خود دقیق و مشتهر به درستکاری. اما محبوبیتی نداشت. روز بیست ژوئن ۱۹۴۸ بر سر کار آمد و ۹ نوامبر همان سال ناچار به کناره‌گیری شد. در این هنگامه مجلسیان به دیپلمات ورزیده و کهنه‌کار محمد ساعد رأی تمایل دادند. سه بار مجبور به کناره‌گیری شد. سه بار با اندک تغییر و تبدیلی در وزیرانش بر سر کار آمد که بار آخر یک ماه بیشتر به طول نیانجامید. بر روی هم تا ۲۳ مارس ۱۹۵۰ بر سر کار بود.

به هنگام حکومت ساعد بود که شاه در ۴ فوریه ۱۹۴۹ مورد سوءقصدی شد که توده‌ای‌ها ترتیب داده بودند. با بهره‌گیری از هیجان و تأثری که در افکار عمومی پدید آمده بود، شاه و دولت در مقام یک تجدید نظر در قانون اساسی افتادند که در نتیجه آن قدرت قوه مجریه و رئیس مملکت افزایش یابد. نظر آن بود که شاه حق انحلال مجلس را داشته باشد، بتواند، با ذکر دلایل، از قوه مقننه بخواهد که قانون مصوبی را بار دیگر مورد بررسی قرار دهد، البته به شرطی که کلام آخر و تصمیم نهایی همچنان با نمایندگان منتخب ملت باشد. هم‌چنین دوره مجلس از دو سال به چهار سال افزایش یافت و قرار بر آن شد که مجلس سنا که وجود آن در قانون اساسی پیش‌بینی و منظور شده اما هرگز تشکیل نشده بود سرانجام دایر شود. با توجه به آن که طبق همین قانون اساسی نیمی از سناتورها منصوب شاه می‌بودند، ترتیبی که از قانون اساسی بلژیک الهام گرفته بود.

البته حزب توده که پس از سوءقصد به شاه غیرقانونی اعلام شده و در نتیجه بسیار ضعیف شده بود، با این پیشنهادها مخالفت کرد. صدای دیگری برنخاست، جز از جانب قوام‌السلطنه که در پاریس اقامت داشت اما در یک نامه سرگشاده به شاه به شدت و با لحنی قاطع از این تغییرات انتقاد کرد و آن‌ها را مخالف و مباین اصول دموکراسی خواند.

بسیاری از مردم ایران با این تغییرات موافق نبودند و آن را قدمی به سوی استقرار حکومت فردی و بر هم زدن تعادل میان قوای سه گانه تلقی می‌کردند. بسیاری دیگر نیز

این تغییرات را سودمند می‌دانستند چرا که به عدم ثبات دولت‌ها و مداخلات بی‌جای نمایندگان در امور اجرایی نمایندگان در امور اجرائی پایان می‌داد و فضای مناسب‌تری برای بسط و توسعه اقتصادی و حفظ و صیانت استقلال ملی فراهم می‌آورد.

نامه سرگشاده قوام در جهت نظرات مخالفین بود و بر آن وزن و نفوذی غیرمنتظره بخشید. از جمله قوام در نامه مفصل خود که نثر دبیرانه و فاخرش در آن هویدا بود نوشت: «حتی اعلیحضرت پادشاه فقید نیز در طی بیست سال سلطنت با قدرت مطلقه، به‌هیچ‌وجه تغییر مواد مربوط به حقوق ملت ایران را در مخیله خود راه ندادند...»

قوام در جای دیگر افزود: «این تعطیل مشروطیت، هنگام بسط و توسعه آزادی در دنیا نتایجی را در برخواهد داشت که از مشاهده‌ی دورنمای وحشت‌زای آن، لرزه بر اندام دوستداران مقام سلطنت می‌افتد... دیری نگذشت که ملاحظه خواهند فرمود این عمل، موقتی و زودگذر و نتایج آن هم بسیار وخیم و بی‌شبهه به خشم و غضب ملی و مقاومت شدید عامه منتهی خواهد گردید و آن روز است که سرنیزه و حبس و زجر مدافعین حقوق ملت، علاج پریشانی‌ها و پشیمانی‌ها را نخواهد کرد».

جراید که آزاد بودند، متن نامه را به‌طور کامل چاپ و منتشر کردند. نامه سرگشاده قوام مورخ ۱۷ مارس ۱۹۵۰ بود. جراید به تعبیر و تفسیر آن پرداختند. با توجه به تعطیلات نوروزی پاسخ شاه اندکی طول کشید، اما سرانجام دیری نپائید. در هشتم آوریل ۱۹۵۰ ابراهیم حکیمی که تازه به وزارت دربار منصوب شده بود، پاسخی در مجموع ناشیانه به آن داد. در آن نامه، مردی که بر استالین پیروز شده و آذربایجان را نجات داده بود، به سوءاستفاده مالی و... ضعف در برابر شوروی‌ها متهم شد. به دستور دولت (و بدون شک به توصیه دربار و شخص شاه) وزارت دادگستری اعلام جرمی علیه او کرد و پرونده‌ای مفتوح شد.[۱]

در پایان نامه وزیر دربار مصرّح بود «که چون خود موجب شده‌اید که پرده از روی اعمال و افعال مفسدت‌آمیز شما برداشته شود و بالطبیعه صلاحیت داشتن خطاب جناب اشرف را فاقد می‌شوید، بدین جهت بر حسب فرمان مطاع مبارک از این تاریخ عنوان مذکور از شما سلب می‌شود».

۱ - در آن هنگام محمد سروری وزیر دادگستری بود. (مترجم)

قوام هرگز در زندگی سیاسی خود در جستجوی وجه‌ی ملی و عوام‌فریبی نبود اما ناگهان این نامه و رو در روئی‌اش با شاه به وی محبوبیتی غیرمنتظره داد و ضربه‌ای سنگین به محمدرضا شاه وارد آمد. ایرانیان قدرناشناسی را قدر نمی‌نهند و سلب عنوان جناب اشرف باعث تمسخر همگان شد.

اما قوام اهل تسلیم نبود.

به هنگام انتشار پاسخ وزیر دربار، قوام در لندن تحت عمل جراحی قرار گرفته بود و سپس برای گذراندن دوران نقاهت به جنوب فرانسه رفت و در آن‌جا به متن آن اطلاع یافت. در پانزدهم ژوئن پاسخی تند و بلکه خشن این بار مستقیماً خطاب به محمدرضا شاه نوشت. در آن از جمله به «نامه دست‌نویسی» از شاه اشاره کرد که در آن وی (یعنی قوام) را «یگانه عامل» رهائی آذربایجان دانسته و افزوده بود «من این دستخط را تا ابد برای افتخار خود و خانواده‌ام نگاه خواهم داشت». نامه دوم در محیط سیاسی آن روز تهران و ایران چون انفجار بمبی بود. در بار دیگر پاسخی نداد و در مبارزه سیاسی با قوام شکست خورده بود. قوام به تهران بازگشت. در فرودگاه از او استقبالی شایان و غیرمنتظره به عمل آمد. از آن‌جا بی‌درنگ رهسپار کاخ سلطنتی شد که شاه او را پذیرفت. باریابی دو ساعت به طول انجامید. دولت دستور داد که اعلام جرمی که علیه او شده بود مسترد شود و مساله مختومه شد.

اما شاه با وجود تذکرات و هشدارهای نخست‌وزیر پیشین، اصلاحات پیشنهادی در قانون اساسی را (که تا حدی منطقی هم بود) به انجام رساند و تحقق بخشید. سال‌ها بعد[1] در خاطراتش به این ماجرا اشاره کرده: «در فوریه ۱۹۵۰، در سخنانی به ضرورت تجدید نظر در بعضی از مواد قانون اساسی ۱۹۰۶ اشاره کردم»... «مجلس مؤسسان به من اجازه داد که در مواقع ضرورت بتوانم مجلس شورای ملی را منحل کنم» شاه می‌پنداشت که به این ترتیب خواهد توانست به هرج و مرج سیاسی و مداخلات نمایندگان در امور قوه مجریه پایان دهد، که تا حدی این منظور تأمین شد. اما در دراز مدت وی را در صف اول مبارزات سیاسی و آماج حمله دشمنان سلطنت و شخص خودش قرار داد و به زیانش بود.

تجدید نظر در قانون اساسی تغییر فوری در رویه و منزلت شاه نداد. او همچنان

1- Réponse à L'Historie, P.60.

«غیرمسـئول» بود. سـلطنت می‌کرد، نه حکومت، لااقل نه ظاهـراً. هنوز محبوبیت خود را حفظ کرده بود. مردم مشـکلات موجود را ناشـی از دولت‌ها می‌دانسـتند و از آن‌ها حساب می‌خواستند. شاه کماکان در حفظ محبوبیت خود در میان عامه مردم می‌کوشید. شخصیت‌های بسیاری را به حضور می‌پذیرفت، در داخل کشور سفر می‌کرد. اما مراقب بود که اندک اندک قدرت و نفوذ سیاسی خود را بدون تظاهر افزایش دهد.

هنگامی که شاه و قوام به مجادله قلمی و علنی مشغول بودند، دولت ساعد می‌کوشید که با مشـکلات گوناگون کشـور روبرو شود و با زحمت بسیار سر و صورتی به اوضاع بدهد. هِلِن کارِر دانکوس می‌نویسد «دولت از هر طرف با مشکلات اقتصادی روبرو بود: بیکاری، کمبود بودجه، کاهش ناگهانی تولیدات کشاورزی، تبلیغات حزب توده. نمایندگان ملی‌گرای مجلس می‌گفتند با ملی شدن نفت مشکلات اقتصادی کشور حل خواهد شد. خلع ید از شرکت نفت ایران و انگلیس به مداخلات ناروای بریتانیا در امور داخلی ایران خاتمه خواهد داد. تلخکامی همه کسـانی که در ماجرای آذربایجان و کردستان شکست خورده بودند به این‌ها افزوده می‌شد. و سرانجام موجی از تمنّیات ملی به وجود آورد.[۱]

برای پاسخگویی به همه این خواست‌های ملی، دولت ساعد وارد مذاکره با انگلیس‌ها به منظور تجدید نظر در قرارداد ۱۹۳۳ شد و سرانجام توافقی موسوم به «قرارداد الحاقی» بین طرفین حاصل گردید. امتیازاتی چند برای ایران به دسـت آمده بود از جمله افزایش سـهم کشور در عواید شرکت نفت، توسـعه آموزش حرفه‌ای کارگران و کارمندان فنی، خانه‌سـازی برای مستخدمان ایرانی. طبیعتاً لازم بود که این «قرارداد الحاقی» به تصویب مجلس برسـد ولی دوره پانزدهم تقنینیه در شـرف پایان بود و می‌بایست انتخابات دوره شـانزدهم انجام و مجلس بعدی تشکیل شـود. فرصتی بود مناسب که مخالفین قرارداد نیروهای خود را تجهیز کنند، چرا که این مواد الحاقی به هیچوجه توقعات و خواست‌های ایرانیان را ارضاء نمی‌کرد.

موجی از نارضایتی تهران و سپس شهرهای مختلف ایران را فرا گرفت. همه حملات متوجه امپراطوری بریتانیا بود. مردم خواستار یک رو در روئی جدی و یک تصفیه حساب با لندن بودند و این مواجهه دیگر غیرقابل اجتناب شده بود.

---

۱ - متن ذکر شده. صفحه ۲۲۲.

چهار روز قبل از پایان دوره پانزدهم، چهار تن از نمایندگان مجلس شورای ملی که قبلاً از نزدیکان قوام بودند و دیگر جزو محارم و پشتیبانان دکتر مصدق شده بودند، دولت ساعد را استیضاح کردند. ساعد که دیگر خسته شده و واقعاً قصد کناره‌گیری داشت، در این استیضاح متهم به «ضعف در برابر سیاست استعماری بریتانیا» شده بود. ایران سریعاً به حال التهاب درآمد. «نهضت ملی» آغاز شد.

در آغـاز کار، افکار عمومی خواهان ترتیباتی همانند قراردادهای شـرکت‌های نفتی امریکایی با عربستان سعودی، یعنی اصل تنصیف (۵۰-۵۰) به جای بیست درصد بودند که پیش‌بینی شده بود. مردم همچنین می‌خواستند که سرمایه‌گذاری‌ها در زمینه خانه‌سازی و آموزش و بهبود شـرائط کار افزایش یابد، دولـت ایران بتواند به طور جدی و موثر بر حساب‌های شرکت نفت نظارت داشته باشد و هر چه بیشتر ایرانیان کار بهره‌برداری را به عهده بگیرند. دکتر هانری گریدی[1] سفیر جدید امریکا در ایران جداً و علناً از درخواست‌های ایرانیان حمایت می‌کرد. چرا که واشنگتن نسبت به آن‌ها نظر مساعد داشت. لندن با این درخواست‌ها روی خوش نشان نمی‌داد. مخصوصاً واگذاری روزافزون کارها را به ایرانیان برنمی‌تافت. در این زمان نه تنها اکثریت قریب به اتفاق مهندسـان انگلیسـی بلکه اکثر کارگـران فنی و اسـتادکاران نیز هندی بودند و در حقیقت ایرانیـان، مخصوصاً در اداره پالایشگاه بزرگ آبادان، نقش و سهم مهمی نداشتند. رفتار منفی انگلیس‌ها وصول به هر توافق معقول و عادلانه را غیرممکن می‌ساخت.

در برابر انگلیس‌ها دکتر مصدق قد علم کرد: «پیرمردی شگفت‌انگیز، با دماغی بزرگ، با ثروتی عظیم. مردی که سراپا شور و هیجان بود»[2]

«مردی بود لاغراندام، رنگ پریده، غالباً بیمار، میهن‌پرسـتی استوار و انعطاف‌ناپذیر. حتی در سخنرانی‌هایش گاه می‌گریست، گاه از حال می‌رفت»[3] چنین شخصیتی بود که در مدتی بس کوتاه به صورت مظهر و بلندگو و سرانجام رهبر نهضت ملی ایران درآمد و در میان مردم محبوبیتی یافت که هنوز هم ادامه دارد.

1 - Dr. Henry Grady.
2 - Arthur Conte' Reveil de L'Islam, Paris Match, 23 October 1983.
3 - Claude Semnoz L' Iran, Collection "Monde et Voyage", Larousse, 1976, P.39.

دکتر مصدق در ابتدای نهضت ملی از حسن نظر و حمایت شاه برخوردار بود. از یک سو رهبر سالخورده و انعطاف‌ناپذیر نهضت ملی می‌خواست به تسلط یک صد ساله امپراطوری بریتانیا بر صحنه سیاست ایران پایان بخشد و مظهر تلافی هم‌میهنانش بر انگلیس‌ها بود. از طرف دیگر شاه که واقعاً مجذوب او شده و فرهنگ سیاسی و گذشته‌اش را می‌ستود، می‌خواست به وسیله او حساب‌های خود را با لندن تصفیه کند.[۱]

نخستین درگیری سیاسی بزرگ این نهضت در جریان انتخابات دوره شانزدهم در تهران و حومه، روی داد. ظن تقلب در رأی‌گیری و حتی مداخله دولت در تعویض چند صندوق پدید آمد. دکتر مصدق هم برای اعتراض به این تقلبات که به دولت نسبت داده می‌شد و هم برای فراهم آوردن موجبات سقوط دولت ساعد، در راس نزدیک به دویست تن از روشنفکران، شخصیت‌های مختلف دانشگاهی، سیاسی و سردستگان بازار به دربار شاهنشاهی رفت و با استفاده از رسم دیرین تحصن اعلام داشت که جز «توسل به ذات مبارک شاهنشاهی ملجاء و پناه دیگری» وجود ندارد و «استدعا کرد» که «بذل عنایت فرمایند که حقوق از دست رفته مردم به آن‌ها باز گردد». وی در نامه خود افزود که «این امر میسر نخواهد بود مگر آن که «یک هیأت (دولت) مورد احترام و توجه افکار عمومی زمام امور را به دست گیرد و مسئول صحت انتخابات باشد و مخصوصاً وزارت کشور را یکی از رجال مجرب و کارآزموده و صالح که طرف اعتماد عامه است عهده‌دار شود.[۲]

همراه با ارسال این نامه، مصدق و یارانش اعلام داشتند که دست به نوعی امساک در صرف غذا خواهند زد تا پاسخ رضایت بخشی از شاه دریافت دارند. در حقیقت تقاضای آنان از شاه این بود که با اختیارات خود در غیاب مجلس، دولت را برکنار کند و دولت دیگری «که مورد احترام و توجه افکار عمومی باشد» بر سر کار آورد. تقاضائی که می‌توانست مباین اصل مسئول نبودن مقام سلطنت تلقی شود و سه سال بعد به بحثی پرهیاهو میان مصدق و مخالفانش تبدیل شد.

۱- نگاه کنید به مقاله پروفسور جلال متینی در مجله ایرانشناسی، دوره بیست و دوم شماره ۴، زمستان ۲۰۱۱، نویسنده مقاله به مدارک ایرانی- امریکایی و انگلیسی که تا زمان تدوین نوشته‌اش مورد بهره‌برداری قرار نگرفته بود، استناد می‌کند.

۲ - نگاه کنید به کتاب احمد ملکی، تاریخچه جبهه ملی، چرا جبهه ملی تشکیل شد؟ چگونه جبهه ملی منحل گردید؟ با مقدمه‌ای دقیق و جالب از سعید رهبر، آرش، استکهلم ۲۰۰۵. (نویسنده یکی از بنیان گذاران جبهه ملی بود. کتابش طی سال‌ها در ایران ممنوع الانتشار بود. بعد از انقلاب هم سرانجام در سوئد به طبع رسید. مترجم)

ساعتی بعد از ارسال این نامه پاسخ شاه واصل شد، پاسخی که مطبوعات روز آن را به محبت‌آمیز تعبیر کردند، «... تصور نمی‌کنم اساساً احتیاجی به تحصن باشد. لکن اگر باز مایل باشید، برای تحصن مانعی در کار نخواهد بود. علاوه بر این چنانچه نماینده آقایان بخواهد مرا ملاقات کند آماده هستیم». آیا این پاسخ نوعی تأئید یا همدستی زیرکانه نبود؟

تحصن چند روزی به طول انجامید. سرانجام مصدق نامه دیگری برای اعلام پایان آن این بار به وزیر دربار (عبدالحسین هژیر) نوشت: «... اعلیحضرت همایون شاهنشاهی منشـاء عمومی اصلاحات می‌باشـند و غرض عمده این بود که در این دوره‌ی فترت که تعیین نخست وزیر محتاج به تمایل مجلس نیست دولتی روی کار بیاورند که وجهه نظر خود را فقط حفظ مصالح سلطنت و ملت قرار دهد و در عصر چنین پادشاهی، مملکت صاحب مجلس شود که به اصلاحات اساسی قادر باشد...»

بـا این پیام، مصدق بـار دیگر صراحتاً پذیرفت که در غیاب مجلس (فترت) شـاه می‌تواند نخست وزیری را معزول و کس دیگری را به جای او بگمارد.

متحصنین پیام را به وزیر دربار دادند و محل تحصن را ترک کردند.

اما بحران ادامه یافت. در روز چهارم نوامبر ۱۹۴۹، هنگامی که عبدالحسین هژیر برای شرکت در مراسم عزاداری روز عاشورا به مسجد سپهسالار می‌رفت به دست حسین امامی مورد سـوء قصد قرار گرفت و اندکی بعد بر اثر جراحات وارده درگذشت. ضارب یکی از اعضای جمعیت فدائیان اسلام (شعبه ایرانی اخوان‌المسلمین) بود که اندکی قبل مورخ معروف احمد کسروی را به قتل رسانده و تحت فشار بعضی از روحانیون و متشرعین از مجازات رسته و آزاد شده بود.[۱]

پس از این سـوءقصد و درگذشـت هژیر، به دسـتور سـاعد نخسـت وزیر در تهران حکومت نظامی برقرار شـد. قریب به چهل تن بازداشـت شـدند. اما هیچ‌کس محاکمه نشد. حکومت قدرت رو در روئی با افراطیون راست یا چپ و اعمال و اجرای قوانین را نداشت.

---

۱ - احمد کسروی متهم به تدوین و انتشار کتاب‌های انتقادی درباره تشیع بود. بعد از سقوط مصدق، به جرم قتل کسروی و هژیر محاکمه و اعدام شد.

در این گیر و دار بود که مصدق و یارانش «جبهه ملی» را تشکیل دادند. ساعد برای آرام کردن افکار عمومی دو تصمیم مهم اتخاذ کرد. نخست تعلیق کلی رأی گیری و لغو انتخابات تهران و حومه بود و دیگر انتصاب سرلشکر فضل‌الله زاهدی به ریاست شهربانی کل کشور. سرلشکر زاهدی که سه سال در زندان انفرادی انگلیس‌ها گذرانده و معروف به مخالفت با سیاست بریتانیا در ایران و نزدیک با جبهه ملی بود، مأمور شد که آزادی انتخابات را شخصاً تأمین نماید. شاه با این انتصاب موافقت کرد گرچه زاهدی جزء نزدیکان و محارمش نبود. به این ترتیب هم با افکار عمومی و «ملیون» هم داستانی کرد و هم با گماردن سرلشکر زاهدی در رأس قوای انتظامی، شخصی را که رقیب سپهبد رزم‌آرا رئیس ستاد ارتش محسوب می‌شد در برابر و مراقب او قرار داد. به خصوص که خود برای سفری طولانی عازم خارج بود و بیم از کودتای رزم‌آرا داشت.

سرلشکر زاهدی، دانشجویان مدرسه عالی پلیس را که جوانانی مورد محبت و اعتماد مردم و مبری از آلودگی به دسته‌بندی‌های سیاسی بودند به مراقبت و حفاظت صندوق‌های اخذ رأی گماشت و سرانجام انتخابات در شرایطی مطلوب و بدون اعتراض مخالفان انجام شد و همین عمل قرابت او را با جبهه ملی بیشتر کرد.

دکتر مصدق، بار دیگر به مجلس راه یافت و به اتفاق هفت تن از منتخبین تهران و نماینده کاشان[1] یک گروه پارلمانی به نام «فراکسیون جبهه ملی» در مجلس تشکیل داد.

انتخابات تهران دیر انجام شده و مجلس بدون حضور وکلای پایتخت تشکیل و افتتاح شده بود. ساعد که فرسوده شده و دیگر توان رو در روئی با بحران‌ها را در خود نمی‌دید، از کار کناره گرفت.[2]

در غیاب نمایندگان تهران، مجلس به ریاست وزرائی علی منصور رأی تمایل داد، همان کسی که به هنگام تجاوز قوای متفقین به ایران نخست وزیر رضا شاه بود. علی منصور مرد روز نبود. شهرت داشت که با انگلیس‌ها نزدیک است و مردم کسی را می‌خواستند که قادر به مقابله با لندن باشد. به علاوه او کسی نبود که بتواند در برابر مصدق، سخنور توانا

---

۱ - اللهیار صالح. (مترجم)

۲ - وی بعداً به مناصب مختلف سفارت از جمله در واتیکان منصوب شد و چند دوره سناتور انتصابی استان آذربایجان بود و سال‌ها بعد در نود و چند سالگی درگذشت.

و محبوب مردم به ایستد. شاه نیز واقعاً از وی حمایت نمی‌کرد.

دوران حکومت علی منصور دیری نپائید. نخستین اشتباه بزرگش این بود که سرلشکر زاهدی را که مورد توجه مردم و اعتماد «ملّیون» بود از ریاست شهربانی کل برکنار کرد و سیاست پیشه‌ای نه چندان خوشنام و توانا را به جای وی گمارد.[1] شاید این اول بار در تاریخ معاصر بود که یک غیرنظامی به ریاست شهربانی منصوب می‌شد.

در مورد مذاکرات نفتی، منصور دست به دست کرد. هدفی جز وقت‌گذرانی نداشت. نه می‌خواست کاری بکند و نه شاید کاری از دستش برمی‌آمد. در ۲۳ مارس ۱۹۵۰ بر سر کار آمد و در ۲۶ ژوئن کناره گرفت.

زمان حکومت و درخشش سیاسی سپهبد رزم‌آرا فرا رسیده بود. جبهه ملی با وی شدیداً مخالف بود و تظاهراتی بر ضدش در شهرها به پا کرد. شاه به وی چندان اعتمادی نداشت و از جاه‌طلبی و افکار سیاسی‌اش بیمناک بود. با این حال دو مجلس به وی رأی تمایل و سپس با اکثریتی قاطع رأی اعتماد دادند.

با رزم‌آرا در زمان آزادی آذربایجان آشنا شده بودیم. به هنگام نیل به ریاست دولت پنجاه سال داشت، دیپلمه مدرسه عالی نظام سن سیر[2] فرانسه بود. با چند زبان آشنایی کامل داشت، از جمله به فرانسه، انگلیسی، روسی. همه از وی حساب می‌بردند. بیم داشتند دیکتاتور بعدی ایران باشد، او را فرانکوی ثانوی می‌خواندند.

طبق سندی که اخیراً به آن اشاره شده[3]، پس از آزادی آذربایجان – که رزم‌آرا در نهایت قدرت و محبوبیت بود، گویا وسوسه آن را یافته بود که شاه را برکنار و حکومت جمهوری را برقرار نماید، «مسأله دو ساعته حل خواهد شد» – به شرط آن که قوام که رزم‌آرا او را به عنوان استاد خود در سیاست تلقی می‌کرد، اقدام وی را تأیید کند و ریاست جمهوری را بپذیرد و گویا قوام به او پاسخ داده بود که این کار هنوز زود است.

به هر تقدیر، رزم‌آرا به محض آن‌که بر سر کار آمد به یک رشته اقدامات چشم‌گیر دست زد. یکی از آن‌ها رفع مشکلات با اتحاد جماهیر شوروی بود که به قرارداد تجارتی

۱ - معتصم‌السلطنه فرخ. (مترجم)

2 - Saint Cyr.

۳ - که در کتاب دکتر مصطفی الموتی، بازیگران سیاسی جلد دوم، پگا، لندن، ۱۹۹۵ آمده است.

جدیدی منتهی شد.[1] هم‌چنین در کمال خفا به مذاکره با انگلیس‌ها و شرکت نفت پرداخت که به معضل قرارداد الحاقی و مسأله نفت پایان دهد. گویا اصل تنصیف (۵۰-۵۰) را به آنان قبولاند. هم‌چنین پذیرفتند که ۲۸/۵ میلیون لیره انگلیسی به عنوان پیش پرداخت به دولت ایران بپردازند و ۱۰ میلیون نیز به صورت سپرده در بانک ملی ایران بگذارند که به این ترتیب گشایشی در انتشار اسکناس و امکانات مالی دولت و در نتیجه اجرای سریع برنامه‌های بسط و توسعه و عمران که مورد نظر رزم‌آرا بود پدید آید. چرا نخست وزیر این توافق را که بر روی هم منصفانه و برای ایران سودمند بود افشا نکرد؟ به عقیده گروهی، غلیان و شدت احساسات ضدانگلیسی به حدی رسیده بود که دیگر هیچ توافق و تفاهمی نمی‌توانست ایرانیان را آرام کند. گروه دیگر بر این گمان هستند که رزم‌آرا واقعاً هوای کودتا در سر داشت و بر آن بود که پس از توفیق در این امر و برکناری شاه، این توافق را چون برگ برنده‌ای بر زمین بزند.

با وجود همه این گفتگوها و توافق احتمالی میان سپهبد رزم‌آرا و انگلیس‌ها مسأله نفت ایران هم‌چنان در دنیا مطرح و مورد بحث بود. اما در صدر مسائل بین‌المللی قرار نداشت. همه نگاه‌ها متوجه خاور دور بود. حکومت کومین تانگ[2] در چین فرو پاشیده، کمونیست‌ها قدرت را به دست گرفته بودند (اول اکتبر ۱۹۴۹) اندکی بعد در ۲۵ ژوئن ۱۹۵۰ با حمله کمونیست‌های کره شمالی به کره جنوبی، جنگ «داخلی» این کشور آغاز شد که کمونیست‌های کره شمالی از حمایت و کمک چین و شوروی برخوردار بودند و حکومت جنوب از یاری سازمان ملل متحد و امریکائی‌ها و متحدان‌شان. جنگ کره سرانجام در ۱۹۵۳ به پایان رسید.

دلمشغولی لندن در این گیرو دار حفظ تسلط خود بر منابع مهم نفت ایران بود که در سال‌های جنگ دوم جهانی سوخت مورد نیاز بحریه و نیروی هوائی انگلستان را تأمین کرده بود و پایگاه‌های قوای آن کشور را در عدن، سنگاپور و هندوستان تغذیه می‌کرد. برای لندن از دست دادن این منبع عظیم ثروت و قدرت قابل تصور هم نبود. اما فراموش می‌کردند، یا نمی‌خواستند به یاد بیاورند و بپذیرند در این سال ۱۹۵۰ کل درآمد ایران -

---

۱ - هِلِن کارر دانکوس، متن ذکر شده صفحه ۲۲۲.

۲- Kuomintaug یا Guomindang، حزبی که مارشال چیانکای چک (۱۹۷۵-۱۸۸۷) مظهر و رهبر آن بود و سرانجام در ۱۹۴۹ پس از جنگ داخلی چین، از کمونیست‌ها شکست خورد و در جزیره تایوان (Taiwan یا فرمُز Formose) جمهوری چین ملی را برقرار کرد.

چهارمیـــن تولید کننده نفت در جهان - در حدود ۴۵۰ میلیون دلار یعنی ۹ درصد عواید رسمی و علنی شرکت نفت ایران و انگلیس از منابع خود در این کشور بود.[۱]

امریکایی‌هـــا در درجه اول نگران جنگ کره و وضع چین بودند. برای آنان ایران در رده دوم اولویت قرار داشت. هنگامی که شاه به واشنگتن رفت و برای اجرای برنامه‌های عمرانی ایران از آمریکاییان یاری خواست، به او توصیه کردند که با اجرای اصلاحات لازم به بهبود وضع داخلی کشور بپردازد و به فقر و نارضائی‌های موجود خاتمه بخشد.

در ایـــن مقطع از زمان و با توجه به این شـــرایط بین‌المللی بود که ملی‌گرایان ایران فرصت را برای عنوان کردن درخواست‌ها و توقعات مردم این کشور مناسب یافتند.

در ۲۹ نوامبـــر ۱۹۵۰، دکتر مصدق و چهـــار تن از نمایندگان جبهه ملی[۲]، یک طرح قانونی به این مفاد تقدیم مجلس شورای ملی کردند «به نام سعادت ملت ایران و به منظور کمک به صلح جهانی، امضا کنندگان ذیل پیشنهاد می‌نماییم که صنعت نفت در تمام کشور بدون اســـتثناء ملی اعلام شود. یعنی عملیات اکتشاف، استخراج و بهره‌برداری در دست دولت قرار گیرد.» موضوع لایحه پیشنهادی ملی شدن نفت، اما غایت و هدف آن در نهایت امر استقلال و سربلندی ایران و ایرانیان بود. در آن لحظه هیچ کس به دقت نمی‌دانست که مفهوم اجرائی طرح ملی کردن نفت چیست و چه خواهد بود. اما نهضت ملی ایران شعار افسانه‌ای و سحرآمیز خود را یافته بود.

فکر ملی شدن نفت از آنِ که بود؟ چند تن از نمایندگان جبهه ملی طی سال‌های بعد آن را به خود نسبت دادند.[۳] اما تاریخ دکتر مصدق را بانی و مظهر و سخنگوی آن شناخته.[۴]

پس از ارائه این طرح به مجلس، سپهبد رزم‌آرا کوشید که مشکلات ناشی از اجرای آن را بازگـــو کند. برخلاف مصدق، او و همکارانش تصور نمی‌کردند که ایرانیان قادر به اســـتخراج، تصفیه و فروش نفت باشـــند. ولی دیگر کار از کار گذشته بود. انتقادات او از

۱ - نگاه کنید به تجزیه و تحلیل پُل بالتا Paul Balta در Le Monde مورخ ۱۹ دسامبر ۱۹۸۳.
۲ - سیدابوالحسن حائری‌زاده، اللهیار صالح، دکتر سیدعلی شایگان، حسین مکی.(مترجم)
۳ - از جمله دکتر کریم سنجابی، حسین مکی، حسین فاطمی، هم‌چنین گفته و نوشته شد که این طرح در جلسه‌ای در خانه محمود نریمان شکل گرفته و به روی کاغذ آمده بود. (مترجم)
۴ - نگاه کنید به کتاب استاد جلال متینی، نگاهی به کارنامه سیاسی دکتر محمد مصدق، شرکت کتاب، لس آنجلس، ۲۰۰۵.

طرح ملی شدن نفت، سبب شد که افکار عمومی از وی روگردان شود که شاید حواش نبود. نقش شاه در این میان چه بود؟ تحقیقات اخیر نشان می‌دهد که وی در خفا از مصدق پشتیبانی می‌کرد: از یک طرف با هر اقدامی که به زیان لندن باشد ولی خود او را مستقیماً درگیر نکند، موافق بود. از طرف دیگر از نخست وزیر توانای بلند پرواز خود بیم داشت و به این ترتیب او را تضعیف می‌کرد. به هر حال می‌دانســـت که اندیشه ملی کردن نفت مطلوب ایرانیان است و نمی‌خواست از سربلندی و افتخاری که مشارکت در نهضت ملی داشت بی‌نصیب بماند.

همه این حســـاب‌ها خیلی زود نادرســـت درآمده و نقش برآب شدند. در روز هفتم مارس ۱۹۵۱، سپهبد رزم‌آرا هنگامی که برای مشارکت در یک آیین مذهبی به مسجد شاه تهران رفته بود[۱] مورد سوءقصد یکی از اعضای جمعیت فدائیان اسلام واقع شد و از پای درآمد.[۲]

قتل رزم‌آرا یک زلزله سیاســـی واقعی در ایران پدید آورد. چنان وحشـــتی بر محیط سیاســـی تهران حکمفرما شـــد که مقامات دولتی یا اطرافیان و خانواده‌اش حتی جرئت نکردند که تشییع جنازه رسمی و مراسم مذهبی شایسته‌ای برایش ترتیب دهند. حتی تنی چند از وکلای جبهه ملی با بی‌پروایی از قتل نخست وزیر ابراز شادمانی کردند.

آشفتگی محیط چنان بود که مجلسیان حتی جرئت تشکیل جلسه خصوصی و ابراز تمایل به شخص دیگری را برای ریاست دولت نکردند. شاه ناچار شد با استفاده از اختیارات خود خلیل فهیمی وزیر مشـــاور (و وزیر ارشـــد کابینه) را مأمور سرپرستی امور دولت و احیاناً مطالعه در باره تشکیل کابینه دیگری نماید. چند روز بعد فهیمی از قبول مأموریت اخیر معذرت خواست. سرانجام جلسه خصوصی مجلس تشکیل شد و نمایندگان در ۱۳ مارس ۱۹۵۱ به نخست‌وزیری حسین علا ابراز تمایل کردند. به این ترتیب علا برای بار اول به ریاست دولت رسید و وزیران خود را به شاه و مجلسین معرفی کرد.

---

۱ - مجلس ختم آیت‌الله فیض. (مترجم)

۲ - مأموران انتظامی خلیل طهماســـبی قاتل ســـپهبد رزم‌آرا را بدون این‌که کمتر مقاومتی نشـــان دهد بازداشـــت کردند. در زمان حکومت دکتر مصدق، در اجرای یک تصمیم مجلس آزادش کردند، اما پس از ســـقوط او توقیف و محاکمه و اعدام شد. ده روز بعد، یکی دیگر از اعضایِ همین جمعیت رئیس دانشکده حقوق دانشگاه تهران (دکتر عبدالحمید اعظم زنگنه. مترجم) را که قبلاً وزیر فرهنگ بود، به اتهام طرفداری از انگلیس‌ها به قتل رساند. به هنگام سوءقصد به سپهبد رزم‌آرا، شاه و ملکه در تهران نبودند.

در روز ۱۵ مارس، آن‌چه چند روز قبل کسی حتی تصور آن‌را هم نمی‌کرد، جامه عمل پوشید و مجلس به اتفاق آراء طرح جبهه ملی را دایر به ملی شدن نفت، تصویب کرد! توفانی در فضای سیاسی ایران آغاز شد.

پس از اعلام رأی مجلس همه حاضران در جلسه به کف زدن و شادی پرداختند (که کف زدن در مقررات داخلی مجلس ممنوع بود). تماشاگران از جایگاه‌های مخصوص خود به داخل فضای مجلس پریدند و نمایندگان را می‌بوسیدند و به آنان تبریک می‌گرفتند. چنین شادی و شوری در تاریخ پارلمانی ایران بی‌نظیر بود.

دو ساعت طول نکشید که همه مردم از این واقعه با خبر شدند. سرتاسر پایتخت دستخوش موجی از سرور و شادی شد. همه جا پرچم‌ها را برافراشتند. مغازه‌ها چراغان کردند. رقص و پایکوبی در خیابان‌ها آغاز شد. و به زودی این موج به سرتاسر ایران سرایت کرد.

در روز ۱۹ مارس، مجلس سنا نیز به نوبه خود و به اتفاق آرا طرح ملی شدن نفت را تصویب کرد. سنت بر آن بود که شاه قانونی را که به تصویب دو مجلس رسیده دو یا سه روز بعد توشیح و تنفیذ نماید. این بار «توشیح ملوکانه» چند ساعت بعد انجام شد. سرتاسر ایران در شور و غلیان و هیجان بود. نوروز (۱۳۳۰) برای ایرانیان نوروزی تاریخی و سرشار از امید و شادی بود. همه بر آن گمان بودند که روز تلافی و پیروزی بر سیاست استعماری بریتانیا فرا رسیده است. شاه نیز در پیام خود اعلام داشت که ملی شدن نفت واقعه‌ای فراموش ناشدنی در تاریخ ایران خواهد بود.

برای ایرانیان، ملی شدن نفت آغاز فراشد تاریخی تلافی بود. از همان روز دشواری‌ها نیز آغاز شد.

نخستین عکس‌العمل شرکت نفت ایران و انگلیسی امتناع از پرداخت دستمزدهای بسیاری از کارگران نفت جنوب و پالایشگاه آبادان بود. انگلیسی‌ها تحریکات خود را آغاز کردند. به عنوان اعتراض، اتحادیه‌های کارگری که سرنخ اداره آن‌ها در دست حزب به اصطلاح منحلّه توده بود موجی از اعتصاب همراه با اغتشاش و خرابکاری در مناطق نفتی به راه انداختند. امروزه دیگر ثابت شده است که میان حزب توده و اتحادیه‌های وابسته به

آن و عوامل شرکت نفت همدستی وجود داشت[1].

در جریان این اعتصاب‌ها، سه تن بریتانیایی کشته شدند که لندن مدعی شد به قتل رسیده‌اند. اعتصاب و اغتشاش به اصفهان، مرکز صنایع نساجی ایران، سرایت کرد. کارگران واحدهای صنعتی این شهر به عنوان همدردی با کارگران صنایع نفت دست از کار کشیدند. در تهران حزب توده موفق شد صدها تن دانش‌آموز و دانشجو را برای اعتراض به سیاست دولت و رأی مجلسین (که متهم به اطاعت از سیاست امریکا شده بودند!) به خیابان‌ها بکشاند. جراید حزب توده مصدق را به نوکری واشنگتن متهم کردند. واقعیت امر این بود که توده‌ای‌ها فقط خواستار لغو قرارداد با شرکت نفت جنوب بودند تا امکان واگذاری امتیاز بهره‌برداری از منافع نفتی شمال به شوروی‌ها هم‌چنان پابرجا بماند و نیز مقدمه‌ای برای ملی کردن شیلات شمال که در اختیار آن‌ها بود فراهم نشود.

در برابر این رویدادها، دولت که حتی هنوز از مجلسین رأی اعتماد نگرفته بود با موافقت قوه مقننه در مناطق نفتی و اصفهان حکومت نظامی اعلام کرد و از اصفهان و لرستان و اهواز واحدهای نظامی به آبادان اعزام شدند که پالایشگاه آن شهر را (که دیگر متعلق به ملت و دولت ایران تلقی می‌شد) حفاظت کنند. قدرت‌نمایی ارتش در آبادان و اصفهان سریعاً به اعتصابات پایان داد و اوضاع ظاهراً آرام شد.

علاء مرد میدان مقابله با چنین بحرانی نبود. ده روز بعد از اخذ رأی اعتماد از مجلسین، در سی ام آوریل نزد شاه رفت و استعفای دولت خود را به وی تقدیم داشت.

سفارت بریتانیا در تهران موقع را برای بازی‌های دیرین و فشارهای سیاسی متعارف خود مناسب دید و کوشید که سیدضیاءالدین طباطبایی مرد کودتای ۱۹۲۱ را که شهرت به قدرت در تصمیم‌گیری داشت به ریاست دولت برساند.

افکار عمومی و بسیاری از مجلسیان طرفدار دکتر مصدق بودند. شاه نیز ظاهراً بر این عقیده بود. جمال امامی رهبر اکثریت مجلس که از نزدیکان دربار نیز بود، نقش واسطه میان شاه و مصدق را بازی کرد.

در روز ۲۸ آوریل، جلسه خصوصی مجلس برای ابراز تمایل نسبت به نخست وزیر

۱ - نگاه کنید به خاطرات ایرج اسکندری و انور خامه‌ای.

جدید فرا خوانده شد. سیدضیاء با اطمینانی که به نفوذ انگلیس‌ها داشت به دربار رفته منتظر بود که رئیس مجلس نتیجه رأی تمایل را بیاورد و او فرمان نخست وزیری خود را بگیرد. از هر جهت آماده بود.

در جلســه خصوصی جمال امامی که ناطقی زبردست، با کلامی تیز بود، به مصدق پیشنهاد نخست وزیری کرد و او که همیشه از قبول مسئولیت‌های اجرائی سرباز می‌زد، به قول خودش «بلاتأمل» پذیرفت.[1] اکثر نمایندگان کف زدند. رأی مخفی گرفته شـد. از صـد تـن عده حاضر هفتاد و نه نفر به او رأی تمایل دادند. مصدق از جا برخاسـت[2]. از همکارانش تشکر کرد و قبول این مسئولیت را به تصویب قانون خلع ید از شرکت نفت و توشیح آن بوسیله شاه مشروط نمود. بی‌درنگ جمال امامی و چند تن از نمایندگان جبهه ملـی به تدوین مواد این قانون پرداختند. جمال امامی از نُه ماده آن هفت ماده را خودش در همان روز تدوین کرد. سرانجام طرح قانونی به تصویب دو مجلس و توشیح ملوکانه رسید. دیگر مانعی در راه نخست وزیری دکتر مصدق وجود نداشت.

در ۲۹ آوریل ۱۹۵۱، شـاه رسـماً مصدق را به کاخ سلطنتی احضار و مأمور تشکیل کابینه جدید کرد.

قانون مصوب مجلس در روزنامه رسمی کشور به طبع رسید و قوه اجرائی پیدا کرد. در روز دوم ماه مه مصدق وزیران خود را به شـاه معرفی کرد. در این که انتخاب مصدق با رضایت ضمنی شـاه بوده تردیدی نیست. اما در علل و موجبات این رضایت و تائید، نظرات مختلف ابراز شـده. آیا شاه می‌خواسـت به این ترتیب مصدق را در مقابل عمل انجام شده قرار دهد و ناتوانی وی را در حل و فصل مشکلات و پایان دادن به بحران نفت نشان دهد و او را در برابر افکار عمومی بی‌آبرو کند؟ یا می‌خواست به طور غیرمستقیم به لندن «دهن کجی» کرده باشد، از انگلیس‌ها انتقامی بگیرد، بدون این‌که خود با آنان روبرو شود؟ فرض دوم موجّه‌تر به نظر می‌رسد. چرا که در طی ماه‌های نخست انتصاب مصدق به ریاست دولت، محمدرضا شاه بی‌دریغ و صمیمانه از او حمایت کرد و هرگز اختلافی میان آنان مشاهده نشد. هر دو سعی کردند که هم‌داستانی خود را که خواسته مردم بود، به

1 - Réponse A l' Histoire, P. 64.

2 - دکتر محمد مصدق، خاطرات و تألمات، صفحات ۱۷۷ و ۱۷۸.

افکار عمومی نشان دهند.

سرنوشت سیدضیاءالدین طباطبایی در این میان چه شد؟ واقعیت این است که دیگر کسی از او یادی نکرد. اقداماتی که سفارت بریتانیا برای نیل او به ریاست دولت انجام داده بود، نشان داد که تا چه حد لندن از واقعیات ایران به دور است و دیگر هیچ مرد سیاسی ایرانی نیست که لااقل علناً آلت دست انگلیس‌ها شود.

در این روزها مصدق معبود ملت ایران بود.

این مرد اشرافی بسیار ثروتمند که در ۱۶ ژوئن ۱۸۸۲ در تهران چشم به جهان گشوده بود در این هنگام شصت و نه سال داشت. او فرزند میرزا هدایت آشتیانی از مستوفیان دوران ناصرالدین شاه و شاهزاده خانم نجم‌السلطنه نواده عباس میرزا بود. در سال ۱۹۰۳ با شهزاده خانم دیگری از خاندان قاجار، ضیاءالسلطنه، ازدواج کرد.[۱]

مصدق مشتهر به پاکدامنی و تقوای سیاسی و خانوادگی بود از همان ایام جوانی در سلک ماسون‌ها درآمد. ناطقی زبردست بود. در انتقاد و مخالفت استاد بود و مظهر مخالفت با سیاست بریتانیا در ایران شناخته می‌شد.

در جوانی برای ادامه تحصیل به اروپا رفت. نخستین ایرانی است که به دریافت درجه دکتری حقوق نائل شد.[۲] سپس به تحصیل در مدرسه علوم سیاسی پاریس[۳] پرداخت و در سال ۱۹۱۴ به ایران بازگشت. سپس شاغل مناصب اداری و سیاسی مختلف شد، خزانه‌دار کل، والی فارس و آذربایجان، وزارت مالیه، وزارت امورخارجه.

به هنگام انقراض قاجاریه، با سلطنت رضاخان سردارسپه مخالفت کرد. با این حال چند سالی حسن رابطه خود را با رضاشاه پهلوی حفظ کرد تا آن‌جا که به وی پیشنهاد وزارت، ریاست دیوان عالی تمیز و حتی ریاست دولت شد. اما او نپذیرفت.[۴]

---

۱ - در سی ام اوت ۱۹۶۵، مصدق در نامه‌ای به شاهزاده خانم مریم فیروز (که یکی از سران حزب توده نیز بود) نوشت: «ما شصت و چهار سال زندگی مشترک داشتیم. او هر بلایی را که به سرم آمد تحمل کرد. ما از یک قواره بودیم و اعتقادات‌مان یکی بود». شاهزاده خانم ضیاءالسلطنه در سال ۱۹۶۵ درگذشت. ظاهراً این نامه (که ترجمه‌ای از متن فرانسه است) در پاسخ مراسله تسلیت خانم مریم فیروز نوشته شده.

۲ - از دانشگاه نوشاتل Neuchatel در سوئیس.

3 - Ecole Libre des Sciences Politiques.

۴ - همه این‌ها را مصدق در یادداشت‌ها و یا خاطرات خود به تفصیل بازگو کرده نگاه کنید به فهرست مآخذ.

در سال ۱۹۴۰ به دستور رضاشاه بازداشت و به بیرجند تبعید شد. محمدرضا شاه در خاطرات خود نوشته است که وی متهم به همکاری با یک دولت خارجی بود[1] ولی هیچ سند و مدرکی در این مورد ارائه نداده. حدس قوی بر این است که در این زمان رضا شاه می‌خواست، حسن نیت خود را به انگلیس‌ها نشان دهد. هم دکتر متین دفتری را (برادرزاده مصدق) که مشتهر به طرفداری از سیاست آلمان بود کنار گذاشت و علی منصور، معروف به دوستی با انگلستان، را به ریاست دولت منصوب کرد و هم حکم به بازداشت مصدق مخالف سرشناس سیاست بریتانیا داد. بعداً مصدق دستور داد که پرونده توقیف و تبعید وی را به دقت بررسی کنند، هیچ چیز در آن نبود. به هر تقدیر شرایط بازداشت و تبعید او چندان دشوار نبود و پس از مدتی با پادرمیانی ولیعهد (محمدرضا شاه بعدی) آزاد شد و به املاک خود در احمدآباد تبعید گردید، چنان که در جای دیگر آمده است.

در انتخابات دوره چهاردهم دکتر مصدق در رأس نمایندگان تهران به مجلس شورای ملی رفت. رهبر اقلیت بود و سخنگوی همه کسانی شد که با مداخلات خارجیان، چه روس و چه انگلیس، در امور سیاسی کشور مخالف بودند.

مصدق در هنر جلب محبوبیت در میان مردم استاد بود. مخالفانش او را به عوام‌فریبی و عوام بازی متهم می‌کردند. هیچ کس در تقوای سیاسی و پاکدامنی او تردید روا نمی‌داشت. ثروت عظیمش به او امکان بی‌نیازی می‌داد. مقرری وکالتش را به کتابخانه دانشکده حقوق و علوم سیاسی و اقتصادی دانشگاه تهران هدیه کرد که از آن محل کتاب‌های مورد نیاز خریداری شود. به بسیاری از دانشجویان نیازمند بورس‌های تحصیلی برای ادامه تحصیلات دانشگاهی ارزانی می‌داشت. هنگامی که به ریاست دولت رسید، از دریافت حقوق و مزایای این مقام خودداری کرد. حتی هزینه محافظان اقامتگاهش را هم تقّبل کرد و می‌پرداخت. این نکته را همه جا بازگو می‌کرد و بی‌نیازی و پاکدامنی او مقبول افکار عمومی بود.

مخالفان و دشمنانش نه تنها او را به عوام فریبی و عوام بازی، بلکه به دشمنی با خانواده پهلوی، ملی‌گرائی افراطی و بیزاری از خارجیان متهم می‌کردند. مخصوصاً مخالفت او را با سیاست بریتانیا در ایران غیرعقلایی می‌دانستند.

۱- Rénpose à l' Historie مأخذ ذکر شده و هم چنین مأموریت برای وطنم، چاپ سوم.

تصویری که محمدرضا شاه از او در کتابش پاسخ به تاریخ ترسیم می‌کند جالب است: «در شخصیت و رویه او تناقضات فراوان وجود داشت. ناطقی زبردست بود. اما میان گفته‌ها و کردارش هماهنگی وجود نداشت. و به آنچه می‌گفت عمل نمی‌کرد. گاه دچار شوق و التهاب و هیجان بود و گاه دستخوش سرخوردگی و افسردگی و نومیدی کامل. در سخنرانی‌هایش فریاد می‌زد، می‌گریست، دچار اغماء می‌شد... بر روی هم می‌توان گفت که مصدق رفتاری کاملاً عقلائی نداشت و بیشتر تابع احساسات بود».[۱]

این قضاوت بی‌طرفانه نیست. شاه هم مجذوب مصدق بود و هم مرعوب او بود و شاید سال‌ها پس از مرگش می‌خواست با وی تصفیه حساب کرده باشد. حقیقت آن است که بگوئیم مصدق هرگز شخص شاه را مورد حمله قرار نداد، حتی موقعی که در زندان یا در اقامتگاه اجباری احمدآباد بود و روش‌های سیاسی او را تائید نمی‌کرد.

پس از انتصاب مصدق به ریاست دولت، گردش چرخ تاریخ سرعت گرفت، اعضای هیأت دولتش همه از شخصیت‌های سیاسی شناخته شده و کار کشته بودند. شاید به استثنای دکتر کریم سنجابی رئیس دانشکده حقوق، حقوق‌دانی برجسته، فرزند یکی از رؤسای ایلات کرد که این نخستین وزارتش بود و وزیر فرهنگ شد. همه اعضای دولت مشتهر به درستکاری و تقوای سیاسی بودند. در میان آنان باید از سرلشکر فضل‌الله زاهدی نام برد که به وزارت کشور منصوب شد. و مصدق سرپرستی ژاندامری، شهربانی کل و سازمان‌های اطلاعاتی را نیز به وی تفویض کرد.

تصویب و اجرای قانون خلع ید از شرکت نفت ایران و انگلیس موجبی برای تظاهرات ملی و مردمی وسیع در سرتاسر کشور شد. شرکت نفت ایران و انگلیس، مظهر سیاست استعماری «شوم» بریتانیا، در هر شهر و روستائی شعبه فروش داشت. لازم آمد که همه جا تابلوها و علائم آن برداشته شود و تابلوها و علائم شرکت ملی نفت ایران[۲] جایگزین آن‌ها گردد. همه جا این تغییر و تبدیل با ابراز احساسات شورانگیز مردم همراه بود. همه جا سخنرانان و واعظان از جنایات «شرکت سابق و غاصب» سخن می‌گفتند و «فجایع استعمار بریتانیا» را از قرن نوزدهم به بعد یادآور می‌شدند. ایران و ایرانیان در شور و هیجان بودند.

۱ - پاسخ به تاریخ، متن فارسی، صفحه ۶۸.
2 - Societe' National Iranniane de Pétrole یا National Iranian Oil Company(N.I.O.C)

در ۲۱ ژوئن ۱۹۵۱، محمدرضا شاه و ملکه ثریا به سازمان مرکزی شرکت نفت ایران و انگلیس[۱] رفتند. در حضور آنان تابلوهای «شرکت غاصب» پایین کشیده شد و تابلوی شرکت ملی نفت ایران، مظهر حاکمیت ملی به جای آن نصب گردید. تصاویر این مراسم ماه‌ها در سرتاسر ایران بر در و دیوارها بود. شاه و مصدق در یک جهت قدم برمی‌داشتند و توقع مردم نیز همین بود.

مصدق هیأت مدیره شرکت ملی نفت ایران را تعیین کرد. در رأس آن مرتضی قلی بیات (سهام‌السلطان خواهرزاده خودش - و نخست وزیر - پیشین قرار داشت که فاقد صلاحیت در امور نفتی اما مردی خوشنام و اهل مسالمت بود. مدیریت عامل شرکت و اداره پالایشگاه آبادان به مهندس مهدی بازرگان رئیس دانشکده فنی دانشگاه تهران[۲] تفویض شد. مهندس بازرگان متخصص آبیاری و لوله کشی آب آشامیدنی و فارغ‌التحصیل یکی از بهترین و معروف‌ترین مدارس مهندسی فرانسه[۳] بود. از صنعت نفت و پالایش مواد نفتی اطلاع وسیعی نداشت. اما به کمک تعداد کمی مهندسین و متخصصان و کارمندان فنی ایرانی در کار خود توفیق یافت و برخلاف آنچه معاندان مصدق و مخالفان ملی شدن نفت می‌گفتند، در بهره‌برداری نفت وقفه‌ای حاصل نشد.

مجلس هیأتی را مأمور نظارت بر اجرای قانون خلع ید و امور پالایشگاه آبادان کرد. مهندسان، کارمندان، کارشناسان و کارگران فنی انگلیسی از قبول نظارت و سرپرستی آنان سرباز زدند. حسین مکّی نماینده تهران در مجلس شورای ملی و رئیس این هیأت تصمیم گرفت که همه آنان باید خاک ایران را ترک کنند. به این ترتیب در اندک مدتی هزاران خانه سازمانی که اقامتگاه آنان بود تخلیه و آزاد شد و کاروانی طویل از انگلیس‌ها و تعداد کمی از هندی‌ها رهسپار عراق شدند. این تحویل و تحول و عزیمت انگلیس‌ها در میان شادی و پایکوبی اهالی آبادان صورت گرفت و نمایش دیگری از پیروزی مردم ایران بر سیاست استعماری بریتانیا، مظهری از تلافی ملی، بود. اما هیچ برخورد ناشایستی رخ نداد و بر روی هم همه چیز در صلح و صفا انجام گرفت. اما در این میان حسین مکی به صورت قهرمان ملی درآمد. او بود که به رهبری مصدق از «شرکت غاصب سابق» خلع ید کرده بود.

---

۱ - واقع در خیابان سپه، تهران (مترجم).
۲ - نخست وزیر بعدی آیت‌الله روح الله موسوی خمینی (مترجم)
3 - Ecole Centrale de Paris.

انگلیس‌ها – موضع‌گیری‌های ایرانیان و جریان خلع ید و اخراج اتباع خود را – گرچه محترمانه انجام شده بود، توهین‌آمیز تلقی می‌کردند. البته از لحاظ حقوقی و قانونی ایران کشوری مستقل و حاکم بر سرنوشت خود بود. اما لندن آن‌را جزئی از «منطقه نفوذ» خود می‌پنداشت و سوداهای استعماری گذشته‌اش را به آسانی فراموش نمی‌کرد. وینستون چرچیل که در آن روزها رهبر اقلیت محافظه کار در مجلس عوام بود، با اشاره به این ماجرا خطاب به ایرانیان و مصدق گفته بود: «دُم شیر بریتانیا را به بازی نگیرید» و مصدق به او جواب داد: «دُم شیر بریتانیا در کشور ما چه کار می‌کند» و همه به این گفت و گوها می‌خندیدند!

لندن، مسأله را به دادگاه بین‌المللی لاهه ارجاع کرد. رأی دادگاه لاهه طرفین، یعنی در حقیقت ایران را، از هر اقدامی که منجر به تغییر وضع شود نهی کرد. اما این تصمیم با خلع ید و اخراج انگلیس‌ها از آبادان دیگر معنی و موضوعی نداشت و به هر حال تهران اعلام داشت که بر آن گردن نخواهد نهاد. لاجرم لندن به تهدید پرداخت. تیپ شانزدهم چتربازان بریتانیایی که در جزیره قبرس (که در آن موقع تحت استیلای لندن بود) استقرار داشت به حالت آماده باش درآمد. قشون انگلیسی در عراق (کشوری تحت نفوذ بریتانیا) واحدهایی را به مرز ایران و عراق اعزام داشت. ناوگان انگلیسی در خلیج فارس به مانورهای نظامی پرداخت و رزمناو مورتزیوس[1] یکی از بزرگ‌ترین و تواناترین واحدهای نیروی دریایی آن کشور به آب‌های ساحلی ایران نزدیک شد. جراید خارجی نوشتند که توپ‌های این رزم‌ناو پالایشگاه آبادان را هدف گیری کرده‌اند. تهران در برابر این تحریکات آرام ننشست. واحدهای نظامی چندی به سوی مرزهای جنوبی اعزام شدند و نیروی دریایی کوچک ایران نیز به حالت آماده باش درآمد. در جراید بین‌المللی نوشته شد که تصادم نظامی میان انگلیس و ایران غیر قابل اجتناب شده است.

در این جا، شاه وارد صحنه شد، سفیر انگلیس را احضار کرد و با حضور وزیر امورخارجه به وی گفت: «باید بدانید که در صورت تجاوز به خاک ایران، من پیشاپیش سربازانم به دفاع از کشور برخواهم خاست».[2]

جراید مردم را از این موضع‌گیری محمدرضا شاه آگاه ساختند. همه اشک شوق

1 - Mauritzius.

۲ - پاسخ به تاریخ، ۷۱-۷۰.

ریختند. هم از اتحاد شـــاه و مصدق خوشنود بودند و هم چشم به راه زمانی که سرانجام زورآزمایی با «دشمن تاریخی ایران» آغاز شود.

قطعاً محمدرضا شـــاه از این امکان که از موضع قدرت با سـفیر لندن ســخن گوید ناخرسند نبود.

بعد از ادای سوگند در برابر مجلس، پس از پرواز پرخطرش بر فراز سربازان ارتش در جبهه قافلانکوه و شرکت در مراسم پایین کشیدن تابلوی «شرکت غاصب سابق» نفت، این هم واقعه دیگری بود که برای تصویرش در برابر تاریخ ایران به یادگار می‌گذاشت. آیا در اعماق اندیشه خود، در مقام رقابت با مصدق نبود؟

لندن تهدید کرد، اما عملی انجام نداد. زیرا از مقاومت ایرانیان اطمینان داشت. انگلیس‌ها اعلام کردند که ایرانی‌ها حتی «قادر به اســتخراج یک قطره نفت» و البته «بهره‌برداری از پالایشگاه عظیم آبادان» نیستند. در این نکته هم اشتباه می‌کردند. شور و وطن‌پرستی گروه کوچک مهندسان و کارگران فنی ایرانی توانست از عهده هر دو مهم برآید. استخراج نفت ادامه یافت و پالایشگاه آبادان همچنان به کار خود ادامه داد. گفتند که ایرانیان با کمبود مواد نفتی مواجه خواهند شد، که وسائل نقلیه دیگر امکان حرکت نخواهند داشت که خطوط آهن و مراکز تولید برق و کارخانه‌ها متوقف خواهند شد. هیچ یک از این «پیش‌بینی»‌های لندن به حقیقت نپیوســت. ایرانیان قادر به اداره و بهره‌برداری منابع و صنعت نفت خود بودند.

انگلیس‌ها اشتباه می‌کردند. اما «متخصصان» ایرانی که دور مصدق را گرفته بودند نیز توهماتی به کلی دور از حقایق و واقعیات داشــتند. آن‌ها به مصدق باورانده بودند که با توقف استخراج نفت ایران و بخصوص بهره‌برداری پالایشگاه آبادان و قطع صدور نفت تصفیه شــده لندن به زانو درخواهد آمد، اقتصاد انگلســتان دچار بحران گردیده و دنیای غرب با مشکلات اقتصادی فراوان روبرو خواهد شد و ناچار توقعات ایران را بی‌چون و چرا خواهد پذیرفت. فرضیات «کارشناسان اقتصادی» و «مشاوران شیر پیر»[1] یعنی مصدق درســت نبود. کشورهای دیگر چون عراق، کویت، عربستان ســعودی، جای ایران را در

۱- لقبی اسـت که ملکه ثریا در خاطراتش به مصدق داده و بسـیاری دیگر نیز به کار برده‌اند. ثریا، مانند همســرش از مصدق بیمناک بود و او را دوست نمی‌داشت اما مجذوب او نیز بود و مبارزه‌اش را با سیاست استعماری بریتانیا می‌ستود.

بازارهای نفتی جهان گرفتند. بازار بین‌المللی نفت خود را با وضع جدید تطبیق داد.

سرانجام نه اقتصاد ایران فلج شد و به حالت تعطیل درآمد و نه انگلیس‌ها در برابر ایران زانو زدند.

باید انصاف داد که شاه، که جراید خارجی را مطالعه می‌کرد و به عقاید و آراء کارشناسان بین‌المللی نفت توجه داشت، واقع‌بین‌تر از مصدق بود که تنها به احساسات مردم کوچه و بازار گوش فرا می‌داد و بیم داشت که در افکار عمومی متهم به ضعف و تسلیم در مقابل لندن شود.

وضع داخلی ایران در این مقطع از زمان چندان اطمینان بخش نبود. گروهی از اطرافیان شاه به تحریک علیه مصدق آغاز کردند. حسین علاء وزیر دربار شاهنشاهی از آن جمله بود که با احتیاط و محافظه‌کاری معمولش شاه را از نتایج بین‌المللی بحرانی که آغاز شده بود بر حذر می‌داشت. شاهپور علیرضا برادر تنی شاه و به‌ویژه شاهدخت اشرف - که نفرت خود را از مصدق پنهان نمی‌کرد گویا عبدالحسین هژیر، در دم مرگ به شاهدخت اشرف که به احوالپرسی‌اش رفته بود، هشدار داد که از مصدق و مقاصد سیاسی‌اش برحذر و بیمناک باشد.[۱] شاهدخت اشرف هم‌چنین از ملاقاتی با مصدق یاد می‌کند که محیط آن بسیار متشنج بود و بر اثر آن نخست وزیر به وی دستور داد که ظرف بیست و چهار ساعت ایران را ترک کند.[۲]

بحران میان بریتانیا و ایران، اندک اندک در صحنه بین‌المللی موجب نگرانی ایالات متحده امریکا شد. انگلیس‌ها همچنان در سودای مداخله نظامی در ایران بودند، که اگر تحقق می‌یافت شوروی‌ها نیز طبق قرارداد ۱۹۲۱ می‌توانستند قوای نظامی خود را وارد ایران کنند. به این ترتیب بحران شدید دیگری در صحنه جهان پدیدار می شد. به علاوه در چنین شرائطی ایرانیان می‌توانستند فریب تبلیغات «ضدامپریالیستی» حزب توده را بخورند. در نهایت امر به پیشنهاد دکتر هنری گریدی[۳] سفیر کبیر امریکا در ایران که جانبداری خود را از مصدق پنهان نمی‌کرد، واشنگتن بر آن شد که آورل هاریمان[۴] مدیر برنامه مارشال

۱ - متن ذکر شده، صفحه ۱۲۵.
۲ - همان منبع.

3 - Dr. Henrry Gràdy.
4 - Avell Harriman.

برای کمک به کشورهای اروپا را که سیاستمدار و دیپلماتی ورزیده، با حوصله و کارکشته بود برای مذاکره با «شیر پیر» به تهران بفرستد. سرهنگ ورنن والترز[1] به عنوان مشاور و مترجم همراه او بود. والترز به زبان فرانسه تسلط کامل داشت و امریکائیان می‌دانستند که مصدق در مذاکرات سیاسی بین‌المللی خود از فرانسه، زبانی که به آن کاملاً آشنا بود، استفاده می‌کند.[2]

در روز ورود هاریمان به تهران، ۱۴ ژوئیه ۱۹۵۱، حزب توده تظاهرات خشن و شدید ضدامریکائی در تهران به راه انداخت. متظاهرین به باغ ساختمان مجلس شورای ملی (کاخ بهارستان) تجاوز کردند و سعی کردند که عمارت مجلس را اشغال کنند. با مداخله مأموران شهربانی از ورود توده‌ای‌ها به کاخ بهارستان جلوگیری شد. اما یک تن کشته و عده‌ای زخمی شدند. مصدق در این جا رویه‌ای را اتخاذ کرد که در نهایت امر به زیان او و نهضت ملی ایران تمام شد. او از کمونیست‌ها واقعاً نفرت داشت و مخالف زیاده‌روی‌های آنان بود. اما نمی‌خواست کاملاً از فعالیت آن‌ها جلوگیری کند تا به این وسیله امریکائی‌ها و دنیای غرب را بترساند و وادار به عقب نشینی در مقابل توقعات و نظرات دولت ایران نماید. رادیوهای مسکو و بادکوبه - و لندن - به تظاهرات و نابسامانی‌های تهران دامن زدند و آن‌ها را بیش از آن‌چه بود بزرگ کردند. مسکو می‌خواست امریکایی‌ها را تضعیف و هواداران خود را تقویت کند. لندن می‌خواست مصدق را عامل یا لااقل همدست شوروی‌ها نشان دهد. این دو در کوتاه مدت با یکدیگر توافق عمل داشتند.

در این جا مصدق نخستین اشتباه بزرگ سیاسی خود را مرتکب شد: رئیس شهربانی کل کشور را که خودش اندکی قبل تعیین کرده بود[3] راساً برکنار کرد و حتی اعلام کرد که به جرم تیراندازی به سوی جمعیت دستور محاکمه وی را داده است، که البته هرگز چنین محاکمه‌ای انجام نشد.

سرلشکر زاهدی خبر این تصمیم را از رادیو شنید. او همان شب در جلسه هیأت

---

1 - Verrona A. Walters.

۲ - روایت والترز از این مذاکرات و روابط بعدی‌اش با دکتر مصدق که تا پایان عمر او ادامه یافت، سندی جالب (و گاهی شیرین و پرمعنی) از تمام این مذاکرات است که اسناد رسمی دولت امریکا را تکمیل می‌کند. نگاه کنید به:

Veron A. Walters, Services Discrets, Plon, Paris, 1979.

۳ - سرلشکر (و سناتور بعدی) بقائی (مترجم)

دولت اظهار داشت که پلیس دقیقاً به وظیفه خود در حفاظت کاخ بهارستان و مجلس شورای ملی عمل کرده، به علاوه نخست وزیر نمی‌بایست بدون اطلاع قبلی وی یکی از مرئوسانش را معزول کند. در نتیجه استعفای خود را از وزارت کشور تقدیم نخست‌وزیر نمود. مصدق این دست و آن دست کرد، به مطایبه و شوخی پرداخت، خواست وزیر کشورش را منصرف کند که میسر نشد. اما به سرلشکر زاهدی قبولاند که تا پایان مأموریت هاریمان در ایران استعفایش را علنی نکند، تا خللی در وحدت عمل حکومت پیش نیاید و مخصوصاً از دولت در مقابل مجلسین که شدیداً ابراز ناراحتی و نارضایتی کرده بودند، دفاع کند. زاهدی به «حکم انضباط و به رعایت مصالح مملکتی» قبول کرد.

از هاریمان در کاخ صاحبقرانیه پذیرایی می‌شد. کسان بسیاری به دیدارش می‌رفتند. از جمله شاهپور علیرضا برادر شاه که از مخالفان مصدق بود.

فرستاده امریکا به کمیسیون مشترک نفت مجلسین نیز رفت و بعداً از بی‌اطلاعی اعضای آن در مسائل اقتصادی بین‌المللی و بازار جهانی نفت اظهار تعجب نمود.

در روز شانزدهم ژوئیه هاریمان، گریدی و والترز به دیدار مصدق رفتند. «شیر پیر» با لباس منزل در رختخواب خود دراز کشیده بود! با آنان محبت و لطف بسیار نشان داد. اما سخنانش برای هاریمان شگفت‌انگیز و حتی غیرقابل فهم بود. گفتگویی طولانی در زمینه مداخلات ناروای خارجیان در امور ایران داشت. به تفصیل از حمله اسکندر به ایران سخن گفت و آن را سرآغاز بدبختی‌های کشور خود دانست. هاریمان ارتباط اسکندر و حمله‌اش را به ایران و بحران نفت به درستی درک نمی‌کرد. اما با صبر و حوصله به سخنان مصدق گوش داد. سعی کرد چند بار به مساله نفت برگردد. اما مصدق سخنان تاریخی و سیاسی‌اش را ادامه می‌داد. بهر تقدیر آن دو چند بار دیگر هم ملاقات کردند. اورل هاریمان سفر کوتاهی به لندن کرد و توانست توافق اصولی لندن را با ملی شدن منابع و صنایع نفتی ایران جلب و اعلام کند. البته به شرطی که دو طرف به اختلافات خود خاتمه دهند. در مراجعت از لندن، هاریمان، یک وزیر بانفوذ کابینه انگلیسی ریچارد استوکس[1] را نیز به همراه آورد. راه برای توافقی که به بحران خاتمه دهد گشوده شد.

این مذاکرات و رفت و آمدها شش هفته به طول انجامید و به هیچ جا نرسید.

۱- Richard Stocks (مهردار سلطنتی. مترجم)

لندن، با استناد به «تدابیر موقّت» و «اقدامات تأمینی» که دادگاه بین‌المللی لاهه مقرر داشته بود، عملاً یک محاصره دریائی کامل بر صادرات نفت ایران (که آن‌ها را تصرف در اموال بریتانیائی تلقی می‌کرد) برقرار نمود و تهدید کرد که هر نفت‌کشی را که محموله آن نفت ایران باشد، ولو در آب‌های بین‌المللی، توقیف و ضبط خواهد کرد. این تصمیم هیچ اساس حقوقی نداشت. ولی بحریه بریتانیا هنوز قوی و در منطقه حاکم بود و ایرانیان ضعیف بودند. ماجرای همیشگی روابط ایران با ابرقدرت‌ها و فقدان نیروی دریائی برازنده‌ای برای این کشور. با این حال یک شرکت ایتالیائی[1] قراردادی برای خرید دو میلیون تن نفت به مدت ده سال با ایران امضا کرد. به عنوان آزمایش، نفت‌کش کوچکی موسوم به ماری رز[2] که زیر پرچم کشور هندوراس[3] فعالیت و تجارت می‌کرد، مقداری نفت ایران را بار کرد و از آب‌های ساحلی این کشور خارج شد. هواپیماهای انگلیسی مواظب و مراقب بودند. نفت‌کش ماری رُز به وسیله ناوهای جنگی بریتانیا در دریای آزاد توقیف و ضبط و به عنف، بندر عدن که آن موقع در تصرف انگلیسی‌ها بود منتقل و در آن‌جا مهر و موم و متوقف شد.[4] نتیجه آن‌که صادرات نفت ایران به چند هزار تن بنزین و نفت چراغ که به افغانستان فروخته و با کامیون‌های نفت‌کش حمل می‌شد محدود گردید! ایران دچار یک بحران و تنگدستی اقتصادی شدید شد. اما مصدق اهل تسلیم به خارجی‌ها نبود. برای پاسخگویی به تنگنای مالی، دولت به انتشار اوراق قرضه ملی دست زد. شاه نخستین خریدار تعدادی از این برگ‌های قرضه ملی بود تا همراهی خود را با کوشش دولت نشان دهد. برای جلوگیری از فروپاشی کامل اقتصاد کشور که فقط به سود اتحاد جماهیر شوروی و توده‌ای‌ها می‌بود، واشنگتن نیز یک وام بیست و پنج میلیون دلاری در اختیار ایران گذاشت، نه بیشتر. قرص مُسکن بود اما درمان دردها نبود. مخالفان دولت سربلند کردند.

رهبر آن‌ها در مجلس شورای ملی همان جمال امامی بود که ماه‌ها پیش‌تر واسطه شاه و مصدق برای نخست‌وزیری او شده و در تدوین مواد قانون خلع ید از شرکت نفت

1 - ENTE Petrolifera Italia Mediorente.

۲ - برای شرح کامل این ماجرا نگاه کنید به:

Le Monde 18 -19 décembre 1983.

3 - Honduras.

۴ - ایران در حقیقت بهای ضعف نظامی خود را که ناشی از ناتوانی اقتصادی و عدم ثبات سیاسی سال‌های بعد از جنگ دوم بود می‌پرداخت.(مترجم)

سهمی اساسی داشت. روابط نزدیک جمال امامی با دربار بر هیچ‌کس پوشیده نبود. ناچار اندک اندک این مسأله برای مردم مطرح شد که آیا واقعاً شاه و مصدق در نهضت ملی با یکدیگر همراه و هم‌آواز هستند یا خیر؟

انگلیس‌ها در مقام وارد کردن ضربه‌ای بزرگ بر نهضت ملی و مصدق بودند و احتمالاً بهانه‌ای یا مجوزی برای مداخله نظامی در ایران. از ایران به شورای امنیت سازمان ملل متحد شکایت کردند. شورا در اول اکتبر ۱۹۵۱ صلاحیت خود را برای رسیدگی به این شکایت اعلام داشت. در این‌جا بود که مصدق همه را غافلگیر کرد و برگ برنده دیگری بر زمین زد. همه او را بیمار و دائماً بستری می‌دانستند و گفته می‌شد که مسافرت، آن هم به راه دور با هواپیما، را دوست ندارد و تحمل نمی‌کند. اما، با تأئید شاه، اعلام کرد که «برای دفاع از حقوق حقه ملت ایران» که «قربانی سیاست استعماری بریتانیا» شده است، رهسپار نیویورک خواهد شد. همین اعلام برای تجدید وحدت و همبستگی ملی کافی بود. اقلیت مجلس بی‌درنگ اعلام داشت که به خاطر مصالح ملی و دفاع از وطن دست از مخالفت با دولت برخواهد داشت و پشت سر رئیس دولت خواهد ایستاد. دکتر مصدق، باقر کاظمی (مهذب‌الدوله) را به کفالت امور دولت تعیین کرد و در رأس هیأتی[۱] عازم نیویورک شد.

مسافرت «شیر پیر» به امریکا، همه مطبوعات و دوربین‌های اخبار سینمایی جهان را متوجه او و متوجه ایران کرد[۲] و بازتابی گسترده یافت.

در روز ۵ اکتبر، در مقابل انبوهی بی‌سابقه از خبرنگاران جراید بین‌المللی و

۱ - اعضای هیأت عبارت بودند از اللهیار صالح، دکتر علی شایگان، سهام‌السلطان بیات، دکتر احمد متین دفتری، امیر همایون بوشهری وزیر راه، دکتر کریم سنجابی، مظفر بقائی، حسین فاطمی (معاون سیاسی و پارلمانی نخست وزیر) حسین نواب (وزیر مختار ایران در هلند و وزیر بعدی امور خارجه) دکتر عیسی سپهبدی و محسن اسدی استادان دانشگاه تهران به عنوان مترجم. یک گروه مطبوعاتی نیز همراه آنان بود: عباس مسعودی و دکتر مصطفی مصباح‌زاده (مدیران اطلاعات و کیهان) سیف پورفاطمی (خبرنگار باختر امروز روزنامه وابسته به جبهه ملی) و شجاع‌الدین شفا رئیس کل انتشارات و رادیو. در امریکا نصرالله انتظام سفیر ایران در واشنگتن، دکتر علیقلی اردلان سفیر ایران در سازمان ملل و دکتر جلال عبده معاونش به هیأت پیوستند. دکتر غلامحسین مصدق و خانم ضیاء اشرف مصدق (بیات) فرزندان نخست وزیر همراه پدر خود بودند. به هر یک از اعضای هیأت روزانه شصت دلار پرداخت می‌شد. مصدق هزینه سفر و اقامت خود و فرزندانش را شخصا تقبل کرد. (مترجم)

۲ - در باره جریان اقامت این هیأت نگاه کنید به دکتر فریدون زند فرد. خاطرات خدمت در وزارت امور خارجه، سیمای دیپلماسی نوین ایران، نشر آبی، تهران، ۲۰۰۵.

فیلم‌برداران، مصدق به جلسه شورای امنیت وارد شد. «با صدائی لرزان و قیافه‌ای محزون»[1] به مدت یک ساعت به زبان فرانسه، از رنج‌های ملت ایران، از مداخلات ناروای استعمار بریتانیا در این کشور، از سرنوشت جهان سوم سخن گفت. سپس اللهیار صالح به مدت دو ساعت به زبان انگلیسی، از پرونده ایران از دیدگاه حقوقی و اقتصادی دفاع کرد. پاسخ و گفتار فرستاده لندن متکبرانه و حتی تحقیرآمیز بود. مطبوعات امریکا آن را نپسندیدند و مورد انتقاد قرار دادند. سرانجام در پایان مذاکرات، نماینده فرانسه پیشنهاد کرد که موضوع در دستور شورای امنیت سازمان ملل درج نشود. مذاکرات دیگر موردی نداشت. نماینده امریکا از دادن رأی خودداری کرد.

«شکستی شرم‌آور و تحقیرآمیز برای سیاست بریتانیا»[2]، چنانکه آنتونی ایدن بعداً در خاطرات خود نوشت. اما یک پیروزی درخشان برای ایران و برای شخص دکتر مصدق.

اندکی بعد شاه در پیامی پرشور و هیجان به مصدق نوشت: «از شنیدن خبر موفقیت ایران در شورای امنیت بسیار خرسند بوده و موفقیت شما را در این امر مهم تبریک می‌گویم». در این هنگام با اشتیاق کامل رضامندی خاطر خود را در باره مساعی و مساعدت‌هایی که در مساله نفت به دست آورده‌اید ابراز نموده و ضمناً از اطلاع از وضع مزاجی و تندرستی شما خشنود خواهم شد. شاه».

و دکتر مصدق به او پاسخ داد: «دستخط تلگرافی ذات مبارک شرف وصول بخشید و بیش از آن چه تصور شود موجب سرافرازی و تشکر گردید. از خداوند سلامتی و طول عمر و موفقیت روزافزون اعلیحضرت همایون شاهنشاهی را همواره آرزو کرده‌ام و هر موفقیتی در هر جا و هر مورد تحصیل شده، مرهون توجهات و عنایت ذات اقدس ملوکانه است که همه وقت دولت را تقویت و رهبری فرموده‌اند. به طوری که وسیله‌ی جناب آقای وزیر دربار به عرض مبارک رسیده. روز دوشنبه به فیلادلفیا و صبح سه‌شنبه به واشنگتن می‌روم و جریان را از همان جا به پیشگاه مبارک معروض خواهم داشت. اجازه می‌طلبد یک بار دیگر از عنایات و توجهات خاصه شاهنشاه جوان بخت خود سپاسگزاری نماید. دکتر مصدق».[3]

---

1 - New York Times, 16 October 1951.

۲ - خرسند اشکان، ملی شدن صنعت نفت در خاطرات ایدن، ماهنامه‌ی حافظ شماره ۴۸، اسفند ۱۳۸۶.

۳ - بعد از سقوط دولت دکتر مصدق این دو متن که در همه جراید آن وقت تهران درج و تفسیر شده بود

از این پیروزی ایرانیان خوشـحال و سـرفراز بودند و موجی از شادی کشور را فرا گرفت.

مصدق از نیویورک رهسپار واشنگتن شد. مسافرتش جنبه رسمی نداشت اما ترومن رئیس جمهوری ایالات متحده وی را با تشـریفات خاص پذیرا شـد و ناهاری مجلل به افتخار وی ترتیب داد. واشنگتن مرد شماره ۲ وزارت امور خارجه امریکا جرج مک گی[1] و نیز ورنُن والترز را مامور مذاکره با مصدق کرد. این سه تن بیست بار با یکدیگر ملاقات و مذاکره داشتند که به جائی نرسید. دولت ایران تقاضای یک صدو بیست میلیون دلار اعتبار و کمک مالی از امریکا می‌کرد که کشـور از بحران اقتصادی و خطر استیلای کمونیستها نجات یابد.

سرانجام با پشتیبانی امریکا و پادرمیانی پاکستان قرار شد که بانک بین‌المللی ترمیم و توسعه[2] کار را به دست بگیرد. چند جلسه‌ای در این باره در واشنگتن مذاکره به عمل آمد و سپس تصمیم گرفته شد که بانک مذکور گروهی را برای تعقیب مذاکرات به پایتخت ایران گسیل دارد.

سرانجام اقامت مصدق در واشنگتن که تقریباً همه آن در بیمارستان ارتش گذشت، به پایان رسید[3] و وی رهسپار تهران شد.

در سر راه بازگشت، اقامتی کوتاه در قاهره داشت. در آن‌جا نیز نخست‌وزیر ملی‌گرا و رهبر حزب وفد نحاس پاشا برای الغای قرارداد ۱۹۳۶ بین مصر و بریتانیای کبیر و پایان

از تواریخ رسمی و روایات دوران پهلوی حذف شد. (در متن فرانسه کتاب همه جملات این پیام ذکر نشده. از لحاظ اهمیت تاریخی آن ضروری دیده شد که متن کامل آن در اینجا بیاید. مترجم)

1 - George Mc Gee.

بعـداً دکتـر مصـدق از هر دوی آن‌ها با خاطره خـوب و محبت یاد کرده و آن‌ها را «مثـل برادران» خود می‌دانست. ورنن والترز که بعداً تا درجه سپهبدی سفارت و معاونت «سیا» ارتقاء یافت تا پایان عمر مصدق با وی مکاتبه داشت که در کتاب خاطرات خود به آن اشاره کرده.

۲- I.B.R.D یا بانک جهانی.

۳- در باره جزئیات اقامت دکتر مصدق در امریکا نگاه کنید به کتاب یاد شده دکتر فریدون زند فرد که از دیپلمات‌های برجسـته ایران بود و در زمان انقلاب سـفارت بغداد را به عهده داشت. دولت مهدی بازرگان وی را تا مدتی طولانی در ماموریتش ابقا کرد. خاطراتش سـندی اسـت بی‌طرفانه و قابل اعتماد راجع به پی‌آمدهای این سفر و جریانات بعدی روابط ایران و امریکا نگاه کنید به:

Jim Newton, The White House Years, Knopf Double day- Publishing Group, New-York, 2011.

دادن به نفوذ سیاسی آن کشور در تلاش و مبارزه بود. مردم قاهره و دولت مصر استقبالی پرشکوه و هیجان از دکتر مصدق به عمل آوردند. هر دو کشور و هر دو مرد سیاسی در یک جهت مبارزه می‌کردند. اما گرچه استقبال قاهره دلگرم کننده بود، از لحاظ تعادل قوا نتیجه‌ای در بر نداشت.

مردم تهران نیز از مصدق چون قهرمانی بزرگ استقبال کردند. وی از فرودگاه مستقیماً به کاخ سلطنتی رفت. شاه از وی خواست که برای اجتناب از خستگی بیشتر روی کاناپه‌ای دراز بکشد. سپس با یک‌دیگر صرف غذا کردند. ملاقات آنان شش ساعت به طول انجامید. اما دریغ که پیروزی بزرگی که در نیویورک به دست آمده بود، استقبال بی‌نظیر مردم مصر و ابراز عطوفت و محبت شاه (آیا واقعاً صمیمانه بود؟) گِرهی از کار فرو بسته اقتصاد ایران و بحرانی که کشور با آن روبرو بود نمی‌گشودند.

در نوامبر ۱۹۵۳، جمهوری‌خواهان در انتخابات ریاست جمهوری ایالات متحده پیروز شدند. آن‌ها به مراتب کمتر از دموکرات‌ها نسبت به نهضت ملی ایران و مصدق حسُن‌نظر داشتند و به خصوص هوادار سیاستی قاطع در برابر مسکو و شوروی‌ها بودند. ژنرال آیزنهاور جانشین هاری ترومن شد و جان فوستر دالس[1] رهبری دیپلماسی امریکا را به عهده گرفت. در تهران لوی هندرسن[2] جایگزین دکتر گریدی در سفارت امریکا شد. او مردی ورزیده، فرهیخته، مبادی آداب و جهان دیده بود. اما حسن تلقی سلف خود را نسبت به ملی‌گرایان ایران و شخص دکتر مصدق نداشت.

به موازات این تغییر، سیاست بریتانیای کبیر نیز تحول یافت. محافظه‌کاران، بار دیگر در سال ۱۹۵۱ بر سر کار آمدند. چرچیل علناً با مصدق مخالف بود و ایرانیان را به «دزدی نفت انگلیس‌ها» متهم می‌کرد. نظر آن‌ها دیگر روشن بود: تا مصدق بر سر کار باشد حل بحران ایران میسر نخواهد بود. امریکائیان می‌خواستند «ثبات سیاسی» به ایران که از نظر آنان یکی از مهره‌های اصلی جنگ سرد بود، باز گردد. ترجیح می‌دادند که این «تثبیت» در حکومت مصدق و به دست او باشد ولی بر این عقیده بودند که اگر با مصدق میسر نشد،

---

1 - John Foster Dulles (1888-1959).

از آغاز ریاست جمهوری ژنرال آیزنهاور تا سال ۱۹۵۹ وزارت امور خارجه امریکا را به عهده داشت. سیاست مقاومت در برابر توسعه‌طلبی و جهانخواری اتحاد جماهیر شوروی را نصب‌العین خود قرار داد. با این حال نتوانست از تسلط کمونیست‌ها بر کوبا و ویتنام جلوگیری کند. (مترجم)

2 - Loy Hendersson.

به دنبال راه‌حل دیگری بروند. به این ترتیب شاه که مقام ثابت و تغییرناپذیری در صحنه سیاست ایران بود در نظر آنان اهمیت و اولویت یافت. مصدق متوجه شد که دیگر در برابر وی گذشتی نخواهد شد. و شاه دریافت که می‌تواند نقش دیگری - نقش شخص خود را - بازی کند و لحظه تغییر سرنوشت برایش فرا رسیده است.

تغییر سیاست و طرز عمل بریتانیا، به عکس‌العمل فوری ایران منتهی شد. مصدق تصمیم به قطع روابط سیاسی با بریتانیای کبیر و تعطیل سفارت آن کشور در ایران گرفت که از دیدگاهش «کانون تحریک علیه منافع و مصالح ایران» بود. اما اخراج فرستادگان انگلیس از ایران با رعایت حداکثر آداب و ظرافت سیاسی و در محیطی دوستانه انجام گرفت[1] کنسولگری‌های انگلیس نیز به همین ترتیب بسته شد.

دوره مجلس رو به پایان بود. مصدق در واپسین جلسه آن شرکت کرد و اظهار داشت که از این پس ایران باید در فکر «اقتصاد بدون نفت» باشد، «مانند افغانستان» و به جمعی از وکلا اظهار داشت که تصور نمی‌کند بحران طولانی شود و همه چیز تا دو ماه دیگر روبراه خواهد شد.

اما آخرین جلسات همین مجلس پر از هیاهو و تشنج بود. وکلای طرفدار و مخالف مصدق به جان هم می‌افتادند. غالباً تماشاچیان هم به داخل ساحت مجلس می‌پریدند و با نمایندگان گلاویز می‌شدند. طرفداران مصدق دیگر عملاً دربار را متهم به تحریک علیه او می‌کردند و دست شاهدخت اشرف را (گر چه در اروپا و عملاً ممنوع الورود بود) در همه این دسیسه‌ها می‌دیدند.

مخالفان مصدق به بهانه نداشتن امنیت در مجلس متحصن شدند. در میان آنان بسیاری از بنیان‌گذاران جبهه ملی نیز بودند. آن‌ها شکایات خود را با شاه در میان نهادند. محمدرضا شاه محتاط بود. نمی‌خواست علناً با مصدق رو در رو شود و مسئولیت تفرقه در نهضت ملی را به گردن بگیرد. به شکایات گوش می‌داد. اما عکس‌العملی نشان نمی‌داد.

در این گیرو دارها، انتخابات مجلس جدید (دوره هفدهم) در جریان بود و در جریان آن دو دستگی عمیق موجود در افکار عمومی به خوبی هویدا می‌شد. هنوز یک سال هم

---

۱ - خاطرات سیاسی عبدالحسین مفتاح که در آن هنگام کفالت وزارت امورخارجه را به عهده داشت.

از آغاز دولت دکتر مصدق نگذشــته بود ولــی وحدت نهضت ملی که به پیروزی‌هایش انجامیده بود، دیگر خاطره‌ای بیش نبود.

در سال ۱۹۵۲، اکثریت نمایندگان مجلس جدید انتخاب شده بودند در مجموع کسی به صحت جریان انتخابات اعتراضی نداشت. طرفداران مصدق در مجلس جدید اکثریت ضعیفی داشتند. اما انگلیس‌ها بار دیگر پرونده نفت را به دادگاه لاهه بردند و تا حل و فصل آن، افتتاح دوره جدید تقینیه به تأخیر افتاد.

مصدق که از مســافرتش به امریکا و شــرکت در جلسه شورای امنیت نتیجه خوبی گرفته بود، بار دیگر بر آن شد که شخصاً به پایتخت هلند برود و از حقوق ایران در مقابل دادگاه بین‌المللی لاهه دفاع کند.

بسیاری از ایرانیان مقیم کشورهای اروپائی تصمیم گرفتند به لاهه بروند و حمایت خود را از مصدق نشان دهند. این خود دلگرمی بزرگی برای نخست‌وزیر ایران بود. با این حال در لاهه نسبت به وی و هیأت نمایندگی ایران اهانتی ناشایست انجام گرفت. برای آن‌ها در مهمانسرای قدیمی معروف به هتل دزند[۱] اطاق‌هایی گرفته شده بود. بر اثر مداخله کمپانی نفتی شِل شریک دیرین شرکت نفت ایران و انگلیس این مهمانسرا از پذیرفتن آنان خودداری کرد[۲] سرانجام هیأت نمایندگی ایران در مهمانسرای بزرگ دیگری (هتل پالاس) مستقر شدند.[۳]

در برابــر دادگاه لاهــه، مصدق بار دیگــر به دفاع از حقوق ایــران پرداخت. این بار سخنانش جنبه حقوقی داشت و مصدق با فصاحت و سلاست سخن می‌گفت پس از او هانری رولن[۴] حقوقدان بلژیکی که به وکالت ایران تعیین شــده بود از حق ایران در ملی کردن منابع ثروت خود ســخن گفت و پرونده را در حیطه حقوق خصوصی و بنابر این بیرون از صلاحیت دادگاه لاهه دانست.

در ۲۲ ژوئــن ۱۹۵۲، دادگاه لاهــه حق را به ایران داد و عدم صلاحیت خود را اعلام

---

1 - Hotel des Indes.

۲- Vernon Walters، متن ذکر شده. ورنن والترز برای تماس و گفتگو با دکتر مصدق به لاهه آمده بود.

۳ - خاطرات سیاسی عبدالحسین مفتاح.

4 - Henri Rollin

داشـــت. ایران پیروزی بزرگی به دســـت آورده بود. اما تصمیم دادگاه رسماً اعلام نشد و مصدق به تهران بازگشت.

در روز ۲۴ ژوئن مصدق برای گزارش جریان دادگاه نزد شاه بود که حسین علاء وزیر دربار شاهنشـــاهی وارد دفتر شاه شد و مفاد تلگراف واصل از لاهه را که خبر از پیروزی ایران می‌داد به اطلاع آنان رســـاند. شـــاه بی‌درنگ پیامی به ملت ایران فرســـتاد و پیروزی نخســـت‌وزیرش را تبریک گفت و از او تجلیل کرد. اما به‌طور خصوصی از او خواست، حال که در دادگاه لاهه توفیق به دست آمده و در موضع قدرت قرار دارد، مساله نفت را حل و فصل کند و به بحران شدیدی که کشور دچار آن شده خاتمه دهد. چند روز بعد مجله معروف تایم[1] چاپ نیویورک عنوان مرد ســـال ۱۹۵۱ را به مصدق ارزانی داشـــت. «مردی که با اشک‌هایش یک امپراطوری را به زانو درآورده است».

دو پیروزی بزرگ برای «شیر پیر». آخرین پیروزی‌های سیاسی‌اش در صحنه بین‌المللی. دیگـــر بدون تردید او در «مرحله منفی» اقدامات سیاســـی‌اش، یعنی اخراج انگلیس‌ها از صحنه سیاست ایران موفق شده و طلسم قدرت و تسلط لندن را شکسته بود. اما «مرحله مثبت» به جای خود باقی بود. مصدق از قبول هر راه‌حلی در زمینه حل مساله نفت امتناع می‌کرد. راستی که خود نمی‌دانست دیگر چه می‌خواهد و چه باید کرد.

به هنگام گشـــایش دوره جدید قانونگزاری، شاه به گرمی از خدمات مصدق تجلیل کـــرد و افزود که رئیس آینده دولت «هر که باشـــد باید همچنان بـــه راه مصدق برود» از نهضتی که آغاز شـــده اســـت پیروی کند و قوانین مربوط به ملی شدن صنعت نفت را با کمال جدیت و مراقبت تعقیب نماید». در حقیقت می‌خواست عدم اصرارش را به تجدید انتصاب مصدق نشان دهد.

پس از انجام این مراســـم، که دکتر مصدق به بهانه «کسالت» در آن شرکت نداشت، مجلس هیأت رئیسه خود را انتخاب کرد[2] و آمادگی خود را طبق قانون اساسی به استحضار شاه رساند و مصدق استعفای خود را به وی تقدیم داشت.

1 - TIME.

۲ - آیت‌الله دکتر سید حسن امامی، امام جمعه تهران، که مردی معتدل و مورد احترام جناح‌های سیاسی مختلف بود به ریاست مجلس برگزیده شد. (مترجم)

شـــاه از رئیس مجلس خواســـت که از نمایندگان برای انتخاب نخست وزیر جدید کسب نظر کند. مجلس شورای ملی با اکثریت ناچیز ۸۲ رأی به نخست وزیری مصدق ابراز تمایل کرد. در جلسه مجلس سنا فقط ۳۶ تن از شصت تن سناتور حضور یافتند و ۱۴ تن از آنان به مصدق رأی تمایل دادند. و بقیه انتصاب رئیس جدید دولت را «منوط به اراده ملوکانه» دانستند!

شاه چاره‌ای جز انتصاب دکتر مصدق نداشت. مصدق را احضار کرد و فرمان نخست وزیری‌اش را توشـیح نمود و او را مأمور تشـکیل کابینه جدید کرد. اما قلباً به این کار راضی نبود «به نظر می‌رسید که بیش از این نمی‌توان به مردی که کشور را به ورشکستگی می‌کشاند اعتماد کرد. از زمان ملی شدن، حتی موفق به فروش یک قطره نفت نشده بود، هیچ توافقی ممکن نبود. برنامه عمرانی هفت ساله به علت فقدان اعتبارات لازم متوقف شده بود و مملکت به سوی پرتگاه می‌رفت».[1]

در این هنگام بود که مصدق سعی کرد، مسیر سیاسی کشور را با حرکتی ماهرانه و متهورانه تغییر دهد. قبل از معرفی وزیرانش، در طی یک جلســـه خصوصی از مجلسیان خواست که برای مدت شش ماه به وی اختیارات تام بدهند تا بتواند با تصویب نامه‌های قانونی حکومت کند. مجلسیان موافقت نکردند و اظهار داشتند که تفویض اختیارات به یک دولت ممکن و متصور است نه به یک شخص. یعنی به نخست وزیر.

فـــردای آن روز مصدق نزد شـــاه رفت و در یک باریابی طولانی از او خواســـت که شخصاً وزارت جنگ را اداره کند و همه انتصابات ارتشی را انجام دهد. یعنی در حقیقت اداره و فرماندهی قوای مسلح با او باشد.

شاه در این توقع قصد نوعی کودتا دید و آن‌را مخالف قانون اساسی دانست و با آن «صراحتاً مخالفت کرد».[2] البته شاه فراموش کرده بود که پدرش، هنگامی که نخست‌وزیر بـــود، همیـــن اختیارات را از مجلس گرفته بود (که مقدمه برکناری احمدشـــاه و انقراض قاجاریه شـــد) و قوام نیز به هنگام ریاســـت دولت عملاً فرماندهی قوای مسلح را نیز در اختیار داشت.

۱ - پاسخ به تاریخ، صفحه ۷۱.
۲ - همان منبع، همان صفحه.

در برابر مخالفت مجلس و شاه، مصدق در تاریخ ۱۷ ژوئیه ۱۹۵۲ نامه‌ای بسیار مودبانه و تشریفاتی به شاه نوشت و از پذیرش سمت ریاست دولت پوزش خواست و حتی از قبول «اداره امور جاری» چنان‌که سُنت قانونی بود سـرباز زد. به خانه‌اش رفت، در را بر روی خود بست و گفت که قصد دارد به املاکش در احمدآباد، صدکیلومتری تهران، برود. شاه از مصدق درخواست کرده بود که نامه خود را دایر به رد سمت نخست وزیری انتشار ندهد. اما وی وقعی به این تقاضا نگذاشت. روزنامه‌های طرفدارش نامه را انتشار دادند و شاه و مجلسین را در مقابل عمل انجام شده قرار دادند.

شاه بدون سرو صدا به مجلسیان توصیه کرد که اللهیار صالح را که از نزدیکان مصدق، اما مردی اهل مسالمت و اعتدال بود، برای نخست وزیری پیشنهاد کنند. نمایندگان توصیه شاه را نپذیرفتند چرا که می‌دانستند اللهیار صالح بدون موافقت و تائید مصدق این سمت را نخواهد پذیرفت و جلب موافقت مصدق نیز میسر نخواهد بود.

در باره جانشـینی مصدق شایعات مختلف در شهر وجود داشت از نخست وزیران پیشین علی منصور و ابراهیم حکیمی گفتگو می‌شد و حتی از سید ضیاءالدین طباطبائی! اما همه غافلگیر شدند و علیرغم مخالفت شاه، نمایندگان با اکثریت ضعیفی به نخست‌وزیری احمد قوام، رأی تمایل دادند. شاه او را «بسیار سالخورده»[1] می‌دانست و بهرحال از او نفرت بسیار داشت.

---

۱ - وی هفتاد و پنج ساله بود.

فصل پنجم

طرح آژاکس

شش دهه از زمامداری پنج روزه احمد قوام می‌گذرد. نظری دقیق و بی‌طرفانه به این تجربه نافرجام نشان می‌دهد که قوام می‌توانست سرنوشت ایران را دگرگون سازد، به نحوی رضایت بخش به بحران نفت پایان بخشد و به این ترتیب از همه پی‌آمدهای این بحران، برکناری مصدق، شکاف در میان مردم و شاید انقلاب اسلامی اجتناب می‌شد و کشور به راهی دیگر می‌رفت.

قوام دارای یک بینش سیاسی و تجربه‌ای استثنائی بود. تاریخ ایران را به خوبی می‌دانست و به امکانات و محدودیت‌های کشورش آگاهی داشت.

هنگامی که بر حسب تمایل مجلس به ریاست دولت منصوب شد، تصویری دقیق از راه و روش خروج از بحران نفت در سر داشت و می‌خواست که این راه‌حل عادلانه را به همه بقبولاند، یا تحمیل کند.

بیانیه‌ای که به هنگام آغاز حکومتش انتشار داد شایان توجه و تأمل است. انشای دبیرانه و نثر فاخر و آمیخته با نخوت وی در هر سطر و عبارتش پیدا است. در این بیانیه، کوشش‌های قبلی خود را برای «استیفای حق کامل ایران» از شرکت نفت یادآور شده،

«سرسختی بی‌مانندی» را که دکتر مصدق در راه احقاق حقوق مردم از خود نشان داده» و در مقابل هیچ فشاری از پای ننشسته ستود. ولی مخالفت خود را با نظریه «اقتصاد بدون نفت» ابراز داشت و بر ضرورت توسعه سریع اقتصاد کشور که خود در زمان حکومت قبلی‌اش پایه‌های آن را ریخته بود، تأکید کرد. او یادآور شد که نمی‌بایستی مطالبه‌ی حق مشروع از یک کمپانی را مبدل به خصومت میان دو ملت ساخت» و افزود که «کوشش خود را معطوف به آن خواهد ساخت که منافع مادی و معنوی ایران کاملاً تأمین شود. بدون آن‌که به حُسن رابطه دو مملکت خدشه وارد آید».

او خود را قادر به حل بحران می‌دید به شرطی که نظم و آرامش در سرتاسر کشور دوباره برقرار شود و حکومت و حرمت قانون، ولو با اِعمال قدرت، مجدداً برقرار گردد. قوام ـ به‌ویژه ـ با صراحت «اتحاد شوم افراطیون سرخ با ارتجاع سیاه» را محکوم کرد و ضرورت «دور نگاه داشتن دیانت را از سیاست» اعلام نموده که تاریخ در این مورد حق را به وی داد.

قوام بیانیه خود را با عبارتی که ماندگار شده پایان داد: «کشتی‌بان را سیاست دگر آمد». این بیان نامه که قطعاً یکی از مهم‌ترین متون سیاسی فارسی در قرن گذشته است، نشان از روشن بینی و ذکاوت و دورنگری خاص نویسنده آن، یعنی قوام دارد.

با تمام این احوال سیاستی که نخست وزیر جدید می‌خواست در پیش بگیرد، با موانع بسیار روبرو بود. نخست آن‌که قوام بیش از هفتاد سال داشت. که در آن زمان سن و سالی در دوران پیری و فرسودگی محسوب می‌شد. وی از نیروی بدنی که در دوران حکومت قبلی خود داشت، دیگر برخوردار نبود. مجبور بود روزی چند بار استراحت کند.[1] دوم آن‌که شاه با وی مخالف بود و در زمینه حکومتش اشکال‌تراشی می‌کرد. نخست‌وزیر از وی تقاضا کرده بود که فرمان انحلال مجلسین را توشیح و صادر نماید و او نیز در ظاهر پذیرفته بود. اما محمدرضا شاه که از وی به مراتب بیش از مصدق بیم داشت این دست و آن دست می‌کرد.[2] در حالی که نخست وزیر منتخب مجلس و منصوب خودش

---

۱ - در این نکته هم راویان متفق‌القول هستند، از جمله اسدالله علم که به دیدارش رفته بود در کتاب خاطرات، حسن ارسنجانی روزنامه‌نویس و وکیل دادگستری که قوام وی را برای معاونت نخست‌وزیر در نظر گرفته بود در خاطرات سیاسی. این کتاب ابتدا در نشریه ایران آزاد چاپ پاریس (شماره‌های ۱۱ سپتامبر تا ۴ دسامبر ۱۹۸۰) به چاپ رسید و سپس به صورت کتابی مستقل انتشار یافت.

۲ - در بهار سال ۱۹۷۸، نویسنده ایرانی این کتاب به مناسبت مسئولیت اداری‌اش بر پایان ساختمان موزه

مشغول به مطالعه در تشکیل کابینه و تعیین وزیران بود، شاه نیز علناً تماس‌هایی می‌گرفت تا نخست وزیر دیگری مرجحاً در میان اطرافیان میانه روی مصدق برگزینند. مانع سوم در راه توفیق قوام حزب توده بود که ظاهراً «منحله» اما توانا و متشکل بود و از سفارت روس دستور مخالفت با حکومت قوام را دریافت داشته خود را برای تظاهر و خشونت آماده می‌کرد. مسکو هنوز شکست افتضاح‌آمیزی را که قوام بر سیاست شوروی در ایران وارد کرده بود، به یاد داشت و می‌خواست انتقام بگیرد. علاوه بر این جناحی نیرومند از روحانیت به رهبری آیت‌الله ابوالقاسم کاشانی و اطرافیانش که معروف به نزدیکی عقیدتی با اخوان‌المسلمین مصری بودند، علناً با قوام به عناد برخاسته بودند. آن‌ها از اراده قوام که دیانت را از سیاست به دور نگاه دارد بیم داشتند و می‌دانستند که نخست وزیر جدید این اندیشه را به کرسی عمل خواهد نشاند.[1] البته به همه این عوامل باید مخالفت طرفداران دکتر مصدق را نیز افزود. وی در خانه‌اش عملاً بست نشسته درها را به روی خود بسته و هیچ‌کس را نمی‌پذیرفت. نمی‌خواست با انگلیس‌ها به توافق برسد که مبادا وجهه ملی خود را از دست بدهد. همچنین نمی‌خواست با قوام وارد مبارزه شود چرا که با وی دوست بود و برای نخستین بار در کابینه او بعد از کودتای ۱۲۹۹ به وزارت رسیده بود. اما طرفدارانش ساکت نمانده و به تجهیز نیروهای خود برای تظاهر علیه قوام و دولت او (که هنوز تشکیل نشده بود!) پرداختند.

بر روی هم قوام در اجرای مأموریتی که مجلسیان به وی محول کرده بودند تنها بود. دو روز تظاهرات شدید، با فریادهای «مرگ بر قوام خائن»، «یا مرگ یا مصدق»... و عدم مداخله قوای انتظامی که ابتدا عکس‌العمل نشان دادند و سپس بی‌طرف ماندند به کوشش قوام برای تشکیل دولتش پایان داد. ائتلافی غریب و خلاف طبیعت میان دربار،

ملی آبگینه تهران و مرکز فرهنگی وابسته به آن نظارت داشت. در یک شرفیابی عادی از شاه پرسید که آیا آن را افتتاح خواهد کرد؟ وی فورا پذیرفت و گفت «با کمال میل». به دنبال این پرسش و پاسخ، با تظاهر به اینکه شاه نمی‌داند که این موزه در کاخی که سال‌ها پیش متعلق به قوام بوده و چند بار دست به دست شده و سپس به این منظور خریداری شده بود، مستقر است، از وی پرسید «آیا اجازه می‌فرمایند که تابلوی کوچکی در مدخل عمارت نصب و یادآوری شود که این ساختمان روزی متعلق به احمد قوام نخست وزیر پیشین اعلیحضرت بوده است؟» پاسخ شاه فوری و خشن بود «به هیچوجه».

۱ - قسمتی از اسناد و مکاتبات آیت‌الله کاشانی در حال حاضر در اختیار نوه دختری ایشان آقای دکتر محمد حسن سالمی است که اکنون در اسپانیا مقیم و به طبابت مشغول هستند. ایشان با کمال لطف فتوکپی بسیاری از این اسناد را در اختیار مولفین این کتاب قرار دادند. همچنین مراجعه کنید به: دکتر محمد حسن سالمی، تاریخ نهضت ملی شدن صنعت نفت ایران از نگاهی دیگر، تهران مرکز اسناد انقلاب اسلامی، ۱۳۸۸ (کتابی است در شرح احوال آیت الله کاشانی)

کمونیست‌ها، جناح تندرو روحانیت و هواداران مصدق به اقداماتش نقطه پایان گذاشت. محمد رضا شاه بعداً در خاطرات خود این نکته را پذیرفت که دستور عدم مداخله قوای انتظامی از جانب او داده شده بود.[۱]

حتی به قوام فرصت این داده نشد که به دربار برود و استعفایش را به شاه تقدیم کند و به دستور شاه خبر استعفایش را پیشاپیش از رادیو پخش کردند و قوام در راه دربار آن را در اتومبیل خود شنید.

مصدق در ۲۲ ژوئیه ۱۹۵۲ مجدداً مأمور تشکیل کابینه شد. لااقل این ادب و ظرافت را داشت که به شهربانی دستور دهد که مأمورانش مراقب حفاظت قوام باشند. چرا که گروه‌هایی از حزب توده، هواداران آیت‌الله کاشانی و وابستگان به جبهه ملی در جستجویش بودند که وی را به قتل برسانند گروهی به اقامتگاهش حمله و آن را غارت کردند و به آتش کشیدند. خانم قوام و فرزند خردسالش[۲] به اقامتگاه بیوه شاهزاده عبدالحسین میرزا فرمانفرمائیان که در همان نزدیکی بود پناه بردند.[۳]

خود او چند ساعتی در نزد برادر کوچکترش که مقیم تجریش بود زیست و سپس دربدر از این مخفی‌گاه به آن مخفی‌گاه می‌رفت. در این گیر و دار مأموران سفارت امریکا توانستند با وی تماس بگیرند و به او پیشنهاد کردند به آن سفارت پناهنده شود تا این که ترتیب خروج او را از ایران با یک هواپیمای امریکائی بدهند. پاسخ قوام قاطع و روشن بود: «ترجیح می‌دهم به دست هم‌وطنانم کشته شوم تا به یک سفارت خارجی پناه ببرم»[۴]

مصدق از یک طرف دستور به حفاظت او داده بود و کم و بیش از مخفی‌گاه‌هایش با خبر بود، از طرف دیگر هوادارانش، بدون این‌که وی مخالفت کند، در تعقیب او بودند و قصد مرگش را داشتند. قانونی در مصادره اموال و اجازه محاکمه‌اش از تصویب مجلس گذراندند که خلاف اصول حقوقی و مباین اصل تفکیک قوا بود. بیش از یک‌سال بعد،

۱ - مدرک ذکر شده، همچنین نگاه کنید به: حمید شوکت، در تیررس حادثه زندگی سیاسی قوام‌السلطنه، تهران، نشر اختران، ۱۳۸۵.

۲ - از همسر دیگری که اختیار کرده بود. پسرش موسوم به حسین را برای تربیت و مراقبت به همسر اولش سپرد. متأسفانه پس از مرگ پدر و درگذشت خانم قوام حسین قوام زندگی آشفته‌ای داشت و در جوانی درگذشت. (مترجم)

۳ - در میدان کاخ، روایت شاهزاده عبدالعزیز فرمانفرمائیان به نویسنده ایرانی کتاب.

۴ - خاطرات حسن ارسنجانی.

پس از روی کار آمدن سپهبد زاهدی سرانجام قوام آسودگی خاطر یافت. زاهدی قانونی در استرداد اموالش، یا آنچه را از آن باقی مانده بود، از مجلس گذراند.

احمد قوام در ۲۳ ژوئیه ۱۹۵۵، در سن هفتاد و هشت سالگی چشم از جهان فرو بست. سپهبد زاهدی دیگر بر سر کار نبود که مراقب حفظ حیثیت او باشد. دربار از خانواده او خواست، یا به آنان تکلیف کرد، که از برگزاری تشریفات رسمی و خاکسپاری چشمگیر خودداری کنند. دولت حتی اعلامیه‌ای در زمینه درگذشت مردی که ناجی آذربایجان بود صادر نکرد. حق‌ناشناسی و یا کینه نسبت به وی هم‌چنان ادامه داشت.

اندکی پس از بازگشت به قدرت، مصدق وزیران جدید خود را برگزید و آنان را به شاه و دو مجلس معرفی کرد. هر دو مجلس اختیاراتی را که ده روز قبل از تصویب آن خودداری کرده بودند، به وی تفویض نمودند. شاه نیز تسلیم شد، وزارت جنگ و اداره امور ارتش و قوای انتظامی را به او واگذار کرد. مصدق دیگر حاکم مطلق بر امور کشور بود. توفیقاتی که در نیویورک و لاهه به دست آورده بود، انتخابش به عنوان مرد سال و انتشار گزارش مستند و دقیق از حقوقدان معروف فرانسوی شارل ژیدل[1] و متخصص حسابرسی هانری روسو[2] که در آن ثابت شده بود که منافع شرکت نفت ایران و انگلیس و حساب سازی‌هایش به مراتب بیش از ارزش واقعی تأسیساتی است که ملی شده[3]، بر قدرت و اعتبار مصدق افزود. او دیگر واقعاً مظهر خواسته‌های «ملی و حقوق حقه» ایرانیان تلقی می‌شد.

محمدرضا شاه در این مرحله از تحول سیاسی، واقعاً بازنده بود. اختیاراتی که به عنوان فرمانده کل قوا داشت عملاً از او سلب شد. مصدق از فرماندهان قوای مسلح و مسئولان انتظامی خواست که دیگر به دیدارش نروند. شرفیابی‌های نظامیان به حضور شاه پایان پذیرفت. تصفیه وسیعی در مسئولان ارتشی به عمل آمد و هواداران مصدق به جای کسانی که مظنون به وفاداری به شاه بودند، برگزیده شدند. علاوه بر این از شاه خواسته و یا به وی تکلیف شد که شخصیت‌های خارجی را فقط با حضور وزیر امورخارجه یا قائم مقام وی به حضور خود بپذیرد. به عبارت دیگر وی واقعاً تحت نظر قرار گرفت.[4]

1 - Charles Gidel.
2 - Henri Rousseaux.
۳ - Paul Balta در Le Monde مورخ ۱۹-۱۸ دسامبر ۱۹۸۳.
۴ - شاهدخت اشرف پهلوی در صفحه ۱۴۶ خاطرات خود (منبع ذکر شده) می‌نویسد «توقعات و قدرت

به موازات این ترتیبات، مصدق دستور به تعطیلی دفاتر اختصاصی «والاحضرت‌ها» داد و سرانجام موفق شد حسین علاء وزیر دربار شاهنشاهی را که از مخالفان خود می‌دانست وادار به استعفا کند و شخص دیگری که موافقش بود به کفالت وزارت دربار شاهنشاهی برگزیده شد.[1] برکناری حسین علاء با تقلیل قابل ملاحظه‌ای در بودجه دربار شاهنشاهی همراه بود، تا آن‌جا که شنیده می‌شد، شاه به طور خصوصی به چند تن از شخصیت‌های مملکتی گفته که مجبور است اشیاء و اموال شخصی خود را برای تأمین هزینه‌های جاری دربار به فروش برساند.

با تمام این اموال شاه و مصدق در حفظ ظواهر و رعایت تشریفات سعی فراوان داشتند. نخست وزیر می‌خواست به این ترتیب بدون خشونت در چهارچوب قانون اساسی رفتار کند. شاه می‌خواست اظهار وجود کرده باشد و بازتاب اوضاع را در افکار عمومی بسنجد. برای آن‌که تماسش با مردم قطع نشود، در تشریفات و مراسم مختلف حاضر می‌شد، به بازدید کارگاه‌ها و صنایع می‌رفت، در مسابقات ورزشی حضور می‌یافت و خود را نشان می‌داد.

تشنّج و دودستگی در سرتاسر کشور روزافزون بود. اختلاف بین جناح‌های سیاسی جای مبارزه با سیاست استعماری بریتانیا را که عامل وحدت نهضت ملی بود گرفت. در تهران و همه شهرهای مهم کشور زد و خوردهای شدیدی بین موافقان و مخالفان نخست‌وزیر روی می‌داد. با وجود اختلاف نظراتش با آیت‌الله کاشانی و گروهی از سران جبهه ملی که از طرفداری وی منصرف شده به هواداران سرلشکر زاهدی (که دیگر عملاً مظهر و رهبر مخالفین شده بود) می‌پیوستند، مصدق هنوز محبوبیتی فراوان در میان بسیاری از ایرانیان داشت. به تدریج، مردم به دو دسته شدند، یکی آن‌هایی که «زنده باد مصدق» می‌گفتند و دیگر آن‌هایی که شعار «جاوید شاه» سر می‌دادند. از وحدت نهضت ملی که عامل قدرت آن بود، چیزی باقی نمانده بود.

مصدق دیگر حدی نداشت. برادرم عملاً به صورت یک زندانی در کاخ محل اقامت خود درآمد. مصدق حتی دستور داد که تلفن‌های وی را تحت شنود قرار دهند. در داخل کاخ‌های سلطنتی جاسوسان و خبرچینان متعدد گماشته شدند». شاهدخت اشرف که متهم به تحریک علیه نخست وزیر و دولت بود، در این ایام بدون داشتن گذرنامه سیاسی در اروپا می‌زیست، یا عملاً و رسماً به اروپا تبعید شده بود.

۱ - ابوالقاسم امینی، برادر دکتر علی امینی وزیر پیشین قوام و مصدق، وزیر بعدی سپهبد زاهدی که سرانجام به نخست وزیری هم رسید. (مترجم)

برای خاتمه دادن به این دوگانگی تنی چند از اطرافیان مصدق، خواهان خروج موقت شاه و ملکه از ایران شدند. در روز ۲۴ فوریه ۱۹۵۶، در یک شرفیابی چهار ساعته، مصدق شاه را متقاعد کرد که بدون سر و صدا و تظاهر از ایران دور شود، با اتومبیل به عراق و از آنجا به اروپا برود. سفارت امریکا در گزارشی که همان زمان به وزارت متبوعه خود داده اشعار داشت که شاه خودش خسته و مستأصل شده و می‌خواهد ایران را ترک کند.

توقع مصدق بود یا تمایل خود شاه، قرار بر آن شد که شاه و ملکه ثریا در روز ۲۸ فوریه ایران را ترک کنند.

در روز ۲۷ فوریه، حسین فاطمی وزیر امور خارجه شخصاً گذرنامه‌های خاص شاه و ملکه ثریا را امضا کرد. بانک ملی نیز مبلغ قابل توجهی، یازده هزار دلار به نوشته ملکه ثریا، در اختیار آنان نهاد که در آن زمان، مخصوصاً با توجه به صندوق‌های خالی دولت، مبلغ اندکی نبود.

این تدارک در ظاهر محرمانه بود، اما شایعه آن در شهر پیچید و بسیاری را نگران کرد، قوام با همه دلتنگی‌هایی که از رفتار شاه داشت به حکم وطن‌پرستی از مخفی‌گاهش، شبکه‌های خود را برای جلوگیری از مسافرت شاه تجهیز کرد. آیت‌الله کاشانی که در این میان به ریاست مجلس شورای ملی انتخاب شده و جای روحانی میانه‌رو و دانشمند آیت‌الله دکتر سید حسن امامی را گرفته بود. شخصی را نزد ملکه ثریا فرستاد و از او خواست که شاه را از ترک وطن منصرف کند. محمدرضا شاه با عصبانیت به همسرش پاسخ داد، «من از کسی دستور نمی‌گیرم». هم‌چنان در آهنگ ترک ایران بود.

در روز ۲۸ فوریه شایعه سفر شاه و ملکه به خارج به اوج خود رسید این بار، آیت‌الله کاشانی در نامه‌ای رسمی و به عنوان و سمت ریاست مجلس، شاه را از ترک ایران نهی کرد. به پیروی از کاشانی بسیاری از بازاریان دکان‌های خود را بستند و علم مخالفت با سفر شاه را بلند کردند[1]

---

[1] - محققی می‌نویسد: «بازار در ایران، همواره در قلب زندگی و نوسانات سیاسی بوده است. از دو قرن پیش تاکنون، بازاریان همیشه نقش تعیین کننده در سیاست ایران داشتند و غالباً با روحانیون متنفذ هم داستان بودند. وقتی بازار بسته می‌شد، به مفهوم آن بود که خبری مهم در صحنه سیاست در شرف وقوع است.»
Kader Abdollah, La maison de la Mosqué, Gallimaid, Paris, 2008, p.55.

پاسخ شــاه بار دیگر منفی بود. می‌خواست برود. اما به تدریج تعداد کثیری از مردم در اطراف کاخ اختصاصی تجمع کردند: بازاریان، اعضای چند باشــگاه ورزشی، اعضای انجمن افسران و درجه‌داران بازنشسته ارتش که ریاست آن با سرلشکر زاهدی بود.

کاخ عملاً به محاصره، تظاهر کنندگان درآمد.

وزرای کابینه مصدق و شخص خود او با لباس رسمی (ژاکت) به بدرقه زوج سلطنتی آمــده بودند. در داخل کاخ با چای و شــیرینی از آنان پذیرایی می‌شــد. مصدق، به خود قیافه‌ای متأثر و متأسف گرفته بود و از این که شاه و ملکه می‌خواهند برای استراحت موقتاً به خارج از کشور بروند اظهار دلگیری می‌کرد. در حالی که جامه‌دان‌های مسافران را در اتومبیل‌ها جای می‌دادند وزیران و پیرامونیان، به گفتگو و صرف چای مشغول بودند، گویی اصلاً خبری نیست.

در حدود ســاعت یازده، هیجان جمعیت به نحو محســوس افزایش یافت جمعیت زیادی که کفن پوش بودند از جانب آیت‌الله کاشــانی به خیابان‌های اطراف کاخ آمدند و به تظاهر به نفع شــاه پرداختند. در رأس آن‌ها آخوندی بود مرسوم به روح‌الله مصطفوی موسوی خمینی. مقارن ظهر آیت‌الله میرسیدمحمد بهبهانی روحانی با نفوذ دیگر پایتخت، در رأس ســتون عظیمی از هوادارانش سررسید و مستقیماً به داخل کاخ رفت. تظاهرات بسیار وسیع، کاخ در محاصره کامل جمعیت بود و فریادهای جاوید شاه و مرگ بر مصدق در داخل اقامتگاه سلطنتی شنیده می‌شد.

فضای اطراف حالت تشــنج و انفجار به خود گرفته بود. وزیران یکایک به عمارات مجاور رفتند و گریختند. در چند قدمی آن‌جا جیپی سعی کرد در ورودی اقامتگاه مصدق را بشــکند و به داخل آن نفوذ کند. در آهنی و بســیار مقاوم بود و سرنشینان جیپ موفق نشدند.

وضع از کنترل مأموران انتظامی دولت خارج شده بود، نخست وزیر به کاخ شاهدخت شــمس که مجاور کاخ اختصاصی و از آن‌جا به ساختمان دیگری رفت و یکسر رهسپار ستاد ارتش و در آن‌جا پناهنده شد و پس از ستاد به مجلس شورای ملی رفت و در آنجا تحصن اختیار کرد! مخالفان این عمل را به انتقاد و تمســخر گرفتند که چگونه می‌شــود

تصور کرد رئیس دولت با همه عوامل و اقتداراتی که دارد قادر به حفاظت شخص خودش نباشد و به مجلس که ریاست آن با یکی از مخالفین خود اوست پناه برد.

شـــاه نیز متوجه شد که دیگر مسلط بر اوضاع نیست. اعلامیه‌ای از طرف او خوانده شد که از سفر به خارج چشم پوشی کرده در ایران خواهد ماند اما جمعیت پراکنده نشده. سرانجام در حدود ساعت چهار بعد از ظهر محمدرضا شاه از کاخ خارج شد، به میان مردم رفت و اظهار داشت «حالا که شما نمی‌خواهید و مایل نیستید که برای معالجه از کشور خارج شوم، من نیز ناچار انصراف خود را از این مسافرت اعلام می‌کنم».

اندکی بعد خمینی پشت بلندگوها رفت و اعلامیه آیت الله کاشانی را دایر به دعوت مـــردم به تفرقه و رعایت حرمت اقامتگاه جناب آقای دکتر مصدق قرائت کرد.[۱] ســـریعاً همه چیز به حال عادی درآمد. مردم پراکنده شـــدند. شـــاه دریافت که در انظار بسیاری از هم‌وطنانش هنوز قدرت و بهر حال اعتباری دارد.

تعـــداد تظاهر کنندگان این روز (معروف به نهم اســـفند. مترجم) چه بود؟ ذکر رقم «صدها هزار نفر» در تواریخ رســـمی دوران پهلوی همان قدر اغراق آمیز اســـت که اشاره دکتر مصدق در خاطرات و تألمات به «عده‌ای اوباش و مزدور». واقعیت در حدود ســـی هزار نفر است که در آن روز و آن شرایط کم نبود.

بعد از این روز دیگر شـــاه و نخست وزیرش با یکدیگر دیدار نکردند. موافقان شاه دریافتند که تظاهرات خیابانی را می‌توان به عنوان اهرمی در سقوط دولت مصدق به کار گرفت و حکومت بر کوچه و خیابان در انحصار موافقانش نیســـت. در نهایت امر نقش روحانیت، آیت‌الله کاشانی و آیت الله بهبهانی، در این ماجرا تعیین کننده، لااقل بسیار مهم و قابل توجه بود.

عکس‌العمل مصدق و دولت فوری و شـــدید بود. از همان شـــب جلب و بازداشت صدها تن از مخالفان دولت آغاز شد. از جمله سرلشکر فضل‌الله زاهدی که دیگر به عنوان رهبر مخالفان محســـوب می‌شد. اما فشـــار جناحی از افکار عمومی باعث شد که دولت سریعاً زاهدی را آزاد کند و او دیگر عملاً به اختفا رفت، یعنی در حقیقت خطرناک‌تر شد.

۱ - این مرحله از زندگی سیاســـی آیت الله روح الله موســـوی خمینی در زندگی نامه‌ای رسمی او، چه در خارج و چه در جمهوری اسلامی ذکر نشده و نمی‌شود.

فردای آن روز، اول مارس، «طرفداران شاه» یا «مخالفان مصدق» مجدداً دست به تظاهرات زدند و خواستند به اقامتگاه نخست‌وزیر حمله و آن را اشغال کنند. ارتش و پلیس به سوی مردم تیراندازی کردند. و بیست تن به سختی زخمی شدند. در این روز برای اول بار مأمورین انتظامی از گاز اشک‌آور برای پراکندن متظاهرین استفاده کردند.

در روز دوم مارس میدان بهارستان (مقابل مجلس شورای ملی) صحنه تظاهرات شدیدی علیه مصدق بود. عکس‌العمل قوای انتظامی شدید بود. یک تن کشته و تعداد زیادی زخمی شدند. دولت به جلب و بازداشت تعداد زیادی از افسران و درجه‌داران بازنشسته و روزنامه‌نویسان مخالف پرداخت.

آشوب و تظاهرات به شهرستان‌ها کشید. بختیاری‌ها سر به شورش برداشتند. در شیراز زد و خوردهای شدیدی میان موافقان و مخالفان دولت درگرفت و توده‌ای‌ها چند بانک، مغازه‌های مختلف، مرکز فرهنگی امریکا را به آتش کشیدند. ناامنی بر مناطق کُردنشین حاکم شد. در خوزستان و به خصوص شهر کوچک دزفول میان دو طرف برخوردهای خونین درگرفت.

در این میان صدها تن زخمی و چند تن کشته شدند. دولت در شیراز و دزفول حکومت نظامی برقرار کرد. بعد از حوادثی که منجر به سقوط قوام شده بود، طرفداران دکتر مصدق «شهدای» خود را داشتند. حال دیگر مخالفان او، یا طرفداران شاه، نیز شهدای خود را یافتند و از وحدت نهضت ملی و مبارزه با استعمار دیگر خبری نبود.

درگیری‌ها به صحنه مجلس نیز سرایت کرد. میان وکلا زد و خوردهای ناشایست روی داد. تماشاچیان نیز مرتباً به صحنه مجلس هجوم می‌آوردند و وکلای مخالف و موافق را کتک می‌زدند!

گروهی از تظاهرکنندگان در کوچه و خیابان تصاویر بزرگ مصدق را در دست داشتند و علم کرده بودند. گروهی دیگر تصاویر شاه و بعضاً آیت‌الله کاشانی را. کاشانی از ریاست مجلس استعفا داد. مجلسیان دکتر عبدالله معظمی استاد دانشکده حقوق و علوم سیاسی را به جای او انتخاب کردند.

در روز اول اوت در اقامتگاه آیت الله کاشانی، به هنگام یک جلسه وعظ و سخنرانی بمبی منفجر شد، یک تن کشته و تعداد کثیری زخمی شدند، سپس طرفداران نخست وزیر به آن جا حمله کردند و بین دو طرف زد و خورد شدیدی درگرفت.

ایران ناامن بود و مردم نومید و بدبین به آینده و سـردرگم. مصدق که تا اندکی قبل رهبر بی‌چون و چرای نهضت ملی به شمار می‌آمد، به سردسته جناحی از مردم تبدیل شد و شاه که می‌بایست مظهر وحدت ملی باشد تقریباً به صورت علمدار جناح دیگر.

این دو دستگی‌ها، فقط به سود حزب توده بود که تظاهراتی عظیم اما منظم برپا می‌کرد و به راه خود یعنی به راه منافع شـوروی‌ها می‌رفت. آیا ایران تبدیل به آن «میوه رسـیده» برای این‌که مسکو آن را بچیند و ببلعد نشده بود؟ آیا شوروی‌ها نمی‌رفتند که سرانجام به منابع عظیم ثروت ایران دست‌اندازی کنند و آرزوی دیرین تزارها و استالین را که رسیدن به «آب‌های گرم». خلیج فارس و دریای عمان بود تحقق بخشند؟ مگر نه این‌که استالین در کنفرانس یالتا گفته بود که «از سرحدات جنوبی اتحاد جماهیر شوروی راضی نیست»

همه این سـئوالات در واشنگتن، لندن و در محافل سیاسی تهران با نگرانی فزاینده مطرح بود.

لااقل در مورد خطر اسـتیلای شـوروی‌ها و کمونیسـم بر ایران میان مصدق و شاه اختلاف نظر وجود نداشـت و برخلاف آن‌چه انگلیس‌ها می‌خواسـتند در تبلیغات خود وانمود کنند. «شیر پیر» آلت دست مسکو نبود. فقط تسلط خود را بر موجی که آغاز شده، و خود آغاز کرده بود - از دست داده و شاید حیران و نگران بود. دیگر یک رهبر سیاسی بود نه یک دولت‌مرد.

بر اساس اختیاراتی که مجلسین داده بودند، دولت با «تصویب نامه‌های قانونی» که با امضای شخص دکتر مصدق رئیس دولت تنفیذ می‌شد، حکومت می‌کرد از ۱۱ اوت ۱۹۵۲ تا ۱۶ اوت ۱۹۵۳، نخست وزیر پیش از دویست تصویب نامه قانونی را امضاء و تنفیذ کرد. بیشـتر آن‌ها با دقت و حُسن نیت تدوین شده و در شرائط عادی می‌توانست مفید فوائد اقتصادی و اجتماعی بسیار باشد. از جمله در زمینه مسائل مالیاتی یا اصلاحات در روابط میان مالکان و زارعین. اما شرائط عادی نبود و در حالت بحران شدید اقتصادی، خالی بودن

خزانه دولت، ناامنی و فقدان عواید نفت اجرای این تصویب نامه‌ها امکان نداشت. با بند بازی‌های پیچیده بانکی دولت کم و بیش می‌توانست حقوق کارمندان دولت و مخصوصاً ارتشیان و قوای انتظامی را بپردازد. همین و همین. در آن فضا اصلاحات مورد نظر دیگر مفهوم و معنایی نداشت.

مصدق می‌خواست باز هم آزادی عمل بیشتری داشته باشد. نه تنها شاه بلکه دو مجلس سر راهش بودند و موانعی ایجاد می‌کردند با یک ترفند سیاسی خلاف اصول موفق شد که مجلس سنا را تعطیل کند. اما هنوز مجلس دائر بود.[1] شایعات زیادی در تهران وجود داشت که امریکایی‌ها و انگلیسی‌ها گروهی از مجلسیان را به استیضاح از دولت تشویق می‌کنند که دولت را با رأی عدم اعتماد از کار برکنار نمایند و به این ترتیب به کار مصدق که دیگر از توافق با او ناامید شده بودند پایان دهند.

برای جلوگیری از این اقدام احتمالی و علی‌رغم توصیه‌های بعضی از مشاورانش مصدق بر آن شد که نمایندگان هوادار خود را در مجلس وادار به استعفا کند و به این ترتیب مجلس را معلق و استیضاح را غیرممکن سازد. سپس تصمیم گرفت که از طریق مراجعه به آراء عمومی اصولاً مجلس شورای ملی را منحل نماید.

باز هم گروهی از نزدیکانش به او هشدار دادند که مطابق سنن پارلمانی و سیاسی در غیاب قوه مقننه حق عزل و نصب وزیران (و نخست وزیر) انحصاراً با «مقام سلطنت» خواهد بود و وی در معرض این خطر قرار خواهد گرفت، مصدق پاسخ داد که او (یعنی شاه) جرئت این کار را نخواهد داشت و سرانجام اندیشه مراجعه به آراء عمومی را به کرسی نشاند.[2]

در اوائل ماه اوت برنامه مراجعه به آراء عمومی به مرحله اجرا درآمد در پایتخت صندوق‌هایی برای موافقان و صندوق‌های دیگری برای مخالفان گذاشته شد که مخالف قانون و اصل مخفی بودن رأی بود. حتی طرفداران مصدق خری را برای دادن رأی مخالف

۱ - مجلس شورای ملی که انتخابات آن در دوره حکومت دکتر مصدق و زیرنظر وزارت کشور خود او انجام شده و طرفداران نخست وزیر در آن اکثریتی ضعیف داشتند نه منحل شده بود. نه معلق همچنان دائر بود. اما عملاً کاری نداشت، چرا که نخست وزیر با تصویب نامه‌های قانونی حکومت می‌کرد و نیازی به قوه مقننه نبود.

۲ - از جمله وزیر پیشین دکتر کریم سنجابی که حقوق‌دان سرشناس بود و نیز دکتر غلامحسین صدیقی نایب نخست وزیر و وزیر کشور.

به انحلال مجلس برابر صندوق مربوط آوردند و از او عکس‌ها گرفتند و هیاهویی به راه انداختند، نتیجه آراء در پایتخت روشن بود.۱۵۵/۵۴۴ نفر رأی به انحلال مجلس دادند و ۱۱۵ تن ابراز مخالفت کردند. اندکی بعد در اکثر شهرستان‌ها نیز اخذ رأی به عمل آمد و نتایج بر همین تناسب بود. بر روی هم تقریباً دو میلیون رأی به نفع انحلال و هفتصد و ده رأی علیه آن ضبط شد. ولی در جریان زد و خوردهای خونینی که به این مناسبت روی داد عده‌ی زیادی کشته و زخمی شدند. دولت تعداد مقتولین را چهار تن اعلام کرد. بر روی هم طی هفته‌ها و روزهای قبل ده‌ها تن از مخالفان دولت طی تظاهرات به قتل رسیده بودند و خشونت مأموران انتظامی بسیار شدید بود.

مصدق طی پیامی انحلال مجلس شورای ملی را اعلام کرده و افزود که انتخابات جدیدی در کشور ترتیب داده خواهد شد.

فردای انجام مراسم مراجعه به آراء عمومی شاه و ملکه ثریا با هواپیما از تهران خارج شدند و به اقامتگاه تابستانی کوچکی که یادگاری از عهد رضا شاه بود، در کلاردشت رفتند.

مصدق به استناد نتایج رأی‌گیری، از شاه خواست که فرمان انحلال مجلس و انجام انتخابات جدید دو مجلس را توشیح نماید. شاه از قبول این تقاضا خودداری کرد. همه چیز به بن‌بست رسیده بود. مصدق در طی زندگی سیاسی خود همواره مدافع قانون اساسی و رعایت دقیق اصول و مبانی آن بود. در ماه‌های اخیر حکومتش از احترام به این اصول هر چه بیشتر دوری جست، که خود آن را ناشی از اجبار و شرائط خاص زمان می‌دانست. اما اسلحه به دست مخالفانش داد که او را از پای درآورند و حکومتش را بر کنار کنند. اکثریت قاطع مردم ایران که او را مظهر تحقق آمال ملی و مبارزه با استعمار بریتانیا و استیلای آن بر صحنه سیاست ایران می‌دانستند. سردرگم و نومید بودند، و او هر چه بیشتر اسیر کمونیست‌ها می‌شد که از آن‌ها بیم داشت و مخالف‌شان بود و کشور در معرض خطر مداخلات مستقیم یا غیرمستقیم مسکو قرار می‌گرفت که طبیعتاً «شیر پیر» می‌خواست از آن اجتناب کند.

محمدرضا شاه دیگر مصمم بود که مصدق را برکنار کند و از بن‌بست خارج شود.

اما می‌خواست که این تغییر و تبدیل در چهارچوب قانون اساسی انجام پذیرد و ترجیح می‌داد که مجلس به مصدق رأی عدم اعتماد بدهد. وی به یک دیپلمات امریکائی که در خفا به حضور پذیرفته بود اظهار داشت که در این صورت اصلح خواهد بود که یکی از هواداران میانه روی مصدق به نخست وزیری برگزیده شود.[1]

در این چند هفته آخر حکومت مصدق که سرنوشت ایران دگرگون شد، همه چیز در ابهام و بن‌بست بود. مجلس سنا با قانونی خلاف اصول حقوقی و قانون اساسی که مصدق آن را به توشیح شاه رسانده بود تعطیل بود. مجلس شورای ملی ابتدا به صورت نیم بند وجود داشت، اما آخرین رئیس‌اش دکتر عبدالله معظمی هوادار معتدل رئیس دولت استعفا داده، تهران را ترک کرده به گلپایگان شهر محل تولد و حوزه انتخابی‌اش رفته بود که از هیاهوی پایتخت دور باشد. به هر حال بعد از مراجعه به آراء عمومی وجود نیم بند مجلس شورای ملی نیز مفهومی نداشت. در تمام این ماجراها می‌شد از دیوان عالی کشور، نظری مشورتی خواست تا بالاترین مرجع قضائی کشور بگوید که چه باید کرد. آن را هم دکتر مصدق به حالت تعلیق درآورده بود.

به استناد مدارک رسمی سیاسی امریکایی و بریتانیایی که امروز دسترسی به آن‌ها میسر است می‌توان گفت که از بهار سال ۱۹۵۳ واشنگتن و لندن تصمیم به برکناری مصدق گرفته بودند. در واشنگتن، گر چه جمهوریخواهان در صدر حکومت به جای دموکرات‌ها نشسته و برخلاف آن‌ها نظر مثبتی نسبت به مصدق نداشتند، از بیم کمونیست‌ها و شوروی هنوز ترجیح می‌دادند که با مصدق به توافقی برسند. بدون آنکه امید زیادی به این توافق داشته باشند. مخالفت و دشمنی انگلیس‌ها با مصدق و نهضت ملی ایران بنیادی و علنی بود. چرچیل از مصدق («که جرئت کرده بود») انگلیس‌ها را از ایران براند دشمنی و عناد

---

۱ - نگاه کنید به:
Foreign Relations of the United states, 19521954- Vol X, Iran 1951, 1954.
Edition in Chief F. Glemon, Department of state, Washington 1989.
اشاراتی که در فصول مختلف این کتاب به اسناد امریکائی مربوط به این سال‌ها شده همه از این مجموعه برگرفته شده‌اند. و همچنین به:
Dariush Bayandor, Iran and the C.I.A, Fall of Mossadegh Revisited, Palgrave Mac Millan. N.Y. 2010.
کامل‌ترین کتابی که در این مورد تدوین شده. و نیز گزارش‌های محرمانه اللهیار صالح سفیر ایران در واشنگتن، ایرانشناسی، پاییز ۲۰۰۷ این گزارش‌ها همه مستقیماً خطاب به دکتر مصدق و نمایانگر روزهای آخر حکومت او از دید آمریکاییان است.

شخصی داشت و عبارت معروف ایدن وزیر خارجه‌اش را که «ایرانی‌ها نفت بریتانیا را دزدیده‌اند» دائماً تکرار می‌کرد.

«راه حل‌های» مختلفی برای جانشینی مصدق پیشنهاد می‌شد. گویا لندن هنوز ترجیح می‌داد که سیدضیاءالدین طباطبائی جانشین او شود. اما سیدضیاء چنان مهر انگلیسی خورده بود که توسل به او جز برانگیختن مردم حاصلی نداشت.

پیشنهاد دیگر لندن توسل به علی منصور بود. با وی تماس گرفته شد و او پذیرفت. به شرط آن‌که ابتدا تکلیف برکناری مصدق روشن و اوضاع عادی شود و سپس وی که عازم شهر خود تفرش شده بود، به تهران بازگردد و زمام امور دولت را به دست گیرد و به اداره امور مملکت و حل مسأله نفت بپردازد.

گویا لندن این نظر را پذیرفت زیرا راه حل دیگری نداشت. اما امریکائی‌ها در تردید بودند.

برای واشنگتن دور کردن خطر نفوذ کمونیست‌ها و اتحاد جماهیر شوروی در ایران، اولویت داشت، به خصوص که با پایان مخاصمات در کره بار دیگر همه نظرها متوجه خاورمیانه و نزدیک شده بود. همه‌ی نظرها متوجه سرلشکر زاهدی شد. امریکائی‌ها او را ضدکمونیست می‌دانستند. گرچه بر طبق گزارش‌های سفارت‌شان در ایران قبلاً تماس زیادی با وی نداشتند.[۱]

تظاهرات شدید ضد امریکائی و ضد انگلیسی حزب توده در تهران[۲] به وحشت واشنگتن افزود. امریکائی‌ها دانستند که خطر تسلط توده‌ای‌ها بر ایران علی‌رغم مقاومت مصدق در برابر آن‌ها جدی است.

---

۱ - نگاه کنید به:
Ryszard Kapuschinski Le Shah, Galliuard, Paris, 2 éve edition, 2010.
این کتاب یک اثر تحقیقی و مستند محسوب نمی‌شود، قسمت‌هایی از آن بیشتر جنبه داستانی و تخیلی دارد. اما قضاوت‌هایی که بعضاً در باره این و آن کرده قابل تأمل است.

۲ - هلن کارر دانکوس (در سند ذکر شده، صفحه ۲۲۵) می‌نویسد «امریکائی‌ها درست متوجه نبودند که در پی دست ردی که دنیای غرب به سینه مصدق زد و از کمک به وی خودداری می‌کرد. عامل اصلی بسط نفوذکمونیست‌ها در ایران بود. واشنگتن توجه داشت که تا پایان حکومتش مصدق کوشید که از نفوذ توده‌ای‌ها در ایران تا حد امکان جلوگیری کند»

عکس‌العمل‌های «شـیر پیر» دیگر قابل پیش بینی نبود. امریکائی‌ها دیگر جانبداری خود را از «توسـل به زاهدی» پنهان نکرده بلکه به آن اصرار می‌ورزیدند. با شـاه تماس گرفته شد. وی نسبت به زاهدی شک و تردید داشت. او را «کم هوش» می‌دانست و اصرار می‌ورزید که عملی برخلاف قانون اساسی مرتکب نخواهد شد. انحلال مجلس این مانع را از میان برداشت.

اجرای طرحی که آژاکس نام نهاده شد دیگر بلامانع بود.

نگاهی به جریان تدوین و به اجرا درآوردن این طرح شباهت فراوان آن را به فیلم‌های سینمائی نشان می‌دهد. یکی از دست اندرکاران این طرح شاهدخت اشرف بود که شرحی از آن‌را در کتاب خاطرات خود بازگو کرده. وی می‌نویسـد که در جریان تابسـتان ۱۹۵۳ دو فرستاده لندن و واشنگتن در پاریس مخفیانه به دیدارش آمدند. یکی را چرچیل مأمور کرده بود و دیگری را جان فوستر دالس. آن‌ها از وی خواستند که در کمال اختفا پیامی را به برادرش محمدرضا شاه در تهران برساند. شاهدخت اضافه می‌کند که می‌بایست بدون داشتن ویزای ورودی[۱] و با گذرنامه عادی خود به نام اشرف شفیق[۲] وارد ایران شود.

شاهدخت اشرف حکایت می‌کند که بدون تردید و تأمل این تقاضا را پذیرفت و روز ۲۶ ژوئیه ۱۹۵۳ با هواپیمای ارفرانس عازم تهران شد و هشت ساعت بعد به تهران رسید. از هیاهویی که ممکن بود ورود «غیرقانونی‌اش به تهران برپا کند بیم داشت و «می‌لرزید». اما توانسـت به کمک دوسـتانش از فرودگاه خارج شـود و نزدیکی نابرادری‌هایش در کاخ سـعدآباد فرود آید. نیم ساعت بعد فرماندار نظامی تهران سررسید و به او گفت که نخست‌وزیر از ورودش به تهران آگاه شده و مقرر داشته است که بی‌درنگ ایران را ترک کند. شاهدخت به وی جواب می‌دهد: «من ایرانی هستم و حق دارم هر قدر بخواهم در کشـورم بمانم. آمده‌ام که وجوه لازم برای انجام عمل جراحی پسرم را فراهم کنم». گویا پسرش در اروپا نیاز به یک عمل جراحی سنگین و پرخرج داشت.

---

۱ - روایت شاهدخت اشرف مورد تردید است. او ایرانی بود، گذرنامه ایرانی داشت و برای ورود به کشورش نیازی به روادید نداشـت. به علاوه می‌گوید که در فرودگاه مهرآباد توانسـت، بدون گذر از کنترل پلیس و گمرک خارج شود. دلیلی بر صحت این مدعی موجود نیست.

۲ - در آن زمان احمد شـفیق اشـراف‌زاده و بازرگان مصری (فرزند وزیر دربار سـابق ملک فاروق) همسر شاهدخت بود و گذرنامه عادی وی به نام اشرف شفیق صادر شده بود.

به اعتباری، شاهدخت اشرف فردای آن روز به اقامتگاه نخست وزیر احضار[1] شد دو ساعت در آن‌جا ماند – که مفهومش این نیست که دیدارشان دو ساعت طول کشیده – و با قیافه‌ای آشفته و رنگ پریده از آن‌جا خارج شد. مصدق می‌توانست دستور به بازداشت وی بدهد و به این ترتیب «گروگانی» در اختیار داشته باشد. مقررات حکومت نظامی که آن موقع در تهران اجرا می‌شد، چنین امکان قانونی را به وی می‌داد.[2] اما به دو دلیل این کار را نکرد. یکی آن که تربیت اشرافی قدیمی وی مباین صدور دستور توقیف شاهزاده خانمی بود، دیگر آن که نمی‌خواست به وخامت روابط خود با شاه و خانواده سلطنتی بیافزاید. به اصرار وی وزارت دربار شاهنشاهی اعلامیه‌ای صادر و در آن اشعار کرد که مسافرت شاهدخت به ایران بدون کسب اجازه از پیشگاه اعلیحضرت همایون شاهنشاه، بوده و مقرر شده است که او پس از ترتیب فوری کارهای خصوصی بلافاصله از ایران خارج شود و می‌خواستند در حد امکان از مداخله مستقیم و علنی در ماجرای برکناری «شیر پیر» اجتناب کنند.

در میان راه‌حل‌های دیگر، سرانجام نام سرلشکر فضل‌الله زاهدی مطرح شد که امتیازات چندی داشت. نخست آن که وزیر کشور همگام و همراه او در نهضت ملی بود، گرچه برخلاف آن‌چه محمدرضاشاه در خاطرات خود نوشته از «دوستان»[3] وی نبود. دیگر آن که از ماه‌ها پیش زاهدی رهبر بلامنازع مخالفان مصدق بود، اکثریت روحانیون، بازار، بیشتر ایلات و عشایر، همه انشعابیون جبهه ملی و یاران روزهای اول نهضت مصدق[4] به دور وی گرد آمده بودند. در ارتش قدرت مستقیم نداشت و واحد یا واحدهایی در اختیارش نبود، اما مورد احترام بود و مخصوصاً از پشتیبانی شبکه توانای افسران و درجه‌داران بازنشسته که خود رئیس انجمن‌شان بود، برخوردار بود. و بالاخره باید گفت که در شرائط آن مقطع از زمان شهرت «ضدانگلیسی» زاهدی[5] برگ برنده‌ای بود. افکار عمومی ایران شخصی را

---

۱ - بعداً، شاهدخت و اطرافیانش منکر انجام این ملاقات شدند و مطالبی را که در کتب مختلف در باره آن نوشته شده مربوط به ملاقات قبلی «شیر پیر» با مشارالیها دانسته‌اند که خودش در خاطراتش به آن اشاره کرده.

۲ - ملکه ثریا در خاطرات خود یادآور شده که نه تماس‌های شاهدخت با امریکائی‌ها و انگلیس‌ها با اجازه شاه بوده و نه مسافرتش به ایران. (مدرک ذکر شده)

۳ - در پاسخ به تاریخ.

۴ - چون حسین مکی، سیدابوالحسن حائری زاده، مظفر بقائی، عبدالقدیر آزاد، عمیدی نوری...(مترجم)

۵ - در یک سند داخلی سفارت انگلستان وی را «خطرناک‌ترین دشمن امپراتوری بریتانیا در ایران» لقب داده بودند. در زمان جنگ به وسیله یک کماندوی انگلیسی ربوده شده به مدت سه سال در یک سلول انفرادی در فلسطین در زندان انگلیس‌ها بود.

که مشتهر به دوستی و نزدیکی با انگلیس‌ها باشد به عنوان جانشین مصدق نمی‌پذیرفت.

بهر حال، قبل از مراجعت، شاهدخت پیامی را که حامل آن بود به شاه داد وظیفه‌ای را که به وی محول شده بود انجام داد و تحت مراقبت مأموران انتظامی رهسپار فرودگاه و بازگشت به فرانسه شد.

بعضی از راویان نوشته‌اند که در مدت اقامت کوتاهش در تهران، شاهدخت دیداری نیز با سرلشکر زاهدی داشته است. این روایت نادرست است. مأموران انتظامی با دقت و شدت در جستجوی جلب و بازداشت زاهدی بودند، او نمی‌توانست چنین بی‌احتیاطی را مرتکب شود چون می‌دانست که رفت و آمدهای شاهدخت تحت نظر است.

محتوای نامه‌ای که شاهدخت اشرف حامل آن بود، چه می‌توانست باشد؟ پاسخ روشن است: تقاضای مشترک امریکایی‌ها و انگلیس‌ها از شاه که فرمان عزل مصدق را از ریاست دولت و انتصاب سرلشکر زاهدی را به این سمت توشیح و صادر نماید. اجرای طرح TP AJAX بدون این فرمان میسر نبود.

در این گیرو دار بود که در نخستین روزهای ماه اوت ۱۹۵۳ آلن دالس[۱] رئیس سازمان سیا و همسرش برای «گذراندن تعطیلات و استراحت» عازم مناطق کوهستانی سوئیس شدند. در سوئیس ژنرال نرمان شوارتزکف که در زمان جنگ مستشار ژاندارمری ایران بود[۲] و لوی هندرسن سفیر امریکا در تهران که مرخصی دو ماهه‌ای را می‌گذراند و شاهدخت اشرف که تازه از تهران برگشته بود به آلن دالس پیوستند.

در طی این ملاقات‌ها مقرر شد که کرمیت روزولت[۳] رئیس عملیات سیا در خاورمیانه رهسپار ایران شود و سرپرستی اجرای طرح آژاکس را به عهده گیرد. کرمیت روزولت مقیم قاهره بود و به اقرار خودش از ایران هیچ نمی‌دانست. ژنرال شوراتزکف اندکی ایران را می‌شناخت با سرلشکر زاهدی آشنا بود و مأمور شد که با وی تماس بگیرد.

---

۱ - برادر کوچک‌تر جان فوستر دالس که از ۱۹۵۳ تا ۱۹۵۹ وزیر امور خارجه آمریکا بود و نیز نگاه کنید به:
Pierre F. De Villemarest Exploits et bavures de l'espionnage américain Tow III, Geneve, Famot, 1978.

2 - General Norman Schwartzkopf

۳ - Kermit Roosvelt، نواده تئودور روزولت رئیس جمهوری ایالات متحده امریکا از ۱۹۰۱ تا ۱۹۰۹.

انگلیس‌ها کریستوفر مونتاگو و وودهاوز یکی از کارمندان عالیرتبه سازمان جاسوسی خارجی خود (M.I.6) را مأمور همکاری با روزولت کردند.[۱] دسترسی به اسناد بریتانیائی در باره این ماجرا هنوز آسـان و حتی میسـر نیست. بنابر این از نقش واقعی وودهاوز در حوادث ۲۵ تا ۲۸ مرداد اطلاع دقیقی در دست نیست.

کرمیت روزولت که برخلاف وودهاوز در باره نقش خود مبالغه بسیار کرده از قاهره عازم تهران شـد. در پایتخت ایران با شاه ملاقات کرد، که خود وی واقعیت این دیدار را در کتاب پاسخ به تاریخ پذیرفته و از وی به عنوان «دوست» یاد کرده. روزولت در کتاب خاطرات خود از ملاقاتش با سرلشـکر زاهدی سخن می‌گوید که بدون حضور شخص ثالـث و دخالت مترجم صورت گرفته و محاورات به زبان آلمانی بوده اسـت. روزولت نمی‌دانست که سرلشکر زاهدی، تا حدی به روسی و فرانسه آشنا است اما حتی یک کلمه آلمانی نمی‌داند. می‌دانست که زاهدی در زمان جنگ به اتهام طرفداری از آلمان‌ها از طرف انگلیس‌ها ربوده و در فلسطین زندانی شده بود. بنابر این تصور می‌کرد که چون «طرفدار آلمان‌ها» بوده به زبان آلمانی نیز آشنا است و تمام این دیدار و گفتگو را اختراع کرده و در کتاب خود آورده است.[۲] این قصه تنها دروغی نیست که وی در کتاب خود بیان کرده. در عوض قطعی است که پس از برکناری دکتر مصدق و بازگشت شاه به ایران، وی زاهدی و روزولت را با یکدیگر آشنا کرده و این سه در کاخ سعدآباد با یکدیگر چای خورده‌اند و ظاهراً این تنها ملاقات آنها بوده است.

سـال‌ها بعد سـیا مدعی شد که همه اسناد و مدارک مربوط به وقایع ۲۵ تا ۲۸ مرداد در یک آتش سوزی از میان رفته است. بنابر این در این مورد فقط به اسناد رسمی وزارت

---

۱ - او از ۱۹۵۱ تـا ۱۹۵۲ کارمنـد سـفارت بریتانیـا در تهـران بـود. بعـد از ماجـرای ۲۸ مـرداد و سـقوط دکتـر مصـدق بـه مدیریـت موسسـه سـلطنتی مطالعـات بین‌المللـی Royal Institute of International A ffairs برگزیده شد و در سال ۱۹۹۸ بعد از مرگ برادرش از ملکه لقب Baron Terrington را دریافت داشت.

2 - kermit Roosevelt, Countercoup The struggle for the control of iran, Mc Graw Hill, New-york, 1979.

این کتاب که یک ربع قرن بعد از ماجرای سقوط مصدق نوشته شده در هنگامی انتشار یافت که محمدرضا شاه در حال نزع بود. صاحب نظران بسیاری آن را به عنوان یکی از اقدامات سیا برای بدنام کردن شاه تلقی می‌کنند. یکی دیگر از صاحب منصبان سیا موسوم به دونالد ویلبرت که لااقل فارسی می‌دانست و ایران را کم و بیش دیده بود و می‌شناخت نیز خاطرات خود را در این باره انتشار داده.

Adventures in the Middle East: Excursions and Incursions, Darwin Press, Princeton, 1986.

امور خارجه امریکا (و سفارت آن کشور در ایران) می‌توان استناد و اشاره کرد و بهر تقدیر خاطرات کرمیت (کیم) روزولت را باید با احتیاط بسیار مورد توجه قرار داد و در صحت آن‌ها تردید وجود دارد.

طبق پیش‌بینی و با توجه به انحلال مجلسین، شاه در ۱۳ اوت ۱۹۵۳ فرمان برکناری مصدق را در کلاردشت توشیح کرد و در فرمان دیگری به این شرح جناب فضل‌الله زاهدی را به ریاست دولت منصوب نمود.

> «جناب فضل‌الله زاهدی نظر به این که اوضاع کشور ایجاب می‌نماید که شخص مطلع و با سابقه‌ای برای در دست گرفتن زمام امور مملکت تعیین نمائیم، لذا با اطلاعی که به کفایت و شایستگی شما داریم، به موجب این دستخط به سمت نخست وزیری منصوب شدید و مقرر می‌داریم که در اصلاح امور کشور و رفع بحران کنونی و بالا بردن سطح زندگی مردم اهتمام و سعی کافی به عمل آورید»

۲۳ مرداد ماه ۱۳۳۱ (۱۳ اوت ۱۹۵۳)

متن فرمان برکناری مصدق در دست نیست. به احتمال قریب به یقین در حمله به اقامتگاه «شیر پیر» و به آتش کشیدن آن از میان رفته و یا ربوده شده است. قطعاً پیش‌نویس آن در اسناد دفتر مخصوص شاهنشاهی که اندکی پیش از انقلاب به خارج منتقل شده موجود است.[۱]

آیا شاه حق برکناری نخست وزیرش را داشت و در نتیجه می‌توانست پس از آن، کس دیگری را به جای برگزیند؟ شصت سال پس از رویدادهای اوت ۱۹۵۳ هنوز این بحث در میان کارشناسان و صاحب‌نظران ادامه دارد. مناسب است که در اینجا دقیقاً به آن اشاره کنیم:

به موجب قانون اساسی ایران حق عزل و نصب وزیران (و در نتیجه نخستین آنان یعنی رئیس دولت) با «مقام سلطنت» بود. اما طبق همین قانون شاه «مسئول» نبود. بنابر این می‌بایست تصمیماتش مورد تائید (یا پیشنهاد رسمی) وزیران یا نخست وزیر بوده باشد که آن‌ها در مقابل قوه مقننه، یعنی دو مجلس مسئول بودند.

۱ - عین فرمان انتصاب تیمسار زاهدی در مرکز اسناد اردشیر زاهدی در مونترو (سوئیس) موجود و در دسترس است.

ترتیبات و اصولی که از قانون اساسی بلژیک الهام گرفته بود.

اما چنان‌که یکی از وفادارترین یاران دکتر مصدق نیز نوشته، «به موجب سوابق و در حقوق اساسی و تاریخ مشروطیت ایران[1] هنگام فترت‌های متوالی و ممتد» این رسم و عادت برقرار شده بود که حق عزل و نصب به شاه اعاده شود.

«رسم و عادت» بر این نهاده شده بود که به هنگام تعیین رئیس جدید دولت شاه با قوه مقننه مشورت نماید و از وکلا «رأی تمایل» بخواهد که در جلسه خصوصی مجلس یا مجلسین ابراز می‌شد و رئیس یا رئیسان آن، به استحضار شاه می‌رساندند. سپس فرمان انتصاب نخست وزیر صادر می‌شد. شخص اخیرالذکر اسامی وزیران خود را به شاه پیشنهاد و تقاضای صدور فرمان انتصاب آنان را می‌کرد. سپس دولت به مجلس (یا مجلسین) معرفی می‌شد و پس از اخذ «رأی اعتماد» قدرت قانونی لازم برای اداره امور مملکت را احراز می‌نمود. برای پایان دادن به فعالیت نخست وزیر و دولت نیز رأی «عدم اعتماد» مجلسین ضرورت داشت، مگر آنکه رئیس دولت خود، استعفایش را به «مقام سلطنت» تقدیم نماید.

در دوران «فترت» قوه مقننه - که یکی از آن‌ها در زمان دو پادشاه آخر قاجاریه هفت سال به طول انجامید - «رسم و عادت» برقرار شده بود که نخست وزیر استعفای خود را به شاه عرضه بدارد و او خودش یا شخص دیگری را مأمور تشکیل دولت جدید نماید. بر این اساس و حتی بدون استعفای رئیس قبلی دولت، احمد شاه دوبار نخست‌وزیری را معزول و کس دیگری را به جای وی منصوب نموده بود. از جمله در ۴ ژوئن ۱۹۲۱، سیدضیاءالدین طباطبائی برکنار و قوام‌السلطنه به جای وی تعیین شده بود و یکی از وزیران اصلی دولتش مصدق‌السلطنه (یعنی دکتر مصدق) بود که ایرادی بر این ترتیبات وارد ندانست و ندید.

در جریان انتخابات دوره شانزدهم مجلس شورای ملی و تحصن در دربار خود دکتر مصدق در دو نامه متوالی از شاه درخواست عزل نخست وزیر وقت و تعیین شخص

---

۱ - نامه دکتر غلامحسین صدیقی که در آن هنگام وزیر کشور و نایب نخست وزیر بود، خطاب به دکتر همایون کاتوزیان، مجله فصل کتاب، لندن، ۱۳۷۰، ایرانشناسی، شماره ۲ تابستان ۱۳۸۵. در این نامه دکتر صدیقی، دکتر مصدق را «پیشوای کمال و مقتدای رجال و دلیر سرآمد» می‌خواند.

دیگری را به جای وی کرده و به «دوره فترت» که در آن «مقام سلطنت» حق عزل و نصب رئیس دولت را حائز می‌شود استناد کرده بود، که پیش‌تر به این جریان اشاره کردیم.

با توجه به شایعات و احتمالات رایج در تهران، هنگامی که مصدق در صدد توسل به آراء عمومی جهت انحلال مجلس برآمد، بسیاری از نزدیکانش[1] این نکته را به وی یادآور شدند و از وی خواستند که شرط احتیاط را رعایت نماید و خود را در معرض عزل از مقام ریاست دولت به وسیله و تصمیم شاه قرار ندهد.

در اوت ۱۹۵۳، مصدق مجلس سنا را با قانونی که به توشیح شاه رسانده بود تعطیل و مجلس شورای ملی را پس از استعفای گروهی از نمایندگانش (طرفداران خود او) به استناد رأی‌گیری عمومی منحل کرده بود. به عبارت دیگر قوه مقننه در «دوره فترت» بود.

بنابر این مراتب، با توجه به سنن و عادات، نمی‌توان نفس عمل شاه یعنی عزل مصدق و انتصاب سرلشکر زاهدی را تعبیر به کودتا یا آغاز جریان یک کودتا کرد. شاید در مواقع عادی می‌شد از دیوان عالی کشور، بالاترین مرجع قضائی در ایران، نظری مشورتی خواست. اما مصدق آن را هم به حالت تعلیق درآورده بود.

در مقابل، تردید نیست که نحوه مضحک ابلاغ فرمان عزل دکتر مصدق به او، می‌تواند و می‌توانست توهم نوعی «کودتای نظامی» را به وجود آورد. این همان نظریه‌ای است که هوادارانش بعد از این اقدام و خود او در جریان محکمه نظامی به آن استناد کردند.

دو فرمان عزل دکتر محمد مصدق از ریاست دولت و انتصاب (سرلشکر) فضل الله زاهدی به جای او، در سیزده اوت ۱۹۵۳ در کلاردشت به توشیح محمدرضا شاه رسید. خود وی در کتاب پاسخ به تاریخ نوشته که سرهنگ نعمت الله نصیری، فرمانده گارد شاهنشاهی، را مأمور ابلاغ آن‌ها نموده است.

یافتن مخفی‌گاه سرلشکر زاهدی برای سرهنگ نصیری دشوار نبود، زاهدی و شاه، اندکی پیش از حرکت زوج سلطنتی به کلاردشت، مخفیانه با یکدیگر ملاقات نموده بودند. احتمالاً شاه به نصیری گفته بود که چگونه می‌تواند با نخست وزیر جدیدش تماس

۱ - دکتر غلامحسین صدیقی، دکتر کریم سنجابی، محمود نریمان، دکتر عبدالله معظمی... مدارک مربوط به این اظهارنظرها در چند سال اخیر انتشار یافته است.

بگیرد. سرهنگ نصیری در لباس شخصی و با وسیله نقلیه غیرنظامی از کلاردشت به سوی پایتخت حرکت کرد و در خانه بازرگانی موسوم به مصطفی مقدم که سرلشکر در آن پنهان بود به دیدارش رفت. تنی چند از حلقه اول یاران زاهدی، از جمله سپهبد مرتضی یزدان پناه در آن جا بودند. فرمان انتصاب سرلشکر که دیگر نخست وزیر ایران بود، به وی تسلیم شد. زاهدی به سرهنگ نصیری دستور داد در رأس ساعت ۲۳ (یازده بعد از ظهر) به اقامتگاه نخست‌وزیر برود و «فرمان ملوکانه» را به وی بدهد. زاهدی می‌دانست و به نصیری تفهیم کرد که در آن شب جلسه هیأت دولت در اقامتگاه مصدق و در حضور وی تشکیل می‌شود که معمولاً در ساعت ۲۳ به پایان خواهد رسید، به او دستور داد که فرمان برکناری را به اطلاع وزیران برساند که دیگر شک و تردیدی در تغییر و تحول و نقل و انتقال قدرت باقی نماند.

به عللی که هنوز هم بر هیچ کس روشن نیست این برنامه اجرا نشد. سرهنگ نصیری پاسی بعد از نیمه شب که دیگر جلسه هیأت دولت به پایان رسیده و وزرا متفرق شده بودند، با لباس نظامی به در اقامتگاه نخست وزیر رسید. خودش بر یک جیپ ارتشی سوار بود. یک و به قولی دو زره‌پوش کهنه متعلق به سال‌های ۱۹۳۰(مصلح به یک مسلسل سنگین یا یک توپ سبک) و نیز دو کامیون از افراد گارد همراهش بودند[۱] اتفاقاً، شخصی از دوستان مصدق در آن ساعات گرم تابستان در ایوان اقامتگاه خود که اندکی بیش از یک کیلومتر در سر راه خانه مصدق قرار داشت. به استراحت و بهره‌گیری از خنکی نسبی هوا مشغول و بنابر این بیدار بود. هنگامی که این ستون غیرعادی وسائل نقلیه نظامی را دید و با توجه به شایعاتی که در شهر وجود داشت، بی‌درنگ به محافظان مصدق تلفن کرد و به آن‌ها هشدار داد. بنابر این می‌توان پنداشت که گارد مصدق در انتظار «نیروی ضربتی» سرهنگ نصیری و در حال آماده باش بودند. تعداد افراد محافظ اقامتگاه نخست وزیر در حدود یک هزار نفر بود و چند تانک سنگین، که در اطراف آن محل موضع گرفته بودند، در اختیارشان بود.

۱ - روایت ما از ماجرای این شب انحصاراً به خاطرات همراهان و یاران مصدق و یا خود او و یا پرسش‌ها و پاسخ‌های دادگاهی که مصدق در آن محاکمه شد، مستند است: از جمله دکتر مصدق در خاطرات و تألمات، روایت دقیق دکتر غلامحسین صدیقی که بعداً در مجله آینده به چاپ رسید، خاطرات سرتیپ تقی ریاحی رئیس ستاد ارتش و علی اصغر بشیر فریمند سرپرست کل انتشارات و رادیو همه این شخصیت‌ها در حلقه اول همکاران و یاران مصدق و تا پایان عمر به وی وفادار بودند و طبیعتاً هیچ یک از آن‌ها به قصد اضرار به وی سخنی نگفته‌اند.

هنگامی که با بیش از یک ساعت تأخیر سرهنگ نصیری زنگ بر در خانه مصدق زد، همکارش سرهنگ ممتاز فرمانده گارد نخست وزیر بیدار و آماده پذیرائی او بود. نصیری گفت: «دستخطی از اعلیحضرت دارم که باید شخصاً به جناب آقای دکتر مصدق برسانم». ممتاز نصیری را به داخل خانه دعوت کرد که او بلافاصله پذیرفت. به محض آن که وارد اقامتگاه دکتر مصدق شد، سرهنگ ممتاز به «رعایت ملاحظات امنیتی» از او خواست که سلاح کمری‌اش را تحویل دهد. هر دو افسر ارتش بودند و به این قبیل مقررات اطلاع داشتند و نصیری سوء ظن نداشت و چنین کرد. ممتاز دستور داد برای میهمانش چای بیاورند.

سرهنگ ممتاز به «اندرون» مصدق رفت. «شیر پیر» در خواب بود. بیدارش کردند. ممتاز پیام نصیری را رساند. ولی مصدق او را نپذیرفت و دستور داد که نامه شاه را بگیرد و برایش بیاورد. ممتاز چنین کرد و در مدخل اطاق خواب مصدق به انتظار ایستاد. «شیر پیر» پاکت نامه شاه را گشود، آن را خواند. چیزی نگفت، برگ کاغذی برداشت و بر روی آن نوشت «ساعت یک بعد از نصف شب ۲۵ مرداد ماه ۱۳۳۲ دستخط مبارک به این جانب رسید. دکتر محمد مصدق». نامه را به ممتاز داد که به نصیری بدهد، که او این کار را کرد. سپس با خونسردی کامل گفت «نصیری را بازداشت و افرادش را خلع سلاح کنید» سپس دوباره به خواب رفت یا تظاهر به آن کرد. معنایش آن بود که سرهنگ ممتاز مرخص است.

در مراجعت به دفترش سرهنگ ممتاز، نصیری را در حال نوشیدن فنجان چای دید که وی دستور آوردنش را داده بود. به فرمانده گارد شاهنشاهی گفت که به دستور نخست وزیر در حال بازداشت است و دستور داد که او را فوراً به دفتر رئیس ستاد ارتش (سرتیپ تقی ریاحی) فرمانده‌اش ببرند. سرهنگ نصیری افسری بود منضبط. چاره‌ای هم جز اطاعت نداشت. سربازانی که همراهش بودند بدون هیچ عکس‌العملی اسلحه خود را تحویل دادند.

طبق روایت همه راویان، مصدق پس از خروج سرهنگ ممتاز از اطاقش به رئیس ستاد ارتش تلفن کرد، جریان را گفت و دستور داد که تدابیر امنیتی ضروری اتخاذ شود و گویا این بار واقعاً به خواب رفت.

سرهنگ نصیری دستور داده بود که یک جیپ نفربر با هشت نظامی به خانه سرتیپ ریاحی بروند و او را جلب کنند. در شـــهر همه می‌دانستند و حتی در جراید نوشته شده بود که سرتیپ ریاحی شب‌ها در دفتر محل کارش می‌ماند و در همانجا استراحت می‌کند. همه می‌دانستند. اما «کودتاچیان» نمی‌دانستند[1] و رئیس عملیات سیا در خاورمیانه نیز که این «عملیات» را «رهبری» می‌کرد نمی‌دانست.

همچنین سرهنگ نصیری دستور داده بود که حسین فاطمی وزیر امورخارجه مهندس جهانگیر حق‌شناس وزیر راه و مهندس احمد زیرک‌زاده نماینده مستعفی مجلس منحله شورای ملی نیز جلب و بازداشت شوند. گروه‌های کوچکی از گارد این دستور را انجام دادند.

جلب و بازداشـــت حسین فاطمی، مرد توانای حکومت دکتر مصدق از دیدگاه یک عمل خشـــن قابل فهم بود. اما چرا دســـتور توقیف مهندس حق‌شناس مردی خوشنام و کاردان که نقش سیاسی خاصی نداشت و احمد زیرک‌زاده سیاست پیشه‌ای پرگو که مانند او در تهران فراوان بودند صادر شده بود؟

سرتیپ ریاحی در روایتش از بقیه جریان این شب نوشته «نصیری که آمد از او سئوال کردم، شما ساعت یک و نیم شب منزل مصدق چه کار داشتید؟ جواب داد برای رسانیدن فرمان شـــاه رفته بودم. گفتم نمی‌شد روز این فرمان را برسانید؟ ساکت ماند. گفتم بروید خودتان را به دژبانی معرفی کنید». رئیس ستاد هم‌چنین سه شخصیت سیاسی جلب شده را به خانه‌های‌شان عودت داد.

به این ترتیب عملیاتی که چند ســـاعت بعد «کودتای گارد شاهنشـــاهی» نامیده شد و یک صاحب منصب عالی رتبه ســـیا به قول خودش از زیرزمینی در خیابان بهار آن را هدایت می‌کرد، به صورت یک کمدی یا دلقک بازی[2] به پایان رسید.

ماه‌ها بعد در جریان محاکمه دکتر مصدق و ســـرتیپ ریاحی، وکلای مدافع آنان و

---

۱ - در روایت خود از این ماجرا، ســـرتیپ ریاحی افراد گارد شاهنشـــاهی را متهم کرده که مقداری اشـــیاء نقره را از خانه او ربوده‌اند، مطلب به خودی خود در مقیاس حوادث این شب فاقد اهمیت است. اما در هیچ مدرک و روایت دیگر ذکر نشده.

۲ - نویسندگان کلمه vaudeville را به کار برده‌اند که به دلقک بازی ترجمه شده.(مترجم)

همچنین دادستان نظامی کوشیدند که از ماجرای این شب و جزئیات آن سر در بیاورند. کوچک‌ترین نتیجه‌ای حاصل نشد. اندکی بعد از آن در گفتگویی با سفیر امریکا، شکست طرح آژاکس را شاه ناشی «از ترفند بریتانیائی‌ها» دانسته[1] بدون این‌که علت آن را توضیح دهد، یا اگر توضیحی داده در گزارش لوی هندرسن منعکس نیست.

«کودتای نیم بند نصیری به عنوان و تصور این که عامل عملی است با تعدادی سرباز و ارابه جنگی»؟ چنان که سرتیپ ریاحی گفته و نوشته؟

«لشکرکشی کودکانه»؟ به قول مصدق

«کودتا با نامه»؟ چنانکه محققی نوشته[2]

«آسان‌ترین و کم خرج‌ترین کودتای تاریخ»؟، به نوشته مورخی موجّه[3]

تعبیر و تفسیر هر چه باشد، واقعیت تاریخی این است که در شب پانزدهم به شانزدهم اوت ۱۹۵۳، محمدرضا شاه، سیا، دیپلماسی‌های امریکا و انگلیس با شکستی غیرقابل تردید مواجه شدند. طرح آژاکس با ناکامی کامل مواجه شده بود. اما ماجرا به صورتی دیگر، و پیش بینی نشده ادامه یافت.

---

۱ - ...Foreign Relations مدرک ذکر شده.
۲ - الاهه بقراط.
۳ - دکتر علی میرفطروس.

فصل ششم

سپاهی دولتمرد و مرجع تقلید

در ساعت چهار بامداد روز ۱۶ اوت ۱۹۵۳ بی‌سیم گارد شاهنشاهی شکست مأموریتی را که به سرهنگ نصیری تفویض شده بود و بازداشتش را به اطلاع شاه رساند.[۱] محمدرضا شاه که از بازداشت خود سخت بیمناک بود، بی‌درنگ همسرش را از خواب بیدار کرد و جریان را به او گفت و افزود که باید فوراً کلاردشت را ترک کنند و از ایران خارج شوند.

کلاردشت فرودگاهی نداشت فقط زمین مسطحی برای فرود آمدن هواپیماهای بسیار کوچک موجود بود. شـــاه، ملکه ثریا، سرگرد خاتم خلبان سلطنتی[۲] و ابوالفتح آتابای در هواپیمای مزبور نشستند و رهســـپار رامسر شدند که هواپیمای سلطنتی در آن‌جا آشیانه گرفته بود.

در ساعت پنج صبح، پرواز هواپیما به سوی رامسر آغاز شد. شاه نخست نگران بود که مبادا فرودگاه رامسر که هواپیمای دو موتوره وی در آن‌جا قرار داشت به دستور مصدق و سرتیپ ریاحی اشغال شده باشد. مطلقاً خبری نبود. در ساعت شش بامداد هواپیما پس

۱- حوادث این چند روز، ساعت به ساعت در خاطرات ملکه ثریا (منبع ذکر شده) مندرج است.
۲- ارتشبد و فرمانده کل نیروی هوائی بعدی، که با شاهدخت فاطمه ناخواهری محمدرضا شاه ازدواج کرد. (مترجم)

از بنزین‌گیری آشیانه خود را ترک کرد و عازم بغداد شد و آن‌ها نزدیک ظهر به فرودگاه پایتخت عراق رسیدند. از برج مراقبت فرودگاه هویت سرنشینان هواپیما و سبب تقاضای فرود آمدن آنان پرسیده شد. محمدرضا شاه احتیاطاً جواب داد که وی خلبان یک هواپیمای تفرّجی است که سرنشینان آن به علت خرابی موتور تقاضای فرود اضطراری دارند. دقایقی چند گذشت. پاسخی نمی‌رسید. سرانجام به هواپیما اجازه فرود آمدن داده شد و دستور رسید که در انتهای باندهای فرودگاه به زمین بنشیند. به محض فرود و خاموش شدن موتورها مردان مسلّحی هواپیما را محاصره کردند. شاه بار دیگر نگران شد که شاید دولت ایران از مقصد هواپیما مطلع گردیده تقاضای بازداشت سرنشینان آن را کرده باشد. با قیافه‌ای خونسرد و آرام به تنهایی از هواپیما پیاده شد. یک افسر عراقی به سوی او آمد و با انگلیسی دست و پا شکسته‌ای توضیح داد که قرار است هواپیمای ملک فیصل دوم تا چند دقیقه دیگر فرود آید و به همین سبب فرودگاه تحت مراقبت نظامی قرار گرفته. «فراریان» نفسی به راحتی کشیدند. به‌ویژه که افسر عراقی حتی شاه را نشناخته بود. شاه تکه کاغذی یافت و چند کلمه‌ای بر روی آن نوشت و از مأمور فرودگاه خواست که به محض به زمین نشستن ملک فیصل کاغذ را به او بدهد.

سرنشینان هواپیما[1] تحت نظر به یک انبار فلزی که درجه حرارت آن متجاوز از چهل بود هدایت شدند. چند دقیقه بعد از آن شاهد فرود آمدن هواپیمای سلطنتی عراق بودند. یک دسته ارکستر نظامی سلام رسمی عراق را اجرا کرد. مراسم تشریفاتی انجام شد. نیم‌ساعت دیگر گذشت. شاه و ثریا و دو همراه‌شان خیس عرق بودند و لباس‌های‌شان در حالتی زار. در این گیر و دار که دیگر ملک فیصل آن محل را ترک کرده بود، رئیس فرودگاه به پرس‌و جو و بازرسی آمد و فوراً شاه را شناخت. از همان‌جا به شخص دیگری تلفن کرد و مطالبی به زبان عربی گفت که طبیعتاً زوج سلطنتی و همراهان‌شان آن را درک نمی‌کردند.

اندکی بعد وزیر امورخارجه عراق سر رسید و چهار سرنشین هواپیما را به «دارالضیافه» سلطنتی- محل پذیرایی میهمانان پادشاه عراق- هدایت کرد. اتومبیل حامل شاه و ملکه دارای تهویه مطبوع بود (دستگاهی استثنائی برای آن زمان) ثریا از سرما می‌لرزید. لباس نازکی بیش بر تن نداشت.

۱- یک Bechkraft ساخت آمریکا.

وزیرخارجه عراق از جانب ملک فیصل محمدرضا و ملکه ثریا را برای ساعت ۱۷ (پنج بعدازظهر) به صرف چای در کاخ سلطنتی دعوت کرد. ملکه ثریا به او گفت نه لباس دیگری دارد، نه کلاه، نه دستکش و از سر و وضع خود بسیار ناراحت است. وزیر امورخارجه عراق به او جواب داد، «در وضع فعلی کسی توقعی از شما ندارد. همه می‌دانند که از یک مراسم نمایش لباس‌های تجمّلی نمی‌آئید.» ملکه ثریا در خاطراتش می‌نویسد که از این عبارت بسیار دل‌شکسته شد. چرا که با وجود رعایت ادب و نزاکت می‌خواستند به او و به همسرش بفهمانند که دیگر «کسی» نیستند و از آنان توقعی نیست.

سر و وضع و لباس‌های شاه و ملکه ایران برازنده نبود. با این حال پذیرایی ملک‌فیصل از آنان به خوبی برگذار شد. پادشاه عراق از آنان دعوت نمود که هر قدر مایلند در عراق بمانند. ولی افزود که سفارت ایران در جریان ورود هواپیما به بغداد قرار گرفته و شدیداً به این عمل اعتراض کرده و ممکن است درخواست بازداشت آنان را بنماید. شاه از حُسن توجه و میهمان‌نوازی ملک فیصل تشکر کرد ولی از قبول دعوت او عذر خواست. فردای آن روز به زیارت مرقد حسین‌ابن‌علی امام سوم شیعیان در کربلا رفت و سپس همگی عازم رُم شدند. هواپیمای سلطنتی را در بغداد گذاشتند. گویا امید زیادی به بازگشت و استفاده مجدد از آن در شاه نبود.

ورود «فراریان» به فرودگاه چیام پینو[1] در پایتخت ایتالیا بی‌سر و صدا انجام نشد. اتفاقات تهران در جراید انعکاس وسیعی داشت و خبرنگاران و فیلمبرداران در انتظار زوج سلطنتی بودند. سفیر ایران در ایتالیا، نظام‌السطان خواجه نوری، رئیس کل سابق تشریفات دربار شاهنشاهی، همان کسی که مراسم ازدواج محمدرضا شاه و ملکه ثریا را ترتیب داده بود، در فرودگاه حضور نداشت. وزیر امورخارجه به او دستور داده بود که اعتنائی به شاه و ملکه نکند. و او این دستور را اطاعت می‌کرد. او نه تنها در فرودگاه نبود، بلکه اتومبیل شخصی ملکه ثریا را نیز که در گاراژ سفارت ایران نگاهداری می‌شد ضبط کرده و از تحویل آن به زوج سلطنتی خودداری کرد که برای هر دو بسیار موهن و برخورنده بود. خواستند به وی تفهیم شود که این اتومبیل متعلق به دولت نیست بلکه ملک شخصی ثریا است. وقعی ننهاد.

1- Ciampino

در فرودگاه رُم فقط یکی از کارمندان تشریفات وزارت امورخارجه ایتالیا به استقبال زوج سلطنتی ایران آمده بود. سه تن ایرانی نیز حضور داشتند: حسین صادق کارمند سازمان جهانی خواربار و کشاورزی (F.A. O)، مراد اریه بازرگان معروف و یک کارمند محلی (بنابراین غیررسمی و غیردیپلمات) سفارت ایران. مراد اریه آپارتمان کوچکی (و نه آپارتمان سلطنتی) در طبقه آخر مهمانخانه معروف اکسلسیور[۱] برای شاه و ملکه ایران گرفته بود. تا اطاق‌شان آن‌ها را همراهی کرد. در آن‌جا دسته چک خود را از جیب درآورد. چک سفیدی را امضاء کرد و در برابر شاه نهاد و گفت: «اعلیحضرتا هر رقم و هر نامی را می‌خواهید در این چک مرقوم دارید، از وضعیت موجود اطلاع دارم.» شاه سخت تحت تأثیر قرار گرفت، تشکر کرد و از پذیرفتن چک معذرت خواست. اما خانواده اریه را فراموش نکرد و حق‌شناسی خود را به آنان در سال‌های بعد نشان داد. شاه و ملکه ساعت‌ها آپارتمان کوچک خود را ترک نکردند. در را به روی خود بستند و در انتظار اخبار ایران نشستند.

مصدق مردی سحرخیز بود. در نخستین ساعات بامداد[۲] ۱۶ اوت عملاً در همان دقایقی که شاه و ملکه از ایران خارج می‌شدند، با تلفن علی‌اصغر بشیر فرهمند سرپرست کل انتشارات و رادیو را که از یاران وفادارش بود به اقامتگاه خود فراخواند که وی اندکی بعد به آن‌جا رسید. «شیر پیر» به او گفت که از کار برکنار شده است و می‌خواهد آخرین پیام خود را به ملت ایران ضبط و ایراد کند.[۳]

بشیر فرهمند در جریان اتفاقات چند ساعت گذشته نبود. هیچ‌کس در جریان نبود. ترتیب ضبط پیام را داد. مصدق در آن گفته بود که شاه وی را از کار برکنار کرد و از ملت ایران خواست که «سرنوشت خود را به دست بگیرند.»

به نوشته علی‌اصغر بشیر فرهمند، در این گیر و دار «چند تن از یاران» سر رسیدند، از جمله حسین فاطمی با لباس خانه (پیژاما) مهندس احمد زیرک‌زاده و مهندس جهانگیر

۱- Hotel Excelsior - - برای ابوالفتح آتابای و سرگرد خانم اطاق‌های کوچک‌تری منظور شده بود.
۲- ظاهراً ساعت ۶ صبح.
۳- علی‌اصغر بشیر فرهمند هم خاطرات خود را بعداً تدوین و منتشر کرد و هم یکی از شهود محاکمه مصدق و سرتیپ ریاحی بود و همواره به مصدق وفادار ماند. این جریان از دو منبع فوق اقتباس شده.

حق‌شناس (بازداشت‌شدگان ساعات قبل...) مصدق به آنان گفت که معزول شده است و پیام خداحافظی خود را با ملت ایران نیز ضبط کرده.

حسین فاطمی که عملاً از آن پس، کارها را به دست گرفت و با زیاده‌روی‌هایش در فاجعه‌ای که رخ داد سهم بزرگی دارد، به تصمیم مصدق شدیداً اعتراض کرد و گفت «شما نخست‌وزیر قانونی هستید و هیچ مقامی نمی‌تواند شما را عزل کند.» در این میان سه تن دیگر هم که احضار شده بودند به جمع حاضر پیوستند. یکی از آن‌ها دکتر علی شایگان حقوقدان معروف بود که او هم نظر حسین فاطمی را تائید کرد... مصدق تغییر رأی داد.

به بشیر فرهمند گفته شد که به دفتر خود برود و منتظر تعلیمات بعدی رئیس دولت باشد. در حدود ساعت هفت صبح، حسین فاطمی او را به پای تلفن خواست و متن اعلامیه دولت را که می‌بایستی از رادیو تهران پخش شود به وی دیکته کرد: «در ساعت یازده و نیم دیشب یک کودتای نظامی به وسیله افسران و افراد گارد شاهنشاهی به مرحله اجرا گذارده شد. بدین ترتیب که ابتدا از ساعت مذکور، نفرات نظامی مسلح به شصت‌تیر و اسلحه دستی وزیر امورخارجه و وزیر راه و مهندس زیرک‌زاده را در شمیران توقیف کردند و برای توقیف رئیس ستاد ارتش به منزل‌شان مراجعه نمودند ولی چون تیمسار ریاحی در ستاد ارتش مشغول به کار بود، به دستگیری ایشان موفق نشدند.

در ساعت یک بعد از نیمه‌شب نیز، سرهنگ نصیری رئیس گارد شاهنشاهی با چهار کامیون نظامی و دو جیپ ارتشی و یک زره‌پوش به منزل جناب آقای نخست‌وزیر آمده به عنوان این‌که می‌خواهد نامه‌ای بدهد قصد اشغال خانه را داشته است. ولی چون محافظین منزل جناب آقای نخست‌وزیر مراقب کار خود بودند.[1] بلافاصله سرهنگ مزبور را توقیف کردند... مأمورین انتظامی ابتکار عملیات را به دست گرفتند و تاکنون چند تن از توطئه‌کنندگان را دستگیر کرده‌اند.»

علی اصغر بشیر فرهمند دو دل بود که چه باید کرد. شخصاً و مستقیماً با مصدق تماس گرفت که کدام متن را پخش کنند، پیام او را یا اعلامیه‌ای را که حسین فاطمی دیکته کرده بود؟ دکتر مصدق پخش «اعلامیه دولت» را تائید کرد. سپس حسین فاطمی

۱- هم تعداد وسایل نقلیه نظامی که همراه سرهنگ نصیری بود کم و زیاد شده و هم قصد بازرسی خانه «شیر پیر» نادرست بوده است.

مقرر داشت که این اعلامیه هر نیم‌ساعت یکبار از رادیو پخش شود. بدین ترتیب «کودتا» رسمیت یافت.

اندکی بعد دکتر مصدق در نامه‌ای به ستاد ارتش ابلاغ کرد که «سرلشکر بازنشسته» فضل‌الله زاهدی را جلب و بازداشت نمایند و «نهایت مراقبت را به عمل آوردند که از فرار سرلشکر زاهدی جلوگیری شود». تعداد زیادی از مأموران نظامی به اقامتگاه زاهدی رفتند که طبیعتاً در آن‌جا نبود و آن محل را به دقت تفتیش و ظاهراً زیر و رو کردند. سرلشکر زاهدی نیز احتیاطاً آخرین مخفی‌گاه خود را ترک کرد و به جای دیگر رفت.

ظرف چند ساعت - از شش بامداد تا نیم‌روز - طرح آژاکس برای برکناری مصدق که به آن نام کودتای نظامی داده شده بود، نقش بر آب شد. اما هرگز اعلام نشد که شاه مصدق را برکنار کرده است. گرچه این خبر از همه رادیوهای خارجی پخش و حتی در بعضی از جراید داخلی نیز درج شده بود. حتی خبر برکناری نخست‌وزیر- یا لااقل صدور فرمان آن به وسیله شاه - به اطلاع وزیران کابینه نیز نرسید.

پاسی بعد از نیم‌روز سرتیپ ریاحی رئیس ستاد ارتش به دیدار مصدّق رفت و خبر خروج شاه و ملکه را به اطلاع وی رساند، که ظاهراً در جریان نبود.

رئیس ستاد از مصدق پرسید: «حالا که شاه از مملکت رفته است وضع چه می‌شود؟» و جواب شنید «باید کاری کرد که ایشان به ایران مراجعت کند.»[۱]

در جریان این روز قوای انتظامی و مأموران فرمانداری نظامی قریب به سیصد تن از مخالفان مصدق از جمله گروهی از «یاران» پیشین وی را که به سرلشکر زاهدی پیوسته بودند، جلب و زندانی کردند. به دستور حسین فاطمی کاخ‌های سلطنتی در شهر و در سعدآباد مهر و موم شدند و صورت‌برداری سریعی از اشیاء گرانبهای داخل آن‌ها به عمل آمد. هم‌چنین هیأتی به خزانه جواهرات سلطنتی در بانک ملی اعزام شد که مبادا قسمتی از آن‌ها را شاه و ملکه با خود به خارج برده باشند. همه چیز بر سر جای خود بود. افراد گارد خلع سلاح و بین واحدهای نظامی پایتخت تقسیم شدند.

جراید طرفدار جبهه ملی و دکتر مصدق حملات شدیدی را علیه شخص شاه و

۱- روایت کتبی سرتیپ تقی ریاحی رئیس ارتش برای درج در خاطرات ابوالحسن ابتهاج (منبع ذکر شده)

نظام سلطنتی آغاز کردند. حسین فاطمی وزیر امورخارجه و مدیر روزنامه باختر امروز که همچنان به نوشتن سرمقاله‌های آن ادامه می‌داد، از همه تندروتر و خشن‌تر بود.

«خائنی که می‌خواست وطن را به خاک و خون بکشاند فرار کرد...» وی در این مقالات کلمات و عبارات بسیار زننده‌ای در مورد خانواده سلطنتی و به‌ویژه شاهدخت اشرف به کار می‌برد. به معاون وزارت امورخارجه عبدالحسین مفتاح دستور دارد که این سرمقاله‌ها به کلیه نمایندگی‌های سیاسی ایران در خارج مخابره و ابلاغ شود که مفاد آن‌ها را چون مبیّن سیاست دولت تلقی کنند. مفتاح به او گفت: «شاه نه استعفاء داده نه برکنار شده است و هنوز قانوناً در مقام سلطنت باقی است.» فاطمی دستور خود را تائید کرد که اجرا شد.

در پایان روز شانزدهم اوت چنین به نظر می‌رسید که همه چیز تمام و بساط سلطنت در ایران برچیده شده است.

در روز ۱۷ اوت ژنرال والتر بدل اسمیت[1] مرد شماره ۲ وزارت امورخارجه آمریکا در گزارش محرمانه‌ای به رئیس‌جمهوری آن کشور، ژنرال آیزنهاور، نوشت «عملیات ما در ایران با شکست مواجه شد. اگر بخواهیم اندکی از مواضع خود را در ایران حفظ کنیم، احتمالاً مجبور خواهیم شد به هر تدبیری شده خود را به مصدق نزدیک نمائیم.»[2] مأموران سیا که می‌بایست طرح آژاکس را به مرحله اجرا درآورند. خود را از ماجرا بیرون کشیدند.[3] وزرات امورخارجه آمریکا به سفارت خود در تهران ابلاغ کرد که «سیاست نزدیک شدن مصدق را به قیمت گذشت‌های محدود در برابر او» تائید می‌کند.[4]

به دستور واشنگتن لوی هندرسن که پس از روی کار آمدن جمهوری‌خواهان به سفارت در تهران منصوب شده و بعد از گذراندن دو ماه مرخصی به تهران بازگشته بود به دیدار مصدق رفت[5] که برخلاف معمول وی را «با لباس کامل»[6] آن هم در اقامتگاه پسرش

1- General Walter Bedel Smith
۲- Foreign Relations... (منبع ذکر شده)
۳- روز بعد که در تهران همه چیز مغشوش بود، آن‌ها در کنار رودخانه جاجرود در شمال پایتخت به پیک‌نیک رفته بودند.
4- Foreign Relations...
۵- همان منبع.
۶- مقصود کت و شلوار و کروات است. مصدق معمولاً در اطاق خواب خود از سفرا پذیرایی می‌کرد و در

دکتر غلامحسین مصدق که متصل به خانه شخصی او بود، پذیرا شد.

هندرسن از او پرسید که جریان دقیق «حادثه نصیری» چه بوده؟ مصدق پاسخ داد: «در شامگاه روز ۱۵ اوت سرهنگ نصیری به خانه (من) آمد. ظاهراً قصد بازداشت (مرا) داشت اما خود سرهنگ نصیری را بازداشت کردند و عده دیگری نیز دستگیر شدند. او سوگند خورده بود. او می‌توانست همچنان به عهد خود وفادار بماند. اما روشن بود که شاه نصیری را برای بازداشت (من) فرستاده و شاه را نیز انگلیس‌ها تحریک کرده‌اند!

لوی هندرسن از مصدق پرسید که «آیا او دلیلی دارد که بپندارد که شاه فرمان عزل او را از مقام نخست‌وزیری و نشاندن زاهدی را به جای او صادر کرده است؟ مصدق گفت که خودش هیچ‌گاه چنین فرمانی را ندیده است و فرقی نمی‌کند اگر می‌دید. موضع او از مدت‌ها پیش این بوده که شاه فقط یک مقام تشریفاتی است و حق ندارد به مسئولیت خود فرمان تغییر دولت را صادر کند.

هندرسن اصرار کرد: «می‌خواهم گزارش دقیقی برای دولت ایالات متحده ارسال کنم... آیا درست فهمیده‌ام که (الف) او اطلاع رسمی ندارد که شاه فرمانی صادر کرده و او را از نخست‌وزیری معزول کرده است، (ب) ولو این‌که اطلاع می‌یافت که شاه چنین فرمانی را صادر کرده و او را از نخست‌وزیری معزول کرده است. در اوضاع و احوال فعلی این فرمان را بی‌اعتبار اعلام می‌کرد؟ مصدق پاسخ داد «دقیقاً همین طور است.»

مصدق ادامه داد: «نهضت ملی مصمّم است قدرت را در ایران حفظ کند و تا آخرین نفس به تلاش در این راه ادامه خواهد داد ولو آن که همه اعضای آن زیر تانک‌های انگلیسی و آمریکایی له شوند» و هنگامی که سفیر ابروهای خود را به علامت تعجب بالا برد، او (مصدق) از ته دل خندید.»

ملاقات هندرسن و مصدق یک ساعت به طول انجامید. اما به دستور وی دکتر غلامحسین مصدّق سفیر را برای صرف یک فنجان دیگر چای و گفتگو درباره اوضاع ایران دعوت کرد و در همان جا نگاه داشت. نتیجه آن که سفیر آمریکا نیم ساعت دیگر در آن جا ماند. رادیو تهران در برنامه شبانه اخبار خود اعلام داشت که «جناب آقای رختخواب می‌ماند.

نخست‌وزیر عصر امروز به مدّت دو ساعت سفیر کبیر ایالات متحده آمریکا را به حضور پذیرفتند.» هدف آن بود که روابط دو کشور را حسنه و عادی جلوه دهند.[1]

در آخرین ساعات روز هفدهم اوت و همه روز هجدهم شاه و ملکه دستخوش نگرانی و بلاتکلیفی کامل بودند. موفق شدند از در مخصوص به خدمتکاران از مهمانسرای محل اقامت خود خارج شوند تا بتوانند برای خود لباس بخرند. شاه یک دست کت و شلوار خاکستری خرید که در این دو روز همواره بر تن داشت و ثریا لباس قرمزی با خال‌های بزرگ سفید. هر دو با التهاب گوش به زنگ اخبار تهران بودند به نوشته ملکه ثریا، شاه سخت نگران آینده خود و خانواده‌اش بود. در این اندیشه بود که آیا امکانات مالی او اجازه می‌دهد که ملک بزرگی در آمریکا، مثلاً تگزاس، بخرد و همه خانواده‌اش را در آن جا جمع کند؟

یک ربع قرن بعد که مجبور شد بار دیگر ایران را در شرایطی به مراتب دشوارتر ترک کند، باز در فکر سفر به آمریکا و اقامت در آن جا بود. جذابیت آمریکا برای او، با اطلاعی که دیگر به بی‌وفایی دولت واشنگتن و رفتار ناجوانمردانه‌اش داشت، قابل تأمل و موجب تعجب است. سرنوشت و زندگی آینده اقوام و نزدیکانش نیز نگرانش می‌کرد. زیرا اکثراً در تهران مانده بودند. جز شاهدخت اشرف که بین مهمانخانه نه چندان بزرگی در خیابان ویکتورهوگو پاریس و شهر کَن[2] در جنوب فرانسه مشغول رفت و آمد دائم و سرگرم به کارها و بازی‌های معمولش بود.

ثریا، از این اقامت کوتاه و اجباری در رُم خاطرات خوبی داشت. «غالب اوقات تنها بودیم. در ساعات معیّنی چای می‌خوردیم. با هم کتاب‌هایی را می‌خواندیم. با هم به مقالات روزنامه‌ها می‌پرداختیم. با هم سکوت می‌کردیم و به یکدیگر می‌نگریستیم. عشق ما استوار و استوارتر می‌شد. مرد و زن جوانی بودیم که تنها بودند و از این تنهائی لذت

۱- معمولاً در همه کشورها (و رسم در ایران هم بر این بود) رفت و آمد سفیران بدون هیچ‌گونه تشریفاتی صورت می‌گیرد و مراتب تنها به اطلاع وزارت امور خارجه کشور مربوط می‌رسد. به هنگام بازگشت لوی هندرسن از مرخصی، نخست‌وزیر (دکتر مصدق) دستور داد که دکتر غلامحسین صدیقی (نایب نخست‌وزیر و وزیر کشور)، دکتر ابراهیم عالمی (وزیر کار) و پسرش دکتر غلامحسین مصدّق در فرودگاه به استقبالش بروند. آن‌ها هم با تعجب و اجباراً گردن نهادند. در حقیقت نخست‌وزیر می‌خواست به شیوه سیاستمداران قدیم ایران عمل کند. هم این استقبال را نوعی توجه جلوه می‌داد و هم ملاقات طولانی با هندرسن را نشانی از تأیید سیاستش به وسیله واشنگتن بنمایاند. (مترجم)

2- Cannes

هم می‌بردند.»

در روز ۱۷ اوت خبر برکناری مصدّق، هنوز در ایران رسماً اعلام نشده بود اما در رادیوهای دنیا از آن به تفصیل گفتگو می‌شد و بسیاری از مردم ایران به این رادیوها گوش می‌دادند. برای مردم ایران مطلب روشن بود، اما رسمیت نیافته بود و ناچار سبب سردرگمی و نگرانی افکار عمومی می‌شد.

اردشیر زاهدی، فرزند پر جنب و جوش سرلشکر، موفق شد در عکاس‌خانه یکی از دوستانش چند عکس از فرمان انتصاب پدرش به ریاست دولت بردارد و آن‌ها را در بازار تهران پخش کرد. سپس در یکی از تپه‌های شمال تهران با چند روزنامه‌نویس خارجی ملاقاتی ترتیب داد، تصاویر فرمان را در اختیارشان گذاشت و با دلیری گفت که پدرش به زودی زمام امور کشور را به دست خواهد گرفت.

اما چگونه و چه وقت؟ هنوز هیچ‌کس پاسخی به این پرسش نداشت.

پیرامونیان مصدق رسماً از عزلش سخنی نمی‌گفتند. اما عملاً بر دو دسته بودند. یک دسته به دور حسین فاطمی، دکتر علی شایگان، مهندس احمد رضوی نائب‌رئیس مجلس منحلّه جمع شده از تشکیل یک «جبهه واحد» با حزب توده و تغییر رژیم و اعلام جمهوری هواداری می‌کردند، دسته دیگری با این فکر شدیداً مخالف بودند. از کمونیست‌ها بیم داشتند، آیت‌الله کاشانی، که بسیاری از اطرافیانش به عقاید اخوان‌المسلمین مصر نزدیک بودند[1]، کسانی را به نزد مصدق فرستاد. نامه‌ای پر از سرزنش و یادآوری اشتباهاتی که کرده بود به او نوشت و حتی وی را متهم کرد که مخفیانه با سرلشکر زاهدی توافق کرده که قدرت به وی انتقال داده شود. کاشانی و مصدق در آغاز نهضت ملی با یکدیگر همراه و هم‌داستان بودند. سپس به مخالفت با یکدیگر پرداختند. آیت‌الله سپس مدتی از سرلشکر زاهدی پشتیبانی کرد و سرانجام از او هم روی گرداند.

اضطراب و نگرانی بر پایتخت ایران حکمفرما بود. جبهه ملی و توده‌ای‌ها هر یک جداگانه تظاهراتی علیه شاه و رژیم سلطنت و هواداری از مصدق ترتیب دادند تظاهرات جبهه ملی مستقیماً از رادیو تهران پخش می‌شد. به گفته بانیان آن، نزدیک به چهل هزار نفر

۱- اسناد آیت‌الله کاشانی، مجموعه آقای دکتر محمدحسن سالمی.

در آن شرکت کردند. حسین فاطمی، وزیر امورخارجه مصدق، در این اجتماع سخن راند. گفته‌هایش خشن و مملو از اهانت به شاه و خانواده‌اش بود. دکتر علی شایگان سخنران دیگر این اجتماع بود. او هم تندروی‌های بســیار کرد. هر دو خواستار اعلام جمهوریت شدند.

تظاهرات روز هجدهم اوت به وسیله توده‌ای‌ها ترتیب یافته بود. شمار شرکت‌کنندگان گویا نزدیک به یکصدهزار تن بود. نمایش قدرت و انضباط حزب توده. توده‌ای‌ها تشکیل یک جبهه واحد از «نیروهای دموکراتیک و ضدامپریالیســت»، «توزیع اسلحه به مردم» و اســتقرار واحدهای مردمی (Milices) برای برقراری امنیت را طلب می‌کردند. یعنی که انقلاب سرخ کمونیستی واقعی را.

به دستور دولت و شخص فاطمی، تصویر رسمی و قانونی شاه از دفاتر وزارتخانه‌ها و ادارات دولتی برداشــته و جمع‌آوری شــد. گروهک‌هایی در شــهر به گردش درآمده، مجســمه‌های رضاشاه و محمدرضاشــاه را فرود آورده و بعضاً شکستند. مصدق بعداً در محاکمه خود مسـئولیت این کار را به گردن گرفت. خیابان‌هایی که به نام شاه، پدرش یا اعضای دیگر خانواده سلطنتی موسوم شده بودند، تغییر نام یافتند. سرتیپ ریاحی به ارتش دستور داد که نام شاه را دیگر در مراسم سلام صبحگاهی و شامگاه ذکر نکنند.

بر فراز بعضی از ســاختمان‌های دولتی، پرچم ســرخ جایگزین پرچم سه رنگ ملّی ایران شد. گروه‌هایی به دنبال طرفداران واقعی یا غیرواقعی شاه و سرلشکر زاهدی افتادند که آن‌ها را از پای درآوردند، آن‌ها را جلب و بازداشت نمایند و به آزار و بند و یا به زندان بفرســتند. زمان تصفیه حساب‌های خصوصی فرا رسیده بود. در چند شهر مازندران، که طرفداران حزب توده در آن‌جا فراوان بودند، «شورا»های محلی در شهرداری‌ها مستقر شده در مقام به دست گرفتن اداره سازمان‌های دولتی برآمدند.

وحشــت بر جمع کثیری از مردم ایران غلبه کرد.[1] شکست طرح آژاکس محتوم بود و سرلشکر زاهدی می‌بایست راه‌حل دیگری پیدا کند. در تهران با خطرات بسیار مواجه بود. هیچ واحد نظامی متشکّلی در اختیارش نبود. پادگان‌ها و واحدهای نظامی و نیروهای

۱- عبدالحســین مفتاح در خاطرات سیاســی خود می‌نویسد که در شهر قم کسانی (توده‌ای‌ها؟) بر دیوار اقامتگاه آیت‌الله عظمی بروجردی شعارهایی علیه او نوشته و تهدیدش کرده بودند. (مترجم)

انتظامی هم در اختیار هواداران نخست‌وزیر بودند. بسیاری از فرماندهان‌شان طرفدار علنی مصدق به شمار می‌آمدند و بسیاری دیگر شرط احتیاط را ملحوظ داشته، نمی‌دانستند یا نمی‌خواستند جبهه‌گیری کنند و انتظار می‌کشیدند.

در شهرستان‌ها نیز وضع تقریباً همین بود. تنها در اصفهان و کرمانشاه فرماندهان نیروهای ارتش از هواداران زاهدی بودند. سرلشکر زاهدی کسانی را (برای اصفهان پسرش اردشیر زاهدی) نزد آن‌ها فرستاد که در صورت لزوم به یکی از این دو شهر برود. اصفهان را ترجیح می‌داد. هم برای آن که چند سال پیش فرمانده پادگان آن جا بود. شهر و منطقه را خوب می‌شناخت و در آن جا حُسن شهرت داشت. هم به خاطر نزدیکی اصفهان با مناطق ایلات بختیاری و قشقایی که از او هواداری می‌کردند. به خصوص که ملکه ثریا یکی از بختیاری‌ها بود. نکته‌ای که می‌توانست سودمند باشد و به کار آید.

سرلشکر ترجیح داد در تهران بماند، امکانات و شبکه‌هایی را که داشت تجهیز کند و به مقابله بپردازد. امکاناتش محدود بود چون بسیاری از هوادارانش شناسائی و جلب و بازداشت شده و بسیاری دیگر خود را مخفی کرده بودند.

دو آیت‌الله پرنفوذ تهران، میرسید محمد بهبهانی و سید ابوالقاسم کاشانی که معمولاً رقیب و حتی دشمن تلقی می‌شدند، در این مقطع از زمان اتفاق نظر پیدا کردند و به طرفداری از سرلشکر زاهدی برخاستند. روحانیت پایتخت در مجموع با مصدق موافق نبود. پس موافق او به حساب می‌آمد و این نیرویی بزرگ بود.

سرلشکر زاهدی نیز نیروهای خود را تجهیز و به سرعت آماده کرد.

مصدّق، در اقامتگاه خود و تحت حفاظت افسران و سربازانی وفادار، و مجهّز به تانک‌های سنگین و نیروی آتش قابل ملاحظه‌ای بود. در رأس آن‌ها افسری مورد اعتماد کامل او، سرهنگ ممتاز قرار داشت.

براساس همه روایاتی که در دست است، نخست‌وزیر در رویه‌ای که باید اتخاذ کند دو دل بود و گه‌گاه دچار بدبینی و نومیدی می‌شد.

او حقوق‌دان بود و در جستجوی راه‌حلی برای بحران در چهارچوب قانون‌اساسی

برآمد. محمدرضا شاه از ایران خارج شده مقیم رُم بود. اما نه استعفاء داده نه به وسیله مجلس از مقام سلطنت خلع شده بود. پس از مشاورات و تأمل بسیار مصدق تصمیم گرفت که یک شورای نیابت سلطنت تشکیل دهد. به عبارت دیگر اندیشه تغییر رژیم و برقراری جمهوریت را کنار گذاشت. در چهارچوب قانون‌اساسی که مصدق می‌خواست تا حد امکان آن را رعایت کند، می‌بایست در غیاب شاه، مرجعی این تصمیم را (یعنی تشکیل شورای نیابت سلطنت را در حالی که شاه نه خود کناره گرفته و نه برکنار شده بود) تصویب و تنفیذ کند. چنان‌که در روایت دکتر غلامحسین صدیقی آمده[1] به وی دستور داد که سریعاً ترتیب مراجعه به آراء عمومی را در این زمینه بدهد. نایب نخست‌وزیر و وزیرکشور به او گفت که چنین اقدامی حداقل نیاز به تصویب هیأت دولت دارد. مصدق پاسخ داد: «بعداً این‌کار را خواهیم کرد» عجله داشت.

کشور در حال آشوب و هیجان و مصدق در اقامتگاه خود در جستجوی شخصیتی برای ریاست این شورای نیابت سلطنت (یعنی در حقیقت مقام تشریفاتی نایب‌السلطنه) بود نخست به فکر شاهدخت شمس خواهر ارشد شاه افتاد که در گذشته همواره به وی ابراز احترام کرده بود، در میان مردم مخالفی نداشت و از تحریکات سیاسی دور بود. بعضی از پیرامونیان مصدق به او گفتند که انتخاب یک زن، آن هم کاتولیک، ممکن است در دیدگاه روحانیون ایجاد اشکال کند. از این فکر چشم پوشید.

سپس نام شاهپور غلامرضا برادر ناتنی شاه به میان آمد. گویا مصدق نسبت به انتصاب وی متمایل بود. امّا می‌دانست که شاه غالباً وی را به طرفداری از قاجاریه و حتی علاقه به برگشت آنان به تخت سلطنت، متهم می‌کرده. نمی‌خواست بار دیگر این اتهام پیش کشیده شود. به خصوص که می‌دانست سوءظن شاه نیز تقویت خواهد شد و شاید نخست‌وزیر مایل بود که با او به توافقی برسد. بهرحال این فکر را نیز پس از مشورت با این و آن، کنار گذاشت. سرانجام قرعه فال به نام علی‌اکبر دهخدا[2] زده شد، شخصیتی برتر از سیاست و مورد احترام همه. دهخدا پیشنهاد و خواهش را پذیرفت. اما دیگر زمان این قبیل گفتگوها

۱- منبع ذکر شده

۲- علی اکبر دهخدا (۱۹۵۵-۱۸۸۹) یکی از برجسته‌ترین شخصیت‌های ادبی تاریخ معاصر ایران. فراماسون، فرانسه‌دان و دوستدار فرانسه بود. وی بانی و تهیه‌کننده فرهنگ (یا در حقیقت دایره‌المعارف) دهخدا در ۲۲۲ جزوه است. پنجاه سال برای تدوین آن کار کرد. جلد اول آن در ۱۹۴۰ به طبع رسید و جلد آخر سی و سه سال بعد

و رفت و آمدها نبود.

در طی ساعات شب ۱۸ به ۱۹ اوت، نخستین گزارش‌های رسمی و موجّه درباره ابهّت تظاهرات توده‌ای‌ها به دست مصدق رسید و نیز به وی گفته شد که پس از این تظاهرات، گروه‌های کوچکی به خرابکاری‌ها و اقدامات «انقلابی» پرداخته‌اند.

مصدق، عمیقاً ضد کمونیست بود و به هیچ‌وجه نمی‌خواست آمریکایی‌ها را نگران و ناراحت کند. به ارتش و شهربانی دستور داد که بی‌ملاحظه به این بی‌نظمی‌ها خاتمه دهند و در استفاده از گاز اشک‌آور برای پراکنده کردن آشوبگران صرفه‌جویی به عمل نیاورند. در این‌جا و در آخرین ساعات غروب ۱۸ اوت بود که در حقیقت پایان کار «شیرپیر» آغاز شد. مردم دیدند که ارتش و مأموران شهربانی به کسانی که ظاهراً به طرفداری از مصدق تظاهر می‌کنند حمله‌ور شده‌اند و آن‌ها را متفرّق می‌کنند. صدها تن برای مأموران انتظامی کف زدند و به طرفداری از آنان برخاستند. برای نخستین بار در این چند روز جمعیت انبوهی در اطراف میدان سپه، خیابان باب‌همایون و خیابان ناصرخسرو فریاد «جاوید شاه» و «زنده باد زاهدی» برآوردند. جمعیت تظاهرکننده بیشتر فریاد زنده باد جمهوری و گه‌گاه زنده باد مصدق برمی‌آورد.

قوای انتظامی به آنان حمله می‌کردند. هرج و مرج غریبی پدیدار شده بود. کسان بسیاری به طرفداری از قوای انتظامی پرداختند، اما تشکیلات منظمی نداشتند از روی غریزه یا باورهای شخصی یا بیم از تسلط توده‌ای‌ها بر ایران بود. آغاز ماجرایی را که در روز ۱۹ اوت (۲۸ مرداد- مترجم) واقع شد باید در این جریان و در این دقایق حساس دانست. تهران در خاموشی شب فرو رفت. آرامشی موقت در انتظار حوادثی که هیچ‌کس نمی‌توانست سرانجام آن را بداند.

از نخستین ساعات بامداد روز ۱۹ اوت، مهم‌ترین دل‌مشغولی مصدق ترتیب مراجعه به آراء عمومی و تشکیل شورای سلطنت بود. به وزیرکشورش دکتر صدیقی تلفن کرد. با او به گفتگو پرداخت و سپس از وی خواست که به دیدنش بیاید.[1] دکتر صدیقی در رأس ساعت هفت آن جا بود. گفتگوها درباره تشکیل شورای سلطنتی بود، که «شیرپیر» تأکید بر تسریع در آن کرد و صدیقی به دفتر خود در وزارت کشور رفت.

۱- در روایت حوادث این ساعات هم‌چنان به خاطرات دکتر غلامحسین صدیقی استناد شده است.

تقریباً به محض ورود به دفترش تلفن زنگ زد. مصدق بود که دستور داد شخص دیگری به ریاست شهربانی کل[1] منصوب شود. دکتر صدیقی می‌گوید ترتیب آماده‌سازی حکم انتصاب وی را دادم، هنوز امضاء نشده بود که باز نخست‌وزیر تغییر عقیده داد و گفت که برای تأمین امنیت پایتخت بهتر است سرتیپ محمد دفتری[2] هم به ریاست شهربانی کل و هم به فرمانداری نظامی پایتخت منصوب شود و گفت که برای تعیین وی به شغل اخیر تعلیمات لازم را به رئیس ستاد داده است. سرتیپ ریاحی، سرتیپ دفتری را به دفتر خود فراخواند. به هنگام این ملاقات رئیس ستاد نمی‌دانست که دفتری به سرلشکر زاهدی پیوسته و از طرف وی به ریاست شهربانی کل کشور منصوب شده است. در حقیقت، وضع سرتیپ دفتری جلوه‌ای از انتقال قدرت از نخست‌وزیری (مصدق) به نخست‌وزیر دیگر (سرلشکر زاهدی) بود. وی سه ابلاغ در جیب خود داشت دو ابلاغ ریاست کل شهربانی و یک ابلاغ فرمانداری نظامی تهران.

سال‌ها بعد سرتیپ ریاحی[3] با نگاهی پر از انتقاد به این ماجرا اشاره کرده و گفته که گمان می‌برد که در این دقایق مصدق از وضع برادرزاده‌اش آگاه بود و تنها یک نگرانی در سر داشت: حفظ امنیت خود و خانواده‌اش. از این تغییرات متناقض وزیر کشور دریافت که اوضاع مغشوش است و اضافه کرده که «متعجّب و متوحّش شدم».

واقعیت آن است که هرج و مرج کامل در اطراف مصدق حاکم بود و خود او از آنچه در شهر می‌گذشت اطلاع درستی نداشت، یا اگر به گمان ریاحی اعتماد کنیم، تجاهل می‌کرد.

در این هنگام به وزیر کشور گزارش می‌دهند که دسته‌های مختلفی از مردم پایتخت از منازل آیت‌الله بهبهانی و آیت‌الله کاشانی خارج شده به گروه‌های دیگری که از کانون افسران و درجه‌داران بازنشسته و باشگاه‌های ورزشی پایتخت به راه افتاده بودند پیوستند، چند وزارتخانه و سازمان دولتی را محاصره کرده قصد اشغال آن‌ها را دارند. صدیقی به فرمانداری نظامی و شهربانی کل دستور می‌دهد که مخصوصاً مراقب مرکز بی‌سیم و اداره رادیو باشند زیرا «اگر تظاهرکنندگان به این دو محل رخنه کنند، عمل آن‌ها موجب تشنج

۱- سرلشکر شاهنده به جای سرتیپ مدبّر (مترجم)
۲- برادرزاده محمد مصدق
۳- متن ذکر شده

و اختلال نظم فوری در سرتاسر کشور خواهد شد.»

مصدّق مجدداً دکتر صدیقی را فراخواند. وزیر کشور به رعایت احتیاط با یک اتومبیل معمولی شهرداری تهران از در پشت وزارت کشور خارج شد. محلات شمال تهران هنوز در امن و امان بود. همه خیابان‌ها و کوچه‌های اطراف اقامتگاه دکتر مصدق تحت‌نظر و مراقبت واحدهای ارتش وفادار به او (یعنی تحت‌فرمان سرتیپ ریاحی و سرهنگ ممتاز) بودند که مانع رفت و آمد وسائل نقلیه می‌شدند. مؤدبانه از او (وزیرکشور) نیز تقاضا شد که اتومبیل خود را ترک کند و پیاده به منزل مصدق برود و او چنین کرد و سرانجام به آن‌جا رسید.

در منزل مصدق آخرین گروه یاران وفادار به وی جمع بودند. حسین فاطمی، مهندس احمد رضوی، دکتر علی شایگان، مهندس احمد زیرک‌زاده... محسوس بود که دیگر تسلط و نظارتی بر اوضاع ندارند.

تا ساعت ۱۱، در نقاط مختلف جنوب و مرکز تهران تظاهراتی جریان داشت که شبکه سرلشکر زاهدی ترتیب آن را داده بودند. ارتش و مأموران شهربانی کل کشور سعی می‌کردند که بدون اعمال خشونت آن‌ها را از ادامه تظاهر منصرف کنند. دستوری که به آنان داده شده بود[۱] اجتناب از اِعمال خشونت بود.

اداره اطلاعات وزارت امورخارجه، کسانی را به نقاط مختلف شهر فرستاده بود. که مراقب اوضاع باشند و مرتباً تحولات شهر را گزارش دهند. همه گزارش‌ها حکایت از گسترش سریع این تظاهرات علیه مصدق و به نفع شاه و سرلشکر زاهدی داشت.

در ساعت ۱۱ صبح سردستگان بازار بر آن شدند که با تماس تلفنی از آیت‌الله عظمی بروجردی، «مرجع تقلید» شیعیان کسب تکلیف کنند. آیت‌الله عظمی به آنان اجازه داد که دکان‌ها و دفاتر خود را تعطیل کنند و به تظاهرکنندگان بپیوندند.

اندکی قبل از ساعت ۱۲، گزارشی به وزارت امورخارجه رسید که جمعیتی قریب به ده هزار نفر از بازار تهران حرکت کرده عازم مرکز شهر هستند.[۲]

۱- که می‌توان پنداشت از جانب سرتیپ محمد دفتری بوده و تحلیل رئیس ستاد مصدق در این زمینه نادرست به نظر نمی‌رسد. (مترجم)
۲- خاطرات سیاسی عبدالحسین مفتاح، منبع ذکر شده

اجازه صادره از طرف آیت‌الله عظمی، تظاهرات پراکنده اما مهم شهر را تبدیل به «یک حرکت عمومی»[۱] به نفع شاه و سرلشکر زاهدی کرد. در همین موقع بود که در چند شهر بزرگ دیگر ایران نیز تظاهرات و حرکت بازاریان به سود تغییر حکومت آغاز شد.

شبکه‌های توانای حزب توده از هر حرکتی اجتناب کردند. آن‌ها می‌خواستند «جناح‌های مختلف بورژوازی» را به حال خود بگذارند تا توان و رمق خود را از دست بدهند. سپس وارد میدان شوند و سررشته کارها را به دست گیرند.

حمایت آیت‌الله عظمی بروجردی از سرلشکر زاهدی در حقیقت ابعاد تظاهرات تهران را تغییر داد و ورق را برگرداند. اما تا ساعت ۱۴ (دو بعد از ظهر) هنوز فرستنده رادیو تهران در اختیار هواداران دکتر مصدق بود و سرانجام حوادث مبهم به نظر می‌رسید.

تأملی در چگونگی تحوّل اوضاع در این چند ساعت ضروری است. آیت‌الله عظمی بروجردی در سیاست روز مداخله نمی‌کرد. مردی وطن‌پرست و مراقب منافع کشورش بود. به همین سبب نه تنها مانع نهضت ملی نشد که آن را عملاً تشویق و تائید کرد. مگر نه او بود که جامعه روحانیت را علیه تجزیه‌طلبان آذربایجان تجهیز و در بازگشت این منطقه به حیطه دولت مرکزی نقش مهمی بازی کرد؟ در این مقطع از زمان نگرانی اصلی بروجردی از تسلط توده‌ای‌ها بر ایران بود، تظاهرات شدید و زیاده‌روی‌های آنان وی را واداشت که به بازاریان تهران و شهرهای دیگر اجازه تظاهر بدهد و ورق را به سود زاهدی (و در نهایت امر شاه) برگرداند.

سرلشکر زاهدی، افسر ارشد و بازنشسته‌ای بود، خارج از قواره‌های متعارف[۲] سیاسی، سیاستمداری که در سلک درباریان و نزدیکان شاه نبود، از هواداران و تا حدی هم از یاران مصدق در مراحل اوّل نهضت ملّی به شمار می‌آمد، مخالفت وی با مداخلات انگلیس‌ها در ایران معروف خاص و عام بود، «ضد انگلیسی» بود. در زمینه تحول سیاسی ایران نظرات ویژه‌ای داشت، جاه‌طلبی خود را پنهان نمی‌کرد. در این روزها تهوّر بسیار از خود نشان داد، خطر کرد. او نیز می‌خواست در تاریخ جای خود را داشته باشد.

۱- اظهارنظر دکتر ابراهیم عالمی وزیرکار دولت مصدق در روزنامه شاهد که در آن روزها مهم‌ترین روزنامه صبح تهران بود.
۲- توصیف از دکتر عزت‌الله همایونفر است.

در اشاره به این اوضاع و احوال این ساعات روزنامهLe Monde در شماره ۲۱ اوت ۱۹۵۳ خود چنین نوشت:

«بامداد نوزدهم اوت، دکتر مصدق کاملاً بر اوضاع مسلط بود و کودتای نظامی سه روز قبل شکست خورده محسوب می‌شد. همان روز به هنگام ظهر رژیم او سقوط کرد. تظاهرات جانبداری از شاه که گروهی از جوانان آن را آغاز کرده بودند، اندک‌اندک اوج گرفت تا این‌که چند واحد نظامی که با شتاب از سوی ژنرال زاهدی جمع شده بود به کمک آنان برسد. به این ترتیب زود حرکت‌های خیابانی تبدیل به انقلاب شد.

با تحیّر عمومی، نه ارتش به حمایت مصدق برخاست و نه پلیس. انبوه مردم بعد از لحظه‌ای تردید، جانب اقویا را گرفتند یعنی طرفداران شاه را. این تغییر حیرت‌آور ناشی از آن بود که توده‌ای‌ها خود را از بازی بیرون کشیدند. حتی یک تن چپ افراطی برای دفاع از مصدّق به خیابان‌ها نیامد.

سقوط مصدق و دو سال حکومتش، قدرت طرفداران توده را نشان داد. حزب توده از مصدق حمایت می‌کرد و او توفیق می‌یافت. توده حمایت خود را از او قطع کرد و مصدق سقوط کرد. در حقیقت از مدتی پیش، اندیشه ناسیونالیسم که مصدّق مدافع آن بود دیگر محتوایی نداشت. تنها سخنان او بر ضد امپریالیسم باقی مانده بود. یعنی همان چیزی که توده‌ای‌ها می‌خواستند.

رهبران تازه ایران چگونه به حل مشکلات توفیق خواهند یافت؟»

در همین روز ۱۹ اوت جمعیتی انبوه به سوی اقامتگاه مصدق به حرکت درآمد و ابتدا به سوی آن سنگ‌پرانی کرد. سپس گارد محافظ منزل «شیرپیر» و تانک‌های سنگینی که در اطراف آن متمرکز بودند، به سوی جمعیت تیراندازی کردند. در این گیر و دار، چند صدمتر دورتر، طرفداران سرلشکر زاهدی موفّق شدند چند تانک سنگین دیگر را به نفع او منحرف کنند که به سوی در ورودی منزل مصدق تیراندازی نمودند. زد و خورد آغاز شد و مدتی به طول انجامید.

در ساعت شانزده و چهل دقیقه[۱] سرلشکر فولادوند[۲] از جانب سرتیپ ریاحی رئیس ستاد نزد «شیرپیر» آمد که هنوز در تختخواب خود بود. به حالت خبردار در برابر وی ایستاد گفت «در وضع فعلی تیراندازی دو دسته نظامیان به یکدیگر بی‌نتیجه است و موجب اتلاف نفوس می‌شود و برای جنابعالی و آقایان خطر جانی دارد. اعلامیه صادر بفرمائید که مقاومت ترک شود.»

مصدق سری به نشانه تائید تکان داد. اعلامیه‌ای تنظیم شد که در آن اقامتگاه دکتر مصدق «بلا دفاع» اعلام شده بود. ولی چه کسی و به چه وسیله می‌بایست این اعلامیه را پخش کند؟ تکلیف مصدق چه بود؟

به ستاد ارتش تلفن و معلوم شد که محّل آن به اشغال تظاهرکنندگان یا نظامیانی که به سرلشکر زاهدی گرویده‌اند، درآمده.

بالاخره مصدق را متقاعد کردند که از رختخوابش بیرون بیاید. تکه‌ای از شمد سفید رختخوابش را پاره کردند و بر چوبی زدند و بر فراز خانه‌اش نصب کردند. به گارد او دستور قطع تیراندازی داده شد. همه چیز تمام شده بود.

به روایت دکتر صدیقی، نردبانی در طبقه تحتانی عمارت یافته شد که بر دیوار عمارت با ساختمان مجاور گذاشتند تا امکان خروج از اقامتگاه حاصل شود. دکتر مصدق هم‌چنان مردّد بود، گفت می‌خواهم در اینجا کشته شوم. سرانجام پذیرفت که از خانه‌اش برود. به زحمت مصدق را بالا فرستادند. آخرین گروه وفادارانش همراه او بودند.[۳] دکتر صدیقی وزیر کشور و نایب نخست‌وزیر، مهندس سیف‌الله معظّمی وزیر پست و تلگراف و تلفن که به علت فربهی با زحمت زیاد از نردبان بالا رفت...

به خانه مجاور رفتند که خالی بود و از آن جا به خانه دیگری که در آن جا به گرمی و با محبت آنان را پذیرا شدند. ابتدا چای و شیرینی به آنان تعارف شد و سپس شام مناسبی فراهم آمد. مصدق و همراهانش شب را در همان‌جا گذراندند. در این محل بود که مصدق دریافت که خانه‌اش اشغال و غارت شده و حتی آن را به آتش کشیده‌اند به گریه افتاد.

۱- نویسندگان همچنان به نقل روایت دکتر غلامحسین صدیقی ادامه می‌دهند (مترجم)
۲- همان کسی که دکتر مصدق می‌خواست چند ساعت قبل به ریاست شهربانی کل منصوب نماید(مترجم)
۳- ساعتی قبل حسین فاطمی با مصدق خداحافظی کرده و رفته بود، (مترجم)

«آتش‌سوزی خانه‌ام چندان مهم نیست. اما من از روی آن زن (شاهزاده خانم ضیاءالسلطنه، همسر مصدق- مترجم) که امشب سجاده ندارد که روی آن نماز بخواند شرمنده هستم.»[1] همه می‌دانستند که همسر دکتر مصدق بسیار دین‌دار و مقیّد به رعایت آداب مذهبی است.

بر سـر اقامتگاه دکتر مصدق همان آمد که اندکی بیش از یک‌سال پیش طرفدارانش بر سر خانه قوام‌السلطنه آورده بودند، بدون آن‌که او قدمی برای جلوگیری از آن‌ها بردارد. خانم قوام به دوستان خود پناه برده بود. همسـر مصدق نیز همان کار را کرد. خانه پسر مصدق را نیز غارت کردند. هم منزل او، هم منزل پسرش مجدداً ساخته شد و مورد استفاده قرار گرفت. هم‌چنان که اقامتگاه قوام نیز تجدید بنا شده بود. همه این خشونت‌ها شایسته نبود.

از اواسـط بعد از ظهر به بعـد، در حالی‌که زد و خورد نظامیـان طرفدار و مخالف مصدق در برابر اقامتگاه او درگیر بود، سرلشـکر زاهدی از مخفی‌گاه خود خارج شـد. قانوناً افسری بازنشسته بود و نمی‌بایست لباس نظامی به تن کند. اما دیگر حاکم بر اوضاع بود و او تصمیم می‌گرفت. لباس نظامی خود را پوشـید. لباس متحدالشکل خدمت و نه لباس تشریفاتی، سوار بر تانکی شد که با زحمت بسیار فراهم کرده در اختیارش گذاشتند و رهسـپار مرکز رادیو گردید. صدها اتومبیل که بوق می‌زدند و هزاران تن که شعارهای جاوید شاه و زنده باد زاهدی می‌دادند وی را همراهی می‌کردند. بالاخره سرلشکر به رادیو تهران رسید. در پیامی اعلام کرد که نخست‌وزیر قانونی ایران است و اداره امور کشور را در دست دارد.

سـپس به شـهربانی کل کشور رفت و در همان دفتر ریاسـت که سال‌ها قبل مورد استفاده‌اش بود مستقر شد. سپس چند قدم آن طرف‌تر، به باشگاه افسران رفت که در زمان سلطنت رضاشاه سال‌ها رئیس هیأت مدیره آن بود. در آن‌جا بود که به انتصاب تعدادی از مسـئولین نظامی و کشوری جدید پرداخت و دستور داد که همه زندانیان سیاسی را آزاد کنند، که به تدریج- و موقتاً- طرفداران مصدق جای آن‌ها را گرفتند.

حمله به اقامتگاه مصدق چهل و یک تن کشـته به جای گذاشـت که تقریباً همه از مهاجمین بودند و بعداً «شهدای بیست و هشتم مرداد» نامیده شوند.

۱- باز هم روایت دکتر غلامحسین صدیقی

کســانی که مانند قربانیان برخوردها و خشونت‌های قبلی، جان خود را در شرایطی غم‌انگیز از دست دادند همه آن‌ها ایرانی بودند همه فرزندان ایران بودند و اکنون مردم ایران باید، پس از گذشت چندین دهه، از آنان با انصاف و احترام یاد کنند.

در شامگاه روز ۱۹ اوت، کار مصدق به پایان رسیده بود. حکومتش دو سال و دو ماه و بیســت روز به طول انجامید. آیا اتفاقات چند روز اخیر «کودتای نظامی» بود، چنان‌که بعضی می‌گویند، یا «رستاخیز ملی» چنان‌که دیگران عقیده دارند؟

اگر ماجرای مضحک ابلاغ فرمان عزل مصدق را که عامل آن با دستور یا تائید شاه، ســرهنگ نصیری بود و طرّاح آن سازمان‌های اطلاعاتی آمریکا و انگلیسی بودند، کودتا بخوانیم، باید بگوئیم که با شکســت روبرو شــد. اتفاقات روز ۱۹ اوت را که یک سپاهی سیاستمدار و زیرک و یک روحانی عالیقدر، عاملان آن بودند، نمی‌توان کودتا نامید.

در ماه‌ها و ســال‌های بعد تبلیغات رژیم شاهنشــاهی کوشید که حکومت سه روزه مصدق را، پس از وصول فرمان عزلش تا سقوط نهائی‌اش، یک کودتا بخواند[۱] و سرتیپ تقی ریاحی را مسئول اصلی آن قلمداد کند.

از لحاظ سیاســی، در ســال‌های بعد محمدرضا شــاه، از این ماجرا درس گرفت، و کوشید که دیگر سلطنت و قدرت خود را نه مدیون دولتمردان بزرگ بداند و نه دِینی به روحانیت داشته باشد.

در این ساعات محمدرضا شاه و ملکه ثریا همچنان در خوف و رجاء بودند.

در ســاعت ۱۵ (ســه بعدازظهر) برای صرف غذا به تالار ناهارخوری مهمانســرای اکسلســیور رفتند. ابوالفتح آتابای و ســرگرد خاتم چشم براهشــان بودند. چند دقیقه‌ای نگذشــت که خبرنگار آسوشــیتدپرس[۲] دوان دوان سررسید، دســتش را دراز کرد و متن تلکسی را که در دقایق پیش دریافت داشته بود به شاه داد. گفته شده بود که مصدق سقوط کرده و سرلشکر زاهدی اداره امور کشور را به دست گرفته است.[۳]

---

۱ - محمدرضا پهلوی <u>پاسخ به تاریخ</u>، متن ذکر شده.

2 - Associated Press.

۳ - خاطرات ملکه ثریا، متن ذکر شده.

به نظر می‌رسید که ناگهان همه چیز دارد دگرگون می‌شود. ناهار را در چند دقیقه تمام کردند. همه به آپارتمان کوچک شاه و ملکه رفتند که به اخبار گوش دهند. شنود رادیوی قاهره آسانتر بود، صدای رادیو تهران به زحمت به گوش می‌رسید. التهاب هر چهار تن به حداعلی رسیده بود یا به گفته ملکه ثریا «غیرقابل تحمل» شده بود. خبر سقوط مصدق گاه تأئید می‌شد و گاه تکذیب... سرانجام همه چیز به تدریج روشن و پایان کار مصدق قطعی شد.

ناگهان، زندگی و قیافه شاه که به یک آپارتمان معمولی مهمانسرای اکسلسیور محدود بود، دگرگون شد و او دوباره در رأس اخبار بین‌المللی قرار گرفت. تلفن پی در پی زنگ می‌زد. شماره مراجعین چنان بود که تلفن خانه اکسلسیور دیگر قادر به پاسخ دادن همه آن‌ها نبود. سیل تلگراف‌های تبریک و تهنیت سرازیر شد. به یکباره «شاه شخص دیگری شد، اعتماد به نفس و غرورش بازگشت، قیافه دیگری یافت. بار دیگر شاهنشاه ایران، شاه شاهان شده بود».[۱]

با این احوال هنوز هیچ چیز قطعی نشده بود. به نظر می‌رسید که او که برنده ماجرا است و پیروزمند شده است. اما اطمینان کامل به آینده سیاسی خود نداشت. او با اجرای طرح آژاکس موافقت کرده بود و گمان می‌برد که از نتایج مثبت آن بهره‌برداری خواهد کرد. اما سه روز قبل طرح آژاکس «با شکست روبرو شده بود» آینده سیاسی و موقعیت او اکنون فقط در اختیار یک نفر بود - سرلشکر زاهدی - که در شب ۱۹ اوت حاکم بر سرنوشت ایران بود و همه به او گرویده بودند. آیا می‌توانست به وفاداری او اعتماد کند؟ مسأله در همین نکته بود. به‌ویژه که بسیاری از ایرانیان، گرچه از بازگشت نظم و آرامش و رونق اقتصادی ناراضی نبودند، هنوز محبت خود را نسبت به مصدق حفظ کرده بودند، مردی که جرئت کرده بود علیه امپراطوری بریتانیا «دشمن دیرین»شان که ثروت ایران را به غارت می‌برد، قیام کند.

شاه می‌دانست که دیگر زاهدی تنها نیست و همه، خواه ناخواه، دور او را خواهند گرفت و به وی نظرات مختلفی ابراز خواهند داشت.

در این برداشت، حق با محمدرضا شاه بود.

۱ - همان منبع.

چند ساعت بعد از پایان کار مصدق و استقرار زاهدی در باشگاه افسران، سه تن از پیشکسوتان فضای سیاسی ایران نزد او آمدند:

حسن تقی‌زاده، وزیر پیشین رضاشاه، نماینده سابق مجلسین شورای ملی و سنا سفیر اسبق در لندن، آخرین رئیس مجلس سنا قبل از آن که به تصمیم مصدق منحّل شود، عدل‌الملک دادگر، از رجال دوره قاجار که سال‌ها در زمان رضا شاه رئیس مجلس شورای ملی بود و نصرالملک هدایت یکی از رجال مهم سیاسی سال‌های واپسین سلسله قاجار و پس از آن که بارها مصدر مشاغل طراز اول مملکتی شده بود. هر سه مورد احترام سرلشکر زاهدی و غالباً طرف مشورت او بودند. آن‌ها به نخست وزیر جدید توصیه کردند که در دعوت از شاه برای بازگشت به ایران، شتاب نکند تا دستش در انجام «تغییرات و اصلاحات لازم» باز باشد. زاهدی به سخنان آنان گوش فرا داد اما به علت احترام خاصی که به آنان داشت، پاسخی نداد.

شبانگاه، دیروقت، یک شخصیت انگلیسی، با هواپیمای اختصاصی اجازه فرود آمدن در فرودگاه مهرآباد را خواست و تقاضای دیدار سرلشکر زاهدی را کرد. این شخص دنیس رایت[1]، دیپلمات کار کشته و ایران‌شناس بریتانیائی بود که بعداً سفیر آن کشور در تهران و سرانجام مرد شماره ۲ دیپلماسی بریتانیا شد.

از جریان دیدار و مذاکرات این دو (سرلشکر زاهدی و دنیس رایت) یادداشتی در دست است که اندکی بعد زاهدی به استحضار شاه رساند. «دنیس رایت با یک هواپیما به ایران آمده بغتتاً اجازه ورود خواست و به ملاقات آمد و اصرار داشت که مانع حرکت شما (شاه) بشوم تا در فرصت بهتری تصمیم بگیریم. گفتم این ممکن نیست. زیرا شاه در مقابل شوروی با این مرزهای مشترک بی‌دفاع، کلید استقلال ایران است. او جواب داد، کلید کج زنگ‌زده‌ای است. او یک شخص انتریگان و متلون و بی‌اراده است. رزم‌آرا برنامه مفید داشت. علاوه بر آن که از او حمایت و دفاع نکرد. در کشتنش دست داشت. مصدق را می‌توانست کنترل کند، نکرد. به هیچ قول خودش پای‌بند نیست. شما را هم بعد از چند ماه با وضع موهنی کنار خواهد گذاشت. به همان قسم که با قوام‌السلطنه رفتار کرد. من (زاهدی) به او جواب‌های محکم دادم و اضافه کردم من این خطر را برای منظور شخصی

1 - Denis Wright.

متحمل نشدم و قصدم نجات مملکت از سقوط بوده و به هیچوجه قصد خصوصی ندارم. مخصوصاً که من تربیت شده پدرش هستم و اهل خیانت و نامردی نبوده و نیستم. در آخر کار گفت بسیار خوب...»[۱] در یک گزارش داخلی سفارت انگلیس مصرح است که «کاردار (شـارژه دافر، همان دنیس رایت که بعد از تجدید روابط معین شد) از شاه به علت عدم صداقت و توطئه‌گری‌هایش خوشـش نمی‌آمد. اما سپهبد زاهدی تأکید کرد که شاه برای ایران لازم است و نمی‌شود هر وقت آدم خوشش نمی‌آید شاه را عوض کند».[۲]

نخست وزیر رأی خود را در باره دعوت از شاه برای مراجعت به ایران تغییر نداد. در روز بیسـتم اوت در یک پیام تلگرافی که «نخست وزیر سرلشکر زاهدی» امضا شده بود از محمدرضا شـاه دعوت کرد که به ایران بیاید و نوشت که ملت ایران، ارتش و خود او چشم به راهش هستند.

در شـب ۱۹ به ۲۰ اوت، نخست‌وزیر به انتصابات متعددی در ارتش و سازمان‌های دولتی دست زد، که بسیاری از آن‌ها را می‌بایست قانوناً به تصویب و تأئید شاه برساند. در روز بیستم اسامی وزیران دولت خود را انتشار داد و استانداران جدید را برگزید. در این دو روز قریب به یک صد تن از مسئولان و شخصیت‌های دوران حکومت مصدق جلب و بازداشت شدند که تقریباً همه آن‌ها پس از چند ساعت، چند روز، چند هفته و احیاناً چند ماه آزاد شدند. بدون زیاده‌روی‌های سه روز بی‌تکلیفی میان صدور فرمان برکناری مصدق و روی کار آمدن زاهدی، محتملاً اکثر این بازداشت‌ها انجام نمی‌شد. زاهدی، نظامی بود، اما مردی واقع بین و اهل مصالحه با مخالفان خود بود و از ایجاد تشنج بی‌حاصل اجتناب داشت. معذالک محیط متشنج بود و می‌بایست قدرت خود را نشان دهد.

در ایـن مقطع از زمان سرلشـکر زاهدی در موضع و موقعیتی بود که می‌توانسـت محمدرضا شاه را از سلطنت برکنار کند و این کار را نکرد. رفتار او دقیقاً همانند فروغی، قوام و مصدق بود. گروهی رفتار او را یک اشتباه سیاسی می‌دانند. گروهی دیگر ناشی از میهن‌دوستی، توجه به مصالح ملی و وفاداری به پدرش تلقی می‌کنند قطعاً زاهدی عقیده

۱ - این سـند که شامل مطالب دیگری هم هست در جلد اول خاطرات و اسناد اردشیر زاهدی (صفحات ۴۱۹ الی ۴۲۳) درج شده است. نورمحمد عسگری نیز در کتاب خود تصویر و متن مشابهی را انتشار داده - شاه، مصدق و سپهبد زاهدی- آرش، استکهلم، ۱۳۷۹.

۲ - متن کامل این گزارش طولانی در کتاب دکتر عزت الله همایونفر از سـپاهی‌گری تا سیاسـت مداری، ژنو، ۱۹۹۷ آمده است.

داشت که سلطنت در ایران حفظ وحدت و هویت ملی را تضمین می‌کند. گفته‌هایش در ساعات بعد از به دست گرفتن قدرت در این زمینه روشن است.

محمدعلی فروغی، هیچ گونه سودای حکومت و جاه‌طلبی سیاسی شخصی نداشت قوام و مصدق، احترام زیادی به شخص محمدرضا شاه نداشتند. اما بر ضرورت حفظ سلطنت در آن زمان تأکید می‌کردند. نمی‌دانیم و هرگز نخواهیم دانست که داوری زاهدی در باره شخص محمدرضا شاه چه بود. اما او نیز به راه آن سه سلف بزرگ خود رفت.

دکتر مصدق، دکتر صدیقی و مهندس معظمی شب را در ساختمان نزدیک به اقامتگاه نخست وزیر پیشین گذراندند و صبحگاه به منزل مادر مهندس معظمی رفتند. در آن‌جا به اخبار رادیو تهران گوش دادند. مصدق به دو برادرزاده خود دکتر احمد متین دفتری نخست وزیر پیشین رضا شاه که به دربار نزدیک بود و سرتیپ محمد دفتری که خودش او را به فرمانداری نظامی تهران و ریاست شهربانی کل منصوب کرده و نخست وزیر جدید نیز ابقای او را در این سمت تأئید کرده بود، تلفن کرد. محل اقامتش را گفت و از آن‌ها خواست که راه‌حلی برای وضع شخصی‌اش بیابند. سرلشکر زاهدی دیگر رسماً به محل اقامت او آگاهی یافت.[۱]

ساعتی بعد سرتیپ دادستان فرماندار نظامی منصوب نخست وزیر اعلامیه‌ای منتشر کرد که در آن به «غیرنظامی محمد مصدق» اخطار شده بود که خود را به «مقامات صالحه» معرفی کند. مصدق اظهار داشت که به فرمانداری نظامی خواهد رفت و خود را معرفی خواهد کرد. همراهانش او را منصرف کردند و قبولاندند که در انتظار اقدامات برادران دفتری بماند. مصدق تنها ماند و به استراحت پرداخت.

زاهدی نیز اعلامیه فرماندار نظامی تهران را از رادیو شنید و سخت برآشفت. چگونه ممکن است تا این حد و با این لحن به یک نخست وزیر پیشین بی‌احترامی شود. دو ساعت بعد اعلامیه دیگری به امضای خود او از رادیو تهران پخش شد که در آن از «جناب آقای دکتر مصدق» «دعوت» شده بود که خود را به مقامات صالحه معرفی کنند و اطمینان داشته باشند که امنیت ایشان تضمین است و با احتراماتی درخور یک نخست وزیر سابق

---

۱ - این جریان را ما از روایات دکتر غلامحسین صدیقی و اردشیر زاهدی (پنج روز بحرانی – اطلاعات ماهیانه، پنج شماره پائیز و زمستان ۱۳۳۲) نقل می‌کنیم که مکمل و نه ناقض یکدیگرند.

با ایشان رفتار خواهد شد.

در ساعت چهارده (دو بعد از ظهر)، به نوشته دکتر صدیقی که همواره مواظب صرف ناهار و شام و کیفیت اغذیه بود، «ناهار متکلّف و مفصلی» صرف شد و سپس باز مصدق به اطاق خود رفت و استراحت کرد.

در ساعت ۱۷ و ۱۵ (پنج و ربع بعد از ظهر) چند وسیله نقلیه با نمرات شخصی در مقابل اقامتگاه مادر مهندس معظمی توقف کردند. در زدند. مستخدم منزل آمد و گفت که «کسانی برای بازرسی منزل آمده‌اند.» اما کسی داخل خانه نشد. دستور به رعایت احترام مصدق بود. مصدق در اتومبیلی جداگانه و دو وزیر دیگرش در اتومبیل دیگر جای گرفتند. در باشگاه افسران که محل کار و اقامت موقت نخست وزیر بود. وی به همه اعلام داشت که اگر کسی به مصدق کوچک‌ترین بی‌احترامی بکند، همین جا در مقابل توپ مروارید تیرباران خواهد شد» همه می‌دانستند که اهل شوخی نیست.

اتومبیل‌های مصدق و همراهانش پس از توقفی بس کوتاه در شهربانی واقع در چند قدمی باشگاه افسران به این محل رسید. مصدق همچنان لباس خواب معروفش را به تن داشت. سرلشکر نادر باتمانقلیچ رئیس جدید ستاد ارتش و چند تن از مقامات کشوری و لشکری در پای پلکان عظیم و پرشکوه ورودی باشگاه در انتظارش بودند.

سرلشـــکر باتمانقلیچ به مصدق سلام نظامی و ابراز احترام کرد. مصدق بدون این‌که چیزی بگوید دســـتش را فشرد. سرلشکر زیر بازویش را گرفت که از پله‌ها بالا رود و او را به آسانســـور هدایت کرد. دیگران به اتفاق سرتیپ دفتری و سرتیپ دادستان از راه پله به طبقه فوقانی رفتند که دفتر سرلشکر زاهدی در آن واقع بود در برابر دفتر نخست وزیر جدید نعمت‌الله نصیری که زاهدی وی را به درجه ســـرتیپ ارتقاء داده بود[1] و سرلشـــکر فولادوند (که مصدق می‌خواست به ریاست کل شهربانی منصوبش کند و در آخرین دقایق از جانب سرتیپ ریاحی به دیدارش آمده بود) به وی سلام نظامی دادند. مصدق اعتنائی به آنان نکرد و وارد دفتر جانشین خود شد. سرلشکر زاهدی در وسط اطاق با «لباس نظامی،

۱ - سرلشکر زاهدی به نصیری گفت، با طرز رفتار ناشایسته‌اش در ابلاغ فرمان برکناری مصدق می‌بایست به علت عدم کفایت و عدم رعایت دســـتوراتِ مافوق تیرباران شـــود. «ولی وی را به سرتیپی ارتقاء می‌دهد چون اگر «آن‌ها» بر سر کار می‌ماندند قطعا تیربارانش می کردند!

با پیراهن یقه‌باز، آستین کوتاه و شلوار تابستانی افسری و زلفان اندک ژولیده»[۱] پیش آمد و به آقای دکتر مصدق سلام کرد» هر دو به گرمی با یکدیگر دست دادند. پشت سر نخست وزیر چند تنی ایستاده بودند، از جمله سپهبد شاه‌بختی، از افسران پرنفوذ سابق ارتش، از یاران رضا شاه، که به دستور مصدق زندانی و تازه آزاد شده بود. مصدق به زاهدی گفت: «شما امیرید و من اسیر». زاهدی پاسخ داد: «شما در این‌جا میهمان من هستید»[۲]. چای آوردند که به سرعت صرف شد و یا تظاهر به صرف آن کردند.

سپس زاهدی دستور داد که دکتر مصدق را به آپارتمان سلطنتی باشگاه افسران هدایت کنند. به هر یک از دو وزیرش نیز اطاق مناسبی داده شد. هم در آپارتمان «شیر پیر» تلفن متصل بود و هم در اطاق‌های وزیرانش. تلفن مصدق در هشت روزی که مقیم باشگاه بود هرگز قطع نشد و او بدون مزاحمت با هر که می‌خواست صحبت می‌کرد. تلفن اطاق‌های دکتر صدیقی و مهندس معظمی بعد از آن‌که خبر سلامت خود را به خانواده‌شان دادند، قطع شد.

دکتر صدیقی، که ظاهراً همیشه مراقب مسائل مربوط به تغذیه بود، می‌نویسد که در ساعت ۲۰ (هشت بعد از ظهر) همگی با هم شام خوردند. در ساعت نه و نیم چون خسته بودند به اتاق‌های خود رفتند و آماده استراحت شدند. صدیقی چند کتاب برای مطالعه خواست که از کتابخانه باشگاه برایش آوردند. سرتیپ رضا زاهدی مامور پذیرائی از «شیر پیر» شد که در ضمن مکاتبات وی را با اعضای خانواده‌اش بگیرد و به آن‌ها بدهد و پاسخ‌ها را بیاورد. سرهنگ دکتر مقدم پزشک و جراح معروف آن زمان به عنوان پزشک مخصوص مأمور مراقبت در وضع مزاجی دکتر مصدق شد که با همکاری پسرش این کار را انجام دهد.

به این ترتیب از مصدق و دو همراهش در طبقه سوم باشگاه افسران پذیرایی شد در بازداشت بودند اما با شرائطی مناسب و در آسایش و با احترام.

در این گیر و دار شاه از رُم پیام‌هایی برای عاملان اصلی وقایعی که به سقوط مصدق انجامیده بود فرستاد. پیامی به ملت ایران، پیام دیگری به سرلشکر زاهدی برای اظهار

۱ - دکتر غلامحسین صدیقی، متن ذکر شده.
۲ - خاطرات حاج آقا حسام دولت آبادی که به معاونت نخست وزیر منصوب و در جلسه حضور داشت.

تشـــکر. تلگرافی برای آیت‌الله بهبهانی فرســـتاد و پاسخی بسیار مؤدبانه و در چهارچوب تشریفات سلطنتی دریافت داشت. پیامش به آیت‌الله عظمی بروجردی در شأن مرجع تقلید بود. شخص اخیر در پاسخ، بعد از تعارفات نوشت که «با بازگشت به کشورت، اسلام و امنیت ایران را نجات خواهی داد». در زبان فارسی و به رعایت تشریفات به شاه با استفاده از ســـوم شـــخص جمع افعال خطاب می‌کنند و به کار گرفتن شخص دوم مفرد فقط در اشعار معمول است. این مبادله پیام‌ها را جراید روز درج کردند و سپس در متون و تواریخ رســـمی دوران پهلوی به آن‌ها اشاره‌ای نشد. شاه پیامی نیز برای آیت‌الله کاشانی فرستاد[1]. شخص اخیر جوابی نداد، سپس دستور داده شد که این پیام در جراید منتشر نشود.

قبل از ترک رم و بازگشـــت به ایـــران، آن هم در میان هیاهویی که جراید به پا کرده بودند، شـــاه با خواهرش اشـــرف که از همان زمان در مقام تثبیت نقش خود در سیاست ایران بود، ملاقاتی داشت و سرانجام در روز ۲۱ اوت با یک هواپیمای مسافربری هلندی عازم بغداد شـــد. از ملکه ثریا مصراً خواست که چند روزی در اروپا بماند. از یک طرف می‌دانســـت که باید هر چه زودتر بازگردد و «جا» را خالی نگذارد. از طرف دیگر نگران اوضاع و احوال و نمی‌خواست خطری متوجه همسرش بشود. ملکه ثریا، چند روز بعد، در هفتم سپتامبر به ایران بازگشت.

استقبال بغداد از او کمتر شباهتی به آن‌چه چند روز قبل شده بود داشت. نه از توقف در انبار فلزی گرم و فضای غیرقابل تنفس آن خبری بود و نه از انتظار طولانی در بیم و امید. نایب‌السلطنه و ولیعهد عراق، همه اعضای هیأت دولت و مقامات رسمی آن کشور در انتظارش بودند. تشریفات نظامی اجرا و سلام شاهنشاهی نواخته شد. مظفر اعلم سفیر و اعضای سفارت با لباس رسمی به آن‌جا آمده بودند. شاه از پذیرفتن آنان خودداری کرد.

محمدرضا پهلوی شب را در بغداد گذراند، شبی در شأن شاه ایران، و فردای آن روز با هواپیمای سلطنتی از پایتخت عراق عازم تهران شد.

در فرودگاه تهران، استقبال پرشور و هیجان بود. همه اعضای خانواده سلطنتی که در تهران مانده بودند در انتظارش بودند. همچنین تمام ســـفرا و نمایندگان سیاسی خارجی

۱- عین تلگرام و سند دریافت آن در اسناد آقای دکتر محمد حسن سالمی موجود و رونوشت آن در اختیار نویسنده ایرانی کتاب است.

و بسیاری از رجال و شخصیت‌های کشوری و لشکری و البته در صدر آنان سرلشکر زاهدی به اتفاق وزیرانی که تعیین کرده بود، بر سر کار خود رفته اما هنوز رسماً به شاه معرفی نشده بودند. فرماندهان جدید نظامی که انتصاب آنان جزئی از امتیازات شاه بود، نیز طبیعتاً حضور داشتند. شاه عکس‌العملی نشان نداد، به نعمت‌الله نصیری رسید. با عصبانیت و به نحوی که پیرامونیان بشنوند گفت: «کی به تو درجه سرتیپی داده؟». نصیری ساکت ماند. نخست وزیر با صدای بلند، به نحوی که دیگران هم بشنوند پاسخ داد: «با اجازه اعلیحضرت همایون شاهنشاه، ابلاغیه صادر شد و نصیری به درجه سرتیپی نائل گردید». شاه آهسته، اما به نحوی که اطرافیان بشنوند گفت: «نمی‌توانستید صبر کنید تا من بیایم؟»[1]

این آغاز جنگ فرسایشی میان این دو بود.

در روز ۲۳ اوت نخست‌وزیر وزیرانی را که قبلاً تعیین شده و بر سر کار خود رفته بودند، رسماً به شاه معرفی کرد. محمدرضا شاه، شبانگاه دیداری طولانی با لوی هندرسن سفیر کبیر ایالات متحده داشت.[2] مراتب نارضائی خود را از انتصابات جدید به وی ابراز داشت و او در ساعت ۲۲ (ده شب) جریان را به وزارت متبوعه خود گزارش داد. از این ساعات اختلاف نظرها میان شاه و نخست وزیرش هرگز رفع نشد و همواره افزایش یافت.[3]

در روز ۲۵ اوت، بعد از آن‌که فروغی وی را به سرلشکری ارتقاء داده بود، شاه به فضل‌الله زاهدی عنوان سپهبدی داد و به این ترتیب وی به گروه افسران شاغل یا فعال ارتش بازگردانده شد. تأملی در ترفیعات زاهدی جالب است. وی در سال ۱۹۴۱ به درجه سرلشکری نائل شده و درجه سرتیپی خود را از رضاشاه بیست سال قبل از آن دریافت کرده بود. مجموعاً سی و دو سال. احتمالاً افسرانی که در آغاز دوران رضا شاه درجه ستوانی داشتند در این فاصله به پایان خدمت خود رسیده، بازنشسته شده بودند. سپهبد

۱ - جریان ورود شاه به تفصیل و به استناد جراید وقت تهران و تحقیقات شخص نویسنده در کتاب نورمحمد عسگری، شاه، مصدق... منعکس است.

2 - Foreign Relations....

۳ - در روز ۱۸ سپتامبر، سفیر کبیر در ملاقات دیگری با شاه (همان منبع)، به شایعاتی که در شهر پیرامون اختلافات وی با زاهدی وجود دارد اشاره کرد. محمدرضا شاه پاسخ داد: «رئیس دولت باید بداند، که نخست وزیر یک مقام کشوری است و ارتش در حیطه اختیارات و امتیازات شاه است. اگر به این نکته توجه کند مشکلی وجود نخواهد داشت.»

فضل‌الله زاهدی، همواره با پادشاهان خود مسأله داشت و آنان از او کم و بیش بیمناک بودند.

همین روز شاه سپهبد زاهدی را به دریافت نشان درجه یک تاج، بالاترین درجات نشان‌های شاهنشاهی ایران، مفتخر نمود.

در این روز دو تصمیم دیگر نیز اتخاذ شد:

- شاه با فرمانی سرهنگ نعمت‌الله نصیری را به درجه سرتیپی ارتقاء داد. به احتمال قریب به یقین این نخستین و تنها بار در تاریخ ارتش ایران است که شخصی دوبار در ظرف یک هفته از رتبه‌ای که داشت به رتبه بعدی ارتقاء یافته باشد. بگو مگو و متلک در باره این ارتقاء در شهر فراوان بود.

- تصمیم دیگر که رئیس دولت رأساً اتخاذ کرد استقرار مجدد دیوان عالی کشور بود که مصدق با استفاده از اختیاراتش به حال تعلیق درآورده بود. این تصمیم را «تیمسار نخست وزیر» شخصاً اعلام داشت. بدون این‌که اشاره و استنادی به «اوامر ملوکانه» کرده باشد او می‌خواست به این ترتیب قصد خود را که حکومت با او و دولت است و سلطنت با شاه، همانند قوام و مصدق، نشان دهد. جنگ فرسایشی ادامه داشت.

تکلیف مصدق در این میان چه بود و چه شد؟

در روزهای بحران، کسی، به دفاع از مصدق برنخاسته بود. اما افکار عمومی ایرانیان در باره وی اتفاق نظر نداشت.

در روز ۱۹ اوت، تا حدود ساعت ۱۴ (دو بعد از ظهر) سررشته کارها هنوز به دست مصدق بود. می‌توانست از طریق رادیو که در اختیارش بود مردم را به قیام و دفاع از حکومتش دعوت کند، که نکرد. آیا نمی‌توان پنداشت که قلباً و باطناً مایل بود که «خلاص» شود و در مقابل تاریخ به لباس قربانی درآید؟ آیا از تسلط کمونیست‌ها بر ایران بیمناک نبود؟ آیا نمی‌خواست از جنگ داخلی اجتناب کند؟ همه این پرسش‌ها مطرح شده و

می‌شود. چه بسا حقیقت امتزاجی یا برآیندی از همه این احساسات باشد. قدر مسلم این است که بدون مداخله افسران و سربازان محافظ، که می‌توانست جلوی آن را بگیرد و نگرفت، در روز ۱۹ اوت خونریزی صورت نمی‌گرفت و همه چیز در آرامش تقریبی به پایان می‌رسید.

این هم معمایی است.

پاسخ و راه حل آن هر چه بوده و هر چه باشد، مساله سرنوشت مصدق سریعاً تبدیل به دلمشغولی مسئولان جدید کشور شد.

در آخرین روزهای ماه اوت قدرت دولت در سرتاسر کشور مستقر بود و سپهبد زاهدی بلامنازع امور مملکتی را اداره می‌کرد.

مصدق در حقیقت در باشگاه افسران «تحت نظر» بود. اما حضورش در آن‌جا ایجاد مزاحمت می‌کرد. سپهبد زاهدی مقید به رعایت احترام کامل نخست وزیر پیشین بود.[1] اما در باشگاه افسران مستقر شده آن‌جا را به صورت دفتر کار و محل اقامت خود درآورده بود. البته چند روز بعد دفترش را به وزارت امور خارجه و همان اطاقی که فروغی و قوام در آنجا مستقر بودند[2] منتقل کرد. ولی به هر حال حضور مصدق از یک طرف و جانشین‌اش از طرف دیگر در یک عمارت (ولو در دو طبقه مختلف) خالی از اشکال نبود و اتخاذ تدابیر حفاظتی و امنیتی خاص را ایجاب می‌نمود. به علاوه سپهبد مایل بود که فعالیت عادی و روزانه باشگاه (رستوران، کتابخانه، مجالس فرهنگی، ضیافت‌ها) از سر گرفته شود. سرانجام تصمیم گرفته شد که مصدق، بعد از هشت روز اقامت در باشگاه افسران، به محوطه نظامی سلطنت آباد منتقل و در باشگاه افسران لشکر زرهی مستقر در آن‌جا، که کاخی از زمان قاجاریه بود، بازداشت شود. دو وزیرش به یکی از زندان‌های تهران انتقال یافتند که البته مدت زیادی در آن‌جا نماندند.

انتقال دکتر مصدق از جایی به جای دیگر، مسأله تعیین تکلیف او را حل نمی‌کرد. سپهبد زاهدی از همان ساعات اول نظر خود را علناً ابراز داشت و گفت: «همه ملت ایران،

---

۱ - خود وی چند ماه وزیر کشورش بود و سال ها با نهضت ملی همگامی کرده بود.
۲ - که این نیز موجب شایعاتی در تهران شد و مخالفین زاهدی گفتند که می‌خواهد به راه قوام برود. شاید چندان نادرست هم نبود.

از جمله شاه و خود من در نهضت ملی شدن نفت در کنار او بودیم و از او پشتیبانی کردیم... زندانی کردن و محاکمه دکتر مصدق نه تنها فایده‌ای ندارد بلکه در وضع حاضر از او یک قهرمان ضد رژیم به وجود خواهد آمد... هر اقدامی در این زمینه تبدیل به اسکاندالی علیه رژیم می‌گردد»[1]. نظرش این بود که وی را به املاکش در احمدآباد منتقل کنند، تا ببینند بعداً چه می‌شود و چه باید کرد.

شاه با این دیدگاه مخالف بود ولی گفت خدمات مصدق هر چه بوده و هر چه باشد نمی‌توان وی را از یک محاکمه علنی معاف داشت، چنین عملی مترادف با تأئید یک کودتا یا یک قیام و اقدام علیه حکومت قانونی یا لااقل تخلف از قانون اساسی خواهد بود.

علاوه بر این، تعیین تکلیف مصدق، برای شاه موجب و بهانه دیگری برای مخالفت ضمنی با سپهبد زاهدی بود. می‌دانست که بازگشت به سلطنت را مدیون او است ولی نمی‌خواست که مدیون او باشد. گله او از انتصابات کشوری و لشکری سپهبد زاهدی که بدون اجازه و یا اطلاع او صورت گرفته بود و ادامه داشت، آشکار بود.

سرانجام مقرر شد که هیأتی از «بزرگان قوم» به این مطلب رسیدگی و رایزنی کنند. جلسه‌ای در ساعت ۱۹ (هفت بعد از ظهر) به کاخ مرمر دعوت و تشکیل شد. نخست وزیر از رو در رو شدن علنی با شاه اجتناب می‌ورزید و تصمیم گرفت که به آن جلسه نرود و پسرش، اردشیر را به جای خود فرستاد.

حاضران این نشست از جمله عبارت بودند از دکتر محمد سجادی که از وزیران دوره رضاشاه و در حقیقت مبیّن عقاید سیاست پیشه‌گان سنتی کشور محسوب می‌شد، علی هیأت دادستان کل کشور و وزیر دادگستری سابق خود مصدق، سرلشکر عبدالله هدایت وزیر جنگ که سخنگوی ارتشیان به شمار می‌آمد. هیچ‌کس فکر نمی‌کرد که این جلسه تا ساعت چهار صبح به طول انجامد و همه مجبور شوند به صرف چای اکتفا کنند. ملکه ثریا که تازه به تهران بازگشته بود چند بار به همسر خود تلفن و ابراز بی‌صبری کرد. اما بحث ادامه یافت. شاه می‌خواست به نتیجه‌ای برسد و کار را فیصله دهد.

---

۱ - نورمحمد عسگری که خود در آن زمان روزنامه‌نگار و از همکاران باختر امروز (به مدیریت حسین فاطمی) بود در این زمینه تحقیقات دقیق و مستندی به عمل آورده. نگاه کنید به شاه، مصدق، ... منبع ذکر شده.

سرلشکر هدایت، با تأئید شاه اصرار ورزید که مصدق محاکمه شود و سرانجام همه حاضران با این عقیده ابراز موافقت کردند. اما در راه اجرای این رأی یک اشکال عمده وجود داشت. محاکمه وزراء (و در نتیجه نخستین آنان) فقط با اجازه مجلس شورای ملی و در دیوان عالی کشور میسر بود. سرانجام برای اجتناب از این مانع قرار شد که مصدق فقط برای سه روزی که پس از عزلش به وسیله شاه حکومت کرده بود تحت تعقیب قرار گیرد. شاه نفس راحتی کشید. اردشیر زاهدی که جوان بود و کم‌تجربه و از ریزه‌کاری‌های زیر پرده سیاست آن روز ایران هنوز اطلاع نداشت، در جلسه گفت و با این تصمیم تکلیف نخست وزیر را هم روشن فرمودید» که البته این سخن خوش‌آیند محمدرضا شاه نبود که چیزی نگفت سپهبد زاهدی ناچار به عقب‌نشینی شد ولی استعفا نداد چون کناره‌گیری‌اش، چند روز بعد از سقوط مصدق، تبدیل به یک بحران عمومی می‌شد. اما دیگر در این باره کلمه‌ای بر زبان نیاورد. جریان جلسه در ساعات بعد در محیط سیاسی تهران منعکس گردید و حتی به گوش مصدق رسید که گویا تحت تأثیر موضع‌گیری وزیر پیشین‌اش قرار گرفت و بهر حال در طی محاکمه‌اش حتی یک بار نامی از زاهدی به میان نیاورد.

محاکمه مصدق در روز هشتم نوامبر ۱۹۵۳ در همان محل باشگاه افسران لشکر زرهی که او زندانی بود آغاز شد.[1] طی این محاکمه، وی تمام هنر بازیگر سیاسی و ناطق زبردست خود را نشان داد: فریاد می‌کشید، می‌گریست، می‌خندید، گاه گریه می‌کرد. از توهین به این آن و تحقیرهایی نسبت به بعضی از افراد دریغ نداشت. اما هرگز اسائه ادبی نسبت به شاه نکرد. به سلطنت وفادار بود. کلمه‌ای هم بر ضد سپهبد زاهدی بر زبان نیاورد. در آغاز محاکمه خود را «نخست وزیر قانونی ایران» خواند و به صلاحیت دادگاه اعتراض کرد که محاکمه وزیران و نخست وزیر درباره جرائمی که در دوره تصدی مقامات خود به آن متهم می‌شوند باید طبق قانون در دیوان عالی کشور انجام شود. دادگاه این اعتراض را رد کرد زیرا از دید قضات (نظامی) از ساعت اعلام وصول فرمان برکناری‌اش، او دیگر نخست وزیر نبود. اما وی چند بار دیگر همین نکته را مطرح کرد. به این که شبانگاه

---

۱ - برای مطالعه دقیق جریان محاکمه و محکمه مصدق، بهترین منبع همان تندنویسی کامل گفتگوها و مذاکرات دادگاه است که بعداً در دو مجلد به همت سرهنگ جلیل بزرگمهر در مجموعه نشر تاریخ ایران انتشار یافت و بلافاصله از طرف مقامات جمهوری اسلامی جمع‌آوری شد. شرکت کتاب (لس انجلس) به تجدید چاپ این دو مجلد دست زده است. سپهبد حسین آزموده قبل از فوتش در پاریس (۱۹۹۸) بخش‌هایی از خاطرات خود را در ماهنامه پرتو ایران چاپ کانادا انتشار داد (شماره‌های ۶۸، ۶۹، ۷۰، ۷۱ به سال‌های ۱۹۹۷ و ۱۹۹۸)

فرمان را به وی ابلاغ کرده‌اند گلایه کرد. به ابلاغ آن بوسیله «یک سرهنگ» اعتراض کرد و آن را موهن دانست.

اعتراضات و خشمش علل دیگری هم داشت. اطاقی را که در آن بازداشت بود (شش متر در چهار متر) کوچک دانست. از غذای زندان اظهار عدم رضایت کرد. مسائل سیاسی را با جزئیات زندگی روزانه در می‌آمیخت و قضات را سـردرگم می‌کرد. او با دادگاه و دادرسان کاری نداشت، برای افکار عمومی ایران و برای دنیا و برای تاریخ سخن می‌گفت و در کار خود توفیق یافت و عملاً ادعانامه‌ای علیه رژیم شاه (و نه خود او) ارائه داد.

در تاریخ ۱۱ نوامبر ۱۹۵۳، ت - اس - کندی[1] مستشـار سیاسی سفارت امریکا در گزارشــی به سفیر متبوع خود جزئیات جریان دادگاه را تشریح و تصریح کرد که مصدق کاملاً کار محاکمه‌اش را بـه دســت گرفته و صحنه دادگاه را به محاکمه رژیم شاهنشاهی تبدیل کرده است.[2] پس از اطلاع از مفاد این گزارش لوی هندرسن (که تقریباً نقش سنگ صبور را برای شاه و زاهدی بازی می‌کرد و شِکوه‌ها و گله‌های آنان را می‌شنید، بدون آن که کار عمده‌ای از دستش بربیاید) مطلب را با «تیمسار نخست وزیر» در میان گذاشت.[3] سپهبد زاهدی گفت که همه این‌ها را می‌داند، ولی دخالتی در جریان این محاکمه که اداره آن به دست شاه و ارتشیان است، ندارد. واشنگتن سعی کرد که از طریق نزدیکان شاه زیان‌های ادامه این وضع را به وی گوشزد کند. نتیجه‌ای حاصل نشد.[4]

محمدرضا شاه، برای جلوگیری از بازتاب‌های دادگاه دستور داد که حضور نمایندگان مطبوعات داخلی و بین‌المللی در جلسـات دادگاه ممنوع شـود. شاید او هنوز مصدق را درست نمی‌شناخت. روز بعد، هنگامی که نخست وزیر پیشین متوجه غیبت خبرنگاران شــد، دادگاه را تــرک کــرد و تهدید به اعتصاب غـذا نمود. بازتاب ایــن جریان بدتر از عکس‌العمل‌های جریان محاکمه بود و در سرتاسر جهان مطرح شد. شاه بیمناک و ناچار از عقب‌نشینی شد. دوستان مشترک مصدق و دربار را واسطه کرد که مصدق را از اجرای تهدید خود منصرف کنند. خبرنگاران به جلسات محاکمه بازگشتند و دادرسی ادامه یافت

---

1 - T.S.Kennedy.
۲ - ...Foreign Rlations (مرجع ذکر شده)
۳ - همان منبع.
۴ - همان منبع.

و مصدق به ایفای نقش قربانی و شهید سیاسی، با استادی کامل ادامه داد.

در جریان دادگاه، دادستان نظامی وی را «متهم» خطاب می‌کرد و مصدق به تلافی او را «این شخص» می‌خواند. دادستان نظامی، سرتیپ حسین آزموده مردی مبادی آداب و خوش‌نام بود. اما کارش آسان نبود از روی اعتقاد شخصی و به رعایت دستورالعملی که دریافت داشته بود، می‌خواست ماجرا را به سه روز حکومت مصدق از وصول فرمان عزل تا روی کار آمدن سپهبد زاهدی محدود کند. در مقابلش ناطقی زبردست و حقوق‌دانی برجسته بود که برای افکار عمومی و تاریخ سخن می‌گفت و کاری به این «جزئیات» نداشت نتیجه آن که گه‌گاه سخنان تندی میان آنان رد و بدل می‌شد. اما، طبق روایاتی که در دست است، روابط آنان در خارج از دادگاه دگرگون می‌شد. سرتیپ آزموده گاهی شب‌ها قبل از شام به دیدار مصدق می‌رفت و با هم چای می‌خوردند. هر دو اهل شوخی بودند. هر دو از دنیای دیگری، که رعایت احترام متقابل بر آن حکمروا بود، می‌آمدند و به اصطلاح تربیتی قدیمی داشتند. هر دو می‌دانستند که نقشی در مقابل تاریخ ایفاء می‌کنند و دنیا و فضائی که بر آن تعلق دارند در شرف پایان است.

چهارده شاهد به دادگاه فراخوانده شدند، وزیران و نزدیکان مصدق یا دست‌اندرکاران وقایع روزهای بحرانی. چند تنی فقط به فکر نجات خود بودند، می‌خواستند جان سالم بدر برند و رفتاری چندان شایسته نداشتند. یکی از آن‌ها متهم دیگر سرتیپ تقی ریاحی رئیس ستاد ارتش بود، که کوشید ثابت کند که جز اجرای دستورات مافوق خود یعنی مصدق کاری نکرده و «مأمور»، «معذور» و «مسلوب الاختیار» بوده است. رفتار ناشایست شیخ عبدالعلی لطفی وزیر دادگستری وی چنان بود که مصدق را به گریه انداخت. در برابر، سه تن از شهود با وقار و شایستگی بسیار رفتار کردند. مهندس احمد رضوی نایب رئیس مجلس هفدهم از مصدق به عنوان «پیشوای تاریخی ملت ایران» یاد کرد. دکتر علی شایگان کوشید که در مقام رئیس سابق دانشکده حقوق و علوم سیاسی دانشگاه تهران، عزل مصدق را از دیدگاه قانون اساسی نادرست و خلاف اصول و موازین نشان دهد.

این هر دو از کسانی بودند که طی روزهای بحرانی مصدق را به تندروی تشویق می‌کردند و از درشت سخنی نسبت به شاه خودداری نکرده بودند.

دکتر غلامحسین صدیقی که در آن روزها رویه‌ای معتدل‌تر داشت و همواره به مصدق به طور خصوصی هشدار داده بود، به محض ورود به جلسه دادرسی با نهایت خضوع و خشوع در مقابل او تعظیم کرد و با شهامت مسئولیت همه تصمیماتی را که در دو سمت خود (وزارت کشور و نیابت نخست وزیر) اتخاذ کرده و غالباً جز اجرای دستورات رئیس دولت نبود، به عهده گرفت. هنگامی که صدیقی از دادگاه خارج می‌شد، مصدق به صدای بلند و با چشمان اشک‌آلود گفت «اوستاس»، استاد است. چندی بعد سرتیپ آزموده در زندان به دیدارش رفت و وقار و وفاداری او را تبریک گفت و ترتیب آزادی‌اش را تسریع کرد.

چند روز پیش از پایان محاکمه - یوسف مشار دوست نزدیک و وزیر پیشین مصدق که به دربار نیز نزدیک بود - از شاه تقاضای شرفیابی کرد. او با صراحت اثرات نامطلوب دادگاه را در افکار عمومی به شاه بازگو کرد.[1] در این زمان هنوز ممکن بود آزادانه با شاه سخن گفت. وی توصیه کرد که محاکمه قبل از صدور حکم متوقف و مصدق روانه احمدآباد و به ماجرا خاتمه داده شود.

محمدرضا شاه ظاهراً موافقت کرد، به شرط آن‌که حفظ ظواهر قانونی بشود و به مشار توصیه کرد که با وکیلش سرهنگ بزرگمهر تماس بگیرد. مشار چنین کرد. با دو حقوقدان برجسته نیز مشورت شد. سرانجام در آیین دادرسی ماده‌ای یافتند[2] که امکان تعلیق محاکمه را به علل پزشکی و درمانی میسر می‌گرداند. گواهی دو پزشک که دادگاه تعیین کرده باشد، کافی بود و این کار دشوار نبود.

مصدق این پیشنهاد را رد نکرد ولی گفت که «این هم نیرنگ و دام جدیدی است که تدارک می‌بینند»، اشاره‌اش به شاه بود.

گفتگوها از سر گرفته شد، در حالی که پایان دادرسی نزدیک می‌شد و قضات چاره‌ای جز صدور رأی نداشتند. هیأت دادرسان همه اتهامات دادستان را پذیرفت که بر اساس آنها برای مصدق تقاضای صدور حکم اعدام شده بود. اما با توجه به سن مصدق[3] و نامه

۱ - جریان این دیدار و جزئیات مربوط به آن در آغاز جلد دوم مصدق در محکمه نظامی ذکر شده که ما به آن سند استناد می‌کنیم.
۲ - ماده ۱۹۹ قانون دادرسی و کیفر ارتش. (مترجم)
۳- در آن زمان طبق سنت، زنان و کسانی که بیش از شصت سال داشتند، در ایران اعدام نمی‌شدند.

وزارت دربـار کـه در آن «خدمات آقای دکتر مصدق در امر ملی شـدن صنعت نفت که خواسـتهٔ عموم ملت ایران و مورد تأیید ذات ملوکانه بود» ذکر شـده بود، وی را به سه سال حبس محکوم کردند. این نامه وزارت دربار قانونی نبود. طبق قانون شاه حق تخفیف مجـازات را بعد از صدور حکم دادگاه داشـت. اما مداخلـه وزارت دربار، آن هم قبل از صدور رأی دادگاه، پیش بینی نشده بود. کوشش‌های فراوان به عمل آمد که مصدق را از تقاضای تجدید نظر منصرف کنند و به این ترتیب به قضیه خاتمه داده شود. مصدق زیر بار نرفت.

در ۸ آوریل ۱۹۵۴، بار دیگر اجرای همان نمایشنامه از سر گرفته شد. همان دادستان و همان شـهود. اما دیگر از نمایندگان مطبوعات بین‌المللی خبری نبود. اما تماشاچیان و خبرنگاران داخلی حضور داشتند.

سرلشکر رضا جوادی که ریاست دادگاه تجدید نظر نظامی را به عهده داشت از همان آغاز کار سعی کرد که از بروز تشنج اجتناب کند از «شیر پیر» با عنوان «جناب آقای دکتر مصدق» نام می‌برد. معذالک دادرسـان رأی دادگاه بدوی را تأیید کردند. مصدق تقاضای رجوع رأی را به دیوان عالی کشور کرد و سرانجام رأی دادگاه قطعیت یافت.

طی سه سال، مصدق، نه در زندان، بلکه در باشگاه افسران لشکر زرهی در سلطنت‌آباد استقرار یافت.[1] ظاهراً حداکثر کوشش به عمل می‌آمد که زندگی روزانه وی تسهیل شود. بعضی اشیاء و مبل‌های شخصی وی را به سلطنت‌آباد آوردند. غذایش را تهیه کرده از منزل مرتباً برایش می‌آورند. دیدارش با اقوام و اعضای خانواده آزاد بود.

در سال ۱۹۵۶، پس از پایان دوران محکومیتش به احمدآباد انتقال داده شد و در آن‌جا تحت نظر قرار گرفت. ترتیبی که کاملاً خلاف قانون بود. اما دیگر رژیم تصمیمات خود را تحمیل و اجرا می‌کرد.

در احمدآبـاد، بدون محدودیت، اعضای خانـواده او به دیدارش می‌آمدند. مأموران حفاظت به یادداشت هویت آنان اکتفا می‌کردند، هیچگونه بازجوئی و تفتیش بدنی، عمل

۱- برای دوران پایانی زندگی دکتر محمد مصدق به خاطرات و تألمات نوشته خود او، به خاطرات پسرش دکتر غلامحسین مصدق و به خاطرات شیرین سمیعی همسر دکتر محمود مصدق نوه او، در خلوت مصدق رجوع شده. خانم شیرین سمیعی غالباً در کنار پدر بزرگ همسرش بود.

نمی‌آمد. در احمدآباد به گردش می‌پرداخت. کتاب می‌خواند، مخصوصاً به کتب حقوقی و بعضی متون طبی ساده علاقه داشت. می‌گویند به «رعایای» خود دارو و درمان تجویز می‌کرد. همچنین مانند ولتر[1] با بسیاری از دوستان و آشنایانش در ایران و خارج از ایران مکاتبه داشت که بعضی از آن‌ها در سال‌های اخیر به طبع رسیده. همسر نوه‌اش در خاطرات خود نوشته که با وی طی ساعت‌ها تخت نرد بازی می‌کرد. از همه جای ایران و خارج از ایران از وی عکس‌های امضا شده می‌خواستند که بوسیله اقوامش می‌فرستاد. تا آن‌جا که شاهزاده خانم ضیاءالسلطنه همسرش که بسیار دین‌دار بود روزی گفت: «خدا مرا ببخشد که این مطلب را می‌گویم. مردم خیال می‌کنند که او پیغمبر است که این همه تصاویرش را از او می‌خواهند».

همسرش در طی سه سالی که مصدق در سلطنت آباد بود مرتباً به دیدارش می‌رفت و از او مواظبت می‌کرد. در احمدآباد، روزهای آخر هفته به اتفاق دیگر اعضا دور او جمع می‌شدند و مصدق از این جمع خانوادگی لذت بسیار می‌برد.

هنگامی که شاهزاده خانم ضیاءالسلطنه در تابستان ۱۹۶۵ دچار ذات‌الریه و در بیمارستان بستری و با خطر مرگ روبرو بود، مصدق اجازه خواست که استثنائاً از احمدآباد خارج و به عیادتش برود. به او اجازه ندادند. ضیاءالسلطنه در ۲۶ ژوئیه درگذشت بدون این‌که با وی وداع کرده باشد. حتی به روزنامه‌ها اجازه داده نشد که اعلانات تسلیت این درگذشت را خطاب به فرزندان یا بازماندگانش درج کنند. حتی از نام مصدق بیم داشتند. «شیر پیر» به نزدیکانش گفت: «آخرین رشته اتصال من به زندگی پاره شد».

ابوالفتح آتابای میرآخور سلطنتی، مرد کهنسالی که قبلاً از کارمندان دربار قاجاریه و معروف به رعایت آداب و تشریفات قدیمی بود، گه گاه به دیدار مصدق می‌رفت که به قول خودش «دست آقا» را ببوسد و «از طرف اعلیحضرت» جویای احوال سلامتی‌اش شود. این آخرین رشته ارتباط میان دو شخصی بود (محمدرضا شاه و مصدق) که قطعاً از یکدیگر نفرت داشتند، اما شاید به یکدیگر احترامی نیز می‌گذاشتند.

هنگامی که در سال‌های ۱۹۶۰ اجرای قانون اصلاحات ارضی در ایران آغاز شد، شاه

۱ - Voltaire: نویسنده و متفکر فرانسوی (۱۷۷۸-۱۶۹۴) که سال‌ها در روستای Fernet واقع در مرز سوئیس گوشه عزلت گزیده بود و با شخصیت‌ها و دوستان بسیاری در سرتاسر اروپا مکاتبه داشت. (مترجم)

به دولت دستور داد که در زمان حیات مصدق که یکی از بزرگ‌ترین ملاکان ایران بود، این قانون در مورد اراضی وی اجرا نشود و کاری به کار او نداشته باشند. گویی هنوز به وی احترام می‌گذاشت! از او حساب می‌برد.

در نیمه زمســتان ۱۹۶۶، حال مزاجی مصدق که بیش از هشتاد و پنج سال داشت و دچار سرطان فک شده بود، رو به وخامت رفت، اطبای معالجش اجازه خواستند که وی را به اقامتگاه پسرش در تهران و سپس به بیمارستان نجمیه که مادرش تأسیس کرده بود، منتقل کنند. شاه که می‌بایست اجازه نهائی را بدهد، بی‌درنگ پذیرفت. اندکی بعد پسرش تقاضا کرد که وی را برای درمان و مراقبت بیشــتر به فرانســه ببرند این بار نیز شاه بدون کوچک‌ترین تردید و فوراً قبول کرد. اما مصدق زیر بار نرفت. می‌خواست در ایران بمیرد.

زندگی او در روز ۷ مارس ۱۹۶۷ به پایان رسید و چشم از جهان فرو بست.

از بیم تظاهرات دسته جمعی، مقامات دولتی از خانواده‌اش خواستند که مراسم تشییع جنازه به طور خصوصی انجام شود، که نزدیک به پنجاه نفر در آن شرکت کردند. جنازه مصدق در اتاق ناهارخوری اقامتگاهش در احمدآباد به خاک سپرده شد که هنوز هم در همانجا مدفون است. از آن زمان تا انقلاب اسلامی، هر سال خانواده‌اش، مراسم محدودی در همان احمدآباد برپا می‌کردند.

در ۷ مــارس ۱۹۷۹، چندیــن صدهــزار تن با وجود فاصله زیــاد آن محل تا تهران (یک‌صد کیلومتر) در این مراسم شرکت کردند که تبدیل به تظاهراتی وسیع و مردمی علیه جمهوری اســلامی شد. در زمان شاه یادآوری از مصدق مقبول و مطبوع مسئولان دولتی نبود و همه از آن پرهیز می‌کردند. پس از ۷ مارس ۱۹۷۹، حتی ذکر نام او نیز ممنوع شد. جمهوری اسلامی وی را مظهر همه آن اصولی می‌دانست که با آن‌ها به مبارزه برخاسته بود. ملت گرائی و دوری دیانت از سیاست. امروزه تا حدی در این ممنوعیت تعدیل حاصل شــده است. افســانه مصدق همچنان پابرجاســت، ولو آن‌که بعضی از مفسران خارجی[۱] نزدیک به جمهوری اســلامی یا داخلی زندگی و اقدامات او را با رویه یک مرد سیاســی متعلق به دنیای امروز منطبق نمی‌دانند و از آن انتقاد می‌کنند.

۱ - از جمله Yann Richard.

با وجود اشتباهات زیادی که مرتکب شد، و سلایقی که داشت که بسیاری از آن‌ها منطبق با اصول دمکراسی نبودند، مصدق در دنیا به عنوان مردی شناخته شده و می‌شود که در مقابل سیاست‌های استعماری با شجاعت قد علم کرد. از بسیاری جهات وی ادامه دهنده راه امیرکبیر، فروغی و قوام بود و مانند گاندی کسی است که کوشید زنجیرها را پاره کند.

وی در ۱۹ دسامبر ۱۹۵۳ در آخرین دفاع خود گفت که تنها گناهش – بزرگ‌ترین گناهش، ملی کردن صنعت نفت و پایان دادن به سلطه بزرگ‌ترین امپراتوری جهان بر ایران بوده است و یقین دارد که سرنوشت او سرمشقی برای ملت‌های خاورمیانه در پاره کردن زنجیرهای اسارت خواهد بود.

او نیز در آخرین سخنان رسمی خود، مانند قوام در واپسین گزارشش به قوه مقنّنه، به تاریخ خطاب می‌کرد و دیگر کاری به کار دادگاه نداشت.

رفتاری که پس از سقوطش با وی شد، به احتمال قوی اشتباهی بزرگ بود. پیروزی با شاه بود و او شکست خورده بود، یا لااقل در زمان کوتاه شکست خورده بود و نیازی به آزارش نبود. هشدارهای سپهبد زاهدی درست و خردمندانه بود. دریغ که به آن توجه نشد.

محمدرضا شاه کوشید مردانی را که ممکن بود با نام و شهرت‌شان در تاریخ بر او سایه افکنند، از صحنه به دور کند، یا نام آن‌ها را به دست فراموشی بسپارد که در این تلاش توفیق نیافت. اما در نهایت امر هنگامی که نبرد نهائی وی فرا رسید کسانی که بتوانند ایران و او را نجات دهند پیرامونش نبودند یا اگر بودند از توسل به آن‌ها اجتناب کرد.

بخش سوم

در جستجوی قدرت
۱۹۶۳ - ۱۹۵۳

فصل اول

«من اداره امور را شخصاً به دست خواهم گرفت»

محاکمه مصدق، مطبوعات جهان را در سال ۱۹۵۳ به خود مشغول کرده بود. اما ایران مسائل فراوان دیگری هم داشت.

در نخســتین روزهای حکومتش، ســپهبد زاهدی با احتمال بروز بحرانی شــدید با ناصرخان قشــقائی، وزیر پیشین و رئیس ایل توانای قشقائی در جنوب ایران مواجه شد. ناصرخان پیامی به «حضور تیمسار سرلشکر زاهدی»، «دوست سی و یکساله‌اش» فرستاد. پیامی که در آن عمداً ارتقاء درجه زاهدی و انتصاب وی به ریاست دولت فراموش شده بود.

رئیس ایل قشقائی بعد از ابراز تعارفات بسیار به زاهدی نوشته بود «اکثر اهالی، نزدیک به اتفاق، به حضرت عالی عقیده‌مند بودند و دوست‌تان می‌داشتند و شما را یکی از ذخائر ملی می‌دانستند...»

تصدیق می‌کنم که جناب آقای دکتر مصدق نسبت به شخص حضرتعالی و دو سه نفر از رفقا بسیار بد کردند. ولی بدبختانه و هزار بدبختانه آقا را محلّل قرار داده‌اند. طولی

نمی‌کشد که کاری بر سرتان بیاورند که بر سر هزاران اشخاص شریف آورده‌اند... حالا هم مجال دارید تا قوه در دست‌تان است، می‌توانید قیامی کرده به ملت ایران ثابت کنید که تیمسار زاهدی همان است که مردم تشخیص داده‌اند و یقین دارم تشخیص مردم غلط نیست...»[۱]

در حقیقت، این پیام دعوتی بود از سپهبد زاهدی که محمدرضاشاه را از اریکه قدرت به زیر آورد. ناصر قشقائی پیامی هم به مردم فارس و ملت ایران فرستاد که در تمام منطقه فارس و بختیاری پخش شد و در آن با عباراتی بس خشن آن‌ها را به قیام علیه دولت مرکزی دعوت کرده بود.

سپهبد زاهدی از ارسال پاسخ فوری به این پیام خودداری کرد. ارتشی‌ها به او پیشنهاد و توصیه کردند که بلافاصله عملیات نظامی را برای سرکوب ایلات یاغی آغاز کند. تنها دستور رئیس دولت به نیروی هوائی بود که در سرتاسر منطقه اعلامیه‌ای پخش و مردم را به اطاعت و احترام نسبت به دولت قانونی کشور دعوت نمایند. سپس از نخست‌وزیری پیامی به این شرح به فرمانده پادگان شیراز که عملاً در محاصره قشقائی‌ها قرار گرفته بود مخابره شد «بر حسب امر جناب آقای نخست وزیر به جناب آقای قشقائی اطلاع دهید هیچ‌گونه نگرانی نداشته باشند (در تلگراف عمداً اشاره‌ای به شاه نشده بود) خانواده قشقائی مثل خانواده خود ایشان است».

این پیام همه جا پخش شد. نخست وزیر به طور محرمانه پیام‌هایی برای رؤسای ایلات فارس فرستاد و با آن‌ها تماس برقرار کرد. ایلات قشقائی اجتماعی عظیم برپا کردند، اما همه چیز به آرامی گذشت. نمایشی بود برای حفظ ظاهر.

سپس نخست وزیر پیام دیگری برای ناصر قشقایی ارسال داشت: «ممکن است در چند هفته اخیر اتفاقاتی رخ داده باشد (اشاره به سقوط مصدق و روی کار آمدن خود اوست) ولی جناب آقای هیأت (دادستان کل کشور و وزیر دادگستری پیشین مصدق) که طرف اعتماد عموم است به استانداری فارس تعیین و حرکت کردند. یقین جلوگیری از هر نوع سوء تفاهمات خواهد شد. اطمینان داشته باشید در حکومت اینجانب، جز رفاه حال عمومی و بالا بردن سطح زندگی مردم منظور دیگری نداشته و یقین دارم با سوابقی که به

۱ - نگاه کنید به خاطرات ناصر قشقائی. سال‌های بحران، موسسه خدمات فرهنگی رضا، تهران ۱۳۶۶.

اخلاق اینجانب دارید، با کمال اطمینان در پیشــرفت کار دولت و رفاه عمومی مجاهدت خواهید فرمود». پیام به امضای فضل‌الله زاهدی بود. نه سرلشــکر، نه ســپهبد، نه نخست وزیر. او می‌خواست دوستی خود با قشقائی‌ها را نشان دهد.

علی هیأت به شیراز رسید. با رؤسای ایلات منطقه و مخصوصاً تواناترین آنان یعنی ناصرخان قشــقائی به مذاکره نشست. تشنج فروکش کرد. برادران قشقائی و خانواده‌شان بدون مزاحمت و با احترام رهسپار اروپا شدند. برای هر یک مقرری مناسب و مهمی معین شد. خلع سلاح عمومی ایلات آغاز گردید. آتش خاموش و از رودررویی خونین با ایلات جنوب اجتناب شد.

حل معضل فارس و فرو نشاندن تب شورش قشقائی‌ها برای سپهبد زاهدی، توفیقی بزرگ بود و به حیثیت و احترام او افزود. اما شاه چندان راضی نبود. می‌دانست که ایلات جنوب و به‌ویژه قشــقائی‌ها او را دوســت ندارند و می‌خواهند با خاندان پهلوی تصفیه حســاب کنند و انتقام سختگیری‌های رضا شاه را بکشــند. به علاوه در تمام این رفت و آمدها و مذاکرات اسمی از او برده نشده و در حقیقت کنار گذاشته شده بود.

فضل‌الله زاهدی[1] به سال ۱۸۹۳، در خانواده‌ای از بزرگ مالکان همدان، پایتخت سابق مادها چشم به جهان گشود.

در شــانزده ســالگی به خدمت ارتش ایران درآمد. چون از خانواده‌ای سرشــناس و محترم برآمده بود، مستقیماً روانه دوره آموزشی صاحب منصبان لشکر قزاق شد و به اخذ درجه نایب اول (ستوان یکم) نائل آمد.

مردی بود با ســواد، خوش خط، شعر دوست، به مطالعه کتب تاریخی علاقه فراوان

۱ - نگاه کنید به:
- ابراهیم صفائی، زندگی نامه سپهبد زاهدی، تهران، ملی ۱۳۷۳.
- مصطفی الموتی، بازیگران سیاسی ... جلد دوم، لندن، پگا، ۱۳۷۴.
- نورمحمد عسگری، شاه، مصدق، سپهبد زاهدی. استکهلم، آرش، ۱۳۷۹.
- دکتر عزت الله همایونفر، از سپاهی گری تا سیاستمداری، زندگی نامه سپهبد فضل الله زاهدی، ژنو، ۱۹۷۷.
- منصوره پیرنیا و داریوش پیرنیا، اردشیر زاهدی فرزند توفان، انتشارات مهر ایران، پوتوماک ۲۰۰۵، قسمت مهمی از کتاب به زندگی خانوادگی زاهدی‌ها و ماجراهای پایان حکومت دکتر مصدق اختصاص دارد.
- پری اباصلتی و هوشــنگ میرهاشم، اردشــیر زاهدی و رازهای ناگفته، انتشارات راه زندگی، لس‌آنجلس ۲۰۰۲.
- جلال الدین اندرمانی زاده، زاهدی‌ها در تکاپوی قدرت، مجموعه تاریخ معاصر ایران، تهران، ۱۳۷۷.

داشت. عاشق شکار و سواری بود. در میان زنان محبوب بود. دوبار ازدواج کرد. از ازدواج اولش با خدیجه پیرنیا، دختر حسین پیرنیا، مؤتمن الملک، از برجسته‌ترین رجال سیاسی آن دوران، صاحب دو فرزند شد. ارشد آن‌ها اردشیر زاهدی بود که بعداً در زندگی سیاسی ایران نقش مهمی بازی کرد. فرزند دومش هما زاهدی است که به نمایندگی همدان در مجلس شورای ملی رسید و فعالیت‌های اجتماعی مختلف داشت.

فضل‌الله زاهدی در بیست و پنج سالگی به درجه سرتیپی نائل آمد و جوان‌ترین امیر ارتش نوین ایران بود. به صراحت لهجه و بیان شهرت داشت، حتی در برابر شاهان پهلوی که گه‌گاه از رفتار او رنجش پیدا کردند. مخالفت وی با سیاست استعماری بریتانیا بر هیچ‌کس پوشیده نبود. در زمان جنگ هنگامی که فرمانده پادگان و لشکر اصفهان بود، انگلیس‌ها وی را ربودند و سه سال در سلولی در فلسطین در زندان مجرد بود. نظامی بود، خارج از قواره‌های متعارف، جاه طلب و همواره در جستجوی راه‌حل‌های عملی برای حل مسائل.

در سن پنجاه و هفت سالگی سرانجام در شرائطی بس دشوار در رأس دولت ایران قرار گرفت. از جمله با دو هدف بزرگ روبرو بود، حل مسأله و بحران نفت و به راه انداختن چرخ‌های متوقف کشور.

در پایان ماه اوت ۱۹۵۳، هنگامی که سپهبد زاهدی قدرت را به دست گرفت، اقتصاد ایران بر اثر محاصره اقتصادی انگلیس‌ها در حالتی بس دشوار و خزانه مملکت تهی بود. بیکاری وسعتی فراوان داشت. همه طرح‌های عمرانی که با رنج بسیار بعد از جنگ جهانی دوم به راه افتاده بودند، متوقف شده حتی حقوق و دستمزد مأموران و کارمندان دولت با نظم و ترتیب پرداخت نمی‌شد و عقب ماندگی‌های متعدد داشت. در یک کلام شوق و شور و هیجان عمومی در آغاز نهضت ملی کردن نفت که ایرانیان جملگی در آن شریک و متفق بودند، خاطره‌ای بیش نبود شخص مصدق هنوز در میان بسیاری از ایرانیان محبوب بود. اما کاخ آرمان‌های بلندی که وی بیانگر آن‌ها بود فرو ریخته و مردم از این ناکامی متأسف و متأثر بودند.

دشواری‌هایی که سپهبد زاهدی با آن‌ها روبرو بود، حد و حسابی نداشت دیگر موقع

صحبت و نطق‌های پرشور سیاسی و ملاحظات مرامی و عقیدتی نبود. می‌بایست با جرئت و واقع‌بینی با مسائل دشوار اقتصادی مواجهه کرد، سیاستی نوین برای حل مساله نفت در پیش گرفت، صنایع را به راه انداخت و مردم بی‌رمق و خسته را دوباره به راه تلاش و پیشرفت هدایت نمود.

در کوتاه مدت یک راه‌حل بیشتر وجود نداشت و آن توسل به ایالات متحده امریکا بود. بسیاری گمان می‌بردند که این کار از چاله به چاه افتادن است و نفوذ امریکا را جایگزین استیلای سیاسی و اقتصادی بریتانیای کبیر خواهد کرد.

اما برای ایران آن روز مسأله بود و نبود مطرح بود و راه‌حل دیگری وجود نداشت.

در ۲۶ اوت سپهبد زاهدی پیامی برای ژنرال آیزنهاور رئیس جمهوری امریکا فرستاد و مسائل را مطرح کرد. دو روز بعد پاسخی گرم و مثبت از او به رئیس دولت ایران رسید.[۱] رئیس جمهوری امریکا به تعارف اکتفا نکرد. یک هفته بعد یک هیأت مأمور کمک‌های فوری از واشنگتن به تهران رسید. ۴۵ میلیون دلار برای راه اندازی اقتصادی کشور و ۶۰ میلیون دلار برای تجهیزات نظامی در اختیار دولت ایران گذاشته شد. در ۱۹ اکتبر ۱۹۵۳، اندکی بیش از پنج میلیون دلار دیگر نیز طی تشریفاتی با حضور وزیر دارائی، رئیس کل بانک ملی خزانه دار کل کشور و خبرنگاران جراید داخلی و خارجی به نخست وزیر داده شد که مستقیماً آن را به خزانه منتقل کرد و سال‌ها بعد به بگومگوهایی انجامید که به آن خواهیم پرداخت.

این اقدامات نشانه حمایت امریکا از دولت جدید ایران بود. شاید هم به این ترتیب می‌خواستند شکست طرح آژاکس را از خاطره‌ها ببرند. پس از وصول کمک‌های امریکا و بازگشت تدریجی فعالیت‌های اقتصادی به وضع عادی‌تر، و در انتظار خروج از بحران نفت، دولت تصمیم مهمی در باره نرخ تسعیر دلار گرفت که در زمان کاهش شدید درآمدهای ارزی کشور ترقی کرده و همه مبادلات بازرگانی بر اثر آن نابسامان شده بود. نرخ تبدیل دلار به حدود ۷۰ ریال تعیین و تثبیت شد، که این نرخ تا زمان انقلاب اسلامی

۱ - ژنرال آیزنهاور، سی و چهارمین رئیس جمهور ایالات متحده که از ۲۰ ژانویه ۱۹۵۳ تا ۲۰ ژانویه ۱۹۶۱ به سر کار بود نگاه کنید به:
Jim Newton, Eisenhower the white-House Years Doubleday, New-york, 2011.

عملاً تغییری نکرد و به این ترتیب واحد پول ملی ایران در جهان اعتباری پیدا کرد و مورد اعتماد بازارهای بین‌المللی گردید.

قدم مهم دیگر دولت، حل مشـکل روابط سیاسـی با انگلسـتان بود که گام اول در راه مذاکرات درباره مسـاله نفت به شـمار می‌آمد. در ۲۸ نوامبر ۱۹۵۳ آنتونی ایدن وزیر امورخارجه بریتانیا در نامه‌ای به شـخص سـپهبد زاهدی نخست وزیر به تجدید روابط سیاسـی میان دو کشـور ابراز تمایل کرد. حیثیت ایران رعایت شده بود، قدم اول را لندن برمی‌داشـت. رئیس دولت شتاب را در این زمینه جائز نمی‌دانست. دو روز بعد از هیأت دولت اجازه گرفت که به تقاضای انگلیس‌ها با احتیاطات لازم رسـیدگی شـود. ابتدا با «معمرین قوم»، همان گروه کهنه‌کاران سیاست ایران که مشاورین معمول و مورد اعتمادش بودند، تماس گرفت و نظر آنان را جویا شد که در نهایت امر مثبت و موافق بود. مجلس سـنا، بدون رعایت اصول قانون اساسـی ولی با طرحی که به امضای شاه رسیده و تنفید شده بود، در حال تعلیق یا انحلال قرار داشت. با این حال سناتورهای پیشین هنوز مدعی ایفای وظیفه خود بودند. نیمی از نمایندگان مجلس هفدهم نیز بدون این که مستعفی شده باشـند، هنوز حاضر بوده خود را وکیل حوزه‌های انتخابیه مربوط می‌دانستند. مشاوره با آن‌ها رسمیت نداشت اما بی‌معنی هم نبود. سپهبد زاهدی مقرر داشت که این رأی زنی نیز انجام شود که همه با تجدید روابط سیاسی نظر موافق دادند.

نتیجه آن‌که در روز ۵ دسامبر، یک هفته بعد از تقاضای رسمی لندن از ایران، برقراری مجدد روابط سیاسـی دو کشور در تهران و لندن رسـماً اعلام شد. پنج روز بعد آیت‌الله کاشـانی مخالفت خود را با این تصمیم اعلام داشـت و از مردم پایتخت خواسـت که یک روز عزای ملی را مراعات کنند، که به تعطیل قسـمتی از دکان‌های بازار انجامید. اما نتیجه سیاسی آن، آغاز نقاری شدید میان زاهدی و کاشانی بود که تا آن زمان با یکدیگر هم‌گامی‌هایی کرده بودند.

پس از تجدید روابط سیاسـی، ظواهر امر سـر و صورتی گرفته و آغاز مذاکره برای حل مساله و بحران نفت در سیر به نظر می‌رسید که کلید حل همه دشواری‌های اقتصادی کشور بود. دولت در ۵ اکتبر ۱۹۵۳ مقرر داشته بود، گزارش جامع و کاملی از وضع مالی و اقتصادی کشور تهیه شود. انتشار نتایج این گزارش، نکته تازه‌ای را در برنداشت. خزانه

خالــی بود، دولت ذخیره ارزی نداشــت و ناچار از تکیه به کمــک امریکا برای مقابله با هزینه‌های جاری ارزی و حتی ریالی بود.

ناچار مذاکرات پیرامون بحران نفت که به دســتور دکتر مصدق قطع شده بود از سر گرفته شــد. در روز ۲۲ اکتبر هربرت. جی. هوور[1] مشــاور مخصوص رئیس جمهوری امریکا در مســائل نفتی به ایران آمده و با شــاه، نخست وزیر و همچنین دکتر علی امینی وزیر دارائی (و وزیر قبلی قوام و مصدق) مذاکراتی طولانی داشــت. نظر و پیشــنهاد وی این بود که «گروهی از شــرکت‌های نفتی متعلق به کشــورهای دوست یا هم پیمان ایران انتخاب شــوند و مباشرت کار بهره‌برداری و بازاریابی نفت ایران به آنان محول گردد. به این ترتیب امریکایی‌ها وارد بازار نفت ایران می‌شدند که تا آن زمان در انحصار کامل یک شــرکت انگلیســی بود. در ضمن برای آن که به این راه حل یک جنبه «غربی» داده شود، هوور پیشنهاد کرده بود که فرانسوی‌ها و هلندی‌ها نیز در این کار شریک و سهیم شوند. انگلیس‌ها از این پیشــنهاد به سردی استقبال کردند. حتی سر ویلیام فرایزر[2] رئیس شرکت نفت ایران و انگلیس[3] علناً ابراز مخالفت کرد. نتیجه آن که وی را از شرکت در مذاکرات بعدی کنار گذاشــتند. از ســوی دیگر دولت امریکا در آغاز ســال ۱۹۵۴، به پنج شرکت بزرگ نفتی آن کشور اجازه داد که علی‌رغم قانون ضد تراست معمول در آمریکا در این کنسرسیوم شــرکت کنند. به این ترتیب در ۹ مارس ۱۹۵۴، کنسرسیوم بین‌المللی توزیع نفت ایران اعلام وجود کرد. شــرکت ســابق نفت ایران و انگلیس (یعنی B.P) ۴۰درصد ســهام آن را داشت، شرکت‌های نفتی امریکایی ۴۰درصد دیگر را. کمپانی هلندی شل[4] ۱۴درصد و یک کمپانی فرانسوی ۶ درصد[5].

مذاکرات بین طرفین در روز ۱۴ آوریل آغاز شــد. ریاست هیأت نمایندگی ایران را دکتر علی امینی وزیر دارائی به عهده داشت. به تاریخ ۵ اوت یک موافقت نامه کلی در ۶۴ صفحه منعقد گردید و در ۲۱ سپتامبر متن آن اعلام شد.

در این موافقت‌نامه اصل ملی شدن و ملی بودن صنایع نفت ایران رسماً شناخته شد.

---

1 - Herbert.J.Hoover.
2 - Sir William Fraser.
3 - A.I.O.C.
4 - Royal Dutch Schell.
5- Compagnie Francaise du Petrole امروزه Total

دولت ایران پذیرفت که غراماتی را که مدت‌ها در باره آن بحث شده بود بپردازد ولی پرداخت نخستین قسط آن به پنج سال بعد یعنی ۱۹۵۸ موکول شد. شرکت ملی نفت ایران که مصدق پس از خلع ید از شرکت سابق نفت ایران و انگلیس تأسیس کرده بود مالک اصلی و فروشنده نفت ایران شناخته و هشت شرکت عضو کنسرسیوم به عنوان عاملان وی تعیین شدند. ۲۵درصد منافع کنسرسیوم به ایران تعلق یافت. علاوه بر آن تعهد شد که ۲۵درصد دیگر به صورت مالیات ثابت به دولت ایران پرداخت شود. به این ترتیب اصل تنصیف (۵۰-۵۰) که اگر لندن زیر بار آن رفته بود از بروز بحران نفت جلوگیری می‌کرد، پذیرفته شد. هم‌چنین تعهد شد که تمامی بنزین و نفت مصرف داخلی کشور به قیمت تمام شده در اختیار شرکت ملی نفت ایران قرار گیرد که این عاملی در بسط و توسعه اقتصاد کشور و رونق آن گردید. هم‌چنین قسمتی از نفت خام استخراجی (که درصد آن مرتباً افزایش می‌یافت) در اختیار ایرانیان قرار گرفت که بتوانند آن را راساً در بازارهای بین‌المللی به فروش برسانند. توزیع نفت در داخل کشور به انحصار شرکت ملی نفت ایران درآمد هم‌چنین اداره پالایشگاه کوچک نفت کرمانشاه واقع در غرب کشور و سپس پالایشگاه بزرگ آبادان را ایرانیان به عهده گرفتند.

سه سال پیش از آن، امضای چنین قراردادی موجب رضایت و خشنودی کامل ایرانیان می‌شد. ولی همه متوجه بودند که امتیازاتی که ایران به دست آورده از آن‌چه اندکی قبل بانک جهانی پیشنهاد کرده و حتی دکتر مصدق بحث و گفتگو در باره آن را نپذیرفته بود، کمتر است. شاه و سپهبد زاهدی راضی نبودند دکتر مصدق همه چیز می‌خواست و با تمام پافشاری که کرد سرانجام به بن‌بست رسید، سپهبد زاهدی و دولتش بر اساس اصل سیاست هنرممکنات است عمل کردند و خود به آن اذعان داشتند. سپهبد زاهدی در پیامی که از رادیو پخش شد، عدم رضایت خود را پنهان نکرد. ولی می‌دانست که ایران دیگر در موضع قدرت نیست که بتواند بیشتر از آن‌چه به دست آمده بود، کسب کند. در بیست و پنج سالی که از امضای قرارداد گذشت، همه کوشش شاه و دولت‌های مختلفی که در تهران بر سر کار آمدند بر آن بود که موقع و موضع ایران را از این حیث بهبود بخشند.

در ۲۰ اکتبر ۱۹۵۴، مجلس موافقت‌نامه را تصویب کرد. دکتر مصدق از زندان خود در یک نامه سی هزار کلمه‌ای به شاه، نخست وزیر، وزیر دارائی، رئیس هیات مدیره شرکت

ملی نفت ایران و رؤسای دو مجلس، ایرادات و مخالفت خود را بیان داشت. متن نامه در جراید انتشار نیافت ولی در تهران کسی هم از مفاد آن بی‌اطلاع نماند. دورانی که از دستش کاری برمی‌آمد دیگر گذشته بود.

با تمام مشکلات و موانع موجود، همه کوشش دولت معطوف بر آن بود که چرخ‌های متوقف اقتصاد ایران را دوباره به راه اندازد. اجرای برنامه ساختمان خانه‌های ارزان قیمت که مورد علاقه خاص سپهبد زاهدی بود، در تهران آغاز شد. هزاران تراکتور از خارج خریداری و بدون سود و بهره و به اقساط طولانی به زارعین فروخته شد و به این ترتیب اجرای طرح وسیع مکانیزه کردن کشاورزی ایران آغاز گردید. لوکوموتیوهایی که قبلاً خریداری شده و در انبارهای آن بنگاه راه‌آهن دولتی ایران خوابیده بود، مرمت و آماده و سرانجام مورد بهره‌برداری قرار گرفت. ادامه ساختمان راه‌آهن سرتاسری شرق به غرب (تبریز – مشهد) که از زمان جنگ تعطیل و به صورت یکی از معضلات مملکتی و علل نارضائی مردم و انتقادات جراید و مجلسیان درآمده بود، بالاخره آغاز شد. گویا برای آن لازم آمده بود که رئیس دولت ابراز خشونت کند. افتتاح این خط بعد از پایان حکومتش صورت گرفت.

دولت با مسائل بسیار دیگری هم روبرو بود. نخست روابط با همسایه شمالی ایران سپهبد زاهدی با کمونیسم مخالف و با توده‌ای‌ها بسیار سخت‌گیر بود، چنان که خواهیم دید. اما اصلاح و بهبود روابط با دولت اتحاد جماهیر شوروی را از اهم ضرورت‌ها می‌دانست. شوروی‌ها نسبت به ثبات و دوام حکومت مصدق خوشبین نبودند و هرگز نخواستند به «شیر پیر» واقعاً کمکی بکنند. ظاهراً این بار عقیده‌مند شدند که در ایران دولت مقتدر و پابرجائی بر سر کار آمده. بنابر این مذاکرات دولتین در باره همه مسائل معوقه به طور جدی آغاز شد. مذاکرات تجارتی که ماه‌ها به درازا کشید بود، ناگهان به انجام رسید و موافقت‌نامه جدیدی در ۲ سپتامبر امضا و مبادله شد. همچنین دو روز بعد موافقت‌نامه مربوط به استرداد اسیران و زندانیان ایرانی مقیم اتحاد جماهیر شوروی که بعضی از آن‌ها از زمان جنگ و بعضی دیگر از زمان بحران آذربایجان گرفتار بودند به امضا رسید و سریعاً ایرانیان بسیاری سرانجام آزاد شدند و به میهن خود بازگشتند. توفیقی بزرگ برای دولت. مورد اختلاف دیگر واگذاری محل کنسولگری‌های سابق شوروی به ایران بود که آن هم

ناگهان حل و فصل شد. هم‌چنین موافقت‌نامه جدیدی که شرائط آن به نفع ایران بود، برای افزایش صادرات شرکت ملی شیلات بین دو کشور به امضا رسید. نقطه اوج بهبود روابط ایران و شوروی که پیروزی بزرگی برای دولت سپهبد زاهدی بود، قبول تحویل رسمی یازده تن طلای متعلق به ایران بود که مسکو می‌بایست در برابر هزینه‌های اقامت ارتش سرخ در زمان جنگ بپردازد همواره از اجرای آن سر باز زده بود. موافقت‌نامه آن در ژانویه ۱۹۵۴ به امضا رسید. و در اول ژوئن ۱۹۵۵، که دیگر سپهبد زاهدی بر سر کار نبود، این طلاها به سرحد ایران رسید و در ۱۹۱ جعبه به دولت تحویل شد. در تهران به مناسبت این استرداد، تبلیغات وسیعی به راه انداخته شد، همه آن‌را توفیقی بزرگ و غیرمنتظر دانستند. اما هیچ‌کس حتی نامی از رئیس پیشین دولت که شخصاً مذاکرات را رهبری کرده بود نبرد و دولت آن را تنها مرهون اقدامات محمدرضا شاه قلمداد کرد.

به همین سان، اختلافات مرزی میان دو کشور نیز بالاخره حل شد و خطوط قطعی مرزی تعیین گردید. در چند ماه دولت موفق شده بود روابط با همسایه شمالی را به حال عادی برگرداند و بحرانی را که از زمان حکومت قوام و پیروزی او بر استالین و سرشکستگی سیاسی مسکو آغاز شده و هرگز واقعاً فیصله نیافته بود، پایان بخشد.

مسأله مهم دیگری که می‌بایست دولت زاهدی حل و فصل کند، تعیین تکلیف قوه مقننه بود: همه تعطیل دوره مجلس سنا و تعلیق اجباری آن را خلاف قانون اساسی و اصول حقوقی می‌دانستند. ولی شاه قانون آن را توشیح کرده بود. پس از برکناری مصدق سناتورها دور هم جمع شدند و از شاه و نخست وزیر خواستند که کار خود را از سر بگیرند. بی‌اعتنائی به «توشیح ملوکانه» معقول به نظر نمی‌رسید و پاسخ مثبت به آنان داده نشد.

وضع مجلس شورای ملی متفاوت بود. جمعی از نمایندگان به خواسته و دستور مصدق استعفا داده بودند. اما مجلس قانوناً و رسماً منحل نشده بود. سی و چند تن نمایندگان مخالف «شیر پیر» که استعفا نداده بودند و چند تن از مستعفیان که «اظهار ندامت» می‌کردند دور هم جمع شدند و خود را نماینده منتخب و شاغل دانستند و پیشنهاد کردند که در همه حوزه‌هایی که انتخابات آن را دولت قبلی معلق کرده بود و نیز در شهرهایی که وکلای آن استعفا داده ولی استعفای خود را پس نگرفته بودند. اخذ آراء

صورت گیرد و دوباره مجلس هفدهم آغاز به کار کند. این نظر به استقرار مجلس نیم بند و کوتاه مدت منتهی می‌شد و خالی از اشکال نبود.

پس از پایان کار مصدق، سپهبد زاهدی روابط خود را به طور غیررسمی با سناتورها و وکلای سابق حفظ کرده و از طریق معاون نخست وزیر در امور پارلمانی (حسام دولت‌آبادی) با آنان در مسائل مختلف مشاوره می‌کرد. اما این راه‌حلی نبود. نخست وزیر به شاه پیشنهاد کرد که در چهارچوب قانون اساسی و با استفاده از اختیارات قانونی خود دو مجلس را رسماً منحل کند! این کار در ۱۹ دسامبر ۱۹۵۳ انجام پذیرفت و در هیجدهم مارس، پس از انجام انتخابات جدید، شاه مجلسین را افتتاح کرد و با پایان دوران فترت زندانی سیاسی و پارلمانی حالت عادی به خود گرفت. اما آیت‌الله کاشانی با این ترتیبات و نحوه برگذاری انتخابات مخالف بود و بحران روابط میان او و نخست وزیر تشدید شد.

در این گیر و دار مسأله بزرگ دیگری پیش آمد و آن کشف شبکه نظامی حزب توده بود. ماجرا در پائیز سال ۱۹۵۳ با بازداشت ظاهراً اتفاقی افسر جوانی موسوم به سروان ابوالحسن عباسی آغاز شد که سریعاً با ماموران فرمانداری نظامی که سرتیپ تیمور بختیار در رأس آن بود همکاری کرد و سر نخ لازم را به دست مأموران داد. تحقیقات بعدی نشان داد که نزدیک به ششصد تن از افسران ارتش – شهربانی کل و ژاندارمری عضو این «سازمان» منسجم و توانا هستند. حتی در میان آن‌ها چند افسر با درجه سرهنگی وجود داشتند. اما هیچ یک از امرای ارتش یا قوای انتظامی در آن عضویت نداشت. مأموران با وجود کوشش‌های بسیار نتوانستند به صورت اسامی درجه داران عضو این «سازمان» دست یابند. در میان اعضای سازمان چند تن از افسران گارد شاهنشاهی و گارد محافظ اقامتگاه دکتر مصدق و نیز افسر شهربانی مسئول حفاظت سپهبد زاهدی و هم‌چنین تنی چند از پزشکان ارتشی هم یافته شدند و بازداشت گردیدند.. این ماجرا نه تنها در ایران بلکه در سایر کشورها نیز بازتابی فراوان داشت. آیا شوروی‌ها با در دست داشتن چنین شبکه منظم و وسیع در تدارک یک کودتای نظامی علیه رژیم نبودند؟

شبکه نظامی سازمان سریعاً متلاشی شد. در پی آن مأموران امنیتی توانستند اسامی اعضای غیرنظامی وابسته به این سازمان، انبارهای متعدد اسلحه و مهمات و حتی چاپخانه‌ای

را که در آن تمبرهای «جمهوری خلق ایران»[1] چاپ و آماده شــده بود که پس از ســقوط مصدق (که ظاهراً هدف بعدی توده‌ای‌ها بود) منتشر شود، کشف کنند.

نزدیک به چهارصد تن از اعضای «سازمان» تحویل دادسرای نظامی و بیست و هفت تن از آنان تیرباران شدند. یکی از محکومان به اعدام افسر مأمور حفاظت سپهبد زاهدی بود که رئیس دولت عفو وی را از شــاه گرفت و محکوم به حبس ابد و بعد از مدتی از زندان آزاد شد.

سروان عباسی پاداش همکاری خود را گرفت و بعد از یک عمل جراحی و دستکاری که در صورتش کردند با نام دیگری و گذرنامه معتبر عازم آمریکا شــد[2] که بعداً کســی صحبتی از او نکرد.

کشف این شبکه که در فضای جنگ سرد آن زمان توفیق بزرگی به شمار می‌آمد فقط مدیون مأموران امنیتی ایرانی بود و برای آنان در سازمان‌های اطلاعاتی جهان غرب حیثیت و اعتباری به وجود آورد.

همه اعضای ســازمان که از مرگ رهائی یافته بودند، به تدریج از زندان آزاد شــدند. بســیاری از آنان وارد خدمات دولتی شــدند و بعضاً به مقامات مهم رسیدند. چند تنی به عضویت ســازمان اطلاعات و امنیت کشــور درآمدند و بقیه در بخش خصوصی به کار پرداختند که در میان آنان بازرگانان، مهندسان مشاور و مقاطعه‌کاران سرشناسی نیز می‌توان یافت. سرنوشــت کسانی که به اتحاد جماهیر شــوروی گریختند بسیار غم‌انگیز است.[3] در این گیرو دار سرنوشــت حسین فاطمی، وزیر امورخارجه جوان مصدق، که معتقد به ائتلاف با حزب توده و قطعاً در اواخر دشمن شماره یک شاه بود، چه شد؟

او در روز ۱۹ اوت، در آغاز ساعات بحرانی که به سقوط مصدق انجامید، اقامتگاه وی

۱ - محمدرضا پهلوی، پاسخ به تاریخ، صفحه ۷۰: «من به چشم خود تمبرهای جمهوری خلق ایران را که طبع و آماده انتشار شده بود دیدم».

۲ - روایت سپهبد حسین آزموده رئیس وقت دادرسی ارتش که بر این کار نظارت داشت، به نویسنده ایرانی این کتاب، پاریس ۷ نوامبر ۱۹۸۵.

۳ - ســال‌ها بعد، بابک امیرخســروی، یکی از دبیران کل حزب توده جزئیات جالبی در باره این افسران و سرنوشــت آنان فاش کرده نگاه کنید به بابک امیرخسروی و محسن حیدریان، مهاجرت سوسیالیستی و سرنوشت ایرانیان، پیام امروز تهران.

را ترک کرد و چنان که بعدها یکی از رهبران حزب توده نوشت به این حزب «پناه آورد»[1] که ترتیب اختفا و حفاظت وی را در خانه یکی از اعضای سازمان نظامی خود ستوان دکتر منزوی دادند[2] در نیمه مارس ۱۹۵۴، مأموران انتظامی موفق به کشف محل اختفا و بازداشت حسین فاطمی شدند.

هنگامی که با احتیاطات بسیار و به طور محرمانه حسین فاطمی را به شهربانی کل انتقال می‌دادند، وسیله نقلیه حامل وی مورد حمله چند تن قرار گرفت.[3] حسین فاطمی مضروب و شدیداً مجروح گردید.

این جریان موجب جدیدی برای اختلاف نظر میان شاه و نخست وزیر شد. سپهبد زاهدی رسماً خواستار شد که تحقیقات دقیق در این مورد به عمل آید و مسئول یا مسئولان، چه آمر باشند چه مجری، شناخته و مجازات شوند.

محمدرضا شاه دو دل بود[4] در نهایت امر، برای آرام کردن خشم و اعتراض رئیس دولت، یکی از صاحب منصبان قدیمی دربار موسوم به سلیمان بهبودی[5] خود را به نخست وزیر معرفی کرد و گرچه به احتمال قریب به یقین مقصر نبود، مسئولیت این عمل را به گردن گرفت. در نتیجه به توبیخ رسمی وی اکتفا شد و پرونده راکد ماند. چرا محمد رضا شاه با یک رشته تحقیقات دقیق چنان‌که نخست وزیر خواسته بود، موافقت نکرد؟ چه کسانی در دربار از افشاگری‌های حسین فاطمی یا ضاربانش، که قطعاً قصد مرگ وی را داشتند، بیم‌ناک بودند؟ زاهدی باز ناچار از عقب‌نشینی شد و این پرسش‌ها بی‌جواب ماند.

محاکمه فاطمی ده روز به طول انجامید، محکوم به اعدام شد، تقاضای تجدید نظر کرد. دادگاه تجدید نظر نیز رأی قبلی را تائید کرد. فاطمی از تقاضای رجوع پرونده‌اش

۱ - دکتر فریدون کشاورز، «من متهم می‌کنم...»
۲ - همان منبع.
۳ - به سرکردگی شعبان جعفری که ابتدا از طرفداران مصدق و آیت‌الله کاشانی بود و از شهربانی مقرری دریافت می‌داشت و سپس به جمع مخالفان پیوست. اما در وقایع روز ۱۹ اوت (۲۸ مرداد) در زندان بود و بعداً آزاد شد. (مترجم)
۴ - نورمحمد عسگری، مورخ ایرانی مقیم سوئد (که از روزنامه‌نویسان جوان همکار حسین فاطمی در باختر امروز بود) در این باره تحقیقات و پرس و جو کرده و نتیجه آن را انتشار داده است (شاه، مصدق، سپهبد زاهدی، منبع یاد شده). نوشته او در مجموع با روایت اردشیر زاهدی در خاطرات‌اش تطبیق می‌کند (منبع ذکر شده، جلد اول)
۵ - همان که در صفحات اول کتاب به خاطراتش استناد شده (مترجم)

به دیوان عالی کشور (که نمی‌توانست قضاوتی در باره اصل اتهامات باشد) خودداری کرد. در این فاصله رئیس مجلس سنا، سیدحسن تقی‌زاده، سناتور عدل‌الملک دادگر و جمال امامی متفقاً به دیدار رئیس دولت آمدند و از او خواستند که پادرمیانی کند و از شاه خواستار صدور فرمان عفو حسین فاطمی شود، که خود مردانه این تقاضا را نکرده بود اما وکیلش آماده بود که این کار را انجام دهد. نخست وزیر به اردشیر زاهدی که روزی چند بار بین دفتر او و دربار رفت و آمد داشت، مأموریت داد که بی‌درنگ شرفیاب شود، قضایا را توضیح دهد و بگوید که خود او (سپهبد زاهدی) نیز با «نظر آقایان» موافق است. ظاهراً محمدرضا شاه نیز روی خوش نشان داد.[1] اما در روز ۱۰ نوامبر ۱۹۵۴، که اردشیر زاهدی به دربار رفته بود، شنید که سحرگاهان حسین فاطمی تیرباران شده است. چند تصویر از این جریان نیز دست به دست می‌گشت. اردشیر زاهدی سخت بیمناک شد که مبادا پدرش خشمگین شود و تصور کند که او دستورش را انجام نداده و پیامش را نرسانده است. هنگامی که باریافت، بغتتاً شاه به او گفت: «رئیس ستاد ارتش جریان را به اطلاع نخست وزیر رسانده است».[2]

محمد رضا شاه بار دیگر مرتکب یک اشتباه سیاسی شد. اگر فاطمی را عفو کرده بود، زیانی به دستگاه سلطنت وارد نمی‌شد، او چند سالی در زندان می‌ماند و سپس آزاد و مانند بسیاری دیگر کم و بیش فراموش می‌شد. تیربارانش او را به صورت شهید و یک قهرمان مبارزه با خاندان پهلوی درآورد. درست است که سخنانی که در باره شاه و به‌ویژه شاهدخت اشرف گفته بود، تند و خشن و وقیحانه و ناشایست بود. ولی آیا برای محمدرضا شاه که در زندگی‌اش تقریباً همیشه عفو را به انتقام ترجیح داده بود، اصلح آن نبود که به فشارهای اطرافیانش تسلیم نشود؟

به این ترتیب از دیدگاه سیاسی، بار دیگر، محمد رضاشاه پیشنهاد نخست وزیر خود را رد کرد.

با وجود این بحران‌های داخلی و اتخاذ تصمیماتی که خوش آیند همگان نبود، از دید دنیای خارج وضع ایران رو به بهبود مستمر بود. اما هر چه از بحران کاسته می‌شد و اوضاع

۱ - در پاسخ به پرسش نویسنده ایرانی کتاب، اردشیر زاهدی این جریان را تائید کرد.
۲ - طبق چند روایت، حسین فاطمی با وجودی که هنوز از بقایای سوءقصدی که به او شده بود، رنجور بود، با مردانگی جان داد.

بهبود می‌یافت و به حال عادی نزدیک و نزدیک‌تر می‌شد، تضاد و عدم تفاهم میان شاه و رئیس دولت بیشتر هویدا و عیان می‌گردید. در محیط سیاسی کوچک تهران همه مراقب و مواظب حرکات و گفتارها و اقدامات شخص اخبر بودند. در اوایل آوریل ۱۹۵۴، سپهبد زاهدی به تنهائی کنگره جهانی بزرگی را که به مناسبت هزاره ابن‌سینا فیلسوف و پزشک معروف ایرانی در تهران تشکیل شده بود، افتتاح کرد. ظاهراً قرار بود شاه بیاید که در آن‌جا حاضر نبود و شایعاتی در تهران منتشر شد.

دو روز بعد در همدان، که ابن‌سینا قسمت مهمی از عمر خود را در آن‌جا گذرانده بود، شاه و رئیس دولت به اتفاق برای افتتاح آرامگاه پرشکوه و مجسمه‌اش حاضر بودند. طبق تشریفات در بار، نخست وزیر می‌بایست اندکی پشت سر شاه قرار گیرد. اما چنان‌که گفته و نوشته شد، مانند قوام «شانه به شانه» شاه راه می‌رفت. این عمل به درباریان که همیشه منتظر و مراقب چنین جزئیاتی برای بگو مگو در باره آن بودند، گران آمد. شاید خود شاه هم متوجه شد و خوشش نیامد. ولی مطابق معمولش چیزی نگفت.

در ۲۷ اکتبر، به هنگام افتتاح ساختمان مرکزی مجلل بانک سپه، مباشر اداره وجوه بازنشستگی ارتش، باز همان صحنه گشایش آرامگاه بوعلی تکرار شد. «تیمسار نخست وزیر»، شانه به شانه شاه راه می‌رفت. نشانه‌ای از اعتلای قدرت رئیس دولت بود، یا رضایت شاه به اینکه سلطنت کند و نه حکومت؟

در دسامبر ۱۹۵۳، ریچارد نیکسون معاون رئیس جمهوری ایالات متحده سفری به ایران کرد. شخص دوم کشور خود بود و به حکم مقتضیات تشریفاتی میهمان رسمی نخست وزیر، یعنی شخص دوم ایران. میان این دو روابط دوستانه و اعتماد متقابل برقرار شد. طبق صورت جلسه مذاکرات شوروی امنیت ملی امریکا[1]، در جریان این سفر محمدرضا شاه قصد خود را دایر به برکناری سپهبد زاهدی با نیکسون در میان گذاشته بود. اندکی بعد به هنگام سفرش به واشنگتن به پرزیدنت آیزنهاور نیز گفت که «وقتی مسأله نفت حل شد، من اداره امور را شخصاً به دست خواهم گرفت». ریچارد نیکسون از این تغییر و تحولی که در پیش بود، ابراز نگرانی می‌کرد: «زاهدی با مسائل جدی روبرو است. موقعیت وی در خطر است زیرا شاه ذاتاً و اصولاً با هر نخست وزیر توانائی مخالف

۱ - جلسه مورخ ۲۳ دسامبر، نگاه کنید به Foreign Relatious منبع ذکر شده.

است».[۱]

این تنها مشکل «تیمسار نخست وزیر» نبود. بریتانیائی‌ها نیز به تحریکات خود علیه او وسعت دادند. سپهبد زاهدی برای آنان دشمنی بود که می‌بایست کنار گذاشته شود. در تاریخ ۱۹ نوامبر ۱۹۵۳، لوی هندرسن سفیر امریکا در ایران، ناچار شده بود که از وزارت متبوعه خود تقاضا کند که جداً از لندن بخواهید که به تحریکات علیه دولت سپهبد زاهدی پایان بخشد.[۲] به این ترتیب می‌توان گفت که چند ماه پس از رسیدن به قدرت، سپهبد زاهدی ناچار به درگیری با چند جناح مختلف بود: دربار، بریتانیائی‌ها و در نهایت امر شخص شاه و در این شرائط دشوار می‌بایست مسائل فزاینده مملکتی را نیز حل و فصل کند.

مرتباً موجبات جدید برخورد و عدم توافق میان شاه و رئیس دولتش پدیدار می‌شد. یکی از آن‌ها سیاست نظامی و دفاعی کشور بود. محمدرضا شاه می‌خواست که بودجه ارتش سریعاً و به طور قابل ملاحظه و چشم‌گیر افزایش یابد. حتی به قیمت افزایش مالیات‌ها و اختصاص قسمتی از عواید نفت به این منظور. زاهدی مخالف بود و اظهار می‌داشت: «من تعهد می‌کنم که با ارتش فعلی امنیت داخلی و نظم کشور را تأمین نمایم». وی فقط با یک بهبود تدریجی و محدود در تجهیزات و اسلحه نیروهای مسلح و اندک افزایشی در حقوق و مزایای افسران و درجه‌داران، موافق بود، و با هر گونه فشار به مؤدیان مالیاتی مخالفت می‌کرد. محمدرضا شاه می‌دانست که امریکائی‌ها از تجهیز و تقویت سریع ارتش در مقابل خطر نظامی و توسعه‌طلبی اتحاد شوروی، حمایت می‌کنند. واشنگتن معتقد بود که در این زمینه کمک‌های لازم را کرده و بعد از حل مسأله نفت باید ایرانیان سهم بیشتری را در افزایش هزینه‌های دفاعی به عهده بگیرند. سفارت امریکا، در مورد برخورد شدیدی که پیرامون این مسأله در «بالاترین سطوح مملکت» اتفاق افتاده بود گزارش به واشنگتن داد[۳]: بر حسب اتفاق، سپهبد زاهدی مطلع شد که وزیر جنگ و رئیس ستاد ارتش (که هر دو از منصوبان خود او بودند) برای بحث در باره بودجه ارتش شرفیاب هستند. بی‌درنگ عازم دربار شد و بدون اطلاع قبلی به دفتر کار شاه رفت. این کار خلاف

۱ - همان منبع.

2 - Foreign Relations...

۳ - همان منبع.

اصول تشریفات بود، ولی چه کسی می‌توانست مانع «تیمسار نخست وزیر» توانای وقت شود؟ در برابر آن دو شخص به شاه گفت: «قربان، من در خدمت شما و در خدمت ایران هستم. به مصلحت شما نیست که نخست وزیری داشته باشید که چشم بسته دستورات امریکائی‌ها را اجرا کند»، و آن‌ها را با خشونت از دفتر شاه بیرون راند.[۱]

بحران میان شـــاه و رئیس دولتش باز هم شـــدیدتر شد. واشنگتن و لندن بر آن شده بودند که یک پیمان دفاعی مشترک، که در حقیقت ادامه پیمان آتلانتیک شمالی باشد، در خاورمیانه پیاده کنند. قراردادی که بعداً به نام پیمان بغداد معروف شد. هر دو پایتخت به ایران فشار می‌آوردند که به این پیمان ملحق شود. شاه موافق بود ولی زاهدی گمان می‌برد که ورود به یک جبهه نظامی و رودررروئی با همســـایه بزرگ شـــمالی به مصلحت ایران نیست. محمدرضا شـــاه عملاً وارد مذاکرات مستقیم برای الحاق ایران به این پیمان شده و در حقیقت نخســـت وزیر و دولتش را کنار گذاشـــت و در نتیجه دلتنگی شدید سپهبد زاهدی را برانگیخت.

در این مقطع از زمان محمدرضا شـــاه حق داشت که در مقابل خطر افزاینده توسعه طلبی اتحاد جماهیر شوروی، به دنیای غرب تکیه کند و روابط ایران را با امریکا و بریتانیای کبیر تحکیم نماید. توجه زاهدی بیشـــتر به «جبهه داخلی» و بهبود وضع مردم بود. او نیز اشتباه نمی‌کرد.

اما این دو بینش متضاد نمی‌توانست پنهان بماند و بر مجموع فضای سیاسی داخلی ایران تأثیر گذاشت. پیمان بغداد در ۲۴ فوریه ۱۹۵۵ میان عراق و ترکیه به امضاء رسید و ایران در تاریخ سوم نوامبر همان سال بدان پیوست.[۲]

الحاق ایران به پیمان بغداد بیانگر یک تحول اساسی در موقعیت بین المللی این کشور و روابط آن با سایر ممالک خاور نزدیک و میانه بود و پی‌آمدهای بسیار داشت.[۳]

---

۱ - همان منبع.

۲ - بریتانیای کبیر در ۴ مارس و پاکســـتان در ۲۳ ســـپتامبر به این پیمان ملحق شده بودند. عراق در ۲۴ مـــارس ۱۹۵۹ پیمان را تـــرک کرد. اما در عمل ایالات متحده نیز به آن پیوســـتند. نام پیمان Central Treaty Organization تغییر یافت (که به CENTO معروف شـــد) و مرکز آن به آنکارا انتقال یافت. این سازمان پس از پیروزی انقلاب اسلامی در ایران به سال ۱۹۷۹ منحل شد.

۳ - نگاه کنید به مقاله دکتر مهدی مظفری در نشـــریه Politique Etrangere سال چهلم، شماره ۲، ۱۹۷۵.

اختلاف سلیقه شاه و نخست وزیر در زمینه سیاست اقتصادی کشور نیز به زودی عیان شد. سپهبد زاهدی هوادار آن بود که به اجرای طرح‌های کوچک و متوسط، از قبیل ساختمان سدهای کوچک که سریعاً قابل بهره‌برداری باشد، برنامه‌های خانه‌سازی مخصوصاً برای «طبقه سوم»، ایجاد بیمارستان‌ها و درمانگاه‌ها، حفر چاه‌های عمیق برای بهبود آبیاری در روستاها، تعمیر قنوات... اولویت داده شود. او می‌خواست مردم سریعاً اثرات و نتایج حل بحران نفت را در وضع زندگی روزانه و آسایش خود به بینند و احساس کنند. شاه دورنگر بود و در جستجوی عظمت و ابهت ایران. از اجرای طرح‌های بزرگ (و در نتیجه طویل‌المدت) که چشمگیر و خیره کننده و نشانه بزرگی و توانائی ایران باشد، طرفداری می‌کرد. می‌خواست آثار سلطنتش را در تاریخ به جای گذارد.

دو بینش مختلف و مخالف که برخورد میان آن‌ها ناگزیر بود.

در این گیر و دار، ابوالحسن ابتهاج، رئیس کل مقتدر پیشین بانک ملی که در زمان مصدق به سفارت ایران در پاریس برگزیده شده و در ماه‌های آخر بی‌کار شده بود، از اروپا به ایران بازگشت. وی معتقد به همکاری نزدیک با صندوق بین‌المللی پول و بانک جهانی (یعنی در عمل دیدگاه‌های واشنگتن) و پیروی از اظهار نظرهای آنان بود و گمان می‌برد که در اجرای طرح‌های بزرگ عمران و توسعه باید مرجحاً از صلاحیت مهندسین مشاور غربی و به ویژه امریکائی بهره گرفت.

سپهبد زاهدی می‌خواست ابوالحسن ابتهاج را مجدداً به ریاست کل بانک ملی ایران منصوب کند که همه صلاحیت و قدرت او را در این سمت تصدیق می‌کردند. ابتهاج نزد شاه رفت، نظرات خود را بازگو کرد و از او خواست که ترتیب تصدی او را بر سازمان برنامه بدهد که مسئول اجرای برنامه‌های عمرانی کشور و مسئولیتی بسیار حساس و موثر بود. در این میان شخصی که سپهبد برای تصدی سازمان برنامه تعیین کرده بود، به سکته قلبی درگذشت و مسأله تعیین جانشین او فوریت یافت. شاه در انتصاب ابتهاج تأکید داشت. زاهدی چند روزی مقاومت کرد و سرانجام ابتهاج برگزیده شد.[1]

---

۱ - تمام این جریان‌ها از دو دیدگاه مختلف به تفصیل در خاطرات ابوالحسن ابتهاج (منبع ذکر شده) و به اختصار در خاطرات اردشیر زاهدی، جلد اول (منبع ذکر شده) آمده است.

در روز پنجم دسامبر شاه و ملکه ثریا برای انجام مسافرتی طولانی عازم خارج شدند.[۱] برای التیام در روابط خود با شاه و برخلاف معمول، سپهبد زاهدی به این مناسبت پیامی از رادیو برای ملت ایران فرستاد. در آن به زوج سلطنتی سفر به خیر گفت و به شخص شاه اطمینان داد که در غیابش دو قوه مقننه و مجریه با نهایت جدیت در تحقق هدف‌های او (یعنی شاه) همکاری و همگامی خواهند کرد. سفری که محمدرضا شاه در پیش داشت. برای او واجد اهمیت بسیار بود، می‌خواست موضع خود را در سطح بین المللی تثبیت کند. به احتمال قریب به یقین در همین سفر است که توافق پرزیدنت آیزنهاور را برای تغییر زاهدی کسب کرد. امریکائی‌ها همچنان به کفایت زاهدی اعتقاد و اعتماد داشتند و به او احترام بسیار می‌گذاشتند. اما دوگانگی در شیوه‌های راهبری کشوری چون ایران و پیدایش عدم ثبات سیاسی در این کشور را نیز برنمی‌تافتند و می‌دانستند عاملی در نابسامانی وضع منطقه خواهد شد. صنایع بزرگ امریکا، از جمله صنایع اسلحه سازی، شرکت‌های توانای آن کشور، صندوق بین‌المللی پول، همه دیدگاه شاه و گرایش او را به اجرای طرح‌های بزرگ و تقویت سریع ارتش تائید می‌کردند. بلند پروازی‌های شاه در آن زمان با منافع شان هماهنگی داشت و سال‌ها بعد همین بلندپروازی‌ها در تدارک موجبات و مقدمات سقوط او موثر افتادند، زیرا دیگر برای واشنگتن قابل قبول نبودند.

انتخاب واشنگتن میان شاه و سپهبد زاهدی بود. در صحت عمل سپهبد زاهدی، با وجود چند تن از اطرافیانش که خوشنام نبودند یا متهم به سوءاستفاده از دوستی با وی می‌شدند هیچ‌کس تردید روا نمی‌داشت. طرز فکر سیاسی او دیگر روشن بود؛ به مسائل داخلی و آسایش فوری مردم اولویت می‌داد، مخالف رو در روئی با اتحاد جماهیر شوروی بود اما از دیدگاه واشنگتن «نقاط ضعفی» هم داشت: در یک گزارش سفارت امریکا مصرح است[۲] که «او هنوز افکار ناسیونالیستی» پیشین خود را فراموش نکرده. به علاوه او به زبان انگلیسی هم آشنا نبود! در برابر او محمدرضا شاه قرار داشت که در ساختار سیاسی آن روز ایران عاملی ثابت و تغییرناپذیر بود، طرح‌های بزرگ و چشم گیر در سر داشت که با منافع آن روز جهان غرب (و امریکائی‌ها) تطبیق می‌کرد و به زبان انگلیسی نیز مسلط بود.

امریکایی‌ها از کناره‌گیری شخصیتی چون زاهدی که مورد احترام‌شان بود متأسف

۱ - نگاه کنید به فصل مربوط به ثریا.

2 - Foreign Relations...

بودند، اما آن را ناگزیر می‌دیدند. انگلیس‌ها سقوط او را جشن می‌گرفتند. از «شرش» خلاص می‌شدند.

اتخاذ تصمیم به برکناری سپهبد زاهدی آسان بود، اما اجرای آن مشکل، زاهدی در رأس امور بود و با قدرت حکومت می‌کرد. در مجلس از اکثریتی قاطع برخوردار بود به دسته‌بندی‌هایی که در سنا و مجلس سنا بر ضد او می‌شد وقوف داشت اما اعتنائی نمی‌کرد. همه می‌دانستند که این دسته‌بندی‌ها از دربار تقویت می‌شود. اسکورت موتورسیکلت سواران که اتومبیل وی را در شهر همراهی می‌کرد، برای بسیاری از درباریان حرفه‌ای، دوران قوام را به یاد می‌آورد، که وی خود را برتر یا هم پایه شاه می‌انگاشت. بسیاری می‌خواستند نارضائی اکثریت مردم را از رفتار نابرازنده‌ای که با مصدق شده بود به گردن او بیاندازند. اما هیچ‌کس نبود که نداند که «تیمسار نخست وزیر» خود را از همان هفته اول از این ماجرا کنار کشیده. سپهبد زاهدی در مسافرت‌هایش به شهرهای مختلف کشور با استقبال گرم مردم عادی، همان «طبقه سوم» که همیشه نگران وضع آنان بود، مواجه می‌شد و با آنان رفتاری پدرانه داشت که آن را هم دشمنانش تحمل نمی‌کردند.

در روز ۲۱ فوریه ۱۹۵۵، هنگامی که شاه و ملکه ثریا هنوز در سفر رسمی خارج از کشور بودند، نخست وزیر به اقدامی غیرعادی و پر سر و صدا دست زد: در حالی که ملبس به لباس متحدالشکل نظامی بود، به اتفاق بیش از یک صد تن از افسران عالی رتبه ارتش و تنی چند از شخصیت‌های سیاسی و همگی نمایندگان دو مجلس، برای بزرگداشت سال‌روز کودتای سال ۱۹۲۱[۱] به آرامگاه رضاشاه رفت و تاج گل بزرگی نثار آن کرد. همه تصاویری که در جراید منتشر شد وی را در میان فرماندهان نیروهای مسلح نشان می‌داد. آیا می‌خواست در این روز خاصّ تسلط خود را بر ارتش (که واقعی بود) نشان بدهد؟ آیا می‌خواست به شاه بفهماند که ارتش فقط در اختیار او نیست؟ تعبیرات و تفسیرات چه در دربار و چه در شهر فراوان بود.

مخالفت دربار با نخست وزیر دیگر علنی شده بود. همه می‌گفتند که شاهدخت اشرف در رأس و مرکز آن است، گرچه به علت اختلافاتش با ملکه ثریا کمتر در تهران بود و بیشتر در خارج از کشور. یک گروه از سیاسیون در کنار دربار موج مبارزه با «تیمسار

۱- سوم اسفند ۱۲۹۹. (مترجم)

نخست وزیر» را رهبری می‌کردند. در میان آن‌ها دو تن از اعضای برجسته دولت، عبدالله انتظام وزیر امورخارجه که بر کشیده شخص زاهدی بود و دکتر علی امینی وزیر دارائی بود و نیز ابوالحسن ابتهاج، سناتور[1] جعفر شریف امامی و هم‌چنین یک دوست نزدیک و صمیمی شاه و وزیر اسبق، امیر اسدالله علم که اداره سازمان املاک اختصاصی (بنیاد پهلوی بعدی) را به عهده داشت. حسین علاء وزیر دربار شاهنشاهی داوطلبی خود را برای احراز سمت ریاست دولت پنهان نمی‌کرد. آیا چنین «بازی سیاسی» می‌توانست بدون تأیید و رضایت شاه صورت گیرد؟

بهر تقدیر، عزل زاهدی از سمتش تا موقعی که مجلسین دایر بودند از نظر قانون اساسی غیرممکن بود. می‌بایست از دولت وی استیضاح شود و سپس به او رأی عدم اعتماد بدهند. فرضیه‌ای که در شرائط آن روز ایران آسان به نظر نمی‌رسید. به علاوه هیچ‌کس در وفاداری سپهبد زاهدی نسبت به محمدرضاشاه تردید نداشت و دلیلی که خلاف آن را ثابت کند موجود نبود. لاجرم جنگ فرسایشی علیه او آغاز شد. «گروه رهبری مبارزه با زاهدی» بعضی از جراید را به حملات مختلف علیه نخست وزیر، یا اطرافیانش، یا اقداماتش تشویق می‌کرد. همانند قوام، سپهبد زاهدی به این حملات و توطئه‌ها بی‌اعتنائی کامل نشان می‌داد و حتی از ابراز تحقیر نسبت به آن‌ها ابا نداشت.[2]

در پایان سال ایرانی، ۲۱ مارس ۱۹۵۴، ۲۱ مارس ۱۹۵۵ و به مناسبت نوروز بودجه سال جدید طبق قانون به تصویب قوه مقننه رسید. با اتکا به درآمد نفت در این بودجه اعتبارات قابل ملاحظه‌ای برای ساختمان خانه‌های ارزان قیمت، توسعه کشاورزی و کمک به کشاورزان، راه‌سازی و ... همه بخش‌هایی که مورد علاقه رئیس دولت بود. در نظر گرفته شده بود هم‌چنین دولت برای افزایش حقوق و مزایای کارمندان کشوری و لشکری تأمین اعتبار و کسب اجازه کرد. این بودجه اعلام پایان سال‌های تنگدستی و آغاز گشایش در امور مملکت و نشانه توفیقی برای دولت بود.

۱- نخست وزیر بعدی. (مترجم)

۲ - در گزارش‌های مختلف سفارت امریکا به واشنگتن این جریان‌ها تعقیب و تجزیه و تحلیل شده. نگاه کنید به ...Foreign Relations باید گفت که هم در جراید و هم در مجلسین طرفداران زاهدی فراوان بودند و از ابراز علنی حمایت خود نسبت به او خودداری نمی‌کردند. به جریان این «توطئه ضد زاهدی» در خاطرات اردشیر زاهدی (جلد اول) اشاره شده و همه زندگی نامه‌های وی (عسگری، صفائی، دکتر همایونفر) با ذکر مدارک مختلف مفصلاً به آن پرداخته‌اند.

اما مخالفان از پای ننشستند. اقلاً سه بار تلگراف‌های رمزی از تهران به شاه مخابره شد که در آن، احتمال کودتای سپهبد زاهدی علیه وی مطرح و حتی یک‌بار استدعی شده بود که زودتر به تهران بازگردد. سفرای ایران در واشنگتن، لندن و بُن که می‌بایست این تلگراف‌ها را کشف و به استحضار شاه برسانند، جرئت این کار را نداشتند. ناچار به اردشیر زاهدی متوسل می‌شدند. او هنگامی که به سمت آجودان کشوری منصوب شد، پدرش به وی اکیداً دستور داد که هر بار که در خدمت و یا همراه شاه است باید فقط به وظیفه و مأموریت خود بیاندیشد و روابط و علائق خانوادگی را فراموش کند.[1] اردشیر زاهدی دستور پدر را اطاعت کرد و گزارش‌ها را به شاه تقدیم داشت. هر بار شاه مفاد آن‌را با خنده و شوخی تلقی می‌کرد. این روش حکومتش بود. به اتهامات دروغین علیه این و آن اعتنا نمی‌کرد، اما در برابر دروغ پردازان نیز عکس‌العملی نشان نمی‌داد، به عبارت دیگر، به نحو غیرمستقیم آن‌ها را به حال خود می‌گذاشت و تشویق می‌کرد! در مونیخ، بعد از دریافت سومین تلگرام هشدار از تهران، هدیه بسیار زیبا و گرانبهایی نیز (تفنگ شکاری مرصّع) برای نخست وزیر خرید و چنان کرد که همه بدانند!

اندکی پس از مراجعت شاه و ملکه به تهران، سال نو ایرانی و جشن نوروز بود. مراسم سلام و عرض شادباش‌های نوروزی به شاه (که از زمان کورش کبیر مرسوم و هم‌چنان پابرجا بود) این بار با فّر و شکوهی استثنائی برگذار شد. نخست وزیر در این باره تأکید بسیار کرده بود و می‌خواست نشان بدهد که دوران دشواری‌ها به سررسیده و زمان بازگشت به سنت‌های دیرین فرا رسیده است.

فردای آن روز، شاه و ملکه برای گذراندن تعطیلات نوروزی رهسپار جنوب کشور شدند. سپهبد زاهدی آنان را در ایستگاه راه‌آهن بدرقه کرد و خود اندکی بعد از همانجا با خط دیگری عازم شمال شد. دو جهت مخالف یکدیگر!

اردشیر زاهدی، بار دیگر همراه زوج سلطنتی بود، به هنگام بازگشت، شاه ناگهان دستور داد که ترن سلطنتی را متوقف کنند. محسن قره‌گزلو رئیس کل تشریفات را که در واگن دیگری بود فراخواند و با قیافه‌ای جدی و متظاهر به نگرانی به او گفت نصیری از تهران خبر داده که کودتا شده است و کودتاچیان علاء را نیز بازداشت کرده‌اند. رنگ از

۱ - در این هنگام هنوز اردشیر زاهدی داماد شاه نبود.(مترجم)

روی قره‌گزلو پرید، گوئی دارد قبض روح می‌شـــود. شـــاه به صدای بلند خندید و گفت «شوخی می‌کردیم». کسی نامی از عامل کودتا نبرده بود، همه دانستند به چه کسی اشاره شده، شاه دستور داد ترن مجدداً به حرکت درآید. آیا فقط شوخی بود، «هوس ملوکانه» یا پیامی غیرمستقیم به «تیمسار نخست وزیر» که پسرش حاضر و ناظر بود؟

به هنگام مراجعت رئیس دولت در ایســـتگاه راه آهن حاضر بود، از شـــاه و ملکه به گرمی استقبال کرد و آن دو به اتفاق همراهان عازم کاخ سلطنتی شدند. اردشیر زاهدی به پدرش پیوست. در راه نخست وزیر به او گفت که می‌داند که در روزهای آینده باید کنار برود. همین. همه چیز را برای برکناری نخست وزیر آماده کرده بودند.

در روز چهارم آوریل ۱۹۵۵، امیراسدالله علم، به وزارت امورخارجه و دفتر نخست وزیر آمد و به او گفت که شاه از او می‌خواهد که استعفایش را تقدیم دارد و از کار کناره بگیرد. زاهدی بی‌درنگ نامه اســـتعفای خود را نوشت و به عَلَم داد. ساعاتی بعد علم که استعفانامه را برده و به محمدرضا شاه داده بود به دفتر زاهدی بازگشت و به او گفت که، «اعلیحضرت» مقرر داشته‌اند سفارت بزرگی – هر سفارت که او بخواهد – در اروپا به وی تفویض شود و چون از نیازهای مالی نخست وزیر خود بی‌خبر نبود پانصد هزار تومان – وجهی قابل ملاحظه برای آن زمان – از محل «عواید املاک» در اختیارش گذاشت. نخست وزیر مغرور از قبول سمت سفارت در خارج معذرت خواست و با خشونت پیشنهاد دوم را رد کرد. در حضور محرم شاه تلفنی از دوست نزدیکش مصطفی تجدد بنیانگذار و رئیس بانک بازرگانی ایران خواست که در مقابل رهن گذاشتن ملکی در تهران، مبلغی معتنابه در اختیارش بگذارند که تجدّد بی‌درنگ پذیرفت. در حقیقت این عمل توهینی به شـــاه بود. گویا زاهدی به علم گفت: «به عرض اعلیحضرت برســـانید که من دوستان بسیار دارم و احتیاجی به تصدق کسی ندارم».

در این روز علم چهار بار میان کاخ سلطنتی و وزارت امور خارجه در رفت و آمد بود.

در بار ســـوم، علم و زاهدی در باره ترتیب برکناری یا کناره‌گیری نخســـت‌وزیر به گفتگو پرداختند و به توافق رسیدند. دربار از تظاهراتی که ممکن بود انتشار خبر استعفای نخست وزیر به راه اندازد، نگران بود. قرار بر آن شد که سپهبد زاهدی رسماً «برای معالجه»

عازم اروپا شود و دو سه روز بعد خبر استعفایش انتشار یابد و به این ترتیب ظواهر حفظ می‌شد.

حال می‌بایســـت، به پاس خدماتی که سپهبد زاهدی انجام داده، شاه خودش به نحو شایسته در این باره با او گفتگو کند. محمدرضا شاه نخست وزیرش را فردای آن روز به صرف ناهار در کاخ سلطنتی دعوت کرد. ملکه ثریا هم در این ناهار حضور داشت که بعداً در خاطرات خود جریان مذاکرات را به تفصیل نقل کرده:

«... شاه به من گفت، زاهدی کمی دست و پا گیر شده است. باید از دست او خلاص شوم.
من حیرت زده شدم. او چگونه می‌توانست چنین تصمیمی بگیرد و مردی را که همه چیزش را مدیون او بود، دوست همه لحظات و نخست وزیر وفادارش را برکنار کند. شاه با تظاهر به این که حیرت مرا از این ناروائی متوجه نشده است، در سکوت خود فرو رفت.
در این احوال مستخدم آمد و ورود سپهبد زاهدی را اعلام داشت. محمد رضا (شاه) او را به گرمی پذیرفت. انگار که هیچ مسأله‌ای در بین نیست. سپس ناگهان در وسط غذا گفت تیمسار من از خدماتی که شما برای ایران انجام داده‌اید متشکرم. ولی فکر می‌کنم کار سنگین بر شما فشار می‌آورد. باید چندی به سوئیس بروید و استراحت کنید. من توصیه می‌کنم که هر چه زودتر این کار را انجام دهید. رنگ از چهره زاهدی پریده بود. ولی شاه در حال تبسم، مانند دوستی دیرین که در حق دوست خود از هیچ چیز دریغ نداشـــته باشد به وی گفت، ترتیبی خواهد داد که برای او در ژنو مأموریتی فوق‌العاده با حقوق خوب و خانه‌ای زیبا در نظر گرفته شـــود. بعد افزود، کمی قهوه میل دارید؟ نخست وزیر به ساعت خود نگاه کرد و سالن ناهارخوری را ترک کرد... بعدها از او در مونترو دیدار کردیم... در حقیقت شاه از محبوبیت زاهدی بیمناک شده بود... چنان چه روزی او را از ســـلطنت خلع و خود را شاه اعلام می‌کرد؟ همان طور که ناصر در مصر با فاروق عمل کرد»...[۱]

ملکه ثریا از جریانات پشـــت پرده خبری نداشـــت. نمی‌دانســـت که سپهبد زاهدی استعفای خود را تقدیم داشته و این گفتگو در حقیقت جنبه تشریفاتی دارد.

بعـــد از ظهر همان روز همه ترتیباتی که تدارک شـــده بود به هم ریخت، اطلاعات، روزنامه مهم عصر، خبر استعفای سپهبد زاهدی را اعلام داشت و افزود که حسین علاء

۱ - ------- Le Palais de la متن ذکر شده.

وزیر دربار شاهنشاهی به جای او به نخست وزیری منصوب خواهد شد. به احتمال قریب به یقین گروهی که «توطئه» علیه زاهدی را رهبری می‌کرد، ترتیب انتشار این خبر را – با اطلاع یا بدون اطلاع شاه، نمی‌دانیم – داده بود. در دربار چند تنی نگران بودند که اگر خبر استعفای زاهدی از خارج انتشار یابد ممکن است به بروز ناراحتی‌هایی در ارتش منتهی شود و مخصوصاً موجبات نارضائی آیت الله عظمی بروجردی را که بسیار به سپهبد احترام می‌گذاشت، فراهم آورد. بنابر این ترجیح دادند که مطلب را قبل از خروج زاهدی فیصله دهند.

سپهبد زاهدی در نخستین ساعات بامداد روز هفتم آوریل، فرماندهان و روسای ارتش و قوای مسلح را فراخواند و با آنان خداحافظی کرد.

ساعت ۹ بامداد آخرین جلسه هیأت دولت خود را تشکیل داد و طی آن اعلام داشت که با «استجازه از پیشگاه مبارک اعلیحضرت همایونی» استعفا داده و بعدازظهر همان روز به اروپا خواهد رفت. «ما همه یک عده سرباز خدمتگزار به این میهن بوده و هستیم و امیدوارم هر کس در راه خدمت به این مملکت توفیق حاصل کند و نسبت به شاهنشاه صدیق و وفادار باشد».[۱]

چند تصویب نامه که جنبه فوریت داشت به تصویب رسید و نخست وزیر آن ها را امضا کرد.

پس از آن سپهبد زاهدی، کارمندان نخست‌وزیری و همکاران نزدیک خود را پذیرفت و با آنان خداحافظی کرد. در حالی که وزیران هر یک به وزارتخانه‌های خود رفتند و همین کار را انجام دادند.

از این پس دیگر برنامه صورتی دیگر به خود گرفت. اکثریت نمایندگان دو مجلس سررسیدند و با حضور خبرنگاران مطبوعات داخلی و خارجی از خدمات نخست وزیر مستعفی تقدیر کردند. سناتور ارسلان خلعتبری، وکیل معروف دادگستری و یکی از اعضای بنیان گذار جبهه ملی، از طرف همکاران دو مجلس از خدمات نخست وزیر تقدیر کرد و نقش او را در برقراری «ثبات سیاسی در کشور» به گرمی ستود.

---

۱ - به نقل از جراید عصر تهران.

سپس نمایندگان اتحادیه‌های کارگری سررسیدند و هدیه‌ای به نخست وزیر مستعفی دادند.

بعد از آن‌ها، گروهی از «رجال قدیمی» آمدند. سید ابوالحسن حائری‌زاده یار پریروز سید حسن مدرس و دیروز مصدق، که او هم از بنیان‌گذاران جبهه ملی بود. در میان آنان دیده می‌شد.

در این موقع خبر آمد که ملکه مادر سپهبد زاهدی را فراخوانده. زاهدی رفت و بیست دقیقه بعد برگشت. ملکه تاج الملوک نیز می‌خواست از او تشکر و قدردانی کند.

خبر استعفای سپهبد زاهدی، دیگر رسمی و در همه جا منتشر شده بود.

اعلام شد که «تیمسار نخست وزیر» در ساعت ۱۶ و ۳۰ دقیقه «برای خداحافظی و کسب اجازه مرخصی» شرفیاب خواهد شد و از آن‌جا به فرودگاه خواهد رفت باریابی به حضور محمدرضا شاه بسیار کوتاه بود اما در محیطی آمیخته با محبت و دوستی گذشت. عکسی هم برای «ضبط در تاریخ» گرفتند.

پرواز هواپیمای (S.A.S) حامل سپهبد زاهدی برای ساعت ۱۸/۳۰ (شش و نیم بعدازظهر) پیش بینی شده بود در سرتاسر میسر وی تا فرودگاه، بر خلاف ترتیبات معمول برای یک نخست وزیر مستعفی، ارتش افرادی را برای ادای احترام مستقر کرده بود، انگار که مسیر شاه است.

اسکورت اتومبیل نخست وزیر بزرگ‌تر از معمول و به قول دشمنانش «ملوکانه» بود. در فرودگاه گارد مخصوصی به وی احترامات نظامی معمول داشت که این هم در تشریفات نبود و به شاه اختصاص داشت. جمعیت انبوهی در فرودگاه به بدرقه آمده بودند. پیر و جوان، اشخاص مشهور یا ناشناس، به خصوص «رجال قدیمی» چون محمد ساعد یا تقی‌زاده که به سپهبد زاهدی علاقه و احترام داشتند.

همه کوشش بر این نهاده شده بود که «تیمسار نخست وزیر» مستعفی بی‌سر و صدا از ایران برود، که نرفت و نشد. اما به هر حال وی را راهی کرده بودند. هواپیما پرواز کرد و او از ایران خارج شد.

طی دو روز بعد، بار دیگر نظارت بر اتفاقات سیاسی از دست دربار (یا شاه؟) خارج شد. هر دو مجلس تقریباً به اتفاق آراء و رسماً از خدمات او تقدیر کردند. تنی چند از نمایندگان و سناتورها علناً علت استعفا و خروج او را از ایران جویا شدند. یک تن از آنان اعتراض کرد که چگونه ممکن است این کار بدون اطلاع مجلسین صورت گرفته باشد.

این چند تن معترض علنی، در دوره بعد به نمایندگی یا سناتوری انتخاب نشدند!

دولت زاهدی تقریباً دو سال بر سر کار بود. در شرائطی دشوار و قابل بحث آمد و در میان ابراز رضایت انبوهی از مردم، ارتش و بیشتر رجال سیاسی مجبور به کناره‌گیری شد.

در سال‌های پس از کناره‌گیری زاهدی، همه تشریفات و مقررات در رعایت قانون اساسی و در ظواهر اداره امور کشور ملحوظ می‌گردید. اما دوران جدائی سلطنت از حکومت به سر رسید و شاه، چنان‌که خود گفته بود «اداره امور» را کم و بیش به دست گرفت.

سپهبد زاهدی رفت و پس از توقفی کوتاه در بیروت، در سوئیس مستقر شد. ابتدا در یک خانه زیبای اجاری در ژنو و سپس در اقامتگاهی در شهر مونترو که به ۲۰۰,۰۰۰ فرانک سوئیس (رقمی نه چندان کوچک ولی نه خیلی مهم برای آن روز) با استقراض طویل‌المدت از یک بانک خریداری کرده بود. پرداخت اقساط این وام در سال ۱۹۸۵، یعنی سال‌ها پس از مرگش به پایان رسید.[1]

پس از انقلاب اسلامی، اقامتگاه خانوادگی وی در تهران تصرف، غارت و در نهایت امر مصادره شد. مرکز مطالعات سیاسی وزارت امورخارجه جمهوری اسلامی قسمت مهمی از مکاتبات او را که در اوراق پسرش یافته بودند، سال‌ها بعد انتشار داد.[2] بسیاری از آن‌ها حکایت از دلشکستگی شدید وی، دشواری‌های مالی، و آرزوی بازگشت به ایران دارد که به گوشه‌ای از «خاک وطنش» برود و در همان جا چشم از جهان فرو بندد.

همه این مکاتبات نشان می‌دهد که اتهاماتی که احتمالاً با الهام گروهی از درباریان به او زده شد که در سال ۱۹۵۳ پنج میلیون دلار از امریکایی‌ها به عنوان «پاداش» دریافت

۱ - مرکز (اسناد اردشیر زاهدی)
۲ - ۱۹۹۸، جلد دوم، شماره ۱۷.

داشته دروغی بیش نیست. سند تسلیم این رقم که به عنوان کمک فوری به ایران و در حضور جمع از جانب مقامات امریکایی به او در مقام رئیس دولت داده شده و بلافاصله به خزانه منتقل گردیده بود موجود است. مکاتباتی که با شاه برای اعتراض به این اتهامات داشته و مراسلات پسرش به نخست وزیر وقت[1] در همین مورد، اکنون انتشار یافته است که در آن موقع اعتنایی به آن نشد.

دو سال بعد، در پی ازدواج پسرش اردشیر با شاهدخت شهناز دختر ارشد شاه (از ازدواجش با شاهزاده خانم مصری فوزیه) و اصرار عروسش (که زاهدی بسیار به او علاقمند بود)، وی سمت سفارت سیار و ریاست دفتر نمایندگی ایران در مقر اروپائی سازمان ملل در ژنو پذیرفت که عملاً مداخله وی در امور این دفتر ناچیز بود و وزیر مختاری آن را اداره می‌کرد.

قبول این سمت به بسیاری از مسائل مالی سپهبد زاهدی پایان داد.

برای شرکت در این مراسم ازدواج و برای آن که شخصیت و مقام خود را حفظ کند، سپهبد زاهدی بار دیگر ناچار از استقراض شد که بعداً وام دریافتی را با فروختن یک قطعه زمین واریز کرد.

وی در سال‌های اقامت در سوئیس، دوبار از شاه و ملکه ثریا در اقامتگاهش در مونترو[2] پذیرائی کرد.

طی سال‌های واپسین عمرش، علاوه بر آثار متعدد جراحت‌های دوران خدمت در ارتش و جنگ‌هایی که در آن شرکت کرده بود، دچار سکته مغزی و روز به روز ضعیف‌تر می‌شد و سرانجام در روز ۲ سپتامبر ۱۹۶۳ در مونترو درگذشت. هفتاد ساله بود.

اردشیر زاهدی جنازه پدرش را به عتبات عالیات برد، در مرقد امامان شیعه و با حضور مراجع تقلید طواف داد و سپس به تهران آورد. برخلاف مصدق و قوام، دربار و دولت

۱ - دکتر علی امینی، در حقیقت این رقم ۵,۴۰۰,۰۰۰ دلار و سند مربوطه چکی از جانب خزانه‌داری امریکا بود که بلافاصله معادل ریالی آن از طرف بانک ملی ایران به حساب وزارت دارائی واریز شد. دکتر علی امینی به هنگام نخست وزیری خود از تصریح و اعلام این نکته به عللی که روشن نیست خودداری ولی بعداً آن را اذعان کرد. نگاه کنید به ایرج امینی، بر بال بحران، انتشارات ماهی، تهران، ۱۳۸۸ اسناد دیگری در جلد اول خاطرات اردشیر زاهدی در همین زمینه به چاپ رسیده.

2 - Villa les Roses.

برایش مراسم تشریفات رسمی و تشییع جنازه ملی ترتیب دادند و سرانجام وی در مقبره خانوادگی به خاک سپرده شد.[1]

سپهبد زاهدی، مردی استثنائی بود با عقاید و بینش خاص خود در باره ایران و آینده آن. او نیز مانند قوام و مصدق قائل به ضرورت جدائی سلطنت از حکومت بود و عقیده داشت که شاه باید خود را از کشمکش‌های سیاسی به دور نگاه دارد و به ایفای نقش مظهر وحدت ملی، چنان که در قانون اساسی مصرح بود، اکتفا کند.

محمدرضا شاه در خاطرات خود از او تقریباً نامی نبرده و سهمی را که در تاریخ ایران داشت نادیده گرفته است.

مخالفت ها و موافقت‌هایی که نسبت به سپهبد فضل‌الله زاهدی ابراز شده و می‌شود، هر چه بوده و باشد، تردید نمی‌توان داشت که یک خدمتگزار صدیق ایران بود.

۱ - شاهپور غلامرضا پهلوی، در مراسم تشییع جنازه از مسجد سپهسالار به نمایندگی برادر تاجدارش شرکت کرد. امیراسدالله علم نخست وزیر بود و البته حضور داشت. شهبانو فرح شخصا در ختم زنانه در اقامتگاه خانوادگی زاهدی در حصارک حاضر بود و شرکت کرد. (مترجم)

فصل دوم

ساواک، وسیله‌ای برای حکومت؟

طی سال‌هایی که مورد بررسی ما است، سازمان اطلاعات و امنیت کشور که همه آن را به نام ســاواک می‌شناسند، به وجود آمد که اختیارات و شیوه کار آن با انتقادات بسیار مواجه شد و به نظام شاهنشاهی ظاهری نه چندان دموکراتیک داد. زیرا ساواک می‌توانست بــا آزادی عمل به مبــارزه با «عوامل براندازی» و یا مخالفین نظام حکومتی وقت بپردازد. امکانات قانونی، اختیارات و نحوه عمل ساواک از دو منبع سرچشمه گرفت:

- یکی «تصویب‌نامه قانونی» دکتر مصدق درباره «امنیت اجتماعی» که نه از لحاظ اخلاق قابل دفاع بوده و هست و نه از نظر سیاسی.
- دیگر اجرای مقررات حکومت نظامی که قبل از دولت «شیرپیر»، گاه برقرار بود و گاه نبود ولی در زمان وی، عملاً دائمی شد.

به این ترتیب از ۱۹۵۷ تا ۱۹۷۸، ساواک یکی از بازوهای اصلی حکومت شاه گردید، آماج انتقادات شدیدی در داخل و خارج کشور قرار گرفت و باعث شد که حکومت ایران به نقض اصول و مبانی حقوق بشر متهّم شود.

ساواک، همکاران و خبرچینان خود را در همه گروه‌ها و طبقات اجتماعی استخدام می‌کرد. چه در میان روحانیون و رهبران شناخته شده مخالف، چه در میان پیشخدمت‌های ادارات دولتی، خانه‌های سازمانی، رانندگان وسائل نقلیه‌ای که در اختیار مسئولین و شخصیت‌های رسمی بود، یا کارمندان سازمان‌های مختلف و بازاریان...

بر اساس گزارش‌ها یا گفته‌های آنان بود که «گزارش‌های سفید»، به عبارت دیگر اوراق نیمه رسمی که نه عنوان داشت و نه امضاء «اطلاعیه» نامیده می‌شد. درباره افراد سرشناس و مسئولان سیاسی و اداری تهیه می‌شد و سرانجام به دست شاه می‌رسید.[1]

«ایرانی‌ها به طور خصوصی می‌گویند که از هر پنج نفر یک نفر خبرچین و مأمور ساواک هستند و این رقم در دانشگاه‌ها یک تن از سه تن است.»[2]

چند هفته بعد از پیروزی انقلاب اسلامی، روزنامه لوموند پاریس که شدیداً با نظام شاهنشاهی مخالف بود و از آیت‌الله خمینی پشتیبانی می‌کرد، تعداد کارمندان ساواک را به حدود چهار هزار تن، شمار مأموران و خبرچینان مزدورش را به پنج هزار نفر و بی‌کاران و عاملان «افتخاری» (آنها را که دستمزدی دریافت نمی‌داشتند) به یک میلیون نفر برآورد کرد.

ایو بونه[3] رئیس سابق سازمان اطلاعات و امنیت داخلی فرانسه[4] رقم سه میلیون کارمند و عامل این سازمان را پیش کشیده، اما قبول کرده است که این شمار، الزاماً بیش از حد واقعیت است!

تحقیقاتی که ما کرده‌ایم (نویسندگان کتاب) نشان می‌دهد که شماره کارمندان رسمی

۱- درباره ساواک از جمله نگاه کنید به
ERVAND ABRAHAMINA, Iran between Two Revolutions. Princeton university, 1982, P. Jacobson, Ture in Iran, Sunday Times, 15 January 1975
و نیز گزارش سالیانه Amnesty Internal مربوط به سال ۱۹۷۵ این انتشارات مربوط به سال‌هایی است که موج تبلیغات علیه محمدرضا شاه پهلوی بالا گرفت. همچنین مراجعه شود به
Christian Delannouy SAVAK, Paris, Stock, 1990
و به فارسی، سیاوش بشیری قصه ساواک، پرنگ، لوا لوا ۱۹۸۷
2 - Feassou Delivery در Relive moa lu Capatizliue ۱۹۹۸، پاریس
3 - Yves Bonnet
4 - D.S.T.

این سازمان با رقم مندرج در روزنامه لوموند کم و بیش تطابق می‌کند، به شرطی که تعداد مأموران «نیروهای مخصوص» را نیز در آن ملحوظ بداریم.

این هرج و مرج و ناهماهنگی خیره کننده در ارقام و آمار به خوبی نشان می‌دهد، که نه تنها افکار عمومی یا لااقل محیط‌های علاقمند به این مسائل، بلکه شخصیت‌های سیاسی، اداری و مملکتی نیز در این باره برآورد درستی نداشتند و هر کس به سلیقه و تخمین خود چیزی می‌گفت و غالباً زیاده‌روی می‌کرد.

واقعیت درباره بیست و دو سالی که این سازمان وجود داشت و فعالیت کرد، چه بود و چیست؟

دولت حسین علاء[1]، با قانون مصوب مارس ۱۹۵۷، سازمان اطلاعات و امنیت کشور را به وجود آورد.

وظیفه و رسالت اصلی ساواک جمع‌آوری و تجزیه و تحلیل اطلاعات لازم برای حفظ و صیانت امنیت ملی، دفاع از موجودیت حکومت قانونی کشور و مبارزه با توطئه‌ها و تحریکات علیه آن بود. همچنین به ساواک مأموریت جاسوسی (در خارج به سود ایران) و ضد جاسوسی (مبارزه با جاسوسان خارجی در ایران) داده شد که تا حدی مشابه وظایف اداره دوم ستاد بزرگ بود. این نوع رقابت‌ها را شاه که معتقد به اصل «تفرقه بینداز و حکومت کن» بود، تائید می‌کرد.

ساواک هنگامی به وجود آمد که جنگ سرد و تشنج و رودر روئی میان شرق و غرب بر جهان حکمفرما بود. به همین سبب بنیانگذاری این سازمان با همکاری سیا C.I.A. و دستگاه‌های اطلاعاتی دیگر «جهان آزاد»، تحقق پذیرفت. بسیاری از کارمندان ساواک در این سازمان‌ها کارآموزی کردند و در هر صورت فعالیت آن، به حکم ضرورت با عملیات آن‌ها هماهنگ می‌شد و مبادله اطلاعات یا ملاقات‌ها میان مسئولانشان در سطوح مختلف، امری غیرعادی نبود. در نتیجه دوستی‌ها و علائقی هم میان آنان پدیدار شد.

۱- و نه سپهبد زاهدی چنان که بسیاری نوشته‌اند. سپهبد در آن موقع برکنار از سیاست و دور از کشور بود. یکی از کسانی که سپهبد زاهدی را مسئول تشکیل ساواک دانسته، ایوبونه رئیس D.S.T است در کتابش تحت عنوان Vevak, Au Service des Ayatollahs, Histoue des services secrets iranieus, Time Edition, Paris, 2009 کتابی شامل ارقام و اطلاعات جالب و متأسفانه مشتمل بر اشتباهات فراوان.

قبل از تصویب قانون تشکیل این سازمان به هنگام دولت حسین علاء، عملاً قسمت مهمی از فعالیت ساواک در چهارچوب سازمان حکومت نظامی که ریاست آن یک‌سالی بعد از سقوط مصدق به تیمور بختیار محول شد. متمرکز و جاری بود. دستگاه حکومت نظامی نه تنها از اختیارات قانونی خود، بلکه از مفاد تصویب‌نامه قانونی زمان دکتر مصدق درباره «امنیت اجتماعی» استفاده می‌کرد.

ساواک در آغاز کارش از همکاری نظامیان، افسران یا درجه‌داران شاغل یا بازنشسته، برخوردار بود. اما به تدریج غیرنظامیان را نیز استخدام می‌کرد که در میان آنان فارغ‌التحصیلان دوره‌های آموزش عالی بسیار بودند.[1] بسیاری از توده‌ای و یا دست‌چین‌های پیشین نیز به خدمت ساواک درآمدند[2] و بعضاً به مقامات عالیه رسیدند.

چهارتن، از ۱۹۵۷ تا ۱۹۷۸ در رأس سازمان اطلاعات و امنیت کشور قرار داشتند.

نخستین آنان، تیمور بختیار بود که از سمت فرماندار نظامی تهران به ریاست این سازمان رسید. تیمور بختیار در ۱۴ فوریه ۱۹۱۴ چشم به جهان گشود. او پسر سردار معظم رئیس یکی از طوایف بختیاری و بنابراین از اقوام نزدیک ثریا اسفندیاری بختیاری، ملکه ایران، بود.

در نوجوانی به اتفاق پسر عم‌اش، شاپور، آخرین نخست‌وزیر ایران شاهنشاهی برای انجام تحصیلات متوسطه عازم بیروت شد. سپس در چهارچوب توافق‌هایی که میان دولتین فرانسه و ایران در زمان رضاشاه به عمل آمده بود، توانست به مدرسه عالی نظام سن‌سیر راه یابد و از آنجا فارغ‌التحصیل شد. کسانی‌که او را از نزدیک می‌شناختند، چه دوست و چه دشمن، معلومات عمومی، قدرت تشکیلاتی و فرماندهی، توجه خاص به انضباط و تسلط وی را به زبان فرانسه ستوده‌اند. اما آشنایی او به زبان انگلیسی اندک بود و شاید این ضعف یکی از علل سقوطش گردید.

۱- بسیاری از آنان در سطوح بالای اداری و سیاسی کشور به مقاماتی رسیدند، از جمله سفارت یا معاونت وزارتخانه‌ها. حتی یکی از آنان را هویدا نخست‌وزیر وقت به ریاست دانشگاه مهمی برگزید.

۲- از جمله دکتر منوچهر آزمون که از خانواده‌های روحانی ولی فارغ‌التحصیل دانشگاه مارکس انگلس برلن شرقی و از دست‌چپی‌های تندرو بود. در ساواک مقاماتی یافت و سپس معاون وزارتخانه، استاندار و وزیر شد و سرانجام بعد از انقلاب اسلامی به قتل رسید. (مترجم)

تیمور بختیار، افسری لایق و برجسته بود. در زمان بحران آذربایجان افسر رابط ستاد ارتش و چریک‌های ضد کمونیست آذربایجان و به‌خصوص زنجان بود و با بسیاری از سران آنها روابط حسنه برقرار کرد.

به هنگام پایان کار مصدق، با درجه سرهنگی فرمانده تیپ زرهی کرمانشاه در جنوب غربی ایران بود. به نظر می‌رسد که رهبران آن موقع ارتش به او سوءظنی نداشتند، و گرنه وی را به فرماندهی پادگان منطقه‌ای حساس و واحدی مهم منصوب نمی‌کردند. با این حال با سرلشکر زاهدی و اطرافیانش نیز حسن رابطه داشت. اما این‌که نوشته‌اند که وی در رأس تانک‌های خود برای مشارکت در کودتا بر ضد مصدق وارد پایتخت ایران شد. دروغ محض است و از آن اکاذیبی است که بعداً در این مورد منتشر کردند.

سپهبد زاهدی بر صلاحیت و کفایت تیمور بختیار ارج می‌نهاد. چند ماه بعد از رسیدن به قدرت، وی را به تهران فراخواند، ارتقاء درجه داد و به معاونت فرمانداری نظامی تهران برگزید و مخصوصاً مأمور مبارزه با شبکه‌های حزب توده کرد. کشف اتفاقی سازمان نظامی حزب، برای تیمور بختیار نام و احترامی در محیط بسته سازمان‌های اطلاعاتی به وجود آورد و ترقی سریع وی را سبب شد.

تیمور بختیار به فرمانداری نظامی تهران و سپس ریاست ساواک برگزیده شد و از آن پس، لااقل در داخل کشور، سوء شهرت بسیار پیدا کرد. هم حبّ مال وی را که حد و حساب نداشت مذمت می‌کردند و هم ضعف‌اش را در برابر زنان که به سوء استفاده‌هایی از قدرتش منتهی می‌شد. گفته می‌شد که گه‌گاه شخصاً در شکنجه زندانیانی که از طرف دستگاهش بازداشت می‌شدند، شرکت یا لااقل نظارت می‌نماید. علاوه بر این همه بر بلندپروازی‌ها و قدرت‌طلبی سیاسی او وقوف داشتند. سرانجام ساواک بدنام شد و رویه و زندگی‌اش به سقوط وی انجامید.

در این‌جا، باید به محیط سیاسی آن روز ایران اشاره کرد. محمدرضا شاه پس از سال ۱۹۶۰ با دشواری‌های فزاینده روبرو شد. روابطش با واشنگتن به سردی گرائید. صندوق بین‌المللی پول که به مراتب بیش از امروز بازگو کننده نقطه‌نظرهای آمریکائیان بود با بعضی از طرح‌های اقتصادی دولت شدیداً مخالفت می‌ورزید. واشنگتن مخالفت و نظر

نامساعد خود را نسبت به دولت دکتر منوچهر اقبال دیگر پنهان نمی‌کرد. تشکیل سازمان کشورهای صادر کننده نفت[1] که محمدرضا شاه و رئیس‌جمهوری ونزوئلا خوآن پابلو پرز آلفونسو[2] در آن نقش تعیین کننده داشتند. موجبات گله‌مندی و نارضائی شرکت‌های بزرگ نفتی آمریکا و در نتیجه دولت ایالات متحده را فراهم کرد. سیاست شاه تا آن روز با دید واشنگتن تطبیق می‌کرد. اما سریعاً رویه و حتی وجودش به صورت مانعی در برابر واشنگتن به نظر آمد.

رهبران آمریکا در گفتارهای خود از بی‌اعتنائی ساواک به رعایت اصول و مبانی حقوق بشر ابراز نارضایی و حتی اعتراض می‌کردند. اما در مقابل، رئیس همین ساواک یعنی تیمور بختیار (که دیگر سپهبد بود) به نظرشان مردی توانا، باهوش، جاه‌طلب و قابل بهره‌برداری می‌آمد. به واشنگتن دعوت شد. نه تنها با همتای آمریکایی خود و مقامات دیگر آن کشور در خفا گفتگوهایی داشت. حتی در یک نوبت علناً و رسماً به کاخ سفید نزد جان کندی رئیس‌جمهوری آمریکا رفت که این دیدار نوعی تائید تشریفاتی از او به شمار می‌آمد. در همین گیر و دار بود که امریکایی‌ها با کودتائی خشن، مرد توانای ویتنام گو دین دیم[3] را در اول نوامبر ۱۹۶۳ واژگون کردند و به قتل رساندند. حال آن‌که قبلاً خودشان کمک کرده وی را به قدرت رسانده بودند.

شهرت دارد که چون بختیار به انگلیسی تسلط کافی نداشت، یکی از همراهانش را برای ترجمه به دفتر رئیس جمهوری امریکا برده بود. بعضی دیگر عقیده دارند که برنامه کودتای او قبلاً ریخته شده بود و این دیدار مرحله نهائی تائید وی بود.

آیا مترجم انگلیسی سپهبد بختیار گزارش خاصی به تهران داد، یا بعضی از مأموران و بخصوص نظامیان امریکائی که سیاست کاخ سفید را تائید نمی‌کردند، به اطرافیان شاه هشدار دادند؟ در این مورد اتفاق نظر وجود ندارد. قدر مسلم این است که در بازگشتش به تهران (ژانویه ۱۹۶۲) سپهبد بختیار به کاخ سلطنتی احضار شد و پس از شرفیابی کوتاهی به حضور محمدرضا شـاه، از سمتش معزول گردید. مدت کوتاهی در شمال ایران عملاً

1 - O.P.E.C یا O.P.E.P
2 - Juan Perez Pablo Alfonso
۳ - NGO DINH DIEM. تصمیـم نهائی به اجرای ایـن کودتا در دفتر رئیس جمهوری امریکا، جان کندی، در تاریخ ۲۹ اکتبر ۱۹۶۳ اتخاذ شد. برادرش رابرت (باب، یا بابی کندی) نیز در این جلسه حضور داشت. اسناد رسمی این اجلاس و این تصمیم اکنون در دسترس و قابل رؤیت است.

تحت نظر قرار گرفت و سپس رهسپار خارج شد و بعد از چندین ماه اقامت در بیروت، ژنو و پاریس، سـرانجام در بغداد که مرکز همه تحریکات علیه ایران و شـخص شاه بود فرود آمد، چنان که خواهیم دید.

قدر مسلم این است که شاه از نفوذ بختیار، از جاه‌طلبی فزون از حد وی و از شبکه سیاسی که ایجاد کرده بود، بیم داشت. تنی چند از یارانش جلب شدند و مورد بازجوئی قرار گرفتند. تنی چند نیز برای همیشه از زندگی سیاسی کنار گذاشته شده یا به سمت‌های تشریفاتی انتخاب و در عمل مغضوب گردیدند.

این ماجرا شکست نخستین کوشش جدّی، و کودتا گونه، امریکا برای کنار گذاشتن شاه و رژیم او بود. سناریویی که بعداً در ویتنام به مرحله عمل درآمد، در تهران با ناکامی مواجه شد.

نمایشنامه برکناری شاه در این مقطع از زمان، با آن‌چه طی ماه‌های بعد در باره گودین دیم اجرا شد، شباهت‌هایی دارد. حتی بعضی‌ها وزیر دادگستری امریکا، رابرت کندی را طراح اصلی هر دو دانسته‌اند. یکی از این دو طرح شکست خورد و دیگری موفقیت‌آمیز بود.

اقامت تیمور بختیار در عراق آغاز مرحله پایانی زندگی او است. بغداد همه امکانات خود را در اختیارش گذاشـت. وی در کاخی که پیش‌تر اقامتگاه نوری سـعید پاشا[1] بود مستقر شد. گروهی از ایرانیان به دورش جمع شدند و با همکاری جمعی از برگزیدگان دسـتگاه‌های اطلاعاتی و نظامی عراق به تدارک مقدمات کودتا یا شورشـی برای سقوط محمدرضا شاه برآمدند که گویا مرحله نخست آن برقراری حکومتی در بخشی از جنوب و جنوب غربی ایران بود. سپهبد بختیار نمی‌دانست که تنی چند از اطرافیانش در حقیقت مأموران ساواک هستند و کارهایش را منظماً به تهران گزارش می‌دهند.

در ۱۹۷۱، وی تصمیم گرفت که سـرانجام طرحش را به مرحله عمل نزدیک کند. برای آن‌که قدرت و نفوذ شبکه‌های خود را نشان دهد، به اتفاق مشاور سیاسی اصلی‌اش دکتر داود منشـی‌زاده (مردی به حد افراط ناسیونالیست، رهبر حزب کوچکی موسوم به

۱ - آخرین صدر اعظم عراق در دوران سـلطنت خاندان هاشـمی، مرد مورد اعتماد دنیای غرب به‌ویژه انگلیس‌ها که به وضع فجیعی به دست کودتاچیان ژنرال عبدالکریم قاسم به قتل رسید. (مترجم)

سومکا که مرام نازی داشت) از صدام حسین نایب رئیس جمهوری عراق دعوت کرد که به همراهشان به منطقه‌ای از ایران بیاید. صدام پذیرفت. به استان سرحدی ایلام رفتند. استقبال اهالی از سپهبد بختیار و همراهانش گرم بود و نشان از محبوبیت وی داشت صدام به کفایت تیمور بختیار اعتمادی یافت. نمی‌دانستند که مأموران ساواک دقیقاً در تعقیب و مراقبت آنها هستند. بختیار بر آن شد که قبل از مرحله اجرای نهائی طرح خود سفر دیگری (به اتفاق صدام حسین) به منطقه لرستان انجام دهد. گویا در این زمان بود که در تهران تصمیم به نابودی وی گرفته شد و ادامه بازی را خطرناک تشخیص دادند. بختیار مانند بیشتر بختیاری‌ها عاشق اسب و شکارچی بود. طی یکی از شکارهایش به دست مأموران سابق دستگاهی که خود بانی آن بود به قتل رسید.

شکست بزرگی برای عراق و صدام حسین و پایان کار سپهبد تیمور بختیار.

در زمستان ۱۹۶۲، سرلشکر حسن پاکروان به جانشینی تیمور بختیار و ریاست سازمان اطلاعات و امنیت کشور برگزیده شد.

سرلشکر پاکروان قائم مقام بختیار در امور بین‌المللی یعنی جاسوسی و ضدجاسوسی بود. در مسائل مربوط به امنیت داخلی مسئولیتی نداشت و مطلقاً روش‌های خشن و رویه شخص رئیس خود را تائید نمی‌کرد. درست نقطه مقابل او بود و برداشتی دیگر از طرز عمل سازمان اطلاعات و امنیت داشت.

او در سال ۱۹۱۱، چشم به جهان گشوده، پدرش، فتح الله پاکروان، در زمان قاجار و به خصوص در دوران سلطنت رضا شاه مناصب و مقامات مهم داشت: استانداری سفارت، وزارت، به هنگام مأموریت در قاهره، خانواده‌اش ده سال در این شهر رحل اقامت افکندند. مادر سرلشکر پاکروان، امینه، از پدری دیپلمات (حسن خان) و مادری فرانسوی تولد شده بود که به نوبه خود پدرش اتریشی و مادرش فرانسوی بود. بدین‌سان می‌توان گفت که سرلشکر پاکروان برآمده از یک خانواده با ریشه‌های فرهنگی مختلف و گشایش فکری بسیار بود. هم شرقی و هم غربی. پدر و مادرش (یعنی فتح‌الله و امینه پاکروان) در سال ۱۹۲۵ از یکدیگر جدا شدند. امینه پاکروان به اتفاق حسن و پسر دیگری که داشت به بلژیک رفت و تا سال ۱۹۳۳ در آنجا به تربیت و مراقبت فرزندان خود پرداخت و

سرانجام به ایران بازگشت و در تهران مستقر شد. امینه پاکروان بانوئی اهل ادب، مورخ و داستان‌نویس بود. در سال ۱۹۵۱ جایزه ادبی معروف فرانسه ریوازُل[1] را دریافت داشت[2] همچنین در دانشگاه تهران به تدریس زبان و ادبیات فرانسه مشغول بود.

در چنین محیط فرهنگی بود که حسن پاکروان به تحقیقات باستان‌شناسی[3] و تاریخی علاقه پیدا کرد. اما پدرش وی را از تحصیل در رشته باستان‌شناسی که هدف و آرزویش بود، منحرف نمود و عملاً مجبورش کرد که وارد خدمت ارتش شود. با استفاده از امکاناتی که داشت، درهای مدارس عالی نظام پواتیه[4] و فونتن بلو[5] فرانسه به روی وی گشوده شد. در سال ۱۹۳۳ عملاً به اتفاق مادرش به تهران بازگشت. در بازگشت دیداری با پدرش داشت که سفیر ایران در مسکو بود. به مناسبت ضبط و ربطی که داشت، تسلطش به زبان‌های خارجی و اطلاعات بین‌المللی به کارمندی رکن دوم (اداره دوم بعدی) ستاد ارتش و استادی دانشکده افسری برگزیده شد. و در آن‌جا بود - که چند سال بعد - با شاهپور محمد رضا پهلوی آشنا شده که همواره احترام شخصی خاصی را نسبت به استاد پیشین خود حفظ کرد.

سرلشکر پاکروان، هم به مناسبت ریشه‌های گوناگون خانوادگی‌اش، هم به سبب دانش و اطلاعاتش، افسری بیرون از قواره‌های متعارف بود. در ریاضیات و فلسفه استاد بود، مطالعات تاریخی را دوست می‌داشت. به چند زبان خارجی به حد کمال آشنا بود. پاکدامن، انسان دوست، مهربان و مبادی اصول اخلاقی نیز بود. همه او را واقعاً «پاک» و «قدیس»[6] می‌دانستند. حتی مخالفین نظام و دشمنان شخصی او در تقوی و شرافتش تردید روا نمی‌داشتند. هر چه بود، نقطه مقابل سپهبد بختیار بود.

پاکروان سریعاً اصلاحاتی در ساواک به عمل آورد. چند عنصر ناصالح و یا فاسد و بدنام را از آن دور کرد. روش‌های کارش را دگرگون ساخت. نتیجه آن‌که قضاوت عمومی در باره آن سازمان اندک اندک تغییر یافت از بختیار می‌ترسیدند و از او نفرت داشتند.

---

1 - Le Prix Rivarol.

۲ - به خاطر کتاب Le Prince Sans Histoire.

3 - Archéologie.

4 - Poitiers.

۵ - Fontainbleau - مدرسه عالی تخصصی نظام فرانسه در رشته توپخانه. (مترجم)

6 -Saint.

به پاکروان احترام می‌گذاشتند. پاکروان با هر گونه بدرفتاری با بازداشت شدگان مخالف بود و مسئولان آن‌را تنبیه می‌کرد. می‌گویند که سرهنگی را که به گوش یکی از زندانیان سیلی زده بود، نه تنها از سازمان دور کرد بلکه رسماً و کتباً توبیخ نمود. وی هم‌چنین در صحت عمل کارمندان خود مراقبت داشت. زندگی خصوصی بی‌بند و بار بختیار را مردم نمی‌پسندیدند: زندگی خصوصی و خانوادگی پاکروان منزه و بی‌سر و صدا بود. با حقوق خودش و همسرش که کارمند بلند پایه دولت بود، می‌زیستند و به تربیت فرزندانش توجه داشت. همه این‌ها را افکار عمومی می‌دانست و می‌پسندید.

سرلشکر پاکروان سودائی جز خدمت به ایران و به شاه در سر نداشت. بدون افراط و خشـونت بحران ناشی از شـورش خمینی و طرفدارانش را علیه اصلاحات ارضی و برابری حقوق زنان و مردان حل کرد. با این حال پس از سوءقصد به حسنعلی منصور در ۲۵ ژانویه ۱۹۶۵ و قتل وی به دست محمد بخارائی، از ریاست ساواک کنار گذاشته شد. بسـیاری از مصادر امور و درباریان به طرز خصوصی، نرمش وی را ملامت می‌کردند و گمان می‌بردند، یا اظهار می‌داشتند، که می‌توانست این سوءقصد را پیش‌بینی کند و نکرد. حدس و فرضیه دیگری نیز بر سر زبان‌ها بود. می‌گفتند گرچه شاه از استقلال رأی نسبی حسـنعلی منصور گه گاه ابراز نارضایتی می‌کند، معذالک از قتل او واقعاً و عمیقاً متأثر و متأسف اسـت. اما صداقت و تقوای او و انعطاف‌ناپذیری‌اش در برابر توقعات بعضی از درباریان، باعث شده که از قتلش «نفس راحتی» بکشند. اگر پاکروان در رأس ساواک باقی می‌ماند، شاید تحقیقات را زیاده از حد لزوم ادامه می‌داد و آن‌چه را که نمی‌بایست دانسته شود کشف می‌کرد.[۱]

سرلشـکر پاکروان در نخستین کابینه امیرعباس هویدا به وزارت اطلاعات منصوب شـد. بار دیگر دشمنان و مخالفانش علیه او به تحریک پرداختند و از آزادسازی نسبی و بسیار محتاطانه وسایل ارتباط جمعی به نزد شاه شکایت و بدگوئی کردند. امریکایی‌ها نیز به جمع مخالفان رویه وزارت اطلاعات پیوستند و از انتقاداتی که نسبت به سیاست امریکا در ویتنام در تفسیرهای رادیو تهران شنیده می‌شد، ابراز نارضایی نمودند. شعار همه این بود «پاکروان با آتش بازی می‌کند». بار دیگر از سمتش برکنار و این بار به سفارت ایران در پاکستان برگزیده شد که از نظر دیپلماسی ایران سمت و مسئولیتی بسیار مهم و حساس و

۱ - نگاه کنید به خاطرات امیراسدالله علم و نیز ماجرای قتل منصور در فصل دیگری از این کتاب.

دارای اولویت خاص بود. اما دور از تهران و بدون تأثیر در سیاست داخلی.

در سال ۱۹۶۹ به سمت سفارت در پاریس منصوب شد، سمتی که مهم و پر جلوه بود و او نیز زندگی در پاریس را بسیار دوست می‌داشت. اما باز با دشواری‌های دیگری روبرو شــد. بعضی از افراد خانواده ســلطنتی یا اقوام و نزدیکان شهبانو می‌خواستند که سفارت پاریس در خدمت‌شان باشد و پاکروان مقاومت‌هایی می‌کرد که خوش‌آیندشان نبود. به هر حال وی مدت چهار سال مقرر، در پاریس ماند و بازنشسته شد و بعد از یک عمل جراحی سخت قلب باز در سال ۱۹۷۶ به تهران مراجعت کرد.

چند ماهی قبل از ســقوط رژیم شاهنشاهی، سرلشکر پاکروان به علت نام نیکی که داشت و احترامی که در جامعه برایش قائل بودند به سمت قائم مقام وزیر دربار شاهنشاهی برگزیده شد. اما انقلابیون توقیفش کردند. در زندان با او بدرفتاری‌های بسیار شد، داروهای مورد نیازش را به وی ندادند و ســرانجام به دســتور شخص خمینی که سال‌ها پیش، از گذشت و پادرمیانی او بهره‌مند شده و شاید از مرگ نجات یافته بود، به قتل رسید.[۱]

پس از برکناری سرلشکر پاکروان از ریاست ساواک، ارتشبد نعمت‌الله نصیری که تا آن موقع رئیس شــهربانی کل کشــور بود، با مقام معاون نخست وزیر به ریاست سازمان اطلاعات و امنیت کشور برگزیده شد. همان سرهنگ نصیری که چند سال قبل از آن در شرائط و با ناکامی که دیدیم، مأمور ابلاغ فرمان عزل دکتر مصدق از نخست وزیری بود. وی از ۱۹۶۵ تا ۱۹۷۸ رئیس این سازمان و در حقیقت رئیس ماقبل آخر آن بود.

در زمان ریاست ارتشبد نصیری، و به خصوص بعد از سال ۱۹۷۰ که موج براندازی، آدمکشی و خرابکاری در کشورهای مختلف چون فرانسه، ایتالیا و آلمان غربی نیز به اوج رسیده بود، ساواک مجدداً متهم به توسل به روش‌های ناشایست و عدم رعایت احترام به

۱ - فریدون صاحب جمع، این ماجرا را سال‌ها بعد در شماره مورخ ۱۰ آوریل ۱۹۸۹ روزنامه Le Monde حکایت کرد. «... در ۱۰ آوریل ۱۹۷۹، شبانگاه وی را از سلولش بیرون کشیدند، به قتلگاه بردند و تیرباران کردند. سپس پسرش کریم را فراخواندند و جنازه پدرش را به او دادند. مامور تحویل جنازه به کریم پاکروان گفت: «زنده‌اش از مرده‌اش برای ما خطرناک‌تر بود». به همه گورســتان‌ها دســتور داده شد که از پذیرش جنازه او و تدفین آن خودداری کنند. او را حتی از کفن و دفن شایسته‌ای محروم کردند. سه روز و سه شب کریم جنازه پدرش را از دهی به شهرکی و از شهری به شهری برد که شاید بتواند محل مناسبی برای دفن او پیدا کند، که نتوانســت و نشــد. سرانجام در حاشیه صحرا، زیر درختی پدرش را بی‌نام و نشان به خاک سپرد». باید گفت که هزاران تن از قربانیان رژیم اسلامی و حتی اعضای خانواده آن‌ها با سرنوشت مشابهی روبرو شدند. (مترجم)

حقوق بشر شد.

«مردی محدود» چنان‌که داریوش همایون نوشته[1]، ارتشبد نصیری برخلاف سلفش، به هیچ زبان خارجی (جز چند کلمه فرانسه که از دوران دانشجوئی در دانشکده افسری به یادش مانده بود) آشنائی نداشت، از مسائل بین‌المللی به کلی بی‌اطلاع بود. شهرت به فساد مالی و خشونت داشت. اما بی‌چون و چرا و کورکورانه به شاه وفادار بود و تا آخرین رمقش به شاه وفادار ماند.

در زمان ریاســت او سازمان امنیت و اطلاعات کشور به تدریج تبدیل به دستگاهی خشن شد، یا چنین شــهرتی یافت. قسمت مهمی از فعالیتش به جمع‌آوری «اطلاعات» بی‌فایده و شــایعات دروغ یا راست در باره بعضی از شخصیت‌های مملکتی و مسئولان اداری و سیاســی، اختصاص یافت که در اصطلاح عادی «پرونده‌ســازی» نامیده می‌شد. گرچه غالباً شاه اعتنای زیادی هم به آن‌ها نمی‌کرد. حتی شهرت داشت که سلول کوچک و محرمانه‌ای زیر نظر شخصی وی مأمور جعل این قبیل شایعات و تهیه «اطلاعیه»هایی در باره آن‌ها است. اما به تجزیه و تحلیل دقیق تحولات سیاسی جامعه و مسائل بنیادی آن که از وظایف اصلی ســازمان بود، کمتر توجه می‌شد. ساواک بسیاری از مطالب و وقایع را به شاه گزارش نمی‌داد. موجب و بهانه آن بود که «نباید خاطر مبارک را مشوّش کرد».

گمان نصیری بر آن بود که با خشونت و قدرت می‌توان مسائل سیاسی را حل کرد. شاید ضرورتی در «پیش گیری» نمی‌دید. بدین‌سان در سال‌های آخر ساواک اندک اندک تبدیل به «دولتی در داخل دولت» شــد. همان سال‌هایی که به تشویق شرکت‌های بزرگ نفتی جهان غرب موج تبلیغ و تحریک بر ضد شاه بالا گرفت و روش‌های ساواک یکی از بهانه‌های اصلی این تبلیغ گردید. «متأسفانه دنیای غرب غالباً رژیم شاه را از دیدگاه آن‌چه از ساواک می‌گفتند و شنیده می‌شد - و چندان درست هم نبود - مورد قضاوت قرار می‌داد. بعضی‌ها می‌گفتند ساواک عبارت است از گشتاپو به اضافه ک.ژ.ب ضرب در ده، که البته این قضاوت به کلی نادرست است.» اما واقعیت این است «که تصویر بسیار نازیبای ساواک به مخالفین رژیم شاهنشاهی در داخل و خارج امکان داد که شاه را در برابر افکار عمومی جهانیان متهم و حتی محکوم کنند».[2]

۱ - وزیر اطلاعات دولت دکتر جمشید آموزگار که گویا ارتشبد نصیری را خوب می‌شناخت.
۲- Conte Alexandre de Marenches در خاطراتش، منبع ذکر شــده نویســنده از سال ۱۹۷۰

ارتشبد نصیری شخصیتی گه‌گاه حیرت‌انگیز بود. کسی که شاهدخت اشرف وی را «این خر... این احمق...» می‌خواند[1]، صوفی بود یا دست کم خود را صوفی می‌دانست. مراد یا مرشدش مقیم گناباد بود. هر ماه یک بار با هواپیمای ساواک به گناباد می‌رفت. در برابر مرشد خود دو زانو می‌نشست، دستش را می‌بوسید و با کمال احترام و تواضع به تعلیمش گوش فرا می‌داد. می‌گویند که چند تن از اشـخاصی که سـاواک در پی آن‌ها بود و قصد جلب و بازداشت‌شـان را داشت به اقامتگاه این پیر طریقت پناه بردند. مأموران تعقیب و مراقبت که از روابط او با ارتشبد نصیری اطلاع داشتند، از وی کسب تکلیف کردند. دستور داد که حرمت خانه او را نگاه دارند و کاری به کار آن‌ها نداشته باشند. لاجرم فرار کردند و کسی هم سرزنش به نصیری در این زمینه نکرد.

ارتشـبد نصیری همواره از نوعی مصونیت سیاسـی برخوردار بود. ابتدا با تکیه بر امیر اسـدالله علم و سـپس با اتکا به امیرعباس هویدا نخسـت وزیر و سپس وزیر دربار شاهنشـاهی. هویدا برخلاف علم، همواره به نصیری توصیه می‌کرد که موجبات نگرانی و تکّدر «خاطر ملوکانه» را فراهم نسـازد و شاه را آسوده بگذارد تا بتواند به رسالت‌های بزرگ بین‌المللی خود چون بسط و توسعه در جهان سوم، تقسیم عادلانه منابع ثروت در دنیا. بحران انرژی، تعادل قوا ... بپردازد. در نهایت امر این پنهان کاری به زیان کشور تمام شد و هر دو بر سر آن جان دادند.

طی سـال‌های متمادی و تا چند ماه قبل از پیروزی انقلاب اسـلامی، نزدیک‌ترین و تواناترین همکار ارتشبد نصیری، پرویز ثابتی مدیر کل امنیت داخلی بود. یعنی آن قسمت از سازمان امنیت که مردم می‌دیدند و داوری می‌کردند. پرویز ثابتی از یک خانواده بهایی و مرفه سمنان برخاسته، اما خود، چنان‌که در خاطراتش هم نوشته[2] پای‌بند به این دیانت نبود و اصولاً هیچگونه وابستگی مذهبی نداشت. پرویز ثابتی دارای لیسانس حقوق از دانشگاه تهران و حرفه تخصصی امنیت را در امریکا فرا گرفته بود. مردی بود بسیار خوش پوش،

تا ۱۹۹۲ در راس سازمان اطلاعات فرانسه بود و از دوستان و نزدیکان محمدرضا شاه پهلوی نیز محسوب می‌شد.

۱ - بـه نقل از پرویـز ثابتی، در دامگه حادثه، خاطرات وی در گفتگو با عرفان قانعی فرد شـرکت کتاب، لس‌آنجلس، ۲۰۱۲.

۲ - منبع ذکر شده:
تنی چند از بزرگان کنونی بهائیت معتقدند که وی برای آن‌که عدم وابستگی خود را به دیانت اجدادی‌اش ثابت کند، با آن خصومت و عناد بسیار می‌ورزید. قضاوت در باره این برداشت دشوار است. (مترجم)

مبادی آداب، اهل میهمانی و خوش گذرانی. شـــرکتش در برنامه‌های تلویزیونی با عنوان «مقام عالی امنیتی» برای او شـــهرتی در میان عامه مردم به وجود آورد. در این برنامه‌ها به توضیح در باره شـبکه‌های تروریســتی و براندازی در ایران می‌پرداخت. حتی یک‌بار در جلسه‌ای که با گروهی از دانشجویان دانشگاه تهران تشکیل شده بود شرکت کرد و با آنان به گفتگو نشست.

مســـلماً مرد باهوشـــی بود. سعی می کرد نشان دهد که همه چیز را در باره همه کس می‌داند[1] و به این ترتیب به خود اهمیتی بیش از آن‌چه داشـــت بدهد. یا لااقل دیگران را مرعوب کند. همه او را جاه‌طلب و بعضی خیال پرداز می‌دانستند. در این که جاه‌طلب بود شک نیست. اما چه می‌خواست؟ ریاست ساواک، مقام وزارت (که برایش قابل دسترسی بود) یا سمت‌های دیگری؟ چه سمت‌هایی؟ ظاهراً ارتشبد نصیری از او بیمناک بود. ولی تغییرش نداد یا نتوانست و نخواست بدهد.

در سال‌های آخر پرویز ثابتی چند بار تقاضای شرفیابی به حضور شاه را کرد که هرگز پذیرفته نشد. در نتیجه سعی کرد به حضور شهبانو برسد که یک بار موفق شد. ظاهراً در این شرفیابی نگرانی‌های خود را از وضع کشور و آینده آن و قضاوت‌های منفی خود را در باره بعضی از مسئولان سیاسی و اداری به استحضار ایشان رساند. زیرا مدعی بود که نمی‌خواهد خاطر مبارک را آسوده نگاه دارد، می‌خواهد حقایق را بگوید. هنگامی که شاه دانست که همسرش ثابتی را به حضور پذیرفته، سخت برآشفت و ملاقات‌های دیگر آنان را ممنوع کرد.

پرویز ثابتی، به امیر عباس هویدا که در آلوده کردن دیگران استاد بود، بسیار نزدیک شـــد. گفته می‌شـــد که از وی هدایا و امتیازات گرانبهای بســـیار دریافت داشته، از جمله زمین‌هایی متعلق به دولت، اشیاء ذی‌قیمت...

چند ماه قبل از انقلاب ثابتی از کارش برکنار شـــد و عازم خارج از کشور گردید. با وجود هوش و ذکاوتی که داشت، سهم وی در اشتباهات سیاست امنیت داخلی ساواک تردیدپذیر نیست.

---

۱ - مطالعه خاطراتش نشان می‌دهد که این ادعا یا کوشش نادرست و نوعی تظاهر بود. (مترجم)

ارتشبد نصیری در ماه مه ۱۹۷۸ از کار برکنار شد. این تصمیم شاه در چهارچوب سیاست فضای باز سیاسی و تلاش‌های مستمر او برای بهبود تصویر بین‌المللی ایران، اتخاذ شد.[۱] وزارت امورخارجه توانست در ظرف سه روز پذیرش دولت پاکستان را برای انتصاب وی به سفارت در اسلام آباد بگیرد.[۲]

ارتشبد نصیری، طبیعتاً این تغییر را پذیرفت. کار دیگری هم از دستش برنمی‌آمد. تقاضا کرد که چهار تن از افراد نیروهای مخصوص ساواک به عنوان محافظ همراهش به پاکستان بروند. جانشین او این درخواست را پذیرفت. اما با اعزام کسانی که خود او خواسته بود موافقت نکرد. در همین هنگام رئیس معزول ساواک ویلای مجللی در ژوآن له پن[۳] (جنوب فرانسه) خریداری کرد. دشمنانش شهرت دادند که قصد فرار دارد. نصیری نقاط ضعف بسیار داشت اما مرد فرار از مسئولیت‌ها و از رودروئی با دشواری‌ها نبود. چنان که در ماه‌های آینده این نکته را ثابت کرد.

در اسلام آباد، پایتخت پاکستان وی تقریباً اقامتگاهش را ترک نمی‌کرد و کمتر به امور سفارت می‌پرداخت. می‌دانست که در تبعید است و این را می‌پذیرفت. هنگامی که شش ماه بعد به دوران سفارتش پایان داده شد و به تهران احضارش کردند، دوستانش به او خبر دادند که به محض ورود به پایتخت جلب و بازداشت خواهد شد. فرصت کافی برای فرار داشت و همیشه می‌توانست بهانه‌ای بیاورد. این کار را نکرد و پاسخ داد که از «اوامر صادره اطاعت خواهد کرد».

در شب یازدهم به دوازدهم فوریه ۱۹۷۹، تعدادی از گروه‌های ضربتی ساواک که هنوز به وی وفادار مانده بودند، در زندان پادگان جمشیدیه به دیدارش آمدند که وی را آزاد کنند، به همراه ببرند و در جای امنی مستقر نمایند. قبول نکرد و گفت که این کار «در شأن وی نیست». در مقابل بازجویان و قضات دادگاه انقلابی استوار بود. با وجود شکنجه‌های غیرقابل وصفی که تحمل کرده بود، با صورتی خون‌آلود و متورم در حالی که تقریباً از بیان چند کلمه هم عاجز بود، وی را در مقابل دوربین‌های تلویزیون نشان دادند.

۱ - محمدرضا شاه در کتاب پاسخ به تاریخ می‌نویسد: «در ماه‌های آخر سال ۱۹۷۸ آیین بازجوئی تغییر یافت و چنان‌که کمیسیون‌های حقوق‌دانان بین‌المللی توصیه کرده بودند، مقرر شد که این بازجوئی‌ها با حضور وکلای مدافع متهمان صورت گیرد». (صفحه ۲۸۸ متن فرانسه)

۲ - نگاه کنید به خاطرات دکتر فریدون زند فرد، منبع ذکر شده، که تمام جزئیات این ماجرا را نقل کرده.

3- Juan-Les-Pins.

باز تسلط خود را بر رفتارش حفظ کرد، هر چه خواستند چیزی علیه شاه بگوید نگفت. سپس در پشت بام ساختمانی که خمینی در آن می‌زیست وی را به اتفاق سه تن دیگر از امرای ارتش به قتل رساندند.[1]

پس از برکناری ارتشبد نصیری، از دو تن برای نیل به ریاست سازمان اطلاعات و امنیت کشور نام برده می‌شد. یکی سرلشکر علی معتضد قائم مقام وی در امور بین‌المللی (جاسوسی و ضدجاسوسی) و دیگری سپهبد ناصر مقدم رئیس اداره دوم ستاد بزرگ، که شاه او را برگزید. رئیس جدید ساواک سعی کرد تصویر خارجی ساواک و قضاوت مردم را در باره آن تغییر دهد. ثابتی را کنار گذاشت. حتی در هفته‌های آخر با مهدی بازرگان، که اندکی بعد خمینی وی را به نخست‌وزیری برگزید، نزدیک شد. ظاهراً هدفش حفظ دستگاه و کارمندانش بود سرانجام سعی کرد که جان خود را در مقابل واگذاری اسناد و بایگانی ساواک (و صورت اسامی خبرچینان و عوامل آن که بسیاری از رهبران انقلاب در میان آن‌ها بودند) نجات دهد که نتوانست. هنگامی که انقلابیون به مرکز ساواک در مهران حمله آوردند که آن را تصرف کنند. افراد نیروهای مخصوصی از او خواستند که آن‌جا را منفجر نمایند. اجازه نداد. سپهبد مقدم نیز مانند سرلشکر پاکروان و ارتشبد نصیری به قتل رسید.

از ۱۹۵۷ تا ۱۹۷۸ چهار تن در راس ساواک بودند و هر یک به سلیقه و عقیده خود جهت و سیاست خاصی به این سازمان دادند. اما تشکیلات داخلی آن تغییر نیافت رئیس ساواک سمت و عنوان معاونت نخست وزیر را داشت و اقلاً هفته‌ای یکبار به دیدار او می‌رفت. دوبار نیز رسماً به حضور شاه بارمی‌یافت. البته ملاقات‌های ضروری دیگر با رئیس دولت یا شرفیابی‌های دیگر به حضور شاه نیز فراوان بود. رئیس ساواک بر «مدیریت»های مختلف آن ریاست و نظارت داشت. مهم‌ترین آنان «مدیریت (یا اداره کل) «امنیت داخلی» بود که در سال‌های آخر همیشه پرویز ثابتی در رأس آن قرار داشت. همچنین ساواک

---

۱ - سپهبد نادر جهانبانی، سرلشکر منوچهر خسروداد و سرلشکر ناجی فرمانده پادگان و فرماندار نظامی اصفهان، شخص اخیر که مردی متدین بود در دم مرگ برای قاتلین خود که بی‌گناهی را می‌کشند از خداوند طلب بخشایش کرد. نادر جهانبانی و منوچهر خسروداد، با فریاد جاوید شاه در مقابل جوخه آتش جان سپردند. پس از قتل‌شان خمینی به آن‌جا آمد و نماز شکر به جای آورد. همه این جزئیات در جراید وقت تهران با آب و تاب منعکس شد. در شهر شهرت یافت که خمینی با خون آنان تیمم کرده است. درستی این نکته را نمی‌دانیم. ولی مستبعد هم نیست. (مترجم)

یک «نیروی ضربتی» موسوم به «نیروهای مخصوص» در اختیار داشت که تعداد افرادش در حدود پانصد تن و افرادش همه از برجسته‌ترین کماندوها و چتربازان ارتش انتخاب می‌شدند و تعلیمات مخصوص به آنان داده می‌شد. افراد این نیروی ضربتی مأمور مبارزه با تروریسم و توقیف «اشخاص خطرناک» بودند که غالباً با درگیری و تیراندازی و تلفات متقابل انجام می‌شد. اما هرگز در بازجویی‌ها شرکت نمی‌کردند. مأموریت آنان با تحویل بازداشت شدگان به افراد «امنیت داخلی» پایان می‌یافت. آخرین رئیس این نیروی ضربتی یک «غیرنظامی»، دارای درجه لیسانس و برآمده از یک خانواده محترم و متشخص کشور بود که تمام دوران خدمتش را در ساواک گذرانده بود.

تا نیمه سـالهای ۱۹۶۰، ادارات کل مختلف سـاواک (که اصولاً به رعایت مقررات حفاظتی و امنیتی با یکدیگر رابطه‌ای نداشـتند) در نقاط مختلف پایتخت پراکنده محل اسـتقرار بیشتر آن‌ها در خیابان‌های سپهبد زاهدی و ایرانشهر یا اطراف این دو معبر مهم تهران بود. در این دهه مجموعه[1] بزرگی در محله مهران، واقع در حاشیه پایتخت با رعایت همه الزامات حفاظتی برای آن سازمان ساخته شد. برای پذیرایی از شخصیت‌های خارجی (یا استثنائاً داخلی که فرستادگان ساواک غالباً به اقامتگاه یا محل کارشان می‌رفتند و یا با آن‌ها در رستوران‌های مختلف قرار ملاقات و صرف غذا می‌گذاشتند) عمارت کوچک و زیبائی در مدخل این محوطه ساخته شده بودند. گویا چندان استفاده‌ای از این ساختمان نمی‌شد.

هیچ‌کـس بدون اجـازه و قرار قبلی حق ورود به این محوطه را که با دیوارهای بلند محصور بود نداشت. فقط نخست وزیر، می‌توانست بدون اطلاع و در هر ساعت شب یا روز به آن‌جا بیاید و هر جا که می‌خواهد برود. ظاهراً هرگز هیچ یک از رؤسای دولت از این حق خود استفاده نکردند. علاوه بر این‌ها، ساواک دارای زندان مخصوص به خود بود که در بلندی‌های شمال تهران، در اوین، قرار داشت که سطح زیربنای آن پس از پیروزی انقلاب اسلامی رسماً ده برابر اما گویا خیلی بیشتر شده.

ساواک دارای ادارات تابعه خود در همه مراکز استان‌ها بود. مدیریت این واحدهای استانی با نظامیان مأمور خدمت یا منتقل به ساواک یا احیاناً بازنشسته بود که معمولاً سال‌ها

1 - Compound.

بر سر کار خود می‌ماندند و بعضی از آن‌ها جزو محترمین و رجال شهر می‌شدند. تقریباً همه آن‌ها خوشنام و مورد احترام اهالی محل بودند.

همه اطلاعاتی که ساواک جمع‌آوری می‌کرد، هر روز در اختیار شاه و نخست‌وزیر قرار می‌گرفت. فرض بر آن بود که این اطلاعات دقیقاً مشابه یکدیگر بوده باشند. آیا واقعاً چنین بود؟ نمی‌دانیم. بعضی از این اوراق با امضای مسئول یا مسئولان ساواک و گزارش‌های رسمی بود. بعضی دیگر اطلاعیه نام داشت، بر کاغذ سفید و بدون امضاء منابع آن نیز مذکور نبود.[۱]

محمدرضا شاه در خاطرات خود[۲] بودجه سالیانه ساواک را هشتصد میلیون ریال (تقریباً معادل ۱۲ میلیون دلار آن زمان) ذکر می‌کند و به حق می‌افزاید که این رقم در بودجه سالیانه رسمی کشور مندرج بود و به تصویب قوه مقننه می‌رسید. این رقم طی ده سال آخر فعالیت ساواک بلاتغییر ماند. اما باید دانست که ساواک قسمتی مهم از اعتبارات خود را نیز از محل بودجه‌های سری نخست وزیر و وزارت جنگ دریافت می‌داشت. تا جایی که دانسته شده، مجموع اعتباراتی که در سال ۱۹۷۷ (یعنی اوج امکانات مالی دولت) در اختیار ساواک بود به معادل ۷۵ میلیون دلار بالغ می‌شد. در همان سال عواید دولت از محل نفت از سی و چهار میلیارد متجاوز بود.

این رقم، بودجه جاری و عملیاتی سازمان بود و بر هزینه‌های ساختمانی و به اصطلاح عمرانی (یعنی ایجاد ساختمان‌ها) شامل نمی‌شد که از محل اعتبارات عمرانی مندرج در بودجه سازمان برنامه تأمین می‌گردید و مطلقاً محرمانه نبود ساواک، برخلاف آنچه گه‌گاه نوشته شده، نه دارای واحدهای انتفاعی صنعتی بود، نه شرکت هواپیمائی داشت. فقط گفته می‌شد که دارای یک آژانس مسافری بود[۳] و نیز یک اردوگاه بزرگ در کنار دریای خزر برای تعطیلات کارمندانش به وجود آورده بود.

---

۱ - قسمتی از این گزارش‌ها و اطلاعیه‌ها را اخیراً سازمان‌های جمهوری اسلامی انتشار داده‌اند. به عقیده کارشناسان، بعضی از آن‌ها اصالت دارند، بعضی دیگر دست کاری و به اصطلاح سانسور شده و قسمتی هم به کلی ساختگی و مجعول هستند. البته از اطلاعات و اسناد مربوط به رهبران یا همکاران جمهوری اسلامی که بسیاری از آنان از عوامل و دست به مزدهای ساواک بودند، خبری نیست.

۲ - پاسخ به تاریخ.

۳ - مدیر یا صاحب این آژانس، بعداً به خدمت جمهوری اسلامی درآمد و در تجارت غیرمجاز اسلحه اسم و شهرتی یافت، که البته اکنون به دست فراموشی سپرده شده.

به موازات ساواک، سازمان‌های دیگری نیز به کار امنیت ملی کشور می‌پرداختند. اداره اطلاعات شهربانی کل، موسوم به آگاهی بیشتر به جرائم و جنایات غیرسیاسی، مخصوصاً مبارزه با مواد مخدر توجه داشت. فعالیت اداره دوم ستاد کل که در اکثر کشورها وابسته‌های رسمی نظامی تابعش بودند، به مسائل ارتش و همکاری‌های نظامی و دفاعی و احیاناً کسب اطلاعات در این زمینه‌ها معطوف بود. بالاخره باید گفت که ژاندارمری کل کشور نیز در روستاها و شهرک‌های دوردست که حوزه مأموریتش بود، شبکه خبرگیری خود را داشت. عملاً وضعی مشابه همه کشورهای دیگر جهان، نه بیشتر و نه کمتر.

در سال ۱۹۶۱، به دستور محمدرضا شاه واحد مخصوصی موسوم به دفتر ویژه مأمور تنظیم و هماهنگی و نظارت فعالیت این سازمان‌ها شد که مخصوصاً از رقابت‌های داخلی آنان جلوگیری کند. ریاست این دفتر ویژه به ارتشبد (بعدی) حسین فردوست، یار زمان کودکی و نوجوانی و جوانی شاه و مرد مورد اعتماد او محول شد. در انگلستان چنین واحدی وجود داشت. شاه در سال ۱۹۵۹ به فردوست مأموریت داد که به لندن برود، با طرز کار آن آشنا شود و سپس مشابه آن را در تهران پیاده کند. محمدرضا شاه اندک سوء ظنی نسبت به فردوست نداشت و او را وفادار و صمیمی می‌دانست و سرانجام دریافت که اشتباه می‌کرده: «اندکی پس از سقوط مصدق گزارش‌هایی رسید که از روابط مشکوک و قرابت فردوست با سازمان‌های جاسوسی شوروی حکایت می‌کرد. هنگامی که این گزارش‌ها به محمدرضا شاه رسید، سخت برآشفته شد و گفت که «حتی دوستان و اشخاص مورد اعتماد مرا ول نمی‌کنید». در سال ۱۹۶۸ هنگامی که فردوست در سمت معاونت سازمان اطلاعات و امنیت کشور بود، ارتشبد نصیری هم به علل و جهاتی به وی مظنون شد. از بیم شاه چیزی نگفت. اما ترتیبی داد که بعضی گزارش‌های «به کلی سری» که با امنیت ملی ارتباط داشت به دست او نرسد که از آن‌ها آگاهی نیابد. چنین شخص مشکوک و غیرقابل اعتمادی بود که در رأس دفتر ویژه در سال ۱۹۷۸ به شاه خیانت کرد.

در چهارچوب نظام متمرکز و به ظاهر منظم اطلاعاتی ایران، ساواک مأموریت و رسالتی جز جمع‌آوری و تجزیه و تحلیل اطلاعات و مبارزه با تروریسم و براندازی نداشت. برخلاف آنچه نوشته شده و می‌شود، حفاظت کاخ‌های سلطنتی و شاه و شهبانو و خانواده آن‌ها با گارد شاهنشاهی بود نه با ساواک. نگاهبانی ساختمان‌های دولتی نیز با

شهربانی کل کشور و مأمورانش بود. با تمام این احوال ساواک به سوء استفاده از اختیارات و اقتدارات خویش متهم شد و هیاهوی بزرگی در خارج و حتی داخل کشور برانگیخت.

مساله «سوء رفتار ساواک» با زندانیان سیاسی و «قربانیان ساواک» بهانه و دست‌آویز اصلی همه تبلیغات مخالفان نظام شاهنشاهی و شخص محمدرضا شاه در سال‌های اخیر سلطنتش بود:

سازمان عفو بین‌المللی در گزارش سال ۱۹۷۵ خود،[1] سالی که تبلیغ و هیاهو علیه محمدرضا شاه به اوج خود رسیده بود، تعداد زندانیان سیاسی را در ایران بین ۲۵,۰۰۰ تا ۱۰۰,۰۰۰ نفر و شمار زندان‌ها را به ۶,۰۰۰ تخمین زده! همین سازمان اعلام داشت که از ۱۹۷۲ تا ۱۹۷۷، ۴۰۰ تن در ایران اعدام شده‌اند که ۲۶۰ نفر آنان به جرم حمل و نقل مواد مخدره بوده است. یک نشریه مخفی[2]، که غالباً مورد استناد مخالفان شاه قرار گرفته بود می‌نویسد: «از ۱۹۶۸ تا ۱۹۷۷، تعداد کسانی که با اتهام سیاسی در ایران جلب و بازداشت شدند دقیقاً ۳۱۶۴ نفر است». ابوالحسن بنی‌صدر، به هنگامی که رئیس جمهوری اسلامی ایران بود، در نامه‌ای به کورت والدهایم[3] دبیر کل سازمان ملل نوشت: «در طی سال‌های آخر سلطنتش، شاه دست به کشتارهای دسته جمعی در تمام شهرهای ایران زد» آیت‌الله خمینی به نوبه خود اعلام کرد که «۳۵۰,۰۰۰ زندانی سیاسی در ایران وجود داشت که ۱۰۰,۰۰۰ تن از آنان به دستور شاه به قتل رسیدند» و در نامه‌ای به پاپ ژان پل دوم اشعار داشت که «او (شاه) جوانان را به دیگ‌های بزرگ می‌انداخت و می‌پخت یا به سیخ می‌کشید و در روی آتش کباب می‌کرد»[4].

باز هم دقیق‌تر از این ارقام، هنگامی که محمدرضا شاه پهلوی و خانواده‌اش در کوئرناواکا در مکزیک اقامت داشتند، سفارت جمهوری رسماً اعلام داشت که ۳۶۵,۹۹۵ تن به دستور او در دوران سلطنتش به قتل رسیده‌اند.

در زمان طرح و تصویب قانون اساسی جمهوری اسلامی و برای دفاع از آن،

1 - Amnesty Internationale, Annual Report, 19741975-, London, 1975.

۲ - Chronique de la Repression که مفاد آن را محمدرضا پهلوی در کتاب خود ذکر کرده، متن فرانسه صفحه ۲۲۹.

3 - Kurt Waldheim.

۴ - نامه‌ای که در همه جراید وقت به چاپ رسید. هم چنین نگاه کنید به EDOUARD SABLIER منبع ذکر شده، صفحه ۷۳.

عبدالکریم لاهیجی، وکیـل دعاوی معروف تهران که در آن هنگام از رهبران انقلاب بود و اکنون در شمار منشعبین درآمده و مقیم اروپا است، به «۴۰,۰۰۰ تن شهدای» زمان شاه استناد می‌کند تا به این ترتیب خونریزی‌های زمان آیت الله خمینی را توجیه نماید. سرانجام یک «رقم رسمی» در این مورد اعلام گردید که در مقدمه قانون اساسی جمهوری اسلامی مندرج است: ۶۰,۰۰۰ نفر.

در مجموع این «محاسبات» اختلاف بین ارقام زیاد است از ۴۰۰ نفر تا ۳۶۵,۹۹۵ نفر که معمولاً به عنوان «قربانیان ساواک» نامیده می‌شوند.

تاریخ و تاریخ نویسان نمی‌توانند به چنین ارقامی اعتماد کنند. به ویژه که امروزه دیگر مدارک قابل وثوقی که بیانگر حقایق باشند، در دسترس است.

هنگامی که آیت‌الله خمینی به قدرت رسید، یک کمیسیون رسمی مأمور شد که ارقام دقیق «قربانیان رژیم شاه» را طی پانزده سال پیش از آن یعنی بعد از آشوبی که آیت‌الله در سـال ۱۹۶۳ برپا کرده بود، تحقیق و اعلام نماید. این کمیسیون به یک اعلامیه رسمی به تاریخ ۲۰ مارس ۱۹۷۹ انتشار داد که مشتمل است بر اسامی که بسیاری از آنان ناشناخته نبود، چرا که یا درگیر و دار زد و خوردهای چریکی و خیابانی کشـته شـده بودند، یا بر طبق رأی محاکم صالحه. بعضی دیگر به کلی ناشـناس بودند، حتی از تنی چند فقط با ذکر اسم کوچک (و نه حتی نام خانوادگی) یاد شده بود. بداهتاً نمی‌توان پذیرفت که همه آن‌ها قربانیان رژیم بوده‌اند. بهر تقدیر، با وجود آن‌که گرایش آن دوران به بزرگ کردن این قبیل ارقام بود، کمیسیون به یک رقم نهائی می‌رسد: «۲۳۴ قربانی». حتی قتل یک نفر جای تأسف است. ولی میان ۲۳۴ تن و ارقام قبلی فاصله‌ای بسیار وجود دارد.

یک دانشگاهی امریکایی سرشناس و مشهور به چپ‌گرائی و مخالف شدید با رژیم شاهنشاهی[1] در تحقیقی که به سال ۱۹۸۲ انتشار یافت، ارقام دیگری انتشار داده که ذکر آن‌ها در این‌جا بی‌فایده نیست. وی به «قربانیان» رژیم از ۸ فوریه ۱۹۷۱[2] تا اکتبر ۱۹۷۷ که دیگر عملاً تظاهرات در ایران آزاد شد، اشاره کرده. به نوشته آبراهامیان، مجموع قربانیان ساواک ۳۴۱ تن اسـت. ۱۷۷ نفر از آنان در جنگ‌های خیابانی و یا چریکی کشـته شده‌اند. ۱۶۴

۱ - ERVAND ABRAHAMIAN در منبع ذکر شده.
۲ - ماجرای سیاهکل.

تن اعدام یا ناپدید شده، خودکشی کرده یا در زندان درگذشته‌اند. ارقام آبراهامیان بر همه گروه‌های مخالف شامل است: توده‌ای‌ها، جناح‌های مختلف مارکسیست، مارکسیست‌های اسلامی (مجاهدین خلق) و اسلام‌گرایان افراطی.

در مورد مجاهدین خلق ایران رقم مندرج در بررسی آبراهامیان ۷۳ مقتول است: سی و شش تن در جنگ‌های خیابانی یا چریکی، ۱۵ اعدامی، ۲۰ تن که در زندان درگذشتند و یک مورد خودکشی و یک تن که ناپدید شده. خود این سازمان بعد از انقلاب در یک نشریه رسمی که در ۱۸ مارس ۱۹۷۹ در تهران انتشار داد، اسامی قربانیان خود و تاریخ و شرائط مرگ آنان را با دقت کامل ذکر کرده. شمار «رسمی» آنان بیست و پنج تن است. ۷ نفر اعدامی، دو تن که به دست «اپرتونیست‌ها» به قتل رسیده و بعداً از جانب سازمان اعاده حیثیت گردیدند. سه نفر که در زندان درگذشتند، ۱۱ تن کشته‌گان جنگ‌های خیابانی و چریکی و دو تن بدون ذکر علت. بنابر این، بررسی آبراهامیان تعداد کشته‌گان سازمان مجاهدین خلق را تقریباً سه برابر بیشتر از آن‌چه خودشان مدعی هستند، به‌شمار آورده! آمار مربوط به سازمان چریک‌های فدائیان خلق، بر همین روال است. این گروه مدعی ۱۵۵ تن قربانی شده و در مورد هر یک شرائط «شهادت» آنان را ذکر کرده: از جمله ۱۰۶ مقتول در جنگ‌های خیابانی یا چریکی و ۳۶ تن اعدامی.

مجموع کشته شدگان این دو سازمان، به ادعای خودشان که قطعاً کمتر از واقعیت نیست - اگر بیشتر نباشد، ۲۳۰ نفر است. البته رقمی بزرگ ولی بی‌تناسب با ۶۰,۰۰۰ تن «شهدای» رسمی مندرج در قانون اساسی جمهوری اسلامی.

هدف در این‌جا انکار واقعیات نیست. چنان‌که نمی‌توان منکر ده‌ها هزار تن و بلکه بیشتر قربانیان جمهوری اسلامی شد. باید به جزئیات پرداخت، آن هم به نحو مستند.

سال ۱۹۷۰ نقطه عطفی است. از طرفی آدم‌کشی‌های گروه‌های چپ‌گرای افراطی در سرتاسر اروپا بالا گرفت. از طرف دیگر جشن‌های تخت جمشید و برگزاری دو هزار و پانصدمین سال شاهنشاهی ایران و سال کورش بزرگ، گروهک‌ها و سازمان‌های افراطی را به تشدید فعالیت خود واداشت. برای مبارزه با شدت عمل تروریست‌های داخلی، یک «کمیته هماهنگی» شامل بر ساواک و پلیس و سایر دستگاه‌های انتظامی در تهران تشکیل

شـد که پرویز ثابتـی در رأس آن قرار گرفت و متهم به همه بدرفتاری‌ها شـد. مقامات رسمی همیشه منکر این بدرفتاری‌ها نبودند. ولی گفته‌ها و نوشته‌های وسائل ارتباط جمعی خارجی و شایعات شهر را زیاده‌روی و هیاهوی مغرضانه می‌دانستند. استدلال آن‌ها این بود که باید سـریعاً اطلاعات مربوط به تدارک سـوءقصدها و انفجارها را به دست آورد تا بتوان از آن‌ها پیش‌گیری نمود و اضافه می‌کردند که اسلام‌گرایان افراطی نیز با الهام از آیت‌الله خمینی، بر جمع خرابکاران و آدم‌کشان افزوده شده‌اند. لاجرم باید متقابلاً به شدت عمل و به خصوص سـرعت بیشـتر در عکس‌العمل در برابر خشونت و قصد، اضرار به رژیم افزود. بحث در این مورد چه در داخل و چه در خارج فراوان بود.

ظاهراً پرویز ثابتی هرگز شخصاً در «بازجویی» شرکت نکرد. شهادت و روایتی در این زمینه در دست نداریم. اما نمی‌توانست از آن‌ها آگاه نباشد و قطعاً مخالفتی هم نمی‌کرد. همچنین امروزه مسلم و قطعی است که در زمینه «نحوه استنطاق» از «کارشناسان امریکایی» کمک و راهنمایی «فنی» خواسته شد که آن‌ها دریغ نداشتند. گزارش‌های رسمی که امروز از زندان‌های گوانتانامو[1] در کوبا و ابوغرائیب[2] در عراق منتشر شـده نشـان می‌دهد که آمریکایی‌ها در این زمینه تخصص دارند و استاد هستند.

شـاه نیز نمی‌توانسـت در جریان این اتهامات و شایعات نباشد. او مرتباً جراید مهم دنیا را می‌خواند. البته مسـئولان امر بـه وی از زیاده‌روی‌های مطالبی که در روزنامه‌های فرانسـوی و انگلیسـی زبان منتشر می‌شد، یا آن‌چه در سـایر کشورها انتشار می‌یافت و نمایندگان سیاسی ایران منعکس می‌کردند، سخن می‌گفتند و غالباً حق هم داشتند، و نیز بر ضرورت پیش‌گیری از عملیات براندازی و آدمکشی تأکید می‌کردند. از مطالعه خاطرات علم درمی‌یابیم که شاه واقعاً از مطالب مندرج در مطبوعات بین‌المللی دل شکسته می‌شد. معذالک دستور داده بود که به هر قیمت از وقوع سوءقصدها و خراب‌کاری‌ها در طی سال کورش کبیر که همه توجهات به سوی ایران بود جلوگیری شود، که جلوگیری هم شد. شاید به همین مناسبت بر بعضی سوءاستفاده‌ها و زیاده‌روی‌ها چشم فرو بست.

پس از سـال ۱۹۷۵، فعالیت «کمیته» به تدریج کاهش یافت و در سال ۱۹۷۸ منحل شـد. اما تبلیغات بر ضد رژیم و بر ضد سـاواک همچنان ادامه یافت. شاه با غرور فراوان

1 - Guantanamo.
2 - Abou Gharaib.

نسبت به این تبلیغات بی‌اعتنا بود. دولت اقدام جدّی و اساسی در مبارزه با آن‌ها نکرد، یا شاید اصولاً کاری نکرد.

در بهار سال ۱۹۷۷، شهبانو فرح به ارتشبد نصیری پیغام داد که می‌خواهد بدون اطلاع قبلی از زندان اوین بازدید کند و به بیند و بداند که در آنجا چه می‌گذرد و در صورت لزوم با زندانیان نیز گفتگو داشته باشد. در این پیام گفته شده بود که در این بازدید فقط دو نفر همراهش خواهند بود، رئیس دفتر مخصوصش[1] و سرلشکر علی نشاط[2]. نصیری بسیار ناراحت شد و خواست که تاریخ دقیق این بازدید را بداند. شهبانو پاسخ داد که تاریخ دقیقی نخواهد داد و می‌خواهد سرزده به آنجا برود. رئیس ساواک، خطرات این بازدید و احتمال گروگان‌گیری به وسیله زندانیان را به میان آورد. شهبانو به وی گفت که همه این خطرات را می‌پذیرد. ارتشبد گفت که طبق مقررات فقط رئیس دولت می‌تواند هر موقع بخواهد حتی بدون اطلاع قبلی از همه تأسیسات وابسته به ساواک بازدید کند، به هر جا که می‌خواهد برود. آیا اصلح نخواهد بود که به وی دستور بازرسی زندان اوین داده شود؟ غرضش شاید آن بود که به شهبانو تفهیم کند که چنین حقی برای او پیش بینی نشده. پاسخی که به وی پیغام داده شد خشن و صریح بود: «با تمام این احوال من خواهم رفت و می‌خواهم بدانم چه کسی جرئت خواهد کرد که در را به روی شهبانوی ایران باز نکند». ارتشبد نصیری دست پاچه شد، به هویدا گزارش داد. هر دو به شاه متوسل شدند که جلوی این «هوس» شهبانو را بگیرد. محمدرضا شاه نیز برآشفت. به همسرش گفت: «ممکن است به شما بی‌احترامی شود، یا شما را گروگان بگیرند». ناچار اندیشه بازدید از زندان اوین رها شد. باید گفت که در این زمان تعداد زندانیان اوین اندک و وضع آن بسیار رضایت بخش بود و موجبی برای نگرانی رئیس ساواک وجود نداشت و شاید این بازدید حتی اگر خبر آن منتشر نمی‌شد، عکس‌العمل خوبی در برابر تبلیغات علیه ایران و شخص شاه می‌بود. اما رژیم نه سیاست تبلیغاتی درستی داشت و نه توجهی به این قبیل مسائل.

نتیجه آن که تبلیغات علیه ایران، علیه رژیم و علیه شخص محمدرضا شاه شدید و شدیدتر می‌شد و سال‌ها پس از سقوط رژیم شاهنشاهی نیز ادامه یافت. هنگامی که کورت والدهایم برای حل مساله گروگان‌گیری کارمندان سفارت امریکا در ماه ژانویه

---

۱ - نویسنده ایرانی کتاب در آن زمان متصدی این کار بود.

۲ - فرمانده گارد جاویدان.

۱۹۸۰ بـــه تهران رفت، دولت در یکی از تالارهای مهمانســـرای هیلتون تهران، جمعی از عجزه و اشـــخاص بیمار و گدایان حرفه‌ای پایتخت و شـــهرهای دیگر را گرد آورد و به عنوان «قربانیان شکنجه‌های ساواک» به او معرفی کرده و نشان دادند. برای حضور در این نمایش همه خبرنگاران و فیلم‌برداران داخلی و به‌ویژه خارجی جمع شده بودند. تصاویر و فیلم‌های این نمایش، بدون آن‌که کوچک‌ترین تحقیق در باره آن شده باشد، در همه جهان منتشر شد و تأثر و هیجانی بزرگ به وجود آورد. همه این‌ها یک صحنه‌سازی بیش نبود. کورت والدهایم بعداً اقرار کرد که برای فراهم آوردن مقدمات رهائی گروگان‌ها (که به آن موفق هم نشد) وارد بازی شده بود. او نوشت «نمایش صحنه کودک خردسالی که ساواک یک دســـت وی را به منظور گرفتن اقرار از پدرش بریده بود مرا شـــدیداً به لرزه درآورد. قطب‌زاده وزیر امورخارجه که در کنارم بود، در گوشـــم گفت اصلاً ناراحت نشوید. این کودک دست خود را در یک حادثه اتومبیل از دست داده. اصلاً ارتباطی با ساواک ندارد»[1] وی می‌افزاید «از آن پس دیگر واقعیت رنج‌ها و ناراحتی‌های که افراد حاضر دیگر مدعی آن بودند. مورد تردید جدی من قرار گرفت»[2]. اما همین شخص در آن موقع علناً چیزی نگفت و بیان حقایق را فدای مأموریت ناکام خود کرد.

در کمیســـیون حقوق بشر سازمان ملل متحد، از بورژه وکیل مدافع دولت جمهوری اسلامی در این مورد پرسش‌هایی شد و سرانجام وی قبول کرد که ماجرائی که در تهران برای کورت والدهایم ترتیب داده شـــد، نمایشـــی بیش نبوده است.[3] وی همچنین افزود «ایرانیانی که در تهران ملاقات کرد، هیچ کدام نتوانستند دلایل متقن و موجهی در این مورد (شکنجه‌های ساواک) ارائه دهند.[4]

با این وجود باید قبول کرد که میان تکذیب‌های پرغرور و گه‌گاه تحقیرآمیز محمدرضا شاه و تنی چند از مسئولان دولت و اتهامات مخالفان و منتقدان که مستند به مدارک و اسناد و آمار قابل قبول و قابل تحقیق نبوده است، خشونت‌های ساواک در زمان تصدی سپهبد

1 - Welpolitik in Glassplast, Duselddorf, 1985
همچنین نگاه کنید به شجاع‌الدین شفا، جنایات و مکافات، جلد اول، پاریس، ۱۹۸۶.
۲ - همان منبع.
۳ - شهادت Maitre Bourget در تحقیق بسیار دقیق Pierre Salinger پیرامون بحران گروگان گیری OTAGES, Négociations secrétes de Téhéran, Buchet-Chastel, Paris, 1981, P.168.
۴ - همان منبع صفحه ۱۱۹.

بختیار و سـپس ارتشـبد نصیری (به‌ویژه بعد از ۱۹۷۰)، از حد «زیاده‌روی‌های غیرقابل اجتناب» که بعدها خود شاه وجود آن‌ها را پذیرفت[1] فراتر رفته.

در ضمن باید قبول کرد که در این زمینه تبلیغات سیاسـی و مرامی و تخیلات ادبی نیز کم و بیش سـهمی داشته‌اند. فقط بررسی دقیق و مستند به آمار و ارقام و روایت‌های بی‌طرفانه می‌تواند حدود این خشونت‌ها را، که به خودی خود قابل قبول نمی‌تواند بود، روشن کند، که ما تا حد امکان به آن پرداختیم.

انتقاداتی که از سـاواک در مورد روش‌های مبـارزه و رو در روئی‌اش با تلاش‌های انقلابی و شـبکه‌های براندازی شـد، نباید موفقیت‌هایی را که در زمینه ضدجاسوسی و مواجهه با شبکه‌های خارجی به دست آورد و طبیعتاً محرمانه ماند، از نظر دور نگاه دارد و نادیده انگاشته شود.

پـس از کودتای ۱۴ ژوئیـه ۱۹۵۸، و تا انعقاد قـرارداد ۱۹۷۵ در الجزیره، عراق (با حمایت غیرمستقیم اما موثر شـوروی‌ها و به‌ویژه چند دولت دست نشانده مسکو چون آلمان شـرقی)، یکی از استوارترین مخالفان و دشمنان ایران و مرکز همه تحریکات علیه شاه و رژیم شاهنشاهی بود.

ماجرایی که صدام حسین، سپهبد تیمور بختیار و دکتر داود منشی‌زاده به سال ۱۹۷۱ در آن شـرکت داشـتند می‌تواند موضوع یک داستان نیمه جدی و نیمه شوخی باشد. اما رو در روئی دو دولت با قتل رئیس پیشـین سـاواک به پایان نرسـید. مسئولان امنیتی و ضدجاسوسی تهران (قطعاً با تأیید شاه) بر آن شدند. که نمایشنامه مشابهی را علیه بغداد به مرحله اجرا درآوردند. دو افسر ارشد ساواک، تحت نظر سرلشکر علی معتضد مأمور اجرا و پیاده کردن این طرح شدند. نمایشنامه کودتائی به وسیله ژنرال اعرابی، افسر ارشد عراقی که به ایران پناهنده شده بود، به مرحله اجرا درآمد. ساواک ترتیبی داد که «طرح» این کودتا به اطلاع مقامات «شورای عالی فرماندهی انقلاب» عراق برسد. بغداد فوراً تصمیم به قتل این «ژنرال خائن» گرفت. که انتقامی هم بود از کشـتن بختیار به وسـیله مأموران سـاواک. مأموران مخصوصی از بغداد برای به منظور اجرای این طرح (یعنی قتل ژنرال عراقی) به تهران اعزام شـدند و در محل سفارت عراق سکنی گزیدند. مأموریت آنان به

1 - Réponse à l' Histoire, P.229.

ظاهر ساده بود: خانه امنی را که ژنرال در آن زندگی می‌کرد (و نشانی‌اش مخفی نبود، یا لااقل برای جاسوسان عراقی مخفی نبود) تحت نظر بگیرند و در یکی از مواقعی که وی از اقامتگاهش خارج می‌شد به وی سوء قصد کنند و او را از پای درآورند.

مأموران ضدجاسوسی ساواک از این طرح مطلع بودند. یک مانکن را به لباس ژنرال عراقی ملبس کردند، کلاه و عینک معمولش را بر سر و صورت او گذاشتند. در روز موعود او در صندلی پشت اتومبیل خود نشست و از اقامتگاهش خارج شد. به «مأمور مخصوصی» که راننده‌اش بود تعلیمات لازم داده شد که چگونه به محض وقوع سوءقصد خود را از وسیله نقلیه به خارج پرت کند. معذالک او خطر می‌کرد و در انجام وظیفه این خطر را پذیرفته بود. اندکی بعد از خروج اتومبیل ژنرال عراقی از اقامتگاهش، مأموران بغداد وی را به مسلسل بستند. اتومبیل آتش گرفت سفیر عراق در تهران «محرمانه» به بازدید آمد و عکس هم از وی گرفته شد. مأموران انتظامی و امنیتی تغافل کردند. شبانگاه صدام حسین در رادیو بغداد «مجازات خائن» را اعلام کرد. ژنرال عراقی فردای آن روز چند خبرنگار را فراخواند و با آنان مصاحبه کوتاهی ترتیب داد که دلالت بر حیات و سلامت او داشت. صدام حسین مضحکه شده بود.

ژنرال عراقی همچنان در ایران می‌زیست و بعد از انعقاد قرارداد نیز در تهران ماند. در یکی از روستاهای حومه تهران زندگی آرام و مرفهی داشت. ظاهراً بعد از انقلاب اسلامی نیز در تهران ماندگار شد.

رسالت و وظیفه دیگر سازمان‌های ضدجاسوسی ایران، مبارزه با سرویس‌های اطلاعاتی اتحاد جماهیر شوروی و کشورهای اقمار آن بود. در طی دو سال آخر رژیم در این زمینه توفیقات قابل ملاحظه و چشمگیری نصیب آنان شد مهم‌ترین آن‌ها توقیف سرتیپ مقربی مرد شماره ۲ دفتر طرح‌ها و بررسی‌های ستاد بزرگ و مسئول خرید اسلحه از ایالات متحده امریکا بود.

ساواک تقریباً به طور دائم سه وسیله نقلیه ردیاب برای جستجو و کشف دستگاه‌های مخفی مخابراتی در تهران به گردش درمی‌آورد. حسب‌الاتفاق و پس از چند مرحله ردیابی و تحقیق و یک بازداشت اشتباهی که به پوزش‌طلبی از افسری که جلب شده بود منتهی

گردید، مأموران موفق به توقیف سرتیپ مقربی شدند، آن هم در حال جرم مشهود، چرا که در یکی از کوچه‌های خاکی و تاریک نزدیک به فرودگاه مهرآباد، اسناد و مدارک ارزنده‌ای را به یک دیپلمات شوروی تحویل می‌داد. دیپلمات مذکور بلافاصله کارت شناسائی خود را که حاکی از مصونیت دیپلماتیک بود به مأموران نشان داد. وی را به سفارت شوروی هدایت کردند و چهل و هشت ساعت بعد از ایران اخراج شد. اقامتگاه سرتیپ مقربی بلافاصله مورد بازجوئی مأموران تعقیب و مراقبت ساواک قرار گرفت. خود او هم حاضر بود. دستگاه فرستنده‌ای که او را لو داده بود در پیانوی خانه‌اش کشف شد. دستگاهی بسیار ظریف و دقیق بود.

در همین اوان سرتیپ درخشانی، همان کسی که در ۱۹۴۵ پادگان و لشکر تبریز را به تجزیه طلبان آذربایجان تسلیم کرده، محکوم شده و شاه او را عفو کرده بود، در نزدیکی سفارت شوروی در حالی که چند سند و عکس فاقد اهمیت را به یک دیپلمات آن کشور تسلیم می‌کرد، جلب و توقیف شد.

سپس نوبت به یکی از معاونان وزارت آموزش و پرورش رسید، مردی خوش نام و کاردان و نیز یکی از کارمندان رده بالای وزارت امورخارجه که از خانواده‌ای برجسته و منتسب به مقامات عالی بود و برای سفارت رومانی کار می‌کرد.

همه این‌ها محرمانه ماند و افشا نشد. جز محکومیت سرتیپ مقربی و تیرباران او به جرم جاسوسی. درخشانی مدتی در زندان ماند، معاون «خوش نام» وزارت آموزش و پرورش نیز که به ده سال حبس محکوم شده بود در زمان انقلاب از زندان رهایی یافت. در سال ۱۹۷۹ از ایران خارج شد و اکنون با نام دیگری در انگلستان زندگی می‌کند. کارمند عالی‌رتبه وزارت خارجه نیز همان موقع از زندان خارج و ناپدید شد. اطلاعی از سرنوشت او نداریم.

دانستنی‌ها و گفتنی‌ها در باره ساواک بسیار است و هنوز بسیاری از اسناد و بایگانی‌های محرمانه قابل دسترسی محققان و مورخان نیست. شهرت بدی که برای آن به وجود آمد، یا به وجود آوردند، و تا حدی مستحق آن بود مسلماً به تصویر نظام شاهنشاهی و شخص محمدرضا شاه زیان زد.

شاهپور بختیار آخرین نخست وزیر شاه، در کتاب خاطرات خود[1] شرح مفصلی از بدکاری‌های ســاواک نوشته و آن را با سرویس‌های نازی هم‌طراز دانسته، گرچه خودش پسر عم بنیان‌گذار و نخستین رئیس این سازمان بود. ولی این دو نکته ارتباطی با هم ندارند.

با تمام این تفاسـیر، آیا درسـت و عادلانه اسـت که تمام ترازنامه دوران سـلطنت محمدرضا شاه به روایت‌هایی در باره ساواک خلاصه شود؟

چرا در هنگامی که تمام مطبوعات و محافل سیاســی جهان چشم به ایران دوخته و از زیاده‌روی‌های ســاواک ســخن می‌گفتند، این سازمان تغییر بینش و تغییر مسیر نداد و نتوانست حوادثی را که در افق بود پیش بینی و پیش‌گیری کند؟ آیا دیگر کار از کار گذشته و قادر به آن نبود؟

آیا هنگامی که به همه مشکلات و مسائل با ابراز خشونت پاسخ داده می‌شد، راه‌حل دیگری وجود نداشت؟ آیا میسر نبود که از خونریزی‌های انقلابی که صدها و هزارها بار سهمگین‌تر بود. پیشاپیش جلوگیری شود؟ سبب سکوت شاه چه بود؟ آیا فشارهای داخلی و خارجی که با آن مواجه بود، وی را به عدم توجه کافی به این معضل واداشت؟ و بالاخره این سوال مطرح می‌شود: اگر ساواک همان «دولت در داخل دولت» که گفته می‌شد بود، و آن همه امکانات و وســائلی را که می‌گفتند دارد، داشــت، چرا و چگونه نتوانست مانع بازگشــت آیت‌الله خمینی به ایران و فروپاشی سلطنت شود؟ در فصول بعدی این کتاب پاسخ‌هایی به این پرسش‌ها می‌توان یافت.

---

1 - Ma fidélité, Albin Michel, Paris, 1982.

فصل سوم

شهبانو فرح

فرح طباطبائی دیبا که در سال ۱۹۶۷ به وی عنوان «شهبانوی ایران» (یعنی در حقیقت همسر و یا بانوی شاه) داده شد[۱] در نخستین روز ماه اکتبر ۱۹۳۸ در تهران چشم به جهان گشود. بیست و یک سال بعد، در بیستم دسامبر ۱۹۵۹ به عقد ازدواج محمدرضا پهلوی درآمد که در آن هنگام چهل و یک سـال داشت. به این ترتیب فرح به مسیر تاریخ ایران وارد شد، گرچه هیچ چیز، نه تولّدش و نه خانواده‌اش، او را مهیای این سرنوشت استثنائی کرده بود.

خانواده پدرش، طباطبائی دیبا، از اهالی آذربایجان بودند و همه آن‌ها را سید یعنی از احفاد محمد پیامبر اسلام می‌دانستند. جّد فرح، حاج نظام‌العلما روحانی محترم و متشخّص در تبریز، مرکز آذربایجان بود که از او تألیفاتی در فقه و اصول و فلسفه اسلامی به جای مانده. پدر بزرگش شعاع‌الدوله، به خدمت وزارت امورخارجه ایران درآمد و مسیر خدمتی خود را با سـمت کنسول ایران در پاریس به پایان رساند. می‌گویند به اشیاء عتیقه بسیار علاقمند بود و مجموعه‌ای گرانبها در نقاشی بر روی شیشه داشت. از غرایب آن‌که وصیت

۱- در مورد تاج‌الملوک همسـر رضاشـاه و نیز فوزیه و ثریا، هم‌چنین در آغاز زندگی زناشوئی محمدرضا پهلوی و فرح دیبا عنوان ملکه به کار گرفته می‌شد.

کرده بود این مجموعه پر ارزش به موزه ارمیتاژ[1] در لنینگراد آن روز و سن‌پترزبورگ امروز هدیه شود. هنگامی که به سال ۱۹۴۰ درگذشت این وصیتش اجرا شد.

دو پسر شعاع‌الدوله، یعنی پدر و عموی فرح تحصیلات خود را در پاریس ادامه دادند. ارشد آن دو سهراب، پدر فرح، توانست به مدرسه عالی نظام فرانسه سن‌سیر وارد شود. در مراجعت به ایران به خدمت ارتش درآمد. چند سال بعد که به درجه سرگردی رسیده بود، ناگهان خدمت ارتش را ترک کرد. افراد خانواده و اطرافیانش در این مورد توضیحی نمی‌دهند یا اطلاع دقیقی ندارند. بعضی گفته بودند که به علت افراط در قمار و بدهی‌هایی که بالا آورده بود، سلسله مراتب ارتش از وی خواست که استعفاء بدهد. موجبی که ممکن هست ولی محتمل نیست. قدر مسلم این است که بعد از آن به عنوان «کارمند محلی» به خدمت وزارت مختار (و بعداً سفارت) جمهوری خلق یوگوسلاوی درآمد که تازه در تهران گشایش یافته بود.

خانواده مادری فرح، قطبی گیلانی، از اهالی لاهیجان شهر مهمی در استان گیلان[2] بودند که در جنوب دریای خزر واقع است. پدر بزرگ مادریش، امجدالسلطان، از مالکان مهم - و نه بزرگ مالکان - منطقه بود و فرزندان بسیار داشت. یکی از پسرانش محمدعلی قطبی گیلانی، بعد از تحصیلات فنی، مدتی کارمند دولت بود و سپس یک شرکت مقاطعه‌کاری گشود که در مجموع موفق بود و پس از ازدواج خواهرزاده‌اش رونق بیشتری پیدا کرد.

خواهر بزرگ‌تر محمدعلی، به نام تاجی خانم یا تاج‌الملوک، با سهراب دیبا که هنوز در خدمت ارتش بود، ازدواج کرد. ازدواجی سنتی میان فرزندان دو خانواده محترم.

سهراب دیبا و تاج‌الملوک (یا تاجی خانم) قطبی گیلانی فقط یک فرزند داشتند: فرح. سهراب، هنگامی که فرح نه ساله بود، ظاهراً بر اثر بیماری سرطان درگذشت. مرگ او را مدتی از دخترش پنهان کردند که این مرگ و این پنهان‌کاری در ملکه آینده ایران خاطره خوبی باقی نگذاشت.

پس از مرگ سهراب طباطبائی دیبا، که ثروتی نداشت یا اگر داشت از دست داده بود، فرح و مادرش با دشواری‌های اجتماعی متعارف آن زمان و محدودیت‌های غیرقابل

---

1 - Hermitage

۲- مرکز اصلی کشت و صنعت چای.

اجتناب مادّی روبرو شدند. محمدعلی قطبی که دیگر زندگی و ثروتی داشت، خواهر و خواهرزاده‌اش را به خانه خود آورد، در آن‌جا بود که فرح با پسر دائی‌اش رضا قطبی، که چون برادرش شد و بعداً نزدیک‌ترین مشاورانش گردید، آشنایی و قرابت خاص یافت.

فرح را برای تحصیل ابتدا به مدرسه ایتالیایی و سپس دبیرستان ژاندارک تهران و سرانجام به دبیرستان مختلط فرانسوی- ایرانی رازی فرستادند که در آن‌جا موفق به اخذ گواهی‌نامه متوسطه ایرانی و فرانسوی شد. آرزوی بزرگ زندگیش این بود که در پاریس به تحصیلات عالیه خود ادامه دهد. گشایش زندگی محمدعلی قطبی این امکان مالی را به وی داد. به پاریس رفت و در مدرسه عالی معماری واقع در خیابان راسپایی[1] ثبت نام کرد. پسر دائی‌اش رضا نیز قبلاً به پاریس آمده و در یک مدرسه عالی مهندسی به تحصیل مشغول بود.

سال ورود فرح به پاریس، ۱۹۵۷، نقطه عطفی در زندگی او است. فرح، در کوی دانشگاه پاریس (ساختمان موسوم به هلند) اقامت گزید. زندگی آزاد و بی‌بند و بار همه دانشجویان و جوانان هم‌سن و سال خود را در آن روزگار داشت. به سینما و تأتر می‌رفت، ساعت‌ها در کافه‌های محلات اطراف و نزدیک دانشگاه با دوستان و همکلاسانش به گفتگو می‌نشست. مثل بسیاری از آنان، به اقتضای سن و سال، از وضع کشور خود و حکومت آن ابراز نارضایتی می‌کرد. بعداً نوشتند و گفتند که در این دوران در فعالیت‌های افراطی چپ شرکت داشته و عضو «کنفدراسیون» دانشجویان ایرانی[2] بوده است که علیه رژیم شاهنشاهی فعالیت می‌نمود. اتهام اول نادرست یا لااقل ناشی از زیاده‌روی است. اتهام دوم به کلی نادرست است. در آن سال‌ها کنفدراسیون هنوز وجود نداشت و بنابراین فرح نمی‌توانست عضو آن بوده باشد. فرح در خاطراتش به طور غیرمستقیم به این نکته اشاره می‌کند و از شرکتش در تظاهرات خشنی که تنی چند از دانشجویان به طرفداری از اتحاد جماهیر شوروی برپا کرده بود، سخن می‌گوید و می‌افزاید که بسیار ناراحت شد و دیگر از شرکت در این قبیل مجالس و جوامع اجتناب نموده و دوری جست.[3]

1 - Ecole Speciale D Architecture واقع در Bd. Raspail

۲- هزینه سنگین این سازمان که متظاهر به چپ‌گرائی افراطی بود در حقیقت از طریق بعضی سازمان‌های «غیردولتی» آمریکایی تأمین می‌گردید. این نکته در آن موقع دانسته نبود و کسی هم در مورد منابع مالی آن پرسشی مطرح نمی‌کرد. مدارکی که امروزه در دسترس است این واقعیت را نشان می‌دهد. با پیروزی انقلاب اسلامی کار این کنفدراسیون هم تعطیل شد و دیگر کسی اسمی از آن نبرد!

3 - Farah Pahlavi, Memoires, Paris, XO, 2003, P.74

اقامت کوتاه فرح در پاریس رشته‌های محبت متقابل و الفتش را با رضا قطبی تحکیم کرد. هم‌چنین با گروهی از دانش‌آموزان سابق دبیرستان رازی نیز نزدیک شد که چند تن از آنان بعداً در سیاست و جامعه ایران نقشی بازی کردند که پس از ۱۹۷۸، و پیروزی انقلاب اسلامی، شدیداً مورد انتقاد این و آن قرار گرفتند.

در اواخر بهار ۱۹۵۹، سرنوشت فرح طباطبائی دیبا، مسیری دیگر یافت. محمدرضا شاه که در ماه مارس از ملکه ثریا جدا شده بود، به پاریس و به ملاقات ژنرال دوگل آمده بود. مطابق معمول، سفارت، اجتماعی برای دیدار شاه با دانشجویان، ایرانی مقیم این شهر ترتیب داده بود. داستانی که از آن پس روایت شد بیشتر به حکایات هزار و یک شب شباهت دارد: شاه بر حسب اتفاق دختری زیبا، فرح، را در میان جمع دید و بی‌درنگ عاشقش شد. واقعیت چیز دیگری است. طبق خاطرات جهانگیر تفضّلی که در آن موقع مأمور رسیدگی به وضع دانشجویان ایرانی و ترتیب دهنده این جلسه بود و نیز خاطرات اردشیر زاهدی، البته فرح در این اجتماع حضور داشت. ولی کوچک‌ترین تماس یا برخوردی میان محمدرضا شاه و او روی نداد، با هم گفتگویی نیز نداشتند. اما در جریان بقیه ماجرا در همه روایت‌ها اتفاق‌نظر وجود دارد. سال‌ها بعد در نوامبر ۱۹۷۶، شاه به یک روزنامه‌نویس فرانسوی اظهار داشت، «من از همان روز دانستم که این دختر جوان (فرح دیبا) سومین همسرم خواهد بود.[۱] این بیان در جهت روایت رسمی یا داستان آشنایی آنان است.

در این ماه‌ها که دیگر جدائی محمدرضا شاه و ثریا رسمی و علنی شده بود، شهرت‌ها و شایعات زیادی درباره ملکه آینده ایران وجود داشت. همه می‌خواستند او را بشناسند. مدتی از شاهزاده ماری گابریل[۲] دختر اومبرتوی دوم[۳] آخرین پادشاه ایتالیا گفتگو می‌شد. روابط شخصی شاه با خانواده سلطنتی سابق ایتالیا بسیار دوستانه بود و دوستانه باقی ماند، اما این ازدواج جامه عمل نپوشید. در راه تحقق آن موانع مختلف وجود داشت. شاه ایران چهل ساله بود و شاهزاده خانم ایتالیائی هجده ساله، اختلاف سن آنان زیاد بود. موضوع مذهب مطرح شد. پادشاه پیشین ایتالیا از پاپ پی دوازدهم[۴] استمزاج کرد که او اندکی بعد

۱- این همان روایت «رسمی» از آشنائی شاه و شهبانو است که امروز نیز در مجلات مصور نقل می‌شود.
2 - Princesses Marie Gabriel
3- Umberto II
4 - PIE XII

درگذشت و پاسخی نداد. سپس از ژان بیست و سوم[1] نظر خواستند. جواب پاپ منفی بود و اظهار داشت که هر ازدواجی میان یک کاتولیک و یک غیرکاتولیک فاقد اعتبار[2] خواهد بود. از جانب جامعه روحانیت ایران نیز همین مانع عنوان شد و گفتند ازدواج شاه با یک غیرایرانی آن هم غیرمسلمان خوشایند مردم نخواهد بود. مراجع تقلید قم و نجف مخالفت صریح خود را به اطلاع شاه رساندند. نتیجه آن‌که هر دو طرف تصمیم به چشم‌پوشی از این «طرح» گرفتند. اومبرتوی دوم به «اختلاف سن زیاد میان اعلیحضرت پادشاه ایران و دخترش» اشاره کرد و دربار شاهنشاهی به «علل مذهبی». شاه هم‌چنین در جستجوی همسری بود.

در تابستان ۱۹۵۹، فرح برای دیدار خانواده‌اش به تهران آمده و در ضمن کوشش می‌کرد یک بورس تحصیلی بگیرد که دیگر تحمیلی بر دائی خود، محمدعلی قطبی نباشد. عمویش، دکتر اسفندیار دیبا که صاحب منصب عالی رتبه سازمان بهداشت جهانی[3] بود. مسأله را با اردشیر زاهدی داماد شاه در میان گذاشت که در آن هنگام در دربار مسئول و مباشر رسیدگی به وضع دانشجویان ایرانی مقیم خارج از کشور بود. گویا از اردشیر زاهدی تقاضا کرد که فرح را به شاه معرفی کند. برای زاهدی که از جستجوهای شاه و خانواده‌اش باخبر بود، پیشنهاد دکتر اسفندیار دیبا جالب به نظر آمد. دو روز بعد از آن از فرح برای صرف چای با همسرش (شاهدخت شهناز، دختر محمدرضا شاه) در حصارک محل اقامت‌شان دعوت به عمل آورد. همسر اردشیر و فرح از یک سن و سال بودند و ترتیب این ملاقات نوعی ابراز محبت و به ظاهر عادی بود.

فرح در ساعت ۱۷ (پنج بعدازظهر) روز موعود به اقامتگاه خانواده زاهدی در حصارک آمد. میان شاهدخت شهناز و او روابطی دوستانه پدیدار شد و به گفتگو نشستند. شاهدخت شهناز بار دیگر فرح را برای صرف چای در فردای آن روز دعوت کرد که شهبانوی آینده ایران فوراً پذیرفت.

رفت و آمد با دختر شاه و همسر اردشیر زاهدی مزیّتی بود و ردّ آن قابل تصور نمی‌بود. طی این پذیرایی دوم بود که ناگهان محمدرضا شاه سر رسید. گفتند که برای

1 -Jean XXIII
2 - Frappé de Nullité
3 -O.M.S

احوالپرسی و دیدار دخترش آمده که امری عادی محسوب می‌شد.

از آن پس ملاقات‌های متعددی میان محمدرضا شاه و فرح دیبا انجام یافت و بیست روز بعد تصمیم به ازدواج گرفتند. زندگی فرح طباطبائی دیبا دگرگون شد. در روز سوم نوامبر نه برای ادامه تحصیل که برای تدارک مقدمات ازدواجش عازم پاریس شد. مادرش، خانم دیبا و دائی‌اش محمدعلی قطبی نیز همراهش بودند و در فرودگاه اُرلی[1] پاریس، خبرنگاران و عکاسان و فیلمبرداران در انتظارشان. این بار نه به ساختمان هلند در کوی دانشگاه بلکه در مهمانسرای کریّون[2] پاریس فرود آمد. می‌بایست در ظرف چند روز لباس‌ها و ملزومات ازدواج پادشاه ایران فراهم شود، لباس‌های نامزدی و عروسی به خیاط معروف کریستیان دیور[3] سفارش داده شد که طراح آن ایوسن‌لورن[4] بود. خود خواهران کاریتا[5] به آرایش صورت و موهای عروس آینده پرداختند.

هنگامی‌که ملکه آینده ایران از یک خیاط خانه تجملی به خیاط‌خانه تجملی دیگری می‌رفت و سرگرم این کارها بود، مطبوعات ایران نوشتند که «فرشته‌ی اقبال بر فراز خانواده دیبا به پرواز درآمده است.» و روزنامه‌های پاریس و شهرهای دیگر اطلاع دادند که فرح طباطبائی دیبا (که دیگر طباطبائی را از نام وی حذف کردند، یا خودش کرد و به فرح دیبا معروف شد) ۲۱ سال دارد، قدش ۱۷۴ سانتی‌متر است، دور کمرش ۵۹ سانتی‌متر و دور سینه‌اش ۸۸ سانتی‌متر است، موهایش سیاه، چشمانش تیره و صورتش سبزه است.

در ۲۱ نوامبر ۱۹۵۹ وزارت دربار شاهنشاهی اعلام کرد که در ساعت ۱۷ همان روز مراسم نامزدی در کاخ اختصاصی انجام خواهد گرفت و مراسم عقد ازدواج یک ماه بعد یعنی در تاریخ ۲۱ دسامبر. در این گیر و دار و با شتاب فراوان، خانواده قطبی از خانه‌ای در کوچه هلالی تهران، نه چندان دور از کاخ سلطنتی، به اقامتگاه شایسته‌ای در درّوس، کوی آپادانا، که استخر زیبایی هم داشت نقل مکان کرد. محل مناسبی که ملکه آینده ایران از آن‌جا عازم کاخ سلطنت شود و عکاسان مطبوعات بین‌المللی بتوانند در آن از او عکس‌برداری کنند.

1 - Orly
2 - Hotel Crillon واقع در میدان کنکورد
3 - Christian Dior
4 - Yves Saint Laurent
5 - Carita

در روز ۲۱ دسامبر، چنان‌که مقرر بود، آیت‌الله دکتر سید حسن امامی امام جمعه تهران، عقد ازدواج محمدرضا شاه و فرح دیبا را جاری کرد. دکتر منوچهر اقبال نخست‌وزیر و محسن صدر رئیس مجلس سنا شهود داماد بودند و سردار فاخر حکمت رئیس مجلس شـورای ملی و حسین علاء وزیر دربار شاهنشاهی شـهود عروس. عقد ازدواج در دفتر اسـناد رسمی میراسکندری، سر دفتری که معمولاً به کارهای دربار و درباریان می‌رسید، ضبط شد.

ضروری بود که در عقدنامه نام‌های پدر و مادر عروس و داماد مندرج باشد. نام مادر شاه تاج‌الملوک بود. بنابراین به مادر فرح نام دیگری دادند. فریده که به این نام مشهور شد.

مراسـم عقد در محیطی نسـبتاً کوچک صورت گرفت. در جشـن ازدواج در کاخ گلستان، بیش از هزار نفر شرکت داشتند. ایران آن روز دیگر می‌توانست فرّ و شکوه خود را به جهانیان نشان دهد. مراسم باشکوه و جلال بود.

ملکه جدید ایران در لباسی که ایوسن‌لُران برایش اختصاصاً طراحی کرده بود، در برابر مدعوین ظاهر شد. خواهران کاریتا به تهران آمده بودند که آرایش موهای سرش را ترتیب دهند و مخصوصاً تاج مرصّعی را که دو کیلو وزن داشت و از خزانه جواهرات سلطنتی بانک ملی آورده بودند، در آن بگنجانند. گویا کار آسانی نبود ولی به خوبی انجام شد. فرق سـر فرح را از وسط باز کرده بودند و آرایش موهایش به نحوی بود که صورتش کشیده به نظر آید. «مُد» جدیدی که بسیاری از آن تقلید کردند. مطبوعات جهان و به خصوص مجلات مصوّر دیگر خانواده سلطنتی ایران و به خصوص «فرح دیبا» را راحت نگذاشتند و فرح این توجه را بسیار می‌پسندید. مجله پاری‌ماچ[1] پشت جلد نخستین شماره سال ۱۹۶۰ خود را در روز دوم ژانویه به «ازدواج شـاه و فرح دیبا» اختصاص داد. در این سال پشت جلد این مجله پنج بار نمایانگر تصویر خانواده سلطنتی ایران بود. از جمله به مناسبت تولد شاهپور رضا ولیعهد. «فرح دیبا» از این پس رقیب ملکه انگلیس، ملکه تایلند و ژنرال دوگل در جلب توجه دوربین‌های عکاسان مجلات مصور گردید و تا حد زیادی بر ثریا سبقت گرفت. افسانه جدیدی برای شرق خیال‌انگیز ساخته شد. علاقه فراوان ملکه جدید ایران به خوش‌پوشـی و تجمّل، این جنبه از توجه مجلّات مصوّر را به وی تشـویق می‌کرد و

1 -Paris Match

همین تجمّل دوستی در سال‌های آخر سلطنت پهلوی انتقادات چندی را در داخل و خارج کشور برانگیخت. اما در این آغاز سال ۱۹۶۰، سرنوشت دختر جوانی تغییر یافته جلب‌نظر جهانیان را کرده بود، دختر جوان نوزده ساله‌ای از گمنامی به یک‌باره وارد رده اول تاریخ و شخصیت‌های روز درآمده بود. تا این که نوزده سال بعد در ژانویه ۱۹۷۹، مرحله سوم زندگی‌اش با اجبار به ترک ایران آغاز شد.

هدف اصلی ازدواج محمدرضا شاه با فرح دیبا تأمین آینده سلسله و سلطنتش بود. البته او دختری (شاهدخت شهناز) از ملکه فوزیه داشت. ولی سلطنت در قانون اساسی منحصر به «اولاد ذکور» پادشاه بود. در روز بیستم ماه مارس ۱۹۶۰ سه ماه بعد از ازدواج‌شان و در آستانه سال نو، رسماً اعلام شد که محمدرضا و ملکه فرح در انتظار تولد نوزاد هستند و طبیعتاً هم چشم به راه بودند. در ۳۱ اکتبر ۱۹۶۰، نخستین فرزند زوج سلطنتی، شاهپور رضا، چشم به جهان گشود و موجی از شادی ایران را فرا گرفت. زایمان در زایشگاه بنگاه حمایت مادران در جنوب شهر تهران انجام شد. البته ترتیبات آن از پیش مهیا شده بود. ولی شاه و ملکه با انتخاب این محل، یعنی موسسه‌ای برای مادران و خانواده‌های کم بضاعت، می‌خواستند نوعی پیام همدردی و همراهی به توده مردم بفرستند. زایمان به وسیله دکتر جهانشاه صالح یکی از برجسته‌ترین متخصصان زنان و زایمان کشور، وزیر پیشین بهداری انجام گرفت. دکتر لیو ساپیرنیا، متخصص معروف اطفال نیز در آن شرکت و حضور داشت. این بانوی فداکار و باوفا هرگز خانواده سلطنتی را ترک نکرد و حتی تا پایان دردناک عمر شاه در کنارش بود.

محمدرضا شاه و ملکه فرح دارای سه فرزند دیگر نیز شدند. شاهدخت فرحناز متولد ۱۲ مارس ۱۹۶۳، شاهپور علی‌رضا متولد ۲۸ آوریل ۱۹۶۶[1] و شاهدخت لیلا متولد ۲۷ مارس ۱۹۷۰[2] که گفته می‌شد، شاه بیش از فرزندان دیگرش به او علاقمند است.

گذران عمر خانواده سلطنتی، محمدرضا شاه، ملکه فرح و فرزندان‌شان، در طی سال‌های نخست زندگی‌شان عادی و به دور از شایعات بود. تشریفات گوناگون، سفرهای

۱- نام‌گذاری علی‌رضا، برای یادآوری برادر کوچک‌تر محمدرضا شاه، شاهپور علی‌رضا انجام گرفت که در یک سانحه هوائی کشته شده بود. علی‌رضا در ۴ ژانویه ۲۰۱۱ در شهر بوستون Boston (ایالات متحده) خودکشی کرد.

۲- شاهدخت لیلا در ۱۰ ژوئن ۲۰۰۱، در یک مهمانسرای بزرگ لندن بر اثر افراط سهوی (یا به قولی عمدی) در مصرف داروهای مسکن درگذشت.

پیاپی در داخل و خارج کشـــور، بازدیدها، افتتاح و آغاز بهره‌برداری طرح‌های تولیدی و عمرانی، ضیافت‌ها رسمی یا خصوصی، گفتگویی از «بی‌وفایی»های شاه نبود. اما در همین ســال‌ها بود که به تدریج شــایعات مختلف و نابرازنده درباره رفتار بعضی از افراد دیگر خانواده سلطنتی اندک اندک به اوج خود رسید که بگومگوهایی نیز پیرامون «اشتهای بیش از حد» تنی چند از دوستان و نزدیکان و اقوام ملکه فرح به آن افزوده شد.

ولی اندک اندک در شـــهر مطالبی راجع به روابط «بیرون از خانواده» محمدرضا شاه گفته شد که سرآغاز تنش‌هایی در زندگی خصوصی زوج سلطنتی گردید. به ظاهر همه چیز معمولی بود. شاه و ملکه نمونه یک زن و شوهر عادی و علاقمند به یکدیگر بودند. به وظایف خود به نحو کامل و شایسته عمل می‌کردند. اما در «دربار»، مرکز همه شایعات دروغ یا راســت، مطالب دیگری نیز «پچ‌پچ» می‌شد و بلافاصله در شهر انتشار می‌یافت، هر کس چیزی بر آن می‌افزود، یا اختراع می‌کرد و سرانجام مطلب ابعادی دیگر می‌یافت.

در ابتــدای زندگی زناشــوئی خود، فرح ملکه‌ای نســبتاً برکنــار از هیاهو بود. حال آن‌که ذاتاً دوســـت می‌داشت در رده اول اخبار و تفاسیر باشد. ولی، شاه شاید برای آن‌که «بی‌وفائی»های خود را جبران و همسرش را سرگرم کند هرچه بیشتر به حیطه مداخلات و اختیارات او در زمینه‌های اجتماعی، فرهنگی و درمانی می‌افزود. در ضمن محمدرضا شاه می‌خواســت مزاحمی در اِعمال و اجرای سیاستش نداشته باشد. سیاستی که گه‌گاه مورد تائید ملکه نبود. لاجرم او را در صحنه‌های دیگر آزاد می‌گذاشت تا خودش آزاد باشد. هر کس حدود اختیارات خود را داشت.

بــه ایــن ترتیب، در ظرف مدت تقریباً بیســت ســال، «ایــن زن ســریع‌الانتقال، با عکس‌العمل‌های ســاده انسانی، باهوش و برخاسته از میان توده مردم»، چنان‌که خود شاه وی را بعــداً در مصاحبه‌ای توصیف کرد، تبدیل به ملکه‌ای فعّال، پرقدرت و مورد توجه خــاص مطبوعات داخلی و بین‌المللی گردید. که به ویژه در خارج از ایران- از جمله در فرانسه- از خود تصویری مثبت به جای گذاشت.

فرح ریاست عالیه در حدود سی انجمن، موسسه، بنیاد و دو دانشگاه را به عهده داشت که هر سال برشمار آنان افزوده می‌شد. از جمله آن‌ها بنگاه پاستور[1] بود که در جهان نیز به

1 - Institut Pasteur

خاطر تحقیقات علمی و خدمات بهداشتی‌اش شهرت داشت. ریاست عالیه وی تنها جنبه تشـــریفاتی نداشت. او کم و بیش شخصاً به پیشرفت و اداره امور آن‌ها رسیدگی می‌کرد، به حل مشکلات آن‌ها توجه داشت. مسلماً در این موسسات نیز، مثل هر جای دیگر در ایران و در دنیا، اشتباهات و سوء استفاده‌هایی وجود داشت. ولی در مجموع می‌توان گفت که تقریباً بیشتر آنان حسن شهرت داشتند. حیطه فعالیت این موسسات، خدمات خیریه، همبستگی‌های اجتماعی، حمایت نوزادان و کودکان و جوانان، دفاع از حقوق زنان، و بیش از همه حفاظت آثار باستانی، میراث‌های ملی و دفاع از فرهنگ و هنر ایرانی و کوشش در گسترش و انبساط آن بود.

چنین بود که به ریاست عالیه وی (و به قولی به توصیه یا پیشنهاد شخص او) فستیوال شیراز، تخت‌جمشید به وجود آمد که در پایان هر تابستان، میعادگاه هنرمندان مشهور جهان گردید. در طی ده سال از ۱۹۶۷ تا ۱۹۷۷، کسانی چون کارل هاینز اشتک هاوزن[۱]، یانیس کزناکیس[۲] راوی شانکار[۳]، طراحان باله چون مرس کانین‌هام[۴] و موریس بژار[۵]، صحنه پرداز معروف تأتر پی‌تربروک[۶] و رهبر ارکستر نامدار هربرت فن‌کارایان[۷]، یا موسیقی‌دان مشهور آرتور روبین شـــتین[۸] به شـــیراز و تخت‌جمشـــید آمدند و در فضای بی‌بدیل کاخ‌های پر عظمت هخامنشیان هنر خود را عرضه داشتند.

هربرت فن کارایان اندکی پس از مراسم تاجگذاری نیز برای رهبری ارکستر فیلامونیک تهران، به پایتخت دعوت شده بود. برنامه‌ای که در تالار رودکی (اپرای تهران که به همین مناسبت گشایش یافت) اجرا گردید. رسم بر این بود که در فاصله دو قسمت برنامه، اگر شاه و ملکه در آن حضور می‌داشتند، هنرمند یا هنرمندان شاخص در تالار تشریفاتی اپرای تهران به حضورشان بار می‌یافتند، گیلاسی شامپاین می‌نوشیدند و گفتگوی کوتاهی انجام می‌شد.

1 - Karlheing Stock hausen
2 - Iannis Xenakis
3 - Ravi Shankar
4 - Mers Cuningham
5 - Maurice Bejart
6- Peter Brook
7 - Herbert Von Karajon
8 -Arthur Rubinstein

بنابراین می‌بایست هربرت فن‌کارایان به این محل بیاید به شاه (و شهبانو) معرفی شود و چند دقیقه‌ای با هم صحبت کنند. کارایان قبول نکرد و گفت اگر «اعلیحضرتین» مشتاق دیدارش هستند، خودشان باید به اطاق اختصاصی که در آن بود بیایند. این کار از لحاظ مقررات تشریفات دربار حتی قابل تصور هم نبود. مأموران تشریفات و کارمندان وزارت فرهنگ و هنر سخت برآشفتند و مشغول رفت و آمد بودند. در تالار تشریفاتی شاه (با تظاهر به خونسردی و بی‌اعتنائی) با این و آن صحبت می‌کرد و گیلاس‌های شامپاتی خالی و در انتظار رهبر ارکستر بود.

شهبانو که از جریان اطلاع داشت، کم‌کم از خود بی‌صبری و عصبانیت نشان می‌داد. به کارایان گفته شد که اگر نیاید، عکسی که خیلی مایل بود با «اعلیحضرتین» و به ویژه شاه ایران داشته باشد و به مجموعه خود اضافه کند، طبیعتاً برداشته نخواهد شد. کارایان تهدید کرد که دیگر قسمت دوم کنسرت و برنامه را اجرا نخواهد کرد. مأموران وزارت فرهنگ و هنر به وی گفتند که در این صورت نه تنها باید دریافت حق‌الزحمه سنگین خود را فراموش کند، بلکه وی را تحت تعقیب قرار خواهند داد و جریمه سنگین به علت عدم اجرای تعهداتش از او مطالبه خواهد شد.

کارایان به تهدید اخیر گردن نهاد و تسلیم شد و پس از مدتی انتظار (که برای بسیاری، طولانی به نظر آمد) به دیدار شاه و شهبانو آمد. شاه با وی خوش‌رفتاری کرد، اندکی دستش را در دست خود نگاه داشت، کلمات محبت‌آمیزی بر زبان آورد و عکاسان تصاویری را که کارایان مشتاق آن‌ها بود گرفتند. همه چیز رو به راه شد، کارایان سه بار دیگر به ایران آمد، از جمله در سال ۱۹۷۵ برای رهبری ارکستر فیلارمونیک برلن!

متأسفانه همه هنرمندانی که به این فستیوال دعوت می‌شدند در سطح بالا و شایسته‌ای نبودند. در گروه اداره‌کننده فستیوال که زیر نظر رادیو تلویزیون ملی ایران (یعنی رضا قطبی) قرار داشت، از روی هوا و هوس یا دوستی‌ها و روابط خاص، از افراد یا دسته‌های بی‌نام و نشان و حتی مبتذل به بهانه «هنرنو» نیز دعوت به عمل می‌آمد.

در سال ما قبل آخر فستیوال یعنی ۱۹۷۶، واقعه‌ای در شیراز رخ داد که به بازتاب‌های غیرمنتظر سیاسی و مردمی منتهی شد. به عنوان نمایش برنامه‌های فرهنگی و هنری به عامه

مردم، گروهی که از بالکان آمده بود، در ویترین یک فروشگاه بزرگ اتومبیل واقع در یکی از معابر پر رفت و آمد شهر به عرض اندام پرداخت.

شب و هوا تاریک بود. جمع کثیری برای تماشای این برنامه ایستاده بودند. ناگاه تنی چند در بعضی از صحنه‌های آن نمایش حدس به انجام عمل لواط یا تظاهر به آن را زدند. جمعیت نیز برآشفت و هیاهویی برخاست. مأموران شهربانی مداخله کردند «هنرمندان» بالکانی را در چند وسیله نقلیه نشانده از آن‌جا دور کردند. با اخطار پلیس جمعیت پراکنده شـــد. فردای آن روز در چند مسجد شیراز، تهران و بعضی دیگر از شهرها به این نمایش «خلاف اخلاق» شدیداً اعتراض شد و موجی برخاست، مطلب ناچار به اطلاع شاه رسید. گویا عصبانیت و نارضائی فراوان از خود نشان داد.

گردانندگان فستیوال، از جمله رضا قطبی را که محتملاً اطلاعی هم از جزئیات این برنامه نداشت. کمونیست و خرابکار نامید و شدیداً تهدیدشان کرد. شهبانو فرح به پا در میانی پرداخت و «بحران» با اخراج فوری «هنرمندان» بالکانی فرو نشست. اما آثار و خاطره آن باقی ماند.

چند هفته بعد سفیرکبیر بریتانیا در تهران سرآنتونی پارسونز[1] در گفتگویی با شاه، به این اتفاق اشاره کرد. محمدرضا شاه به عادت خود که مسئولیت‌ها را به گردن می‌گرفت، گفت: «یک نمایش بیش نبود» و از سر موضوع گذشت.

انتقاد دیگری که از فستیوال شـــیراز، تخت‌جمشید می‌شد عدم توجه یا عدم توجه کافی به هنر و فرهنگ و موسیقی ایرانی بود. منتقدان حق داشتند برنامه‌های فستیوال برای گروهی محدود جالب بود. اما باید گفت که وزارت فرهنگ و هنر در شهرهای دیگر، از جمله اصفهان و مشهد، جشنواره‌هایی ترتیب می‌داد که اختصاص به فرهنگ ملی و سنتی داشت ولی از امکانات مالی و تبلیغاتی فستیوال شیراز، تخت جمشید برخوردار نبود.

رفتار فرح در بسیاری موارد نشان از نوآوری داشت و شاید به همین جهت موجب ناراحتی و انتقاد درباریان و حتی شخص شاه واقع می‌شد.

فرح غالباً از شهرستان‌های مختلف کشـــور بازدید می‌کرد. در دو و یا سه سال آخر

---

[1] - Sir Anthony Parsons

تصمیم گرفت که بدون اطلاع قبلی و حضور خبرنگاران به اتفاق گروه حفاظتی محدودی به دیدارها یا بازدیدهای پیش‌بینی نشده بپردازد. حتی مأموران گارد را نیز در دقایق آخر در جریان می‌گذاشت. فایده و تأثیر اجتماعی این بازدیدها که واقعاً بدون اطلاع قبلی بود، کمتر از شایعات رسمی نبود. روزی به هنگام بازدید از استان گیلان، در شهر رشت مرکز این استان، فرح به اتفاق رئیس دفتر مخصوصش و دو یا سه مأمور حفاظتی که لباس شخصی به تن داشتند به گردش شبانه در یکی از محلات قدیمی شهر، ساغری سازان، و کوچه‌های تنگ و خاکی یا سنگ‌فرش آن پرداخت. در معابر کسی نبود، یا اگر بود متوجه نشد. در یکی از کوچه‌ها، از پشت پنجره خانه‌ای که چراغ‌های اطاق اصلی آن روشن بود، همه اعضای خانواده دور میزی نشسته به صرف چای مشغول بودند. فرح تصمیم گرفت سری به آنان بزند.

رئیس دفترش در زد[1] شهبانو کمی دورتر ایستاده بود. به صاحب‌خانه گفته شد: «علیاحضرت شهبانو برای احوال‌پرسی از شما آمده‌اند»[2] اهل خانه از دیدن شهبانو واقعاً متحیّر شدند و نمی‌دانستند چه بگویند و چه رفتاری داشته باشند. صحنه‌های روبوسی با ملکه ایران، اشک‌هایی که جاری شد، تعارفات بیش از حد متعارف، پر از هیجان و تأثر بود. به سرعت چای صرف شد و شهبانو و رئیس دفترش و افسر ارشد گارد شاهنشاهی خانه را ترک کردند.

بازتاب و اثر تبلیغاتی چنین رفتاری به مراتب بیش از عکس‌ها و فیلم‌های خبری بود. معذالک چون خبر به شاه رسید گویا به همسرش به لحاظ عدم رعایت مقررات حفاظتی و امنیتی (گرچه خود او هم در بسیاری از موارد به آن‌ها توجه نمی‌کرد) سرزنش‌هایی کرد.

در بهار سال ۱۹۷۸، که دیگر عملاً نخستین تظاهرات یا حرکات انقلابی آغاز شده و ناامنی اندک اندک گسترده می‌شد. شهبانو تصمیم گرفت که فقط به اتفاق چهار محافظ (آن هم در لباس شخصی) به بازدید محلات فقیرنشین جنوب شهر تهران برود. علاوه بر آن چهار نفر، رئیس دفتر مخصوص، محمدرضا تقی‌زاده نماینده جوان انجمن شهر تهران، منوچهر ایران‌پور مهندس معمار و دکتر کاظم ودیعی استاد دانشگاه تهران و متخصص مسائل پایتخت نیز در این بازدید حضور داشتند. همگی سوار بر یک مینی‌بوس عادی

۱- خاطره شخصی رئیس دفتر مخصوص که در آن هنگام نویسنده ایرانی این کتاب بود.
۲- اصطلاح متعارف در این قبیل موارد

شـــدند و به راه افتادند. در طی راه از کاظم ودیعی خواســـته شد که شرحی درباره وضع پایتخت و دشواری‌های اجتماعی و وزنه سیاسی آن بیان دارد که این چنین کرد.

اســـتقبال مردم محلّات فقیرنشین جنوب شـــهر تهران واقعاً شورانگیز بود. کاری که آن روز شد، فریادهای جاوید شاه که از مردم برخاست، رفتار ملکه با مردم، واقعاً جرأت می‌خواســـت. در دربـــار وی را متهم به عوام فریبی کردند کـــه حق نبود. چند روز بعد و باز بدون اطلاع قبلی شهبانو به اتفاق یک مأمور حفاظت به بهانه خرید به یکی از سوپر مارکت‌های تهران رفت و بار دیگر با استقبال گرم مردم روبرو شد.

از اواخر ســـال ۱۹۷۶ تا بهار ســـال ۱۹۷۸، شـــهبانو بر آن شد که منظماً گروه‌هایی از طبقـــات مختلف جامعه را برای صرف چـــای به کاخ نیاوران دعوت کند. تعداد مدعوین هرگز از سی نفر تجاوز نمی‌کرد، تا تماس و گفتگو دشوار نباشد. مدعوین معمولاً کسانی بودند که به تشـــریفات و پذیرائی‌های رسمی دربار دعوت نمی‌شدند. هدف این بود که به تدریج درهای به ظاهر بســـته کاخ ســـلطنتی به روی مردم باز شود. به این ترتیب بود که گروه‌هایی از نویسندگان، روشنفکران (بعضاً منتقد و حتی مخالف رژیم) دانشگاهیان، بازرگانان و بازاریان و صاحبان صنایع، به کاخ نیاوران دعوت شدند. پذیرائی در کتابخانه کاخ انجام می‌گرفت و محیط بدون تکلّف بود.

این پذیرای‌ها یادآور ضیافت‌هائی بود که بعد از ســـال ۱۸۶۵ ملکه اوژنی[1] همســـر ناپلئون سوم در کاخ سلطنتی کمپی‌ین[2] ترتیب داد که در آن امپراطور نیز شرکت داشت، هدف همان نزدیکی با طبقات مختلف مردم و رفع انزوای دربار بود.

شایعه این پذیرایی‌ها سریعاً در شهر پیچید. بسیاری می‌کوشیدند که به نوبه خود جزو مدعوین باشـــند. سعی می‌شـــد که به تدریج رضایت همه جلب شود. یک شیوه درست روابط عمومی بود. گرچه شاید دیر آغاز شد.

همسر شاه از این هم قدم فراتر نهاد و به اصطلاح آن روز «وارد عرصه سیاست» شد که در انحصار محمدرضا شاه بود. روزی، گروهی برگزیده از نمایندگان مجلس شورای ملی دعوت شدند و روزی دیگر (گویا با توافق قبلی شاه) تعدادی از فرماندهان و افسران

1 - Imperatrice Eugénié
2 - Compiégne

ارشد قوای مسلح، البته این بار به اتفاق همسرانشان.

در زمستان ۱۹۷۷، عملاً بدون اطلاع قبلی، شهبانو به جلسه علنی مجلس شورای ملّی رفت. در جایگاه تماشاچیان جلوس کرد. بودجه سال بعد در دستور بود و مذاکرات نسبتاً تند و پرهیجان. پس از پایان جلسه وی به جمع نمایندگان که در سرسرای مجلس بودند پیوست و با آنان به گفتگو و صرف چای پرداخت. گویا گفته بود که از این که به «خانه ملت» آمده است «خوشوقت و مفتخر است» و ظاهراً این سخن به همسر تاجدارش خوش نیامده بود.

این رویه به بسیاری از اطرافیان و بر نخست‌وزیر (و وزیر بعدی دربار) امیرعباس هویدا با وجود روابط حسنه‌اش با فرح و بر ارتشبد نصیری رئیس ساواک خوشایند نبود و آن را نوعی پشتیبانی از «محرّکین» و «مخالفین» می‌دانستند. اما توجهی به این بازتاب‌ها نمی‌شد و شهبانو تا توانست به آن ادامه داد که در پایان کار اشتباهاتی نیز مرتکب شد.

این رفتار سبب شد که فرح نوعی سپر بلا در برابر سوء استفاده‌های سیاسی بعضی از ارباب قدرت و مأموران امنیتی باشد، که بعضاً خوش‌آیند آنان نبود.

متأسفانه جنبه‌های دیگری از رویه شهبانو مورد انتقاد فراوان مردم بود. در درجه اول تجمل دوستی‌اش. افکار عمومی، به حق، وی را مسئول بعضی انحرافاتی می‌دانستند که در مراسم تخت‌جمشید و به‌ویژه پذیرایی‌های آن روی داد. گرچه مسئولیت وی انحصاری نبود و دیگران هم شریک و سهیم بودند. خریدهای او از بنگاه‌های تجملی خیّاطی و وسائل لوکس در اروپا، از جمله فرانسه، رفت و آمدهای دائم خیاط ایتالیائی مشهور والانتینو[1] به تهران که تقریباً همه البسه وی را طراحی و تهیه می‌کرد، پنهان نمی‌ماند. در بسیاری از مجامع و محافل می‌گفتند «مردم پول این‌ها را می‌پردازند» باید گفت که از دربار (که فرح در آن دشمنان بسیار داشت) به این شایعات دامن زده می‌شد. شاید این شایعات زیاده‌روی بود. اما «چیزکی» بود که درباره آن «چیزها» می‌گفتند و فرح به آن‌ها اعتنائی نداشت. تا آنجا که در روز ۱۶ ژانویه ۱۹۷۹، به هنگام ترک ایران، باز هم لباس‌هایی را که والانتینو برایش طراحی کرده و دوخته بود به تن داشت!

---

1 - Valentino

بعضی از دوستان و اطرافیان خصوصی شهبانو (همانند خانواده پولین یاک[1] دوستان ماری آنتوانت[2] همسر لوئی شانزدهم[3]) واقعاً مورد نفرت مردم بودند. ولی همه آن‌ها بدنام و منفور نبودند. از جمله رئیس دانشگاه بوعلی همدان که دوست دوران تحصیلش بود[4] و یا یکی از معاونان دانشگاه تهران که بعداً رئیس دانشگاه کوچکی در پایتخت کشور شد[5] که هیچ‌کس از آنان به بدی یاد نمی‌کرد.

حتی محمدرضا شاه شخصاً و علناً چند تن از اطرافیان همسرش را مورد انتقاد قرار می‌داد و یا به آنان در حضور جمع ابراز تحقیر و توهین می‌کرد. از جمله به سه خانم دوست نزدیک شهبانو علناً و با وجود عفت کلام معمولش صفت «ج... ها را» می‌داد. همسر محمدعلی قطبی (مادر رضا)، لوئیز صمصام بختیاری نیز مورد لطف و محبتش نبود، و نیز غالباً، گویا فقط در غیاب، از مادر همسرش نیز به مزاح و انتقاد یاد می‌کرد.[6]

محمدرضا در سه چهار سال آخر سلطنتش و در ایام تبعید، کینه عجیبی نسبت به رضا قطبی که چون برادر شهبانو و مشاور اصلی‌اش بود ابراز می‌داشت. شاید نارضائی فزاینده او از وضع رادیو و تلویزیون علت اصلی این کینه بود. ولی شگفت‌انگیز است که چرا در مقام اصلاح این وضع برنیامد. حال آن‌که می‌دانست که در یک نظام کم و بیش فردی و مقتدر، که بسیاری آن را به حق یا ناحق دیکتاتوری می‌خواندند. رادیو و تلویزیون مهم‌ترین وسایل حکومت به شمار می‌آیند.

در طی ماه‌های آخر سلطنت، عقده‌هایی که این عکس‌العمل‌ها و بی‌مهری‌های کم و بیش علنی شاه ایجاد کرده بود، به یک رشته تحریکات و دسته‌بندی‌ها وسازش‌ها منتهی شد که قطعاً به زیان قدرت و هم‌آهنگی نظام شاهنشاهی بود که شهبانو بهای گران آن را شخصاً پرداخت. اما نه به قدر شاه و مردم ایران.

در سال ۱۹۶۶ به ابتکار شخص شاه و علی‌رغم بعضی انتقادات در محافل مذهبی(که اعتبارات سری دولت باعث «تسکین» اکثر آنان شد)، مجلس موسسانی فراخوانده شد و

1 - Polignac

۲- Marie Antoinette همسر لوئی شانزدهم که انقلابیون وی را گردن زدند

3 - Louis XVI

۴- ظاهراً اشاره است به دکتر فرهاد ریاحی (مترجم)

۵- ظاهراً اشاره است به دکتر شاهرخ امیرارجمند (مترجم)

۶- خاطرات علم، که البته نباید هر چه را یاد کرده دقیق و الزاماً درست دانست.

تصمیم گرفت، که در صورت غیاب یا بیماری شـــاه و یا عدم امکان انجام وظیفه‌اش، یا درگذشـــت او در حالی‌که هنوز ولیعهد به سن قانونی سلطنت نرسیده باشد. «ملکه مادر ولیعهد» قانوناً ریاست شورای نیابت سلطنت را داشته باشد.

البته در این ترتیب، خود به خود همه اقتدارات و اختیارات ســلطنت به «ملکه مادر ولیعهد» تفویض نشده و می‌بایست در چهارچوب شورایی اعمال شود. ولی به هر ترتیب، یک گام انقلابی واقعی در تحکیم مقام زن در جامعه و ابداعی در ممالک مســلمان بود، زیرا که اسلام به برابری زنان و مردان در امور اجتماعی و سیاسی قائل نیست. در ضمن موقعیت شهبانو فرح را که بیست و هشت سال داشت به نحوی قطعی و نمادین تضمین می‌کرد.[۱] که خود وی به آن اذعان دارد. قانون اساسی سرنوشت کشور را در غیاب شاه به بانویی، به شهبانو، می‌سپرد. انقلابی اخلاقی و اجتماعی، ابداعی بی‌سابقه و امتیازی بزرگ برای جملگی زنان ایران.

در ایران قبل از اســلام، ملکه‌هایی، راساً و نه به عنوان همسر و یا مادرشاه بر کشور سلطنت و حکومت کرده بودند. پس از اسلام نیز در چند مورد، به هنگامی که ولیعهد صغیر یا غایب از پایتخت بود. مادر ایشــان ســمت نیابت سلطنت داشتند. حتی مادر شاه‌عباس بزرگ، یک بار شــخصاً فرماندهی کل قــوا را در مصافی عظیم با قوای عثمانی، به عهده گرفت.

بــا تمــام این احوال تصمیم مجلس مؤسســان و تفویض نوعی نیابت ســلطنت به شهبانو یک نوآوری کاملاً بی‌سابقه محسوب می‌شد. مضافاً به این‌که در ۲۶ اکتبر ۱۹۶۷، محمدرضا شاه شخصاً تاج بر سر همسرش نهاد که چنین عملی (نیز) در تمام تاریخ ایران سابقه نداشت.[۲]

۱- خاطرات فرح پهلوی، متن فرانسه، صفحه ۱۵۴
۲- همان متن

فصل چهارم

خشایار شاه[1] و فیدل کاسترو

پس از برکناری سپهبد زاهدی که شاه می‌خواست با سر و صدای کمتری انجام شود و توفیق نیافته بود - حسین علاء وزیر دربار شاهنشاهی در روز نهم آوریل ۱۹۵۵ - به ریاست دولت منصوب و مأمور تشکیل کابینه شد.

انتصاب حسین علاء را به نخست وزیری می‌توان نقطه عطفی در مسیر تحول سیاسی دوران سلطنت محمدرضا شاه دانست. سپهبد زاهدی هنگامی به ریاست دولت منصوب گردید که قوه مقننه در دوره فترت بود. بعد از آن، خود او انتخابات دو مجلس را انجام داد و بی‌درنگ رأی اعتماد گرفت. پیش از وی - هر بار که مجلس یا مجلسین دایر بودند، شاه قبلاً رأی تمایل آنان را خواستار می‌شد و سپس فرمان انتصاب رئیس دولت را توشیح می‌نمود. این ترتیب عملاً سنتی شده بود. این بار شاه خواست به نصّ قانون اساسی باز گردد و دست و بال خود را باز کند. بدون کسب نظر از مجلسین علاء را برگزید. قدم

---

۱ - خشایار شاه نوه دختری کورش کبیر و فرزند داریوش کبیر (۵۱۹۰ تا ۴۶۵ قبل از میلاد مسیح)، از بزرگ‌ترین شاهنشاهان هخامنشی و تاریخ ایران به‌ویژه علاقه‌اش به فرّ و شکوه و جلال سلطنت و ظواهر تشریفاتی آن بسیار بود و مورد توجه مورخین است. عبارت «اعلیحضرت می‌خواهند هم خشایار شاه باشند و هم فیدل کاسترو (رهبر انقلابی کوبا)، ظاهراً از دکتر محمد نصیری است که آن زمان ورد زبان محافل سیاسی تهران بود.

اولی بود به سوی قدرت و حکومت و تجاوز از حدود سلطنت متعارف.

انتخاب حسین علاء به نخست وزیری، به خودی خود نیز واجد معنی و مفهوم خاص بود. حسین علاء از اشرافیت پیشین قاجار برخاسته و داماد نایب‌السلطنه قبلی ایران بود[1] چنان که دیدیم، در ماه‌های اوج نهضت ملی یک بار به مدتی کوتاه به ریاست دولت برگزیده شده و در حقیقت یک نخست‌وزیر محلّل بود که جای خود را به دکتر محمد مصدق داد و بار دیگر به وزارت دربار برگزیده شد.

حسین علاء اصولاً دیپلمات و کارمند وزارت امور خارجه ایران بود مردی بود کوتاه قد و ضعیف‌الجثه. اما با فرهنگ، فارسی و فرانسه و انگلیسی را به حد کمال می‌دانست و می‌نوشت و در کاربرد کلمات نادر و ادبی وسواس داشت. شوخی‌های بسیار مؤدبانه‌اش در محیط سیاسی تهران مشهور بود. استاد بازی با کلمات بود. دشمنانش وی را (به فرانسه) Damed' honneur نام نهادند، زیرا هم به رعایت آداب و رسوم قدیم درباری مقید بود و هم به رعایت نظرات و خواسته‌های شاه. ولی حسین علا در گذشته، از خود شجاعت‌های بسیار نشان داده بود. به هنگام خلع و انقراض قاجاریه او از معدود نمایندگانی بود که در مجلس با این تغییر مخالفت ورزید. اما رضا شاه که مردم شناس بود و نیاز به مردان لایق داشت کینه‌ای از او به دل نگرفت و علا در زمان سلطنت پهلوی اول به مقامات مهم نایل شد. به هنگام بحران آذربایجان که علا سفیر کبیر ایران در واشنگتن بود، نام و شهرتی بین‌المللی پیدا کرد. در جلسات شورای امنیت سازمان ملل با فصاحت و شهامت بسیار، به سخنان تند و خشن آندره ویشینسکی[2] همان دادستان خونخوار دادگاه‌های استالین پاسخ داد و در برابر او ایستادگی کرد. در زمان نهضت ملی وزیر دربار و چند هفته‌ای نخست وزیر و مجدداً وزیر دربار بود، اما سرانجام در جبهه مخالفان «شیر پیر» قرار گرفت و چنان‌که دیدیم در تمهیدات برکناری سپهبد زاهدی از مقام ریاست

۱ – ناصرالملک همدانی، قره گزلو، قبل از آن‌که احمد شاه به سن سلطنت برسد نایب‌السلطنه بود. در این سمت جانشین عضدالملک رئیس ایل قاجار شد. ناصرالملک مردی بود تحصیل‌کرده، دنیا دیده، معروف به اقتدار و مشهور به نزدیکی با سیاست بریتانیای کبیر. پدر حسین علا، علاءالسلطنه نیز از اشراف و بزرگان دوره قاجار و سال‌ها رئیس الوزرا یا صدراعظم محمدعلی شاه و احمد شاه بود.

۲ – محاکماتی که از اوت ۱۹۳۶ تا مارس ۱۹۳۸ جریان داشت و در پی آن ها استالین آخرین رهبران انقلاب اکتبر را محکوم به مرگ کرد. ویشینسکی در این «دادگاه‌ها» سمت دادستان داشت و با بی‌پروائی و وقاحتی که تاریخی شده است، همگامان سرشناس لنین را به خیانت و جاسوسی متهم کرد و بر اخذ اعترافات دروغین از آنان نظارت داشت.

دولت شرکت داشت و خود داوطلب این مقام شد.

در این بهار سال ۱۹۵۵، حسین علاء بار دیگر در رده اول سیاست ایران قرار گرفت. البته با حمایت شاه یا به عبارت دیگر تحت نظارت و قیمومیت او، وظایف ریاست دولت را چون یک وزیر دربار انجام می‌داد و مراقبت فراوان داشت که نظرات شاه، یا «اراده ملوکانه» به مرحله عمل درآید.

در این دوران نیز بار دیگر از خود شهامتی کم نظیر نشان داد. در روز ۱۶ نوامبر ۱۹۵۵، هنگامی که برای شرکت در یک مراسم مذهبی به مسجد شاه تهران می‌رفت به وی سوءقصد شد. عامل سوء قصد یکی از اعضای جمعیت فدائیان اسلام بود. جراحاتش وخیم نبود. در همان محل از مراقبت‌ها و مواظبت‌های اولیه برخوردار شد، سپس او را به بیمارستان هدایت کردند. بسیار ضعیف شده بود. معذالک دو روز بعد در رأس هیأت نمایندگی ایران رهسپار شرکت در اجتماع رؤسای دول عضو پیمان بغداد شد. مرد انجام وظیفه بود.

علاء تا ۴ آوریل ۱۹۵۷ بر سر کار بود. یک بار در ۱۶ ژوئن ۱۹۵۶ اعضای دولت خود را تغییر داد. هم او بود که با پی‌آمدهای کشف توطئه نظامی حزب توده مواجهه کرد، قانون تشکیل سازمان اطلاعات و امنیت کشور را از تصویب مجلسین گذراند در زمان حکومت او بود که اجرای طرح‌های بزرگ و چشم گیر عمرانی به وسیله سازمان برنامه آغاز شد و اندک اندک ابوالحسن ابتهاج، مرد مورد اعتماد صندوق بین‌المللی پول، بانک جهانی و شرکت‌های بزرگ امریکائی، رهبری واقعی اقتصاد ایران را به دست گرفت.

ابتهاج، به اتکای حمایت‌هایی که از آن برخوردار بود، با قدرت سازمان برنامه را اداره می‌کرد. گروهی اقتصاددان جوان را که تقریباً همه فارغ‌التحصیلان دانشگاه‌های امریکایی بودند به دور خود جمع کرد. وزیر نبود و بنابر این می‌بایست مستقیماً زیر نظر رئیس دولت کار کند. اما توجه زیادی به نخست وزیر نداشت. حداقل هفته‌ای یک بار به نزد شاه می‌رفت و مسائل را مستقیماً با او حل و فصل می‌کرد. دست و بالش باز بود چرا که عواید نفت افزایش می‌یافت و موسسات پولی و بانکی بین‌المللی به او اعتماد داشتند و اعتبارات زیادی را در اختیار سازمان برنامه می‌گذاشتند. ایران کشوری برخوردار از ثبات

سیاسی به نظر می‌رسید، که بود، و مهره‌ای از جهان آزاد در برابر اتحاد جماهیر شوروی و قصد جهانگشایی‌اش.

نخستین نتایج سیاست ابتهاج، با افتتاح طرح‌های بزرگ عمرانی، چشم‌گیر بود. اما شخصیت و طرز عملش و اعتمادی که به حامیان امریکایی خود داشت، انتقاداتی که از بعضی از اطرافیان شاه می‌کرد. سرانجام به زیانش شد.[1]

از زمان دولت علا، تدریجاً رسم و عادت بر آن شد که وزیران، بدون اطلاع نخست وزیر، نزد شاه بروند و کارهای خود را با او در میان بگذارند. پس از ازدواج شاه با فرح دیبا و بالا گرفتن تدریجی نفوذ و قدرت وی، این ترتیب با شهبانو نیز مرعی شد. و با نشیب و فرازهایی (به نسبت قدرت رؤسای دولت) تا پایان سلطنت پهلوی ادامه داشت. غالباً حتی نخست وزیر در جریان تصمیماتی که گرفته می‌شد نبود. در نتیجه ناهماهنگی‌هایی به وجود می‌آمد و شاه در صف اول تنش‌های سیاسی قرار می‌گرفت که گرفت. علا که خود مردی درستکار بود، به دربار کوچک شخصی‌اش، به احترامات اطرافیانش، به ظواهر قدرت رئیس دولت و تشریفات آن دلخوش بود. کم کم عادات و ترتیباتی در شیوه رهبری امور مملکت پدیدار شد که در نهایت امر زیان‌بخش بود و نباید اثرات آن را در انقلاب اسلامی و رو در روئی مستقیم شاه با مردم فراموش کرد.

در این سال‌ها جامعه و محیط سیاسی جدیدی در رأس هرم قدرت و حکومت در ایران پدیدار شد. دربار، یا لااقل بعضی از اعضای خاندان سلطنت، اطرافیان خود را داشتند. گروهی به دور ابتهاج بودند، گروه دیگری در اطراف نخست‌وزیر و جمعی به دور تیمور بختیار. در باره همه این‌ها شایعاتی - راست یا دروغ - وجود داشت. گروهی معدود، اقلیتی، در جستجوی کسب مال و ثروت به هر قیمت و در هر شرایطی بودند و در «بند و بست»ها شرکت می‌کردند. سراب نفت یا کابوس نفت، درستی و تقوی را نزد گروه کوچکی به دست فراموشی سپرد.

از همین زمان شایعاتی در باره فساد در دستگاه دربار و بعضی از مراجع دولتی پراکنده شد. شایعاتی غالباً بی‌اساس که تا پایان کار ادامه یافت و به آسانی می‌شد پایان داد.

---

۱ - نگاه کنید به:
IRAN, Vindication for Ebtehaj, TIME Magazine l 8 Fevuei 1964.
و نیز خاطرات خود او که قبلاً به آن اشاره کردیم.

شاه، در همین سال‌ها، غالباً به بازدید شهرها و مناطق مختلف ایران می‌رفت. زیارت مشهد، بازدید از اصفهان و شیراز و اهواز (شهرهایی که غالباً در برنامه‌اش بود) و جاهای دیگر. استقبال مردم از او همه جا گرم و محبت‌آمیز بود. معمولاً تدابیر حفاظتی و امنیتی چشم‌گیری به مناسبت این مسافرت‌ها اتخاذ می‌شد که اهمیت آن‌ها ربطی به آن‌چه در کشورهای استبدادی و حکومت‌های مطلقه دیده می‌شد و یا می‌شود، نداشت ولو آن‌که بعضی از جراید آن زمان به مقایسه‌های نادرستی در این مورد می‌پرداختند. محمد رضا شاه می‌خواست رابطه نزدیک و انسانی خود را با هم‌میهنانش حفظ کند و اگر مشاهده می‌کرد که مأمورینی می‌خواهند مانع تماس نزدیک مردم با او شوند سخت برمی‌آشفت و تندی می‌کرد. او این رویه را تا پایان سلطنتش ادامه داد.

هنگام بازدیدهایش از شهرها و حتی روستاها، سنت بر آن بود که یک مأمور گارد شاهنشاهی در هر سوی خیابان چند قدم پیشاپیش اتومبیل شاه حرکت کند و «عریضه»های مردم را جمع‌آوری نماید. به همه تکرار می‌شد که «اعلیحضرت شخصاً عریضه را مطالعه خواهند فرمود و جواب مقتضی به شما داده خواهد شد». البته شاه نامه‌ها را نمی‌خواند ولی دفتر مخصوص شاهنشاهی هیچ عریضه‌ای را بی‌جواب نمی‌گذاشت. اگر لازم بود نامه‌ها به وزارتخانه‌ها یا سازمان‌های دیگر یا استانداری‌ها ارجاع و تعقیب می‌شد و چه بسا دو یا سه پاسخ دیگر برای فرستنده ارسال می‌گردید. در بسیاری از موارد مردم هدایای کوچکی هم در نامه‌های خود اضافه می‌کردند، یا فقط هدیه‌ای به او می‌دادند که معمولاً عبارت بود از نُقل یا شیرینی‌های محلی، نقاشی‌های کودکانه یا تصاویر مذهبی. در پاسخ همیشه به تقدیم کننده هدیه نوشته می‌شد که مرسوله او مورد توجه خاص «ذات ملوکانه» قرار گرفته است. چه بسا، در روستاها و شهرهای کوچک مردم این نامه‌ها را قاب کرده به دیوار اطاق‌های خود می‌آویختند: کاغذ بسیار مرغوب با علامت سلطنتی طبیعتاً از ابهتی برخوردار بود.

پس از ازدواج محمدرضا شاه و فرح دیبا و تولد ولیعهد، شهبانو نیز به انجام سفرهای متعدد در شهرها و روستاها، می‌پرداخت. در این موارد نیز نامه‌ها به دقت جمع‌آوری می‌شد و هیچ یک بی‌جواب و اقدام نمی‌ماند. در سال‌های آخر چند کارشناس در دفتر مخصوص شهبانو به بررسی جامعه‌شناسی و سیاسی نامه‌ها و طبقه‌بندی آن‌ها می‌پرداختند که نوع

مسائل و مشکلات مردم را تجزیه و تحلیل کنند. شکایات مختلف فردی از سازمان‌های دولتی فراوان بود، همچنین درخواست کمک مالی یا اعطاء و اختصاص مسکن، معافیت فرزندی از خدمت وظیفه یا طلب عفو یک زندانی. شاه و همسرش هرگز انجام این وظیفه خود را که رسیدگی به امور مردم و کوشش در برقراری نوع رابطه مستقیم با افراد جامعه باشد در بوته اجمال نگذاشتند.

شـــاه بسیار سفر می‌کرد و بســـیاری از بزرگان جهان نیز به دیدارش می‌آمدند ایران کشوری بود در حال توسعه سریع، ثروتمند و روز به روز تواناتر. رؤسای ممالک، رؤسای دولت‌ها، سیاســـتمداران، دانشگاهیان، روشنفکران سرشناس صاحبان صنایع، بازرگانان و البته روزنامه‌نگاران، از همه نقاط جهان به تهران و خواهان دیدار شـــاه (و بعداً شهبانو) یا مســئولان مختلف مملکتی بودند تعلیمات شـــاه در این موارد روشن بود. باید از همه در شأن کشور پذیرایی کرد، اما بدون افراط[۱]. او مایل بود که رفت و آمد شخصیت‌های طراز اول در شـــهر حتی‌الامکان مزاحمت زیادی برای مردم فراهم نیاورد و راه‌بندان‌ها در زمان و مکان محدود باشد.[۲]

پذیرائی از بعضی از روســـای ممالک در ســـال‌های حکومت علاء بدون این‌که این مساله به شخص او و یا دولتش مستقیماً مربوط باشد. جنبه‌ای خاص به خود گرفت که بعضاً ناشی از کم تجربگی مأموران تشریفات دربار یا وزارت امورخارجه بود.

هنگام مسافرت رسمی ملک عبدالعزیز بن سعود پادشاه عربستان سعودی به تهران از (۹ تا ۱۷ اوت ۱۹۵۵) تعداد همراهانش آن قدر زیاد بود که نمی‌دانستند چگونه و در کجا آنان را جابجا کنند. به علاوه با پادشاه عربستان سعودی یا همراهانش هیچ زنی همراه نبود. تکلیف ملکه (در این زمان ثریا) چه می‌شد؟ در این مورد بخصوص تصمیم گرفته شد که شاه و ملکه به اتفاق یکدیگر او را پذیرا شوند و از آن پس نیز با همه روسای کشورهای عربی که تنها به ایران می‌آمدند، چنین رفتار شـــد. مشکل دیگر در مورد ملک عبدالعزیز تعارف مشروبات الکلی در ضیافت‌های رسمی بود. مقررات تشریفات شاهنشاهی در این

۱ - متأسفانه، این دستورالعمل بسیار معقول در مورد پذیرائی‌های تخت جمشید رعایت نشد و رژیم بهای گران آن را پرداخت.

۲ - چه بســـیار رعایت این ترتیب، بر اثر احتیاطات بسیار مامورین ایرانی یا توقعات خارجیان میسر نبود. چنان‌که در همه پایتخت‌ها و شهرهای مهم دیگر جهان نیز چنین است.

مورد روشـــن نبود. بنابر این، «رســماً» در ضیافت شام و یا پیش از آن مشروبات الکلی به میهمانان تعارف و پیشـــنهاد نشد اما نزدیکان ملک عبدالعزیز به ماموران تشریفات دربار توصیه کردند که در آپارتمان‌ها و اطاق‌های بسیاری از همراهان طراز اول ملک حتماً در گوشه‌ای که جلب نظر نکند، مشروبات الکلی و به ویژه ویسکی، با تنقّلات لازم، گذاشته شود. ظاهراً بامدادان همه بطری‌ها خالی بود و شب‌های بعد همین عمل تکرار شد.

بعضی از همراهان ملک از تشریفات خواستند که شب تنها نباشند و خواسته آنان تنها معطوف به جنس لطیف نبود. این کار تا آن موقع برای مأموران تشـــریفات تهران تازگی داشت و مشـــکلی به وجود آورد. می‌بایست دختران و پسران مناسب پیدا کنند. در همه پایتخت‌های جهان این قبیل «خدمات» برای میهمانان طراز اول «عادی» اســـت. مأموران ایرانی نیز آن را آموختند و بعداً مانند کشورهای دیگر به موسسات متخصص در این امر، مخصوصاً موسسات پاریس، متوسل شدند.[1]

آمد و رفت این قبیل افراد به هنگام بازدیدهای رســـمی بعضی از ســـران ممالک (به خصوص عربی) مخفی نمی‌ماند. شـــهرت یافت که در اطراف دربار و نخست وزیری و سازمان امنیت، ایرانیان نیز از «خدمات خاص» آنان استفاده می‌کنند. سرو صداها و شایعاتی برمی‌خاســـت. سرانجام تهران نیز مانند ســـایر پایتخت‌های جهان، چه در شرق و چه در غرب، به این روش‌های «دیپلماسی» عادت کرد.

از این‌ها گذشـــته، سیاســـت خارجی ایران دیگر فعال شده یکی از هدف‌های اصلی آن تحکیم و توسعه موضع کشور در منطقه خلیج فارس بود. به همین سبب برای ملک عبدالعزیز برنامه‌ای خاص تنظیم گردید، چرا که عربســـتان ســـعودی می‌توانست یکی از مهره‌های اصلی سیاســـت محمدرضا شـــاه در منطقه باشـــد. از جمله برای وی ایراد یک سخنرانی در برابر مجلسین پیش‌بینی شد که ابتکاری بی‌سابقه بود. بین دو پادشاه هدایایی ذیقیمت رد و بدل گردید و ملک راضی و مفتخر از توجهات خاص شاه ایران که شاید در انتظارش نبود، به کشور خود بازگشت.

در بهار ســـال ۱۹۵۷، چنین به نظر می‌رســـید که دولت علا دیگر حداکثر امکانات و

۱ - گویا به هنگام سفر رسمی ملک فیصل به تهران این مسائل مطرح نشد. مردی با تقوی بود و همراهانش مراقب رعایت اصول و آدابی بودند که وی به آن‌ها احترام می‌گذاشت.

خدمات خود را انجام داده و در رأس دولت مردی با قدرت بیشتر به‌ویژه برای هدایت سیاست اقتصادی و تمشیت امور جاری، ضرورت دارد. علا دیپلماتی کارکشته، سفیری شایسته و مردی شخصاً خوشنام بود و در سمت وزارت دربار وظایف خود را به نحو احسن انجام داده بود. اما خود وی شخصاً خسته و فرسوده شده بود. نیاز به تغییر و تحولی در رأس دولت بیش از پیش احساس می‌شد.

در زمان دولتش، شاه قسمت عمده امور را شخصاً اداره می‌کرد، فرماندهی کل قوای ارتش و نیروهای انتظامی یعنی شهربانی کل و ژاندارمری را اعمال می‌نمود، رهبری سیاست خارجی و تصمیمات مهم در زمینه مسائل نفتی با او بود. توانسته بود به هدف اصلی‌اش که استقرار طویل‌المدت ایران در «جهان آزاد» و دنیای غرب باشد جامه عمل بپوشاند. اما همه این‌ها مسائل جاری کشور را حل نمی‌کرد و پاسخگوی امور اقتصادی جاری نبود. مردی دیگر با توان و اراده‌ای قوی‌تر از علا ضرورت داشت. در نتیجه نخست‌وزیر فرسوده، و سالخورده، کناره گرفت و بار دیگر به وزارت دربار شاهنشاهی، سمتی که شایسته و احتمالاً مورد علاقه‌اش بود. برگزیده شد و در چهارم آوریل ۱۹۵۷، محمدرضا شاه دکتر منوچهر اقبال[1] رئیس پیشین دانشگاه تهران را به ریاست دولت برگزیده و مأمور تشکیل کابینه جدید کرد.

دکتر اقبال چهره سیاسی واقعاً تازه‌ای نبود. اما در شرائط آن روز ایران، مردی شایسته برای تغییرات داخلی به نظر می‌رسید. وی از یک خانواده قدیمی و متشخص مشهد برخاسته، تحصیلات متوسطه خود را در دارالفنون تهران انجام داده، سپس در سال ۱۹۳۶، با استفاده از بورس دولتی و جزو «محصلین اعزامی» رهسپار فرانسه گردید و در دانشکده پزشکی پاریس ثبت نام کرد. تحصیلاتش در آن‌جا درخشان بود و در مسابقه مهم انترن بیمارستان‌های پاریس[2] موفق شد که امتیازی استثنائی بود. با یک خانم فرانسوی ازدواج کرد. مردی فرانسه‌دان و دوست فرانسه بود.[3] دکتر اقبال طبیب مخصوص احمد قوام بود و در دولت وی به وزارت رسید و از آن پس هم چنان در صحنه سیاست ایران کم و بیش حاضر بود. هنگام سوء قصد به شاه در دانشگاه تهران، او وزیر کشور بود، شخصاً شاه را

---

۱ - متولد ۱۴ اکتبر ۱۹۰۹ در مشهد، متوفی در ۲۵ نوامبر ۱۹۷۷ در تهران.

2 - Interne des Hopitaux de Paris.

۳ - ژنرال دوگل وی را به دریافت بزرگترین نشان فرانسه Grand' Croix de LA Legion d' Honneur مباهی داشت و نخست‌وزیرش Michel Debré این نشان را به وی اعطا نمود.

در آغوش گرفت و به بیمارستان ارتشی هدایت کرد. سپس در سمت وزارت کشور قانون انحلال حزب توده را از مجلس گذراند. به هنگام بحران نفت، به کلی از سیاست کناره گرفت، به طبابت مشغول بود و نیز به ریاست دانشکده پزشکی دانشگاه تهران انتخاب شد. پس از پایان کار مصدق و انتصاب سپهبد زاهدی به ریاست دولت، دانشگاه تهران وضع آشفته و نابسامان داشت. دکتر اقبال به ریاست این دانشگاه برگزیده شد، بر روی هم توانست آرامشی در آنجا برقرار کند و چند طرح بزرگ توسعه دانشگاه را به راه انداخت. سپس برای مدتی بسیار کوتاه به وزارت دربار منصوب شد و سرانجام به ریاست دولت رسید.

به عبارت دیگر مردی بود با تجربه در سیاست مملکتی که در موقعی حساس به خدمت کشورش درمی‌آمد. دکتر اقبال مردی بود خشک و تا حدی بدبرخورد، جز با بانوان تا آنجا که شایعاتی درباره روابط نزدیکش با این و آن در دوران جوانی وجود داشت. حتی سخت‌ترین دشمنانش - که کم نبودند - در تقوی و درستکاری وی تردیدی روا نمی‌داشتند. پرکار و انعطاف‌ناپذیر بود. در ساعت شش و نیم بامداد در دفتر کارش حاضر می‌شد. به شاه وفادار بود و با هیچ یک از دول خارجی روابط خاصی نداشت. نه به قول معروف مرد امریکا بود، نه مرد انگلیس‌ها، نه فرانسویان و نه هیچ سیاست خارجی دیگر. به تقلید از «مربی سیاسی»اش قوام با دیپلمات‌ها و شخصیت‌های سیاسی خارجی - شاید به استثنای فرانسوی‌ها - با تکبّر و سردی رفتار می‌کرد. اما برعکس قوام نمی‌خواست به تنهائی حکومت کند، قائل به جدائی حکومت و دولت از سلطنت نبود و همواره خود را «مجری اوامر مبارک ملوکانه» می‌خواند. در یکی از جلسات مجلس که چند تن از وکلا به وی تاختند و از دولتش انتقاد کردند که خوش‌آیندش نبود گفت، «من به اراده شاهنشاه در اینجا هستم و تا اراده ملوکانه اقتضا کند در سمت خود باقی خواهم ماند» دشمنانش بعداً این عبارت را که ناشی از عصبانیت یا بی‌احتیاطی بود غالباً به وی سرزنش می‌کردند.

حکومت اقبال، با تمام این احوال، به تدریج نقاط ضعفی هم از خود نشان داد. یکی از نقاط ضعف اصلی خود او این بود که فارغ‌التحصیل دانشگاه‌های امریکایی نبود و تسلط کافی به زبان انگلیسی نداشت! مورد اعتماد امریکایی‌ها نبود. هنگامی که در فوریه ۱۹۵۹ ابوالحسن ابتهاج، مرد مورد اعتماد واشنگتن و صندوق بین‌المللی پول و بانک جهانی را

که وسیله نظارت امریکایی‌ها بر اقتصاد ایران بود، تقریباً با خشونت کنار گذاشت، عدم اعتماد واشنگتن نسبت به او تبدیل به مخالفت علنی شد. نقطه ضعف دیگر دکتر اقبال، چشم‌پوشی‌هایش نسبت به رفتار بعضی از افراد خانواده سلطنتی و درباریان بود که مخفی نمی‌ماند و انتقاداتی را موجب شد.

سال‌های حکومت دکتر اقبال برای ایران یک دوران رونق و شکوفایی اقتصادی بود. سرتاسر کشور به کارگاهی شبیه بود که در هر گوشه آن فعالیتی به چشم می‌خورد. افتتاح طرح‌های جدید آبادانی به صورت فعالیت و اشتغال اصلی شاه (و سپس شهبانو) و رئیس دولت یا وزیرانش درآمده بود. در هر گوشه و کنار کشور مدارس جدید، ساختمان‌های دولتی، برنامه‌های خانه‌سازی و راه‌سازی به مرحله اجرا درمی‌آمد. خطوط آهن جدید ایجاد می‌شد. یکی از آن‌ها پایان خط آهن سرتاسری شرق به غرب (تبریز، مشهد) با دو ایستگاه عظیم و چشمگیر و آغاز بهره‌برداری آن بود. در ساختمان خط آهن تهران – اصفهان – کرمان – بندرعباس تسریع به عمل آمد. لوکوموتیوهای نوی دیزل جای لوکوموتیوهای کهنه و فرسوده بخاری را گرفتند.[۱] فرودگاه بین‌المللی مهرآباد تهران افتتاح شد، فرودگاهی که ساختمان آن شایسته «پایتخت شاهنشاهی ایران» بود. مردم ایران شروع به مسافرت‌های تفریحی و بازدید از کشور خود کردند، چرا که راه‌های اصلی یکی پس از دیگری تعریض و آسفالت و به روی رفت و آمد گشوده می‌شد. سرگرمی دیگر شاه افتتاح سدهای بزرگی بود که ساختمان آن‌ها غالباً در زمان حکومت سپهبد زاهدی طراحی یا آغاز شده بود و اکنون سرانجام به ثمر می‌رسید. بهره‌برداری از این سدها هم به تأمین آب شهرها کمک می‌کرد و هم به تأمین برق آن‌ها.

در همین سال‌ها بود که اعتبارات خاصی برای کمک به بخش خصوصی در قسمت صنایع و معادن و کشاورزی به تصویب رسید. بدین‌سان بود که واحدهای صنعتی و کشاورزی جدید در همه جای ایران پدیدار شدند و مدیران اقتصادی واقعی پا به صحنه فعالیت نهادند. آغاز جهش اقتصادی ایران در حقیقت مربوط به این دوران است.

دکتر اقبال در نخستین هفته‌های حکومتش، واحد تحقیقاتی جدیدی را به نام دبیرخانه شورایعالی اقتصاد و تهیه طرح‌های اقتصادی به وجود آورد و اندکی بعد مسئولیت آن

۱ - کاری که دستور آن در زمان سپهبد زاهدی داده شده و سپس تقریباً در بوته اجمال مانده بود.

را با سـمت معاون نخست وزیر به حسنعلی منصور[1] سپرد. شاه، به این تصمیم نخست وزیر خود یک جنبه سیاسی نیز داد. هم او و هم نخست وزیر می‌خواستند در برابر «دفتر اقتصادی سازمان برنامه» که حتی بعد از برکناری ابتهاج، سخنگوی واشنگتن و به ویژه صندوق بین‌المللی پول و بانک جهانی تلقی می‌شد و دیدگاه‌های آنان را منعکس می‌کرد، واحد تحقیقاتی و طراحی اقتصادی دیگری، با دیدهای دیگر و استقلال بیشتر، به وجود آورند. در دبیرخانه شورایعالی اقتصاد، جامعه‌شناسان، اقتصاددانان، حقوق‌دانان و کارشناسانی که از افق‌های فکری و دانشگاهی مختلف (فرانسه، سوئیس، آلمان...) آمده بودند، به کار پرداختند. شاه دیگر در جستجوی آینده دیگری برای ایران بود و فکر استقلال بیشتر سیاست کشور را نسبت به رویه امریکایی‌ها در سر می‌پروراند، گرچه بر زبان نمی‌آورد یا علناً اظهار نمی‌کرد. او می‌خواست با کمک متخصصین و کارشناسان حکومت کند. ولی نه الزاماً آن‌هایی که دانش‌آموخته دانشگاه‌های امریکایی و بعضاً فریفته واشنگتن بودند. دبیرخانه شورایعالی اقتصاد توجه خاص نخست وزیر بود که یقیناً شاه وی را تأیید می‌کرد. هدف هر دو آن بود که در بخش حساسی از فعالیت کشور از نظرهای مختلف مطلع و بهره‌مند باشند.[2]

یکی از طرح‌هایی که در دبیرخانه شورایعالی اقتصاد آماده شد و بعد از تصویب قانون آن در مجلسین به مرحله اجرا درآمد تأسیس بانک مرکزی ایران بود. نشر اسکناس از زمان رضا شاه و لغو امتیازی که قبلاً به انگلیس‌ها داده شده بود، در اختیار بانک ملی ایران بود. بعد از تأسیس بانک مرکزی نه تنها این موسسه مسئول انحصاری نشر اسکناس بلکه مأمور مطالعات در سیاست پولی، تهیه آمارها و شاخص‌های رسمی و تماس با سازمان‌های اعتباری و مالی بین‌المللی گردید. ابداعی مهم برای کشوری که می‌خواست در رده ممالک مهم جهان قرار گیرد. به این ترتیب بانک ملی ایران که تمام سرمایه آن متعلق به دولت بود، مأموریت یافت که با آزادی عمل بیشتر به کمک بخش خصوصی و توسعه اقتصادیات کشور بپردازد و چنین هم شد.

---

۱ - عنوان وی در این سمت معاون نخست وزیر و دبیر کل شورایعالی اقتصاد بود. حسنعلی منصور بعداً در دولت دکتر اقبال به وزارت کار و سپس وزارت بازرگانی منصوب شد و همچنان دبیر کل شورای عالی اقتصاد باقی ماند. با (رجب) علی منصور پدرش که دو بار نخست وزیر بود اشتباه نشود.

۲ - دبیرخانه شورایعالی اقتصاد در زمان حکومت دکتر علی امینی (۱۹۶۲-۱۹۶۱) به عنوان «صرفه‌جویی» در مخارج منحل شد.

طرح مهم دیگری که دبیرخانه شورا فراهم کرد، بازسازی بانک توسعه صنعتی و معدنی ایران بود که در زمان حکومت قوام تأسیس شده و عملاً به حال تعطیل درآمده فعالیتی نداشت. به بانک جدید اجازه داده شد که بانک‌های بزرگ سرمایه‌گذاری جهانی را در سرمایه خود شریک کند و به این ترتیب از تخصص و روابط بین‌المللی آنان بهره‌مند شود. همچنین بانک توسعه صنعتی و معدنی (که اکثریت سهام آن متعلق به دولت و در نتیجه ایرانی بود) مجاز به استقراض از شرکت مالی بین‌المللی[1] و بانک صادرات و واردات امریکا[2] و با امکانات مالی و اعتباری معتنابهی توانست به یاری واحدهای جدید صنعتی و معدنی ایران برآید و حقیقتاً در این زمینه سهم و نقش مهمی ایفا کرد.

در دبیرخانه شورای عالی اقتصاد طرح دیگری تهیه و در نهایت امر قانونی شد که بسیاری آن را «انقلابی» و بعضی «خلاف شرع» دانستند، بدون آن‌که دلیلی در زمینه اخیر ارائه داده شود. این طرح قانون تملک آپارتمان بود که سرانجام با پافشاری دکتر اقبال به تصویب رسید و تحولی عظیم در نحوه مالکیت اموال غیرمنقول ایجاد کرد و به گسترش مسکن در کشور یاری بسیار داد.

ایجاد «بانک رفاه کارگران» برای کمک به تهیه و تملیک مسکن برای کارگران صنایع به شرطی که مشمول قانون بیمه‌های اجتماعی باشند، طرح مفید دیگری از دست‌آوردهای دبیرخانه شورایعالی اقتصاد بود. موارد و مثال‌های دیگر بسیار است.

نتایج و دست‌آوردهای اقتصادی این سال‌ها، چشمگیر بود و نظر جهانیان و محافل اقتصادی بین‌المللی را نیز جلب کرد. به این ترتیب بود که فرانسه در سال ۱۹۶۰ نخستین نمایشگاه صنعتی بین‌المللی خود را بعد از بازگشت ژنرال دوگل[3] به قدرت، در تهران برپا کرد. وزیر دارائی فرانسه آنتوان پینه[4] و وزیر بازرگانی ماکس فلشه[5] به این مناسبت به تهران آمدند. دولت، دبیرخانه شورایعالی اقتصاد را مأمور همکاری در تدارک این نمایشگاه کرد و شاه شخصاً آن را گشود.

---

۱ - Societe Financiere Internationale - شعبه‌ای از بانک جهانی که رسالت آن اعطای اعتبارات به بخش خصوصی در ممالک مختلف جهان بود.
2 - Import-Export Bank of the United States.
۳ - ۱۹۵۸.
4 - Antoine Pinay.
5 - Max Flechet.

نباید تصور کرد که ترازنامه این دوران هیچ نکته منفی در بر ندارد.

بر تعداد دانشگاه‌ها افزوده شد (دکتر اقبال بر این امر تأکید داشت) ولی دانشگاه‌ها گه‌گاه دستخوش تظاهرات مخالف دولت و مراکز ابراز نارضایتی‌هایی بودند. مصدق هم‌چنان در احمدآباد مقیم و تحت نظر بود و مظهر مخالفت با سیاست شاه و دولتش محسوب می‌شد. ساواک به ریاست تیمور بختیار می‌کوشید که با خشونت به این نارضائی‌ها پاسخ دهد. محمدرضا شاه سخت سرگرم مراقبت بر توسعه اقتصادی ایران و مسائل دفاعی و بین‌المللی و هر چه بیشتر سربلند و مغرور از ستایش‌های جهانیان نسبت به کشورش و شخص خودش بود و این نارضائی‌ها را جزئی و زودگذر می‌دانست. غافل از آن‌که سخت‌گیری‌ها نمی‌تواند پاسخ مکفی به خواسته‌هایی باشد که در میان جامعه و به‌ویژه جوانان پدیدار می‌شد. می‌بایست به مطالعات و تحقیقات عمیق و دقیق سیاسی و جامعه‌شناسی پرداخت. در این صورت هویدا می‌شد که بسط و توسعه اقتصادی، که غیرقابل انکار و چشمگیر بود، وضع قوانین جدید اجتماعی و رفاهی، گسترش شهرها و پدیده شهرنشینی، طبقه متوسطی را بوجود آورده‌اند که می‌خواهد در سیاست مملکت و راهبری امور شریک و سهیم باشد. روستائیان نیز از خواب دیرین بیدار شدند، نظام بزرگ مالکی که تا آن زمان بر همه دهات کشور حاکم بود، دیگر نمی‌توانست جوابگوی نیازهای جامعه‌ای در حال توسعه سریع و بلکه جهش بوده باشد فوریت یک رشته اصلاحات اساسی و بنیادی محسوس بود و محمدرضا شاه با اطلاعاتی که داشت، از جمله با مطالعه جراید بین‌المللی، نمی‌توانست به این نکته واقف نباشد.

با این وجود عکس‌العمل او در برابر این مسائل هنوز چنان که باید و شاید نبود و نشان از تردید و دودلی داشت. در این مقطع از زمان بود که به ایجاد دو حزب سیاسی تصمیم گرفت که به این ترتیب اقلیت و اکثریتی در مجلسین و در کشور پدید آورد و گفت و شنود و برخورد عقاید و آراء را میسر کند. نخستین آن‌ها حزب ملیون به رهبری دکتر اقبال نخست وزیر بود. وزیران کابینه، بیشتر وکلای مجلس، انبوهی از کارمندان دولت و تعدادی از پزشکان که دکتر اقبال در میان آنان از احترام و نفوذ قابل ملاحظه‌ای برخوردار بود[1] به عضویت حزب ملیون درآمدند. برنامه حزب ملیون مشتمل بر کلیاتی بود از جمله دفاع از استقلال کشور و تأکید بر بسط و توسعه اقتصادی. حزب دیگر، مردم نام داشت و رهبری

---

۱ - دکتر منوچهر اقبال در سال‌های بعد به ریاست نظام پزشکی انتخاب شد.

آن با امیر اسدالله علم نزدیک‌ترین و شاید تنها دوست شاه بود. عَلَم تنی چند از روشنفکران چپ‌گرا، یک شاعر معروف، چند نویسنده کم و بیش سرشناس و گروهی از انشعابیون و یا نادمین حزب توده را هم به عضویت این حزب درآورد. این بزرگ مالک شرق ایران که معروف به محبت و مصالحه با «رعایای» خود بود، گه‌گاه سخنانی اصلاح‌طلبانه و حتی چپ‌نما می‌گفت. بر ضرورت گفتگو میان جناح‌ها و گروه‌های اجتماعی تاکید می‌کرد و برای نخستین بار در میان «هیأت حاکمه» کشور به ضرورت مشارکت زنان در امور سیاسی در راهبری کشور اشاره نمود. اما مرامنامه رسمی حزب مردم شبیه مرامنامه حزب ملیون بود، با اشارات مکرر به «منویات ملوکانه». افکار عمومی در باره این دو حزب قضاوتی واقع‌بینانه اما بدون رحم و گذشت داشتند و آن‌ها را «پپسی کولا» و «کوکاکولا» نام نهادند!

محمدرضا شاه هم چنین مایل بـود کـه برنامه اصلاحات ارضـی و تحدید بزرگ مالکی را در کشـور به مرحله عمل درآورد. دکتر جمشیـد آموزگار وزیر جدید و جوان کشاورزی مأمور این کار شد. او فارغ‌التحصیل دانشگاه معروف امریکایی کرنل¹ بود. اما از واقعیات جامعه ایران، به خصوص روستاها، اطلاعی نداشت. گروهی متخصص فنی جوان و دانشگاه دیده و دو سه تن کارشناس امریکایی را مأمور تهیه طرح قانون اصلاحات ارضی کرد. طرحی تهیه شد که هیچ‌کس از آن سر در نمی‌آورد. مرحله نخستین آن یک نقشه‌برداری دقیق و علمی از همه اراضی مزروعی ایران بود که اقلاً پانزده سال طول می‌کشید. کارشناسان امریکایی بر این طرح آفرین گفتند. شاه آن را تأیید کرد. اقبال چیزی نگفت و قانون به مجلس تقدیم شد. اما نخست وزیر در مجالس و گفتگوهای خصوصی قبول می‌کرد که تحقق آن آسان نیست و نیاز به زمانی طولانی دارد.

در مجلس شـورای ملی، بزرگ مالکان گروهی مهم و پرنفوذ بودند. مجلسیان به تفصیل در باره این طرح به بحث و گفتگو پرداختند و با پیشنهادهای مختلف (که شاید بعضی از آن‌ها عمدی و برای افزودن بر دشواری‌های اجرائی قانون بود) آن را پیچیده‌تر کردند. سرانجام قانون به تصویب قوه مقننه رسید و در «روزنامه رسمی کشور شاهنشاهی» درج شد، یعنی قوت اجرائی یافت. اما نه کسی از آن چیزی سر درمی‌آورد و نه قابل اجرا بود!

---

1 - Cornell.

در زمینه مسائل اقتصادی، برنامه‌های دولت دکتر اقبال، گرچه چشمگیر و همه مفید به حال جامعه بودند، به پیدایش فشارهای تورمی منتهی شدند. دولت سعی کرد در درجه اول با تدابیر مقرراتی و وضع نرخ اجناس و ایجاد شتابان چند شرکت تعاونی صوری پاسخگوی این فشار تورمی شود که کارساز نشد و نارضایتی در میان افراد کم بضاعت بالا گرفت. شاه نگران شد، به خصوص که ذخائر ارزی کشور نیز رو به کاهش نهاده بود.

دولت ناچار شد به صندوق بین‌المللی پول متوسل شود.

گزارش کارشناسان صندوق سراپا انتقاد از سیاست دولت بود. برای آنان آهنگ توسعه اقتصادی ایران بیش از حد توان کشور و بسیاری از طرح‌ها از جمله ایجاد صنایع سنگین چون ذوب آهن و پتروشیمی زیانبخش و موجّد تورم تشخیص داده شد. صندوق پیشنهاد می‌کرد که بی‌درنگ هزینه‌های دولتی کاهش یابد، بسیاری از طرح‌های بزرگ عمرانی به عهده تعویق افتد و جلوی افزایش حقوق و دستمزدها گرفته شود. یکی از آن برنامه‌های «تثبیت اقتصادی» که نسخه متعارف صندوق برای کشورهای درگیر مشکلات اقتصادی بود و هست و در همه جا مخالفت و نفرت مردم را برمی‌انگیزد. در ازای قبول و اجرای این پیشنهادها صندوق بین‌المللی پول وعده کمک اعتباری کوچکی را می‌داد که در برابر عواید کلان نفتی ایران ناچیز بود. هدف واقعی این پیشنهادها جلوگیری از بلندپروازی‌ها و جاه‌طلبی‌های ایران بود. همان چیزی که سال‌ها بعد سبب مشارکت جهان غرب در انقلاب ایران شد.

آنچه کارشناسان صندوق نمی‌خواستند بدانند، ضرورت اصلاحات اجتماعی و سیاسی برای به نظم آوردن توسعه اقتصادی بود. نه کُند کردن آن!

محمدرضا پهلوی متوجه شد که دوستی هم‌پیمانان آمریکایی‌اش ممکن است موقت باشد و اگر از بلندپروازی‌های خود نکاهد با دشواری‌هایی روبرو خواهد شد. او دریافت که واشنگتن می‌خواهد سیاست ایران را تحت قیمومیت خود درآورد. به ظاهر تا حدی تسلیم شد. اما از آن زمان کینه‌ای عمیق از آن گروه کارشناسان اقتصادی ایران که با صندوق بین‌المللی پول همکاری یا هم‌آوازی می‌کردند، به دل گرفت و حتی گه گاه آنان را «نوکران واشنگتن» می‌نامید.

به این ترتیب همه عوامل موجبات یک بحران سیاسی بزرگ در طی بهار و تابستان ۱۹۶۰ فراهم آمد. در ایالات متحده دوران ریاست جمهوری ژنرال آیزنهاور رو به پایان بود. مبارزات انتخاباتی اوج می‌گرفت و دمکرات‌ها رژیم ایران را به باد انتقاد گرفته و حتی از کمک مالی به دشمنان و مخالفان شاه امتناع نمی‌کردند.

در ایران نیز انتخابات بهار و تابستان ۱۹۶۰ که دولت دکتر اقبال مباشرت و اداره آن را داشت مورد انتقادات شدیدی واقع شد و محافل سیاسی تهران نسبت به آن اعتراض می‌کردند. آمریکایی‌ها شاه را شدیداً برای برکناری دکتر اقبال از ریاست دولت تحت فشار قرار دادند. نخست وزیر معتقد بود که اجرای توصیه‌های صندوق بین‌المللی پول روند توسعه اقتصادی ایران را کند خواهد کرد و در مقابل امریکایی‌ها مقاومت می‌کرد. شاه بر نظرات واشنگتن گردن نهاد و از نخست‌وزیرش که چهل و یک ماه صادقانه خدمت کرده و ترازنامه‌ای بر روی هم مثبت داشت، خواست که کناره بگیرد.

دکتر اقبال در روز ۳۱ اوت ۱۹۶۰ استعفای خود را به شاه تقدیم داشت.

جعفر شریف امامی وزیر صنایع و معادن دولت مستعفی به نخست وزیری منصوب شد. حُسن رابطه او با صاحبان صنایع و بازرگانان عمده بر هیچ‌کس پوشیده نبود. مجلس در فترت بود و شریف امامی دولت خود را بلافاصله به شاه معرفی کرد. در جریان انتخابات، بسیاری از نمایندگان انتخاب شده بودند و انتخاب بقیه در حال انجام بود. از انتخاب شدگان خواسته شد که کناره بگیرند. تدبیری بود نه چندان قانونی. ولی اکثر آن‌ها تحت فشار دولت ناچار به قبول آن شدند و استعفا دادند. دولت شریف امامی تصمیم به تجدید انتخابات مجلس گرفت. «انتخابات زمستانی» جایگزین «انتخابات تابستانی» شد. این عنوانی بود که مردم بر این تشریفات قانونی گذاشته بودند! انتخابات اخیر بدتر و قابل انتقادتر از انتخابات قبلی بود. پول‌های زیادی خرج می‌شد. مخالفان می‌گفتند که کرسی‌های نمایندگی مجلس خرید و فروش می‌شود. شاه عجله داشت که قوه مقننه دوباره تشکیل شود و دوره فترت پایان یابد. ناچار بر انتخابات زمستانی مهر تأیید زد و مجلسین را گشود. به رعایت قانون اساسی، شریف امامی استعفا داد و محمدرضا شاه وی را مجدداً در یازدهم مارس ۱۹۶۱ مأمور تشکیل کابینه کرد.

تنظیم امور اقتصادی، فائق آمدن بر مشکلات مالی و تعدیل تورم، به مراتب دشوارتر از ترتیب انتخابات مجلس و به راه انداختن ظواهر حکومت پارلمانی بود. شریف امامی در برابر همه توقعات یا درست‌تر بگوئیم دستورات صندوق بین‌المللی پول تسلیم شد. برنامه «تثبیت اقتصادی» را به مرحله اجرا درآورد، مخارج دولت را سریعاً کاهش داد، از افزایش حقوق و مزایای کارمندان دولت جلوگیری کرد. بسیاری از سرمایه‌گذاری‌های بخش دولتی را متوقف نمود. اعتباراتی را که به بخش خصوصی داده می‌شد تقلیل داد و بنابر این فعالیت‌های سرمایه‌گذاری آن فروکش کرد. به‌ویژه شریف امامی متعهد شد که طرح‌های بزرگ چون ایجاد صنعت ذوب آهن و پتروشیمی را که کارشناسان امریکایی برنمی‌تافتند کنار بگذارد. نتیجه سریع و اجتناب ناپذیر برای این تدابیر، تشدید بحران و افزایش سریع بیکاری و گسترش نارضایتی عمومی بود. انبوه بیکاران در خیابان‌های پایتخت و شهرهای بزرگ پرسه می‌زدند. محیط متشنج و آبستن حوادث ناگوار به نظر می‌رسید.

پاسخ رئیس دولت به همه این نابسامانی‌ها، انتقاد از سیاست سلف و رئیس پیشین‌اش بود. در ملاقاتی با سفیر کبیر بریتانیای کبیر که نگرانی خود را از وضعی که در شرف وقوع بود به او بیان داشت، همه مسئولیت را به گردن دکتر اقبال انداخت و حتی شاه را در بحران شریک و سهیم دانست.[۱]

در حالی که نخست وزیر از یک طرف برنامه تثبیت اقتصادی را اجرا می‌کرد و زا طرف دیگر به تصفیه حساب‌های شخصی مشغول بود، احساسات ضدامریکایی در پایتخت گسترش می‌یافت. وزیر مشاور و رئیس سازمان برنامه (که شوهر خواهرش نیز بود) احمد آرامش در مجلس سخنان تند و شدیدی علیه سیاست امریکا بر زبان آورد. همه در محیط سیاسی تهران از این لحن که تازگی داشت تعجب کردند.

در چنین شرائط و محیط بود که آورل هاریمان[۲] فرستاده مخصوص رئیس جمهوری جدید آمریکا جان کندی[۳] برای مذاکره با شاه به تهران آمد. جراید امریکایی می‌نوشتند که هاریمان برای ابراز نگرانی رئیس جمهوری جدید از وضع ایران و بیان ضرورت «تغییرات

---

۱ - گزارشی از سفیر انگلیس مورخ ۲۵ فوریه ۱۹۶۱ که دسترسی به آن اکنون میسر است.
2 - Avrell Harriman.
۳ - جان، اف، کندی John.F.Kennedy در ۸ نوامبر ۱۹۶۰ انتخاب شده و طبق قانون اساسی امریکا در ۲۰ ژانویه ۱۹۶۱ در کاخ سفید مستقر و سررشته کارها را به دست گرفته بود.

اساسی» در اداره امور کشور به ایران آمده است. شاه و هاریمان ملاقاتی طولانی داشتند. سپس ضیافت ناهاری در کاخ مرمر به افتخار او ترتیب داده شد. در سر ناهار هاریمان به خواب رفت. آیا اثر شامپانی مرغوب و عالی دم پرین ین[1] بود که قبل از غذا تعارف شد یا شراب بردوی خوبی که با ناهار به مدعوین تعارف شده بود، یا اختلاف ساعت؟ نمی‌دانیم. اردشیر زاهدی که در آن هنگام سفیر ایران در واشنگتن و برای شرکت در این مذاکرات به تهران فراخوانده شده و از مدعوین نادر این ضیافت ناهار بود، از رفتار قطعاً غیرعمدی هاریمان برآشفت و آن را تعبیر به عدم رعایت حرمت شاه کرد و گیلاس شرابش را به سر میز واژگون نمود که او بیدار شود. شاه برآشفت و به سفیر و داماد خود تندی کرد. اما هاریمان که مردی دنیا دیده بود، متوجه اشتباه خود شد و از او اظهار امتنان کرد و به هر حال همه چیز لااقل در سر میز ناهار، به خوبی گذشت[2]. اما شاه پیام رئیس جمهوری امریکا را دریافت داشته و دیگر از سیاست واشنگتن مستحضر بود. ظاهر امر این بود که آورل هاریمان از وی و همسر تازه‌اش شهبانو فرح برای دیدار از ایالات متحده دعوت کرده.

مسافرت هاریمان و مداخله او در جهت‌گیری سیاست ایران، نقطه عطفی در رویه محمدرضا شاه محسوب می‌شود. او طبق معمول چیزی نگفت، عکس‌العملی نشان نداد. خود را برای یک عقب‌نشینی موقت در برابر واشنگتن آماده کرد. اما قطعاً طرح سیاست طویل‌المدت خود را نیز در سر داشت یا لااقل در سر پروراند. او چنین بود.

* * * * *

پس از ۱۹۵۵ و کناره‌گیری اجباری سپهبد زاهدی از ریاست دولت، شاه شخصاً سیاست خارجی ایران را رهبری می‌کرد. به همین سبب کشورهای مختلف جهان هر چه بیشتر از او (و تقریباً همیشه همسرش) برای انجام مسافرت‌های رسمی دعوت می‌کردند.

به یاد داریم که به اتفاق ملکه ثریا از ۱۵ فوریه تا ۹ مارس ۱۹۵۶ به هندوستان رفت و با جواهر لعل نهرو، رهبر گروه کشورهای بی‌طرف و هوادار نوعی سوسیالیزم معتدل در کشور خود مذاکراتی طولانی داشت. همه می‌دانستند که نهرو از سیاست خارجی ایران

---

1 - Dom Perigrion.

۲ - این جریان به تفصیل در جلد دوم خاطرات اردشیر زاهدی آمده است.

دل خوشی ندارد و روش حکومت با اقتدار شاه را تأئید نمی‌کند. محمدرضا شاه در طی سفرش با توفیق کامل کوشید که تصویری دیگر از ایران به هندی‌ها و رهبرشان ارائه دهد. از گاندی و راه و روشش شاید بیش از حد استحقاق ستایش کرد که مطلوب مردم هندوستان بود. پارسیان هند (که تباری ایرانی دارند و به فرهنگ و تمدن و تاریخ ایران دلبسته‌اند) با نفوذ فراوان‌شان در ارتش و به خصوص اقتصاد هندوستان، شاه را در این کوشش مهم یاری کردند.

اندکی بعد در ۲۳ مارس، ژنرال اسکندر میرزا، چهارمین فرماندار کل پاکستان بعد از نیل این کشور به استقلال، به سمت نخستین رئیس جمهور این مملکت بزرگ مسلمان همسایه ایران انتخاب شد. اسکندر میرزا دوست و دوستدار ایران بود و با شاه روابطی نزدیک داشت. همسرش ناهید کُلالی دختر یکی از وزیران و یاران وفادار مصدق بود.[۱] ولی چه خود او و چه همسرش حُسن رابطه خود را با دربار ایران حفظ کرده بودند آنان نیز از شاه و ملکه ثریا برای انجام یک سفر رسمی به پاکستان دعوت کردند. سفری که بسیار موفقیت آمیز و از آغاز تا انجام با شور و هیجان مردم آن کشور همراه بود. پاکستان تا پایان سلطنت محمدرضا شاه، کشور هم پیمان و دوست ممتاز ایران باقی ماند.

پس از پاکستان، شاه و ملکه ثریا به بازدید رسمی از کشور ترکیه رفتند و سپس در ۲۵ ژوئن ۱۹۵۶ رهسپار اتحاد جماهیر شوروی شدند. سفری که ۱۳ ژوئیه به طول انجامید و در طی آن زوج سلطنتی از مسکو، استالین‌گراد، تاشقند و کیف بازدید کردند. سفر شاه به شوروی عادی نبود. او نخستین پادشاه ایران بود که پس از سلاطین قاجار قدم به این سرزمین می‌گذاشت. روابط دو کشور حسنه نبود. و کوشش‌های مختلف در این زمینه[۲] ابتدا نتایج حسنه داشت و سپس به علل مختلف تعقیب نشده بود. این بار، الحاق ایران به پیمان بغداد و همکاری این کشور با جهان غرب علل اصلی بحران میان تهران و مسکو و شدت عمل با سازمان نظامی حزب توده نیز تا حدی مزید بر آن‌ها شده بود.

مقامات شوروی، کاخ پذیرائی مجللی را که در ابتدا برای اقامت چرچیل در زمان جنگ ساخته و در آن روز قوام را نیز در آن سکنی داده بودند، برای اقامت شاه و ملکه ایران پیشنهاد کرده در نظر گرفته بودند. عبدالحسین مسعود انصاری سفیر شاهنشاهی در

۱ - امیر تیمور کلالی که وزیر کار و وزیر کشور مصدق بود. (مترجم)
۲ - از جمله در زمان دولت‌های سپهبد رزم‌آرا و سپهبد زاهدی. (مترجم)

مسکو به آنان گفت که شاه و ملکه باید الزاماً در محوطه و داخل کاخ کرملین اقامت کنند. در ابتدا روس‌ها نپذیرفتند و گفتند که محل مناسبی برای این کار در داخل کرملین ندارند. سفیر ایران پاسخ داد که در این صورت «مسافرت را لغو خواهد کرد» و مسکو تسلیم شد. کارگران و نقاشان دو هفته شبانه روز به کار مشغول بودند تا آپارتمان محل اقامت زوج سلطنتی ایران به نحو شایسته آماده شود.

اعضای هیأت همراهان شاه و ملکه ایران با دقت خاص انتخاب شده بودند: در رأس آن‌ها محمد ساعد نخست وزیر روسی‌دان و روسیه شناس سابق قرار داشت که در زمان جنگ با شهامت و صبر و حوصله‌ای که دیدیم در مقابل مسکو ایستادگی کرده بود. ابراهیم کاشانی وزیر بازرگانی عضو دیگر هیأت بود.[۱] دو تن از امرای متشخص و صاحب نام ارتش سپهبد مرتضی یزدان‌پناه و سپهبد امان الله میرزا جهانبانی نیز عضو هیأت بودند هر دوی آن‌ها از فارغ‌التحصیلان مدارس عالی نظام روسیه تزاری بودند و همسران روس داشتند. هم روسیه را می‌شناختند و هم مسلط به زبان روسی بودند. اردشیر زاهدی، با سمت آجودان کشوری نیز همراه زوج سلطنتی بود.

نخستین دور مذاکرات در یکی از تالارهای مجلل کاخ کرملین، با تزئینات استثنائی و سقف نقاشی شده جذاب و جالب انجام گرفت. از یک طرف شاه و همراهانش نشسته بودند و محمد ساعد در مقام نخست‌وزیر پیشین در دست راست پادشاه خود بود. در برابر آن‌ها نیکیتا خروشچف[۲] و جمعی از رهبران طراز اول شوروی مانند، آناستازمیکویان[۳] مارشال وزشیلیف[۴] نیکلای بولگانین[۵] و آندره گرومیکو.[۶]

خروشچف از همان آغاز اجلاس دو هیأت، شدیداً به سیاست خارجی ایران و مخصوصاً الحاق به پیمان بغداد حمله کرد و ایران را دست نشانده واشنگتن خواند. شاه چیزی نمی‌گفت. خونسرد بود و گوش به تندی‌ها و هیاهوی خروشچف فرا داده بود که درست در مقابلش نشسته بود. ناگهان متوجه شد که ساعد دائماً به سقف تالار کاخ

---

۱ - خانواده ابراهیم کاشانی از ایرانیان مقیم آسیای مرکزی بودند (که زمانی جزء ایران بود) کاشانی روسی را تقریباً چون زبان مادری خود می‌دانست.

2 - Nikita Khrouchtchev.
3 - Anastase Mikoian.
4 - Marchal Klementi Vorochilov.
5 - Nicolai Boulganine.
6 - Andrei Gromyko.

کرملین نگاه می‌کند. در گوشی از او پرسید «آقای ساعد چرا دائماً به سقف نگاه می‌کنید، مگر چه شـــده؟». ساعت پاسخ داد «قربان ســـقف این تالار را با سقف شهرداری مراغه[۱] مقایسه می‌کنم که به مراتب زیباتر است» این جمله به قدری غریب و مضحک بود که شاه نتوانست جلوی خنده خود را آن هم تقریباً به صدای بلند بگیرد.[۲] خروشچف که از این ماجرا هیچ نمی‌فهمید دستپاچه شد و حرارتش ناگهان فروکش کرد. ساعد با این «ترفند ایرانی» به هدف خود رسیده بود.

محمدرضا شاه با وقار و خونســـردی به رهبر توانای شوروی پاسخ داد: «ایران هیچ قصد ســـوئی نسبت به اتحاد جماهیر شـــوروی ندارد و نمی‌تواند داشته باشد و خواهان روابط حسنه با این کشور است. ولی شما فراموش می‌کنید که با ما چه‌ها کرده‌اید. اشغال غیرقانونی کشور ما پس از پایان جنگ جهانی دوم، کمکی که به تجزیه‌طلبان آذربایجان کردید، حمایت شما از رویه‌های براندازی حزب توده. آیا در این شرائط طبیعی نیست که ما محتاط و مواظب باشیم و در دفاع از منافع خود بکوشیم؟» خروشچف شوخی کرد، آرام شد و گفت، شاید سخنانش درست مفهوم نشده باشد. «سفیر شما (اشاره به عبدالحسین مسعود انصاری بود) در مدارس اشرافی روسیه قدیم تحصیل کرده، به زبانی فاخر و ادبی صحبت می‌کند. من از خانواده‌ای کارگر برخاسته‌ام و به زبان عامیانه صحبت می‌کنم». شاه بلافاصله گفت: «بله سفیر من سخنان شما را با دقت برایم ترجمه کرد و اشتباهی در میان نیســـت. گناه را به گردن آقای علی‌اف نیاندازید، او هم ســـخنان دو طرف را دقیقاً ترجمه می‌کند».

فردای آن روز شوروی‌ها برنامه شاه را تغییر دادند. از محمدرضا شاه (بدون حضور ملکه ثریا) دعوت شـــد که به بازدید تأسیســـات نظامی ارتش ســـرخ برود و چند تمرین نظامی را مشـــاهده کند. هدف نشان دادن قدرت قوای مسلح شوروی به شاه ایران، یعنی در حقیقت ارعاب او بود. طی این بازدید سپهبد یزدان‌پناه و سپهبد جهانبانی متوجه شدند (و این نکته را به شاه گفتند) که رفتار افسران عالی‌رتبه شوروی با او همانند رفتار صاحب

---

۱ - ساعد چنان که از اسم وی برمی‌آید (ساعد مراغه‌ای) اهل این شهر بود. گویا ساختمان شهرداری مراغه در آن زمان بنائی نیمه مخروبه و مفلوک بود که شاه در بازدیدهایش آن را دیده بود.

۲ - این ماجرا را محمدرضا شـــاه در طی یکی از جلسات هفتگی شورای اقتصاد که نویسنده ایرانی کتاب در مقام وزیر آبادانی و مسکن در آن حضور داشت، حکایت کرد و سال‌ها بعد هنوز هم از آن می‌خندید و ترفند ساعد را می‌ستود.

منصبان روس با تزار چنان‌که از زمان خود به یاد داشتند، بوده است، هنگام صحبت با شاه به حالت خبردار می‌ایستادند و با کلمات بسیار مودبانه سخن می‌گفتند.

روز بعد ضیافت مجللی در تالار سن ژرژ کرملین به افتخار شاه و ملکه ایران با حضور همه اعضای هیأت نمایندگی ایران و کلیه سران و بزرگان شوروی ترتیب داده شده بود. در پایان شام، خروشچف گیلاس ودکائی را برداشت و آن را تا پایان نوشید و گیلاس را بر روی میز برگرداند که نشان دهد حتی قطره‌ای هم در آن باقی نمانده. محیط پرتنش بود. خروشچف اظهار داشت:

«شما می‌گوئید که دوست ما هستید. ولی رفتار شما با ما حکایت از دشمنی دارد. قدرت نظامی را دیدید؟ ما می‌توانیم همین الان به شما حمله کنیم. قدرت شما هر چه باشد، هم‌پیمانان شما هر که باشند، شما تاب مقاومت نخواهید داشت. بدانید که اتحاد جماهیر شوروی در برابر پیمان بغداد بی‌تفاوت نخواهد نشست».

سکوتی سنگین بر تالار حکمفرما شد. شاه قبلاً مقدار زیادی روغن زیتون خورده بود که بتواند در مقابل نوشیدن ودکا و مشروبات دیگر (که به آن عادت نداشت) مقاومت کند و از پا نماند. گیلاس ودکای خود را برداشت و تا آخرین قطره نوشید. چنان که خروشچف کرده بود. اول خواست آن را در یک گلدان پر از گل نگونسار کند. سپس با حرکت دست نشان داد که این کار را نخواهد کرد، که نباید گل‌ها را آزرد. اما نشان داده بود که گیلاس خالی است. سپس گفت: «ما روزی بسیار خوب و دلپذیر گذراندیم. خوشحالیم که به اینجا آمده‌ایم و آن‌چه را که شما گفتید شنیدیم. شما تغییر نکرده‌اید. هنوز به روش‌ها و عقاید زمان استالین پای‌بند هستید، گرچه رویه او را لفظاً محکوم می‌کنید. می‌بینیم که ما حق داشتیم به پیمان بغداد وارد شویم. آقای خروشچف! من به شما صراحتاً می‌گویم، که اگر به ایران حمله‌ور شدید من و ملتم تا آخرین قطره خون از خاک وطن‌مان دفاع خواهیم کرد».

تنش مجلس ضیافت به حداکثر رسیده بود آناستاز میکویان که تظاهر به میانه‌روی می‌کرد از جای برخاست و گفت «سوء تفاهمی شده است. سخنان رفیق خروشچف درست ترجمه نشده». شاه بلافاصله جواب داد: «بازهم گناه را به گردن آقای علی اف

نیاندازید که کارش را به درستی انجام می‌دهد. سفیر من که خودتان تسلطش را به زبان روسی ستایش می‌کنید، سخنان آقای دبیر کل را کلمه به کلمه برایم ترجمه کرد. من فهمیدم و می‌دانم که ایشان چه گفت».

اردشیر زاهدی که با تفصیل همه جریان این سفر و این ضیافت را حکایت کرده[1] می‌نویسد: «میهمانی در محیطی سرد و نامطلوب به پایان رسید».

شبانگاه در اطاق خواب‌شان، ثریا به خنده به همسرش گفت، با جریانی که امشب روی داد، دیگر از هدایای متعارف خبری نخواهد بود»

طبیعتاً گفتگوی شاه و ملکه ایران ضبط می‌شد. در پایان مسافرت شوروی‌ها هواپیمائی به شاه و یک مانتوی زیبلین به ملکه ثریا هدیه دادند. محمدرضا شاه هرگز از آن هواپیما استفاده نکرد و آن را به ارتشبد (بعدی) خاتم بخشید. مانتوی زیبلین ثریا در میان اشیاء و اثاثیه‌اش بعداً به پاریس برده شد!

چند روز بعد شوروی‌ها یک جنگ تبلیغاتی شدید از طریق رادیوهای مسکو و بادکوبه علیه ایران به راه انداختند و حتی بلندگوهایی در سر حدات ایران و شوروی برای انتقاد از سیاست ایران و شعارهایی در این زمینه نصب کردند که ساعت‌ها در طی شبانه‌روز به کار مشغول بود! تهران نیز مقابله به مثل کرد. هم از طریق رادیوهای خود و هم با نصب بلندگوهای قوی در مرزهای ایران و شوروی که بر ضد سیاست مسکو و توسعه‌طلبی شوروی‌ها به چند زبان شعار پخش می‌کرد.

در نهایت امر شوروی‌ها دریافتند که این روش‌ها در سیاست ایران تاثیری نخواهد داشت و بهتر است با این کشور از در دوستی درآیند. مصلحت ایرانیان هم در این بود و دو کشور به یکدیگر نزدیک شدند تا آن‌جا که سبب ناراحتی و نارضائی واشنگتن شد.

در بهار سال ۱۹۵۸ شاه بار دیگر مجرد بود. ولی مسافرت‌های رسمی خود را از سر گرفت. از پانزدهم تا نوزدهم ماه مه به جمهوری چین (فرمز)[2] رفت که در آن زمان

---

۱ - خاطرات، جلد دوم.

2 - Formose.

با بحرانی سخت روبرو بود[1] ملاقات‌هایی طولانی با رهبر آن مارشال چیان کای چک[2] داشت. از تأسیسات دفاعی آن جزیره، موزه‌های بی‌بدیل آن و صنایع نوبنیادش بازدید کرد.

سپس از ۲۰ تا ۲۷ همان ماه رهسپار اسپانیا و دیدار با ژنرال فرانکو شد. از مادرید، سویل، گرانادا و جزایر تفریحی اسپانیا و نیز از تأسیسات نظامی آن کشور بازدید کرد. اندکی بعد سفری کوتاه به ایالات متحده داشت و اقامتی در جنوب فرانسه.

در روز چهارده ژوئیه ۱۹۵۸، محمدرضا شاه هنوز در هتل کارلتون[3] واقع در شهر کن بود. می‌خواست در نخستین ساعات بامداد به شهر نیس برود و از فرودگاه آن‌جا با هواپیما جهت شرکت در جلسه سران ممالک عضو پیمان بغداد عازم اسلامبول شود. در ساعت پنج صبح دخترش شاهدخت شهناز و دامادش اردشیر زاهدی در آپارتمان اختصاصی شاه برای صرف صبحانه به او ملحق شدند.

همه در شرف حرکت بودند که قرار آن به ساعت شش گذاشته شده بود. ناگهان زنگ تلفن به صدا درآمد. روزنامه‌نویسی بود که می‌خواست مستقیماً با شاه صحبت کند. اردشیر زاهدی که گوشی را برداشته بود به وی گفت که اگر مطلب مهمی دارد می‌تواند در همان مهمانسرا با نصرالله انتظام سفیر کبیر ایران در فرانسه در میان بگذارد. انتظام و سپهبد زاهدی (که دیگر سفیر سیار در اروپا و رئیس نمایندگی ایران در دفتر اروپائی سازمان ملل بود) هر دو در آن جا بودند. به هر دو خبر داده شد که کودتائی در عراق به وقوع پیوسته. اما دقایق آن هنوز روشن نبود.

شاه با نگرانی عازم نیس و از آن‌جا رهسپار اسلامبول شد. هنگامی که هواپیمای سلطنتی بر فراز خاک یونان در پرواز بود، مقامات دولت ترکیه به خلبان هواپیما دستور دادند که تغییر مسیر دهد و به جای اسلامبول در آنکارا فرود آید. وسائل ارتباطی امروزی وجود نداشت، کسب اطلاع دقیق از آن‌چه می‌گذشت میسر نبود. همه نگران شدند.

فرود در آنکارا نیز به نحوی پیش‌بینی نشده انجام پذیرفت. نه تنها رئیس جمهوری

---

۱ - حملات چین کمونیست به جزایر که می Quemoy و ماتسو Matsu واقع در تنگه تایوان Taiwan که قوای مارشال چیان کای چک با سرسختی به آن پاسخ دادند و ایستادگی کردند.

2 - Marchal Tchang Kai-Chek.

3 - Carlton.

ترکیه جلال بایار، بلکه رئیس جمهوری پاکستان ژنرال اسکندر میرزا و گروهی از شخصیت‌های دو کشور در انتظار شاه بودند که این ترتیبات در برنامه تشریفاتی پیش‌بینی نشده بود. از همان لحظات نخست ورود محمدرضا شاه به فرودگاه آنکارا گفتگوها در باره حوادث عراق آغاز شد. وضع آن کشور بسیار بحرانی بود. ملک فیصل دوم پادشاه عراق و نایب‌السلطنه‌اش هر دو کشته شده بودند.[۱] نوری سعید پاشا نخست وزیر و مرد مقتدر آن کشور فراری بود.[۲]

سلطنت در عراق ملغی و منقرض و شورائی موسوم به «حاکمیت ملی» مرکب از نمایندگان سه گروه شیعه و سنی و کُرد به ظاهر حکومت را به دست گرفته بود.

محمدرضا شاه بی‌درنگ دکتر منوچهر اقبال نخست وزیر و سپهبد تیمور بختیار رئیس سازمان اطلاعات و امنیت کشور را به آنکارا احضار کرد. کامیل شمعون[۳] رئیس جمهوری لبنان نماینده مخصوصی را به آنکارا اعزام داشته از وضع کشورش و خطراتی که در انتظار آن بود ابراز نگرانی شدید کرد. واقعیت امر این بود که از ۲۶ ژوئیه ۱۹۵۶ و ملی شدن ترعه سوئز به تصمیم سرهنگ ناصر تشّنج[۴] میان مصر که در جرگه کشورهای بی‌طرف و در حقیقت متمایل به مسکو قرار گرفته و عراق، با رژیم سلطنتی متمایل به لندن و رهبری عملی نوری سعید، روز به روز بالا می‌گرفت. سرهنگ ناصر شدیداً با پیمان بغداد مخالف بود. ارتش عراق، گر چه عزیز کرده ملک فیصل و نوری سعید و همواره بهره‌مند از گشاده‌دستی آنان بود، از رژیم عراق روی برگردانده بود. فدراسیون عراق هاشمی اردن که در ۱۴ فوریه ۱۹۵۸ تشکیل و اعلام شده بود، با این کودتا عملاً و رسماً از میان می‌رفت. وضع ملک حسین پادشاه جوان اردن هاشمی نیز متزلزل شده بود. او پسر عم ملک فیصل و در حقیقت ارشد خاندان هاشمی بود.

---

۱ - بعداً نوشته شد که جسد او را قطعه قطعه کردند و در خیابان‌ها کشیده‌اند.
Time Magazine, Revolt in Bagdad, 21 Juillet 1958.

۲ - فردای آن روز دانسته شد که نوری سعید نیز بازداشت شده و به قتل رسیده است. کاخ محل اقامت او بعداً در اختیار سپهبد تیمور بختیار گذاشته شد و ستاد توطئه بر ضد ایران و شاه گردید.

۳ - Camille Chamoun دومین رئیس جمهوری لبنان که از ۱۹۵۲ تا ۱۹۵۸ بر آن کشور صدارت داشت.

۴ - انگلیس‌ها و فرانسوی‌ها ۴۴درصد سهام شرکت ترعه سوئز را در اختیار داشتند. عملاً تامین حفاظت آن با انگلیس‌ها بود و اداره امور مالی آن با فرانسوی‌ها. تصمیم ناصر به این وضع پایان بخشید.

کودتای عراق و پی‌آمدهای فوری و بلکه آنی آن، در حقیقت همه معادلات سیاسی و بین‌المللی را در منطقه دگرگون ساخت.

عکس‌العمل محمدرضا شاه در برابر این حادثه شگفت انگیز بود، احساس کرد که به مردی نیرومند و مصمم و متنفذ در ارتش نیازمند است.

به سپهبد زاهدی (که وی را چندی قبل عملاً برکنار کرده بود) پیامی سرّی فرستاد و از او پرسید که آیا حاضر به قبول ریاست دولت هست یا خیر؟ محمدرضا شاه نگرانی خود را از سرایت بحران به ایران و ایجاد نابسامانی در ارتش به نخست‌وزیر توانای پیشین ابراز داشت. سپهبد زاهدی بی‌درنگ موافقت خود را اشعار داشت. اما در پاسخ به شاه افزود که نباید از وضع ارتش ایران نگران باشد. کشف سازمان نظامی حزب توده و متلاشی ساختن آن خطر وقوع حوادثی را مشابه آنچه در مصر و عراق رخ داده بود منتفی ساخته و از این حیث خطری به نظر نمی‌رسد.

به هر حال، واقعیت امر این بود که کودتای عراق را مسکو محرمانه تدارک دیده بود. ژنرال عبدالکریم قاسم حکومت را در آنجا به دست گرفت. عراق از پیمان بغداد خارج شد و تمام اسناد و بایگانی آن را توقیف کرد. ناچار پیمان تغییر نام داد و سِنتو خوانده شد.[1] مرکزش به آنکارا منتقل شد و ایالات متحده نیز در آن شرکت کردند.

در شب چهاردهم به پانزدهم ژوئیه ۱۹۵۸، سپهبد زاهدی به شاه پیشنهاد کرد که قوای نظامی ایران و ترکیه، به استناد تعهدات پیمان بغداد وارد خاک عراق شوند. سپس نیروهای نظامی کشور هاشمی اردن هم به استناد ترتیبات مندرج در فدراسیون با عراق، به آنان بپیوندند.[2] شاه سخت نگران شد، پیشنهاد زاهدی را محتاطانه نمی‌دید. سپهبد به وی پاسخ داد که حاضر است شخصاً فرماندهی نیروهای اعزامی دو (و یا سه) کشور را به عهده بگیرد و کار را سریعاً فیصله دهد و اگر توفیق حاصل نشد، شاه وی را تسلیم به یک دادگاه نظامی کند و امر به تیربارانش بدهد!

«طرح زاهدی» مورد قبول شورای پیمان بغداد، که نمایندگان آمریکا و بریتانیا نیز در

---

1 - Central Treaty Organization

۲- اسناد مربوط به رد وبدل این پیام‌ها در مرکز اسناد و مدارک اردشیر زاهدی در مونتر و سوئیس موجود است.

آن حضور یافته بودند، واقع نشد. شوروی‌ها به واشنگتن و لندن تفهیم کرده بودند که در برابر هر مداخله نظامی در عراق عکس‌العمل نشان خواهند داد و ارتش سرخ وارد عمل خواهد شد. موضوع مسکوت ماند. اما در این جریان شاه از خود تردید و دودلی نشان داد (نه از آغاز کار پاسخ مثبت داد و نه پاسخ منفی) و نیاز خود را به مرد توانائی در کنارش که قادر باشد سررشته امور مملکتی را به دست گیرد عیان کرد.

به دستور ژنرال آیزنهاور آمریکائی‌ها ۴۵۰۰ تن از تفنگ‌داران[1] دریایی خود را در لبنان پیاده کردند و چند کشتی بزرگ جنگی به ساحل آن کشور اعزام داشتند. بریتانیای کبیر یک تیپ از چتربازان خود را روانه کشور هاشمی اردن کردند و ایران نیروهای سرحدی را تقویت کرد. این تدابیر عکس‌العمل «جهان آزاد» بود در برابر کودتای خونین بغداد.

محمدرضا شاه از این کودتا درس دیگری گرفت و دریافت که اگر هم اتحاد و هم پیمانی با ایالات متحده آمریکا در کوتاه مدت تضمینی در برابر توسعه‌طلبی اتحاد جماهیر شوروی و تحریکات آن باشد، در زمانی طولانی‌تر باید به فکر دیگری برای حفظ ایران بیفتد. بینش سیاسی و بین‌المللی او درست بود. از آن پس اندک‌اندک ولی با استمرار رأی و عمل، سیاست خارجی ایران را به سوی استقلال بیشتر، آن چه آن را سیاست مستقل ملّی می‌خواند و از راه و روش ژنرال دوگل در فرانسه الهام گرفته بود، سوق داد.

به تدریج با مسکو و کشورهای اردوی سوسیالیست نزدیک شد و مخصوصاً به اصلاحات ساختاری ضروری در سیاست داخلی ایران که ثبات بیشتری به کشور بدهد، توجه یافت. آغاز تقویت قوای مسلح ایران را نیز به نحوی که کشورش در عرصه منطقه و بلکه جهان به حساب آید، می‌توان در همین مقطع از زمان دانست. تصمیم گرفت ایران دیگری با هویت ملّی و قدرت منطقه‌ای و جهانی بنیان نهد.

در روز ۱۱ مه ۱۹۶۱، معلّمین پایتخت تظاهراتی علیه دولت شریف امامی در برابر مجلس شورای ملی ترتیب داده بودند که گرداننده آن کانونی به ریاست محمد درخشش بود.[2] این سازمان علناً با مرکز فرهنگی آمریکا در تهران رابطه داشت و به قولی از آن کمک

---

1 - Marines

۲- درباره محمد درخشش نگاه کنید به
Joe Holley, Iranian Activist Mohamad Derakhshesh Dies, Washington Post staff Write Wardi 9 June 2005

می‌گرفت.

یکی از شرکت‌کنندگان در تظاهرات، در شرایطی که هرگز روشن نشد، به قتل رسید و جراید وقت، مأموران شهربانی را مسئول آن قلمداد کردند. هشداری بود به دولت شریف امامی که فوراً به نزد شاه رفت و استعفای دولت خود را تقدیم داشت.

با وجود سخنان تند ضدآمریکایی وزیر مشاور و رئیس سازمان برنامه‌اش، دولت شریف امامی همه توقعّات واشنگتن را که صندوق بین‌المللی پول عنوان می‌کرد، پذیرفته بود طرح‌های مهم صنعتی متوقف شده، از جمله سودای ایجاد صنایع سنگین و به خصوص ذوب آهن به کلّی کنار گذاشته شده بود. اما هنوز آمریکایی‌ها راضی به نظر نمی‌رسیدند و مخصوصاً محافل حزب دموکرات از «فساد حاکم بر دربار» و «بدنامی» نخست‌وزیر و «خشونت‌های ساواک» انتقاد می‌کردند، حال آن‌که خودشان رئیس همین ساواک را به کودتا بر ضد شاه تشویق می‌نمودند!

پس از کناره‌گیری شریف‌امامی، دکتر علی امینی وزیر پیشین قوام، مصدق و زاهدی و پس از آن سفیر ایران در واشنگتن (با وجودی که تسلط کافی به زبان انگلیسی نداشت!) مأمور تشکیل کابینه جدید شد. بخشی از افکار عمومی و محافل سیاسی- سریعاً- امینی را به عنوان بیانگر سیاست آمریکایی‌ها و برادران کندی در ایران تلقّی و معرفی کردند. محمدرضا شاه می‌نویسد: «آمریکایی‌ها می‌خواستند که شریف امامی کناره بگیرد و جای خود را به کسی مورد نظرشان بود (امینی) بدهد» سپس می‌افزاید «من خوب نخستین دیدار خود را با جان کندی و همسرش در کاخ سفید به یاد دارم. ژاکلین کندی در برابر من از چشمان زیبا و درخشنده علی امینی سخن گفت و افزود که میل دارد وی را به نخست‌وزیری برگزینم. فشارهای آمریکایی‌ها زیاد و زیادتر شد و سرانجام من تسلیم شدم.»[1]

دو سال قبل از انقلاب، شاه در مصاحبه‌ای با هفته‌نامه آمریکایی نیویورک به همین مطلب اشاره کرده گفت که آمریکایی‌ها مبلغ ناچیز ۳۵ میلیون دلار را به عنوان کمک اقتصادی به ایران پیشنهاد کردند که وی در ازای آن علی امینی را به نخست‌وزیری

۱- در Reponse a'l' Histoire به احتمال قوی این گفتگو رخ داده، ولی در زمان مسافرت شاه و شهبانو به آمریکا، امینی بر سر کار بود و ژاکلین کندی نمی‌توانست چنین توقّعی را ابراز کرده باشد. محمدرضا شاه احتمالاً به فشارهای قبلی آمریکائی‌ها اشاره می‌کند.

برگزیند.[1]

نخســت‌وزیر جدید در محافل سیاســی تهران به جاه‌طلبی فراوان مشهور بود. وی در ســال ۱۹۰۹ در یک خانواده اشــرافی و بســیار ثروتمند وابسته به قاجاریه متولد شد. تحصیلات عالیه خود را در فرانسه انجام داد و از دانشگاه گرنبل[2] به اخذ دکتری اقتصاد نائل آمد. همه می‌گفتند که در مسائل مالی وارد است، تمایلات آزادیخواهانه دارد و هوادار گفت و شــنود با محافل سیاسی مخالف است. با تمام این احوال شاه به او اعتماد واقعی نداشت و او را وابسته به رئیس‌جمهوری آمریکا جان کندی می‌دانست.

دکتر امینی، به محض انتصاب به ریاست دولت، پیامی از رادیو تهران خطاب به ملت ایران فرستاد و از همگان خواست که در «یک جهاد ملی» برای مبارزه با فساد و کوتاه کردن دست اشخاص و مسئولان ناصالح از امور مملکتی با وی همکاری کنند.[3]

وزیران کابینه دکتر علی امینی، هماهنگی چندانی نداشــتند. دکتر جهانگیر آموزگار، کارمنــد عالی‌رتبه صندوق بین‌المللی پول وزیر بازرگانی بود. حســن ارســنجانی وکیل دادگستری، روزنامه‌نویس و همکار سابق قوام وزیر کشاورزی، نورالدین الموتی دبیر کل ســابق حزب توده به وزارت دادگســتری منصوب شده بود و محمد درخشش گرداننده تظاهراتی که به اســتعفای شریف امامی منتهی شد به وزارت فرهنگ مهندس غلام علی فریور از هواداران پیشین مصدق که پس از آن سال‌ها مستشار و وزیر مختار اقتصادی در آلمان غربی و مردی خوشنام بود، وزارت صنایع و معادن را داشت. همه این‌ها چهره‌هایی تازه و غالباً برای خوش‌آیند مخالفان رژیم بر سرکار آمده بودند.

پس از اعلام نخست‌وزیری و معرّفی اعضای دولت به شاه، امینی از او فرمان انحلال دو مجلــس را گرفت که بتواند بدون مزاحمت و با «تصویب نامه‌های قانونی» حکومت کند. نخســتین و پرهیاهوترین تصمیماتش بیشتر به تصفیه حساب‌های سیاسی یا حتی

۱- مجموعه مصاحبه‌های مطبوعاتی محمدرضا شاه تحت عنوان هشدارهای ناشنیده در دو جلد به همت محقق ایرانی سیاوش بشیری به طبع رسیده است (انتشارات زرتشت ۱۹۸۱) هم‌چنین نگاه کنید به بررسی دیگر همین محقق، دوباره بخوانیم، انتشارات پرنگ، لوالوا، ۱۹۸۸ مصاحبه مورد اشاره به طور کامل در جلد اول هشدارهای ناشنیده به طبع رسیده.

2- GRENOBLE

۳- این پیام در روز ۱۴ مه ۱۹۶۱ از رادیو تهران پخش شد.

خصوصی شباهت داشت. ابوالحسن ابتهاج رئیس پیشین سازمان برنامه توقیف شد، هفت ماه در زندان و سپس چند ماه تحت نظر ماند و سرانجام بر اثر «فقد دلائل کافی» از وی رفع اتهام شد.[۱]

سپهبد حسین آزموده، دادستان سابق دادگاه مصدق نیز به اتهام «توطئه علیه مقام سلطنت» جلب و بازداشت شد. بیست و یک روز زندانی بود و با همه کوشش‌های وزیر دادگستری او را هم آزاد کردند که متقابلاً علیه نخست‌وزیر و مقامات دولتی اعلام جرم کرد و کوشید که آنان‌را تحت تعقیب قرار دهد. بازداشت او در حقیقت برای خوش‌آیند دوستداران مصدق بود.

چند تن وزیر پیشین یا امرای بازنشسته ارتش نیز بازداشت شدند. شاید بعضی از آن‌ها حسن شهرت نداشتند ولی الموتی نتوانست پرونده‌ای برای آنان بسازد و یکی پس از دیگری از زندان به در آمدند.

دشمنان و مخالفان امینی نیز از پای ننشستند و در مقام انتقام‌جوئی اعلام جرم‌هائی علیه، همسر امینی و چند تن از نزدیکانش به مقامات دادگستری تسلیم کردند. حاصل همه این اقدامات ایجاد محیط سیاسی ناسالمی بود و تشنج و کینه‌ورزی و تصفیه‌حساب بر روابط سیاسی حکمفرما شد. اما در عوض، امینی نزد آمریکائیان به مردی درستکار و انعطاف‌ناپذیر در مبارزه با فساد شناخته شد و باقی ماند.

امینی با اعتماد به حمایت آمریکائی‌ها از یک سو، و به کفایت و کاردانی خود از سوی دیگر، در این محیط ناسالم و پر از تحریکات مختلف، حکومت می‌کرد. به جبهه ملّی آزادی عمل داد، گرچه می‌دانست که «شیر پیر» طرفدارنش را از همکاری با او نهی کرده است. اما هنگامی که با انتقادات آنان مواجه شد، دستور به توقیف بسیاری از سران جبهه ملی داد. اصولاً سیاست وی روشن نبود.

سی و پنج میلیون دلاری که پرزیدنت کندی وعده داده بود به دولت پرداخت شد. دکتر امینی به اجرای دقیق برنامه تثبیت اقتصادی صندوق بین‌المللی پول ادامه داد. کوشش کرد که از آلمان فدرال اعتباراتی برای گشایش در وضع اقتصادی و رودررویی با بحران

۱- نگاه کنید به مقاله Time Magazine که قبلاً به آن اشاره شد و خاطرات خود ابوالحسن ابتهاج

بگیرد. اما نتیجه فوری به دست نیاورد. متأسفانه اشتباهی بزرگ مرتکب شد و ورشکستگی کشور را اعلام کرد که هم نادرست بود، هم باعث سرشکستگی و ناراحتی مردم گردید و هم بهانه‌ای به دست مخالفان روزافزون وی داد.

امینی در آغاز کار از وجهه و محبوبیتی در میان مردم برخوردار بود و امیدهایی برانگیخت. ولی اقداماتش نتیجه‌ای نداشت. در ابتدا شاه با وی حسن نظر نداشت ولی به تدریج از او نفرت پیدا کرد و این نفرت را پنهان هم نمی‌کرد.

دکتر امینی قطعاً حسن‌نیت داشت و می‌خواست کاری بکند. اما نه قوام بود با قدرت و ابهّتی که داشت و تسلطتش بر زوایای تاریخ ایران، نه مصدق بود با محبوبیت فوق‌العاده‌ای که در میان مردم داشت و احساسات شورانگیزی که برمی‌انگیخت و نه سپهبد زاهدی با اخلاص عملش و با رویه ارتشی‌اش در حل و فصل امور. سخنران قابلی بود. گاهی دو سخنرانی در روز ایراد می‌کرد ولی دیگر چیزی برای گفتن نداشت. مجلس را منحل کرده بود و دیگر اختیار حکومتش فقط به دست شاه بود. تصوّر می‌کرد که محمدرضا شاه به سبب روابطش با آمریکایی‌ها جرأت عزل او را نخواهد داشت.

واقعیت امر این بود که دکتر امینی نیز مانند قوام، مصدق و سپهبد زاهدی طرفدار جدایی سلطنت از حکومت بود. می‌خواست اداره امور مملکت با او باشد و شاه با اختیاراتی محدود سلطنت کند. فقط آمریکایی‌ها می‌توانستند وی را در این زمینه یاری دهند. برای ارضای خاطر آنان دکتر جهانگیر آموزگار را که مورد اعتماد صندوق بین‌المللی پول بود به وزارت دارایی منصوب کرد. سپس از شاه خواست که با تقلیل اعتبارات نظامی و بودجه ارتش موافقت کند تا دست و بالش در اختصاص اعتبار به فعالیت‌های دیگر باز شود و بتواند رونقی در امور اقتصادی به وجود آورد. شاه موافقت نکرد. امینی استعفاء داد و گویا اطمینان داشت که برای اجتناب از نارضائی کندی‌ها، استعفایش پذیرفته نخواهد شد. حساب امینی درست نبود. محمدرضا شاه بی‌درنگ استعفایش را پذیرفت. فرصت مناسبی بود که از «شرش» خلاص شود. قبل از آن تیمور بختیار، مرد دیگر مورد اعتماد آمریکایی‌ها را نیز کنار گذاشته بود. بار دیگر واشنگتن با حساب و تجزیه و تحلیل متعارف خویش روبرو شد. شاه عامل ثابتی بود، به ارتش اتکاء داشت و ارتش به وی وفادار و به فرمانش بود. در رأس سازمان امنیت سرلشکر حسن پاکروان قرار داشت که واشنگتن روی

او نیز نمی‌توانست حساب کند و قطعاً قدمی علیه شاه برنمی‌داشت.

میان او و دکتر امینی که محبوبیتش نیز در حال کاهش بود، انتخاب آمریکایی‌ها فقط می‌توانست به نفع شاه باشد و چنین شد.

تجربه ریاست دولت دکتر امینی چهارده ماه به طول انجامید. محمدرضا شاه همیشه از او اظهار نفرت می‌کرد و کینه‌اش را سخت به دل داشت. اما در ماه‌های آخر سلطنتش او را به عنوان یکی از مشاوران اصلی خود برگزید.

استعفای دولت امینی، پایان یک رودررویی جدی میان شاه با واشنگتن بود که در آن پیروز شد. از آن پس تصمیم گرفت که باز بر قدرت شخصی خود بیافزاید و بر همه مخالفان و منتقدانش سبقت بگیرد. آمریکایی‌ها از شکست و ناکامی سیاست خود در کوبا درس عبرت گرفته، خواهان اصلاحات عمیق در ایران بودند. مخالفان داخلی‌اش، گروه‌های چپ‌گرا، هواداران مصدق، روشنفکران ترقی‌خواه، هر یک برنامه و آرمان‌هایی را عنوان و عرضه می‌کردند.

در برابر همه این برنامه‌ها و تمنیّات، شاه انقلاب سفید خود را عنوان کرد که در ابتدای کار بسیار موفقیت‌آمیز بود، ولی سرانجام انقلاب اسلامی بر ادامه آن نقطه پایان گذارد.

دکتر محمد نصیری، یار و همکار پیشین مصدق در این روزها گفته بود «اعلیحضرت می‌خواهند هم خشایار شاه باشند و هم مصدق» کلامی پر معنی که مدت‌ها ورد زبان بازیگران محیط سیاسی تهران بود.

فصل پنجم

«انقلاب سفید» و «ارتجاع سیاه»

در ماه ژوئیه ۱۹۶۲، شاه امیراسدالله علم را به جای علی امینی به ریاست دولت برگزید. کناره‌گیری یا برکناری دکتر امینی که محمدرضا شـــاه او را «آدم امریکایی‌ها» می‌خواند و مخصوصاً شخصیت جانشین‌اش، نقطه عطفی دیگر در سیاست شاه محسوب می‌شود. او می‌خواست هر چه بیشتر از قید حفاظت، یا حمایت، یا حتی شبه قیمومیت واشنگتن بر کشورش آزاد شود و راه و روش دیگری در پیش گیرد.

امیراســـدالله عَلَم در ســـال ۱۹۱۹ در خانواده بزرگ مالک یا شبه فئودالی در جنوب خراســـان (بیرجند) چشم به جهان گشود. وی تحصیلات متعارف را انجام داد و به اخذ دانشنامه مهندسی کشاورزی از دانشگاه تهران نائل آمد. در سیاست ایران تجربه و گذشته‌ای داشت. اما هنگامی که به نخست وزیری رسید، انتخابش همه را غافلگیر کرد.

علم مدیرعامل بنیاد پهلوی بود، موسســـه‌ای نیمه دولتی، وابســـته به دربار که بیشتر فعالیت آن معطوف به امور خیریه و فرهنگی بود. همه او را به عنوان نزدیک‌ترین و شاید تنها دوست محمدرضا پهلوی می‌شناختند. مطالعه خاطراتش[1] نشان می‌دهد که حتی در

۱- این خاطرات به صورت روزانه نوشته شده و بیست و پنج سال بعد از انقراض سلطنت پهلوی زیر نظر و با تصحیحات دکتر علی نقی عالیخانی (اما با اجازه کلی ذوی الحقوق نویسنده) در شش جلد انتشار یافت. بسیاری عقیده دارند که با متن اصلی و واقعی تطبیق نمی‌کند، یکی از مهم‌ترین و شاید جالب‌ترین اسناد

تفریحات خصوصی و رابطه بیرون از ازدواج با زنان دیگر، با یکدیگر شریک بوده‌اند. این تفریحات و این روابط مسلماً جنبه درخشان زندگی آنان را تشکیل نمی‌دهد و با توقعات مردم از رفتار شاه توافقی نداشته و شایعه آن به حیثیت او قطعاً لطمه می‌زده است. تردید نیست که همسران آن‌ها از آن بسیار رنج می‌بردند.

همسر عَلَم، ملک تاج قوام شیرازی، از یک خانواده بزرگ مالک و قدیمی شیراز برخاسته بود. ازدواج آنان به تصمیم و دستور، رضاشاه صورت گرفت که می‌خواست به این ترتیب دو خاندان حکومتگر جنوب (فارس) و شرق ایران (خراسان) را به یکدیگر پیوستگی دهد. قوام‌الملک شیرازی و امیر شوکت‌الملک علم هر دو از دوستان و نزدیکان رضا شاه بودند.

امیراسدالله علم، غالباً تفریحات بیرون از خانواده شاه را ترتیب می‌داد و حتی در آن‌ها شرکت داشت. این تفریحات، برخلاف آنچه در دربار می‌خواستند، مخفی نمی‌ماند و شایعات مربوط به آن کم و بیش در پایتخت پراکنده می‌شد و ناچار به گوش همسرانشان می‌رسید. گویا خانم علم با تربیت خاص اشرافی که داشت به آن‌ها اعتنایی نمی‌کرد و به همین مناسبت تا می‌توانست در خارج از ایران، به‌ویژه در لندن، می‌زیست. ولی همین جریان‌ها بود که سبب کینه و شاید نفرت باطنی شهبانو نسبت به علم شد و آثار و نتایجی در راهبرد سیاست ایران از خود بجای گذاشت.

اسدالله علم مردی بود بلند قامت، لاغر، شیک‌پوش، اما به شیوه انگلیس‌ها یعنی بدون جلب نظر، سوارکاری و تنیس را دوست می‌داشت. شراب‌شناس بود. انگلیسی را تقریباً خوب می‌دانست، می‌خواند و تا حدی می‌نوشت. به زبان فرانسه به قدر رفع احتیاج آشنایی داشت. در روابط سیاسی و جلب دوستی‌ها استاد بود. همه آداب‌دانی و تواضع او را می‌ستودند.

با انتصاب علم به ریاست دولت، شاه بیش از پیش رویه و سلیقه خود را در اداره امور مملکت اعمال می‌کرد. اما دوستی و نزدیکی علم به او و اعتماد متقابل آنان سبب شد که نخست‌وزیر جدید در عمل آزادی بیشتری داشته باشد. تصمیمات بسیاری را

در مورد بعضی از جنبه‌های دوران زندگی و سلطنت محمدرضا شاه به‌شمار می‌آید. معذالک باید آن را با دید تحقیق و احتیاط مطالعه کرده، مورد استفاده قرار داد.

اتخاذ می‌کرد، حتی قبل از آنکه تأیید و تصویب شاه را به دست آورده باشد و برخلاف بسیاری از نخست وزیران دوران، عادت به استناد به «اوامر» یا «منویات ملوکانه» نداشت. اگر شاه تصمیماتی می‌گرفت که مطلوب و مطبوع افکار عمومی نبود، علم مسئولیت آن‌ها را شخصاً به عهده می‌گرفت و حتی عادت داشت بگوید، «می‌دانم که این کار موجب تکدر خاطر شاهانه خواهد شد ولی لازم بود». عادتی که بعداً اندک اندک از میان رفت و به شاه ضرر زد.

دولتی که علم در ۱۹ ژوئیه به شاه معرفی کرد، چهره‌های تازه و غیرمنتظره در بر داشت. دو یا سه تن از وزیران سابق مصدق عضو آن بودند.[1] یک عضو پیشین حزب توده، دکتر محمد باهری، ابتدا معاون نخست وزیر و سپس وزیر دادگستری شد. باهری در آن هنگام استاد جوان حقوق جزا در دانشگاه تهران بود، انتصابش به وزارت دادگستری در ابتدا حسن اثر نبخشید اما با درایت به اصلاحاتی که مورد نظر قضات بود پرداخت، در انقلاب سفید نقش و سهم مهمی داشت و سرانجام احترام همگان را جلب کرد و محبوبیتی یافت.

شاید انتصاب دکتر پرویز ناتل خانلری استاد ادبیات دانشگاه تهران به وزارت فرهنگ جالب‌ترین گزینش‌های علم بود. او در ادب و شعر سرشناس و مورد احترام بود. ماهنامه‌اش، سخن، کانون همه نوپردازان شعر و ادب فارسی و یکی از عوامل اصلی تجدید حیات فرهنگی ایران در سال‌های بعد از جنگ جهانی بود.

علم وزارت دارایی را به عبدالحسین بهنیا، یک «مالیه‌چی» کهنه کار خشک، صحیح‌العمل، دانش آموخته در فرانسه و مشهور به مخالفت با مواضع صندوق بین‌المللی پول سپرد.

حسن ارسنجانی وزیر پرهیاهوی کشاورزی در کابینه امینی برای مدتی در سمت خود تثبیت شد که وقفه‌ای در کار اصلاحات ارضی پیش نیاید و سپس جای خود را به سپهبد اسمعیل ریاحی، یکی از برجسته‌ترین صاحب منصبان ارتش و معاون ستاد کل داد.

دیگر وزیران کابینه علم از متخصصان فنی و بعضی از آن‌ها مورد انتقادات شدیدی

۱- دکتر ابراهیم ریاحی، مهندس رجبی، مهندس طالقانی، سپهبد نقدی. (مترجم)

بودند. اما مجموعاً دولت او نشان از تغییری، یا آغاز تغییری، در مدیران مملکتی داشت.

دولـت دکتر امینی مجلسـین را منحل کرده بـود و در دوره فترت امور کشـور با تصویب‌نامه‌های قانونی اداره می‌شـد. وضع عمومی چنان نابسامان بود که تجدید سریع انتخابات به مصلحت نبود. علم به استفاده از تصویب‌نامه‌های قانونی برای تمشیت امور ادامه داد.

اندیشـه تحقق اصلاحات ارضی که با هیاهوی حسن ارسنجانی در زمان حکومت دکتر امینی جداً گسـترش یافته بود. دیگر فراگیر و غیرقابل اجتناب شـده تا حد زیادی روستاهای کشور را دچار نابسامانی کرده بود. می‌بایست از هیاهو وارد عمل شد.

در زمینه اقتصادی بحران و بیکاری و بدبینی عمومی حکمروا بود. اعلام ورشکستگی کشـور و اجرای برنامه تثبیت اقتصادی که صندوق بین‌المللی پول به ایران تحمیل کرده و واشنگتن خواستار ادامه آن بود. عملاً فعالیت‌های تولیدی و عمرانی را به حالت رکود درآورده سبب توسعه بیکاری شده بود.

مردم سرگردان و بدبین و نومید بودند و دولتی که بر سر کار آمد در حالت تدافعی و شاید با دست‌های بسته به نظر می‌رسید خروج از این تسلسل باطل ضروری بود و بلکه فوریت داشت.

درآمدهای نفتی کشور کم نبود، ذخائر نفتی‌اش حیرت‌انگیز بود[1] اما شرائط اقتصادی روز نه تجدید فعالیت اقتصادی را میسر می‌ساخت و نه تعادل پرداخت‌های خارجی را. اندک اندک نگرانی بر مردم مستولی می‌شد: از شورش و ناامنی در شهرها، از بی‌نظمی در روستاها و از کودتای نظامی که می‌توانست حاصل و برآیند این وضع باشد.

در این چهارچوب بود که محمدرضا شاه انقلاب سفید خود را اعلام و یا آغاز کرد که قسمت اصلاحات ارضی آن تا حدی از نخستین تدابیر مائوتسه تونگ[2] در آغاز حرکتش در چین الهام گرفته بود.

---

۱ - تجزیه و تحلیل از:
Frédy Bémont, L' Iran d'avant le Progrés, P.U.F, Paris, 1964.
2 - Mao Tsé Toung.

غالباً گفته و نوشته شده که این اقدام شاه، یعنی آغاز انقلاب سفید، تحت فشار دولت امریکا و پرزیدنت کندی صورت گرفت. که از تجدید وضعی مشابه کوبا در ایران سخت بیم‌ناک بودند. این مطلب درســت نیست مهم‌ترین اصل انقلاب سفید، اصلاحات ارضی بود و انجام تغییرات اساسی در مالکیت اراضی مزروعی برای اول بار از طرف احمد قوام و در زمــان دولت او مطرح شــد و یکی از مواد مرام‌نامه، حــزب دموکرات ایران بود. در پیشــرفت این طرح در زمان حکومت دکتر مصدق وقفه‌ای حاصل شد. میان شاه و «شیر پیر» در این زمینه اختلاف نظر وجود داشــت. محمدرضا شــاه می‌نویسد: «از همان سال ۱۹۴۱ من بر آن شــدم که املاک خود را[1] میان زارعان تقســیم کنم و از این ابتکار انتظار تغییرات مهمی در ســاختار جامعه روستایی ایران داشتم. دولت‌های مختلف در این کار تعلّل کردند. ناچار من رأساً به این کار پرداختم. در دولت مصدق این کار متوقف شد و پس از برکناری او من اجرای برنامه خود را از سر گرفتم».[2]

به این ترتیب در سال ۱۹۵۵ به ابتکار محمدرضا شاه بانک عمران تأسیس شد. و از طریق این بانک ۲۰۰,۰۰۰ هکتار از املاک سلطنتی میان ۴۲,۰۰۰ خانواده روستایی تقسیم شد. قدمی بود ولی می‌بایست دورتر رفت و کاری اساسی‌تر انجام داد.

«۷۵٪ مردم ایران از فعالیت‌های کشــاورزی تأمین معاش می‌کردند. یعنی تقریباً ۱۶ میلیــون نفــر. چهار پنجم کل درآمد ملــی ایران (البته به اســتثنای عواید نفتی) از بخش کشاورزی حاصل می‌شد. چگونگی تقسیم اراضی و تقسیم این عواید مسأله بنیادی اقتصاد ایران بود. در آغاز ســال ۱۹۶۳ بیش از ۶۰٪ کشــاورزان ایران فاقد زمین زراعی بودند. به صورت رعیت می‌زیستند. بزرگ مالکان صاحب ۶۵٪ اراضی مزروعی و ۵۵٪ روستاهای کشور بودند».[3]

۱ - در حقیقت اشاره است به «املاک سلطنتی» که طی دهه‌ها و قرن‌ها به سلاطین مختلف ایران تعلق گرفته و یکی از منابع اصلی درآمد، ثروت و قدرت آنان بودند. (مترجم)

2 - Réponse à l' Histoire

در یکی از تصویب‌نامه‌های قانونی مصدق تدابیری برای بهبود روابط مالکان و زارعان به نفع گروه اخیر پیش بینی شــده بود که اجرای آن در شــرایط بحرانی روز میسر نگردید. ولی البته مسأله تقسیم اراضی مطرح نبود. (مترجم)

۳ - این عبارات از گزارش تهیه شده به مناسبت سفر رسمی ژنرال دوگل به ایران استنساخ شده که اکنون در دسترس است. نگاه کنید به:

Sébastian Fath "De Gaulle en Iran (October 1963) Le voy age oublié, Revue Espoir, Fondation Charles de – Gaulle no 125, décembre 2000.

برای محمدرضا شـاه، انجام «اصلاحات ارضی» قدم اول در راه تجدید و نوسـازی ساختار اقتصادی و اجتماعی کشـور بود، که می‌خواست یادگار اصلی دوران سلطنتش باشد و به آن حداکثر انعکاس تبلیغاتی را در ایران و در خارج از ایران داد. نخستین مأمور اجرای این طرح حسـن ارسنجانی وزیر کشاورزی دولت دکتر امینی و سپس کابینه امیر اسدالله علم بود که کار خود را با هیاهوی بسـیار گاهی با خشونت و سرانجام در نوعی هرج و مرج انجام می‌داد.

نخسـتین قدم اصلاحی عمده‌ای که برداشته شـد، تصویب‌نامه تشکیل انجمن‌های ولایتی و ایالتی بود که در قانون اساسـی ۱۹۰۶ پیش‌بینی شده ولی هرگز به مرحله اجرا درنیامده بود. قاعدتاً می‌بایسـت این تصمیم اعتراضی پیش نیاورد و همگان با آن موافق باشند. اما چنین نشد. در این تصویب‌نامه ملحوظ بود که «هر ایرانی» حق انتخاب کردن و انتخاب شدن دارد که طبیعتاً این ترتیب بر زنان و نیز بر متدینان به ادیان دیگر جز اسلام نیز شامل می‌شد. هم‌چنین افزوده شده بود که منتخبین مجاز شوند به «کتاب مقدس خود» سـوگند یاد کنند نه الزاماً به قرآن که «کتاب آسمانی» مسیحیان، زرتشتیان و یهودیان، سه اقلیت مذهبی شناخته شده در قانون اساسی، نبود.

در قم بسـیاری از این تصمیم برآشفتند، کسـانی که بعداً به «متعصبین» و سپس به «اسـلام گرایان افراطی» معروف شدند. چند تن از روحانیون اعتراض‌نامه‌هایی علیه این «ابداعات» که خلاف «شـرع انور» دانسـته شـده بود تهیه و امضا کردند و طی پیام‌های تلگرافی به اطلاع شـاه رساندند. حجت‌الاسـلام[1] روح‌الله موسوی خمینی یکی از امضا کنندگان بود. وی در پیام خود نوشت:

> «پس از اداء تحیّت و دعا، به طوری که در روزنامه‌ها منتشـر شده است، دولت شرط اسلام را در رأی دهندگان و منتخبین ذکر نکرده و به زن‌ها هم حق رأی داده است و این امر موجب نگرانی علماء و سایر طبقات مسلمین است. مستدعی است امر فرمایید این قبیل مطالب را از برنامه‌های دولتی و حزبی حذف نمایند تا موجب دعاگویی ملت مسلمان شود».

شاه در پاسخ همه تلگراف‌ها و پیمان‌ها پاسخی یک نواخت داد:

در این گزارش از آمار و اطلاعات موجود در سفارت فرانسه در ایران بهره گرفته شده بود.

۱ - حجت‌الاسلام عنوانی است پایین‌تر از آیت‌الله. مرجع و مقررات خاصی برای اعطای این عناوین در ایران و در جهان شیعه نیست و اصولا تا اوائل قرن بیستم مرسوم و معمول نبوده است.

«بیش از هر کس در حفظ شـعائر دینی کوشا هسـتیم. این تلگرام برای دولت ارسال می‌شود. ضمناً توجه جنابعالی را به وضعیت زمانه و تاریخ و هم‌چنین به وضع سایر ممالک دنیا جلب می‌نمائیم. توفیقات جناب مستطاب را در ترویج مقررات اسلامی و هدایت افکار عوام خواهانیم»

این پاسـخ‌های کلی که مفهوم خاصی هم نداشـت، باعث آرامش افکار و حرکات معترضین و شـاکیان نشـد. این جا و آن جا تظاهرات کوچکی روی می‌داد. شایعاتی در مورد تظاهرات و اعتراضات وسـیع‌تر وجود داشت. محمدرضا شاه بیم‌ناک شد و عقب نشست.

این بار دولت پیام‌هایی برای همه معترضان فرسـتاد و اِشـعار داشـت که از اجرای تصویب‌نامه قانونی چشم‌پوشـی خواهد کرد. پس از این عقب‌نشـینی، هواداران برابری حقـوق زن و مـرد و اصلاحات دیگر به نوبه خود به تظاهر پرداختند. ولی آن‌ها مخالف دولت نبودند و چندان توجهی به این تظاهرات نشد.

شاه عقب نشسـت. اما زود متوجه اشتباه خود شد. از اندیشه‌های اصلاح‌طلبانه‌اش چشم‌پوشی نکرده بود. حقیقت آن بود که نه خود او، نه دولت، نه بخش مهمی از افکار عمومی متمایل به صرفنظر کردن از اصلاحات پیشنهادی نبوده‌اند. آغاز اصلاحات ارضی نیز در روستاها به پیدایش خرده مالکانی منتهی شده بود که با شور و هیجان از عقاید و اصلاحات شاه پشتیبانی می‌کردند. در عوض بسیاری از بزرگ مالکان ناراضی بودند و از حرکت جناح افراطی روحانیت حمایت می‌کردند.

وضع پیچیده بود.

در حقیقت اتحادی میان بزرگ مالکان، رؤسای ایلات و عشایر که نفوذ و قدرت خود را با اجرای قانون اصلاحات ارضی در خطر می‌دیدند (و حق داشـتند) و نیز بسـیاری از روحانیون که یا در شمار مالکین بودند (مانند خانواده خمینی) یا از بهره‌برداری از اموال و اراضی موقوفی درآمدهای سرشار داشتند (گویا خانواده خمینی از آن جمله بود) به وجود آمد. وجوه قابل ملاحظه‌ای در چند شـهر و میان چند قلم زن مخالف پخش می‌شـد که حرکت بزرگی علیه اصلاحات پیشنهادی شاه و دولت ایجاد شود.

در ایـــن گیرو دار، تمام کوشـــش علم بر آن بود که تا حـــد امکان به وضع اقتصادی کشـــور بهبود بخشد. از جمله برنامه‌های وسیعی برای خانه‌سازی طرح و به مرحله اجرا درآمد. معلوم شـــد که کشور ورشکست هم نبود و امکانات مالی مختلفی وجود داشت. نخست‌وزیر به بهانه «زدن کلنگ» شروع برنامه‌های جدید عمرانی و بهانه‌های دیگر دائماً در ســـفر بود که با مردم تماس بگیرد و گفت و شـــنود برقرار کند. چون هم مبادی آداب بود و هم بســـیار متواضع، این ســـفرهایش در مجموع حسن اثر داشت. پس از نخستین عقب‌نشـــینی در برابر مخالفین، شـــاه که به خطای خود پی برده و ضرورت اصلاحات را فراموش نکرده بود، این بار دچار هیجان و شور اصلاح‌طلبی و بلکه انقلابی شد. با بسیاری از رجال و صاحب نظران مشـــورت‌ها کرد و ســـرانجام تصمیم گرفت که با یک «اقدام ضربتی» خودش و دولتش را از بن‌بست خارج کند.

سه ماه به این ترتیب گذشت.

فرصتـــی برای این «اقدام ضربتـــی» در نهم ژانویه ۱۹۶۳ پیش آمد و آن افتتاح کنگره بزرگ شـــرکت‌های تعاونی روستایی نوبنیادی بود که به دنبال آغاز اصلاحات ارضی در سرتاسر کشور به وجود آمده بود.

محمدرضا شاه در نطق افتتاحیه خود اعلام داشت که قصد تحقق یک تحول بنیادی را در ســـاختار اقتصادی و اجتماعی کشـــور دارد که اساس آن مشارکت همگان در امور مملکتی[۱]، بســـط و توسعه تعاون، استقرار تدریجی دمکراســـی و تعاون[۲] و پی‌ریزی یک جامعـــه‌ی مبتنی بر عدالت و انصاف و برادری خواهد بود. او گفت که می‌خواهد جامعه نوین کشـــورش نه بر اساس مرام‌های وارداتی بلکه بر اساس سنت‌های ملی و اعتقادات عمیق ملت ایران استوار باشد و به انبساط فرهنگ ملی منتهی شود.

در ۱۲ ژانویه محمدرضا شـــاه با ۴۸۰۰ تن شـــرکت کننـــدگان در کنگره که اکثریت نزدیک به اتفاق آنان روستائیان ساده‌ای بودند که شاید برای اول بار قدم به پایتخت ایران می‌گذاشتند و او را از نزدیک می‌دیدند به صرف شام نشست. این عمل خود یک واقعه مهم و یک ابداع بود. همه به شاه نظر داشتند. او که معمولاً در انتخاب اغذیه بسیار ظریف

۱ - اصطلاح مشارکت Participation را که شاه غالباً به کار می‌برد از ژنرال دوگل اقتباس کرده.
۲ - شاه یکی از طرفداران جدی نهضت تعاونی بود.

و دقیق و با سلیقه بود، همان سینی غذایی را که برای هر یک تدارک شده بود برداشت و در میان روستائیان نشست و گویا با اشتهای فراوان به صرف غذا پرداخت. این شام دسته جمعی خود استثنایی و یک واقعه انقلابی بود. محمدرضا شاه در پایان با لحنی پرشور و شاعرانه گفت: «... شاه شما که فقط قلبش به خاطر شما می‌تپد توانسته است با پشتیبانی شما، با یک رنگی شما بگوید مملکت مال تمام ملت ایران است و اختصاص به هیچ طبقه مخصوصی ندارد، به هیچ فرد مخصوصی ندارد. مال همه است و شما چون هفتاد و پنج درصد مردم این مملکت هستید، هفتاد و پنج درصدش مال شما است».

در روز سیزدهم، کنگره تصمیم گرفت به شاه لقب عادل اعطا کند. در روز چهاردهم، وی، هیأت رئیسه این اجتماع را پذیرفت و از قبول این عنوان یا لقب معذرت خواست و گفت، من کاری جز انجام وظیفه خود نکرده‌ام، نیازی به این عنوان نیست. من خواهان خوشبختی و رونق زندگی همه ایرانیان هستم.

مهم‌ترین اصول این اصلاحات و تغییرات بنیادی که بعداً «انقلاب شاه و ملت» و «انقلاب سفید» نام گرفت عبارت بودند از الغای رژیم ارباب و رعیتی و تقسیم اراضی بزرگ مالکان میان زارعین آن‌ها، ملی کردن جنگل‌های طبیعی، مراتع و منابع آب، برابری کامل میان زنان و مردان در همه شئون سیاسی و اجتماعی، ایجاد سپاه‌های دانش و بهداشت و ترویج و آبادانی به منظور کمک به عمران روستاها و ایجاد تحول سریع در زندگی روستائیان، مشارکت کارگران در سود واحدهای صنعتی، ایجاد خانه‌های انصاف در روستاها و شوراهای داوری در شهرها که اعضای هر دو نهاد می‌بایست انتخابی باشند نه انتصابی.

علاوه بر شاه، سه تن از وزیرانش در این کار سهم خاص داشتند. یکی حسن ارسنجانی که در زمان امینی و علم[1] اجرای برنامه اصلاحات ارضی را به راه انداخت.[2] دیگری دکتر محمد باهری که بانی فکر ایجاد خانه‌های انصاف و دادرسان انتخابی در روستاها بود که در مجموع موفقیت‌آمیز گردید، حال آن که توفیق شوراهای داوری در

۱ - پیش از دکتر علی امینی و امیر اسدالله علم که هر دو از بزرگ مالکان رده اول ایران بودند. قوام السلطنه نیز که برای بار اول این فکر را بیان کرد از مالکان بزرگ بود. این هم از غرایب تاریخ معاصر ایران است. (مترجم)

۲ - محمدرضا شاه شخصاً بر اجرای این برنامه نظارت داشت و در ماه‌های اول غالباً در توزیع اسناد مالکیت به زارعین شرکت می‌جست.

شهرها به مراتب کمتر بود، و بالاخره دکتر پرویز ناتل خانلری که سپاه دانش، یکی از موفق‌ترین برنامه‌های دوران سلطنت محمدرضا شاه را به مرحله اجرا گذاشت. سربازان وظیفه‌ای که اقلاً دارای گواهینامه پایان تحصیلات متوسطه بودند، بعد از یک دوره سریع کارآموزی، به عنوان آموزگاران روستائی برای مبارزه با بی‌سوادی عازم دهات کشور می‌شدند. به این ترتیب هر سال هزاران تن جوان با لباس خاص متحدالشکل نظامی به روستاها می‌رفتند. به کودکان خواندن و نوشتن می‌آموختند و غالباً برای سالمندان نیز کلاس‌های مخصوص تشکیل می‌دادند. با ایجاد سپاه دانش و استمرار و توسعه خدمت آن و سطح آموزش در ایران به نحو چشم‌گیری بالا رفت و مبارزه با بی‌سوادی سرانجام به توفیق کامل نزدیک شد.

اعلام اصول انقلاب و مبانی تغییرات و اصلاحاتی که محمدرضا شاه در مقام تحقق آن‌ها برآمده بود. بی‌درنگ بحث‌ها، اظهار نظرها و برخوردهای فراوان در همه محافل و مجامع اعم از دانشگاهی، بازاری، اداری و طبیعتاً مذهبی به وجود آورد. نخستین سئوال که بیشتر جنبه اصولی و فلسفی داشت در باره نقش مقام سلطنت در جامعه بود: آیا «شاه» که مظهر همه سنت‌های چند هزار ساله، نقطه اتکای جامعه و به معنای واقعی کلمه مرکز ثبات سیاسی آن است، می‌تواند بانی یک «انقلاب» باشد؟ دیگر آن که آیا «سلطنت» و «انقلاب» با یکدیگر متضاد نیستند؟ آیا «شاه» می‌تواند رهبر یک «انقلاب» باشد؟ آیا خشایارشاه می‌تواند در لباس فیدل کاسترو درآید؟

طبیعتاً شاه و نخست وزیر اشرافی و اشراف منش، در جریان این گفتگوها و مجادلات بودند. پاسخ هر دو و پاسخ همه طرفدارانشان این بود که باید به سکون و رکود اجتماعی و اقتصادی و سیاسی جامعه با یک حرکت قاطع پایان داد، که بسط و توسعه کشاورزی و دگرگونی روستاها با بزرگ مالکی و نظام ارباب و رعیتی همساز نیست، که نمی‌توان نیمی از جامعه، یعنی زنان را از تحول و تطور آن به دور نگاه داشت: بالاخره مبارزه با بی‌سوادی با روش‌های متعارف میسر نخواهد بود یا لااقل سال‌های متمادی به طول خواهد انجامید. همه این‌ها انقلاب است و نه چیز دیگر. اگر از رأس هرم جامعه آغاز نشود، در قشرهای محروم به راه خواهد افتاد و لاجرم خونین خواهد بود. چنانکه در فرانسه و روسیه بود. با تمام این احوال به وضع کوبا، که دلمشغولی اصلی امریکایی‌ها بود، هرگز در این بحث‌ها

اشاره نمی‌شد. شاید هم به خاطر این بود که به حرکت شاه و دولتش اصالت بیشتری بدهند. همین بحث در محافل مذهبی و در میان روحانیون نیز گرم بود. آیا اسلام با انقلاب می‌تواند هم‌آهنگ باشد. آیا می‌توان در چهارچوب یک دیانت الهی که بر سنت‌های پابرجا و تغییرناپذیر قرار دارد انقلابی، یعنی یک دگرگونی بنیادی، ایجاد کرد؟ سال‌ها بعد «انقلاب اسلامی» به این پرسش منطقی پاسخی دیگر داد.

حال که «اصول انقلاب سفید» اعلام شده بود، می‌بایست به آن‌ها جنبه رسمی و قانونی داد. به خواست دکتر علی امینی که پیش از امیر اسدالله علم در رأس دولت بود، شاه با استفاده از اختیارات خود دو مجلس را منحل کرده بود. در نتیجه دولت؛ با استناد به تصویب نامه‌های قانونی حکومت می‌کردند. اما برای تنفیذ و تأیید تدابیری در این حد، توسل به این تصویب‌نامه‌ها حتی قابل تصور هم نبود. درگذشته فقط یک بار، آن هم به ابتکار مصدق و تردید و سرانجام مخالفت شاه تصویب امری (انحلال مجلس) به آراء عمومی گذاشته شده بود. آیا میسر بود به این امر رجوع کرد و آن را به عنوان سنت تلقی نمود؟ این هم آسان نبود.

سرانجام شاه و دولت، پس از مشورت‌های حقوقی بسیار، با استناد به یکی از اصول قانون اساسی که در آن «اعمال حق حاکمیت ملی» رسمیت یافته و به «قاطبه اهالی مملکت» تفویض شده بود، بر آن شدند که اصول «انقلاب» را به رأی‌گیری عمومی بگذارند.

این رأی‌گیری (یا رفراندم) در روز ۲۷ ژانویه ۱۹۶۳ انجام گرفت و اصول پیشنهادی با ۵٬۵۹۸٬۷۱۱ رأی موافق در برابر ۴۱۱۵ رأی مخالف به تصویب عمومی رسید. البته رأی‌گیری با نظارت و مراقبت کامل مأموران انجام شده بود. معذالک شور و شوق زنان که برای نخستین بار از حقوقی برابر با مردان برخوردار شده بودند و هیجان زائدالوصف روستائیان که در آن موقع اکثریت مردم ایران را تشکیل می‌دادند. به این رأی‌گیری صمیمیت و واقعیت بخشید. تعداد آراء شاید کمتر یا بیشتر بود، اما در هیجان اکثریت تردیدی وجود نداشت. اخبار همه جراید جهان در همین جهت بود و محمدرضا و دولتش توفیقی بزرگ به دست آوردند.

عکس‌العمل مخالفان در برابر این پیروزی فوری بود. تنی چند از رؤسای ایلات و

عشایر فارس علم طغیان برافراشتند. چرا که پایه و اساس اقتدارات‌شان متزلزل می‌شد. از یک طرف مالکیت اراضی وسیعی را از دست می‌دادند و از طرف دیگر اعزام سپاهیان دانش و اجرای برنامه سوادآموزی در قلب ایلات و روستاها، پایه تسلط‌شان را که بی‌سوادی ایلات و عشایر بود، جداً متزلزل می‌ساخت.

ناامنی و نابسامانی در قسمت مهمی از جنوب کشور شیوع یافت. از سوی دیگر آخوندی به نام روح‌الله موسوی خمینی که تازگی حجت‌الاسلام خوانده می‌شد، با وجود آن‌که «مرجعیت» نداشت، فتوایی در محکومیت اصول انقلاب و نیز مراجعه به آراء عمومی صادر کرد و گروهی از روحانیون را به دنبال خود کشانید که این آغاز شهرت و اهمیت‌اش بود.

روح‌الله خمینی به سال ۱۹۰۰ در شهر خمین[۱] از بلاد مرکزی ایران چشم به جهان گشود. پدرش کشمیری (یعنی هندی) و مادرش ایرانی بودند. به همین سبب در ابتدای زندگی آن‌ها در منطقه پدرش مصطفی و پدربزرگش احمد زاهد هندی می‌خواندند و خود او نیز در بعضی غزلیاتش به هندی تخلص کرده.[۲] مصطفی که خواندن و نوشتن می‌دانست به خدمت یکی از بزرگ مالکان منطقه درآمد. در حقیقت «میرزا» یا منشی او شد.[۳]

در سال‌های ۱۹۲۰ که قانون ثبت احوال به تصویب رسید و اخذ شناسنامه الزامی شد روح‌الله، سه شناسنامه گرفت، یکی در خمین به نام خمینی، دیگری به نام روح الله مصطفوی و سومی به نام روح الله موسوی خمینی، که می‌توانست اشاره‌ای به ادعای سیادت وی از تبار موسی کاظم، امام هفتم شیعیان باشد. بعداً بیشتر به این اسم استناد می‌کرد و همواره خود را روح‌الله موسوی خمینی می‌خواند.[۴]

دو یا سه سال پس از تولد روح‌الله، فاجعه‌ای برای خانواده خمینی رخ داد. در آن عهد هنوز دفاتر اسناد رسمی در ایران وجود نداشت. کارفرمای مصطفی، مانند بسیاری از بزرگ

۱ - با چند سال اختلاف تواریخ مختلفی در باره سال تولد روح الله خمینی ذکر شده. ما آنچه را در سه شناسنامه او آمده است. اختیار کرده‌ایم.
۲ - این غزلیات پس از مرگ خمینی انتشار یافتند.
۳ - اشاره است به خانواده حشمتی. (مترجم)
۴ - این شناسنامه‌ها در زندگی نامه‌های مختلف وی به چاپ رسیده. (مترجم)

مالکان دیگر زمین‌های خرده مالکانی را که مقروض می‌شدند به قیمت ناچیزی می‌خرید و گویا گاهی از ارعاب و تهدید آنان نیز خودداری نمی‌کرد. برای رسمیت بخشیدن به این معاملات، یا نزد آخوندی می‌رفتند یا ورقه‌ای تنظیم می‌شد و دو طرف معامله آن را امضا یا مهر می‌کردند. احمد برای کارفرمای خود این کار را انجام می‌داد و در این گیرو دار خود نیز ثروتی اندوخت و در نتیجه دشمنان بسیاری یافت که چون دست‌شان به بزرگ مالک نمی‌رسـد، وی را آماج کینه و نفرت خود قرار دادند. چنین شد که یکی از خرده مالکان منطقه موسوم به بهرام‌خان که خود را متضرر می‌دید در صدد انتقام برآمد و به اتفاق چند تن از دوستانش به او (مصطفی پدر آیت الله بعدی) در راه خمین به اراک حمله برد و به قتلش رسانید. بهرام خان سریعاً توقیف شد. وی را به تهران منتقل کردند. محاکمه و محکوم به اعدام، و چنان‌که رسم آن زمان بود در یکی از میادین تهران به دار آویخته شد. چند تن از اعضای خانواده مقتول برای حضور و شرکت در این «مراسم» به تهران آمدند. گویا روح الله دو یا سه ساله در میان آنان بود.[۱]

مصطفی، قبل از مرگش، ثروتی اندوخته بود. به هر یک از سه پسرش دهکده‌ای به ارث رسید.[۲] دهکده متعلق به روح‌الله زورقان نام داشت.

پس از مرگ مصطفی، همسر و فرزندان صغیرش بی‌سرپرست نماندند و چند خانواده متعیّن منطقه آنان را زیر بال و پر خود گرفتند. یکی از آن‌ها خانواده صدرالاشـراف بود.[۳] بر اثر این کمک‌ها، پسران آقا مصطفی توانستند به مکتب خانه و مدارس قدیمه بروند و به جایی رسـیدند. روح‌الله ابتدا نزد برادر بزرگش،[۴] و سپس در مکتب‌خانه اندک سوادی آموخت و سـپس برای ادامه تحصیل به دو شـهر مجاور خمین، اراک و محلات رفت و از آن‌جا رهسپار قم شد و در آن‌جا بود که محضر یکی از روحانیون نامدار زمانه آیت‌الله حائری را درک کرد. وضع مالی‌اش خوب بود. برخلاف غالب طلبه در نیاز و سختی نبود.

۱ - هشتاد سال بعد، روح‌الله موسوی خمینی از نوه این قاتل (که به سزای عمل خود رسیده بود) بار دیگر به شیوه خود انتقام گرفت. حسین بهرامی نوه او را که رئیس انجمن شهر خمین و به اصطلاح از محترمین محل بود، به دستور وی به عنوان «مفسد فی‌الارض» توقیف کردند، در زندان شکنجه‌ها تحمل کرد. سپس وی در میدان اصلی شـهر خمین شـلاق زدند و سرانجام به دار آویختند. اموالش نیز مصادره و غارت شد. جراید روز این جریان را با عکس و تفصیلات بازگو کردند.

۲ - او دو دختر نیز داشت.

۳ - وزیر، رئیس دیوان عالی کشور، نخست وزیر و رئیس مجلس سنا در زمان سلطنت پهلوی.

۴ - آقا مرتضی پسندیده. (مترجم)

معذالک در ماه‌های رمضان و محرم و صفر به روضه‌خوانی می‌پرداخت که هم فال بود و هم تماشا.

در سال ۱۹۲۸ با دختر خانمی به نام خدیجه ثقفی که به قولی یازده ساله و به قول دیگر شانزده سال بود[1] ازدواج کرد. همسر خمینی از خانواده‌ای محترم بود و همواره در سایه شوهرش زندگی بی‌سروصدایی داشت.

برخلاف اکثر ملاها، روح‌الله خمینی یک همسر بیشتر اختیار نکرد[2] و زندگی خصوصی و داخلی بی سر و صدایی داشت. خمینی و همسرش دارای پنج فرزند شدند. دو پسر (مصطفی و احمد) و سه دختر که ازدواج و زندگی خانوادگی آنان سر و صدایی بلند نکرد.

خمینی اندکی قبل از آغاز جنگ دوم جهانی برای ادامه تحصیلاتش عازم نجف شد که در آن زمان مانند امروز مهم‌ترین مرکز تشیع در جهان بود. در آن جا بود که ظاهراً کتاب پریشیده‌ای به نام کشف‌الاسرار تدوین کرد که به عقیده طرفدارانش مبین نظریات سیاسی او است.

در نیمه دهه چهل میلادی و پس از پایان جنگ جهانی دوم و اعاده نسبی آرامش به ایران، روح‌الله خمینی به کشور خود بازگشت. به اتفاق دو برادرش که یکی (آقا مرتضی پسندیده) سردفتر اسناد رسمی درجه سوم بود و دیگری (آقا نور هندی) به وکالت عدلیه اشتغال داشت، به شراکت یک بنگاه اتوبوسرانی و حمل و نقل موسوم به بنگاه هندی تشکیل دادند که خانه پدری‌شان در خمین مرکز آن بود. او مجدداً در قم مستقر شد.

از محل عواید ملکی و شخصی خویش زندگی ساده اما مرفهی داشت. از صندوق وجوه آیت‌الله عظمی بروجردی مرجع تقلید شیعیان نیز مقرری کوچکی می‌گرفت. در ضمن روضه‌خوانی هم می‌کرد و به چند طلبه درس می‌داد. زندگی متعارف آخوندی عادی. به موازات این زندگی، وی به تدریج در سلک نزدیکان آیت‌الله سیدابوالقاسم کاشانی درآمد که اطرافیانش غالباً منتسب به اخوان‌المسلمین مصر بودند و شهرت به

---

۱ - در بعضی از مدارک سال تولد وی را ۱۹۱۳ نوشته‌اند. وی در ۲۱ مارس ۲۰۰۹ در تهران درگذشت.
۲ - اما چون به قدرت رسید، تعدد زوجات را دوباره برقرار کرد و گفت «چنان کنید که دختران شما خون حیض خود را در خانه شوهر به‌بینند» و حداقل سن ازدواج دختران را از ۱۶ به ۹ تقلیل داد!

تندروی و انعطاف‌ناپذیری داشت و در میان آنان جلب نظر کرد.

روز ۲۸ فوریه ۱۹۵۳، نقطه عطفی در زندگی روح‌الله موسوی خمینی محسوب می‌شود. وی در رأس تظاهر کنندگانی بود که از اقامتگاه آیت‌الله کاشانی، که در آن زمان بر مجلس شورای ملی نیز ریاست داشت، رهسپار کاخ سلطنتی شدند تا از مسافرت شاه و ملکه ثریا به خارج که خواسته مصدق بود جلوگیری کنند[1].

در آن روز جراید برای اول بار از «آقای موسوی خمینی» و این که در پایان کار پیام آیت‌الله کاشانی را دایر به دعوت مردم به تفرقه قرائت کرده، نام بردند. از آن پس نیز وی در بعضی از مذاکرات و جلسات سیاسی منزل آیت‌الله شرکت می‌کرد. چند ماه بعد، پس از برکناری مصدق و روی کار آمدن سپهبد فضل‌الله زاهدی، آیت‌الله کاشانی که در این ماجرا نقش مهمی بازی کرده بود، انتظار داشت که ثمره کوشش‌های خود را به دست آورد که در نتیجه خمینی نیز امیدوار بود چیزی هم به او برسد. هر دو مأیوس شدند.

در سی مارس ۱۹۶۱، آیت الله عظمی بروجردی که مرجع تقلید بلامنازع شیعیان بود درگذشت. در ۱۳ مارس ۱۹۶۲، آیت‌الله کاشانی نیز فوت کرد. در جانشینی آیت‌الله عظمی، خمینی که حتی عنوانی نداشت، نمی‌توانست ادعایی هم داشته باشد و برکنار ماند. اما درگذشت کاشانی راه و روزنه امیدی بر او گشود که سرانجام سر دسته جناح تندروی روحانیت شود و در صحنه سیاست ایران نقشی بازی کند.

انتشار اصول انقلاب سفید فرصتی برای او پیش آورد. سرکشی ایلات جنوب رهبران و روش‌های خاص خود را داشت و دخالت خمینی در آن متصور نبود. در عوض نارضائی‌های شهری از اصول انقلاب سفید، نه رهبر داشت و نه سخنگو. کمتر کسی تصور می‌کرد بتواند در مقابل قدرت مسلم شاه، دولت، ارتش و نیروهای انتظامی و امنیتی که از پشتیبانی جناح مهمی از افکار عمومی هم برخوردار بودند قد علم کند. خمینی جرئت کرد، شاید بدون آن‌که نتایج آن را دقیقاً سنجیده باشد، ولی جرئت کرد و در قبول این خطر تنها بود.

هنوز «آیت الله» نبود. با این حال فتوائی صادر کرد و در آن اشعار داشت

۱ - ماجرائی که در فصل مربوط به طرح آژاکس به تفصیل ذکر شده.

«رفراندم مخالف رأی جامعه‌ی روحانیت اسلام و اکثریت قاطع ملت است. اساساً رفراندم یا تصویب ملی در قبال اسلام ارزشی ندارد... در قوانین ایران رفراندم پیش بینی نشده است و تاکنون سابقه نداشته جز یک مرتبه آن هم از طرف مقامات غیرقانونی اعلام شد[1] و به جرم شرکت در آن جمعی گرفتار شدند و بعضی از حقوق اجتماعی محروم شدند... رأی دهندگان باید پایه معلومات‌شان به حدی باشد که بفهمند به چه رأی می‌دهند. بنابر این اکثریت قاطع حق رأی دادن ندارند و فقط بعضی اهالی شهرستان‌ها که قوه تشخیص دارند صلاحیت رأی دادن در موارد شش‌گانه دارند که آنان بی‌هیچ چون و چرا مخالفند. اکثر مردم تطمیع شده‌اند... اگر برای، ملت می‌خواهند کاری انجام بدهند. چرا به برنامه اسلام و کارشناسان اسلام مراجعه نکرده‌اند... اعلیحضرت را اغفال کرده‌اند.»[2]

دوازده روز پس از صدور تصویب‌نامه قانونی مربوط به حقوق سیاسی زنان،[3] خمینی فتوائی دیگر داد با لحنی شدیدتر:

«دستگاه حاکمه ایران به احکام مقدسه‌ی اسلام تجاوز کرد و به احکام مقدسه‌ی قرآن قصد تجاوز دارد.
نوامیس مسلمین در شرف هتک است. دستگاه جابره با تصویب‌نامه‌ای خلاف شرع و قانون اساسی می‌خواهد زن‌های عفیف را ننگین و ملت ایران را سرافکنده کند.
دستگاه جابره در نظر دارد تساوی حقوق زن و مرد را تصویب و اجرا کند. یعنی احکام ضروریه اسلام و قرآن کریم را زیر پا بگذارد. یعنی دخترهای هجده ساله را به نظام اجباری ببرد و به سربازخانه‌ها بکشاند. یعنی با زور و سرنیزه دخترهای جوان و عفیف مسلمانان را به مراکز فحشا ببرد.
هدف اجانب قرآن و روحانیت است»

با صدور این اعلامیه یا فتوی سرانجام خمینی به مقصود خود رسید و شهرتی یافت. هواداراانش دیگر او را با آیت‌الله کاشانی مقایسه کرده در یک ردیف می‌دانستند. او، بالاخره خود را کسی دانست، بال و پری پیدا کرد. پیامی برای مراجع تقلید وقت فرستاد و از آنان برای مبارزه با «تجاوز به شرع انور» مدد خواست. با استقبال زیادی مواجه نشد. اما توانست به خود جلب توجه کند. به سرعت قم تبدیل به مرکز آشوبی علیه اصول انقلاب سفید شد و مدرسه فیضیه قم در قلب این آشوب بود خمینی غالباً در آن‌جا بر سر منبر می‌رفت و

۱ - اشاره است به مراجعه‌ی آراء عمومی در زمان حکومت دکتر مصدق، که خمینی در شمار اطرافیان آیت الله سیدابوالقاسم کاشانی با آن مخالف بود.
۲ - متون مربوط به آیت الله خمینی عیناً از انتشارات رسمی جمهوری اسلامی، نقل شده.
۳ - ۱۳ مارس ۱۹۶۳.

سخنانی تند و خشن ابراز می‌داشت.

در روز سوم مه ۱۹۶۳، نطق شدیدی علیه اسرائیل ایراد کرد.

«اسرائیل نمی‌خواهد در این مملکت قرآن باشد. اسرائیل نمی‌خواهد در این مملکت علماء اسلام باشند. اسرائیل نمی‌خواهد در این مملکت احکام اسلام باشد. اسرائیل نمی‌خواهد در این مملکت دانشمند باشد. اسرائیل به دست عمال سیاه خود مدرسه فیضیه را کوبید. ما را می‌کوبد. شما ملت را می‌کوبد. می‌خواهد اقتصاد شما را قبضه کند. می‌خواهد تجارت و زراعت شما را از بین ببرد. می‌خواهد ثروت‌ها را تصاحب کند. اسرائیل می‌خواهد به عمال خود آن چیزهایی را که مانع هستند. آن چیزهایی را که سد راه هستند از سر راه بردارد...

من به شما توصیه می‌کنم، ای آقای شاه، ای جناب آقای شاه من به تو نصیحت می‌کنم دست از این اعمال و رویه بردار. من نمی‌خواهم اگر روزی ارباب‌ها بخواهند تو بروی مردم شکرگزاری کنند... بدبخت بیچاره! چهل و پنج سال از عمرت می‌رود. یک کمی تأمل کن. یک کمی تدبیر کن. یک قدری عواقب امور را ملاحظه کن. کمی عبرت بگیر. اگر راست بگویند که تو با اسلام و روحانیت مخالفی، بد فکر می‌کنی. اگر دیکته می‌کنند و به دست تو می‌دهند در اطراف آن فکر کن. چرا بی‌تأمل حرف می‌زنی؟ آقای شاه! این‌ها می‌خواهند تو را یهودی معرفی کنند که من بگویم کافری تا از ایران بیرونت کنند و به تکلیف تو برسند».

در سخنان دیگر می‌گفت:

«مگر با رفتن چند زن به مجلس مملکت مترقی می‌شود؟ مملکت با برنامه‌های اسرائیل درست نخواهد شد»

در یک «فتوی» اعلام داشت:

«ما اعلام می‌کنیم که برنامه‌های اصلاحی شما را اسرائیل برایتان درست می‌کند. شما وقتی که می‌خواهید برنامه‌های اصلاحی درست کنید، دست‌تان را پیش اسرائیل دراز می‌کنید. شما کارشناس نظامی از اسرائیل به این مملکت می‌آورید. شما محصلین را از اینجا به اسرائیل می‌فرستید. ای کاش به جاهای دیگر می‌فرستادید. ای کاش به انگلستان می‌فرستادید، به امریکا می‌فرستادید. به اسرائیل می‌فرستید. ما با این‌ها مخالفیم..... آیا برای مملکت کهن سالی مثل ایران ننگ نیست که دولت اسرائیل بگوید ما حمایت از ایران می‌کنیم؟ ایران بزرگ تحت‌الحمایه اسرائیل است؟»

آیا نباید در این سخنان و فتاوی ضدیهودی و ضد اسرائیل و کمک مالی که از همان زمان از طرف مصر که سرهنگ ناصر در رأس آن کشور بود، به خمینی آغاز شد، ارتباطی دید؟ واقعیت این کمک، چنان که خواهیم دید، بعداً به اثبات رسید.

نابسامانی و آشوب در قم، ولو محدود به بخشی از جمعیت و زایرین، اندک اندک گسترش می‌یافت و نمی‌شد آن را نادیده گرفت. تقاضای اصلی متظاهرین، الغای برابری سیاسی زنان و مردان بود کسانی هم از اصلاحات ارضی انتقاد می‌کردند و آنرا مخالف و مباین اصول «شرع انور» می‌دانستند. اما نمی‌گفتند که اجرای آن به قدرت مالی و عواید کلان گروهی از روحانیون، از محل «عواید وقف» لطمه می‌زند.

در تهران، وجوه قابل ملاحظه‌ای برای استخدام بزن بهادرها و لوطی‌ها و چاقوکش‌ها، خرج می‌شد. هدف آن بود که تظاهرات سیاسی با خشونت و چپاول و آتش سوزی، یعنی با ارعاب مردم، همراه باشد. به موازات این وضع سرکشی رؤسای ایلات فارس نیز توسعه می‌یافت.

زمان آن فرا رسیده بود که شاه و دولت عکس‌العملی از خود نشان دهند و دست روی دست نگذارند. در تهران بر کسی پوشیده نبود که نخست وزیر (امیراسدالله علم) و فرماندهان ارتش و نیروهای انتظامی هوادار اعمال قدرت و قاطعیت هستند. شاه گرچه فطرتاً خشن نبود و مصالحه را بر مناقشه ترجیح می‌داد نمی‌خواست بار دیگر انجام اصلاحاتش به تعویق بیافتد و ناچار به عقب‌نشینی شود. مضافاً به این‌که در قم خمینی اعلام داشت که «با یک پس گردنی دولت را ساقط خواهد کرد». دیگر می‌بایست کاری کرد.

سحرگاه روز پانزده ژوئن ۱۹۶۳، مأموران انتظامی اقامتگاه حجت‌الاسلام روح‌الله موسوی خمینی را محاصره کردند. در خانه‌اش نبود و شب را نزد پسر ارشدش مصطفی که در همان نزدیکی زندگی می‌کرد، گذرانده بود. حضور نیروهای انتظامی را در خانه‌اش به اطلاع او رساندند. وی بلافاصله به خانه خود بازگشت. جلب و بازداشتش به آرامی و محترمانه انجام شد. بی‌درنگ وی را به تهران انتقال دادند و در محلی متعلق به سازمان اطلاعات و امنیت کشور مستقر نمودند. زندانی شد. اما نه در زندان.

خبر جلب و بازداشتش بلافاصله در قم منتشر شد و تظاهراتی، نسبتاً محدود، به طرفداری او آغاز گردید.

چون خبر به تهران رسید، پایتخت سه روز دچار اغتشاش و ناامنی گردید. گروه‌های آشوبگر که شخصی به نام طیب حاج رضائی، از چاقوکشان و بزن‌بهادرهای معروف تهران، با سابقه چند محکومیت قضائی، در رأس آن‌ها بود. چندین ساختمان متعلق به دولت، یا بانک‌ها، چند سینما، دو باشگاه ورزشی، مرکز حمل و نقل و اتوبوسرانی پایتخت، دفتر انجمن روابط فرهنگی ایران و امریکا و کارخانه پپسی کولا را که خمینی متعلق به اسرائیل و یهودی‌ها اعلام کرده بود (که البته درست نبود) غارت کردند و یا به آتش کشیدند. تظاهرات «طرفداران خمینی» بیشتر جنبه جنگ و گریز شهری داشت وحشت بر مردم تهران مستولی شد. همه به خانه‌های خود پناه بردند و درها را به روی خود بستند. دکاکین بازار بسته شد. نیروهای شهربانی از عهده مقابله با این وضع برنمی‌آمدند. نخستین روز آشوب با بلاتکلیفی به پایان رسید. ضربه‌ای به غارتگران و آتش‌افروزان وارد نشده بود. شاه از این جریان سخت ناراحت و نگران بود. می‌خواست از خونریزی جلوگیری شود. گویا باز قصد عقب‌نشینی داشت.

عَلَم، با اطمینان به پشتیبانی ارتش و بخش مهمی از افکار عمومی، دستور داد که به مدت سی و شش ساعت کلیه تلفن‌های کاخ سلطنتی را قطع کنند. قدغن کرد که در این مدت فرماندهان ارتش و نیروهای انتظامی با شاه تماس بگیرند. سپس با تصویب هیأت دولت، حکومت نظامی در تهران اعلام شد و علم به فرماندهان نیروهای مسلح و قوای انتظامی دستور داد که نظم را در پایتخت برقرار کنند. ژاندارمری کل کشور نیز مأموریت یافت که چند گروه مسلح را که بعضی از آنان کفن پوشیده بودند در راه قم متوقف کند و مانع ورود آنان به پایتخت شود.

سرانجام، روز دوم این آشوب‌ها تعیین کننده بود و تکلیف را روشن کرد. ژاندارمری به قیمت زد و خوردی نسبتاً شدید مانع ورود کفن‌پوشان مسلح به پایتخت شد.

در نزدیکی بازار تهران، میدان ارک، چند صد تن از تظاهر کنندگان می‌خواستند مرکز رادیو ایران را تصرف کنند که ممکن بود تسلط بر اوضاع را از دست دولت خارج کند.

فرمانده واحدهای نظامی مستقر در آن محل از رئیس دولت کسب تکلیف کرد. دستور علم روشن بود «تانک‌ها وارد عمل شوند. رابطه تلفنی خود را قطع کنید. وقتی کار تمام شد گزارش بدهید». نیم ساعت بعد میدان ارک «پاک» و جلوی آشوب گرفته شده بود.

در روز سوم زد و خوردهای کوچک محلی در چند نقطه تهران روی داد و مأموران انتظامی به جلب و توقیف کسان بسیاری، که در تظاهرات یا آشوب‌ها شرکت داشتند، پرداختند.

طی سه روز آشوب تهران بر روی هم ۷۵ تن و به قولی ۶۸ نفر تلفات داشت[1] که اکثر آنان یا در راه قم، به هنگام مصاف مسلحانه با مأمورین ژاندارمری کل به قتل رسیده بودند یا در مقابل ورودی رادیو ایران، یعنی در میدان ارک نزدیک به چهارصد تن نیز بازداشت شدند. در اوج تظاهرات، تعداد شرکت کنندگان از پنج هزار نفر تجاوز نکرد. حال آنکه جمعیت تهران در آن موقع ۱٫۵۰۰٫۰۰۰ نفر بود. بازداشت‌هایی که صورت گرفت، تحقیقات مقامات امنیتی و انتظامی و دادگستری نشان داد که شبکه‌های مخفی حزب منحله توده در جنگ و گریزهای شهری نقش و سهم مهمی داشتند. از آن پس شاه جمله معروف قوام را که از «اتحاد شوم سرخ و سیاه» سخن گفته بود مرتباً تکرار کرد.

چند روز بعد بر اثر توقیف مسافری در فرودگاه بین‌المللی تهران، مدارکی به دست آمد و انتشار یافت که دلالت بر کمک مالی بی‌دریغ سازمان‌های اطلاعاتی مصر (که در آن موقع به مسکو نزدیک بود) به آشوبگران تهران و قم داشت. سرانجام منبع اصلی وجوهی که در شهر پخش می‌شد، معلوم گردید. هجده سال بعد، محمد حسنین هیکل وزیر و رازدار سرهنگ ناصر که بعداً جزو طرفداران پر و پا قرص خمینی شده بود رسماً دخالت و کمک دولت وقت مصر را در این آشوب‌ها پذیرفت.[2]

---

۱ - سباستیان فات در گزارشی که به مناسبت سفر رسمی جنرال دوگل به تهران تهیه کرده بود (مدرک ذکر شده) تعداد کشته شدگان را یکصد تن و شماره مجروحین را سیصد نفر ذکر کرده، در مقاله‌ای که در مجله Cahiers de L'Orient Contemporain شماره ۵۲، مه، اوت ۱۹۶۳ به چاپ رسیده به توقیف چهارصد تن اشاره شده است. باری روبین محقق امریکایی در کتاب:
Paved With Good Intentions, The American Experience and Iran, NY.Oxford University Press, 1980, P.109.
از سه هزار مقتول سخن می‌گوید.
۲ - در Khomeyni et sa Révolution، چاپ پاریس موسسه Jeuue Afrique، 1983

بلافاصله بعد از این ماجرا، به ابتکار شخص نخست‌وزیر یک تصویب‌نامه قانونی به تأیید هیأت دولت رسید که طبق آن برای خانواده‌های همه قربانیان این سه روز (چه از تظاهر کنندگان، چه از قوای انتظامی) مقرری مناسبی برقرار شود. می‌بایست به جراحات التیام داد و دفتر این آشوب‌ها را بست.

در باره علم مطالب ضد و نقیض بسیار گفته شده و می‌شود. مسلماً مبری از نقاط ضعفی نبود. اما در این روزهای پرآشوب با قدرت تصمیم‌گیری خود شاه و ایران را نجات داد. محمدرضا شاه پانزده سال قدرت بعدی خود را (با نشیب و فرازهایی که داشت) تا حدی زیادی مدیون علم است.

روح‌الله خمینی در ویلائی محبوس بود، اما اجازه ملاقات داشت و بسیاری به دیدنش می‌رفتند. پس از این اتفاقات وضعش تغییر داده شد. نخست وزیر در طی یک مصاحبه مطبوعاتی اعلام کرد که مسئولان سه روز خونینی که در پایتخت ایران گذشت «تسلیم محاکم صالحه» خواهید شد. روح‌الله خمینی به زندان نظامی عشرت‌آباد انتقال داده شد. می‌شد انتظار داشت که «حجت‌الاسلام خمینی» که آمر و عامل اصلی کشتارها بود محکوم به اعدام شود.

محافل سیاسی تهران و اطرافیان شاه در باره رویه‌ای که باید اتخاذ شود، اتفاق نظر نداشتند. هیچ کس در واقعیت اتفاقاتی که روی داده بود تردید روا نمی‌داشت. اتحادی میان چپ‌گرایان، متعصبین مذهبی، عوامل بزرگ مالکان آشوبی به پا کرده بود و خارجیان هزینه‌های آن را تقبل کرده بودند. چهره واقعی ارتجاع سیاه همین بود و حجت‌الاسلام روح‌الله خمینی، شاید از روی حسد و کینه، قطعاً بر اثر جاه‌طلبی و خودبزرگ‌بینی و به احتمال قریب به یقین بر اساس اعتقاداتی که با حقایق و واقعیات دنیا تطبیق نمی‌کرد، پرچمدار این شورش خونین و بدخیم شده بود. اما آیا مصلحت بود که وی و هم‌دستانش را محاکمه کنند و احتمالاً آنان را تبدیل به قربانی و شهید نمایند؟ در پاسخ به این سئوال اختلاف نظر وجود داشت. علم و رؤسای ارتش معتقد به قاطعیت بودند. عقیده نخست وزیر بر آن بود که پس از محکومیت خمینی شاه خواهد توانست وی را از تخفیف مجازات برخوردار نماید.

گروه دیگری از جمله چند تن از هم‌رزمان پیشین مصدق و در رأس آنان مظفر بقایی و نیز سرلشکر پاکروان رئیس ساواک اعتقاد بر «مسالمت» و گذشت داشتند، به هر حال خمینی یک فرد روحانی بود و نمی‌بایست سبب رنجش جامعه روحانیت شد. سفیر کبیر بریتانیا در تهران نیز به نفع خمینی دخالت کرد و از اغماض نسبت به او جانبداری نمود. در این میان بود که چند تن از روحانیون طراز اول، که آیت الله سیدکاظم شریعتمداری در رأس آن‌ها بود، رأی به اجتهاد خمینی دادند. حجت‌الاسلام، آیت‌الله شد. به گمان آن‌ها، این ارتقاء مرتبت می‌توانست او را از خطر مرگ، یا لااقل محکومیت به اعدام نجات دهد.

شاه طریق مسالمت را برگزید. بیم داشت که محکومیت خمینی، آیت‌الله خمینی موجب تظاهراتی شود و او را مجبور به تخفیف مجازات او نماید. بر اثر قاطعیت علم و سران ارتش در موضع قدرت بود و می‌توانست از خود عفو و اغماض نشان دهد، بدون آن‌که تعبیر به ضعف و تسلیم شود. در نتیجه آیت‌الله جدید آزاد شد. به قم رفت و مدتی آرام گرفت.

این جریان، قربانیان سیاسی غیرمستقیمی هم داشت. به ابتکار حسین علا وزیر دربار شاهنشاهی جمعی از رجال قدیمی گرد هم آمدند و به بحث در باره اوضاع پرداختند و نظر به ضرورت اغماض شاه و به خصوص تعلیق اجرای اصول انقلاب دادند. شاه که خود را در مبارزه با «اتحاد شوم سرخ و سیاه» پیروزمند می‌دانست – آیا واقعاً پیروزمند او بود یا علم و ارتش؟ از این جلسه و از پیشنهاد تعلیق اصلاحات ناراحت و شاید در خشم شد. بهانه کرد که چرا علا او را قبلاً در جریان نگذاشته، وی را از وزارت دربار برکنار کرد و به سمت سناتور انتصابی برگزید. گویا این تغییر و تبدیل سخت به وزیر سالخورده دربار گران آمد و بیمار و رنجورش کرد.[۱] پس از چند ماه عبدالله انتظام رئیس هیأت مدیره و مدیر عامل شرکت نفت که در جلسه «رجال» شرکت کرده بود، از خدمت معاف شد و جای خود را به دکتر منوچهر اقبال داد. البته انتظام به سن بازنشستگی رسیده بود. ولی او نیز این تصمیم را به دل گرفت و با وجود عناوین مختلف تشریفاتی، جزء منتقدین دستگاه درآمد. دلتنگی شاه بر چندین تن دیگر نیز شامل شد. اما در محیط کوچک سیاسی تهران همه حساب کار خود را کردند و دانستند که در انتقاد از تصمیمات شاه زیاده‌روی نکنند.[۲]

---

۱ - جریان مفصل این ماجرا در جلد دوم خاطرات اردشیر زاهدی آمده است.
۲ - طیب حاج رضائی و دو تن دیگر محاکمه و پس از طی مراحل محکوم به اعدام شدند. طیب حتی حاضر

این ماجرا قدم دیگری در تحکیم قدرت شاه بود.

شد که برای کسب «عفو ملوکانه» تقریباً همه وجوهی را که جهت ایجاد اغتشاش دریافت داشته بود بازپس دهد و چنین نیز کرد. اما شاه او را عفو نکرد. گویا مردانه جان داد. وی اکنون در شمار «شهدا» و «قهرمانان» جمهوری اسلامی است. (مترجم)

فصل ششم

انزوای قدرت

سرانجام شاه توانسته بود سیاست اصلاحات و نوسازی اجتماعی خود را علیرغم مخالفت اسلام‌گرایان افراطی، بر کرسی بنشاند و جریان تحول و حتی دگرگونی جامعه و رهایی آن را از قید و بندهای پوسیده آغاز کند.

محمدرضا شاه می‌خواست به هر قیمت هدف‌های خود را دنبال کند و کوچک‌ترین تردیدی نداشت که ایران قادر است به قله‌های ترقی و تعالی برسد.

او پس از این پیروزی می‌توانست چهره واقعی خود را با سایه و روشن‌هایش آشکار سازد و آرزوهای دور و دراز خود را بیان کند و به مرحله عمل درآورد، تا بتواند در تاریخ شاه بزرگی در حد کورش و داریوش و شاه عباس[1] باشد. سه شاهنشاهی که تاریخ ایران بدون تردید و به حق آنان را کبیر لقب داده است.

گه‌گاه، در مذاکرات خصوصی و در برابر کسانی که به آنان اعتماد داشت با اشاره به پدرش می‌گفت: «آیا ما از او بیشتر و بهتر کار نمی‌کنیم؟» او می‌خواست در رأس

---

۱ - نگاه کنید به:
Houchang Nahavandi et yves Bomnati. Shah Abbas, Empereur De Perse. Paris, Perrin, 1998.

خدمتگزاران بزرگ تاریخ ایران باشد. محمد حسنین هیکل، وزیر و رازدار سرهنگ ناصر، که قطعاً از دوستداران و ستایشگران شاه نبود، با اشاره به برنامه‌هایش نوشته: «او همه چیز را برای ایران می‌خواست، بلند پروازی‌هایش حد و حساب ندارد» شاه معتقد بود که ایران می‌تواند از رهبران و از قدرت‌های بزرگ جهان باشد چرا که در میان ایرانیان افراد شایسته و دارای نبوغ ذاتی فراوانند. با بیسوادی مبارزه‌ای موفقیت‌آمیز شده، به علوم و فنون جدید دسترسی یافته و عدالت اجتماعی و مشارکت در امور مملکتی در حال تحقق است.[۱]

محمدرضا شاه می‌خواست از خود اراده‌ای آهنین و انعطاف‌ناپذیر در بازسازی و پیشرفت ایران نشان دهد و می‌گفت که هر مانعی را در این راه از میان برخواهد داشت.[۲] توفیق او در نیل به این هدف واقعاً نزدیک بود و عدم توجهش به بعضی مسائل و موانع داخلی و خارجی، به شکست‌اش انجامید. آیا یکی از علل این شکست در شخصیت مرموز او و تضادهای درونیش نبود؟

محمدرضا پهلوی مردی بود با سواد، حافظه‌ای خارق‌العاده داشت. به آسانی می‌توانست از گزارش‌ها و اطلاعات مختلف نتیجه‌گیری کند. به موانع و مشکلات سریعاً پی می‌برد. از پدرش بسیار آموخته بود. از زمان بحران نفت و نشیب و فرازهای دوران حکومت دکتر مصدق به مسائل اقتصاد و بازارهای نفتی آشنایی پیدا کرد و سرانجام در این مورد کارشناسی و تخصص یافت. خود متخصص واقعی اقتصاد نفت شده بود، اما همیشه اقتصاددانان را به باد تمسخر می‌گرفت. به مسائل تسلیحاتی و نظامی نیز تسلطی شگفت‌انگیز داشت، یکی از سفیران خارجی در باره او گفته بود «گویی او همه چیز را در باره سلاح‌های مختلف می‌داند». با این وجود، گاهی که پیرامونیان و متملقان اطلاعات نظامی او را می‌ستودند، به خنده می‌گفت «فراموش نکنید که ما در ارتشی که فرمانده کل قوای آن هستیم، فقط سمت نایب دومی (ستوان دو) داریم.» شاید برای آن‌که ستایشگران باز به گفته‌های خود بیافزایند.

پس از پیروزی انقلاب سفید و تحقق برابری سیاسی زنان و مردان (لااقل در قوانین، که به تدریج در خلقیات و اعتقادات نیز چنین شد)، رفتار محمدرضا شاه تغییر یافت.

۱ - در مصاحبه‌ای با: Oliver Warrin, <u>Le Lion et de Soleil</u> ۱۹۷۶

۲ - مصاحبه با روزنامه کیهان، ۱۰ سپتامبر ۱۹۷۶.

تصور می‌کرد بر مخالفان خود پیروزی نهایی یافته است، که در همه شئون و مسائل حق با اوست. پس از برکناری سپهبد فضل‌الله زاهدی، که جدایی سلطنت و حکومت سریعاً از میان رفت، نخست وزیران مختلفی که بر سر کار می‌آمدند، البته کم و بیش، چنان‌که خواهیم دید، بیشتر به اداره امور اجرائی مملکتی می‌پرداختند و تصمیمات مهم را شاه اتخاذ می‌کرد. مخصوصاً در زمینه‌های بنیادی اقتصاد ملی، سیاست نفتی، دفاع ملی و البته سیاست خارجی. این ترتیب شاید موجب تسریع در اتخاذ تصمیمات می‌شد، تردیدها و دوگانگی‌ها را از میان می‌برد یا کاهش می‌داد، اما شاه را در رده اول قرار می‌داد و وی را آماج انتقادها و حملات می‌ساخت. در ابتدا او توجه کافی به خطرات این وضع نداشت.

به تدریج سیاست‌مداران کهنه‌کار و مجرب دوران قاجار و زمان سلطنت پدرش یا فوت کردند، یا به حکم اجبار ناشی از سن و سال از کارها کناره گرفتند. زمان متخصصین فنی و استیلای آنان بر دیپلمات‌ها و سیاست‌مداران کهنه‌کار و سرد و گرم روزگار چشیده فرا رسید. تنی چند از آنان سمت سناتور انتخاب یا انتصابی داشتند. محمدرضا شاه با آنان مشورتی نمی‌کرد که مبادا چیزی برخلاف عقیده او بگویند. بسیاری دیگر در «شوراهای عالی» تشریفاتی عضو بودند، به دربار می‌آمدند و می‌رفتند، در تصاویر مطبوعات دیده می‌شدند ولی نقش و سهمی در راهبری امور عمومی نداشتند. همه می‌دانستند که شاه از انتقاد چندان خوشش نمی‌آید و احتیاط را پیشه کردند.

برخلاف آن‌چه غالباً گفته و نوشته می‌شد و می‌شود، محمدرضا شاه در انتصابات مسئولان امور اجرایی دخالتی نمی‌کرد. البته جز در ارتش و بعضی مناصب مربوط به سیاست خارجی. به این ترتیب وزیران، وزیرانش، از آزادی عمل زیادی در حیطه اختیارات و مسئولیت خود برخوردار بودند البته در کارهای آنان مداخلاتی هم می‌شد، از جمله از سوی شهبانو، شاهدخت اشرف یا ساواک. اما واقعیت آن است که اگر جرئت کرده، این مداخلات را به استحضارش می‌رساندند. تقریباً همیشه می‌گفت: «اعتنا نکنید، کار خودتان را انجام دهید»

در پانزده سال بعد از «انقلاب سفید»، حلقه اول محارم و نزدیکان شاه تقریباً بلاتغییر ماند، که این امر تا حد زیادی مردم را که فطرتاً تشنه تغییر و تحول و چهره‌های تازه بودند، خسته کرده و رنجاند.

بدون تردید، اسدالله علم، نخست وزیر او در زمان انقلاب سفید، سپس رئیس دانشگاه پهلوی و سرانجام وزیر دربار شاهنشاهی از هر کس دیگری به محمدرضا شاه نزدیک‌تر بود. امیر اسدالله علم (۱۹۷۸-۱۹۱۹)، راز دار واقعی شاه در همه شئون بود، چه خصوصی و چه مملکتی. گرداننده و مجری مراسم تاج‌گذاری و مخصوصاً جشن‌های شاهنشاهی او بود. در سال‌های آخر، شایعات مداخله او در انعقاد بعضی قراردادها و مشارکتش در «خوش‌گذرانی»های شاه به شهرتش لطمه زد. اما در سیاست مردی دانا و با ذکاوت بود، می‌دانست و می‌توانست از بعضی اشتباهات جلوگیری کند. با شاه صراحتاً صحبت می‌کرد و شاید تنها کسی بود که چنین می‌کرد. وی را می‌توان با نابرادری ناپلئون سوم دوک دومورنی[1] مقایسه کرد که همان نقاط ضعف و همان خصائص را داشت. تا او در قید حیات بود مانع بعضی از اشتباهات سیاسی ناپلئون سوم شد.

امیراسدالله علم در خاطراتش که روز بروز نوشته شده و بیست و پنج سال پس از انقراض سلطنت پهلوی با ویراستاری‌هایی که حدود آن معلوم نیست انتشار یافته از زندگی روزانه دربار به گفتگوهایش با محمدرضا شاه و همه مسائل مملکتی صحبت می‌کند. مدرکی است طراز اول برای بررسی این دوران که باید در استناد به آن شرط احتیاط را مرعی داشت.

اردشیر زاهدی (متولد به سال ۱۹۲۸) یکی دیگر از شخصیت‌های رده اول و موثر دوران سلطنت محمدرضا شاه است که از زمان سقوط مصدق تا آخرین دقایق زندگی وی در کنارش بود و به او وفادار ماند. اردشیر زاهدی به مدت هفت سال از ۱۹۵۷ تا ۱۹۶۴ داماد شاه بود. وی به سفارت در واشنگتن و سپس لندن منصوب شد. پنج سال وزیر بسیار مقتدر و موثر امورخارجه ایران بود و از ابتکارات شخصی در امور دیپلماسی کشورش هراسی نداشت. سپس بار دیگر به مدت هفت سال به سفارت ایران در واشنگتن برگزیده شد و تا زمان انقلاب در این سمت باقی ماند. در همه چیز درست نقطه مقابل علم بود.

1 - Charles Auguste Louis Joseph, duc de Morny.
بعضی از دوستان و نزدیکانش قراردادهایی پرمنعفت با دستگاه دولت منعقد کردند. به زنان و پول و ثروت علاقه بسیار داشت. اما مشاوری دانا برای نابرادری‌اش بود و در بسیاری از موارد از زیاده روی‌های او جلوگیری کرد.

صراحت لهجه‌ای حیرت‌انگیز داشت و قضاوت‌های خود را در باره این و آن حتی افراد خانواده سلطنتی پنهان نمی‌کرد. مانند پدرش، سپهبد زاهدی، در میان بانوان محبوبیتی فراوان داشت. طبق نوشته بعضی از جراید کسانی چون الیزابت تایلور[۱] و ژاکلین اناسیس[۲] (کندی) به وی مهر بسیار داشتند. در دربار موافق و مخالفین فراوانی داشت. اما همه از او حساب می‌بردند.

سوم شخصی که می‌توان و باید در حلقه نزدیکان رده اول شاه از او نام برد بدون تردید حسین فردوست است (؟۱۹۸۷ - ۱۹۱۷). چنان‌که دیدیم از زمان کودکی با محمدرضا پهلوی دوست بود. سپس با وی به مدرسه رُزه رفت. مردی با زندگی مرموز. چند بار ازدواج کرد، شاید به خاطر آن‌که هم جنس بازی‌اش را مخفی نگاه دارد. گرچه همه از آن آگاه بودند و به روی خود نمی‌آوردند. شاه به وی اعتماد داشت، گرچه گزارش‌هایی در مورد روابطش با سرویس‌های جاسوسی شوروی به دست آمده بود.[۳] اعتقاد شاه به فردوست به وی مصونیت کامل داده بود. هنگامی که مرد شماره ۲ (قائم مقام) ساواک بود، گزارش‌های فراوانی در باره افراد مختلف راساً به شاه می‌داد. اگر شخص مورد اشاره به شاه شکایت می‌برد، معمولاً وی عادت داشت که در حضور شاکی به فردوست تلفن کند و بگوید «حسین، فلانی روبروی من ایستاده، (یا نشسته) گزارشی را که در باره او داده‌ای تکذیب می‌کند، چه می‌گویی؟».[۴] همه حساب کار خود را می‌کردند. از دیدگاه محمدرضا شاه همیشه حق با فردوست بود.[۵] نتیجه آن شد که در محیط کوچک سیاسی تهران اصولاً دیگر کسی اسم فردوست را بر زبان نمی‌آورد. حتی ارتشبد نصیری که مدتی رئیس مستقیم فردوست بود. به وی اعتماد نداشت و ترتیبی داده بود که وی از بعضی از گزارش‌های بسیار حساس اصولاً اطلاع پیدا نکند! از اوائل سال ۱۹۷۸، فردوست که غالباً

1 - Lizi Taylor.

۲ - Jacquelin Onassis که قبلاً همسر پرزیدنت کندی بود.

۳ - در باره حسین فردوست و چند تن دیگر نگاه کنید به مقاله دکتر عباس میلانی، کهنه جاسوس در مجله ایران‌شناسی، سال بیست و چهارم، شماره ۳، پاییز ۱۳۹۱ این مقاله به هنگام تدوین کتاب در اختیار نویسندگان نبوده است. (مترجم)

۴ - شاه، جز اردشیر زاهدی که مدت‌ها دامادش بود، هیچ‌کس را به اسم کوچک صدا نمی‌کرد.

۵ - نویسنده ایرانی کتاب هرگز با فردوست ملاقاتی نداشت. مطالبی که در این‌جا ذکر شده مستند به روایات کسانی است که قابل اعتماد محسوب می‌شوند.

به دربار و دیدار شاه می‌آمد، کمتر در آن‌جا ظاهر شد. سپس اصولاً دیگر به کاخ سلطنتی نیامد. نمی‌دانیم عکس‌العمل شاه چه بود؟ او و ارتشبد عباس قره‌باغی آخرین رئیس ستاد ارتش در روزهای واپسین سلطنت ترتیب «بی طرفی» نیروهای مسلح را چنان‌که امریکائیان می‌خواستند دادند که به سقوط نهائی رژیم منتهی شد. فردوست بی‌درنگ به خدمت جمهوری اسلامی درآمد و از بنیان‌گذاران سازمان اطلاعاتی آن شد. از آن پس هر بار که نام وی و ارتشبد قره‌باغی در برابر شاه برده می‌شد، تنها پاسخ وی سکوتی غم‌انگیز بود.[۱]

در میان چند تن پیرامونیان محمدرضا شاه نمی‌توان به نصرت‌الله معینیان رئیس دفتر مخصوص شاهنشاهی اشاره‌ای نکرد. او مردی رازدار و متواضع بود. هیچ‌کس، حتی دشمنان دربار و مخالفان شاه در ذکاوت، دقت و به خصوص صحت عمل وی تردیدی ابراز نمی‌داشتند. در سال ۱۹۵۸، به هنگامی که شوروی‌ها مبارزه تبلیغاتی شدیدی را علیه رژیم ایران آغاز کردند، او سرپرست کل انتشارات و رادیو بود. با وسایل و امکاناتی محدود به پاسخگویی به این تحریکات و حمله متقابل برخاست و کارش موفقیت‌آمیز بود و جلب نظر همگان را کرد. پس از آن مناصب و مقامات مختلف یافت: معاون نخست وزیر و وزیر مشاور با حفظ سرپرستی انتشارات و رادیو و حتی مدتی کوتاه وزارت راه و سرانجام به ریاست دفتر مخصوص شاهنشاهی منصوب شد و تا پایان کار سلطنت در ایران در همین مقام باقی ماند. معینیان تحصیلات حقوقی داشت، زمانی روزنامه‌نویس بود و سپس به خدمت اداره کل انتشارات و رادیو درآمد و مراتبی را که دیدیم طی کرد. زندگی خانوادگی بی‌سر و صدا و منزهی داشت. در هیچ یک از پذیرائی‌ها و تشریفات رسمی یا حتی خصوصی تهران شرکت نمی‌کرد. می‌گفتند که در این باره از شاه کسب اجازه کرده. با امانت وظیفه خود را انجام می‌داد. هر چه را به شاه می‌نوشتند یا گزارش می‌داند. به سرعت به او می‌رساند و پاسخ‌های او را دقیقاً یادداشت کرده به سائلین یا مراجعین منتقل می‌کرد. در پایان رژیم، قطعاً با اجازه یا تائید شاه، تمام بایگانی دفتر مخصوص شاهنشاهی

---

۱ - نویسنده ایرانی کتاب در باره رفتار این دو تن در کرناواکا از شاه سوال کرد و با وجود اصرارش، جوابی دریافت نداشت.

تاریخ فوت فردوست ۱۹۸۷ ذکر شده. بعضی از صاحب منصبان عالیرتبه دستگاه‌های اطلاعاتی غرب عقیده دارند که شوروی‌ها وی را در این تاریخ از ایران خارج کردند. به هر حال سرنوشت او نامعلوم است گر چه در این که عامل ک.ژ.ب بوده دیگر تردیدی روا نیست.

را که مشتمل بر همه اسناد پنجاه ساله دوران سلطنت پهلوی بود با دو هواپیمای نظامی به خارج از ایران منتقل کرد که اکنون قاعدتاً باید در صندوق‌های بانک یا بانک‌هایی باشد و مسلماً منبع بی‌نظیر و بدیلی برای مطالعه تاریخ این دوران خواهد بود.

نصرت‌الله معینیان اکنون در پاریس زندگی ساده و گوشه‌گیری دارد.

در زمینه اطرافیان و نزدیکان شاه، البته باید به افراد خانواده‌اش نیز پرداخت، که بسیاری از آن‌ها به‌ویژه در سال‌های رونق و درخشش سلطنت او از خود نام و نشانی برجا گذاشتند و مورد بحث و گفتگو بودند و بعضاً از امکانات و اختیاراتی نیز حتی در حیطه سیاست مملکتی برخوردار بودند.

ملکه مادر، تاج‌الملوک (۱۹۸۲-۱۸۹۶)، زنی بود در مجموع سرد و از خودراضی و مباهی به این‌که همسر شاهی و مادر شاهی دیگر است. کوشش وی بر این بود که بر سر زبان‌ها نباشد و در زندگی سیاسی و اجتماعی کشور دخالتی نمی‌کرد. جز بر یک بیمارستان تحقیقاتی در زمینه بیماری‌های قلب و عروق بر هیچ سازمان و موسسه‌ای ریاست عالیه نداشت. به بازدید رسمی به هیچ جا نمی‌رفت. گه‌گاه سفری به خارج از ایران، یکی از کشورهای اروپایی، سوئیس، فرانسه و احیاناً انگلستان می‌کرد، که آن هم دور از خبرنگاران و عکاسان بود. هر سال دو ضیافت باشکوه ترتیب می‌داد، یکی به مناسبت سقوط مصدق و بازگشت پسرش به تخت سلطنت و دیگری به مناسبت سالروز تولد نوه‌اش شاهپور رضا ولیعهد. ضیافت اول را در باغ وسیع کاخش در سعدآباد برپا می‌کرد و گاهی تا هزار تن به آن دعوت می‌شدند. به هنگام این پذیرایی در روی کاناپه‌ای در یکی از سالن‌های کاخش می‌نشست بسیاری از مدعوین به آن‌جا می‌آمدند، اظهار احترامی می‌کردند و می‌رفتند. سپس زیر بغل پسرش، یعنی شاه را می‌گرفت و به میان جمعیت می‌رفت و به همه تعارف می‌کرد و سر تکان می‌داد. گویی بهترین و درخشان‌ترین دقایق زندگی سالیانه‌اش همین بود. تنها موقعی بود که چیزی شبیه لبخند به چهره‌اش ظاهر می‌شد.

از ضیافتی در اواخر سال‌های ۱۹۷۰ به مناسبت تولد نوه‌اش، فیلم کاملی در مرکز اسناد دولتی فرانسه موجود است، تعداد مدعوین به مراتب کمتر و ضیافت تا حدی

خصوصی بود. وی با تکیه بر عروسش شهبانو فرح و به اتفاق نوه‌اش رضا گشتی در میان مدعوین زد. باز هم او را در روی مبل بزرگی نشان می‌دهند. که مدعوین آمده به وی ابراز احترام می‌کنند. خواننده معروف ایرانی گوگوش در این مجلس آواز می‌خواند که هم دیده می‌شود و هم صدایش مسموع است.[1]

از دو خواهر شاه، شاهدخت شمس (۱۹۹۶-۱۹۱۷)، روایت انتقادآمیزی شنیده نمی‌شد. گرچه زندگی خانوادگی‌اش نشیب و فرازهای خاص داشت و سرنوشت او شایان توجه است. وی به دستور پدرش در سال ۱۹۳۷ به عقد ازدواج فریدون جم (افسر ارتش، رئیس آینده ستاد کل و سپس سفیر در اسپانیا) فرزند مدیرالملک جم نخست وزیر وقت درآمد. در سال ۱۹۴۴، با وجود مخالفت برادر تاجدارش با عزت‌الله مین‌باشیان[2] در قاهره ازدواج کرد و هر دو اسلام را ترک کرده و به دیانت مسیحی (کاتولیک) گرویدند. از سال ۱۹۴۵ تا ۱۹۴۷ از ایران دور و مطرود بود و به اتفاق همسرش در ایالات متحده می‌زیست. سپس، گویا به پادرمیانی ملکه مادر، دوران طرد وی به پایان رسید، عناوین خود را بازیافت و به اتفاق همسرش به ایران بازگشت. همسرش تغییر نام داد و عالیجناب[3] مهرداد پهلبد خوانده شد. مردی بود موسیقی شناس و هنر دوست. لاجرم به سرپرستی اداره کل هنرهای زیبا و پس از طی مراحلی به سال ۱۹۶۴ در کابینه حسنعلی منصور به وزارت فرهنگ و هنر برگزیده شد و تا چند ماه قبل از انقلاب (کابینه شریف امامی) در این سمت باقی ماند. شاهدخت در سیاست دخالتی نداشت و نمی‌کرد. به خانواده‌اش، به جمعیت شیر و خورشید سرخ ایران و به انجمن حمایت حیوانات که بر هر دو ریاست عالیه داشت می‌رسید. در کاخش واقع در مهردشت، پنجاه کیلومتری تهران، از بیش از پنجاه سگ و گربه و پرنده‌های مختلف نگاهداری می‌کرد. همه این‌ها را مردم می‌دانستند و به وی ایرادی گرفته نمی‌شد. از غرایب آن‌که در محوطه کاخش عبادتگاه مسیحی[4]

---

۱ - نویسنده ایرانی این کتاب در بسیاری از این ضیافت‌ها شرکت داشته. ولی هرگز شخصاً تماس یا دیداری با ملکه تاج‌الملوک نداشت. بنابر این آن‌چه در این سطور آمده مستند است به روایات قابل اعتماد و نه مشاهدات شخصی.

۲ - فرزند موسیقی‌دانی که موسس کنسرواتوار تهران و رئیس موسیقی ارتش بود. آهنگ سلام شاهنشاهی از او است.

3 - Son Excellence.

4 - La Chapelle.

کوچکی ساخته بود که از خارج محوطه به خوبی دیده می‌شد. روحانیون قم بر این نکته غافل نبودند. اما کاری به کارش نداشتند. گه گاه بگو مگوهایی در محیط شهر و در جوامع مختلف در این باره صورت می‌گرفت که هرگز ابعاد مهمی نیافت.

خواهر دیگر شاه و دوقلویش، شاهدخت اشرف یک مغز سیاسی واقعی بود و مخالفان و منتقدان بسیار داشت. قدرت‌طلبی‌اش از همان زمان ازدواج محمدرضا شاه با ملکه فوزیه آشکار شد و چون رضا شاه از ایران رفت، اختلافات آنان علنی گردید شاهدخت اشرف در خاطرات خود می‌کوشد که آن‌ها را کم اهمیت و جزئی جلوه دهد. اما پنهان نگاه داشتن روابط سوء و پرتشنجش با ملکه ثریا دیگر میسر نگردید، تا آن‌جا که وی صراحتاً اقرار کرده که «روابط ما هرگز دوستانه نبود». ثریا مانع شرکت همسر تاجدارش در پذیرایی‌های شاهدخت اشرف شد، خوشبختانه وی به دستور مصدق از تهران تبعید شده و مدتی طولانی در پایتخت ایران نبود که این ممنوعیت زیاد جلب نظر کند.

شهبانو فرح مادر ولیعهد و به این دلیل مصون از تحریکات سیاسی خواهر شوهرش بود اما در دربار و در تهران همه می‌دانستند که این دو بانو یکدیگر را دوست ندارند. اما حفظ ظاهر می‌کردند و این کافی بود.

ممکن است در مبادی امر این نکات فاقد اهمیت زیادی در زندگی سیاسی ایران به نظر آیند. ولی در عمل چنین نبود. شاهدخت اشرف با همه نخست وزیران مقتدر که می‌خواستند حکومت کنند و شاه سلطنت، قوام، دکتر مصدق، سپهبد زاهدی، مخالف بود و علیه آنان تحریک می‌کرد. کینه‌اش نسبت به سپهبد به پسرش اردشیر زاهدی نیز منتقل شد. شاهدخت علناً با او در عناد بود و اردشیر زاهدی نیز در حضور جمع از ابراز سخنان تند نسبت به خواهر دوقلوی شاه و رفتار و کردارش امتناع نداشت.[۱]

در سال ۱۹۶۴، پس از انتصاب حسنعلی منصور به نخست وزیری، روابط شاهدخت اشرف با وی نیز اندک اندک رو به تیرگی گرائید و اگر منصور در ۱۹۶۵ به قتل نمی‌رسید، قطعاً میان آنان تنش‌های شدید پدیدار می‌شد. شاهدخت اشرف عشق و علاقه‌ای بی‌حد

۱ - ظاهراً دو سال پیش سرانجام این دو با یکدیگر ملاقاتی داشته و «آشتی کرده‌اند. (مترجم)

و حســاب و غیرعقلایی به قدرت، به مردان و به ثروت داشــت. همین گرایش‌ها برایش دشمنان بسیار فراهم کرد و نیز جمعی سوء استفاده‌چی دورش جمع شدند. به خصوص باید گفت که در میان مردم واقعاً محبوب نبود.

با وجودی که اطلاعات و گزارش‌های مربوط به شاهدخت اشرف به طور جدی و مستمر از جانب نخست وزیر وقت امیرعباس هویدا[۱] و رئیس ساواک سانسور می‌شد که به اطلاع شاه نرسد،[۲] به استناد خاطرات عَلَم می‌توان گفت که در سال‌های آخر سلطنتش محمدرضا شــاه غالباً از رفتار خواهرش دلشکسته یا حتی ناراضی و عصبانی می‌شد. در سال ۱۹۷۸ هنگامی که سرانجام محمدرضا شاه به گفتگو و تبادل نظر با مراجع عالی شیعه پرداخت، آیت‌الله عظمی شریعتمداری پیام‌های تندی در باره رفتار شاهدخت و نارضائی افکار عمومی از او برای شــاه فرستاد و سرانجام او از خواهرش خواست که کمتر اظهار وجــود تظاهر کند و بالاخره مجبور به ترک ایران شــد با تمــام این احوال باید گفت که شاهدخت اشرف تنها فرد خاندان پهلوی است که بعد از سقوط سلطنت در ایران به کمک فراریان ایرانی آمد. دو فرزندش از همسر دوم وی احمد شفیق، آزاده شفیق و ناخدا شهریار شــفیق نیز که از هر نوع سوء شهرتی مبرا بودند، در نهضت‌های مقاومت علیه جمهوری اسلامی کوشش‌های بسیار کردند و ناخدا شفیق در این راه جان داد.

بعضی از نابرادری‌های شاه و نیز ناخواهری‌اش شاهدخت فاطمه مورد انتقادهایی در زمینه ســوء استفاده از مداخله در پاره‌ای قراردادهای کم و بیش مهم قرار گرفتند و افکار عمومی حب مال آنان را نمی‌پســندید. اما جز شاهدخت فاطمه متهم به مداخله در امور سیاسی نشدند. همه آنان اکنون درگذشته‌اند. فقط شاهپور غلامرضا در قید حیات است که اکنون در موناکو زندگی می‌کند.[۳]

این بود محیط خانوادگی که محمدرضا شاه در آن می‌زیست.

---

۱ - که از ۱۹۶۵ تا ۱۹۷۷ بر سر کار بود.
۲ - از او بیم داشتند یا می‌خواستند مزاحم کارشان نشود؟ (مترجم)
۳ - وی خاطرات خود را به زبان فرانسه (و سپس با ترجمه به فارسی) انتشار داده که شامل بر اطلاعات و نکات جالبی در باره زندگی خاندان پهلوی و جریان‌های درباری است. نگاه کنید به:
Gholam Reza Pahlavi, en collaboration avec Iman Ansari et Patrick Germain. M. Mon pére, mon freie les Shah, d' Iran Paris, Norman, 2004.

بدون تردید یکی از نوآوری‌های بزرگ زمان سلطنت محمدرضا شاه، اعطای حقوق سیاسی و خانوادگی و اجتماعی به زنان و برابری واقعی آنان با مردان بود، که اندک اندک در عرف و عادات مردم نیز پذیرفته شـــد. علی‌رغم مخالفت شدید روحانیون افراطی، در ایران قبل از بســیاری از کشــورهای غربی زنان به مقامات عالیه چون وزارت، سفارت، وکالت مجلس و سنا و صاحب منصبی ارشد در ارتش یا قضاوت رسیدند.

در زندگی خصوصی رفتار شاه با زنان، چون بزرگ مردان شرقی بود که در رمان‌های فرنگی حکایت می‌کنند، مبادی آداب، مواظب آن‌که رعایت حرمت و زندگی آنان بشود، و البته در بعضی از موارد خاص در جستجوی عیش و نوش با بعضی از آنان که آماده و حاضر به این کار بودند و لذائذ جنسی. اما در حقیقت می‌توان گفت که در سال‌های واپسین ســـلطنتش تنها بود و اتکائی را که باید و شاید به همسرش نداشت، گرچه جراید جهان و مجلات مصور پرخواننده ســعی می‌کردند خلاف آن را وانمود کنند. همین مطبوعات می‌کوشیدند که محمدرضا شاه را چون پدری نمونه، پرمحبت و مواظب فرزندانش معرفی کنند. واقعیت تا حد زیادی از این تصویر تبلیغاتی به دور است. رفتار او با شهناز، چندان محبت‌آمیز نبود و خود آن را گه‌گاه می‌پذیرفت[۱] در حقیقت طی چند سال ملکه تاج‌الملوک نقش مادر واقعی را برای نوه خود ایفاء نمود.

شـــاهپور رضا، فرزند ارشدش از فرح دیبا، در سال‌های بعد به پدرش سرزنش کرد که به قدر کافی در زندگی و تربیت او مشارکت نداشته.[۲] قدر مسلم این است که در سه سال قبل از انقلاب یکی از دلمشغولی‌های اصلی محمدرضا شاه روابط جنسی و زندگی خصوصی پســـرش بود[۳] به خصوص بعد آن‌که مربی فرانســـوی او به نام ژوئل[۴] وارد این ماجرا یا بازی شد.

شاه که می‌خواست همه چیز تحت نظارت و مراقبت خودش باشد، به گفته علم از ژوئل بسیار بدش می‌آمد و سرانجام دستور به اخراج فوری او از ایران داد.

۱ - اردشیر زاهدی در خاطراتش، جلد دوم.
۲ - نگاه کنید به:
Reza Pahlavi, Le fils du Shah du Shah de l'exil à la reconquéte, entretien avec Charistian Malar et Alain Rodier, Paris, Plon, 1986
۳ - نگاه کنید به خاطرات علم.
4 - Joelle.

شاهپور رضا مدعی است که در زمینه آماده سازی او برای سلطنت و تربیت سیاسی‌اش، شاه توجه کافی مبذول نمی‌داشته و هرگز به او نگفته بود که اگر روزی به سلطنت برسد چه باید بکند. با تمام این احوال شاهپور در آخرین روزهای قبل از پیروزی انقلاب، ناشیانه مصاحبه‌ای کرد و آمادگی خود را برای جانشینی پدرش و به دست گرفتن قدرت اعلام داشت.[1] گویی نمی‌دانست که هنوز حتی به سن قانونی برای به دست گرفتن امور نرسیده و قانون اساسی چنین اجازه‌ای را به او نمی‌دهد!

رفتار محمدرضا شاه در این زمینه کاملاً مخالف رویه پدرش بود. او ترجیح داد پسری را که آن همه در انتظارش بود بیشتر به خلبانی و سوارکاری و عکس‌برداری تشویق کند تا به فراگیری تاریخ ایران، راز و رمزهای سیاست کشور و مبانی فرهنگ کهن ایرانی. او بیشتر به زندگی خصوصی و تفریحات ولیعهدش توجه داشت تا به آشنایی او به امور مملکتی. هنگامی که ورق برگشت و بر شاهپور رضا لازم آمد که در سرنوشت ایران نقشی ایفا نماید، کمبود این دانش و بینش تاریخی و فرهنگی ایران به خوبی پدیدار شد.

در دربار همه می‌گفتند که محمدرضا شاه در میان فرزندانش بیش از همه به لیلا علاقه دارد. خودکشی یا درگذشتش بر اثر افراط در صرف ادویه مختلف، پایان زندگی و رنج‌های درونی این شاهدخت زیبا بود.[2] یک دهه بعد[3] برادرش (دومین پسر زوج سلطنتی ایران) شاهپور علی رضا که جوانی روشنفکر و بافرهنگ بود در شرائطی غم‌انگیز به زندگی خود پایان داد. گویا از این‌که خانواده‌اش وی را از ابراز وجود منع می‌کردند که سایه‌ای بر برادرش نباشد و او را تحت‌الشعاع قرار دهد، بسیار رنج می‌برد. آیا علت اصلی پایان دلخراش زندگی‌اش همین بود؟ از او دختری به جا مانده.

بسیاری عقیده دارند که همه فرزندان زوج سلطنتی ایران از کمبود یک کانون گرم و واقعی خانواده رنج می‌بردند. احتمالاً درست نیست که در باره این رنج‌ها و پایان دلخراش زندگی این دو جوان چنین قضاوتی عجولانه انجام شود. آن هم بعد از انقلاب که خانواده‌های بسیاری، هر کس به قدر مسائل و مرتبت خود، و تقریباً همیشه بدون امکانات مالی و مادی، با دشواری‌های فراوان روبرو شدند و در بیشتر موارد بر آن‌ها فائق آمدند.

1 - A.F.P. Janvier 1979.

۲ - ۱۰ ژوئن ۲۰۰۱ در یک مهمانسرای بزرگ لندن.
۳ - ۳ ژانویه ۲۰۱۱ در اقامتگاهش در شرق امریکا.

در میان خاندان‌های سلطنتی فقط ملکه زیتا[1] و فرزندانش توفیق یافتند که پس از مرگ شارل، آخرین امپراطور اتریش و پایان کار سلسله هابسبورگ[2] با وجود تنگدستی مالی و دشواری‌های بسیار. بر همه موانع فائق شوند و سرافرازی‌ها و سربلندی‌های دیرین خود را در محیط و شرائطی دیگر بازیابند، که سرانجام جنازه آنان با تشریفات امپراطوری به اتریش بازگردانده و در کنار اسلاف‌شان به خاک سپرده شد.

مسلم این است که در مورد پهلوی‌ها، امکانات مالی و مادی که در اختیار داشتند و دارند جبران کمبودها را نکرد.

در دهه شصتِ قرن گذشته که شخصیت و قدرت محمدرضا پهلوی به حد انبساط کامل خود رسید و او دیگر آن شخصیتی شد که تاریخ ضبط خواهد کرد و به یاد خواهد داشت، او به‌ویژه مردی تنها بود و در نوعی انزوای فکری می‌زیست. البته دولت و ارتش و سازمان‌های بزرگ و کوچک بودند که کم و بیش خوب یا بد به وظایف خود عمل می‌کردند و امروزه می‌بینیم که برآیند فعالیت‌های‌شان مثبت و در بسیاری از شئون درخشان بود و بر روی هم ایرانی توانا و در حال پیشرفت، مورد احترام جهان و جهانیان و با افق‌های روشن به وجود آوردند. محمد رضا شاه این مجموعه را هدایت می‌کرد و اکنون تاریخ می‌تواند در مورد نقش و کار او داوری کند. علاوه بر مسئولان سیاسی و اداری و نظامی، پیرامونیان و خانواده‌اش نیز در کارها دخالت داشتند. بسیاری از آنان اختیاراتی داشتند اما مسئولیتی نداشتند و همین تضاد به زندگی سیاسی و اجتماعی ایران لطمه وارد آورد و دشواری‌ها و در نتیجه انتقاداتی را باعث شد.

در طی همین دهه محمدرضا شاه هر چه بیشتر از زندگی خصوصی و خانوادگی که اساس و پایه رفتار اجتماعی و سیاسی و عامل سلامت و تعادل آن است دور شد. اندک اندک بار سنگین وظایف و جستجوی تحقق آرزوهای دور و درازش او را از همه چیز دور کرد. حتی از خانواده‌اش، از نزدیکانش، از همکارانش. قدرت، وی را هر چه بیشتر در انزوای فکری قرار داد. زمانی تحت تسلط پدری یا قدرت مطلق بود. مادرش نیز، گرچه در زندگی سیاسی و تربیتش تأثیر زیادی نگذاشت، زنی انعطاف پذیر نبود. محمدرضا شاه

1 - Imperatrice Zita.
2 - Habsbourg.

اندک اندک کوشید اثرات این گذشته را با تحکیم نوعی احساس از برتری خود جبران کند و سرانجام به آنجا رسید که بسیاری از زنان و مردان کاردان و توانا از او دوری جستند، یا اگر با او تماس و گفتگو داشتند، کوشیدند که با وی تضاد فکری و عقیدتی ظاهری پیدا نکنند. در دو یا سه سال آخر، امیر اسدالله علم، که شاید تنها مشاور واقعی‌اش به شمار آید، با همه نقاط ضعفی که داشت، در بستر بیماری و غالباً دور از پایتخت بود.

چنین بود که رفتاری دیکتاتورمآب که مورد انتقاد روشنفکران و تحلیل‌گران بسیار بود و هست، در او پدیدار شد و گسترش یافت.

در طی سال‌های طلایی سلطنتش، او می‌خواست به هر قیمت کشور و هم میهنانش را به پیش ببرد، به آرزوهایی که داشت تحقق بخشد، ایرانی توانا و مرفه بسازد. اما به تنهایی. به تدریج در نوعی انزوای سیاسی و فکری قرار گرفت و فکر می‌کرد از همه بهتر می‌داند.

از پزشک معالجش، سپهبد دکتر ایادی که از ایام جوانی مواظب و مراقبش بود، تنها کسی که بدون اجازه می‌توانست وارد اطاقش شود. روزی در حضور جمع گفت: «این بیطار من»[1] شاه هم می‌خواست خود را مسخره کند و قطعاً هم ایادی را که به او بفهماند که چیزی نمی‌داند! در باره پروفسور عباس صفویان که از سال ۱۹۷۶ به اتفاق چند پزشک نامدار فرانسوی معالجه سرطان او را در دست داشت.[2] به اسدالله علم گفته بود «او که چیزی سرش نمی‌شود».[3] در باره جمشید آموزگار که سال‌ها وزیر دارایی و نخست وزیر ایران بود و پرونده نفت را با موفقیت اداره می‌کرد، اظهار می‌داشت که «از مساله نفت اطلاعی ندارد».[4] امیرعباس هویدا به مدت سیزده سال نخست‌وزیرش بود، آن هم نخست‌وزیری روز به روز تواناتر تا آنجا که شاه واقعاً از وی بیمناک شد. به او هم مظنون بود چون به طریقت ماسونی تعلق داشت.[5] هنگامی که او را کنار گذاشت و جمشید آموزگار را به جای وی منصوب کرد، هویدا به وزارت دربار شاهنشاهی گمارده

۱- سال ۱۹۷۸، در هواپیما، به هنگام صرف ناهار در یک جمع نه نفری، در راه مسافرت به اروپای شرقی، نویسنده ایرانی کتاب و همسرش حاضر بودند.
۲- اکسترن و انترن سابق بیمارستان‌های پاریس، سپس رئیس درمانگاه و سرانجام پروفسور آگرژه دانشگاه پاریس، رئیس دانشکده پزشکی و رئیس دانشگاه ملی ایران.
۳- خاطرات علم.
۴- خاطرات علم.
۵- خاطرات علم.

شـــد، سمتی بس حساس، آن هم در روزهایی دشوار. در نهایت امر هنگامی که کشور با بحران واقعی انقلاب روبرو شد. جعفر شریف امامی، «استاد اعظم لژ بزرگ ایران»، یعنی بزرگ‌ترین و مهم‌ترین شخصیت ماسونی را (گرچه در این سمت مخلوق خود او بود) به ریاست دولت گماشت و به او اختیار تام داد! تضاد فکری؟ بی‌اعتنایی؟ اعتماد غیرمعقول به قدرت فردی؟ چنین رفتاری طبیعتاً به نتایجی غیرمنتظر می‌رسید و رسید.

می‌گویند در ســـال‌های آخر حتی از همســـرش احتیاط می‌کرد و به او اعتماد کامل نداشـــت. آیا تشدید این رفتار در دوران واپسین سلطنت و حکومتش ناشی از داروهایی بود که برای درمان بیماری سرطانش، یا لااقل برای جلوگیری از پیشرفت آن، به او تجویز می‌کردند؟ این فرضیه نیز عنوان شـــده. به همه این سئوال‌ها، جواب قانع کننده‌ای وجود ندارد. واقعیت مشهود و محسوس انزوای او، بیشتر یک انزوای فکری، بود.

ژنرال دوگل، که شـــاه غالباً به افکار و نوشـــته‌هایش استناد می‌کرد در جائی نوشته: «قدرت حکومت را نمی‌توان با خلقیات و صفات عیســـی مســـیح اعمال کرد. مردی که می‌خواهد با قدرت حکومت کند، باید تا حد زیادی خودخواه، بی‌رحم و حیله‌گر باشد»[1]

---

۱ - در Le Fil de l’ épeé, Berger Levrault پاریس، ۱۹۳۲.

بخش چهارم

شاهنشاه

۱۹۶۳ - ۱۹۷۸

فصل اول

یک روز از زندگی شاه

محمدرضا شاه در آستانه عصر طلایی سلطنتش، دیگر عملاً زندگی خصوصی نداشت. نه تنها در ایران که در سرتاسر جهان همه نظر به او داشتند.

از شخصیت‌های طراز اول بین‌المللی بود و کوچک‌ترین عملی که می‌کرد، هر نکته از زندگی روزانه‌اش مورد تفسیر، تمجید یا انتقاد بود. از یک جهت می‌توان گفت که مردی عادی نبود، در زمان حیاتش افسانه‌ای شده بود. افسانه نیک برای گروهی و افسانه بد برای گروهی دیگر.

تا سال ۱۹۶۸، محمدرضا شاه (و همسرانش) در کاخ موسوم به اختصاصی می‌زیستند. ساختمانی بزرگ و مجلل از دوران رضاشاه که مهندس و معمار آن شخص روسی بود به نـام مارکف[1]. در اطراف این کاخ، در تقاطع خیابان‌های کاخ و پاستور و چهارراهی موسوم به سردرسنگی ویلاهای بزرگی برای افراد مختلف خانواده سلطنتی ساخته شده بود و خود رضاشاه در کاخ مرمر می‌زیست که قبلاً به آن اشاره کردیم. در آن زمان، این محله در شمال تهران قرار داشت، جای آرام و بی‌سروصدایی بود و حفاظت آن، بدون ایجاد مزاحمت زیاد برای همسایگان دشوار نبود. این ساختمان‌ها و یا کاخ‌ها چنان‌که

---

1 - Markov.

می‌گفتند، در زمانی ساخته شد که جمعیت تهران کمتر از پانصد هزار نفر بود. آغاز جنگ جهانی دوم و هجوم جمعیت به تهران، وضع را تغییر داد. بیشتر افراد خانواده سلطنتی به اقامتگاه‌های تابستانی خود در سعدآباد رفتند و تمام سال در آنجا مستقر شدند. برای ملکه مادر ساختمان مناسبی در سعدآباد بنا نهاده شد و «کاخی» که در تهران داشت خریداری و اختصاص به موزه نقاشی‌های عصر قاجار داده شد، که هنوز هم در آنجا دایر است.

شرایط زندگی زوج سلطنتی، متفاوت بود. برای پذیرایی از میهمانی رسمی کشور (رؤسای ممالک) کاخی در شهرک نیاوران در دست ساختمان بود که طراحی و معماری آن به مهندس عبدالعزیز فرمانفرمائیان، شاهزاده قاجار و یکی از برجسته‌ترین مهندسین معمار آن دوران تفویض شده در مجاورت قصر زیبایی موسوم به صاحبقرانیه متعلق به عهد قاجار (ناصرالدین شاه) و یک کلاه فرنگی از زمان احمد شاه بود. کاخ نبود اما به آن قصر احمد شاهی می‌گفتند. به محمدرضا شاه پیشنهاد شد که قصر عظیمی در فرح‌آباد نزدیک تهران چنان که «در شأن دوران پهلوی» باشد برایش ساخته شود. وی که ولخرجی برای خود و خانواده‌اش را نمی‌پسندید، این نظر را نپذیرفت و دستور داد که ساختمانی که در نیاوران بنا می‌شود با اندک تغییراتی به کاخ محل اقامت خانواده سلطنتی تبدیل شود. کاخ نیاوران بیش از ده سال اقامتگاه رسمی خاندان سلطنتی بود که از ماه اکتبر تا آغاز ژوئن (یعنی در فصول پاییز، زمستان و بهار) در آن می‌زیستند. سه ماه تابستان بیشتر در کاخ سفید سعدآباد که رضا شاه برای پسرش ساخته بود می‌گذشت، که از آنجا سری به نوشهر می‌زدند. نیاوران در مجموع در فضایی گرم و نه چندان مشجر قرار داشت. می‌گویند به همین سبب ناصرالدین شاه نیز که صاحبقرانیه را برای اقامتگاه تابستانی خود ساخته بود، کمتر به آنجا رفت. به علاوه شاه تهویه مطبوع را تحمل نمی‌کرد و می‌پنداشت که به آن حساسیت دارد، یا واقعاً حساسیت داشت. بنابر این مجموعه نیاوران در تابستان مورد استفاده قرار نمی‌گرفت.

عمارت یا کاخ اصلی، اقامتگاه خانواده سلطنتی، ساختمانی بود با خطوط معماری ساده و همه خصائص و زیبایی‌های اسلوب ایرانی آمیخته به سبک مفاخر فرنگی.

این کاخ، که شهبانو چندان آن را دوست نمی‌داشت، در سه طبقه بود: طبقه هم کف و دو طبقه فوقانی آن. در مرکز این سه طبقه سرسرای عظیمی وجود داشت، سقف آن

فلزی و با احتیاطات لازم برای حفاظت ساکنان نصب شده بود. گویا باز و بسته می‌شد. در تهران گفته می‌شد که استقامت کافی برای فرود و پرواز هلی‌کوپتر دارد. اگر هم چنین بود نه هلی‌کوپتری بر آن می‌نشست و نه از آن پرواز می‌کرد.

در طبقه هم کف، یک اطاق انتظار و یک تالار پذیرایی بزرگ قرار داشت که به‌وسیله ژانسن تزئین شده بود.[1] معمولاً در آن میز کوچکی می‌گذاشتند که شاه و ملکه بتوانند به تنهایی در آن صرف ناهار کنند، که غالباً اتفاق می‌افتاد. یک «سفره‌خانه» بزرگ موسوم به «تالار خاکستری» در مجاورت این تالار پذیرایی واقع بود که برای صرف غذاهای تشریفاتی تا بیست و چهار نفر مورد استفاده قرار می‌گرفت. شهبانو به خصوص از این تالار برای برگزاری جلسات شوراهای عالی مختلفی که بر آن‌ها ریاست داشت استفاده می‌کرد. تالار غذا خوری یا سفره‌خانه بزرگ کاخ در نقطه مقابل تالار پذیرایی واقع و تا یک‌صد و چهل نفر گنجایش داشت. سالن سینمای کوچکی نیز در کنار سرسرای کاخ وجود داشت که غالباً مورد استفاده قرار می‌گرفت. شهبانو، کتابخانه بزرگ و زیبا و خوش سلیقه‌ای بعداً به این طبقه هم‌کف افزود که دو معمار سوئیسی آن را طراحی و تزئین کرده بودند و گاهی برای پذیرایی‌ها یا صرف چای نیز از آن استفاده می‌شد.

پله‌کان نسبتاً با عظمتی از داخل سرسرا به طبقات فوقانی راه داشت. در طبقه اول شاه دفتر کوچکی داشت که در غیر ساعات رسمی یا برای شرفیابی‌های خصوصی‌تر از آن استفاده می‌کرد. آپارتمان‌های فرزندان زوج سلطنتی نیز در همین طبقه بود. در طبقه بالاتر آپارتمان‌های شاه و شهبانو در کنار هم و دفتر کوچکی برای شهبانو مستقر بود.

برخلاف آن‌چه غالباً گفته و نوشته می‌شود، کاخ نیاوران نه پناهگاه زیرزمینی داشت، نه وسایل حفاظتی استثنائی. چند دوربین امکان مراقبت در رفت و آمدهای افراد را در داخل باغ محوطه میسر می‌ساخت. در مجاورت کاخ فرودگاه کوچکی برای پرواز و فرود دو هلی‌کوپتر ساخته شده بود که غالباً هم مورد استفاده قرار می‌گرفت. از همین محل بود که زوج سلطنتی برای سفر واپسین خود اقامتگاه‌شان را ترک کردند. کاخ نیاوران در حد ساختمان‌های بسیار مجلل و چشمگیر کشورهای سلطنتی یا جمهوری جهان غرب و قابل مقایسه با آن‌چه در بعضی از کشورهای جهان سوم از جمله در اطراف خلیج فارس

۱ - نگاه کنید به فصل مربوط به ثریا.

ساخته شده نبود.

چنان که دیدیم، مرتباً به شاه پیشنهاد می‌شد که کاخی «در شأن عظمت دورانش» بسازد که همیشه با خشونت آن را رد می‌کرد. شاه ساختمان‌های مجلل را خیلی دوست می‌داشت. اما نه برای خودش، بلکه برای ایران و درخشش وطنش.

کاخ نیاوران، محل کار رسمی، ملاقات‌ها و جلسات شاه نبود. برای این منظور از کاخ صاحبقرانیه که در زمان ناصرالدین شاه[1] بنا شده بود استفاده می‌کرد.

در آغاز سلطنت پهلوی این کاخ تقریباً به حال خود رها شده بود. رضا شاه دستور به تعمیر آن و هم‌چنین مرمت کوشک یا «کاخ» احمد شاهی داد که بعداً به اقامتگاه ولیعهد شاهپور رضا اختصاص یافت.

رضاشاه خود هرگز در این دو ساختمان اقامت نکرد ولی ندرتاً برای بعضی پذیرائی‌های بین‌المللی از آن‌ها استفاده می‌شد.

در طبقه فوقانی کاخ صاحبقرانیه، تالار جهان‌نما قرار داشت که از شمال به کوه‌های البرز مشرف بود و از جنوب به شهر تهران (وجه تسمیه آن نیز همین بود). این تالار که گویا ششصد متر مربع وسعت داشت[2] با سلیقه عظمت شاه تطبیق می‌کرد، به صورت صلیب ساخته شده بود.

مانند اکثر بناهای عهد قاجار در آن آئینه‌کاری فراوان بود. دفتر محل کار شاه در ضلع شمالی این صلیب واقع و میز تحریرش همیشه خالی بود در کنار آن دو تلفن وجود داشت. یکی برای شهبانو و نخست وزیر که مجاز بودند بدون وسیله و مستقیماً با او صحبت کنند و دیگری برای افراد نادری که از طریق تلفن خانه و یا مأمور تشریفات با او تماس می‌گرفتند. خود او نیز عادت نداشت جز به چند تن معدود به دیگران (مثلاً وزیرانش) تلفن کند.

در ضلع جنوبی تالار، محل وسیعی برای پذیرایی اختصاص داشت که اشخاصی که به دیدار شاه می‌آمدند، یا هیأت‌های رسمی... در آن جلوس می‌کردند و با محمدرضا شاه

---

۱ - از ۱۸۴۸ تا ۱۸۹۶ سلطنت کرد.
۲ - تقریباً معادل دفتر ژاک شیراک شهردار پاریس تا پایان دوران او ژان تی بری Jean Tiberi (مترجم)

به گفتگو می‌پرداختند. این قسمت تالار، به باغ کاخ و سپس به یک پارک عمومی (پارک نیاوران) باز می شـد. پنجره‌ها همه از شیشـه ضدگلوله بودند. در مرکز تالار یا صلیب، چهل‌چراغ عظیمی از کریسـتال بوهم[۱] آویخته بود و در زیر آن میز بیضوی بزرگی قرار داشت که همواره بر آن گلدان بزرگ پرگلی گذاشته می‌شد. مبل‌ها به سبک زمان ناپلئون بود.[۲] نه کتابخانه‌ای دیده می‌شد، نه تابلوهای بزرگ چشم‌گیری. تزئینات دیواری تعدادی اسـلحه قدیمی بود. این تزئینات با سـلیقه شـاه که گریزان از تجمل و تظاهر بود تطبیق می‌کرد. در همین طبقه از کاخ صاحبقرانیه دو تالار برای جلسات، اطاق‌های انتظار مختلف، دفتری برای وزیر دربار، دفتر دیگری برای رئیس کل تشریفات شاهنشاهی و دفتر سومی برای «آجودان‌های کشیک» پیش‌بینی شده بود.

طبقه هم‌کف کاخ قدری بالاتر از سطح زمین ساخته شده بود. ظاهراً در زمان قاجار یا حتی بعد از آن اختصاص به خدمه داشت. شهبانو فرح آن را تبدیل به یک رشته سالن‌های کوچک زیبا و تو درهم با پاخور به اسلوب دوران قاجار نمود. طراح این سالن‌ها که معمار داخلی آن منیژه طرفه[۳] دوسـت نزدیک شهبانو بود. غرض آن بود که یک «محیط ایرانی» برای پذیرائی‌های غیررسمی به وجود آید. سبک تغییرات و تزئینات البته ایرانی و نیز تا حد زیادی منطبق با سلایق هولیودی بود. هزینه‌های سنگین این تغییرات و تزئینات خشم شاه را برانگیخت[۴] ولی سلیقه و تصمیم همسرش بود و سرانجام تسلیم شد. چند پذیرایی در سال‌های اخیر در این اطاق‌های ایرانی ترتیب داده شد[۵] ولی بر روی هم استفاده از آن‌ها محدود بود.

محمدرضا شاه مردی سـحرخیز بود. هر بامداد پانزده دقیقه ورزش می‌کرد. پس از نظافت و حمام، صبحانه سبکی می‌خورد. کمپوت، نان و کره و مربا، چند فنجان چای.[۶]

---

1 - Cristal de Bohéme.
2 - Style empire.

۳- فارغ‌التحصیل مدرسه عالی هنرهای تزئینی پاریس.
۴- خاطرات علم.
۵ - اکثر مبل‌ها، تابلوها و تزئینات این کاخ‌ها پس از انقلاب به سرقت برده شد. بعد از آن کوشیدند تا حدی به چند اطاق سر و صورت دهند که مورد بازدید قرار می‌گیرد. بازدید کنندگان همه معتقدند که از مبل‌ها و تزئینات قبلی تقریبا اثری باقی نمانده. (مترجم)
۶ - بسـیاری از جزئیات مندرج در این سـطور را مدیون محمدعلی قطبی (متوفی به سـال ۱۹۹۸) دائی شهبانو فرح هستیم که از زندگی داخلی زوج سلطنتی اطلاعات زیادی داشت.

بعد از آن یک ساعتی به مطالعه سریع جراید داخلی و بین‌المللی اختصاص داشت و نیویورک تایمز[1]، واشنگتن پست[2]، لوموند[3]، فیگارو[4] و تایمز لندن[5] و هفته‌نامه‌های اکسپرس[6]، نیوزویک[7] و تایم[8] نظری می‌انداخت. بعضی مقالات را می‌خواند، مخصوصاً آن‌چه را در باره ایران بود. به مسائل نفتی و تسلیحاتی و روابط بین ابرقدرت‌ها نیز توجه خاص داشت.

پس از آن، یکی از افسران گارد شاهنشاهی، در یک جامه‌دان کوچک چرمی آبی گزارش‌های روزانه سازمان‌های امنیتی و اطلاعاتی - ساواک - اداره دوم ستاد کل، آگاهی را برایش می‌آورد. شاه شخصاً رمز افتتاح و کلید این جامه‌دان را داشت، آن را می‌گشود، گزارش‌ها را می‌خواند، احیاناً در حاشیه بعضی از آن‌ها با مداد یادداشت‌ها و اظهارنظرهایی می‌کرد، یا دستوراتی می‌داد. سپس آن‌ها را بر سر جای‌شان می‌گذاشت و مسترد می‌کرد. نخست وزیر نیز بامدادان، رونوشت گزارش‌های ساواک و آگاهی را دریافت می‌داشت ولی گزارش‌های محرمانه نظامی به او داده نمی‌شد و از مداخله در مورد ارتش و نیروهای مسلح و فعالیت‌های محرمانه آنان برکنار بود. محمد رضا شاه نمی‌خواست تجربه تلخی را که با قوام، مصدق و سپهبد زاهدی داشت تکرار کند.

در حدود ساعت ۹ و ۴۵ دقیقه این کارها همه با پایان رسیده، شاه آپارتمان خصوصی خود را ترک می‌کرد. در سال‌های آخر سگ بزرگ سیاه رنگی از نژاد دانمارکی[9] به نام نبو[10] داشت. مدتی به او می‌پرداخت و سپس رهسپار دفتر خود می‌شد. برای آن‌که از دیدن این و آن در مسیر اجتناب کند همیشه با آسانسور به طبقه هم‌کف می‌آمد که در آن تنها بود. در

1 - New York Times.
2 - Washington Post.
3 - Le Monde.
4 - Le Figaro.
5 - Times.
6 - Express.
7 - Newsweek.
8 - TIME Magazine.
9 - Danois.
۱۰ - Beno. چون شاه و شهبانو، پس از خروج از ایران در ژانویه ۱۹۷۹، دربدر و سرگردان بودند، این سگ مستقیما به ایالات متحده فرستاده شد. در مرحله آخر زندگی محمدرضا شاه بنو در امریکا درگذشت. مرگش را از شاه پنهان کردند. زیرا همیشه جویای احوالش می‌شد و اطرافیان بیمناک بودند که غمی بر غم‌هایش افزوده شود.

این‌جا به هنگام خروج از آسانسور، سگ‌های کوچک شهبانو و فرزندان خانواده سلطنتی در انتظارش بودند، به بازی‌ها و اداهای متعارف می‌پرداختند. مأموری با یک ظرف کوچک شیرینی خشک در آن جا بود، شاه به هر یک از سگ‌های خانواده یک تکه شیرینی می‌داد. روزی، یکی از رجال بزرگ دولت برای امری فوری در آن‌جا بود. به شاه گفت: «حتی سگ‌ها هم اعلیحضرت را دوست دارند.» شاه لبخندی زد و به پرسش آن شخصیت پاسخ داد و سپس به شخص دیگری که او هم در انتظارش بود[۱] گفت: «فکر می‌کند، ما خر هستیم. آن‌ها برای شیرینی خودشان آمده‌اند».

جز در مواقع سرمای شدید، شاه دویست یا سیصدمتر فاصله کاخ نیاوران و محل کار خود کاخ صاحبقرانیه را پیاده و غالباً تنها طی می‌کرد. وگرنه پشت فرمان اتومبیل خود که راننده همیشگی‌اش اصغر امیرصادقی (معروف به اصغر آقا) آن را آماده و حاضر کرده بود می‌نشست و از داخل باغ به دفتر کار خود می‌رفت.

محمدرضا شاه همیشه در رأس ساعت ده صبح در دفتر کار خود حاضر بود. پیش از هر کار دیگر زنگ می‌زد. آجودان کشوری کشیک می‌آمد و شاه یک استکان چای می‌خواست که دقیقه‌ای بعد پیشخدمت مخصوص آن را برایش می‌آورد که معمولاً ایستاده آن‌را می‌نوشید و چند قدمی در دفترش راه می‌رفت. بعد از مراسم صرف چای کار روزانه او در دفترش آغاز می‌شد. نخستین کسی که بار می‌یافت رئیس کل تشریفات شاهنشاهی بود که صورت «شرفیابی‌های روزانه» را به استحضارش می‌رساند و سپس از او می‌پرسید که در میان افرادی که تقاضای ملاقات کرده‌اند به چه کسانی وقت بدهد یا ندهد. در دربار پاسخ شاه به این سوال (بله - لزومی ندارد - حوصله‌اش را ندارم، این دیگر چه می‌خواهد، نخست‌وزیر، و یا وزیر دربار را به‌بیند و حتی گاهی کلمات تند دیگر) نشانه تقرب متقاضی به رئیس مملکت و «مراحم ملوکانه» نسبت به او بود. در زمان ریاست کل امیراصلان افشار بر تشریفات شاهنشاهی این پاسخ‌ها هرگز تکرار و کسی از آن با خبر نمی‌شد. در سال‌های قبل از آن چنین نبود و محرمانه نمی‌ماند و از آن‌جا به شایعاتی در شهر، یا در محیط سیاسی تهران، منتهی می‌شد! امیرعباس هویدا در زمان نخست‌وزیری خود با رئیس کل قبلی دربار شاهنشاهی تفاهم داشت که نه تنها مفاد این عکس العمل‌های

۱ - این شخص رئیس وقت دانشگاه تهران و نویسنده ایرانی کتاب بود که به رعایت تشریفات انتظار شاه را می‌کشید که به اجتماع سالیانه گروه بررسی مسائل به ایران برونْد.

شـــاه را به اطلاعش برســـاند، بلکه به قیافه (راضی یا ناراضی) مراجعین بعد از خروج از «دفتر ملوکانه» توجه کند و در این زمینه به وی گزارش دهد. هویدا تصّور می‌کرد به این ترتیب می‌تواند تا حدی از روابط شاه با شخصیت‌های مختلف داخلی همواره مطلع باشد و مراقبت محیط سیاســی تهران را از دست ندهد! شاید هم تا حدی حق داشت. این هم یکی از روش‌های کار سیاسی او بود.

پس از رئیس کل تشریفات نوبت به باریابی وزیر دربار شاهنشاهی می‌رسید وزارت دربار شاهنشـــاهی در چهارچوب قانون اساســی ایران، وجود نداشت. وظایفش دقیق و روشـــن نبود. اما گرفتاری‌های این مسئولیت کم نبود. اختلافات خانوادگی و مستدعیات مختلف افراد از شاه (کمک مالی، مقام، ...) توقعات شاهپورها، شاهدخت‌ها و وابستگان به خانواده سلطنتی که هیچ یک مستقیماً آن ها را با شاه در میان نمی‌گذاشتند.

به هنگام تصدی امیراســـدالله علم، مقام وزارت دربار شاهنشـــاهی (۱۹۶۶ تا ۱۹۷۷) اهمیـــت و نقش خاصی پیدا کرد. چرا که علم به شـــاه نزدیک بود، ظاهراً همه چیز را به او می‌گفت و همه چیز را از او می‌شـــنید و نفوذ سیاسی و شخصی زیادی داشت. در دو ســـال آخر، از همان بیماری که شـــاه مبتلایش بود، رنج می‌برد و غالباً در خارج از کشور می‌زیست. بسیاری عقیده دارند که اگر علم، با همه نقاط ضعفی که به او نسبت داده می‌شد یا واقعاً داشت، در زمان انقلاب زنده و در کنار شاه بود، شاید می‌توانست بر بحران فائق آید. اما تاریخ را نمی‌توان دوباره نوشت.

پس از باریابی وزیر دربار شاهنشاهی برنامه روزانه واقعی شاه آغاز می‌شد. باریابی‌های مختلف معمولاً بین بیست دقیقه تا نیم ساعت به طول می‌انجامید، نخست وزیر هفته‌ای دوبار شرفیاب می‌شد و البته اگر مقتضیات ایجاب می‌کرد بیشتر و در هر ساعت شب یا روز. رؤسای دو مجلس و رئیس هیات مدیره و مدیر عامل شرکت ملی نفت ایران هفته‌ای یک بار. دو روز در هفته اختصاص به «نظامی‌ها» داشت: رئیس ستاد کل، فرماندهان کل قوای ســـه‌گانه (دریایی، هوایی، زمینی) وزیر جنگ، روسای کل ژاندارمری و شهربانی و رئیس ساواک... چون خودش بر تجهیزات و تسلیحات ارتش و نیروهای انتظامی نظارت داشت، معاون وزارت جنگ را که مباشر تمرکز این امر بود منظماً به حضور می‌پذیرفت.

یک روز از زندگی شاه

آخرین شرفیابی بامدادی اختصاص به وزیر امورخارجه داشت و اگر او در مسافرت می‌بود، به قائم مقامش. شاه عادت داشت که همه گزارش‌های سفارتخانه‌ها و نمایندگی‌های سیاسی در خارج را شخصاً به بیند و در مورد روابط خارجی کشور دستورات و تعلیمات لازم را بدهد. غالباً از کیفیت گزارش‌های سفیران خود ابراز نارضایتی می‌کرد. به هنگام پنج سال تصدی اردشیر زاهدی بر وزارت امورخارجه، اداره روابط سیاسی ایران با ممالک خارجی عملاً در انحصار او بود و حتی وزیر دربار یارای مداخله در آن‌ها را نداشت. بعد از کناره‌گیری اردشیر زاهدی، به خصوص علم و نخست وزیر نیز در این زمینه دخالت کردند و تا حد زیادی ناهماهنگی‌هایی پدیدار شد.

طی بیشتر باریابی‌ها، شاه و شخصی که به دیدارش آمده بود می‌ایستادند. محمدرضا شاه عادت بر این داشت که مرتباً در دفترش راه برود و می‌گفت که به این ترتیب در روز کیلومترها راه‌پیمایی می‌کند. ارسطو نیز همین کار را می‌کرد و اظهار می‌داشت که راه رفتن به سرعت و کیفیت تفکرش کمک می‌کند. البته نخست وزیر و تنی چند (از جمله سرلشکر پاکروان که شاه به وی احترام بسیار داشت، از جمله به این خاطر که او استادش بود) از این قاعده مستثنی بودند.

ترتیب رفتارش با نظامیان متفاوت بود. فرمانده کل قوا پشت میز کارش می‌نشست و افسران عالی رتبه در مقابلش می‌ایستادند. گزارش‌های خود را می‌دادند و دستورات لازم را گرفته، یادداشت می‌کردند.

این‌ها باریابی‌های دائمی بود. البته بسیاری شخصیت‌های خارجی و داخلی دیگر نیز به حضور شاه می‌آمدند. متأسفانه در سال‌های آخر و به موازات قدرت روزافزونش، هر چه بیشتر از قبول دیدار اشخاصی که مقام رسمی نداشتند خودداری می‌کرد. نمی‌خواست وقتش را که البته محدود و در نتیجه گرانبها بود «تلف» کند. و این امر وی را تا حد زیادی از واقعیات امور مملکتی دور می‌کرد.

در میان این ملاقات‌ها، معمولاً هر ساعت یکبار، یک استکان چای گرم و شیرین می‌نوشید و به کیفیت «دم کردن» چای اهمیت بسیار می‌داد. به بحث در مورد کیفیت نوشیدن چای علاقه داشت و همیشه می‌گفت که مادرش بهتر از هر کس دیگر چای دم

می‌کند و بهترین چای را نزد او می‌نوشد.

در حدود ساعت ۱۳ (یک بعد از ظهر) شرفیابی‌های صبح معمولاً به پایان می‌رسید. شاه به کاخ اقامتگاهش بازمی‌گشت که ناهار را با همسر خود صرف کند. به محض ورودش به کاخ نیاوران، مستخدمی به نزد آجودان کشوری مأمور تشریفات شهبانو می‌رفت و «تشریف فرمائی اعلیحضرت» را به اطلاعش می‌رساند. برخلاف شاه، فرح اهل رعایت نظم و ترتیب زیادی در ملاقات‌هایش نبود. معمولاً دیرتر از ساعت معهود شروع می‌کرد و چه بسا افرادی که به نزدش می‌آمدند از گشاده‌روئی او سوءاستفاده کرده به پرگویی می‌پرداختند. چند دقیقه بعد از نخستین پیام، بار دیگر مستخدم مخصوص به یادآوری می‌رفت و بلافاصله پس از آن، شاه که نه حوصله داشت انتظار بکشد و نه غذای سرد بخورد، شروع به صرف ناهار می‌کرد. غالباً شهبانو به هنگام صرف «دسر» می‌رسید.

محمدرضا شاه، به خصوص در موقع ناهار، پرخور نبود و با امساک غذا می‌خورد از گوشت قرمز تا آن جا که می‌توانست اجتناب می‌کرد. گوشت سفید کباب شده را همراه با سبزی‌های آب پز ترجیح می‌داد و «دسرش» تقریباً همیشه از کمپوت‌های مختلف بود. از صرف مشروبات الکی، ولو اندک، در ناهار مطلقاً امتناع می‌کرد. آب ساده (آب شیر لوله‌کشی تهران را که کیفیتی عالی داشت) ترجیح می‌داد. در این اواخر دکتر ایادی به وی توصیه کرده بود که از آب معدنی ویشی سلسلتن[1] استفاده کند. لااقل در این مورد توصیه طبیب خود را رعایت می‌کرد.

در رأس ساعت ۱۴، برنامه اخبار روزانه رادیو تهران را به دقت گوش می‌داد. گاهی به نخست‌وزیر تلفن می‌کرد و نارضائی، یا حتی خشم خود را از بعضی اخباری که شنیده بود به او می‌گفت که به مسئولان مختلف منعکس کند. سپس همانند بسیاری ایرانیان دیگر «چرتی» می‌زد، چند دقیقه‌ای به موسیقی ملایمی (مثل آهنگ‌های موزار[2] یا ویوالدی[3] گوش می‌داد و اندکی بعد از ساعت ۱۵ (سه بعد از ظهر) کار را از سر می‌گرفت. غالباً به دفتر کار خود در کاخ صاحب قرانیه باز می‌گشت، به مطالعه پرونده‌ها و گزارش‌ها می‌پرداخت. همان پرونده‌هایی که در مواقع باریابی در روی میز کارش دیده نمی‌شد! اقلاً

1 - Vichy Céléstin.
2 - Mozart.
3 - Vivaldi.

دوبار در هفته، همیشه بعدازظهرها، رئیس دفتر مخصوص شاهنشاهی نصرت‌الله معینیان را به حضور می‌پذیرفت، که نامه‌های رسیده، کتبی را که نویسندگان و مترجمان به او تقدیم کرده بودند، درخواست‌هایی را که می‌بایست به آن‌ها پاسخ داده شود به استحضارش می‌رساند.

شخصیت‌های خارجی را نیز تا حد امکان بعد از ظهرها می‌پذیرفت که فرصت و آزادی عمل بیشتری داشته باشد. شاه هرگز بر هیأت وزیران ریاست نمی‌کرد. گویا فقط دوبار در پانزده سال آخر سلطنتش این کار را کرد. یک بار در ۲۸ ژانویه ۱۹۶۵ پس از قتل منصور بود که شرح آن خواهد آمد.

در عوض هر دو شنبه بعد از ظهر، در حدود ساعت ۱۵ و سی دقیقه (سه و نیم) یا ۱۶ (چهار بعد از ظهر) در جلسه شورای اقتصاد شرکت می‌کرد. نخست وزیر، مدیر عامل یا سرپرست سازمان برنامه، رئیس کل بانک مرکزی، وزیران دارایی و اقتصاد و آبادانی و مسکن به طور دائم و کسان دیگری عندی‌الاقتضا در این شورا حضور داشتند. تصمیمات و جهت‌گیری‌های مهم اقتصادی در آن مطرح می‌شد و مذاکرات در محیطی آزاد و بی‌تکلف صورت می‌گرفت.[۱]

به موازات این زندگی «رسمی» و یا تشریفاتی که قسمت اعظم وقت محمدرضا شاه را می‌گرفت. او «اشتغالات» دیگری هم داشت که در تهران و شهرهای دیگر، در ضیافت‌های خصوصی و حتی در سفارتخانه‌ها کم و بیش از آن گفتگو می‌شد.

در چند سال آخر سلطنت، چند ساعت از بعد از ظهرهای سه‌شنبه به این «اشتغالات» یا «سرگرمی»ها اختصاص داشت.

در مصاحبه‌ای با تلویزیون سوئیس[۲] در سال ۱۹۷۸، محمدرضا شاه به طور ضمنی این نکته را پذیرفته «گه گاه من به بعضی جاها می‌روم»[۳]

در باره وفاداری شاه به همسرانش گفتگو بسیار شده و نوشته‌هایی نیز در دست است.

۱ - لااقل در طی نزدیک به پنج سالی که نویسنده ایرانی این کتاب (با سمت وزیر آبادانی و مسکن) در آن شرکت داشت. در این دوران دبیری شورا با وزیر مشاور و معاون اجرایی نخست وزیر بود.

۲ - برنامه Temps Présent

۳ - عین جمله: "Quelques Fois je vais visiter certains eudroits"

هیچ کس، در عشق پابرجایش، ثریا و این‌که در تمام دوران ازدواج‌شان به او وفادار ماند، تردیدی روا نداشته. پس از جدائی‌اش از ثریا، ماجراهای چندی داشت که در مجلات مصور جهان نیز به آن اشاره می‌شد و حتی عکس و تفصیلاتی انتشار می‌یافت. در سال‌های اول زندگی مشترک با فرح دیبا، از روی مصلحت یا از روی عشق، ظاهراً به وی وفادار ماند و در باره روابط آنان شایعاتی در محیط پربگو و مگوی تهران وجود نداشت.

در آغاز سال‌های ۱۹۷۰، ظاهراً نقاری جدی در زوج سلطنتی پدیدار شد. «سرگرمی‌های خاص» محمد رضا شاه به سر زدن به «بعضی جاها» در سه شنبه بعد از ظهر محدود نمی‌شد. گه گاه تغییراتی در برنامه کارش پدید می‌آمد که شرح همه را در خاطرات علم می‌توان خواند در مجموع با آن‌چه در تهران شایع بود، تضاد عمده ندارد.

برنامه «سه تا پنج» سال‌های آخر تقریباً دائمی بود. محمدرضا شاه به آداب و اصولی عقیده داشت. به اقامتگاه خود احترام می‌گذاشت. به آسانی می‌توانست ترتیب این «سرگرمی»ها را در کاخ سلطنتی یا در سعدآباد بدهد. اقامتگاه‌های کوچک سلطنتی را در اطراف تهران (از جمله ویلایی در کنار دریاچه سد لتیان که وصول به آن با هلی‌کوپتر در چند دقیقه میسر بود) با «ملاقات‌هایی» از این دست را طی مسافرت‌هایش به بعضی از استان‌ها (در شیراز، در کنار خلیج فارس) ترجیح می‌داد. ویلایی هم در محله پل رومی در شمال تهران، در فاصله ۱۵ دقیقه‌ای سعدآباد یا نیاوران در اختیارش بود.[۱] ماری لبه، دختر خانم هفده ساله فرانسوی که توسط یک «پرنسس ایرانی»[۲] به تهران فرستاده شد، بعداً در کتابی این خانه و شرحی از این ماجرا را حکایت کرده است:

> «به محض این که وارد این اقامتگاه شدم، نور قوی صورتی که از یک لوستر بزرگ کریستال برمی‌آمد چشمان مرا گرفت... از پله مرمر صورتی رنگی به اتفاق آقای دلیمانی[۳] به اطاق وسیعی که وی «تالار آبی» می‌نامید رفتیم. دیوارها با پارچه‌های ابریشم طبیعی پوشانده شده بود. در روی بخاری و بر میزها اشیاء تزئینی ذیقیمتی دیده می‌شد. اطاق من چندان زیبا نبود کاناپه بزرگی در آن قرار داشت و نیز تختخواب

۱- که گویا امیراسدالله علم و یکی از شاهدخت‌ها هم از آن گه گاه استفاده می‌کردند. (مترجم)
۲- شخصی از طایفه قجر و نه خاندان قاجار که به معنای دقیق کلمه شاهزاده نبود و همسرش که در مواقع مختلف «واسطه» این سرگرمی‌ها می‌شدند. آن شاهزاده دروغین که مقیم پاریس بود و از دلالی‌هایی مختلف ثروتی انبوه اندوخت (نگاه کنید به خاطرات علم) اکنون فوت کرده ولی همسرش هم چنان در قید حیات است.
۳- Dolemani – نام مستعاری که به آن شخص داده شده.

وسیعی از چوب گرانبهای خراطی شده، همه این‌ها سلیقه تفریح‌گاه‌های بازنشستگان ثروتمند قرن نوزدهمی را داشت. حمام متصل به آن برای استر ویلیامز[1] مناسب‌تر بود»[2]

محمدرضا شاه زنان را دوست داشت. به استناد خاطرات علم که در شش جلد انتشار یافته و قسمتی از آن (چه قسمت‌هایی؟) با توافق خانواده او حذف گردیده، در طول زندگی خود، لااقل پس از جنگ و به استثنای دوران زندگی با ثریا، با زنان بسیاری که تقریباً همه آنان موطلایی بودند، چرا که وی موی بور را می‌پسندید، و غالباً خود او (علم) ترتیب سفرشان را از اروپا می‌داد رابطه نزدیک داشته است.

همه این‌ها می‌بایست به کلی محرمانه بماند ولی نمی‌ماند. همه متوجه و مراقب افعال و رفتار محمدرضا شاه بودند، کوچک‌ترین شایعه‌ای دهان به دهان می‌شد، احیاناً هر کس، به خصوص مخالفان و دشمنان که کم نبودند، چیزی بر آن می‌افزود. نتیجه آن بود که همه جا از آن با نوعی ناراحتی و گاهی خشم سخن گفته می‌شد.

انتظار مردم عادی ایران آن بود و هست که رفتار رهبران جامعه منزه و سرمشق دیگران باشد. اهل اطلاع از اوضاع جهان می‌دانستند که چنین اتفاقات و رفتارهایی منحصر به دربار ایران نیست. گر چه چهل یا پنجاه سال پیش، رادیو و تلویزیون جراید مصور و متخصص در شایعات و اخیراً اینترنت، هنوز فاصله زندگی خصوصی و زندگی اجتماعی را از میان نبرده و هنوز همه کس همه چیز را در سرتاسر دنیا نمی‌دانست.

معذالک حتی در دربار به این موضوع با ایماء و اشاره صحبت می‌شد: «اعلیحضرت امروز بعد از ظهر آزاد نیستند. اعلیحضرت امروز درگیری‌های دیگری دارند...» و معمولاً لبخندی به این گفته‌ها افزوده می‌شد. طبیعی است که شهبانو از این موضوع رنج می‌برد گر چه از این رنج‌ها چیزی در ظاهر و در زندگی سیاسی و اجتماعی دیده نمی‌شد. اما ناخشنودی باطنی او از امیراسدالله علم، «دلال محبت» و کینه‌ای که قطعاً به دل گرفت در زندگی سیاسی ایران تأثیر گذاشت. گرچه رفتار علم با وی در نهایت خضوع و خشوع

---

۱ - Esther Williams ستاره مشهور امریکایی در سال‌های ۱۹۴۰، فیلم مه رویان شناگر او در ایران شهرت و موفقیتی فراوان یافته بود. (مترجم)

2 - Marie Lebey, Dix-Sept ans porte 57, Balland, Paris, 1986.

نویسنده این کتاب اکنون نویسنده نسبتاً شناخته شده‌ای است! (مترجم)

درباری بود و رفتار شهبانو با او کاملاً مطابق نزاکت و تشریفات. همه این‌ها در ظاهر!

یکی از این «سرگرمی»های محمدرضا شاه، نزدیک بود که در اوائل دهه ۱۹۷۰ به صورت مساله‌ای جدی درآید. «مقصر»، طبق شایعات، دختر خانمی جوان و موبور بود. گویا تنها زن ایرانی که شاه پس از ازدواج با فرح با وی روابط نزدیک پیدا کرد. او طلا یا گیلدا نام داشت. از خانواده‌ای محترم در شهر لنگرود، شهری در نزدیکی محل زندگی خانواده مادری شهبانو فرح، برخاسته بود. یکی از نزدیکانش، بانویی نسبتاً شناخته شده و معاون وزارت خانه‌ای بود. گویا شاه به او دلبستگی پیدا کرد. شایعه این رابطه در تهران بر سر همه زبان‌ها بود. بسیاری از افراد خانواده این دختر خانم موطلایی از جمله وکیل دادگستری معروف و محترمی که عملاً بزرگ و رئیس آن محسوب می‌شد، علناً این وضع را تقبیح می‌کردند. اما پدر و به خصوص مادرش رفتاری دوپهلو داشتند. سرانجام در همه محافل درباری و میهمانی‌های شهری و حتی سفارتخانه‌ها موضوع جدی برای بگو مگوهای متعارف و تقریباً علنی پیدا شد. در این گیر و دار دو تن از نزدیکان شاه[۱] به وی پیشنهاد کردند که طلا را صیغه کند[۲]، و او را به صورت «رفیقه رسمی» خود درآورد چنان‌که در دربارهای اروپایی قرون گذشته معمول بود و احیاناً هنوز هم هست[۳] و هنوز هم در بعضی محافل سیاسی و اجتماعی اروپا و امریکا تقریباً عادی تلقی می‌شود! پیشنهاد این دو تن و گفتگوهای نیمه محرمانه بعضی از درباریان تا حدی ناشی از مخالفت باطنی آنان با شهبانو فرح بود. در این مقطع از زمان بود که مادر فرح، خانم فریده دیبا در چند میهمانی تهران علناً ابراز ناراحتی و نارضائی کرد و شهبانو برای مدتی از پایتخت دور شد و رهسپار اروپا گردید.

به این ترتیب، یک سرگرمی یا خوش گذرانی معمولی به سرعت تبدیل به مسأله‌ای مملکتی و سیاسی شد. در روزنامه‌های خارجی مقالات و اخباری به آن اختصاص یافت. سازمان «سیا» گزارش‌هایی در باره آن به واشنگتن داد که در چند کتاب معتبر امریکایی منعکس گردیده.

---

۱ - از جمله همان شخصی که خود را شاهزاده قاجار می‌خواند.

۲ - ازدواج موقت که در مقررات دین اسلام مندرج و مجاز است. اما در آن موقع دیگر از قوانین مدنی ایران حذف شده بود.

۳- از جمله در دربار اسپانیا! (مترجم)

محمدرضا شاه در این زمان در اوج قدرت و اعتبار بود. چگونه می‌توانست تصویر دولتمردی مترقی را که بانی برابری زنان و مردان و لغو تعدد زوجات در کشور خود شده بود، با صیغه کردن دختر خانمی که می‌گفتند به او دلبستگی یافته، مخدوش سازد؟ تصمیم گرفت که بر ماجرا نقطه پایان نهد. مگر نه او بود که زنی را که واقعاً عاشقش بود – ملکه ثریا – به خاطر آینده سلسله‌اش و مصالح مملکتی رها کرد؟ به دو درباری که توصیه کرده بودند با صیغه کردن طلا (یا گیلدا) مساله را حل یا نیمه رسمی کند، با خشونت گفته شد: «مگر شما خیال می‌کنید که در دربار قاجاریه هستید؟» به دختر خانم جوان و مادر پرحرفش گفته شد که آرام بگیرند. به ارتشبد نصیری دستور داده شد که مسأله را «حل» کند.

ماجرا، شبی در اداره گمرک فرودگاه بین‌المللی مهرآباد به پایان رسید. جامه‌دان‌های متعدد طلا – گیلدا که مملو از اشیاء لوکس بود باز شد، که معمولاً ماموران گمرک توجهی به این نکته‌ها نمی‌کردند. به همین اتهام وی را جلب و برای مدت کوتاهی در یک ویلای زیبا عملاً بازداشت کردند، تا شایعه خوابید. در تهران گفته شد که طلا – گیلدا رفیقه ارتشبد خاتم همسر ناخواهری شاه (شاهدخت فاطمه) بوده. در دربار همه از اتفاقی که برای وی افتاده ابراز تأسف کردند! محمد رضا شاه در تشریفات مختلف نسبت به شهبانو توجهات خاص ابراز داشت. او از فستیوال شیراز بسیار بدش می‌آمد و این امر بر هیچکس پوشیده نبود. در پاییز سال ۱۹۷۲ به اتفاق شهبانو به آن‌جا رفت. از شاه و شهبانو، خندان و منبسط، دست در دست تصاویر متعدد در جراید ایران و خارج به چاپ رسید. مطبوعات داخلی به توصیه وزارت اطلاعات در این زمینه سنگ تمام گذاشتند، به عبارت دیگر زیاده‌روی کردند. همه خواهان آن بودند که در زوج سلطنتی نقاری نباشد. تحصیل حاصل شد. شاید جز فرح که مسلماً خاطره خوبی از این ماجرا نداشت.

از آن پس دیگر شاه، جز با زنان خارجی بی‌نام و نشان، رابطه‌ای نیافت. روابطی که گه‌گاه چندان جدی هم نبود: ماری لبه تنها کسی است که در این مورد روایت خود را انتشار داده. شاه توقع داشت که این زنان بی‌نام و نشان، آن وقت که او می‌خواهد در اختیارش باشند. به آنان هدایایی گران قیمت می‌داد. رفتاری آمیخته با ادب و مهربانی داشت. اما دریافت که باید مصالح مملکتی و شهرت کشورش را برتر از گرایش‌های

شخصی خود بداند.

کار روزانه شـاه در حدود سـاعت ۱۹ (هفت بعد از ظهر) به پایان می‌رسید و به آپارتمان خصوصی خود باز می‌گشت، باز اندکی ورزش و حرکات نرمش انجام می‌داد. سپس مستخدم مخصوصش که این کار را فرا گرفته بود وی را چند دقیقه‌ای ماساژ می‌داد. بعداً حمام می‌کرد لباس دیگری می پوشید و آماده زندگی شب می‌شد.

معمولاً جز در مواردی که تعهدات رسمی یا پذیرایی‌های تشریفاتی وجود داشت، شام زوج سلطنتی در محیطی خانوادگی می‌گذشت. چهار شنبه شب‌ها نزد ملکه مادر می‌رفتند. یکشنبه شب‌ها نزد شاهدخت اشرف، اگر او در تهران می‌بود. می‌بایست شام در رأس ساعت ۲۰ و ۳۰ دقیقه (هشت و نیم بعد از ظهر) آماده باشد. محمدرضا شاه عادات خود را تغییر نمی‌داد. قبل از شـام یک یا دو جرعه اسکاچ ویسکی با سودا می‌نوشید. نه بیشتر. با شام یک گیلاس شراب قرمز، مرجحاً شراب بردو.[1] او شرابی که دوست می‌داشت شاتو مارگو[2] و شاتو تالبو[3] بود. مهمانداران معمولاً سلیقه او را می‌دانستند.

گه گاه جمعه‌ها برای صرف ناهار یا شـام نزد ارتشـبد خاتم و همسرش شاهدخت فاطمه ناخواهری شاه می‌رفتند که اقامتگاه‌شان در پایگاه هوایی دوشان تپه بود.

رسم بر آن بود که سالی یک بار دعوت شام شاهپور غلامرضا نابرادری ارشد شاه را بپذیرند. شاهپور غلامرضا نظامی بود و ریاست عالیه سازمان تربیت بدنی کشور را داشت. طبق خاطرات علم برادر تاجدارش گه گاه از او به سختی انتقاد می‌کرد.

روز ۲۶ اکتبر، معمولاً شـاهپور عبدالرضا نابرادری دیگر شـاه، مردی مبادی آداب تا حدی متکبر و باسـواد، که شـاه از بعضی مداخلات او در معاملات ابراز عدم رضایت می‌کرد. افتخار برگزاری جشن تولد شاه را داشت.

زوج سلطنتی سالی یک‌بار نیز شام را نزد پروفسور جمشید اعلم متخصص معروف گوش و حلق و بینی[4] که اقامتگاهی کوچک در شـمال تهران داشـت، صرف می‌کردند.

1 - Bordeaux.
2 - Château Margaux.
3 - Chateau Talbot.
4 - Agrégé de la Faculté de Medecine de Paris.

همسر جمشید اعلم، یک بانوی فرانسوی به نام آلیس[1] دست پخت کم نظیری داشت که شاه آن‌را می‌پسندید. خودش شخصاً همه غذاهای این مهمانی را آماده می‌کرد. به همین گناه بود که پروفسور اعلم اندکی بعد از پیروزی انقلاب بازداشت و تیرباران شد، خانه‌اش را مصادره و غارت کردند و آلیس که مبتلا به سرطان بود، از درمان‌های متعارف محروم شد و در گوشه نوانخانه‌ای درگذشت.

البته به این پذیرائی‌های تقریباً سنتی باید چند میهمانی خصوصی یا خانوادگی استثنائی و نه منظم دیگر را هم افزود. در این پذیرایی‌ها کوشش بر آن بود که تعداد مدعوین از سی نفر بیشتر نباشد که تقریباً همیشه همان اشخاص بودند. حضور مقامات رسمی کاملاً استثنایی بود. هویدا تقریباً همیشه دعوت می‌شد و می‌رفت. علم اندکی کمتر نه خودش تمایلی داشت و نه مهمانداران که نزدیکی او را با شاه می‌دانستند و تمایل زیادی به افزودن مواقع این تماس‌ها نداشتند. معمولاً از وزیران، رؤسای مجلسین یا فرماندهان ارتش (جز در موارد استثنائی و به مناسبت‌های شخصی) خبری نبود.

محمدرضا شاه در این پذیرائی‌ها کمتر با مدعوین به بحث و گفتگو می‌نشست. می‌خواست فاصله خود را نگاه دارد. در میهمانی کاخ ملکه مادر سناتور عباس مسعودی صاحب گروه مطبوعاتی اطلاعات تقریباً همیشه حضور داشت. شاه با او همواره مفصلاً گفتگو می‌کرد هم برای اطلاع از وضع محیط سیاسی داخلی کشور و هم برای اطلاع از مسائل کشورهای عربی عباس مسعودی یکی از عوامل سیاست شاه در این ممالک بود.

این پذیرایی‌ها می‌بایست الزاماً در حدود ساعت ۲۳ (یازده شب) به پایان برسد که شاه بتواند قبل از فرا رسیدن نیمه شب استراحت شبانه خود را آغاز کند. او از شب زنده‌داری نفرت داشت.

زندگی روزانه «شاه شاهان» چنین می‌گذشت. تقریباً هیچ چیز از آن پنهان نمی‌ماند. حتی وقتی می‌خواست جنبه خصوصی داشته باشد، دیوارها موش داشتند و موش‌ها گوش... و شایعات کم و بیش درست در محیط دربار و از آن‌جا در شهر پراکنده می‌شد. به پرسش خبرنگار تلویزیون سوئیسی که قبلاً به مصاحبه‌اش اشاره کردیم که چند ساعت در روز کار می‌کند گفت: «تقریباً ده ساعت، گاهی بیشتر، گاهی کمتر»

1 - Alice.

خبرنگار از او پرسید: «شما خیلی در روش‌های کار سختگیر هستید؟» شاه پاسخ داد: «در مورد روش‌ها نه چندان. در مورد نتایج کار بسیار. من فکر می‌کنم که دیگر وقت زیادی در پیش نداریم و باید هر چه زودتر به آرمان‌های بزرگ ملی خود تحقق بخشیم».

این مصاحبه که در سال ۱۹۷۸، چند ماهی قبل در آغاز و سپس پیروزی انقلاب اسلامی انجام شد. نشان می‌دهد تا چه حد شاه با اراده‌ای خستگی ناپذیر در جستجوی نیل به هدف‌های بزرگی برای ایران بود و متأسفانه از جنبه‌های دیگر این پیشرفت غافل ماند.

فصل دوم

عصر طلایی

در ســـال ۱۹۶۳، محمدرضا پهلوی پادشاهی مقتدر و با اختیارات وسیع بود، گرچه هنوز نظام حکومتی ایران قوام کافی نیافته بود. شاه پیروز شده بود. اکثریت قاطع مردم با اصول انقلاب سفید ابراز موافقت کرده بودند، اصلاحات ارضی از طرفی و برابری حقوق سیاسی زنان و مردان از طرف دیگر شور و شوقی در جامعه پدید آورده بود، اما مقاومت بزرگ مالکان هنوز ادامه داشت و ناامنی‌هایی در سطح روستاهای کشور به چشم می‌خورد.

برای آرام کردن محیط روستاها و ادامه اصلاحات ارضی در شرایطی که موجب ایجاد تشنج بی‌مورد نشود.[1] شاه و نخست وزیر در ماه مارس تصمیم به تغییر حسن ارسنجانی وزیر پرسر و صدای کشاورزی که مسئول اصلاحات ارضی بود گرفتند و وی به سفارت ایران در رُم برگزیده شد. پیش از هر چیز هدف آرام کردن محیط بود.

پس از رفع غائله خمینی، ترتیب انتخابات مجلســین ضرورت داشت. از آغاز دوره فترت دو سال می‌گذشت. دولت‌ها با صدور تصویب نامه‌های قانونی حکومت می‌کردند. از توســل به این روش گریزی وجود نداشت، اما ادامه آن هم با اصول سلطنت مشروطه

---

۱ - نگاه کنید به:
Mohammad Gholi Majd, Resistance to the Shah Landowness and Ulema in Iran. University Press of Florida, mai 2000.

که شـاه خود را به آن پای‌بند می‌دانسـت و در صیانتش سوگند یاد کرده بود، هم‌آهنگی نداشـت. بنابر این انتخابات دو مجلس آغاز و انجام شد. اما در محیطی کاملاً متفاوت با آنچـه قبلاً صورت می‌گرفت. از مالکان بزرگ که «رعایایی» خود را به صندوق‌ها روانه کنند دیگر خبری نبود. آخوندها آرام گرفته بودند و زنان، یعنی نیمی از افراد جامعه به طور دسته جمعی در انتخابات شرکت کردند. مجموع این عوامل نشان از یک دگرگونی کامل داشت، به عبارت دیگر انقلابی بود.

در روز ششـم اکتبر ۱۹۶۴ محمدرضا شـاه به اتفاق شـهبانو فرح که حضورش در مراسم تازگی داشت، دو مجلس جدید را افتتاح کرد. در سنا تغییر چندانی پدیدار نشده بود. اما مجلس شـورای ملی به کلی دگرگون شده بود. کارگران و کشاورزان بسیاری در شـمار نمایندگان مجلس دیده می‌شدند. نمایندگانی با رفتاری دیگر، با سخنانی دیگر، با رویه‌ای دیگر، بسـیاری از آنان برای اول بار قدم به پایتخت کشور نهاده بودند و حتی محلی برای سکونت خود نداشتند. می‌بایست آن‌ها را در نخستین گام‌های اجتماعی‌شان، حتی در کشف پایتخت و شگفتی‌هایش همراهی و حتی راهنمایی کرد و حقوق و وظایف نمایندگی را به آنان آموخت. تازگی و شگفتی اصلی مجلس جدید حضور شش نماینده زن بود. ابداعی بزرگ در تاریخ ایران که تصاویر متعدد آن در همه جراید بین‌المللی طبع و نشر گردید.

شـاه از این دگرگونی که خود از عوامل اصلی آن بود، ابراز سربلندی می‌کرد و حق داشت. در نطق افتتاحیه‌اش از سناتورها و نمایندگان جدید خواست که در اجرای اصول انقلاب مراقبت کنند و پیشقدم اصلاحات انقلابی دیگری از جمله در زمینه امور اداری و دانشگاه‌ها شوند.

شاه و شهبانو به مسافرت‌های خود به کشورهای مختلف جهان ادامه می‌دادند. آن‌ها، نمایندگان ایرانی دیگر با سـاختار اجتماعی نوینی بودند. سران همه کشورهای بزرگ و کوچک جهان نیز که دیگر در ثبات سیاسی بازیافته ایران تردیدی نداشتند، مشتاق بازدید از ایران بودند.

چنین بود که محمدرضا شاه و همسرش، پادشاه و ملکه هلند را برای یک اقامت کوتاه

خصوصی به مدت سه روز از ۱۰ تا ۱۳ اکتبر ۱۹۶۳ به سواحل دریای خزر بردند. سپس رئیس جمهوری آلمان و ولیعهد دانمارک (ملکه آینده آن) به ایران سفر کردند.

سفر رسمی پرنشیب و فراز شاه و ملکه ثریا به روسیه شوروی، خاطره‌ای بیش نبود. مسکو می‌خواست با ایران جدید حسن رابطه برقرار کند. لئونید برژنف[1] مرد شماره یک اتحاد جماهیر شوروی و همسرش به ایران آمدند. مسافرتی که نتایج مثبت داشت و آغاز فصلی جدید، مشتمل بر تفاهم و همکاری فزاینده، میان دو کشور شد.

شاید از دیدگاه شاه، بازدید رسمی رئیس جمهوری فرانسه ژنرال دوگل از ایران (۱۶ تا ۲۰ اکتبر ۱۹۶۳) معنی و مفهوم خاص داشت.[2] وقایع‌نگاران و مورخان فرانسوی کمتر به این سفر توجه داشته و حتی بعضی از آنان به آن اشاره‌ای هم نکرده‌اند.[3] معذالک باید گفت که بازدید رسمی ژنرال از ایران را می‌توان نقطه عطفی در روابط این دو کشور و حتی روابط میان ایران و جهان غرب داشت.

شاه و ژنرال دوگل از دیرباز با یکدیگر آشنا بودند. از زمان جنگ جهانی دوم که امریکایی‌ها و انگلیس‌ها به هر دوی آن‌ها به نظر تحقیر می‌نگریستند. از آن پس ژنرال برای شاه به عنوان مرد سیاسی و رهبر نمونه درآمده بود، همچنان‌که پدرش همین نظر را به کمال آتاتورک داشت. شاه علناً ستایش و احترام خود را نسبت به ژنرال دوگل ابراز می‌داشت و این تنها موردی بود که در آن رعایت ملاحظات سیاسی را نمی‌کرد و از صمیم قلب سخن می‌گفت. از دیدگاه او، ژنرال دوگل دولتمردی بود که در برابر امریکایی‌ها مقاومت کرده و می‌کرد، که اعتنای چندانی به بریتانیای کبیر نداشت. این هر دو گرایش را ایرانیان می‌پسندیدند و تأئید می‌کردند. ژنرال دو گل مظهر یک سیاست مستقل ملی بود، همان راهی که شاه می‌خواست برود. او به سیاست استعماری فرانسه در افریقا پایان داده بود، ولو آن‌که محمد رضا شاه بعضی از جنبه‌های رفتار او را در الجزایر، از جمله با فرانسویان ساکن آن‌جا، تأئید نمی‌کرد.

ژنرال دوگل برای «این کشور بزرگ جهان سوم» که یکی از کلیدهای سیاست فرانسه

1 - Léonid Brejnev.

۲ - نگاه کنید به Sébastian Fath متن ذکر شده.

۳ - در بیوگرافی قطور ژان لاکوتور Jean Lacouture راجع به ژنرال دوگل حتی اشاره‌ای هم به آن نشده. Eric Roussel در کتاب خود به آن پرداخته است. Charles de Gaulle, Gallimaid, 2002

در خاورمیانه محسوب می‌شد[1] مقام و اهمیتی خاص قائل بود. او می‌خواست یک سال پس از پایان جنگ در الجزایر و موافقت‌نامه‌های اویان[2] که در ۱۸ مارس ۱۹۶۲ به امضای طرفین رسیده بود، روابط بهتری با کشورهای مسلمان برقرار کند. ایران، کشوری غیرعرب، که از عصبیت‌ها و تظاهرات ضدفرانسوی بعضی دیگر از ممالک منطقه برکنار مانده بود، می‌توانست وسیله مناسبی برای تحقق این سیاست و قدم اول در راه بازگشت نفوذ فرانسه باشد. محمدرضا شاه در اکتبر ۱۹۶۱ سفری رسمی به فرانسه کرده و ژنرال دوگل او را با گرمی خاص پذیرا شده بود. به همین مناسبت بود که ژنرال به «علاقه و دوستی استثنایی» موجود میان دو کشور[3] اشاره کرد.

به اقتضای همین سفر بود که یک کنسرسیوم فرانسوی، آلمانی برای ساختمان مجتمع نفتی بزرگی که شرکت ملی نفت ایران کارفرمای آن بود تشکیل شد و ایران به صورت سومین مشتری فرانسه در میان کشورهای خاورنزدیک و میانه درآمد.[4] برای توسعه و بهبود روابط دو کشور، ژنرال دوگل می‌توانست روی ۱۸۰۰ فرانسوی مقیم ایران و تعداد به مراتب بیشتری که دارای دو ملیت فرانسوی و ایرانی بودند و بیش از پنجاه شرکت فرانسوی که در ایران مستقر بودند حساب کند و بازدید رسمی رئیس جمهوری فرانسه از ایران به صورت نقطه آغاز تحولی جدید و مثبت در روابط میان دو کشور درآمد.

هواپیمای حامل ژنرال دوگل در ساعت ۱۷ (پنج بعدازظهر) در فرودگاه بین‌المللی مهرآباد بر زمین نشست. استقبال مردم از رئیس جمهوری فرانسه و همسرش به مراتب گرمتر و بیشتر از آن بود که مقامات رسمی تصور می‌کردند و انتظار داشتند. در فاصله ده کیلومتری فرودگاه مهرآباد تا کاخ گلستان که برای اقامت ژنرال دوگل و همسرش در نظر گرفته شده بود بیش از پانصدهزار نفر جمع بودند. ۴۰۰۰ تن از افراد گارد شاهنشاهی و شهربانی در دو طرف مسیر گمارده شده بودند. هم برای حفاظت و هم برای ادای احترام. در مداخل شهر رئیس جمهوری و همسرش از اتومبیل‌های خود پیاده شدند و در کالسکه‌های سلطنتی جلوس کردند. ژنرال با شاه و شهبانو با خانم دوگل.

---

۱ - Sébastian Fath متن ذکر شده.

۲ - Evian. توافق‌هایی که با شورشیان استقلال طلب الجزایر به امضاء رسید. (مترجم)

۳ - در سخنان خود در پایان ضیافت رسمی شام به افتخار شاه ایران، ۱۱ اکتبر ۱۹۶۱ متن کامل آن در مجموعه سخنرانی‌ها در پیام‌های ژنرال دوگل مندرج است.

4 - Cahiers de l'Orient Contemperari. No 40, wai-aout 1963.

در میدان ارک، همان‌جا که شش ماه پیش از آن به دستور امیراسدالله علم، تانک‌های ارتـــش به فتنه خمینی پایان داده بودند، هزاران تن جمع شـــده فریاد می‌زدند، «دوگل – دوگل». ژنرال از این که ایرانیان به آسانی نام وی را تلفظ می‌کنند هم خوشحال شد و هم سخت تحت تأثیر قرار گرفت. نمی‌دانست که این کلمه در زبان فارسی به معنای «دو–گل» و معنای خاص دارد. کالســکه را متوقف کرد و به عادت خود از آن پیاده شد و به سوی جمعیت رفت و به فشـــردن دست کسان بسیاری که در رده‌های اول بودند پرداخت. این توقف در برنامه پیش‌بینی نشـــده بود. شاه نیز از کالسکه پیاده شد و به سوی مردم رفت. هیجان عمومی به حدی غیرقابل وصف رسید. توفانی از احساسات شورانگیز برخاست[۱] که هیچ کس در انتظارش نبود. کسی این افراد را به آن‌جا نیاورده بود. مردم عادی بودند که به ژنرال دوگل، مظهر مقاومت در برابر آلمان نازی و سپس سیاست استقلال ملی فرانسه ابراز احساسات می‌کردند.

پس از ورود ژنرال دوگل به ایران، دو روز به مذاکرات رســـمی و سیاسی اختصاص یافت. سخنان و تعارفات دو رئیس مملکت نسبت به یکدیگر، بی‌چون و چرا صمیمانه و در نهایت گرمی و دوستی بود. دوگل شاه را به خاطر «حرکت پر نیرو و سازنده‌ای که در پیشـــرفت ایران» ایجاد کرده، ستود. شاه گفت، «شما اکنون در کشوری هستید که همیشه فرانسه را دوست داشته به تمدن و فرهنگ و زبانش علاقه نشان داده. مگر نه این است که ایران را فرانسه آسیا خوانده‌اند؟» و سپس افزود، «استقبال مردم ایران از مرد ۱۸ ژوئن[۲]، به یکی از آرزوهای بزرگ ملی آنان جامه عمل می‌پوشد»[۳].

روز بعد، ۱۷ اکتبر، ژنرال دوگل با لباس رســـمی در جلســـه مشترک مجلسین ایران حضور یافت و نطقی مفصل و مهم ایراد نمود که سی دقیقه به طول انجامید.

روزنامه چپ گرای افراطی کانارآنشنه[۴] در مقاله‌ای پرطنزی نوشت «بهتر است آقای

۱ - گزارش روزنامه Figaro، مورخ ۱۷ اکتبر.

۲ - در فرانســـه معمـــولاً همه ژنـــرال دوگل را مرد ۱۸ ژوئن می‌خوانـــند. در ۱۸ ژوئن ۱۹۴۰، در حالی که ارتش فرانسه درهم شکسته و مارشال پتن تقاضای ترک مخاصمه کرده بود ژنرال دوگل که سرتیپی تقریباً ناشناس بود، پرچم مقاومت را به دست گرفت و یک پیام تاریخی خطاب به فرانسویان ایراد کرد و سرانجام کشور خود را در میان یکی از پنج قدرت جهان قرار داد. (مترجم)

۳ - متن سخنان محمدرضا شاه پهلوی در پایان ضیافت شام به افتخار ژنرال دوگل و همسرش، مندرج در فیگارو، مورخ ۱۷ اکتبر ۱۹۶۳ این سخنان در شامگاه ۱۶ ژوئن ایراد شد.

۴ -Canard enchainé / ۱۹ اکتبر ۱۹۶۳.

مونرویل[۱] ملیت ایرانی اختیار کند و فارسی یاد بگیرد زیرا دوگل عقیده تحقیرآمیز خود را نسبت به قوه مقننه تغییر داده با این همه توجه به مجلسین ایران رفته است».[۲]

در نطق خود، ژنرال دوگل بر ضرورت یک سیاست مستقل ملی برای کشورها اشاره کرد (که طبیعتاً مربوط به فرانسه و ایران بود) و سپس به مسائل اقتصادی پرداخت و دوباره موافقت‌نامه‌ای که چند روز پیش از آن میان اتحادیه اقتصادی اروپا و دولت ایران به امضا رسیده بود[۳] گفت: «اکنون آغاز یک همکاری مشترک میان ایران و اتحادیه اقتصادی اروپا با قراردادی که اخیراً امضا شـده، پی‌ریزی گردیده اسـت. این نخستین قراردادی از این دست است که میان اروپا و کشوری دیگر منعقد می‌گردد. این قرارداد نشانه اراده مشترک ایران و کشورهای عضو بازار مشترک در بسط و توسعه روابط اقتصادی خود می‌باشد، که فرانسه به آن توجه خاص معطوف خواهد داشت. فرانسه در همه زمینه‌ها، چه اقتصادی، چه فرهنگی، چه فنی کوشش فراوان برای گسترش روابط و همکاری خود با ایران انجام خواهد داد. البته امکانات کشور ما محدود است. باید به ممالک افریقایی که تا چند سال پیش وابسته به ما بودند و اکنون به استقلال نائل شده‌اند نیز برسیم و آن‌ها را از خود دور نکنیم. ناچار قسـمت مهمی از امکانات ما به این کشورها اختصاص خواهد یافت. ولی به موازات توسـعه روابط‌مان با ایران، ما هر چه بیشتر متوجه می‌شویم که شما چه منابع وسـیعی دارید، چه کوشش‌های بزرگی را آغاز کرده‌اید و چه قدرتی در اختیارتان است. آینده‌ای بزرگ و پرنوید در انتظار روابط دو کشور ما است»[۴]

شاید ایرانیان در انتظار سخنان دیگری بودند و تصور می‌کردند که رئیس جمهوری

1 - G. Monnerville.

۲ - بر اثر اختلافی میان مجلس سنای آن روز فرانسه و ژنرال دوگل و سخنان تند کاستون مونرویل رئیس آن مجلس در مورد ژنرال دوگل، وی به نخست وزیر و وزیران خود دستور داد که از رفت و آمد به آن مجلس خودداری کنند. فقط وزیر مشاور و معاون پارلمانی رئیس دولت مجاز بود به آن‌جا برود و حضور قانونی قوه مجریه را تامین نماید. (مترجم)

۳ - در زمان کابینه دکتر علی امینی دولت ایران تصمیم به برقراری روابط سیاسی مستقیم با اتحادیه‌های اروپایی گرفت و خسرو هدایت سفیر کبیر ایران در بروکسل به ریاست «نمایندگی دولت شاهنشاهی» در آن‌جا منصوب شد. نویسنده ایرانی این کتاب به عنوان نایب رئیس این هیأت مأمور آغاز گفتگوهای بازرگانی شد که در زمان دولت امیراسدالله علم سرانجام به نتیجه رسید. این نخستین قرارداد بازرگانی میان اروپا و یک «کشور ثالث» Paystiers بود که موانع موجود در برابر صادرات شش کالای ایرانی را به سوی اروپا از میان برداشت و مخصوصاً به رونق بازار قالی در اروپا کمک فراوانی کرد و برای کشور ایران توفیقی بزرگ محسوب می‌شد. (مترجم)

۴ - مستخرج از متن پیام‌ها و سخنرانی‌های ژنرال دوگل، جلد چهارم، صفحات ۱۴۵ تا ۱۴۷.

فرانسه پیشنهادهای روشنی در مورد کمک به ایران عنوان خواهد کرد. شاید از اشاره او به امکانات محدود کشورش تعجب کردند. شاید از این‌که اولویت افریقا را یادآور شد و بر ضرورت توسعه روابط اقتصادی با اروپا تکیه کرد چندان خشنود نبودند. اما حضور ژنرال در ایران و حمایت بی‌دریغش از سیاست توسعه اقتصادی و نوسازی این کشور پس از روزهای دشواری که گذشته بود[1] ارزش فراوان داشت و همه آن را دریافتند.

نمایندگان دو مجلس ایران، پس از پایان سخنان ژنرال دوگل برخاسته با گرمی برای او کف زدند. ولی روزنامه لوموند در مقاله‌ای نوشت که «ایرانیان که چشم به راه کمکی مستقیم و مهم بودند، دلسرد شده‌اند».[2]

بازدید ژنرال دوگل از ایران در میان شور و هیجان عمومی ادامه یافت. به شیراز، اصفهان و تخت‌جمشید رفت و از آثار تاریخی آن‌ها با دقت بازدید کرد. شاه شخصاً او را در این سفر به شهرستان‌ها همراهی می‌کرد. که امری کاملاً استثنائی بود. در طی اقامت رئیس جمهوری فرانسه در شهر شیراز، وی به اتفاق شاه نخستین کارخانه پتروشیمی ایران را که تعطیل اجرای برنامه آن از توقعات صندوق بین‌المللی پول و «برنامه تثبیت اقتصادی» بود، افتتاح کردند. اشاره‌ای بود به اراده شاه که دیگر توجه زیادی به این قبیل توقعات نخواهد کرد و پشتیبانی ژنرال دوگل از او.

سفر ژنرال و همسرش در روز بیستم اکتبر به پایان رسید.

جراید فرانسه به جنبه‌های سیاسی و تاریخی این بازدید کمتر توجه داشتند. مقالات مربوط به لباس‌های خانم دوگل و جریان پذیرائی‌ها و جزئیات بازدید از آثار تاریخی به مراتب بیشتر و مفصل‌تر بود.

هنوز گرایش اکثر مطبوعات فرانسه به انتقاد از شاه ایران آغاز نشده بود و وی را در سیاست معتدل و عامل ثبات در کشورش و در منطقه تلقی می‌کردند.

پس از انجام بازدید ژنرال دوگل، زندگی سیاسی و پارلمانی ایران به روال معمول

۱- اشاره به حوادث ناشی از فتنه خمینی است. (مترجم)
۲- Le Monde, 18 October 1963. این تعبیر و تفسیر روزنامه عصر پاریس نادرست به نظر می‌رسد.

خود ادامه یافت. به مناسبت افتتاح دوره جدید مجلسین، امیر اسدالله علم استعفای دولت خود را به شاه تقدیم داشت و مجدداً مأمور تشکیل کابینه شد. در دولت جدید علم وزارت کشاورزی به سپهبد اسمعیل ریاحی قائم مقام ریاست ستاد کل ارتش تفویض شده بود. سپهبد ریاحی مردی بود درستکار و خوشنام، باسواد و معروف به نظم و ترتیب در اداره اموری که به وی محول می‌شد. همه او را از مغزهای سیاسی ارتش تلقی می‌کردند. با تعیین او به وزارت کشاورزی، شاه با یک تیر دو نشان زد. از طرفی به پیروی از سیاست معمولش یک مغز سیاسی را از فرماندهی ارتش دور کرد. از طرف دیگر به هیاهو و آشوبی که حسن ارسنجانی در کار اصلاحات ارضی ایجاد کرده و شاید در آغاز غیرقابل اجتناب بود، پایان بخشید. ریاحی برنامه‌ی اصلاحات ارضی را در محیطی آرام دنبال کرد و مرحله اصلی آن را به نتیجه رساند.

در روز پنجم نوامبر عبدالله انتظام رئیس هیأت مدیره و مدیرعامل شرکت ملی نفت ایران محترمانه از کار برکنار شد و جای خود را به دکتر منوچهر اقبال نخست وزیر پیشین داد. انتظام از چندی پیش به سن بازنشستگی رسیده بود. برکناری‌اش با تعارفات و احترامات بسیار همراه بود و به تدریج به عضویت چند شورایعالی که مستلزم رفت و آمد به دربار بود، برگزیده شد. اما این برکناری را به دل گرفت و از آن سخت آزرده خاطر شد. در چند هفته آخر سلطنت به اتفاق چند تن دیگر از رجال قدیمی، در شمار مشاورین شاه درآمد.

شاه، در حقیقت، در تدارک یک تغییر و تبدیل اساسی‌تر در گروه رهبری کشور و دولت بود.

پس از این تغییرات، بار دیگر زمان گشایش‌های بزرگ و ارائه قدرت و پیشرفت کشور به ایرانیان و جهانیان فرا رسید. در ۲۱ دسامبر ۱۹۶۳، شاه و شهبانو کارخانه عظیم قند بیستون را در غرب کشور افتتاح کردند. در ۱۶ ژانویه، ساختمان مرکزی شرکت ملی نفت ایران، افتتاح شد، بنائی زیبا، چهارده طبقه که برای تهران آن زمان هنوز چشم‌گیر بود، در یکی از زیباترین خیابان‌های پایتخت.[۱] در روز ۱۰ فوریه ساختمان تأسیسات جدید بندرعباس واقع در تنگه هرمز آغاز شد که بزودی به صورت یکی از سه پایگاه اصلی

۱ - خیابان تخت جمشید. (مترجم)

نیروی دریایی شاهنشاهی درآمد که از آن‌جا می‌توانست خطوط مواصلاتی خلیج فارس، بحر عمان و اقیانوس هند را مراقبت نماید و ضامن امنیت تنگه هرمز باشد. در ۲۰ ژانویه شـــاه، به تنهایی یک کارخانه بزرگ پتروشیمی را در آبادان گشود و اعلام داشت «دوران احساس عقده و حقارت برای ایرانیان به سر رسیده است». از آن‌جا رهسپار جزیره خارک شـــد و پایانه لوله‌های نفتی آن جزیره را بـــرای بارگیری نفت‌کش‌های بزرگ افتتاح کرد. اندکی بعد، این تأسیسات به صورت بزرگ‌ترین در نوع خود در جهان درآمد.

در همین روز ۲۰ ژانویه شهبانو، یک بیمارستان سیصد تختخوابی را در تهران گشود که همه خدمات درمانی آن رایگان بود.

اجرای همه این طرح‌ها در راستای انقلاب سفید بود: اعتلای قدرت اقتصادی ایران و گسترش عدالت اجتماعی.

در اواخر ژانویه شاه و شهبانو و فرزندان و اطرافیان، برای گذراندن تعطیلات زمستانی عازم اتریش و از آن جا سوئیس شدند. سفر آنان بر روی هم یک ماه به طول انجامید.

اندکی پس از مراجعت شـــاه به تهران، امیراسدالله علم استعفای دولت خود را در ۷ مارس ۱۹۶۴ به شاه تقدیم کرد که مورد قبول واقع شد. شایعه تغییر دولت از چندی پیش در تهران رواج داشت. اما همه منتظر بودند که پس از تعطیلات نوروزی (۲۱ مارس) انجام پذیرد. به این مناســـبت، شاه با گرمی و لحنی که چندان در عاداتش نبود از خدمات علم قدردانی و تجلیل کرد و نشان درجه یک تاج با حمایل را به وی اعطا نمود که مهم‌ترین نشان کشـــوری ایران می‌بود.[۱] علم سپس به ریاست دانشگاه پهلوی (در شیراز) منصوب شد که ریاست عالیه آن را شخص شاه بر عهده گرفت. این موسسه در حقیقت جایگزین دانشگاه کوچک و فرسوده شیراز شد. علم دانشگاهی نبود، اما مأموریت یافت که با استفاده از نفوذ و روابط خود، دانشـــگاهی برای سرآمدان کشور، یک «هاروارد»[۲] ایرانی به وجود آورد.

---

۱ - علم قبلاً به دریافت نشان درجه یک همایون با حمایل نائل آمده بود. نشان درجه یک تاج مهم‌ترین نشـــان کشـــوری ایران بود و فقط ده نفر می‌توانستند در آن واحد از دریافت آن مفتخر باشند. گاهی صف انتظار طولانی می‌شد!

2 - Harvard.

نویسنده ایرانی کتاب در سپتامبر ۱۹۶۸جانشین امیراسدالله علم در این سمت شد. (مترجم)

در ساعت ۱۱ همان روز ۷ مارس، حسنعلی منصور به کاخ سلطنتی احضار و مأمور تشکیل کابینه جدید گردید. حسنعلی منصور، اصولاً دیپلمات بود و در این هنگام چهل و یک سال داشت. نامش برای ایرانیان ناشناخته نبود. چرا که پدرش دوبار به همین مقام رسیده بود[1] و سال‌ها نیز سفیر ایران در واتیکان بود، شغلی که اختصاص به نخست وزیران پیشین یا شخصیت‌های طراز اول مملکتی داشت.

حسنعلی منصور، مردی بود خوش پوش، آشنا به چند زبان خارجی، با کفایت بسیار در جمع کردن افراد شایسته به دور فرد و رهبری آنان. مانند شاه مردی دورنگر بود و برای ایران و ایرانیان آرزوهای دور و دراز در سـر داشت. با گذشت زمان می‌توان این پرسش را مطرح کرد که آیا واقعاً محمدرضا و حسنعلی منصور «زوج سیاسی» مناسبی برای ایران بودند؟ آیا برنامه‌های طویل‌المدت آنان محکوم به تضاد و برخورد نبود؟

حسنعلی منصور در اواخر دهه ۱۹۵۰ از دیپلماسی به جهان سیاست داخلی قدم نهاده بود و از اطرافیان دکتر منوچهر اقبال محسوب می‌شد[2] که سمت دبیر کل شورایعالی اقتصاد را که در حقیقت دفتر اقتصادی نخست وزیر بود با مقام معاونت خود به وی محول کرد. در دبیرخانه شورایعالی اقتصاد طرح‌های اصلاحی مهمی تهیه شد که دکتر اقبال بسیاری از آن‌ها را به مرحله اجرا درآورد، چنان‌که دیدیم.

ترقی سیاسی حسنعلی منصور سریع بود. در دولت دکتر اقبال به وزارت کار و سپس به وزارت بازرگانی منصوب شـد. اما هم‌چنان در رأس دبیرخانه شورایعالی اقتصاد باقی ماند. به موازات آن، گروهی به نام کانون مترقی تأسیس کرد که جمعی از اطبا، بازرگانان و صاحبان صنایع، وکلای عدلیه و صاحب منصبان عالیرتبه دولت به عضویت آن درآمدند. حزب سیاسی کوچکی بود، اما اسم حزب نداشت و سعی می‌کرد با اصناف و گروه‌های اجتماعی و سیاســی رابطه و شــبکه همکاری ایجاد کند. از همان زمان بود که مخالفان و دشمنان حسنعلی منصور او را به نزدیکی با سیاست امریکا در ایران متهم کردند.

هنگامی که در ۳ اوت ۱۹۶۰ جعفر شریف امامی به جانشینی دکتر اقبال برگزیده شد،

۱ - یک بار در زمان رضاشاه، از ۲۶ ژوئن ۱۹۴۰ تا ۲۷ اوت ۱۹۴۱ که با سرایت جنگ جهانی دوم محمدعلی فروغی جای او را گرفت و بار دیگر از ۲۳ مه تا ۲۶ ژوئن ۱۹۵۰ به هنگام اوج بحران نفت و نهضت ملی در ایران.

۲ - نخست وزیر ایران از ۱۹۵۷ تا ۱۹۶۰.

منصور را از دولت کنار گذاشت. اما او هم چنان در رأس دبیرخانه شورایعالی اقتصاد باقی ماند و کانون مترقی نیز به فعالیت خود ادامه داد.

در مه ۱۹۶۱، دکتر علی امینی، دبیرخانه را به بهانه صرفه‌جویی منحل کرد و حسنعلی منصور را به ریاست هیأت مدیره و مدیریت عامل شرکت بیمه ایران و موسسات تابعه آن برگزید که شـغلی مهم اما دور از حلقه اول تصمیم‌گیری در سیاست کشور بود. وی هم‌چنان در زمان دولت علم در این سـمـت باقـی ماند، کانون مترقی را گسـترش داد و به تدریج یک برنامه سیاسی جدید عنوان نمود که به تشکیل حزب ایران نوین در ۱۵ دسامبر ۱۹۶۳ منتهی شد. دیگر کسی تردید نداشت که وی داوطلب نخست‌وزیری و جایگزینی امیراسدالله علم است. او همه جا می‌گفت و تکرار می‌کرد که باید دولتی واقعاً اصلاح طلب که قادر به پیاده کردن «اصول و روحیه» انقلاب سفید باشد، تشکیل گردد و طبیعتاً خود را در رأس آن می‌دید.

جریانی که در این ماه‌ها در پشـت پرده سیاسـت ایران رخ می‌داد جای تعجب و به هر حال نگرش خاص است. منصور در ۱۹۶۲ از تهران به نمایندگی مجلس شورای ملی انتخاب شده با قریب به چهل تن از وکلای جدید یک گروه پارلمانی قوی تشکیل داد که هم از دولت حمایت می‌کرد و هم نقش حزب مخالف یا لااقل «حزبی با سخنان دیگر» را ایفا می‌نمود. به موازات این فعالیت با گروه کوچکی از نزدیکان مورد اعتمادش به تهیه و تدوین برنامه دولت آینده، انتخاب همکاران و مسئولان مهم مملکتی مشغول بود.

سه بار در طی مدت دو ماه قبل از استعفای علم، گروه کوچکی از همکاران منصور که مسئول تهیه طرح‌های جدید و در حقیقت وزیران بعدی بودند، نزد شاه رفتند. جلسات هر بار بیش از سه ساعت و یک بار چهار ساعت به طول انجامید. نوعی دولت در سایه.[1] محمدرضا شاه با دقت معمولش به گزارش‌های هر یک گوش فرا می‌داد، سئوال می‌کرد، انتقاد می‌کرد، پاسخ‌های دقیق می‌خواست. در ضمن کسانی را که وزیران آینده‌اش بودند، سـبـک سـنـگـیـن و ارزیابی می‌کرد. هرگز نه اشاره‌ای به تغییر دولت می‌شد، نه به تشکیل دولتی دیگر، نه به نخست وزیری حسنعلی منصور که در دست راست شاه، مکان مختص به نخست‌وزیر، می‌نشست و نقش رئیس دولت را ایفاء می‌نمود.

---

1 - Shadow Cabinet.

حلقه اول همکاران منصور هر پنج‌شنبه و جمعه از نیمه روز تا پاسی از شب در اقامتگاهش جمع می‌شدند، ناهار ساده‌ای می‌خوردند و به بحث و گفتگو در باره همه مسائلی می‌پرداختند که دولت آینده می‌توانست با آن روبرو شود، یا تدابیری که ضروری بود برای بهبود اوضاع کشور به مرحله اجرا درآورد. اولویت‌ها بررسی می‌شد. در باره کسانی که برای تصدی مقامات مختلف، استانداری‌ها، ریاست شرکت‌های بزرگ دولتی... یا بعضی وزارتخانه‌ها صالح به نظر می‌رسیدند، تحقیق و بررسی به عمل می‌آمد. از بعضی از آنان دعوت می‌شد که در جلسه‌ای حضور یابند. مسائل با آنان در میان گذاشته می‌شد. چنین طرز عملی در ایران به کلی تازگی داشت. کاری دسته جمعی و بدیع و اصیل بود.

گرچه تقوی دیگر نه در شرق اصل حاکم بر رفتار و زندگی سیاسی است و نه در غرب، منصور به تقوای سیاسی و اخلاقی عقیده داشت و پذیرفته بود که ایرانیان از رهبران و مسئولان سیاسی توقع دارند که از هر جهت نمونه و مبری از هر نوع ضعف اخلاقی باشند. پیش از آن‌که به جهان سیاست قدم بگذارد، بازی را بسیار دوست داشت و روابطش با زنان ورد زبان‌ها بود. چون به سیاست وارد شد، بازی را ترک کرد و پس از ازدواجش شوهر و سپس پدری بی‌عیب و ایراد گردید. همیشه می‌گفت «خصوصیت‌ها و صمیمیت‌هایی که دور میز بازی ایجاد می‌شود برای یک مرد سیاسی بسیار خطرناک است. بنابر این مردی بود پاکدامن و خطرناک برای کسانی که می‌توانست مانع سوءاستفاده‌های احتمالی آنان گردد.

بعد از انتصاب رسمی‌اش به ریاست دولت - دفتر نخست‌وزیر منصوب با زحمت بسیار (چون فرصت اندک بود) از وزیران جدید خواست که به محل حزب ایران نوین بیایند. اغلب آن‌ها می‌دانستند که مطلب چیست و آماده بودند. وزیران جدید در رأس ساعت ۱۶ (چهار بعدازظهر) به شاه معرفی شدند. به استثنای وزیران جنگ و امورخارجه که شاه آنان را همیشه رأساً تعیین می‌کرد، فقط یکی از وزیران به مناسبت خدمتی که در ماجرای تیمور بختیار کرده بود، به منصور تحمیل شد. او ابتدا مقاومت کرد و سپس پذیرفت.

سپهبد اسمعیل ریاحی که مورد قبول و احترام همه بود، در رأس وزارت کشاورزی

ابقا شد. دکتر محمد نصیری،[۱] رئیس کل بانک ملی در حکومت مصدق، از گوشه خلوت فراخوانده و بعد از بحث بسیار به وزارت مشاور برگزیده شد. منصور می‌خواست از وی در مسائل و مذاکرات حساس استفاده کند. انتخاب یکی از همکاران «شیر پیر»، برای رئیس جدید دولت یک توفیق سیاسی مهم به شمار می‌آمد.

تغییر چهره رهبران و مسئولان سیاسی کشور، به هنگام معرفی وزیران به شاه کاملاً محسوس و مشهود بود. اکثر آنان متخصصین فنی کم تجربه در سیاست بودند. محمدرضا شاه از فرصت استفاده کرد و دیگر بار از خدمات علم و دولتش به گرمی سخن گفت. به هر یک از وزیران در باره وظایف و مسئولیت‌های‌شان نکاتی گفت. مخصوصاً به کسانی که در رأس وزارتخانه‌های جدید قرار گرفته بودند در اهمیت کارهای‌شان تأکید کرد. در مقابل دکتر محمد نصیری گفت: «ما می‌خواهیم که با جوامع دانشگاهی و کسانی که خود را تا بحال برکنار از زندگی سیاسی تصور می‌کردند رابطه و گفت و شنود برقرار کنید». اشاره‌ای روشن به مخالفین بود، مخصوصاً به یاران مصدق.

در روز هشتم مارس دولت به مجلس شورای ملی معرفی شد. در روز نهم به اتفاق آراء رأی اعتماد گرفت. سه روز بعد سناتورها نیز به آن رأی اعتماد دادند. آغاز کار کابینه منصور تا حدی آسان بود. در روزها و هفته‌های قبل از تشکیل و معرفی رسمی آن، گروه محدود همکارانش همه چیز را آماده کرده بودند. متن سخنانش در دو مجلس با دقت سنجیده و تهیه شده بود. کسانی که باید در رأس شرکت‌های دولتی و استانداری‌ها تعیین شوند، برگزیده شده و حتی به بسیاری از آن‌ها اطلاع داده شده بود که خود را آماده کنند. دو تن اقتصاددان گروه یک «برنامه رونق اقتصادی» برای مبارزه با بیکاری و به راه انداختن فعالیت در همه شئون تهیه کرده بودند که بلافاصله بعد از اخذ رأی اعتماد از مجلسین اعلام شد. مفاد آن نقطه پایان بر تعهدات دولت در چهارچوب برنامه تثبیت اقتصادی می‌گذاشت، کاری که دولت قبلی قدم به قدم آغاز کرده بود.

دوران پر تغییر و تحولی در سیاست کشور آغاز شد. بین ۷ تا ۲۱ مارس (آغاز تعطیلات نوروزی)، هر روز و گاه هر ساعت دگرگونی تازه‌ای روی می‌داد:

رأی اعتماد از مجلسین – اعلام و تائید برنامه رونق اقتصادی – ایجاد دو وزارتخانه

۱ - که نسبت خانوادگی با ارتشبد نصیری رئیس کل شهربانی و رئیس بعدی ساواک نداشت.

جدید، آب و برق و آبادانی و مسکن، که بازوهای اجرائی دولت جدید محسوب می‌شدند و تصویب لوایح قانونی تأسیس آن‌ها در مجلسین، و سرانجام تقدیم بودجه مملکتی به قوه مقننه و تصویب آن قبل از پایان سال میزان کسر بودجه معادل ۱۲ میلیون دلار، رقمی مهم برای عواید آن روز دولت، بود. دولت اجازه گرفت که این کسری را از محل اخذ وام از بانک مرکزی تأمین نماید. ۴۰٪ اعتبارات مصوب به اجرای طرح‌های عمرانی و تولیدی اختصاص داشت، که به خودی خود مسأله‌ای به نظر نمی‌رسید، اما نمایندگان صندوق بین‌المللی پول مواظب بودند...

در این هنگام میزان افزایش سالیانه نفوس معادل ۳/۱٪ تخمین زده می‌شد[1] طبق نخستین سرشماری دقیق سال ۱۹۵۶، تعداد نفوس کشور در این سال ۱۸/۵۵۹/۰۰۰ تن بود و ده سال بعد یعنی در ۱۹۶۶ به ۲۵/۷۸۱/۰۰۰ نفر رسید. بنابر این می‌توان جمعیت ایران را در سال ۱۹۶۴ به ۲۳/۰۰۰/۰۰۰ تخمین زد که هنوز اکثر آنان روستانشین بودند.

سیاست اقتصادی دولت جدید در چنین چهارچوبی به مرحله اجرا گذاشته شد.

طرز کار دولت منصور نیز تازگی داشت. جلسات هیأت دولت به جای یک بار در هفته، دو حتی سه بار تشکیل می‌شد. گفتگوها در ساعت ۱۷ (پنج بعد از ظهر) آغاز می‌شد و گه‌گاه تا پاسی از نیمه شب ادامه می‌یافت. مذاکرات با آزادی بیان و صمیمیت کامل انجام می‌شد. دوشنبه‌ها، وزیران اقتصادی و چند تن از مسئولان دیگر، به مدت حداکثر سه ساعت در کاخ سلطنتی، نزد شاه می‌رفتند. در آن‌جا نیز به هنگام نخست‌وزیری منصور، مذاکرات آزادانه انجام می‌گرفت. روزی گفتگویی تند میان وزیر آب و برق منصور روحانی، کارشناس فعال که در گفتگوهایش عادت چندانی به تعارفات نداشت، با خداداد فرمانفرمائیان رئیس دفتر اقتصادی سازمان برنامه، که همه او را سخنگوی صندوق بین‌المللی پول می‌دانستند، درگرفت. شاه سخت از این گفتگوی تند برآشفت، از جای خود برخاست و گفت «هر وقت آدم شدید، برمی‌گردیم» و جلسه را ترک کرد. منصور با رنگ پریده و بسیار ناراحت به دنبالش رفت. پانزده دقیقه بعد هر دو برگشتند. شاه با خونسردی گفت، «بسیار خوب، صحبت را از سر بگیریم». همه متوجه جریان و طرز کار خود شدند.

---

۱ - برای این ارقام نگاه کنید به جمشید بهنام و مهدی امانی
La Population de l' Iran, World Populations year, cicerd Series, 1974.

مهندس روحانی دانست که باید در طرز گفتار خود دقت بیشتری داشته باشد. خداداد فرمانفرمائیان که از حساسیت شاه نسبت به صندوق بین‌المللی پول بی‌خبر نبود و حدس می‌زد که هدف اصلی خشم شاه خود او است. با احتیاط بیشتری رفتار کرد.

به موازات امور دولت، منصور به گسترش شبکه حزب ایران نوین در سرتاسر کشور پرداخت. یک هیأت سه نفری مأمور تنظیم و رهبری این کار بودند: دو تن از اعضای هیأت دولت، عطاءالله خسروانی وزیر کار[1] و دکتر هادی هدایتی وزیر مشاور[2] و حسن زاهدی مدیر عامل بانک کشاورزی[3]. خسروانی به تجهیز و ترتیب همکاری اتحادیه‌های کارگری می‌پرداخت. دکتر هدایتی به دانشگاهیان و کارمندان دولت، صاحبان مشاغل آزاد و بازاریان، و حسن زاهدی به شرکت‌های تعاونی روستایی.

تقریباً در هر پنج‌شنبه و جمعه، نخست‌وزیر (که دبیر کل حزب هم بود) به یکی از مراکز استان‌ها می‌رفت و شعبه حزب را در آن می‌گشود. علاوه بر ملاقات‌های پیاپی با شخصیت‌های محلی، در یک اجتماع بزرگ مردم نیز شرکت می‌کرد و در مجموع ناطق خوبی بود.

کار دولت بسیار سنگین بود و خستگی وزیران و مسئولان بسیار. در روز اول مه ۱۹۶۴ که در ضمن مصادف با یک عید مذهبی هم بود، شاه در مراسم سلام به وزیران گفت: «درست است که اکثر شما جوان هستید. ولی مواظب خودتان باشید. با این طرز کار به‌زودی از پا خواهید افتاد» و سپس با لبخندی گفت «نمی‌دانم همسران شما چطور شما را تحمل می‌کنند».

نخستین ماه‌های دولت منصور با شور و هیجان بازسازی و نوآوری سپری شد. آیا واقعاً دیگر مانعی در پیش نبود؟

---

۱ - وزیر بعدی کشور، که پس از قتل حسنعلی منصور مدتی هم دبیر کل حزب ایران نوین بود و سپس به سبب اختلاف با امیرعباس هویدا از هر دو سمت برکنار شد و به ریاست هیأت بازرسی شرکت ملی نفت ایران، سمتی دور از سیاست جاری مملکتی برگزیده شد. (مترجم)

۲ - وزیر بعدی آموزش و پرورش که بر اثر اختلاف با امیر عباس هویدا او نیز از این سمت کناره گرفت اما به سبب حمایت شاه به وزارت مشاور گمارده شد. در زمان دولت‌های آموزگار و شریف امامی رئیس کل بیمه مرکزی بود. (مترجم)

۳ - بعداً مدتی به عضویت دولت هویدا درآمد و نیز نایب التولیه آستان قدس رضوی بود. (مترجم)

در روز ۱۱ آوریل، ساختمان پالایشگاه بزرگ نفت تهران آغاز شد. هدف آن بود که همه محصول پالایشگاه آبادان به صادرات اختصاص یابد. می‌بایست شبکه‌ای از لوله‌های انتقال نفت و چند پالایشگاه کوچک‌تر به این ترتیب همه نیازهای کشور را تأمین کند، که در آینده‌ای نزدیک چنین شد.

در روز پنجم مه، ساختمان سد لتیان، که مختص به تأمین آب تهران بود آغاز شد.[1]

در روز نهم مه شاه شخصاً مؤسسه ژئوفیزیک دانشگاه تهران را افتتاح کرد. «من می‌خواهم که این موسسه یکی از مهم‌ترین در نوع خود در سرتاسر جهان باشد.»

در ۲۷ مه قانون تأسیس دانشگاه پهلوی و اساسنامه خاص آن به تصویب مجلس رسید که یک قرارداد همکاری با دانشگاه پنسیلوانیا[2] در امریکا منعقد کرده بود. شاه گفت «من می‌خواهم که دانشگاه پهلوی از بهترین دانشگاه‌های دنیا شود».

در روز ۳۱ مه یک شهرک جدید مشتمل بر ۱۲۰۰ آپارتمان، تأسیسات فرهنگی، فروشگاه، درمانگاه، ساختمان مخصوصی برای شهرداری... در حومه تهران گشایش یافت. بیش از ۹۰٪ کار این ساختمان‌ها از چندی پیش انجام شده و سپس در اجرای توصیه‌های صندوق بین‌المللی پول متوقف شده بود. طرح‌های متعدد دیگری از این قبیل وجود داشت که اتمام و بهره‌برداری آن‌ها در «برنامه رونق اقتصادی». دولت منظور شده و با جدیت آغاز شده بود.

در همین روزها بود که شاه نخستین کارخانه اتومبیل‌سازی ایران - پیکان - را که متعلق به بخش خصوصی بود افتتاح کرد. به زودی این واحد بزرگ صنعتی توفیق یافت که بخشی از محصولات خود را به خارج از کشور صادر کند.

در آن موقع، چهارصد هزار متر مربع زمین بایر در مرکز و بهترین نقطه شهر تهران بدون استفاده افتاده بود[3]. این اراضی سابقاً در شمال تهران و بیرون خندق‌های شهر (مربوط

---

۱ - در ظرف مدت سه سال سه سد عظیم دیگر افتتاح شد. نخست سد سفید رود، دیگر سد کرج که سد امیر کبیر نام نهاده شد و سومی سد دز که در آن زمان پنجمین سد بزرگ جهان بود. دو سد از این سه سد به وسیله شرکت‌های فرانسوی ساخته شد.

2 - Pennsylvanie.

۳ - اراضی موسوم به جلالیه. (مترجم)

بــه زمان قاجار) و مرکز تمرین و عملیات نظامی یا رژه ارتش بود. دولت تصمیم گرفت کــه آن را تبدیل به پارک عمومی کنــد[۱] و در اطراف آن محل‌هایی برای ایجاد موزه ملی فرش، موزه هنرهای معاصر، و یک مهمانســرای بزرگ پیش‌بینی شده بود[۲]. پارک مذکور پس از افتتاح پارک فرح نام گرفت و اکنون به پارک لاله موسوم است به مناسبت افتتاح آن، شاه که سال‌ها قبل از مدافعان پرهیاهوی امروزی «محیط زیست» به این موضوع توجه داشــت، دستور داد که برنامه‌های وسیعی برای جنگل کاری در سرتاسر کشور به مرحله اجرا گذاشته شود که طی سال‌های بعد در بسیاری از نقاط به نتایج مثبت حیرت‌انگیزی منتهی شد.

در چهارم ژوئن ۱۹۶۴، شــاه و شــهبانو برای یک ســفر نیمه رسمی عازم نیویورک شدند. غرض آن بود که پس از قتل جان کندی (۲۲ نوامبر ۱۹۶۳) که به مناسبت آن دربار حسب‌المعمول پرچم‌ها را نیمه افراشته کرده بود، با رئیس جمهوری جدید لیندن جانسون[۳] که از پیشترها با ایران و شاه حسن رابطه داشت پیوندهای استوارتری برقرار شود. از دیدگاه ایران و شاه، این بازدید بسیار سودمند و پربار بود.

در روز ششــم ژوئن شاه و شــهبانو با حضور وزیر امورخارجه ایالات متحده دین راسک[۴] نمایشگاه عظیم هفت هزار سال هنر ایران را افتتاح کردند که در تدارک مقدمات آن محسن فروغی سهم و نقشی مهم داشت.[۵]

رئیس جمهوری امریکا و همسرش ضیافت ناهار مجللی به افتخار زوج سلطنتی ایران ترتیب دادند. ســخنان رسمی بسیار گرمی میان آنان مبادله شد که نشان از تحکیم روابط

۱ - طــرح اولیه پارک را مهندس امیرناصر بدیع (که تحصیلاتش را در فرانســه انجام داده بود) تهیه کرد که بعداً به وسیله چند متخصص باغ سازی فرانسوی تکمیل شد. مجری طرح و مدیر عملیات ساختمانی مهندس جوان و پرکاری موسوم به هاشم صباغیان بود که در روز افتتاح آن مورد تشویق خاص محمدرضا شاه پهلوی قرار گرفت. مهندس مزبور بعداً وزیر کشور خمینی شد.

۲ - هر دو موزه و نیز مهمانسرای مورد اشاره (انترکنتی نانتال تهران) در سال‌های بعد ساخته و بهره‌برداری شد. (مترجم)

3 - Linden B.Johnson.

4 - Dean Rusk.

۵ - ترتیب نمایشــگاه را موزه اســمیت ســونیون Smithsonian Istitution واشــنگتن داده بود در سال‌های ۱۹۶۴ و ۱۹۶۵، این نمایشگاه در هفت شهر بزرگ دیگر امریکا نیز برپا شد. نگاه کنید به:
7000 years of Iranian Art, circulated by the Smithsonian Institution, Washington 1964.

دو کشور داشت. محمدرضا شاه با سناتورها و چند شخصیت مهم دیگر ملاقات کرد، یا ناهار و شام خورد، در چند مصاحبه تلویزیونی شرکت جست و نیز از سه دانشگاه مهم در واشـــنگتن، نیویورک و کالیفرنیا دکتری افتخاری دریافت داشت. جلوه‌های بین‌المللی و درخشان عصر طلایی سلطنتش که برای وی بسیار دلپذیر و دلگرم کننده بود. چنان‌که همیشه می‌گفت: «دوران احساس عقده حقارت» چه برای ایران و چه برای خودش، دیگر به پایان رسیده بود.

قبل از بازگشت به ایران، محمدرضا شاه ملاقاتی طولانی با پروفسور پوپ[1] متخصص معروف تاریخ هنر ایران داشت، یکی از مهم‌ترین نشان‌های ایران[2] را به وی اعطاء کرد و از او دعوت کرد که به شـــیراز – که شـــهر دلخواهش بود – بیاید و در آن‌جا مستقر شود تا بتواند با آسودگی خاطر تاریخ بیست جلدی هنر ایران را که اثر جاودانش بود به پایان برســـاند. پروفسور پوپ این درخواســـت را پذیرفت. موسسه آسیایی[3] که وی در رأسش بود به شیراز منتقل و به دانشگاه نوبنیاد پهلوی وابسته و در کاخ و باغ نارنجستان[4]، یکی از زیباترین بناهای تاریخی شیراز مستقر گردید.[5]

در ســـر راه تهران زوج ســـلطنتی توقفی کوتاه در پاریس داشت که برای شاه امکان دیدار با ژنرال دوگل را میســـر ساخت. سپس اقامتی در مراکش و دیداری با ملک حسن دوم پادشاه آن کشور داشتند. در بازگشت به کشور نخستین دشواری‌های دولت منصور در انتظار محمدرضا شاه بود.

تسریع برنامه‌های توسعه اقتصادی، باعث افزایش کسر بودجه دولت شده بود. برای تأمین آن، ایران از اعتبارات خارجی خود و هم‌چنین کمک‌های بانک مرکزی استفاده کرد.

1 - Arthur E. Pope.

۲ - نشان در ۳ همایون.

3 - Asia Institute.

۴ - نارنجســـتان متعلق به قوام‌الملک شـــیرازی بزرگ مالک و مرد پراقتدار فارس (دوست رضا شاه و پدر همسر امیراسدالله علم) بود که آن را به دانشگاه پهلوی بخشید.

۵ - پس از درگذشت پروفسور پوپ و تا انقلاب اسلامی ریاست مؤسسه آسیائی به دکتر حسن خوب‌نظر استاد سرشناس تاریخ در دانشگاه پهلوی تفویض شدکه پروفسور ریچارد فرای به عنوان مشاور و قائم مقام با وی همکاری می‌کرد. پروفسور پوپ وصیت کرده بود که جنازه‌اش در اصفهان به خاک سپرده شود. انجمن آثار ملی آرامگاه کوچک بسیار برازنده‌ای در کنار زاینده رود برایش بنا کرد که در همان جا مدفون گردید. همسرش نیز که ایران شناس بود در همانجا به خاک سپرده شد جمهوری اسلامی حرمت این بنا را حفظ کرده است.

در ظاهـــر امر همه چیز عادی بود. به خصوص که رونق اقتصادی به افزایش عرضه کلی کالاها و خدمات کمک کرده، قیمت کالاهای مورد نیاز عامه تقریباً ثابت مانده بود و پس از چند ماه که از آغاز کار حسنعلی منصور می‌گذشت، افزایش قوه خرید طبقات متوسط محســـوس و مشهود بود و میزان کلی مصرف در حال ازدیاد بود که نشان از بهبود وضع عمومی و رفاه اجتماعی داشـــت. معذالک بعضی از طرح‌های محمدرضا شـــاه که دولت مجری آن‌ها بود، به توسعه همکاری با کشورهای سوسیالیست مخصوصاً اتحاد جماهیر شوروی منتهی شد که این وضع به‌هیچ‌وجه خوشایند واشنگتن نبود و نخستین فشارهای صندوق بین‌المللی پول را ســـبب شد. منصور را تحت فشـــار قرار دادند که به مالیات‌ها بیافزاید، از ســـرعت افزایش درآمدهای فردی (که در اواخر دولت علم و در زمان کابینه خود او محسوس بود) بکاهد و به این ترتیب فشارهای تورمی را که در افق پدیدار شده بود کاهش دهد. تجزیه و تحلیلی سنتی در راستای آن‌چه صندوق بین‌المللی پول به همه کشورها توصیه کرده و می‌کند.

نمایندگان صندوق بین‌المللی پول و کارشناسان دفتر اقتصادی سازمان برنامه به دولت توصیه کردند و ســـپس مصراً خواستار شـــدند که قیمت بنزین، گازوئیل و نفت چراغ را که هنوز در روســـتاها مورد مصرف بســـیاری از ســـاکنان بود دو برابر کند و نیز عوارض جدیدی بر مشروبات غیرالکلی (که مصرف آن با بهبود وضع زندگی مردم در حال افزایش مستمر بود) و گذرنامه وضع نماید. امیرعباس هویدا وزیر دارایی که نزدیک‌ترین دوست نخســـت‌وزیر و رازدارش محسوب می‌شد، با حرارت از این توصیه‌های صندوق و دفتر اقتصادی سازمان برنامه دفاع می‌کرد و بر ضرورت و فوریت آن‌ها تأکید داشت.

شـــاه از این پیشـــنهادها اســـتقبالی نکرد و شـــک و تردید خود را در ضرورت آن‌ها بیان داشـــت. اما سرانجام به نخســـت وزیر و وزیر دارایی اجازه داد که کار را دنبال کنند. مقصودش چه بود؟ آیا موافقتش بر اثر فشـــار امریکایی‌ها و صندوق بین‌المللی پول بود، یا با وقوف به عکس‌العمل نامطلوب افکار عمومی می‌خواســـت کاســـه کوزه را بر ســـر نخست‌وزیری بشکند که هر چه بیشتر در میان مردم محبوبیت یافته و در بسیاری از موارد مزاحم توقعات بعضی از درباریان بود و به این ترتیب او را تضعیف کند؟ هر دو فرضیه را می‌توان پذیرفت.

در این میان دکتر اقبال، رئیس هیأت مدیره و مدیرعامل شرکت ملی نفت ایران که سازمان زیر مسئولیتش، در عمل مجری قسمت اعظم این تدابیر بود، مخالفت علنی خود را با آن بیان داشت. با آشنایی به رویه و خلقیات دکتر اقبال، این مخالفت علنی نمی‌توانست بدون موافقت قطعی یا ضمنی شاه بوده باشد.

هنگامی که مسأله در هیأت دولت مطرح شد، بیشتر وزیران سکوت کردند فقط چهار تن از آنان شک و تردید خود را بیان داشتند[1]. با این وجود پیشنهاد مورد اشاره تصویب شد و بیرون از هیأت وزیران همه مسئولیت خود را پذیرفتند و از آن دفاع کردند. مجلس نیز آن‌ها را به تاریخ ۲۳ نوامبر تأئید کرد. نارضائی افکار عمومی به فوریت احساس شد. حتی در کوچه و خیابان مردم به بعضی از وزیران و مسئولان به صراحت گفتند که از این تدابیر ناراضی و خشمگین هستند. موج محبوبیت دولت شکست و دیگر بازنگشت. منصور سریعاً متوجه شد که اشتباه کرده، یا کلاه بر سرش گذاشته و وادار به اشتباهی کرده‌اند. دولت واقعاً ضعیف شده بود. حال می‌بایست بدون این‌که نشان از ضعف و اقرار علنی به اشتباه باشد، سریعاً از بن‌بست خارج شد.

در جلسه ۱۰ ژانویه ۱۹۶۵، به هیأت دولت پیشنهاد کرد که تصمیمات قبلی لغو شود. عکس‌العمل وزیران حیرت‌انگیز بود. همه کف زدند! اما ضربه‌ای که می‌بایست به منصور و دولتش وارد آید، به این آسانی قابل جبران نبود.

در حالی که دولت با این بحران دست به گریبان بود، مسأله‌ای دیگر مطرح شد که آن هم عواقبی داشت. در اکتبر ۱۹۶۴ موافقت‌نامه‌ای با دولت ایالات متحده به امضا رسید که در آن مصونیت‌های قضائی خاصی برای کارمندان و نظامیان امریکایی که در چهارچوب برنامه‌های همکاری دو دولت در ایران خدمت می‌کردند، ایجاد و شناخته شده بود. همه کشورهای هم پیمان ایالات متحده، از جمله ممالک عضو پیمان آتلانتیک شمالی، چنین ترتیباتی را قبول کرده و در موافقت‌نامه‌هایی با واشنگتن گنجانده بودند. ایران استثنائی به شمار نمی‌آمد، حتی در یک موافقت‌نامه الحاقی امتیازاتی هم به ایرانیان داده شده بود. با

۱- دکتر محمد نصیری وزیر مشاور، سپهبد اسمعیل ریاحی وزیر کشاورزی که با لحنی شاعرانه و پراحساس از «کشاورزان آزاده شد از بند بزرگ مالکان که دیگر نخواهند توانست کلبه‌های خود را روشن کنند» سخن گفت، مهرداد پهلبد وزیر فرهنگ و هنر و شوهر خواهر شاه و دکتر هوشنگ نهاوندی (نویسنده ایرانی کتاب) که در آن هنگام وزیر آبادانی و مسکن بود.

دید و ضوابط امروزی ما، انعقاد این موافقت‌نامه یک اشتباه سیاسی بود. ولی فراموش نباید کرد که جهان آن روز دستخوش جنگ سرد و کشورهای بسیاری در معرض مخاطره توسعه‌طلبی اتحاد جماهیر شوروی و نیازمند به حمایت نظامی و سیاسی امریکا بودند و این ترتیبات از شرایط ضروری آن محسوب می‌شد.

روح‌الله خمینی که مدت‌ها آرام گرفته بود، در روز ۲۶ اکتبر ۱۹۶۴ (سالروز ولادت شاه) در یک سخنرانی تند، به انتقاد از این موافقت‌نامه پرداخت و آن را با مصونیت‌های کنسولی[1] که در زمان رضا شاه لغو شده بود مقایسه کرد:

«... من تأثرات خود را نمی‌توانم انکار کنم. قلب من در فشار است. این چند روز که مسائل ایران را شنیدم، خوابم کم شده است. ناراحت هستم. قلبم در فشار است. با تأثرات قلبی روزشماری می‌کنم که چه وقت مرگ پیش آید. ایران دیگر عید ندارد. عید ایران را عزا کردند. عزا کردند و چراغانی کردند و دسته جمعی رقصیدند و پایکوبی کردند»

وی سپس در «فتوائی» اعلام داشت:

«آیا ملت ایران می‌داند این روزها در مجلس چه گذشت؟ آیا می‌داند که بدون اطلاع ملت و به طور قاچاق چه جنایتی واقع شد؟ مجلس به پیشنهاد دولت سند بردگی ملت ایران را امضا کرد. اقرار به مستعمره بودن ایران نمود. سند وحشی بودن ملت مسلمان را به امریکا داد. قلم سیاه کشید بر جمیع مفاخر اسلامی و ملی ما».[2]

در برابر این سخنان که می‌توانست مجدداً سرآغاز غائله‌ای باشد، نخست‌وزیر و وزیر کشور (جواد صدر که خانواده‌اش پس از قتل پدر آیت‌الله خمینی، فرزندان صغیر او از جمله روح‌الله را زیر بال و پر و حمایت خود گرفته بود) و رئیس ساواک سرلشکر پاکروان، تأمل را جائز ندانستند و تصمیم به جلب و بازداشت خمینی و انتقالش به تهران گرفتند.

در روز ۴ نوامبر آیت‌الله خمینی بدون سرو صدا در اقامتگاهش جلب شد و بی‌درنگ به تهران انتقال یافت. یک افسر شهربانی، سروان سیف عصار[3] که از خانواده‌ای روحانی

1 - Capitulations.

۲ - متون مربوط به آیت الله خمینی از اسناد رسمی جمهوری اسلامی اقتباس شده است.

۳ - برادرزاده علامه سید کاظم عصّار از مشاهیر دانشمندان قرن بیستم که خمینی به آثار و کتبش ناآشنا نبود.

بود، در اتومبیلی که خمینی را به تهران می‌آورد در کنارش نشست[1]. آیت‌الله ابتدا سخت عصبانی و درخود فرو رفته بود، بعد از آن‌که از هویت صاحب منصب شهربانی و خانواده‌اش اطلاع یافت، تا حدی آرام گرفت، گویا چند قطره اشکی هم ریخت و گفت: «این دفعه دیگر مرا خواهند کشت».

با وی بدرفتاری نشد. وی را در اقامتگاه مجللی متعلق به سازمان امنیت مستقر کردند[2] و در آن‌جا تحت نظر قرار گرفت. اهل مسالمت و اجتناب از خشونت که دیگر نخست‌وزیر هم (برخلاف سلفش علم) جزو آن‌ها بود به شاه توصیه کردند که هر چه زودتر مملکت را از شر خمینی خلاص کنند. وی ابتدا تردید کرد و سرانجام پذیرفت. تصمیم به تبعید آیت‌الله گرفته شد.

به تقاضای رئیس دولت دکتر محمد نصیری وزیر مشاور که با بسیاری از روحانیون آشنایی و مراوده داشت و نحوه برخورد و گفتگوی با آنان را خوب می‌دانست، به دیدار آیت‌الله رفت مدتی از آشنایان مشترک و موضوعات پیش پا افتاده صحبت کردند. مستخدمی که قطعاً از مأموران دستگاه‌های امنیتی یا انتظامی بود، چای آورد. در روی میز سالنی که ملاقات در آن انجام شد، یک سینی میوه و چند ظرف شیرینی و تنقلات مختلف چیده شده بود. خمینی که در حقیقت جنبه صاحبخانه داشت، به دکتر نصیری شیرینی تعارف کرد و با لبخند می‌گفت: «امیدوارم مسموم نباشد». آیت‌الله و دکتر نصیری سپس در محیطی به دور از تشنج و تقریباً دوستانه چای و شیرینی صرف کردند. سرانجام وزیر مشاور دولت منصور به خمینی توضیح داد و تفهیم کرد که بهتر است بدون تشویق طرفدارانش به اغتشاش و اعتراض، ایران را ترک کند. به او گفت که محیط با دو سال پیش متفاوت است و کسی به تظاهر به نفع او برنخواهد خاست.[3] به این ترتیب، خروج خمینی از ایران، یا تبعید او، قطعیت یافت، یا لااقل رضایت او جلب شد. منصور هم جز این نمی‌خواست. تظاهراتی به نفع او صورت نگرفت. سه روز بعد وی ایران را بی‌سر و صدا ترک کرد. ابتدا در اسلامبول مستقر شد و سپس در نجف، مرقد امام اول شیعیان علی و مرکز بزرگ تشیع در جهان، سیزده یا چهارده سال بعد از آن او دوباره به رده اول

۱ - وی بعداً این جریان را به اکثر جراید فارسی زبان خارج از کشور حکایت کرد.
۲ - کاخ بعدی جوانان در چهارراه سلطنت آباد. (مترجم)
۳ - این ملاقات را همان روزها دکتر محمد نصیری به نویسنده ایرانی کتاب که همکارش در دولت بود روایت کرد.

سیاست ایران بازگشت.

همه این ماجراها ناگهان در روز ۲۱ ژانویه ۱۹۶۵ دگرگون شد.

قرار بود حسنعلی منصور برای تقدیم لایحه قرارداد میان ایران و شرکت نفتی پان‌آمریکان[1] به مجلس شورای ملی برود. این قرارداد پیروزی بزرگی برای سیاست نفتی شاه و دولت ایران بود چرا که بر اساس آن ۷۵٪ عواید نصیب ایران می‌شد و ۲۵٪ به شرکت مباشر بهره‌برداری اختصاص می‌یافت. کنسرسیوم نفت از انعقاد آن سخت ابراز نارضایتی کرده بود.

در سر راه نخست وزیری به مجلس منصور سری به شرکت بسیار موفق تعاونی مصرف ارتش زد. در اتومبیلش یک افسر شهربانی با اونیفرم در کنار راننده نشسته بود. بیشتر برای تشریفات تا برای حفاظت. نخست وزیر اتومبیلش را در مقابل در ورودی اصلی کاخ بهارستان متوقف کرد. جمعیتی در آنجا بود و می‌خواست با مردم دست بدهد. پس از توقف اتومبیل افسر پلیس پیاده شد و در را به روی او گشود. دو سرباز گارد مجلس که در دو طرف در ورودی ایستاده بودند خود را برای ادای احترامات نظامی آماده کردند. فضا عادی و بدون تشنج بود. هیچ تدبیر حفاظتی خاصی اتخاذ نشده بود. اصولاً آن روزها کسی در تهران بیمی نداشت.

ناگهان جوانی حدود بیست ساله، سبزه چهره، با موی بسیار کوتاه به نخست وزیر نزدیک شد و با هفت‌تیر خود چند گلوله به سوی او شلیک کرد. سه گلوله به منصور اصابت کرد که بلافاصله بر زمین افتاد. ضارب در جای خود ایستاد و کوچک‌ترین مقاومتی نشان نداد.

مأموران وی را جلب و به کلانتری بهارستان در چند قدمی هدایت کردند. ساعتی بعد دانسته شد که وی محمد بخارائی نام دارد، عضو گروهکی موسوم به انجمن اسلامی اصناف وابسته به فدائیان اسلام (شعبه ایرانی اخوان‌المسلمین) است. سریعاً دو جوان دیگر موسوم به مرتضی نیک‌نژند و رضا صفار هرندی که همراه بخارائی آمده بودند، شناسائی و بازداشت شدند.

---

1 - Pan American.

آن روز شاه و شهبانو برای اسکی در پنجاه کیلومتری تهران بودند. قبل از بازگشت با هلی‌کوپتر به تهران، محمدرضا شاه دستور داد که دکتر ناصر یگانه وزیر مشاور و معاون پارلمانی نخست‌وزیر به اتفاق سپهبد اسدالله صنیعی وزیر جنگ (که دستور گرفت ملبس به لباس نظامی شود) به مجلس برود و لایحه را تقدیم کند. حضور وزیر جنگ در کنار وزیر مشاور نمایانگر قدرت نمایی حکومت بود.

اتفاقات دقایق و ساعت‌های بعد پرسش‌های متعددی را مطرح کرده‌اند که تا امروز پاسخ دقیقی به آنها در دست نیست. چه کسی دستور داد که نخست‌وزیر را بجای بخش سوانح بیمارستان دانشگاهی سینا که در فاصله نزدیک‌تری هم بود و ریاست آن را پروفسور یحیی عدل بهترین جراح کشور به عهده داشت، یا به یک بیمارستان ارتشی که عادت به این قبیل اتفاقات داشت، به بیمارستان خصوصی نسبتاً کوچکی هدایت کنند؟ چرا انجام عمل جراحی به یک جراح پلاستیک نه چندان شناخته شده محول شد که اندکی بعد نخست‌وزیر بعدی وی را به وزارت برگزید؟

چهل و هشت ساعت بعد، هیأت دولت رسماً سه تن از جراحان معروف دانشگاهی تهران، پروفسور یحیی عدل، پروفسور جمشید اعلم متخصص گوش و حلق و بینی (چون یک گلوله به گلوی حسنعلی منصور اصابت کرده بود) و پروفسور هوشنگ میرعلائی جراح عمومی را مأمور کرد که به بیمارستان خصوصی که نخست‌وزیر در آن بستری بود بروند، پرونده وی را بررسی کنند، اگر میسر شد خود او را نیز از نزدیک ببینند و گزارشی به دولت بدهند. مدیر بیمارستان (که او هم بعداً در کابینه هویدا به وزارت رسید) و اطبای مسئول معالجه منصور این عمل دولت را به عنوان توهین به خود تلقی کردند و عملاً حتی آنها را به بیمارستان راه ندادند!

به دستور شخص شاه، پروفسور یحیی عدل از جراح معروف فرانسوی پروفسور سیکار[1] دعوت کرد که به تهران بیاید و از بیمار عیادت کند. پروفسور فرانسوی چند ساعت قبل از مرگ منصور به تهران رسید و بعد از ملاحظه پرونده نخست‌وزیر، در مورد نحوه معالجه و عمل جراحی او ابراز تردید کرد.

اردشیر زاهدی سفیر ایران در لندن و دکتر مهدی وکیل سفیر ایران در سازمان ملل

---

1 - Dr. Sicard.

متحد (و شوهر خواهر نخست‌وزیر) به نوبه خود کوشیدند که چند پزشک و جراح امریکایی را به تهران اعزام دارند، که آمدند ولی دیر بود.

محمدرضا شاه و شهبانو فرح در بیمارستان به عیادت منصور رفتند. گویا متوجه آمدن آن‌ها شد و تحت تأثیر قرار گرفت.

حسنعلی منصور در روز ۲۶ ژانویه ۱۹۶۵ درگذشت. به هنگام انقلاب اسلامی که ایران نیاز به دولتمردان لایق و کارکشته‌ای داشت که قادر به مقابله با طوفان حوادث باشند، حسنعلی منصور حتی شصت ساله نمی‌بود. معمای مرگش همچنان باقی است. انتصاب دو تن از معالجانش به وزارت این معما را پیچیده‌تر کرد. امیراسدالله علم در خاطراتش به اینکه بعضی‌ها در دربار از شر او خلاص شدند اشاره می‌کند، نه می‌گوید چه کسانی و نه می‌گوید چرا.

برای جانشینی منصور از دو تن نام برده می‌شد، یکی دکتر جمشید آموزگار، وزیر بهداری، که ارشد وزیران بود و داوطلبی خود را پنهان نمی‌کرد و دیگری سپهبد اسمعیل ریاحی، وزیر کشاورزی، که مطلقاً علاقه‌ای از خود نشان نمی‌داد. ولی هم نظامی و مناسب اوضاع روز بود و هم مردی مجرب و مقتدر. انتصاب امیرعباس هویدا که نزدیک‌ترین دوست منصور تلقی می‌شد و مدت کوتاهی با خواهرزن او نیز ازدواج کرده بود همه را متعجب کرد. هیچ‌کس او را مرد میدان نمی‌دید. بسیاری از او با تمسخر صحبت می‌کردند یا او را یک رئیس دولت محلّل می‌دانستند. فقط حلقه اطرافیان و نزدیکان منصور از او حمایت می‌کردند. یا آنکه در او وسیله‌ای برای حفظ موقعیت خود می‌دیدند.

امیرعباس هویدا سیزده سال بر سر کار ماند.

در همان شب درگذشت منصور، در محیطی پرتأثر، هویدا وزیران جدید را به شاه معرفی کرد. هیچ وقفه‌ای در راهبری امور دولت جائز نبود. در ترکیب دولت تغییری داده نشده بود جز آنکه جواد منصور، برادر نخست‌وزیر شهید که یک دیپلمات حرفه‌ای بود به سمت وزارت مشاور برگزیده شد که انتصابی برای تجلیل از نخست‌وزیر قبلی بود. سرلشکر پاکروان معاون نخست‌وزیر و رئیس سازمان اطلاعات و امنیت کشور نیز به وزارت اطلاعات برگزیده شد و جای خود را به ارتشبد نعمت‌الله نصیری داد.

بعداً معمای قتل منصور هم‌چنان ادامه یافت: محاکمه قاتل او و هم‌دستانش در کمال اختفا صورت گرفت و محمد بخارائی اعدام شد. خانم فریده منصور، بیوه نخست‌وزیر، سریعاً با دو فرزند خردسالش رهسپار سوئیس شد و در ژنو رحل اقامت افکند، که چند سال بعد از بیماری سرطان درگذشت. اما از هر نوع تماس و رابطه‌ای با «نزدیک‌ترین دوست» همسرش که مدت کوتاهی شوهر خواهرش نیز بود امتناع کرد.[۱]

زمان و دوران امیرعباس هویدا فرا رسیده بود.[۲]

او در آغاز کارمند وزارت امورخارجه، به عبارت دیگر دیپلمات بود سپس به خدمت شرکت ملی نفت ایران درآمد. ابتدا رئیس دفتر عبدالله انتظام رئیس هیأت مدیره و مدیرعامل آن و سپس، به هنگام انتصاب به وزارت دارائی در کابینه منصور در شمار مدیران آن شرکت بود.

وی در لبنان متولد شد و تحصیلات ابتدائی و متوسطه را در بیروت انجام داد. به همین سبب تسلط کامل بر زبان عربی داشت. زبان اصلی و واقعی‌اش فرانسه بود که آن را با لهجه لبنانی صحبت می‌کرد. انگلیسی را به خوبی می‌دانست و گفته می‌شد که اندک آشنایی نیز به زبان‌های روسی و آلمانی دارد. در عوض بر زبان فارسی، ظرایف و لطائف آن، بر تاریخ و ادبیات و فرهنگ ایران تسلطی که باید و شاید نداشت. وی را غالباً متهم به بهائیت کرده و می‌کنند. این اتهام نادرست است و به قصد اضرار به وی منتشر شده. طبق اسناد موجود پدربزرگش بهائی و از نزدیکان رهبر و مرجع وقت این دیانت بود. اما پدرش بهائی نبود و مادرش مسلمان بود و حتی به زیارت مکه رفت، خودش رسماً مسلمان و در مقام ریاست دولت مقید به انجام بعضی تکالیف و وظایف اسلام بود، اما شخصاً به هیچ دیانتی پای بند نبود و این امر را در جمع دوستانش پنهان نمی‌کرد.

امیرعباس هویدا، به معنای فرانسوی این کلمه «روشنفکر»ی[۳] واقعی و اما سخنرانی

۱ - دختر حسنعلی منصور اکنون در سوئیس روزنامه‌نگار شناخته شده‌ای است و پسرش هنرمند و موسیقی‌دان. (مترجم)

۲ - نگاه کنید به کتاب دکتر عباس میلانی در باره امیرعباس هویدا
The Persian Sphinx, Mage Publisher, Washington 2004.

3- Intellectuel.

ناتوان و بسیار کم مایه بود. کم خواب بود و شاید به همین سبب بسیار کتاب می‌خواند و چون روش مطالعه سریع را آموخته بود، اطلاعاتش از کتب مختلف، مخصوصاً در زبان فرانسه، گه‌گاه حیرت‌انگیز بود. بودلر[1] را از فردوسی بهتر می‌شناخت. چه بر اثر مطالعه جراید و چه از طریق روابط شخصی متعددی که داشت در جریان همه جزئیات و اتفاقات زندگی اجتماعی و فرهنگی اروپا و امریکا، به‌ویژه فرانسه، بود. راز و رمزهای زندگی سیاسی داخلی بعضی از کشورها را خوب می‌شناخت. از روابط خصوصی، خانوادگی، دوستی‌ها و دشمنی‌های رجال سیاسی آنان اطلاع داشت. گفتگو با او در این زمینه‌ها می‌توانست ساعت‌ها طول بکشد و هرگز خسته کننده نبود. وی غذای خوب، شراب خوب و به‌ویژه ویسکی خوب را دوست می‌داشت. بر روی‌هم مردی خوش برخورد و خوش معاشرت بود.

هویدا، از همان آغاز انتصابش به ریاست دولت، دو «صفت» اصلی سیاسی از خود نشان داد که شاید علت مهم دوام استثنائی دولتش و قدرت فزاینده‌اش باشند.

نخست، احتیاطش که بسیاری آن را تزویر و دوروئی می‌دانستند. حسنعلی منصور از وزیرانش خواسته بود که پس از باریابی به حضور شاه یا شهبانو او را در جریان تصمیماتی که اتخاذ شده یا به اصطلاح درباری «اوامر صادره» بگذارند تا بتواند آن‌ها را هم آهنگ کند و در صورت بروز اشکال به حل و فصل آن بپردازد. مخصوصاً از وزیران خود حمایت می‌کرد و مقید به رعایت احترام و مقام آنان به‌ویژه از جانب درباریان و مقامات امنیتی بود. رفتاری شایسته یک رئیس دولت. هویدا دقیقاً نقطه مقابل او بود. به محض این‌که درمی‌یافت وزیری مورد توجه شاه و شهبانو است و روابط مستقیمی با آنان به وجود آورده، به تحریک و شایعه‌سازی علیه آنان می‌پرداخت. سرانجام شاه نیز به این نکته متوجه شده بود و به رسم و عادت خود تا حدی آن را نادیده می‌گرفت و نیز دریافته بود که هویدا وزیران قوی را دوست ندارد و تحمل نمی‌کند و می‌کوشد که به تدریج آنان را کنار بگذارد، تا به اصطلاح رقیبی نداشته باشد[2]. گاهی از آنان حمایت می‌کرد و سپس چون نمی‌خواست نخست وزیرش را برنجاند یا تغییر دهد یا با او روابط بحرانی پیدا کند، با برکناری و جابجایی آنان موافقت نموده، به نسبت محبتی که به آنان داشت، مستقیماً یا به

۱ - Charles Beaudelaire (1821- 1867) شاعر معروف فرانسوی. (مترجم)
۲- خاطرات علم.

طور غیرمستقیم در جستجوی منصب دیگری برای‌شان برمی‌آمد. به تزویر نخست وزیرش با بازی زیرکانه دیگری پاسخ می‌داد. اما همه این‌ها محیطی ناسالم در فضای سیاسی کشور به وجود می‌آورد و به وجود آورد.

«صفت» دیگر هویدا، ضعف او در برابر دربار بود. رودررویی‌های نخست‌وزیران «بزرگ» گذشته، قوام، مصدق، زاهدی، را با شاه و درباریان می‌دانست. در جریان آغاز روابط غیرحسنه منصور با بعضی از افراد خانواده سلطنتی از جمله شاهدخت اشرف و شاهدخت فاطمه و تنی چند از درباریان با نفوذ بود. به هیچ‌وجه نمی‌خواست چنین مسائلی داشته باشد و با چنین بحران‌هایی مواجه شود. پس هر چه آن‌ها می‌خواستند انجام می‌داد و در مقابل انتظار داشت که همه آنان از او مخصوصاً نزد شاه و شهبانو ستایش و ذکرخیر کنند و در این معامله ناسالم موفق شد. وی مردی زیرک و شخصاً از فساد مبری بود و چند بار در جمع افراد مورد اعتمادش، هنگامی که ضعف و گذشتش را در مقابل این و آن سرزنش می‌کردند با تحقیر می‌گفت: «تکه استخوانی جلوی آن‌ها می‌اندازم که ولم کنند». امیرعباس هویدا مردم‌دار بود، سالروزهای تولد را تا حدامکان فراموش نمی‌کرد، از کمک به نیازمندان یا بیماران دریغ نداشت. البته از محل اعتبارات سری دولت، در همین راستا می‌کوشید روزنامه‌نویسان داخلی و به خصوص خارجی را تا حدامکان «بخرد» بسیاری از رهبران مخالف دولت از گشاده‌دستی‌های او بهره‌مند می‌شدند. شاید تصور می‌کرد که روزی از خود حق‌شناسی نشان خواهند داد، که درست خلاف آن روی داد. همه آن‌هایی که مدیونش بودند، چون پس از انقلاب به قدرت رسیدند در قتلش شتاب کردند که برای همیشه در امان بمانند.

در زمینه سیاسی، هویدا، به طور قطع و یقین از هیچ ابرقدرت خارجی و به خصوص ایالات متحده امریکا الهام نمی‌گرفت. «آدم امریکایی‌ها» نبود و محمدرضا شاه این رویه را بسیار می‌پسندید. چرا که هر چه بیشتر نسبت به رویه واشنگتن محتاط و مظنون می‌شد ولی تصور هم می‌کرد که از حمایت سیاست امریکا برخوردار است و برخوردار خواهد ماند!

او برخلاف منصور دورنگر نبود. ولی به مسائل روز توجه خاص داشت. بزرگ‌ترین نقطه ضعف او و سرانجام آن بود، و یا به تدریج آن شد، که عاشق قدرت برای قدرت گردید

و نه برای خدمت به وطنش. پس از قتل منصور، با موافقت شاه عطاءالله خسروانی وزیر کار وقت به سمت دبیرکل حزب ایران نوین برگزیده شد. هویدا با تردستی و تحریک او را از این سمت برکنار کرد و شخصاً جایش را گرفت و به تدریج حزب ایران نوین را به شبکه نفوذ شخصی و عامل بازی‌های سیاسی‌اش تبدیل کرد. حتی در آن گروه‌های کوچکی از جوانان و کارگران ایجاد کرد که «بسیجی»‌های امروز جمهوری اسلامی را به یاد می‌آورند. البته مسلح نبودند. ولی به سرعت برای هر تظاهری تجهیز می‌شدند.

هویدا با زیرکی موفق شد به داخل سازمان‌های اطلاعاتی و امنیتی نیز نفوذ کند و مخصوصاً از گزارش‌های آنان برای کنار گذاشتن رقبای احتمالی خود استفاده نماید. به این ترتیب توانست، مخصوصاً در سال‌های آخر سلطنت، برج عاجی در اطراف شاه به وجود آورد، می‌کوشید به او تلقین کند که همه چیز رو به راه است، همه چیز بی‌عیب و نقص است، همه چیز در حال بهبود و پیشرفت است. او و ارتشبد نصیری رئیس ساواک در اجتناب «از تکدر خاطر ملوکانه» همدست بودند. شهبانو که به وی لطف و عنایت هم داشت، در خاطراتش به صراحت این نکته را پذیرفته[1]. رویه‌ای که در نهایت امر برای خود او و برای شاه و برای رژیم و البته برای ایران گران تمام شد.

هویدا، این روشنفکر واقعی و ذاتاً مترقی، که جز یک ازدواج کوتاه، ظاهراً زندگی خصوصی نداشت، در پایان، مردی شده بود که دیگر هیچ انتظاری از هیچ‌کس نداشت. جز بازی سیاسی و تحریکات کوتاه مدت آن و حفظ قدرتش آن هم فقط برای قدرت به هیچ چیز نمی‌اندیشید. اشتباهات سیاسی‌اش، راز و رمزهای زندگی‌اش، افراطش در تملق در واژگونی رژیم سهم مهمی داشتند. کار به آنجا رسیده بود که در ماه‌ها و شاید دو سه سال آخر ریاست دولتش حتی شاه نیز از او بیم داشت!

شبی که وزیران جدید به شاه معرفی شدند، در ساعت ۲۲ (ده شب) جلسه هیأت دولت در حضور خود او تشکیل گردید که این خود واقعه‌ای غیرعادی بود. محیط سنگین و پرغم بود. هویدا در جای خود یعنی در دست راست شاه نشسته بود. اما نمی‌دانست چه بگوید و چه بکند. همه در حال انتظاری آمیخته با نگرانی بودند. شاه واقعاً متأثر بود در سخنانش ابتدا از خدمات منصور قدردانی کرد: «چرا او را کشتند؟ غیر از خدمت به

---

1 - Farah Pahlavi Mémoires op. cit

وطن چه کرده بود؟» سپس به افزایش قیمت مواد نفتی اشاره کرد «که همه مردم را علیه ما تجهیز کرد». «قاتلین تروریست حرفه‌ای بودند. ولی آیا ما خودمان هم مقصر نیستیم که محیطی مناسب برای آنان فراهم آوردیم؟»

وی ناگهـــان فکر جدیدی را عنوان کرد یک «طرح ضربتی» (به کار گرفتن اصطلاح Crash Program مســـتقیماً به انگلیسی) برای شهر تهران. «مرکز همه مسائل این جا است و همین جا است که باید «ضربت بزرگ» را وارد کرد. به زاغه‌های داخل و حاشیه پایتخت اشــاره کرد، از وضع بســیار بد بسیاری از معابر اصلی شهر گفت که نه آسفالت درســتی دارند و نه از روشنایی مناســب بهره‌مند هستند که واقعاً شرم‌آور است. جوان‌ها سرگردانند و وسیله سرگرمی ندارند. مگر به قیمت گران. همه که پول و قوه خرید کافی ندارند...» سپس افزود که دو وزارتخانه نوبنیاد، آبادانی و مسکن و آب و برق، باید به این وضع خاتمه دهند[1]. از مسئولان دو وزارتخانه پرسید که آیا خود را توانا به حل این مسائل می‌دانند، که جواب مثبت بود. به مهندس صفی اصفیا وزیر مشاور و رئیس سازمان برنامه دســتور داد که مســائل اعتباری و بودجه‌ای را حل کند، و سرلشکر پاکروان وزیر جدید اطلاعات را که تا چند ســاعت قبل رئیس ســازمان اطلاعات و امنیت کشور بود، مأمور تعقیب اجرای برنامه و گزارش نتایج آن کرد. کاری که در حیطه وظایف نخست وزیر بود، ولی بیچاره هویدا ساکت و تقریباً متحیر نشسته بود و دم نمی‌زد.

برای حسنعلی منصور مراسم تشییع جنازه رسمی و ملی انجام گرفت. سپس اجرای «طرح ضربتی» تهران (که همه دیگر آن‌را به اصطلاح انگلیسی‌اش می‌خواندند) آغاز شد. هنوز نخست وزیر تسلطی بر اوضاع نداشت و شاه شخصاً در آغاز اجرای کار مداخله و نظارت می‌کرد.

ظرف دو هفته زمین مناسبی در کنار جاده اصلی تهران به شهر ری یافته و انتخاب شد و بر طبق قوانین ارزیابی بوسیله سازمان برنامه خریداری گردید. هزاران کارگر و متخصص فنی و مهندس، از همه رشته‌های لازم در محل کار اجتماع کردند و به فعالیت پرداختند. مهندسان وزارت آبادانی و مسکن نقشه‌های لازم را به تدریج و مرحله به مرحله مستقیماً همه و به دست مجریان می‌سپردند. تأمین آب و برق محل کار عظیم دیگری بود. مهندسین

۱ - دکتر هوشنگ نهاوندی وزیر آبدانی و مسکن بود و مهندس منصور روحانی وزیر آب و برق.

سازمان آب تهران و وزارت آب و برق آن را هم آغاز کردند.

گرچـه این امر در صلاحیت ژاندارمری نبود، و اصولاً شـاید مسئول خاصی هم نداشت، مأموران ژاندارمری مرکز[1] در ظرف مدت کوتاهی به سرشماری دقیق همه ساکنان زاغه‌های داخل و حومه تهران پرداختند و برای هر کس و هر خانواده «برگ شناسـایی» تهیه کردند که از سوء استفاده‌های احتمالی جلوگیری شود.

روز ۳۱ اکتبر ۱۹۶۵، در رأس ساعت ۱۴ (دو بعد از ظهر)، نه برای بازدید بزرگ‌ترین کارگاه خانه‌سازی تاریخ ایران، چنان‌که همه می‌گفتند، بلکه برای افتتاح شـهرک یا در حقیقت شـهری جدید که در ظرف ده ماه به تمام و کمال سـاخته شده بود. ۳۴۵۰ خانه مستقل، ساده اما پاکیزه، هر یک با حیاطی کوچک که در آن درختی هم کاشته شده بود و علاوه بر آن‌ها همه تأسیسات لازم برای مجموعه‌ای جدید: شهرداری، ژاندارمری (محل در داخل حوزه مسئولیت پلیس نبود) دو مدرسه با فضای ورزشی وسیع، درمانگاه، حمام عمومی، مسجد... کارمندان همه این موسسات از جانب وزارتخانه‌های مربوط تعیین شده و بر سر کار خود آمده بودند.

محمدرضا شـاه راضی و خوش‌حال بود و می‌خندید. در کوچه‌های محل گردش کرد. روزی آفتابی بود، اما همه چراغ‌های معابر را روشن کرده بودند. وارد چند خانه شد شیرهای آب را باز کرد که به بیند آب جاری برقرار شده یا نه. همه مدعوین به اتفاق شاه به بام وسیع شهرداری که در آن وسیله صرف چای و شیرینی فراهم شده بود، رفتند.

شاه با این و آن گفتگوهایی کرد و سپس به صدای بلند خطاب به عباس مسعودی، صاحب گروه مطبوعاتی اطلاعات و نایب رئیس سنا گفت: «شما که اقلاً هفتاد و پنج سال دارید» (همه از این گفته خندیدند، چون مسعودی جوان‌تر بود) و همه چیز را از سال‌های پیـش دیده‌اید، آیـا آن همه حقارت‌هایی را که تحمل کردیم، یادتان هسـت؟ الآن آن‌ها (چه کسانی؟ اشاره به که بود؟) کجا هستند که بیایند و به بینند چه کارهایی از دستمان برمی‌آید»

پس فردای آن روز کامیون‌های ژاندارمری استان مرکز، اتوبوس‌هایی که به این منظور

---

۱ - به ریاست سرلشکر (سپهبد بعدی) پرویز خسروانی.

اجاره شـــده بـــود، مأمورین ژاندارمری و خدمه اجتماعی انتقال زاغه‌نشـــینان را از مناطق مختلف داخل و سپس حاشیه شهر به اقامتگاه جدیدشان آغاز کردند. خطوط اتوبوسرانی برای ارتباط با مراکز پایتخت دائر شـــده بود، آموزگاران چشم براه شاگردان‌شان بودند که به تدریج از راه می‌رسیدند و با احتیاطات قبلی ژاندارمری محل درس و کلاس‌های‌شان معلوم بود...

دو هفته بعد، بولدوزرهای سازمان مسکن، به تخریب زاغه‌ها پرداختند. «زخم بزرگی در دل تهران»، چنان‌که شـــاه گفته بود، التیام یافت و در حقیقت پاکســـازی شـــد. به جای زاغه‌ها، عمارات نوبنیاد، پارک، مراکز فرهنگی ساخته شد، چهره قسمت‌هایی از پایتخت ایران تغییر یافت.

به همین مناسبت بود که محمدرضا شاه فرمان به ایجاد نشان جدیدی به نام آبادانی داد، که به قدردانی از همه کســـانی که در توســـعه و عمران کشور خدمات شایسته انجام می‌دهند، اختصاص داشت.

قسمت دیگری از برنامه ضربتی پایتخت، بازسازی و تجدید آسفالت معابر اصلی شهر تهران بود. چند سال پیش، مقاطعه‌کاری بی‌بند و بار و نه چندان خوشنام، در مناقصه‌ای که بعداً محل تردید قرار گرفت، انحصار آسفالت و تعمیر خیابان‌های تهران را از شهرداری پایتخت گرفته بود و هر سال مبالغ هنگفتی بابت آن دریافت می‌داشت که برای توجیه آن گه‌گاه کامیون‌هایی چاله‌های چند خیابان را پر کرده قیرریزی می‌کردند که اندکی بعد به همان وضع قبلی درمی‌آمد. نتیجه آن‌که با افزایش سریع تعداد وسائل نقلیه و رفت و آمد در خیابان‌های تهران وضع معابر پایتخت اسفناک و از موجبات اصلی نارضایی عمومی و انتقادات جراید بود و شهردار اسبق تهران که چنین قراردادی را امضاء کرده بود، در زندان می‌زیست! اما قرارداد لغو نشده بود و هیچ‌کس نمی‌دانست چه باید کرد و چه گونه شهر تهران می‌تواند از شر آن و مقاطعه‌کار بدنامش خلاص شود.

به تصمیم شـــخص شاه کار بازسازی و اصلاح معابر اصلی تهران برای مدت معینی به وزارت آبادانی و مسکن محول شد. با همکاری سازمان برنامه و «استعلام» از مهمترین شرکت‌های ساختمانی و راهسازی دو پیمانکار برای انجام این کار انتخاب و ملزم شدند

که شبانه روز به کار خود بپردازند. کار از دست مقاطعه‌کار انحصاری گرفته شد. اما او مرد بانفوذی بود هم از حمایت ارتشبد نصیری رئیس جدید ساواک برخوردار بود و هم وکلای توانایی در اختیار داشت. از جمله آنان حسن ارسنجانی وزیر سابق کشاورزی که مدت کوتاه سفارتش در رم به پایان رسیده به تهران بازگشته و به حرفه اصلی خود، وکالت عدلیه، بازگشته بود. دو سه شب پیاپی، چند تن که خود را مأمور ساواک معرفی می‌کردند به کارگران و مهندسان کارگاه حمله‌ور می‌شدند، ظاهراً اوراق یا اسنادی هم در دست داشتند. چرا که هر بار مأموران کلانتری‌های محل آنان را آزاد می‌کردند. وضع مضحک بود ولی مزاحم پیشرفت کار. شاه مجبور به دخالت شد به سرلشکر پاکروان و نیز به سپهبد یزدان‌پناه رئیس کل بازرسی شاهنشاهی دستور داد که شب‌ها گه‌گاه به کارگاه‌ها سر بزنند تا مأموران واقعی یا دروغین ساواک حساب کار خود را بکنند و رفع مزاحمت بشود، چنین هم شد. این ماجرا نشانی از خلقیات محمدرضا شاه نیز بود. از کسانی که قربانی شده و به ناحق در زحمت بودند حمایت می‌کرد. اما گناهکاران واقعی تنبیه نمی‌شدند.

نوسازی ترتیب روشنائی معابر تهران نیز که در برنامه ضربتی بود به سرعت آغاز و انجام شد. طی چند ماه وزارت آب و برق تیر چراغ‌های کهنه چوبی یا سیمانی خیابان‌ها و کوچه‌های مهم شهر را که غالباً متعلق به سال‌های قبل از جنگ جهانی بود به تیر چراغ‌های فلزی زیبایی که در کارگاه‌های خود وزارت‌خانه طراحی و ساخته شده بود تبدیل کرد. در شب ۲۶ اکتبر ۱۹۶۵ سالروز تولد شاه، ناگهان تهران تبدیل به شهری نورانی و منور شد. مردم بسیاری که منتظر این تغییر نبودند، یا باورشان نمی‌شد، به خیابان‌ها ریختند و به تماشا پرداختند. تهران دارای زندگی شبانه شد. شهرهای دیگر کشور نیز به تدریج از همین تغییر و تبدیل برخوردار گردیدند. زندگی شهری دیگری همه جا آغاز شد.

به این ترتیب، دو سال بعد از آغاز و اجرای «طرح ضربتی»، پایتخت ایران، چهره و ظاهری دیگر یافته و شایسته انجام تشریفات تاجگذاری شاه و شهبانو بود.

یکی دیگر از طرح‌های شاه، که آن‌را مُلهم از انقلاب سفید می‌دانست، ایجاد کاخ‌های جوانان در پایتخت و سپس شهرهای دیگر ایران بود. برای نخستین آنان محل و ساختمانی نمادین انتخاب شد، کاخ پذیرائی ساواک واقع در چهار راه مهمی از پایتخت[۱] همان محلی

۱ - چهار راه سلطنت آباد. (مترجم)

که آیت‌الله خمینی قبل از تبعید به ترکیه و عراق در آن‌جا تحت نظر قرار داشت. ساختمان از چند خیابان مختلف کاملاً دیده می‌شد، باغی زیبا داشت و وصول به آن با چند خط اتوبوسرانی میسر بود. ارتشبد نصیری رئیس جدید ساواک از این انتخاب راضی نبود. ولی امر شاه بود و گریزی وجود نداشت. محمدرضا شاه دستور داد نقشه داخل ساختمان تغییر یابد و تکمیل شود. شخصاً نقشه‌های طرح جدید را دید و پسندید. در ساختمان یک کتابخانه، تالار سینما و اجتماعات، سالن‌هایی برای بازی بیلیارد و شطرنج، محلی برای نمایشگاه‌های هنری... پیش‌بینی شده بود. کار بازسازی به سرعت آغاز شد و پیش رفت.

وزیر آبادانی و مسکن پیشنهاد کرد که در روز افتتاح کاخ، نمایشگاهی از تصاویر طرح‌های بزرگ عمران و آبادانی و پیشرفت کشور ترتیب داده شود که نخستین بازدید کنندگان کاخ (که بعداً تعداد آنان به مراتب بیش از حد انتظار بود) فرصت و امکان دیدار آن‌ها را داشته باشند. شاه این فکر را پسندید. چند روز بعد که هویدا هم از این فکر مطلع شده بود، به وزیر خود گفت: «مواظب باش عکسی از علی (حسنعلی منصور) نباشد. شاه خوشش نخواهد آمد».

چند هفته گذشت و اجرای طرح ساختمانی نزدیک به پایان بود.

یک جمعه صبح گرم تابستانی، روز تعطیل رسمی هفتگی در ایران، وزیر آبادانی و مسکن در دفتر کار خود بود که ناگهان از گارد شاهنشاهی با تلفن به وی خبر دادند که «اعلیحضرت یک ساعت دیگر برای بازدید پیشرفت کارهای ساختمانی کاخ جوانان تشریف‌فرما خواهند شد» و از او خواسته شد که در بازدید حاضر باشد، که امری طبیعی بود. وزیر آبادانی و مسکن لباسی مناسب با بازدید شاه به تن نداشت و حتی کراوات هم نزده بود. وزارتخانه هم در مرکز شهر واقع و دور از منزلش بود که فرصت تغییر لباس را میسر نمی‌ساخت. اتومبیل وزارتی هم در اختیارش نبود. ناچار مستقیم رهسپار کاخ جوانان شد. شاه نیز بدون کت و کراوات با پیراهن ساده چهارخانه سر رسید. اسکورت کوچکی همراهش بود اما خودش اتومبیلش را می‌راند. در پاسخ عذرخواهی و توضیحات وزیرش خندید و بازدید آغاز شد. با وجود تعطیل رسمی، چند کارگر فنی در این‌سو و آن‌سو به فعالیت مشغول بودند. از فرط تعجب نمی‌دانستند چه باید کرد. برای شاه کف زدند. او نیز به سوی آنان رفت و با یکی دو تن دست داد. بازدید آغاز شد. در محلی که برای

نمایشگاه‌ها در نظر گرفته شده بود، وزیر به شاه گفت: «تصاویری از افتتاح کوی کن و آغاز کارهای ساختمانی پارک فرح نیز خواهد بود. امیدوارم اعلیحضرت از مشاهده عکس‌های حسنعلی منصور که پشت سر اعلیحضرتین بود، متأثر نشوند» شاه فوراً پاسخ داد: «چرا، متأثر خواهیم شد. ولی حتماً این کار را بکنید. منصور یک خدمتگزار بزرگ کشور بود. چندین عکس از او بگذارید». چنین بود محمدرضا پهلوی، با دلی پاک‌تر و ساده‌تر از آن‌چه گفته می‌شد و روحیه‌ای انسانی.

بازدید شاه از کاخ جوانان به اطلاع نخست وزیر هم رسیده بود. او با لباس مناسب‌تری سر رسید. اما از گفتگوی مربوط به منصور اطلاعی نیافت. در پایان بازدید، شاه ابراز رضایت کرد و به نخست‌وزیر و وزیرش گفت: «کار خیلی خوبی انجام شده. حال دیگر این ساختمان از سابق مفیدتر خواهد بود» و افزود: «طبیعتاً شهبانو و من برای افتتاح آن خواهیم آمد». هویدا نیز بسیار راضی شد. اما در روز افتتاح از مشاهده تصاویر منصور خوشش نیامد، به خصوص که شاه عمداً در برابر آن‌ها توقف بیشتری کرد که عکاسان و فیلمبرداران تصاویر کافی از او و شهبانو بردارند. این رفتار شاه نیز مانند همه افعال دیگرش حساب شده بود.

طی دو سال بعد، سه مؤسسه مشابه دیگر در محلات پرجمعیت تهران ساخته و افتتاح شد. این بار در کنار تأسیسات فرهنگی، زمین‌های ورزشی نیز بنا شده بود. در مورد آن‌ها عنوان کاخ جوانان به «مرکز فرهنگی و ورزشی جوانان» تبدیل شد. سپس مؤسسات مشابه در شهرهای بزرگ کشور نیز ایجاد گردید. دختران و پسران با امکانات یکسان از آن‌ها استفاده می‌کردند. پس از انقلاب همه آن‌ها تعطیل شد و بعضاً به مراکز آموزش مذهبی تبدیل گردیدند.

به موازات این برنامه‌ها، فعالیت‌ها و رفت و آمدهای بین‌المللی ایران و شاه و شهبانو، همچنان ادامه و توسعه می‌یافت. شخصیت‌های بزرگ جهانی از شرق و غرب به ایران می‌آمدند. حبیب بورقیبه رئیس‌جمهور تونس، ملک فیصل پادشاه عربستان سعودی که شاه برای وی احترام بسیار قائل بود و رفتار خود او نیز شباهتی به رویه معمول سلاطین و شیوخ جنوب خلیج فارس نداشت. مارشال ایوب‌خان رئیس جمهوری پاکستان، رؤسای جمهور اتریش و فنلاند... مراسم و تشریفات همه مشابه یکدیگر بودند. ضیافت‌های

مجلل، ملاقات‌ها و مذاکرات سیاسی، بازدیدها. شاه و شهبانو نیز به خارج می‌رفتند: برای سفرهای نیمه رسمی به اتریش، سوئیس، انگلستان، فرانسه (که هر بار شاه با ژنرال دوگل ناهار می‌خورد) یا برای بازدیدهای رسمی و تشریفاتی: به ممالک آمریکای لاتین، کانادا، اتحاد جماهیر شوروی.

ایران شاهنشـاهی در جشن و نمایش دائمی بود و می‌درخشید. همه آن را به عنوان نمونه‌ای برای کشـورهای در حال توسعه تلقی می‌کردند. به قول پروفسور آندره پی‌تیر[1] ایران «کشـور مساجد زیبا و بسط و توسـعه بدون تورم» بود از وزیران و شخصیت‌های سیاسـی و فرهنگی ایران در همه جا با آغوش باز و احترامات اسـتثنائی پذیرائی می‌شد. انتقاداتی هم در چند کشور جهان غرب آغاز شد: افراط در هزینه‌های نمایشی، زیاده‌روی در تقلید از دنیای غرب! پیشرفت سریع حسادت و ناراحتی نیز برمی‌انگیخت.

به هدایت شـاه، اندک اندک سیاسـت خارجی ایران، به جهت‌های تازه‌ای می‌رفت، چنان‌که خواهیم دید. سیاسـت نفتی در حال تغییر بود. ارتش روز به روز تواناتر می‌شد. محمدرضا شاه به اندیشه نقش مهم‌تری برای ایران نه تنها در منطقه بلکه در جهان بود.

این پیشـرفت‌های چشمگیر، فضای رضایت و افتخار حاکم بر رفتارها، رویه سران کشورهای بزرگ و کوچک جهان نسبت به ایران و پادشاهش، به تدریج گرایش محمدرضا شاه را به این که مورد ستایش همگان باشد، افزایش داد. ستایش را دوست می‌داشت گرچه گاهی ستایندگان را به دید تحقیر می‌نگریست. در ۱۵ سپتامبر ۱۹۶۵، مجلس شورای ملی به وی لقب «آریامهر» را اعطا کرد. لقبی که دکتر رضازاده شـفق، محقق و ادیب معروف و نماینده مجلس سـنا یافته یا سـاخته بود. دو روز بعد به نوبه خود مجلس سنا نیز این تصمیم را تأئید کرد. به این مناسبت مراسم و مجالس فراوان در سرتاسر کشور برپا شد. عنوان رسمی پادشاه ایران دیگر «اعلیحضرت همایون محمدرضا پهلوی آریامهر شاهنشاه ایران» بود، که این در حقیقت هدیه رسمی ایرانیان به او به مناسبت بیست و پنجمین سال سلطنتش بود.

در برابـر ایـن افزایش قدرت ایران و شـاه، شـبکه‌های زیرزمینی مارکسیسـت یا مارکسیست اسلامی، آرام ننشسته بودند و به کوشش خود برای نابسامان‌سازی و براندازی

1 - Andre Piettre, Membre de l' Institut و Revue des Deux Mondes در مقاله‌ای در

رژیم افزودند.

بامداد روز ۱۰ آوریل ۱۹۶۵، در رأس ساعت ۹/۵ شاه در برابر در ورودی کاخ مرمر، که دیگر محل کار دائمی‌اش شده بود، از اتومبیل پیاده شد. ناگهان یک سرباز وظیفه که خدمت خود را در گارد شاهنشاهی انجام می‌داد و بعداً دانسته شد که رضا شمس‌آبادی نام دارد، با مسلسل دستی خود به سوی او تیراندازی کرد. یکی از باغبانان خواست مانع حرکت او شود که مجروح شد. یکی از محافظان شاه به سوی ضارب تیراندازی و وی را زخمی کرد. اما به ضرب گلوله‌های وی از پا درآمد. در این گیر و دار محمدرضا شاه با چالاکی که داشت دوان دوان به سوی دفتر خود، در همان طبقه هم کف کاخ و نه چندان دور از در ورودی رفت، در آن را از پشت بست و خود را در پشت میز تحریرش پنهان کرد. وی مطابق معمول مسلح نبود[1]. ضارب، گر چه زخمی شده بود، مصمم به انجام عمل خود بود، وارد سرسرای کاخ شد. به در ورودی دفتر شاه تیراندازی نمود و سرانجام یکی دیگر از محافظان شاه او را از پای درآورد و خود نیز در این ماجرا کشته شد.

قرار بود در ساعت ۱۰/۵ صبح، رئیس ستاد نیروی دریایی فرانسه به حضور شاه باریابد[2] هنگامی که وی به کاخ مرمر رسید، مأموران به نظافت باغ و جمع‌آوری شیشه‌های شکسته و جستجوی گلوله‌ها و شستن خون مقتولین، مشغول بودند. رئیس ستاد نیروی دریائی فرانسه، همه مشاهدات خود را به پاریس گزارش داد و افزود که به هنگام مذاکرات طولانی که با شاه داشت، کوچک‌ترین اشاره‌ای به این ماجرا نشد، در شاه اندک ناراحتی از اتفاقی که افتاده مشهود نبود و هر دو توانستند در شرائطی کاملاً عادی و با خونسردی به بررسی پرونده‌هایی که مطرح بود بپردازند.

اندکی بعد، به دستور نخست‌وزیر، به جراید و وسایل ارتباط جمعی اطلاع داده شد که ساختمانی در نزدیکی (و نه در محوطه) کاخ مرمر فرو ریخته و سر و صدایی که به گوش همه رسیده بود از آنجا برخاسته. هیچ کس فریب نخورده بود رفت و آمد

۱- قرار بود بعد از ظهر آن روز جلسه‌ای در حضور شاه تشکیل شود، که چند تن از وزیران (از جمله نویسنده ایرانی این کتاب) ملزم به حضور در آن بودند، این جریان را خود او قبل از رسمیت جلسه برای آنان حکایت کرد و محل‌های مختلف را نشان داد. خونسردی‌اش کامل بود. گوئی از اتفاقی صحبت می‌کند که برای کس دیگر روی داده گرچه از اصطلاح شاهانه «ما» استفاده می‌کرد.

۲- اشاره است به Amiral Cabanier این جریان در خاطرات Conte de Marenches منبع ذکر شده، به تفصیل آمده است.

آمبولانس‌ها و مأموران مختلف را در اطراف و داخل کاخ می‌دیدند، در حقیقت دقایقی بعد در تهران همه می‌دانستند که در کاخ مرمر اتفاق ناگواری افتاده، اما چه اتفاقی؟

پس از پایان باریابی آمیرال کابانیه، تنی چند از شخصیت‌های نزدیک به شاه در اطاق انتظار و دفتر کار وی جمع شده بودند. اردشیر زاهدی که از مفاد اطلاعیه نخست‌وزیری و حکایت فرو ریختن ساختمان آگاه شده بود، در حضور سپهبد مرتضی یزدان پناه و امیر اسدالله علم، شدیداً به هویدا پرخاش کرد و وی را به دروغ‌گویی به مردم و سلب آبروی دولت متهم نمود. سپهبد یزدان‌پناه او را به آرامی از اطاق بیرون راند اما شاه چیزی نگفت[1].

اندکی بعد به دستور شخص شاه اعلامیه رسمی دیگری صادر شد و جریان واقعه، چنان‌که روی داده بود، به اطلاع مردم رسید. اما شایعات گسترش می‌یافت. بسیاری می‌گفتند که شاه زخمی شده و یا حتی به قتل رسیده است.

در اوائل بعدازظهر، شاه در اتومبیل روباز اردشیر زاهدی که خود پشت فرمانش نشسته بود و می‌راند. در چند خیابان تهران گردش کردند. از محافظین در ظاهر خبری نبود. اتومبیل چند بار در مقابل چراغ‌های قرمز توقف کرد. همه شاه را دیدند و به او ابراز محبت کردند.

شایعات پایان یافت.

تحقیقات سازمان‌های اطلاعاتی و انتظامی و مراجع قضائی سریعاً به نتیجه رسید. مانند شبکه‌های آدم‌کشی و خرابکاری که در همان موقع در آلمان غربی، فرانسه، ایتالیا و کشورهای دیگر به براندازی مشغول بودند، گروهی که قصد قتل محمدرضا شاه را داشت از چپ‌گرایان افراطی، بیشتر متمایل به عقاید تروتسکی[2] تشکیل شده بود که با سرویس‌های اطلاعاتی آلمان شرقی[3] یعنی در حقیقت اتحاد جماهیر شوروی ارتباط داشته،

---

۱ - نگاه کنید به جلد دوم خاطرات او. (متن فرانسه)

۲ - Léon Daviduvitch Bronstein موسوم به تروتسکی (۱۹۴۰-۱۸۷۹) رهبر شماره ۲ انقلاب بلشویکی در روسیه و نزدیک‌ترین یار لنین بود. پس از مرگ شخص اخیر، استالین وی را از قدرت دور و سرانجام برکنار و تبعید کرد و مأموران شوروی وی را در تبعیدگاهش در مکزیک به قتل رساندند. تروتسکی بنیان‌گذار بین‌الملل چهارم و در بسیاری از موارد تندروتر از استالین و طرفدار انقلاب کمونیستی جهانی بود. بسیاری از گروه‌های چپ تندرو هنوز هوادار عقاید او هستند. (مترجم)

۳ - سقوط دیوار برلن و حکومت کمونیستی در آلمان شرقی دسترسی تدریجی به اسناد و مدارک محرمانه سازمان‌های اطلاعاتی آن کشور را میسر ساخته که نشان می‌دهد آن‌ها چه نقشی در برنامه‌های براندازی، از جمله در ایران داشته‌اند و در انقلاب اسلامی نیز بی‌تأثیر نبودند. (مترجم)

از آن‌ها دستور و یاری می گرفتند.

تقریباً همه اعضای گروه دانش آموختگان دانشگاه‌های انگلیس و امریکا بودند. ارتباط آنان با سرویس‌های جاسوسی آلمان شرقی و در نتیجه شوروی محل تردید نبود. محاکمه آنان طولانی بود. دو تن از آنان محکوم به اعدام شدند، یک تن محکوم به حبس ابد، چند تن دیگر به سه تا نه سال زندان و دو نفر برائت حاصل کردند. محکومین استیناف دادند که رد شد و دیوان عالی کشور نیز احکام صادره را ابرام کرد.

پس از قطعیت احکام دادگاه‌ها، حادثه غریبی روی داد. شبی، نزدیک به ساعت ۱۲ (نیمه شب) سپهبد کمال رئیس اداره دوم ستاد کل، پرویز نیک‌خواه رئیس گروه آدم کشان را با دست‌بند به کاخ مرمر آورد و به حضور شاه برد که دستور داد دست‌هایش را آزاد کنند و از سپهبد کمال خواست که آنها را تنها بگذارد. ملاقات شاه و پرویز نیک‌خواه هفتاد و پنج دقیقه به طول انجامید که در طی آن دوبار چای صرف شد. هنگامی که پرویز نیک‌خواه از دفتر شاه خارج شد چشمانش هنوز پر از اشک بود. دوباره به وی دست‌بند زدند و به زندان عودت داده شد.

چند روز بعد، شاه با استفاده از اختیارات قانونی خود، محکومیت نیک‌خواه را یک درجه تخفیف داد و وی از مرگ نجات یافت. طبیعتاً اعضای دیگر گروه نیز از این تصمیم بهره‌مند شدند. در سال ۱۹۷۱ همه آن‌ها آزاد شدند. پس از آن نیک‌خواه به تصدی یکی از مهم‌ترین مناصب سازمان رادیو تلویزیون ملی ایران گمارده شد و یکی دیگر از اعضای اصلی گروه به سمت مشاور فرهنگی شهبانو.[۱] چنین بود رفتار و روحیه شاه. مگر نه این‌که چند بار حتی از ژنرال دوگل که همیشه مورد ستایش او بود به سبب آن‌که سرهنگ باستین تیری را عفو نکرده، انتقاد کرده بود؟[۲]

با وجود شکست این سوءقصد و تقویت ترتیبات حفاظتی از شاه، او بار دیگر در ۱۹

۱ - پرویز نیک‌خواه پس از انقلاب اسلامی بازداشت و اعدام شد. گروهی علت قتل او را عدم توفیق در توطئه‌اش و بهره‌مندی از عفو شاه دانستند و گروهی دیگر تشابه تقریبی اسمی با نویسنده مقاله‌ای علیه خمینی که بعدا به آن اشاره خواهد شد. مشاور فرهنگی شهبانو در پائیز سال ۱۹۷۶ با موافقت شاه از اطراف همسرش دور شد.

۲ - Jean Marie Bastien-Thiry – رهبر گروهی بود که در ۲۲ اوت ۱۹۶۲ در نزدیکی پاریس به ژنرال دو گل سوء قصد کردند. دو گل تقاضای عفو وی را رد کرد و او را در ۱۱ مارس ۱۹۶۳ تیرباران کردند.

مه ۱۹۶۷ مورد حمله گروهکی از چپ‌گرایان افراطی قرار گرفت. اما در اتومبیلش نبود. در سـوم ژوئن همان سـال به هنگام بازدید از جمهوری آلمان فدرال (آلمان غربی) چند تن ایرانی چپ‌گرای دیگر در برلن بر وی سوءقصد کردند. دستگاه کوچکی مملو از مواد منفجره که از دور هدایت می‌شـد، سـوی اتومبیل وی فرستاده شد، اما انفجار رخ نداد و بار دیگر محمدرضا شاه معجزه‌آسا نجات یافت. مسئول اصلی این سوء قصد بازداشت و محاکمه و به یک سال حبس محکوم شد.

سـوء قصد دهم آوریل به شاه، پی‌آمد شـگفت‌انگیز دیگری داشت که تأمل در آن یکی از جنبه‌های اصلی یا لااقل مهم شـیوه حکومت و کشـورداری محمدرضا شـاه را روشن می‌کند: ارتشبد نصیری، «اطلاعیه»ای – گزارش بدون عنوان و بدون امضا که یکی از خبرچینان ساواک منبع آن بود، به شاه داد که در آن اردشیر زاهدی، الهام بخش اصلی سوءقصد کاخ مرمر معرفی شده بود. در گزارش گفته شده بود که وی در اقامتگاهش (که تا اندکی قبل اقامتگاه شاهدخت شهناز نیز بود) انبار اسلحه و مهماتی پنهان داشته. اردشیر زاهدی، وزیر امورخارجه، بی‌درنگ در جریان این اتهام گذاشته شـد و از شاه خواست که هیأتی مرکب از نمایندگان ساواک، اداره دوم ستاد کل، گارد شاهنشاهی و خود وی، بازرسـی دقیق و کاملی از اقامتگاه او به عمل آورند. به جای اسـلحه جدید و خطرناک مجموعه‌ای از تفنگ‌های قدیمی، بعضاً متعلق به قرن نوزدهم، و یا تازه‌تر تقریباً همه متعلق به سپهبد زاهدی که شکارچی معروفی بود یافته شد که بعضی از آن‌ها را پادشاهان پهلوی به او هدیه داده بودند! به اصرار صاحب‌خانه همه این تفنگ‌ها مهر و موم شـده صورت جلسه‌ای تنظیم و تعداد و مشخصات آن‌ها در آن مندرج گردید[۱]. موضوع مسکوت ماند. قطعاً محمدرضا شاه می‌دانست که همه این ماجرا نوعی صحنه‌سازی است، که شاید ارتشبد خواسته به این ترتیب از سخنان تندی که پس از شکست مأموریتش در ابلاغ فرمان عزل مصدق و تبدیل آن به «کودتای گارد شاهنشاهی» از سپهبد زاهدی شنیده بود انتقام بکشد. هم‌چنین ممکن بود دست امیرعباس هویدا که دیگر مخالفت و دشمنی متقابل او و اردشیر زاهدی معروف خاص و عام بود در این گزارش باشد. به هر تقدیر عکس‌العملی از محمدرضا شاه دیده نشد. این طرز عملش بود.

بعد از برگزاری مراسـم بیسـت و پنجمین سال سـلطنت و اعطای لقب آریامهر به

---

۱ - این ماجرا و عین صورت‌جلسه در خاطرات اردشیر زاهدی (جلد دوم) و چند کتاب دیگر مندرج است.

محمدرضا شاه زمان مراسمی دیگر فرا رسیده بود: تاجگذاریش در تاریخ ۲۶ اکتبر ۱۹۶۷، زادروز تولد وی. سپهبد مرتضی یزدان‌پناه که در تاجگذاری رضاشاه نیز دست اندر کار بود، به سرپرستی و مراقبت این مراسم مأمور شد. ظاهر تهران، مخصوصاً پس از اجرای برنامه‌های اخیر، دیگر آبرومند شده بود. اما کاخ گلستان که تالار تاجگذاری در آن قرار داشت، به تعمیرات اساسی نیازمند بود.

ساختمان کاخ گلستان در زمان فتحعلی‌شاه قاجار آغاز شده و در حقیقت به عهد ناصرالدین شاه به پایان رسیده بود. تالار تاجگذاری (مانند تالارهای مشابهی در بسیاری از قصور سلطنتی کشورهای دیگر جهان) تا حد زیادی از تالار آئینه کاخ ورسای الهام گرفته ولی منعکس کننده شیوه و سلایق ایرانی بود و عظمت و اُبهتی خاص داشت تخت طاووس معروف در همین تالار قرار داشت. تا پایان قرن نوزدهم چند بار در آن تعمیراتی انجام گرفته و تغییراتی داده شده بود. اما سقف آن را هر بار با تعمیراتی نه چندان حساب شده سنگین و سنگین‌تر کرده بودند. ترک‌هایی پدید آمده بود و بیم فرو ریختن آن می‌رفت.

سپهبد سالخورده که اختیارات تام داشت، تصمیم به نوسازی بنای سقف گرفت بدون آن‌که کارهای ساختمانی از درون تالار محسوس و مشهود باشد. مهندسان و کارشناسان وزارت فرهنگ و هنر به این قبیل عملیات ساختمانی عادت داشتند. مدت زمان کم و کوتاه بود، اما با جدیت همگان و قدرت عمل و فرماندهی سپهبد یزدان‌پناه گه‌گاه شب و روز در آن محل مستقر می‌شد، کار به انجام رسید.

در روز تاجگذاری[1] که تعطیل عمومی بود، هوای تهران آفتابی و بسیار مطبوع بود گویی طبیعت به زوج سلطنتی ایران لبخند می‌زند. تصاویر بزرگ شاه و شهبانو و ولیعهد در همه جا نصب شده و بسیاری از نقاط شهر مملو از گل و یا مفروش از زیباترین قالی‌ها بود. دو کالسکه، هر دو مربوط به دوران قاجاریه، از کاخ مرمر خارج و رهسپار کاخ گلستان شدند. کالسکه اول را هشت اسب می‌کشیدند. شاه و شهبانو در آن مستقر بودند. کالسکه دوم کوچک‌تر بود، چهار اسب برای کشیدنش کفایت داشت و به شاهپور رضا ولیعهد هفت ساله اختصاص یافته بود که سریعاً جلب نظر همه را کرد و ستاره آن روز شد.

۱ - فیلم کامل آن در مجموعه اسناد رسمی و دولتی فرانسه موجود و قابل رؤیت است

در سرتاســر مسیر، جمعیتی انبوه در دو طرف خیابان‌ها گرد آمده با گرمی و محبت نسبت به زوج سلطنتی و ولیعهد ابراز احساسات می‌کردند.

در داخل کاخ گلســتان، تخت طاووس، با همه ســنگ‌های گرانبها و درخشانش در انتظار شــاه شاهان بود. همه مدعوین لباس‌های تمام رسمی به تن داشتند. بانوان با لباس بلند و کلاه بر سر داشتند. نشان‌های همه بر سینه‌ها می‌درخشید. از کلیه کشورهای خارجی سفیران مقیم دربار شاهنشــاهی و همسران‌شان دعوت داشتند و نیز تنی چند از دوستان شــخصی شاه، دوســتان زمان مدرســه رُزه. از جمله یکی از احفاد بیسمارک صدراعظم معروف آلمان.

ابتدا ولیعهد وارد شد و با آرامش و وقاری که همه را حیرت‌زده کرد، سرتاسر تالار را پیمود و در جای ویژه خود قرار گرفت. سپس نوبت به شهبانو رسید که لباس سفیدی بلند که مارک بوهان[1] طراح و خیاط آن بود به تن و حمایل نشان هفت‌پیکر را به گردن داشت. وی به آرامی پیش می‌رفت در حالی که شــش دختر بچه دم لباســش را به دست گرفته بودند. شهبانو تاج مخصوصی را که جواهرسازی وان کلیف و آرپل[2] پاریس با سنگ‌های گرانبهای خزانه ســلطنتی ایران برایش ساخته بود. بر سر داشت. سرانجام شاه آمد. او نیز بــا وقار و جلال راه می‌رفت، به جمعیت مدعوین که در دو طرف ایســتاده ادای احترام می‌کردند، پاسخ می‌داد. وی پیش رفت و بر تخت طاووس جلوس کرد. شهبانو و ولیعهد بر جاهای مخصوص خود در دو طرف او قرار گرفتند.

دو افســر ارشد ارتش شاهنشــاهی با تاج مخصوص شاهنشاهی و شمشیر سلطنتی پیش آمدند. آیت‌الله دکتر سیدحســن امامی، امام جمعه تهران، دعایی خواند و ســخنان مناســبی ایراد نمود. شــاه از تخت طاووس پائین آمد، در برابر قرآن تعظیم کرد و بر آن بوسه زد. سکوتی مطلق بر جمعیت انبوه حاضر در تالار تاجگذاری حاکم بود. محمدرضا شاه کمربند مخصوص سلطنت را بست و شمشیر مرصعش را به آن آویخت. سپس تاج پهلوی، همان تاجی را که برای رضاشــاه ســاخته بودند و او در ۲۵ آوریل ۱۹۲۶ بر ســر گذاشته بود، او هم بر سر نهاد.

---

۱ - Marc Bohan- طراح لباس‌ها و سرخیاط کریستیان دیور در آن زمان.

2 - Van Cleefet Arpels.

در این هنگام شهبانو از جای خود برخاست، هشت ندیمه مخصوص، شنل تیره‌رنگ زردوزی شده‌ای را که به این مناسبت دوخته شده بود، به تنش کردند و دنباله‌ی آن را به دست گرفتند. شهبانو در برابر همسر تاجدارش زانو زد و شاه تاج را بر سرش گذاشت که این کار در تاریخ بعد از اسلام ایران بی‌سابقه بود. به هیچ ملکه‌ای چنین افتخار و امتیازی داده نشده بود.

سپس طبق سنتی دیرین، ادیب و شاعر معروف دکتر لطفعلی صورتگر قصیده‌ای را که به این مناسبت سروده بود، قرائت کرد. شاه از جای خود برخاست و چند کلمه‌ای گفت. او یادآور شد که تنها هدف زندگی‌اش سربلندی و بزرگی ملت ایران بوده و امیدوار است بتواند همچنان استقلال و حاکمیت و تمامیت ایران را حفظ کند و ایران را به راه ترقی ببرد و در پایان افزود که حاضر است جان خود را در این راه فدا کند. در حقیقت این سخنان تجدید عهد و سوگندی بود که به هنگام آغاز سلطنتش یاد کرده بود.

تمام برنامه با نظم و ترتیبی نظامی و بدون کوچک‌ترین خدشه اجرا و انجام شد. سپهبد یزدان پناه با چشمان تیزبین و اشارات انگشت که فقط از نزدیک دیده می‌شد مراقب و مواظب بود.[1]

تشریفات به پایان رسید. سرود تاجگذاری به‌وسیله ارکستر سنفونیک تهران و گروه آوازهای دسته جمعی‌اش اجرا شد: «آید از کاخ شاهنشهان، نغمه صلح عالم به گوش...» کلماتی که از سنگ نبشته‌های کورش و داریوش الهام گرفته بود.

شاه و شهبانو و ولیعهد برخاستند و در میان کف‌زدن‌های ممتد حاضران تالار تاجگذاری را ترک کردند و به همراه گارد مخصوص و ملبس به لباس‌های فاخر به کاخ سلطنتی بازگشتند. همه چیز به خوبی و در نظم و ترتیب شایسته گذشت. شاه خندان بود و تهران در شادی و سرور.

جشن‌ها و مراسمی متعدّد در تهران و سرتاسر کشور اجرا شد. طرح‌های عمرانی، فرهنگی و تولیدی بسیار گشایش یافته و شروع به کار کردند. از جمله اُپرای تهران که تالار

---

۱ - وی به همین مناسبت به دریافت نشان درجه یک تاج با حمایل مفتخر گردید. (مترجم)

رودکی (شاعر و موسیقی‌دان ایرانی)، عهد سامانیان،[1] نام گرفت.

در همیــن روزهــا بود که کمیته در حــال نزع برگزاری دوهزار و پانصدمین ســال شاهنشــاهی ایران و سال کورش کبیر منحل شد و سازمان دیگری به ریاست امیراسدالله علم و ریاست عالیه شهبانو جای آن را گرفت و بدین‌سان تدارک جشن‌های شاهنشاهی و مراسم تخت جمشید آغاز گردید.

---

۱ - ســامانیان از ۸۷۵ تا ۹۹۹ بر قسمت اعظم ایران سلطنت کردند. آن‌ها سلسله‌ای ایرانی و ایرانی‌الاصل بودند.

فصل سوم

جشن‌های تخت جمشید

پس از مراسم تاجگذاری، بسط و توسعه اقتصادی، تحول اجتماعی و درخشش ایران در جهان، هم‌چنان طی ماه‌ها و سال‌ها ادامه یافت تا آن‌جا که بسیاری درباره آن از «معجزه» صحبت می‌کردند. معجزه ایران، آهنگ سالیانه رشد اقتصادی به ۹/۴٪ رسیده بود. طرح‌های عظیم و حیرت‌انگیزی به مرحله اجرا درآمدند که تا چند سال پیش از آن حتی تصور آن‌ها هم نه برای ایرانیان میسر بود و نه برای ناظران خارجی. ساختمان و بهره‌برداری شبکه لوله‌های سرتاسری پخش و انتقال گاز، از جمله برای فروش به اتحاد جماهیر شوروی[۱]، افتتاح و بهره‌برداری صنایع ذوب آهن در آریاشهر نزدیک اصفهان نمونه‌ای از آن‌ها بود.

در زمینه روابط بین‌المللی، ایران هم‌چنان یکی از «کشورهای جهان آزاد» و متحدان اصلی دنیای غرب بود، اما به تدبیر محمدرضا شاه به تدریج از ایالات متحده آمریکا فاصله گرفت و بر استقلال سیاست خارجی خود تأکید می‌کرد و امکانات آن را هم داشت. تجدید استیلای ایران بر سه جزیره کوچک واقع در تنگه هرمز که نظارت بر «راه نفت» را میسر می‌ساخت.[۲] یکی از این قدرت نمایی‌ها بود که بر بسیاری از دول دیگر و منافع بزرگ اقتصادی خوش‌آیند نبود. اما محمدرضا شاه اعتنایی به این بازتاب‌های نامساعد

۱- تاریخ آغاز بهره‌برداری: ۲۱ اکتبر ۱۹۷۱

۲- نگاه کنید به فصل بعدی

نکرد.

در چنین شـــرایطی بود که ملک فیصل پادشاه عربســـتان سعودی و محمدرضا شاه تصمیـــم به افزایش بهای فروش نفت خام گرفتنـــد. مرحله اول این افزایش در ۱۴ فوریه ۱۹۷۱ تحقـــق یافت. مرحلـــه بعدی آن در ۱۹۷۳ بود که هر دو پادشـــاه بهای گران آن را پرداختند.[۱]

شـــاه، شهبانو و مســـئولان طراز اول مملکت، در همه سطوح و همه شئون تماس و گفت و شنود با رهبران کشورهای دیگر را ادامه و توسعه می‌دادند. به کوشش دیپلماسی فعّال ایران[۲] موافقت‌نامه‌های دو جانبه متعددی با تقریباً همه کشـــورهای جهان آزاد برای حذف ویزا منعقد شـــد. گذرنامه ایرانی همان قدر مورد اعتماد و مطمئن بود که گذرنامه فرانسوی یا آمریکایی و آلمانی... روابط فرهنگ و بازرگانی با کشورهای جهان، از شرق و غرب، گسترش می‌یافت. میزان مصرف کلی و مصرف سرانه در حال ازدیاد مستمر بود. درآمد ســـرانه از ۱۶۰دلار در ســـال ۱۹۶۰ به ۲۴۵۰ دلار در سال ۱۹۷۷ بالغ شد. گشایش اعتبارات بانکی سبب شد که فروش وسائل نقلیه شخصی (غالباً ساخت ایران)، مسکن و حتی منازل کنار دریا یا کوهستانی به نحوی حیرت‌انگیز گسترش یابد. طبقه متوسطی که سابقاً محدود و معدود بود، به سرعت بسط و گسترش یافت. البته هنوز فقر و تنگدستی از میان نرفته بود. ولی چهره و ظاهر جامعه بر اثر انقلاب سفید دگرگون می‌گردید.

هـــزاران فارغ‌التحصیل دانشـــگاه‌های داخل و خارج و مدارس عالیـــه وارد بازار کار شدند و به راحتی مشاغل مناسبی می‌یافتند. اما ایران به نیروی کار بیشتر احتیاج داشت. از افغانستان،کره، فیلیپن، پاکستان، سیلان و جاهای دیگر کارگران ساده یا متخصص به ایران سرازیر شدند تا جوابگوی احتیاجات کشور باشند. ایران کشوری مترقی و در حال توسعه سریع بود. نه مملکتی عقب افتاده. بسیاری عقیده داشتند که در پایان قرن بیستم، پنجمین قدرت اقتصادی جهان خواهد بود. آرزو و هدف محمدرضا شاه نیز همین بود.

۱- نخستین افزایش از ۳ دلار هر باریل به ۱۲ دلار بود. نگاه کنید به
Andrew Scott Cooper The Oil Kings. How The U.S., Iran and Saudi Arabia, changed the balance of power in the Middle East? Simon and Shuster, N.Y. 2011. Trita Parsi, Treacherous Alliance, Yale University. Press, 2011 و ...

۲- که در این زمان اردشیر زاهدی در رأس آن بود.

این پیشرفت‌ها نتایج دیگری نیز دربرداشـــت. فارغ‌التحصیلان جوانی که وارد بازار کار می‌شدند نه تنها زندگی مادی بهتر، مسکن، وسیله نقلیه، امکانات مسافرت در داخل و خارج می‌خواستند، بلکه در جستجوی مشارکت بیشتر و مؤثرتر در راهبری امور میهن خود بودند.

حکومت پیش‌بینی لازم را در این مورد نکرده بود. تدابیری که پاسخگوی این نیازهای مبرم باشد یا اتخاذ نمی‌شد، یا اگر می‌شد کافی و وافی به مقصود نبود. محمدرضا شاه در مورد آن‌ها سکوت اختیار می‌کرد.

سازمان اطلاعات و امنیت کشور به ریاست ارتشبد نعمت‌الله نصیری، ابتدا با حسن نظرعَلَم و ســپس با حمایت مؤثرتر هویدا که در این دوران بر ســر کار بود، پاســخ به این توقعات اجتماعی را بیشــتر در خشــونت می‌دید تا در پیش‌گیری سیاسی. ناچار بر سخت‌گیری‌ها می‌افزود. هر دو هم نخست‌وزیر و هم رئیس ساواک، نمی‌خواستند شاه را مکدّر و یا نگران کنند. هر یک به علتی. در زمان کوتاه این رویه کارساز بود. اما به تدریج مشکلی بر مشکلات افزود و بر تصویر حکومت چه در داخل و چه در خارج لطمه وارد آورد.

در سطح بین‌المللی جراید چپ‌گرا نسبت به شاه و نظام حکومتی ایران لحنی بسیار انتقادآمیز داشتند. هفته‌نامه دسته چپی فرانسه نوول ابسرواتور[1] در مقاله تندی منکر تحولات ایران و تغییرات ســریع جامعه نشــده، پذیرفته که درآمد سرانه در ظرف ده سال دو برابر شده، صنعت در حال بسط و توسعه است که شهرهای جدید توسعه می‌یابند. اما معتقد اســت که همه این دگرگونی‌ها به سود اقلیتی بیش نیست و جشن‌های تخت‌جمشید در محیط خفقان برگزار می‌شود. این هفته‌نامه می‌افزاید که گروهی محدود از رونق اقتصادی بهره گرفته ثروت‌های انبوه اندوخته‌اند و در مقابل بهبود زندگی یک عده از مردم، شمار دیگری در تنگدســتی باقی هستند. آیت‌الله خمینی نیز از عراق صدای خود را بلند کرده اندیشه برگذاری مراسم تخت جمشید را «شیطانی» نامید و آینده تاریکی را به بنیان‌گذاران آن وعده داد.

تردید نیســت که چنین اظهارنظرهایی مبتنی بر جهت‌گیری‌های عقیدتی و سیاسی

۱- Nouvel Observateur در شماره مورخ ۱۱ اکتبر ۱۹۷۱

و در نتیجــه مغرضانــه بودند. اما عدم توجه به آن‌ها هم درســت نبود. در اطراف دربار و نخســت‌وزیر، تنی چند از تظاهر به تجمّل و ثروت دریغ نداشتند که این نوع خودنمائی با فرهنگ دیرین و ســنتی ایرانیان هماهنگی نداشــت. شــایعات مختلفی درباره فساد و رشوه‌خواری گروهی معدود در همه جا رایج بود. هنوز کسی از شاه انتقاد نمی‌کرد. ولی عدم توجه به نارضائی‌ها در دو سال اخیر خود او را نیز هدف قرار داد.

محمدرضا شاه می‌خواست که مراسم تخت‌جمشید، سال کورش کبیر[1]، مظهر اعتلای قدرت و نمایانگر ترقیّات و تحولات ایران باشــد. شاید چنین هم‌شد. اما مراسمی که در تخت‌جمشید برپا شد و نحوه انجام آن‌ها نقطه آغاز بحران دودمان پهلوی نیز بود.

جشن‌های تخت‌جمشید- و نه سال کورش کبیر- در روز ۱۲ اکتبر ۱۹۷۱ در پاسارگاد نخستین پایتخت شاهنشاهی هخامنشیان که وی شش قرن قبل از میلاد مسیح بنیان نهاده بود آغاز شد. پاسارگاد در چهل کیلومتری تخت‌جمشید و در ارتفاع ۱۹۰۰ متر از سطح دریا قرار دارد.

در رأس ساعت ۱۱، «محمدرضا پهلوی آریامهر شاهنشاه ایران» در حالی‌که ملبّس به لباس پرفخر و جلال سلطنت بود، به تریبونی که رو به آرامگاه کوروش بزرگ[2] بنیان‌گذار شاهنشاهی ایران[3] برپا شده بود قدم نهاد.

پشــت ســر شــاه و رو به آرامگاه تقریباً همه شخصیت‌های رســمی و مهم کشور، طبق مقررات دقیق تشــریفات دربار جلوس کرده بودند. خانواده ســلطنتی، نخست‌وزیر و وزیران، روســا و نمایندگان دو مجلس، رئیس و اعضای دیوان عالی کشــور، روسای دانشگاه‌ها، فرماندهان ارتشی و نیز روسای نمایندگی‌های خارجی یعنی سفیران مقیم دربار شاهنشــاهی. همه لباس‌های رسمی بر تن داشتند و نشــان‌های خود را بر آن زده بودند. صدها روزنامه‌نویس و خبرنگار و عکاس و فیلم‌بردار داخلی و خارجی نیز حاضر و ناظر

۱- سال بزرگداشت، کورش شاهنشاه هخامنشی از ۲۱ مارس ۱۹۷۱ تا ۲۱ مارس ۱۹۷۲
۲- بنائی در شش طبقه، یا درجه، که منتهی به محل تدفین کورش می‌شود و در سال‌های ۵۴۰ تا ۵۳۰ قبل از میلاد مسیح ساخته شده.
۳- شاهنشاهی یا امپراطوری ایران از تجمّع حکومت‌های سلطنتی پارس، ماد، لیدی و بابل به وجود آمد و سپس کشورها و مناطق بسیار به آن پیوستند که در زمان داریوش کبیر به اوج اعتلای خود رسید و شاید به صورت بزرگترین امپراطوری تاریخ جهان درآمد.

بودند و مراسم به طور مستقیم از رادیو تلویزیون ملی ایران پخش می‌شد. طبق آمار موجود نزدیک به ده میلیون از ایرانیان آن را در صفحات تلویزیون تماشا و مشاهده کردند.

برای ایرانیان، کورش دوم، یا کورش کبیر (۵۵۹ تا ۵۲۰ قبل از میلاد مسیح) مانند داریوش کبیر پسر عمه و دامادش (۵۲۲ تا ۴۸۶ قبل از میلاد مسیح) و شاه عباس کبیر (۱۸۵۷ تا ۱۶۲۹) چهره‌ها و شخصیت‌های افسانه‌ای تاریخ کشورشان هستند.

لقب و عنوان کبیر را تاریخ و مردم ایران به آن‌ها داده‌اند، نه هیچ مقام و مرجع رسمی. کورش از پدر هخامنشی بود، (سلسه کوچکی که بر سرزمین پارس یا فارس حکومت می‌کرد) و از مادر ماد. شاهزاده خانمی که دختر آخرین پادشاه این دودمان بزرگ بود که از اکباتان (یا همدان امروز) بر بخش مهمی از منطقه سلطنت داشتند. از اتحاد این دو دودمان، کوروش، شاهنشاهی ایران را بنیان نهاد. سودا و آرزویش، ایجاد یک شاهنشاهی جهانی بود[۱]، که هر ملت و قومی در چهارچوب آن در آزادی و امنیت زندگی کند. او به نوشته آخرین زندگی‌نامه‌نویس فرانسوی‌اش[۲] «آزادی‌بخش ملت‌ها»[۳] بود.

او شاهنشاهی خود را بر احترام به فرهنگ و باورهای مذهبی و هویت ملت‌هایی بنیان نهاد که بر آنان فرمان می‌راند. اسکندر مقدونی او را به عنوان نمونه و راهنمای خود انتخاب کرده بود. پس از فتح بابل[۴]، که در آن نه خونریزی شد نه تخریب و نه آزار هیچ‌کس، یهودیان را که از دیرباز در آن‌جا به اسارت می‌زیستند آزاد کرد[۵] و در استوانه یا منشور کورش نخستین اعلامیه جهانی حقوق بشر را رسمیت بخشید: «من به همه مردمان آزادی ستایش خدایان خود را ارزانی داشتم و امر کردم که هیچ‌کس مجاز نباشد به این مناسبت با آنان بدرفتاری کند... من فرمان دادم که خانه و مسکن هیچ کس را ویران نکنند و به دارائی هیچ کس تجاوز نشود. من صلح و امنیت را برای همه تضمین کردم...» بر این اساس بود که کورش و جانشینانش آزادی مذهب و احترام به سنت‌ها و فرهنگ همه ملت‌ها

1 - Empire Universal

2 - Gerard Israel, Cyrus le Grand Fondateur de L' emprise perse, Fayard, Paris, 1987

۳- ۱۲ اکتبر سال ۵۳۹ قبل از میلاد مسیح (مترجم)

۴- ۱۲ اکتبر سال ۵۳۹ قبل از میلاد مسیح (مترجم)

۵- اسارت یهودیان مربوط به زمان بخت‌النصر است. گویا تعداد آنان چهل و دو هزار و سیصد و شصت نفر بوده که به هزینه و حمایت کوروش به سرزمین خود بازگردانده شدند. بر این تعداد باید هفت هزار و سیصد و سی و هفت تن غلام و کنیز را افزود. (مترجم)

را در قلمرو شاهنشاهی ایران تضمین و برقرار کردند، داریوش کبیر معبد بزرگ اورشلیم را که فاتحان قبلی ویران کرده بودند بازسازی کرد. صلح و سازش بین ملل و همزیستی مسالمت‌آمیز آنان در همه‌جا حکمفرما شد.[۱] جهانداری داریوش کبیر بر قسمت اعظم دنیای شناخته شده آن روزها شامل می‌شد. پایتخت او تخت‌جمشید بود که شبی در سال ۳۳۱ قبل از میلاد مسیح، اسکندر آن را به آتش کشید و ویرانه‌هایش هنوز باقی و نشانه عظمت و قدرت ایران آن روز است.

ساکنان تخت‌جمشید قتل‌وعام شدند، خاکستر ستون‌های عظیم و مجسمه‌های پرشکوهش را پوشاند، خزانه‌اش به دست یونانیان غارت شد و این مظهر یکی از بزرگ‌ترین تمدن‌ها و حکومت‌های عهد عتیق به مدت بیش از دو هزار سال در بوته فراموشی بود. گرچه ایرانیان از آن، مدت‌ها بر بخش بزرگی از دنیا فرمان رانده بودند.

برپایی مراسم تخت جمشید و انتخاب استوانه یا منشور کبیر به عنوان علامت و مظهر آن، نشانه گرایش ایرانیان و شخص محمدرضا پهلوی به تجدید حیات و خاطره این دوران بزرگ جهانداری و ریشه‌های عمیق تاریخ ایران بود.[۲]

از همه شاهان ایران، محمدرضا پهلوی به کورش علاقه و احترام بیشتری داشت و می‌کوشید از رویه و خلقیاتش الهام بگیرد. برای تهیه متن سخنانی که در برابر آرامگاهش ایراد کرد و تدوین اصل آن به شجاع‌الدین شفا مشاور فرهنگی دربار شاهنشاهی تفویض شده بود، بارها و گویا ساعت‌ها با او به گفتگو پرداخت. می‌خواست سخنانش در تاریخ ماندگار و در شأن بنیان‌گذار شاهنشاهی ایران و قابل مقایسه با منشور آزادی‌بخش او باشد و سپاس خود او و ملت ایران را بیان کند. می‌دانست که این سخنان در تاریخ زندگی و

۱- نگاه کنید به شاپور شهبازی، کوروش بزرگ، انتشارات دانشگاه پهلوی، ۱۳۴۹ دکتر روشنگر کوروش بزرگ و محمدابن عبدالله، انتشارات پارس، سانفرانسیسکو، چاپ سوم، ۱۹۹۰

۲- استوانه کورش که متن منشور بر آن مندرج است در سال ۱۸۷۹ طی حفاری‌هائی که در بابل صورت می‌گرفت یافته شد و اکنون در British Museum لندن نگاهداری می‌شود. اخیراً یک محقق فرانسوی خانم Estelle Villeneuve در مقاله‌ای که به ضمیمه روزنامه Le Monde پاریسی انتشار یافت، برخلاف همه مورخان و محققان آن را یک «سند تبلیغاتی» خوانده، که مقاله او را می‌توان در راستای رویه خاص این روزنامه تلقی کرد. حتی در کتب مقدس یهودیان نیز از کورش و رفتارش تجلیل شده و او را در مقام تقدس تلقی کرده‌اند. (ESDRAS, 1,1-4) آتش زدن تخت‌جمشید را بعضی از نویسندگان عهد عتیق چون Diodore De Sicile عمدی دانسته‌اند و بعضی دیگر سهوی و در زمان مستی و بیهوشی اسکندر.

پادشاهیش ضبط خواهد شد. در ضمن می‌دانست که سخنور توانائی نیست. بنابراین، پس از قطعی شدن متن پیام، مکرراً به تمرین ایراد و بیان آن پرداخت. تسلطش به زبان فارسی و طرز تلفّظ صحیح آن، کارش را آسان می‌کرد. او می‌دانست که لحظات تاریخی سلطنت خود را طی می‌کند. واقعاً در حال تأثر و هیجان بود که هم در بیانش محسوس بود و هم در چهره‌اش. در آن لحظات قطعاً صمیمی بود.[۱]

«کورش، شاه بزرگ، شاه شاهان، شاه هخامنشی، شاه ایران زمین، من، شاهنشاه ایران و ملت من، خاطره فراموش نشدنی تو را پاس می‌داریم.
در لحظه‌ای که ایران پیوند خود را با تاریخ تجدید می‌کند حق‌شناسی خود را نثار تو، قهرمان نامیرای تاریخ، بنیانگذار کهن‌ترین امپراتوری تاریخ می‌کنیم.
تو ای فرزند شایسته بشریت، ای آزادی بخش بزرگ، کورش، در برابر آرامگاه ابدی تو خطاب به تو می‌گویم: آسوده بخواب که ما بیداریم و پاسدار ابدی میراث باشکوه تو هستیم...»

سخنان محمدرضا شاه در میان سکوتی کامل آغاز شد و در سکوتی کامل و پرهیجان به پایان رسید. جمله آخرش را «آسوده بخواب که ما بیداریم» همه به خاطر سپردند.

پس از پایان قرائت پیام، صد و یک تیر توپ در آسمان آبی و بی‌ابر پاسارگاد شلیک شد و انعکاسی غریب در فضا یافت.

محمدرضا شاه با چهره‌ای پراحساس و هیجان تاج گل بزرگی نثار آرامگاه کورش کرد و مراسم به پایان رسید. این لحظه اوج نیرومندی و پیروزی‌های شاه بود.

این مراسم در سی‌امین سال سلطنتش، در دهمین سال آغاز اصلاحات بزرگی که مبتکر آن بود- اصلاحات ارضی، صنعتی شدن شتابان، توسعه زیربناها، برابری زن و مرد از لحاظ سیاسی- برپا می‌شد.

ایران در صحنه بین‌المللی قدرت خود را نشان می‌داد. پس از خروج انگلیس‌ها از خلیج‌فارس، مسئولیت حفظ امنیت آن منطقه را برعهده گرفته بود. سازمان کشورهای تولید و صادرکننده نفت نخستین پیروزی‌های خود را به دست آورده بود. ایران می‌درخشید،

۱- نگاه کنید به:
Bertran de Castelbajac, L′ homme qui voulait etre Cyrus, Albatros, Paris, 1987.

بیشتر ایرانیان احساس سربلندی می‌کردند و محمدرضا شاه مغرور بود.

اما همین روزها، به طور نامحسوس، آغاز پایان شاه نیز بود. آغاز اشتباهاتی که از آن پس رخ داد و از سوی مخالفان با مهارت مورد بهره‌برداری قرار گرفت. ساعاتی پس از همین مراسم، آن اشتباهات عیان و آشکار شد.

بسیاری کسان این سخنان را چون بازگشتی به ریشه‌های غیراسلامی تمدن و فرهنگ ایران تلقی کردند[1]، از آن‌ها دل‌آزرده شدند، یا بهانه‌ای برای انتقاد و بدگوئی از نظام سلطنتی ایران دانستند.

در ابتدا قرار بود مراسم سالگرد بنیان‌گذاری شاهنشاهی و بزرگداشت کورش، جشن‌هایی صرفاً ملی باشد. فقط قرار بود ایران‌شناسان و خاورشناسان سرشناس سرتاسر دنیا که پژوهش‌های بسیار درباره تمدن و تاریخ ایران کرده بودند و کشور از این نظر بسیار مدیون‌شان بود، برای نشستی بزرگ دعوت و در این مراسم شرکت داشته باشند.

در اوایل سال ۱۹۶۹ این اندیشه مطرح شد که روسای کشورهای دیگر، روسای جمهور و پادشاهان سراسر جهان به مراسم دعوت شوند. محمدرضا شاه به سرعت مجذوب این فکر شد. به گمان او ایران دیگر جایگاهی یافته بود که هم از لحاظ سیاسی و هم از لحاظ مالی می‌توانست پذیرای آنان باشد. وزارت امورخارجه که هنوز اردشیر زاهدی در رأس آن بود، مأمور شد که بررسی‌ها و نظرگیری‌هائی از دولت‌های گوناگون انجام دهد. پاسخ‌ها همه مثبت بود. بنابراین تصمیم به برگزاری «جشن‌های شاهنشاهی تخت جمشید» گرفته شد. پس از این تصمیم مسائلی مطرح می‌گردید که پاسخ‌هائی را ضروری می‌ساخت، و اشتباهات آغاز شد.

چگونه بایستی از شاهان، روسای جمهوری و شخصیت‌های طراز اول سیاسی، استقبال و پذیرائی شود. در حوالی تخت‌جمشید جای مناسبی نبود. شاه بر این عقیده بود که باید این میهمانان در مهمانسراهائی که به این منظور ساخته می‌شود جای داده شده از آنان پذیرائی شود. ساختمان هتل انترکنتینانتال شیراز که داریوش نام‌گذاری شده بود و

۱- نگاه کنید به:
Denise Aigle, Figures Mythiques des Mondes Musulmans, Aix-en.provence. juillet 2000 صفحات ۷ الی ۳۸.

مهمانسرای دیگری در نزدیکی تخت‌جمشید که با شیوه معماری آنجا متناسب بود، هر دو در شرف پایان بودند. شاه معتقد بود که احتمالاً یک یا دو مهمانسرای مجلل دیگر نیز ساخته شود و به این ترتیب تجهیزات شایسته و بایسته‌ای برای جلب سیاحان نیز فراهم گــردد. در صــورت نیاز میهمانان دیگری را نیز می‌شــد در کاخ‌های زیبای قرن هجده و نوزده شــیراز یا در ویلاهای اشراف و ثروتمندان آن شهر جا داد.۱ اندیشه برپا کردن یک خیمه‌گاه کرباسـی در سپتامبر ۱۹۷۰ مطرح شـد و نظر شهبانو فرح را جلب کرد. هدف ایجاد خیمه‌هائی به سبک قدیم و مناسب با عظمت و شکوه کویر پیرامون تخت‌جمشید بود. سازمان‌های امنیتی مخالف پراکنده کردن میهمانانی در این سطح و اهمیت در نقاط گوناگون بودند. گروهی نیز در وزارت دربار از این نظر پشتیبانی کردند و سرانجام توانستند شاه را راضی کنند، که اجازه داد.

سال‌ها بعد، در قاهره، چند هفته قبل از مرگش، شاه این موضوع را با نویسنده ایرانی کتاب که به دیدارش رفته بود مطرح کرد. او معتقد بود که برگزاری آن جشن‌ها که نمایانگر گذشــته‌های باشکوه ایران باستان و تداوم تاریخ آن بود، کار بجا و مناسبی بوده است. او افزود: «راز بقای ایران طی قرون متمادی همانا در حفظ هویت خود بود که باعث شـد ایرانیان در طول تاریخ خود بر دشــمنان اشغالگری چون اسکندر، اعراب و مغولان چیره شــوند... با وفادار ماندن به همین هویت ملی و بزرگداشت گذشته و با به یادآوردن و به یادداشتن تاریخ گذشته است که ایران می‌تواند بار دیگر راه ترقی خود را بازیابد». او افزود «این انقلاب به اصطلاح اسـلامی و حکومتی که از آن زاده شــده، با تاریخ و تمدن ایران سازش ندارد. پیوندی است که هرگز نخواهد گرفت و سرانجام- دیر یا زود- ملت ایران با بازگشــت به ریشه‌های تمدن و هویت خود بر آن نقطه پایان خواهد نهاد.» با این حال از وضــع خاصی که پذیرایی‌ها به خود گرفت و از زیاده‌روی‌های اجرائی در توسّـل به خارجیان اظهار نارضایتی کرد «ما به این جزئیات وارد نبودیم. نبایست می‌گذاشتیم چنین شود. مجبور شدیم»۲

محمدرضا شـاه که ســرانجام با طرح برگزاری جشن‌ها موافقت کرد، دیگر مداخله

۱- بسیاری از شیوخ عرب که به این مراسم دعوت شده بودند، عادت به گذراندن تعطیلات خود در شیراز داشتند و بعضی این کاخ‌ها یا ویلاها را به قیمت بسیار زیاد از صاحبان و ساکنان آن‌ها اجاره می‌کردند.
۲- ولی نگفت چگونه و به وسیله چه کس یا کسانی.

زیادی در جزئیاتش ننمود. فقط جویای پیشرفت کارها بود و کنجکاو در پاسخ‌های سران ممالک و دولت‌ها.

کمیته‌ای که ریاست عالیه آن با شهبانو بود همه‌ی تصمیمات را می‌گرفت. شهبانو همانند رئیس یک کارگاه، متخصص تزئینات داخلی، کارشناس برگزاری ضیافت‌ها و نورپرداز بر نظرات نهائی صحّه می‌نهاد.[1] وزارت دربار که آزادی عمل و اختیارات تام داشت نظارت بر برنامه و اجرای آن را برعهده گرفت. در مجامع کوچک و خصوصی، هویدا، نخست‌وزیر، و جمشید آموزگار، وزیر دارائی، که معروف به سخت‌گیری در هزینه‌ها و رسیدگی به جزئیات آن‌ها بود، نگرانی خود را از ابعاد مخارج و فقدان برنامه دقیق پنهان نمی‌کردند. اردشیر زاهدی که قبل از آغاز جشن‌ها از وزارت امورخارجه کناره گرفت و صراحت لهجه‌اش را همه می‌دانستند از ریخت و پاش‌ها و جنبه‌های تجمّلی مراسم انتقاد می‌کرد. سهم او و دیپلماسی ایران در قبول دعوت به حضور در مراسم از جانب رهبران و بزرگان جهان بیش از هر شخص و سازمان دیگری بود. اما طبیعتاً کاری به جنبه‌های اجرائی نداشتند و نمی‌توانستند داشته باشند. بعدها او در مصاحبه‌ای گفت «در برابر اصرار شهبانو و وزیر توانای دربار چه می‌توانستم بکنم؟»

در حقیقت وزارت دربار شاهنشاهی اجرای تصمیمات کمیته برگزاری را با استفاده از یک اعتبار کلّی که حجم آن هرگز اعلام نشد و ظاهراً روز به روز افزایش یافت، تقبّل کرده بود. نه وزارت دارائی و سازمان‌های دولتی نظارت و دخالتی داشتند و نه دیوان عالی محاسبات مراقبتی انجام می‌داد.

بدین‌سان بود که شایعاتی درباره هزینه‌ها و ریخت و پاش‌ها آغاز شد و به سبب سکوت مقامات رسمی تدریجاً ابعاد غیرمنتظره‌ای به خود گرفت.

هویدا، در مقابل زوج سلطنتی، با لحن ستایش معمولی‌اش، از همه چیز تعریف و تمجید می‌کرد و حتی کار را به جائی رساند که برای رقابت با امیر اسدالله علم وزیر دربار شاهنشاهی که مسئول اجرائی اصلی بود، و برای آن که به اصطلاح عقب نماند، به همکاری جعفر شریف امامی رئیس مجلس سنا، پیشنهاد تغییر تقویم خورشیدی را که ساخته و

1 -Jean Michel Pedrazzani, L' imperatrice d'Iran, le mythe et la réalité, Publimonde, Paris, 1977

پرداخته عمر خیام و با ملت‌های دیگری در منطقه مشترک بود. به شاه قبولاند. تصمیمی بدخیم، با پی‌آمدهای ناگوار که همه را ســردرگم کرد، هزینه‌های سنگین و بی‌حاصل در برداشت و یکی از علل اصلی نارضائی عمومی گردید.

به هر تقدیر، اگر هم از سوی چند تنی به طور خصوصی انتقادهایی می‌شد، در انظار عامه همه از نحوه تدارک و برگزاری جشن‌ها دفاع می‌کردند یا لااقل چیزی نمی‌گفتند و خود را بی‌اطلاع نشان می‌دادند. همه چیز نیز به خوبی، طبق برنامه پیش‌بینی شده، بدون کوچک‌ترین تأخیر و با کیفیت رضایت بخش به انجام رسید.

در نزدیکی خرابه‌های پرشکوه تخت‌جمشید، در حاشیه‌ی صحرا در یک محوطه ۶۴ هکتاری خیمه‌گاهی به وجود آمد که جراید جهان آن‌ها را اردوگاه ایرانی خیمه‌های طلائی نامیدند. کل مساحت محوطه چهار برابر و نیم میدان کنکورد پاریس بود. کار یک‌سال و نیم به طور انجامید و مجری آن موسسه فرانسوی ژانسن به مدیریت پی‌دژه[1] بود. ژانس در این کار با بنگاه نجاری و مبل سازی مشهور ژان لِلو[2] شریک شد و موسسه اخیر بود که طراحی و اجرای مبل‌ها، پارچه‌ها، پرده‌ها و دیگر ملزومات را به عهده گرفت. مطبوعات جهان بر پیشرفت کارها ناظر بودند و مطبوعات ایران ساکت. آن‌ها بر جنبه دیگر این مراسم، اجرای طرح‌ها، تشــریفاتی که زوج سلطنتی و شخصیت‌های مملکتی در آن حضور می‌یافتند و بررسی‌های تاریخی که انجام می‌شد، می‌پرداختند. اما ریشه شایعات و نارضائی‌ها در این جنبه کارها نبود.

به این ترتیب، با کوشش مهندسان، کارشناسان و کارگران فرانسوی و کمک تنی چند ایرانی اردوگاه خیمه‌های طلائی[3] در مدت مقرر ساخته و آماده شد.

روزنامه‌نــگار معروف ویکتور فرانکو[4] در کســوت یکی از مســتخدمین موســسه

۱- Pierre Deshay . در جراید نوشته شد که رئیس افتخاری موسسه ژانسن، پیردلبه Pierre Delbee که مردی هفتاد ساله بود، در تشویق شهبانو به انتخاب اندیشه خیمه‌گاه به جای ساختمان مهمانسراهای مجلل و ماندگار، بسیار موثر بوده است.

2 - Jean Lelee

۳- نامی که از Le Camp des draps d'or الهام گرفته بود. در این خیمه‌گاه بسیار باشکوه، فرانسوای اول پادشاه فرانسه از ۷ تا ۲۴ ژوئن ۱۵۲۰ از هانری هشتم پادشاه انگلستان با تشریفات و مراسمی باشکوه پذیرایی کرد و به افتخار او ضیافت‌های مجلل ترتیب داد.

۴- Victor Franco روزنامه‌نویس معروف فرانســوی که برای مقاله خود. نگاه کنید به: «چگونه موفق شــدم در شام پادشاهان در تخت جمشید شرکت کنم» مورخ ۱۴ اکتبر ۱۹۷۱ به دریافت جایزه Allert Londres نائل آمد.

پوتل اِشابو[1] که برای این مراسم به تخت‌جمشید آمده بودند، همه جزئیات را یادداشت کرد و سپس به صورت رشته مقالاتی انتشار داد. «سه چاه عمیق حفر شد که می‌توانست روزی ۵۰۰/۰۰۰ لیتر آب برای مصرف خیمه‌گاه تأمین کند. سیصد تلفن بین‌الملل فراهم و نصب گردید. یک مولّد برق قوی کمکی در نظر گرفته شد که اگر مرکز برق شیراز از کار بیافتد بتواند بی‌درنگ جانشین آن شود. در داخل خیمه‌گاه ۱۸ کیلومتر خیابان سازی با کیفیت عالی به عمل آمد. یک فرودگاه هلی‌کوپتر ساخته شد.» برای این که مستخدمین فرانسوی بتوانند به سرعت و بی‌سر و صدا در داخل خیمه‌گاه حرکت کنند و به میهمانان برسند، وسائل نقلیه کوچک برقی تهیه شد.

چنین بود که خیمه‌گاهی عظیم آماده پذیرایی از مدعوّین گردید. خیمه‌گاهی شامل بر ۶۸ چادر موقت بزرگ که از پارچه‌های صنعتی ساخته شده بود که بر روی اسکلت‌بندی چوبی کشیده و بر زیربنای بتونی کار گذاشته بودند. خطر آتش‌سوزی وجود نداشت زیرا چادرها ضد آتش بود. همچنین پیش‌بینی شده بود که در برابر بادهائی به سرعت ۱۰۰ کیلومتر مقاومت کند. همه مجهز به تهویه مطبوع بود.

در مرکز «دهکده»، خیمه سلطنتی به شعاع ۳۵متر قرار داشت که در آن آپارتمان‌های شاه و شهبانو را ساخته بودند. در کنارش خیمه‌ای به طول ۶۸ و عرض ۲۴ متر برای ناهارخوری، و چادری نیز به همان ابعاد برای استراحت و گردهمایی مدعوین قرار داشت. دیوارهای خیمه ناهارخوری از مخمل سرخ پوشیده شده بود و دیوارهای تالار پذیرائی از پارچه‌های ضخیم آبی. چراغ‌های دیواری هماهنگ با دیوارها به سبک لوئی پانزدهم و همه پوشیده از ورقه‌های بسیار نازک طلا بود. شایعه‌ای زمزمه می‌شد که تالار مرکزی از خیمه اسکندر مقدونی الهام گرفته است که تخت جمشید را به آتش کشید و ویران کرد و مردم ایران پس از گذشت قرن‌ها وی را نفرین کرده ملعون می‌خواندند. این شایعه- درست یا نادرست نمی‌دانیم- اثری بسیار منفی بر افکار عمومی گذاشت.

در اقامتگاه شاه، با وجود بی‌اعتنائی او به ظواهر و علاقه‌اش به سادگی، به دستور شهبانو، نهایت ظرافت و تجمل به کار رفته بود. او یک تالار پذیرایی و دفتر داشت و اطاقی با حمام اختصاصی مزین به تجهیزات جدید، مبل‌ها با ورق‌های نازک طلائی وکف‌پوش

1 - Potel el Chabot

آن به رنگ سیاه بود و با طرحی به رنگ طلائی قدیمی نما.

برای آپارتمان خود، شهبانو دیوارهای پوشیده با پارچه آبی رنگ را ترجیح داده بود. مبل‌ها و قالی کف‌پوش سفید بود. هم‌چنین کف‌پوش اطاق خواب او که در آن تختخوابی مدرن با آسمانه‌ای پارچه‌ای که با طرح‌های مصنوعی آبی و سفید بر آن کشیده بودند، وجود داشت. این رنگ‌ها در تناسب کامل با پرده‌ها بود. حمام شهبانو به رنگ صورتی کمرنگ بود با کاغذ دیواری براق با شکل‌های هندسی.

در تالار ناهارخوری که همه مجلات و جراید مصوّر جهان تصاویر آن را منتشر کردند، میز بزرگی برای پذیرایی شاه و شهبانو از روسای کشورها و پادشاهان نهاده و آماده شده بود. پیرامون آن سی میز دیگر هر کدام برای دوازده نفر قرار داشت. این میزها به بقیه مدعوین اختصاص داشت. «سفره آن را بهترین نساجان فرانسوی به مدت شش ماه بافته بودند. ۱۲۵ نفر بر سر آن کار کردند. سفره‌ای یکپارچه بود.»[۱]

به دستور مطلق و صریح شهبانو، هر یک از مدعوین طراز اول می‌بایست خود را در یک قصر واقعی احساس کنند. هر چادر به سبکی خاص- از کلاسیک تا مدرن- تزئین شده بود. سطح قابل استفاده هر یک صدمتر مربع بود. دستور شهبانو آن بود که حوله‌ها و وسائل حمام هر چادر اختصاصی و متناسب با شخصیت مدعو یا مدعوین آن باشد. هر یک از این چادرها، یک تالار پذیرایی، دو اطاق خواب، دو حمام، یک اطاق برای خدمه و یک آشپزخانه کوچک داشت. گویا از شهبانو پرسیده شد، آیا وجود چنین آشپزخانه‌ای ضروری است؟ او جواب داد: «قطعاً و یقیناً، شاید مدعوین بخواهند چیزی برای خود تهیه کنند. مثلاً یک تخم‌مرغ بپزند.» و دستور داد که وسایل کافی در هر آشپزخانه پیش‌بینی و گذاشته شود.[۲]

برای این چادرهای شاهانه و این خیمه‌گاه حماسی، محیطی شایسته لازم بود. زمین‌های اطراف همه خشک و بی‌آب و علف بودند و نمی‌توانستند خیال‌پرور باشند. پس تصمیم گرفته شده برای برپائی فضائی شایسته این خیمه‌گاه به موسسه فرانسو تروفو[۳]

۱- نقل از روایت ویکتور فرانکو که مشتمل بر همه جزئیات است.
۲- همان منبع. راوی در صحت این گفتگو تردید کرده. اما در میان همه روزنامه‌نویسان دهان به دهان می‌گشت و بهانه شوخی شده بود.

3 - Truffaut

مراجعه شود. این بنگاه ۵۰,۰۰۰ اصله میخک هندی، ۳۰۰۰ پیچ امین‌الدوله و هزاران اصله شـــمعدانی از فرانســـه و نیز از منچوری[1]، ۱۵۰۰ اصله از گل‌های خاص آن سرزمین را به شیراز آورد و در اطراف چادرها بر زمین کاشت.[2] می‌بایست فضای سبز نیز به وجود آورد.

از فرانســـه چهار هکتار زمین چمن‌کاری شـــده به آن‌جا آوردند و بر اراضی خشک نشـــاندند و آبیاری کرده و مرطوب نگاه داشتند که خشک نشود و برای روزهای مراسم جلوه داشته باشد و نیز سی درخت سدر هر یک به بلندی پنج متر هم از فرانسه آوردند و کاشتند و نگاه داشتند که به فضای سبز محیط اصالت بیشتری بدهد. بدین‌سان فضا و محیط این بهشت موقت چند روزه فراهم آمد.

حال می‌بایســـت به وســـایل و ملزومات و اسباب تشـــریفات و تجمل پرداخت. به کارخانه کریستال‌سازی باکارا[3] هزاران قطعه ظروف بلورین سفارش داده شد. مسأله وزن چلچراغ‌ها نگران‌کننده بود. برای این‌که ســـقف چادرها تاب مقاومت داشـــته فرو نریزد، چلچراغ‌هایی را که هر یک ۸۰۰ کیلو وزن داشت با چلچراغ‌های پلاستیکی تقلید آن‌ها هر یک به وزن ۲۰۰ کیلوگرم جایگزین کردند. به کارخانه چینی‌سازی هاویلاند[4] یک سرویس کامل قهوه‌خوری برای کلیه مدعوین ســـفارش داده شـــد که فقط یک بار مورد اســـتفاده قرار گرفت. موســـسه بسیار مشـــهور پرتو[5] واقع در کامبره[6] سفارشی برای همه ملزومات اطاق‌های خواب از حوله و ملحفه وشمد و روبالشی دریافت کرد که در تاریخ فعالیتش سابقه نداشت.

پس از این گزینش‌ها مســـأله غذاهایی که به مدعوین ارائه می‌شد، مطرح گردید. آیا می‌بایســـت از این فرصت بی‌نظیر برای ارائه و معرفی پخـــت و پز ایرانی با همه تنوع و ظرافتی که دارد استفاده شود؟ پاسخ منفی بود و باز غذاهای فرانسوی انتخاب شد.

---

1 - Mandchourie (در چین)
2 - Victor Franco گزارش ذکر شده،
3 -Baccarat
4 -Haviland
5 -Porthault
6 -Cambrai شهری در شمال فرانسه

رستوران پاریسی ماکزیم[1] که در آن زمان لوئی ودابل[2] بر آن ریاست داشت، انتخاب شد. همه چیز در صورت اغذیه پذیرایی بزرگ فرانسوی بود. به استثنای خاویار که ایرانی بود و از شـــوروی‌ها نخریده بودند. گویا این تنها نکته‌ای بود که شهبانو (که اغذیه ایرانی را دوست می‌داشت) در آن تردید کرد ولی سرانجام آشپزی فرانسوی ترجیح داده شد.

حجم ســـفارش‌ها، به قدری بود که ماکسیم ناچار شد پانزده روز رستوران معروف کوچه روآیال[3] خود را تعطیل و همه کارمندان و خدمه خود را به «برنامه تخت جمشید» اختصاص دهد. به این مناســـبت چهارصد بطری شـــامپاین و ۲۰,۰۰۰ بطری از بهترین و گرانترین شراب‌های نادر بردو خریداری شد و همه گروه متخصص این کار به ایران آمد.

مســـأله حمل و نقل نیز ابعاد و اهمیتی غیرقابل تصور داشت. «کاروانی از کامیون‌ها و وســـایل نقلیه میان فرانســـه و تخت جمشـــید به راه افتاد که مشتمل بر ۴۲ کامیون بود و هواپیماهـــای باربری نظامی ۱۲۰ بار میان فرودگاه بوژره[4] و فرودگاه شـــیراز برای حمل درخت‌هـــا، چمن‌ها، مبل‌ها، وســـایل اطاق‌هـــای خواب، حمام‌هـــا و تصاویر قدیمی که می‌بایســـت به در و دیوار آپارتمان‌ها نصب شود پرواز کردند. حتی وسایل پخت و پز و میخ‌ها را نیز از فرانسه آوردند.»[5]

والانتینو[6]، خیاط اختصاصی شهبانو مأمور شد سی دست لباس روز و به همان اندازه لباس شب برای ندیمه‌هایی که قرار بود میهمانان عالی‌قدر را طی سه روز همراهی کنند، طرح و تهیه کند. شـــیک پوش کردن میهمانداران مذکر به موسســـه معـــروف «لان وَن»[7] سپرده شد. ترتیب آتش‌بازی‌ها (یک تخصص چند قرنی ایرانیان) به یک موسسه فرانسوی تفویض شد و تدوین متن برنامه «نور و صوت» را که شبانگاه در ویرانه‌های تخت‌جمشید به مرحله اجراء درآمد به دو مورخ معروف فرانسوی سپردند.[8]

1 - Maxim's
2 -Louis Vaudable
3 -Rue Royale
4 -Bourget
5 - Victor Fzanco منبع ذکر شده.
6 -Valentino
7 -Lanvin
8 - Andre' Castello, Alain Décaux

همه چیز فرانسوی بود، همه چیز پاریسی بود. گوئی هنر و سلیقه نزد فرانسویان است و بس.

سلمانی معروف پاریسی آلکساندر[1] و خواهران کاریتا[2] با حدود چهل نفر آرایشگر به تخت جمشید آمدند و سالنی برای این سه روز برپا کردند. موسسه الیزابت آردِن[3] یک نوع ویژه محصولات آرایشی به نام فرح ابداع کرد که به بانوان مدّعو هدیه شود.

برای پخش جهانی مراسم در تلویزیون[4]، از تلویزیون فرانسه به عنوان مشاور فنی کمک گرفته شد. اداره کننده برنامه سرمهندس فرانسوی برنار ژانسو[5] بود و گویندگان آن لئون زیترون[6] و ژان لانزی.[7]

در روز ۱۴ اکتبر ۱۹۷۱ در رأس ساعت ۱۸ (شش بعدازظهر) تصاویر ضیافت بزرگ تخت جمشید مستقیماً از برنامه دوم تلویزیون فرانسه[8] و سی کشور دیگر پخش شد. همچنین فردای آن روز (۱۵ اکتبر) در ساعت سیزده و سی دقیقه (یک و نیم بعدازظهر) مراسم افتتاح ورزشگاه صد هزار نفری تهران و برنامه آن مستقیماً از همان برنامه دوم و تلویزیون‌های دیگر جهان پخش و منتشر گردید.

برای ترتیب این پخش مستقیم، وسائل نقلیه مخصوص و همه وسائل و تجهیزات فنی از پاریس به ایتالیا، یوگوسلاوی، یونان، بلغارستان و سرانجام ترکیه و بالاخره ایران حمل شدند که گویا هزینه آن برای دولت بسیار سنگین بود[9] اما تبلیغی بی‌نظیر بر آن فن‌آوری و کاردانی فرانسویان محسوب می‌شد.

در روز و ساعت موعود و معین، همه چیز در کمال مطلوب آماده بود و ورود بزرگان جهان آغاز شد.

---

1 - Alexandre
2 - Carita
3 - Elizabeth Arden
4 - Mandovision
5 - Bernard Jansoues
6 - Le'on Zitrone
7 - Jean Lanze
8 - O.R.T.F.

۹- فیلم‌ها همه موجود و در I.N.A و مرکز اسناد دولتی فرانسه قابل دسترسی است.

فرودگاه شـــیراز به همین مناسبت مرمت و نوســـازی شد و ظاهری آراسته‌تر یافت. انتقال مدعوین از فرودگاه به تخت‌جمشید از شاه‌راهی که به این منظور تعریض و ساخته شده بود با موفقیت کامل انجام گرفت و این کار بسیار دشوار بود.

بلندپایـــگان جهان، تقریباً به فاصلـــه پانزده دقیقه از پلـــکان هواپیماهای خود پائین می‌آمدند و مورد اســـتقبال یکی از برادران ناتنی شـــاه یا هویدا قرار می‌گرفتند. در مورد روســـای کشورها مراسم کامل استقبال شامل نواختن ســـرود ملی آنان و ادای احترامات نظامی بود. این تشریفات نسبت به مقام میهمان خلاصه‌تر می‌شد. همه چیز مانند برنامه یک «باله» دقیقاً حساب شده بود.

کوچک‌ترین بی‌نظمی، یا تأخیر، یا تسریعی، همه زنجیره برنامه را بر هم می‌زد. اما در همه چیز مسئولان تشریفات و گارد شاهنشاهی توفیق کامل یافتند.

اتوموبیل‌های مدعوین مرسدس بنزهای ES ۲۸۰، مجهز به تهویه مطبوع و به رنگ کبود بود که ویژه مراســـم خریداری شـــده بود و پس از پایان جشن‌ها با سود فروخته و درآمدش به خزانه دولت ریخته شد.

موکب مدعوین، به همراه موتورسواران گارد شاهنشاهی، بولوار عریض میان فرودگاه و شهر شیراز و سپس خود این شهر گل‌های سرخ و شاعران بلندپایه را می‌پیمود. آنان از دور موزه هنرهای زیبای شهر را در بنای قرن هجدهمی‌اش، دروازه بزرگ بازار و مسجد وکیل که کریم‌خان زند، آن پادشاه مهربان و خدمتگزار ساخته بود و نیز چند بنای دانشگاه پهلوی و کاخ ارم را مشاهده می‌کردند. سپس از طریق دروازه قرآن[۱] شهر را ترک می‌کردند. کاشـــی کاری‌های این دروازه و تزئینات ظریفش چند سال پیش مرمت شده و درخشش و زیبائی دیرین خود را باز یافته بود. به محض خروج از شـــهر به آســـانی می‌شـــد ایران نوین را که آثار و علائم و جلوه‌های آن همه جا گسترده بود، مشاهده کرد. پردیس پهناور دانشکده‌های کشاورزی و دامپزشکی دانشگاه پهلوی از مهندس معمار محمدرضا مقتدر و همکارانش، کارخانه‌ها، شهرک‌های اقماری... همه این‌ها روستاهای پوتمکین[۲] نبود که

۱- بنایی کهن که در بالای آن تالاری برای حفاظت یک قرآن ساخته شده. مسافران به این طریق از زیر قرآن می‌گذرند. فرض بر این است که حفاظت الهی بر آنان شامل می‌شود. یک رسم دیرین ایرانی، که البته اختصاص به این مراسم نداشت.

۲-Potemkin ، شخصیت نظامی و سیاسی و معشوق کاترین دوم موسوم به کبیر ملکه و امپراطور روسیه

بعضی از مفسران غربی نوشته بودند. واقعیات و جلوه‌های پیشرفت و تحول ایران بودند که روزنامه‌نویسان و خبرنگاران غربی نمی‌خواستند ببینند و به جنبه‌های منفی جشن‌های تخت جمشید توجه داشتند.

محمدرضا شاه و شهبانو از میهمانان در محوطه تشریفاتی خیمه‌گاه استقبال می‌کردند. مراسم یکنواخت و تکراری بود. شاه بدون خستگی به فرانسه، انگلیسی یا به فارسی تبریک می‌گفت: «به نام شهبانو و خودم، مقدم شما را برای شرکت در آئین بزرگداشت دو هزار و پانصدمین سال شاهنشاهی‌مان، خوش آمد می‌گویم».

دست دادن، نواختن سرودهای ملی و سان دیدن از گارد احترام نظامی اندکی کمتر از پانزده دقیقه به طول می‌انجامید. میهمانان به چادرهای خود راهنمائی می‌شدند و بلافاصله گروه بعدی سر می‌رسید. شاه و شهبانو خندان و دلشاد به نظر می‌رسیدند.

فهرست میهمانان واقعاً چشم‌گیر و بی‌سابقه بود. امیرعباس هویدا حق داشت بگوید، «این اجتماع پرشکوه، در این روزهای فراموش ناشدنی، تخت جمشید را مرکز جهان ساخته است.»

دو امپراطور، سی پادشاه و رئیس مملکت، بر روی هم ۴۸۰ مدعو خارجی در این مراسم شرکت داشتند. هایله سلاسی[1] امپراطور اتیوپی که هر وقت فرصت می‌یافت، سگ کوچکش را با قلاده طلائی مرصع در محوطه خیمه‌گاه به گردش می‌برد. بودوئن و فابیولا[2] پادشاه و ملکه بلژیک، پادشاه و ملکه دانمارک، پرنس موناکو و همسرش گریس کِلی[3]، دوک بزرگ لوگزامبورگ و همسرش (که خواهر پادشاه بلژیک بود)، پادشاه سابق یونان که معلوم نیست چرا شاه به او نظر خوبی نداشت ولی مورد عنایت شهبانو بود، با همسرش، خوان کارلوس پادشاه آینده اسپانیا و همسرش سوفی[4] (خواهر پادشاه مخلوع یا

که منطقه اوکرائین و شبه جزیره کریمه را فتح و جزئی از امپراطوری تزارها کرد. در سال ۱۷۸۷ بازدیدی از این مناطق برای کاترین ترتیب داد. گویا در مسیر وی دهکده‌هایی ساخته و روستائیان به ظاهر پاکیزه و دل شادی را در آن‌ها جای داده بود که اصطلاح روستاهای پوتمکین از آن زمان به جای مانده است. (مترجم)

1 - Haile' Se'lassie'

2 - Beaudouin el Fabiola

3 - Prince de Monaco-Grace Kelly

4 - Princese Sophie, Juan Carlos

مستعفی یونان) که به نمایندگی از جانب ژنرال فرانکو[۱] رهبر آن کشور آمده بود، ویکتور امانوئل دوساووا[۲] مدعی تاج و تخت ایتالیا و همسرش شاهزاده خانم مارینا[۳]، پادشاه مالزی، پرنس آقاخان که ایرانی‌الاصل بود و همسرش، همسر رئیس‌جمهور فیلیپین خانم امیلدا مارکوس[۴]، شاهزاده میشل یونان که در ضمن مورخ و نویسنده‌ای سرشناس بود، ملک حسین پادشاه اردن هاشمی و همسرش، فرانتز ژزف دوم و همسرش شاهزاده خانم ژرژینا[۵] شاهزاده فرمانفرمای کشور کوچک لیشتن شاین[۶]، ولیعهد ژاپن (امپراطور فعلی) و همسرش، از جمله مدعوین بودند.

ملکه بریتانیا، همسرش فیلیپ و دخترش شاهزاده خانم آن را به نمایندگی فرستاده بود. رئیس‌جمهوری شوروی نیکلا پادگورنی[۷] شخصاً حاضر بود. با توافق قبلی دو دولت معاون رئیس‌جمهوری آمریکا اسپیرو آگینو[۸] به اتفاق همسر ریاست جمهوری خانم نیکسون از ایالات متحده آمده بودند.

اما با تمام نقش و سهمی که فرانسویان در برپائی این مراسم داشتند که در حقیقت توفیق اقتصاد آن کشور و نمایشگاهی از شاهکارهای صنایع ظریفه فرانسه به شمار می‌آمد. از رئیس جمهوری فرانسه آقای ژرژ پومپیدو[۹] و همسرش خبری نبود. آن‌ها ابتدا دعوت را پذیرفته و در دقیقه آخر عذر خواسته بودند. در حقیقت رئیس جمهور فرانسه در برابر هیاهوی نیم دوجین جراید و هفته‌نامه‌های دسته چپی و چند شکوائیه روشنفکران مخالف، تسلیم شده و جرأت انجام این سفر را نکرد.[۱۰]

---

1 - Ge'ne'ral Franco
2 -Victor Emanuel De Savoie
3 -Marina
4 -Imelda Marcos
5 - Franz- Joseph II- Georgina
6 -Liechtenstein
7 -Nicolai Padgorny
8 - Spiro Agnew
9 -George Pompidou

۱۰- نگاه کنید به نوشته گزارش گونه Alain Chenal تحت عنوان Les Socialistes Francais et L'Iran، مصّدر به مقدمه‌ای از Lionel Jospin نخست‌وزیر سابق آن کشور، که در سال ۲۰۱۲ انتشار یافت. او می‌نویسد «عدم شرکت رئیس‌جمهوری در این مراسم توفیقی بزرگ برای مخالفان رژیم شاه در تمام اروپا بود که به این مراسم پرخرج و زننده اعتراض می‌کردند.»
بی‌فایده نیست یادآور شویم که Lionel Jospin که در سال ۱۹۷۹ یکی از رهبران حزب سوسیالیست بود، به ریاست گروهی از چپ‌گرایان فرانسوی برای پشتیبانی از عملیات گروگان‌گیری سفارت آمریکا، به

بهانه رسمی و تشریفاتی رئیس‌جمهور فرانسه این بود که نمی‌خواست در سر میز شام، زیر دست روسای جمهوری آفریقایی (مستعمرات سابق فرانسه) که بر او ارشدیت و قدمت داشتند بنشیند. این توقع مباین تشریفات دربار شاهنشاهی بود و پذیرفته نشد. رفتار پومپیدو برودتی در روابط دو کشور به وجود آورد که مدتی ادامه یافت.

شاه از رویه، رئیس‌جمهوری فرانسه خشمگین شد. گویا گفت: «اگر ژنرال دوگل بود، حتماً راه‌حلی برای او و مقام استثنائی‌اش می‌یافتیم. ولی این یکی دیگر چه می‌گوید.»

با این حال در دقایق آخر قرار شد رئیس‌الوزرای فرانسه آقای ژاک شابان دلماس و همسرش[1] در این مراسم حضور یابند. محمدرضا شاه شخصاً شابان دلماس را می‌شناخت و برای او احترام خاص قائل بود. اما مسأله جنبه شخصی نداشت. سفیر کبیر فرانسه درخواست کرد که چادر مخصوص رئیس‌جمهوری فرانسه و همسرش به نخست‌وزیر آن کشور و بانو اختصاص داده شود. تشریفات کل شاهنشاهی با این تقاضا مخالفت کرد که این رویه به فرانسوی‌ها برخورد. نتیجه آن که تا دقیقه آخر کسی نمی‌دانست که آیا فرانسویان در این مراسم شرکت خواهند کرد یا نه و چه کسی از پاریس خواهد آمد.[2] بالاخره شاهدخت اشرف و امیرعباس هویدا نخست‌وزیر پادر میانی کردند، شاه مداخله کرد، چادر رئیس‌جمهوری[3] به شابان دلماس و همسرش اختصاص داده شد. گفته شد که شهبانو فرح از رفتار رئیس‌جمهور فرانسه گله‌مند و دل‌شکسته بود. اما از مداخله در مباحث سیاسی مربوط به نمایندگی آن کشور اجتناب جست.

با این احوال، رئیس‌الوزرای فرانسه و همسرش آمدند، در چادر رئیس‌جمهوری مستقر شدند. ولی بر سر میز شام در جایی متناسب با مقام خود بودند. دولت فرانسه تابلوی گرانبهائی از آثار نقاشی معروف برنار بوفه[4] به زوج سلطنتی ایران هدیه داد که به

تهران مسافرت کرد. (مترجم)
1- Jacques Chaban Delmas
۲- شرکت‌های بانفوذ و مشهور فرانسوی که در برپائی مراسم شرکت داشتند و سود بسیار برده بودند، شدیداً دولت فرانسه را تحت فشار قرار دادند تا از این بن‌بست که در نهایت امر ممکن بود به زیان آن‌ها باشد، خارج شود. (مترجم)
۳- واقع در معبر موسوم به اقیانوسیه- به نقل از مجله مصوّر و پرخواننده Jours de France که روی جلد شماره ۸۸۰ مورخ ۲ نوامبر ۱۹۷۱ خود را به «آقا و خانم شابان دلماس در تخت جمشید» اختصاص داد.
4- Bernard Buffet

نوشته جراید فرانسوی بسیار مورد پسند و توجه شهبانو فرح قرار گرفت.[۱]

مسأله غیبت رئیس‌جمهوری فرانسه و بی‌تکلیفی که تا لحظات آخر در مورد نماینده آن کشـور پدید آمده بود، نمی‌توانسـت از نظر خبرنگاران جرایـد بین‌المللی و به ویژه فرانسوی پنهان بماند. یکی از آنان از شاه پرسید: «اعلیحضرتا، همه جا گفتگو از ابرهایی است که در آسمان روابط ایران و فرانسه در پی عدم حضور رئیس‌جمهوری پمپیدو پدیدار شده». شاه با حاضر جوابی و خونسردی گفت: «بادی که دیروز در آسمان پاسارگاد وزید و همه شما دیدید، آن قدر قوی بود که همه ابرها را دور کرد.»[۲] پاسخ محمدرضا شاه هم روشن نبود، هم شاعرانه بود و هم نشان از بی‌اعتنائی او به این ماجرا داشت.

پس از این ماجرا، دولت فرانسه کوشید روابط خود را با ایران بهبود بخشد. پمپیدو با وجود شـدت بیماری‌اش، سـال بعد سـفری کوتاه به ایران کرد. جانشین وی والری ژیسکاردستن[۳] ابتدا در «همکاری و همدستی با نظام شاهنشاهی سنگ تمام گذاشت.»[۴] و سپس چنان‌که خواهیم دید در ماه‌های آخر در رأس مخالفان آن قرار گرفت.

۱۴ اکتبر برای همه روزی بسیار پر مشغله و در حقیقت محور مراسم بود و در همه وسایل ارتباط جمعی، انعکاسی وسیع و بی‌سابقه داشت.

برنامه آن روز، با رژه تاریخی ارتش آغاز شد. بعضی از مشاوران دربار پیشنهاد کرده بودند که این رژه بسـیار مورد توجه مردم در بولوار وسـیعی که فرودگاه شیراز را به آن شهر متصل می‌کند، انجام شود تا همگان بتوانند در آن حضور یابند. به دلایل مختلف، از

۱- حضور روسای جمهوری ترکیه، پاکستان، هندوستان، سنگال، لهستان، اتریش، ایتالیا، سوئیس، آلمان فدرال و چند کشور سوسیالیست را نیز نباید فراموش کرد. همه پادشاهان و شیوخ عرب نیز حاضر بودند.

۲- Victor Franco منبع ذکر شـده این پرسش و پاسخ به هنگام یک بازدید دسته جمعی خبرنگاران بین‌المللی از اردوگاه انجام شد که در طی آن ملاقات بسیار کوتاهی نیز با محمدرضا شاه داشتند.

3 -Valery Giscard'Estaing

۴- آلن شـنال در گزارش خود (متن ذکر شـده) صفحه ۱۹ می‌نویسـد: «میشل پونیاتوسکی Michel Poniatowski وزیر کشـور مقتدر و دوسـت ژیسکاردستن از اقدامات مخالفین ایرانی شاه تا حد میسّر ممانعت به عمل می‌آورد و سـعی کرد حرکات و رفتار شـاهدخت اشـرف در جنوب فرانسه که از آن بوی موّاد مخدر به مشام می‌رسید، در جراید منعکس نشود» اشاره است به سوء قصدی که به شاهدخت در نزدیکی منت‌کارلو شد و هرگز عوامل و علل آن دانسته نشد یا فاش نگردید. (مترجم)

جمله مسائل امنیتی، این پیشنهاد پذیرفته نشد و انتخاب بر فضای مقابل تخت جمشید قرار گرفت. جایگاه‌های مدعوین در پای پله‌کان ورودی بزرگ کاخ مرکزی داریوش کبیر (۵۵۲ تا ۴۸۶ قبل از میلاد مسیح) بزرگ‌ترین و تواناترین پادشاه تمام تاریخ ایران برپا شده بود و سربازان در برابر شاه و شهبانوی ایران و همه بلندپایگان جهان رژه می‌رفتند.

تخت جمشـــید یک معبد نبود. بنای عظیمی بود به طول ۴۵۰ متر و به عرض ۳۰۰ متر که بر تپه‌ای تسطیح شده، ساخته شده بود. تخت جمشید مرکز و جلوه‌گاه قدرت و حکومت و فتوحات داریوش کبیر بود، که نمایندگان همه ملل و اقوامی که شاهنشـــاهی ایران را تشـــکیل می‌دادند و در ســـه قاره آســـیا، اروپا و آفریقا گســـترده بودند برای ابراز احترام به شاه شاهان به آن‌جا می‌آمدند. تخت جمشید، مظهر قدرت آن روز ایران بود که مخصوصاً به هنگام آغاز بهار و جشـــن نوروز سرآمدان ۲۴ کشوری که جزو امپراطوری ایران بود به آن‌جا می‌آمدند و ضمن تقدیم هدایای گوناگون، به شـــاه شـــاهان ابراز انقیاد می‌کردند و برتری‌اش را می‌پذیرفتند.

تخت جمشـــید بی‌بدیل بود و هیچ شـــهر و پایتخت دیگری در عهد عتیق نتوانست رقیب و جانشین آن شود. آشپزخانه‌های آن هر روز تقریباً پانزده هزار نفر را غذا می‌داد. هسته‌ی مرکزی آن، تالار جلسات شاه شاهان (آپادانا) بود، مربعی که هر ضلعش ۶۵ متر درازا داشت و گنجایش آن حدود ده هزار نفر بود. رفت و آمد به آن از یک پله‌کان عظیم انجام می‌شد که بر آن نقش‌های برجسته‌ای نمایانگر دو گروه بود. در سمت چپ، صاحب منصبان و سربازان، و در دست راست شاهان و نمایندگان مردم سرزمین و کشورهایی که شاه شاهان بر آن‌ها سلطه داشت.

حضور انبوه شـــخصیت‌های برجسته جهان در پای این پلکان عظیم، از دیدگاه شاه، چشـــمکی به تاریخ بود. این بزرگان آمده بودند که پس از قرن‌ها انحطاط و تحقیرهایی که به ایران تحمیل شده بود (و محمدرضا شاه همواره به آن‌ها اشاره می‌کرد)، شاهد تولد دوباره شاهنشـــاهی ایران باشند. اکثر حاضران و مدعوین نیز همین برداشت را از مراسم بامدادی ۱۴ اکتبر داشتند.

جایگاه مدعوین رو به آفتاب بود و به فیلم‌برداران و عکاسان بهترین امکانات فنی را

برای انجام کار خود می‌داد. مگر نه این‌که همه این مراسم از بیشتر تلویزیون‌های جهان مستقیماً پخش شد؟

ترتیب این نمایش به نیروی زمینی و مسئولیت آن به فرمانده کل آن ارتشبد فتح‌الله مین باشیان سپرده شد. قبلاً مدتی طولانی لازم آمده بود که مرکز پژوهش‌های تاریخی ارتش، تمام لباس‌ها و سلاح‌های سربازان و شیوه راه رفتن آن‌ها را با دقت تحقیق و آماده نماید.

نتیجه نمایشی که ترتیب یافت و میلیون‌ها ایرانی آن را با غرور و سربلندی تماشا کردند، واقعاً چشم‌گیر بود. توفیقی بزرگ و بی‌چون و چرا که بدون دخالت غیر ایرانیان به دست آمد و مردم آن را احساس کردند.

رژه ارتش ایران باستان با گذر پرچمداری آغاز شد که تن‌پوشی از پوست ببر داشت. او بر چوبی بلند پیش‌بند افسانه‌ای کاوه آهنگر قهرمان حماسی و آزادی بخش ایران را به دست داشت.[۱]

پس از آن چهارده واحد نظامی که هر یک نماینده‌ی یکی از دوران‌های تاریخ ایران بودند، از برابر جایگاه گذشتند: سربازان «ماد»ی، پیاده نظام کورش بزرگ، سواره نظام و عرابه‌های جنگی داریوش کبیر و خشایارشاه و هخامنشیان سپس محاصره و تسخیر بابل در یک بازسازی ماهرانه به نمایش درآمد و بعد از آن ناوگان شاهنشاهی که در نبرد سالامین شرکت داشت. آنگاه سواران پارت که ارتش روم را در هم شکستند و آسیا را از سلطه روم به دور نگاه داشتند، تا ارتش شاه عباس کبیر (۱۶۲۹-۱۵۸۷)، سواره نظام و واحدهای پیاده نادرشاه و سپس گارد شاهنشاهی که در واقع همان گارد جاویدان زمان کورش و داریوش بودند و سرانجام گروهی از دختران و پسران سپاه‌های انقلاب سفید که محمدرضا پایه‌گذار آن بود.

در آسمان جت‌های نیروی هوایی موسوم به «تاج طلائی» که جایزه‌های بسیاری را در

۱ - داستان حماسی کاوه آهنگر که ایرانیان را بر ضد تسلط خارجیان شوراند و میهن خود را آزاد کرد و پادشاهی ایرانی را بر تخت سلطنت نشاند، از شاهنامه فردوسی اقتباس شده. حماسه ژاندارک که در تاریخ فرانسه نقشی مشابه ایفا کرد بی‌شباهت به افسانه کاوه آهنگر نیست. در طی اعصار و قرون بر حماسه ژاندارک شاخ و برگ‌های بسیار افزوده شده که ممکن است جزئیات آن از داستان‌های شاهنامه درباره کاوه که در فرانسه شناخته بود، الهام گرفته باشد.

مسابقات بین‌المللی به خود اختصاص داده بودند، یک نمایش خارق‌العاده هوایی دادند که طی آن پرچم سه رنگ ایران در هوا نقش شد.

این نمایش یک ساعت و نیمه که هزاران سپاهی و خواننده‌ی همسرا، تاریخ ایران را بازسازی کردند، مملو از رنگ و جلوه و زیبایی بود. مدعوین، شاید خسته، اما به طور وضوح خوشنود و شگفت‌زده از این همه زیبایی و کاردانی و نظم و ترتیب به چادرهای خود بازگشتند. همه به شاه تبریک می‌گفتند و تبریکات‌شان صمیمانه بود. شاه مغرور بود. هم از توفیق نمایش و هم از نیروی زمینی ارتش که بدون کوچک‌ترین کمک از خارجیان این مهم را به انجام رساند.

در روزهای بعد، بسیاری از شهرهای ایران تقاضا کردند که این رژه در میدان‌ها و معابر آنان تکرار شود که مردم بتوانند از نزدیک آن را به بینند. متأسفانه این درخواست‌ها پذیرفته نشد. شاید به علت اشکالات فنی و شاید به آن سبب که مکرراً در تلویزیون ایران نمایش داده شد.[۱]

پس از این نمایش، تقریباً همه مدعوین به چادرهای خود رفتند، خواستند که ناهارشان را به همانجا بیاورند و سپس استراحت کنند.

ساعات بعدازظهر به بازدید از تخت جمشید و آرامگاه شاهنشاهان هخامنشی اختصاص یافت. میهمانان، لباس‌های راحت و بدون تکلف پوشیده بودند. پادشاه نروژ به اتفاق آجودان نظامی خود که نقشه دقیقی از محل را در دست داشت همه جا را به دقت بازدید می‌کرد. ملکه فابیولای بلژیک و شاهزاده‌های ژاپنی از دوربین‌های عکاسی خود جدا نمی‌شدند و پیاپی عکس‌برداری می‌کردند. شاهزاده میشل یونان، مورخ و نویسنده، طرف مراجعه بسیاری بود و با اطلاعات تاریخی که داشت از عهده پاسخ به همه کس درباره ظرایف تخت جمشید برمی‌آمد. مخصوصاً تشخیص هویت نمایندگان ملل و ممالک مختلف شاهنشاهی ایران که تصاویرشان بر سنگ‌ها در این‌جا و آن‌جا نقش بسته بود، کاری بود دشوار و شاهزاده به خوبی از عهده آن به درآمد.

---

۱ - امروزه همه آن لباس‌ها و ساز و برگ‌ها، چه واقعاً قدیمی و چه بازسازی شده، در موزه‌ای در یکی از کاخ‌های سعدآباد به وسیله ارتش نگاهداری می‌شود و قابل رویت است. حتی انقلابیون که درآغاز می‌خواستند همه خاطرات و نشانه‌های گذشته را بزدایند. بالاخره از پاس گذاردن به این نمادهای تاریخ کشور شدند. نویسنده فرانسوی کتاب در سفر طولانی خود به ایران از این موزه بازدید کرد.

ساعت ۲۰ (هشت بعدازظهر) زمان ضیافت شام رسمی، باشکوه‌ترین و بحث‌انگیزترین قسمت برنامه‌ها بود که بعد از چند دهه هنوز مورد گفتگو و انتقاد است. شاهدخت شمس و همسرش مهرداد پهلبد وزیر فرهنگ و هنر نخستین کسانی بودند که وارد خیمه غذاخوری شدند و مورد استقبال شاه و شهبانو قرار گرفتند[1]. شاهدخت کاپ پوست زیبایی بر شانه داشت که آن را به جای مخصوص سپرد. بانوان دیگری نیز با وجود عدم تناسب با آب و هوا شنل‌های پوست بر لباس‌های خود انداخته بودند. از جمله‌ی آن‌ها شاهزاده خانم آن، دختر ملکه انگلیس بود.

مردها نیز لباس تمام رسمی با نشان‌های متعدد و پردرخشش بر تن داشتند. زوج بعدی که وارد شد، امیراسدالله علم وزیر دربار شاهنشاهی و همسرش بودند سپس ورود «بزرگان عالم»، رؤسای ممالک، تاجداران یا رؤسای جمهور، و شخصیت‌های ایرانی (معدود) و خارجی آغاز شد.

شام را در رستوران ماکسیم پاریس تهیه کرده بود و چنان‌که دیدیم تمام آن از آغاز تا انجام از پایتخت فرانسه آورده و سپس آماده شده بود. دویست خدمتگزاری که مأمور پخش و «سرو» غذا بودند از موسسه پاریسی پوتل و شابو[2] آمده بودند به جز دو تن که مأمور خدمت غذای شاه بودند. آیا این استثنا به خاطر حساسیت شاه بود یا به سبب اجتناب از اشارات خبرنگار خارجی که بگویند و یا بنویسند که حتی مستخدمین اختصاصی محمدرضا شاه نیز ایرانی نبودند؟

پس از صرف آشامیدنی‌های پیش از شام، مدعوین همه بر سر میز رفتند و هر کس با رعایت کامل تشریفات و سلسله مراتب درباری بر سر جای خود قرار گرفت.

گروه مدعوین را شاه هدایت می‌کرد که ملکه دانمارک دست به زیر بازویش داشت و در دست راست او قرار گرفت. ملکه فابیولا در سمت چپ شاه نشسته بود. شهبانو به سهم خود میان امپراطور اتیوپی، ارشد رؤسای ممالک حاضر در این مراسم در دست راستش و پادشاه دانمارک در دست چپش، نشسته بودند.

---

۱ - از این مرحله ضیافت روایات زنده Léon Zitrone مخبر معروف تلویزیون فرانسه و کارشناس خانواده‌های اشرافی و سلطنتی را در دست داریم و از آن بهره گرفته‌ایم.

2 - Potel et Chabot

همه این مراسم استقرار مدعوین بر سرمیزها و جاهای خود همراه با پخش آهنگی از موسیقی‌دان اتریشی موزار[۱] بود.

تعداد مردان به مراتب بیش از بانوان بود چرا که پادشـــاهان و شـــیوخ عرب همه به تنهایی آمده بودند. بنابراین رعایت تناوب مرد و زن بر ســـر میز غذا که رســـم این قبیل ضیافت‌ها است میسر نشـــده بود. نتیجه آن‌که پرنس موناکو، فیلیپ شوهر ملکه بریتانیا، پرنس برنار همســـر ملکه هلند، آگینو معاون رئیس جمهوری آمریکا و رئیس جمهوری لهستان در کنار هم نشستند. پرنس برنار از پرنس فیلیپ پرسید چرا بین ما زنی ننشسته و او بلافاصله جواب داد: «برای آن‌که ما تنها ملکه‌های مرد هســـتیم» طنزی دقیقاً در عادات همسر ملکه الیزابت.

صورت غذا طبیعتاً استثنایی بود و امروز هم مورد گفتگو و مخصوصاً انتقاد و گاهی تمســـخر مفسران و راویان است. ژان فایار[۲] که در آن زمان خبرنگار روزنامه فیگارو[۳] بود از آن روایتی دقیق و تخصصی به جای گذاشـــته. نخستین غذا تخم بلدرچین با مروارید بندری بود (مقصود خاویار اســـت) و سپس خمیر ماهی Homard با سس مخصوص خود. ســـپس قطعات گوشت گوسفند کباب شده با ودکا و پر شده از جگر غاز همراه با بستنی شامپانی موئت وشاندن[۴] سال ۱۹۱۱. پس از آن «طاووس شاهنشاهی»[۵] که به طرز باشکوهی تزئین شده و دم پرتلألوئش به آن جلوه خاص داد، با مخلفات. آن گاه سالادی که در صورت غذا به آن نام آلکساندر دوما[۶] داده شده بود. بعد از آن سالاد میوه بر اساس انجیر و تمشک با پرتو[۷] سرانجام، به مناسبت سی و سومین سال ولادت شهبانو فرح کیک عظیمی به وزن سی و سه کیلو که دو سه مستخدم آنرا حمل می‌کردند به تالار غذاخوری آورده و پخش و صرف شد.

همـــــه ایـــن اغـــذیه نـــادر و گرانبها، با بهترین و نایاب‌ترین مشـــروبات همراه

1 - Wolfgang Amadéus Mozart.
2 - Jean Fayard.
3 - Le Figaro.
4 - Moét et Chandon.
5 - Paon Imperial.
6 - Alexandre Dumas.
۷- Porto – مشروب محصول کشور پرتقال. (مترجم)

بود: شامپانی شاتو دوساران[1]، شراب سفید Haut Brion سال ۱۹۶۴، شراب قرمز بردو Chateau Laffite سال ۱۹۴۵، شراب موزین ئی[2] کنت دو وگه[3] ۱۹۴۵ و بالاخره شامپانی صورتی بسیار کمیاب و ذیقیمت دم پرین یون[4] ۱۹۵۹ و پس از شام کنیاک پرنس اوژن[5]، قهوه، جوشانده، چای، و انواع مشروبات الکلی و غیرالکلی و آب میوه‌ها.

غذای اصلی که طاووس بود، تفسیرات و تعبیرات مختلفی را در جراید بین‌المللی باعث شد. بعضی‌ها آن را در ارتباط با فتح هندوستان به وسیله نادرشاه و تخت طاووس تلقی کردند که وی از آن‌جا به غنیمت با خود به ایران آورد و شاهان ایران از آن پس، یکی پس از دیگری بر آن تاج‌گذاری کردند. گروهی طرز تهیه و پخت و پز آن را به نویسنده معروف آلکساندر دوما نسبت داده‌اند[6] که در کتابش یادآور شده که رومیان قدیم آن را در موارد استثنایی و تشریفات خاص مصرف می‌کردند. دیگران توضیحات پیچیده‌تری داده‌اند. مفسر سرشناس ژان فرانسوا بازن[7] می‌نویسد: «در سال ۱۹۷۱، رستوران ماکسیم، پل بوکوز[8] را مأمور کرد که اغذیه ضیافت اصلی جشن‌های تخت جمشید را تدارک ببیند و اغذیه‌ای با شکوه در شأن شاه و شهبانوی ایران تهیه کند. شاه دستور داده بود که طاووس باید در صورت اغذیه منظور شود. پل بوکوز توضیح داد که گوشت طاووس چندان مطلوب و مأکول نیست. شاه نپذیرفت. امر، امر او بود. بدین‌سان «طاووس شاهنشاهی با همه تزئینات اطرافش آماده و به مدعوین عرضه شد».

در پایان شام، محمدرضا شاه سخنرانی کوتاهی کرد: «گردهم‌آیی این همه شخصیت‌های مهم دنیا را به فال نیک می‌گیریم. زیرا احساس می‌کنم که در این گردهمایی، تاریخ گذشته با واقعیات امروزی پیوند خورده است».

امپراطور اتیوپی هایله سلاسی از جانب حاضران پاسخ داد:

---

1 - Champagne Chateau de Saran.
2 - Musizny.
3 - Counte de Vogüé.
4 - Dom Perignon.
5 - Cognac Prince Eugéne.
۶ - مولف کتابی موسوم به فرهنگ بزرگ آشپزی، Grand Dictionnaire de Cuisine که یک سال پس از مرگش انتشار یافت.
7 - Jean Francois Bazin, Bourgogne, Ed. Arthaud, 1990.
۸ - Paul Bocuse آشپز معروف فرانسوی که بعضی او را یکی از بانیان طرز جدید پخت و پز در این کشور می‌دانند. (مترجم)

«هنگامی که زمان نگارش تاریخ سرزمین شما فرا رسد، نام اعلیحضرت بی‌هیچ تردید به خاطر نقش به سزایی که در بازآفرینی هویت ملی و پافشاری بر نوسازی کشورتان داشته‌اید، جای درخشانی خواهد داشت»

ده سال طول نکشید که هر دو پادشاه، تاج و تخت خود را در شرائطی فجیع از دست دادند.

آن شب با آتش بازی پرشکوهی که از ویرانه‌های کاخ داریوش انجام می‌شد، به پایان رسید.

روز بعد، پانزده اکتبر آرام‌تر بود. تخت‌جمشید تا حد زیادی آرامش خود را بازیافت و بسیاری از مدعوین مجدداً به بازدید آن رفتند. شخصیت‌های دیگری برای بازدید آثار تاریخی و قصور شـــیراز عازم آن شهر شدند. موقع برای گفتگوهای سیاسی بین رؤسای کشورها و دولت‌ها نیز مناسب بود. وزارت امورخارجه ایران ترتیب تسهیل این ملاقات‌ها و برنامه آن‌ها را داد: امپراطور اتیوپی با پادگورنی[1] صدر هیأت رئیسه اتحاد جماهیر شوروی[2] و مارشال تیتو[3] رئیس جمهور یوگسلاوی ملاقات‌های طولانی داشت. کنستانتین[4] یونانی که با کودتای آن کشور برکنار و از آن‌جا رانده شده بود، با معاون رئیس جمهوری ایالات متحده که یونانی تبار بود دیدار کرد و از او کمک خواســـت. ملک حســـین پادشاه کشور هاشمی اردن جلسه‌ای از سران کشورهای عرب تشکیل داد...

شبانگاه، همه مدعوین در تماشاخانه موقتی که ساخته شده بود جمع شدند و نمایش نور و صدا که متن گفتار آن را دو مورخ فرانسوی نوشته و موسیقی آن را آهنگ ساز ایرانی مقیم فرانسه امین‌الله حسین پرداخته بود، برای‌شان اجرا شد. سپس شامی بدون تشریفات و به صورت بوفه فراهم شـــده بود که چند غذای ایرانی هم در آن گنجانده بودند و همه مدعوین از آن لذت بسیار بردند. ولی شراب‌ها فرانسوی بودند.

فردای آن روز بیشـــتر مدعوین از شیراز به کشورهای خود بازگشتند. گروهی دیگر برای حضور در بقیه تشریفات عازم پایتخت ایران شدند، که به آن خواهیم پرداخت.

1 - Padgorny.

۲ - مقامی معادل رئیس مملکت در سلسله مراتب آن روز مسکو. (مترجم)

3 - Maréchal Tito.

4 - Constantin.

بدون تردید، قسمتی از برنامه این جشن‌ها و به خصوص نحوه اجرای آن نشان از افراط و تفریط داشت. قطعاً ۹۰٪ کارهایی که انجام شد و همه به فرانسویان تفویض شده بود، می‌توانست به وسیله ایرانی‌ها و شرکت‌ها و موسسات ایرانی انجام شود و نمایشی از هنر و کاردانی ایرانیان و ظرافت صنایع دستی و هنرهای آنان می‌بود. توسل به یک رستوران معروف پاریسی و خدمه فرانسوی برای ضیافت اصلی تخت جمشید اشتباهی بزرگ بود. هنر آشپزی ایرانیان مورد ستایش همه جهانیان و اهل نظر است. این ضیافت موقع مناسبی برای تبلیغ آن بود.

اشتباه عمده دیگر آن بود که در تهیه و تدارک و اجرای این مراسم ایرانیان شرکت داده نشوند و آن‌ها را دورنگاه داشتند. حال آن که مراسمی مربوط به کشور آن‌ها، تاریخ آن‌ها و آینده آن‌ها بود. نتیجه آن که جشن‌های تخت جمشید که می‌توانست و می‌بایست - چنانکه شاه خواسته بود - عامل تحکیم مبانی وحدت ملی و آشنایی بیشتر ایرانیان با تاریخ خود باشد، سرآغاز یک جدایی بزرگ میان دستگاه حکومت و سلطنت از مردم شد که مخالفان و دشمنان از آن بیشترین بهره‌برداری را کردند.

در ایران، افکار عمومی اقلیت بسیار کوچکی از درباریان و مسئولان را - به حق یا ناحق - متهم به فساد و سوءاستفاده می‌کرد. بی‌بند و باری‌ها و ولخرجی‌های این مراسم بهانه‌ای برای گسترش این شایعات به دست داد. گروهک‌های مخفی و تندرو موجبی برای جلب ناراضی‌ها پیدا کردند. نارضائی و انتقاد در دانشگاه‌ها علنی بود. بازار مخالف ولخرجی‌ها بود. مقامات عالیه در مقابل این موج نه می‌دانستند چه باید کرد و نه کاری کردند. سرانجام همه سکوت را ترجیح دادند و مردم سکوت را علامت رضا یعنی قبول انتقادات دانستند.

برپایی خیمه‌گاه به جای ساختمان مهمانسراهای بزرگ اشتباهی دیگر بود. حتی بزرگانی که به آن‌جا آمده و از پذیرایی‌های واقعاً شاهانه بهره‌مند شده بودند، دست به انتقاد زدند. خیمه‌گاه به صورت مظهر همه اشتباهات و زیاده‌روی‌ها درآمد. تنی چند پیشنهاد کردند که چادرها برچیده شود. با آن همه هزینه، این کار آسان نبود. می‌بایست کارگران ایرانی را به آن گمارد که همه چیز را می‌دیدند و این خود آسان نبود و نوعی رسوایی محسوب می‌شد. گروهی توصیه کردند که خیمه‌ها به صورت یک نوع مهمانسرا برای

میلیاردرها و تازه به دوران رسیده‌ها درآید و مورد بهره‌برداری تجاری قرار گیرد. کسی به دنبال این فکر نرفت، شـاید هم شاه آن را دون شأن ایران و خودش دانست و نپذیرفت. سرانجام خیمه‌گاه به صورت یک مسأله غامض درآمد. درهای آن‌را به روی همه بستند و ورود به آن ممنوع شد. مردم از دور آن‌را می‌دیدند و عقده‌ها و شایعات گسترش می‌یافتند. چند سال که گذشت، خیمه‌گاه به صورت نیمه مخروبه درآمد. تمام اثاثیه آن غارت شد و انقلابیون آن را وسیله‌ای برای تبلیغ علیه شاه و رژیم او قرار درآورند و درهایش را گشودند و مخروبه‌ها را به همگان نشان دادند.[۱]

برپایی مراسم دوهزار و پانصدمین سال شاهنشاهی ایران و سال کورش کبیر، کاری درســت و شایســته بود. نحوه پذیرایی از مدعوین، دور نگاهداشتن ایرانیان از مراسم و ســرانجام مهر ســکوتی که بر آن زده شد اشتباهی بزرگ بود که حکومت نتوانست با آن مقابله کند.

بقیه تشــریفات رســمی و بین‌المللی در تهران انجام شد و مشتمل بر دو افتتاح مهم بود: نخست افتتاح شهیاد، بنای یادبود شاهان گذشته ایران. طاق نصرتی به بلندی ۶۰ متر که طراح آن مهندس معمار جوانی موســوم به حســین امانت بود و بســیاری آن را یکی از شــاهکارهای معماری عصر جدید در جهان تلقی می‌کنند[۲]. این بنا در میدان ورودی آن روز پایتخت ایران برپا شــد و در طبقه تحتانی آن موزه‌ای به وســعت ۸۰۰۰ متر مربع به تاریخ ایران و مراحل مختلف آن اختصاص داده شــد. هزینه ساختمان را شرکت‌های ساختمانی، صنایع بزرگ و بانک‌های خصوصی پرداختند و در حقیقت هدیه آنان به سال کورش کبیر بود. هدیه‌ای شایسته و بایسته.

برنامه دیگر، پایان ساختمان و گشایش مجموعه ورزشی المپیک پایتخت ایران بود که طرح و نقشه آن را مهندس معمار عبدالعزیز فرمانفرمائیان[۳] تهیه کرد و شرکت‌های ایرانی و فرانسوی به همکاری آن را ساختند.

---

۱ - نویسنده فرانسوی کتاب از آن بازدید کرد. این مطالب بر اساس دیده‌ها و یادداشت‌های او تحریر شده.

2 - Jean Paul Roux, Histoire de l' Iran et des Iraniens, des origins à mos jous. Fayard, Paris, 2006.

۳ - کاخ سلطنتی نیاوران، موزه ملی فرش و مسجد دانشگاه تهران از جمله آثار دیگر این مهندس معمار سرشناس است.

این مجتمع مشتمل بود (و هست) بر یک ورزشگاه صدهزار نفری، یک دریاچه مصنوعی به وسعت ۲۸ هکتار، یک دهکده المپیک، یک ورزشگاه سرپوشیده با گنجایش ۱۲۰۰۰ نفر، پارکینگ‌هایی برای ۱۰۰۰۰ اتومبیل سواری و ۶۰۰ اتوبوس، چند رستوران و تأسیسات دیگر.

یک برنامه چشمگیر ورزشی، از جمله مشتمل بر ورزش‌های سنتی باستانی به این مناسبت در حضور شاه و شهبانو و چند تن از مدعوین آنها و یک صدهزار تن از مردم تهران اجرا و از رادیو، تلویزیون ملی ایران بطور مستقیم پخش شد. در سال ۱۹۷۴ هفتمین بازی‌های المپیک آسیایی در این مجتمع اجرا شد. جراید بین‌المللی به این مناسبت نوشتند که هم محل برگزاری بازی‌ها و هم نحوه ترتیب و نظم تشکیلات آن به بازی‌های قبلی که در توکیو صورت گرفته بود، برتری داشت. با تمام این احوال چند روزنامه چپ‌گرای غربی، از جمله در فرانسه، اجرای این طرح و علاقه ایران را به دعوت از بازی‌های المپیک جهانی در دهه ۱۹۸۰، طرحی دیوانه‌وار دانستند و مورد انتقاد قرار دادند. اما در ایران همه از این دو طرح و از بازی‌های آسیایی خشنود و سربلند بودند و در این زمینه اتفاق نظر واقعی وجود داشت.

محمدرضا شاه با شتابی که در ترقی ایران داشت، به این بگو مگوها که تا حد زیادی ناشی از حسادت بود، وقعی نمی‌گذاشت و در راهی که برای بازسازی ایران ترسیم کرده بود پیش می‌رفت.

آغاز سال کورش کبیر ۲۱ مارس ۱۹۷۱ بود و پایان آن ۲۱ مارس ۱۹۷۲.

در این سال همه انظار متوجه ایران بود، همه مطبوعات بین‌المللی اوضاع این کشور را تعقیب می‌کردند. هم دوست به سوی ایران می‌نگریست و هم دشمن. برای محمدرضا پهلوی، همسرش و مسئولان دولتش، بهترین فرصت برای ارائه پیشرفت و قدرت ایران فراهم بود و می‌بایست تا حد امکان اشتباه پذیرایی‌های نامتناسب تخت جمشید را که همه به آن اذعان داشتند و هیچ‌کس از آن سخن نمی‌گفت، جبران کرد.

سوادآموزی و گسترش آموزش یکی از مهم‌ترین اولویت‌های ایران بود. به مناسبت برپایی جشن‌های دوهزار و پانصدمین سال شاهنشاهی ایران، ۲۵۰۰ آموزشگاه در

روستاهای ایران ساخته شد. این بناها اکثراً هدایای افرادی بود که می‌خواستند نام عزیزی از دست رفته از بستگان‌شان بر روی یکی از آن‌ها باشد، دولت نقشه‌های ساختمانی را به رایگان در اختیار آنان می‌گذاشت.

چندین طرح بزرگ جلب سیاحان نیز به انجام رسید: شراتون تهران، شراتون اصفهان، انترکنتی‌نانتال شیراز، مهمانسرای بزرگ تخت جمشید که شماری از مدعوین در آن اقامت گزیدند، بزرگراه میان شیراز و تخت جمشید. این جشن‌ها بهترین تبلیغ برای جلب جهانگردان به ایران بود و می‌بایست وسایل پذیرایی شایسته‌ای از آنان ایجاد شود.

در چهارچوب برنامه برگزاری دوهزار و پانصدمین سال شاهنشاهی ایران محمدرضا شاه در بهار سال ۱۹۷۱ مجتمع ورزشی دانشگاه پهلوی (عادت داشت بگوید «دانشگاه خود ما») را گشود. راضی و سرحال بود. چند صد دانشجو در آن‌جا بودند که از وی استقبالی بسیار گرم و محبت‌آمیز کردند. کوی دانشگاه تقریباً در پانصد متری قرار داشت. به رئیس دانشگاه[1] که در کنارش بود گفت: «برویم از آن‌جا دیدن کنیم» به جای آن‌که پس از پایان برنامه، پیاده به کاخ ارم محل اقامتش برگردد، مسیر را تغییر داد و به گروه شخصیت‌هایی که به دنبالش بودند گفت: «می‌رویم و دانشجویان را ببینیم». همه آن‌ها نگران و متعجب شدند. استاندار و رئیس ساواک پیش آمدند و گفتند این بازدید در برنامه پیش‌بینی نشده، کوی دانشگاه تحت حفاظت نیست. شاه نگاهی تحقیرآمیز به آنان کرد و چیزی نگفت و به راه افتاد. دیگران همه به دنبالش آمدند. با یک اشاره دست همه را متوقف کرد. در راه شیوه ساختمان‌ها را ستود[2] و با اشاره به کارگاه عظیمی که چند صدمتر بالاتر بر روی تپه‌ای دائر و ساختمان‌های جدید دیگر دانشگاه در آن‌جا در حال پیشرفت بود گفت، امیدوارم پایان همه این‌ها را ببینیم: «تخت جمشید زمان ما خواهد شد».[3]

پس از چند دقیقه شاه و رئیس دانشگاه وارد نخستین ساختمان کوی دانشگاه شدند. از پله‌کانی کوچک بالا رفتند و به طبقه هم‌کف که اندکی بالاتر از سطح زمین بود رسیدند. صدای گفتگو از یک اطاق به گوش می‌رسید. گفت: «برویم تو». طبق سنت ایرانی همه جا

۱ - هوشنگ نهاوندی.
۲- طراح مجموعه ساختمان‌های دانشگاه پهلوی، مهندس معمار محمدرضا مقتدر و همکارانش بودند.
۳- پس از انقلاب اسلامی، مدتی این طرح متوقف و سپس از سر گرفته شد. مهندسین مشاور دیگری کارها را به دست گرفتند. بعضی از ساختمان‌ها به پایان رسیده و مورد استفاده قرار گرفته است.

خانه او بود. رئیس دانشگاه در زد و پس از اندکی تأمل در را باز کرد. دو دانشجوی جوان پتویی بر روی زمین پهن کرده، بر آن نشسته بودند. یکی به تخت تکیه داده بود و دیگری به دیوار. میان آن‌ها چند کتاب، مقداری کاغذ و یادداشت و یک قوری چای دیده می‌شد. تعجب آن‌ها حد و حساب نداشت. شاید منتظر دیدار یکی از همکلاسی‌ها یا دوستان خود بودند، نه شاه و رئیس دانشگاه. نمی‌دانستند چه بگویند و چه بکنند. «آمده‌ایم از شما احوالپرسی کنیم. ببینیم چطورید. حتماً مشغول حاضر کردن امتحانات خود هستید. فصلش است». وضع غیرعادی بود اما سخنان شاه عادی و متعارف. ورود شاه به اطاق غیرعادی بود. یکی از دانشجویان که تقریباً به گریه افتاده بود خودش را به پای شاه انداخت و زانویش را بوسید. ابراز احترام و احساساتی به سبک ایلات. شاه او را با دو دست بلند کرد، می‌خندید. دانشجوی دیگر دست شاه را گرفت و در دست خود نگاه داشت. با دست دیگر شانه‌اش را لمس کرد. شاید می‌خواست مطمئن شود که در عالم رؤیا نیست. بالاخره پرسید: «چای میل دارید؟» شاه پاسخ داد، «نه، خیلی متشکرم. حتماً چای خیلی خوبی است». سپس درباره درس‌هایشان پرسید. هر دو دانشجوی رشته شیمی بودند و برای لیسانس خود را در این رشته آماده می‌کردند. محمدرضا شاه گفت: «رشته مفیدی برای آینده کشور است» سپس جملات مختلفی درباره زادگاه و وضع زندگی آن دو جوان رد و بدل شد. در اطاق باز مانده بود و قطعاً سر و صدای گفتگو در دالان شنیده و منعکس شد. چند تن از دانشجویان از اطاق‌های خود بیرون آمدند، بعضی‌ها پیژامه به تن داشتند. شاه را که شناختند برایش کف زده به صدای بلند «جاوید شاه» می‌گفتند. محمدرضا پهلوی با چند تن از آنان دست داد، کلمات محبت‌آمیزی بر این و آن گفت. عده زیادی دورش جمع شده بودند. به طور وضوح خوشحال و خندان بود. برگشت. دانشجویان به دنبالش آمدند، پنجره‌های چند اطاق طبقات فوقانی باز شد. از آنجا هم چند تن فریاد جاوید شاه می‌کشیدند. شاه واقعاً لذت می‌برد. جوان‌ها خوشحال و در هیجان بودند. همه چند صد قدم در بی‌نظمی و شادی پیش رفتند. شاه متوقف شد. به دانشجویان گفت: «نمی‌خواهیم مانع کار شما بشویم. از پذیرایی شما خیلی متشکریم. حالا دیگر برگردید» چند نفری گفتند: «می‌خواهیم با شما بیاییم». شاه گفت: «ما برمی‌گردیم. شما هم برگردید» یک صد نفری بودند. مرتباً می‌گفتند: «جاوید شاه». ولی دیگر پیش نیامدند.

هنگامی که شاه و رئیس دانشگاه به جمع نگران همراهان که از دور شاهد این هیاهو

بودند، رسیدند، وی با تمسخر گفت: «می‌بینید که هنوز زنده هستیم».

چنیــن بود خلق و رفتار محمدرضا پهلوی. محجوب و مسـلط برخـود بود. اما از حرکات بعضی از اطرافیانش که می‌خواستند او را از واقعیات دور نگاه دارند نیز غافل نبود. متأسفانه در نهایت امر این گروه موفق شدند.

در روز هفتم مه، کاخ گلستان، یادگار باشکوهی از دوران قاجاریه که مراسم تاجگذاری در آنجا انجام شــده بود و محـل بسـیاری از پذیرایی‌های رسمی بود و کاخ مرمر، از آثار زمان رضاشاه، کوچک‌تر اما زیبا و چشمگیر، در حضور شاه و شهبانو به روی مردم گشوده شد و به عنوان «موزه‌های ملی» اعلام گردید.

در ۲۸ ژوئن شاه به تنهایی شبکه آبیاری رود ارس واقع در سر حد ایران و شوروی را که یک میلیارد دلار هزینه اجرای آن شده بود افتتاح کرد. سپس در ۲۴ سپتامبر به اتفاق شهبانو در تشریفات گشایش کتابخانه مرکزی دانشگاه تهران شرکت جست. در آن هنگام نزدیک ششصد هزار عنوان کتاب در این کتابخانه موجود و در دسـترس بود. هم‌چنین مجموعه‌ای غالباً بی‌بدیل از نسخ خطی گرانبها، ۱۸۰۰ عنوان از نشریات روزنامه، هفتگی یا ماهانه... سرتاسر جهان به اشتراک مرتباً به آنجا می‌رسید. هم‌چنین، این کتابخانه دارای یک تالار سـخنرانی به گنجایش ۶۰۰ نفر (که اندکی بعد به نام ذکاءالملک فروغی، تالار فروغی خوانده شد)، یک رستوران سالن‌های نمایشگاه... بود. به هنگام ترک ساختمان، شاه از رئیس دانشگاه[1] پرسید: «این کتابخانه نسبت به عمارات و تأسیسات مشابه خود در جهان در چه مرتبه‌ای قرار می‌گیرد؟» رئیس دانشگاه نمی‌دانست. اما پاسخ داد در میان آن‌هایی که دیده قطعاً از مهم‌ترین محسوب خواهد شد». او همیشه در اندیشه جلال و عظمت و مقایسه با کشورهای بزرگ جهان بود.

در هفته‌های پیش از مراسم و پذیرایی‌های تخت‌جمشید، افتتاح و آغاز بهره‌برداری طرح‌های عظیم عمرانی و فرهنگی فراوانی در برنامه شاه و شهبانو، نخست‌وزیر و مسئولان دیگر مملکتی قرار داشت: ۲۶، ۲۷ و ۲۸ سپتامبر، آغاز بهره‌برداری سه سد بزرگ در منطقه

---

۱ - هوشنگ نهاوندی در ماه ژوئیه به ریاست دانشگاه تهران انتخاب شده بود.

کردستان. در همین روز ۲۸ سپتامبر شاه و جودت سونای رئیس جمهوری ترکیه در مراسم اتصال خطوط آهن ترکیه و ایران در مرز دو کشور حضور یافتند.

پس از مراسم تخت‌جمشید، زوج سلطنتی کتابخانه مرکزی شهر تهران را در روز هفتم نوامبر (۱۹۷۱) افتتاح کردند. شاه در ۱۷ دسامبر در آغاز بهره‌برداری پالایشگاه نفت بزرگی به ظرفیت ۱۸۳,۰۰۰ باریل نفت، در منطقه حضور یافت. دل‌مشغولی ایران بیش از همیشه آن بود که تمامی محصول پالایشگاه آبادان به خارج صادر شود و مصرف داخلی فزاینده مواد نفتی را شبکه پالایشگاه‌های دیگر تأمین نمایند. همان روز شاه به جزیره خارک رفت و بزرگ‌ترین تلمبه‌خانه گاز جهان را در آن جزیره گشود. پیش از آن در ۱۴ نوامبر امیرعباس هویدا نخست‌وزیر مجموعه‌ای از ۴۷۰ آپارتمان و مسکن ارزان قیمت را در نازی‌آباد گشود که در کنار آن یک مرکز ورزشی و فرهنگی نیز ساخته و آماده شده بود.

همه این‌ها نمونه‌هایی بودند از صدها طرح بزرگ و کوچک دیگر که به بنیان‌گذار شاهنشاهی ایران، کورش کبیر، به مناسبت این سال «تقدیم» شدند.

فعالیت در خارج از ایران نیز به این مناسبت کم نبود. چهل کشور در پنج قاره جهان کمیته‌هایی برای برپایی ۲۵۰۰ سال شاهنشاهی ایران تشکیل دادند که ریاست آن تقریباً در همه جا با رؤسای کشورها و برخی نیز (چون فرانسه و آمریکا) با همسران آنان بود. در چهارچوب فعالیت آنان تألیفات و تحقیقات علمی، یا همه پسند، بسیاری در زمینه‌های تاریخ، هنر و فرهنگ ایران چاپ و منتشر و سمینارها، سخنرانی‌ها و نمایشگاه‌های متعدد برپا شد. همه این‌ها، افزون بر پخش مستقیم برنامه‌های تخت جمشید (که متأسفانه بیشتر به ضیافت شام آن توجه شد) اقدام بسیار مهمی برای شناساندن ایران به جهانیان بود.

به موازات جشن‌های تخت جمشید، از ۱۳ اکتبر در شیراز یک کنگره بین‌المللی ایران‌شناسی برگزار شد که مرکز آن پردیس دانشگاه پهلوی، آمفی تآتر، رستوران و تالارهای گردهمایی‌اش بود. به هنگام گشایش این کنگره شاه گفت: «پر ارج‌ترین سپاهیان ما طی هزاران سال آن زنان و مردانی بودند که طی تاریخ کهنسال ایران مشعل دانش را در برابر تندبادهای حوادث فروزان نگاه داشتند و آن را درخشان‌تر و فروزنده‌تر به نسل‌های

دیگر سـپردند. پیروزی‌های واقعی در احسـاس همین حقیقت نهفته است. هر استیلای جغرافیایی یا نظامی خواه ناخواه با دوران بازگشـت و انحطاطی همراه اسـت. ولی این ارزش‌های معنوی هیچ وقت و با هیچ نیرویی از میان نمی‌رود».

در این کنگره بزرگ، چهارصد دانشمند سرشناس شرکت داشتند که سیصد تن آنان از چهل و چهار کشور مختلف دنیا آمده بودند و قریب به یک‌صد تن ایرانی بودند.

سخنان شاه، با گفتار فیلسوف و دانشمند بزرگ فرانسوی هانری کربن[1]، که اندکی بعد به مناسبت خدماتش به فرهنگ ایران از دانشگاه تهران درجه دکتری افتخاری گرفت، کاملاً هماهنگ اسـت[2]. هانری کربن نوشته: «اصطلاح ایران‌شناسـی برای اول بار در سال‌های ۱۹۵۰ به کار گرفته شد. امتیاز بزرگ و اصلی این اصطلاح شمول آن است هم بر ایران و هم بر مجموع تحقیقاتی که درباره آن می‌شود. این اصطلاح به حد کمال مفهوم ابدیت و تداوم ایران را نشان می‌دهد که برپایی مراسم بیست و پنج قرن شاهنشاهی ایران جلوه مهم آن بود و در کنگره بین‌المللی ایران شناسی شیراز مطرح گردید».

اداره کنگره با شـجاع‌الدین شفا مشاور فرهنگی دربار بود. به این مناسبت یک هزار اثر پژوهشی ارائه شد که کتابخانه ملی پهلوی فهرست دقیق آن را در یک کتابچه دویست و چهل صفحه‌ای انتشار داد. قرار بود که همه آثار شرکت کنندگان در کنگره در یک‌صد مجلد، هر کدام در حدود پانصد صفحه، چاپ شود. در روزهای انقلاب پادوهای اسلامی به کتابخانه هجوم بردند و همه این آثار گرانبها را مصادره کردند که سرنوشت نهایی اکثر آن‌ها به درستی معلوم نیست.

ارائه ترازنامه کامل و دقیقی از جشن‌های تخت جمشید و برگزاری سال کورش کبیر، کارآسانی نیست. ناظران و مفسران هر یک به سلیقه و گرایش خود به یک جنبه و جلوه آن توجه داشته بر آن تکیه کرده‌اند.

در چند نکته تردید نمی‌توان داشت.

1 - Henri Corbin.

۲ - در مقاله Perse که در Encyclopedia Universalizs به سال ۱۹۹۵ طبع و نشر گردید.

نخست نظم و ترتیب و امنیت مراسم تخت جمشید بود که بدون کوچکترین نقطه ضعفی به انجام رسید. البته باید گفت که حضور تقریباً همه رهبران کشورهای کمونیست جهان در تخت جمشید، نوعی بیمه برای این مراسم محسوب می‌شد، چرا که گروهک‌های تروریست همه به آن سوی دنیا وابسته بودند و شاید در حمله به ولی‌نعمت‌های خود تردید به خرج دادند. اما حملات و سوءقصدهایی علیه دیگر روسای ممالک متصور بود که از آن‌ها جلوگیری شد و در هر حال نظم همه مراسم از آغاز تا انجام که مسئولیت آن فقط با ایرانیان بود. در همه جا مورد تائید و ستایش قرار گرفته.

نکته دیگر، مخاطرات موجود در پایتخت بود. اگر سوء قصدهایی به وقوع می‌پیوست، با توجه به حضور هزاران تماشاگر و جهانگرد و خبرنگار در تهران، آثار بسیار ناگواری برای رژیم ایران به بار می‌آمد. خرابکاران در مقام انجام آن‌ها برآمدند. اما با شکست روبرو شدند.

یکی از این طرح‌ها، منفجر کردن خطوط انتقال برق سد امیرکبیر در شصت کیلومتری پایتخت به تهران بود. خرابکاران در نظر داشتند در زمان برگزاری جشن‌ها برق را قطع کرده شهر را در تاریکی مطلق فرو برند. اما مراقبت به وسیله هلی‌کوپترهای هوانیروز که مسئولیت آن با سرلشکر خسرو داد بود سبب شد که توطئه به موقع به اطلاع مقامات امنیتی برسد و افراد نیروهای مخصوص ساواک آن را خنثی کردند.

تروریست‌ها سه عمل انفجاری بزرگ را نیز طراحی کرده بودند. نخست در زمان گشایش مجتمع ورزشی تهران در حضور یک صدهزار نفر که به آسانی می‌توان فاجعه انسانی و بازتاب‌های تبلیغاتی آن را در صورت موفقیت تصوّر کرد. دیگری طرح منفجر کردن میدان شهیاد با مواد منفجره بسیار قوی که فقط ده دقیقه پیش از اجرا، باز هم به وسیله نیروهای مخصوص ساواک، خنثی گردید. بالاخره در روز ۱۸ اکتبر نگهبانان دروازه اصلی دانشگاه تهران، مقداری مواد منفجره یافتند که نیروی ویژه شهربانی آن را از کار انداخت. در این مورد قصد تروریست‌ها کشتار کورکورانه و ایجاد رعب و وحشت بود.

از این اقدامات رسماً خبری داده نشد. از دیدگاه شاه و دولت مأموران وظیفه خود را انجام داده بودند. گویا تشویق خاصی هم از آنان به عمل نیامد.

برپائی سال کورش کبیر و بنیان‌گذاری شاهنشاهی ایران موجب یک جهش اقتصادی، فرهنگی و نوسازی در همه شئون زندگی ایران و ایرانیان شد.

شتاب همه کشــورهای جهان برای شرکت در این مراسم نشانه مقام مهم و فزاینده ایران در معادلات بین‌المللی بود. پاکستان، کشور دوست و هم‌پیمان ایران آن زمان، به این مناسبت یک روز تعطیل عمومی اعلام کرد. حتی در ایسلاند دوردست مراسمی باشکوه برپا شــد. ابرقدرت‌ها، مخصوصاً اتحاد جماهیر شوروی کوشیدند به بهترین وجه در آن سهم و نقشی داشته باشند. می‌خواستند احترام خود را نسبت به ایران توانا نشان دهند. شاه از این بازتاب‌ها به حق احســاس غرور می‌کرد. گرچه دشمنانش وی را به «خودنمائی»[1] متهم کردند.

برپائی دو هزار و پانصدمین سال بنیان‌گذاری شاهنشاهی ایران، همان‌قدر شایسته و مقبول بود که بزرگداشت دویستمین سال انقلاب فرانسه، یا استقلال آمریکا. هدف اولیه آن بود که افق‌های تازه‌ای در برابر ایرانیان گشوده شود و مردم را در سازندگی ایران تواناتر و مرفه‌تری متحد کند.

نیل به این هدف میســر شد. اما همه به ضیافت‌های بی‌بند و بار تخت جمشید نظر کردند و آن‌ها را به بهانه‌ای برای انتقاد از رژیم و خودبزرگ‌بینی شــاه قرار دادند. از فساد حکومت و دولت سخن گفتند، نه از فساد فقط چند تن، که هنوز هم این تبلیغات ادامه دارد.

اگر خیمه‌گاه تخت‌جمشید را نمی‌ســاختند، برگزاری میهمانی شام را به عهده یک رستوران فرانسوی نمی‌گذاشتند و دویست خدمتکار از یک شرکت فرانسوی نمی‌آوردند که دربار و مهمانسراهای بزرگ تهران، اصفهان و شیراز می‌توانستند به آسانی تأمین کنند، افکار عمومی در ایران مشــوّش نمی‌شد و جشن‌ها به هدف اصلی خود می‌رسید. در آن صورت ایران می‌توانست همه توجه را به سرآمدان خود و قدرت تشکیلاتی و اجرائیش جلب کند.

نحوه عمل تبلیغاتی درباره ضیافت‌های تخت جمشید و سپس سکوت کامل درباره

1 -Show of himself

آن اشتباهی دیگر بود. بیش از چهار دهه پس از این مراسم، هر بار که سخن از سقوط شاه و پیروزی انقلاب اسلامی در ایران می‌رود، اشاره به دو موضوع در جهان غرب «اجباری» است: روش‌های ساواک و ضیافت‌های تخت جمشید که باید در هر مورد واقعیات را آن چنان که بود و هست نشان داد.

هزینه این جشن‌ها چه بود؟ رقم‌ها غریب و شگفت‌انگیز است. امیر اسدالله علم در ۲۴ اکتبر ۱۹۷۱، سخن از رقم دوازده میلیون دلار گفت و بسیاری یک میلیارد دلار و بیشتر گفته‌اند. اگر در این هزینه‌ها، اعتبار ساختمان سدهای عظیم، تأسیسات نفتی، شاهراه‌ها، مهمانسراهای بزرگ، دو هزار و پانصد آموزشگاه روستایی، کتابخانه مرکزی دانشگاه تهران، کتابخانه بزرگ شهر تهران، شهیاد... و صدها طرح دیگر را که به مناسبت این جشن‌ها به انجام رسید، ملحوظ داریم، رقم از این‌ها بسیار فراتر می‌رود. مگر آن‌که بخواهیم ایران را به خاطر سیاست بسط و توسعه و سازندگی‌اش در آن دوران مورد انتقاد قرار دهیم.

اما صحبت اصلی درباره هزینه برگزاری ضیافت‌ها و برپا داشتن خیمه‌گاه است که سرّی ماند و حتی انقلابیون نیز نتوانستند مدارک مقتضی درباره آن‌ها ارائه دهند. و این دو کار به قول فرانسویان درختی بودند که جنگل را از دیدها پنهان نگاه داشتند.

در پایان سال کورش کبیر، محمدرضا پهلوی در اوج و اعتلای قدرت خود و درخشش دوران پادشاهی‌اش بود و در آغاز همه تضادها و پیچیدگی‌هایی که به رویه‌اش در برابر انقلاب اسلامی منتهی شد.

پس از سال کوروش کبیر و برای چند سالی، مسافرت به ایران و انجام مراسم ایرانی در همه جای دنیا معمول و متداول شد. حرکت دسته‌جمعی پانصد اتومبیل 2CV[1] از مارک سیتروئن[2] از پاریس به تخت جمشید، فیلم بسیار زیبای کلود لولوش[3] که کلود پی‌نوتو[4] تولیدکننده آن بود و فرانسیس‌له[5] موسیقی دلپذیر آن را ساخت نمونه‌های این جذابیت آن

۱- Deux Chevaux، وسیله نقلیه ارزان قیمتی که دیگر ساخته نمی‌شود و جزو اشیاء مجموعه‌داران درآمده.

2 - Citroen

3 -Claude Lelouche

4 - Claude Pinoteau

5 -Frances Lai

روز ایران است. در این فیلم[1] طی هفده دقیقه، بی‌هیچ گفتار و تفسیری تصاویر روستاها، شهرها، آثار تاریخی، دانشگاه‌ها، منابع نفتی... ایران از نظر تماشاگران می‌گذرد. همزیستی ایران کهن و ایران نوین. تصویر زنی با حجاب در کنار یک هلی‌کوپتر، تصویر دختران و پسران جوان و شاداب دانشگاه‌ها در کنار یکدیگر. تقریباً از خانواده سلطنتی تصویری در این فیلم نیست، جز یک بار آن هم از شاه که سوار بر اسبی به پیش می‌تازد. چند تصویر از تخت جمشید هم دیده می‌شود، از جمله نقشی که در آن دو دست یکدیگر را می‌فشارند. این فیلم امروز فراموش شده. اما در آن زمان به دریافت شش جایزه بزرگ بین‌المللی نائل آمد. شاید هم دیگر کسی نمی‌خواهد از این فیلم صحبت کند و ایران زمانی را به یاد آورد که کشوری بود با آینده درخشان، خیال‌انگیز و رویاپرور.

بیداری از آن همه آرزوها و رویاها دشوار و مرگبار بود.

۱- قابل دسترسی در مرکز اسناد دولتی فرانسه.

فصل چهارم

دیپلمات و فرمانده کل قوا

مراسم تخت جمشید تنها یک نمایش ثروت و قدرت نبود. معنی و مفهوم سیاسی و بین‌المللی خاصی داشت که شاه و وزارت امورخارجه‌اش در پی تحقق آن بودند و می‌خواستند ایران را به صورت یکی از بازیگران مهم عرصه روابط دول و ملل عالم درآورند. واقعیت و انصاف اقتضا می‌کند بگوئیم که این هدف تا حد زیادی جامه عمل به خود پوشید.

سی سال بر محمدرضا شاه و دولت‌های ایران لازم آمد تا یک سیاست خارجی نوین و فعال به وجود آورند.

هنگامی که محمدرضا پهلوی بر تخت سلطنت نشست، ایران عملاً تحت اشغال بیگانگان بود. دو ابرقدرت همسایه نیروهای خود را در قسمت اعظم خاک کشور مستقر کرده بودند. همان دو ابرقدرتی که از آغاز قرن نوزدهم سبب جدایی قسمت‌هایی مهم از سرزمین کهن سال ایران شده بر آن دست انداخته بودند.

رضا شاه توانسته بود از ادامه انحطاط ایران جلوگیری کند. سیاست خارجی او مبین اراده استقلال ملی و ایجاد تعادل در روابط بین‌المللی بود. او کوشید در زمان قدرت و

سلطنتش، اندکی کمتر از بیست سال، فرانسه، آلمان و ایتالیا را به سرنوشت و صحنه سیاسی ایران علاقمند و وارد کند تا بتواند بهتر و بیشتر در برابر مداخلات ناروای دو همسایه بزرگ شمالی و جنوبی ایستادگی نماید.

سرنوشت او را دیدیم.

فروغی آن چه را که میسر بود نجات داد، از جمله سلطنت و خانواده پهلوی را.

در سال ۱۹۴۱، محمدرضا پهلوی اختیار و قدرت واقعی نداشت. اما به نقش تاریخی و نمادین خود واقف بود. می‌دانست که خارجیان مواظب و مراقب او و مملکتش هستند. این نکته را پذیرفته بود و انتظار می‌کشید تا زمان تلافی فرا رسد.

پایان بحران آذربایجان، ایران را در اردوی «جهان آزاد» قرار داد. خطر اصلی استالین و جهانخواری‌اش بود. حزب توده، اتحادیه‌های کارگری وابسته‌اش، سازمان نظامی‌اش از داخل استقلال کشور را تهدید می‌کردند. راه‌حلی جز تکیه به امریکا وجود نداشت و امریکایی‌ها برای زمانی طولانی در صحنه سیاست ایران مستقر شدند.

در این دوران، دو سیاستمدار نظامی، یا نظامی سیاستمدار کوشیدند که به روابط با اتحاد جماهیر شوروی، قطب دیگر جنگ سرد و برخوردهای جهانی، به نحوی اساسی بهبودی بخشند و تا حدامکان تعادلی در این زمینه ایجاد کنند. یکی سپهبد رزم‌آرا بود که از ژوئن ۱۹۵۰ تا مارس ۱۹۵۱ حکومت کرد و دیگری سپهبد فضل‌الله زاهدی که از اوت ۱۹۵۳ تا آوریل ۱۹۵۵ زمام امور کشور را به دست داشت. هر دوی آن‌ها از حمایت و اعتماد واشنگتن برخوردار بودند، اما در مصلحت ایران، هر دو کوشیدند که روابط کشور را با اتحاد جماهیر شوروی بهبود بخشند و به صورت دوستانه و مسالمت‌آمیز درآورند. هر دو تا حد زیادی توفیق یافتند. سپهبد زاهدی که مخالف علنی مداخلات بریتانیای کبیر در امور داخلی ایران بود، کوشید که به سیاست خارجی کشورش اصالت و استقلال ملّی بیشتری بدهد و محدودیت‌هایی را که به عقیده او ناروا بود در آزادی عمل آن از پیش پا بردارد.

چنین بود اوضاع و احوالی که محمدرضا شاه در هفتم آوریل ۱۹۵۵، هنگامی که

سپهبد زاهدی را کنار گذاشت و به گفته خودش سررشته کارها را به دست گرفت، با آن مواجه بود.

محمدرضا شـــاه گمان می‌برد که در زمان اعتلای جنگ سرد و تشنجات بین‌المللی ناشی از آن، رویه‌ای جز اتکای به جهان آزاد برای صیانت استقلال کشورش وجود ندارد. در نتیجه در سوم نوامبر ۱۹۵۵، ایران رسماً به پیمان بغداد پیوست.

ایران در کنفرانس باندونگ[1] که از ۱۸ تا ۲۴ آوریل ۱۹۵۵ با شرکت ۲۹ کشور تشکیل شـــد، شرکت داشت. ریاست هیأت نمایندگی ایران را دکتر علی امینی وزیر دارایی وقت عهده‌دار بود. ممالک شرکت کننده در کنفرانس خود را متعلق به «جهان سوم»[2] می‌دانستند. بسیاری از آنان به دنیای کمونیست نزدیک و یا جزئی از آن بودند. با این حال در منازعه شـــرق و غرب اعلام بی‌طرفی می‌کردند. ایران خود را وابســـته به دنیای آزاد می‌دانست، اما با صراحت از قطعنامه کنفرانس دایر به حمایت از مردم فلســـطین و حقوق حقه آنان جانبداری کرد و این موضع هرگز تغییر نیافت.[3]

شـــاه عقیده داشت که در شـــرائط آن روز دنیا، برای ایران که تازه توسعه اقتصادی و تحـــول اجتماعـــی خود را آغاز کرده بود، تکیه به دنیـــای آزاد، در نتیجه به ایالات متحده امریکا، بهترین و موثرترین ضمانت اســـتقلال اســـت. اما امروز می‌دانیم که از همان زمان معتقد بود که باید در این موضع‌گیری سیاسی تحولی حاصل شود. توفیق سیاست خارجی ژنرال دوگل را در این زمینه می‌ستود و به عنوان تجربه‌ای تلقی می‌کرد که می‌توانست از آن الهام بگیرد.

موضع‌گیری‌های شـــاه در این زمینه، از امریکاییان، با حساســـیتی که داشـــتند، پنهان نمی‌ماند و پنهان نماند و گه‌گاه ســـبب رنجش یا دل‌مشغولی آنان می‌شد. جنگ دوم هند و پاکســـتان بر سر کشمیر در تابستان ۱۹۶۵، هشداری برای شاه ایران بود.[4] در این جنگ

---

۱ - باندونگ Bandoeng واقع در جزیره جاوه، قسمتی از کشور اندونزی.

۲ - Tiers-Monde، اصطلاحی که متفکر فرانســـوی آلفرد ســـوی Alfred Savuy اختراع کرد، جنبه اقتصادی داشـــت و بر کشورهای تهی‌دست آن روز شامل می‌شد. چین، هندوستان، مصر و کامبوج در آن زمان در شمار کشورهای جهان سوم محسوب می‌شدند.

۳ - نگاه کنید به قطعنامه نهایی کنفرانس باندونگ.

Annuaire Francais De droit International, Vol I, 1955. P. 723728-.

۴- این دو کشور سه بار بر سر کشمیر جنگیدند. ۱۹۴۷، ۱۹۶۵ و ۱۹۷۱.

هندی‌ها پیروز شدند. امریکا که هم پیمان پاکستان در قرارداد بغداد و مکلف به حمایت از آن کشور بود، دست روی دست گذاشت و برای این کشور هیچ کار نکرد. ایران بود که در حد امکانات اندکش به پاکستان کمک‌هایی کرد، حتی محرمانه به آن کشور اسلحه فرستاد که البته محرمانه نماند. ولی از دخالت مستقیم نظامی در آن برخورد نظامی اجتناب ورزید. پاکستان کشور هم‌پیمان و دوست خاص و برخوردار از اولویت مطلق ایران بود. رشته‌های پیوند سیاسی، فرهنگی و تاریخی دو کشور بسیار بودند. میان زبان رسمی پاکستان (اردو) و زبان فارسی تشابهات فراوان وجود دارد. در این سال‌ها همواره پاکستان از ابراز حق‌شناسی و دوستی نسبت به ایران دریغ نمی‌ورزید[1].

جنگ دوم هند و پاکستان با پادرمیانی مسکو و کنفرانس تاشقند (۲۰ تا ۲۶ سپتامبر ۱۹۶۵) به پایان رسید. اما شاه آن را فراموش نکرد.

طبق گزارش‌های رسمی امریکا که امروز دسترسی به آن‌ها میسر است. سفیر کبیر آن کشور در تهران آرمین مایر[2] در تاریخ ۶ اوت ۱۹۶۵ به دولت خود هشدار داد که «جنگ میان هند و پاکستان، شاه را متقاعد کرده که وابستگی بیش از حد کشورش به امریکا ممکن است ایران را به همان سرنوشتی دچار کند که پاکستان دچار شد. شاه در جستجوی آزادی عمل برای ایران است». در آوریل ۱۹۷۴، سفارت امریکا در گزارش دیگری به وزارت خارجه آن کشور از سیاست ایران در کمک به کشورهای در حال توسعه ابراز نگرانی کرده و اظهار می‌داشت که ممکن است این کمک با هدف‌های ما (یعنی امریکایی‌ها) منطبق نباشد. اندکی بعد از اراده ایران دایر به اتکاء به نیروی نظامی خود برای دفاع از کشور اظهار نگرانی شده. در گزارش بعدی از «پیچیدگی فزاینده» روابط ایران و امریکا سخن رفته و اندکی بعد، «اضطراب سفارت از افزایش مستمر قدرت ایران» بیان شده و از واشنگتن درخواست کردند که «چک سفید» به این کشور ندهد. یعنی اعتماد کامل به ایران و شاه نداشته باشد.

واشنگتن اندک اندک متقاعد شد که ایران هم پیمان امریکا و کشوری متعلق به «جهان

۱ - همسران دو تن از رهبران مهم پاکستان، ایرانی بودند یکی ژنرال اسکندر میرزا (۱۹۵۸-۱۹۵۶) که فارسی را نیز خوب می‌دانست و دیگر ذوالفقار علی بوتو که از ۱۹۷۱ تا ۱۹۷۴ رئیس جمهور بود و از ۱۹۷۳ تا ۱۹۷۷ که اختیارات اجرایی به رئیس دولت تفویض شد با سمت نخست وزیر بر پاکستان حکومت کرد و پس از کودتای نظامی در آن کشور (۵ ژوئیه ۱۹۷۷) در سال ۱۹۷۹ به دار آویخته شد.

2 - Armin H. Mayer.

آزاد» هست. اما سیاست مستقل ملی خود را تعقیب می‌کند نه سیاست ایالات متحده را.

محمدرضا شـــاه از عواقب این تغییر رویه نسبی غافل نبود. در همین اوان بود که از ژنرال دوگل ســـخن گفت: «دوگل از نظر مردم ایران نماینده و مظهر والاترین و برترین خصائص است. ایرانیان وطن‌پرستان واقعی را دوست دارند و به آنان احترام می‌گذارند. کســـانی را که به خاطر منافع کشورشان خطرات را قبول می‌کنند، کسانی را که جرئت و همت دارند. دوگل از این جمله بود. رفتارش با ریشه‌های عمیق فرهنگ و باورهای ملی ما هماهنگی داشت»[1]

سیاست ایران نسبت به اسرائیل نیز به طور محسوس تحول یافت. بر اساس سنت‌های ملی و تاریخی، احساســـات ضدیهودی با فرهنگ و باورهای ایرانیان هماهنگ نیســـت. ایرانیان سیاســـت کورش کبیر و آزادی یهودیان بابل را جزئی از افتخارات تاریخی خود می‌دانند. گرچه در ســـال‌های اخیر اظهارات ضدیهودی خمینی و ضداســـرائیلی رهبران جمهوری اسلامی و عربیت روزافزون آن‌ها ممکن است در افکار عمومی جهانیان توهّم دیگری به وجود آورد.

در ۲۹ نوامبر ۱۹۴۷ مجمع عمومی سازمان ملل متحد رأی به تقسیم فلسطین به دو کشور یهودی و عرب داد (قطعنامه ۱۸۱ در ایجاد دولت اسرائیل و دولت فلسطین) ایران در آن زمان ایجاد یک فدراسیون یا کنفدراسیون میان اعراب و اسرائیلی‌ها را ترجیح می‌داد و یکی از سیزده کشوری بود که علیه تقسیم فلسطین را می‌داد که پس از آن نخستین جنگ اعراب و اسرائیل آغاز شد.

در ۱۴ مه ۱۹۴۸، دولت اســـرائیل رســـماً به عنوان پنجاه و نهمین عضو سازمان ملل متحد شناخته شد. ترکیه نخستین کشور مسلمان بود که آن را به رسمیت شناخت. ایران در ۱۴ مارس ۱۹۵۰ شناسایی این کشور را به صورت defacto اعلام کرد[2]. و یک دفتر نمایندگی سیاســـی در تل‌عفیف[3] گشـــود. حال آن‌که نمایندگی سیاسی اسرائیل در ایران

۱ - de Lion et le Soleil منبع ذکر شده.

۲ - مصدق این رویه را در ۷ ژوئیه ۱۹۵۱ «معلق» کرده بود. او عقیده داشـــت که اســـرائیل در خاورمیانه بازیچه و عامل سیاست بریتانیای کبیر است. روابط حسنه بین دو کشور ایران و اسرائیل در حقیقت پس از سقوط مصدق در سال ۱۹۵۳ آغاز شد.

3 - Tel Aviv.

وسعتی فراوان و عملاً جنبه سفارت داشت و عادت بر آن نهاده شده بود که رئیس آن «آقای سفیر» خوانده شود.

پس از پایان کار مصدق همکاری‌های دو جانبه میان اسرائیل و ایران همواره افزایش می‌یافت و بر همه زمینه‌ها، اقتصادی، فنی، کشاورزی، علمی، دانشگاهی، شامل می‌شد. گروهی از یهودیان ایران به فلسطین مهاجرت کردند و نیز ایران تسهیلات زیادی برای مهاجرت یهودیان عراقی، به میهن جدیدشان فراهم کرد. از آن پس روابط میان دو کشور و رفت و آمد اتباع آن‌ها همواره در حال گسترش بود و هر دو طرف آن را به سود خود می‌دانستند و حق داشتند.

طبیعتاً این رویه دولت و ملت ایران، مورد پسند اعراب نبود و مورد انتقاد و اعتراض آنان واقع شد. آیا شاه، مانند بسیاری از ایرانیان، کینه‌ی حمله‌ی ویرانگر اعراب را به ایران در قرن هفتم، هنوز به دل داشت؟ بعضی از مفسران چنین عقیده‌ای را ابراز داشته‌اند. اما نه در سخنان رسمی او دلیلی بر این کینه می‌توان یافت و نه در رویه‌ی دیپلماسی ایران در زمان سلطنت و به خصوص حکومتش[1]. ولی می‌توان پنداشت که وی در همکاری ایران و اسرائیل یک ضرورت تاریخی و سوق‌الجیشی و عاملی در برقراری تعادل با کشورهای عربی می‌دید. همه این‌ها مانع دوستی عمیق و صمیمی وی با ملک حسین پادشاه اردن هاشمی و ملک حسن پادشاه مراکش و بعداً با انورسادات رئیس جمهوری و رهبر مصر نبود. گرچه گه‌گاه می‌گفت که مصر را یک کشور «واقعاً» عربی نمی‌داند.

با تمام این احوال، حُسن رابطه میان دو کشور و بازدیدهای مکرر رهبران اسرائیلی از ایران، مانع و مباین پشتیبانی ایران از حقوق حقه‌ی ملت فلسطین نبود. محمدرضا شاه همواره بر این گمان بود که مردم فلسطین حق دارند وطنی و دولتی داشته باشند، ولو آن‌که از حمایت سازمان آزادیبخش فلسطین[2] از سازمان‌های افراطی و تروریست ایرانی همیشه خشمگین بود. بعضی از مفسران در موضع گیری‌های شاه تناقضاتی دیده‌اند که هم هوادار حقوق ملت فلسطین بود و هم مخالف رویه سازمان موسوم به آزادی بخش فلسطین اما

۱ - شاه در مقدمه‌ای بر کتاب فریدون صاحب جمع به زبان فرانسه تحت عنوان L' Iran Vers l'an 2000 (J.C. Lattes, Paris 1977) از حمله عرب به عنوان یکی از فاجعه‌های تاریخ ایران یاد می‌کند و از پیروزی معنوی و فرهنگی و در نهایت امر سیاسی ایرانیان بر آن با سربلندی و افتخار و به عنوان دلیلی بر ابدیت ایران سخن می‌گوید. (مترجم)

2 - O.L.P.

این رویه کاملاً منطقی و هماهنگ با منافع ملی و سنت‌های تاریخی ایران و ایرانیان بود.

جنگ کیپور ۶ تا ۲۴ اکتبر ۱۹۷۳[1] یا رمضان (به قول اعراب) ضربه‌ای شدید بر حسن رابطه و اعتماد متقابل ایران و اسرائیل و در نتیجه ایران و ایالات متحده وارد آورد.

چند ماه قبل از حمله مصر و سوریه به اسرائیل که به بازپس گرفتن منطقه سینا منتهی شد، که مصر در جنگ ناکام شـش روزه (۱۹۶۷) از دست داده بود، انورالسادات در راه بازگشت از یک سفر رسمی به پاکستان توقفی کوتاه در فرودگاه مهرآباد تهران کرد. شاه در سفر جنوب بود. به فرودگاه مهرآباد آمد و دو رهبر بدون حضور شخص ثالث به مدت سه ساعت در یکی از اطاق‌های آن‌جا به گفتگو نشستند. البته انجام این ملاقات رسماً اعلام شـد، ولی توضیحی درباره علت آن انتشار نیافت و در ظاهر مسأله خاصی هم در روابط ایران و مصر وجود نداشت که این دیدار ناگهانی را ضروری سازد. آیا رئیس جمهور مصر در این سفر شاه را در جریان تدارکات نظامی کشور خود گذاشت؟ بعداً بسیاری در امریکا و اسرائیل چنین تصوری را عنوان کردند و موجب گله از شاه شد که چرا هم‌پیمانان خود را در جریان نگذاشته است.

در طی ماه‌های قبل از جنگ کیپور، محمدرضا شاه، نخست‌وزیرش امیرعباس هویدا و سفیر کبیرش در واشنگتن اردشیر زاهدی، بر ضرورت برقراری یک صلح متعادل میان اعراب و اسرائیل و در درجه اول میان مصر و اسرائیل تأکید کرده بودند. شاه عقیده داشت که برای نیل به آن، اعراب باید سربلندی خود را بازیابند.

اندکی قبل از یورش مصر و سوریه که هم برای امریکاییان غیرمترقبه بود و هم برای اسـرائیل و به همین سبب در ابتدا با توفیق اعراب همراه شد، سادات سفری محرمانه به تهران کرد. دکتر امیراصلان افشار که در آن موقع هیچ سمت رسمی نداشت در فرودگاه به استقبالش آمد و او را به کاخ سفید سعدآباد که در آن فصل دیگر مسکون نبود هدایت کرد[2]. شـاه و سادات ملاقاتی طولانی داشتند و رهبر مصر به همان ترتیب به فرودگاه بازگشت و راهی قاهره شد.

این ملاقات سری بود، هرگز اعلام نشد. بنابر این رسماً انجام نگردید. اما نمی‌توانست

---

1 - Kippour.

۲ - روایت دکتر امیراصلان افشار (رئیس کل بعدی تشریفات شاهنشاهی) به نویسنده ایرانی کتاب.

از سازمان‌های اطلاعاتی امریکا و اسرائیل مخفی بماند. قطعاً علت آن را جویا شدند یا در مقام جستجو برآمدند.

بلافاصله بعد از حمله مصریان به شبه جزیره سینا که طی آن موفق شدند از ترعه سوئز غافلگیرانه بگذرند و در آن‌جا پیاده شوند و پیش بروند. تهران به هواپیماهای بزرگ حمل و نقل شوروی اجازه داد که از فضای هوایی ایران عبور کنند و اسلحه و مهمات لازم را به مصر و سوریه برسانند. طی چهل و هشت ساعت اول اعتنایی به اعتراضات امریکا و اسرائیل نشد. اندکی بعد ایران یک میلیارد دلار به عنوان کمک فوری به مصر اختصاص داد.[1] پیشرفت‌های اولیه ارتش مصر در صحرای سینا، گرچه با حمله متقابل و عکس‌العمل شدید اسرائیلی‌ها متوقف گردید. اما در افکار عمومی عرب به صورت یک پیروزی جلوه‌گر شد. از دیدگاه شاه، شرائط یک «صلح عادلانه» میان مصر و اسرائیل فراهم آمده بود و او از آن پس تمام کوشش خود را در این زمینه به کار برد و توفیق هم یافت. اما هم‌پیمانان امریکایی و اسرائیلی‌اش هرگز این «خیانت» را نبخشیدند. انتظار داشتند محمدرضا شاه آنان را در جریان بگذارد. روابط ایران و اسرائیل تا حد قابل ملاحظه‌ای به سردی گرائید و این تصور برای شاه حاصل شد که اسرائیلی‌ها به تحریکاتی علیه او و سیاستش دست می‌زنند. نسبت به جراید و وسائل ارتباط جمعی امریکایی نیز سوءظن بیشتری پیدا کرد و انتقادات آنان را از سیاست ایران و رفتار شخصی خودش ناشی از نفوذ تاثیر طرفداران اسرائیل بر آن‌ها دانست.

ذکر بخشی از مصاحبه‌اش با مایک والاس مخبر C.B.S در ماه مارس ۱۹۷۳، مبین این سوءظن حتی قبل از ماجرای جنگ مصر و اسرائیل است:

خبرنگار: آیا واقعاً تصور می‌کنید که جامعه یهودیان امریکا سرنخ‌های سیاست کاخ سفید را در دست خود دارند؟
شاه: نه کاملاً. ولی فکر می‌کنم که نفوذ آنان در سیاست امریکا نسبت به اسرائیل بیش

---

۱ - به امریکایی‌ها و اسرائیلی‌ها گفته شد که وزیر خارجه در سفر بوده و قائم مقامش تعلیمات شاه را چنانکه باید و شاید درک و اجرا نکرده و این اجازه عبور را صادر کرده است. حتی شایع کردند که وی مشروب خورده و مست بود! البته دستوری که به نیروی هوایی داده شده بود که ممانعتی از هواپیمایهای شوروی به عمل نیاورند نه می‌توانست از قائم مقام وزیر امورخارجه باشد و نه از هیچ مقام کشوری یا لشکری غیر از شخص شاه. نفر دوم دیپلماسی ایران، از کار برکنار شد. نه آن توضیحات امریکا و اسرائیل را قانع کرد و نه این برکناری کسی را فریب داد. حقیقت آن بود که محمدرضا شاه می‌خواست به مصریان کمک کند که آبروی از دست رفته را بازیابند و نمی‌خواست هم‌پیمانان امریکایی و اسرائیلی خود را برنجاند.

از حد معقول است.

خبرنگار: آیا فکر می‌کنید که گروه‌های نفوذی یهودیان امریکا بیش از حد در این زمینه موثر و نافذ هستند؟

شاه: بله فکر می‌کنم چنین باشد. گه‌گاه بیشتر به منافع اسرائیل توجه دارند و این و آن را در جهت این منافع آلت دست قرار می‌دهند.

خبرنگار: چرا رئیس جمهوری ایالات متحده تا این حد به آنان توجه دارد؟

شاه: برای این که قدرت دارند.

خبرنگار: در چه قسمتی؟

شاه: خیلی چیزها را تحت کنترل خود دارند.

خبرنگار: چه چیزهایی را؟

شاه: جراید، وسائل ارتباط جمعی، بانک‌ها، موسسات مالی... بهتر است کوتاه بیایم.

خبرنگار: موضوع را لوث نکنیم. آیا واقعاً فکر می‌کنید که جامعه یهودیان امریکا چنان قدرتی دارند که مطبوعات امریکا منعکس کننده نظریات آن‌ها باشند؟

شاه: بله.

خبرنگار: فکر می‌کنید که مطالب و مسائل را با صداقت مطرح نمی‌کنند؟

شاه: لطفاً مسائل را مخلوط نکنید. نمی‌گویم مطبوعات و وسائل ارتباط جمعی. می‌گویم در مطبوعات و وسایل ارتباط جمعی کسانی هستند که... بعضی از روزنامه‌نویس‌ها، همین و همین.

خبرنگار: مثلاً نیویورک تایمز که متعلق به یک خانواده یهودی است. آیا می‌خواهید بگوئید که نیویورک تایمز مسائل مربوط به بود و نبود اسرائیل را برتر از روابط امریکا با کشورهای عرب تلقی می‌کند؟

شاه: تمام مقالات این روزنامه را جمع کنید، موضوعات و نتیجه‌گیری‌های آن‌ها را به یک کامپیوتر بدهید، بعد ببینید چه جوابی به شما می‌دهد.

در جریان انقلاب اسلامی، شاه از پشتیبانی اسرائیلی‌ها برخوردار نشد. فقط ژنرال رابین[1] نخست‌وزیر قبلی و بعدی آن کشور بود که این رویه‌ی دولت خود را به نوعی خودکشی تعبیر کرد[2].

به هنگام کنفرانس کمپ داوید[3] در سپتامبر ۱۹۷۸ که طی آن مقدمات امضای قرارداد صلح بین مصر و اسرائیل تدارک شد، سه رهبر شرکت کننده، یعنی کارتر، سادات و

1 - Général Rabin.

۲ - Yediot Ahoronot، ۱۲ ژانویه ۱۹۷۹.

3 - Camp David.

بگین به شـــاه که در آن زمان با نابســـامانی‌های انقلابی مواجه بود، تلفن و از او به خاطر کوشش‌هایش در برقراری صلح میان مصر و اسرائیل سپاسگزاری کردند. محمدرضا شاه که بسیار تحت تأثیر این رفتار قرار گرفته بود، آن را مدیون توصیه انورالسادات می‌دانست.[1]

سیاست ایران در برابر اسرائیل یک مطلب بود و سیاست ایران در مورد مجموع جهان عرب مســاله‌ای دیگر: مصر، عمان، عراق و مخصوصاً مجمع‌الجزایر بحرین صحنه‌های دیگر این سیاست بودند.

محمدرضا شـــاه هرگز رفتار نه چندان برازنده مصریـــان، مخصوصاً ملک فاروق و مادرش نازلی را به هنگام نامزدی و ازدواجش با شاهزاده خانم فوزیه فراموش نمی‌کرد. با این حال برکناری فاروق در ۲۲ ژوئیه ۱۹۵۲ و سلطه گروه «افسران آزاد»[2] بر آن کشور کار روابط ایران و مصر را آسان نکرد.

الحاق ایران به پیمان بغداد و جهت‌گیری روش محمدرضا شاه به سود «دنیای آزاد» او را رودرروی سرهنگ ناصر و سیاست «بی‌طرفی‌اش» که در نهایت امر به نفع شوروی‌ها بود، قرار داد. حُسن رابطه ایران و اسرائیل به قطع رابطه با مصر منتهی شد. همه جا سرهنگ ناصر در برابر محمدرضا شاه قرار گرفت. گویی آن دو رقبای یکدیگر در صحنه سیاسی خاورزمین شده‌اند. قاهره از همه حرکت‌ها و سازمان‌های مخالف ایران حمایت می‌کرد، به فتنه خمینی در سال ۱۹۶۲ کمک مالی کرد، به شورش ایلات در جنوب یاری داد و به آن‌ها اسلحه می‌رساند.

به هنگام جنگ‌های شـــش روزه میان اعراب و اســـرائیل (۵ تا ۱۰ ماه ژوئن ۱۹۶۷)، ایران در جریان همه تدارکات اعراب برای حمله به اسرائیل بود و هر چه می‌توانست برای جلوگیری از ورود کشور هاشمی اردن، که تنها دوستش در جهان عرب بود، به این جنگ انجام داد، که متأسفانه موفق نشد. سرهنگ ناصر در این جنگ شکستی فاحش خورد که هرگز نتوانست آثار و نتایج آن را از بین ببرد و دیگر بار سربلند کند. گرچه کشور هاشمی اردن نیز در میان مغلوبین بود، دیپلماسی ایران از شکست اعراب و به‌ویژه سرهنگ ناصر متأســـف نبود و اظهار تأســـفی هم نکرد. درگذشت ناصر به سال ۱۹۷۰ آن هم در آستانه

۱ - روایت شاه به نویسنده ایرانی کتاب، در قاهره ماه مه ۱۹۸۰.

2 - Officers Libres

برگزاری سال کورش کبیر، به طور غیرمستقیم فال نیکی بود برای ایران و محمدرضا شاه.

پس از درگذشت ناصر و پیش از برقراری مجدد روابط سیاسی رسمی میان دو کشور اعزام هیأت‌های مختلف برای پایه‌گذاری حسن روابط با جانشین او آغاز شد. نخستین آن‌ها، سفر سناتور عباس مسعودی به مصر بود. وی یکی از بازیگران و عوامل سیاست ایران در کشورهای عربی محسوب می‌شد و در تجزیه و تحلیل اوضاع آن کشورها به شاه یاری می‌داد[1].

پس از آن دکتر منوچهر اقبال، نخست‌وزیر پیشین و یکی از شخصیت‌های بانفوذ کشور، در مقام رئیس هیأت مدیره و مدیرعامل شرکت ملی نفت ایران در رأس هیأتی برای انجام «مذاکرات نفتی» عازم قاهره شد. سپس یک «هیأت دانشگاهی» به قاهره رفت که با مقامات فرهنگی مصر دیدارهای طولانی داشت، از جمله ملاقاتی سه ساعته با رئیس جامع‌الازهر که ضیافت شامی غیرمنتظره و مجلل به افتخار ایرانیان ترتیب داد[2].

در این زمان، اردشیر زاهدی وزیر امورخارجه ایران بود. او به ضرورت تجدید و بهبود روابط ایران و مصر شخصاً عقیده داشت و با تمام نیروی خود به ترتیب این کار پرداخت و موفق شد. شاه و انورالسادات در طی ملاقات‌ها و کنفرانس‌های مختلف با یکدیگر حُسن تفاهم پیدا کردند و سپس دوستانی صمیمی وفادار شدند[3] تا آن‌جا که محمدرضا شاه وی را «برادرم» خطاب می‌کرد. در سال‌های آخر، ایران دوستی و حمایت خود را به مصر ثابت کرد، چنان‌که دیدیم، و سپس سادات وفاداری و مردانگی خود را نسبت به شاه ایران.

به دین‌سان با برقراری مجدد روابط رسمی و افتتاح سفارت‌خانه‌های دو کشور و تفاهم میان سادات و شاه، ایران و مصر به صورت دو کشور دوست و همگام در صحنه خاورمیانه درآمدند.

۱- نگاه کنید به:

Nazir Fansa, Teheran, Destin De L'Occident, Paris, Pierre Seurat editeur, 1987.

۲- به ریاست دکتر هوشنگ نهاوندی رئیس وقت دانشگاه تهران.

۳- شاید از لحاظ سیاسی مطلب شایان اهمیت چندانی نباشد، ولی باید یادآور شد که پرزیدنت سادات به زبان فارسی آشنا بود و تا حدی به آن تکلم می‌کرد و اشعار فارسی متعددی را نیز از حفظ بود. گویا زبان فارسی را به هنگام زندانی بودنش در زمان فاروق، از یکی از هم زنجیران خود فرا گرفته بود. (مترجم)

بحرین مجمع‌الجزایری اســـت مرکب از سی و سه جزیره (یا جزیره بسیار کوچک) مجموعاً به مســـاحت ششصد کیلومتر مربع واقع در خلیج فارس، واقع در بین عربستان ســـعودی و قطر. بحرین ســـابقاً به علت مرواریدهای طبیعی‌اش، که مورد توجه و علاقه ثروتمندان بود، نام و شـــهرتی داشـــت. منابع گازش قابل توجه، اما ظاهراً در شرف اتمام است. ذخایر نفتی مهمی ندارد. این مجمع‌الجزیره در طول تاریخ همواره جزئی از خاک ایران بود. حتی ملکه ویکتوریا در مسافرت رسمی ناصرالدین‌شاه به لندن این نکته را رسماً و علناً پذیرفت. اما ایران، به علت ضعف نظامی و نداشتن نیروی دریایی شایسته، اندک اندک تسلط واقعی و عملی خود را بر این مجمع‌الجزایر از دست داد. خانواده الخلیفه که از سال ۱۷۸۳ به این مجمع‌الجزایر حکومت می‌کرد، سُنی مذهب بودند و کم‌کم از ایران دوری جســـته به امپراطوری بریتانیا، ابرقدرت منطقه، نزدیک شـــدند. از سال ۱۸۶۲ لندن رســـماً بحرین را به تحت‌الحمایگی خود درآورد. اما ایران هرگز این وضع را به رسمیت نشناخت. مسأله بحرین تدریجاً به صورت یکی از معضلات سیاسی و سوق‌الجیشی منطقه درآمد و همواره میان ایران و کشورهای عربی، مخصوصاً عربستان سعودی موجب نقار و شکوه بود.[۱]

شاه می‌خواست به نحوی آبرومند از این بن‌بست خارج شود.

ســـال‌ها پیش، در ۲ اوت ۱۹۲۸، ایران موضوع را به جامعه ملل ارجاع کرده و مبانی حقوق خود را در بحرین طی یادداشـــتی طولانی به دبیر کل آن ســـازمان اطلاع داده بود. در ۱۸ فوریه ۱۹۲۹ دولت بریتانیا به این یادداشت پاسخ داد.[۲] در نوامبر ۱۹۵۷، قانونی به تصویب مجلسین ایران رسید که در آن بحرین به عنوان استان چهاردهم معرفی و تعیین شده بود. با این حال به عقیده پروفسور مُران دوویلیه که قبلاً به مطالعات او اشاره کردیم، با حمایت بریتانیا، مجمع‌الجزایر بحرین به تدریج موفق شد که شخصیت مجزای خود را به

---

۱ - نگاه کنید به:
Jacqueline Morant, Devilliers, Auto determination en Iriane Occidental et a Bahrein, Annuaile francais de droit International, Vol. 17, 1971, 513 -54.
و نیز به خاطرات و اسناد دکتر فریدون زندفرد (منبع ذکر شده).

۲ - نظر لندن این بود که «بحرین کشوری است عربی و حاکم بر سرنوشت خود که دارای روابط خاص با بریتانیای کبیر» می‌باشد. تهران، بحرین را «جزء لایتجزای سرزمین ایران» می‌دانست. فراموش نکنیم که در ســـال ۱۹۲۲، هنگامی که لندن با ابن‌سعود پادشاه عربستان سعودی قراردادی بست که در آن بحرین جزئی از امپراطوری بریتانیا تلقی شده بود، با اعتراض شدید دولت ایران مواجه گردید.

مراجع بین‌المللی بشناساند: در ۲۶ اکتبر ۱۹۶۶ به عنوان عضو وابسته به سازمان فرهنگی و آموزشی ملل متحد (یونسکو) پیوست و در نوامبر ۱۹۶۷ با همین عنوان به سازمان خواربار و کشاورزی جهانی و در برمه ۱۹۶۸ باز هم با همین عنوان به عضویت سازمان بهداشت جهانی درآمد. همچنین در ۲۷ فوریه ۱۹۶۸ قرارداد الحاق به کنفدراسیونی از کشورهای عرب ساحلی خلیج فارسی را امضا کرد.

به موازات این احوال، هر چه قدرت و نفوذ ایران در منطقه افزایش می‌یافت اعتراضات ایران نیز به این پیوندها تندتر و شدیدتر می‌شد. اردشیر زاهدی به هنگام سفارتش در لندن یک ضیافت رسمی ملکه انگلستان را به محض مشاهده نماینده‌ای از مجمع‌الجزایر بحرین، با سرو صدای زیاد ترک کرد. چنین رفتاری در تاریخ تشریفاتی بریتانیا بی‌سابقه بود. شاه نیز یک مسافرت رسمی خود را به همین مناسبت‌ها به عربستان سعودی لغو کرد گرچه برای ملک فیصل پادشاه وقت آن کشور احترام خاصی قائل بود.

محمدرضا شاه در سیاست بین‌المللی واقع‌بین بود و می‌دانست که باید با سربلندی از این بن‌بست و پی‌آمدهای آن که مزاحم سیاستش در جهان عرب بود، خارج شود.[1]

موافقت‌نامه‌ای در ۲۴ اکتبر ۱۹۶۸، به اختلافات دیرین ایران و عربستان سعودی در مورد فلات قاره خلیج فارس پایان داد. مالکیت و حاکمیت رسمی ایران بر جزیره فارسی شناخته شد و مالکیت و حاکمیت عربستان سعودی بر جزیره عربی، هر دو جزیره دارای منابع ساحلی بسیار غنی نفت بوده و هستند.

در ۴ ژانویه ۱۹۶۹، به هنگام مسافرت رسمی‌اش به هندوستان، در یک مصاحبه مطبوعاتی گفت: «اگر ملت بحرین مایل نباشد به ایران به پیوندد، ایران بر حقوق تاریخی خود در این مجمع‌الجزایر اصرار نخواهد ورزید و راه حلی را که منطبق با اصول حقوق بین‌الملل باشد، خواهد پذیرفت».[2] از او پرسیده شد که آیا با مراجعه به آراء عمومی در این مجمع‌الجزایر موافق است؟ پاسخ داد: «نمی‌خواهم وارد جزئیات شوم. ولی خردمندانه و منطبق با اصول اخلاقی نیست که سرزمینی را علی‌رغم میل ساکنانش تحت تسلط درآورد،

۱ - در این مورد نگاه کنید به جلد اول و دوم خاطرات اردشیر زاهدی (ترجمه فرانسه) در جلد سوم نیز (که با لطف ایشان، نویسندگان این کتاب به بعضی از فصول آن دسترسی یافتند) به این مساله، این جا و آن‌جا، اشاره شده است. (منابع ذکر شده)

۲ - نگاه کنید به: Keyhan International مورخ ۶ ژانویه ۱۹۶۹.

و هر راه‌حل معقولی را که مبین تمایل و اراده مردم بحرین باشد خواهد پذیرفت.»[1]

پس از این بیانات، گروهی از مفسرین، رویه‌ی انسان دوستانه شاه را، آن هم طی مسافرتی رسمی به هندوستان، ستودند و بر احترام او نسبت به اصول حقوق بین‌الملل تأکید کردند.

گروه دیگری، موضع‌گیری محمدرضا شاه را ناشی از یک محاسبه سیاسی و سوق‌الجیشی زیرکانه می‌دانستند. آیا نمی‌خواست با این سخنان، آن هم در هندوستان، کشوری موثر و با نفوذ در منطقه راه را بر سیاست سلطه ایران در خلیج فارسی و بخشی از اقیانوس هند بگشاید؟[2]

برای اردشیر زاهدی، رئیس دیپلماسی ایران، قبول جدایی بحرین که آن را در همه مدارس جزئی از سرزمین «مادر وطن» می‌نامیدند آسان نبود. در ضمن قبول داشت که توسل به عملیات نظامی، حمله به مجمع‌الجزایر و تصرف آن نیز قابل تصور نخواهد بود. سرانجام، پس از مطالعات بسیار، پنج اصل به عنوان مبانی موضع ایران در حل مساله بحرین پذیرفته و تسجیل شد:

۱. مردم بحرین باید به روشنی تمایل و عقیده خود را در این زمینه ابراز دارند.
۲. ایران به قوه‌ی قهریه برای تصرف این مجمع‌الجزایر متوسل نخواهد شد.
۳. ایران، استقلال مجمع‌الجزایر بحرین را قبل از مشاوره با ساکنان ان و اظهار نظر آنها نخواهد پذیرفت.
۴. ایران، الحاق این مجمع‌الجزایر را به هیچ فدراسیونی در منطقه یا اتحاد آن‌را با شیخ‌نشین‌های خلیج فارسی نخواهد پذیرفت.
۵. اگر بدون رعایت چهار شرط پیشین، استقلال بحرین اعلام شود و این کشور به

---

۱ - نگاه کنید به:
Charls Rousseau, Revue Generale De Droit International Public, Paris, 1969.

۲ - فاطمه قدیمی‌پور در مقاله‌ای در مجله Politique étraugae شماره ۲، سال چهل و یکم صفحه ۱۶۱، ۱۹۶۷ بر این عقیده است «هنگامی که انگلیس‌ها اعلام داشتند که می‌خواهند خلیج فارس را ترک کنند، ایران متوجه شد که می‌تواند از پشتیبانی هندوستان از سیاست خود در این منطقه استفاده کند. به همین سبب شاه، قبل از مسافرتش به عربستان سعودی و کویت، این رویه را در دهلی نو علنی ساخت».

عضویت سازمان ملل متحد درآید، ایران سازمان را ترک خواهد کرد.[۱]

موضع گیری محکمی بود که راه را برای مذاکره و جستجوی یک راه‌حل مسالمت‌آمیز باز می گذاشت.

مذاکرات در ژنو در دو مهمانسرای بیرون شهر آغاز شدند.

از جانب ایران، امیرخسرو افشار، قائم مقام وزیر امورخارجه مأمور این کار شد که با همکارانش به این مهم پرداخت. از جانب انگلیس سر ویلیام لوس[۲] ریاست هیأت نمایندگی را به عهده داشت. نخست وزیر بحرین که از دیدگاه ایرانیان وجود خارجی و رسمیت نداشت. عضو هیأت نمایندگی بریتانیا بود. مذاکرات یک بار در مهمانسرای محل اقامت هیأت نمایندگی ایران انجام می‌شد و یک بار در محل اقامت نمایندگان لندن، گفتگوها به انگلیسی و بدون واسطه مترجم صورت می گرفت.

توافق بر سر یک موضوع، یا یک عبارت اساسی، دشوار بود و در ابتدا به بن‌بست رسید: نمایندگان انگلیس (و رئیس الوزرای بحرین) از قبول جمله:

"According to the true wishes of The people of Bahrein"

امتناع کردند و آن را اهانتی نسبت به این «کشور» می‌دانستند که گرچه تحت الحمایه بریتانیا بود، اما از یک صدو پنجاه سال پیش دیگر زیر سلطه ایران نیز نبود.

مراتب به شاه گزارش شد. او زیر بار نرفت و ایستادگی کرد.

اردشیر زاهدی با واقع‌بینی شاه موافق بود. اما به جدایی این مجمع‌الجزایر از ایران نیز دل نمی‌داد. در ژانویه ۱۹۷۰، ده تن از دیپلمات‌های تحصیل‌کرده و جوان وزارت امورخارجه را نزد شاه برد که هر یک آزادانه و فارغ از تشریفات درباری و سیاسی نقطه نظرهای خود را به او ابراز دارند. شاه با توجه و دقت به سخنان آنان (که غالباً مخالف قبول استقلال بحرین بودند) گوش فرا داد.[۳] و سرانجام گفت: «من کاملاً نظرات مخالفین استقلال بحرین را می‌فهمم. ولی چه راه‌حل دیگری وجود دارد و افزود: «من نمی‌خواهم

۱ - نگاه کنید به دکتر فریدون زندفرد، منابع ذکر شده.

2 - Sir William Luce.

۳ - منابع: اردشیر زاهدی، دکتر فریدون زندفرد.

دن‌کیشوت[1] باشم، به دورتر نگاه می‌کنم».

به زودی دانسته شد که مقصودش از این جمله‌ی آخر چیست.

سرانجام انگلیس‌ها (و مقامات بحرینی تحت‌الحمایه آن‌ها) بر نقطه نظر محمدرضا شاه گردن نهادند. ایران از سازمان ملل متحد تقاضا کرد که در باره خواسته‌های مردم بحرین «تحقیق» به عمل آورد. این تقاضا به تاریخ ۹ مارس ۱۹۷۰ به دبیر کل سازمان او-تانت[2] تسلیم شد. ۱۱ روز بعد (۲۰ مارس) لندن موافقت خود را با آن ابراز داشت. حال می‌بایست توافق مجلس شورای ملی جلب شود. از نظر قوانین ایران بحرین هنوز یک استان این کشور بود.

اردشیر زاهدی، مأمور این کار شد، که برایش بس دشوار بود. با غم و اندوه متن سخنرانی خود را در برابر نمایندگان قرائت کرد. متنی بود فنی، هماهنگ با استدلال و خواسته‌های محمدرضا شاه. محسن پزشکپور، وکیل دادگستری و سخنرانی زبردست، رهبر حزب ملی‌گرای کوچکی موسوم به «پان ایرانیست» در مخالفت با پیشنهاد سخن گفت. عظمت دوران‌های پیشین شاهنشاهی ایران را یادآور شد. به وزیر امورخارجه رو کرد و گفت که چشمانش پر از اشک شده و می‌گرید، که راست می‌گفت - زاهدی واقعاً می‌گریست! سرانجام پزشکپور راه‌حل خاصی هم ارائه نکرد. انفصال بحرین از ایران با ۱۸۷ رأی موافق و ۴ رأی مخالف به تصویب رسید و در سنا به اتفاق آراء.

پس از این مرحله دبیر کل سازمان ملل وارد عمل شد. بارون ویتوریو رینسپر گرچیاردی[3] رئیس دفتر اروپایی سازمان ملل را مأمور «تحقیق در باره آراء»[4] مردم محل کرد که گزارش آن را به شورای امنیت سازمان ملل تسلیم نماید. «تحقیق» گوچیاردی از ۳۰ مارس تا ۱۸ آوریل ۱۹۷۰ به طول انجامید و گزارش آن در سی آوریل به رهبر کل تسلیم شد.[5] در این گزارش تصریح شده بود که «روش‌هایی که به کار رفته برای تشخیص و تعیین خواسته‌های اهل محل کافی و متناسب با اوضاع و احوال بوده است». باید گفت که از همه

---

۱ - قهرمان رمان معروف سروانتس اسپانیایی. (مترجم)

2 - U. Thant.

3 - Baron Vittorio Wuispeou Guiciaeli.

4 - Enquete Referendaire.

۵ - به شماره 5/9772-Zoaril 1970.

جزایر بحرین فقط پنج جزیره مسکونی بود و تنها سیصد تا پانصد نفر از اهالی که نماینده و سخنگوی گروه‌های مختلف تشخیص داده شده بودند، مورد مشورت قرار گرفتند و ابراز عقیده کردند. حال آن‌که نفوس مجمع‌الجزایر بحرین در حدود دویست هزار تن بود. معذالک گوچیاردی نتیجه گرفت که «اکثریت قاطع اهالی بحرین به شناسایی هویت خاص ملی خود در چهارچوب کشوری مستقل و حکومتی که سررشته امور را در دست داشته باشد ابراز تمایل کرده‌اند»[۱].

روشی که به کار گرفته شد قابل بحث به نظر می‌رسد. بسیاری در انطباق دقیق آن با قطعنامه شماره ۱۵۱۴ سازمان ملل در باره چگونگی تسجیل استقلال ممالک و ملل مختلف، ابراز تردید کرده‌اند. ولی به هر تقدیر، در تاریخ ۱۴ اوت ۱۹۷۱ شیخ عیسی بن‌سلمان آل‌خلیفه، رسماً استقلال مجمع‌الجزایر بحرین را اعلام کرد. البته بعداً شک و تردیدهایی در باره جنبه «دموکراتیک» این نظرخواهی ابراز شد.[۲]

دانشگاهی و دیپلمات فرانسوی ژاک کزیوزکو موریزه[۳] نیز یادآور شد که روش نماینده سازمان ملل فقط بر تشخیص گرایش‌های کلی اهالی بحرین اکتفا کرده و نباید یک مراجعه واقعی به آراء عمومی تلقی و در نتیجه کافی تلقی شود.[۴]

در این شرایط عجب نیست اگر هنوز برخی از مفسران در صحت این نظرخواهی ابراز شک و تردید می‌کنند.[۵]

مبنای این مباحث هر چه بوده و باشد، مجمع‌الجزایر بحرین به استقلال نائل آمد، ایران دیگر اعتراضی نکرد و پرونده مختومه شد. محمدرضا شاه می‌توانست به چیز دیگری که در فکرش بود، به دورنگری‌اش بپردازد.

---

۱ - اقلیت اهالی بحرین، مخصوصاً شهرنشینان تحصیل کرده، الحاق به ایران را ترجیح داده بودند: «اکثریت قاطع» شامل بر طوایف عرب زبان غیرشهرنشین بود.

۲ - پروفسور مران دوویلیه در نوشته خود (منبع ذکر شده) یادآور می‌شود که مقامات جمهوری دمکراتیک خلق یمن (که در آن موقع تحت تسلط شوروی‌ها و به یمن جنوبی معروف بود- مترجم) استقلال مجمع الجزایر بحرین را توطئه سیاست‌های استعماری امریکا و انگلیس – اعلام کرده بود)

3 - Jacques Kosciusko Morizet.

۴ - منبع فوق‌الذکر.

۵ - Philippe Boulanger در:
L' Iran et Le Golfe Arabo-Persique, Outre-Terre, 2012 /2 No 25- 26.

به موازات این رفت و آمدها و گفتگوها، مذاکرات سرّی دیگری میان ایران و بریتانیای کبیر آغاز شده و در جریان بود. امیرخسرو افشار مأموریت یافت تحت نظر اردشیر زاهدی، به تعیین تکلیف سه جزیره کوچک واقع در تنگه هرمز، شاهراه حساس صدور نفت، به‌پردازد.

این سه جزیره که عملاً تسلط بر تنگه هرمز را تأمین می‌کرد، تُنب کوچک، تُنب بزرگ و ابوموسی بود[1] که از عهد عتیق متعلق به ایران بود وضع آن‌ها در قرون اخیر نشیب و فرازهای بسیار داشت.

در قرن نوزدهم، انگلیس‌ها با وجودی که مستمراً در سودای تضعیف ایران و نفوذ آن در خلیج فارس بودند، هر سه جزیره را در نقشه‌های رسمی خود[2] جزئی از امپراطوری ایران منظور داشته بودند. در سال ۱۹۰۳، فرماندار کل هند آن‌ها را به شیوخ رأس‌الخیمه و شارجه تفویض کرد که بلافاصله مورد اعتراض ایران واقع شد. ولی این کشور دارای نیروهای نظامی و کشتی‌های جنگی لازم برای احقاق حاکمیت خود نبود.

در سال ۱۹۷۱، وضع تغییر یافته بود. محمدرضا شاه تصمیم گرفت که پس از حل مشکل بحرین، آن را به صورتی مفیدتر برای منافع ایران جبران کند و هدیه‌ای به ملت ایران بدهد. ایران بازگشت سه جزیره را به سلطه حاکمیت ایران خواستار شد. شاه در مصاحبه‌ای با روزنامه گاردین[3] گفت:

«ما به این سه جزیره احتیاج داریم. آنها را به دست خواهیم آورد. هیچ قدرتی در دنیا نیست که بتواند مانع ما شود. اگر ابوموسی و دو جزیره تنب به دست عوامل نامطلوب بیافتند، این تسلط ممکن است عواقب خطرناک در بر داشته باشد. ما سودای هیچگونه توسعه‌طلبی جغرافیایی در سر نداریم. مسأله این سه جزیره به کلی متفاوت است».

اردشیر زاهدی، به نحو کاملاً محرمانه از حقوقدان معروف بلژیکی هانری رولن[4] که به

---

۱ - نگاه کنید به:
Franke Heard-Bey Les Emirats Arabes Unis, traduit, de l’anglais, Ed. Karthala, Paris, 1990.
تجزیه و تحلیل این کتاب قدری سطحی و شتابان به نظر می‌رسد. اما خلاصه روشنی از مسائل در اختیار خواننده گذاشته شده.

۲ - نقشه‌های دریاداری بریتانیای کبیر.

۳ - The Guardian، ۲۸ سپتامبر ۱۹۷۱.

4 - Henri Rollin.

هنگام حکومت مصدق، وکیل ایران در دادگاه بین‌المللی لاهه بود و ایرانیان به وی اعتماد کامل داشتند، مشورت کرد. می‌خواست نقطه نظر و عقیده این شخصیت مبرز را در باره مسأله مالکیت این جزایر و جنبه‌های حقوقی آن بداند. مسأله جنبه سوق‌الجیشی و سیاسی داشت. اما وزیر خارجه ایران نمی‌خواست از جنبه حقوقی آن غافل بماند. هانری رولن نظریه ایران را کاملاً تأیید کرد و وزیر خارجه ایران آسوده خاطر شد.

در جزیره تُنب بزرگ فقط صد تن می‌زیستند. تُنب کوچک مسکونی نبود. در سال ۱۹۷۱ در ابوموسی ۸۰۰ نفر می‌زیستند، دو مدرسه با ۱۳۰ شاگرد داشت و یک کلانتری در آنجا مستقر بود.

در این زمان سر ادوارد هیت[1] رئیس الوزرای بریتانیا بود و تصمیم گرفت که نیروهای آن کشور را از منطقه خلیــج فارس فرا خواند. برای آرام کــردن ایرانی‌ها در مورد تُنب کوچک و تُنب بزرگ گذشت‌هایی کرد. اما در مورد ابوموسی که دقیقاً در خط میانه تنگه هرمز قرار داشت، زیر بار توقعات تهران نمی‌رفت. اراضی قسمتی از این جزیره ملک شخصی شیخ (امیر) شارجه بود. دولت بریتانیا حق نظارت بر سرتاسر جزیره را در آغاز قرن بیســتم به او تفویض کرده بود و در حقیقت لندن به نام او ســخن می‌گفت! وضعی نامعلوم و مبهم بود. ایران تصمیم گرفت که اعتنایی به لندن نکند و قدم فراتر نهد.

بامدادان روز ۳۰ نوامبر ۱۹۷۱، «هاورکرافت»‌های ایرانی به فرماندهی ناخدا شــهریار شفیق، افسر نیروی دریایی و خواهرزاده شاه، تفنگداران دریایی ایران را در هر سه جزیره پیاده کردند. در تُنب بزرگ چند برخوردی روی داد. افراد مسلح شیخ، خلع سلاح شدند و قبل از نیم روز پرچم ایران بر فراز هر سه جزیره افراشته و پرچم انگلستان پایین آورده شد.

این ماجرا، دنیای عرب را به هیجان آورد. برخوردهای نظامی کوچکی در مرز ایران و عراق میان نیروهای دو کشور روی داد. ایرانی‌ها اعتنایی نکردند. شیخ شارجه برای دفاع از حقوق خود به تهران آمد و از اردشــیر زاهدی وقت ملاقات خواست و با غرور بسیار نامه‌ی وزارت مستعمرات بریتانیا را که قیمومیت و نظارت بر سرتاسر جزیره ابوموسی را به او واگذار کرده بود به وی نشــان داد. از دیدگاه شیخ بی‌اعتنایی به موضع‌گیری «دولت فخیمه بریتانیا» حتی قابل تصور هم نبود. اردشیر زاهدی با خشونت بیان متعارف خود به

---

1 – Sir Edvard Heath.

او جواب داد «این کاغذ پاره انگلیسی را با خودم به مستراح می‌برم، چیزهایی را که می‌دانید با آن پاک می‌کنم، کاغذ پاره را در مستراح می‌اندازم و آب را بر سرش می‌کشم» سخنان وزیر امورخارجه شاهنشاهی از حد هر نوع رعایت تشریفات بیرون بود. زاهدی دستور داد آن را کلمه به کلمه برای شیخ ترجمه کنند. گویا مترجمان اندک جرح و تعدیلی در آن کردند. اما به هر حال آن‌چه گفته بود به اطلاع شیخ تحت‌الحمایه «دولت فخیمه» رسید و او با رنگ پریده و تقریباً لرزان دفتر وزیر خارجه ایران را ترک کرد.[۱]

شاه می‌خواست حامی و ضامن امنیت منطقه خلیج فارس باشد. مخالفانش در جهان غرب او را «ژاندارم خلیج»[۲] لقب دادند. چند کشور عرب به تحریک کویت، مسأله تصرف جزایر تنگه هرمز را در شورای امنیت سازمان ملل مطرح کردند. امیرخسرو افشار برای دفاع از پرونده ایران رهسپار نیویورک شد. وزیر متبوعش به وی دستور صریح داده بود که در سخنانش از جریحه‌دار کردن اعراب خودداری کند. و لحن ملی‌گرا نداشته باشد. بدین‌سان جلسه ۹ دسامبر ۱۹۷۱ شورای امنیت بدون برخورد گذشت. اعراب برای حفظ آبروی خود اعتراض کردند. نماینده ایران از هر گونه تندروی اجتناب ورزید. همه مایل بودند مطلب را فیصله دهند. نماینده کشور سومالی پیشنهاد کرد که موضوع تا اخطار ثانوی از دستور شورا خارج شود که پیشنهادش به اتفاق آراء تصویب شد. با این حال قبول تسلط ایران بر این جزایر برای بعضی از دول عرب، به خصوص در سواحل خلیج فارس، آسان نبود و نیست که گه‌گاه بازگشت آن‌ها را به مالکان قبلی‌اش طلب می‌کنند و ایران اعتنایی نکرد و نمی‌کند.[۳]

مسأله اصلی دیگر این شده بود که حد جاه طلبی‌های ایران روشن شود. ممالک منطقه می‌خواستند بدانند شاه تا کجا می‌خواهد پیش برود. هدف چیست. ایران دیگر کشوری نبود که به آن بی‌اعتنایی شود.

مسافرت رئیس جمهوری امریکا ریچارد نیکسون و همسرش به ایران در پایان ماه مه ۱۹۷۲ پشتیبانی بی‌دریغ ایالات متحده را روشن‌تر و قطعی کرد.

---

۱ - نگاه کنید به دکتر فریدون زندفرد (دو منبع ذکر شده) که حاضر و ناظر بود و نیز به:
Andrew Scott Cooper, The Oil Kings, op. cit.

2 - Gendarme du Golfe.

3 - Olivier De Lage, L'Arabie et ses voisins, Outer terre 2006, 1, No 14.

در همین زمان بود که سلطان قابوس بن‌سعید پادشاه عمان از شاه تقاضا کرد که برای قلع و قمع شورشیان کمونیست در کشورش به او یاری دهد. قابوس با یک کودتا زمام امور کشورش را در ۲۳ ژوئیه ۱۹۷۰ به دست گرفته بود. کشورش در جهان آن روز تنها، بی‌یار و یاور و دستخوش برخوردهای شدید میان گروه‌ها و ایلات مختلف بود. انگلیس‌ها نوعی تحت‌الحمایگی بر آن اعمال می‌کردند. اما نتوانستند نظم و امنیت را برقرار کنند. عمان در حال اضمحلال بود. سازمانی به نام «جبهه وطن‌پرستان برای آزادی عمان و خلیج عربی» شورشی عظیم در آنجا برپا کرده بود. این جبهه سازمانی بود مارکسیست و برخوردار از کمک‌های وسیع یمن جنوبی (کمونیست، از اقمار شوروی)، مسکو و به خصوص چین. در اکتبر ۱۹۷۱، عمان، علی‌رغم مخالفت عراق و یمن جنوبی و رأی ممتنع عربستان سعودی، به عضویت اتحادیه عرب درآمد و سپس در سازمان ملل متحد پذیرفته شد. عربستان سعودی، که از موضع ضدکمونیست عمان حمایت می‌کرد. بالاخره در دسامبر ۱۹۷۱ آن کشور را به رسمیت شناخت و از سلطان قابوس برای یک بازدید رسمی به ریاض دعوت کرد که طی آن ملک فیصل با وی رفتاری دوستانه داشت. با تمام این احوال مسائل عمان به جای خود باقی مانده بود. به‌ویژه که با وجود رفتار به ظاهر دوستانه ملک فیصل، عربستان سعودی سودای نوعی قیمومیت سیاسی بر آن کشور را پنهان نمی‌کرد.

سال ۱۹۷۲ برای عمان سال تمام مخاطرات بود.

سلطان قابوس، که یکی از مدعوین جشن‌های تخت‌جمشید بود و در آنجا مبهوت قدرت و نظم و ترتیب ایران شد، برای نجات کشورش چاره‌ای جز توسل به ایران ندید.

شاه ایران نیز مانند او با خطر کمونیسم روبرو بود. اما بر خلاف او، مسأله داخلی خاصی نداشت و ارتشی نیرومند در اختیارش بود. قابوس از بلندپروازی‌های شاه آگاه بود. اما ایران چه خطری می‌توانست برای عمان داشته باشد؟ بنابر این کوشش کرد به محمدرضا شاه نزدیک شود. با یکدیگر ملاقات کردند و ایران، به منظور تضمین «امنیت راه نفت» تصمیم به مداخله نظامی در آن کشور گرفت و «عملیات ظفار»[1] آغاز شد. چتربازان، واحدهای هوابرد و معدودی از واحدهای گارد شاهنشاهی در این عملیات شرکت کردند.

---

1 - L' Operation de Dhofar.

نیروی دریایی ایران نیز مراقبت دائم خود را بر رفت و آمد کشتی؛ در تنگه هرمز آغاز کرد و متعاقباً دو کشور قراردادی برای تعیین حدود آب‌های ساحلی خود امضا کردند. یک سال و نیم بعد از آغاز این ماجرا، نیروهای اعزامی ایران در قلع و قمع شورشیان عمان توفیق کامل یافتند. ایران قدرت نظامی خود را نشان داد و مخصوصاً ممالک همسایه دریافتند که شاه می‌تواند به سرعت واحدهای ضربتی قابل ملاحظه‌ای را به سرزمین‌های دوردست که با ایران هم مرز نیز نباشند اعزام دارد. محمدرضا شاه از این عملیات سربلند بود چرا که ارتش ایران، در آن جا که قوای امپراطوری بریتانیا شکست خورده و عقب‌نشینی کرده بودند، فاتح شده بود. سلطان عمان بر تخت و تاج خود تثبیت شد، کشورش آسودگی خود را بازیافت و او هرگز حق‌شناسی نسبت به محمدرضا شاه را پنهان نکرد، حتی بعد از پایان سلطنتش.

شاه در مصاحبه‌ای اعلام کرد:[1] «اگر عمان سقوط کرده بود، خطری جدی و دائم و جدی در امنیت راه نفت پدیدار می‌شد. قدرت ما در درجه اول ضامن امنیت خود ما است. ولی ضامن امنیت خلیج فارس نیز هست.» به همین سبب بود که ما بسرعت در عمان مداخله کردیم». پی‌آمدهای این مداخله نظامی نشان داد که منتقدین شاه اشتباه می‌کردند. ایران نیروهای خود را از عمان فراخواند. فقط آن کشور استقلال و تمامیت و امنیت خود را به کمک ایران بازیافته بود و بس.

با این حال ماجرای عمان، قدرت نظامی ایران را آشکار کرد و نگرانی‌هایی به وجود آورد که مبادا شاه مداخلات نظامی دیگری را در سر داشته باشد. به خصوص که در این هنگام گفتگویی از اعزام نیروهای ایرانی به سومالی برای اعاده نظم و آرامش در آن کشور پیش آمده بود که البته به جایی نرسید.

بحران روابط با عراق هم چنان ادامه داشت. گه‌گاه برخوردهای نظامی کوچکی در سرحدات دو کشور روی می‌داد و به‌ویژه ایران از توقعات کُردهای آن کشور برای تحقق نوعی خودمختاری داخلی حمایت می‌کرد. ولی شاه از یک‌سو و «شورای فرماندهی انقلاب عراق»، بالاترین مرجع حکومت بر آن کشور که از همان زمان تحت استیلا و

---

1 - Associated Press, 8 décembre 1975.

نفوذ نایب رئیس جمهوری صدام حسین بود،[1] از سوی دیگر، دریافتند که اختلافات میان دو کشـــور برای هر دو فرساینده و به سود ممالکی است که نمی‌خواهند صلح و آرامش به منطقه بازگردد. صدام حســـین، با تمام گرایش‌های عربی و مســـلکی که داشت، مردی واقع‌بین بود. از قدرت ایران و شاه ایران نیز در همه شئون اطلاع داشت.

در ســـی و یکم مـــارس ۱۹۷۵، پـــس از مذاکرات طولانی و دشـــوار که به صورت کاملاً محرمانه انجام پذیرفت، در طی کنفرانس ممالک اســـلامی در الجزیره، دو کشـــور قـــراردادی برای پایان دادن به اختلافات خود امضا کردند. در مراحل واپســـین مذاکرات، میانجی‌گری‌های حواری بومدین[2] رئیس جمهـــوری الجزایر نیز برای رفع آخرین موانع بسیار مؤثر بود.

پیمان الجزیره به امضا رسید و شاه و صدام حسین در برابر عکاسان و خبرنگاران و فیلم‌برداران سرتاسر جهان با یکدیگر مصافحه کردند که محمدرضا شاه می‌خواست از آن اجتناب کند ولی نشد.

در این قرارداد همه توقعات و نظریات ایرانیان تأمین شد. سرحدات آبی دو کشور در خط میانه شط العرب (تالوِگ) تعیین گردید. بدین‌سان آب‌های آن قسمت از پایانه شط که عمیق‌تر و قابل کشتی‌رانی بود به ایران تعلق یافت یعنی عملاً تسلط ایرانیان بر شط العرب تسجیل یافت. یک پیروزی بزرگ و تاریخی برای ایران و شاه، و عقب‌نشینی محسوسی برای عراق و صدام حسین. در مقابل صدام موفق شد به شاه پایان حمایت ایران از کُردان شورشی عراق را بقبولاند.

در حقیقت جدایی‌طلبان کُرد قربانیان واقعی این قرارداد بودند. در مقابل محمدرضا شـــاه از صدام حســـین قول گرفت (و او به این قول و وعده وفا کرد) که به خشـــونت و قلع و قمع در منطقه کُردنشین خاتمه دهد و بگذارد همه کُردهایی که مایل باشند آزادانه عراق را ترک کرده به ایران بیایند. وی به وزیران دولتش گفت: «فراموش نکنید که کُردها آریایی، یعنی ایرانی هســـتند. ما نمی‌توانیم آن‌ها را به حال خودشان رها کنیم». با سرعتی حیرت‌انگیز، شـــهرک‌های متعدد در این ســـوی مرز ایران و عراق برای سُکنای کُردهای

۱ - رئیس جمهوری عراق در آن زمان مارشال حسن البکر بود.

2 - Houari Boumedienne.

عراقی ساخته شد. به برکت رونق اقتصادی و توانایی مالی ایران آن روز برای اکثر آنان مشاغل مناسبی فراهم گردید. ملامصطفی بارزانی و خانواده‌اش، در باغ و ساختمان وسیعی در کرج، نزدیکی تهران، مستقر شدند.[1]

در سه سال آخر سلطنت محمدرضا شاه، هم او و هم صدام حسین به قول خود به الجزیره وفادار ماندند. روابط دو کشور به حال عادی و بلکه حسنه درآمد و صدام حسین با تشریفات مناسب به ایران سفر کرد. پس از سقوط محمدرضا شاه نیز صدام از ابراز احترام به شخص او، تا هنگامی که زنده بود، خودداری نمی‌کرد.[2]

پس از ۱۹۷۵، «شاهنشاهی ایران»، چنان‌که محمدرضا شاه عادت به گفتن آن داشت، دیگر با هیچ کشور و قدرتی اختلاف نداشت و در حقیقت قدرت حاکم بر منطقه و حامی کشورهای آن و حَکَم اختلافات‌شان شده و محمدرضا پهلوی به آرزوی دیرینه خود که تبدیل ایران به یک قدرت منطقه‌ای - و شاید جهانی - بود رسید. مغرور بود و از این جهت حق داشت مغرور باشد.

سیاست ایران در برابر اتحاد جماهیر شوروی جنبه و بُعد دیگری داشت. چرا که مقاومت در برابر نفوذ کمونیسم به ایران یکی از اهداف اصلی سیاست شاه بود.

حُسن رابطه‌ای که در دو نوبت طی سال‌های گذشته میان دو کشور پدیدار شده بود زودگذر بود و حاصل تصمیمات و رویه‌ی دو نخست‌وزیری که به معنای واقعی کلمه حکومت می‌کردند و تعیین خطوط اصلی سیاست خارجی نیز با آنان بود، یعنی سپهبد رزم‌آرا و سپهبد زاهدی، اما از ۱۹۶۲ به بعد، شاه شخصاً به بهبود روابط ایران و شوروی پرداخت و طبیعتاً نخست وزیرانش نیز به همان راه رفتند. دیگر بنای کار بر تعدیلی در رویه‌ی هم‌پیمانی انحصاری با جهان غرب و ایالات متحده بود. در تابستان در سال ۱۹۶۲

---

۱ - یکی از پسران ملا مصطفی، مسعود بارزانی، اکنون رئیس دولت خودمختار کردستان عراق است. (مترجم)

۲ - پس از سقوط سلطنت در ایران، تشنج روابط رسمی دو کشور از سر گرفته شد و صدام در سخنان خود از حملات شدید به «فارس‌ها» دریغ نداشت. تا آن‌جا که برای خوش‌آیند امریکاییان که درگیر معضل گروگان‌گیری سفارت امریکا بودند و نیز برای ارضای عقاید خود، جنگ با ایران را آغاز کرد. جنگی که هشت سال، از سپتامبر ۱۹۸۰ تا اوت ۱۹۸۸، به طول انجامید. او تصور می‌کرد ایران ضعیف شده است. حق داشت. ولی این ضعف به حدی نبود که از عراق شکست بخورد. صدام تا آخرین دقایق زندگی خود یعنی به هنگام اعدامش در سی دسامبر ۲۰۰۶، به لعن و نفرت نسبت به «فارس‌ها دشمنان اجدادی عراق و اعراب» ادامه داد.

دولت ایران، ضمن مبادله نامه‌های رسمی با مسکو، تعهد کرد که به هیچ کشور خارجی اجازه ایجاد پایگاه‌های نظامی در کشـــور ندهد.[1] بهبـــود روابط دو طرف دیگر ظاهری و ظاهرســـازی نبود. روشن‌ترین جلوه و بهترین دلیل آن، فضای روابط ایران و شوروی در ســـفر زوج سلطنتی به مسکو در دســـامبر ۱۹۶۵ است. کوچک‌ترین وجه تشابهی با سفر رسمی نُه سال پیش وجود نداشت. نیکلای پادرگورنی[2]، صدر هیأت رئیسه اتحاد جماهیر شوروی در سخنان خود شاه را به عنوان «مرد انقلاب سفید» مورد ستایش قرارداد. ایران دیگر در صف مخالفین اتحاد جماهیر شـــوروی قرار نداشت، گرچه از هم‌پیمانان امریکا بود. رویه‌ای مشابه فرانسه در زمان ریاست جمهوری ژنرال دوگل. این تغییر رویه تهران نســـبت به مســـکو، در رفتار مخالفان داخلی رژیم نیز بی‌تأثیر نبود. بسیاری از آنان به این گمان افتادند که در صورت اجرای واقعی و موفقیت‌آمیز اصلاحاتی که شاه اعلام و آغاز کرده، سیاست داخلی ایران نیز به حکم اجبار تغییر خواهد یافت و به سوی یک دموکراسی ملی خواهد رفت.[3]

در همه ســـطوح دولت، ملاقات‌ها و رفت و آمدها با اتحاد جماهیر شوروی توسعه یافت و محیط آن‌ها به تدریج دگرگون شد. مسکو دیگر در ثبات سیاسی و قدرت همسایه خود تردید روا نمی‌داشـــت و سیاســـت رو در رویی دائم با ایران را کنار گذاشت. دوران طرح‌های بزرگ همکاری فرا رســـیده بود. از آن جمله بود ســـاختمان سدهای رودخانه ســـرحدی خط لوله‌های عظیم انتقال نفت و گاز به شـــوروی که در آن زمان مهم‌ترین و طولانی‌ترین در جهان بود و به خصوص ســـاختمان مجتمـــع ذوب آهن اصفهان که در ۱۳ سپتامبر ۱۹۷۳، به دست شاه گشایش یافت. مواد اولیه مورد نیاز (سنگ آهن و ذغال ســـنگ) با راه‌آهن نوساز اصفهان به کرمان به این مجتمع حمل می‌شد. و در ضمن شهر جدیدی در نزدیکی آن با همه ملزومات (مدرسه، درمانگاه، بیمارستان، فروشگاه،...) برای سکونت کارگران و مهندسان و خانواده‌های آنان ساخته شد که آریاشهر نام گرفت. میزان تولید مجتمع در آغاز ششـــصدهزار تن در سال بود. اندکی بعد موافقت‌نامه دیگری برای توسعه مجتمع به امضا رسید که طبق آن می‌بایست حجم تولیدات به ۴ میلیون تن در سال

---

۱ - کیهان، ۱۱ اکتبر ۱۹۶۲ پراودا، ۱۰ اکتبر ۱۹۶۲ هلن کارر دانکوس، بررسی ذکر شده.
2 - Nicolai Padgorni.
۳ - تجزیه و تحلیل در بررسی هلن کارر دانکوس، متن ذکر شده.

افزایش یابد.[1]

محمدرضا شاه، به این ترتیب یکی از اهداف و آرزوهای بزرگ ملی ایرانیان را که از زمان انقلاب مشـــروطیت در ۱۹۱۶ همواره بیان و اعلام می‌شد و هرگز تحقق نیافته بود، جامه عمل پوشاند.

او بعداً در مصاحبه‌ای[2] با اشـــاره غیرمســـتقیم به سخنان پروفسور لودویک ارهارت[3] صدراعظم سابق آلمان که گفته بود: «بهتر است ایران کشور گل و بلبل باقی بماند»، اظهار داشت: «زمانی بود که ما از غربی‌ها التماس می‌کردیم که یک کارخانه کوچک ذوب آهن به ما بفروشـــند و آن ها با تحقیر درخواســـت ما را رد کردند. ما به شرق رجوع کردیم و مجتمع عظیمی ساختیم که به بهترین وجه کار می‌کند. حالا آن‌ها (غربی‌ها) آمده‌اند و از ما می‌خواهند که مجتمع بزرگ دیگری را به ما بفروشند. ولی دیگر دیر شده است. ما هیچ مانعی را در راه ترقی و توسعه ایران، تحمل نخواهیم کرد.[4]

این ماجرا از بعضی جهات بی‌شباهت به بحرانی نیست که میان مصر و ایالات متحده امریکا (و جهان غرب) به مناسبت مخالفت بانک بین‌المللی با تأمین اعتبار ساختمان سد آســـوان[5] پدیدار شـــد. سرهنگ ناصر به تلافی، بهره‌برداری از ترعه سوئز را ملی کرد و از آن پس بود که هر چه بیشتر به مسکو نزدیک شد. محمدرضا شاه تا آن حد پیش نرفت.

در زمینه و چهارچوب همین نزدیکی و حُســـن رابطه با شـــوروی بود که الکســـی

۱ - یادآوری می کنیم که ماشـــین‌ها و تاسیسات فنی نخســـتین ذوب آهن ایران را که در زمان رضا شاه پی‌ریزی شـــده و آماده بهره‌برداری می‌شـــد، انگلیس‌ها در عدن ضبط و توقیف کردند و به این ترتیب مانع ایجاد صنایع سنگین در کشور شدند. بعد از پایان جنگ و توسعه امکانات ایران، قراردادی با کمپانی کروپ آلمانی برای ساختمان مجتمع ذوب آهن دیگری امضا شد که به علت مخالفت صندوق بین‌المللی پول و بانک جهانی و دولت امریکا متوقف ماند. به همین سبب بود که ایجاد مجتمع اصفهان برای ایران و ایرانیان یـــک پیـــروزی بزرگ ملی بود. به موازات آن گروه صنعتی شـــهریار (بخش خصوصی بـــرادران رضایی) در خوزستان مجتمع دیگری ایجاد کرد که در ماه‌های قبل از انقلاب تولید آن به ۶۰۰،۰۰۰ تن در سال رسید.

۲ - کیهان، ۱۰ سپتامبر ۱۹۷۶،

3- Pr. Ludwig Erhardt

۴ - در ماه‌هـــای قبـــل از انقلاب میزان تولید مجتمع ذوب آهن اصفهان به ۱،۲۰۰،۰۰۰ تن رســـیده بود و تولید گروه صنعتی شهریار در اهواز چنان‌که دیدیم به ۶۰۰،۰۰۰ تن. در ضمن ایران اندکی بعد ۲۵٪ سهام کروپ همان شـــرکتی را که از فروش ذوب آهن، به ایران خودداری کرده یا منع شـــده بود، خریداری کرد! ورق برگشته بود.

5 - Assouan.

کاسیگین¹ رئیس الوزرای آن کشور سفری موفقیت‌آمیز به ایران کرد و زوج سلطنتی ایران بازدیدی دیگر از اتحاد جماهیر شوروی در اکتبر ۱۹۷۰. به موازات این همکاری‌ها، ایران و ممالک دیگر دنیای سوسیالیست نیز روابط خود را توسعه و بهبود بخشیدند. قراردادهای مهمی با مجارستان و لهستان به امضا رسید. رهبران کشورهای سوسیالیست برای مسافرت به ایران دست و پا می‌شکستند. با چکسلواکی همکاری صنعتی نزدیک برقرار شد. حاصل آن ساختمان و بهره‌برداری واحد عظیم ماشین‌سازی تبریز بود که تماماً به ایران تعلق داشت و یکصد میلیون دلار هزینه ایجاد آن شده بود. رقمی بزرگ برای سال ۱۹۷۲. چکسلواکی در تأسیس و بهره‌برداری واحد مشابه دیگری در اراک، شهری در مرکز ایران، نیز شرکت کرد. با همکاری رومانی یک کارخانه تراکتورسازی نیز در تبریز ساخته شد و زوج چائوشسکو² یک بازدید رسمی از ایران در اکتبر ۱۹۷۳ انجام دادند.

سیاست نزدیکی و همکاری با اتحاد جماهیر شوروی و کشورهای هم پیمانش، مانع ایجاد تدریجی حُسن روابط با چین که در آن زمان رقیب مسکو تلقی می‌شد، نگردید. از سال ۱۹۶۵، دو دولت بی‌سر و صدا روابط حسنه‌ای برقرار کردند. مبادلات تجاری محدودی از سال ۱۹۶۶ آغاز شد. صادرات ایران به چین در آغاز محدود به مواد نفتی بود. ایران همچنان به سیاست پکن و حمایت چین کمونیست از شورشیان عمان و مخالفین تندروی منطقه خلیج فارس سوءظن داشت. اما قدرت شوروی در منطقه از یک طرف و خروج بریتانیا از آن، از طرف دیگر، باعث شد که منافع ایران و چین با یکدیگر هماهنگی فزاینده پیدا کنند. در اوت ۱۹۷۱، جمهوری خلق چین به عنوان تنها نماینده آن کشور به سازمان ملل متحد راه یافت و این آغاز تحولی مثبت در روابط فیمابین بود. دو تن از خواهران شاه به چین سفر کردند و با استقبالی دوستانه روبرو شدند. در اوت ۱۹۷۱، دو کشور روابط سیاسی برقرار کردند. سفارت جمهوری خلق چین در آوریل ۱۹۷۲ در تهران افتتاح شد و نخستین سفیر ایران در دسامبر ۱۹۷۳ در پکن مستقر گردید. پیش‌تر، از ۱۷ تا ۲۷ سپتامبر ۱۹۷۲ شهبانو فرح و امیرعباس هویدا نخست وزیر سفری بسیار موفقیت‌آمیز به چین کردند. شاه نیز به این سفر علاقمند بود. اما مسائل تشریفاتی، مانع انجام آن شد. مائوتسه تونگ شخص اول چین بود. اما رئیس جمهوری نبود و از کسی استقبال نمی‌کرد.

---

1 - Alexis Kossyguine.
2 - Causeuscu.

چوئن لای نخست‌وزیرش این کار را انجام می‌داد ولی شخص اول نبود. شاه مقید بود که مائوتسه تونگ شخصاً از او استقبال کند. در سر راه پکن شهبانو و هویدا توقفی نیز در پاکستان کردند این تنها سفر سیاسی رسمی شهبانو به دو کشور خارجی بود.[1]

استقبال چین کمونیست از ملکه و نخست وزیر ایران، بالاتر از حد انتظار و بسیار باشکوه و عظمت بود و سریعاً نتایج بسیار به بار آورد: یک خط هوایی مستقیم بین پکن و تهران برقرار شد، دو کشور نخستین قدم‌ها را در ایجاد و توسعه روابط اقتصادی و مبادلات بازرگانی برداشتند. چین، کوشش ایران را در میانجی‌گری میان هند و پاکستان با حُسن نظر تلقی می‌کرد، قدرت فزاینده ایران را در خلیج فارس عاملی در تعدیل نفوذ رقبای اصلی خود یعنی شوروی و امریکا می‌دید و ایران نیز از طریق بهبود روابطش با چین به عنوان اهرمی برای جبران نفوذ همین دو ابرقدرت استفاده می‌کرد. یک نوع تقارن منافع سیاسی و سوق‌الجیشی میان دو کشور پدیدار شده بود.

چین، تا پایان رژیم شاهنشاهی در ایران، در دوستی خود با ایران و با شاه پایدار ماند. درگذشت مائوتسه تونگ و چوئن لای تغییری در مشی سیاسی پکن نسبت به ایران ایجاد نکرد. در سپتامبر ۱۹۷۸ هوآگوفنگ[2] آخرین رئیس مملکتی بود که قبل از سقوط شاه به ایران سفر کرد و از او در ادامه سیاستش حمایت کرد. «احساس من این بود که چینی‌ها در آن زمان تنها کسانی بودند که ایران را توانا و استوار می‌خواستند».[3]

اندکی قبل از سفر رسمی رئیس جمهوری چین به ایران یک موافقت‌نامه «بکلی سری» (که سری باقی نماند) میان رؤسای سازمان‌های اطلاعاتی دو کشور به امضا رسید که طی آن توافق‌هایی برای پشتیبانی از نهضت‌های مقاومت غیراسلامی در برابر حکومت کابل که دیگر عملاً تحت تسلط شوروی‌ها بود، به عمل آمد. تاریخ حق را به شاه می‌دهد. ولی در آن زمان سیاست دولت کارتر تقویت از جنبش‌های اسلامی از طریق پاکستان بود

---

۱ - شهبانو فرح سفری هم در سال ۱۹۷۷، به بلژیک کرد. بازدیدی رسمی اما غیرسیاسی که به دعوت ملکه بلژیک انجام گرفت. پذیرایی مقامات بلژیکی شکوهمند بود، اما هیچگونه گفتگوی سیاسی انجام نشد و دو طرف به مسائل فرهنگی و اجتماعی بسنده کردند.(مترجم)

2 - Hua Guofeng.

۳ - Réponse àl' Histoire، متن ذکر شده.
ظاهراً رئیس جمهوری چین شاه را به مقاومت در برابر انقلابیون (که دست واشنگتن را پشت سر آن‌ها می‌دید) تشویق کرد. (روایت محمدرضا شاه به نویسنده ایرانی کتاب در مکزیک سپتامبر ۱۹۷۹).

که نتایج شوم آن را هم دیدند و می‌بینند. به هر صورت این موافقت‌نامه موجبی دیگر بر دلایل و علل مخالفت واشنگتن با محمدرضا شاه افزود.

سیاست ایران، پس از آن‌که محمدظاهر شاه پادشاه افغانستان در ۱۷ ژوئیه ۱۹۷۳ با کودتای پسر عَم و دامادش ژنرال داودخان از کار برکنار و مجبور به جلای وطن شد، با احتیاط بسیار همراه بود. پادشاه ایران برای محمدظاهر شاه (۱۹۷۳-۱۹۳۳) احترام بسیار داشت. طی پنج سال بعد از سقوط او، هر چه میسر بود برای تأمین زندگی و آسایش او و خانواده‌اش انجام داد که البته پیروزی انقلاب اسلامی به این کمک پایان بخشید. اما محمدرضا شاه به مسائل منطقه‌ای و ضرورت حفظ استقلال افغانستان نیز توجه بسیار داشت. ایران بی‌درنگ حکومت جدید افغانستان را به رسمیت شناخت. ژنرال داودخان از شاه کمک خواست و ایران از این کمک در زمینه‌های اقتصادی، فنی و فرهنگی دریغ نورزید. متأسفانه رفتار اهانت‌آمیز واشنگتن با داودخان، وی را هر چه بیشتر با شوروی‌ها نزدیک کرد. خود او وطن‌پرست و سخت ملی‌گرا بود، اما برای جلب مسکو طرفداران شوروی را به دولت خود وارد کرد و به آنان پروبال داد. نتیجه آن شد که مسکو موجبات قتل و سقوط وی را فراهم کرد و به حکومتش در آوریل ۱۹۷۸ پایان بخشید. کمونیست‌ها دیگر بلامنازع بر افغانستان مسلط شدند. علت و توجیه موافقت‌نامه سری ایران و چین در زمینه کمک به نهضت‌های مقاومت ملی‌گرا و نه اسلامی در افغانستان هم جز این نبود.

«حسن تفاهم با همه کشورها چه غربی و چه شرقی یا متعلق به جهان سوم» هدف اصلی سیاست خارجی ایران بود که محمدرضا شاه شخصاً هدایت آن را پس از برکناری سپهبد زاهدی در سال ۱۹۵۵، به عهده گرفت. این هدف در سال‌های ۱۹۷۰ جامه عمل پوشیده بود. شاید درخشان‌ترین قسمت ترازنامه سلطنت محمدرضا شاه همین کامیابی‌اش در زمینه سیاست خارجی باشد، سیاستی مبتنی بر ابتکار و احتیاط، واقع‌بینانه و سرانجام موفق.

همین سیاست موفقیت‌آمیز و درخشان، دشمنی‌های بسیار نیز برانگیخت و باعث کینه امریکایی‌ها نسبت به او شد که در نهایت امر بهای گرانش را نیز پرداخت. متأسفانه این سیاست خارجی موفق به یک سیاست داخلی مؤثر متکی نبود. محمدرضا شاه چشم به افق‌های دوردست داشت و هر چه بیشتر، اداره امور داخلی را به دولت‌ها و افرادی واگذار

کرد که کمتر موفق بودند. تئوفیل دلکاسه[1] که سال‌ها رئیس دیپلماسی فرانسه بود روزی گفت: «یک سیاست داخلی خوب به من بدهید. من به شما یک سیاست خارجی خوب تحویل خواهم داد».

اشخاص مختلفی در طی سال‌های سلطنت محمدرضا شاه، مخصوصاً بعد از آن‌که شخصاً «سررشته کارها را به دست گرفت» در رأس وزارت امورخارجه ایران بودند.

یکی از آن‌ها دانشگاهی و محقق سرشناس علی‌اصغر حکمت بود که دوبار (یکی در دولت ساعد، دیگری در کابینه دکتر اقبال). مجموعاً به مدت چهار سال در رأس دیپلماسی ایران قرار داشت. وی نخستین وزیر امورخارجه‌ای بود که سعی کرد دستگاه دیپلماسی ایران را تکان دهد و نوسازی کند. وزارت امورخارجه قبل از او راساً کاری نمی‌کرد و کسی هم توقعی از آن نداشت. وی کوشید که افراد تازه‌ای را (بیرون از خانواده‌های اشرافی یا ثروتمند) به خدمت آن وزارت درآورد، به حضور مؤثر ایران در حوزه فرهنگ ایرانی از جمله شبه قاره هند و افغانستان دلبسته بود و در این زمینه قدم‌های مؤثر برداشت، رشته‌های پیوندی با کشورهای آسیای مرکزی که وابسته به شوروی اما متأثر و ملهم از فرهنگ ایرانی و تا چندی پیش جزئی از ایران بودند، برقرار کرد.

مردی که بیش از هر کس دیگر بر دیپلماسی ایران در این دوران تأثیر گذاشت اردشیر زاهدی فرزند سپهبد زاهدی بود. او در سال ۱۹۵۹ به سفارت ایران در واشنگتن و سپس از ۱۹۶۲ تا ۱۹۶۶ به سفارت شاهنشاهی در دربار بریتانیا برگزیده شد و از ۱۹۶۶ تا ۱۹۷۱ در رأس دیپلماسی ایران قرار گرفت. وی از یکی از دانشگاه‌های مهم امریکا مهندس کشاورزی بود. اما در مکتب پدر بزرگش مؤتمن‌الملک پیرنیا و به خصوص در کنار پدرش به بسیاری از رمز و رازهای سیاست ایران آشنا شد. جذابیت و مهربانی شخص او، «دیپلماسی مصافحه» که وی بانی آن شد[2]، نزدیکی‌اش به شاه و قدرت کاری که داشت با وجود خشونت کلامش در بعضی موارد، او را به یک «وزیر امورخارجه بزرگ» تبدیل کرد. بسیاری از تصمیماتش را بدون تصویب قبلی شاه اتخاذ می‌کرد. بانی رفع نقارهای ایران با جهان عرب و تجدید روابط ایران و مصر شد. به نفوذ ایران در کشورهای افریقایی توجه

1 - Théophile Delcassé.

۲ - اصطلاح از روزنامه نویس و دیپلمات سابق ناصر امینی است در اشاره به حُسن رفتار و ماچ و بوسه او با بزرگان جهان و روابط خصوصی که با آنان برقرار می‌کرد.

خاص داشت و ترتیب گشایش چند سفارتخانه را در این قاره داد. ساختمان‌های مناسبی برای سفارتخانه‌های ایران در بسیاری از کشورهای جهان خریداری کرد که نمایانگر حیثیت و اعتبار کشور در پایتخت‌های مهم جهان باشند. در جاهای دیگر دستور به مرمت و بازسازی عمارات قدیمی موجود داد و با استفاده از نفوذ خود اعتبارات لازم را برای تحقق این هدف‌ها تأمین کرد. همچنین درهای وزارت امورخارجه را به جوانان تحصیل کرده یا متخصصین سایر دستگاه‌ها گشود. بنیان‌گذاری باشگاه مجلل وزارت امورخارجه نیز که اندکی پس از پایان وزارتش افتتاح شد از ابتکارات او است. مقاومتش در برابر مداخلات ساواک در امور وزارت خارجه، که گه‌گاه با خشونت صورت می‌گرفت و حتی برای مسئولان آن سازمان برخورنده بود. برای وی دشمنانی، یا دشمنی‌هایی ایجاد کرد.

سرانجام، برخوردهای وی با امیرعباس هویدا نخست وزیر، باعث کناره گیری او - یا به قول گروهی کنار گذاشتن او - از وزارت امورخارجه شد و به سفارت ایران در واشنگتن رفت که تا پایان رژیم شاهنشاهی یعنی به مدت هفت سال در آن‌جا بود.

یکی از معاونین او، دکتر عباس خلعتبری، جایش را گرفت. دکتر خلعتبری دیپلماتی ورزیده، متکلم به چند زبان، خوش پوش و مبادی آداب و تا حدی متکبر بود. بیش از هر کس دیگر، یعنی هفت سال، در طول قرن بیستم، در رأس وزارت امورخارجه باقی ماند. هیچ‌کس منکر درستکاری، وقار، سواد و تشخّص او نبود. اما از دشواری‌های سلف خود درس گرفت. در برابر مداخلات علم (تا موقعی که بیماری او را از صحنه سیاست دور نکرده بود) هویدا، شاهدخت اشرف و ارتشبد نصیری در امور وزارت خارجه و بعضی از انتصابات مهم آن، مقاومتی نمی‌کرد. در نتیجه بدون مزاحمت آنان کار خود را انجام می‌داد.

دوران وزارت دکتر عباس خلعتبری در ۲۷ اوت ۱۹۷۸ به پایان رسید.[1]

آخرین وزیر امورخارجه دوران سلطنت، البته اگر وزیر کابینه انتقالی یا محلل شاپور بختیار را استثنا کنیم، امیر خسرو افشار بود. او مشاور قوام در دوران حکومتش بود،

۱ - پس از پیروزی انقلاب اسلامی،چون بسیاری دیگر از رهبران و مسئولان، ترجیح داد در ایران بماند و پنهان هم نشد و به زندگی عادی خود ادامه داد. حتی خانه‌اش را ترک نمی‌کرد. مأموران حکومت انقلاب سراغش آمدند و بازداشتش کردند. به خانم خلعتبری اجازه داده شد که با یک کیف دستی ظرف ده دقیقه خانه خود را ترک کند. ساختمان مصادره و اموالش غارت شد. در زندان با وی بدرفتاری‌ها شد و سرانجام به دستور خمینی به قتل رسید.

مراحـــل مختلف را در وزارت امورخارجه طی کرد، پس از تجدید روابط سیاســـی میان ایران و انگلســـتان، در دوران ســـپهبد زاهدی، کاردار سفارت ایران در لندن، سپس مصدر مقاماتی چون سفارت ایران در بن، در لندن، در پاریس و سرانجام معاونت ارشد وزارت امورخارجه شـــد و چند مذاکره دشوار و سری ایران را با کشورهایی چون بریتانیای کبیر یا عراق انجام داد. به عللی که نمی‌دانیم، شاه در این اواخر او را پرمدعی و از خودراضی می‌دانســـت[1] و کنارش گذاشـــت. دفتری در وزارت دربار شاهنشـــاهی به عنوان مشاور دیپلماتیک داشت، یعنی کاری نداشت. در ماه‌های دشوار پایان رژیم شاه وی را فراخواند و به وزارت امورخارجه برگزید. تا ۳۱ دسامبر متصدی این مسئولیت بود. سپس به پاریس آمد، از آن جا به لندن رفت و چند ســـال پیش درگذشـــت. غالباً به عنوان یکی از بهترین دیپلمات‌های ایران تلقی می‌شد.

در سال‌های آخر دوران شاهنشاهی دو پیشنهاد یا نظر، به صورت ترجیع‌بند گفتار ایران در زمینه سیاست خارجی درآمده بود یکی «غیراتمی»[2] ساختن خاورمیانه، یعنی ممنوعیت تملیک سلاح‌های اتمی بوسیله دولت‌های منطقه که مستقیماً به زیان اسرائیل و موجب گله آن کشور بود. دیگری تقبّل و تأمین امنیت منطقه خلیج فارس و بخشی از اقیانوس هند، به وســـیله دولت‌های ساحلی آن، یعنی دورنگاه داشتن ابرقدرت‌ها و کشورهای بزرگ از این قسمت از دنیا. شاه پیشنهاد می‌کرد که یک پیمان امنیت و همکاری دفاعی متقابل میان ممالک این منطقه منعقد و در اختیار داشتن پایگاه‌های نظامی برای کشورهای بیرون از آن ممنوع شـــود، که شامل بر امریکا، شوروی، بریتانیای کبیر و فرانسه می‌شد. شاید آرزوی دیرین شاهنشاهان گذشته ایران در ته فکر و عمق سودای واقعی شاه بود که ایران توانا با سیاست خارجی فعال و نیروی نظامی‌اش بار دیگر قدرت اصلی این بخش از جهان گردد. سودا و اندیشه‌ای که دولت‌های مختلف را نگران کرد و مسلماً در تهیه طرح (یا توطئه) سقوط شاه و براندازی ایران بی‌اثر نبود.

احترام هر کشور در خارج و نفوذ کلامش در صحنه بین‌المللی متکی به قدرت نظامی آن است. امیرعباس هویدا عادت داشت بگوید که «نیروی نظامی ما» ارتش ما، بیمه نامه ثبات و استقلال ما است». اما بسیاری بر این گمان بودند که قدرت نظامی ایران به مراتب

۱ خاطرات علم.

2 - Dénuclearisation.

بیشتر از این حد است.

در سال ۱۹۷۷، نیروی زمینی ایران، ۵۴۰,۰۰۰ تن در خدمت خود داشت که این رقم شامل بر خدمه غیرنظامی و تدارکاتی نیز می‌شد. نیروی زمینی دارای ۳۰۰۰ تانک از جدیدترین «مدل»ها بود، از جمله ۸۰۰ تانک سنگین چیفتن[1] ساخت انگلیس، که برای تهاجم و نه دفاع، آن هم با توجه به خواسته‌ها و آب و هوا و شرائط سرزمین ایران ساخته شده بود. قدرت آتش توپخانه واحدهای نیروی زمینی ایران با قدرت آتش واحدهای مشابه نیروهای پیمان آتلانتیک شمالی برابر بود.

نیروی هوایی ایران، سومین، چهارمین یا پنجمین نیروی هوایی جهان و به جدیدترین موشک‌های هوا به زمین و وسائل تهاجمی و تدافعی مجهز بود. قدرتی که در منطقه نظیر نداشت و در جهان کم‌نظیر بود.

ارتش ایران دارای دو تیپ مجهز هوابرد بود و وسائل انتقال و اعزام سریع آن‌ها را به کشورهای منطقه در اختیار داشت. قرار بود که تعداد این تیپ‌های هوابرد تا سال ۱۹۸۲ به پنج واحد مشابه افزایش یابد.

در سال ۱۹۷۸، نیروی دریایی شاهنشاهی، نیرویی که از آغاز قرن نوزدهم همواره بریتانیای کبیر از پیدایش و توسعه آن بیمناک بود و جلوگیری می‌کرد، دارای ۴ رزمناو ۸۰۰۰ تنی مجهز به دستگاه‌های پرتاب موشک و دوازده ناوشکن بود. سه زیردریایی نیز سفارش داده شده، افسران و افرادش آموزش یافته و آماده تحویل گرفتن آن‌ها بودند. نیروی دریایی ایران کشتی‌های لازم برای نقل و انتقال افراد (ناوهای نیروبر) یک هواپیمایی اکتشافی و شناسایی اختصاصی و یک گروه «هاورکرافت» بزرگ‌ترین و مهم‌ترین در دنیا، در اختیار داشت. نیروی دریایی ایران نه تنها قادر به تضمین امنیت خلیج فارس بود، بلکه می‌توانست در نقاطی به مراتب دورتر، در سواحل افریقا، مدیترانه، یا اقیانوس هند وارد عمل شود.

سیاست دفاعی ستاد کل ارتش در درجه اول امکان مبتنی بر مقاومت مؤثر در برابر هر تهاجم غیراتمی بود و این توانایی را در برابر حمله هر یک از ممالک همسایه، از جمله

1 - Chieftain.

اتحاد جماهیر شوروی، داشت.

در آستانه انقلاب اسلامی، ایران دارای یکی از مجهزترین، کارآمدترین و تواناترین نیروهای نظامی جهان، چه غرب و چه شرق بود.

قدرت نظامی ایران را دیگر نمی‌شد نادیده گرفت. شاید همین قدرت نظامی و رعبی که ایجاد می‌کرد، یکی از علل نابسامان سازی ایران به شمار آید.

«ایران قطعاً و یقیناً در این منطقه تنها کشوری بود که امکان در اختیار داشتن و تجهیز چنین نیرویی را داشت. ارتش ما قادر بود بلافاصله در هر نقطه از منطقه بر عملیات پیش‌گیری در برابر هر کوشش براندازی بپردازد و توفیق یابد. تنها ایران بود که امکانات مالی و نیروی انسانی کافی برای تحقق چنین برنامه‌ای را در اختیار داشت. به خصوص نیروی انسانی، که بدون آن امکانات مالی کوچک‌ترین ارزشی ندارد و به هیچ کار نمی‌آید».[1]

ارتش ایران واقعاً ملی بود. افسران و درجه دارانش همه ایرانی و کارآموخته بودند. در سال‌های پس از سقوط مصدق، تسلیحات ارتش و دیگر قوای مسلح ایران، در درجه اول و شاید انحصاراً امریکایی بود. به تدریج شاه بر آن شد که این انحصار را از میان ببرد. ابتدا به خرید ساز و برگ از کشورهای هم پیمان دیگر چون فرانسه، بریتانیای کبیر، آلمان و اسرائیل اقدام شد. سپس از اتحاد جماهیر شوروی و کشورهای اروپای شرقی نیز سلاح‌هایی برای شهربانی و ژاندارمری خریداری شد و تهیه تجهیزات ارتش نیز از این کشورها تحت مطالعه بود.

فزون بر این‌ها، ایران دست به ایجاد و توسعه صنایع نظامی ملی خود زد. رسماً گفته می‌شد که هدف این برنامه وصول به حد توانایی کشور اسرائیل است، که صنایع نظامی آن در سرتاسر دنیا شهرت دارد.

طبیعتاً چنین «بلندپروازی‌ها» و سوداهایی نمی‌توانست برای بسیاری از کشورها نگران کننده نباشد.

---

1 - Mohammad Reza Pahlavi, Réponse à L'Histoire, op ct.
می‌توان پنداشت که عبارت اخیر اشاره‌ای است به کشورهای نفت خیز و ثروتمند منطقه که فاقد نیروی انسانی مکفی و کاردان بودند و هستند. (مترجم)

غالباً گفته و نوشته می‌شود که این ارتش توانا و منضبط، بر اثر ضربات انقلابیون، به آسانی در هم فرو ریخت و به کاری نیامد. این تعبیر نه عادلانه است و نه درست. واقعیت آن است که ارتش نتوانست سپر بلای نظام حکومتی شود و آن را از سقوط و فروپاشی نجات دهد. علل و جهات آن را در صفحات بعد تجزیه و تحلیل خواهیم کرد. اما همین ارتش با آن همه ضربات که به وی وارد آمده بود و برجسته‌ترین فرماندهان و افسرانش را انقلابیون به قتل رسانده بودند، توانست در سال ۱۹۸۰ کشور را نجات دهد و در برابر تجاوز عراق که از پشتیبانی بین‌المللی برخوردار بود مقاومت کرد.

شاید، افراط ایران در خرید تجهیزات، و به اصطلاح سیاست تسلیحاتی کشور که خواسته شخص شاه بود، نشان از زیاده‌روی داشت و مورد انتقاد نیز قرار گرفت: محمدرضا شاه در کتاب پاسخ به تاریخ، به این نکته اذعان می‌کند که سیاست تسلیحاتی و هدف‌های نظامی ایران موجب شد که او را به بلندپروازی و خود بزرگ‌بینی متهم کنند. ولی فراموش هم نباید کرد که ایران امکانات مالی اعمال چنین سیاستی را داشت، ولو آنکه می‌بایست از زیاده‌روی‌هایی جلوگیری شود.

از دیدگاه محمدرضا شاه، یک ارتش نیرومند و مجهز، می‌بایست ضامن استقلال و تمامیت ایران و احترام این کشور نزد بیگانگان باشد. ارتش ایران این وظایف و رسالت‌ها را به خوبی انجام داد. در ماه‌های آخر نحوه فرماندهی ارتش و مخصوصاً مسئولان سیاسی کارساز نشدند و نبودند. البته در این زمینه بخشی از مسئولیت به گردن محمدرضا شاه است، چنان‌که خواهیم دید.

بخش پنجم

در سراشیبی سقوط
اول ژانویه ۱۹۷۸ - ۸ سپتامبر ۱۹۷۸

فصل اول

بیماری و قدرت

در آغاز سال‌های ۱۹۷۰، بخش مهمی از جامعه ایران در رفاه و حتی گشاده‌دستی به نظر می‌آمد. شاه گمان می‌برد که ایران، ایرانش، به سرعت در حال توسعه و ترقی است. در روز ۲۱ سپتامبر ۱۹۷۳ وزیر پست و تلگراف و تلفن اعلام کرد که همه شهرهای ایران به تلفن خودکار مجهز و با یکدیگر از این حیث ارتباط و اتصال دارند.

در ۴ نوامبر خود وی در جزیره خارک بزرگ‌ترین بندر نفتی جهان را گشود که حتی نفت‌کش‌های پانصد هزار تنی می‌توانستند در آن پهلو گرفته بارگیری کنند. فردای آن روز از تأسیسات جدید و خیره‌کننده نیروی دریایی شاهنشاهی در بندر بوشهر بازدید کرد.

محمدرضا شاه همواره مجذوب مصدق بود، ولو آن‌که از او نام نمی‌برد. می‌خواست در کار ملی کردن نفت و بهره‌برداری ایرانیان از این منبع عظیم ثروت برد و سبقت گیرد و آن‌چه را «پیر مرد لجوج» نتوانسته بود به سرانجام برساند، تحقق بخشد. در روز ۲۳ ژانویه ۱۹۷۳، در اجتماع بزرگی که به مناسبت بزرگداشت سال‌روز انقلاب سفید برپا شده بود با لحنی پر از احساس و هیجان اعلام داشت که ایران به طور کامل همه امور مربوط به بهره‌برداری از منابع نفت خود را به دست خواهد گرفت. «حق طبیعی و مقدس» برای

ملت ایران.[۱]

بدین‌سان بود که بر قرارداد ایجاد کنسرسیوم نفت و همه ترتیباتی که پس از ۲۸ مرداد برای بهره‌برداری از این منبع عظیم ثروت داده شده بود. نقطه پایان گذارد.

نخستین بحران جهانی نفت ضربه‌ای بزرگ به اقتصاد کشورهای صنعتی و پیشرفته بود. در آن زمان، آمریکایی‌ها با افزایش «معقولی» در بهای نفت خام مخالف نبودند. چرا که این افزایش از یک طرف باعث افزایش قوه خرید کشورهای تولید کننده نفت و تسریع در پیشرفت اقتصادی آنان می‌شد که در شرایط جنگ سرد و تشنج سیاسی آن روز ضروری بود. از طرف دیگر خرید ساز و برگ نظامی را از جانب کشورهای ساحلی خلیج‌فارس از آمریکا گسترش می‌داد و کمکی به اقتصاد آن بود و بالاخره، افزایش قیمت نفت خام ضربتی به اقتصاد کشورهای اروپایی و ژاپن، یعنی رقبای اصلی آمریکا در بازار جهان بود.

اما، محمدرضا شاه و ملک فیصل پادشاه عربستان سعودی، سازمان کشورهای تولید و صادرکننده نفت را وادار کردند که از آن‌چه مقبول واشنگتن بود قدم فراتر نهد. در گزارشی به مجلس سنای فرانسه یادآوری شده است که در ظرف پنج ماه (از ۱۷ اکتبر ۱۹۷۳ تا ۱۸ مارس ۱۹۷۴) بهای باریل نفت خام از ۲/۵۹ دلار به ۱۱/۶۵ دلار رسید و مجدداً در ۷ ژانویه ۱۹۷۵ بار دیگر معادل ۱۰٪ افزایش داده شد.[۲]

شاید دولت ایران در آن زمان درست متوجه بازتاب‌های این تصمیمات نبود. شاید هم امکان پیش‌بینی دقیق آن‌ها وجود نداشت.

سران کشورها و دولت‌های جهان و رهبران سیاسی و اقتصادی آن‌ها به پایتخت ایران هجوم آوردند و موج رفت و آمدهای آنان به تدریج زندگی روزانه و فعالیت مردم را دستخوش نابسامانی و اختلال ساخت. وضعی که شاه همیشه دستور به اجتناب از آن می‌داد و دیگر غیرقابل اجتناب شده بود. رئیس‌جمهوری زائیر[۳] مارشال موبوتو[۴]،

۱- آقای نور محمد عسگری، محقّق و مورخ ایرانی مقیم سوئد نوار صوتی کامل این جلسه را در اختیار نویسندگان قرار دادند. از ایشان کمال تشکر را داریم.
۲- گزارش موجود در مرکز اسناد دولتی فرانسه
۳- Zaire، کنگوی سابق بلژیک که اکنون بار دیگر به این نام خوانده می‌شود.
4 - Marechal Mobuto

رئیس‌جمهور سودان مارشال نمیری¹، رهبر پاکستان ذوالفقار علی بوتو، رئیس‌جمهوری سنگال سنگور² که مورد احترام و محبت خاص زوج سلطنتی بود، رهبران مکزیک، غنا، ونزوئلا و البته ملک‌حسین پادشاه اردن هاشمی، دوست نزدیک خانواده سلطنتی ایران که مرتباً می‌آمد و می‌رفت.

همه نقش محمدرضا شاه را در بیان نیازمندی‌ها و خواسته‌های کشورهای جهان سوم می‌ستودند، همه از عقاید و پیشنهادهای او در ضرورت توزیع بهتر و عادلانه‌تر ثروت‌های جهانی جانبداری می‌کردند.

شاه و شهبانو، به بازدیدهایی رسمی از کشورهای مختلف می‌رفتند و دیگر همه جا با تشریفات و احترامی در شأن رهبران کشورهای بزرگ مورد استقبال قرار می‌گرفتند. کشورهای مختلف از شاه و دیپلماسی ایران برای حل و فصل اختلافات خود مدد می‌خواستند.

سرانجام محمدرضا پهلوی به آنچه سودا و آرمان دیرینه‌اش بود، رسید. ایران، درمقام یکی از کشورهای طراز اول صحنه بین‌المللی قرار داشت. در این مقطع از زمان بود که ایران به سرمایه‌گذاری در کشورهای بزرگ صنعتی جهان را آغاز کرد که حجم کلی آن در آستانه انقلاب به بیست میلیارد دلار بالغ می‌شد. رقمی بسیار بزرگ برای اقتصاد آن روز جهان. این سرمایه‌گذاری‌ها را واحد کوچک و بی‌سر و صدایی اداره می‌کرد که در لوکزامبورگ مستقر شده بود.

کوششی که از چند سال پیش به ابتکار اردشیر زاهدی در وزارت امورخارجه آغاز شده بود گسترش یافت. ایرانیان از اخذ ویزا برای مسافرت به تقریباً همه کشورهای غیرکمونیست جهان معاف شدند. گذرنامه ایران در حد اعلای اعتبار و احترام بود. ایران نیز متقابلاً اعطای ویزا را به اتباع این کشورها از میان برد. در کشورهای غرب همه چشم به راه ایرانیان و سرمایه‌گذاری‌های کوچک و بزرگ آنان بودند، و بسیاری از آنان در جنوب فرانسه، سوئیس، پاریس، لندن ... آپارتمان‌ها و اقامت‌گاه‌هایی برای خود خریداری

---

1 - Marechal Nemeyri
2 - Léopold Sédar Senghor

می‌کردند. فروشگاه‌های اشیاء تجملی و یا آرایش با طیب خاطر درهای خود را به روی ایرانیان می‌گشودند و بسیاری از آن‌ها فروشندگان فارسی زبان استخدام کرده بودند.

آرزوئی که در پاسارگاد عنوان شد، به تدریج واقعیت یافته بود. ایران در همه جا چون «کشورهای بزرگ» که باید به آن احترام گذاشت، تلقی می‌شد.

شاه به دوردست‌ها می‌نگریست. از احترامی که کشورش و هم‌میهنانش در جهان بازیافته بودند، مغرور و شادکام بود، توجهش به مسائل روزانه و زندگی مردم عادی به همان اندازه کاهش می‌یافت. او می‌پنداشت و تا حد زیادی حق داشت که سطح زندگی و معاش انبوهی از ایرانیان افزایش و بهبود یافته و همه در جستجوی زندگی بهتر هستند. ولی متوجه نبود، یا نمی‌خواست متوجه باشد، که همین ایرانیان می‌خواهند در راهبری امور کشور خویش سهم و مداخله بیشتر و فزاینده‌ای داشته باشند.

او می‌دانست که شرایط زندگی مردم به سرعت بهبود می‌یابد، که دسترسی بسیاری از ایرانیان به مسکن، وسائل نقلیه شخصی، مسافرت‌های تفرّجی به داخل و خارج، مدارس بهتر برای فرزندان‌شان در حال گسترش مستمر است. اما همین مسابقه برای مصرف بهتر و بیشتر، آفریننده فزون‌طلبی و در نتیجه نارضائی بود.

این وضع سبب نارضائی بسیاری از مردم شد و حتی گروهی از سرآمدان جامعه (یا آن‌هایی که خود را در سرآمدان جامعه می‌دانستند) از آن ناخشنود بودند.

درآمد ارزی کشور سریعاً افزایش یافته بود. اما امکانات جذب این درآمد نسبتاً محدود بود. آهنگ رشد اقتصاد که در سال‌های ۱۹۷۱ تا ۱۹۷۳ معادل ۱۳/۲٪ در سال بود در ۱۹۷۴ (براثر افزایش نرخ فروش نفت) به ۴۰٪ رسید. تقاضای عمومی برای دسترسی به کالاها و خدمات بیش از عرضه کلی بود. اقتصاد ایران با مشکل کمبود نیروی انسانی در بسیاری از رشته‌های فعالیت مواجه شد. حمل و نقل، خدمات خانگی، صنایع، رستوران‌ها و حتی کشاورزی، کارگران تایلندی، افغان، فیلیپین، کره‌ای... و حتی اروپایی به ایران سرازیر شدند. در سال ۱۹۷۷ قریب به یک میلیون نفر خارجی در ایران کار می‌کردند. از بیکاری خبری نبود. اما همین وضع به پیدایش تنش‌های جدی در دستمزدها منتهی شد و فشار تورّمی را افزایش داد. مشکلی که سال‌ها در ایران وجود نداشت و به یکی از علل

نارضایی‌های بعدی و انفجار اجتماعی و سیاسی ناشی از آن تبدیل گردید.

افزایش قیمت‌ها، یا فشارهای تورّمی به صورت یکی از دل‌مشغولی‌های اصلی مسئولان اجرایی درآمد. گفته می‌شد که پرویز ثابتی، مدیر قدرتمند امنیت داخلی، نگرانی خود را از این جهت به اطلاع رئیس مستقیمش ارتشبد نصیری رسانده[1] از او تقاضا کرد که مفاد آن را نه به عنوان یک اظهارنظر شخصی که به صورت گزارش رسمی مدیریت امنیت داخلی به استحضار شاه برساند. ارتشبد، جرأتی استثنائی به خرج داد و گزارش را به عنوان یک یادداشت شخصی ثابتی به «عرض رساند». گویا شاه سخت برآشفت و گفت این شخص (یعنی ثابتی) مستحق است که تسلیم دادگاه‌های نظامی شود و به عنوان خیانت تحت تعقیب قرار گیرد. آیا نمی‌داند که ما برای زنان، دهقانان، کارگران در این کشور چه کرده‌ایم. طبیعتاً کسی مزاحم ثابتی نشد. احتمالاً ارتشبد نصیری به این قبیل ابراز نارضائی‌های زودگذر محمدرضا شاه عادت داشت. نتیجه آن شد که بر سخت‌گیری‌های ساواک (که خود پرویز ثابتی و دستگاهش بازوی اجرائی آن بودند) افزوده شد تا «خاطر ملوکانه» آزرده نشود.

با این حال محمدرضا شاه دریافت که مسأله فاقد اهمیت نیست و باید به آن توجه کرد. در یکی از جلسات شورای اقتصاد خطاب به هویدا نخست‌وزیرش گفت قوه خرید عامه مردم باید حفظ و صیانت شود. اگر شما (یعنی دولت) قادر به جلوگیری از سوءاستفاده‌ها و افزایش نامعقول قیمت‌ها نیستید دستور خواهم داد که ارتش وارد عمل شود.[2] اشتباه شاه در همین نکته بود. افزایش سریع قیمت‌ها و پیدایش گرایش‌های تورمی تنها ناشی از سوء اداره و ضعف مدیریت نبود. مسأله‌ای اقتصادی و سیاسی با ابعادی وسیع بود و برای مقابله با آن راه‌حل‌هائی دیگر ضرورت داشت.

سریعاً امیرعباس هویدا و ارتشبد نصیری «راه‌حل معجزه‌آسایی» برای مقابله با این مشکل یافتند که در ضمن تصور می‌کردند بعضی «مسائل جانبی» را نیز حل خواهد کرد. با شتاب و به صورتی نیمه محرمانه، قانونی در زمینه ایجاد «اطاق‌های اصناف» تهیه و به تصویب مجلسین رسید. هدف آن از یک سو، مراقبت در رفتار اصناف و بازاریان بود و

۱- این شایعه رایج در محافل سیاسی تهران را پرویز ثابتی در خاطرات خود تائید می‌کند(متن ذکر شده)
۲- روایت دو تن از وزیران حاضر در جلسه به نویسنده ایرانی این کتاب

از طرف دیگر، مبارزه با گرانی و افزایش قیمت‌ها... در ۲۸ نوامبر ۱۹۷۲ شاه با پیامی آغاز فعالیت رسمی این شبکه را اعلام کرد. او را هم به نوعی در این اقدام، که به زودی به صورت یکی از بزرگ‌ترین خطاهای دولت و حکومت درآمد، متعهّد کردند. در مقررات اطاق‌های اصناف در پوشش نرخ کالاهای ضروری، ترتیباتی خاص برای مراقبت بر فعالیت بازاری‌ها و نیز تشکیل کمیسیون‌های انضباطی که دارای اختیارات وسیع قضائی بودند پیش‌بینی شده بود، حال آن‌که دستگاه دادگستری اندک نظارتی بر آن‌ها نداشت. راه بر همه سوءاستفادها و ناراضی‌تراشی گشوده شد.

مقارن تشکیل و استقرار اطاق‌های اصناف در تهران و شهرهای عمده، دولت دست به واردات کالاهای مصرفی زد که با عرضه آن‌ها در بازار جلوی ترقی قیمت‌ها و فشار تورمی را بگیرد. نتیجه آن شد که بنادر ایران قادر به تخلیه کشتی‌های متعددی که پهلو می‌گرفتند نبود. گاه سی روز لازم می‌آمد که کشتی بتواند پهلو بگیرد و محصولات خود را تخلیه کند و دولت جرائم این انتظار و تأخیر را می‌پرداخت.

راه ترکیه به ایران، پس از مرز بازرگان، مملو از کامیون‌ها بود که یکی پس از دیگری در حرکت بوده جاده‌ها را عملاً مسدود می‌کردند. راه‌های جنوب به تهران نیز وضع بهتری نداشت. وضعی بود دلخراش. نخست‌وزیر و سازمان امنیت انتشار عکس‌ها و تفصیل این وضع را ممنوع کردند. این ممنوعیت بر دامنه شایعات افزود. هر کس چیزی بر آن می‌افزود و مخالفین دولت و حکومت هر چه می‌خواستند می‌گفتند.

جوان بدنامی که مورد حمایت امیرعباس هویدا و ارتشبد نصیری بود، بدون اندک صلاحیت فنی، به مدیریت اجرائی اطاق اصناف تهران، یعنی مرکز و قلب همه مسائل، برگزیده شد. او سریعاً یک شبکه باج‌گیری و آزار در بازار و میان اصناف تهران برقرار کرد. این فعالیت زیر نظر فریدون مهدوی وزیر بازرگانی، که هویدا او را «بولدزرمن» می‌نامید انجام شد. فریدون مهدوی شخصاً مرد منزهی بود، اندک اندک همه حملات به او نیز متوجه شد. با تائید نخست‌وزیر، وزیر بازرگانی‌اش و ساواک، صدها تن از دانشجویان مخالف و غالباً شدیداً چپ‌گرا، به عنوان بازرسان اطاق اصناف برگزیده شدند و به بازار هجوم آوردند. ظاهراً به کنترل قیمت‌ها می‌پرداختند. چه نرخ کالاهای مورد نیاز عامه، چه محصولات تجملی، حتی اتوموبیل‌های سواری وارداتی و رستوران‌ها! همه چیز را

گران می‌دانستند، بدون آنکه بازرسی در اسناد خرید یا اوراق تجاری وارداتی انجام دهند. صورت جلسه‌های تخلّف تنظیم می‌کردند. کمیسیون‌های انضباطی بلافاصله تصمیماتی در تأدیب و تنبیه گران‌فروشان اتخاذ نموده به مرحله اجرا می‌گذاشتند. تعطیلی مغازه‌ها، جرائم سنگین، تبعید «گران‌فروشان» از تهران. در موارد نادری موی سر و سبیل چند تن از بازاریان «متخلّف» را در محل کارشان تراشیدند که بدترین تحقیرها بود و این حتی قبل از احضار آنان به کمیسیون‌های انضباطی.

نتیجه این سیاست، فوری و بی‌چون و چرا بود. مغازه‌ها خالی شد. بعضی محصولات کهنه یا پوسیده یا بی‌خریدار علناً عرضه می‌شد و بقیه در بازار سیاه. برای آسودگی خاطر شاه، نخست‌وزیر به سازمان‌های اقتصادی مسئول دستور داد که در تعیین شاخص قیمت‌ها فقط نرخ‌های رسمی را منظور دارند. شاخص‌هائی که با هیچ چیز تطبیق نمی‌کرد منتشر می‌شد و نخست‌وزیر بی‌پروا اعلام می‌کرد. «به فرمان شاهنشاه آریامهر، جلوی ترقی قیمت‌ها گرفته شده». هیچ‌کس فریب نمی‌خورد و نخورد. همه، این حرف‌ها را مسخره می‌گرفتند. لبه تیغ‌ها سرانجام متوجه شاه می‌شد که قطعاً حُسن نیت داشت و از جزئیات واقعاً بی‌اطلاع بود.

دیواری از دروغ و ریا و پنهان‌کاری به دور شاه کشیده شده بود. گفته می‌شد که حتی شهبانو، که از حقایق اطلاع بیشتری داشت، پروای گفتن واقعیات را به شاه ندارد.

بدین‌سان بود که امیرعباس هویدا، روشنفکر آزاده‌ای که سابقاً عقایدی مترقّی داشت. به کمک سازمان‌های اطلاعاتی، به صورت «استاد اعظم توطئه سکوت» درآمد. هنگامی که اشخاص نادری جرأت می‌کردند وضع را با شاه مطرح کنند، بی‌درنگ عصبانی می‌شد، حتی پرخاش می‌کرد و می‌گفت: «دولت من خلاف این‌ها را می‌گوید. شما شایعات و مزخرفات میهمانی‌های شبانه را تکرار می‌کنید».

چند ماهی بیش به طول نیانجامید که بازار، مرکز و قلب اقتصادی پایتخت، دچار رعب و وحشت غیرقابل توصیفی شد. حکومت در این ماجرا اعتماد و حمایت بازاریان را که معمولاً نسبت به مقامات مملکتی سوءنظر نداشتند، از دست داد. بازاریان در انتظار فرصتی برای تلافی بودند که این فرصت چندی بعد فرا رسید.

ناصر اولیائی، نائب رئیس اطاق بازرگانی تهران، یکی از واردکنندگان عمده منسوجات بــه ایران و نیز نماینده پایتخت در مجلس شــورای ملی بــود. در ضمن از متنفذّین بازار محسوب می‌شد. هم مصونیت پارلمانی داشت و هم به عنوان وارد کننده عمده، مشمول مقررات اطاق اصناف نمی‌شد، با مصرف‌کنندگان تماسی نداشت.

وی در یکی از مجالس پذیرائی عصرانه شهبانو در شمار مدعوین بود. جرئت کرد و وضع بازار و طرز رفتار مأموران اطاق اصناف را به تفصیل به استحضار وی رساند و گفت، به این روال بازار به طرف شــورش می‌رود. شــهبانو با دقت گوش فرا داد و فقط گفت، «به دولت تذکر خواهیم داد». این گفت و شنود از هویدا و ارتشبد نصیری پنهان نماند و تصمیم به تنبیه اولیائی گرفتند. قرار بود زوج سلطنتی برای مدت ده روز به یک مسافرت رسمی به خارج از کشور برود. تصمیم گرفته شد، به محض خروج آنان از ایران، مأموران اطــاق اصنــاف به دفتر وی حمله کنند و با وجود مصونیت پارلمانی‌اش او را به خارج از تهران ببرند. سپس با معذرت‌خواهی آزادش کنند. در حقیقت درسی به او داده شود. یکی از دوســتان شــخص مورد نظر از این جریان آگاه شد و توانست چند دقیقه قبل از پرواز هواپیما آن را به اطلاع شهبانو برساند. وی سخت برآشفت و تقریباً فریاد زد «حالا دیگر اشخاص را به جرم صحبت با من هم توقیف می‌کنند. حتی حرمت خانه شاه را نیز نگاه نمی‌دارند.» شاه جریان را پرسید سپس با خشکی به آجودان نظامی که حاضر بود، گفت: «به این‌ها ابلاغ کنید که آدم بشوند»[۱] البته دیگر کسی کاری به کار نماینده تهران نداشت. ولی این ماجرا نمونه‌ای است از دیواری که می‌کوشیدند به دور شاه بکشند.

افزایش مــداوم نارضایتی‌ها و عدم حصول نتیجه از اقدامات اطاق اصناف دولت را مجبور به عقب‌نشینی کرد. سوء شهرت و بد کاری‌های مسئول اطاق اصناف تهران دیگر قابل اختفا نبود. از کار بر کنار و روانه خارج از کشــور گردید. یک ســرگرد شهربانی در رأس اطاق اصناف تهران منصوب شد. «وزیر بولدوزر» نیز تغییر مسئولیت داد و به وزارت مشــاور و مسئولیت امور جوانان و ورزش منصوب شــد. اما سوء رفتار اطاق اصناف و مأمورانش هم‌چنان ادامه یافت.

۱- نویسنده ایرانی کتاب همراه زوج سلطنتی بود. این گفتگو را شنید. آجودان نظامی مورد اشاره سپهبد رحیمی است که بعداً به دستور خمینی کشته شد.

گشایش مالی روزافزون دولت، یک اثر سوء تبعی دیگر هم داشت، که آن پیدایش و افزایش «واسطه‌ها» و «دلال»ها در اطراف دربار و نخست‌وزیری بود که در انعقاد بعضی قراردادها دخالت داشتند و بهره‌ها می‌بردند یا حتی برای ترتیب ملاقاتی با این و آن (که به سادگی از طریق دفتر آنان میسر می‌بود) از خارجیان ساده‌لوح و کم‌اطلاع رشوه‌ها می‌گرفتند! شایعات مختلف در این موارد در شهر منتشر بود که راست یا دروغ- چون شاخ و برگ‌های بسیار به آن‌ها داده می‌شد- موجب عصبانیت و خشم افکار عمومی می‌گردید.

وضع واقعاً زننده و بی سر و ته و بی‌معنی بود. طرح های بزرگ افتتاح می‌شد، اجرای طرح های عظیم دیگری آغاز می‌گردید. اما توزیع برق تهران دچار اختلال بود و مردم را هر روز ناراضی‌تر و خشمگین‌تر می‌کرد. گویا ماشین‌ها و ابزاری که برای اصلاح این وضع ضرورت داشت. همه خریداری شده در انبارهای اطراف تهران قرار داشتند و کسی به سراغ آن‌ها نمی‌رفت.[1]

منصور روحانی وزیر آب و برق قابلی بود و دستگاهش را با کفایت لازم اداره می‌کرد. وی را به وزارت کشاورزی گماشتند. نام وزارتخانه‌اش به وزارت نیرو تبدیل شد و وزرای تازه‌ای یکی پس از دیگری جای او را گرفتند. نام وزارت آبادانی و مسکن نیز به وزارت مسکن و شهرسازی تغییر یافت و وزیران مختلفی در رأس آن قرار گرفتند. وزارت راه نیز از این تغییر و تبدیل‌های پیاپی که همه آن را به هوس‌های نخست‌وزیر نسبت می‌دادند بر کنار نماند. عمده نارضائی‌ها در حوزه مسئولیت این سه وزارتخانه بود. در مجامع عمومی مختلف، هنگامی که این قبیل نارضائی‌ها مطرح می‌شد، هویدا به جیب کت خود دست می‌زد و می‌گفت، «من راه‌حل همه این‌ها را دارم». یعنی اعتبار و امکانات مالی. بلافاصله اختصاص اعتباراتی به طرح‌هایی که مورد انتظار یا علاقه بود، اعلام می‌شد. در حالی‌که بسیاری از طرح‌های در دست اجرا، بدون آن‌که علت آن روشن باشد در دست تأخیر یا تعلیق بود.

سرانجام در ماه اوت ۱۹۷۷، امیرعباس هویدا از کار خود برکنار شد، البته خودش

۱- خاطرات علم، جلد ششم

استعفاء داد و به وزارت دربار شاهنشاهی، سمتی حساس و مهم برگزیده شد.[۱] عَلَم هنوز رسماً وزیر دربار، اما مقیم اروپا و در مراحل پایانی سرطان بود.

جمشید آموزگار، وزیری کاردان در رشته تخصصی خود، سیاستمداری نه چندان توانا، اما مشهور به درستکاری جای او را گرفت.

شاید نخستین و ضروری‌ترین تصمیمی که می‌بایست بگیرد، برچیدن بساط اطاق اصناف بود که خود در مجامع خصوصی هر چه می‌توانست و می‌دانست علیه آن می‌گفت. اما پروای رو در روئی مستقیم با وزیر دربار شاهنشاهی و رئیس سازمان امنیت را نکرد، یا نتوانست.

تورّم و افزایش قیمت‌ها همچنان ادامه داشت و باعث بر هم ریختن همه معادلات اجتماعی می‌شد. بسیاری از صاحب منصبان عالی‌رتبه دولت که اهل سوءاستفاده نبودند، به خدمت بخش خصوصی درآمدند، آن هم در حال و زمانی که قوه مجریه به بهترین خدمتگزارانش برای رو در روئی با مسائل فزاینده مملکتی نیازمند بود. بسیاری از کارمندان نیز در جستجوی شغل دومی برآمدند که بتوانند مخارج خانواده خود را تأمین کنند. نتیجه آن‌که در نابسامانی‌های سال ۱۹۷۸ و ۱۹۷۹، کارمندان دولت در صف اول تظاهرکنندگان بودند.

نخست‌وزیر جدید، به اقدامات اصلاحی چندی دست زد. اما نتوانست موج حرکت سیاسی و اجتماعی را که کشور به آن نیازمند بود، به وجود آورد. به توصیه متخصصان اقتصادی، چند تدبیر کلّی در مبارزه با تورّم اتخاذ شد که آغاز اجرای آن‌ها رکوردی در بازار و فعالیت‌های اقتصادی به وجود آورد. وی چند تصمیم جزئی نیز گرفت که باعث تمسخر شد، حال آن‌که به خودی خود قابل انتقاد نبود.

از جمله برای صرفه‌جویی، گذاشتن دسته‌های گل را در ادارات و دفاتر دولتی ممنوع کرد یا خواست نظم و ترتیبی در رستوران‌های دستگاه‌های دولتی به وجود آورد و از ریخت و پاش‌های آنان جلوگیری کند.

۱- امیرعباس هویدا سیزده ماه بر این سمت باقی ماند. سپس با تائید یا به دستور زوج سلطنتی، با استفاده از مقررات حکومت نظامی که برقرار شده بود، در ۸ نوامبر ۱۹۷۸ بازداشت شد. سرنوشت او را خواهیم دید.

مسأله در جای دیگر بود. هم‌چنین به شهرداری تهران اجازه داد که منازل و آپارتمان‌های خالی را در اختیار بگیرد و به متقاضیان مسکن واگذار کند. در ظرف چند روز صدها اجاره‌نامه صوری در دفاتر اسناد رسمی به امضاء رسید و مشکل مسکن و قوس صعودی اجاره آن همچنان ادامه داشت. هرچه دولت می‌کرد برنارضائی افکار عمومی می‌افزود و بازار، طبقات متوسط و کارمندان دولت را خشمگین می‌ساخت و در نتیجه زمینه برای بهره‌برداری‌های انقلابی که از وضع شد آماده و آماده‌تر می‌گردید.

حقیقت آنکه، رهبری مملکت دیگر ابتکار عملیات را از دست داده بود. از سال ۱۹۷۳ به بعد، محمدرضا شاه از موج ناخشنودی‌هایی که در کشور پدیدار می‌شد، ناآگاه نبود و بر آن شد که فضای اندیشه و بررسی در علل و عوامل عمیق آن را پدید آورد.

در همان روز ۲۳ ژانویه ۱۹۷۳ که تصمیم خود را دایر به برکناری خارجیان از مداخله در امور نفتی ایران و به دست گرفتن کامل آن اعلام کرد. پیامی به روشنفکران و دانشگاهیان فرستاد. «به همه کسانی که چیزی دارند بگویند، که دور هم گردآیند و آزادانه به بررسی مسائل مملکتی بپردازند». آیا این پیام آغاز بیان نومیدی وی از احزاب سیاسی رسمی موجود بود، یا گشایش دریچه اطمینان دیگری برای اظهارنظر و برخورد عقاید و آراء؟ ظاهر و احتمالاً واقعیت امر آن بود که از «اندیشمندان» خواست، مستقیماً به خود او پیشنهادهایی در زمینه بهبود اوضاع کشور ارائه دهند ولو آنکه مستلزم تغییر بعضی از اصول انقلاب سفید باشد یا ضرورت افزودن اصول دیگری را ایجاب نماید.

کار، آسان نبود. بیان نوعی انتقاد یا حتی مخالفت با دولت محسوب می‌شد. کسان بسیاری به این اقدام گرایش نداشتند و آن را در محیط آن روز شرط احتیاط نمی‌دانستند.

با این حال، سه روز بعد گروهی کوچک از دانشگاهیان و اندیشمندان از طریق رئیس دانشگاه تهران[1] به شاه پیشنهاد کردند که این مهم را عهده‌دار شوند. به تدریج گروهی از نویسندگان و روشنفکران سرشناس، هنرمندان، تنی چند از ارباب صنایع و بازرگانان، وکلای دادگستری و حتی بعضی از صاحب منصبان عالی‌رتبه دولت و قضات بلندپایه، به این جمع پیوستند که «گروه بررسی مسائل ایران» نام گرفت و همگان آن را «گروه اندیشمندان» خواندند و مخالفان حکومت «گروه اندیشمندان شاهنشاهی». البته درست

۱- نویسنده ایرانی کتاب که بعداً به ریاست این گروه انتخاب شد.

است که هیچ‌یک از آنان مخالف رژیم نبودند ولی همگی می‌دانستند که کاری دشوار در پیش دارند و مسأله آینده کشور مطرح است.

در روز ۲۴ آوریل ۱۹۷۳، سیصد و هفتاد و یک تن «اندیشمند»، در ساختمان نوبنیاد گروه فیزیک دانشگاه تهران، گردهم آمدند و کار خود را آغاز کردند. شاه که از عکس‌العمل نخست‌وزیر بیم داشت، به وزیر دربار شاهنشاهی امیر اسدالله علم دستور داد که در جلسه افتتاحیه اجتماع شرکت کند. پس از پایان نشست علم در گفتگوهای کوتاه با بسیاری از شرکت‌کنندگان به یک‌یک آنان می‌گفت «جرأت کنید، حقایق را به عرض برسانید». «اندیشمندان» نیز چنین کردند.

گروه، رئیس و سخنگویی برگزید، دبیر کلی انتخاب کرد (دکتر عماد حسینی استاد دانشکده علوم دانشگاه تهران، از دانش آموختگان دانشگاه‌های ایالات متحده) و دبیرخانه کوچکی تشکیل داد (به مسئولیت نادر مالک). همه افتخاری و رایگان کار می‌کردند. شیوه گروه تا پایان کارش یعنی انقلاب اسلامی همین بود.

در نهایت امر یک دفتر هم آهنگی هم برگزیده شد که نماینده افق‌های فکری و صنفی گوناگون اعضای آن بود. در این اجتماع، شرکت‌کنندگان به گروه‌های تخصصی تقسیم شدند. مذاکرات آن‌ها گرم و پرشور و قطعاً فارغ از ملاحظات سیاسی برای خوش آیند این و آن بود. در پایان، گزارش‌های دقیق و مفصلی در چند زمینه اساسی تهیه و آماده و برای شاه ارسال گردید که همه‌ی آن‌ها را خواند، یا لااقل از مفادشان اطلاع یافت و به دولت «ابلاغ نمود»، که البته ترتیب اثری داده نشد، گرچه جنبه مخالف با سیاست رسمی آن نداشت ولی ابداعی بود و غالباً عادات و ترتیباتی را که سال‌ها مرسوم بود در محل تردید قرار می‌داد.

در پی این اجتماع شاه خواستار شد که در همه شهرهای دانشگاهی نیز شعبه‌های گروه تأسیس شود که اندیشمندان استان‌ها نیز بتوانند نظرات خود را ارائه دهند و اگر ضرورت پیش آید به مسائل محلی و منطقه‌ای نیز بپردازند.[1]

۱- بیشتر گزارش‌های گروه که جنبه سیاسی حاد نداشت، در مجله سه ماهه‌ای موسوم به جامعه نوین انتشار می‌یافت. آخرین شماره آن اندکی قبل از انقلاب طبع و نشر شد. به تدریج در میان محافل سیاسی ایران و خبرنگاران و ناظران خارجی، بسیاری این گروه را که در حقیقت فقط به تفکر و ارائه طریق می‌پرداخت و به اصطلاح Think Tank بود، به عنوان یک حزب سیاسی مخالف (اما برخوردار از تائید یا

چند ماهی گذشت و محمدرضا شاه که در مجموع این فعالیت را مفید تشخیص داده و یا لااقل بی‌ضرر می‌دید، قدم فراتر نهاد. نگران در فعالیت‌های براندازی گروهک‌ها و گروه‌های افراطی و استقبالی که در بعضی از محافل از آن‌ها می‌شد و موج نارضائی که در بازار به وجود آمده بود، گفت «بی‌پرده به من بگویید چه خبر است. چرا هنوز با وجود این همه سعی و کوشش که می‌کنیم نارضائی‌هایی به این حد وجود دارد. چرا بعضی از جوان‌ها به این اندازه خشمگین و یاغی هستند؟» برای گروه، فرصتی استثنائی بود.

گزارش درسی و چند صفحه تهیه شد. یازده تن از اعضای گروه تهیه‌کنندگان آن بودند. از جمله پنج تن از روسای دانشگاه‌ها، یکی از معاونان وزارت آموزش و پرورش، پزشک مخصوص آینده شاه... محمدرضا شاه تقریباً همه آن‌ها را می‌شناخت. همه خوش نام بودند. اتهام مخالفت با رژیم به هیچ یک از آنان متصوُر هم نبود.

رئیس گروه این گزارش را در ژوئیه ۱۹۷۴، هنگامی که خانواده سلطنتی در نوشهر بودند به شاه داد. در این متن، بدون اندک پرده‌پوشی، نقاط ضعف سیاست کشور تجزیه و تحلیل شده بود. فساد گروه کوچکی در رأس حکومت، فقدان گفت و شنود واقعی سیاسی در جامعه، نبودن خطوط ارتباطی با سلسله مراتب شیعه و جامعه روحانیت، زیاده‌روی‌های ساواک، اشتباهات سیاست تبلیغات دولت، بعضی سرمایه‌گذاری‌های نامناسب... در هر مورد تدابیر اصلاحی سریع و قاطع در چهارچوب قانون اساسی و با رعایت حرمت و اختیارات مقام سلطنت ارائه شده بود. گزارش با نتیجه‌گیری و هشداری صریح پایان می‌یافت: «اگر تدابیر اصلاحی ضروری سریعاً اتخاذ نشود بحرانی بزرگ در پیش خواهد بود که تعادل سیاسی، اقتصادی و اجتماعی را دگرگون خواهد ساخت». فقط کلمه انقلاب به کار نرفته بود.

این گزارش دقیقاً در جهت مخالف مطالبی بود که مرتباً به شاه گفته می‌شد. در ضمن نشان می‌داد که می‌توان پروا کرد و آزادانه با او سخن گفت.[1]

بعداً دانسته شد که شاه چند ساعت از بعدازظهر همان روز دریافت گزارش را به

عدم مخالفت شاه) تلقی کردند. از جمله نگاه کنید به Pierre Salinger ، متن ذکر شده.

۱-یازده تن امضاء کننده نهائی گزارش، ذیل یا حاشیه هر صفحه آن را نیز پاراف کرده بودند. برای هیچ یک از آنان مزاحمتی ایجاد نشد. بعضی از آنان ارتقاء مقام نیز یافتند.

مطالعه دقیق آن اختصاص داده، در حاشـیه آن با مداد قرمز مطالب و نکاتی را یادداشت کرده و سپس آن را به نخست‌وزیر داده و نظر او را خواستار شده است. سه روز بعد هویدا که آن را دقیقاً مطالعه کرده بود، آن را به شـاه بازپس داد و گفت: «قربان، توجهی به این مطالب نفرمائید، این روشنفکرها بهانه بهتری برای خراب کردن تعطیلات اعلیحضرت پیدا نکردند، مطالب آن مشتی پرگوئی بیش نیست»...

در نیمـه پائیز ۱۹۷۴، ارتش نیز گزارش بیسـت صفحـه‌ای در زمینه علل نارضائی فزاینده در میان جوانان به شاه داد. این گزارش به امضای ارتشبد غلامرضا ازهاری رئیس ستاد کل و براساس بازجویی‌های بازداشت شدگان و اظهارات آنان در محاکم نظامی تهیه شـده بود. بازپرس‌ها از همه آنان سـبب نارضایتی و اقدامات‌شان را پرسیده بودند. آن‌ها دیگر در برابر مأموران سـاواک نبودند. دادگاه‌ها نیز نیمه علنی بود، آن‌چه می‌گفتند، البته برای دفاع از خودشان بود اما در خارج نیز کم و بیش انعکاس می‌یافت.

بنابراین گفته‌های آنان مبنائی منطقی برای بررسی علل نارضائی‌های افراطیون محسوب می‌شـد. در گزارش ستاد بزرگ آمده بود که ارتش ایران، یکی از تواناترین و مجهزترین در دنیا اسـت و می‌تواند در برابر هر تهاجم خارجی مقاومت کند. اما امنیت کشـور تنها بستگی به توانائی و نیروی ارتش آن ندارند. پشتیبانی و همدلی مردم نیز ضروری است و در این زمینه نقاط ضعفی وجود دارد که می‌تواند خطری برای امنیت ملی باشد. تجزیه و تحلیل کارشناسان ستاد به آن‌چه اندیشمندان گفته و نوشته بودند، بسیار نزدیک بود. تورم و افزایش مستمر قیمت‌ها، فساد چندی از مسئولان مملکتی، اشتباهات سازمان اطلاعات و امنیت کشور (باید گفت که مسئولان ساواک محبوبیت زیادی در ارتش نداشتند)، رفتار بعضی از نزدیکان شاه و شهبانو و حتی اعضای خانواده آنان.

گزارش رئیس سـتاد، سرّی بود. به دستور شاه رونوشتی از آن برای دفتر هماهنگی گروه بررسـی مسائل ایران فرستاده شد. یکی دو هفته بعد، رئیس گروه که برای کارهای جاری خود به حضور شاه بار یافته بود، با لحنی نیمه شوخی و نیمه جدی به آن اشاره کرد و گفت «اعلیحضرت، اگر چنین گزارشی در یک دموکراسی پارلمانی، مثلاً در فرانسه، از جانب رئیس ستاد کل به رئیس مملکت تقدیم شده بود، یا به استعفای نخست‌وزیر منتهی می‌شد یا به بازداشت رئیس ستاد. در این‌جا، اعلیحضرت استحضار دارند، که وقتی این دو

به یکدیگر نزدیک می‌شوند، با شتاب به یکدیگر نزدیک می‌شوند و ماچ و بوسه می‌کنند.» شاه از این اظهارنظر به صدای بلند خندید و به رئیس دانشگاه تهران (و گروه) گفت: «شما خیلی غربی شده‌اید»!

«متأسفانه»[1] نه به گزارش و هشدارهای گروه توجه شد و نه به تجزیه و تحلیل ارتش. خیلی بعد، در جریان سال ۱۹۷۷ و قبل از بازدید رسمی جیمی کارتر از ایران، دکتر کریم سنجابی، دکتر شاپور بختیار و داریوش فروهر، رهبران جبهه ملی نیز نامه‌ای کوتاه به شاه نوشته، خواستار اصلاحات اساسی سیاسی و احترام به نصّ و روح قانون اساسی شدند. به آن هم اعتنائی نشد.

محمدرضا شاه عکس‌العملی نشان نمی‌داد و همه مسئولان را به حال خود گذاشت و خود بیشتر سرگرم مسائل بین‌المللی، ارتش و نفتی بود که آنها را بنیادی می‌دانست.

چرا و چگونه مردی دانا و آگاه به سیاست‌های بین‌المللی، چون او، توجه نکرد که دشمنان خارجی ایران، پس از ضربتی که سیاست نفتی کشورش به آنان وارد آورده، منتظر فرصتی مناسب هستند که از نارضایتی‌های داخلی بهره‌برداری کنند و انتقام خود را از او بگیرند؟

یکی از ابتکارات و تصمیمات شاه در این دوران، شاید بیش از گزینش‌های دیگرش موجب تعجب شد و غریب به نظر آمد.

در ۱۲ اکتبر ۱۹۷۴، در باریابی هیأت رئیسه دو مجلس سنا و شورای ملی به آنان گفت که احزاب سیاسی[2] باید خود را به «طور جدی» برای شرکت در انتخابات آینده و مبارزه به خاطر به دست آوردن اکثریت آماده کنند.

در ۲ مه ۱۹۷۵، در یک کنفرانس مطبوعاتی پر سر و صدا از همین سه حزب خواستار شد که خود را منحل کنند و تشکیل حزب واحد رستاخیز را اعلام کرد. وی گفت که همه کسانی که در ایران با اصل سلطنت، با قانون اساسی و با اصول انقلاب سفید موافقند،

۱- شهبانو فرح در متن فرانسه خاطراتش
۲- احزاب سیاسی مجاز یا قانونی: ایران نوین که امیرعباس هویدا رهبر آن بود، مردم که همچنان از حمایت علم برخوردار بود و «پان ایرانیست».

بنابراین همه ایرانیان، عضو این حزب محسوب خواهند شد و گرنه از جامعه ایرانی مطرود خواهند بود. بیانی که معنی و مفهوم دقیقی نداشت. او افزود که می‌خواهد به این ترتیب، موجبات انبساط همه آراء و عقاید و برخورد مسالمت‌آمیز آن‌ها را در چهارچوب این سه مبنای کلی و ملی فراهم آورد و عبارت مورد علاقه و ترجیع‌بند متعارف سخنانش را نیز گفت که، به این ترتیب هر کس هر چیز برای گفتن دارد، بگوید!

مقصود شاه چه بود؟ آیا می‌خواست یک نظام تک حزبی استبدادی مشابه کشورهای کمونیستی و مقلّدان آن‌ها به وجود آورد؟ بسیاری بر این عقیده بودند و به خصوص در خارج از بیان آن و انتقاد از شاه خودداری نکردند. شاید شاه چنین سودائی در سر داشت. اما حزبی که او «پیشنهاد» می‌کرد، نه عضو داشت، چرا که همه ایرانیان اعضای آن تلقی می‌شدند، نه برنامه سیاسی و مرام خاصّ. ابداعی غریب و بی‌سابقه بود. آیا فکر از خود شاه بود، یا کس و کسانی دیگر آن را به او پیشنهاد یا تلقین کرده بودند؟ تا امروز هیچ‌کس پاسخ مقتضی به این پرسش ندارد و نداده.

این پیشنهاد یا تصمیم، یک نتیجه فوری داشت و آن انحلال حزب ایران نوین بود که به رهبری هویدا به یک سازمان سیاسی خطرناک تبدیل شده و شاید شاه را نیز نگران گردانیده بود. عجب آن‌که، چون شاه نمی‌خواست با این ابتکار علناً نخست‌وزیر خود را تضعیف کند، در همان کنفرانس مطبوعاتی او را به سمت دبیرکل حزب نوظهور منصوب کرد!

قطعاً با توافق شاه، یک «دفتر سیاسی» برای حزب تشکیل شد که گه‌گاه تشکیل جلسه می‌داد، اعضای آن درباره مسائل مختلف (و غیر مهم) تبادل نظرهائی می‌کردند و پس از صرف چای متفرق می‌شدند. هویدا کوشید که رستاخیز را به حزب واحدی منسجم تبدیل کند، به یک حزب ایران نوین بی‌رقیب. باز شاه نگران شد و ظاهراً به توصیه او و برای تسهیل گفت و شنود در چهارچوب رستاخیز، دو جناح در داخل حزب به وجود آمد. یکی جناح مترقی که دکتر جمشید آموزگار که دیگر وزیر کشور شده بود، به رهبری آن تعیین شد و دیگری جناح سازنده که هوشنگ انصاری وزیر دارائی و امور اقتصادی در رأس آن قرار گرفت. مردم بی‌درنگ این دو جناح را حزب دموکرات و حزب جمهوری‌خواه نام نهادند. چرا که هیچ یک از این دو رهبر انتصابی، داوطلبی خود را برای احراز ریاست

دولت پنهان نمی‌کرد و به حق و یا ناحق در افکار عمومی نزدیک به دو حزب دموکرات و جمهوری‌خواه ایالات متحده تلقی می‌شـــوند. هر دو جناح کوشیدند، یارگیری کنند. با زحمت بسیار جلساتی تشکیل دادند. خواستند برنامه‌هائی بنویسند کارشان به جائی نرسید.

شاه تصمیم گرفت که دبیرکل جدیدی برای رستاخیز برگزیند. کنگره‌ای تشکیل شد و جمشید آموزگار را به این سمت انتخاب کرد. در پایان کنگره، آموزگار که ظاهراً از این توفیق سیاسی که او را به نخست‌وزیری نزدیک می‌کرد، خشنود بود، در رادیوی اتومبیل وزارتی خود شنید که به عنوان وزیر مشاور تعیین و به شاه معرفی شده است! دیگر سمت اجرائی نداشـــت و اصولاً قدم به دفتر خود در نخســـت‌وزیری نیز نگذاشت و در حزب مســـتقر شـــد. هویدا شاه را متقاعد کرده بود که ســـمت دبیر کل حزب با تصدّی وزارت مهمّی چون کشور، آن هم با اختیارات‌اش در استان‌ها و بر قوای انتظامی (شهربانی کل و ژاندارمری) منافات دارد و در انظار حســـن تأثیر نخواهد داشت. آموزگار از وزارت کنار گذاشته شد و عبدالمجید مجیدی مدیرعامل سازمان برنامه که هویدا او را به عنوان ولیعهد و جانشـــین خود معرفی می‌کرد، رهبر جناح مترّقی شد. کار حزب رستاخیز، به صورت یک نمایشنامه مضحک درآمد.

محمدرضا شاه سریعاً متوجه شد، که این حزب بدون هویت سیاسی، بدون مرامنامه، بدون عضو، جز تعداد زیادی کارمندان اداری که غالباً خوش نام بودند و حقوق و مزایای مناسبی دریافت می‌داشتند، جز سوءشهرت سیاسی برای رژیم در داخل و خارج حاصلی نخواهد داشت.

مقارن انتصاب دکتر آموزگار به ریاســـت دولت، دکتر محمد باهری اســـتاد دانشگاه تهران و وزیر پیشـــین دادگستری به ســـمت دبیر کل حزب رستاخیز برگزیده شد. دکتر باهری که در جوانی از چپ‌گرایان بود و به این گونه فعالیت‌های سیاسی آشنایی داشت. سعی کرد که حرکتی در حزب ایجاد کند. کمیته‌ای را مأمور تدوین مرامنامه‌ای برای حزب کرد. گروه دیگری را به فراهم آوردن موجبات یک فعالیت سیاسی برنامه‌ریزی شده برای آن برگزید. اعضای کمیته مأمور تدوین برنامه و مرامنامه حزب به مدت سه ساعت نزد شاه رفتند و آزادانه با او سخن گفتند.

همه این‌ها به جائی نرسید.

نخست‌وزیر، جمشید آموزگار، فعالیت‌ها و گفتگوهای داخلی حزب و اطرافیان باهری را به زیان خود و یا لااقل موجب تضعیف خود، تشخیص داد و از شاه برکناری او را خواستار شد و بار دیگر به سمت دبیرکل حزب تعیین گردید.

در این فاصله رستاخیر به یک سازمان بزرگ اداری تبدیل شده، پیوندهایی با انجمن‌های محلی، سندیکای کارگری و تعاونی‌های روستایی برقرار کرده بود و لااقل قادر به تجهیز آن‌ها برای انجام تظاهرات مردمی بود. هم‌چنین روزنامه رستاخیز، ناشر افکار آن، شامل مقالاتی ارزنده و مورد توجه روشنفکران و اهل مطالعه در زمینه‌های هنری، برنامه‌های تلویزیونی، کتاب‌های تازه، نمایشگاه‌ها بود و غالباً سرمقاله‌هائی درباره مسائل سیاسی روز نیز انتشار می‌داد.

برخلاف آنچه گفته و نوشته شده بود و می‌شود، ایجاد این «حزب واحد» نتیجه و اثر مثبتی هم داشت. گفت و شنود و بحث سیاسی و انتقاد از بسیاری مسائل آزادتر شد. همه می‌گفتند در «چهارچوب رستاخیز» صحبت می‌کنند. شاید مقصود اولیه شاه نیز همین بود. ولی به هرحال این حزب با دبیران کل مختلفش در طی سه سال ثبات سیاسی که ایجاد نکرد سهل است موجبی بر موجبات هرج و مرج سیاسی کشور در آستانه انقلابی که در حال تدارک بود، افزود. تشکیل کابینه شریف امامی به وجود فعالیت رستاخیز پایان داد و دیگر کسی سخنی از آن نگفت. واقعیت آن است که در طی پنج سال پیش از انقلاب اسلامی حکومت ایران دیگر پایداری و استواری در سیاست داخلی نداشت و از داخل دستخوش نابسامانی فزآینده بود. بیماری قدرت. آیا این بیماری قدرت ناشی از بیماری شاه بود؟

نخستین نشانه‌های بیماری شاه در بهار سال ۱۹۷۴ طی یک معاینه کلی که هر سال در وین، به وسیله پروفسور فهلینگر[1] انجام می‌شد، پدیدار گردید. در این زمان هرگز نامی از

---

1 -Professor Fehlinger

سرطان در حضورش برده نشد. آیا بیماری والدنستردم[1] بود. چنان‌که گفته شد، یا بیماری مشابهی موسوم به هُج کین[2] که در بعضی محافل طبی اتریش عنوان شده؟ پاسخ هر چه باشد، باید فرض اول را پذیرفت چرا که شهبانو آن را در خاطراتش تائید کرده و به آن رسمیت بخشیده است.

در همان سال به شاه گفته شد که نتایج تجزیه خونش «عادی» نیست، اما چون شخصاً احساس هیچ‌گونه ناراحتی نمی‌کرد، وقعی به این گفته نگذاشت. طبیب مخصوص آن زمانش، سپهبد دکتر ایادی، در این زمینه داروهایی را تجویز می‌کرد که گویا غالباً شاه به آن‌ها اعتنایی نداشت.

در سال ۱۹۷۶، چهار پزشک سرشناس در یک سفر خصوصی شهبانو به پاریس او را از واقعیت و وخامت بیماری آگاه ساختند. پروفسور ژان برنار[3]، پروفسور پُل می‌لیز[4]، پروفسور عباس صفویان استاد پزشکی و رئیس دانشگاه و دکتر ژرز فلاندرن[5] دستیار پروفسور برنار. شهبانو سخت ناراحت شد[6] و گویا گریست.

دو ماه بعد همین گروه در تهران به حضور شاه رسیدند و مطلب را با اصطلاحات طبی و علمی به او بازگو کردند. نام سرطان به زبان نیامد ولی وخامت بیماری هم از او پنهان نشد.

شاه پرسید: «چه مدت امید زندگی دارم؟»

ژان برنار پاسخ داد: «اگر خوب درمان شوید، که می‌شوید، شش تا هشت سال».

شاه گفت: «همین برای من کافی است».

از همین زمان بود که شاه نخستین علائم بیماری را احساس کرد و به موازات آن

---

1 - Valdenstron نوعی سرطان غدد لنفاوی

2 - Hodjkim

3 - Pr. Jean Bernard

4 -Pr. Paul Milliez

5 - Dr. Georges Flandrin

۶- خلاصه این دیدار را مدیون پروفسور صفویان هستیم که به رعایت رازداری پزشکی تا امروز از هر اظهاری در مورد بیماری محمدرضاشاه خودداری کرده و حتی از تأیید یا تکذیب نوشته‌های شهبانو امتناع می‌ورزد. پس از ۱۹۷۹ تمام جزئیات بیماری محمدرضا شاه و شایعات مربوط به آن در جراید و وسائل ارتباط جمعی دنیا منعکس می‌گردید.

به اجرای طرح‌های توسعه کشور شتاب بخشید. بیش از پیش در صحنه بین‌المللی ظاهر می‌شد و در مصاحبه‌ها و گفتگوهای خود سخنانی تند به زبان می‌آورد که در جهان غرب آن را به خودبزرگ‌بینی و بلندپروازی تعبیر می‌کردند و برنمی‌تافتند.

هم‌چنین پس از اطلاع بر وخامت بیماری خود، تغییرات اساسی در تشریفات کل شاهنشاهی و دفتر مخصوص شهبانو به عمل آورد. برنامه‌ای برای تربیت سیاسی ولیعهد ترتیب داد و دستورالعمل سر به مهری خطاب به نخست‌وزیر، دبیرکل رستاخیز(دکتر محمد باهری) و رئیس ستاد بزرگ صادر کرد که در صورت درگذشت وی چه تکالیفی به عهده دارند.

از این پس، شش تن به طور قطع در جریان بیماری شاه بودند، شهبانو، سپهبد دکتر ایادی و چهار تن پزشکی که از آنان نام بردیم. همه ظواهر نشان می‌دهد که رمز و راز این بیماری به خوبی حفظ شد و حتی سازمان‌های اطلاعاتی مهم دنیا که همواره مواظب و مراقب شاه بودند، از آن اطلاعی نیافتند. آزمایش‌های پزشکی مرتباً با نام‌های مستعار در آزمایشگاه‌های مختلف فرانسه انجام می‌گرفت. دستور دهنده آزمایش‌ها گاهی پروفسور صفویان بود و گاهی دکتر فلاندرن.

آیا بیماری شاه و مداواهایی که دیگر ناچار از قبول آن‌ها بود، تأثیری بر حالت روحی و کفایت سیاسی و نیروی تصمیم‌گیری او داشت؟ پاسخ رسماً منفی است. ولی دانش پزشکی ما را روشن می‌کند که نباید از اثرات ثانوی آن‌ها یعنی خستگی شدید و بی‌تفاوتی غافل ماند. هم‌چنین امروزه می‌دانیم که شاه در ماه‌های پایانی سلطنتش، به دلایلی که می‌توان حدس زد و قابل درک است، زیرا نظر پزشکان معالج، به گونه‌ای روزافزون داروهای آرام‌بخش مصرف می‌کرد و به قرص کوچک خواب‌آور همیشگی‌اش بسنده نمی‌نمود و این می‌تواند بر رفتار او تأثیر گذاشته باشد.

همه کسانی که در ماه‌های آخر پادشاهی‌اش با او نزدیک شدند. دریافتند که حافظه استثنائی‌اش بسیار ضعیف شده و نوعی بی‌تفاوتی نسبت به پیرامون خود و زندگی روزانه‌اش در او احساس کردند.

در سال ۱۹۷۸، دیگر بیماری بر او فائق آمده بود. مردی بیمار و خسته در صحنه

سیاست بین‌المللی ظاهر شد و با توفان حوادث خونینی که کشورش دچار آن شده بود، مواجهه می‌کرد و می‌دید که هر چه ساخته در حال واژگونی است، که دوستانش به او خیانت می‌کنند، که دروغ‌های فراوان درباره او و کشور و سیاستش گفته می‌شود، که همه اطرافش را خالی کرده‌اند. شکست و دربدری در انتظارش بود.

فصل دوم

سیاستمداران نابینای جهان غرب

«آمریکایی‌ها از سال ۱۹۷۴ می‌خواستند مرا سرنگون کنند. از اواسط دهه ۱۹۶۰ و قراردادی که ایران با ماته‌ای[۱] بست و سیاست‌هایی که شرکت‌های بزرگ نفتی را نگران می‌کرد، غربی‌ها به من و تمایلم به درهم شکستن آن‌چه که به ما تحمیل می‌کردند، بدگمان و بیمناک شدند. هر چه من در این راه پیروزی به دست می‌آوردم، این بیم و بدگمانی بیشتر می‌شد. به‌ویژه پس از آن‌که در ابتدای دهه هفتاد بهای نفت افزایش یافت. آن‌ها اکنون دارند انتقام می‌گیرند.»[۲]

«پیروی از توصیه‌های آمریکایی‌ها و انگلیس‌ها اشتباه بود. آن‌ها می‌خواستند که من دست تروریست‌ها، آتش‌افروزان، غارتگران و کسانی را که به عمارات دولتی حمله‌ور می‌شدند باز بگذارم. آن‌ها می‌گفتند که مایلند سیاست آزادسازی محیط همچنین ادامه یابد».[۳]

این نکات را شاه چند روز و سپس چند ماه پس از دوری‌اش از ایران، بیان داشت. امروزه بیشتر تحلیل‌گران و محققان و مجموع اسناد رسمی قابل دسترسی، گفتار شاه را

۱- Enrico Mattei رئیس شرکت نفت ملی ایتالیایی AGIP که هواپیمایش را در طی یکی از مسافرت‌های او منفجر کردند. سیاست نفتی او با روش‌ها و هدف‌های کمپانی‌های بزرگ نفتی جهان منافات داشت.

۲- روایت کتبی دکتر امیر اصلان افشار آخرین رئیس کل تشریفات شاهنشاهی که به هنگام اقامت محمدرضا شاه در مراکش (مرحله دوم دربدری و تبعید شاه ایران) همواره در کنارش بود.

۳- مصاحبه با Washington Post و Iran Times (واشنگتن) مورخ ۳۰ مه ۱۹۸۰

تائید می‌کند. متأســفانه او خیلی دیر به این واقعیات توجه یافت، هنگامی که کار از کار گذشــته بود. در ماه‌های آخر ســلطنتش، دیگر دریافته بود که سیاست‌های رسمی جهان غرب برای سقوطش می‌کوشند و حتی از تظاهر به این کار هم امتناع ندارند. با این حال به مشاوره با سفیران ایالات متحده آمریکا و بریتانیای کبیر درباره رویه‌ای که باید اتخاذ کند ادامه می‌داد و چند بار میشل پویناتوسکی[1] فرستاده‌ی مخصوص رئیس‌جمهوری فرانسه را به حضور پذیرفت و از او نظرخواهی کرد. واقعیات در برابرش بودند چرا نمی‌خواست آن‌ها را ببیند؟

مســافرت رسمی ریچاد نیکسون و همســرش به تهران در ماه مه ۱۹۷۲، به احتمال قریب به یقین نقطه اعتلای روابط ایران و آمریکا بود. نیکســون در بین روســای جمهور اخیر آمریکا بیش از هر کس دیگر به اوضاع و معادلات بین‌المللی و مسائل سوق‌الجیشی آشنا بود. به همین سبب تسلط و آگاهی شاه ایران را به این مسائل می‌ستود و مخصوصاً به واقع بینی او در سیاست بین‌المللی و کفایتی که در نتیجه‌گیری‌های کلی از معادلات جهانی داشت، ارج بسیار می‌نهاد.

نیکســون از شکســت فضاحت‌آمیز آمریــکا در ویتنام درس عبــرت گرفته بود و می‌خواست حضور مستقیم نیروهای نظامی آمریکا را در نقاط مختلف جهان تا حد امکان کاهش دهد که امنیت هر منطقه به وسیله کشورهای آن و به رهبری تواناترین‌شان تضمین شود. ترجیح می‌داد به این کشورها ساز و برگ نظامی بفروشد تا واحدهای نظامی گسیل دارد. این سیاســت با هدف‌های سیاســی و دورنگری‌های محمدرضا شــاه کاملاً تطبیق می‌کرد. نیکسون، وزیر امورخارجه‌اش ویلیام راجرز[2] و رئیس شورای امنیت ملی او هنری کیسینجر[3] نیز معتقد بودند که ایران از هر جهت قادر به تقبّل و اجرای نقش هست و دیگر باید آن را به عنوان یک کشور هم‌پیمان واقعی تلقی کرد تا یک عامل اجرائی در منطقه.

روابط ایران و فرانســه که پس از رفتار ژرژ پمپیدو در جشــن‌های تخت‌جمشید، تا حدی به سردی گرائیده بود.[4] به تدریج بهبود یافت و به حال عادی، یعنی گرم و دوستانه،

1 -Michel Poniatovski

۲- William Rogers درباره‌ی رویه و رفتار وی به اطلاعات جالبی در مقدمه جلد دوم (ترجمه فرانسه) خاطرات اردشیر زاهدی (متن ذکر شده) مراجعه کنید.

3 -Henri Kissinger

۴- نگاه کنید به نقش گروه‌های چپ فرانسه در این رویه که در کتاب گزارش‌گونه (منبع ذکر شده) تجزیه و تحلیل شده است.

بازگشت. پمپیدو، برای این‌که دل‌شکستگی و گلایه محمدرضا را از میان بردارد سال بعد با وجود شدت بیماری‌اش سفری کوتاه به ایران کرد.

پس از درگذشت پمپیدو، والری ژیسکاردستن[۱] در سال ۱۹۷۴ به ریاست جمهوری فرانسه انتخاب شد. شاه و شهبانوی ایران نخستین مهمانان رسمی او بودند. از آنان استقبال و پذیرائی فوق‌العاده و حتی برتر از رسوم و آداب و تشریفات فرانسه تا آن زمان، به عمل آمد. با این حال جناح چپ در فرانسه هم‌چنان به انتقاد از شاه ادامه می‌داد و از مخالفانش که در این کشور مقیم بودند، علناً حمایت می‌کرد.

ایالات متحده آمریکا، پس از روی کار آمدن جرالد فورد[۲]، به تدریج رویه‌ی خود را نسبت به ایران تغییر داد. هنری کسینجر در سال ۱۹۷۴ در یکی از جلسات شورای امنیت ملی ایالات متحده گفت «اگر شاه بخواهد خط مشی کنونی خود را ادامه دهد و سیاستی را که در چهارچوب سازمان کشورهای صادرکننده نفت اتخاذ کرده تغییر ندهد، ممکن است این تصوّر برایش حاصل شود که نفوذش در منطقه دائماً افزایش خواهد یافت. روزی فرا خواهد رسید که باید او را شخصاً در محک آزمایش قرار دهیم. تردید نیست که او اکنون سیاستی اتخاذ کرده که بتواند فشار بیشتری بر ما وارد آورد. چه بسا ممکن است، روزی فرا رسد که ما دیگر سیاست او را به سود خود تشخیص ندهیم. او این سودا را در سر دارد که کشورش را به یک قدرت بزرگ تبدیل کند. نه به کمک ما بلکه با استفاده از وسایل دیگری، از جمله همکاری بیشتر با همسایگان روس‌اش.[۳] در اینجا، برخی از ما بر این عقیده‌اند که یا باید شاه دست از سیاست‌های خود بردارد و یا ما باید او را عوض کنیم.»[۴]

---

1 -Valery Giscard D'Estaing

۲- Gerald Ford، پس از استعفای ریچارد نیکسون و ماجرای واترگیت Watergate، جانشین او شد. در نوامبر ۱۹۷۶ از جیمی کارتر شکست خورد. شخص اخیر در ژانویه ۱۹۷۷ رسماً به کار آغاز کرد.

۳- درست است که از آغاز سال‌های ۱۹۷۰، ایران همکاری خود را با اتحاد جماهیر شوروی و «کشورهای شرق» توسعه داد و شاه بر آن شد که رقابتی میان شرق و غرب در ایران و برای کمک و همکاری با ایران، به وجود آورد.

۴- آخرین جمله این تجزیه و تحلیل که نشان از طرز گفتار متعارف کیسینجر دارد، همیشه در کتب و مقالات مربوط به حوادث این دوران نقل می‌شود. البته نباید آن را از مجموع سخنان کیسینجر جدا کرد، گرچه نتیجه‌گیری الزاماً مشابه است درباره روابط کیسینجر با ایران و رویه‌ی او نسبت به شاه نگاه کنید به (Bulletin du Center Eunohe'en d'Information (C.E.I مورخ ۱۶ اکتبر ۱۹۸۰ که متن سخنان او را نقل و نیز Alain Vernay, Giscarel, Kissinger et & Shah, Le Figaro, 2 May 1975 و مقاله جرج بال George Ball در هفته‌نامه The Economist مورخ ۲۴ فوریه ۱۹۷۹ و مقاله ژان لاکوتور Jean Lacouture در Le Nouvel Observateur مورخ ۳ نوامبر ۱۹۸۰ ...

از این پس مسئولان بلندپایه دوران ریاست جمهوری جرالد فورد از انتقادات شدید و تند نسبت به شاه و سیاست خارجی و داخلی‌اش، دریغ نمی‌ورزیدند و محمدرضا شاه به آنان پاسخ‌های دندان‌شکن می‌داد.[۱]

در حقیقت مخالفت و مبارزه ایالات متحده آمریکا با ایران و سیاست ایران و شاه از این زمان تقریباً رسمی و علنی شد. سیا در گزارشی «خود بزرگ‌بینی خطرناک شاه» را مورد انتقاد قرار داد و آن را «پی‌آمد بی‌حرمتی‌های قبلی جهان غرب نسبت به وی و شرم او از گذشته ناچیز خاندانش» دانست.[۲] تجزیه و تحلیل مغرضانه. ویلیام سایمون[۳] وزیر خزانه‌داری آمریکا علناً شاه را «دیوانه» خواند.[۴] در گفتگوهای خصوصی، شاه دل‌شکستگی خود را از این موضع‌گیری‌ها پنهان نمی‌کرد[۵] و پیاپی به سفیرش در واشنگتن دستور می‌داد که هر چه می‌تواند برای رفع و رجوع این وضع و آرام کردن آمریکایی‌ها انجام دهد.[۶] نتیجه آن‌که حالتی غیرمعقول و غیرعادی در روابط میان ایران و ایالات متحده آمریکا به وجود آمد. از یک طرف بحران واقعی و اظهارنظرهای علنی یا خصوصی. از طرف دیگر تعارفات رسمی، توفیقات شخصی سفیر ایران در واشنگتن[۷] و محبوبیتش در جامعه آمریکا و ابراز محبت و میهمان‌نوازی ایرانیان نسبت به اتباع آمریکا که مقیم کشورشان بودند و همه به آن اذعان دارند.

واقعیت سیاسی آن بود، که نفوذ ایران در منطقه و نقش رهبری که این کشور می‌خواست در منطقه داشته باشد، دیگر برای ایالات متحده قابل قبول و تحمل نبود.

می‌بایست شاه نگران می‌شد و این نگرانی را فقط در محافل بسیار خصوصی ابراز نمی‌داشت و یا به پاسخ‌های خشن اکتفا نمی‌کرد. برای شاه حتی قابل تصوّر هم نبود که جهان غرب به تواناترین هم‌پیمانش در منطقه، به کشوری که ضامن صلح و تعادل قوا و

۱- برای اطلاع بر قضاوت‌های شاه درباره سیاست آمریکا نسبت به ایران در این دوران، نگاه کنید به خاطرات عَلم مخصوصا جلدهای پنجم و ششم.
۲- متن کامل این گزارش در Le Monde مورخ ۲۹ ژوئیه ۱۹۸۰ انتشار یافته است.
3 -William Simon
۴- نگاه کنید به William Schawcross, Le Shah, Exil Et Mort d'd'un personnage Encombrant, Paris, Stock,1989
۵- خاطرات عَلم، جلد ششم
۶- همان منبع
۷- اردشیر زاهدی

امنیت راه نفت بود، خیانت کند. قدرت فزاینده ایران در منطقه و سیاست مستقل ملی‌اش، از دیـدگاه او به حقیقت، مخالف مصالـح و منافع جهان آزاد نبود، گرچه همانند رویه‌ی ژنرال دوگل به هنگامی که در فرانسه زمام امور را به دست داشت، می‌خواست اصالت و شخصیت خود را حفظ کند.

باید گفت که هشدارهای چندی در این زمینه به او داده شد که به آن‌ها توجه نکرد یا نخواست توجه کند.

جمشید قریب سفیر بازنشسته، که قسمت مهمی از دوران خدمت خود را در ترکیه گذرانده آخرین سمتش نیز سـفارت در آنکارا بود. برای گذراندن تعطیلاتش سفری در تابسـتان ۱۹۷۷ به ترکیه کرد. دو تن از برجسـته‌ترین رهبران آن کشور[۱] به وی گفتند که براسـاس اطلاعاتی که دارند، واشنگتن سـرگرم آماده کردن «ضربه»ای در ایران است که چند تن از «مراجع دینی» در آن دخالت دارند. آنان از او خواستند که این مطلب را به شاه بگوید و تأکید کند که او باید مراقب آمریکا باشد.

در بازگشـت به تهران، دیپلمات کهنسال کار کشته، با زحمت بسیار موفق به کسب یک وقت شرفیابی از شاه شد. چون دیگر سمتی نداشت در دربار موجبی هم برای باریابی او نمی‌دیدنـد. در ملاقاتش عین مطالبی را که دو شـخصیت ترک به وی گفته بودند، به محمدرضا شاه بازگو کرد. شاه با عصبانیت پرسید: «چه کسی را در آنکارا در جریان این حرف‌ها گذاشـتید؟» قریب جواب داد «در آنکارا هیچ‌کـس، در این‌جا وزیر دربار (تازه هویدا به این سمت منصوب شده بود) خواست علت تقاضای شرفیابی مرا بداند، چیزی نگفتم.» اما اشاراتی به نهاوندی[۲] و دامادم (دکتر شیروانی نماینده مجلس) کردم. شاه با لحنی ناراضی و بازدارنده گفت «این سخنان را برای همیشه فراموش کنید. به آن‌ها نیز بگویید فراموش کنند. این مزخرفات گفتگوهای قهوه‌خانه‌ای است.»

روایت کنت آلکساندر دومارانش[۳] رئیس توانا و بانفوذ سازمان اطلاعات فرانسه[۴] که مورد اعتماد شاه بود که او را همواره یکی از دوستان خود می‌دانست، صریح‌تر و پرمعنی‌تر

۱- رئیس‌جمهوری و رئیس مجلس کبیر که هر دو از دوستان شخصی او بودند.
۲- نویسنده این کتاب
3 - Conte Alexandre de Marenches
۴- S.D.E.C.E بعداً D.G.S.E

است. وی بعداً در خاطرات خود نوشت «روزی نام همه کسانی را که در آمریکا مأمور فراهم کردن مقدمات رفتن او و جستجو و انتخاب جانشینش بودند، به او دادم و گفتم که حتی در یکی از گردهم‌آیی‌های آنان شرکت کرده بودم. مسأله آن بود که چگونه عذر شاه را بخواهیم و چه کسی را جانشینش کنیم.»

شاه سخنان مرا باور نکرد و گفت: «هر چه بگویید باور می‌کنم. جز این. پاسخ دادم، اعلیحضرتا، چرا در این مورد حرف مرا باور نمی‌کنید؟ شاه گفت زیرا احمقانه است که مرا با دیگری جایگزین کنند. من بهترین ارتش را دارم. من نیرومندترین هستم... این سخن آن‌قدر نابخردانه است که نمی‌توانم قبول کنم»

کنت دومارانش، دو سه سطر بعد می‌نویسد، «به هر حال آمریکایی‌ها تصمیم‌شان را گرفته بودند»[1]

ماه‌ها بعد، در آغاز بهار ۱۹۷۸، هوشنگ نهاوندی نیز در مذاکراتی شک و تردید خود را نسبت به سیاست دولت آمریکا، به استحضار شاه رساند. جواب او صریح بود «آمریکایی‌ها هرگز مرا رها نخواهند کرد.»

اندکی بعد در مصاحبه‌ای گفت، «آیا ایالات متحده آمریکا، آیا جهان غیرکمونیست، می‌توانند به خود اجازه بدهند که ایران از دست برود؟ اگر از دوستان خود که با پول خودشان و با سربازان خودشان به نحو مؤثر از جهان آزاد دفاع می‌کنند، پشتیبانی نکنید، با یک فاجعه جهانی، یا با ویتنام دیگری روبرو خواهید شد.»[2]

در اشتباه محمدرضا شاه تردید نیست. او تصور می‌کرد که سیاست آمریکا عقلانی و بخردانه، است. اما در این مقطع از زمان وحشت اصلی آمریکایی‌ها از برتری قدرت ایران در منطقه بود. نه حفظ تعادل‌های جهانی در زمان طولانی. سیاستمداران آمریکا و مسئولان جهان غرب نابینا بودند و تاریخ حق را به شاه می‌دهد.[3]

---

1 - Dans Le Secret Des Princes.، منبع ذکر شده

۲- مصاحبه‌ای که در کتا Williamsburg عیناً نقل شده.

۳- نگاه کنید به کتاب Mike Ewans, Jimmy Carter, The Liberal Left and World Chaos. Times worthy Books, Phoenix, Arizona 2009 کتابی که از جانبداری‌های خاص سیاسی به دور نیست ولی بسیار مستند و متکی به مدارک و مصاحبه‌های پرمعنی است.

بازدید رسـمی شاه و شـهبانو از ایالات متحده در نوامبر ۱۹۷۷ می‌بایست چشمان محمدرضا شاه را باز می‌کرد. این مسافرت چنان‌که باید و شاید انجام نشد.

شـب پیش از عزیمت‌شان به واشـنگتن و آغاز بازدید رسمی، زوج سلطنتی اقامتی کوتاه در ویلیامز بورگ[1] داشتند. تقریباً پانصد تن دانشجوی ایرانی در آن‌جا گرد آمده بودند که محبت و احساسات صمیمانه خود را به شاه ابراز دارند. او مثل همیشه به میان آنان رفت و با آنان به گفتگو پرداخت. محیط پرشور و دوستانه بود. بسیار دورتر، گروه کوچکی که صورت خود را از «بیم ساواک» پوشانده و به فارسی نیز سخن نمی‌گفتند. بنابراین می‌شد پنداشـت که ایرانی نبودند، به دورِ پرچم سرخی با داس و چکش گرد آمده به شاه ناسزا می‌گفتنـد. فـردای آن روز گزارش‌های مطبوعات و رادیوها و تلویزیون‌ها مملو از اخبار مربوط به این گروه بود. هیچ خبری از تظاهرات مهم‌تر طرفداران شاه در جایی نبود.

روز بعد، ۱۶ نوامبر هزاران ایرانی که از سرتاسر آمریکا و اغلب به همراه خانواده‌شان آمده بودند در نزدیکی کاخ سفید جمع شدند تا حمایت خود را از شاه نشان دهند.

پلیس آنان را تا حد امکان از کاخ سـفید دور نگاه داشته و فقط به گروه کوچکی از مخالفان اجازه داده بود به نرده‌های مقر ریاست جمهوری، که قرار بود هلی‌کوپتر شاه برای انجام مراسم در آن‌جا فرود آید، نزدیک شوند. درست به هنگام ایراد سخنرانی‌های رهبران دو کشور بر چمن کاخ سفید، آن گروه مخالف که به پُتک، پنجه‌بکس و زنجیرهای دوچرخه مسلح بودند به دیگران حمله بردند. پلیس برای متفرق کردن جمعیت، نارنجک‌های گاز اشـک‌آور شـلیک کرد، همگان بر صحنه‌های تلویزیون‌های سرتاسر جهان، صحنه‌های اغتشـاش را به هنگام ورود زوج سـلطنتی مشـاهده کردند و دیدند که شاه با چشمانی اشک‌آلود به خوش‌آمدگویی کارتر که خود او نیز اشک می‌ریخت، پاسخ می‌دهد. بعدها، اندکی قبل از مرگش، در قاهره، محمدرضا شاه با اشاره به این رویداد گفت: «مثل یک باله واقعی یا فیلم هالیوودی، همه چیز از پیش مهیا شده بود که پیامی نادرست به افکار عمومی جهانیان برسـاند.»[2] بنا بر گزارش جراید، گفتگو میان دو رئیس مملکت که برای نخستین بار ملاقات می‌کردند در محیطی دوستانه، یا دور از تشنج، انجام شد. فضای شام رسمی

1 -Williams Sburg

۲- گفتگو با نویسنده ایرانی کتاب در قاهره، ماه مه ۱۹۸۰

مجلل پس از آن نیز، صمیمانه و تشریفاتی بود. کارتر در سخنان خود از شاه تجلیل و بلکه ستایش کرد. همه این‌ها مانع از آن نشد که یکی از مقامات رسمی و بلندپایه کاخ سفید در همان روز اعلام کند «اگر شاه خیال می‌کند که آن‌چه را از تسلیحات نظامی می‌خواهد، می‌تواند دریافت نماید، به زودی تعجب خواهد کرد.»[۱]

در آن روزها، سیاست آمریکا درباره ایران، چنین بود: مملو از ضد و نقیض. با این حال، در پایان سفر رسمی شاه و شهبانو به ایالات متحده، در میان شگفتی همگان اعلام شد که رئیس‌جمهوری آمریکا و خانم کارتر، دعوت رسمی آن‌ها را برای بازدیدی از ایران پذیرفته‌اند و تاریخ آن ۳۱ دسامبر ۱۹۷۷ خواهد بود.

بعدازظهر روز ۳۱ دسامبر، هواپیمای رئیس‌جمهوری[۲] در فرودگاه بین‌المللی مهرآباد به زمین نشست. قرار بر آن بود که زوج کارتر قبل از نیمه شب به هواپیما بازگردند و تحویل سال نو را در آن‌جا بگذرانند، به عبارت دیگر شب در تهران توقف نکنند.

در فرودگاه مراسم استقبال رسمی با تشریفات متعارف به عمل آمد. آقا و خانم کارتر به همراهی زوج سلطنتی ایران با اتومبیل به میدان شهیاد رفتند و در آن‌جا، باز طبق تشریفات معمول برای همه روسای ممالک، «کلید طلائی» شهر تهران به رئیس جمهوری تقدیم شد. شاه و کارتر با هلی‌کوپتر، برای انجام مذاکرات سیاسی، عازم کاخ نیاوران شدند. خانم کارتر به دیدن مینیاتورهای ایرانی اظهار علاقه کرده بود، به موزه رضا عباسی که قرار بود چند روز بعد افتتاح شود و به نمایش این مینیاتورها اختصاص داشت، هدایت شد. مینا صادق مسئول موزه که تحصیل کرده آمریکا و کاملاً به زبان انگلیسی آشنا بود، بانوی اول آمریکا را به تالارهای متعدد موزه برد و کوشید توضیحاتی به وی بدهد. بعداً اظهار داشت که بهتر بود او را به یک کهنه فروشی می‌بردند، تا به این موزه.

شاه و جیمی‌کارتر در جلسه مذاکرات خود مسائل مختلفی را مطرح کردند. روابط اعراب و اسرائیل، صلح در خاورمیانه، بحران افغانستان که در حال تکوین بود، روابط شرق و غرب. کارتر چند کلمه‌ای نیز درباره علاقه دولت ایالات متحده به ادامه سیاست فضای باز سیاسی در ایران بیان داشت.

۱- David Aaron مشاور معاون رئیس‌جمهوری آمریکا در مسائل سیاست خارجی

2 -Air Force One

در پی این ملاقات، استراحتی کوتاه و سپس شام رسمی شاه و شهبانو به افتخار رئیس‌جمهوری آمریکا و بانو پیش‌بینی شده بود، که به این سفر ابعادی غیرمنتظره داد.

مقررات تشریفاتی در این پذیرائی‌ها، جدی و یکنواخت بود. چند تن از اعضای خانواده سلطنتی، نخست‌وزیر، روسای دو مجلس، وزیران و فرماندهان اصلی ارتش، روسای سازمان‌های انتظامی (شهربانی کل، ژاندارمری، ساواک) و مقامات بلندپایه دربار با همسران‌شان دعوت می‌شدند. با توجه به مدعو اصلی، بعضی از سفرا و احتمالاً چند شخصیت دیگر نیز حضور می‌یافتند.

با توجه به فضای سیاسی وقت، شهبانو نظارت بر اسامی مدعوین را در دست گرفت. از تعداد اعضای خانواده سلطنتی، وزیران و به‌خصوص نظامیان کاسته شد. شهبانو دستور داد که مخصوصاً از دعوت ارتشبد نصیری رئیس ساواک هدف اصلی انتقادات محافل آمریکائی، خودداری شود. به جای آن‌ها چند روشنفکر صاحب نام و مقام دانشگاهی مشهور، از جمله یک فیلم‌ساز معروف که رابطه‌ی خوبی با حکومت داشت اما همه جا خود را در شمار مخالفان و معترضان جا می‌زد، دو رهبر ارکستر و رئیس سازمان صنایع نظامی در شمار مدعوین بودند. هدف آن بود که جامعه مدنی نمایندگان زیادی در پذیرایی داشته باشد. گروه روزنامه‌نویسان و خبرنگارانی که رئیس‌جمهوری آمریکا را همراهی می‌کردند، به صرف شام در یکی از مهمانسراهای بزرگ تهران دعوت شدند. تنها، به دستور شاه، یک استثناء وجود داشت و آن پی‌یرسالینجر، مشاور پیشین مطبوعاتی و سخنگوی کاخ سفید در زمان ریاست جمهوری جان کندی بود که شاه او را شخصاً می‌شناخت. وی بعداً جریان این شام را به تفصیل روایت کرد و انتشار داد.[1]

به رعایت مقررات تشریفاتی دربار، همه مدعوین قبل از میهمانان رسمی شاه و شهبانو به کاخ نیاوران آمده بودند و در سرسرای بزرگ آن، با شامپانی، آب‌میوه، ویسکی و مشروبات دیگر و نیز ساندویچ‌های کوچک خاویار و ماهی آزاد از آنان پذیرایی می‌شد.

۱- Pierre Salinger کتاب خود Otages را با فصلی در توصیف این شام آغاز کرده (منبع ذکر شده). او به عنوان خبرنگار و فرستاده مجله Express پاریس دعوت شده بود. دعوت وی به دستور شاه بود، اما ده‌ها روزنامه‌نگار دیگر هم به عنوان مخبرین جراید آمریکایی در این سفر حضور داشتند. در شامی که برای مخبرین دیگر ترتیب داده شده بود، گویا در صرف مشروبات الکلی افراط شد و همه سر حال و پر سر و صدا بودند!

برخلاف آن‌چه مطبوعات غربی نوشتند، پیشخدمت‌ها لباس ویژه خدمتگزاری[1] نپوشیده و کلاه‌گیس به سر نداشتند.[2] مقامات ایرانی هم لباس‌های ملیله دوزی پوشیده از مدال‌ها و نشان‌ها نپوشیده بودند. متن دعوت‌نامه‌ها و تصاویر متعدّد موجود از این ضیافت این نکته را ثابت می‌کند. مهم در حقیقت وقایع نبود. در این مقطع از زمان می‌بایست ایران را به باد تمسخر گرفت و به افکار عمومی جهانیان اطلاعات نادرست داد.

در رأس ساعت ۲۰:۳۰ دقیقه، (هشت و نیم بعدازظهر). شاه و شهبانو، زوج کارتر، جمشید آموزگار نخست‌وزیر و همسرش، امیرعباس هویدا وزیر دربار شاهنشاهی در تالار پذیرایی کاخ مستقر شدند تا مدعوین به رئیس‌جمهوری و همسرش معرفی شوند.

شاه عادت داشت خودش، شخصیت‌های ایرانی را با عنوان شغل هر کس معرفی کند و در مورد همسرشان نیز بگوید «و بانو». در این شب، گویا به توصیه شهبانو، نام هر کدام را با عبارت کوتاهی که خوش‌شان بیاید و احساس آسایش کنند، همراه می‌کرد. برخی از مدعوین وابسته به جامعه مدنی را نمی‌شناخت. بنابراین شهبانو در کنارش، یا رئیس‌کل تشریفات شاهنشاهی در پشت سرش نام آنان را کنار گوشش زمزمه می‌کردند. در مورد هوشنگ نهاوندی گفت، «سردسته این روشنفکرانی که این قدر مرا دردسر می‌دهند.»[3] احتمالاً می‌خواست به کارتر بگوید که مخالفان و منتقدان نیز به این ضیافت دعوت شده‌اند که در مورد شخص مورد اشاره درست نبود. یا به وی بفهماند که از گزارش‌های انتقادآمیز گروه اندیشمندان درباره سیاست‌های دولت گله‌مند و ناراضی است، که این مطلب در یادداشت‌های روزانه عَلَم منعکس است.[4] به هر حال پیرامونیان از این عبارت شاه خندیدند، شاید هم مقصودش همین بود. در مورد پیر سالینجر نیازی به معرفی نبود، شاه گفت «من هر هفته مقالات آقای سالینجر را در اکسپرس می‌خوانم و بسیاری چیزها درباره آن‌چه در ایالات متحده می‌گذرد می‌آموزم». درباره دریاسالار ابوالفتح اردلان: «نه تنها یک نظامی، بلکه یک دانشمند، دارای دکترای تکنولژی از یک دانشگاه بزرگ آمریکا».

مدعوین به ترتیب، زوج به زوج، پشت سر یکدیگر به تالار ناهارخوری رفتند، هر

1 -Livreé
2 -Perruque

۳- اشاره به سمت رئیس گروه بررسی مسائل ایران
۴- خاطرات عَلَم

یک سر جای خود قرار گرفتند و پشت صندلی‌های‌شان در انتظار شاه و شهبانو و جیمی کارتر و بانو ایستادند. در برابر هر یک از مدعوین صورت غذاها بر مقوای زیبا و منقّشی به دو زبان فارسی و فرانسه گذاشته شده بود. گویا این موضوع سبب گلایه مأموران تشریفاتی آمریکا شد که چرا صورت اغذیه به انگلیسی نیست. به آنان گفته شد که رسم تشریفات دربار از دیرباز[1] چنین است. شاه و ملکه و دو میهمان‌شان آمدند، بر سر جاهای خود نشستند و صرف غذا از ساعت ۲۱ (نه شب) آغاز شد. ابتدا پیش‌غذاهای ایرانی مشتمل بر خاویار (البته از بهترین نوع، موسوم به مرواریدهای سلطنتی)[2]، سپس کباب، پس از آن پلوی ایرانی همراه با جوجه کباب معطّر به زعفران، سرانجام سالاد به مدعوین تعارف شد. آن‌گاه از نور چراغ‌ها اندکی کاسته شد و گروه‌های پیاپی پیشخدمت‌ها، به سرعت بستنی‌هایی را که از آن شعله برمی‌خاست به مهمانان ارائه و تعارف کردند و شام با سالاد میوه پایان یافت. در طول صرف غذا به ترتیب ودکای ایرانی، شراب قرمز شاتوتالبو[3] ۱۹۷۲ و شامپاین دُم پرین یون[4]، به جام‌ها ریخته شد.

در تالار مجاوری، یک ارکستر کوچک سنفونیک، آهنگ‌هایی از موزار[5]، وردی[6]، شوپن[7] و برنشتین[8] و آهنگساز ایرانی حشمت سنجری، به آرامی می‌نواخت.

پس از صرف شام، نوبت به سخنرانی‌ها رسید که ضیافت آن شب را به یک رویداد مورد تفسیر جراید بین‌المللی و محافل سیاسی همه کشورها تبدیل کرد.

محمدرضا شاه به زبان انگلیسی سخن گفت که همه حاضران کم و بیش با آن آشنا بودند. وی به روابط دیرین دو کشور اشاره کرد و به نقش فراموش ناشدنی ایالات متحده در حمایت از ملت ایران در چند بحران وخیم بین‌المللی، سخنانی متعارف که لحنی احساساتی پایان یافت: «در کشور ما براساس سنتی دیرپا، نخستین میهمان سال نو بشارتی برای تمام سال به شمار می‌آید... ما این دیدار را پدیده‌ای پرشگون در این تقارن

۱- در حقیقت از زمان قاجار (مترجم)

2 -Perles fines Imperiales
3 -Chateau Talbot, 1972
4 -Dom Perignon
5 -Mozart
6 -Verdi
7 -Chopin
8 -Bernstein

می‌انگاریم». سپس گیلاس‌اش را بلند کرد و از حاضران خواست که با او یگانه شوند و همه جام‌های‌شان را به پیروزی و کامیابی ایالات متحده و تندرستی زوج کارتر بنوشند. سلام رسمی ایالات متحده[1] نواخته شد. همه برخاستند و جام‌های خود را نوشیدند.

سخنان کارتر، در ابتدا عادی بود. توقف کوتاهش در تهران، «حداقل» اعلام شده بود. بعضی از همراهانش در طی میهمانی از تکرار این نکته خودداری نمی‌کردند. مخالفان شاه در تهران نیز بر همین نکته تکیه می‌کردند و کوتاهی اقامت کارتر را در تهران نشانی از عدم حمایت او از شاه می‌دانستند. بنابراین همه منتظر سخنانی کوتاه بودند. با طرز بیان یکنواخت و خسته‌کننده‌اش، به اهمیت احترام به حقوق بشر در تاریخ اندیشه‌های ایرانیان اشاره کرد از سعدی نام برد[2] سخنانی که قطعاً خوش‌آیند مخالفان بود. اما ناگهان لحنش تغییر کرد و گفت، «سود بردن ما از قضاوت‌های شما و درستی آن‌ها، و مشاورت‌های ذی‌قیمت ما با اعلیحضرت، برای ما اهمیت فراوان دارد.» سپس افزود: «ایران با رهبری خردمندانه شما جزیره صلح و ثبات در یکی از پرتلاطم‌ترین مناطق جهان است اعلیحضرتا، این حقیقت و احترام و ستایشی که مردم‌تان نثار شما می‌کنند، خود نشان دهنده قابلیت‌های رهبری شما است.» کارتر همچنین تاکید کرد: «هیچ کشور دیگری در جهان به ما، از نظر امنیت و همکاری نظامی به اندازه کشور شما نزدیک نیست. هیچ کشور دیگری در جهان وجود ندارد که ما در مورد مسائل منطقه‌ای که نگران‌مان می‌سازد، با آن مشورت‌هائی چنین دقیق کنیم. هیچ رهبر دیگری نیست که من به او احترامی عمیق‌تر و احساس دوستی شخصی صمیمانه‌تری داشته باشم».

جیمی کارتر که خود را مدافع حقوق بشر اعلام کرده بود، در سخنانش حتی شاه را به خاطر کوشش‌های ایران و پادشاه ایران برای تحکیم دمکراسی و احترام به حقوق بشر مورد ستایش قرار داد. سپس او نیز جام خود را به سلامتی شاه و شهبانو و به آرزوی بزرگی ایران و خوشبختی ایرانیان نوشید. همه برخاستند و دست زدند. ارکستر سلام شاهنشاهی را نواخت.

شخصیت‌های رسمی آمریکایی حاضر در شام متحیر بودند. شاه به عادت معمولش

---

1 -Star Spangles Banner

۲- بنی آدم اعضای یک پیکرند که در آفرینش ز یک گوهرند
چو عضوی به درد آورد روزگار دگر عضوها را نباشد قرار (مترجم)

کاملاً بر خود مسلط بود و قیافه‌ای تقریباً بی‌تفاوت داشت، اما اندک لبخند کوچکی بر لبانش ظاهر شد. علامت رضایت بود یا تمسخر؟

پس از نواخته شـــدن سلام شاهنشاهی، کارتر با دو دست خود دست شاه را گرفت و فشرد و به گرمی چند بار تکان داد. این بار دیگر شاه راضی و خندان به نظر می‌رسید. تا آن زمان هیچ رئیس مملکتی تا این حد نسبت به وی ابراز ستایش، یا تملّق، نکرده بود.

تعجب در این بود که ستایش و یا تملّق از سویی و از جانب کسی می‌آمد که هیچ‌کس انتظارش را نداشت.

علت این تغییر رویه‌ی ناگهان چه بود؟

به گمان بعضی از صاحب نظران جیمی کارتر، با سخنان آمیخته به ستایش و تملق می‌خواســـت به شـــاه ثابت کند که یک رئیس‌جمهوری دمکرات می‌تواند به اندازه یک رئیس‌جمهوری از حزب جمهوری‌خواه، دوست راستین او باشد. این برداشت قانع‌کننده به نظر نمی‌رسد. جریان نابسامان کردن ایران و ترتیب سقوط شاه از سال ۱۹۷۴ آغاز شده بود، ولو آن‌که به هنگام ریاست جمهوری جیمی کارتر شتاب بیشتری یافت و به مرحله عمل نزدیک و نزدیک‌تر شد. مدارک مقتضی که امروز در دست داریم این نکته را ثابت می‌کند

تعبیر گروهی دیگر از ناظران بر آن اســـت که در طی مذاکراتش کارتر، که به نوشته کنت دومارانش به زحمت می‌توانست جای ایران را روی نقشه‌های جغرافیایی تعیین کند و چیزی از این کشور نمی‌دانست، سخت تحت تأثیر آگاهی‌های استثنائی شاه از مسائل بین‌المللی و سوق‌الجیشی قرار گرفت و راساً در سخنان خود تغییراتی داد. این نظر را هم باید با احتیاط تلقی کرد. چرا که بعد از نطق کارتر اندک تغییری در سیاست آمریکا نسبت به ایران حاصل نشد و رویه‌ی نابسامان‌سازی این کشور همچنان ادامه یافت.

ســـرانجام، نظر دیگری هم ابراز شده که براســـاس آن هدف کارتر آن بود که شاه را فریب دهد و با این ســـخنان، که در آن صورت باید مزورانه و ریاکارانه تعبیرشـــان کرد، می‌خواست شاه را به خواب غفلت فرو برد و از هر مقاومتی در برابر تحریکات واشنگتن

باز دارد.

پس از شام، مدعوین به تالار نمایشی که متصل به محوطه ورودی کاخ نیاوران بود هدایت شدند. برنامه کوتاه اما زیبایی به وسیله هنرمندان وزارت فرهنگ و هنر اجرا شد، همه شادمان به نظر می‌رسیدند.

نخستین شگفتی و اتفاق غیرمنتظره شب، سخنان کارتر بود که حتی دیپلمات‌های آمریکایی را متحیّر کرد.

در پایان برنامه هنری، اتفاق غیرمنتظره دیگری روی داد، اعلام شد که آقا و خانم کارتر و همراهانشان شب سال نو را در تهران خواهند گذرانید و بنابراین مسافرتشان طولانی‌تر خواهد شد.

ظاهراً این تصمیم درست قبل از آغاز شام گرفته شده و نتیجه گفتگوهای اردشیر زاهدی با زوج کارتر و نزدیکانشان بود. اما از نظر سیاسی جلوه و اهمیت خاص داشت. در ظرف کمتر از سه ساعت، تالار کتابخانه کاخ برای پذیرایی سال نو آماده شد. تنی چند از دوستان جوان (یا جوان‌تر از مدعوین رسمی) شهبانو، برای شادی بخشیدن به حال و هوای شب، با تلفن به کاخ فراخوانده شدند.

در ساعت ۲۳ و ۵۰ دقیقه، مستخدمین مجدداً ظاهر شدند و به تعارفِ گیلاس‌های کریستالِ مملو از شامپاین به مدعوین پرداختند و هنگامی که نیمه شب (یعنی سال ۱۹۷۸) فرا رسید، همه جام‌های خود را به شادی و پیروزی سال نو میلادی و به سلامتی آقا و خانم کارتر و زوج سلطنتی ایران بلند کردند و نوشیدند. شاه خانم کارتر را بوسید و کارتر شهبانو را. شاه روزالین کارتر را به رقص دعوت کرد. به عادت همیشگی‌اش، اندک فاصله‌ای با خانم کارتر داشت. رئیس‌جمهوری آمریکا نیز از شهبانوی ایران دعوت کرد که با او برقصد. عکس‌های زیادی به وسیله عکاسان خارجی و ایرانی برداشته می‌شد. اندکی بعد، شاه و پرزیدنت کارتر مجلس را ترک کردند. صاحب‌منصبان تشریفات به مدعوین گفتند که اگر مایل هستند می‌توانند همچنان به حضور خود ادامه دهند و اگر می‌خواهند مجلس را که دیگر کاملاً خصوصی است ترک کنند. بسیاری چنین کردند. از جمله نخست‌وزیر و همسرش.

در ساعت یک و نیم بامداد، در حالی که مجلس رقص و خوشی ادامه داشت اتفاق غیرمنتظره سوم آن شب علنی شد. به هنگام فرود آمدن رئیس‌جمهوری آمریکا در تهران به او اطلاع داده شده بود که ملک‌حسین پادشاه کشور هاشمی اردن در تهران است و مذاکراتی درباره صلح بین اعراب و اسرائیل انجام خواهد شد.

پس از مذاکرات و ملاقات‌های کمپ داوید (۱۷ سپتامبر ۱۹۷۷) و آغاز جریان صلح میان مصر و اسرائیل، تمام سعی و کوشش شاه و دیپلماسی ایران بر آن بود که بین اسرائیل و هاشمی اردن نیز گفتگوهای مشابهی آغاز شود و فضای صلح در خاورمیانه گسترش یابد، هدفی که سال‌ها بعد تحقق یافت، اما دیگر شاه در این جهان نبود.

ظهور ناگهانی ملک‌حسین، به اتفاق شاه و کارتر در ضیافت، همه را غافلگیر کرد. مدعوین اندکی که باقی مانده بودند، به شدت و با گرمی برای آنان کف زدند. مجلس چند دقیقه‌ای ادامه یافت. سپس شاه و شهبانو، ملک‌حسین و زوج کارتر، هر یک برای استراحت به آپارتمان‌های خود رفتند و مدعوین نیز به دنبال آنها به منازل خویش بازگشتند.

جیمی کارتر و همسرش و همراهانشان، اندکی پس از ساعت شش بامداد یعنی پس از کمتر از چهار ساعت استراحت رهسپار فرودگاه مهرآباد شدند. تشریفات بدرقه رسمی انجام نشد. در آن ساعت سرد و تاریک زمستانی ترتیب آن معنایی هم نداشت. خیابان‌های تهران تهی از جمعیت و یخ‌زده بود، مغازه‌ها طبیعتاً تعطیل بودند. معذالک تقریباً همه جراید دنیای غرب نوشتند که ساواک همه خیابان‌های تهران را تخلیه کرده و مسیر امنی را برای حرکت کارتر و همراهانش فراهم کرده بود حال آن که اصولاً کسی از ساعت خروج کارتر اطلاع نداشت، حتی نمی‌دانست که او در تهران مانده و نرفته و مسئولیت امنیت خیابان‌ها با شهربانی کل و احتمالاً گارد شاهنشاهی (برای تشریفات رسمی) بود، نه با ساواک. دروغ‌پردازی وسایل ارتباط جمعی غرب درباره ایران و رژیم ایران ادامه داشت.

تصویر آن شب به ظاهر رویایی، و به هر تقدیر توفیقی سیاسی برای شاه و دیپلماسی ایران، سه روز بعد تیره و تار شد.

به مطبوعات داخلی تکلیف شده بود که تصاویر شب جشن و مجلس رقص را چاپ نکنند. در عوض از سخنان کارتر که مخالفان شاه را بهت‌زده کرده بود حداکثر استفاده را

کردند. اما مطبوعات خارجی به هر حال به کشـــور رسید و در قم نیز پخش شد. آیت‌الله عظمی شریعتمداری، مرد شماره یک سلسله مراتب شیعه در داخل ایران (که در حقیقت آیـــت‌الله عظمی خوئی مقیم نجـــف در رأس مجموع آن بود یا تلقی می‌شـــد) که دیگر عملاً سخنگوی منتقدان از رویه‌های دولت و توقعات مخالفین محسوب می‌شد، از خود عکس‌العملی تند و غیرمنتظره نشان داد. شخصاً به رئیس دفتر شهبانو در آن زمان[1] تلفن کرد و ناخشنودی شدید خود را از دیدن تصاویر «دختر عمویش» (شهبانو فرح نیز چون خود او از سلاله محمّد پیامبر اسلام و بنابراین سید یا «سیده» محسوب می‌شد) در حال رقص با جیمی کارتر بیان داشـــت: «به من مربوط نیســـت که به او بگویم چه بکند و چه نکند، اما دست کم باید رسوم و ظواهر را حفظ کنند و افکار مسلمانان را متأثر نسازند.»

این پیام به مقصد رسانده شد. اما هنوز در رأس هرم قدرت ایران حساسیت کافی به مسائل داخلی و بحرانی که در حال تکوین سریع بود، وجود نداشت. اقدامات آمریکاییان نیز در تحریک علیه رژیم و مدارک براندازی شاه ادامه یافت. جرج بال[2]، شخصیت بسیار بانفوذی که یکی از الهام بخشـــان سیاســـت خارجی آمریکا به حساب می‌آمد، به عنوان کســـب اطلاع از اوضاع ایران، به تهران آمد. البته به دیدار شاه و نخست‌وزیر رفت. اما از غرائب آن‌که، به جای ســـفارت آمریکا، یا جایی در یک مهمانسرای بزرگ تهران، دفتری در ساختمان مرکزی رادیو، تلویزیون ملی ایران در اختیار گرفت، یا به وی پیشنهاد شد و کســـان بسیاری به دیدنش رفتند. مخصوصاً با همه سرآمدان و سرشناسان مخالف دولت و رژیم به گفتگو نشســـت و همگان را به ادامه‌ی مخالفت با آن تشـــویق کرد.[3] شایعه این ملاقات‌هـــا و گفتگوها در تهـــران می‌پیچید، هر کس به آن چیزی می‌افزود و ســـرانجام مخالفت دولت آمریکا با سیاســـت ایران و شخص شاه دیگر بر هیچ کس پوشیده نبود و پوشیده نماند.

چرا شـــاه و دیپلماســـی ایران در برابر این اقدامات و حرکات عکس‌العملی نشـــان

۱- نویسنده ایرانی کتاب

2 -George Ball

۳- شاه در خاطرات خود با تأسف به George Lambrakis دبیر سیاسی سفارت آمریکا در تهران اشاره می‌کند که ملاقات‌های فراوان داشت و همه را به ضدیت با رژیم ایران دعوت می‌کرد.
در اســـناد سفارت آمریکا در تهران (جلد بیستم)، از ملاقات‌های دیپلمات‌های آمریکایی با رهبران مخالف رژیم دربار یا چایخانه مهمانســـرای کاســـپین واقع در چند قدمی سفارت آمریکا در خیابان تخت‌جمشید، گزارش‌هایی چند وجود دارد که حاکی از تشویق آنان به تشدید مخالفت با رژیم است.

ندادند؟ معمائی است که جوابی به آن نداریم.

در پایان بهار ۱۹۷۸ همکاری نظامی میان ایالات متحده آمریکا و ایران رسماً به حال تعلیق درآمد و شرکت‌های بزرگ آمریکایی مستقر در تهران علناً به تقلیل تعداد کارمندان خود، انتقال خانواده آنان به خارج از ایران، پرداختند جریانی که از هیچ کس پنهان نماند و بر نگرانی‌ها و شایعات افزود.

از همین بهار سال ۱۹۷۸، تظاهرات دسته جمعی و سپس خیابانی مخالفان آغاز شد. ابتدا در مکان‌های مختلف و به بهانه‌های گوناگون گردِ هم می‌آمدند. یکی از این اجتماعات که انعکاس فراوان یافت «شب‌های شعر» در انستیتوی گوته[۱] تهران، شعبه فرهنگی سفارت جمهوری فدرال آلمان، بود. از شاعران برجسته و شناخته شده کسی در آن جا دیده نشد. سخنرانی‌ها، در قالب ادبیات و روشنفکری همه بر ضد دولت و رژیم بود و در پناه مصونیت سیاسی سفارت آلمان صورت می‌گرفت. ظاهراً دولت اعتراضی به این سوءاستفاده از مصونیت دیپلماتیک نکرد. مبنای کار بر رعایت فضای باز سیاسی بود.

تظاهرات اندک اندک به خیابان‌ها کشید. ولی پس از سال‌ها آرامش، شهربانی کل تجهیزات لازم برای مقابله با آن‌ها نداشت.[۲] دولت این تجهیزات را به آمریکا، انگلستان و اسرائیل به قید فوریت سفارش داد که این کشورها از تحویل آن خودداری کردند یا تأخیر نمودند.[۳] وسائلی که به انگلیس سفارش شده بود، بلافاصله بعد از پیروزی انقلاب به دولت تحویل شد.

در همین گیر و دار، معاون وزارت امورخارجه ایالات متحده در امور مربوط به حقوق بشر دوبار به تهران آمد و به دولت «اخطار» کرد که از هرگونه سخت‌گیری در برابر تظاهرکنندگان، حتی اگر متوسل به خشونت شوند، خودداری کند، به عبارت دیگر دست آن‌ها را در هر چه می‌خواهند بکنند، آزاد بگذارید!

از پشتیبانی دولت‌های غربی از ایران، دیگر خبری نبود، یا خاطره‌ای دور دست و تلخ

۱- Goethe، شاعر و نویسنده معروف آلمانی
۲- که علل این عدم توجه جای سؤال باقی می‌گذارد. (مترجم)
۳- برای جریان این ماجرا نگاه کنید به
Jean Pichard et Christian Delannoy, Khomeini, la Révolution trahie, Paris, Carrier, 1988

به جا مانده بود. شاهپور رضا، فرزند ارشد شاه در سال ۲۰۰۹ به این واقعیت اذعان نمود.[۱]

از همین زمان رادیوهای مهم غربی که برنامه‌هایی به زبان فارسی و برای ایرانیان پخش می‌کردند (صدای آمریکا، صدای اسرائیل اما با احتیاط و اعتدال، و مخصوصاً B.B.C) در حمله به حکومت ایران و شخص شاه و جانبداری از مخالفان به رقابت پرداختند. محمدرضا شاه بعداً نوشت «از آغاز سال ۱۹۷۸، حملات شدید بی.بی.سی علیه رژیم آغاز شد. گوئی یک رهبر ارکستر نامرئی ناگهان دستور آن را صادر کرده بود»[۲] واقعیت این است که از همان آغاز تحریکات، یعنی سال ۱۹۷۷، این رادیو تبدیل به صدای انقلاب ایران شده بود.[۳]

در این اقدامات وسیع جهان غرب برای سرنگون ساختن شاه نباید نقش و سهم فرانسه را نادیده گرفت. البته در این زمینه والری ژیسکاردستن از خط‌مشی آمریکایی‌ها پیروی کرد. ولی عوامل دیگری، شاید عوامل شخصی، در رفتار و سیاستش بسیار موثر بود. حُسن رابطه ایران و فرانسه طی بازدید رسمی و بسیار باشکوه شاه و شهبانو از فرانسه در سال ۱۹۷۴ به حد اعتلای خود رسید. نخستین اتفاق نامطلوب در فوریه ۱۹۷۵ روی داد.

در روز ۱۷ فوریه‌ی این ماه که شاه و همسرش برای استفاده از ورزش‌های زمستانی در سن‌موریتز[۴] بودند، رئیس‌جمهوری فرانسه که به همین منظور با خانواده‌اش به کورشول[۵] آمده بود با هلی‌کوپتر به دیدار شاه رفت. گویا مجبور شد چند دقیقه‌ای با شهبانو به گفتگو بپردازد تا شاه آماده شده او را بپذیرد. این انتظار بسیار کوتاه به رئیس‌جمهوری فرانسه بسیار ناگوار آمد و آن را چون بی‌احترامی نسبت به خود تلقی کرد. روزنامه‌نویس ویلیام شاوکراس[۶] ماجرا را چنین حکایت کرده است: «گفته می‌شود که شاه عمداً ژیسکار را در انتظار گذاشت زیرا با دوستانش به ورق‌بازی مشغول بود و می‌خواست بازی را تمام کند.»

این داستان به کلی نادرست و مجعول به نظر می‌رسد زیرا شاه علاقه خاصی به بازی ورق

۱- مصاحبه با Jean Pierre Elkabbach به مناسبت سالروز انقلاب اسلامی در رادیو Europe I

2 -Reponse a L Histoire

۳- همچنین در فیلم‌های مستندی که از تلویزیون انگلستان پخش می‌شد. اما هنوز امکان روئیت آن‌ها در ایران نبود.

۴ - Saint- Moritz - واقع در سوئیس

5 -Courchevel

۶- William Schawcross ، منبع ذکر شده

نداشت، به علاوه «بیش از حد مبادی آداب و مقید به تشریفات بود که چنین رفتاری داشته باشد.[۱]» سال‌ها بعد، در همین مورد از شاه، سوال شد؛ که این داستان را به کلی نادرست خواند و افزود که اگر هم ژیسکار انتظار کشید به این علت بود که زودتر از موقع مقرر رسیده بود.[۲] با تمام این احوال سال بعد رئیس‌جمهوری فرانسه، به اتفاق همسرش و هیأتی بزرگ برای انجام یک بازدید رسمی عازم ایران شد. گویا در این سفر بود که روابط شخصی و خصوصی شـاه ایران و رئیس‌جمهوری فرانسه به هم خورده و به روایت منابع موثقی، درباره جای «نامزد آینده»[3] دختر رئیس‌جمهور که همراه والدین خود آمده بود، بر سر میز شام رسمی اختلافی میان صاحب‌منصبان تشریفات دو کشور، اختلاف نظر حاصل شد و موجب گله رئیس‌جمهوری گردید. در بعضی انتشارات آمریکایی نوشته‌اند که هدیه‌های زوج سلطنتی به آقا و خانم ژیسکاردستن مورد پسندشان واقع نشد و ایجاد گله کرد و گویا در بازگشت به کاخ گلسـتان ژیسکار از شـاه به عنوان «این تازه به دوران رسیده» سخن گفت. ظاهراً مثل همه کاخ‌ها یا عمارات پذیرایی و مهمانسـرای مخصوص میهمانان رسـمی در همه جای دنیا، این سخنان ضبط می‌شد و بامداد روز بعد شاه از آن اطلاع داشت. سال‌ها بعد ژیسکاردستن از سفر خود به ایران با لحنی نه چندان دلپسند یاد می‌کند «استقبال از ما در ورودی شـهر انجام گرفت. جمعیت اندکی در آن‌جا منتظر ما بودند، کودکان مدارس که به آن‌ها لباس پیشاهنگی پوشانده بودند، شخصیت‌های مملکتی، چند کنجکاو و شهردار تهران. قالی قرمز به زمین انداخته شـده بود. سـلام‌های رسمی اجرا شد. بعد از طی پنج ساعت در هواپیما البته همه این‌ها جالب بود. ولی شب در کاخ ما[۴]، اَن اِمون[5] به من گفت «همه این‌ها به صحنه تأتر و بازیگران آن شـبیه بود. من هم این استقبال را واقعاً غم‌انگیز

۱- اردشیر زاهدی در پاسخ به روزنامه‌نویس فوق‌الذکر

۲- گفتگو با نویسنده ایرانی کتاب در قاهره، مه ۱۹۸۰

۳- رئیس کل تشریفات به همتای فرانسوی خود گفت که در مقررات ایران «نامزد آینده» جائی ندارد. اما دختر رئیس‌جمهوری در صدر میز و بعد از شاهدخت‌ها قرار خواهد گرفت. در مقابل اصرار فرانسوی‌ها پاسخ داد که «مراتب را به شرف عرض خواهند رساند» که این کار در عادات او بود. شاه از این پرسش در خشم شد و گفت «به من مربوط نیست، مقررات خود را اجرا کنید.» هرمز قریب به فرانسوی‌ها گفت،«به عرض می‌رسـاندم، اعلیحضرت تصویب نفرمودند» که هم درست بود و هم نادرست. سرانجام این «نامزد آینده» گویا به نام Montassier ، به شـام دعوت شـد، اما در جای تشریفاتی خود، یعنی در ته میز قرار داشت. دکتر امیراصلان افشار، جانشین هرمز قریب، در خاطرات خود نوشته (نشر فرهنگ، کانادا ۲۰۱۲) که اصولاً او را به ضیافت دعوت نکردند، که این نکته را در جای دیگر نگفته و ننوشته‌اند. دختر ژیسکاردستن و «نامزد آینده»اش بعداً ازدواج کردند و سپس از یکدیگر جدا شدند. (مترجم)

۴- مقصود کاخ گلستان است که در آن مسکن داشتند. (مترجم)

5- Anne Aymone ، همسر رئیس‌جمهوری

دیدم از مردم خبری نبود.»[۱]

نتیجه آن شد که در ساعت‌ها و روزهای بعد، در دربار و محافل رسمی تهران، عمداً دیگر کسی از آقای ژیسکاردستن صحبت نمی‌کرد و رئیس‌جمهوری فرانسه را، ژیسکار می‌خواندند.

شاه می‌دانست و همه مطّلعین می‌دانستند که این عنوان اشرافی را پدر و عموی وی پس از کسب اجازه از یک مرجع قضائی خریداری کرده‌اند و او تبار اشرافی ندارد. شاه از کلمه «تازه به دوران رسیده» سخت ناراحت شده بود. اگر او «تازه به دوران رسیده بود» ژیسکار «تازه به دوران رسیده‌تر» بود.

سال‌ها بعد، شاهپور غلامرضا در خاطرات خود نوشت، «برادرم از رفتار متکبرانه و آمیخته با تحقیر رئیس‌جمهوری فرانسه و حساسیتش در بعضی از موارد تشریفات ناراحت شده بود. ژنرال دوگل و فرانسویان در زمان او، دوستان صمیمی و واقعی بودند. ژیسکاردستن در آن حد نبود.»[۲]

قدر مسلم این است که دیگر عدم تجانس فکری و سپس عدم احترام متقابل میان دو رئیس مملکت به وجود آمد که بر روابط دو کشور، حتی قبل از انقلاب اسلامی که فرانسه به دنباله‌روی واشنگتن پرداخت، بی‌اثر نبود.[۳] و این کینه ژیسکاردستن در زمان در به دری و حتی پس از مرگ شاه نیز، چنان‌که خواهیم دید، ادامه یافت.

اما نباید پنداشت که این کینه یا عقده رئیس‌جمهوری فرانسه تنها علت رفتار دولت آن کشور در زمان انقلاب بود. رویه‌ی دست‌چپی‌های فرانسه نیز در آن تأثیر بسیار داشت و ژیسکاردستن مواظب آن بود که سبب رنجش آنان نشود.

۱- والری ژیسکاردستن در Le Pouvoir et la Vie, Compragnie 12, Paris 1988 البته همه این نوشته مجعول و به خصوص مغرضانه است. استقبال رسمی در فرودگاه مهرآباد به عمل آمد، نه در داخل یا ورودی شهر. در میدان شهیاد کلید شهر را به او تقدیم داشتند. تشریفات عیناً مشابه استقبال از همه روسای ممالک دیگر بود. نه بیشتر و نه کمتر. لباس پیش‌آهنگی کودکان مدارس ناشی از تخیلات نویسنده است. (مترجم)

2 - Gholam Reza Pahlavi, Mon Pere, Mon Frere, LES SHAHS D'IRAN, Norman, Paris, 2004.

۳- نگاه کنید به: Dominique Lorentz, Une Gurre, Les Arênes, Paris, 1997

در کنگره حزب سوسیالیست در ۱۹۷۷ فرانسوا میتران[۱] سخت از شاه انتقاد کرد و او را با ژنرال پی‌نوشه رئیس‌جمهوری شیلی و ملک حسن دوم پادشاه مراکش در یک ردیف نام برد.[۲] اما پس از انتخابش به ریاست جمهوری در سال ۱۹۸۱ نسبت به انقلاب ایران و به ویژه پی‌آمدهای آن نظری انتقادی و آمیخته به شک و تردید داشت.

در سال ۱۹۷۸ دیگر رو در روئی و مخالفت جهان غرب با شاه ایران، که تا آن روز دوست و هم‌پیمان اصلی‌اش در منطقه محسوب می‌شد، عیان و آشکار گردید.

در همین سال بود که اشتباهات مقامات مسئول ایران در سیاست خارجی به نارضایی‌های خارجیان و تحریکات آنان پر و بال‌های بسیار و بهانه‌های متعدد داد.

بسیاری از رهبران، مسئولان و متفکران جهان غرب رفتار کشورهای خود را نسبت به ایران طی این سال‌ها هرگز نبخشیدند و نسبت به آن کوچک‌ترین اغماضی نشان ندادند.

رُنالد ریگان، جانشین کارتر گفت:

«سیاست غلط ما که باعث سقوط شاه ایران شد لکه ننگی در تاریخ ایالات متحده آمریکاست. در پی این سیاست ما بود که دیوانه متعصبی توانست قدرت را در ایران به دست گیرد و هزاران ایرانی را به جوخه‌های آتش بسپارد.»[۳]

اعترافی جانگداز و اقراری روشن از جانب بالاترین مقام سیاسی ایالات متحده آمریکا. با گذشت زمان تجزیه و تحلیل‌های دیگری در این زمینه انتشار یافته‌اند.

ژاک دوگِن، نویسنده، تحلیل گر سیاسی و روزنامه‌نگار نامدار فرانسوی در سال ۱۹۸۸ نوشت،[۴] «جای تأسف بسیار است که کشورهای آنگلوساکسون دنیا همواره همان اشتباه را تکرار می‌کنند. یعنی از اسلام‌گرایی افراطی حمایت می‌کنند. نه از آن کشورهای مسلمانی که می‌خواهند نوعی جدایی دیانت از سیاست را به مرحله اجرا درآورند.

توجیه این رویه نادرست دشوار نیست. هواداران جدایی دیانت از سیاست ملی‌گرا

1- François Mitterand

۲ - نگاه کنید به Alain Chenal، متن ذکر شده.

۳- مناظر تلویزیونی با والتر ماندیل Walter Mondale داوطلب ریاست جمهوری از جانب حزب دموکرات، نوامبر ۱۹۸۴. والتر ماندیل یکی از طرفداران پر و پا قرص آیت‌الله خمینی بود.

4 -Jacques Duouesnes, La Croix, Événement, 30 December, 1998

و ترقی‌خواه هستند، یعنی آن‌چه بسیاری از غربی‌ها از آن بیم دارند. قضاوت خانم جین کرک پاتریک[۱] دانشگاهی دیپلمات آمریکائی، صریح‌تر است درباره روش حکومت کارتر گفته: «اندیشه‌های نادرست. نتایج غلط».

آلکساندر دومارانش، به نوبه خود مسأله را به نحوی اساسی‌تر مطرح می‌کند: «چرا دولت آمریکا بهترین و تواناترین هم‌پیمان خود را در یکی از حساس‌ترین و پرماجراترین مناطق جهان محکوم و نابود کرد؟ پاسخ را باید در امتزاجی از نزدیک‌بینی، اطلاعات نادرست و ساده‌لوحی تاریخی، جستجو کرد.»[۲]

حتی چپ‌گرایان فرانسه نیز به زودی متوجه شدند که انقلاب ایران جنبه احساساتی و پرشوری که تصور می‌کردند ندارد و آینه انقلاب فرانسه نبوده که آن هم سریعاً از آرمان‌های نخستین خود دور شد.

کلام آخر این فصل را به موریس دروئن[۳] که هم ایران را خوب می‌شناخت و هم شجاعت و صراحت بیان داشت، واگذار کنیم:

> «در خاورمیانه و نزدیک است که رهبران آمریکایی بیش از هر جای دیگر در اشتباهات و نابینائی خود را نشان دادند. نوفل لوشاتو[۴] صفحه درخشانی در تاریخ فرانسه نیست. رفتار والری ژیسکاردستن که آن همه توجه و عنایت به یک پیغمبر دروغین کرد و آن همه وسیله در اختیارش گذاشت قابل فهم نیست. ایران در دوران پهلوی، خالی از عیب و نقص نبود. ولی در حال نوسازی و پیشرفت بود. آیا می‌بایست جای آن را به نظامی عقب‌افتاده، سخت متعصب و نابینا داد؟ اعتلای اسلام‌گرایی افراطی از همین جا شروع شد.[۵]

۱- وی سفیر آمریکا در سازمان ملل متحد بود و در زمان دولت ریگان مقام عضویت در کابینه او را داشت.
۲- در متن ذکر شده
۳- نویسنده، سیاستمدار و متفکر معروف فرانسوی که سال‌ها دبیر کل مادام‌العمر (یعنی عملاً رئیس) فرهنگستان فرانسه بود، در مقاله‌ای تحت عنوان Les Stratégies Aveugles
4 -Neauphle-le-Château
۵- عنوان این فصل از مقاله مفصل آقای Maurice Druon الهام گرفته است.

فصل سوم

«چه طور ساواک به خود اجازه می‌دهد که برای من تعیین تکلیف کند؟»

روز هشتم ژانویه، به احتمال قریب به یقین نقطه آغاز جریان انقلاب ایران است که کمتر کسی در آن زمان به عواقب و نتایج آن توجه کرد.

در این زمان حکومت با استمرار سیاست فضای باز سیاسی را به مرحله اجرا درآورده بود. هنوز آزادی سیاسی کامل با همه جلوه‌ها و جنبه‌هایش در ایران حکفرما نبود. اما مخالفان دولت و حتی حکومت با آزادی فزاینده‌ای نقطه‌نظرهای خود را بیان می‌داشتند. جبهه ملی که خود را وارث مکتب مصدق می‌خواند فاقد تشکیلات واقعی سیاسی بود و در شمار آن گروه‌ها و شخصیت‌های بسیار با اختلافات و تضادهای کم و بیش آشکار، به فعالیت می‌پرداختند. در این شرایط، سلسله مراتب شیعه، یا روحانیت شیعه، بدون آن‌که رسمیت و تشکیلاتی داشته باشد، با استفاده از مصونیت نسبی که داشت، اندک اندک به صورت سخنگوی تمنیات و توقعات سیاسی گروه‌های مختلف مردم درآمد.

در رأس هرم این سلسله مراتب غیررسمی دو آیت‌الله عظمی قرار داشتند. یکی حاج آقا ابوالقاسم خوئی، برخاسته از یک خانواده نامدار آذربایجان، که مرجعیت جهانی

داشـت، مقامات سیاسی ایران و عراق و لبنان و بحرین و پاکستان، هر جا که شیعیان در اکثریت یا فراوان بودند به وی حرمت بسیار می‌نهادند و او نیز به کلی خود را از دخالت در مسائل سیاسی به دور نگاه می‌داشت. دیگری در داخل ایران، آیت‌الله عظمی سید کاظم شریعتمداری، که او مردی بود معتدل، وطن‌پرست و پرهیزکار.[1]

پس از خوئی و شریعتمداری (که او هم آذربایجانی بود) مراجع تقلید دیگری وجود داشتند. از آن جمله بود آیت‌الله روح‌الله خمینی که بسیاری او را آیت‌الله عظمی می‌خواندند و مرجع تقلیدی می‌دانستند. خمینی معروف به خشـونت بیان و تندروی بود. در تبعید نجف می‌زیست. از یک طرف نفوذ و شخصیتاش در حضور و زیر سایه آیت‌الله عظمی خوئی که قطعاً برتر از او بود، جلوه زیادی نداشت و همه می‌دانستند که خوئی نظر تحقیر به وی دارد و دوستش نمی‌دارد. از طرف دیگر مقامات امنیتی ایران سخت مواظبش بودند و در اطرافیان وی خبرچینان متعدد داشتند. هم‌چنیـن، پس از انعقاد قرارداد ۱۹۷۵ میان ایران و عراق و نزدیکی شـاه و صدام حسین، مقامات عراقی نیز می‌کوشیدند که جلوی زیاده‌روی‌های وی را بگیرند تا اسباب گلایه دولت و شاه ایران فراهم نشود.

موضع مقامات دولتی ایران نسبت به جامعه روحانیت چندان روشن نبود. شاه، شخصاً مردی خداشـناس بود. اما آخوندها را در مجموع مانع ترقی و نوسازی ایران می‌دانست. امیرعباس هویدا که وی را بعضی‌ها به ناحق بهائی می‌دانستند، که واقعاً نبود ولی اعتقادات مذهبی هم نداشت، به موجب روش معمولش، همیشه می‌کوشید که بسیاری از ملاها را بخرد. برخلاف اسلافش، چون دکتر اقبال یا امیراسدالله عَلَم، یا حتی منصور، روابط خاصی با جامعه روحانیت نداشت و با آنان گفت و شنودی که سنت روسای دولت‌های ایران بود، برقرار نکرد. دکتر جمشـید آموزگار که در ۷ اوت ۱۹۷۷ جانشینش شد.[2] تصمیم گرفت برای صرفه‌جوئی در مخارج، قسمت مهمی از اعتبارات سری دولت را که صرف پرداخت مقرری به جمعی از روحانیون بزرگ و کوچک می‌شـد، حذف کند و قسمت دیگری را

۱- شـریعتمداری (۱۹۰۵-۱۹۸۶)، پس از درگذشـت آیت‌الله عظمی بروجردی در سال ۱۹۶۲ به صورت مهمترین مرجع شیعیان در ایران درآمد. وی از یک نوع تشیع سنتی جانبداری می‌کرد و از دخالت مستقیم در مسائل سیاسی اجتناب می‌ورزید. پس از انقلاب با آیت‌الله خمینی رو در رو شد و سرنوشتی شوم یافت. نگاه کنید به هفته‌نامه Aspects De La France مورخ ۱۰ آوریل ۱۹۸۶.

۲- یادآور شـدیم که امیرعباس هویدا جانشـین امیراسدالله علم شد که براثر ابتلا به بیماری سرطان غدد لنفاوی غالباً در اروپا به سـر می‌برد و در این زمان آخرین ماه‌های عمر خود را می‌گذراند و در بیمارسـتان بستری بود.

به وزارت دربار انتقال داد. یعنی در اختیار هویدا گذاشت. در نتیجه به هنگام آغاز بحران با روحانیون، دست دولت برای آرام‌سازی آنان بسته بود و این خود یکی از علل اصلی نارضایتی آنان و تحریکات سیاسی‌شان شد.[1]

در این گیر و دار بود که دوباره، پس از سال‌ها، نام خمینی بر سر زبان‌ها افتاد. بسیاری وی را فراموش کرده بودند. گه‌گاه اعلامیه‌هایی می‌داد، گویا نوارهایی ضبط می‌کرد و به ایران می‌فرستاد ولی بر روی‌هم نفوذ زیادی بر افکار عامه نداشت.

درگذشت «آقا مصطفی» پسرش، سبب شد که از او نامی برده شود.[2] مهندس مهدی بازرگان، از مخالفان سرشناس دولت و نخست‌وزیر بعدی خمینی،خواست مجلس ختمی برای مصطفی خمینی ترتیب دهد، گویا ساواک پیشنهاد کرده بود که برگزاری آن ممنوع شود.[3] اما شاه به دولت دستور داد که ممانعتی نشود. این مجلس در مسجد ارگ، واقع در برابر کاخ گلستان و دروازه ورودی بازار برگزار شد و نزدیک پنج هزار تن در آن شرکت کردند.

شاید این واقعه باشد که به خمینی پر و بالی داد، یا تشویق عوامل سیاست‌های خارجی که دیگر دست به تدارک سقوط شاه زده بودند و او را آلت دست خود ساختند، یا هر دو. لحن و تعداد نوارهایی که خمینی به ایران می‌فرستاد، تغییر کرد. نارضائی فزاینده مردم، مخصوصاً بازاریان، از سیاست دولت سبب شد که به مفاد آن‌ها به خشونت بیانش توجه بیشتری به عمل آید. در یکی از این نوارها خمینی شاه را «دست نشانده جهودها» خواند و به «ماری» تشبیه کرد که «باید مغزش را با قطعه سنگی له کرد». برای نخستین بار، رادیو لندن B.B.C به پخش این نوارها پرداخت. شاه سخت خشمگین شد و در این مقطع از زمان بود که مسئولان دولتی مرتکب اشتباه و خطاهای سیاسی فاحشی شدند.

در روز ۸ ژانویه ۱۹۷۹، اطلاعات یکی از دو روزنامه بزرگ عصر تهران مقاله‌ای تند

۱- معمولاً در همه کتاب‌ها و بررسی‌های مربوط به این جریان برحذف این اعتبار اشاره می‌شود. تحقیقات دقیقی که در اطراف این موضوع کرده‌ایم و تطبیق روایات تنی چند از دست‌اندرکاران نشان می‌دهد، که اندکی کمتر از نصف آن‌ها به وزارت دربار انتقال یافت.
۲- شایعه‌ای پخش شد که وی به دست «عوامل ساواک» به قتل رسیده است. گرچه آیت‌الله خمینی خود بارها این شایعه را تکذیب کرد، معذالک هنگامی که به قدرت رسید دستور داد به وی رسماً عنوان شهید داده شود و یکی از خیابان‌های تهران را به نام «شهید مصطفی خمینی» نام‌گذاری کرد.
۳- خاطرات پرویز ثابتی

و تیز علیه آیت‌الله خمینی، که هنوز بسیاری او را حتی آیت‌الله عظمی نیز نمی‌خواندند، انتشار داد. مقاله با امضای مستعار بود: احمد رشیدی مطلق. در مقاله نوشته شده بود که وی در جوانی هم‌جنس باز بوده که دلیل موجّهی در این زمینه وجود نداشت و به هر حال مطلبی بود، مربوط به زندگی خصوصی او که در ایران عادت به طرح آن در مطبوعات نبود. در مقاله نوشته شده بود که خمینی مردی بی‌سواد است، که کاملاً درست بود. اما هیچ‌کس تا آن زمان و تا دو سه سال بعد که وی به قدرت رسید ترشحات فکر و قلم او را به درستی نمی‌شناخت و نخوانده بود. وی را به همدستی با سازمان‌های جاسوسی خارجی متهم کرده بودند. حتی در مقاله نوشته شده بود که همسرش دختری سبک و در جوانی رقاصه‌ای دوره‌گرد بوده که البته درست نبود. همسر خمینی از خانواده‌ای محترم بود و رقاصه دوره‌گرد نبود و هرگز کسی در حُسن اخلاق وی تردیدی روا نداشته بود. شاید این اتهام بیش از همه خشم آیت‌الله را برانگیخته باشد. به هر حال، مقاله مجموعه‌ای بود از نکات درست و نادرست.

امروزه به درستی جریانی را که به تدوین و انتشار این مقاله منتهی شد می‌دانیم. مقاله‌ای که به صورت یک خطای بزرگ سیاسی درآمد:

امیرعباس هویدا که در شرفیابی‌های بامدادی‌اش متوجه عصبانیت شدید شاه از مفاد یکی دو نوار صوتی سخنان خمینی و پخش آن به وسیله رادیو لندن شده بود، به وی گفت: «چرا جوابی به او ندهیم و شخصیت واقعی و گذشته‌اش را بر ملا نسازیم؟» پاسخ شاه منفی نبود و گفت: «چرا نه»، عبارتی که در اصطلاحات و عادات او بود.

پرویز ثابتی از این ماجرا شرحی متفاوت داده[1] گویا ارتشبد نصیری (و بنابراین نه هویدا) مطلب را با شاه در میان گذاشته و شاه گفته این «پدر سگ، این مردک، این جاسوس که با اصلاحات ارضی و برابری زنان و مردان مخالف است، چه طور به خود اجازه داده که چنین مطالبی را عنوان کند؟»

به نوشته ثابتی شاه به نصیری دستور داد که دو مقاله علیه خمینی تهیه کنند و در شرفیابی بعدی به اطلاعش برسانند که «نگاهی به آن‌ها بکند» و سپس ترتیب انتشارشان داده شود.

۱- خاطرات

روایتی که مدیر امنیت داخلی از این ماجرا کرده کمتر قابل اعتماد به نظر می‌رسد و با همه روایت‌های دیگری هم که در دست داریم[۱] مباین است.[۲]

پاسخ شاه به هویدا، بی‌درنگ به صورت تائید و سپس «امریه» تلقی شد. تدوین مقاله‌ای- و نه دو مقاله- به یکی از اطرافیان و مشاوران مطبوعاتی هویدا که قلم‌زن سرشناسی بود محوّل گردید. گویا هدف اصلی مقاله را هم برایش توضیح ندادند و او هم که طبیعتاً نمی‌توانست به عواقب آن آگاه باشد، مطالبی را که درباره خمینی گفته و شنیده می‌شد سرهم کرد و مقاله با امضائی مستعار آماده چاپ و انتشار شد. به وزیر اطلاعات داریوش همایون «ابلاغ شد» که ترتیب این کار را بدهد.

فریدون هویدا سفیر ایران در سازمان ملل متحد و برادر وزیر دربار شاهنشاهی که به حق مقاله را «جرقّه‌ای بر آتش» تلقی کرده[۳] عقیده دارد که وزیر اطلاعات مقاله را به روزنامه بزرگ عصر تهران «تحمیل» کرد. داریوش همایون که بسیاری از انتقادات متوجه او بود، به تفصیل در این باره توضیح داده. اولاً تکذیب می‌کند که خود او نویسنده مقاله بوده، که قطعاً راست می‌گوید. ثانیاً شاه را متهم می‌کند که راساً الهام دهنده و آمر تهیه و تدوین مقاله بوده است. اما قبول کرده که مقاله را از وزارت دربار شاهنشاهی دریافت داشته، اضافه می‌کند که آن را نخوانده- که مشکل می‌توان قبول کرد- و سپس به ترتیب انتشار آن پرداخته است.[۴]

ترتیب انتشار مقاله، با وجود «اوامر»ی که شاه صادر کرده یا به نام او ابلاغ می‌کردند، دشوارتر از آن بود که در ابتدا تصوّر می‌شد.

در آن زمان، چهار روزنامه «بزرگ»، یا کثیرالانتشار، در تهران وجود داشت. دو روزنامه بزرگ بامدادی بلافاصله کنار گذاشته شد. نخستین آن‌ها رستاخیز، ارگان رسمی حزب واحد به همان نام بود یعنی عملاً روزنامه‌ی رسمی. روزنامه دیگر آیندگان بود، متعلق به

۱- از جمله آنچه خود شاه به نویسنده ایرانی کتاب در قاهره گفت. (ماه مه ۱۹۸۰)

۲- شاید قصد وی هم به اصطلاح نیشی به ارتشبد نصیری باشد و هم به‌ویژه تبرئه هویدا که دوست و حامی‌اش بود. به هر حال مطلب به خودی خود واجد اهمیت زیادی نیست. پی‌آمدهای آن از نظر سیاسی و جریان وقایع به مراتب مهم‌تر است. (مترجم)

3 -Fereydoun Hoveyda, La chute du shah, Buchet chastel, Paris, 1980

۴- داریوش همایون، دیروز و فردا، منطبعه در ایالات متحده آمریکا، ۱۹۸۱

خود داریوش همایون وزیر اطلاعات که چون بر این مقام رسید نامش از آن حذف شد، اما به نوشتن سرمقاله‌های آن ادامه می‌داد که از شیوه نگارشش به آسانی هویدا بود. در نتیجه دو روزنامه عصر تهران باقی ماند. کیهان از انتشار آن خودداری کرد. صاحب امتیاز و مدیر آن سناتور مصباح‌زاده مردی بانفوذ بود که می‌توانست مستقیماً با شاه تماس بگیرد و چون و چرای ماجرا را جویا شود، لااقل بپرسد که «امریه» او چه بوده و دریابد که در حقیقت امری صادر نشده بود.

آخرین راه‌حل، روزنامه اطلاعات، قدیمی‌ترین جراید پایتخت ایران بود که نیم قرن پیش‌تر خانواده مسعودی آن را بنیان نهاده بود. صاحب امتیاز و مدیر آن تا چندی پیش نایب رئیس بانفوذ مجلس سنا عباس مسعودی بود. پس از مرگ وی همسرش خانم قدسی مسعودی و پسرش فرهاد این گروه بزرگ مطبوعاتی را اداره می‌کردند. فرهاد مسعودی نیز چند ساعتی مقاومت کرد. کوشید از طریق مادرش که از معاشران ملکه تاج‌الملوک بود، به شاه هشدار دهد. اما توفیق نیافت و سرانجام تسلیم شد.

شب هنگام، روزنامه در سرتاسر ایران، از جمله در شهر قم پخش شد و به خصوص در آن‌جا اثری بسیار نامطلوب داشت. شاه که مقاله را نخوانده بود و جمشید آموزگار نخست‌وزیر که اصولاً در جریان این ماجرا نبود. از مفاد آن مطلع شدند. کار از کار گذشته بود.

ندانم کاری - اشتباه - خطای عمدی - نوعی توطئه؟

همه این فروض در بررسی‌های مختلف عنوان شده.

قدر مسلم این است که با انتشار این مقاله عملیات «در مدار قرار دادن» آیت‌الله خمینی آغاز شد. هنوز نام و شهرتش محدود بود. اما در مقابل آیت‌الله عظمی شریعتمداری که مردی مقبول و تا حدی محتاط بود، به صورت رهبر جریان مخالف دولت و حکومت بر روی صحنه آمد و ندانم‌کاری‌ها ادامه یافت.

فردای آن روز، یعنی ۹ ژانویه، ۳۰۰۰ تن به نوشته وقایع‌نگار رسمی جمهوری اسلامی[1]، «چند ماجراجو و آشوبگر» به گفته مأموران انتظامی در کوچه‌های قم- شهری

۱- حجت‌الاسلام علی دوانی در تاریخ نهضت روحانیت ایران، بنیاد فرهنگی امام رضا، تهران.

که جمعیتش در آن زمان بالغ بر ۴۰۰٬۰۰۰ تن بود به تظاهر و اعتراض علیه مفاد این مقاله که توهین‌آمیز تصور شـده بود، پرداختند. مأموران شهربانی برای متفرق کردن جمعیت، مداخله کردند. یک تن از تظاهرکنندگان اندکی بعد در پی جراحاتی که به وی داده شده بود، درگذشت. نخستین قربانی انقلاب.

مقامات دولتی تسلیم نشدند. در روز ۲۶ ژانویه صدها هزار تن در خیابان‌های تهران و هزاران تن در شهرهای دیگر به مناسبت سالروز انقلاب سفید به تظاهر پرداختند. این تظاهرات به دعوت رستاخیز انجام گرفت. اما دولت قادر به بهره‌برداری سیاسی از آن نشد.

در روز ۱۹ فوریـــه، بــه دعــوت آیــت‌الله عظمی شـریعتمداری که نمی‌توانست همبسـتگی‌های «صنفی» را به کلی فراموش کند، مراسـمی در قم و چند شـهر دیگر به مناسبت «چهلم» شخصی که در قم کشته شده بود، برقرار شد. شریعتمداری، بعداً از این که ابتکار چنین کاری را شخصاً قبول کرد، اظهار تأسف می‌نمود.[1] ولی نه در آن روزها و نه علناً.

در مجموع، همه روحانیت یک صدا شـده، تقاضای «اصلاحات» و تغییر اساسـی می‌کردند. کم و کیف این تغییرات چه بود؟ کسی نمی‌گفت و احتمالاً نمی‌دانست.

هنوز روحانیت علیه شاه و نظام سلطنتی جبهه نگرفته بود و بر روی هم دگر گونی‌های مـورد تقاضا همان اجرای دقیق قانون اساسـی، جدائی حکومـت از سـلطنت و تحدید اختیارات شاه به نظر می‌رسید.

در تبریز، موطن شریعتمداری، تظاهرات روز چهلم جنبه خشونت‌آمیز یافت. بیش از نیمی از بازار بزرگ شهر به حال تعطیل درآمد. پس از پایان تظاهرات، گروه‌های کوچکی به محل حزب رستاخیز و شعبه‌های چند بانک حمله کردند و آن‌ها را به آتش کشیدند. شب قبل، شهربانی تبریز دستور داده بود که درهای مسجد بزرگی را که قرار بود «چهلم» در آن‌جا برگزار شـود به روی هواداران شـریعتمداری ببندند، که اشتباه بود. بامداد همان روز، چند ساعت قبل از شروع تظاهرات ارتشبد نصیری رئیس ساواک شخصاً به رئیس

۱- در مذاکراتش با نویسـنده ایرانی کتاب که واسطه گفتگوهای بی‌حاصل میان محمدرضا شاه و آیت‌الله عظمی بود.

شهربانی استان تلفن کرد و گفت که درهای مسجد را به روی تظاهرکنندگان بگشاید تا از پراکنده شدن آنان در شهر جلوگیری به عمل آید. دستوری که معقول و منطقی بود. رئیس شهربانی تبریز مؤدبانه به او جواب داد که وی تابع رئیس کل شهربانی است، به علاوه دستور کتبی دریافت داشته که لغو آن مستلزم دستور کتبی دیگری است.

ارتشبد نصیری ناچار شد به نخست‌وزیر، یعنی در حقیقت رئیس خود، متوسّل شود. آموزگار به شرط احتیاط عمل کرد و از شاه کسب تکلیف نمود و سرانجام دستور گشودن درهای مسجد هنگامی به رئیس شهربانی استان آذربایجان رسید که مردم در خیابان‌ها پراکنده شده و امکان مراقبت در اوضاع از دست رفته بود. این مورد نقطه ضعف نظام‌های حکومتی را نشان می‌دهد که در آن هیچ‌کس جرأت اتخاد تصمیم نهائی را ندارد. دولت خود نمی‌دانست چه می‌خواهد و چه می‌کند. هر کسی چیزی می‌گفت. لاجرم، در برابر آتش‌افروزی‌ها و غارت‌ها مأموران انتظامی ناچار به مداخله شدند. آن‌ها نه آموزش و تجربه‌ای در این زمینه داشتند و نه وسائل لازم. این هم دلیل بر سوء جریان و ندانم‌کاری بود. ناچار به تیراندازی هوایی و سپس به سوی متظاهرین پرداختند. چند کشته و زخمی به جای ماند و دیگر تسلسل باطل تظاهرات، خشونت مأموران و تظاهرات دیگر برای اعتراض آغاز شد و به تدریج سررشته کارها از دست مأموران و دولت به در رفت.

وزیر مشاور و معاون پارلمانی نخست‌وزیر، هلاکو رامبد، در پاسخ یکی از نمایندگان در جلسه علنی مجلس اظهار داشت که «آشوبگران از آن سوی مرزها آمده بودند». مخالفان دولت او را به مسخره گرفتند. افکار عمومی در شک و تردید بود. ولی هلاکو رامبد حق داشت. چند تن از ایرانیانی که تازه از آمریکا به کشور خود بازگشته و از اعضای شناخته شده سازمان‌های چپ و خشونت‌گرای افراطی بودند، گروهی از کسانی که در اردوگاه‌های فلسطینی در لبنان و جاهای دیگر دوره‌های کارآموزی دیده بودند و هم‌چنین شماری افراد غیر ایرانی، در تبریز بازداشت شدند. حضور هیچ یک از آنان در آن شهر توجیهی نداشت. خارجیانی که جلب و بازداشت شده بودند، جز عربی زبانی نمی‌دانستند، فلسطینی یا موسوم به فلسطین بودند، بسیاری از آن‌ها به اسلحه سرد و مواد محترقه مسلح بودند.[1] به دستور دولت همه این افراد، چه ایرانی چه غیر ایرانی، آزاد شدند. بنای کار بر

۱- در مورد این جریان نگاه کنید به خاطرات سیاسی بسیار جالب حسین موسوی یادنامه‌ها، کلن، ۲۰۰۴. مرحوم حسین موسوی، وکیل معروف عدلیه، سناتور آذربایجان شرقی و در زمان دبیرکلی دکتر جمشید

رعایت «فضای باز سیاسی» بود.

می‌بایست دولت اطلاعات دقیق و مستند و درستی در اختیار افکار عمومی بگذارد. مردم سخت نگران و تشنه اخبار بودند. این کار انجام نشد و ناچار صحنه برای شایعه‌سازان و اتهامات مخالفان خالی ماند، که از آن بهره‌برداری کردند. دیگر به طور جدی دو مسأله مطرح بود: چه کسی بر کشور حکومت می‌کند؟ چه آینده‌ای در انتظار ایران است.

با این وجود، در روز هفتم آوریل رستاخیز در مقام آن برآمد که عکس‌العملی نشان دهد، یا لااقل اظهار وجود کند. تظاهراتی در شهر تبریز ترتیب داده شد که هزاران تن در آن شرکت کردند. جمشید آموزگار نخست‌وزیر و دبیرکل حزب به تبریز رفت و نطقی شاعرانه و پراحساس در مقابل جمعیت ایراد کرد. متأسفانه به هنگام تظاهرات قسمتی از جایگاهی که برای سخنرانان و مدعوین باشتاب ساخته شده بود، فرو ریخت. نه کسی آسیب دید و نه مانعی در ادامه مراسم شد. اما بسیاری آن را به فال نیک نگرفتند. نه تنها بازار شایعات که بازار این قبیل تصورات خرافی نیز گرم بود.

در فاصله فرودگاه به محل اجتماع و سپس مراجعت، جمشید آموزگار حتی اجازه نداد که اتوموبیلش را متوقف کنند که به سوی مردم شهر برود و با آنان چند کلمه‌ای صحبت کند[1] البته باید گفت که طبیعتاً مردم گریز بود و این قبیل حرکات را دوست نمی‌داشت.

پس از تظاهرات قم، گروه بررسی مسائل ایران گزارش دقیق درباره روابط حکومت و دولت با جامعه روحانیت تحت عنوان «گفتگو»، آشتی و تفاهم با قم به شاه داد. حتی بعضی از اعضای دفتر هم‌آهنگی گروه در تدوین و ارسال آن تردید داشتند و نمی‌خواستند شاه را برنجانند. در این گزارش با ذکر سوابق و جزئیات یادآوری شده بود که روحانیون ممکن است و می‌توانند به گردانندگان اصلی حرکات مهم سیاسی و اجتماعی تبدیل شوند، که مذاکره با آنان ضروری است و در درجه اول باید با آیت‌الله عظمی شریعتمداری کنار آمد. مقاله اطلاعات درباره خمینی نیز، یک اشتباه بزرگ سیاسی تلقی شده بود.

این بار شاه از خود عکس‌العمل سریعی نشان داد. برخلاف آن‌چه بعضی تصور

آموزگار قائم مقام دبیر کل حزب رستاخیز بود.

۱- خاطرات حسین موسوی، متن ذکر شده، سناتور موسوی ترتیب دهنده و گرداننده اصلی این تظاهرات بود.

می‌کردند، نه گله‌مند و نه خشمگین شد و نه ابراز مخالفت کرد. دستور داد یک «کمیسیون سری» به ریاست نصرت‌الله معینیان رئیس دفتر مخصوص تشکیل شود، به این گزارش رسیدگی و مفاد آن را به دقت ارزیابی کند.

جلسه کمیسیون فوراً تشکیل شد. شخصیت‌های بسیار در آن شرکت داشتند. از جمله رئیس ساواک و مدیر امنیت داخلی پرویز ثابتی، رئیس کل شهربانی، یک وزیر و یک معاون نخست‌وزیر و نیز آیت‌الله دکتر سید حسن امامی، روحانی محترم نزدیک و مورد توجه شاه، امام جمعه تهران، که حضورش استثنائی و دال بر نگرانی محمدرضا شاه از جریان اوضاع بود.

از جانب گروه، دکتر کاظم ودیعی، نویسنده اصلی گزارش، و نیز رئیس گروه (نویسنده ایرانی این کتاب) که آن را شخصاً به شاه داده بود، در جلسه حضور داشتند. پس از دو نشست و مذاکراتی گرم و گاهی تند، گزارشی تنظیم شد که الهام‌بخش اصلی آن ارتشبد نصیری و وزیر و معاون نخست‌وزیر حاضر در جلسه بودند. در این صورت‌جلسه، ذکر شده بود که، به استثنای چند آخوند، جامعه روحانیت به «اعلیحضرت همایون شاهنشاه آریامهر» کاملاً وفا دارند و تحریکات و نابسامانی‌ها ناشی از عوامل حزب توده است، که از سال‌ها پیش ممنوع و به اصطلاح منحلّه بود. و در نتیجه موردی برای اجرای پیشنهادهای گروه وجود ندارد.

آیت‌الله دکتر سید حسن امامی، از تائید و امضای صورت‌مجلس خودداری کرد و گفت «لباسش» به او اجازه این کار را نمی‌دهد. خود را کنار کشید. پرویز ثابتی گفت که با حضور رئیس متبوعش، امضای او ضرورت ندارد و شاید ضروری باشد که در بعضی نتیجه‌گیری‌ها تعدیلی به عمل آید. معذالک امضاء کرد. چند تن از اعضای کمیسیون به‌طور خصوصی مفاد گزارش گروه را تائید کردند. اطرافیان ارتشبد نصیری اظهار داشتند که رئیس‌شان تصور می‌کند که اگر هم اوضاع مشوش‌تر شود، دستگاهش قادر به استقرار نظم هست و ضرورتی به نگران ساختن خاطر شاه وجود ندارد.

صورتجلسه به شاه تسلیم شد. کوچک‌ترین عکس‌العملی نشان نداد. بی‌توجهی به آن‌چه می‌گذشت، هم‌چنان بر صدر هرم قدرت حاکم بود.

در هفته بعد از اغتشاشات تبریز، گروه بررسی مسائل ایران اعلامیه‌ای انتشار داد. این نخستین بار بود که گروه به چنین اقدامی دست می‌زد. لحن اعلامیه البته دانشگاهی بود. در طی آن، هم به علل محلی اغتشاشات تبریز (از جمله سوء اداره و اشتباهات شهرداری و انجمن شهر) اشاره شده بود و هم به موجبات دیگری که ناشی از شهرداری نبود، از جمله بنیان‌گذاری واحدهای بزرگ صنعتی در اطراف شهر، بدون آن‌که اهالی محل از فعالیت آن بهره‌مند شوند، ولی باعث کسادی کسب و کار بخشی از بازاریان شده. گروه به تحریکات خارجی اشاره کرد ولی بر ضرورت پاکسازی محیط و رفع نارضائی‌هایی که زمینه این تحریکات را فراهم می‌ساخت و مخصوصاً بر ضرورت گفتگو و تفاهم با سران جامعه روحانیت تأکید نمود.

این‌بار، گزارش برای شاه نبود. به جراید داده شد که تقریباً همه آن را منتشر کردند. شاه اعتنائی نکرد. حتی کلمه‌ای بر زبان نیاورد، حال آن‌که بعضی از نویسندگان آن را، به مناسبات مختلف مرتباً می‌دید و می‌توانست اشاره‌ای در تأکید و یا تکذیب آن بکند.[۱] رفتار او هنوز چنان بود که همه چیز در امن و امان است و هیچ جا خبری نیست. اطرافیانش، و کسانی که به دیدارش می‌رفتند، دیگر علناً از این بی‌تفاوتی ظاهری اظهار تعجب می‌کردند.

آیا این بی‌تفاوتی ناشی از بیماری‌اش بود، ناشی از داروهایی بود که به وی تجویز می‌کردند. بسیاری از استادان پزشکی، چه ایرانی، چه خارجی بر این عقیده‌اند. پروفسور صفویان نظر آنان را تائید نمی‌کند.

انتشار اعلامیه گروه درباره تبریز بر دولت بسیار گران آمد. دکتر جمشید آموزگار تصوّر کرد که هدف اصلی خود او است چرا که استاندار آذربایجان شرقی یکی از اقوام نزدیکش بود. وزیر دربار شاهنشاهی و ساواک جراید را به انتقاد از گروه تشویق و بلکه تجویز کردند. انجمن شهر تبریز را واداشتند که قطعنامه‌ای صادر کند و به نظرات گروه بتازد. در این قطعنامه اعضای آن «گروهی آشوبگران و خرابکاران حرفه‌ای» نامیده شده بودند.[۲]

۱- از جمله رئیس گروه، پروفسور عباس صفویان پزشک مخصوصش، دکتر فرهاد ریاحی رئیس دانشگاه بوعلی و دکتر شاهرخ امیرارجمند، رئیس مدرسه عالی دختران که این دو در بعضی از پذیرائی‌های خصوصی دربار شرکت داشتند.

۲- که از آن جمله بودند یکی از وزیران کابینه، پزشک مخصوص شاه، دادستان کل و چند تن از روسای شعب دیوان عالی کشور، رئیس کانون وکلا، دو تن از سناتورها، شماری از نمایندگان مجلس، تقریبا همه

با این وجود هنوز شاه و شهبانو به زندگی و کارهای متعارف خود ادامه می‌دادند. در بهار سال ۱۹۷۸، آخرین بازدیدهای رسمی خود را در خارج از کشور انجام دادند. دو مسافرت یکی در لهستان و چکسلواکی، آن دگر در مجارستان و بلغارستان. در هر چهار کشور احتراماتی مافوق حدمتعارف و باشکوهی استثنائی نسبت به زوج سلطنتی ایران ابراز گردید. تجمل و تشریفاتی که چندان سوسیالیستی نبود. هنوز همه محمدرضا شاه را یکی از بازیگران اصلی صحنه سیاست جهان می‌پنداشتند، که بود. دو دکترای افتخاری در طی این سفرها به شاه داده شد. در پراگ به شهبانو نیز همین عنوان اعطاء گردید. پاسخ شاه به سخنان رئیس دانشگاه معروف و قدیمی شارل پنجم، گفتاری عادی و متعارف بود. پاسخ شهبانو، که یکی از استادان روابط بین‌المللی دانشکده حقوق دانشگاه تهران آن را تدوین کرده بود، در سطحی عالی و عرفانی بود و با کف‌زدن‌های ممتد انبوه حاضران مواجه شد. شاه که شاید از این استقبال چندان خوشش نیامده بود. به فارسی به همسرش گفت «خوب، می‌بینیم که برای شما خیلی کف زدند».

در براتیسلاوا[1]، ارتش چکسلواکی یک برنامه نمایش اسلحه جدید و عملیات نظامی برای مدعوین ترتیب داده بود. پراگ از علاقه شاه به تنوع منابع تأمین نیازهای ارتش ایران به ساز و برگ‌های جدید آگاه بود، تسلط شخصی او را بر این مسائل می‌دانست و می‌خواست به بهترین وجه نظر او را جلب کند.

جایگاهی در بلندی فراهم شده بود که شاه و شهبانو و مدعوین بتوانند به آسانی نمایش ساز و برگ‌ها و عملیات نظامی را مشاهده کنند. شهبانو به همسرش گفت «من واقعاً از این نوع نمایش‌ها که یادآور جنگ و خونریزی است خوشم نمی‌آید.» شاه به او جواب داد، «شاید شما روزی فرمانده کل ارتش شاهنشاهی بشوید». عکس‌العمل شهبانو، فوری و صمیمی بود: «خدا آن روز را نیاورد.[2]»

تا آغاز ماه مه ۱۹۷۸ زندگی شاه و شهبانو به روال معمول خود می‌گذشت. با وجود

روسای دانشگاه‌ها، رئیس دفتر مخصوص شهبانو و جمعی از برجسته‌ترین روشنفکران ایران!

۱- Bratislava که اکنون پایتخت کشور اسلواکی است.

۲- هوشنگ نهاوندی شاهد این گفتگو بود. اندکی قبل، در ماه فوریه، شاه در بازدید از برنامه‌های جنگل‌کاری غرب تهران که شامل بر ۴۰,۰۰۰ هکتار می‌شد به وزیر کشاورزی گفت، «امیدوارم بمانیم و این منطقه را که جنگلی واقعی شده باشد ببینیم.» (روایت دکتر هادی هدایتی که حاضر و ناظر بود.) طبیعتاً اندیشه بیماری و درگذشت محتومش را همواره در سر داشت ولی کسی درباره آن چیزی نمی‌دانست.

تظاهراتی که این‌جا و آن‌جا روی می‌داد، شاه هم‌چنان مسلط بر اوضاع به نظر می‌رسید. با دوری امیر اسدالله علم از ایران که به سبب تشدید بیماری‌اش به خارج رفت و در فرانسه و سپس در آمریکا بستری بود، و سرانجام در ماه مه در این کشور درگذشت و شاه دوست امین و رازدارش را از دست داد، دیگر اطلاع دقیقی از گذران زندگی خصوصی محمدرضا پهلوی نداریم. می‌دانیم که بعدازظهرهای سه‌شنبه، غالباً چند ساعتی از کاخ خارج می‌شد، خودش اتومبیل ساده‌ای را می‌راند و فقط یک اتومبیل اسکورت همراهش بود، و به همان خانه معروف پل رومی می‌رفت. ترتیب‌دهنده این ملاقات‌ها، یکی از صاحب منصبان جوان دربار شاهنشاهی بود. اما با اوج نابسامانی‌های انقلابی، این برنامه نیز متوقف و قطع شد.

کسانی که در این هفته‌ها به دیدارش می‌رفتند، همه از آرامش و بی‌تفاوتی ظاهری‌اش نسبت به آن‌چه در کشور می‌گذشت و یا در حال تکوین بود، تعجب می‌کردند و معمولاً آن را حمل بر خونسردی و اعتماد به نفس و اعتماد به آینده می‌نمودند.

روز دهم مه، به هنگام اجتماعی از مخالفان در قم، قوای انتظامی در تعقیب گروهی از آنان وارد اقامتگاه آیت‌الله عظمی شریعتمداری شدند که ساختمانی کوچک با حیاطی کوچک بود. این عمل سهوی بود یا عمدی؟ نمی‌دانیم. دکتر جمشید آموزگار به محض اطلاع از آن مراتب تأسف خود را به اطلاع وی رساند. در همین گیرودار دو تن نیز به قتل رسیدند.[1] این اتفاق می‌توانست سر و صدایی به راه بیاندازد. اما آیت‌الله عظمی همه را به آرامش دعوت کرد و چنین نیز شد. در همین اوان، در اجرای سیاست فضای باز سیاسی، مقامات دولتی تعدادی از کسانی را که آنان را زندانیان سیاسی نام نهاده و در حقیقت به سبب عملیات تروریستی، حمله به بانک‌ها یا سوءقصدهای مختلف، اسلحه به دست

۱- ریزاک کاپوشینسکی Riszak Kapuscinski در زندگی‌نامه داستان گونه‌ای که از شاه نوشته (le shah, Flammarion, 2010) و بسیاری به آن اشاره و استناد نیز می‌کنند، شمار کسانی را که «به دست ساواک» در حیاط اقامتگاه شریعتمداری کشته شدند، پانصد تن ذکر کرده. در یک بیوگرافی دقیق و مستند، محقق لهستانی Artok Domslavski در کتابی تحت عنوان La Verite' Par le Men-songe Arênes, 2011 واقعیات را درباره افسانه‌سرائی‌های کاپوشینسکی در این کتاب و بعضی دیگر از نوشته‌هایش عیان کرده. کاپوشینسکی در حقیقت کارمند مزدور سازمان اطلاعاتی لهستان کمونیست بود و با الهام از آن‌ها می‌نوشت. نویسنده کتاب در هنر نویسندگی و داستان‌سرائی او شبهه‌ای ندارد. دروغ‌گویی‌هایش را عیان کرده. بیوه کاپوشینسکی برای جلوگیری از پخش این کتاب به دادگاه‌های لهستان شکایت برد و محکوم شد.

توقیف و محاکمه و زندانی شده بودند، آزاد کردند. این افراد به فرمان شاه با استفاده از اختیارات قانونی‌اش یا به عنوان عفو و یا در پی تخفیف مجازات آزاد می‌شدند. هر بار دولت اعلام می‌کرد که زندانیان دیگری نیز آزاد خواهند شد.

به موازات این عمل، مأموران انتظامی در حدود سیصد تن را که در اغتشاشات، آتش‌افروزی‌ها و غارت‌های چند ماه اخیر شرکت داشتند جلب و بازداشت کردند. پرویز ثابتی در خاطراتش می‌نویسد که ساواک به نخست‌وزیر پیشنهاد کرده بود که ۱۵۰۰ نفر جلب و بازداشت شوند تا اغتشاش و آتش‌افروزی در «نطفه خفه شود». آموزگار قبول نکرده گفت، «جواب انجمن‌های دفاع از حقوق بشر را چه بدهیم؟» نتیجه آنکه وی به هویدا متوسل شد و بدون رضایت رئیس دولت، با جلب موافقت شاه، دستور به جلب ۳۰۰ تن به وسیله ساواک داد. این بازداشت‌ها بدون سر و صدا انجام شد و بازداشت‌شدگان اسم و شهرتی نداشتند. در میان آن‌ها نه سیاسیون دیده می‌شدند و نه اخلالگران خارجی. بنابراین عکس‌العملی هم نه در داخل ابراز شد و نه در خارج. در عوض این جریان به خوبی ناهماهنگی‌ها و تضاد موجود در قله تصمیم‌گیری کشور را نشان می‌دهد.

پس از این جریان آرامشی نسبی در سرتاسر کشور برقرار شد... محمدرضا شاه می‌توانست از آن بهره گیرد و از موضع قدرت (که هنوز داشت) به اصلاحات ضروری سیاسی بپردازد. در آن هنگام می‌بایست کس یا کسانی که در کنارش بودند و کشور را اداره می‌کردند، امور را قاطعانه به دست می‌گرفتند و در نظم و امنیت کامل اصلاحات و تغییرات را به پیش می‌بردند و گفتگویی واقعی با روحانیون و گروه‌های سیاسی برقرار می‌کردند که به این ترتیب فضای داخلی برای مقابله به دسیسه‌های بین‌المللی آماده می‌گردید. شاه این فرصت را از دست داد. نخست‌وزیرش سیاستمدار توانایی نبود و بیشتر به جزئیات توجه داشت و می‌خواست جلوی ولخرجی‌ها را بگیرد. گرچه شاه او را قبلاً به باد مسخره گرفته می‌گفت «خسیس است جز برای دوستان خود»[1] خوشبختانه دوستانش زیاد نبودند! به هر حال او مرد میدان نبود. در مقابل امیرعباس هویدا، شیوه‌های کار را خوب می‌دانست. وقتی وزیر دربار شد همه سرنخ‌هایی را که در دست داشت و شبکه‌ای را که ایجاد کرده بود، به خدمت خدعه علیه جانشین خود گرفت تا او را تضعیف کند. فضا فلج‌کننده و بازدارنده بود. سیاستی دیگر برای مقابله با بحران ضرورت داشت.

۱- خاطرات علم

محمدرضا شـــاه، به دشواری‌های روز توجه کمتری داشـــت و به ترازنامه درخشان دوران ســـلطنت و حکومتش به حق می‌بالید. در این اواخر مدام می‌گفت که لازم اســـت دمکراســـی به گونه‌ی غربی در کشـــور به وجود آید. اما متأســـفانه، اصلاحات سیاسی و پایه‌گذاری نظامی را که می‌بایست مقدمه آن باشد آغاز نمی‌کرد.

در این بهار و تابستانِ، همه خطرها و همه امکانات خروج از بحران، سخنان شاه در همه مصاحبه‌هایش، در همه ملاقات‌هایش در زمینه وسعت و عظمت کارهایی بود که در کشورش انجام شده. می‌گفت و می‌گفت و تکرار می‌کرد که درآمد سرانه سالیانه از ۱۶۰ دلار به ۲۴۵۰ دلار رسیده است و در آغاز هزاره سوم از ۱۰,۰۰۰ دلار تجاوز خواهد کرد و ایران هم‌تراز اسپانیای سال ۲۰۰۰ خواهد شد. می‌گفت که سال‌ها است نرخ برابر ریال در برابر دلار ثابت مانده و میزان ذخائر ارزی کشور از مجموع ذخائر ارزی هلند، بلژیک، ایتالیا و اسپانیا بیشتر است.[۱] می‌گفت که توانایی اقتصادی ایران به آن‌جا رسیده که مذاکرات لازم را برای عضویت در .O.C.D.E، سازمان کشورهای پیشرفته جهان آغاز کرده است. ارقام افزایش حیرت‌انگیز تولیدات نفت، قند و شکر، سیمان، فولاد را ذکر می‌کرد.

وی از آغاز کوشـــش‌های ایران در زمینه اســـتفاده صلح‌جویانه از نیروی اتم ســـخن می‌گفت و آن را از مبانی آینده اقتصاد ایران برمی‌شمرد.[۲]

همه این آمار و ارقام و بینش شـــاه از حال و آینده کشـــورش نادرســـت نبود. ایران پیشـــرفتی چشمگیر داشت. اما دشـــواری‌های زندگی روزانه مردم نیز فزآینده بود. فشار

۱- این رقم مربوط به سال ۱۹۷۵ است.

۲- ظرفیت نیروگاه‌های غیراتمی ایران در سال ۱۹۷۷ مجموعاً ۷۵۰۰ مگاوات ساعت بود، حال آن که در سال ۱۹۶۳ این رقم از ۸۵۰ مگاوات در ساعت تجاوز نمی‌کرد. چهار مرکز بزرگ تولید برق اتمی در حال ساختمان بود که دو واحد آن در بوشهر بیش از ۸۰٪ پیشرفت داشت و می‌بایست حداکثر در ظرف هجده ماه آینده یعنی قبل از ۱۹۸۰ به پایان و مرحله بهره‌برداری برســـد. آغاز برنامه‌های اتمی ایران را باید در دهه ۱۹۶۰ قرار داد. از ســـال ۱۹۵۳ مطالعاتی در این زمینه آغاز شـــده بود. ایران در ســـال ۱۹۵۹ به آژانـــس بین‌المللـــی انرژی اتمی A.I.E.A واقع در وین (پایتخت اتریش) پیوســـت و در ســـال ۱۹۶۸ قرارداد جلوگیری از گســـترش سلاح‌های اتمیِ را امضاء کرد که اندکی قبل به تصویب مجمع عمومی ســـازمان ملل متحد رسیده بود. اما ایران بعداً، همانند پاکستان و اسرائیل (دو کشور از همان منطقه) متن مربوط به ممنوعیت بررسی و تحقیق درباره سلاح‌های اتمی را امضاء نکرد.
نگاه کنید به:
Le Monde, l'e'volution du programe nucleaire de p' Iran de paris, 1953, 8 November 2011

تورمی و افزایش مداوم نرخ کالاهای مورد نیاز عامه، همه را رنج می‌داد. مزاحمت اطاق اصناف بی‌وقفه ادامه داشت و از عوامل اصلی نارضائی عمومی بود. قطع مکرّر جریان برق در زندگی مردم چند شهر بزرگ، از جمله و به‌ویژه تهران، ایجاد اختلال می‌کرد. مردم فساد تنی چند از مسئولان را عنوان می‌کردند و از رفتار خلاف قانون آنان به تنگ آمده بودند.

به عنوان مثال ساختمان اقامتگاهی برای شاهدخت اشرف (نه به هزینه دولت، به هزینه خود او) درکنار دریای خزر در سال‌های ۱۹۷۶ و ۱۹۷۷ که مقررات مربوط به حاشیه ساحلی دریا را که طبق اصول انقلاب سفید ملّی اعلام شده و واقعاً مورد احترام و تائید همگان بود رعایت نمی‌کرد و در حقیقت اراضی ملی شده را بدون اجازه تصرف کرده بود.[۱]

این اقدام خواهر دوقلوی شاه اعتراضاتی را در منطقه برانگیخت، مردم بسیاری از همه نقاط به آن‌جا می‌آمدند و از این «عمل خلاف قانون» عکس‌برداری می‌کردند. در سال ۱۹۷۸ مطلب در مساجد منطقه نیز عنوان شد. اما شاهدخت اعتنائی نداشت. رئیس یک انجمن کوچک مهندسان معمار[۲] به شهبانو شکایت برد، که در جریان و از این بی‌قانونی در رنج بود. اما حاصلی نداشت.

در بهار سال ۱۹۷۸، به مناسبت «روز زن» در استادیوم سرپوشیده ورزشی پایتخت، در برابر بیش از ده هزار نفر، شاه مخالفان خویش را نادان، مرتجع و عقب‌مانده خواند و با اشاره آشکار به آخوندها گفت «مه نشاند لوز و سگ عوعو کند». همه این سخنان را دال بر اتخاذ سیاستی قاطع و نشانه سختگیری و اراده وی بر جلوگیری از آشوب و نابسامانی دانستند. هیچ اتفاقی نیافتاد، جز آن‌که بر گله و شکوای روحانیون افزوده شد و بهانه دیگری به دست‌شان داد.

در روز ۹ ژوئن، که دیگر آرامش نسبی در سرتاسر کشور برقرار شده و اوضاع به

۱- در منطقه سولده- نور در مازندان در برابر یک پارک جنگلی که آن هم ملی اعلام شده بود و به قسمتی از آن هم تجاوز شده بود.
۲- میرحسین موسوی که بعداً به مدت هشت سال نخست‌وزیر آیت‌الله خمینی و معروف و متهّم به افراط در خشونت و تخلف از قوانین شد. با سناتور حسین موسوی که از خاطراتش یاد کردیم، اشتباه نشود. (مترجم)

ظاهر عادی به نظر می‌رسـید، شاه به یکی از بازدیدهای متعارف خود در استان خراسان رهسپار شد که همواره با زیارت مرقد حضرت رضا امام هشتم شیعیان آغاز می‌شد.

در حالی‌که در این سـو و آن سوی کشـور تظاهراتی علیه دولت و حکومت و گاه خود او صورت می‌گرفت، استقبال مردم مشهد[1] گرم و پرشور بود. شاه در اتومبیل روباز خود خیابان‌ها را پیمود و به احساسات ده‌ها هزار تنی که در اطراف معابر جمع شده بودند با خوشـی و لبخندی صمیمانه پاسخ داد. پس از زیارت سنتی مرقد امام هشتم، در یکی از تالارهای موزه آسـتان قدس رضوی پنجاه تن از روحانیون شـهر را که بعضی از آن‌ها اهمیت و مقام خاص داشـتند به حضور پذیرفت. بسـیاری از آن‌ها دستش را بوسیدند، مگرنه آن‌که او پادشـاه تنها کشور شیعه جهان بود. شـاه با آنان محترمانه رفتار کرد و به همکاران کسـانی که اندکی قبل آن‌ها را مرتجع و عقب افتاده خوانده بود، احترام خاص خود را به اسلام و به امام هشتم شیعیان یادآور شد.

در بعدازظهر همان روز تا شب، ابتدا بازدید کوتاهی از یک واحد صنعتی کرد. استقبال کارگران از او پرشور و هیجان بود.[2] که شاه در پاسخ آنان سخنانی محبت‌آمیز ایراد نمود. سپس یک پایگاه نظامی را مورد بازدید قرار داد. در بازگشت به کاخ ملک‌آباد[3] با هلی‌کوپتر برفراز کارگاه ساختمانی پردیس جدید دانشگاه فردوسی پرواز کرد و به اطرافیانش گفت «می‌خواهم بعدازظهر فردا با استادان دانشگاه دیدار کنم.» عبدالعظیم ولیان، استاندار خراسان به عرضش رسـاند «چگونه می‌توان صدها تن اسـتاد را ظرف چند سـاعت در جریان گذاشت و به کاخ فراخواند». شاه با سردی پاسخ داد «همین است که گفتیم».

همان شـب دکتر پرویز آموزگار[4] رئیس دانشـگاه از موضوع آگاه شـد و تمام شب

۱- محله اطراف مرقد امام رضا، مسجد گوهرشاد و موزه آستان قدس رضوی از چند سال پیش به تدریج بازسازی شده و این عمارات عظیم، شکوه و جلال دیرین خود را باز یافته بودند. شاه همیشه می‌گفت که میل دارد، مشهد واتیکان عالم تشیع و ساختمان‌هایش در همان مقام در عظمت و جلال باشد.

۲- در مجموع، کارگران و کشـاورزان تا پایان سـلطنت و حرکت شـاه از ایران به وی وفادار ماندند و به تظاهرات مخالفان نپیوستند.

۳- کاخ ملک‌آباد، برخلاف آن‌چه غالباً نوشـته می‌شـد «سلطنتی» نبود. بلکه مانند بخش مهمی از شهر مشـهد و اطراف آن متعلق به «امام رضا»، هشـتمین امام شیعیان بود. شاه در سمت تولیت آستان قدس رضوی (سـنتی که از زمان شاه اسمعیل اول در سـال ۱۵۰۱ برقرار شد) اقامتگاهی در باغ مصفا و وسیع ملک‌آباد داشت که به آن نام کاخ داده شده بود.

۴- فاقد هرگونه نسبت خانوادگی با نخست‌وزیر وقت.

کوشید مقدمات آن شرفیابی را فراهم آورد. به همه اعضای هیأت علمی و محققان وابسته به دانشگاه اطلاع داده شد که فردا، در ساعت مقرر، در کاخ ملک‌آباد به دیدار شاه خواهند رفت.

در ساعت ۱۱ صبح، استاندار و مسئول ساواک منطقه فهرستی هشت نفره از استادان «نامطلوب» به رئیس دانشگاه دادند و از وی خواستند که به دلائل «امنیتی» از باریابی‌شان به حضور شاه جلوگیری کند. رئیس دانشگاه به آنان گفت، «هیچ استثنائی وجود نخواهد داشت. وگرنه خود من به تنهایی به حضور اعلیحضرت می‌رسم و ادای احترام می‌کنم». مسئولان پاسخ دادند «شما که دیروز در فرودگاه این کار را کردید.» سرانجام پرویز آموزگار گفت «می‌خواهید قبول کنید، می‌خواهید قبول نکنید. تصمیم با شما است». لاجرم «مسئولان»، مسأله را برای اتخاذ تصمیم نهائی به استحضار شاه رساندند که در حضور جمع سخت برآشفت و گفت، «چطور ساواک به خود اجازه می‌دهد که برای من تعیین تکلیف کند؟» عصبانیت علنی شاه حساب شده و عمدی بود. پیامی بود به ارتشبد نصیری که قطعاً در ظرف چند ساعت نه تنها در محیط سیاسی مشهد و تهران به اطلاع همه رسید، بلکه طبیعتاً به خود او نیز گزارش شد.[1]

به این ترتیب، بعدازظهر همان روز شاه با چند صد تن دانشگاهی که با اتوبوس و بدون هیچ تفتیشی به محوطه کاخ ملک‌آباد آمده بودند دیدار کرد. دانشگاهیان برایش به مدتی طولانی کف زدند. شاه خرم و خندان بود. دکتر پرویز آموزگار به وی گفت «اعلیحضرتا، همه ما از این‌که در حضورتان هستیم خوشحالیم» و محمدرضا شاه پاسخ داد «ما هم همین‌طور»، از پروازی که برفراز پردیس دانشگاه کرده بود، چند کلمه‌ای به رئیس دانشگاه گفت و قول داد که در سفر بعدی خود به مشهد بازدیدی طولانی از آن محل به عمل آورد. سپس به میان استادان رفت و با آنان به گفتگو پرداخت. شوخی می‌کرد و گه‌گاه با صدای بلند می‌خندید.

دکتر مرتضی روحانی که نخستین نام در صورت اسامی «نامطلوب‌ها» بود در کناری

۱- جریان‌های این دو روز را از روایات دکتر پرویز آموزگار رئیس دانشگاه فردوسی که اکنون در اروپا اقامت دارد و سناتور خراسان علی رضایی، که وی را در خارج «سلطان فولاد ایران» می‌خواندند و در سال ۲۰۱۱ در کستاریکا درگذشت، خلاصه کرده‌ایم. علی رضایی یک سال قبل از درگذشت‌اش بخش مهمی از یادداشت‌ها و اسناد خود را که در آن نکات جالبی ملحوظ است، برای نویسنده ایرانی کتاب ارسال داشت.

با شاه به گفتگو پرداخت و از او خواست که به دانشگاه دستور دهد که آپارتمان بزرگ‌تری در اختیارش بگذارد. دکتر مرتضی روحانی مخالف معروف رژیم بود. شوهر خواهرش دکتر علی شریعتی فرضیه‌پرداز اسلامیون افراطی و تندرو محسوب می‌شد. او در توجیه خواهش خود گفت: «ما سه نفریم. پسرمان نوجوانی است که می‌خواهد دوستانش را به خانه ما دعوت کند. آپارتمانی شصت متری واقعاً برای ما کوچک است.» شاه پاسخ داد، «دکتر، از دست من کاری برای شما برنمی‌آید. در این اقامت‌گاه‌های موقتی، اصل بر بیست متر مربع برای هر نفر است. قطعاً خودتان به زودی خانه زیبایی خواهید ساخت» و با خنده افزود «مراقب باشید پسرتان وقت زیادی با دوستانش صرف نکند. اول درس» همه خندیدند، روحانی سر احترام در برابر شاه که دستش را می‌فشرد، فرود آورد. چند ماه بعد او وزیر بهداری خمینی شد! قطعاً توانست در خانه بزرگ مطلوبش اقامت کند.

باریابی دانشگاهیان سه ساعت، بی‌هیچ مشکلی، به طول انجامید. مقامات محلی، که از خشم دیروز شاه بیمناک و محتاط شده بودند، خیلی دورتر ایستاده، انتظار پایان اجتماع را داشتند. وقتی شاه به میان آنان بازگشت با پوزخندی گفت «اگر همه آشوبگران از این قبیل بودند...»

سخنان پر نیش شاه درباره ساواک مقدمه تصمیمی بود که در این مورد داشت. روز ۱۴ ژوئن، در ساعت ده و ۱۵ دقیقه، نخست‌وزیر به حضور شاه بار یافت و سپهبد ناصر مقدم را به عنوان معاون نخست‌وزیر و رئیس سازمان اطلاعات و امنیت کشور به وی معرفی کرد. این باریابی که کمتر از پنج دقیقه به طول انجامید، در دفتر کوچک خصوصی شاه در کاخ نیاوران صورت گرفت و عکاسان و خبرنگاران در آن حضور نداشتند. شاه با مقدم که در کسوت نظامیان و تا آن زمان رئیس اداره دوم ستاد بزرگ بود دست داد و فقط گفت «می‌دانید چه باید بکنید».

تصمیم شاه قبل از مسافرتش به مشهد اتخاذ شده بود و به گمان بسیاری خیلی دیر بود. وی در مورد این انتصاب بر مشورت‌هایی پرداخت. نظر نخست‌وزیر، وزیر دربار شاهنشاهی، شهبانو و به احتمال قوی رئیس ستاد را جویا شد. در آن موقع دو تن در مقام احراز این مسئولیت تلقی می‌شدند. نخست سرلشکر علی معتضد قائم مقام ریاست سازمان اطلاعات و امنیت کشور، که مسئول امنیت خارجی یعنی عملیات اطلاعاتی در

خارج و ضدجاسوسی در داخل کشور بود. کاری به کار امنیت داخلی نداشت و همین دوری تقریبی از مسائل امنیت داخلی، گرچه نقطه ضعفی تلقی می‌شد، اما نمی‌توانستند وی را متهم به مشارکت در عملیاتی نمایند که به حق یا ناحق در خارج و به‌ویژه داخل کشور به ساواک نسبت داده می‌شد. نفر دوم سپهبد ناصر مقدّم بود. گفته می‌شد که با آمریکایی‌ها حُسن رابطه دارد و شاید این امر هم در انتصابش بی‌اثر نبود. وی با جامعه روشنفکران و روحانیون ارتباطی داشت. سال‌ها قبل از انتصاب پرویز ثابتی، متصدی امنیت داخلی بود. عادت داشت همواره خود را شاگرد مکتب و پیرو سرلشکر پاکروان قلمداد کند که از وی نام نیکی در جامعه به جای مانده بود. علناً از ارتشبد نصیری و رویه و رفتارش انتقاد می‌کرد و او را یکی از مسئولان اصلی بحران سیاسی کشور می‌دانست.

مقدم، در آوریل ۱۹۷۸ هنگامی که هنوز رئیس اداره دوم ستاد بزرگ بود، بدون رعایت سلسله مراتب ارتشی که می‌بایست رئیس ستاد را واسطه قرار دهد، گزارشی درباره اوضاع سیاسی کشور، علل نارضایتی‌ها، (مانند تورم و بد کاری‌های اتاق اصناف، چند تن از مسئولان که مورد اعتماد مردم نبودند و حضورشان در رأس امور، افکار عمومی را آزار می‌داد (از جمله امیرعباس هویدا که مطلقاً در درستکاری شخصی وی ابراز تردید نمی‌کرد، ارتشبد نصیری، تنی چند از درباریان و اطرافیان خانوادگی شاه و شهبانو...) و نیز در ضرورت مذاکره با مخالفین سیاسی و سلسله مراتب جامعه روحانیت، به محمدرضا شاه تقدیم کرد. وی از رئیس دفتر مخصوص شهبانو[1] طی مذاکرات مفصلی خواست که متن را بخواند و اگر تایید می‌کند آن را از طریق همسر شاه به او برساند. «چه بسا اعلیحضرت همایونی پس از مطالعه این گزارش امر به بازداشت من بدهد، اما وظیفه‌ای است که باید انجام بدهم» خودش یارای تسلیم آن را به فرمانده کل قوا نداشت. دشمنان و مخالفان مقدم، بعداً گفتند که متن گزارش را مشاوران آمریکایی اداره دوم به وی الهام کرده‌اند که درستی یا نادرستی اتهام معلوم نیست. گزارش به شهبانو داده شد که خوشش نیامد و اندکی بعد به دست شاه رسید که ظاهراً عکس‌العملی نشان نداد.

انتخاب شاه برای تصدّی مقام ریاست ساواک که از حساس‌ترین مسئولیت‌های آن مقطع از زمان بود، آسان به نظر نمی‌رسید. هم سرلشکر معتضد محاسنی داشت و هم سپهبد مقدم و بر هر دو نقاط ضعفی هم شمرده می‌شد. اما هر دو مشهور به درستکاری

۱- در این زمان، نویسنده ایرانی کتاب

بودند.

گویا امیرعباس هویدا از انتصاب سرلشکر معتضد جانبداری کرده بود. او از دوستانش نبود، اما سپهبد مقدم را مخالف شدید و دشمنش می‌دانست که چنین هم بود. بعید نیست که همین اصرار هویدا به گزینش معتضد به زیان وی بوده. شـاه از قدرت وزیر دربارش بیمناک و از ماجرای مقاله راجع به خمینی که او را مسـئولش می‌دانست دل‌شکسته بود. به هر حال در برابر هویدا تظاهر به موافقت کرد، اما مقدم را برگزید، که این رویه نیز در عاداتش بود.

هویدا به معتضد گفت که «کار را تمام کرده» که باید او در شب سیزدهم منتظر تلفنی از دربار یا شخص نخست‌وزیر برای تعیین ساعت معرفی‌اش به حضور شاه باشد.

در بامداد روز سیزدهم ژوئن، ارتشبد نصیری با همکاران خود خداحافظی کرد. همان شب، تنی چند از دوستان نزدیک معتضد در خانه‌اش جمع بودند که این انتصاب را جشن بگیرند. دسـته گل بزرگ و زیبایی از هویدا رسـید که در کارت کوچکی با کلماتی بس محبت‌آمیز مقام جدید معتضد را پیشاپیش به وی تبریک گفته برایش آرزوی توفیق کرده بود. اما نه از دربار تلفنی شد و نه از نخست‌وزیری.[1]

سفر به مشهد در تقویت روحیه شاه بسیار موثر بود: چنین می‌پنداشت که با برکناری نصیری که به اصطلاح معمولش «خیلی دست و پا گیر شده بود» قدمی در جهت تسکین افکار عمومی و مطبوعات بین‌المللی برداشـته اسـت. عقیده داشـت که باید به سیاست «فضای باز سیاسی» همچنان ادامه داد.

دقایقی چند پس از انجام معرفی سپهبد مقدم، شاه شرکت کنندگان در کنگره گروه بررسـی مسـائل ایران را در باغ مصفا و زیبای کاخ نیاوران بـه حضور پذیرفت. صدها دانشـگاهی، نویسنده و شاعر و روشنفکر نامدار، سی نماینده مجلس، گروهی از قضات بلندپایه وکلای دادگسـتری، وزیر پست و تلگراف و تلفن کریم معتمدی... در میان آنان

۱- روایت یکی از دوسـتان سرلشکر معتضد که اکنون مقیم لس‌آنجلس است و نویسنده ایرانی کتاب در صداقت گفتار او تردید ندارد. وی و همسرش در این مجلس شام حضور داشتند. ارتشبد نصیری به سفارت ایران در پاکستان منصوب شد و در ظرف مدتی کمتر از یک هفته عازم اسلام‌آباد گردید. سرلشکر معتضد به سفارت ایران در دمشق رفت. پس از انقلاب به انگلستان پناهنده شد و در همان جا درگذشت.

بودند. شـاه گه‌گاه از گزارش‌های گروه ابراز نارضایتی می‌کرد، آن‌ها را مزاحم می‌دانست و گویا به اندیشـه آن بود که به فعالیت‌شـان خاتمه دهد.[۱] اما این کار را نکرد. در شرایط سیاسی و فکری آن روز جامعه وجود گروه می‌توانست برایش مفید و برگ برنده‌ای باشد.

به اقتضای ضرورت‌های تشـریفاتی، رئیس گروه[۲] در پای آسانسـور کاخ نیاوران به انتظارش بود که وی را در چند ده قدمی آن‌جا که اعضای گروه جمع بودند همراهی کند. شـاه با خونسـردی و لبخند به وی گفت «حدس می‌زنم که راضی هستید» اشاره‌اش به انتخاب کسی بود که دیگر انتخابش رسمی شده بود و شاید به مفاد گزارش سپهبد مقدم.

در بیرون از کاخ، شمار روزنامه‌نگاران، عکاسان و فیلمبرداران فراوان بود. به اقتضای اوضاع روزپسـند خبرنگار جراید خارجی نیز بودند. با مشـاهده جمع انبوه حاضران و استماع کف‌زدن‌های آنان گفت «چه کسی می‌گوید که روشنفکران ما را دوست ندارند؟» واقعاً خرم و خندان و راضی بود.

دیدار شـاه و اعضای کنگره با سـخنان رئیس گروه آغاز شد که با توجه به اوضاع و احوال، هر عبارت و هر کلمه‌ی آن سبک سنگین و بررسی شده بود. پس از تأکید بر آن‌که «ثبات و وحدت ملی ایران بسـته به همبسـتگی دیانت و سلطنت است»، سخنانی که در آن زمان هنوز نشـان از بی‌پروایی داشـت، از نارضایی فزاینده در کشور، از لزوم مبارزه با فساد، اصلاح ساختار سیاسی، لزوم گسترش آزادی‌ها و فوریت گفتگو با مخالفان، سخن گفته شـد. هم‌چنین گفت پیرامونیان اعلیحضرت، آنان که نزدیک‌ترین به ایشان هستند، باید نمونه‌های صداقت و تقوی و دور از هر خطا و نقصی باشند. اشاره‌ای بود به کسانی که قطعاً چنین سخنانی دلخواه‌شان نبود. «ملت ایران در این موقعیت حساس بار دیگر به پادشاه خود اطمینان می‌کند که با دشواری‌ها روبرو شود بر آن‌ها پیروز گردد و کشور را برای آینده آماده سازد.»

شاه این سخنان را پسندید، یا دست کم تظاهر به آن کرد. گفت خوشوقتم شما را در این تعداد زیاد گرد هم می‌بینم.» سپس قول داد که هر چه می‌تواند بکند که کشور به سوی آزادی بیشتر پیش برود و گفت و شنود با کسانی «که چیزی برای گفتن دارند» انجام گیرد.

۱- خاطرات علم
۲- هوشنگ نهاوندی

پس از پایان سخنانش، به گفتگو حاضران پرداخت. به یک خانم استاد دانشگاه گفت متأسف است که تعداد زنان در میان جمعت بیشتر نیست. به دادستان کل کشور بار دیگر در ضرورت یک دستگاه عدلیه قوی و مستقل و موثر تأکید کرد. می‌دانست که همه این گفتگوها در دقایق و ساعات بعد در جراید منتشر و از رادیو و تلویزیون پخش خواهند شد. می‌بایست چهره تازه‌ای از رویه‌ی حکومت ارائه دهد.

گفتگو با کسانی که چیزی برای گفتن دارند. به عبارت دیگر، با کسانی که عیناً و دقیقاً مثل خود او فکر نمی‌کنند. ولی با چه کسانی؟ بر چه مایه‌هایی؟ مطابق معمول دو راه گفتگو در برابر شاه بود؛ یکی جریان به اصطلاح ملی‌گرا که خود را طرفداران مکتب مصدق می‌دانستند و در میان بسیاری از مردم از وجهه و نفوذی برخوردار بودند. یکی از آنان دانشگاهی نامدار، دکتر غلامحسین صدیقی بود که به عنوان وارث معنوی «شیرپیر» تلقی می‌شد و چند ماه بعد شاه به او متوسل شد.

اما صدیقی در این زمان خود را به کلی از سیاست به دور نگاه داشته بود. یکی دیگر از این «پیروان راه مصدق» مهندس مهدی بازرگان بود، مقاطعه‌کاری ثروتمند که همه او را به آمریکایی‌ها نزدیک می‌دانستند و دیگر همراهی و هم‌فکری خود را با آیت‌الله خمینی نیز پنهان نمی‌کرد. شخص دیگر دکتر علی امینی بود، که جزو طرفداران مصدق محسوب نمی‌شد، گرچه قبل از آن‌که شاه وی را سال‌ها پیش به نخست‌وزیری برگزیند، وزیر قوام، مصدق و سپهبد زاهدی و سفیر در آمریکا نیز بود. همه می‌دانستند که با محافل مخالفین گفتگوهایی دارد و به قم رفت و آمد می‌کند. ولی هنوز شاه در غرورش و بی‌اعتنایی به مخالفان باقی بود و به «پشتیبانی اکثریت قاطع مردم، همه کارگران و هفتصد هزار تن ارتشی»[۱] تکیه می‌کرد و «کسی را قادر به سرنگون کردنش» نمی‌دید.

در برابر این شخصیت‌های مهم مخالف و گروه کوچکی که به خود نام جبهه ملی گذاشته بودند.[۲] می‌بایست به گونه شرق با محبت و احترام و ایماء و اشاره رفتار کرد، بعضی عقده‌ها و گلایه‌های گذشته را کنار گذاشت. چنان‌که در زمان بحرانی به مراتب پیچیده‌تر و وخیم‌تر رضاشاه غرور خود را زیر پا گذاشته و برای نجات ایران و حفظ سلطنت و تاج و تخت پسرش به در خانه فروغی رفته، به او متوسّل شده بود.

۱- مصاحبه با Newsweek ، ۲۶ ژوئن ۱۹۷۸
۲- دکتر کریم سنجابی، دکتر شاپور بختیار، داریوش فروهر (مترجم)

اما محمدرضا شاه چنین نبود و چنین نکرد.

شاید به راه‌حل دومی که در برابرش بود توجه کرد یعنی گفت و شنود با جامعه روحانیت، سلسله مراتب شیعه و به‌ویژه آیت‌الله عظمی شریعتمداری که هنوز سخنگوی همگان محسوب می‌شد. چند قدمی در این راه برداشته شد. سید جعفر بهبهانیان پیرمردی که متصدی اموال و حسابداری اختصاصی شاه بود، قطعاً با اجازه و یا به دستور خود او به قم رفت و با آیت‌الله به گفتگو نشست. گویا پیام‌هایی از او برای محمدرضا شاه دریافت داشت. ولی شریعتمداری بعداً گفت که اطمینان دارد که یا رای بازگوی آن‌ها را به شاه نداشته است. نخست‌وزیر، سناتور حسین موسوی را که آذربایجانی و هم‌شهری شریعتمداری و در ضمن نفر دوم رستاخیز بود به قم فرستاد. او نیز گزارشی از مذاکرات خود و پیشنهاد و توصیه‌های آیت‌الله عظمی تهیه و به نخست‌وزیر تسلیم کرد. اما اطمینان دارد که آموزگار جرأت ارائه آن را به شاه نکرده است.[1] می‌دانیم که سپهبد مقدم نیز پس از انتصابش به ریاست ساواک، مخفیانه به قم رفت و در آنجا، اگر نه با خود او لااقل با تنی چند از اقوام و نزدیکانش مذاکراتی طولانی داشت. اما همه این‌ها به جایی نرسید.

تابستان ۱۹۷۸ آغاز شد. شاه هنوز در موضع قدرت بود و برگ‌های برنده بسیار در اختیار داشت. دانشگاه‌ها که می‌توانستند مراکزی برای ناآرامی باشند بسته شده بود.

ظاهراً خیالش آسوده بود، یا چنین وانمود می‌کرد. سرانجام بر آن شد که به نحوی تقریباً رسمی، کسی را مأمور استفسار نظرات آیت‌الله عظمی شریعتمداری و گفتگو با او کند. به هوشنگ نهاوندی گفت «بروید ببینید این شخص چه می‌گوید و هر چه گفت دقیقاً به من گزارش بدهید». به این ترتیب «واسطه»‌ای[2] میان شاه و آیت‌الله عظمی پدیدار شد، یا به عبارت دیگر «گفت و شنودی» برقرار گردید.

آیا دیر نبود؟

۱- خاطرات حسین موسوی، یادنامه‌ها... (متن ذکر شده)
۲- اصطلاح (go between) از Sir Eldon Griffiths سیاستمدار کهنسال و محقق بریتانیائی است در دو کتاب:
<u>The Turbulent Iran, Recollection, Revaluations and plan for peace</u>, S.L.P. Santa Anna, Ca, 2008
و با همکاری فرد عامری: <u>Iranian Imbroglio</u>, G.M. Books. Los Angeles, 2013

فصل چهارم

«مگر من با این‌ها چه کرده‌ام؟»

نوشهر، آخرین روزهای ژوئن ۱۹۷۸. آخرین تعطیلات خانواده سلطنتی در ایران. در مجموعه اطاق‌ها و ایوان وسیع چوبی کنار دریای خزر که به آن کاخ شاهنشاهی نوشهر نام نهاده بودند، همه می‌کوشیدند دل‌مشغولی‌های سیاسی را فراموش کنند و زندگی را به حال عادی بگذرانند. مقررات تشریفاتی به مراتب ساده‌تر و بی‌تکلّف‌تر بود. شاه برنامه سبک‌تری داشت.

از صاحب منصبان تشریفات دربار خبری نبود. افسران گارد، با لباس تابستانی، کسانی را که وقتِ باریابی داشتند به نزد شاه هدایت می‌کردند. شاه معمولاً با پیراهن و شلوار بود. گاهی برای شرفیاب‌هایی مهم کُت می‌پوشید، یا هنگام پذیرفتن مقامات رسمی خارجی که با لباس کامل‌تر می‌آمدند کراوات می‌زد. برنامه روزانه‌اش سبک‌تر بود. سعی می‌کرد بیش از سه ساعت در روز کار نکند. وقت زیادی را مصروف مطالعه کُتب و جراید بین‌المللی می‌کرد. به فرزندانش می‌رسید. ورزش می‌کرد.

میهمانان «اعلیحضرتین» یا در حقیقت شهبانو که جوان‌تر بودند، محیط را گرم می‌کردند. آن‌ها در «کاخ» جایی برای اقامت نداشتند. به مهمانسرای بزرگ چالوس فرود می‌آمدند که یادگاری از زمان رضاشاه و سبک معماری او بود، با تجهیزاتی تقریباً معادل

مهمان‌خانه‌های سه ستاره فرانسه.

در این تابستان ۱۹۷۸، شاه و شهبانو، که هر چه بیشتر به مسائل سیاسی می‌پرداخت بر ملاقات‌های خود افزودند و اوضاع سیاسی روز را با دقت، اگر نه با نگرانی، تعقیب می‌کردند. در این مقطع از زمان بود که گفتگوی شاه و آیت‌الله عظمی شریعتمداری، به واسطه هوشنگ نهاوندی آغاز گردید. نخستین ملاقات این دو، جنبه کلی و تشریفاتی داشت. به فرستاده شاه، یا واسطه او، مأموریت خاصی داده نشده بود، جز آن‌که بشنود که آیت‌الله «چه می‌گوید». وی «عنایات» شاه را به آیت‌الله «ابلاغ کرد» که محمدرضا شاه چنین مأموریتی نداده بود. ولی اعزام نماینده‌ای برای استفاده از عقایدش نوعی «عنایت» بود و می‌بایست فضای مناسبی را برای مذاکرات فراهم آورد. او نیز متقابلاً ادعیه خود را به شاه عرضه داشت.

در فضای سیاسی آن روز ایران و با توجه به آداب و رسوم خاص این کشور، می‌بایست قدم به قدم پیش رفت و یک‌باره به اصل مطالب نپرداخت. آیت‌الله عظمی، «واسطه» را خوب می‌شناخت از وضع شهرسازی قم شکایت کرد، کمبود آب آشامیدنی را در شهر به میان کشید، بر ضرورت ایجاد یک جاده کمربندی که از عبور کامیون‌های سنگین در داخل شهر جلوگیری کند، تأکید نمود. گفت، که ایجاد خانه‌های سازمانی برای کارمندان دولت و مهمانسراها برای زائرین مرقد حضرت معصومه از ضروریات است و با لبخندی افزود «خواهر کوچک‌تر هم استحقاق اندکی توجه دارد»[1].

فرستاده شاه، «واسطه»، در مراجعت از قم فوراً رهسپار نوشهر شد. گزارش جامعی از مذاکرات را به شاه داد که او با توجه کامل همه را گوش کرد. در پایان استماع سخنان شریعتمداری گفت: «امان از دست این پیرمرد....» و بلافاصله به مسایل دیگر پرداخت. در پایان شرفیابی افزود «طبیعتاً به مذاکره با او ادامه دهید» اما این پیرمرد شایسته توجهی بیشتر از یک علامت تعجب بود.

شاه هنوز بر اوضاع مسلط بود. افکار عمومی انتظار داشت که او کاری کند. در

۱- فاطمه معصومه که در قم مدفون است، خواهر کوچک‌تر امام رضا است. قم از مهم‌ترین زیارتگاه‌های شیعیان جهان است و از مراکز مهم آموزش روحانیون بود. (و هنوز نیز هست) و خود را رقیب مشهد می‌دانست اما به علل سیاسی اکنون بر مشهد برتری یافته.

پایتخت هزار زمزمه و شـــایعه پیرامون گرایش آینده حکومت و تصمیمات احتمالی شاه در ایـــن مورد، پراکنـــده بود. از دگرگونی‌های بنیـــادی در ترکیب دولت و حتی تعویض نخســـت‌وزیر صحبت می‌شد. نخســـت‌وزیری که در رهبری امور کشور نقش عمده‌ای نداشت و به اداره امور جاری می‌پرداخت. همه می‌دانستند که رئیس‌جدید ساواک سیاست اســـتتار و روش «خاطر مبارک آسوده باشد» را کنار گذاشته و دیگر هیچ چیز را از رئیس مملکت پنهان نمی‌کند. کسانی نیز که به نزد شاه و شهبانو می‌رفتند با آزادی بیان بیشتری صحبت می‌کردند. فضای سیاسی قطعاً بازتر شده بود.

یک هفته بعد، «واســـطه» به اتفاق یکی از افسران مورد اعتماد که رانندگی اتوموبیل را به عهده داشـــت و یکی از استادان دانشـــگاه تهران که رابط وی با محافل قم و جامعه روحانیت مقیم آن‌جا بود، بار دیگر به دیدار شـــریعتمداری رفت. سرهنگ مورد اشاره در اتوموبیل خود ماند. اســـتاد دانشگاه به داخل اقامتگاه داماد شریعتمداری که ملاقات‌ها در آن‌جا صورت می‌گرفت آمد و پس از اندکی سلام و تعارف، به اتفاق «آقای داماد» به اطاق دیگر رفت. چای آوردند. تعارفاتی رد و بدل شد و ناگاه آیت‌الله از جا در رفت و گفت: «آخر در تهران چه خبر است؟ اعلیحضرت چه کار می‌کند؟ چرا دست به اقدامی نمی‌زند؟ آیا می‌خواهید بگویم چرا مردم ناراضی هستند؟» آنچه «واسطه» از آن بیم داشت رخ داد و مسائل شخصی مطرح شد. «دکتر ایادی[1] احتمالاً طبیب حاذقی است. ولی همه می‌دانند که بهایی است حق اعلیحضرت است که بخواهند او پزشک معالج مخصوص‌شان باشد. ولی این‌که اخیراً ایادی در حرم مطهر امام رضا پشت شاه بایستد و دعا کند یا بهتر بگویم تظاهر کند که دعا می‌خواند، در صورتی که همه می‌دانند او مسلمان نیست و در این حال از او عکس گرفته شـــود، دیگر قابل قبول نیست. مسلمانان بسیاری از این کار به شدت تکان خورده‌اند. آیا جرأت دارید این مطلب را به عرض اعلیحضرت برسانید؟»

- اگر شما بخواهید

- البته که می‌خواهیم و به شاه بگویید که روحانیون یک مرکز مطالعه و پژوهش در مورد بهائیت و بهائیان ایجاد کرده‌اند و ما همه‌ی آن‌ها را فهرست کرده‌ایم.

بهائیان از دیرباز یکی از بهانه‌های خرده‌گیری اسلام‌گرایان افراطی و متعصبین نسبت

۱- سپهبد دکتر ایادی که از چندین دهه پیش پزشک مخصوص محمدرضا شاه بود.

به رژیم بودند. همه می‌دانستند که بعضی از وزیران، بسیاری از صاحب‌منصبان عالی‌مرتبه دولت و ارتش و دانشگاهیان سرشناس... متدین به این دیانت هستند، که از نظر متعصبین «فرقه ضاله» محسوب می‌شد، اما ایران آن روز تفاوتی میان پیروان ادیان مختلف قایل نبود و به اعتقادات مذهبی کسی کاری نداشت.

آیت‌الله عظمی سپس مسأله حساس‌تر یکی از خواهران شاه را مطرح کرد. از او نام برد و مطالب ناگواری در مورد رفتار او، سودجویی‌های مالی‌اش، و دخالت‌هایش در امور سیاسی گفت. به حضور او در مجامع بین‌المللی اشاره کرد و گفت: «او کاری در آن‌جاها ندارد. برای این‌کار وزیرانی هستند. آن‌ها بروند.» سپس افزود: «من چند پیام هشدار برای اعلیحضرت فرستاده‌ام. نمی‌دانم به او رسانده‌اند یا خیر. من که نمی‌توانم گوشی تلفن را بردارم و به او نصیحت کنم. البته خدا می‌داند که چقدر به اندرزهای ما نیاز دارد. آیا جرأت خواهید داشت که پیام‌های مرا دقیقاً به ایشان عرض کنید؟»[1]

در مورد آن شخص بخصوص، رویدادهایی را ذکر کرد. نام‌هایی برد. زمان و تاریخ آن ها و روایت شاهدان را به تفصیل آورد.

«واسطه» همه را یادداشت می‌کرد. در پاسخ شریعتمداری گفت اگر شما بخواهید تمام این مطالب به عرض خواهد رسید. آیت‌الله با نگاهی تمسخرآمیز و با تردید پرسید و گفت: « واقعاً تکرار این مطالب مشکل است. می‌توانم همه این‌ها را در روی نوار ضبط کنم و بدهم. ولی قول بدهید که اعلیحضرت در حضور شما آن‌ها را گوش کند و به دور نیاندازد.» به وی جواب داده شد که نیازی به این کار نیست و پیامش دقیقاً به استحضار شاه خواهد رسید.

جلسه دیدار با شریعتمداری در ساعت ۲۱ (نه شب) آغاز شده بود و در حوالی نیمه‌شب به پایان رسید. دیگر یک مطلب روشن شده بود. سران جامعه روحانیت بیش از همه خواهان مبارزه با فساد چند تن از مسئولان و کناره‌گیری آنان از مناصب مهم بودند. اشاره به دکتر ایادی جنبه‌ای دیگر داشت و نیازمند راه‌حلی دیگر بود.

به محض مراجعت به تهران، «واسطه» خواستار دیدار شاه شد و فردای آن روز،

۱- لحن آیت‌الله نسبت به شاه در نهایت ادب و تشریفاتی بود.

یعنی کمتر از چهل و هشت ساعت بعد به «کاخ» نوشهر رفت. سپهبد مقدم در آن‌جا بود. «واسطه» متعجب شد. روز «شرفیابی نظامی‌ها» نبود. مقدم با خنده و خوشی گفت: «شرفیابی شما باعث تأخیر شرفیابی من خواهد شد. حتماً یک ساعتی به طول خواهد انجامید. می‌دانم مسائل مهمی در میان است.» سپس افزود، «به این کیف اسناد و گزارش‌ها نگاه کنید. مملو از اطلاعات نگران‌کننده است.[1] می‌دانم که شما عادت دارید آزادانه با اعلیحضرت گفتگو کنید، از فرصت استفاده کنید و به عرض‌شان برسانید که باید فوراً اقداماتی انجام دهید. زمان به زیان ما کار می‌کند. می‌دانید، اگر من به این‌جا آمده‌ام برای آن نیست که در مورد بی‌وفایی‌های بعضی از زنان و شوهران نسبت به همسران‌شان، یا کارهای عجیب و غریب این و آن گزارش بدهم. ساواک وظیفه خود را انجام می‌دهد و حقایق را به عرض می‌رساند.»

شاه، اندکی بعد «واسطه» را پذیرفت. این بار نگرانی وی مشهود بود. آن‌چه شریعتمداری گفته بود دقیقاً به استحضارش رسید.

در مورد ایادی گفت: «این‌ها همه پرت و پلاست. ایادی به خدا هم عقیده ندارد.»

واسطه پروا کرد و جواب داد: «اعلیحضرتا مهم نیست که او چه اعتقادی دارد. چیزی که مردم فکر می‌کنند که او هست، اهمیت دارد»

- ماکیاول...[2]

شاه دوست داشت مخاطبین خود را با این قبیل اشارات شگفت‌زده کند و معلوماتش را به رخ آنان بکشد.

طرح مسأله خواهرش بس دشوارتر بود. با احتیاط و مراعات بسیار گفته‌های آیت‌الله به استحضار شاه رسید. حتی مسأله نوار ضبط‌صوت.

محمدرضاشاه بدون کوچک‌ترین عکس‌العملی همه را گوش داد. عضلات صورتش تکان نمی‌خورد. چشمش به چشمان «واسطه» دوخته بود. پرسید:

۱- تنی چند از همکاران ارتشبد نصیری که موفق به خروج از ایران شدند، سپهبد مقدم را به خاطر خراب کردن و تضعیف روحیهٔ شاه مورد انتقاد قرار داده و می‌دهند.
۲- عبارت قبلی تقریباً از ماکیاول است. شاه از خوانندگان کتاب معروف او Prince بود. (مترجم)

- آیا شما چیزهایی را که او می‌گوید باور می‌کنید؟

«واسطه» در وضع مشکلی بود. از طرفی نمی‌خواست شخصی را که از نزدیک‌ترین افراد به شاه و مورد محبت خاص وی بود مورد اهانت قرار دهد. از طرف دیگر می‌دانست که شاه از این جریان‌ها بی‌خبر نیست[1] و نمی‌خواست در برابر وی ریاکار و دو رو باشد. ناچار گفت: «اعلیحضرت من فقط یک پیغام‌آور هستم. آنچه را آیت‌الله گفت به درستی به عرض مبارک رساندم.»

لبخند عجیبی بر لب آورد. احتمالاً دل‌شکسته شد. اما گفتگو در همان جا پایان یافت. با «واسطه» دست داد و گفت: «طبیعتاً ارتباط خود را دنبال خواهید کرد».

در خروج از دفتر شاه، «واسطه»، از شهبانو که در روی ایوان وسیع مشرف به دریا مشغول به استراحت و مطالعه بود، درخواست کرد که وی را بپذیرد و گزارش فشرده اما کاملی از مذاکرات خود را به او نیز داد. روابط شهبانو با خواهرشوهر مورد اشاره‌اش تعریف چندانی نداشت. معذالک او نیز در برابر تندی‌های آیت‌الله، عکس‌العملی نشان نداد و جز این نمی‌توانست باشد.

ملاقات سومی با شریعتمداری ضروری بود، اما عجله در ترتیب آن می‌توانست تعبیر به ضعف شاه و حکومت شود. بنابراین تصمیم گرفته شد که یک هفته تأمل شود. پس از شرفیابی مقدم به حضور شاه، ساواک در آذربایجان به اقداماتی دست زد که مورد تقاضای آیت‌الله بود.

هم‌چنین، مطلبی که همه می‌دانستند و از مدت‌ها پیش رسمیت داشت، علنی و اعلام شد و آن انتصاب پروفسور عباس صفویان به سمت «پزشک مخصوص شاهنشاه آریامهر» بود.

عباس صفویان به رعایت آداب اسلامی معروف بود. بعضی از روحانیون معروف در شمار بیماران او بودند. او نیز مثل همه جوانان ضد کمونیست سال‌های ۱۹۵۰، از آرمان‌های ملی‌گرایانه دکتر مصدق جانبداری کرده بود. قائم‌مقام رئیس گروه بررسی مسایل ایران نیز

۱- مطالعه خاطرات علم و اردشیر زاهدی نشان می‌دهد که محمدرضا شاه از رفتار خواهرش ناآگاه نبود و رنج می‌برد.

بود و بنابراین در شمار «اصلاح‌طلبان» سیاسی محسوب می‌شد.

با اعلام انتصابش، شــاه در حقیقت با یک تیر دو نشــان می‌زد: در طی ماه‌های آخر صفویان مرتباً به دربار رفت و آمد داشت. حتی در چند ماهی که برای استفاده از مرخصی مطالعاتی در فرانسه بود، منظماً به تهران می‌آمد و سری به کاخ‌های سلطنتی می‌زد. گاهی گفته می‌شد که برای معاینه شهبانو آمده است که بیمار نبود و نیازی به دوا و درمان نداشت. گاهی شهرت می‌دادند که ملکه مادر کسالتی دارد و برای مداوای او آمده که تاج‌الملوک اطبای مخصوص خود را داشــت و جز آن‌ها به کسی اعتماد نمی‌کرد. این رفت و آمدها می‌توانست در نهایت امر به ایجاد شایعاتی منتهی شود و حفظ راز بیماری شاه در آن زمان مهم‌ترین اسرار کشور ایران بود، گرچه جراید خارجی مرتباً اشاراتی به آن می‌کردند.

اعلام انتصاب پروفسور صفویان به این وضع رسمیت بخشید. در ضمن اقدامی برای خوش‌آیند جامعه روحانیت تلقی شد. از دکتر ایادی عدم رضایت وجود نداشت. عزلش نیز نکردند ولی با اندکی احتیاط و به ویژه اجتناب از تظاهر به کار خود ادامه می‌داد.

ظاهر امر آن بود که پزشک حاذقی، مسلمان و اصلاح‌طلب، به طبابت مخصوص مقام سلطنت برگزیده شده است که البته چنین هم بود.

پس از گذشــتن یک هفته، ملاقات ســوم با آیت‌الله عظمی شریعتمداری روی داد. به نظر می‌رســید که زمان بده‌بستانی، یا توافقی، میان شاه و بلندپایگان مذهبی فرا رسیده است. شاه به من نگفته بود که رسماً از آیت‌الله بپرسم که چه می‌خواهد. غرور و حجب همیشــگی‌اش مانع از به زبان آوردن این خواست می‌شد. اما دستورش به ادامه تماس یا مذاکرات معنای دیگری هم نمی‌توانست داشته باشد.

در آغاز دیدار از او پرسیده شد. «آیا مطلع هستید که اعلیحضرت پزشک مخصوص دیگری را انتخاب فرموده‌اند؟» نه اسمی از دکتر ایادی برده شد و نه از صفویان. پاسخ داد «البته که می‌دانم. شنیده‌ام طبیب حاذقی است و خداشناس و مسلمان است.» سپس افزود، نمی‌دانم شما تاثیر و نفوذی بر تصمیمات اعلیحضرت دارید یا نه. ولی اطمینان پیدا کرده‌ام که پیام‌های مرا به درستی به ایشان می‌رسانید.»

... ادامه داد: «مردم در انتظار اتخاذ تصمیمات سیاسی مهمی از جانب اعلیحضرت هستند».

واسطه جواب داد: «اعلیحضرت به من دستور نفرموده‌اند که چنین سوالی را مطرح کنم. ولی می‌دانم که خوشحال خواهند شد نظر شما را در این مورد بدانند.»

پس از سکوتی طولانی گفت:

«خشونت همه چیز را برای همیشه حل نمی‌کند. سرمشق از بالا می‌آید. اشتباهات تأسف‌انگیزی شده که باید سریعاً ترمیم شود... ما یک قانون اساسی داریم که نباید کاغذی بی‌خاصیت باشد، بلکه باید در نفس و روحش اجرا شود.

شاه باید داور باشد و مافوق اختلافات افراد و گروه‌ها قرار گیرد. اگر قرار باشد خود را جلو بیاندازد، در معرض همه انتقادات نیز قرار می‌گیرد. قدرتی که به این ترتیب مورد استفاده قرار گیرد فرساینده است. من سال‌هاست که به ایشان توصیه می‌کنم که خود را از دایره مداخله در امور اجرایی و اختلافات فردی و گروه‌ها کنار بکشند. به عرایض و نصایح من گوش نداده‌اند. گوشش بدهکار نبود و من هم صرف‌نظر کردم.

مطمئن هستم که هنگام اتخاذ یک تصمیم اساسی فرار رسیده است که مسیر سیاسی را تغییر دهد. اعلیحضرت هنوز در موضع قدرت هستند. چنین اقدامی دلالت بر ضعف و عقب‌نشینی نخواهد داشت. اگر باز تا چند هفته دیگر تأخیر شود و چنین تصمیمی اتخاذ نشود، ممکن است اتفاقاتی بیافتد که مهار امور را از دست افراد عاقل و معتدل بگیرد و کار از کار بگذرد.»

پرسیده شد: «مثلاً چه تدبیری؟ تغییر دولت؟»

پاسخ داد: «به طور قطع. آموزگار مرد سالمی است. ولی سیاستمدار برجسته‌ای نیست. دولت باید حتماً عوض شود.» آیت‌الله نام چند تن را برد. در رأس آن‌ها علی امینی یا به قول خودش «دکتر امینی» بود.

علی امینی از چند ماه پیش به این طرف سخت فعّال بود، ملاقات‌های بسیار داشت. چند بار به قم و به دیدار رهبران مذهبی رفته بود. با شریعتمداری حسن رابطه داشت. او

چند بار از شاه تقاضای «شرفیابی» کرده بود. چه قبل و چه بعد از اقامت تابستانی خانواده سلطنتی در نوشهر. شاه از قبول این تقاضاها خودداری می‌کرد.

اکتفا به سلطنت و اجتناب از حکومت. آیت‌الله عظمی، به همان اصولی باز می‌گشت که سبب اصلی اختلاف محمدرضا شاه با قوام، مصدق و سپهبد زاهدی شده بود.

شریعتمداری افزود: «اگر این تصمیم کافی نباشد، باید تدابیر اساسی دیگری اتخاذ کرد.»

- «چه تدبیری؟»

- «اعلیحضرت ماشاءالله بسیار باهوش است. منظور مرا درک خواهد کرد.»

بعداً دانسته شد که این «تصمیم اساسی دیگر» کناره‌گیری شاه به نفع ولیعهد بود. آیا آیت‌الله این نکته را به امینی گفته و مطلب به گوش شاه رسیده بود؟ محتمل است که چنین بوده.

قسمت سیاسی مذاکرات به پایان رسیده بود.[1] شریعتمداری به گفتگوهایی درباره زندگی و رویه‌ی مردم‌داری پیامبر اسلام پرداخت، آیاتی از قرآن را بازگو کرد، از عدالت و انصاف در حکومت به مردم سخن گفت. موعظه می‌کرد.

پس فردای آن روز، «واسطه» گزارش دقیقی از مذاکرات خود به عرض شاه و خلاصه آن را به استحضار شهبانو رساند.

هنگامی که نام علی امینی، «دکتر امینی»، برده شد، شاه تقریباً برآشفت و گفت: «می‌دانم. همه می‌خواهند کسی را که اعلام ورشکستگی ایران را کرده بود دوباره بر سرکار بیاورم. او با روش آخوندی‌اش توانسته سر آیت‌الله شما را هم شیره بمالد.»[2]

بر هیچ‌کس پوشیده نبود که شاه از علی امینی که او را «عامل واشنگتن» می‌دانست

۱- هوشنگ نهاوندی همه این مذاکرات را دقیقاً یادداشت و حفظ کرد. روایت ما در این کتاب دست اول است.

۲- علی امینی قبل از عزیمت به فرانسه برای تحصیل در رشته‌های حقوق و اقتصاد، یک سال به نجف رفته و در شمار طلاب به آموختن فقه و اصول پرداخته بود.

نفرت دارد. انتصاب علی امینی به ریاست دولت به خودی خود هیچ یک از مسائل بنیادی کشور را حل نمی‌کرد. اما او بازیگر توانایی بود. می‌توانست بازار و قم را آرام کند، از تشنج محیط بکاهد و فرجی به شاه بدهد که از بحران خارج شود.

به علاوه گفته می‌شد که امینی مورد اعتماد آمریکایی‌ها و مخصوصاً دمکرات‌ها است. انتصابش به ریاست دولت می‌توانست از تحریکات واشنگتن علیه شاه بکاهد. آیا شاه در کنار گذاشتن دکتر امینی، که چند ماه بعد در حال اضطرار سیاسی وی را به عنوان مشاور اصلی‌اش برگزید، مرتکب یک اشتباه سیاسی نشد؟ آیا هنوز تصوّر می‌کرد که سررشته همه کارها را به دست دارد و می‌تواند به موقع از امکانات و عوامل خود استفاده کند؟ تحول سریع حوادث این امکانات را برایش باقی نگذاشت. ابتدا بازیچه حوادث شد و سرانجام برای مدتی کوتاه شهبانو کارها را به دست گرفت. و همه این‌ها بی‌حاصل بود.

در روز پنجم اوت ۱۹۷۸، به مناسبت سالگرد اعلام مشروطیت و قانون اساسی ۱۹۰۶، شاه اعلام کرد که انتخابات مجلس دوره‌ی آینده که قرار بود در ژوئن ۱۹۷۹ برگزار شود «صد در صد آزاد» خواهد بود و همه داوطلبان وکالت، حتی آن‌هایی که وابسته به رستاخیز نباشند، حزب واحدی که خود تأسیس کرده بود، خواهند توانست در آن شرکت جویند. چنین تصمیم یا اعلامی در چهارچوب یک برنامه سیاسی کامل و هماهنگ می‌توانست تاثیر مهمی در افکار عمومی داشته باشد. ولی به صورت علامت ضعف و عقب‌نشینی مجدد حکومت تلقی شد.

در روز ۱۱ اوت با آغاز ماه رمضان، تظاهرات محدودی در اصفهان صورت گرفت که فقط چند صد نفر در آن شرکت داشتند ولی بسیار خشونت‌آمیز بود. برای نخستین بار شعارهایی علیه شاه داده شد. مطابق معمول مأموران شهربانی آمادگی برخورد با این گونه خشونت‌ها را نداشتند و از پس کاری برنیامدند.

این، آغاز تندروی‌های برنامه‌ریزی شده بود. رادیوهای خارجی و مخصوصاً B.B.C لندن آن را با تفصیل منعکس کردند. دیگر حمله و اهانت به شخص شاه علنی بود و از رادیوهای بیگانه پخش می‌شد.

نخست‌وزیر، قطعاً با تصویب شاه، در اصفهان حکومت نظامی برقرار کرد. چند

کامیون مملو از سربازان وظیفه در برابر آثار تاریخی مهم شهر و مهمانسراهای محل اقامت جهانگردان مستقر شدند. سرلشکر ناجی فرمانده پادگان اصفهان و فرماندار نظامی شهر، در خیابان‌ها و بازار به گردش و گفتگو با این و آن می‌پرداخت که به مردم آسودگی بخشد. هدف دولت و سیاست طویل‌المدت حکومت، همچنان نامعلوم بود.[۱]

در روز ۱۴ اوت، گروه بررسی مسائل ایران بار دیگر اعلامیه‌ای صادر کرد که در جراید منتشر شد، ولی رادیو تلویزیون ملی ایران از پخش آن امتناع ورزید یا ممنوع شد. خشونت‌های اصفهان در این اعلامیه به صراحت محکوم شده بود. اما گروه بر ضرورت اصلاحات عمیق سیاسی برای جلوگیری از افراط‌ها و افراطیون تأکید می‌کرد. جبهه ملی نیز اعلامیه کوتاهی داد، خشونت‌ها و آتش‌افروزی‌ها را محکوم نکرده و به «اظهار تأسف» اکتفا کرده بود. اما خواستار اجرای دقیق قانون اساسی شد. یعنی همان چیزی که شریعت‌مداری خواسته بود.

در روز ۱۹ اوت، به مناسبت سال‌روز پایان حکومت مصدق و مراسمی که به این مناسبت برپا می‌شد. زوج سلطنتی به تهران بازگشت. اما همراهان‌شان همچنان در نوشهر ماندند. قرار بود اقامت شاه و شهبانو کوتاه باشد و چند روزی دیگر در کنار دریای خزر بمانند. اما جریان حوادث همه چیز را دگرگون کرد.

اندکی قبل از ظهر همان روز، اجتماع سنتی که هر سال به این مناسبت تشکیل می‌شد در یکی از میدان‌های بزرگ تهران[۲] برپا گردید. جمعیتی کثیر گرد آمده بودند: نخست‌وزیر و وزیران، همه نمایندگان مجلسین، بسیاری از کارمندان دولت، اعضای انجمن‌های محلّی و مردم کنجکاو. نخست‌وزیر با لحن حماسی و شاعرانه متعارف خود سخنانی پرشور در حمایت از سیاست شاه و تجلیل او بیان داشت. حضار برایش کف زدند. بعضی از حاضران نگران اوضاع و وخامت تدریجی آن بودند. اما هیچ‌کس حتی تصور هم نمی‌کرد که چه فاجعه‌ای برای ساعات بعد همان روز در حال تدارک است و این مراسم آخرین بزرگداشت سال‌روز بیست و هشتم مرداد خواهد بود.

۱- سرلشکر ناجی یکی از چهارتن افسران ارشدی بود که در نخستین روزهای پیروزی انقلاب به دستور خمینی در پشت بام اقامتگاهش به قتل رسیدند. او مردی بسیار متدینی بود. در دم واپسین از خداوند برای قاتلینش که بیگناهی را می‌کشند طلب بخشایش کرد.

۲- اشاره است به میدان مخبرالدوله که در آن مجسمه یادبود قربانیان ۲۸ مرداد قرار داشت. (مترجم)

همان شب، ملکه مادر، تاج‌الملوک، شام بزرگ همیشگی خود را به مناسبت سالگرد بیست و هشتم مرداد برپا کرد. به این مناسبت ملکه مادر شخصیت‌های بسیاری را به باغ کاخ تابستانی خود دعوت می‌کرد. وزیران، سیاسیون، اعضای هیات‌های دیپلماتیک مقیم تهران، شاهزادگان قاجار، شاعران و هنرمندانی فراموش شده... مجلسی بود پرشکوه، با پذیرایی واقعاً شاهانه.

اما در ساعات بعدازظهر حادثه‌ای روی داد که بر شادی آن جشن سایه افکند و آغاز فاجعه انقلاب خونین اسلامی بود. سینما رکس آبادان دستخوش حریقی هولناک شد. در این ساعت بیشتر تماشاگران جوانان و نوجوانان بودند که با اولیاء و به خصوص مادران خود به سینما می‌آمدند. فیلمی از مسعود کیمیایی به نام گوزن‌ها به معرض نمایش گذاشته شده بود. هنگامی که حریق درگرفت و تماشاچیان برآشفته درصدد خروج از تالار سینما برآمدند، همه‌ی درهای خروجی از خارج به دقت قفل و کلید و بسته شده بود. مأموران آتش‌نشانی شهرداری به سرعت سر رسیدند، از مأموران آتش‌نشانی پالایشگاه آبادان نیز یاری خواستند. اما سرعت حریق چنان بود که کاری از آنان ساخته نشد و ۴۷۰ تن در این فاجعه به قتل رسیدند. در آتش سوختند یا خفه شدند. به طور قطع و یقین آتش‌سوزی عمدی بود. هم دولتیان بر این گمان بودند و هم مخالفان حکومت.

اما دولت عکس‌العمل مهمی نشان نداد. از جراید خواسته شد که مطلب را بزرگ نکنند. نه آن روز و نه بعد از آن عزای عمومی اعلام نشد. هیچ یک از اعضای خانواده سلطنتی برای تسلای خانواده قربانیان رهسپار آبادان نشد، که این از وظایف معمول‌شان بود. نه نخست‌وزیر به آنجا رفت و نه هیچ یک از وزیران. شهبانو می‌خواست برود ولی در خاطراتش نوشته که نخست‌وزیر، دکتر آموزگار، وی را منصرف کرد.[1] شاهپور غلامرضا در خاطراتش دولت را به «عدم توجهی مجرمانه» متهم می‌کند.[2]

باید گفت که در ساعات بعدازظهر آن روز، در فاصله میان این فاجعه هولناک و پذیرایی ملکه مادر کسی از ماجرا خبر درستی نداشت و به هر تقدیر ابعاد آن ناشناخته بود.

در حالی‌که مدعوین پذیرایی ملکه مادر یکی پس از دیگری به کاخ وی در سعدآباد

---

1 -Mémoires, Op. cit

۲- متن ذکر شده

می‌آمدند، شاه تنی چند را به اطاق کوچکی در همان کاخ فرا خواند[1] آشکارا برآشفته بود. بعد از طرح یکی دو مطلب دیگر، به فاجعه آبادان اشاره کرد. هنوز کسی از ابعاد آن و تعداد قربانیان به دقت باخبر نبود. شاه پیاپی با عصبانیت می‌گفت: «وحشتناک است»، «وحشتناک است»، «چه کسی می‌تواند چنین جنایتی را مرتکب شده باشد...» دستور داد که دولت اطلاعات دقیقی در اختیارش بگذارد.

سپس به میان جمعیت رفت. برخود مسلط شده بود. قیافه‌ی آرام و لبخند متعارف خود را باز یافته بود. با تنی چند دست داد و کلماتی رد و بدل کرد. مدتی طولانی با نویسنده معروف علی دشتی به گفتگو پرداخت.[2] همه می‌دانستند که دشتی یکی از کارشناسان مسائل اسلامی و آشنا به محیط روحانیون است. موضوع گفتگو را حدس می‌زدند.

به علت تعطیل عمومی روزنامه‌ها منتشر نمی‌شدند. ابعاد فاجعه آبادان در روز بعد عیان شد و نتایج آن برای دولت و حکومت وخیم بود. مخالفین یک صدا شدند که در حالی‌که شهر بزرگی در کشور عزادار قربانیان بیگناه خود بود، شاه و دربار و دولت به پایکوبی و خوش‌گذرانی سرگرم بودند. به سرعت دولت و ساواک را متهم به این جنایت فجیع کردند. بدتر از همه آن بود که اصولاً مقامات دولتی از خود عکس‌العملی نشان نمی‌دادند. توضیحی داده نمی‌شد. سکوت دولت برای حکومت مرگبار بود.

چند ساعت پس از انتشار خبر این فاجعه آیت‌الله خمینی که هیچ‌کس او را متهم نکرده بود. ناگهان در مقام دفاع از خود برآمد و در اعلامیه‌ای گفت: «قطعاً این عمل غیراسلامی و خلاف قوانین اسلام را به مخالفان شاه نسبت خواهند داد» و پیشاپیش چنین مسئولیتی را تکذیب کرد.[3]

۱- نویسنده ایرانی این کتاب نیز حاضر بود.

۲- علی دشتی در این هنگام سناتور بود. یکی از عربی‌دانان نادر ایران به شمار می‌آمد. قبلاً سال‌ها نماینده مجلس، مدت کوتاهی وزیر و چندین سال در قاهره و بیروت سفیر ایران بود. صاحب تألیفات متعددی است، از جمله چند رمان و زندگی‌نامه‌های تنی چند از بزرگان شعر و ادب فارسی. وی همچنین مولف کتاب مستندی است تحت عنوان ۲۳ سال در احوال محمد پیامبر اسلام. به سبب تالیف آن پس از انقلاب به زندان افتاد و زیر شکنجه کشته شد. نزدیک به نود سال داشت. جنازه‌اش را به جوی آب کنار منزلش برده در آنجا انداختند.

۳- برای مطالعه متن کامل اعلامیه نگاه کنید به کتاب حجت‌الاسلام علی دوانی، جلد هفتم، منبع ذکر شده، صفحه ۳۲۵

به محض وقوع فاجعه و اطلاع از کم وکیف آن، مقامات انتظامی و قضایی تحقیقات قانونی ضروری را در مورد آن آغاز کردند. و بی‌چون و چرا معلوم شد که مسئولیت آن با اطرافیان یا به اصطلاح «بیت» آیت‌الله خمینی بوده است. چهار تن مجریان اصلی جنایت بودند که به هر یک ۱۱۰۰ دلار آمریکایی و پانصد دینار عراق پرداخت شده بود. شخص پنجمی مواد محترقه را در اختیار آنان گذاشت.

روشـــن و ثابت شد که «احمد آقا» پســـر دوم آیت‌الله خمینی و نیز هادی غفاری[۱] و حجت‌الاسلام مدرسی[۲] بر اجرای فاجعه نظارت داشته‌اند و چند روز قبل از وقوع آن مبلغ ده هزار دلار که به نرخ آن روز هفتاد هزار تومان می‌شد به چاپخانه کوچکی در خرمشهر پرداخت شده بود که اعلامیه‌هایی را در اتهام به دولت و ساواک در این ماجرا چاپ کند که به محض وقوع آن انتشـــار داده شـــود. مجریان جنایت بی‌درنگ پس از ارتکاب آن از مرز عراق در چند صد متری آن محل گذشتند و دولت لاجرم پس از روشن شدن مسأله تقاضای استرداد آن‌ها را از مقامات عراقی کرد.

چند نکته اضافی نیز مســـئولیت مســـتقیم آیت‌الله یا دســـت‌کم اطرافیان او را در این جنایت نشان می‌دهد. نخست تکذیب فوری آیت‌الله خمینی که هنوز کسی وی را متهم نکرده بود. ســـپس فرار مرتکبین جنایت به عراق و به سوی شهر نجف. هم‌چنین حمله آشـــوبگران به وزارت اطلاعات به هنگام نابسامانی‌های انقلابی، تفتیش دقیق آنان از دفتر دکتر محمدرضا عاملی وزیر اطلاعات و سوزاندن آن. حال آن که هیچ وزارتخانه دیگری در طی آشـــوب‌ها مورد حمله و غارت قرار نگرفت. محمدرضا عاملی بی‌درنگ پس از پیروزی انقلابیون بازداشت شد و پس از تحمل شکنجه‌های سنگین به قتل رسید.

سه سال بعد، محسن رضایی، یکی از گردانندگان اصلی تظاهرات انقلابی که از سال ۱۹۸۱ تا ۱۹۹۷ فرماندهی سپاه پاسداران، در یک نشریه رسمی دولتی «سوزاندن بیش از پنجاه سینما» را یکی از اقدامات و هدف‌های اصلی انقلابیون دانست.[۳]

۱- که بعداً مباهات کرد که امیرعباس هویدا را شـــخصاً با تیری از قفا به قتل رســـانده. قبل از آنکه خبر «تیرباران» رسمی‌اش اعلام و از جنازه‌اش عکس‌برداری شود.
۲- که او نیز بعداً در جمهوری اسلامی بر مقامات عالی رسید.
۳- محسن رضایی، تاکتیک و تکنیک‌های انقلاب، نشریه سپاه پاسداران تهران، سال ۱۹۸۲ در مورد پرونده و جزئیات و مدارک آن نگاه کنید به دکتر پرویز عدل خانه ما در فیشرآباد، خاطرات پراکنده، شرکت کتاب، لس‌آنجلس، ۲۰۰۴

سال‌ها بعد، یکی از جراید تهران پروا کرد که ماجرای سینما رکس را با احتیاط بسیار مورد سوال قرار دهد. مقامات رسمی جمهوری اسلامی بدون درنگ آن را توقیف و ادامه انتشارش را ممنوع کردند.[1]

به نوشته یکی از صاحب‌نظران از دیدگاه افراطیون اسلامی «سینما به طور کلی یکی از مظاهر ضدیت با اسلام و ارزش‌هایی که باید با آن‌ها مبارزه کرد و نشان از مداخله خارجیان در زندگی مسلمانان دارد. در سال ۱۹۷۸ آتش‌سوزی سینما رکس آبادان به مرگ بیش از چهارصد تن انجامید. معنای آن برای همگان روشن بود. سینماها یکی از اهداف اصلی انقلابیون و آشوبگران ضد حکومت درآمدند و تقریباً ۱۸۰ سینما به آتش کشیده و یا ناچار به تعطیل شدند. پس از روی کارآمدن خمینی نخستین سینمایی که شروع به کار کرد اعلام داشت که فیلم‌های خلاف اخلاق به معرض نمایش نخواهد گذاشت.»[2]

در برابر مماشات و سکوت دولت، چند روزنامه‌نویس خارجی، کم و بیش شایع کردند که فاجعه سینما رکس می‌تواند ناشی از ساواک باشد. اندک اندک این شایعه جنبه‌ی جدی و رسمی پیدا کرد و سال‌ها لازم آمد که محققان و ناظران مختلف کم و کیف ماجرا را روشن کنند و سرانجام محسن رضایی مسئولیت انقلابیون را در این آتش‌افروزی‌ها رسماً پذیرفت.

آتش‌سوزی سینما رکس و تبلیغاتی که درباره آن صورت گرفت، نقطه عطفی در جریان انقلاب بود. «تا آن موقع ایرانیان بسیاری تصوّر می‌کردند که مبارزه‌ای میان شاه و آخوندهای محافظه‌کار و سنتی در جریان است. ناگهان بسیاری بر این گمان شدند که دولت قادر است زندگی آنان را به خاطر حفظ و صیانت خود به خطر بیاندازد و چنین بود که صدها هزار تن به حرکت ضد حکومت پیوستند.»[3]

پس از سوءقصد آبادان، در روز ۲۳ اوت بازار عمده‌فروشی میوه و سبزی تهران[4] به آتش کشیده شد. جمشید آموزگار که مردی درستکار، اما دست روی دست گذاشته بود،

۱- روزنامه صبح امروز.

2 - Miriam Rosen "Perspectives: Cinéma Iranien Aprés la revolution," Ciné Bulles Vol. 13 No. 4,1994

3 - Roy Mottahedeh The Mantle of the Prophet. Religion and Politics in Iran, Papa back editions, London, 2004, P.375.

۴- مقصود بازار معروف به امین‌السلطان است. (مترجم)

محترمانه برکنار شـــد. شاید خودش هم باطناً مایل بود کنار برود و از روی وظیفه‌شناسی استعفاء نمی‌داد.

بعد از مشورت‌هایی، شاه، جعفر شریف امامی رئیس هفتاد و پنج ساله مجلس سنا را مأمور تشکیل کابینه جدید کرد.[۱] نخست‌وزیر جدید همچنین مدیرعامل بنیاد پهلوی، رئیس هیأت مدیره بانک توسعه صنعتی و معدنی و تعدادی شرکت‌های پر سود صنعتی، تجاری و معدنی و نیز از سال‌های ۱۹۶۰ به این طرف «استاد اعظم لژ بزرگ ایران» بود.[۲]

جعفر شـــریف امامی در جامعه حُسن شهرت نداشت. به آقای ۵٪ معروف بود. زیرا گفته می‌شـــد (درست یا نادرســـت؟) که از همه قراردادهایی که در آن دخالت یا توسط می‌کنـــد از جمله قراردادهایی مربوط به بنیاد پهلوی کمیســـیونی معادل این رقم دریافت می‌دارد.

شهبانو شدیداً با این انتصاب مخالف بود و مخالفت کرد. سپهبد مقدم، رئیس ساواک، پروا کرد به شاه بگوید که «این بدترین انتصاب ممکن در شرایط روز است.. دو ماه دیگر شورش ضد حکومت عمومیت خواهد یافت.»[۳]

شـــریف امامی کابینه غیرمتجانسی تشـــکیل داد. باید گفت که هیچ یک از وزیرانش شهرت به نادرستی نداشتند و دو یا سه تن آنان معروف به نزدیکی با جریان فکری جبهه ملی بودند. شاه به وی اختیارات تام داد.

یکی از نخســـتین تدابیر نخســـت‌وزیر جدید که برای «آرام کردن محیط»، از انتشار نتایج تحقیقات مربوط به آتش‌سوزی سینما رکس آبادان جلوگیری کند. معذالک گزارش دقیق و مســـتندی از مفاد آن را برای استحضار «آیات عظام» (مراجع تقلید قم) برای آنان ارسال داشت. گویا شریعتمداری گریست. اما عکس‌العملی نشان نداد. مگر نه آنکه دولت مهر سکوت بر لب زده بود؟ رونوشت مصدق و تصاویر کامل تمام اسناد پرونده به دکتر محمدرضا عاملی وزیر اطلاعات داده شد، که اگر ضرورتی احساس شد (در حقیقت به

۱- این بار دوم بود که شـــریف امامی به ریاســـت دولت منصوب می‌شـــد. بار اول از ۳۱ اوت ۱۹۶۰ تا ۴ مه ۱۹۶۱ بود که بر اثر تظاهرات مختلف از جمله معلمان پایتخت مجبور به استعفاء گردید.
۲- همه در تهران می دانستند که شاه با تمهیدات خاص وی را به این سمت تحمیل کرده است.
۳- این جریان‌ها در خاطرات شهبانو فرح و شاهپور غلامرضا پهلوی (منابع ذکر شده) که شهود دست اول بودند منعکس است.

عنوان وسیله‌ای برای تهدید) ترتیب انتشار آن‌ها و افشاگری حقایق را بدهد.[۱]

نخست‌وزیر جدید، معروف به «پشت هم‌اندازی» و اهل تحریک بود. شاه امیدوار بود. که به این وسیله تشنج محیط را کاهش دهد. اما زمان، زمان پشت هم‌اندازی برای آرام کردن موجی که می‌رفت انقلابی شود و از خارج حمایت و تقویت می‌شد، نبود. سوءشهرت شریف‌امامی چنان بود که هر اقدام وی را بی‌اثر می‌ساخت، ولو آن‌که در توسل به آن حُسن نیت داشت و به خودی خود اقدام نادرستی نبود.

نخستین «اقدام اصلاحی» بزرگش صدور اعلامیه‌ای بود که در آن وطن را در خطر اعلام و همگان را به «آشتی ملی» دعوت کرد. هم‌چنین تصمیم به تعطیل چهار کازینوی کوچک گرفت که خودش بنیان نهاده بود. هر دو اعلامیه‌اش به تاریخ هجری خورشیدی سنتی[۲] مورّخ بود. مفهوم مخالف ذکر این تاریخ، لغو تقویم شاهنشاهی بود که امیرعباس هویدا نخست‌وزیر اسبق و خود او بانیان اصلی‌اش بودند و این نکته بر هیچ کس پوشیده نبود.

همه این تدابیر شتابان و سطحی به لبخند و تمسخر مردم و تعجب اهل‌نظر منتهی شد. قبل از این‌که نخست‌وزیر جدید وزیران خود را گِرد هم آورد و نخستین جلسه هیأت دولت را تشکیل دهد، مجموع افکار اصلاحی خود را به مرحله اجرا درآورده بود و دیگر چیزی در چنته نداشت!

سپس پانزده روز به عنوان تهیه برنامه دولت در معرفی وزیران به مجلسین تأمل و این دست و آن دست کرد. در همین پانزده روز بود که همه چیز دگرگون شد و در حقیقت تاریخ ورق خورد.

در روز پنجشنبه ۷ سپتامبر به مناسبت یکی از اعیاد مذهبی[۳]، صد هزار تن در خیابان

۱- نگاه کنید به دکتر پرویز عدل، خانه مادر فیشرآباد، منبع ذکر شده. طبق اطلاع موثّقی که در دست است این پرونده که برای دست‌یابی به آن انقلابیون دکتر عاملی را به قتل رساندند، اکنون در محل امنی در ایالات متحده آمریکا است.

۲- که مبداء آن هجرت محمد پیامبر اسلام است از مکه به مدینه (سال ۶۲۲ بعد از میلاد مسیح)

۳- عید فطر (مترجم)

کوروش کبیر تهران[۱] به راهپیمایی پرداختند[۲] و سپس به طور دسته جمعی نماز گذاردند. تعداد تصاویر آیت‌الله عظمی شـریعتمداری فراوان بود و شعارهایی در ضرورت اجرای قانون اساسی داده می‌شد. رهبران جناح‌های مخالف دولت همه آن‌جا بودند. خبرنگاران داخلی و خارجی و فیلم‌برداران فراوانی در تظاهرات حاضر بودند و اخبار آن بی‌طرفانه و بدون دخل و تصرف از رادیو تلویزیون ملی ایران پخش شد. در انتهای ستون تظاهرکنندگان چند تن «فلسطینی» - آیا واقعاً همه آنان فلسطینی بودند- تصاویری از آیت‌الله خمینی به دست داشتند و شعارهایی بر ضد سلطنت می‌دادند.

در همین روز و تقریباً در همان ساعت، شهبانو فرح، به مناسبت «روز ملی بیمارستان‌ها» به بازدید یکی از بیمارستان‌های بزرگ و نوبنیاد دانشگاه تهران (بیمارستان دکتر اقبال) رفت و سپس پیاده از آن‌جا رهسپار موسسه مبارزه با سرطان شد.

این بازدیدها قبلاً اعلام نشده بود. حضور شهبانو در بیمارستان دکتر اقبال سریعاً در میان اهالی محلات اطراف، تقریباً از طبقات متوسط، پخش و دانسته شد. جمعیتی نزدیک به ده هزار نفر در پشـت نرده‌های بیمارستان جمع شـده با شور و هیجان فریاد «جاوید شاه» می‌کشیدند و هنگامی که همسر محمدرضا شاه، پیاده عازم موسسه سرطان در چند صدمتری آن‌جا شد، تعداد مردم باز هم افزایش یافت و تظاهرات جوّی شورانگیز پیدا کرد. در این گیرودار خبرنگاران رادیو- تلویزیون ملی ایران سر رسیدند. خبر تظاهرات مردم به طور خیلی کوتاه پخش شد. سپس نخست‌وزیر دستور داد که دیگر از آن صحبتی نشود که موجب «ناراحتی خاطر مخالفان خواهد شد.» هویدا می‌خواست شاه را ناراحت و آزرده خاطر نکند و شریف امامی مخالفین او را!

بعدازظهر همان روز، سـه هزار و به قولی پنج هزار تن از هواداران آیت‌الله خمینی در میدان ژاله واقع در شـرق پایتخت گرد آمدند. شعارهای آنان علناً بر ضد شاه و بسیار خشونت‌آمیز بود. مأموران انتظامی دخالتی نکردند و تظاهرات بدون برخورد پایان یافت. ولی اعلام شد که فردای آن روز یک راه‌پیمایی از میدان ژاله انجام خواهد شد. نه مقصد راه‌پیمایی اعلام شد و نه اسامی افراد یا سازمان‌های دعوت‌کننده به انجام آن.

۱- اشاره است به معبری که عامه مردم خیابان قدیم شمیران یا جاده قلهک می‌نامیدند. (مترجم)
۲- رقمی است که برپا کنندگان تظاهرات اعلام داشتند و ممکن است بیش از واقعیت باشد. (مترجم)

شـبانگاه شورای امنیت ملی به ریاست نخست‌وزیر تشـکیل جلسه داد و براساس اطلاعاتی که رسـیده بود، تصمیم گرفت که از فـردای آن روز مقررات حکومت نظامی در تهران اعلام و به مرحله اجرا گذاشـته شـود. رسـمیت این ترتیبات نیاز به تصویب هیأت دولت داشت.[۱] می‌بایست وزیران را جمع کرد تا پیشنهاد شورای امنیت ملی را در جلسه فوق‌العاده‌ای تنفیذ نمایند. هیأت دولت این تصمیم را تایید کرد و «احتیاطاً» تصمیم گرفت که در چند شـهر دیگر نیز این مقررات به مرحله اجرا درآید. نظر دولت این بود که ارتشبد غلامعلی اویسی فرمانده کل نیروی زمینی به فرمانداری نظامی تهران منصوب شود. نخست‌وزیر تلفنی نظر شاه را در مورد این تصمیمات جویا شد. شاه در ابتدا راضی نبود. اما سرانجام موافقت کرد.[۲]

قرار بر این شـد که این مقررات از فردای آن روز (جمه) ساعت ۷ بامداد به مرحله اجرا درآید.[۳]

ارتشبد غلامرضا ازهاری رئیس ستاد بزرگ[۴] در جلسه حضور داشت. به صراحت مشـکلات اجرای این تصمیم را در ظرف چند سـاعت به اطلاع هیأت دولت رسـاند. پنجشنبه تعطیل بود (عید فطر) و جمعه تعطیل هفتگی. سربازان وظیفه همه در مرخصی بودند. همچنین گروهی از افسران.

معذالک ارتشـبد اظهار داشت که ارتش به وظایف خود عمل خواهد کرد. اما مصراً و به تأکید مکرّر از نخسـت‌وزیر خواست که دستور دهد خبر برقراری حکومت نظامی بدون درنگ و به فواصل نیم ساعته از رادیو تهران (که برنامه بیست و چهار ساعته داشت)

۱- این تصویب‌نامه شامل می‌شد بر ممنوعیت اجتماعات، بازداشت «آشوبگران» و احاله آنان به دادگاه‌های نظامی ...

۲- شهادت اردشیر زاهدی که از محل مأموریت خود (واشنگتن) برای مشاوره به تهران فرا خوانده شده بود و مشغول صرف شاه با زوج سلطنتی بود. مذاکرات تلفنی در همان موقع صورت گرفت و زاهدی پاسخ‌های شاه را می‌شنید.

(نگاه کنید به Ardeshir Zahedi, Untold Secrets, Los Angeles, 2002 این کتاب مجموعه‌ای اسـت از مصاحبه‌ها، مقاله‌ها و سـخنرانی‌ها و بعضی اظهارات آقای اردشیر زاهدی که به همّت خانم پری اباصلتی سردبیر مجله راه زندگی، جمع‌آوری و منتشر گردیده).

۳- سپهبد جعفر صانعی، یکی از معاونان فرمانده کل نیروی زمینی که همین نقش را در فرماندهی نظامی تهران نیز به عهده گرفت، یادداشت‌های دست‌نویس روزانه خود را از این دوران در اختیار نویسندگان کتاب قرار داده است که در بسیاری از نکات از آن بهره گرفته‌ایم.

۴- و نایب رئیس مقامی شورای امنیت ملی (مترجم)

و هر دو شبکه تلویزیونی که تا حوالی نیمه شب برنامه داشتند پخش و به اطلاع مردم رسانده شود. نخست‌وزیر این تقاضای معقول و منطقی را پذیرفت و به منوچهر آزمون وزیر مشاور و معاون اجرایی خود دستور داد که مراتب را بی‌درنگ به رضا قطبی رئیس رادیو تلویزیون ملی ایران ابلاغ کند.

واقعیت امر این است که برقراری حکومت نظامی، فردای آن روز، ساعت ۶ صبح، برای بار نخست از رادیو تهران اعلام شد. حال آن‌که ستون‌هایی چند، از نقاط مختلف پایتخت به سوی میدان ژاله به راه افتاده بودند. آیا منوچهر آزمون دستور رئیس دولت را اجرا نکرد، یا این‌که رادیو تلویزیون ملی ایران از اجرای آن سرباز زد. سوءنیت بود یا خرابکاری؟ دستوری برای رسیدگی به این جریان بدخیم داده نشد. واقعیت امر این است که دولت دیگر رئیسی نداشت و کسی از دستوراتش پیروی نمی‌کرد. حکومت در حال اضمحلال بود.

جمعه ۸ سپتامبر، از نخستین ساعات بامداد کامیون‌ها و وسایل نقلیه ارتش و قوای انتظامی از چهارراه‌های مختلف مستقر شدند و به راهنمایی هلی‌کوپترها که مسیر ستون‌های جمعیت را تعقیب کرده گزارش می‌دادند، با بلندگوهای قوی اجرای مقررات حکومت نظامی و منبع اجتماعات را اعدام و از جمعیت می‌خواستند که متفرق شوند. جمعیت (پنج تا هشت هزار نفر طبق برآوردهای مختلف)[1] وقعی به این اخطارها ننهاد و رهسپار کاخ بهارستان «خانه ملت» شدند. محلی که مورد احترام و غیرقابل تجاوز تلقی می‌شد و فقط گروه کوچکی محافظ آن هم در اختیار رئیس مجلس شورای ملی از آن نگاهبانی می‌کردند.

گزارش‌هایی که به مسئولان امنیتی و انتظامی رسیده بود. همه حکایت از این داشت که قصد جمعیت تصرف کاخ بهارستان و اعلام جمهوری اسلامی است. آیا تصور می‌کردند که دولت عکس‌العملی نشان نخواهد داد؟ رفتار چند روز اخیر نخست‌وزیر می‌توانست چنین فرضیه‌ای را به وجود آورد. یا این‌که می‌پنداشتند که قوای انتظامی به «خانه ملت» حمله خواهند کرد، خونریزی و کشتاری به وجود خواهد آمد که حکومت از آن جان سالم به در نخواهد برد؟

۱- تعداد نفوس تهران در آن موقع در حدود سه میلیون و نیم نفر بود.

نکته مهم و قابل توجه این است که برخلاف راه‌پیمایی روز قبل، نه از شخصیت‌های سیاسی در این تظاهرات خبری بود و نه حتی از آخوندهای سرشناس. گرداننده، آخوندی بود موسوم به نصیریه و معروف به آیت‌الله علامه نوری که در بعضی از محافل مرفه و خوش‌گذاران تهران نیز شناخته بود با آنان رفت وآمدی هم داشت.

متظاهرین، به رهبری گروهی که نقاب به صورت داشتند تا شناسایی نشوند، به اخطارهای مأموران انتظامی وقعی نگذاشتند و سعی کردند صفوف آن‌ها را دور بزنند و به راه‌پیمایی ادامه دهند. مأموران به تیراندازی هوایی پرداختند که نتیجه نداشت. در این هنگام بود که تک تیراندازانی که در پشت‌بام چند خانه واقع در مسیر و یا پشت پنجره‌های دو یا سه آپارتمان مستقر شده بودند.[۱] هم به سوی جمعیت و هم به سوی مأموران انتظامی تیراندازی کردند. در این جا دیگر مأموران انتظامی عکس‌العمل نشان دادند. معرکه‌ای خونین درگرفت. حسین بروجردی یکی از فرماندهان سپاه پاسداران، به «شصت و چهار قربانی» در صف متظاهرین اشاره کرده.

یک روزنامه‌نویس فرانسوی که در آن موقع به محافل انقلابی بسیار نزدیک بود می‌نویسد: «فردای آن روز در تهران اتفاق نظر وجود داشت: تعداد کشته‌شدگان ۴۰۰۰ نفر بود.»[۲]

روزنامه لوموند شماره تلفات را «رسماً ۱۸۰ کشته و ۲۰۰۰ تن به گفته مخالفان نوشته و اضافه می‌کند که ۲۰۰۰ تن جلب و بازداشت شدند که همه سران مخالفان در میان آن‌ها بودند.»[۳]

پس از این حادثه دیگر راه آشتی میان حکومت و طرفداران آیت‌الله خمینی بسته شد. بعد از فاجعه آبادان جراید غربی این روز را «جمعه سیاه» نام نهادند.

۱- بعداً گفته و نوشته شد که اینان، «جنگجویان» فلسطینی بودند. نکته‌ای که قابل ثبوت نیست ولی مستبعد هم به نظر نمی‌رسد.

۲- حسین بروجردی، پشت پرده‌های انقلاب اسلامی، انتشارات نیما، اسن، آلمان، ۲۰۰۲ کتابی مشتمل بر ۴۳۰ صفحه و تصاویر متعدد که یکی از فعالان انقلاب اسلامی پس از فرار به غرب نوشته. مطالبی نه چندان منظم درباره حوادث قبل و بعد از انقلاب و تا اواخر دهه هشتاد در آن بازگو شده. ناشر کتب موسسه‌ای موجه و شناخته شده است. بسیاری از اطلاعات مندرج در آن دقیق و مطابق با واقعیات و مدارک دیگر به نظر می‌رسد.

3 - Le Monde, Dossiers at Documents, L'Histoire au jour le jour, 1974-1985. Octobre 1986.

دو هفته بعد تعداد دقیق قربانیان این روز براساس گزارش‌های پزشکی قانونی و جوازهای دفن صادره معلوم شد. صد و بیست و یک تن کشته در میان تظاهرکنندگان، هفتاد تن از افراد قوای انتظامی و ارتشیان. مجموعاً ۱۹۱ نفر. گزارش پزشکی قانونی نشان می‌داد که بسیاری از مقتولین با گلوله‌هایی غیر از گلوله‌های ارتش و قوای انتظامی کشته شده‌اند.

آیت‌الله علامه نوری جلب و چند روزی زندانی شد.[۱] در تفتیش خانه‌اش تعدادی گذرنامه کشورهای عربی، اسنادی که حاکی از ارسال ۵/۵ میلیون دلار (در حدود چهل میلیون تومان به نرخ تسعیر آن روز) از نجف برای او بود کشف شد. ۱۸ میلیون تومان از این وجه را به حساب‌های پس‌انداز فرزندانش واریز کرده بود. دیگر تردیدی وجود نداشت که ماجرای جمعه سیاه از خارج برنامه‌ریزی و هزینه‌های آن تأمین شده بود.

نخست‌وزیر دستور داد که از ادامه‌ی انتشار اخبار و اسناد آن در جراید جلوگیری شود که موجبات ناراحتی مخالفان فراهم نگردد! سکوت برقرار و علامه نوری آزاد شد.

پس از این ماجرا شاه واقعاً مصیبت‌زده شد. روحیه خود را باخت، شاید هدف هم جز این نبود.

به کنت آلکساندر دومارانش گفت: «آقای کنت عزیز، این را بدانید که من هرگز اجازه نخواهم داد که بروی ملتم تیراندازی شود.»[۲]

شاه دیگر شور و اراده خود را از دست داد. نمی‌فهمید که ملتش که آن‌قدر به آن علاقمند بود، چرا رهایش کرده. به بسیاری می‌گفت: «مگر من با این‌ها چه کرده‌ام؟»

جمعه سیاه، سرآغاز سراشیبی سقوط غیرقابل اجتناب او گردید. با این حال تا دم واپسین اقامتش در تهران، با نظم و دقت وظایف مقام سلطنت را انجام داد.

در مراکش، طی روزهای تبعیدش، ملک حسن به او گفت: می‌دانی، رضا که اشتباه

۱- به مناسبت بیستمین سالروز انقلاب اسلامی، علامه نوری با سربلندی نقش خود را در این ماجرا حکایت کرده. نگاه کنید به ایران فردا، نشریه‌ی نیمه دولتی، چاپ تهران شماره ۵۱، فوریه مارس ۱۹۹۱
۲- متن ذکر شده، صفحه ۲۲۵

بزرگت چه بود؟ تو ایران را بیش از ایرانیان دوست داشتی.»[۱]

۱- روایت دکتر امیراصلان افشار که در این گفتگو حاضر بود.

فصل پنجم

از «آخوند شپشو» تا «امام نوظهور»

پس از ماجرای «جمعه سیاه» آن روز شوم، دیگر در پریشانی اوضاع تردیدی نبود. در گزینش نخست‌وزیر اشتباه شده بود. که شاه آن را خیلی زود دریافت. عقب‌نشینی‌ها و گذشت‌ها بی‌حاصل در برابر مخالفان دولت یا حکومت، به امید و انتظار این که آرام شوند، حاصلی در برنداشت. نخست‌وزیر دستور داد که مقررات حکومت نظامی دیگر اجرا نشود. به نوشته دو تحلیل‌گر آمریکایی «حکومت نظامی روی کاغذ وجود داشت اما دیگر حکومت نظامی نبود.»[1] وزیر مشاور و معاون نخست‌وزیر در امور اجرایی[2] دستور داشت که مرتباً با فرمانداری نظامی تماس بگیرد و از عدم اجرای مقررات حکومت نظامی اطمینان حاصل کند.[3] ناهماهنگی بر همه چیز حکم‌فرما بود. شاه از خود عکس‌العملی نشان نمی‌داد. گویی بی‌تفاوت شده بود. وجود صوری حکومت نظامی -از جمله ممنوعیت رفت و آمد در ساعات آخر شب، تنها اثر واقعی اجرای مقررات آن- به جراید بین‌المللی امکان می‌داد که به سخت‌گیری‌های دولت و حکومت بتازند.

چند تاجر و مقاطعه‌کار، چون مهدی بازرگان، که از دوستان و همکاران شریف‌امامی

---

1 -Michael Ledeen, William Lewis, <u>Débacle L'echec americain en Iran</u>, Albin Michel, 1981

۲- دکتر منوچهر آزمون
۳- یادداشت‌های سپهبد جعفر صانعی

بودند، نقش واسطه را میان او و رهبران تندرو مخالفین بازی می‌کردند. پیام نخست‌وزیر همواره این بود که «آقایان» موردی برای نگرانی ندارند، کسی مزاحم‌شان نخواهد شد. ممنوعیت اجتماعات فقط بر هواداران شاه و نظام حکومتی شامل می‌شد. مخالفین آزاد بودند که هر چه می‌خواهند بکنند و هر چه می‌خواهند بگویند.

به ابتکار سناتور مصطفی تجدّد، یکی از بانک‌داران بسیار بانفوذ کشور[۱] و از اعاظم طریقت ماسونی، نزدیک به پنجاه تن از «برادران» تصمیم گرفتند که در اقامتگاه تجدد گردهم آیند و فکری برای دفاع از رژیم سلطنت و شخص شاه بکنند. از لحاظ رعایت ادب به استاد اعظم لژ بزرگ ایران (و نخست‌وزیر) اطلاع دادند که چنین قصدی دارند. پاسخ او روشن بود: چنین اجتماعاتی مباین مقررات حکومت نظامی است. از این هم پیش‌تر رفت و راساً تصمیم گرفت که فعالیت فراماسون‌ها را به حالت تعلیق درآورد و این تصمیم را به اطلاع مخالفین رساند. هدف اثبات حُسن نیت‌اش بود!

دولت همه وسایلی را که برای مقابله با بحران داشت به کنار گذاشته و دست‌های خود را بسته بود. اما بر مخالفان افراطی لازم بود که برای مطبوعات غربی و سفارت‌خانه‌های خارجی مقیم تهران «خوراک» تهیه کنند. می‌بایست «مردم خون ببینند و خون‌ریزی را احساس کنند.»[۲] «تاکتیک‌ها و تکنیک‌های» جدید انقلاب به مرحله عمل درآمد: «استفاده از تابوت»، «آتش زدن مراکز فساد»، «استفاده از مساجد به صورت پایگاه انقلاب»، «استفاده از تشییع جنازه شهید به عنوان یک تاکتیک انقلابی»، «استفاده از لباس خونین شهدا»، «استفاده از حیوانات برای خراب کردن نظام ستم شاهی»، «استقرار عزاداران حرفه‌ای در گورستان‌ها»... سال‌ها بعد گفته و دانسته شد که بیشتر جنازه‌هایی که در شهر می‌گرداندند و به عنوان قربانیان رژیم معرفی می‌کردند، از قبرستان‌ها و پزشکی قانونی ربوده شده بود. لباس‌هایی که در معابر عمومی آغشته به خون ارائه می‌شد. با مایع سرخ رنگ آغشته بود.[۳]

۱- موسس، رئیس هیأت مدیره و مدیرعامل بانک بازرگانی ایران

۲- اصطلاح از محسن رضایی است (نگاه کنید به منبع ذکر شده). درباره سهم و نقش این شخص در جریان‌های انقلاب و تأسیس سازمان امنیتی جمهوری اسلامی نگاه کنید به:

Yves Bonnet, Vevak, au Service des ayatollahs, Histoire des services secrets Iraniens, Paris, Timee,2009.

کتاب محسن رضایی به تاریخ ۴ فوریه ۱۹۸۴، در مقاله مفصلی به قلم Robert Contre در مجله Figaro Magazine خلاصه شده.

۳- سرفصل‌های کتاب محسن رضایی

هدف تحریک افکار عمومی و جلب نظر خبرنگاران وسایل ارتباط جمعی جهان غرب بود.

هنگامی‌که سرانجام نخست‌وزیر دولت خود را به مجلسین معرفی کرد، دیگر توانی نداشت و در حقیقت حالت نزع کابینه‌اش آغاز شده بود. شاه نیز به خوبی دریافته بود که در انتخاب شریف امامی دچار اشتباهی فاحش شده. معذالک به او اختیار تام داده و دستش را کاملاً باز گذاشته بود. نخست‌وزیر، به استناد مقررات حکومت نظامی که جلب و بازداشت «مقدمین علیه نظام مشروطیت» را اجازه می‌داد، دستور به بازداشت تنی چند از شخصیت‌های سیاسی به عنوان «مبارزه با فساد» داد. بسیاری از آنان سوء شهرتی نداشتند. مبارزه با فساد از جانب شریف‌امامی مضحک به نظر می‌رسید و در حقیقت نوعی سوءاستفاده از قدرت بود.

سناتوری که از محارم و نزدیکان نخست‌وزیر محسوب می‌شد، به این و آن پیغام می‌داد که نام آنان در شمار افراد مظنون به فساد قرار دارد و به زودی جلب و بازداشت خواهند شد، اما او می‌تواند مانع این کار شود. با آنان در اطاقی در مجاورت دفتر نخست‌وزیر قرار ملاقات می‌گذاشت کیفی پر از اسکناس به سناتور مورد اشاره می‌دادند و...

آیا واقعاً نام این اشخاص در صورت اسامی کسانی بود که شریف امامی قصد بازداشت آن‌ها را داشت؟ آیا واقعاً خود او در جریان این کلاه‌برداری بود؟ هیچ‌کس نمی‌داند. اما شایعه این بازی یا صحنه‌سازی در محیط سیاسی متشنج تهران، بسیار بدخیم بود و بر ضعف و پریشانی کار دولت افزود.

نتیجه آن شد که برخلاف سنت معمول در ربع قرن اخیر، تنی چند از وزیران استعفاء دادند و از دولت خارج شدند. دادگستری،[1] علوم و آموزش عالی،[2] بهداری،[3] و حتی در

۱- دکتر محمد باهری

۲- نویسنده ایرانی این کتاب: اخیراً در تهران این نامه‌ی استعفاء در بایگانی نخست‌وزیر پیدا و در بعضی جراید انتشار یافته است. نویسنده اشتباهات پیاپی نخست‌وزیر را یادآور شده و نیز نوشته بود، گرچه می‌داند که شاه او را به نخست‌وزیر تحمیل کرده و خود او مطلقاً مایل به این کار نبوده است، دیگر نمی‌تواند با سیاست وی همراهی داشته باشد. هوشنگ نهاوندی قبل از ارسال نامه از شاه وقت ملاقات خواست و قصد استعفایش را به استحضار او رساند. شاه نامه را خواند و با اندوه بسیار گفت «امروزه خیلی جرأت می‌خواهد که چنین مطالبی را کسی بر روی کاغذ بیاورد» و بعد افزود «لااقل او (نخست‌وزیر) جلسات هیأت دولت را خوب اداره می‌کند».

۳- دکتر نصرت‌الله مقتدر مژدهی.

روزهای آخر منوچهر آزمون که بازوی اجرایی نخست‌وزیر تقریباً همه‌کاره‌اش بود.

در روز ۱۶ سپتامبر ۱۹۷۸ در طبس واقع در جنوب استان خراسان زلزله شدیدی روی داد. ۷۰٪ این آبادی سرسبز که در دل صحرا قرار داده ویران و ۳۰۰۰ تن کشته شدند. کمک‌های اولیه دولت و مخصوصاً شیر و خورشید سرخ به سرعت به منطقه رسیدند. نخستین گزارش‌هایی که از محل رسیده بود و مطالب جراید نشان می‌داد که عملیات امدادی با نظم و ترتیب در جریان است. در این میان تنی چند از مخالفان حکومت شایع کردند که علت اصلی این واقعه ناگوار یک آزمایش اتمی آمریکائیان در منطقه بوده، چند آخوند نیز مطلب را در مساجد عنوان کردند. شاید هم گروهی ساده‌لوح این شایعه را باور کردند!

شاه با وجود پژمردگی شدید روحی که داشت نخواست تجربه تلخ بی‌تفاوتی رسمی مقامات بعد از حریق آبادان تکرار شود. دو روز بعد، ۱۸ سپتامبر، علی‌رغم عقیده مخالف بعضی از اطرافیانش که از تظاهرات نامناسب بیم داشتند، عازم طبس شد. استقبال اهالی از وی گرم و سنتی بود و سخت تحت تأثیرش قرار داد. از طبس، بدون اطلاع و برنامه‌ریزی قبلی، برای زیارت مرقد امام رضا راهی مشهد شد. در آن‌جا نیز هنگامی که اهالی از ورود و حضورش مطلع شدند، استقبال گرم و محبت‌آمیزی از او به عمل آمد. حتی چند آخوندی به دیدارش آمدند و به وی عرض احترام و وفاداری کردند. گویا هنگامی که عازم طبس می‌شد، اندکی نگران و عصبی بود و در بازگشت، با وجود خستگی سفر آسوده‌خاطر و خشنود.

دو روز بعد، هیأت دولت سپهبد (مهندس) بازنشسته حسن عاطفی را با اختیارات تام مأمور بازسازی طبس کرد و مقرر داشت که همه سازمان‌های دولتی و امدادی زیر نظر وی قرار گیرند. چنین تمرکزی ضروری و فوری بود. سپهبد مهندس عاطفی مردی خوشنام و قاطع و مخصوصاً معروف به دین‌داری و رعایت آداب اسلامی بود. بی‌درنگ به محل رفت و کارهای پاکسازی ویرانه‌ها و بازسازی بناهای آسیب‌دیده یا ویران شده را به دست گرفت و آغاز کرد. مردم از طرز عمل وی بسیار خوشنود بودند.

چند آخوندی هم که نه مردم آن‌ها را می‌شناختند و نه مأموران انتظامی می‌دانستند از

کجا آمده‌اند، سر رسیدند، مقداری لباس‌های کهنه، شیرینی و تنقّلات و وجوه اندکی پول نقد میان آسیب‌دیدگان تقسیم کردند. در پی آن، همان «واسطه‌های» نخست‌وزیر و «آقایان» مخالفین نزد رئیس دولت رفتند و به او گفتند آیا اصلح نیست که کار بازسازی منطقه به همین آقایان تفویض و هزینه آن از طرف بازاریان تقبّل شـود؟ هم باری از دوش دولت برداشـته خواهدشد و هم قدمی در جهت ارضای خاطر «آقایان» خواهد بود و به آرامش محیط کمک خواهد کرد.

نخسـت‌وزیر حتی بدون کسـب اجازه از هیأت دولت و گویا بدون اطلاع شاه، به سـپهبد عاطفی دسـتور داد که بسـاط خود و همکارانش را جمع و منطقه را ترک کند.[۱] به محض تعطیل برنامه امداد و بازسـازی، مخالفان دولت، شـخص شـاه را متهم کردند که دسـتور به تعطیل کمک‌ها داده است. و می‌افزوند که خوشبختانه فرستادگان آیت‌الله «عظمی» خمینی به محل رفته و کمک‌های اولیه را در دست گرفته‌اند. متأسفانه ظواهر به نفع آنان بود و در آن هیاهوی انقلابی کسی هم دیگر به فکر مردم آسیب‌زده طبس نیافتاد.

چنین بود که در ظرف مدتی کمتر از یکسال، خمینی از سایه به درآمد و به مهم‌ترین مخالف رژیم شاهنشاهی تبدیل شد.

در روز ششـم اکتبر ۱۹۷۸، آیت‌الله روح‌الله موسـوی خمینی به اتفاق یک شهروند آمریکایی ایرانی‌تبار، دکتر ابراهیم یزدی که رسماً به عنوان «مشاور مخصوص و مترجم» او معرفی شد.[۲] در بسیاری از کتب و مدارک ابراهیم یزدی را به عنوان یک مأمور اطلاعاتی آمریکا و گرداننده اصلی ماجرای نوفل لوشاتو معرفی کرده‌اند[۳].

۱- حسـن سـراج حجازی، استاندار خوشنام و کار کشته خراسان که شاهد و ناظر این ماجرا بود، دو سال بعد در پاریس این جریان را برای جمعی که نویسنده ایرانی کتاب نیز در میان آنان بود، روایت کرد. اهالی بهت‌زده و گریان بودند و از «امدادگران» هم دیگر خبری نشد!

2 - Vincent Nouzille, Des Secrets Bien Gardés. Les Dossieres de la Maison Blanche et de la cia sor la France et les Présidents, Paris, Fayard, 2009.

پس از آنکه اسـناد رسمی آمریکایی قابل دسترسی اعلام شدند، آنچه مربوط به روابط با فرانسه و روسای جمهوری یا وزارت خارجه آن بود به تدریج در چند جلد ترجمه و انتشار یافت، فصل بزرگی از جلد اول به ماجرای خمینی و اقامت او در فرانسه اختصاص دارد و همکاری پاریس و واشنگتن را در یاری به او به خوبی روشن می‌کند. استنادات ما به مدارک مندرج در این کتاب است.

۳- چند ماه بعد که دکتر ابراهیم یزدی ابتدا به سـمت معاونت نخست‌وزیر و سپس به وزارت امورخارجه دولت منبعث از انقلاب برگزیده شـد، روزنامه نیویورک تایمز (مورخ ۳۰ سپتامبر ۱۹۷۹) به دولت آمریکا تذکر داد که یک آمریکایی حق ندارد قبل از ثبت‌نام و کسب اجازه از مقامات رسمی به خدمت یک دولت خارجی درآید و از مقامات واشـنگتن پاسـخی به این تذکر خواست. این پاسخ هرگز داده نشد و نیویورک

علاقه و قصد آیت‌الله خمینی به ترک خاک عراق بر کسی پوشیده نبود. نفوذ معنوی و قدرت آیت‌الله عظمی خوئی در نجف بر وی سایه‌افکن بود و از مراقبت مأموران امنیتی و انتظامی ایران و عراق نیز که دیگر با یکدیگر ضدیت نداشتند، بیمناک بود. به همین جهت از کنسولگری ایران در کربلا تقاضا کرد که گذرنامه تازه‌ای به او داده شود (گذرنامه پیشین او از سال‌ها قبل تمدید نشده و در نتیجه فاقد اعتبار بود.)

کسنولگری ایران در کربلا از سفارت شاهنشاهی در بغداد و در نهایت امر از وزارت امورخارجه کسب تکلیف کرد. خمینی دیگر نام و شهرتی یافته بود و یک متقاضی «عادی» محسوب نمی‌شد.

نخست‌وزیر، با وجود ابراز تردید تنی چند از اطرافیانش، حتی وزیر امورخارجه امیر خسرو افشار، با این تقاضا موافقت کرد. البته اخذ گذرنامه از حقوق قانونی روح‌الله خمینی بود. او می‌پنداشت که آیت‌الله به سوریه یا لیبی خواهد رفت.[۱] حتی گزارش‌هایی حاکی از آن بود که وی در لیبی و در سایه معمر قذافی دیکتاتور آن کشور یک حکومت انقلابی تبعیدی تشکیل خواهد داد. نخست‌وزیر شخصاً ترجیح می‌داد (یا تصور می‌کرد؟) که او به لیبی خواهد رفت که با ایران نه رابطه سیاسی داشت، نه رابطه تلفنی، نه خط هوایی مستقیم.

در بغداد، «شورای فرماندهی انقلاب» با خروج آیت‌الله که شخص مزاحمی بود که دیگر به‌دردش نمی‌خورد سریعاً موافقت کرد. اما در تهران خیلی زود دریافتند که موافقت با خروج وی از عراق اشتباهی عظیم بوده است. ابتدا سفیر ایران در عراق مأمور شد که از دولت عراق خواستار جلوگیری از خروج وی از عراق شود. سپس سپهبد مقدم رئیس ساواک شخصاً به طور کاملاً محرمانه به بغداد رفت و از سمت‌های عراقی خود همین تقاضا را کرد و نیز خواستار شد که بر مراقبت خود در اطراف خمینی بیافزاید.

تایمز هم موضوع را دنبال نکرد.
بسیاری از اسناد سفارت آمریکا در تهران، از جمله در جلدهای دهم و هجدهم حکایت از وابستگی رسمی ابراهیم یزدی به سازمان CIA دارد.

۱- نگاه کنید به خاطرات دکتر فریدون زندفرد (منبع ذکر شده). دکتر زندفرد قبلاً سفیر ایران در پاکستان بود. پس از انتصاب ارتشبد نصیری به این سمت به سفارت بغداد مأمور شد و شاهد و ناظر همه این جریانات بود که آن‌ها را با صداقت و به طور مستند بازگو کرده. وی هیچ رنگ سیاسی نداشت. دولت بازرگان او را در سمتش ابقاء کرد و ماه‌ها بعد به ایران بازگشت که کتب جالبی هم در زمینه شناخت دیپلماسی ایران انتشار داده است.

به سپهبد مقدم پاسخ داده شد که تصمیم «شورای فرماندهی انقلاب» قطعی و غیرقابل تغییر است.[۱] این پاسخ متقاعد کننده نیست. در حکومت‌های استبدادی چون عراق آن روز تصمیم تغییرناپذیر وجود ندارد. محتملاً سازمان‌های اطلاعاتی عراقی بهتر از ساواک در جریان اهداف اصلی خروج آیت‌الله از عراق بودند و نمی‌خواستند در این ماجرا دخالتی داشته باشند.

خمینی ابتدا تقاضای روادید جهت ورود به کویت کرد. اما سرانجام عازم پاریس شد! کنت آلکساندر دومارانش با لحن طنزآمیز معمولش می‌نویسد: «بعضی‌ها در وزارت امورخارجه فرانسه بر این گمان بودند که باید حضرتش را پذیرا شد.»[۲]

خمینی به مدت چهل و هشت ساعت در آپارتمان ابوالحسن بنی‌صدر در کاشان[۳] شهری واقع در جنوب پاریس رحل اقامت افکند. سپس رهسپار نوفل لوشاتو شد.[۴] شهری که در آن همه چیز را برای پذیرایی وی آماده کرده بودند.

در ساختمانی که برای اقامت وی در نظر گرفته شده بود. تغییراتی ضرورت داشت و این تغییرات مستلزم کسب اجازه از شهرداری محل بود. تشریفاتی که معمولاً طولانی است. بر اثر مداخله وزارت امورخارجه فرانسه، اجازه انجام این تعمیرات یا تغییرات ظرف بیست و چهار ساعت صادر شد. زمین نسبتاً وسیعی در مقابل این اقامتگاه اجاره و یک چادر سیرک مربع با راه‌راه‌های سفید و سبز در آن مستقر گردید که به‌زودی خبرنگاران بین‌المللی آن را «مسجد» نامیدند. هر روز ظهر آیت‌الله از اقامتگاه خود بیرون می‌آمد از

۱- همان منبع

۲- متن ذکر شده. بیش از سی سال پس از ورود و اقامت خمینی در فرانسه، چگونگی این اتفاق هنوز مورد بحث و گفتگو است. واقعیت امر آن است که آیت‌الله گذرنامه ایرانی معتبری در دست داشت و برای ورود به فرانسه نیازی به روادید نداشت. از لحاظ حقوقی یک جهانگرد بود و با روادیدی که داشت می‌توانست سه ماه در فرانسه اقامت کند. بعد از آنکه حوادث ایران، جلوه و جنبه‌ای را که می‌دانیم پیدا کردند. والری ژیکاردستن به همین نکته اشاره کرد (در خاطراتش، صفحات ۹۵ تا ۱۱۷). سپس فرضیه دیگری را عنوان نموده گفت که وی از فرانسه تقاضای پناهندگی سیاسی کرده بود. (Le Vif- Excess, No 29 January 4 February 1999) که این بیان کذب مطلق است.
سه ماه پس از ورود آیت‌الله خمینی به فرانسه، مطلب از لحاظ قانونی و حقوقی جنبه‌ی دیگری یافت. قاعدتاً می‌بایست برایش اجازه‌ی اقامت خاص صادر شود. اما طی این سه ماه او دیگر شخصیتی بین‌المللی شده بود و دیگر نیازی به این قبیل تشریفات نداشت!

3- Cachan

4 -Neauphle- le- Chateau

کوچه عبور می‌کرد و به «مسجد» موقتش می‌رفت. فیلمبرداران و عکاسان و خبرنگاران جهان و مردم کنجکاو و بسیاری در آنجا بودند که او را از نزدیک ببینند. ظاهری پاکیزه و آراسته داشت. عبا و عمامه سیاه (علامت سیادت که مدعی آن بود). علاوه بر یک گردان از مأموران انتظامی فرانسه که مأمور حفاظتش بودند. در حدود پنجاه تن جوان گردن کلفت ملبس به لباس متحدالشکل شبه چتربازان دور او را گرفته، «الله‌اکبر» می‌گفتند. عده‌ای از تماشاچیان نیز با آنان هم‌صدا می‌شدند.

آیت‌الله به فرانسویان اعتماد کافی نداشت. گروهی محافظین فلسطینی و مأموران الجزایری نیز به آنان اضافه شدند. هر چه به نام او می‌خواستند دولت فرانسه چشم بسته انجام می‌داد. صحنه‌هایی جذاب و جالب برای عکاسان و فیلم‌برداران.

طبیعتاً سازمان‌های اطلاعاتی مهم جهان مأموران خود را در آن محل مستقر کرده بودند، از جمله مأموران شوروی، انگلیسی، فرانسوی و آمریکایی. C.I.A پیشاپیش خانه مجاور اقامتگاه خمینی را اجاره کرده مأموران خود و ابزار کارشان را در آنجا مستقر نموده بود.[1]

شاه و دولتش برای مقابله با این تدارکات غریب و استثنایی در کشوری که خود را دوست و هم‌پیمان ایران می‌دانست چه می‌کردند؟ دقیقاً هیچ چیز. باید گفت که رئیس‌جمهوری فرانسه ادب و ظرافت آن را داشت که به شاه تلفن کرده نظرش را جویا شود و شاه به او پاسخ داد که اهمیتی برای این موضوع قائل نیست.[2]

با این حال، وزارت امورخارجه فرانسه شرط احتیاط را رعایت کرد و تائید نظر شاه را از طریق رسمی خواستار شد و دریافت کرد.

چند روز بعد از فرود خمینی به فرانسه و استقرارش در نوفل لوشاتو و آغاز هیاهوئی که برپا شده بود، هوشنگ نهاوندی در طی یک باریابی از شاه در این باره پرسید. وی گفت ژیسکار هم چنین سوالی کرد. به او گفتم که برای این موضوع اهمیتی قائل نیستم. سپس

---

1 - Edouard Sablier, <u>Les Secrets de la Révolution Iranienne</u>, Paris, Robert Laffont, 1980

این نکته را ابراهیم یزدی در خاطراتش تایید می‌کند، (چاپ دوم، تهران، انتشارات قلم، ۱۹۸۳) اما می‌گوید که از آن آگاه نبود.

۲- خاطرات ژیسکاردستن. (منبع ذکر شده)

افزود «یک آخوند بدبخت شپشو با من چه می‌تواند بکند؟»

در این هفته‌ها، وابسته نظامی ایران در فرانسه که از طریق همکاران نظامی خود در محل، شبکه اطلاعاتی از رفت و آمدها و مغایرت‌های آیت‌الله برقرار کرده بود بدون رعایت سلسله مراتب، از شاه وقت ملاقات خواست، به تهران آمد و به حضورش رسید، اطلاعات خود را به او گزارش داد و فقط یک دستور از او دریافت داشت: «مواظب باشید بلایی بر سر او نیاید. وگرنه این را هم به گردن من خواهند انداخت.»[۱]

به نظر می‌رسید که شاه دیگر اعتنایی به اوضاع ندارد و فقط ظواهر وظایف سلطنت را انجام می‌دهد. نخست‌وزیر اصولاً متوجه نبود که چه می‌گذرد. شاید در درون خود شکست را پذیرفته بود و محتوم می‌دانست. حکومت تسلیم شده بود و کشتی‌بانی در کشتی نبود.

در فرانسه، خمینی دیگر ناشناخته نبود. هنگامی که به فرانسه آمد دیگر روحانی کم اهمیتی نبود. بسیاری به او عنوان آیت‌الله عظمی می‌دادند. معذالک می‌بایست او را به مرد سرنوشت‌سازی تبدیل کرد که بتواند در مقابل یکی از بزرگان صحنه سیاست بین‌المللی قد علم کند و وی را سرنگون سازد و جایش را بگیرد. نه تنها اکثریت وسایل ارتباط جمعی جهان غرب بلکه دولت‌های آن نیز در این راه کورکورانه یا با مقاصد خاص خود هم‌داستان و یگانه شدند. قدم نخست آن بود که برای آیت‌الله زندگی‌نامه‌ای در شأن قهرمانی که می‌خواستند بسازند. ساخته و پرداخته شود. به قول حسن نزیه، رئیس وقت کانون وکلای دادگستری که در آن زمان در شمار نزدیک‌ترین مشاوران و مداحانش بود و سپس به سلک منشعبین و مخالفین پیوست. در نوفل‌لوشاتو خمینی دیگری «ساختند»[۲]

زندگی‌نامه جدیدی- یا در حقیقت زندگی‌نامه مجعولی- برای آیت‌الله خمینی تهیه

۱- روایت مستقیم سرهنگ محمد حسن عقیلی‌پور به نویسنده ایرانی کتاب.

۲- او نخست مداح بی‌قید و شرط خمینی بود. نگاه کنید به مقاله‌اش در Le Monde, 31 Janvier ۱۹۷۹ سپس در جمع منشعبین درآمد. نگاه کنید به مصاحبه‌اش در Figaro Magazine, 4 October ۱۹۸۰ ده سال بعد حسن نزیه در همان روزنامه Le Monde, 28 February 1989 نوشت که «چون گفته بودم که چهارچوب مقررات اسلامی برای حل مسائل مهم سیاسی، اقتصادی حقوقی جهان امروز، نه ضروری است و نه مفید، من از نخستین رهبران جمهوری اسلامی بودم که به عنوان یاغی تلقی شدم و از کار برکنار و محکوم کردند.»

و در جهان پراکنده شد.[1] تبار هندی وی را از آن حذف کردند. پدرش را که منشی ساده بـزرگ مالک و خان منطقه خمین بـود به «رهبر جامعه خمین» تبدیل کردند، عنوانی که وجود خارجی نداشـت. سپس او را به دستور رضا شاه که در آن موقع افسر ناشناسی از لشـکر قزاق بود و یک ربع قرن بعد به قدرت رسـید به قتل رساندند. مادرش دختری از یک خانواده محترم و ساده دهاتی بود. نوشتند که او دختر یک «رهبر بزرگ مذهبی» بوده است. زندگی وی را از آغاز تا آن هنگام تماماً مصروف مبارزه با سیاست‌های استعماری معرفی کردند. حال آن‌که قبل از ماجرای شورش علیه اصلاحات ارضی و آزادی زنان فقط یک بار از خود فعالیت سیاسی نشان داده بود و آن در مخالفت با دکتر مصدق قهرمان ملی کردن صنعت نفت بود. اعلام و رسمی شد که پسرش، «آقا مصطفی» در سال ۱۹۷۸ برای انتقام از قیامش علیه شاه به دستور شخص اخیر به قتل رسیده است. حال آنکه وی ماه‌ها قبل در پی یک سکته قلبی که ناشی از بیماری قند و فربهی بود، درگذشته و خود آیت‌الله چند بار این نکته را بیان داشته بود.

حال می‌بایسـت برای این شخص که هم پدرش «شهید» بود و هم پسرش، عنوانی چشم‌گیر و کوبنده یافت. دو روزنامه‌نگار فرانسوی که هر دو با ایران و کشورهای اسلامی دیگر رفت و آمد داشتند، هر دو تبارشان از کشورهای عربی بود اما مسلمان نبودند، کلمه امام را درباره وی به کار بردند. اصطلاحی که در ممالک سنی به امام جمعه، یا رهبر نماز عام در مساجد داده می‌شود و مفهوم خاصی ندارد. حال آن‌که نزد شیعیان مختص «دوازده امام» است که آخرین آن‌ها را بسیاری از آنان «غایب» می‌دانند، یعنی «امام زمان». خواستند به این ترتیب تخیلات و تصورات عامه را مورد بهره‌برداری قرار دهند و نوعی توهم به وجود آورند که خمینی همان امام زمان است که گروهی به ظهور او عقیده دارند. بدون آن‌که صراحتاً این نکته را گفته باشـند. «مهدی موعود» است بدون آنکه گفته شده باشد. بـه این ترتیب «امام خمینی» در اکتبر ۱۹۷۸ در پاریس متولد شـد. امامی از هر جهت نوظهور.

زندگی خمینی در نوفل‌لوشاتو ساده بود. سحرگاهان بیدار می‌شد، نماز می‌گذاشت، صبحانه مختصری می‌خورد و مجدداً دو سـاعتی استراحت می‌کرد. در حدود ساعت ۸ بامداد «فعالیتش» را آغاز می‌کرد. ناهارش نیز ساده و متعارف بود: پلو و جوجه. همسرش

۱- نگاه کنید به فصل «انقلاب سفید» و «ارتجاع سیاه».

در تدارک این غذا شخصاً مباشرت و نظارت داشت. وی اندکی پس از استقرار شوهرش در نوفل لوشاتو از عراق به آن‌جا آمد و در کنار او مستقر شد. خمینی مانند همه ایرانیان چای دم کشیده را دوست می‌داشت و چندین استکان چای در روز می‌نوشید. می‌بایست این چای را همسرش شخصاً دم کند، زیرا بیم داشت مسمومش کنند.

در ساعت ۲۲ (ده شب)، پس از صرف شام چراغ‌های اقامتگاه او خاموش می‌شد و همه به استراحت می‌پرداختند.

«فعالیت، اصلی خمینی دیدار با این و آن بود و مخصوصاً مصاحبه با روزنامه‌نگاران و مخبران خارجی. در ابتدای کار روزنامه‌گاران و مخبران فراوانی که در اطراف اقامتگاهش پرسه می‌زدند، یا آن‌هایی که اختصاصاً برای دیدارش می‌آمدند، می‌توانستند آزادانه با وی به گفتگو بنشینند. بعضی از آنان مترجمان خود را به همراه می‌آوردند. بعضی دیگر ایرانی‌الاصل بودند. این نگرانی برای اطرافیان خمینی حاصل شد که ممکن است بعضی از آن‌ها ضبط صوت‌های کوچک جیبی داشته باشند و سخنان او را که تقریباً همیشه بی‌سر و ته و گاهی مضحک بود و با تصویری که می‌خواستند از او بسازند تطبیق نمی‌کرد، ضبط و سپس مورد استفاده یا سوءاستفاده قرار دهند. ترتیب خاصی برقرار شد. مقرر گردید که سوال‌ها قبلاً به مشاروان خمینی داده شود، جواب‌ها تهیه گردد و سپس به مخبر مربوطه تحویل شود. البته برای تسجیل انجام مصاحبه عکسی هم گرفته می‌شد و گفت‌وگویی کوتاه با آیت‌الله صورت می‌گرفت. معلوم نبود از قول مخبرین به او چه می‌گفتند و از قول او به مخبرین چه جوابی می‌دادند. گرداننده‌ی اصلی این برنامه دکتر ابراهیم یزدی بود که بعداً «روشی را که برای مصاحبه با امام» اختیار کرده بودند در یک نشریه رسمی شرح داد.[1] از روزنامه‌نویس یا خبرنگار تقاضا می‌شد سوال‌ها را قبلاً تهیه و تنظیم کند. به او گفته می‌شد که چون «آقا» به هیچ زبان خارجی آشنا نیست باید پاسخ‌ها را نیز پیشاپیش ترجمه و آماده کرد. یزدی می‌افزاید که با این روش «همه چیز تحت کنترل» بود. باز هم به اظهار دکتر ابراهیم یزدی، چون سوال‌ها غالباً متحدالشکل بود، دیگر لزومی دیده نشد که پاسخ‌ها را هم «آقا» ببیند. به این ترتیب از قول خمینی همان نکات و مطالبی گفته می‌شد که افکار عمومی جهانیان می‌بایست بدانند.

۱- ایران فردا شماره مخصوص به مناسبت بیستمین سالگرد انقلاب اسلامی، تهران، فوریه، مارس ۱۹۹۹

مهدی بازرگان، نخستین رئیس دولت خمینی بعداً با عباراتی شورانگیز از این خدمت ابراهیم یزدی در براه انداختن امور تجلیل کرده.[۱]

ابراهیم یزدی تعداد این مصاحبه‌ها را در طی مدت «یک صد و ده روز نوفل‌لوشاتو» به «تقریباً» چهارصد گفتگو تخمین زده است.

چهار تن بر همه این فعالیت‌ها نظارت داشتند. اول، دکتر ابراهیم یزدی مسئول روابط بین‌المللی آیت‌الله، ارتباطاتش یا دولتین آمریکا و فرانســه ترتیب مصاحبه‌ها و نظارت و مراقبت در انجام اکثر آن ها بود.

دوم، ابوالحسن بنی‌صدر نوعی «دانشجوی مادام‌العمر» که خود را «نظریه‌پرداز انقلاب» تصور می‌کرد. آشنایی تقریبی‌اش به زمان فرانسه به او این امکان را می‌داد که گه‌گاه مترجم آیت‌الله نیز باشد.[۲]

نفر سوم، صادق قطب‌زاده که دارای گذرنامه‌ای از سوریه بود. آشوبگر سیاسی توانا، مردی جذاب، خوش‌رو و خوش برخورد و بسیار خوش‌گذران بود. ستاد مرکز فعالیتش کافه رستورانی[۳] در شهر کوچک نوفل‌لوشاتو محل اقامت آیت‌الله بود که به هنگام اقامت «امام» رونق بسیار یافت و همواره مملو از جمعیت بود.[۴]

«سید احمد آقا»، پسر دوم آیت‌الله که بعداً گاهی وی را حجت‌الاسلام احمد خمینی می‌نامیدند و معمّم بود، نفر چهارم از این گروه بود. او نیز مردی بســیار خوش‌گذران و مخصوصاً علاقمند به ویسکی بود (البته در غیاب پدرش). شهرت به انواع فساد داشت.

۱- مهدی بازرگان، انقلاب ایران در دو حرکت. چاپ سوم، تهران، ۱۹۸۳

۲- ابوالحســن بنی‌صدر پس از اخذ لیســانس از دانشــگاه تهران، در دوره فوق‌لیسانس علوم اجتماعی آن دانشــگاه ثبت‌نام کرد. ســپس به پاریس آمد و به مدت پانزده ســال کارت دانشــجویی دانشــگاه سوربن Sorbonne را داشــت. اما هرگز دانشــنامه‌ای به دســت نیاورد. خود را «فرزند روحانی امام» می‌دانست. بعد از انقلاب به سمت نخستین رئیس جمهوری اسلامی برگزیده شد. در ماه‌های اول جنگ با عراق زمام امور را به دســت داشــت. سپس با همان هواپیما و همان خلبانی که شــاه را از ایران خارج کرده بودند، از تهران گریخت و در فرانسه مستقر شد. (پدرش حجت‌الاسلام بنی‌صدر، روحانی محترمی بود و از اطرافیان و دوستان سپهبد زاهدی به شمار می‌رفت).

3 -Auberge des Trois Marches

۴- پس از پیروزی انقلاب به مدیریت عامل رادیو تلویزیون ملی ایران منصوب شــد و ســپس خمینی او را به وزارت خارجه برگزید که در این سمت با اقتدار و تا حدی آزادی عمل رفتار می کرد. در سال ۱۹۸۲ به توطئه علیه جمهوری اسلامی متهم و به دستور آیت‌الله خمینی تیرباران شد.

اما تنها کسـی بود که به اندرون خمینی راه داشت و این امتیاز خاصی به شمار می‌رفت. عنوان حجت‌الاسلام وی پس از انقلاب رسمیت یافت[1] و دشمنانش و مخالفان بسیار نیز پیدا کرد.

اختلافات زیادی میان این چهار نفر، که خود را کم و بیش رقیب یکدیگر می‌دانستند و نیز بین سـایر اطرافیان خمینی وجود داشـت که گاه علنی و سـبب مزاحمت می‌شد. مخصوصاً سه تن اول (یزدی- بنی‌صدر- قطب‌زاده) با یکدیگر مخالف و رقیب و حتی دشمن بودند.

در انتظار و به امید وصول به قدرت که آن را محتوم می‌دانسـتند، جنبه انسـانی و تا حدی طبیعی این رقابت‌ها را همه نباید فراموش کرد.[2]

نوفل لوشـاتو شهرکی آرام و دلپذیر با دو هزار نفوس در اطراف پاریس بود. در دنیا کسی آن را نمی‌شناخت و ناگهان شهرت بین‌المللی پیدا کرد. اقامت آیت‌الله در آن شهر زندگی را بر بسـیاری از اهالی آن‌جا دشـوار و غیرقابل تحمل کرد. بسـیاری به شهردار محل شـکایت بردند. مغازه‌داران خوشحال شدند چون بازارشان گرم شد و رونق یافت. اما هیچ‌کس از نحوه‌ی رفتار ایرانیان شکوه‌ای نداشت. حتی برای عید میلاد مسیح (نوئل ۱۹۷۸) از جانب آیت‌الله هدایای مناسب و جالبی به اهالی شهر، مخصوصاً به کودکان داده شد که دلپذیرشان بود. دستگاه روابط عمومی و تبلیغاتی که در اطراف خمینی به راه افتاده بود کار خود را می‌دانست.

۱-پس از درگذشـت خمینی در ۴ ژوئن ۱۹۸۹، دشـمنان فراوان «سید احمد آقا» بر ضد او متحد شدند و به بهانه این که سـخنانی ناروا نسـبت به جانشین او- یعنی سیدعلی خامنه‌ای- اظهار داشته تصمیم به نابودی‌اش گرفتند. این تصمیم در سال ۱۹۹۵ به مرحله اجرا درآمد. صورت جلسه‌های مذاکرات مقامات مسئول جمهوری اسلامی در اتخاذ تصمیم به قتل وی اخیراً در تهران انتشار یافت (کیهان، پنج‌شنبه ۲۹ مارس ۲۰۱۲) گویا آمر قتل، آیت‌الله فلاحیان نامی است که در آن زمان وزیر امنیت جمهوری اسلامی بود. این شخص تحت تعقیب پلیس بین‌المللی است و چند قرار توقیف برای ارتکاب جنایاتی در آلمان درباره او صادر شده.

۲- چند سـال پیش دفتر ضخیمی، به امضای جعفر شـریف‌زاده، پاسدار انقلاب که گویا یکی از محافظان آیت‌الله خمینی در نوفل‌لوشاتو بود، در تهران انتشار یافت که در میان ایرانیان مقیم خارج نیز دست به دست می‌شد. نه امضای نویسنده قابل تحقیق است و نه صحت و سقم تمام مطالب مندرج در آن. گروهی آن را نوشته همان حسین بروجردی می‌دانند که پروا نداشته همه مطالب خود را در کتابی که رسماً طبع و نشر می‌شود بیان نمایند. این متن شامل بر نکات و جزییات فراوان درباره اطرافیان آیت‌الله خمینی، تفریحات بعضی از آنان، روابط بعضی دیگر با مأموران اطلاعاتی خارجی (از جمله آمریکایی) است. متنی است جالب ولی نه الزاماً قابل اعتماد.

رابطه آیت‌الله و گروهش را با سفارت آمریکا، والتر زیمرمن[1] وزیر مختار و مستشار سیاسی سفارت آن کشور در پاریس، به عهده داشت. وی همواره، آن هم بیشتر در ساعات شب و تاریکی هوا با یک اتومبیل پژو ۴۰۳ کهنه و عادی و بدون پلاک دیپلماتیک به نوفل لوشاتو می‌آمد و با یزدی و قطب‌زاده و اندکی کمتر با ابوالحسن بنی‌صدر ملاقات و مذاکره داشت.

ملاقات‌های مهم دیگر آیت‌الله ازجمله با فرستادگان یاسر عرفات رئیس سازمان آزادی بخش فلسطین، نماینده‌ی ویژه و شخص دوم لیبی، که ترتیب کمک‌های معمر قذافی را به انقلابیون ایران داد، کم و بیش در جراید وقت انتشار می‌یافت و منعکس می‌شد.

به این ترتیب عملاً بخش مهمی از کشورهای مهم جهان غرب و ممالک عربی، حکومت انقلابی ایران، حکومت جایگزین رژیمی را که دوست و هم‌پیمان آنان بود، در پاریس مستقر کردند. نقش ایالات متحده آمریکا و فرانسه در این میان تعیین‌کننده بود و رادیو لندن (B.B.C) در برنامه‌های فارسی خود به صورت سخنگوی انقلابیون و صدای انقلاب اسلامی درآمد.

در فرانسه، دست راستی‌هایی که طرفدار ژیسکاردستن بودند، از سیاست وی حمایت می‌کردند. البته نه با شور و هیجان چپ‌گرایان. چند تن از روزنامه‌نویسان شرط احتیاط بیشتری را رعایت کردند. از جمله تیری دژاردَن[2] در فیگارو، ادوارد سابلیه[3] و پی‌یردو ویلماره[4] در والتر آکتوئل[5]. خانم دانیل مارتن[6] در مجله موندرا وی[7]، پرسُوال[8] در ماهنامه رووا ونی ورسِل[9]. اما هیاهوی ستایندگان خمینی بر آنان تسلط داشت و کسی که به

1 -Walter Zimerman
2 - Thierry Desjardin
3 -Edouard Sablier
4 -Pierre de Villemarest

۵- Valeurs Actuelles هفته‌نامه پرتیراژ چاپ پاریس

6 - Daniele Martin

۷- Monde et Vie. خانم مارتن در نتیجه‌گیری از تحلیل مفصلی نوشت «فرانسه به دنباله‌روی آمریکا مشغول است و خیال می‌کند که نقش رهبری دارد. فردا که جوی خون در تهران سرازیر شد، همه به اظهار ندامت اکتفا خواهند کرد» (شماره ۱۷ نوامبر ۱۹۷۸)

۸- Perceval، نام مستعار ایران‌شناسی که در آن موقع مقام اداری مهمی داشت.

۹- Revne Universelle ، مجله ماهنامه (و اکنون سه ماهه) چاپ پاریس.

گفته‌های‌شان اعتنا نمی‌کرد و نکرد.

حزب سوسیالیست، «حمایت قاطع خود را از انقلاب»[۱] اعلام داشت و در روز ۱۴ فوریه تظاهرات دسته‌جمعی مهمی در پاریس به طرفداری از آن برپا کرد و انقلاب اسلامی را «یک حرکت عام مردمی، با وسعتی استثنائی در تاریخ معاصر جهان» اعلام داشت. گویا فرانسوا میتران[۲] شخصاً عقیده‌ای به این حرکت نداشت ولی ناچار از تائید هیاهوی طرفدارانش به سود خمینی بود و حتی اجازه داد که بعداً هیأتی از حزب سوسیالیست برای حمایت از گروگان‌گیری سفارت آمریکا به تهران برود.

در ایالات متحده گروهی از روشنفکران و دانشگاهیان نزدیک به کاخ‌سفید سخنانی بر همین منوال ابراز می‌داشتند.

پروفسور ریچارد کاتم[۳] نوشت، «آیت‌الله خمینی مطلقاً علاقه‌ای به دخالت در سیاست و حکومت ندارد». دانشگاهی دیگری پروفسور ریچارد فالک «انقلاب اسلامی (را) نمونه‌ی تمار عیار یک انقلاب آرام و بدون خونریزی» دانست[۴] و آن را «درخشان‌ترین واقعه‌ی تاریخ اسلام و بنیان‌گذار حکومتی انسانی» معرفی کرد.

دانشگاهی دیگری، از معتمدان کاخ سفید، پروفسور جیمس. د. کوکرافت[۵] از همین هم فراتر رفت: «امام خمینی یک معجزه است. در سرتاسر تاریخ بشریت رهبری که قابل مقایسه با او باشد وجود نداشته. تصور نمی‌کنم که در آینده نیز چنین رهبری ظهور کند». وی به تجزیه و تحلیل عقاید سیاسی و اقتصادی «امام» پرداخت: «توزیع مجدد ثروت»، «نوسازی صنعتی»، «استفاده از ماشین‌های کشاورزی در روستاها»، «تأمین آزادی‌های اجتماعی و انسانی»، «ایجاد یک نظام چند حزبی»، «ممنوعیت روحانیون از مداخله در امور

۱- اعلامیه رسمی حزب مورخ ۶ ژانویه ۱۹۷۹

۲- Francois Mitterand رهبر وقت حزب سوسیالیست که در سال ۱۹۸۱ به ریاست جمهوری فرانسه انتخاب شد.

۳- Richard Cottam استاد دانشگاه پیتزبورگ Pittsburg، از مشاوران کاخ سفید

۴- Richard Falk در مقاله‌ای در روزنامه معتبر New York Times. این مقاله در کتاب ۶۱۹ صفحه‌ای علامه فقید شجاع‌الدین شفا، تولدی دیگر، صفحه ۴۸۷ ترجمه و تجزیه و تحلیل شده است.

۵- James D. Cokraft در New York Times, 18 January 1979 منبع فوق. مجموعه این مقالات و نوشته‌ها در کتاب دانشمند هندی ویلانی لام تجزیه و تحلیل شده:

S.V. Vilanilam, Reporting a Revolution, Sage Publication, New Delhi, 1983.

سیاسی»، «احترام به اقلیت‌های مذهبی»...

سفیر ایالات متحده در سازمان ملل متحد، نیز به این هذیان‌گویی‌ها پیوست و آیت‌الله را یک «قدیس سوسیال دمکرات» خواند که آراء و عقایدش از اعلامیه جهانی حقوق بشر الهام گرفته.[1]

باید گفت که نه وزارت امورخارجه آمریکا از نوشته‌ها و گفته‌های آیت‌الله خمینی آگاه بود و نه سازمان CIA حتی بعضی‌ها تصور می‌کردند که وی به زبان عربی سخن می‌گوید و می‌نویسد.

از روزنامه‌ی واشنگتن پست خواسته شد که منتخبی از این ترشّحات فکری را در اختیارشان قرار دهد. هنگامی که جیمی کارتر بر آن‌ها اطلاع یافت، سخت از گرایش ضدغربی و ضدیهودی آیت‌الله ناراحت شد، متخصصان وزارت امورخارجه آمریکا آن‌ها را مجعول و ساخته و پرداخته ساواک دانستند. رئیس‌جمهوری دستور به بررسی دقیق‌تری داد و سرانجام، پس از آن‌که کار از کار گذشته و انقلاب پیروز شده بود، بر مقامات دولتی آمریکا صحت این نوشته‌ها و گفته‌ها ثابت شد. اما دیگر خیلی دیر بود.[2]

در برابر این تبلیغات خشن طرفداران خمینی و حامیان غربی او، این «موج تبلیغات جهانی» به قول ولادیمر ولکف[3] عکس‌العمل شاه و دولت ایران چه بود؟ هیچ یا تقریباً هیچ.

دولت شریف امامی در حال فروپاشی بود. نخست‌وزیر می‌کوشید به هر قیمت با رهبران گروه‌ها و گروهک‌ها یا شخصیت‌های مخالف، از جمله روحانیون، مذاکره کند. اما همه به او با نظر تحقیر می‌نگریستند. چرا که قدرتی نداشت، شهرتی و محبوبیتی نداشت و دیگر نه مورد اعتماد شاه بود و نه بهره‌مند از پشتیبانی ارتش، یعنی تنها قدرت منظم و منسجم کشور. هنوز بخش مهمی از مردم هوادار شاه و خواهان اصلاحات اساسی سیاسی در چهارچوب قانون اساسی بودند. اما کسی سخنگوی‌شان نبود.

---

1 - Andrew Young

۲- برای اطلاع دقیق برای جریان نگاه کنید به ...Debacle، منبع ذکر شده.

۳- Vladimir Volkoff، (نویسنده معروف فرانسوی روسی تبار- مترجم)

شاه در ظاهر وظایف خود را انجام می‌داد. اما در برابر تنی چند از نزدیکانش که هنوز در تهران مانده و به دیدارش می‌رفتند، خستگی، دلشکستگی، نومیدی و بی‌اعتنائی خود را پنهان نمی‌کرد. دیگر دل به هیچ چیز و به هیچ کار نداشت و نمی‌داد.

در ایالات متحده آمریکا، حرکت و نهضت وسیعی که به پیروزی رنالد ریگان انجامید آغاز شده بود. در میان هواداران این حرکت مخالفان خمینی و سیاست جیمی کارتر در حمایت از انقلاب اسلامی کم نبودند. اردشیر زاهدی، سفیر ایران در آمریکا، میان تهران و واشنگتن در رفت و آمد بود، سپس در تهران ماندگار شد که ترتیبی برای حفظ شاه و پشتیبانی از او بدهد. تماس‌های فراوانی را که در سراسر جهان داشت به کار گرفت. تنی چند از روزنامه‌نویسان و مردان سیاسی را به تهران دعوت کرد تا با پشت پرده آنچه در کوچه و خیابان می‌گذشت آشنا شوند. اما کوشش‌های او قطره‌ای بود در برابر دریا. شاه دیگر اراده مبارزه و ایستادگی نداشت. فشار آمریکا و انگلیس و فرانسه علیه او شدید و شدیدتر می‌شد. برای مقابله با بحران، کشتی‌بان دیگری ضروری بود.

آخرین هفته‌های سلطنت خانواده پهلوی فرار رسید.

بخش ششم

سقوط

۹ سپتامبر ۱۹۷۸ - ۲۷ ژوئیه ۱۹۸۰

فصل اول

«این دیگر چه بازی‌ای است؟»

بی‌تفاوتی شـــاه نسبت به آن‌چه می‌گذاشت و فقدان عکس‌العمل حکومت ناشی از بی‌اطلاعی نبود. شاه برنامه‌های فارسی رادیو لندن را که شدیداً علیه شخص او و تبلیغاتی بی‌پروا، برای انقلابیون بود تعقیب می‌کرد. از امکانات و وسایلی که دولت فرانسه در اختیار آیت‌الله خمینی گذاشته بود دقیقاً اطلاع داشت.[۱] بعداً اطلاع یافت که هزاران نوار از سخنان آیت‌الله با «چمدان دیپلماتیک از پاریس به تهران انتقال می‌یابد، ولی دستور داد که اعتنائی به این تخلف علنی از مقررات متعارف در روابط بین‌المللی نشود چرا که عدم احترام به مصونیت سیاسی سفارتخانه‌ها در شأن ایران نیست.» بسیاری از افسران فرانسوی که در

۱- رسماً شش خط تلفن و دو دستگاه تلکس که «دفتر پست محل» به وی اختصاص داده بود. در حقیقت خیلی بیشـــتر. پی‌یر دو ویلماه Piere De Villemarest نخستین روزنامه‌نگاری بود که با بکار گرفتن روابطش با «آمریکایی‌ها» (او از صاحب‌منصبان عالی‌رتبه سابق سازمان اطلاعاتی فرانسه بود) توانست به دیدار آیت‌الله در نوفل‌لوشاتو برود. در آن‌جا مشاهده کرد که دکل‌های بزرگ فرستنده امواج و دستگاه‌های مخابرات نصب شده و مشغول به فعالیت است. پس از پایان دیدارش مستقیماً به وزارت کشور فرانسه رفت و با استفاده از روابطی که داشت جریان را به مسئولین بازگو و از چنین وضعی که خلاف مقررات امنیتی است اظهار تعجب کرد. به وی گفتند که باید «چشمانش را ببندد و به چیز دیگر توجه کند» (نگاه کنید به هفته‌نامه La Vie Francaise, 1st April 1984 و نیز هفته‌نامه Action Françoise 2000, 3 February 1999 (شماره مخصوصی که شامل هر مقالات متعدد به مناسبت بیستمین سال انقلاب اسلامی است)
همچنین به Thiery P. Millerman, LA Face Cachee Du Monde Occidental, Ed. Os-mondes, Paris, 2005

جریان کمک‌های علنی با محرمانه به خمینی بودند، تا حد امکان وابسته نظامی ایران در پاریس را به طور خصوصی در جریان می‌گذاشتند، چرا که از این رویه متأسف و نگران بودند. وابسته نظامی به نوبه‌ی خود مراتب را به اطلاع سلسله مراتب خود و شخص شاه می‌رساند. اما او عکس‌العملی نشان نمی‌داد.

با این حال یک بار او واقعاً از سخنان و برنامه‌های فارسی B.B.C برآشفت و به رئیس کل تشریفات شاهنشاهی دکتر امیراصلان افشار دستور داد که شخصاً سفیر انگلیس را بخواهد و به عنوان «نظر شخصی» تعجب و تأسف خود را از لحن و رفتار رادیوی رسمی بریتانیایی کبیر به اطلاع برساند. دکتر افشار دستور شاه را انجام داد. پاسخ سفیر کبیر بریتانیا این بود که B.B.C دستگاهی است مستقل که «دولت علیاحضرت ملکه» در آن حق نظارت و مداخله ندارد. ولی افزود که مفاد مذاکرات را به لندن گزارش خواهد داد.[1] چند روز بعد، سفیر، تلفنی با رئیس کل تشریفات گفتگو کرد به او گفت که شب قبل از آن در برنامه داخلی رادیو لندن با رهبران تروریست‌های ایرلندی مصاحبه‌ای انجام شد. «ملاحظه می‌کنید حتی این تروریست‌ها می‌توانند در تلویزیون ما صحبت و اظهارنظر کنند. چه طور می‌خواهید، از برنامه‌های فارسی B.B.C جلوگیری یا آن‌ها را تعدیل کنیم؟». تذکر یا تقاضای غیررسمی افشار مربوط به برنامه‌های فارسی رادیو لندن بود که مثل همه‌ی کشورهای دیگر (برای برنامه‌هایی که به زبان خارجی پخش می‌شود) از نوعی اظهارنظر یا مراقبت مقامات دولتی و امنیتی به دور نیست. برنامه‌های داخلی مورد نظر نبود. سوءنیت سفیر انگلیس علنی و بی‌چون و چرا بود. افشار مراتب را به شاه گزارش داد. او لبخند زد و گفت، دیگر اعتنایی نکند.

هنگامی که سپهبد عبدالعلی بدره‌ای فرمانده لشکرگارد باز از طریق دکتر امیر اصلان افشار از وی تقاضا کرد که با وسایل فنی که در اختیار دارد بر روی برنامه‌های فارسی رادیو لندن «پارازیت» بفرستد و مزاحم استماع آنان در ایران شود. باز هم شاه پاسخ داد که «چنین رفتاری شایسته ما نیست.»

مشکل با رادیو تلویزیون ملی ایران کمتر نبود. نه تنها سازمان آن مرکز تجمّعی از مخالفان حکومت شده بود که دیگر گرایش‌های خود را پنهان نمی‌کردند. بلکه عملاً

۱- روایت دکتر امیراصلان افشار

«این دیگر چه بازی‌ای است؟»

به تبلیغ غیرمستقیم و گاه مستقیم علیه آن نیز مبادرت می‌ورزید. در ماه سپتامبر گروه بررسی مسائل ایران بار دیگر اعلامیه‌ای صادر کرد که طی آن از بی‌حرکتی دولت در مقابل مخالفت‌های فزاینده با اصلاحات ارضی و آزادی زنان و موضع‌گیری‌های مخالفین افراطی، انتقاد شده و هشدارهای صریحی به مسئولان این رویه داده شده بود. اعلامیه در جراید کثیرالانتشار عصر تهران انتشار یافت. شاه که در شرایط آن روزی منتظر چنین جرأتی از جانب کسی نبود به رادیو تلویزیون ملی ایران دستور داد که متن آن را پخش کنند و این دستور را به اطلاع رئیس گروه (هوشنگ نهاوندی) نیز رساند.

فردای آن روز، اندکی بعد از ساعت ۸ بامداد، هوشنگ نهاوندی در اتومبیل وزارتی خود از شمیران به سوی وزارت علوم و آموزش عالی می‌رفت و در بولتن اخبار رادیو پخش این اعلامیه را شنید. دقیقه‌ای بعد تلفن اتومبیل زنگ زد. خبر دادند که شاه آن سوی خط است و می‌خواهد با وزیر علوم و آموزش عالی صحبت کند. وی بدون مقدمه تقریباً فریاد زد:

- شنیدید؟

- چه چیز را قربان؟

- اعلامیه گروه شما را!

- اعلیحضرت خودتان دستور فرموده بودید آن را پخش کنند.

- بله. ولی بعدش را هم شنیدید؟

- خیر قربان. من در اتومبیل دولتی هستم و به سوی محل کارم می‌روم. پس از پایان اخبار خواستم رادیو را خاموش کنند.

- بعد از قرائت اعلامیه که در پایان اخبار بود، یک آهنگ انقلابی پخش کردند، یک کاری بکنید.

شاه حق داشت، شعری بود مربوط به چند دهه قبل،[1] ارتباطی با اوضاع روز نداشت

۱- «من نگویم که مرا از قفس آزاد کنید   قفسم برده به باغی و دلم شاد کنید»
شعری از ملک‌الشعرای بهار... (مترجم)

اما در آن شـــرایط هر چیز جنبه نمادین پیدا می‌کرد و می‌توانســـت معنایی خاص به خود بگیرد.

وزیر علوم و آموزش عالی[۱] نمی‌دانست چه می‌تواند بکند. از همان جا به همکارش دکتـــر محمدرضا عاملی وزیر اطلاعات تلفن کرد و ماجرا را گفت. البته کاری بود انجام شده، ولی در هر صورت، اگر اعلامیه را مجدداً پخش می‌کردند، تذکری لازم بود. قانوناً سازمان رادیو تلویزیون ملی ایران زیر نظر و قیمومیت وزیر اطلاعات بود. اما رضا قطبی پسر دایی شهبانو با قدرت تام در رأس آن قرار داشت. وزیر اطلاعات پاسخ داد که کاری از دستش برنمی‌آید و شخص اخیرالذکر حتی به تلفن‌های او هم جواب نمی‌دهد!

هرج و مرج کامل بر دستگاه دولت حکمفرما شده بود.

در همین روز بود که دکتر پرویز عدل سفیر ایران در برزیل، متخصص شناخته شده روابط عمومی و وسایل ارتباط جمعی، برای گزارشی از مأموریت خود به تهران آمده بود و نزد شاه بار یافت. از وضع رادیو تلویزیون و جهت‌گیری‌های آن با او سخن گفت پاسخ شاه حیرت‌انگیز بود: «رادیو تلویزیون که در اختیار من نیست»[۲].

از نیمه سپتامبر، اعتصاب کارگران صنعت نفت و بعضی از مراکز تولید برق زندگی مردم را کم و بیش فلج کرد. برای جلب رضایت و دلخوشی کارگران نفت، نخست‌وزیر دســـتور داد که حقوق و مزایای آنان ۲۵٪ افزایش یابد. به وی گفته شـــد که چنین اقدامی میسر نیست و در هزینه‌های شرکت حساب و کتابی وجود دارد. جواب داد، قصد اجرای این تصمیم را ندارد و فقط آن را برای آرام کردن محیط اعلام داشته. دستور داد هوشنگ انصاری هیأت مدیره و مدیرعامل شـــرکت ملی نفت ایـــران، که موافق و مخالف زیادی داشت، شخصاً به آبادان برود و با اعتصابیون تماس بگیرد. مسافرت او با حُسن استقبال مواجه نشد، به تهران بازگشت و اندکی بعد بی‌سر و صدا ایران را ترک گفت.

۱- نویسنده ایرانی کتاب

۲- دکتر پرویز عدل، منبع ذکر شده

عباس سماکار، یکی از رهبران شبکه‌های چپ افراطی که سال‌ها زندانی و کارمند رادیو تلویزیون ملی ایران بود در کتاب خاطراتش (من یک شورشـــی هستم، انتشارات شرکت کتاب، لس‌آنجلس ۲۰۰۱) می‌نویسد که اعضای شبکه می‌توانستند با استفاده از مصونیتی که ریاست رضا قطبی به سازمان تلویزیون ملی ایران می‌داد، اسلحه خود را در محل‌های وابسته به آن مخفی کنند، که البته این بدان معنی نیست که خود رضا قطبی اطلاع داشته.

در همین اوان، دامنه اعتصاب به جراید بزرگ تهران سرایت کرد. گردانندگان این اعتصاب کسانی بودند که در بعضی از محافل به عنوان عوامل ساواک شناخته می‌شدند و می‌خواستند به این وسیله تغییر رنگ داده، لباس انقلابی به تن کنند. کمیته‌های انقلابی تشکیل دادند و نظارت بر روزنامه‌های بزرگ تهران را به دست گرفتند. شریف امامی آن‌ها را به نخست‌وزیری دعوت کرد و در اعلامیه‌ی مشترکی (نخست‌وزیر و اعضای کمیته‌های انقلابی)، تمشیت امور و اداره‌ی دو روزنامه بزرگ عصر تهران- کیهان و اطلاعات- را به آنان واگذار کرد. بعد از امضای اعلامیه مشترک، چای و شیرینی آوردند که در سنت ایرانیان نشان از آشتی و تجدید رابطه دارد. اندکی بعد امیرخسرو افشار وزیر امورخارجه که برای شرکت در مجمع عمومی سازمان ملل متحد به نیویورک رفته بود، به تهران بازگشت و از این جریان مطلع شد. یک سر به دیدار نخست‌وزیر رفت. طرز صحبت متعارف سیاست‌مدارانه خود را کنار گذاشت، به او گفت «آیا متوجه کاری که کرده‌اید هستید؟ آیا فراموش کرده‌اید که این جراید متعلق به گروه‌های مطبوعاتی خصوصی هستند و دولت حقی بر آن‌ها ندارد؟ به چه عنوان و به چه حق آن‌ها را تحویل کمیته‌های مرکب از افراد بی‌سر و بی‌پا داده‌اید؟ می‌دانید چه نتایجی به بار خواهد آمد. این عمل خیانت است»[1] شریف امامی که مطلقاً منتظر چنین صراحت یا خشونت بیانی از وزیر امورخارجه مبادی آداب خود نبود پاسخ داد، «فکر می‌کردم به این ترتیب آرام‌شان کنم، متأسفانه می‌بینم که نتیجه‌ای هم به دست نیامد».

واقعاً شاه دیگر نمی‌دانست چه کند و به چه کسی متوسّل شود.

در اواخر سپتامبر، طبق سنن پارلمانی، نشست جدید مجلسین را افتتاح کرد. محل برگزاری مراسم کاخ مجلس سنا بود. علاوه بر نمایندگان مجلسین و اعضای هیأت دولت (که لباس تمام رسمی به تن داشتند)، جایگاه‌های تماشاچیان مملو از جمعیت بود و حتی یک صندلی خالی وجود نداشت. از جمله همه نمایندگان سیاسی خارجی مقیم تهران و انبوهی از خبرنگاران جراید بین‌المللی نیز حاضر بودند. همه انتظار نطق افتتاحیه مهم و پرمعنایی را داشتند. تعداد صاحب منصبان عالی‌مرتبه ارتش، با لباس‌های تشریفاتی و همه نشان‌ها بر سینه‌شان، نیز استثنایی بود. ارتش نیز می‌خواست حضور و وجود خود را نشان دهد.

۱- روایت امیرخسرو افشار به نویسنده ایرانی کتاب.

رسم بر آن بود که شاه نطق خود را ایستاده ایراد کند. که پشت سرش شهبانو و تنی چند از اعضای خانواده سلطنت قرار داشته باشند. حضور وزیر دربار شاهنشاهی و رئیس کل تشریفات نیز الزامی بود.

هنگامی که شاه و شهبانو وارد شدند، فقط خانم فریده دیبا، مادر فرح، پشت سرشان بود که باعث تعجب حاضران شد. هنوز کمتر کسی می‌دانست که تقریباً همه اعضای سلطنتی ایران را ترک کرده‌اند. بسیاری منتظر حضور ولیعهد بودند که نشان از تداوم سلطنت و امید به آینده می‌داشت. او نیز در آمریکا مشغول طی دوره‌ی کارآموزی خلبانی بود. با این حال تشریفات طبق معمول انجام شد.

رئیس کل تشریفات، ورود اعلیحضرتین را به صدای بلند اعلام داشت. حاضران از جای خود برخاستند و کف زدند. شاه با کمال وقار و قیافه‌ای عادی و خونسرد به آنان تعارف کرد و از همگان خواست که بنشینند. سپس در میان شگفتی همه خود او نیز نشست و متن نطقش را خواند. متنی که بیشتر مبتنی بر گزارش توفیقات اقتصادی سال قبل بود. و اشاراتی اندک به گرایش‌های سالی که در پیش بود. متنی دور از جریانات روز، از بحران سیاسی کشور. البته در پایان سخنانش، طبق معمول همه برخاستند و برایش کف زدند. ولی کف‌زدن‌ها با تعجب و نوعی دلسردی همراه بود. همه منتظر سخنانی دیگر بودند.

تشنج محیط محسوس و ملموس بود. پس از آنکه شاه و شهبانو در کالسکه‌ی رسمی سوار شده کاخ مجلس سنا را در میان احساسات دوستانه مردم بسیاری که در مقابل آن گرد آمده بودند ترک کردند، دو تن از وزیران، دکتر مقتدر مژدهی وزیر بهداری و دکتر منوچهر آزمون وزیر مشاور و معادن اجرایی و همه کاره نخست‌وزیر به صدای بلند به مشاجره پرداختند. کلمات نه چندان شایسته‌ای میان آنان رد و بدل شد.

هرج و مرج در سطح دولت محسوس بود.

در روز ۲۱ سپتامبر، ساعت ۱۷ (پنج بعدازظهر)، شاه در مراسم سنتی اعطای سردوشی و پایان دوران تحصیل دانشجویان دانشکده افسری شرکت کرد. سرلشکر منوچهر بیگلری، افسر برجسته کُردی که بسیاری او را تا چند سال دیگر در مقام ریاست ستاد کل ارتش

می‌دیدند، فرمانده دانشکده افسری بود و گزارش سالیانه را ایراد کرد. با تعجب همه حضار، سخنان او با جمله‌ای بیرون از قواره‌های متعارف پایان می‌یافت. «افسران جوانی که امروز به وفاداری به اعلیحضرت سوگند خوردند آماده دفاع از میهن و شاه هستند، در هر شرایطی که باشد و در برابر هر دشمنی، چه داخلی و چه خارجی». اشاره به دشمن داخلی روشن و هشدارگونه بود.

محمدرضا پهلوی به وضوح خوشحال بود. به راهنمایی سرلشکر بیگلری بیش از سه ساعت را به بازدید از دانشکده گذراند. تأسیسات، خوابگاه‌ها، کلاس‌ها، تالارهای آموزشی، کتابخانه، ناهارخوری، اسلحه‌خانه... گویی در لباس نظامی احساس راحتی و اطمینان می‌کرد. با این و آن به گفتگو می‌پرداخت. شامی را که آماده کرده بودند چشید. غذای اصلی را لذیذ یافت. گفت حتماً می‌دانستید که من این را خواهم چشید. امیدوارم همه روزه به این خوبی باشد». به هنگام ترک دانشکده با وقار همیشگی‌اش و بسیار جدی به صدای بلند به بیگلری گفت، «با چنین ارتشی چگونه می‌توان لحظه‌ای گمان برد که "این افراد" بتوانند ثبات کشور را خدشه‌دار کنند.»

دو روز بعد مراسم پایان دوره‌ی آموزش دانشگاه پدافند ملی بود. بسیاری از شخصیت‌های غیرنظامی در تالار مراسم حضور داشتند. اما حال و هوا چندان مطبوع نبود. صدای فریادهای تظاهرکنندگان که در آن نزدیکی‌ها راه‌پیمایی می‌کردند به گوش می‌رسید و شاه را عصبی می‌کرد.

سخنرانی‌های همیشگی ایراد و گواهینامه‌ها اعطا شد. سپس گروه کوچکی از ارتشیان و چند غیرنظامی به تالار عملیات راهنمایی شدند. یک طرح آموزشی که در خلال سال تحصیلی مطالعه و آماده شده بود به شاه ارائه گردید. موضوع طرح دخالت و عملیات نیروهای برگزیده ارتش ایران در پاکستان به منظور برقراری نظم در پی یک شورش کمونیستی بود. طرحی در ابعاد بزرگ‌تر مشابه آنچه ارتش ایران در عمان انجام داده بود. طرح دقیق و حرفه‌ای بود.

اما در شرایط آن روز کشور که مانع می‌شدند ارتش نظم را برقرار کند. بی‌جا و حتی مضحک به نظر می‌رسید نشانه‌های عصبی شدن در شاه، مردی که همواره بر اعصاب

و حرکات ظاهری خود مسـلط بود، پدیدار شد. برخاسـت، کلاهش را که در روی میز کوچکی گذاشته بود برداشت و به صدای بلند گفت «این دیگر چه بازی‌ای است؟»

در روز ۷ اکتبر، سال‌روز گشایش رسمی سال تحصیلی دانشگاه‌ها بود که از ده‌ها سال پیش با آئینی سنتی در دانشگاه تهران برگزار می‌شد.[۱]

در ساعت ۱۴ و ۴۵ دقیقه (دو و سه ربع بعدازظهر)، شاه و شهبانو با هلی‌کوپتر وارد پردیس مرکزی دانشگاه تهران شدند. در میان استقبال جمعی از دانشگاهیان پیاده به دفتر رئیس دانشـکده ادبیات رفتند و در آن‌جا هر یک لباس دکتری افتخاری را که دانشـگاه سال‌ها پیش به آنان اعطا کرده بود، به تن کردند. سپس به تالار فردوسی دانشکده ادبیات، محلی با گنجایش بیش از یک هزار تن، وارد شـدند. حاضران به پا خواستند و به گرمی از آنان اسـتقبال کردند. دکتر عبدالله شـیبانی، یکی از بنیان‌گذاران دانشـگاه، استاد ممتاز سـالخورده‌ای که مافوق همه‌ی اختلافات و جناح‌های سیاسی و به خواهش وزیر علوم و آموزش عالی ریاسـت دانشگاه را پذیرفته بود، گزارش سالیانه دانشگاه را به استحضار زوج سلطنتی رساند. یکی از فارغ‌التحصیلان در سخنان کوتاهی با هیجان بسیار به نقش جوانان در آینده بهتر ایران اشاره کرد. به تصمیم رئیس دانشگاه و به مناسبت اوضاع روز برنامه موسیقی که در این مراسم اجرا می‌شد حذف و به سنت دیرین ایرانی، دکتر بهزادی اندوهجردی، یکی از مدرسـین جوان دانشـکده ادبیات که در ضمن شاعر توانایی بود، قصیده‌ای خواند که در آن به پیوندهای شـاه با ملتش اشاره شده بود. شاه گوش می‌کرد، یا تظاهر به گوش کردن می‌نمود. شاعر جوان در قصیده‌ی خود چند بیتی به وظیفه‌ی هر شاه، هنگامی که وطن در خطر باشد، اختصاص داده بود که ناگاه حاضران با هیجان کف زدند. محمدرضا شاه آشکارا دچار احساسات شده بود و تقریباً اشک در چشم داشت. باز هم هشـداری از جانب بسیاری از ایرانیان به او، سپس برای اهدای جایزه‌ها و نشان‌ها به فارغ‌التحصیلان ممتاز بر فراز جایگاه ویژه رفت.

همگان در برابرش به پا خواسـتند که او طبق سـنت آنان را دعوت به نشستن کرد. بسیاری از دانشجویان تقاضاهایی داشتند که با او در میان می‌گذاشتند؛ بورس تحصیلی، کمک‌های خانوادگی، عفو یا تخفیف مجازات کسـی از نزدیکان‌شـان که در زندان بود.

۱- براثر جو سیاسی متشنج موجود، وزیر علوم و آموزش عالی با موافقت روسای دانشگاه‌های کشور این مراسم را پانزده روز به تأخیرانداخته بود.

معاون دانشگاه پشت سر او ایستاده بود نام دانشجوی متقاضی و مورد سوالش را یادداشت می‌کرد و «اوامر ملوکانه» را به آن می‌افزود. این‌ها تقریباً یک ساعت طول کشید. شاه جسماً خسته بود. اما برای بسیاری هنوز چاره دردها بود و این واقعیت وی را دلداری می‌داد.

پس از مراسم رسمی، پذیرایی کوچکی ترتیب داده شده بود. شاه و شهبانو با چند تنی دست دادند اما خسته بودند و به زودی به کاخ بازگشتند.

روز کار شاه به پایان نرسیده و شاید هم تازه آغاز شده بود. در ساعت ۱۸ (شش بعدازظهر) یک «شورای عالی» با شرکت‌کنندگانی محدود که به همه‌ی آن‌ها در طی یک ساعت قبل از آن، اطلاع داده شده بود در تالار ناهارخوری کاخ سفید سعدآباد تشکیل شد.

حضار عبارت بودند از جعفر شریف امامی نخست‌وزیر، چند وزیر «سیاسی»: محمد باهری وزیر دادگستری، کاظم ودیعی وزیر کار و امور اجتماعی، هوشنگ نهاوندی وزیر علوم و آموزش عالی، منوچهر آزمون صاحب منصب عالی‌رتبه سابق ساواک، دکتر اقتصاد از دانشگاه مارکس- انگلس برلن شرقی برکشیده هویدا که در زمان وی به مشاغل مهم، از جمله وزارت و استانداری منصوب شده بود و در کابینه‌ی شریف امامی وزیر مشاور و معاون اجرایی نخست‌وزیر و همه کاره‌ی او بود و ادعا می‌کرد که با بسیاری از روحانیون حسن رابطه دارد. منوچهر گنجی وزیر آموزش و پرورش که دسترسی به وی میسر نشده بود، دو ساعت بعد با حاضران پیوست.

علاوه بر «سیاسیون» نظامی‌ها نیز حاضر بودند: ارتشبد غلامرضا ازهاری رئیس ستاد کل، ارتشبد غلامعلی اویسی فرمانده کل نیروی زمینی و فرماندار نظامی تهران، ارتشبد قره‌باغی وزیر کشور، سپهبد مقدم رئیس ساواک و سپهبد صمدیان‌پور رئیس شهربانی کل کشور. هیچ یک از حاضران علت تشکیل جلسه و موضوع بحث را نمی‌دانست. شاید فقط رئیس دولت در جریان بود.

آن‌چه مورد تعجب همه شد این بود که شاه و شهبانو به اتفاق یکدیگر به جلسه آمدند و در صدر مجلس قرار گرفتند. در حقیقت به گونه‌ای، این به معنای ورود رسمی شهبانو به صحنه سیاست ایران و دخالت او در مسایلی بود که تا آن زمان، در حیطه‌ی مسئولیت انحصاری شاه به شمار می‌رفت.

جلسه تا ساعت ۲/۵ بامداد هشتم اکتبر به طول انجامید، طی آن در تالار مجاور شام سریعی به حاضران داده شد. یکی از شراب‌های موردپسند شاه Chateau Talbot همراه با اغذیه به حضار تعارف شد و شاه گیلاسی از آن نوشید.

شاه جلسه را گشود: «اوضاع هر روز پیچیده‌تر و نگران‌کننده‌تر می‌شود. به همین دلیل خواستم که چند وزیر که مسئولیت سیاسی دارند و فرماندهان اصلی ارتش گرد هم آیند. مقصودم آن است که بدانیم چه باید کرد. من چه باید بکنم. از فرد فرد شما می‌خواهیم بی‌پرده و صریح حتی با شدت ولی بی‌آن‌که هیچ فکر پنهانی در پشت حرف‌های‌تان باشد، عقاید خود را بگویید.»

آن‌گاه به نقش خارجیان در تحول اوضاع اشاره کرد. آیا بالاخره قبول کرده بود که سیاست «دوستان غربی»اش اکنون علیه او عمل می‌کند؟

سپس رشته‌ی سخن را به نخست‌وزیر داد. بررسی او از اوضاع و احوال خوش‌بینانه نبود و از همه کس و همه چیز از چند وزیر که البته حضور نداشتند، و «مهار اوضاع در دست‌شان به در رفته»، گله و شکایت داشت. اما با هیجان افزود «با این حال من وظیفه خود را انجام خواهم داد.»

ارتشبد ازهاری بر «اولویت مطلق» برقراری نظم و خاتمه هرج و مرج که در پی آن اصلاحات سیاسی لازم انجام گیرد، تأکید کرد.

منوچهر آزمون پیشنهاد کرد که یک شورای انقلاب به ریاست «شخص شاهنشاه» تشکیل شود تا سرمشق بزرگی برای همه باشد. باید دادگاه‌های نظامی مقررات زمان جنگ را به اجرا بگذارند، کسانی را که بخواهند نظم و امنیت را مختل کنند و یا منفور مردم هستند فوراً و بی‌فرجام محاکمه و در جا اعدام نمایند.»

در این‌جا سپهبد مقدم اجازه صحبت خواست و گفت «اعلیحضرت اگر قرار باشد کسانی را در میدان سپه[1] به دار بیاویزند، عدالت حکم می‌کند که آقای آزمون نخستین اعدامی باشد.»

۱- محلی در مرکز پایتخت ایران که ده‌ها سال قبل محکومان به اعدام را در آن‌جا به دار می‌آویختند. اعدام در ملاء عام از سال‌ها پیش در ایران منسوخ و ممنوع شده بود و اخیراً مجدداً معمول شده است.

سکوتی طولانی و نه چندان دلپسند حکمفرما شد. پس از دقیقه‌ای شاه گفت: «شوخی کافی است. آقای آزمون خواهش می‌کنم سخنان خود را ادامه دهید.»

صرف شام به محیط متشنج جلسه پایان داد. طی شام آزمون و مقدم حتی به یکدیگر نگاه نمی‌کردند. پیروزی انقلاب هر دوی آن‌ها را دچار سرنوشتی مشابه کرد، به قتل رسیدند.

پس از صرف شام، که طی آن به مناسبت حضور مستخدمان از بحث درباره مسائل سیاسی خودداری شد، گفتگوها دوباره آغاز گردید و اندک اندک روشی که باید در پیش گرفته شود و خردمندانه بود، شکل گرفت. نخست مهار کردن وسایل ارتباط جمعی، به خصوص رادیو- تلویزیون ملی که با وجود تغییر رضا قطبی همان رویه‌ی سابق را ادامه می‌داد، به کار گرفتن روش‌های قاطعانه‌ای برای اعاده نظم در شهرهای بزرگ از جمله جدا کردن محلات از نظر انتظامی برای جلوگیری از برخوردها، دستگیری اخلال‌گران، به جریان انداختن پرونده‌های پاره‌ای از مسئولان که مرتکب خطاهای مهم شده‌اند در محاکم دادگستری...

تصمیم گرفته شد که دولت در ساعات آینده ترمیم و با پیوستن شخصیت‌های ممتاز تقویت شود و ظرف چند روز آینده، هنگامی که تصمیمات متخذه به مرحله اجرا درآمد، گفتگوی با قم و رهبران موجه مخالف، از موضع قدرت آغاز گردد.

نه فردای آن روز و نه در روزهای بعد، هیچ نشانه‌ای از آغاز اجرای تصمیمات اضطراری دیده نشد. آیا به سبب مخالفت شهبانو بود که در طی جلسه کلمه‌ای بر زبان نیاورد یا سفارتخانه‌های غربی؟ در «محافل سیاسی» تهران تفسیرات و تغییراتی شنیده می‌شد. ولی سکون و سکوت و بلاتکلیفی دولت همچنان ادامه یافت.

در طی همین روزهای پرالتهاب بود که ملک‌حسین پادشاه کشور هاشمی اردن که از دوستان نزدیک و بلکه محارم شاه بود، به او تلفن کرد و گفت «این کاری که امروز آمریکایی به اجرای آن در ایران پرداخته‌اند همان بلایی است که می‌خواستند در سال ۱۹۷۳[۱] بر سر من و کشورم بیاورند. من مقاومت کردم. شورش را فرو نشاندم و آمریکایی‌ها ناچار

۱- ماجرای معروف به سپتامبر سیاه

شدند با من کنار بیایند. اگر تو (شاه) نمی‌خواهی یا نمی‌توانی دستوراتی را که الزاماً خشن خواهد بود صادر کنی به من اجازه بده که به تهران بیایم. در دفتر کوچکی در محل کارت مستقر شوم و از طرف تو اوامر لازم را به فرماندهان ارتشش بدهیم و به آن‌ها بگوییم که چه باید بکنند. خواهی دید که غائله سه روزه فیصله خواهد یافت و آمریکایی‌ها خفه خواهند شد.[1] شاه بعد از روایت این گفتار به نویسنده‌ی ایرانی کتاب و ضمن تایید سخنان ملک‌حسین(«او حق داشت») گفت، «من کاملاً در مورد سیاست و رویه آمریکایی‌ها در اشتباه بودم. مخصوصاً به هیچ قیمت نمی‌خواستم که خون ملتم را بریزم. یک شاه نباید مانند یک دیکتاتور رفتار نماید و به هر قیمت قدرت را حفظ کند.»

امروزه می‌دانیم که ملک‌حسن پادشاه مراکش و انور سادات رئیس‌جمهوری مصر نیز توصیه‌های مشابهی در زمینه‌ی اِعمال قدرت برای پایان دادن به هرج و مرج و اغتشاش به شاه داده بودند. حتی گویا سادات به شاه پیشنهاد کرد که قسمتی از ناوگان جنگی خلیج‌فارس و بخشی از نیروی هوایی ایران را به بنادر و فرودگاه‌های مصر منتقل کند که در صورت ضرورت بتواند از آن‌ها به عنوان نیروی ضربتی، یا وسیله‌ای برای معامله با مخالفان استفاده نماید. اما شاه به این توصیه‌ها اعتنایی نکرد.

روز ۲۶ اکتبر ۱۹۷۸، پنجاه و نهمین سال‌روز تولد محمدرضا پهلوی بود. روزی که در آن براساس سنتی دیرین مراسم و جشن‌های بسیار برپا می‌شد. صبح، باریابی به حضور شاه و تهنیت میلاد او در کاخ گلستان، بعدازظهر آئینی ورزشی در یکی از ورزشگاه‌های بزرگ شهر، که پس از گشایش استادیوم صدهزار نفری این آئین در آن‌جا برگزار می‌گردید. شب، شامی خصوصی که گاه در کاخ سلطنتی انجام می‌گردید و گاه در اقامتگاه یکی از اقوام و یا نزدیکان.

جشن ورزشی از بیم بروز بی‌نظمی و تظاهرات مخالف لغو شد. شاه شخصاً مقرر داشت که میهمانی شام هم در کار نخواهد بود، به خصوص که دیگر کسی از خانواده‌ی سلطنتی در ایران نمانده بود که در آن شرکت نماید! می‌گویند که روحیه‌اش آن قدر بد بود که حتی حاضر نشد به «کیک» تولدی که به دستور شهبانو برایش آماده شده بود لب بزند.

۱- روایت شاه به هوشنگ نهاوندی در قاهره- مه ۱۹۸۰

شـــورای عالی انجمن‌های محلی پایتخت، چندین باشگاه ورزشی و شخصیت‌های مختلف بر آن شـــدند که به این مناسبت جشن میهنی و ورزشی در ورزشگاه محمدرضا شاه- تالاری بزرگ با گنجایش دوازده هزار نفر در مرکز تهران- برپا کنند. قرار بود یکی از ادبای شهره در سخنوری، چند قهرمان جوان و محبوب ورزشی و رئیس شورای عالی انجمن‌های محلی سخنرانی کنند و برنامه‌های ورزشی و هنری مناسبی اجرا شود.

این مراسم می‌توانست پاسخی به تظاهرات گوناگونی باشد که بی‌هیچ مانع و دغدغه علیه شـــاه برپا می‌شد. طرح این تظاهرات را ساواک به شـــاه و دولت گزارش داد. ظاهراً سپهبد مقدم موافق نبود. نخست‌وزیر مخالفت کرد و آن را «تحریک‌آمیز» دانست و حتی به ممنوعیت اجتماعات به موجب مقررات حکومت نظامی اشـــاره کرد. برگزارکنندگان سرانجام واسطه‌ای یافته به خود شاه متوسل شدند که بسیار متأثر و متفکّر شد. اما افزود این کارها به چه درد می‌خورد. این برنامه هم منتفی شد.

مراسم بسیار متکلّف تشریفاتی در کاخ گلستان لغو نشد. آن مراسم در تالار تاجگذاری کاخ گلستان در مرکز شهر انجام می‌شد. ربع ساعتی پیش از آن، هلی‌کوپتر شاه در پارک شـــهر که یک کیلومتر با کاخ فاصله داشـــت بر زمین نشســـت. همه از تاریخ و ساعت و ترتیبات مراسم آگاه بودند.

مســـیر حرکت شاه را همه می‌دانستند. اقدامات حفاظتی نیروهای انتظامی هم ظاهراً بیش از حد معمول نبود. جمعیتی چند هزار نفری سراسر پیاده‌روهای بخش کوچکی از خیابان خیام، خیابان داور و میدان ارگ را که رولس رویس ضد گلوله شاه و موتور سواران محافظ از آن می‌گذشت، پر کرده بودند. کوچک‌ترین تظاهراتی صورت نگرفت. نه کسی دست می‌زد، نه جاوید شاه گفته شد، نه فریادهای خصمانه و سوتی به گوش خورد. چه به هنگام رفتن و چه به هنگام مراجعت، سکوتی سنگین بر جمعیت مستولی بود. سکوتی که نشان از بهت‌زدگی و انتظار داشت.

هنگامی‌که شاه، با لباس رسمی ملیله‌دوزی و نشان‌های مختلف، در رأس ساعت نه وارد تالار شـــد رنگش پریده بود. چند دقیقه‌ای قبل از آن در تالار آئینه اســـتراحتی کرد و

ایستاده یک لیوان چای نوشید. چهره‌اش اندوهناک و رفتارش بی‌روح بود. گویا سکوت مردم وی را درهم شکسته بود.

هنگامی که خواست وارد تالار شود، امیر اصلان افشار که طبق تشریفات و روند مراسم پیشاپیش او راه می‌رفت که ورودش را اعلام کند، اندکی گام‌هایش را آهسته‌تر کرد، عقب رفت و در گوش شاه نجوا کرد «اعلیحضرت لبخند بزنید. در چنین روزی کسی نباید متوجه اندوه شما شود. باید به دیگران اطمینان بخشید.» شاه جواب داد، «حق با شما است». بر خود مسلط شد لبخندی نمایشی بر چهره‌اش نمودار شد و به تالار قدم نهاد.

همه شخصیت‌های دولتی و جامعه مدنی و ارتشیان، گروه به گروه می‌آمدند و تبریکات خود را به شاه عرضه می‌داشتند. برخلاف انتظار تشریفات تعداد غایبان در میان دانشگاهیان اندک بود. دکتر عبدالله شیبانی رئیس دانشگاه تهران، با جملاتی گرم‌تر از معمول سالروز تولدش را به محمدرضا شاه تبریک گفت و شاه پاسخی بسیار گرم به او داد.

شمار «رجال»، نخست‌وزیران، وزیران و استانداران پیشین بسیار کاهش یافته بود. رسم بر آن بود که یک نخست‌وزیر سابق به حکم ارشدیت از جانب همه تبریک بگوید. سه تن از نخست‌وزیران سابق زنده بودند و دعوت داشتند. دکتر امینی که معمولاً این قبیل مراسم را دوست داشت، حاضر نبود. امیرعباس هویدا می‌خواست بیاید ولی گویا منصرفش کردند که مبادا برخوردی با کسی پیدا شود. او محبوب نبود. دکتر آموزگار می‌توانست باشد و نبود. تشریفات، دست به دامن عباسقلی گلشاهیان وزیر کهنسال سال‌های ۱۹۳۰ و ۱۹۴۰ شد. پیرمرد هشتاد ساله، بلند بالا، با عینک پنسی، با قیافه‌ای برازنده. روابط حسنه‌ای با شاه نداشت، ولی بر حسب وظیفه آمده بود و بر بقیه حاضران نوعی ارشدیت داشت. چند کلمه‌ای با فصاحت گفت و شاه تشکر کرد و گذشت. در مقابل دو تن از وزیران سابق که آن‌ها را خوب می‌شناخت[1] توقفی کرد و گفت «اقلاً شما هستید». غم از چهره‌اش می‌بارید که لبخند مصنوعی‌اش آن را پنهان نمی‌کرد.

گروه «روحانیون اقلیت‌های مذهبی»، مسیحیان، یهودیان، زرتشتیان، مثل همیشه جداگانه پذیرفته شدند. شاه همواره از برابری ایرانیان متعلق به همه ادیان و مذاهب

۱- عبدالحمید مجیدی و هوشنگ نهاوندی (که چند روز پیش از دولت استعفاء داده بود).

«این دیگر چه بازی‌ای است؟»

پشتیبانی کرده و حامی پر و پا قرص اقلیت‌ها بود. رفتار آنان با وی بسیار گرم بود به خصوص که از تحریکات و خطر اسلام‌گرایان افراطی و متعصب بیم داشتند.

روحانیون مسلمان آخرین گروهی بودند که پذیرفته شدند. تماس با آنان در شرایط روز اندکی حساس‌تر بود. همانند گروه اقلیت‌ها از آنان دعوت کرد بر صندلی‌هایی که از پیش چیده بودند، جلوس کنند. برای‌شان چای آوردند. تعدادشان اندک بود و شاید جز این انتظار نمی‌رفت. یک واعظ مشهور، کمال‌الواعظین، اهل تصوف و مشهور به نزدیکی با دولت و نخست‌وزیران مختلف، در گفتگوی خود وارد مسائل سیاسی شد، خواست اندرزهایی به شاه بدهد که خوش‌آیندش نبود. تقریباً با عصبانیت به گفتگوها پایان داد.

هنگامی که کاخ گلستان را ترک می‌کرد، آشکارا خسته و غمگین بود. آیا دیگری می‌دانست که این آخرین دیدارش از این محل مملو از خاطرات تاریخی است که به عنوان ولیعهد در کنار پدرش تاجگذاری کرد، سپس تاجگذاری خودش در آنجا انجام شد و آن همه بزرگان جهان را در آنجا باشکوه و جلال پذیرا گردید به احتمال قریب به یقین چنین بود.

در چنین توفانی از حوادث، در هرج و مرج که بر کشور حاکم بود، چه می‌توانست بکند؟ چه کسی می‌توانست کشتی وطن را به ساحل نجات برساند؟ نخست‌وزیر، ظاهری برازنده داشت اما به کلی ناتوان بود. حتی منفور نبود، مورد تحقیر و تمسخر بود. وجود سیاسی نداشت. شاه این نکته را می‌دانست و می‌دانست که باید با احترام به نمایشنامه پایان دهد.

در چنین اوضاع و احوال بس دشواری، نفوذ شهبانو و تأثیر توصیه‌هایش بر شاه فزاینده بود. شخصیت‌های سیاسی بسیاری را می‌پذیرفت. با این و آن مشورت می‌کرد. اندکی بعد دانسته شد که به موازات همسر تاجدارش و به احتمال قریب به یقین بدون اطلاع او، که هر چه بیشتر به لوئی شانزدهم و نیکلای دوم شباهت می‌یافت، شهبانو از هفته‌ها پیش طرح راه‌حل دیگری را ریخته یا لااقل به آن پرداخته.

با این احوال، محمدرضا پهلوی، با دقت و استمرار همه راه‌حل‌های ممکن را برای خروج از بحران و آرام‌سازی محیط مورد بررسی قرار داد. حتماً برخلاف تمایل باطنی‌اش،

به دکتر علی امینی متوسّل شد که از وی نفرت داشت و چندی قبل در یک مذاکره خصوصی او را به شپش تعبیر کرده بود.[1] حتی چند هفته پیش از پذیرفتن علی امینی خودداری کرده بود. اینک او را به عنوان یکی از مشاوران نزدیک‌اش برگزید.

موضع اصلی امینی توصیه بر مسالمت و مصالحه بود. اما از پذیرفتن سمت ریاست دولت که شاه به وی پیشنهاد کرد، معذرت خواست. چند ماه قبل، انتصاب او می‌توانست راه‌حلی برای خروج محترمانه از بحران و تسکین افکار عمومی باشد اما دیگر زمان او گذشته بود.

از نظر افراطیون مذهبی و تندروها مردی معتدل بود و از نظر ارتش و گروهی که هنوز به محمدرضا شاه وفادار مانده بودند، قابل اعتماد به شمار نمی‌آمد.

پس از پیشنهاد ریاست دولت به علی امینی و رد آن، شاه به فکر عبدالله انتظام افتاد، سیاستمداری تقریباً هشتاد ساله که خود را صوفی می‌دانست و به همه کس می‌تاخت جز به هویدا که رئیس دفترش بود. بر کشیده سپهبد زاهدی و وزیر امورخارجه او و سپس وزیر امورخارجه حسین علاء و مدتی کفیل نخست‌وزیری بود. سال‌ها بر شرکت ملی نفت ایران ریاست داشت. سپس از نظر سنی بازنشسته شد. معذالک به عناوین مختلف با دربار رفت و آمدی هم داشت. «نیش‌های» سیاسی‌اش به او جنبه مخالف داده بود. کسی را در پاکدامنی و عزت‌نفس او تردیدی نبود.

هنگامی که پس از چند سال برکناری به کاخ فرا خوانده شد، موقع ورود به دفتر شاه با صدای بلند، به نحوی که همگان بشنوند و همه جا تکرار شود، گفت «دیر است، خیلی دیر است که مرا به کمک بخواهید». شاه به روی خود نیاورد، گویی نشنیده. به او پیشنهاد کرد که یک کابینه ائتلافی تشکیل دهد که انتظام نپذیرفت. اما قبول کرد که نظرات خود را به شاه ابراز دارد و او نیز چون دکتر امینی از مشاوران ماه‌های آخر سلطنتش گردید و در شمار کسانی درآمد که مسالمت و مصالحه را توصیه می‌کردند.

پس از نومیدی از امینی و انتظام، شاه به محمد سروری روی آورد. مرد محترم و

۱- خاطرات علم، جلد ششم
در این مورد نگاه کنید به ایرج امینی، بر بال بحران، زندگی سیاسی علی امینی (مشتمل بر یادداشت‌ها و خاطرات دکتر امینی) نشر ماهی، تهران ۲۰۱۰

متمول تقریباً نود ساله‌ای که در سال‌های ۱۹۳۰ و ۱۹۴۰ بارها وزیر بود و سپس به مدت بیش از ده ســال بر دیوان عالی کشــور ریاست داشت. برای کسانی که او را می‌شناختند خوشنام بود. با رعایت آداب به شاه گفت که نمی‌فهمد چرا به فکر او افتاده‌اند که سال‌ها است از همه چیز دور است. معذرت خواست.

همچنن شاه کسی را نزد دکتر محمد نصیری، رئیس کل بانک ملی در زمان مصدق، وزیر مشاور در کابینه حسنعلی منصور و سپس سال‌ها بعد رئیس دانشکده حقوق و علوم سیاسی دانشگاه تهران فرستاد. او نیز «از مراحم ملوکانه» تشکر کرد و حتی به کاخ نرفت. گفت که مرد میدان نیست.

طی سال‌ها شاه همه شخصیت‌هایی را که بال و پری می‌یافتند دلسرد کرده بود، رجال قدیمــی دیگر در قید حیات نبودند یا چون امینی، ســروری، انتظام و نصیری مرد میدان نبودند. صحنه سیاست خالی شده بود. معذالک شاه می‌دانست که باید شتاب کند، چون دولت شریف‌امامی دیگر توهمی بیش نبود و هیچ کار نمی‌کرد، یا در حقیقت هیچ کاری از دستش برنمی‌آمد.

ظاهراً بدون دستور شاه، اما قطعاً بدون آنکه او اطلاع نداشته و نوعی موافقت نکرده باشد، فرماندهان ارتش درصدد تهیه طرحی برای اعاده‌ی آرامش و امنیت به کشور برآمدند که بر آن «طرح خاش» نام نهاده شــد. گروه کوچکی از افســران بانفوذ و برجسته ارتش زیرنظر سپهبد امیرهوشنگ حاتم، قائم مقام رئیس ستاد کل، افسری که قسمت مهمی از تحصیلات نظامی خود را در فرانسه انجام داده بود، به تدارک این طرح پرداختند.[1]

ارتشبد غلامعلی اویسی، که درست یا نادرست، شهرت به اعمال قدرت و خشونت در عمل داشت، با تائید شاه برای عهده گرفتن ریاست یک دولت نظامی با تکیه به قانون اساسی به منظور خروج از بحران، در نظر گرفته شده بود. هدف طرح این بود که در ظرف

۱- از جمله سرلشــکر منوچهر خســروداد فرمانده هوانیروز، سپهبد مهدی رحیمی، سرلشکر امین افشار سرتیپ جواد معین‌زاده رئیس اطلاعات نیروی زمینی که در حقیقت نماینده ارتشبد اویسی بود و نیز یک «غیرنظامی» که مسئول نیروهای مخصوص وابسته به ساواک بود. سپهبد حاتم و سه تن اول این پانویس به دستور خمینی به قتل رسیدند. سرتیپ جواد معین‌زاده موفق به فرار از ایران شد و چند سال پیش در اروپا درگذشت. نفر آخر در اروپا زندگی می‌کند که به ذکر نام او مجاز نیستیم.

چند ساعت تعادل قدرت را در کشور دگرگون کند.

حکومت را در برابر مخالفان در موضع قدرت قرار دهد تا بتوان با آنان در چهارچوب قانون اساسی به گفتگو پرداخت. می‌بایست با سرعت اراده خرابکاری و آتش‌افروزی را در هم شکست.

بنای کار بر این بود که در روز موعد، هر آن که محمدرضا شاه تصمیم بگیرد، ارتشبد غلامعلی اویسی به ریاست دولت منصوب شود. می‌بایست اعلام این انتصاب اندکی قبل از ساعت ممنوعیت رفت و آمد شبانه در پایتخت صورت گیرد و بلافاصله واحدهای عملیاتی نیروهای مخصوص مستقر در لویزان و مهران، گارد مخصوص شهربانی مستقر در عشرت‌آباد و واحدهای هوانیروز مستقر در باغ‌شاه، که همه از نظامیان حرفه‌ای و کارآموخته بودند، به جلب و بازداشت حدود چهارصد تن از رهبران افراطیون و سردستگان آشوبگران شهری بپردازند و آن‌ها را به قسمت نظامی فرودگاه مهرآباد و فرودگاه دوشان‌تپه (مقر نیروی هوایی) هدایت کنند و از آنجا با هواپیماهایی که آماده بودند به شهر خاش در منطقه بلوچستان منتقل شوند. وجه تسمیه طرح نیز در همین نکته بود. برنامه مشابه و ساده‌تری برای شهرهای اصفهان، شیراز و مشهد تهیه شده و اجرای آن به مأمورین ساواک و شهربانی تفویض شده بود.

قرار بود «رهبران سیاسی» جلب و بازداشت و به مهمانسراهای ساواک در پایتخت منتقل و در آنجا به عنوان میهمانان دولت مستقر شوند. برای «معمّمین»، اقامتگاه دیگری در نظر گرفته شده بود. جزیزه کیش در خلیج‌فارس و مهمانسراهایش که هنوز مورد بهره‌برداری کامل نبودند، نیروی دریایی تعهد کرده بود که حفاظت آن‌ها را بعهده بگیرد و رابطه آنان را با خارج به طور کامل برای مدتی قطع کند.

برای این‌که شاه شخصاً در این عملیات پدیدار نشود. برای لشکر گارد و گارد جاویدان نقشی در این برنامه منظور نشده بود.

شایعه‌ی کودتای گارد شاهنشاهی، که مرتباً از جانب مخالفین و جرایدی که تحت نظارت و مدیریت کمیته‌های انقلابی بودند پراکنده می‌شد، به این ترتیب موضوعیت خود را از دست می‌داد.

برای رفع اعتصاب صنعت نفت و مراکز تولید برق که زندگی مردم را فلج کرده بود. قرار شـــده بود که سردستگان آن توقیف و مهندســـان نظامی موثق که آماده بودند، جای آن‌ها را بگیرد و دوباره دستگاه‌ها را به راه بیاندازند. می‌بایست ارتش امور رادیو تلویزیون ملی را به دست بگیرد و گویندگان جوان متعلق به روابط عمومی قوای مسلح جایگزین گویندگان اخبار تلویزیونی شوند و نیز انتشار همه جراید به مدت حداقل چهل و هشت ساعت معلّق گردد.

همه چیز با دقت و ظرافتی که خاص نظامی‌ها اســـت بررســـی و آماده شـــده بود. ســـربازخانه‌های قدیمی خاش را که از ســـال‌ها پیش تبدیل به انبار ساز و برگ شده بود، به سرعت پاکسازی و تعمیر کردند. وسایل استراحت، داروهای لازم و حتی دستگاه‌های کمکی مولّد برق به آن‌جا برده شد. اسامی پزشکان نظامی و پرستاران ارتشی که بایستی به خاش اعزام شوند معین شده بود.

آیا این طرح یک کودتای نظامی بود؟

یقین اســـت که چنین تعبیری در داخل و خارج کشـــور انجام می‌گرفت. ولی گمان تهیه‌کنندگان طرح این نبود[1]. «تیمسار نخست‌وزیر» طبق نصّ قانون اساسی از جانب شاه مأمور تشـــکیل کابینه می‌شد. می‌بایست به مجلســـین برود، وزیران خود را معرفی کند و رأی اعتماد بگیرد. نظامیان معتقد بودند که پس از اخذ رأی اعتماد از شاه تقاضای انحلال مجلسین شـــده، دولت تا انجام انتخابات طبق ســـنن با تصویب‌نامه‌های قانونی به انجام وظایـــف خود بپردازد. شـــاه با این نظر مخالف بود، اما به هـــر حال، حوادث به تمام این تدارکات جهت دیگری داد.

در روز ۵ نوامبر، آشوب‌های خشن در تهران به اوج خود رسید. رادیوی لندن از پیش خبرش را داده بود. طرفداران خمینی مراکز فرهنگی، ســـینماها، شعبه بانک‌های مختلف چندین مهمانسرا، کتاب‌فروشی‌ها، رستوران‌ها... با فریاد الله‌اکبر به آتش کشیدند. در برابر

۱- همه این جزئیات و اطلاعات را مدیون ســـرتیپ جواد معین‌زاده و فرمانده نیروهای مخصوص هستیم. دکتر ابراهیم یزدی، براساس بازجویی‌هایی که از افسران مختلف به عمل آوردند، یا به عمل آورد، در پایان خاطرات خود (متن ذکر شده) توضیحات مفصّلی در این مورد داده است که طبیعتاً آلوده به غرض است و به قصد اضرار به طراحان و مجریان احتمالی طرح نوشته شده ولی از لحاظ تاریخی قابل بررسی و بهره‌برداری است و نباید آن‌ها را نادیده گرفت.

این حوادث که پیش‌بینی شـده و عملاً برنامه آن را رادیو لندن اعلام کرده بود، شاه فقط دسـتور داده بود که از خونریزی جلوگیری شـود و نیروهای انتظامی از سلاح‌های خود استفاده نکنند ماجرا از مقابل پردیس مرکزی دانشگاه تهران آغاز شد و سپس به نقاط دیگر شهر سرایت کرد. اسلام‌گرایان افراطی بدون هیچ محدودیت روش ویرانگری کورکورانه را به کار گرفتند. هدف آن‌ها به وحشت افکندن مردم بود.

کمی پیش از ساعت ۸ شب، ناگهان روشنایی چراغ‌ها به شهر بازگشت و جریان برق مجدداً برقرار شد. تلویزیون ملی در اخبار خود فیلمی سرهم‌بندی شده از قطعات مختلف که در آن فقط صحنه‌هایی از حمله و تیراندازی سربازان به سوی مردم و جنازه‌های خونین نشان داد که نه از آتش‌سوزی‌ها خبری بود، نه از غارت‌ها. گاه فریاد الله‌اکبر شنیده می شد. فیلم را قبلاً با دقت تهیه کرده بودند. بیشتر قسمت‌های آن از اخبار خارجی گرفته شده بود، از جمله از فیلمی داستانی درباره سقوط رئیس‌جمهوری شیلی سالوادر آلنده[1] که به وسیله یک فیلم‌سـاز ایتالیایی تهیه شده بود. برای این‌که به این «فیلم خبری» واقعیتی داده شود، در آغاز آن چهره پرهیجان و آشوب‌زده دکتر عبدالله شیبانی رئیس دانشگاه تهران را نشان دادند که بامدادان در مقابل در ورودی دانشـگاه از دانشجویان التماس می‌کرد که حرمت دانشگاه را نگاه دارند و نظم و آرامش را رعایت کنند.

در فضای وحشـتی که بر پایتخت حکمفرما بود، هیچ‌کس از خود نپرسـید که چرا ناگهان جریان برق مجدداً برقرار شده. کسی توجه نکرد که لباس متحدالشکل سربازانی کـه به روی مـردم تیراندازی می‌کردند ایرانی نبود. کافی بــود به کلاه‌خودها و حرکات دسته‌جمعی نیروهای مسلح نگاه کنند.

شبانگاه تهران شهری وحشت‌زده بود. بناهای بسیاری هنوز می‌سوخت که خاموش شدن شعله‌هایش تا بامداد روز بعد به طور انجامید.

از آغاز بعدازظهر و شروع آشوب‌های ویرانگر و آتش‌افروزی‌ها، در حالی که دستور شاه فقط آن بود که از خونریزی جلوگیری شود و سربازان فقط موقعی اجازه استفاده از اسلحه خود را دارند که مستقیماً مورد حمله قرار گیرند، شاه اندک‌اندک از حالت خمودی و گرفتگی معمولش خارج شد. در دفتر بزرگش با عصبانیت قدم می‌زد. جریان‌های شهر

1- Salvador Allende

را مرتباً با تلفن به او خبر می‌دادند. جعفر شریف‌امامی را که بی‌خبر آمده بود تا استعفایش را تقدیم دارد به حضور پذیرفت و فوراً با آن موافقت کرد. به این ترتیب دومین دولت شریف‌امامی همانند کابینه اولش به وسیله آشوب و تظاهرات از کار رانده شد. گویا شریف‌امامی به وی گفت «من بر هیچ چیز تسلطی ندارم و نمی‌دانم چه کنم». حتی شاه او را مطابق سنت «مأمور اداره امور جاری تا تشکیل دولت جدید» نکرد. دولتش عملاً توهمی بیش نبود و وجود خارجی نداشت.

در این گیر و دار بود که به تدریج گروهی از افسران و فرماندهان بلندپایه ارتش به کاخ نیاوران آمدند.[۱] و در اطاق‌های انتظار متعدّد دفتر شاه جمع شدند. همه در خشم بودند که چگونه ارتش می‌تواند دست روی دست بگذارد و در مقابل فروپاشی کشور و ویرانی پایتخت عکس‌العملی نشان ندهد. همه از دکتر اصلان افشار خواستند به شاه بگوید که از او «تصمیمی قاطع و نهایی» می‌خواهند. افشار پیام آنان را رساند.

اندکی پیش از ساعت ۱۸ (شش بعدازظهر) شاه افشار را احضار کرد و گفت، «به اویسی بگوئید که در دفترش بماند و در انتظار تلفن کاخ باشد. اصلان افشار که دیگر در جریان تدارکات نیروهای مسلح قرار داشت، این کار را انجام داد و به افسران عالی‌رتبه‌ای که در تالارهای مختلف منتظر بودند بازگو کرد. خوشحالی آنان حد و حساب نداشت.

با چند پیام تلفنی مقدمات آغاز طرح خاش فراهم شد. افراد نیروهای مخصوص در وسائل نقلیه خود قرار گرفتند که به اشاره‌ای به مقاصد تعیین شده بروند. آماده‌سازی هواپیماها در مهرآباد و دوشان‌تپه آغاز شد. واحدهای هوانیروز به حال آماده‌باش کامل درآمدند.

ارتشبد اویسی در انتظار بود.

شاه سفیران ایالات متحده و بریتانیای کبیر را به کاخ خواست. سپس شهبانو با وی مفصلاً ملاقات و مذاکره کرد. وی در خاطراتش صریحاً قبول کرده که با انتصاب ژنرالی

۱- روایت کتبی و دقیق دکتر امیراصلان افشار رئیس کل تشریفات شاهنشاهی به نویسنده‌ی ایرانی کتاب. همچنین نگاه کنید به بخشی از خاطرات او در روزنامه آرا، مورخ ۱۱ سپتامبر ۱۹۸۷ و ماهنامه پرتو ایران، چاپ کانادا شماره ۶۵ فوریه ۱۹۸۸.

(اویسی) که معروف به شدت عمل بود مخالفت داشت.»[۱]

پس از این سه دیدار، شاه مجدداً دکتر امیراصلان افشار را فرا خواند و گفت که تصمیم گرفته است ارتشبد غلامرضا ازهاری رئیس ستاد بزرگ را مأمور تشکیل کابینه جدید نماید.

افشار پرسید، «پس تکلیف اویسی چه می‌شود؟» شاه پاسخ داد، «به او تلفن کنید و بگویید مرخص است.» هنگامی که ماجرا به افسران مجتمع در کاخ بازگو شد همه سخت متأثر شدند، گویی برق آن‌ها را گرفته است.

توجیه رویه سفیران واشنگتن و لندن آسان است. آن‌ها تصمیم دولت خود را دایر بر برکناری شاه و جایگزینی او با یک جمهوری اسلامی می‌دانستند. بقیه برای‌شان مهم نبود. شاه بعداً از این تغییر رأی ناگهانی صراحتاً اظهار ندامت کرد:

> اشتباه کردم که اجازه دادم تروریست‌ها را آزاد کنند.[۲] و دست آن‌ها را باز بگذارند که ساختمان‌های دولتی و عام‌المنفعه را به آتش بکشند. اشتباه کردم که در برابر غارتگران و آتش‌افروزان تسلیم شدم. آمریکایی‌ها می‌گفتند که ادامه‌ی سیاست فضای باز سیاسی ضروری است.[۳] بزرگ‌ترین اشتباه من آن بود که توصیه‌های آمریکا و انگلیس را پذیرفتم. می‌دانم که اشتباه کردم. اما در آن شرایط اتخاذ تصمیم آسان نبود. من نمی‌خواستم به هیچ قیمت خون ملتم ریخته شود.

امروزه همه معتقدند که اگر در آن روزها نظم و قانون دوباره برقرار شده بود، صدها بار کمتر از پانزده ماه اخیر تلفات می‌داشت...

۱- Farah Pahlavi, Memoires, op. cit, P.283 همچنین نگاه کنید به Vincent Meylan La Veritable Farah, Pygnalion, 2000,P.248 او در این زندگی‌نامه شهبانو می‌نویسد «فرح همواره طرفدار مصالحه بود». شهبانو تاکنون توضیحی درباره جریان این شب و رویه خود نداده است.

۲- پرویز ثابتی در خاطرات خود جزئیات دستورات شاه را در مورد اعمال این سیاست بازگو می‌کند. (متن ذکر شده)

۳- در ماه نوامبر ۱۹۷۸، معاون وزارت امور خارجه آمریکا در مسائل مربوط به حقوق بشر به ایران آمد و از مقامات دولتی صریحاً خواست که از هرگونه خشونتی در برابر تظاهرکنندگان جلوگیری کنند.

Disastrous Years, Encounter, Nov. 1984

به نوشته برژینسکی رئیس وقت شورای امنیت ملی ایالات متحده در اکتبر ۱۹۷۸ سفیر آمریکا در تهران و وزارت امور خارجه آمریکا با تحویل سلاح‌های مقابله با شورش به نیروهای انتظامی ایران صریحاً مخالفت کردند.

Zbigniew Brezwzinski, Power and Principles, Mc Graw hill, 1984, P.355

آمریکایی‌ها و دنیای غرب خواهان تغییر رژیم ایران بودند. آیا به آن‌چه می‌خواستند رسیده‌اند. آیا حقوق بشر در ایران مورد احترام است؟ آیا آزادی بر ایران حکمفرما است؟[1]

با گزینش «طریق مسالمت»، چنان‌که بعداً شاهپور غلامرضا برادرش نوشت[2] با توافق یا تحت‌فشار آمریکایی‌ها و انگلیس‌ها و همسرش که لااقل مخالفت خود را با شدت عمل صمیمانه پذیرفته، شاه، شبانگاه دفتر خود را ترک کرد و به اقامتگاهش در مجاورت آن‌جا بازگشت. قبل از آن به مأموران تشریفات اطلاع داد که «فردا پیامی برای ملت ایران» خواهد فرستاد.

۱- مصاحبه با Iran Times، مورخ ۳۰ مه ۱۹۸۰
۲ - غلامرضا پهلوی، متن ذکر شده، صفحه ۲۸۲.

فصل دوم

«صدای انقلاب شما را شنیدم»

دوشـــنبه ۶ نوامبر ۱۹۷۸، ساعت ده بامداد، شاه که مانند همیشه دقیق و وقت‌شناس بود. در رأس ساعت مقرر به دفتر خود وارد شد. چند دقیقه‌ای علیقلی اردلان وزیر دربار شاهنشـــاهی را به حضور پذیرفت. سپس منوچهر صانعی آجودان کشوری کشیک را فرا خواند و گفت «قرار است، گروعی از رادیو تلویزیون ملی به این‌جا بیایند». صانعی پاسخ داد «آن‌ها در همین جا هســـتند.»[1] محمدرضا پهلوی با عصبانیت در دفتر وسیع خود راه می‌رفت. کســـی نمی‌دانست نویسنده پیامی که قرار است خطاب به ملت ایران ایراد کند کیست.

ســـه دقیقه بعد شاه مجدداً صانعی را احضار کرد. «رضا قطبی کجاست؟ او باید متن پیام را بیاورد» صانعی از همه جا بی‌خبر بود. از رئیس متبوع خود امیراصلان افشار جویا شد. پس از تحقیق معلوم شد رضا قطبی[2] به اتفاق سید حسین نصر (رئیس دفتر مخصوص شـــهبانو) در دفتر یا نزد شهبانو هستند. شاه برآشفت «آن‌ها با شهبانو چه کار دارند. پیام،

۱- شرح جریان این روز متکی است به روایت مرحوم منوچهر صانعی و نیز روایت کتبی و شفاهی و خاطرات دکتر امیر اصلان افشار (نشر فرهنگ- مونترال ۲۰۱۲) تنها شهود عینی ماجرا.

۲- پسر دایی شهبانو (فرزند مهندس محمدعلی قطبی و لوییز صمصام بختیاری) که وی را چون برادر خود تلقی می‌کرد و از نزدیک‌ترین و شـــاید نزدیک‌ترین مشاورانش بود. رضا قطبی تا اندکی قبل ریاست رادیو تلویزیون ملی ایران را به عهده داشت.

پیام من است»

رئیس کل تشریفات، تلفنی با شهبانو صحبت کرد و بی‌صبری و عصبانیت شاه را به اطلاعش رسـاند.[1] چند دقیقه‌ای بعد، شهبانو، رضا قطبی و سید حسین نصر به دفتر شاه آمدند و متن پیام را به اسـتحضارش رسـاندند. امیر اصلان افشار حاضر و ناظر بود. بعد از مطالعه پیام، شاه گفت: «نه من نباید چنین مطالبی بگویم. رضا قطبی عرض کرد، «خیر اعلیحضرت زمان آن فرا رسیده که شما هم در کنار ملت قرار بگیرید و مطالبی بفرمائید که دلپسند و مطبوع مردم باشد». شهبانو و سید حسین نصر نیز در همین زمینه اصرار ورزیدند. شاهپور غلامرضا می‌نویسد، «متن پیام را می‌بایست فقط برای مطالعه و اظهارنظر برادرم بیاورند. ولی چند دقیقه قبل از ایراد و ضبط آن به دستش دادند. حتی فرصت نیافت که به دقت درباره آن‌چه نوشته شده بود و می‌بایست بخواند و ضبط شود، به تفکّر بپردازد. این ماجرا حیرت‌انگیز است و برای ما نیز حیرت‌انگیز بود.»[2]

شـاه فرستادگان رادیو تلویزیون را احضار کرد. پشت میز کارش نشست. در نهایت خسـتگی، با لحنی غمگین و صدایی گرفته متن را که به دسـتش داده بودند قرائت کرد. طی آن مرتکب چند اشتباه تلفظی شد که مطلقاً در عاداتش نبود.[3] قبول کرد که اشتباهات بسـیار مرتکب شـده و تعهد کرد که «بی‌قانونی و ظلم و فساد دیگر تکرار نخواهد شد.» از «سازش نامقدس فساد مالی و فساد سیاسی» سخن گفت. اظهار داشت، «انقلاب ملت ایران نمی‌تواند مورد تائید من نباشد...» و سرانجام نتیجه گرفت که «صدای انقلاب شما را شنیدم»... تعهد کرد که از این پس قانون اساسی را رعایت خواهد کرد.

متنی زیبا و منسـجم که نتایجی دلخراش در پی داشت. مردم از آن، یک جمله را به خاطر سـپردند. «صدای انقلاب شما را شـنیدم». تا آن موقع کلمه انقلاب هرگز به طور رسمی گفته نشده بود. شاه آن را چند بار تکرار کرد. علاوه بر آن، و بدتر، پنج بار (از جمله دوبار مسـتقیماً)، عدم رعایت قانون اساسی را پذیرفت که به حفظ و صیانت آن سوگند خورده بود. قبول این مطلب (عدم رعایت قانون اساسـی) به مجلس شورای ملی امکان

۱- که بعداً در این مورد توضیحاتی داده که به آنها اشاره خواهد شد.
۲- متن ذکر شده، ص ۲۸۲.
۳- در مکزیک شاه به نویسنده ایرانی کتاب گفت «در حال خستگی مفرط با گلویی که بغض و اندوه آن را پر کرده بود حتی یک کلمه آن را هم تغییر ندادم. زیرا در بن‌بست قرار گرفته بودم.»

می‌داد که وی را از سلطنت عزل کند. در حقیقت سلاحی خطرناک به دست مخالفانش می‌داد که اگر در مقابل آن‌ها تسلیم نشد، آن را به کار گیرند.

بدین‌سان، پیام نا به‌هنگام و اجباری ششم نوامبر در حقیقت اعلام پایان سلطنت، یا دست کم سلطنت خود او بود. سفیر کبیر بریتانیا همان روز در یادداشت‌های خود نوشت «آیا شاه واقعاً فهمید که چه گفته؟»[۱]

از آن پس دیگر محمدرضا پهلوی در ملاءعام سخنی نگفت، یا نگذاشتند بگوید. چه کسی یا کسانی نویسنده یا نویسندگان این متن زیبا اما بدخیم بودند. نقش شهبانو در این کار چه بود؟ این دو موضوع هنوز هم مورد بحث و حتی مجادله تحلیل‌گران و مورخین است.

در چند نکته تردید و اختلاف نظر وجود ندارد:

- تصمیم شاه به ایراد پیامی خطاب به ملت ایران
- عدم امکان او در انجام هر نوع تغییر و تبدیلی در آن. وی را در مقابل عمل انجام شده و بن‌بست قرار دادند.
- رضا قطبی و سید حسین نصر تدوین‌کنندگان اصلی آن بودند.

عباس میلانی در این مورد نوشته که پیش‌نویس متن این پیام را یافته و در دست دارد که به قلم شخص رضا قطبی است. وی می‌افزاید که برای حصول اطمینان از این مطلب چند بار از رضا قطبی تقاضای ملاقات کرده و هرگز پاسخی دریافت نداشته است.[۲]

سید حسین نصر، به نوبه خود، به هنگام دریافت جایزه مخصوص تحقیقات فلسفی از رئیس‌جمهوری اسلامی ایران، نقش خود را در تهیه و تدوین این متن پذیرفته و سپس در چند گفتگوی دیگر تائید کرده است.[۳] در عوض نقش و سهم شهبانو، که تاکنون در

1 -Su Anthory Parsons, The Pride anol the fall, 1974-1979,154- ترجمه فارسی صفحه 155

۲- در Persian Heritage No.43 ,November 2007 (مجله‌ای است سه ماهه (فصل‌نامه) که به دو زبان فارسی و انگلیسی در ایالات متحده به چاپ می‌رسد و نیز در راه زندگی، چاپ لس‌آنجلس، شماره ۱۲۳۴، ۱۳ آوریل ۲۰۱۲

۳- نگاه کنید به تجزیه و تحلیل مستند و کاملی از این مصاحبه‌های سید حسین نصر در مجله ایرانشناسی، شماره بهار ۲۰۱۰

این باره توضیحی نداده، روشن نیست. در این‌که قبل از آن‌که متن به دست شاه داده شود، از آن مطلع بوده تردیدی روا نیست.[1] آیا به همه ریزه‌کاری‌های آن و پی‌آمدهای ممکن و محتمل حقوقی و سیاسی‌اش توجه کافی مبذول داشته؟ نمی‌دانیم.

خود شاه، مسئولیت ایراد آن را رسماً پذیرفت و جز این کاری نمی‌توانست بکند. اما در مذاکرات خصوصی کسانی را که در آن دست‌اندرکار بودند متهم به خیانت می‌کرد.[2] و مخصوصاً کینه‌ای سخت از رضا قطبی به دل گرفت.

همچنین باید پذیرفت که در این ماه‌ها و هفته‌ها قدرت و کفایت وی در رهبری کشور در حال ضعف مداوم بود و شهبانو ناچار شد که بیش از پیش سر رشته کارها را به دست گیرد و در واقع نوعی نیابت سلطنت غیررسمی بر ایران را اعمال نماید.

با تمام این احوال، تشکیل دولت نظامی و انتخاب چند اَبَر وزیران نظامی (سه فرمانده کل نیروهای زمینی، هوایی و دریایی که به هر یک چند وزارتخانه محول شد)، در افکار عمومی تاثیر فوق‌العاده‌ای به جا گذاشت. ناگهان اعتصاب‌ها پایان یافت، جریان برق مجدداً برقرار شد. بازاریان دوباره فعالیت خود را از سر گرفتند. چند مغازه‌ای در این جا و آن جا بسته بود، مراجعه افسران شهربانی به صاحبان و یا مسئولان آن باعث شد که درهای‌شان را باز کنند و معاملات را از سر بگیرند. دو روز بعد از روی کار آمدن نظامی‌ها تهران آرام و رفت و آمد وسایل نقلیه در آن عادی شده بود. اگر بقایای عمارات ویران شده یا به آتش کشیده از جانب هواداران آیت‌الله خمینی نمی‌بود کسی نمی‌توانست حدس بزند که دو سه روز پیش در پایتخت ایران چه گذشته. به‌ویژه آن‌که همه به مرمت خرابی‌ها و آتش‌سوزی‌ها پرداختند.

اَبَر وزیران نظامی، در رفتن به وزارتخانه‌های تحت مسئولیت خود مردد یا حتی بیمناک بودند. همه جا از آنان حُسن استقبال شد. ارتش مورد احترام بود، یا بعضی‌ها از آن حساب می‌بردند. تب انقلاب فروکش کرد.

در خوزستان، اعضای کمیته رهبری اعتصاب تاسیسات نفتی، که همه از اعضای

۱- نگاه کنید به نوشته‌های دکتر امیراصلان افشار، سید حسین نصر، عباس میلانی.
۲- از جمله در مذاکراتش با هوشنگ نهاوندی در مکزیک، سپتامبر ۱۹۷۹ همچنین نگاه کنید به مقاله دکتر صدرالدین الهی در کیهان، شماره ۱۰ تا ۱۶ مه ۲۰۱۲.

حزب توده بودند، خود را به فرمانده‌ی ارتش جنوب (سپهبد بقراط جعفریان) که در ضمن فرماندار نظامی کل منطقه نیز بود معرفی کردند. ارتش جنوب با دو لشکر زرهی کامل و مجهز، قوی‌ترین واحدهای نیروی زمینی ایران بود. آن‌ها به سپهبد جعفریان گفتند که می‌دانند برای مدتی طولانی در زندان خواهند ماند و از او خواستند که بر خانواده آنان عنایت داشته موجبات رفاه مادی آن‌ها را فراهم آورد که او پذیرفت. بهره‌برداری از صنعت نفت و فعالیت پالایشگاه عظیم آبادان از سر گرفته شد.

بدین‌سان فقط چهل و هشت ساعت و اعلام تشکیل یک «دولت نظامی» کفایت داشت که مخالفان شکست خود را بپذیرند و راهی برای مذاکره و تفاهم با مصادر امور گشوده شود. تنی چند از رهبران سرشناس جناح‌های مخالف حکومت با کسانی که تصور می‌شد به شاه یا به ارتش نزدیک هستند تماس گرفتند و پیام‌های وفاداری فرستادند.

آیا شاه پیروز شده بود؟

بعضی از تصمیمات «دولت نظامی» با حسن استقبال افکار عمومی مواجه شد. از جمله تجدید نظر در سازمان و رهبری بنیاد پهلوی که جعفر شریف امامی در رأس آن بود و قاضی عالی‌رتبه بازنشسته اما خوشنام و محترمی به جای او برگزیده شد. همچنین تشکیل هیأتی مرکب از قضات عالی‌رتبه دیوان عالی کشور برای رسیدگی به دارایی‌های بعضی از افراد خانواده پهلوی. گرچه نامی از او نبود ولی همه گمان می‌بردند که بیشتر مقصود از شاهدخت اشرف است.

در روز ۸ نوامبر، در حالی‌که شهبانو بر جلسات سیاسی متعددی یکی پس از دیگری ریاست می‌کرد و تصمیماتی اتخاذ می‌شد، یکی از آجوان‌های کشوری کشیک، همگان را به جلسه‌ای در دفتر شاه فراخواند، بدون آن‌که سبب و موضوع آن را یادآور شود. همه پیاده باغ وسیعی را که فاصله کاخ نیاوران و کاخ صاحبقرانیه (دفتر شاه) بود پیمودند. شهبانو بی‌درنگ وارد دفتر همسرش شد. بقیه ده دقیقه انتظار کشیدند و سپس بار یافتند. قیافه شاه خسته و ناراحت بود. همه را دعوت به جلوس کرد و گفت «از هر سو به ما فشار می‌آورند که اجازه دهیم هویدا را براساس قوانین حکومت نظامی دستگیر کنند و به این وسیله مردم را آرام کنیم. از شما می‌خواهیم که نظرتان را در این باره بگویید.» سخنان شاه همه

را بهت‌زده کرد. علیقلی اردلان[1] وزیر دربار شاهنشاهی با آزردگی خاطر گفت، «نمی‌توانم بفهمیم چطور می‌توان کسی را که سیزده سال نخست‌وزیر بوده، به همین سادگی توقیف کرد». شـــاه گفت ممنونم. سرلشکر پاکروان معاون کل وزارت دربار و رضا قطبی، که هر دو از دوســـتان هویدا محســـوب می‌شدند، بازداشـــت او را به حکم ضرورت زمان تائید کردند. موضع جواد شهرستانی، شهردار تهران، حیرت‌آور بود. او که برگرفته و در حقیقت مخلوق سیاسی هویدا بود. با کلماتی تند به نخست‌وزیر پیشین تاخت و توقیف او را تائید کرد. چند روز بعد همین شخص پیوستگی شهر تهران را به «امام خمینی» اعلام نمود و در صف ســـینه‌زنان او درآمد! نوبت به مهدی پیراسته وزیر و سفیر پیشین رسید. دشمنی دیرین او را با هویدا همه می‌دانستند. سخنانش در آن حد بود. از هوشنگ نهاوندی سوال شد. وی مخالفت خود را با هویدا و سیاستش که از زوج سلطنتی مخفی نبود بهانه کرد و پاســـخی نداد ولی پیشنهاد کرد که اقلاً خود شاه قبلاً به او تلفن کند و مراتب را اطلاع دهد. شاه گفت: «کار آسانی نیست». رو به همسرش کرد که تا آن زمان مهر سکوت بر لب زده بود. «شاید شما بتوانید این کار را بکنید» شهبانو با قدری دلتنگی گفت، «چرا من؟ او نخست‌وزیر من نبود. نخست‌وزیر شما بود». بگو مگویی خانوادگی بود که نمی‌بایست در برابر دیگران انجام شود. شاه گفت: «این مسأله را حل خواهیم کرد».

در میان این گفتگوها تلفن شاه زنگ زد. او چند ثانیه‌ای بیشتر پای تلفن ماند. پس از پایان شنود سخنان کسی که پای تلفن بود گفت: «به ما می‌گویند که بازداشت هویدا از نان شب هم لازم‌تر است» آن سوی تلفن چه کسی بود؟ در آن زمان نمی‌دانستیم. شهبانو اخیراً در خاطرات خود از تیمسار مقدم نام برده است.[2]

جلسه پایان یافت و حاضران مرخّص شدند.

بعداً دانسته شد که شاه شخصاً به هویدا تلفن کرده و ضرورت حفظ امنیت او را بهانه بازداشتش گفته و اشاره‌ای هم به آرام‌سازی افکار عمومی کرده است. گویا مذاکرات تلفنی آن دو دوستانه بود و در محیطی مودبانه و تشریفاتی انجام شد.

۱- دیپلمات ســـالخورده‌ای متعلق به یکی از معروفترین خانواده‌های کرد که نســـب خود را به ساســـانیان می‌رســـاند. بارها ســـفیر و وزیر و از چندی پیش بازنشسته شده بود، به چند زبان خارجی مسلط بود. هیچ کس ایراد و انتقادی بر او نداشت. شاید این تنها خاصیت او در صحنه‌ی سیاست داخلی بود. در طی چند ماه وزارتش کار سیاسی مهمی انجام نداد. اما به دست انقلابیون بازداشت شد و در زندان سختی‌ها کشید.
2 - Memoires, متن ذکر شده

هویدا در آپارتمانی در یکی از عمارات بزرگ و تجملی شمال تهران می‌زیست و نمی‌خواست در آن‌جا به سراغش بیایند. با فرمانداری نظامی توافق کرد که بازداشتش در اقامتگاه مادرش انجام گیرد که ساختمانی مستقل، در محله‌ای آرام و بی‌سر و صدا بود. قرار بازداشت به ساعت ۱۸ (شش بعدازظهر) گذاشته شد. سپهبد رحیمی لاریجانی معاون فرمانداری نظامی تهران مأمور جلب او شد.

هویدا برای حضور در این «مراسم»، و به عنوان شهود، از رئیس دیوان عالی کشور ناصر یگانه، رئیس مجلس شورای ملی دکتر جواد سعید و وزیر سابقش عبدالمجید مجیدی خواست که به منزل مادرش بیایند.

در رأس ساعت معین سپهبد رحیمی لاریجانی، برای جلب هویدا به اقامتگاه مادرش آمد و وی را با یک اتومبیل عادی و بدون جلب نظر، به یکی از مهمانسراهای ساواک هدایت کرد. در آن‌جا با آسایش مستقر شد. جراید بین‌المللی را دریافت و مطالعه می‌کرد. خانواده و بعضی از دوستانش به دیدار او می‌رفتند. حتی سفیران بریتانیا و اسرائیل را نیز پذیرفت. همچنین به تدارک دفاع خود پرداخت چون تصور می‌کرد سرانجام او را به عنوان سپر بلا محاکمه کنند. یکی از وکلای دادگستری معروف تهران اسدالله صوفی را مأمور این کار کرد. همچنین با دوستش اِدگار فور[1] رئیس اسبق دولت فرانسه که او نیز وکیل دادگستری بود تماس گرفت که او نیز دفاع از نخست‌وزیر پیشین ایران را پذیرفت.[2]

تصمیم به توقیف امیرعباس هویدا قبل از آن جلسه‌ی تشریفاتی، به وسیله‌ی زوج سلطنتی اتخاذ شده بود. هدف این بود که او را سپر بلا قرار دهند و افکار عمومی را آرام کنند.

هنگام برکناریش از وزارت دربار شاهنشاهی، شاه به او پیشنهاد کرد که به سفارت ایران در بروکسل برود که وی نپذیرفت. می‌توانست مانند بسیاری دیگر از ایران برود و در این صورت قطعاً شاه به او کمک می‌کرد. اردشیر زاهدی نیز همین پیشنهاد را به شاه

1 -Edgar Faure

۲- در شب یازدهم به دوازدهم فوریه و سقوط رژیم، همه نگاهبانان اقامتگاه هویدا فرار کردند و او تنها ماند. می‌توانست از آن‌جا برود و نزد یکی از دوستانش پنهان شود یا حتی به سفارتخانه‌ای پناه ببرد. همان‌جا ماند. به مهدی بازرگان نخست‌وزیر خمینی (که بسیار مدیونش بود) تلفن کرد. بازرگان وزیر کار خود داریوش فروهر را با آمبولانسی مأمور توقیف هویدا کرد و او را به اقامتگاه خمینی منتقل و در اطاقی زندانی کردند.

کرده بود. احتمالاً در شب ۱۱ به ۱۲ فوریه رویه او ساده‌لوحانه بود. می‌پنداشت کسانی، چون مهدی بازرگان، که آن‌قدر به آنان محبت کرده، قدر کمک‌هایش را خواهند دانست و از مهلکه سالم به در خواهد آمد. اشتباه می‌کرد. آن‌هایی که از کمک‌های وی بهره‌مند شده بودند همه مایل بودند. زودتر از شرش خلاص شوند، که دیگر راز و رمزی را فاش نکند.

در زندان انقلابیون، هویدا همچنان مردانه از خود دفاع کرد. هنگامی که روزنامه‌نویس معروف فرانسوی خانم کریستین اُکرنت[1] فرستاده برنامه‌ی سوم تلویزیون فرانسه[2] اجازه یافت که با او مصاحبه کند، هویدا حالی زار داشت. روی زمین نشسته بود. جانی در تنش نبود. اما مردانه پاسخ داد. پرسش‌های خانم اُکرنت را بعضی غیرمنصفانه، بعضی دیگر ناجوانمردانه دانستند. در جراید فرانسه هیاهویی برانگیخت. درباره‌ی روش‌های ساواک از اول سوال شد. پاسخ‌های دقیقی نداد و نداشت. اما گفت که از او سپر بلایی درست کرده‌اند.

او را به اصطلاح محاکمه کردند. آیت‌الله خلخالی نماینده‌ی خمینی وی را به اعدام محکوم کرد. با تیری از قفا در دالان زندان قصر کشته شد. در سرتاسر جهان بسیاری به این رفتار اعتراض کردند.

روی کار آمدن ارتشبد ازهاری، چند روزی کشور را آرام کرد. شاه نیز آرامشی یافت و گویا اشتهای خود را نیز باز یافته بود. اما اعلام تشکیل یک دولت نظامی چیزی بود و طرز کار این دولت چیز دیگر.

نخستین سخنان نخست‌وزیر در مجلس شورای ملی، در شأن رئیس یک دولت نظامی نبود و از قدرت نشانی نداشت. حال آن‌که همه تشنه‌ی اعمال قدرت بودند که نظم و آرامش و حکومت و حرمت قانون را ارتش به کشور بازگرداند.

اقدامات دولت نیز هماهنگی کافی نداشت. فرستاده‌گانی به نزد مراجع تقلید قم و رهبران اقلیت و مخالفان حکومت رفتند که آنان را آسوده خاطر سازند. همه اَبَر وزیران

1 -Christine Ockrent
2 -FR.3

«صدای انقلاب شما را شنیدم» ۷۵۵

نظامی که ابهتی داشتند دستور داده شد که به مقرهای فرماندهی خود باز گردند و وزیران «کشوری» ضعیفی به جای آنان برگزیده شدند. تنها اویسی همچنان فرماندار نظامی تهران بود. ولی به او نیز دستور داده شد که مقررات حکومت نظامی را اجرا نکند!

فلسفه و مقصود تشکیل یک «دولت نظامی» معلوم نبود. البته هیچ کس در تقوی و سابقه درستی و خدمت رئیس جدید دولت تردید نداشت. ارتشبد ازهاری مردی خوشنام بود و بس. سیاستش با سیاست دولت شریف‌امامی پس از گذشت چند روز دیگر تفاوت اساسی نداشت. در حقیقت او را فلج کرده بودند. او اوامر فرمانده‌ی کل قوا را اطاعت می‌کرد و هر چه بیشتر اوامر شهبانو را. این اوامر همه در جهت مصالحه و مسالمت مطلق بود و اجتناب از هر حرکتی که موجب رنجش مخالفان شود.

روایات و شهادت‌هایی که امروزه در دست داریم همه حکایت از این دارند که در نخستین روزهای تشکیل کابینه ازهاری بسیاری از رهبران مخالف درصدد اخذ تماس و گفتگو با او برآمدند، کوشیدند هم خود را از خشونت و اعمال قدرت احتمالی دولت درامان نگاه دارند و هم راه‌حل میانه‌ای برای خروج از بن‌بست سیاسی پیدا کنند. از این گرایش‌ها بهره‌برداری به عمل نیامد. آیت‌الله دکتر محمد بهشتی[۱] در راه حرکت به تهران بود که در فرودگاه آتن بر اثر یک توقف اضطراری از روی کار آمدن ارتشبد ازهاری آگاه شد. راهش را کج کرد و عازم پاریس شد. به اطرافیانش گفت « به ما خیانت شد»[۲] خیال می‌کرد، ارتش قدرت را به دست گرفته است که چنین نبود.

محمدرضا شاه از هر طرف تحت فشار شدید بود که عکس‌العملی نشان ندهد، مانع اجرای مقررات حکومت نظامی شود و راه مسالمت و مصالحه را در پیش گیرد. مخصوصاً از جانب واشنگتن، لندن و پاریس. دکتر علی امینی نخست‌وزیر پیشین که مشهور به دوستی با رهبران دمکرات‌های آمریکا بود، به اتفاق دو پیرمرد محترم دیگر دکتر علی‌اکبر سیاسی رئیس اسبق دانشگاه تهران و محمدعلی وارسته وزیر پیشین مصدق و سپس سناتور انتصابی، دائماً به شاه و شهبانو توصیه می‌کردند که از رنجاندن آمریکا و انگلیس و

۱- چند روز بعد وی در حقیقت رهبر مرحله پایانی شورش انقلابی و در مرحله اول جمهوری اسلامی مرد مقتدر حکومت بود. سپس در یک سوء قصد (که در حقیقت تصفیه حساب داخلی میان عوامل رژیم بود) کشته شد.

۲- روایت کتبی پروفسور ابوالقاسم بنی‌هاشمی معاون ریاست یکی از دانشکده‌های پزشکی دانشگاه تهران که حسب‌الاتفاق همسفر دکتر بهشتی در راه وین (پایتخت اتریش) به تهران بود.

مخالفان اجتناب کنند. اطرافیان شهبانو نیز بر همین گمان بودند.

شاه دوباره دچار بدبینی و فرسودگی روحی شد. از بلاتکلیفی و ضعف دولت ناراضی بود، اما نمی‌خواست قبول کند که خود و همسرش عوامل اصلی آن هستند.

تعداد کسانی که به دیدار شاه می‌آمدند کم و کمتر می‌شد. حتی حسین فردوست دیگر به دربار نمی‌آمد.[۱] آیت‌الله عظمی شریعتمداری بیش از دیگران روشن‌بین بود به شاه پیغام داد، «ایران را نجات دهید، نظم را برقرار کنید. اگر لازم و مفید است دستور بدهید مرا هم زندانی کنند. ولی زود باشید.» شاه پاسخ داد، «هر چه از دستمان بر می‌آید می‌کنیم»[۲] هر دو حق داشتند. می‌بایست به سرعت کشور را نجات داد. اما از دست شاه دیگر کاری برنمی‌آمد.

اما، بسیاری دیگر به پشتیبانی از شاه برخاستند. رهبران و مسئولان کانون پرتوان افسران و درجه‌داران بازنشسته ارتش به دور سرلشکر بازنشسته حسن ارفع که در زمان جنگ رئیس ستاد ارتش و پس از آن مدتی وزیر و سفیر و سپس بازنشسته شده بود، گرد آمدند. جلسانی تشکیل دادند و اتمام حجتی برای شاه فرستادند، که به تظاهرات خیابانی خواهند پرداخت، او را (شاه را) مجبور به تشکیل یک دولت نجات ملّی خواهند کرد. ارفع که چندان دیپلمات نبود، خود را برای ریاست این دولت پیشنهاد کرد که جای «همکار جوانش» را بگیرد. به شاه گفت، «من در رأس یک ارتش ناتوان و بی‌ساز و برگ در زمان جنگ با روس‌ها و توده‌ای‌ها مواجهه کردم. قادر خواهم بود این گروه بی‌سر و بی‌پا را چند ساعته سرجای‌شان بنشانم.» گویا شاه در مقابل این سخنان لبخند می‌زد.

پس از هفته‌ی سوم نوامبر بار دیگر انتظار و بی‌تکلیفی بر همه‌ی کشور مستولی شد و ناتوانی دولت نظامی نیز عیان و آشکار گردید.

چند کامیون مملو از سربازان وظیفه در بعضی از نقاط تهران و شهرهای دیگر مستقر بودند. اما به آنان دستور داده شده بود که از هر اقدامی برای برقراری نظم خودداری کنند، مگر آن‌که مستقیماً مورد حمله قرار گیرند. این دستورات به اطلاع رهبران انقلابی نیز

۱- روایت ایرج مبشر، آجودانِ کشوری شاه، یکی از درباریان نادری که تا روزهای آخر به انجام وظایف خود ادامه داد. درباره فردوست قبلا نوشته‌ایم.
۲- نویسنده ایرانی کتاب واسطه این پیام و پاسخ شاه بود.

رسیده بود. نتیجه آن‌که تظاهرکنندگان به نزدیک کامیون‌ها آمده به سربازان گل و شیرینی تعارف می‌کردند و «مرگ بر شـــاه» می‌گفتند. اثر روانی این کار برای جوانانی که غالباً از روستاها و شهرهای دور دست آمده و برای احترام به فرمانده کل قوا و دفاع از او تربیت شده بودند، وحشتناک بود.

با این حال گه‌گاه تابوت‌هایی در خیابان‌های تهران گردانده می‌شد که تلویزیون‌های غربـــی بتوانند از «قربانیـــان» رژیم تصویر و فیلم تهیه کنند. این موضوع هم موجبی برای شوخی مردم شده بود.

در پایتخـــت همه چیـــز درهم و برهم و ناامن بود. فقط همه حرمت کاخ ســـلطنتی و اطراف آن را نگاه می‌داشـــتند. بخشـــی از تهران در آرامش و امنیت کامل بود. آرامشی مصنوعی و الزاماً موقت.

در روز ۱۸ نوامبر شـــهبانو برای زیارت به کربلا و نجف رفت. رضا قطبی و حسین نصر همراهش بودند. در بغداد با نگرانی از وی استقبال شد. نایب رئیس‌جمهوری عراق که از وی استقبال کرد دل مشغولی دولت خود را از وضع نابسامان ایران و توسعه اسلام‌گرایی افراطی در آن‌جا به وی بازگو کرد. هم‌چنین شهبانو به دیدار آیت‌الله عظمی خوئی رفت. سی دقیقه بدون حضور شخص ثالث با یکدیگر گفتگو داشتند. در پایان این مذاکره، مرد شـــماره یک سلسله مراتب جهانی شـــیعه، «ادعیه خالصانه» خود را برای «سلامت شاه و پیروزی‌اش در راه خدمت به اسلام و ایران» اعلام داشت. این پیام به زبان سیاسی پشتیبانی چشـــمگیری از حکومت ایران و لااقل شخص محمدرضا شاه به شمار می‌آمد. اما از آن کوچک‌ترین بهره‌برداری نشد و در عوض به هنگام زیارت چند نقصان در رعایت دقیق آداب آن، از ســـوی اطرافیان شـــهبانو دیده شـــد، که غیرعادی هم نبود و برای همه روی می‌دهد، تلویزیون این نکات را بارها و بارها نشان داد که بهانه‌ای برای انتقاد و تمسخر به مخالفان بدهد.

ملاقات با آیت‌الله عظمی خوئی و گفته‌هایش و حمایت دولت عراق از ایران، توفیقاتی بودند اما از آن بهره‌برداری مناســـب نشـــد. در آن گیر و دار کســـی نبود که به این مطالب توجه داشته باشد. در حالی‌که ناکامی سیاست و دولت «نظامی» که مسئولیت اصلی‌اش با

دربار بود، محتوم و آشکار گردیده اوضاع پریشان‌تر می‌شد، نخست‌وزیر دچار یک حمله قلبی شد. با شجاعت در دفتر خود بستری گردید و از همان‌جا هر کار می‌توانست می‌کرد. شهبانو جلسات متعدد تشکیل داد. با این و آن مشورت می‌کرد و به موازات همسرش در جستجوی راه‌حل دیگری بود.

شـــایعه‌ی حرکت شـــاه از ایران دیگر بر سر همه زبان‌ها بود. گفته می‌شد که در کاخ وسایل، لباس‌ها و اسباب شخصی خانواده سلطنتی را جمع و بسته‌بندی می‌کنند. فضای جامعه پر از شـــک و تردید و نگرانی فزاینده بود. همه به جان آمده بودند و می‌خواستند اوضاع یکسره شود و خلاص شوند.

در روز ســـوم دسامبر، محمدرضا شـــاه به اصرار اردشیر زاهدی و فرماندهان نظامی بدون اطلاع قبلی به بازدید یک مرکز آموزش نظامی و از آن‌جا به یک دبیرستان دخترانه رفت. ساکنان اطراف که از این بازدید مطلع شدند، از او به گرمی استقبال کردند. بار دیگر فریاد ســـنتی «جاوید شاه» از مردم برخاست. می‌گویند چشمان شاه پر از اشک شده بود. این آخرین باری بود که در میان مردم عیان شد.

در زمینه سیاســـی، به جستجوی راه‌حل‌های دیگر برخاست. نخستین شخصیتی که به وی رو آورد دکتر غلامحسین صدیقی استاد ممتاز جامعه‌شناسی دانشگاه تهران، مردی مورد احترام همه و وارث روحانی دکتر مصدق بود. در سه سال اخیر روابط میان این دو تن به طور محسوس بهبود یافته بود.

بعضی ســـوء‌تفاهم‌های گذشته مرتفع شـــده بود. دیداری نداشتند. اما شاید گله‌های گذشـــته را فراموش کرده بودند. در خاور زمین گاهی پیام‌های دوســـتانه و بگومگوهای متعارف در محیط جامعه، از دیدارها و مذاکرات مستقیم موثرتر است.

شـــاه از این‌که دکتر صدیقی تقاضایش را خواهد پذیرفت اطمینان نداشت. دو تن را به نزد وی فرســـتاد که بپرسند اگر به کاخ فراخوانده شود خواهد آمد یا نه، دکتر صدیقی حدس می‌زد که علت احضارش چیست به آن دو تن گفت، «از این که اعلیحضرت مرا بیســـت و پنج سال کنار گذاشـــته‌اند، کینه و گلایه‌ای ندارم. می‌دانم که در شرایط امروز، تشکیل دولت می‌تواند برای سابقه و شهرت من گران تمام شود. اما هنگامی که وطن در

خطر است، نام نیک که نتوان از آن برای نجاتش بهره گرفت، چه سودی دارد؟»

گفتگوی شاه و صدیقی به خوبی و گرمی گذشت.[۱] شاه همه‌ی هنر و ظرافتی را که داشت برای جلب اطمینان و محبت دانشگاهی سالخورده به کار گرفته بود. به وی اطمینان داد که شخصاً از او حمایت خواهد کرد و ارتش در اختیارش خواهد بود. پس از این دیدار دکتر صدیقی گفت، «هیچ دلیلی ندارم که در صداقت و صمیمیت اعلیحضرت تردید کنم. شدیداً تحت تأثیر ایشان قرار گرفتم.» دکتر صدیقی فقط یک هفته وقت خواست که برنامه دولت و اسامی وزیران خود را آماده کند. در رأس موعد مقرر مجدداً نزد شاه رفت. قبول بار مسئولیت سنگین ریاست دولت را به وی اطلاع داد و فقط یک شرط گذاشت. شاه از تهران دور شود که دست دولت باز باشد. اما از ایران نرود که وحدت ارتش، که تنها نیروی منظم و برگ برنده آن روز بود در خطر نیافتد.

دکتر صدیقی به شـاه پیشـنهاد کرد که به یکی از پایگاه‌های دریایی خلیج‌فارس، یا اقیانـوس هنـد برود. امنیت‌اش در آن‌جـا کاملاً تأمین و علاوه بـر آن هوای فصل برای استراحت کاملاً مناسب بود. شاه نپذیرفت و صدیقی از قبول ریاست دولت عذر خواست. فرصت بزرگی برای نجات کشور از دست رفت.[۲]

پس از دکتر صدیقی، شاه به یک «مخالف» تاریخی و قدیمی دیگر، مظفر بقایی روی آورد. مظفر بقایی که در آن زمان تقریباً هفتاد ساله بود، زمانی یار و همگام دکتر مصدق و مرد شماره ۲ جبهه ملی بود. سپس از او کناره‌جویی کرد و در سلک یاران سپهبد فضل‌الله زاهدی درآمد، که از او هم جدا شـد. او نیز مانند صدیقی دیپلمه یک مدرسـه عالی پر شهرت فرانسـه[3] بود، در دانشکده ادبیات تهران فلسفه تدریس می‌کرد و بازنشسته شده بود. عقاید سوسیالیسـتی داشت و هوادار مداخله دولت در امور اقتصادی بود. اما حُسن رابطه خود را با محافل مذهبی همچنان حفظ کرده بود. نه شهرت و محبوبیت صدیقی را داشت و نه احترام او را در محافل روشنفکران. اما ناطقی زبردست و همه می‌دانستند که در خشونت عمل تردیدی نخواهد کرد.

۱- روایت دکتر صدیقی به نویسنده کتاب، در فردای این باریابی

۲- چهار روز قبل از آن که شـاه از ایران خارج شـود، دکتر صدیقی بار دیگر به دیدار او رفت که از این کار چشم بپوشد و وطنش را رها نکند. «می‌دانستم که بی‌فایده است، اما وظیفه‌ای بود که انجام دادم.»

3 -Ecole Normale Superieure

شاه، دکتر داریوش شیروانی نماینده تهران در مجلس شورای ملی را که با مظفر بقایی آشنایی و رفت و آمد داشت، مأمور کرد که با او تماس بگیرد و وی را به کاخ بیاورد.

نخستین ملاقات و مذاکره آن دو، که از یک ربع قرن پیش همدیگر را ندیده بودند، دو ساعت به طول انجامید. فردای آن روز شاه به دکتر شیروانی گفت، «مظفر مرد وطن‌پرستی است». بقایی مأموریت تشکیل دولت را پذیرفت، اندکی بعد صورت اسامی وزیران کابینه‌اش و برنامه »نجات ملی« را که به آن عقیده داشت به شاه ارائه داد. او می‌خواست دستور به جلب و بازداشت رهبران و آتش‌بیاران مخالفین حکومت بدهد و نیز تنی چند از افراد بدنام رژیم را توقیف و محیط را برای انجام انتخاباتی واقعاً آزاد، پس از آن‌که نظم و آرامش در کشور برقرار شد، آماده سازد. او نیز بر قبول ریاست دولت یک شرط گذاشت، که شاه از ایران نرود و فقط برای پانزده روز از تهران دور شود و در یکی از پایگاه‌های نظامی، در میان ارتش خود، مستقر گردد. بقایی توصیه کرد که شاه به پایگاه وحدتی در همدان برود. «اگر در پایان این مدت (پانزده روز) موفق نشدم، اعلیحضرت به تهران مراجعت فرموده امر به عزلم بدهید».

پس از این باریابی و ملاقاتی طولانی با شهبانو، دکتر شیروانی که هر بار او را با اتوموبیل شخصی خود به دربار می‌برد و باز می‌گرداند، از بقایی نتیجه این دیدارها را پرسید، بقایی جواب داد «شاه به من نه نگفت».

همان شب جلسه محرمانه‌ای در اقامتگاه دکتر شیروانی تشکیل شد که اردشیر زاهدی و نیز فرمانده کل نیروی هوایی به عنوان نماینده ارتشیان در آن حضور داشتند. بقایی مفصلاً برنامه خود را توضیح داد که هم با موافقت اردشیر زاهدی روبرو شد و هم با تائید فرمانده کل نیروی هوایی[1] مظفر بقایی در انتظار دریافت فرمان نخست‌وزیری‌اش بود.

به موازات این گفت و شنودها و رفت و آمدها، اندیشه دیگری در بعضی از محافل سیاسی، فرماندهان نیروهای مسلح، بخشی از رهبران مذهبی و گروه‌هایی از روشنفکران و دانشگاهیان پدید آمد و توسعه یافت و آن توسل به اردشیر زاهدی بود.[2]

۱- تمام این جزئیات را مدیون روایت دقیق و مفصل دکتر داریوش شیروانی هستیم. مذاکرات جلسه مشترک با اردشیر زاهدی و سپهبد ربیعی را اردشیر زاهدی کاملا تایید کرد.

۲ - بسیاری از کتاب‌ها و بررسی‌های آمریکایی و انگلیسی به این جریان مفصلاً اشاره کرده‌اند. از جمله نگاه کنید به

اردشــیر زاهدی د رهفت سال اخیر ســفیر ایران در آمریکا و هنوز رسماً شاغل این سمت بود در ماه سپتامبر به تهران فراخوانده شد. شاه می‌خواست در مقابل آمریکاییان نقطه اتکا و مشاوری نزدیک داشته باشد.

ورودش به تهران که قرار بود به طور عادی انجام شــود، در شرایطی استثنایی انجام پذیرفت جمع کثیری از فرماندهان و صاحب منصبان ارشد ارتش، سیاسیون، نمایندگان دو مجلس، و مخبرین جراید در فرودگاه به استقبالش آمده بودند. همه‌ی آن‌ها بر این گمان بودند که توسّــل او می‌تواند راه‌حلی برای تغییر اوضاع باشــد. از آن پس اقامتگاهش در حصارک (واقع در بلندی‌های شمال پایتخت) غالباً مملو از جمعیت مراجعین بود، همه از او می‌خواستند «کاری بکند».

اردشــیر زاهدی یک برگ برنده در دســت داشت و آن نفوذش در ارتش بود. هم به خاطر احترامی که به پدرش می‌گذاشتند و هیچ کس فراموشش نکرده بود و هم به سبب روابط دوستانه‌ای که با فرماندهان و افسران عالی‌رتبه قوای مسلح داشت. علاوه بر آن در گارد شاهنشاهی نیز محبوبیت فراوان داشت. وی هم‌چنان توفیق یافته بود با رهبران سلسله مراتب شیعه روابط حسنه‌ای برقرار کند. در درجه اول با آیت‌الله عظمی خوئی در عراق و با آیت‌الله عظمی شریعتمداری در قم.

او نقاط ضعفی هم داشــت. همه از تندروی‌هایش بیم داشــتند، می‌دانســتند که اگر دســتوراتش اجرا نشود، عکس‌العمل شدید نشان می‌دهد. اسمش نیز از نظر بعضی نقطه ضعفی بود. او فرزند جانشــین مصدق بود و زاهدی نام داشــت. نامی که در ارتشــیان و بسیاری از محافل مقبول بود و در میان طرفداران جبهه ملی ایجاد حساسیت می‌کرد.

انگلیس‌ها از او خوش‌شان نمی‌آمد. در دربار نیز مخالفانی داشت، چه در خانواده‌ی سلطنتی و چه در میان گروه نزدیکان شهبانو. اراده‌اش را دایر به تصفیه عوامل فساد پنهان نمی‌کرد.

دوستانش از چندی پیش، انتصاب وی را به ریاست دولت آماده کرده بودند. آیت‌الله

Gene. E. Bradley, The story of one ma journey in faith, xuln press, 2003, Michael Ledeen ET William Lewis, De'bacle... (op, cit), sir Eldon Griffiths, op, cit, Mike Evansion cit of. Ct...

عظمی خوئی وی را در این زمینه تشویق کرد و انگشتر عقیق سبزش را به نشانه عنایت و محبت برای او فرستاد که زاهدی برای اجتناب از بگومگوها آن را به شاه تقدیم داشت. خوئی به او پیغام داد که آماده است پیاده از مرز ایران و عراق بگذرد (عملی نمادین و پر سر و صدا) و برای «برقراری وحدت مسلمین» به سوی قم برود.

طبیعتاً این اقدام شور و هیجان و حرکتی در میان مردم به وجود می‌آورد. چرا که نفوذ و محبوبیت او فراوان بود[1] و تظاهرات هواداران خمینی را کاملاً تحت‌الشعاع قرار می‌داد.

برای دانستن عکس‌العمل مردم، اردشیر زاهدی به عنوان زیارت به مقبره‌ی حضرت عبدالعظیم[2] در نزدیکی تهران رفت. در آن‌جا با حُسن استقبال روبرو شد و با بسیاری از زائرین گفتگو کرد. سپس به اتفاق جمعی از افسران ارشد ارتش عازم مشهد شد و در آن‌جا با تنی چند از روحانیون سرشناس ملاقات کرد. طی زیارت از مرقد امام رضا نیز مردم با او برخوردی دوستانه و آمیخته با محبت داشتند. وی به روحانیونی که به دیدارش آمده بودند وعده داد «به زودی همه چیز آرام خواهد شد.»

وی سپس، پانزده تن از روحانیون تهران را (که بعضی از آنان شهرت و اعتباری داشتند) محرمانه به دیدار شده برد. آنان حمایت خود را زا او ابراز داشتند و پیشنهاد کردند که بیان‌نامه مشترکی دایر به محکومیت خشونت‌ها، خرابکاری‌ها و آتش‌افروزی‌های طرفداران آیت‌الله خمینی امضاء و منتشر نمایند.

طرفدارانش، پادگان باغشاه را به عنوان ستاد عملیاتی و محل استقرار وی در ساعات و احیاناً روزهای اول انتصابش به ریاست دولت تعیین کردند.[3]

در همین زمان بود که ساندی تایمز[4] مقاله مفصلی در این باره انتشار داد و در عنوانی

۱- این طرح از بسیاری جهات شباهت به برنامه‌ای دارد که سپهبد زاهدی را با حمایت آیت‌الله عظمی بروجردی به قدرت رساند. بروجردی در آن موقع مرجع تقلید بلامنازع شیعیان و مرد شماره یک سلسله مراتب آنان بود.

۲- از اخلاف علی‌ابن ابیطالب و حسن‌ابن علی که در قرن نهم میلادی درگذشت. این آرامگاه در شهر تاریخی ری واقع است.

۳- Michael Leaden d William Louis در صفحه ۲۰۴ کتاب خود (منبع ذکر شده) می‌نویسند «زاهدی بیشترین شانس را داشت که همه چیز را نجات دهد». (ترجمه فرانسه)

4- Sunday Times

که چهار ستون مقاله را دربرمی‌گرفت نوشت «مردی که می‌تواند شاه را نجات دهد»[1]

با وجود همه این برگ‌های برنده- و شاید به علت آن‌ها- زوج سلطنتی در توسل به زاهدی خودداری کردند. آیا از خشونت بیان و عملش بیم داشتند؟ یا از عکس‌العمل منفی محافل دموکرات آمریکا، گرچه همه در حُسن رابطه او با برژینسکی و حمایتش مطلع بودند.

به ظن قوی، شاه و شهبانو، یا لااقل نزدیکان و مشاوران آن زمان‌شان، بیم داشتند که او هنگامی که به قدرت رسید، با اتکاء به ارتش، رهبری کشور را رها نکند و فداکاری و از خود گذشتگی پدرش را نداشته باشد. شاه چنین پیشنهادی به زاهدی نکرد و او مرد کودتا بر ضد شاه نبود که شاید امکانش را در آن روزها داشت. شاید امکان بزرگی از دست داده شد.

در روز سی و یکم دسامبر ۱۹۷۸، اتفاقی به کلّی غیرمنتظره روی داد. اعلام شد که شاه، دکتر شاپور بختیار را مأمور تشکیل کابینه جدید کرده است.

دکتر شیروانی که اصلاً درک نمی‌کرد چه می‌گذرد و هنوز خاطره جلسه‌ی چند ساعت قبل در ذهنش بود به اردشیر زاهدی تلفن کرد و گفت «ما که مسخره خاص و عام شدیم» و زاهدی پاسخ داد، «شما که می‌دانید چه کسی مسئول این کار است».

شاپور بختیار را کمتر کسی می‌شناخت. تنها عده‌ی کمی می‌دانستند که او تحصیلات عالیه‌ی خود را در پاریس انجام داده و نخستین بختیاری است که به اخذ درجه دکتری در حقوق نائل آمده است و در همان‌جا با یک بانوی فرانسوی ازدواج کرده. زندگی اداری و اجتماعی شاپور بختیار به هنگام دولت احمد قوام آغاز شد که وی به خدمت وزارت کار که او تأسیس کرده بود، درآمد. چند سال بعد در زمان دولت دکتر مصدق مدیرکل کار استان خوزستان و سپس به مدتی کوتاه معاون آن وزارت‌خانه بود. پس از سقوط مصدق دو

---

1 - The man who might rescue the shah

بار به مناسبت فعالیت‌هایش در جبهه ملی زندانی شد. اما پسر عموی سپهبد بختیار و از اقوام نزدیک ملکه ثریا بود که این خویشاوندی وی را حفظ می‌کرد و کرد. پس از ازدواج محمدرضا پهلوی با فرح دیبا، قرابت او با دایی ملکه جدید و همسرش باز هم به او کمک کرد. او خواهرزاده لوئیز صمصام بختیاری همسر محمدعلی قطبی دایی شهبانو بود که در حقیقت او را بزرگ کرد. در چند سال آخر، شاید به همین مناسبت‌ها، عضو و یا رئیس هیأت مدیره چند شرکت متعلّق به بنیاد پهلوی بود و نیز بر هیأت مدیره باشگاه فرانسه که محل دید و بازدید و اجتماع شخصیت‌های مهم سیاسی و جامعه مدنی بود ریاست داشت.

به احتمال قریب به یقین، شهبانو فرح مسبب انتصاب او به ریاست دولت است. نخستین دیدار شهبانو و بختیار سه ماه قبل از انتصاب او به نخست‌وزیری[1] در خانه‌ای که متعلّق به محمدعلی قطبی بود، اما او دیگر در آن زندگی نمی‌کرد، صورت گرفت.[2] این دیدار را رضا قطبی (پسر دایی شهبانو پسرخاله شاپور بختیار) ترتیب داده بود. گفته شد که شش ساعت به طول انجامیده. اما در حقیقت گفتگوی فرح دیبا و شاپور بختیار سه ساعتی طول کشید و بقیه این مدت را شاپور با خاله‌اش به مذاکره پرداخت.

لوئیز صمصام بختیاری، قطبی که هنوز در آن زمان همسر دایی شهبانو بود بعداً در روزنامه کیهان تاریخ این ملاقات را به طور تقریبی تائید کرده است.[3] شهبانو در خاطرات خود قبول کرده که با شاپور بختیار قبلاً ملاقات کرده بود و این ملاقات در اقامتگاه همسر دایی‌اش[4] در درّوس اتفاق افتاده، اما تاریخ آن را پس از شکست مذاکرات شاه با دکتر صدیقی می‌داند و مدعی است که به تقاضای ارتشبد اویسی و سپهبد مقدم آن را انجام داده. بنابراین به گفته‌ی شهبانو (که با نوشته‌ی بختیار و لوئیز صمصام بختیاری متضاد است) این ملاقات در نیمه‌ی دسامبر رخ داده. مشارالیها می‌افزاید که این ملاقات را با اجازه شاه انجام داده است. به نوشته شهبانو فرح تنها شرط بختیار برای قبول مقام نخست‌وزیری آزادی کریم سنجابی بود که وی بلافاصله بعد از رهایی از زندان به پاریس رفت و همبستگی خود را با خمینی اعلام داشت.

۱- به گفته شاپور بختیار در خاطراتش Ma Fidélité، منبع ذکر شده، صفحه ۹۷
۲- محمدعلی قطبی و همسرش اندکی بعد از یکدیگر جدا شدند.
۳- کیهان شماره ۱۰۶۲ مورخ ۳۰ ژوئن تا ۶ ژوئیه ۲۰۰۵
۴- فرح پهلوی Memories منبع ذکر شده، صفحه ۲۸۸

مسافرت سنجابی به پاریس در طی ماه آبان (اوائل نوامبر) انجام گرفت نه در اواخر دسامبر.[۱] بنابراین می‌توان نوشته‌ی بختیار را در مورد تاریخ این ملاقات درست و نوشته‌ی شهبانو را نادرست دانست. با این حال اخیراً در مصاحبه‌ای شهبانو اظهار داشته که دیدارش با شـاپور بختیار پس از آن‌که او به طور غیررسمی مأمور تشکیل کابینه شد (ماه دسامبر) صورت گرفت.[۲] این گفتگوها به خودی خود، ناچیز به نظر می‌رسد. اما مفهوم واقعی آن و تضادهای گوناگون در گفته‌ها و نوشته‌ها دال بر آن است که شهبانو نمی‌خواهد مسئولیت انتصاب شاپور بختیار را به نخست‌وزیری به عهده بگیرد.

حقیقت آن‌که حُسن تفاهمی میان شهبانو و شاپور بختیار ایجاد شد تا آن‌جا که وی یک مجلد از آثار پُل الوار[۳] شـاعر معروف فرانسوی را به عنوان هدیه برای شاپور بختیار فرستاد[۴] که مردی شعرشناس و شعردوست بود. او نیز در خاطراتش در تحسین فرح داد سخن داده حال آن‌که کینه و نفرت خود را از شاه مکرراً ابراز داشته است.

ملاقات با شهبانو فرح و روابط حسنه‌ای که ایجاد شد، بختیار را نسبت به رسیدنش به ریاست دولت خوشبین و امیدوار کرد. او که از سال‌ها پیش کوشیده بود خود را به سفارت آمریکا نزدیک کند،[۵] از این پس سعی کرد به شاه نیز اطمینان دهد که به او نارو نخواهد زد. از قباد ظفر، یکی از بزرگان ایل بختیاری که مهندس معماری مشهور و به دربار نزدیک بود، خواسـت که وفاداری او را به شاه تضمین کند. قباد ظفر نامه‌ای در این زمینه به شاه نوشت، آن را به دکتر امیراصلان افشار داد که به شاه تقدیم نماید و رئیس کل تشریفات نیز این کار را انجام داد.[۶] از غرائب آن که تقریباً در همین اوان محمدعلی قطبی نیز که طی سال‌ها از شاپور بختیار حمایت کرده و موجب انتخابش به سمت‌هایی در بخش خصوصی شده بود، نامه‌ای به شاه نوشت و از منوچهر صانعی آجودان کشوری خواست که آن را به او تقدیم نماید.[۷] قطبی در نامه‌اش به شاه نوشته بود که وی سبب شد که شاپور بختیار به ریاست کارخانه شیر پاستوریزه اصفهان منصوب شود و بر اثر سوءمدیریت او در زمانی

۱- اعلام پیوستن دکتر سنجابی به آیت‌الله خمینی مورخ ۱۴ آبان است

۲- B.B.C ۱۰ اوت ۲۰۱۱، Blog

3 - Paul Eluard

۴- شاپور بختیار در MA FIDELITE مبنع ذکر شده

۵- نگاه کنید به اسناد سفارت آمریکا، جلد بیستم.

۶- روایت امیراصلان افشار، کیهان شماره ۱۰۶۱ به تاریخ ۲۳ تا ۲۹ ژوئن ۲۰۰۵

۷- روایت محمدعلی قطبی و منوچهر صانعی (که متن نامه را ندید و نخواند، اما آن را به شاه تقدیم داشت.)

کوتاه این کارخانه با ورشکستگی روبرو شد. قطبی در نامه‌اش افزود «من هنوز در برابر سهامداران این کارخانه احساس خجلت می کنم... اعلیحضرتا، چگونه می خواهید کسی که قادر به اداره یک واحد متوسط صنعتی نبود. ایران را در شرایط دشوار امروز رهبری کند». شاه نامه را از صانعی گرفت و خواند. شاید اشاره قطبی را به شرمندگی‌اش از صاحبان سهام شیر پاستوریزه کنایه‌ای به خود دانست، بهرحال از این که خلاف تصمیم‌اش، ولو آن که قلباً موافق آن نباشد، مطلبی به او نوشته شده خوشش نیامد. نامه را پاره پاره کرد و به زمین ریخت که صانعی مجبور شد خم شود و قطعات آن را جمع کند. به صانعی گفت «به این پیرمرد بگویید که من نامه‌اش را خواندم همین.»[1]

در روز ۱۸ دسامبر، قبل از این که رسماً مأمور تشکیل کابینه جدید شود، بختیار در یک ناهار خصوصی در اقامتگاه سفیر انگلستان، برنامه دولت آینده خود را برای سفیر آن کشور توضیح داد. انتصابش را قطعی می‌دانست.[2]

باید گفت که در این روزها شاه دیگر سایه‌ای بیش نبود. فرسوده و ناتوان بود. هر چه ساخته و پرداخته بود، حاصل زندگی و کوشش سی و چند ساله سلطنتش در حال ویرانی بود، بسیاری از ایرانیان کشورشان را ترک کرده یا در شرف ترک آن بودند، وحشت بر شهرهای بزرگ مستولی بود. می‌خواست به هر ترتیب شده خلاص شود. دیگر قادر به هیچ کار نبود.

شاه فرسوده و درمانده بود. اما به انجام وظایف خود ادامه می‌داد. از کسانی که معمولاً تقاضای شرفیابی می کردند، خبر زیادی نبود. در مقابل بسیاری اشخاص «عادی» که هرگز پروای رفتن به کاخ و دیدارش را نداشتند، خواستار آن می‌شدند. تقریباً همه از او می‌خواستند که ایران را رها نکند.

۱- محمدعلی قطبی هرگز ماجرای پاره پاره کردن نامه‌اش را ندانست. از قضایای اتفاقیه آن که میان او و شاه اختلاف سن زیادی وجود نداشت.

۲- خاطرات Sir Anthony Parsons ، متن ذکر شده، صفحه ۱۷۵. اتهام نزدیکی بختیار با انگلیس‌ها همیشه به او داده شده و می‌شود. در اسناد رئیس هیأت مدیره شرکت نفت ایران و انگلیس (اسناد خانه سدان، بنگاه ترجمه و نشر کتاب، تهران، ۱۹۷۹) که به دستور دکتر مصدق تفتیش و ضبط گردید، مدارکی در این مورد یافته شد. مظفر بقایی پس از انقلاب کتابی در همین زمینه انتشار داد. (شناخت حقیقت- که قبل از توقیف بقایی و قتلش به دست عوامل انقلاب در تهران پخش شد). به هنگام طرح برنامه دولتش در مجلس، دکتر داریوش شیروانی نیز به این مطلب اشاره کرد. اما بختیار جوابی نداد.

اعضای هیأت مدیره صنف قصاب تهران تقاضای باریابی کردند که پذیرفته شد. هنگامی که به دربار آمدند، همه کلاه بر سر داشتند و می‌خواستند به همان ترتیب به حضور شاه برسند. این در میان آنان علامت احترام بود. حال آن که در مقررات دربار مجاز نبود. رئیس کل تشریفات نمی‌دانست چه بکند. نه می‌خواست آن‌ها را آزرده خاطر و دلشکسته کند و نه می‌خواست خلاف اصول تشریفات دربار کاری انجام شود. دست به دامان شاه شد و کسب تکلیف کرد. محمدرضا شاه به او گفت، «بگذارید بیایند، اقلاً آدم‌های صمیمی هستند.» یکی دو روز بعد یکی از استادان سالخورده حقوق شرفیاب شد. شرحی در نهی خروج شاه از ایران گفت و اظهار داشت «که با گروهی از همکارانش تصمیم دارند، اگر شاه اجازه دهد، به کاخ بیایند و شب‌ها در برابر اطلاقش بخوابند. اگر کسی بخواهد به او سوء قصد کند باید از روی جنازه آنان بگذرد» شاه او را آسوده خاطر کرد و گفت که در ایران خواهد ماند.

اما، تحت فشار شدید غربی‌ها و تظاهرات مخالفین عجله داشت که با حفظ آبرویش ایران را ترک کند. سرنوشت لوئی شانزدهم، نیکلای دوم، ملک فیصل دوم و هایله سلاسی همواره مدنظرش بود و آسوده‌اش نمی‌گذاشت. شهبانو که با وجود تکذیب‌ها و تضادهای گوناگون در سخنانش، بختیار را به قدرت رسانده بود، می‌خواست همسرش را خلاص کند و از محیط دوزخی تهران آن روز دور نماید. میان همه داوطلبان نخست‌وزیری تنها کسی که با خروج شاه از ایران موافق بود و آن را شرط قبول ریاست دولت کرده بود شاپور بختیار بود. در روز ۳۱ دسامبر ۱۹۷۸، درست یک سال پس از بازدید کارتر از ایران و سخنانش در ستایش از شاه، بختیار به آرزوی خود رسید.

در این ماه دسامبر ۱۹۷۸، راه‌پیمایی‌های بزرگی به طرفداری از خمینی در پایتخت ایران صورت گرفت. او دیگر رهبر و پرچمدار یک حرکت بزرگ انقلابی بود، که در جهان غرب آن را افسانه‌ای و آزادیخواهانه تلقی می‌کردند.

در روزهای ۱۱ و ۱۲ دسامبر، تاسوعا و عاشورا، در خیابان‌های تهران به جانبداری از آیت‌الله به راه‌پیمایی پرداختند. نظر ارتش این بود که این تظاهرات را ممنوع کند. ارتشبد اویسی، سپهبد مهدی رحیمی و سرلشکر منوچهر خسرو داد با رهبران مخالفین حکومت تماس گرفته به آنها تفهیم کرده بودند که ارتش اجازه این تظاهرات را نخواهد داد و

مسئولیت عواقب انجام آن با خودشان خواهد بود. به دستور فرماندهان ارتش چندین واحد تانک‌های سنگین به سوی تهران حرکت داده شد و خبر آن در پایتخت منتشر گردید. حتی شایع کردند که تیپ چتربازان شیراز بر تهران فرود خواهد آمد.

رهبران مخالفین این گفته‌ها را جدی گرفتند و پذیرفتند که پس از یک اعتراض شدید و علنی تظاهرات را لغو کنند. هنوز از ارتش حساب می‌بردند. ناگهان به دستور دربار، که تحت تأثیر مداخله سفیران آمریکا و بریتانیا و میانجی‌گری چند شخصیت کهنسال طرفدار مسالمت و مصالحه قرار گرفته بود، ارتش عقب نشست و ممنوعیت تظاهرات لغو شد. رادیو لندن مراتب را به اطلاع همه رساند. «باز هم اشتباه دیگری که می‌بایست مرتکب نمی‌شدیم.»[1]

البته مقاومت در برابر آن همه فشار و تبلیغات جهانی به سود خمینی آسان نبود در پشتیبانی از خمینی و حرکتش رهبران سیاسی دنیای غرب از حمایت روشنفکران و «سازندگان» افکار عمومی برخوردار بودند. سیاسیون در فکر منافع مالی و اقتصادی و نفتی بودند و اشتباه کردند. روشنفکران در خواب و خیال‌های انقلابی و افسانه‌ای محو بودند و آنها هم اشتباه کردند. فریبی بزرگ در کار بود. روشنفکران فرانسه در حمایت از آیت‌الله خمینی که هنوز کسی او را متعصب یا «اسلام‌گرای افراطی»[2] نمی‌خواند پیش‌قدم شدند. خیال می‌کردند با «حکومت دیکتاتوری ایران» در افتاده‌اند. در پاریس کمیته‌های حمایت از آیت‌الله به ریاست ژان پل سارتر[3]، خانم سیمون دوبووار[4] و میشل فوکو[5] تشکیل شد.

میشل فوکو در شور و هیجان غم‌انگیزش به طرفداری از آیت‌الله خمینی، یک مورد نمونه از گرایش‌های روشنفکران محسوب می‌شود. او یک بار با آیت‌الله خمینی در نوفل لوشاتو ملاقات کرد.[6]

۱- گفتگو محمدرضا شاه به نویسنده ایرانی کتاب در قاهره، مه ۱۹۸۰.

2 - Islamiste

3 - Jean Paul Sartre

4 - Simone de Beauvoir

5 -Michel Foucault

۶- نگاه کنید به

Janet Afray Kevin ot B. Anderson Foucault and the Iranian Revolation University of Chicago Press, Chicago,2005.

اما متوجه جنبه تبلیغات گفتار و رفتارش نشـــد. تحت تاثیر رویایی مبهم از مکاتب عقاید نیچه[1] و هایدگر[2] قرار داشت و تصور می‌کرد که با انقلاب ایران ملتی در یک حرکت حماسی سرنوشت خود را به دست گرفته است. از ۱۶ تا ۲۴ سپتامبر ۱۹۷۸ و سپس از ۹ تا ۱۵ نوامبر همان سال به ایران سفر کرد. روزنامه ایتالیایی کوریر دلاسرا[3] هزینه مسافرش را پرداخته بود. نقش روزنامه‌نگار فیلسوفی را بازی می‌کرد که برای گزارش سقوط محتوم یک دیکتاتور و اعتلای یک انقلاب واقعی مردمی با چهره و ظاهری مذهبی آمده است. او تقلید شاه را از تمدن غربی یک اشتباه فاحش می‌دانست: «آری. تجدّدی که شاه به پیروی از تمدن غربی به صورت یک برنامه و سیاست اجتماعی درآورده است، دیگر به گذشته تعلق دارد».[4]

در جای دیگر می‌گوید، «ایرانیان باید آن‌چه را ما از زبان عصر نهضت[5] و بحران‌های بزرگ مذهبی از دســت داده‌ایم، به دســت آورند: یک سیاســت روحانی. من می‌دانم که فرانسویان بسیاری به این گفته من لبخند تمسخر می‌زنند. ولی می‌دانم که اشتباه می‌کنند.»

این بازگشــت ظاهری و تخیلی ارزش‌های معنوی میشــل فوکــو[6] را به این گمان انداخت که «ظواهر مذهبی در ابتدا اهمیت خواهند داشت. اما به زودی توفانی، آخوندها را پراکنده خواهد کرد، صحنه عوض خواهد شد. مبارزات طبقاتی از سر گرفته خواهد شد و پیشتازان مسلّح حزب، توده‌های وسیع مردم را منظم و منضبط خواهند کرد.[7]»

فوکو در عالم تخیلات فلسفی خود طی مقاله‌ای خمینی را «قدیس تبعیدی به پاریس» خواند و می‌نویسد که «آیت‌الله یک مرد سیاسی نیست، حزبی که طرفدارش باشد به وجود نخواهد آورد، دولتی را بنیان نخواهد گذاشــت. او تجلی‌گاه نیروهای غیبی است»[8] فوکو خود را متخصص تشــیع می‌دانست مقاله‌ای را در مجله نوول ابسرواتور به عنوان «ایران،

1 -Nietzscheisme
2 -Heideggerisme
3 -Corriere Dalla Serra

۴- به نقل از کتاب Anderson Afri صفحه ۶۸۰

5 -La renaissance
6 -Michel Foucault, Dits et ecits, T. III, Galliard, P.694
7 -Michel Foucault, Corriere Dalla Serra 13 February 1979
(استدلال فیلسوف فرانسوی مشابه گفتار لئونید برژنف درباره انقلاب اسلامی در ایران است که آن را مشابه مرحله آغازین انقلاب کمونیستی می‌دانست. مترجم)
۸- همان نشریه ۲۶ نوامبر ۱۹۷۸

کشوری که معنویت را در زندگی سیاسی وارد کرده» مصدّر کرد.

هنگامی که ماکسیم رُدَنسون[1] ایران شناس و متخصص واقعی اسلام و چپ‌گرا چون خود او، به خود «اجازه داد» که انتقاداتی از «استاد» بکند و تشابهاتی میان بنیادگرایی اسلامی و یک فاشیسم پوسیده نشان دهد[2]، او پاسخی نداد.

موضع‌گیری‌های میشل فوکو بازتاب وسیعی در میان روشنفکران فرانسوی داشت و به سلب حیثیت نظام حکومتی ایران در نظر آنان کمک فراوان کرد و از خمینی تصویری حماسی برای‌شان ترسیم نمود.

پس از آن‌که خمینی به قدرت رسید، فوکو شک و تردیدهایی درباره نظرات پیشین خود ابراز کرد ونوشت: «آن‌چه امروز جذابیت موضع خمینی را باعث می‌شود ممکن است فردا تبدیل به عامل یک قدرت توسعه‌جو تبدیل گردد. ممکن است به عنوان یک حرکت و نهضت اسلامی همه منطقه را به آتش بکشد، نظام‌های سیاسی ناتوان و نابسامان را واژگون سازد و سبب نگرانی حکومت‌های تواناتر و استوارتر شود. اسلام تنها یک دیانت نیست. نوعی راه و روش زندگی و برآیند یک تاریخ و تمدن است که خواهد توانست منطقه را به یک انبار باروت تبدیل نماید و زندگی صدها میلیون تن را به خطر بیاندازد. از این پس هر حکومت مسلمانی می‌تواند از داخل به خودی خود دچار یک انقلاب اسلامی شود.»[3]

در این نکته اخیر، نظر فوکو نادرست نبود. اما در مقابل آن‌چه می‌دید، دیگر مهر سکوت بر لب زد. گویا دل‌سرد و ناراضی بود که چرا ملت‌ها در برابر آخوندها عکس‌العملی را که او در انتظارش بود نشان نداده‌اند و انقلاب مذهبی به انقلاب مردمی تبدل نشده است.

او تنها روشنفکر فرانسوی نبود که راهی تهران شده باشد. سیمون دوبوار نیز برای پشتیبانی از آیت‌الله و حرکتش عازم تهران شد. بعداً، هنگامی که حکومت اسلامی تصمیم گرفت حجاب را اجباری کند، مدارس مختلط را از بین برد، قرص‌های ضد حاملگی را ممنوع کرد، سن ازدواج را برای دختران به نُه سال تقلیل داد، شلاق زدن در ملاء عام و سنگ‌باران زنان را به اتهام روابط جنسی خارج از ازدواج قانونی ساخت،... نویسنده کتاب

۱- Nouvel Observateur مورخ ۱۶ اکتبر ۱۹۷۸.
۲- نگاه کنید به کتاب Anderson Afary
۳- ۲۲ اکتبر ۱۹۷۸.

«جنـــس دوم»،[۱]هیأت بزرگ از زنـــان را روانه ایران کرد که در این موارد هم تحقیق و هم اعتراض کنند. رهبری و ریاست این گروه با خانم کلود سروان شرایبر[۲] و خانم فرانسواز گاسپار[۳] بود. گروهی از آنان توانستند به دیدار خمینی در قم بروند و نگرانی‌های خود را بازگو کردند. معلوم نیست که گفته‌های آنان دقیقاً به فارسی ترجمه شده باشد. آیت‌الله در پاسخ آنان سخن نگفت و به جلسه پایان داد.[۴]

خانم سیمون دوبووار پس از آن در موضع‌گیری‌های خود اندک تعدیلی کرد. اما ژان پل سارتر دیگر چیزی نگفت و مهر سکوت بر لب زد.

روشنفکران نامدار دیگری از ایشان پیروی کردند، یا دست کم به حمایت از آیت‌الله خمینی و انقلاب اسلامی پرداختند. از جمله رژه گارودی[۵] و داریوش شایگان که خمینی را با گاندی مقایسه کرد و هم طراز او دانست.[۶]

اندره فونتن ســردبیر روزنامه Le Monde[۷] در ســر مقاله‌ای نوشت «حال که همه اندیشمندان بزرگ در یافتن راه‌حلی برای نجات بشریت و استقرار صلح شکست خورده‌اند باید آرزومند بود که پاپ ژان پل دوم و آیت‌الله خمینی با یکدیگر ملاقات کنند و راه‌حلی بیابند» این مقاله که مصّدر به عنوان «بازگشت الهی» بود در همان زمان به فارسی ترجمه و منتشر شد و در محافل تهران بازتابی وسیع داشت.

۱- Le Deuxieme sexe اثر معروف خانم Simone de Beauvoir

2 -Claude Servan- Schreier

3 -Françoise Gaspard

۴- درباره این سفر نگاه کنید به
Louis Chagnon, La dihimitude de Deuxieme sexe Rcconqeuete, Mars 2011 در این مقاله مفصل اسامی و مقامات همه اعضای هیأت و گزارش روز به روز دیدارها و گفتگوهای آنان مندرج است.

۵- Roger Garaudy، از نظریه پردازان طراز اول حزب کمونیست فرانسه. ناشر آثار کامل لنین به فرانسه، در سال‌های قبل از انقلاب به دربار شاهنشاهی و شهبانو فرح نزدیک شد و سپس گستاخانه به آنان دشنام داد. اندکی بعد به اسلام‌گرائید و در سال ۱۹۸۱ کتابی تحت عنوان Islam Habite notre avenir (که می‌توان آن را به اســلام آینده ما اســت ترجمه کرد) انتشار داد. وی سپس در شماره تجدید نظرطلبان در تاریخ جنگ دوم جهانی درآمد، منکر کشتار دسته جمعی یهودیان به امر هیتلر و نازی‌ها شد. چند بار در مراجع قضایی تحت تعقیب قرار گرفت و محکوم شد. (مترجم)

۶- در Novveles Litteraires مــورخ ۷ تا ۱۴ اکتبر ۱۹۷۸ در مورد موضع‌گیری‌های روشــنفکران و ایران‌شناسان فرانسوی نگاه کنید به
Eric Philippeau, La Revolution lranienne et e l'Iranologie Francise, Cecid, Bruxelles

7 - Le Monde, 2 February 1979

ژاک مادل[1] فیلسوف سرشناس در مقاله‌ای نهضت خمینی را «نهضتی که از اعماق تاریخ برآمده» تلقی می‌کند و آن را «نشانه‌ی اراده ملتی (می‌داند) که می‌خواهد زنجیرهای اسارت را پاره کند» و نتیجه می‌گیرد «شاید شور و هیجان ملت ایران راهگشای آینده‌ای بهتر برای نوع بشر باشد.»[2]

سی و چند سال پس از این ماجراها، غرض سادهلوحی یا نادانی چنین نویسندگان و اندیشمندانی نیاز به اثبات ندارد. اما در آن روزها حمله به رژیم ایران و ستایش از آیت‌الله خمینی و اسلام‌گرایی افراطی و تحسین از شورش‌های ایران در بسیاری از محافل اجباری یا الزامی بود.

اکنون همه چیز عیان شده و باد در جهت مخالف می‌وزد. روزنامه‌نگارانی که چنین ستایش‌هایی می‌کرده‌اند، از اشتباهات خود درس گرفته‌اند. روزنامه لوموند Le Monde که نخستین و پرحرارت‌ترین هوادار خمینی بود در شماره مخصوص بیست هزارمین شماره‌اش (مورخ ۱۵ مه ۲۰۰۹)، همه حوادث مهمی را که از آغاز انتشار روزنامه در آن منعکس شده، ذکر کرده است. جز انقلاب اسلامی و حرکت خمینی. گویی اصولاً وجود نداشته.

در این حال تب‌زدگی و هیجان داخلی و تجهیز مطبوعات در رسانه‌های بین‌المللی علیه محمدرضا شاه و نظام حکومتی ایران بود که شاپور بختیار سرانجام دولت خود را رسمیت بخشید، حال آنکه شایعه خروج شاه از ایران همه جا پراکنده بود، وزارت امورخارجه آمریکا آن را تائید می‌کرد و رادیو لندن از آن دائماً گفتگو می‌کرد.

در روز ششم ژانویه، شاپور بختیار پیام زیبایی به ملت ایران فرستاد که نوشتار آن به نحوی شگفت‌انگیز همانند پیام شاه و آن جمله معروف صدای انقلاب شما را شنیدم بود. قسمت اعظم این پیام اختصاص به انتقاد از شاه داشت! وی سپس وزیرانش را در محیطی متشنج معرفی کرد. گویا از وزیرانش خواسته شده بود که از پوشیدن لباس تشریفاتی (ژاکت) خودداری کنند و ملبّس به لباس معمولی باشند، در مقابل شاه تعظیم نکنند. خود بختیار سعی می‌کرد در مقابل دوربین تلویزیون‌ها به شاه نگاه نکند، برای این که فاصله‌یابی

---

1 - Jacques Madaule
2 - Le Monde, 13 January, 1979

اعتنایی خود را به او نشان دهد.

در این مراسم محمدرضا شاه سه بار خواستار شد که فرستادگان رادیو تلویزیون ملی ایران احضار شوند، می‌خواست مطالبی بگوید.[۱] کسی اعتنا نکرد. نقش او در صحنه پایان یافته بود. «نمی‌خواستند» دیگر صحبتی بکند.

شـاه اندک اعتمادی به شاپور بختیار نداشـت. از او به عنوان «آخرین نخست‌وزیر شاهنشاهی ایران» سخن می‌گفت. در عوض اطرافیان شهبانو که بانی انتصابش به ریاست دولـت بود، از او به خوبی یاد می‌کردند، طرفدارش بودند و در محافل خصوصی وی را به فرانسه Le Cousin (پسرخاله) می‌نامیدند. نخستین تصمیم و دستور «پسرخاله» این بود که تصاویر رسـمی و مقرراتی شـاه از دفاتر دولتی و سفارتخانه‌های ایران در خارج برداشته شود.[۲]

با وجود این رفتارها، محمدرضا شـاه وقار و آرامش ظاهری خود را همچنان حفظ کرد و به انجام کارها و تکالیفی که در وظیفه خود می‌دانست، ادامه داد.

هیأت رئیسه دو مجلس را به کاخ فرا خواند که از آنان بخواهد به دولت جدید رأی اعتماد بدهند. در تالار مجاور دفترش مفصلاً علت انتخاب بختیار را به نخسـت‌وزیری توضیح داد و گفت که ناچار است از ایران برود و با حوادث و هیاهو فاصله بگیرد، گفت که در میان مردان سیاسی که برای ریاست دولت به آنان مراجعه کرده، شاپور بختیار تنها کسی بود که خروج او از ایران را پذیرفت، یا شخصاً طالب شد. بیشتر حاضران، مخصوصاً در میان نمایندگان مجلس شورای ملی، در مورد انتصاب بختیار ابراز تردید کردند. حتی بعضی گفتند که اصولاً او را نمی‌شناختند.[۳]

در روز دهم ژانویه شاپور بختیار، وزیران خود را به مجلس شورای ملی معرفی کرد.

۱- روایت سیروس آموزگار (نسبتی با نخست‌وزیر پیشین یا رئیس دانشگاه فردوسی ندارد مترجم) وزیر اطلاعات دولت بختیار، مجله ره‌آورد چاپ ایالات متحده، سال سی‌ام، شماره ۹۶، پاییز ۲۰۱۱

۲- روایت رضا قاسـمی، سفیر پیشـین که از وزیر متبوع خود این دستور را دریافت داشت و مأمور ابلاغ آن به سفارتخانه‌ها و نمایندگی‌های ایران در خارج شد (کیهان شماره ۱۰۶۲، مورخ ۳۰ ژوئن-۶ ژوئیه ۲۰۰۵) دیپلمات دیگری، خانم مینو مفتاح، شاهد جمع‌آوری این تصاویر در وزارتخانه و عکس‌العمل‌های موافق یا مخالف همکاران خود بود و جریان را بعداً حکایت کرد (کیهان، شماره ۱۰۷۲، مورخ ۸ تا ۱۴ سپتامبر ۲۰۰۵)

۳- روایت مصطفی الموتی، نائب رئیس اول مجلس شـورای ملی که در این جلسـه حاضر و ناظر بود. ره آورد شماره ۵۳، پاییز ۲۰۰۰

فضای مجلس سخت متشنج بود. ماند پیام ششم ژانویه‌اش، سخنرانی او بیشتر مشتمل بر انتقاد از شـــخص شاه و رژیم بود. دیگر هدفش روشن بود. می‌خواست مطبوع و مقبول مخالفان تندرو و مخصوصاً شـــخص آیت‌الله خمینی باشـــد. در حقیقت سخنان و برنامه آیت‌الله خمینی را با اندک تغییری تکرار می‌کرد.

دوستان و یاران جبهه ملی‌اش او را رها کرده بودند. ولی بختیار هنوز به قدرت خود اعتماد داشت و خرسند بود که سرانجام به جاه و مقامی رسیده و همه نورافکن‌ها به سوی او متوجه شـــده‌اند. می‌توانســـت از عوامل و برگ‌هایی که در دست داشت استفاده کند، به ویژه از ارتش که هنوز منســـجم و قدرت اصلی کشـــور بود. اما او ندانست، نخواست یا نتوانســـت از آن استفاده کند. قسمتی از روحانیت که در خفا با خمینی مخالف بودند، می‌توانستند از او حمایت کنند. اما او به آخوندها نظر خوبی نداشت. بالاخره هواداران شاه هم بودند و فراوان بودند. او از آن‌ها نفرت داشت و آن را پنهان نمی‌کرد. بنابراین شکستش محتوم بود و نتوانست برای آینده ایران کاری را که شاید آرزو داشت انجام دهد.

در گیـــر و دار این حوادث بود که کنفرانس گوادلوپ[1] که رئیس‌جمهوری فرانســـه ســـه همتای بزرگ غربی خود را (صدراعظم آلمان، نخست‌وزیر بریتانیای کبیر و رئیس جمهـــوری ایـــالات متحده)[2] برای بحث و گفتگو در مســـائل مهم جهانی و به خصوص معضل ایران به شرکت در آن دعوت کرده بود، به تاریخ ۵ ژانویه گشایش یافت.

اندکی قبل از آن در تاریخ ۲۷ دســـامبر ۱۹۷۸، ژیسکاردســـتن، مـــرد مورد اعتماد و مشاورش میشل پوینیاتوسکی را برای یک ارزیابی نهایی از اوضاع به تهران فرستاد. او در گزارشش نوشت «شاه خسته اما در نهایت وقار بود. حقایق را به درستی تجزیه و تحلیل می‌کرد. اما دیگر توهمی درباره کســـی نداشت.» پوینیاتوسکی به وی گفت که سرنوشت ایران و خود او در کنفرانس گوادلوپ روشـــن و معیّن خواهد شـــد. محمدرضا شـــاه که همچنان از آینده کشورش نگران بود، خواست که شرکت‌کنندگان در کنفرانس پیامی به مسکو بفرستند و شوروی‌ها را از مداخله در ایران باز دارند»[3]

---

1 -Guadeloupe

۲- به ترتیب Jimmy Carter, James Callaghan- Helmut Schmidt

۳- متن کامل این گزارش در کتاب و اســـناد Vincent Nouzille (متن ذکر شـــده) صفحات ۴۴۹ تا ۴۵۲ نقل شده

در جریان مذاکرات کنفرانس، به قولی خشونت بیان رئیس‌جمهوری فرانسه در مورد ایران و شاه همه را متعجب کرد.[۱] خود او روایت دیگری کرده[۲] «در حال حاضر باید از شاه حمایت کرد، حتی اگر تنها و ضعیف شده باشد. او واقع‌بین است و تنها قدرت متشکل ایران، یعنی ارتش را هنوز کاملاً در اختیار دارد.»

پرزیدنت کارتر، از برکناری شاه اظهار نگرانی نکرد و گفت که ایالات متحده تمشیت کامل امور را به دست دارند. آن کشور یک صد و پنجاه میلیون دلار[۳] برای تأمین هزینه‌های «عملیات نوفل لوشاتو» و تظاهرات تهران و شهرهای بزرگ دیگر هزینه کرده بود. کارتر گمان می‌برد که حاصل این کوشش‌ها را به دست خواهد آورد و به «دوستانش» در میان رهبران انقلاب ایران اعتماد داشت.

دیپلمات‌های آمریکایی در تهران، در تدارک مقدمات ورود آیت‌الله خمینی با رهبران مخالف همکاری داشتند.[۴] کنفرانس گوادلوپ با اتخاذ «تصمیم قطعی» چهار دولت بزرگ غربی درباره ایران به پایان رسید به ژنرال آمریکایی، رابرت هویزر[۵] معاون فرمانده کل نیروهای پیمان آتلانتیک شمالی مأموریت داده شد که به ایران برود، در خروج شاه تسریع کند، از مداخله ارتش در بحران جلوگیری نماید و موجبات ورود آیت‌الله خمینی را به ایران فراهم آورد. جیمی کارتر شتاب داشت که زودتر از «مسأله ایران» خلاص شود.

ژنرال هویزر با ایران ناآشنا نبود. با هواپیمای مخصوص به تهران آمد و در پایگاه هوایی دوشان‌تپه نزد سپهبد ربیعی فرمانده کل نیروی هوایی ایران اقامت گزید. او خود را به عنوان نماینده و فرستاده چهار دولت شرکت‌کننده در کنفرانس گوادلوپ معرفی می‌کرد و رونوشتی از صورت‌جلسه بعضی از مذاکرات آن کنفرانس در دست داشت و به این و آن ارائه می‌داد.[۶]

۱- William Shawcross متن ذکر شده، صفحه ۱۴۰

۲- خاطرات، متن ذکر شده، صفحه ۱۱۰

۳- Mike Evans (در متن ذکر شده) که از مامور مسئول CIA در اداره این برنامه نقل قول کرده. نوشته او و رقمی که نقل می‌کند هرگز تکذیب نشد. احتمالاً باید به این صد و پنجاه میلیون دلار کمک‌های دولت لیبی و وجوهی را که هواداران خمینی در ایران فراهم می‌آوردند اضافه کرد. هزینه انقلاب سنگین بود.

۴- اسناد سفارت آمریکا، جلد ۲۷

5 -Robert. E. Huyzer

۶- Mike Evans متن ذکر شده

محمدرضا شاه از ورودش اطلاع یافت. قطعاً اقدامات و مذاکراتش را به او گزارش دادند. اما عکس‌العملی نشان نداد. اردشیر زاهدی به وی پیشنهاد کرد که دستور بدهد ژنرال آمریکایی را به بهانه ورود غیرقانونی به ایران جلب و با هیاهو از کشور اخراج کنند، تا همگان بدانند که این ماجراها از کجا آب می‌خورد[1] شاه نپذیرفت.

شاهپور غلامرضا در خاطراتش می‌نویسد[2]: «مرجع قدرت اصلی ایران در این مدت کوتاه ژنرال هویزر بود که ترتیب ورود خمینی را به ایران داد[3]»

سرانجام هویزر به اتفاق سفیر کبیر ایالات متحده در ایران نزد شاه رفت. «موضوع اصلی مورد علاقه آن‌ها این بود که بدانند من در چه روز و چه ساعتی ایران را ترک خواهیم کرد»[4]

هویزر حتی به خود این زحمت را نداد که سری به شاپور بختیار بزند که می‌نویسد هرگز اسمی از او در آن زمان نشنیده بود.[5] البته باید گفت که کسی بختیار را دیگر به حساب نمی‌آورد و او در جریان هیچ چیز نبود.

در تهران، گروهی از مخالفان انقلاب اسلامی به ابتکار دکتر محمد باهری کوشیدند که کاخ سلطنتی را اشغال یا به اصطلاح در آن تحصن اختیار نمایند و به این ترتیب مانع خروج شاه از ایران شوند. آیت‌الله عظمی حاج آقا احمد خوانساری با نفوذترین روحانی پایتخت نیز از او حمایت می‌کرد. باز شاه مانع شد.

در ۱۱ ژانویه ۱۹۷۹ سیروس وانس[6] وزیر امورخارجه آمریکا رسماً اعلام داشت که به زودی شاه ایران را ترک خواهد کرد. ولی به علل حفاظتی تاریخ حرکت وی اعلام نخواهد شد. سرانجام روز حرکت زوج سلطنتی به ۱۶ ژانویه مقرر و تعیین شد. بعد از اقامت

۱- اردشیر زاهدی در Untold Secrets صفحه ۹

۲- مبنع ذکر شده صفحه ۲۹۰

۳- کنت آلکساندر دومارانش در خاطراتش (منبع ذکر شده) می‌نویسد: «حکومت کارتر به پیروی از گرایش احمقانه‌اش دایر بر تغییر رژیم ایران ژنرال هویزر را به ایران فرستاد. وی به دیدار همه مراجع ارتشی رفت و به آنان تفهیم کرد که قوای مسلح ایران، بهترین، مجهزترین و تواناترین ارتش‌های منطقه، اگر بخواهند عکس‌العملی (در برابر انقلاب خمینی) از خودشان دهند. حتی یک واحد از قطعات منفصله مورد نیاز خود را دریافت نخواهند داشت. بدین ترتیب آمریکایی‌ها خمینی را بر مسند قدرت نشاندند و انقلاب را به پیروزی رساندند».

۴- پاسخ به تاریخ (متن فرانسه) صفحه ۲۴۶

۵- مصاحبه با .A.F.P ۱۱ ژانویه ۱۹۷۹

6 -Cyrus Vance

کوتاهی در مصر، شاه می‌خواست به ایالات متحده آمریکا برود و شهبانو قصد داشت موقتاً در فرانســه اقامت گزیند. نظر شاه آن بود که در واشنگتن با مقامات C.I.A، کاخ سفید، سناتورهای و صاحبان نفوذ دیگر ملاقات کند و آن‌ها را متوجه خطرات برگرداندن خمینی بــه ایران نماید. آمریکایی‌ها به وی جواب منفی ندادند. منظورشـــان این بود که ناامیدش نکنند و ایران را هر چه زودتر ترک کند.[1] رویه‌ای نه چندان برازنده.

۱۶ ژانویه ۱۹۷۹، شاه با وقت‌شناسی همیشگی خود در رأس ساعت ۱۰ به دفترش آمد. چند نامه و سند را امضاء کرد. دکتر محمد باهری را که از کوشش‌هایش باز نمی‌ایستاد، برای چند دقیقه، ایستاده، پذیرفت. باهری از او خواست که ایران را ترک نکند. شاه جواب داد که هنوز هیچ چیز قطعی نشده. ولی از اقداماتش و از وفاداریش تشکّر کرد. سپس، باز هم به تنهایی و ایستاده، یک استکان چای گرم و شیرین خورد. منوچهر صانعی را که در کاخ مانده بود فرا خواند. نگاهی به دفترش انداخت و گفت «برویم»[2] دکتر امیراصلان افشار در خارج عمارت صاحبقرانیه در انتظارش بود.

کاخ دیگر تقریباً خالی بود، از درباریان دیگر خبری نبود. هر پانزده دقیقه یک بار از سفارت آمریکا به آنجا تلفن می‌کردند که از رفتن شاه اطمینان حاصل کنند.[3]

شـــهبانو که از کاخ نیاوران آمده بود که به همسرش ملحق شود، در باغ چشم به راه او بود. خدمتکاران دو قصر محل کار و اقامت شاه و شهبانو که در واپسین دقایق از ماجرا خبر یافته بودند، در آن‌جا جمع شـــده انتظار می‌کشیدند. شاه و شهبانو با بسیاری از آن‌ها دست دادند. شاه به همه می‌گفت «ناراحت نباشید، برمی‌گردیم». تقریباً همه می‌گریستند.[4]

زوج ســـلطنتی با هم، به فرودگاه هلی‌کوپتر کاخ رفتند. هر یک بر هلی‌کوپتر ســـوار شـــدند. شاه به اتفاق دکتر امیراصلان افشار و سرهنگ جهان‌بینی افسر مسئول حفاظتش. شهبانو به اتفاق سرهنگ یزدان نویسی،افسر مخصوص حفاظتش، خانم دکتر پیرنیا طبیب

۱- روایت کتبی امیراصلان افشار به نویسنده ایرانی کتاب، همچنین نگاه کنید به خاطراتش، انتشارات فرهنگ، مونترال، ۲۰۱۲

۲- روایت منوچهر صانعی به نویسنده ایرانی کتاب.

۳- خاطرات شاهپور غلامرضا (متن فرانسه) صفحه ۲۸۴

۴- نگاه کنید به Janine Dowlatshahi, La Rive le noir انتشـــارات .I.M.D ژنو، ۱۹۸۰. این بانو، کتابدار اختصاصی کاخ نیاوران بود. ســـرهنگ سیروس خیلتاش، رئیس اطلاعات گارد شاهنشاهی، که حاضر و ناظر بود، گفته‌های خانم دولتشاهی و این جزئیات را در گفتگوهایی با نویسنده ایرانی کتاب، تایید کرد.

خانوادگی مخصوص نیز همراه شهبانو بود.

شاه در طی مسافرت کاخ به فرودگاه، کلمه‌ای بر زبان نیاورد. از چند دقیقه پیش از آن فرودگاه بین‌المللی مهرآباد را به ملاحظات امنیتی بر هر پروازی بسته بودند.

در خیابان‌های تهران، سوزاندن عکس‌های شاه شروع شده بود و همه جا تصاویر خمینی را هوا کرده یا به در و دیوار می‌زدند و مجسمه‌های شاه را به پایین کشیده و واژگون می‌کردند. تاریخ و ساعت حرکت افشا نشده بود. پیش‌تر از تظاهرات کسانی که مخالف حرکت شاه از ایران بودند احتیاط می‌شد. شایع شده بود که می‌خواهند محوطه فرودگاه را اشغال کنند و مانع حرکت شاه شوند.

گروه کوچکی برای بدرقه شاه در انتظار بودند. نه وزیری بود، نه سفیری. رئیس مجلس شورای ملی دکتر جواد سعید، آمده بود. اندکی بعد به حکم خمینی کشته شد. یکی از علل قتل وی نیز همین بود. رئیس مجلس سنا، پیرمردی که از زمان رضاشاه تا آن روز به همه مقامات رسیده بود، حاضر نبود.[1] انقلابیون با او بعداً کاری نداشتند. ولی نه فقط برای این غیبت. باد سردی می‌وزید. محمدرضا پهلوی قیافه‌ای خسته و بسیار غمگین داشت اما وقار همیشگی و استواری اندامش همچنان پابرجا بود. لباس خاکستری تیره، کرواتی راه راه و یک پالتوی کشمیر سرمه‌ای به تن داتشت. اگر چهره پر اندوهش نبود، حالت یک ورزشکار را داشت.

شهبانو، گرچه امید کمی به بازگشت داشت، و شاید هنوز اندکی از توهماتش درباره «پسرخاله» باقی مانده بود. تردیدی نداشت که این آخرین نقش‌آفرینی رسمی‌اش در کنار همسر خویش است. نقشی که همه دنیا شاهد و ناظرش بوده، در تاریخ برای همیشه ثبت شد. او بسیار آراسته بود با مانتویی به رنگ «بژ» با یقه پوست،کلاه پوستی و چکمه‌های چرم درخشان که او را از سرما حفظ می‌کرد. همه این‌ها را خیاط مخصوصش والانتینو طرح و دوخته بود.

شاپور بختیار با پانزده دقیقه تأخیر سر رسید. شاه ظاهراً از تأخیرش که مباین آداب بود، ناراحتی از خود نشان نداد. چند دقیقه‌ای با وی در تالار تشریفاتی ساختمان سلطنتی

۱- دکتر محمد سجادی (مترجم)

فرودگاه مذاکره کرد. از وی خواست که مراقب امنیت کسانی باشد که به وی خدمت کرده بودند و اگر ضرورت داشت موجبات حرکت آن‌ها را از ایران فراهم کند.[۱]

چرا خود این کار را نکرد؟ بختیار نوشته که چنین وعده‌ای به شاه نداد و اضافه کرد که شهبانو، که آنی شاه را ترک نمی‌کرد، گفت، «بختیار فداکاری می‌کند. به او اعتماد داشته باشید»[۲]

زمان خداحافظی‌ها فرا رسیده بود. بسیاری از شخصیت‌های حاضر در فرودگاه، به ویژه نظامیان، برای آخرین بار از شاه التماس کردند که وطنش، ملتش و ارتشی را که همچنان به او وفادار بود، رها نکند. سپهبد عبدالعلی بدره‌ای فرمانده بلندقامت و رشید نیروی زمینی به رسم ایلیاتی در برابر شاه زانو زد، زانوانش را بوسید و با قیافه‌ی پرهیجانی گفت «اعلیحضرت، ما را رها نکنید» شاه عینکش را برداشت، چشمانش پر از اشک بود، که عکاسان و فیلمبرداران برای همیشه ضبط کرده‌اند. با دو دست بدره‌ای را بلند کرد. دستش را چند ثانیه‌ای در دست خود نگاه داشت. سپس به سوی نفر بعدی رفت. همه می‌گریستند. او نیز می‌گریست. دیگر ماسکی بر چهره‌اش نداشت.

در هواپیما مجدداً شاپور بختیار را احضار کرد. باز هم موفقیت او را آرزو کرد. سپس به صدای بلند گفت «ایران را به شما می‌سپارم و شما را به خدا». بختیار که چند دقیقه پیش در برابر دوربین‌ها خود را سرد و بی‌تفاوت نشان داده بود. سخت تحت تاثیر قرار گرفت، تعظیم کرد و دست شاه را بوسید.[۳]

«شاهین»[۴] به سوی آسوان در مصر به پرواز درآمد.

۱- روایت شاه به هوشنگ نهاوندی در مکزیک که شاپور بختیار نیز آن را در خاطراتش (منبع ذکر شده) تایید کرد.

۲- مبنع اخیر، صفحه ۱۵۱

۳- روایت دکتر امیراصلان افشار در چند مصاحبه و خاطراتش

- با این حال، نخست‌وزیر پس از بازگشت به دفترش اعلام کرد «شاه را بیرون کردم» (مترجم)

۴- نام هواپیمای سلطنتی که ماجرای بازگشت آن در صفحات بعد آمده. (مترجم)

فصل سوم

«دربدری و رنج‌های بسیار»

درهای شاهین، هواپیمای سلطنتی بسته شد.

شاه، شهبانو، امیراصلان افشار و دکتر لیوسا پیرنیا در سالن تشریفاتی مستقر شدند. دو مسئول حفاظت شاه و شهبانو، سرهنگ جهان‌بینی و سرهنگ نویسی، دو مستخدم مخصوص، دو مأمور حفاظت و نیز آشپز مخصوص کاخ که مستقیماً کاری به کار این مسافرت نداشت، اما از حرکت هواپیما برای خروج از ایران و دیدار فرزندانش که در اروپا بودند استفاده می‌کرد، در محوطه مجاور بودند.

محمدرضا شاه از خلبان مخصوص خود سرهنگ بهزاد معزی خواسته بود که در صندلی کمک خلبان بنشیند و خود هدایت را به دست گرفت. رفتارش با آن همه خستگی روحی و جسمی، شگفت‌انگیز بود. بیش از یک ساعت گذشت، هنگامی که هواپیما از فضای هوایی ایران خارج شد و بر فراز عربستان سعودی رسید، شاه از محل هدایت هواپیما خارج شد و عنان آن را به دست معزّی سپرد.

به پیرامونیان گفت «بسیار خسته هستم». افشار به وی گفت، «قربان پس چرا زحمت راندن هواپیما را به خود دادید؟» شاه پاسخ داد، «به دلایل امنیتی» سپس نشست و چشمانش

را بست. نمی‌خواست دیگر کسی مزاحمش شود.

بعداً دانسته شد که شاه از روی احتیاط این کار را کرده و هدایت هواپیما را شخصاً تا خروج از فضای هوایی ایران به دست گرفته بود، به یاد رویدادی بود که چند سال پیش برای ملک حسن دوم پادشاه مراکش پیش آمده بود که می‌خواستند هواپیمایش را بربایند.[۱]

طی مسافرت، کلمه‌ای بر زبان نیاورد. تقریباً همیشه چشمانش را بسته نگاه داشت. خواب بود یا بیدار؟ به چه فکر می‌کرد؟

هنگامی که هواپیمای سلطنتی پس از تقریباً سه ساعت پرواز، در فرودگاه آسوان بر زمین نشست، محمدرضا پهلوی دوباره پادشاه ایران شد. انور سادات رئیس جمهوری مصر، همسرش جهان سادات و تعدادی از شخصیت‌های مصری به استقبال شاه و شهبانو آمده بودند.

سادات در پایین پلکان هواپیما منتظر شاه ایران بود. آن دو دست‌های یکدیگر را به گرمی فشردند، سپس یکدیگر را در آغوش گرفتند. سادات به شاه گفت «مطمئن باشید که این کشور، کشور شما است و ما برادران ملت شما هستیم.» نزدیک بود شاه بگرید.

محمدرضا پهلوی هنوز شاه ایران بود، تشریفات نظامی انجام گرفت. سپس بیست و یک تیر توپ شلیک شد. زوج سادات، شاه و شهبانو را به مهمانسرای «اُبری»[۲] که در جزیره کوچکی در رود نیل قرار داشت و نسبتاً در امان بود، هدایت کردند. در مسیر آنان جمعیت زیادی به استقبال آمده بود. پرچم‌های ایران را برافراشته بودند و تصاویر زیادی از شاه و سادات همه جا نصب شده بود. استقبالی شایسته از یک رئیس مملکت که بسیار به دل شاه نشست و در روحیه‌اش موثر افتاد.

شاه، بعد از بازدید کوتاهی از آثار تاریخی اطراف، دیگر بار به مسائل سیاسی پرداخت. هنوز مایل بود به آمریکا برود و آمریکاییان را از سیاست حمایت از انقلاب منصرف سازد.

تنی چند از دوستان آمریکایی‌اش را واداشت که برای ترتیب این مسافرت با مقامات کاخ سفید تماس بگیرند، که به وعده ویلیام سولیوان سفیر آمریکا در تهران جامه عمل

۱- کودتای نافرجام ژنرال محمد اوفکیر، رئیس سازمان امنیت مراکش ریال ۱۶ اوت ۱۹۷۲.

2 -Oberoi

پوشانده شود. تنها اردشیر زاهدی که موفق شده بود تهران را ترک کند و هنوز به شاه ملحق نشده بود، به وی گفت که این کوشش‌ها بی‌حاصل است.

دکتر عباس نیّری سفیر ایران در مصر و همسرش، چون از ورود شاه و شهبانو آگاه شدند، بی‌درنگ به آسوان آمدند. شاه و شهبانو آنان را به صرف ناهار دعوت کردند. محیط بسیار گرم و محبت‌آمیز بود. شاه از آنان تشکر کرد. می‌دانست که چه دستورهایی از دولت بختیار دریافت کرده‌اند. در حین صرف ناهار به خاطرات مسافرت ۱۶ اوت ۱۹۵۳ خود به رُم اشاره کرد که چگونه سفیر ایران در بغداد به استقبالش نیامده بود و سفیر ایران در رُم علاوه بر آن اتومبیل شخصی ملکه ثریا را توقیف کرد. مقصودش آن بود که نیرّی را به خاطر جرئتش تحسین کند. نمی‌دانست که خانم نیرّی دختر نظام السلطان خواجه نوری همان سفیر ایران در رُم (و رئیس کل قبلی تشریفات شاهنشاهی در زمان ازدواجش با ثریا) است. بعداً افشار این نکته را به وی یادآور و شاه بسیار ناراحت شد. از رئیس کل تشریفاتش خواست که از خانم نیرّی عذرخواهی کند.

جوابی از واشنگتن نمی‌رسید.[1] لاجرم شاه از افشار خواست که مستقیماً با سفیر آمریکا در قاهره تماس بگیرد و تاریخ حرکت او را به آمریکا تعیین کند. فردای این گفتگوی تلفنی بین افشار و سفیر آمریکا، شخص اخیر پاسخ داد: «دولت ایالات متحده متأسف است که نمی‌تواند شاه را در خاک آمریکا بپذیرد». چه گونه شاه با تمام تسلّطی که به روابط و مسائل بین‌المللی تا این حد نسبت به سیاست آمریکایی‌ها در اشتباه بود؟

به هر حال دیگر از این سو امیدی وجود نداشت.

شاه نمی‌خواست اقامتش را در مصر طولانی کند. انورسادات می‌بایست به یک سفر رسمی خارجی برود. حضور شاه در آسوان اقدامات امنیتی زیادی را ایجاب می‌کرد و در نهایت امر مزاحمتی برای جهانگردان بود. شاه دیگر نمی‌دانست چه بکند. سرگردان بود.

در این میان اردشیر زاهدی سر رسید و کارها را به دست گرفت. او با ملک حسن پادشاه مراکش روابط دوستانه شخصی داشت. به وی تلفن کرد و اوضاع را تشریح نمود. حسن دوم بی‌درنگ زوج سلطنتی را به مراکش دعوت کرد.

۱- جرالد فورد رئیس‌جمهور پیشین آمریکا (سلف کارتر) نیز در آسوان بود. شاه دو بار با او ملاقات کرد که یک بار سه ساعت به گفتگو نشستند.

در روز ۲۲ ژانویه، علی‌رغم اصرار سادات که آنان از مصر نروند، شاه و شهبانو عازم مراکش شدند.

در اینجا بود که محمدرضا بالاخره دریافت که خروجش از ایران در حقیقت به سلطنتش پایان داده است. هنگامی که هواپیما در فرودگاه شهر مراکش به زمین نشست، ملک حسن دوم به استقبال آمده بود. اما از تشریفات نظامی و رسمی خبری نبود. دوربین‌های تلویزیون را نیز دور نگاه داشته بودند. استقبال دوستانه بود، نه رسمی و تشریفاتی.

زوج سلطنتی ایران را در کاخ «جیران الکبیر» واقع، در باغی بیرون از شهر مراکش جای دادند. مکانی بود دور افتاده، حفاظت از آن آسان، اما با دیدی بسیار زیبا بر کوهسار اطلس. به مطبوعات محلی ابلاغ شد که در مورد این رویداد کاملاً خصوصی سر و صدا نکنند و بگذارند همه چیز، آن قدر که میسر است، محرمانه بماند.

ملک حسن به پا در میانی اردشیر زاهدی پذیرفته بود که محمدرضا شاه به خاطر دوستی که در میان‌شان بود و کمک‌هایی که ایران به مراکش کرده بود، به آن‌جا بیاید. با این حال مقامات مراکشی به پیرامونیان شاه می‌گفتند که اقامت زوج سلطنتی ایران در آن کشور موقتی خواهد بود. آیت‌الله خمینی تهدید کرده بود که به پیروان متعصب خود دستور دهد تنی چند از اعضای خاندان سلطنتی مراکش را بربایند و در حقیقت به گروگان بگیرند که بتواند آن‌ها را با شاه معاوضه کند».

دیگر شاه بر هیچ چیز تسلط نداشت. زندگی‌اش در مراکش برنامه‌ای به کلی متفاوت با برنامه روزانه‌ی گذشته‌اش داشت. کسانی خواستار دیدارش می‌شدند. اما او از این ملاقات‌ها دوری می‌جست. دوبار پروفسور صفویان برای معاینه وی به دیدارش آمد.

چند روز پس از اقامت در شهر مراکش، مقامات آن کشور از شاه خواستند که به رباط برود. در پایتخت مراکش در کاخ دارالسلام مستقر شد، که باغی وسیع و بسیار زیبا داشت. شاه غالباً در آنجا قدم می‌زد. فقط اصلان افشار در کنارش بود. اما خیلی کم صحبت می‌کرد مطبوعات بین‌المللی را مطالعه می‌کرد. به توصیه ملک حسن به آموختن بازی گلف پرداخت. سفیر ایران در مراکش نیز با عدم پیروی از تعلیمات وزارت متبوعش مرتباً به او

سر می‌زد و می‌کوشید که سرگرمش کند.

کسان بسیاری به دیدار شهبانو می‌آمدند. گویا شاه از دیدار دوستان همسر خود اجتناب می‌ورزید و حتی ترجیح می‌داد که ناهار و شامش را تنها بخورد[1]. فقط اصلان افشار در کنارش بود.

مطبوعات بین‌المللی هنوز در پی رفتارش بودند. اجازه داد عکاسان چند عکسی از او بگیرند. با دیلی تلگراف،[2] روزنامه کثیرالانتشار انگلیسی، یکی از جراید نادری که بر ضد او جبهه‌گیری نکرده بود مصاحبه‌ای انجام داد. همچنین دو روزنامه‌نویس معروف یکی پی‌یر سالینجر[3] مشاور پیشین پرزیدنت کندی و آن دگر ادوارد سابلیه[4] فرانسوی را که به آنان اعتمادی داشت پذیرفت. اما نه برای مصاحبه. همچنین با روزنامه‌نگار فرانسوی- ایرانی فریدون صاحب‌جمع که به وی اعتماد کامل داشت مصاحبه‌ای انجام داد که روی نوار ضبط شد و سال‌ها بعد انتشار یافت.

ملک حسن، شاه را تشویق به نگارش خاطراتش و بیان آن‌چه گذشته بود، کرد. محمدرضا شاه این پیشنهاد را پذیرفت. اما چون شجاع‌الدین شفاء مشاور معمولش در این موارد در آن‌جا نبود، نمی‌دانست چه بکند. پادشاه مراکش به وی توصیه کرد که خاطراتش را برای چاپ و نشر به موسسه آلبن میشل[5] واگذار کند که مدیر انتشارات آن هانری بونیه[6] را به خوبی می‌شناخت.

بونیه به رباط فرا خوانده شد. میان شاه و او رابطه‌ی دوستانه و آمیخته به اعتماد برقرار شد. به این ترتیب نگارش کتاب پاسخ به تاریخ[7] آغاز گردید.

در زندگی جدیدش عوامل آرامش‌بخشی هم پدیدار گردید. اردشیر زاهدی که شاپور بختیار وی را از سفارت ایران در ایالات متحده برکنار کرده بود به آن‌جا آمد و او هم غالباً

۱- خاطرات شهبانو فرح (متن فرانسه)، صفحه ۳۰۵

2 -Daily Telegraph

3 -Piere Salinger

4 -Edouard Sablier

۵- Albin Michel (یکی از بزرگترین موسسات انتشاراتی فرانسه- مترجم)

6 - Henry Bonnier

7 - Réponse á l'Historie

در کنارش بود و به رتق و فتق بسیاری از مشکلات می‌پرداخت.

در همین زمان بود که شـــاه رابطه‌ای مکاتبه‌ای با ثریا ملکه پیشـــین ایران، تنها عشق زندگی‌اش آغاز کرد.[۱] رد و بدل نامه‌ها به واسطه سه تن انجام می شد و تا آخرین روزهای زندگی شاه ادامه یافت.

شاپور بختیار یک بار «برای احوالپرسی» از تهران به او تلفن کرد. شاه ابتدا نخواست با او صحبت کند سپس بر اثر اصرار پیرامونیان پذیرفت. مذاکره آنان کمتر از یک دقیقه به طول انجامید.

ژیکاردستن نیز کوشید یک بار تلفنی با او گفتگو کند. این بار شاه زیر بار نرفت که حتماً این هم علتی بر افزودن کینه رئیس‌جمهوری فرانسه نسبت به او شد.

به موازات این اتفاقات، تحول سیاسی در ایران شتاب فراوان یافت. شاپور بختیار از هر تماسی با ارتش و ارتشیان اجتناب می‌کرد. از آنان بیشتر بیمناک بود تا از مخالفین و طرفداران آیت‌الله خمینی. سعی کرد با خمینی نزدیک شود. نامه‌های تحسین‌آمیزی برای او فرستاد.[۲] حتی کوشید به نخست‌وزیری او برگزیده شود به شرطی که استعفای شاه را از او بگیرد. همه این کوشش‌ها حاصلی به بار نیاورد.

نظامیان به کوشـــش‌های خود برای کسب اجازه از شـــاه که نظم را در کشور برقرار کنند، همچنان ادامه می دادند. فقط ارتشـــبد عباس قره‌باغی که شاه قبل از حرکت وی را به ریاست ستاد بزرگ منصوب کرده بود. ساکت بود. پس از اقامت ژنرال هویزر او دیگر تغییر رویه داده بود و با رهبران انقلاب به مذاکره می‌پرداخت.

فرماندهان نیروهای سه‌گانه- سپهبد بدره‌ای، فرمانده کل نیروی زمینی، سپهبد ربیعی، فرمانـــده کل نیروی هوایی و دریاســـالار حبیب‌اللهی، فرمانده کل نیـــروی دریایی و نیز سرلشـــکر منوچهر خســـرو داد فرمانده هوانیروز و سپهبد مهدی رحیمی فرماندار نظامی تهران و سرپرست شهربانی کل و همچنین سرلشکر علی نشاط فرمانده گارد شاهنشاهی، به ابراز نگرانی خود ادامه می‌دادند. آن‌ها یک برنامه «نجات ملی» تنظیم کردند که طبق آن

۱- در انجام این مکاتبات تردیدی نیست. اما این نامه‌ها هرگز به دست نیامده، یا انتشار نیافته است و کسی از مندرجات آن آگاه نیست.
۲- که همه انتشار یافته.

می‌بایست ضربتی شدید به مخالفان وارد آید. شاپور بختیار برکنار شود و سپهبد بدره‌ای زمام امور را به دست گیرد. به وجود شورای قلابی سلطنت که رئیس‌اش سید جلال‌الدین تهرانی به پاریس رفته و به خمینی تسلیم شده بود نیز خاتمه داده می‌شد. در حقیقت کودتایی بود که سبب خونریزی می‌شد. اما به انقلاب پایان می‌بخشید.[۱] آن‌ها چشم به راه موافقت شاه، یا لااقل دستور رئیس ستاد ارتش بودند. موافقت و دستوری نیامد.

ارتش، تنها نیروی ضدانقلابی نبود. خروج شاه از ایران نیروهای مردمی زیادی را که با اسلام‌گرایان افراطی مخالف بودند و او مانع اقدامات‌شان می‌شد که مبادا جنگ داخلی در ایران درگیر شود، آزاد ساخت. آن‌ها دیگر در مقام تشکّل خود برآمدند.

شبنامه‌هایی مخفیانه در تهران پخش می‌شد. هفته‌نامه کثیرالانتشار «خواندنی‌ها» که معمولاً از بیست سال پیش به این طرف از هر دولتی که بر سر کار آمده بود انتقاد می‌نمود، از این گرایش ضدانقلابی حمایت می‌کرد و این در حالی بود که همه روزنامه‌های مهم تحت مهار کمیته‌های انقلابی قرار گرفته بودند. خواندنی‌ها مقالات و اشعاری پر هیجان در یاد شاه و تأسف از دوری او از ایران انتشار داد و یکباره بر شمار خریداران و خوانندگانش افزوده شد.[۲]

دکتر مهدی بهار، نویسنده سرشناس، که او نیز تا آن زمان در گروه مخالفان دولت‌ها و بلکه شاه به شمار می‌آمد، رساله‌ای علیه خطرات بنیادگرایی اسلامی تدوین و منتشر کرد که هزاران نسخه از آن به فروش رفت و این‌جا و آن‌جا تکثیر و پخش‌ش شد. گروه‌های کوچکی برای سازمان دادن مقاومت در برابر افراطیون، تجهیز نیروهای ملی و ایجاد شبکه‌های همبستگی برگزار می‌شد.

با وجود مخالفت دولت، با بهره گرفتن از هرج و مرج حاکم بر اوضاع، کمیته کوچکی مجموعه ورزشی امجدیه را در یکی از محلات پر جمعیت تهران عملاً به تصرف خود درآورد و آن‌جا را به ستاد ضدانقلاب تبدیل کرد. در عرض فقط چند روز سرگروه‌هایی در آن‌جا تشکیل شد. هر بار شمار شرکت‌کنندگان افزایش می‌یافت. مجموعه این گروه‌ها به

۱- شباهت این برنامه با کودتای نظامیان الجزیره بر ضد اسلام‌گرایان افراطی که به قیمت خونریزی بسیار به توطئه آنان پایان داد، بی‌شباهت نیست. (مترجم)

۲- علی اصغر امیرانی، مدیر خواندنی‌ها، پس از پیروزی انقلابیون به دستور آیت‌الله خمینی به قتل رسید.

خود «طرفداران قانون اساسی» نام نهادند. چند باشگاه ورزشی پایتخت، سندیکای کارگری، بعضی از انجمن‌های محلی و یکی از شرکت‌های تعاونی روستایی حومه پایتخت به آن پیوستند. یک «کمیته هم‌آهنگی» برای راهبری این تشکیلات به وجود آمد و محمدرضا تقی‌زاده¹ به عنوان دبیر کل آن برگزیده شد. کمیته تصمیم گرفت، در روز ۲۵ ژانویه یک «راه‌پیمایی بزرگ» برای دفاع از قانون اساسی در پایتخت برپا کند. اعضای کمیته نزد شاپور بختیار رفتند، که با نظر آنان موافقت نکرد. «شما اختلافات را بیشتر خواهید کرد. حتی نخواهید توانست دو هزار نفر هم جمع کنید².»

نخست‌وزیر به آنان گفت که نباید از او نه انتظار پشتیبانی داشته باشند و نه انتظار کمک³ در برابر ایستادگی اعضای کمیته، بختیار از آنان خواهش کرد که لااقل شعاری به طرفداری از شاه ندهید و به همان دفاع از قانون اساسی اکتفا کنند. آنها نیز قبول کردند. اما دستور داد که مرتباً اعلامیه‌ای از رادیو تلویزیون ملی ایران در نهی مردم از شرکت در این تظاهرات پخش شود.

با تمام این احوال، در روز ۲۵ ژانویه، دوازده ستون از دوازده نقطه پایتخت که برای گردهمایی تعیین شده بود، به سوی میدان بهارستان، مقابل مجلس شورای ملی، به حرکت درآمدند. فردای آن روز، جراید مختلف که تحت نظارت کمیته‌های انقلابی و در نتیجه مخالف این تظاهرات بودند، شمار شرکت‌کنندگان را بین ۱۵۰/۰۰۰ تا ۳۰۰/۰۰۰ نفر برآورد کردند و این در حالی بود که یکی از ستون‌ها که شامل بر ۶۰/۰۰۰ نفر می‌شد و از کارخانه‌های غرب تهران به حرکت درآمده بود، به دستور نخست‌وزیر متوقف شد و نتوانست به میدان بهارستان بپیوندد. در میدان بهارستان، در مقابل انبوه عظیم تظاهرکنندگان که خود میدان و خیابان‌های اطراف را پر کرده بود، حجت‌الاسلام بهبهانی، واعظ مشهور⁴ در سخنانی پرشور مردم را به دفاع از وطن دعوت کرد. محمدرضا تقی‌زاده قطعنامه

۱- عضو جوان انجمن شهر تهران و همکار بعضی از جراید... پس از انقلاب بازداشت شد و مدتی طولانی در شرایطی دشوار در زندان بود. سپس توانست از ایران خارج شود. سال‌ها در یکی از دانشگاه‌های انگلستان تدریس می‌کرد. اکنون یک «سخنران بین‌المللی» است و برای شرکت در مجامع علمی مختلف و ایراد سخن در مورد مسائل سیاسی خاورمیانه و مساله نفت به این سو و آن سوی جهان دعوت می‌شود.

۲- روایت محمدرضا تقی‌زاده به نویسنده ایرانی کتاب، همچنین نگاه کنید به مقاله مینو مفتاح که خود یکی از ده عضو این کمیته بود در کیهان، شماره ۱۰۷۲، ۸ تا ۱۴ سپتامبر ۲۰۰۵

۳- نکته‌ای که شاپور بختیار در کتاب فارسی خود سی و هفت روز پس از سی و هفت سال، تایید می‌کند (انتشارات رادیو ایران صفحه ۷۱، پاریس)

۴- چند روز بعد به دستور انقلابیون یا شخص آیت‌الله خمینی به قتل رسید.

کمیته‌ها را قرائت کرد، همه آن را تائید کردند و کف زدند. ضد انقلابیون روش انقلابیون را آموخته بودند و علیه آن‌ها به کار می‌بردند. در این جا بود که انحرافی در ترتیب تظاهرات صورت گرفت. یکی از شرکت‌کنندگان فریاد «جاوید شاه» برکشید و ناگهان چون موجی این فریاد تکرار شد و به همه جمع عظیم تظاهرکنندگان سرایت کرد.

شاپور بختیار از وسعت تظاهرات مطلع شده بود. با هلی‌کوپتر خود بر فراز انبوه جمعیت پرواز کرد. همان شب اعضای کمیته تصمیم گرفتند پانزده روز بعد، راه‌پیمایی بزرگ دیگری برپا کنند و با توجه به محاسبات خود امیدوار بودند، اقلاً ۵۰۰/۰۰۰ نفر در آن شرکت نمایند. عین همان قدر که طرفداران خمینی چند روز قبل جمع کرده بودند.

اما جریان حوادث سرعت گرفت. آیت‌الله خمینی سرانجام در روز اول فوریه، بعد از تردید بسیار به تهران بازگشت. او بر مراجعتش فقط یک شرط گذاشته بود، که «شاه از ایران برود». از شاه می‌ترسید. اما از ارتش نیز سخت بیمناک بود. می‌ترسید پس از بازگشتش کودتایی ترتیب داده شود و همه چیز را واژگون کند و خودش نیز به نحوی از انحاء فدا شود یا به تله بیافتد. آمریکایی‌ها و فرانسوی‌ها[۱] به او اطمینان کافی و رسمی دادند.

یک هواپیمای بوئینگ ۷۴۷ شرکت ارفرانس اجاره شد، به آن موقتاً «آزادی»[۲] نام دادند که آیت‌الله را به همراه انبوهی از اطرافیان و روزنامه‌نگاران به تهران بازگرداند.

خبرنگار تلویزیون ملی ایران از «حضرت آیت‌الله عظمی» پرسید از این که پس از سال‌ها به ایران برمی‌گردد چه احساسی دارد؟ جواب داد «هیچی».[۳]

همه تلویزیون‌های جهان، استقبال پرشور مردم تهران را از آیت‌الله پخش کردند. در برنامه اخبار ساعت ۲۰ (هشت بعدازظهر) برنامه اول تلویزیون فرانسه، گوینده برنامه رُژه ژیکل[۴] از یک «التهاب عمومی دسته‌جمعی»، از «واقعه‌ای بی‌نظیر در تاریخ» سخن گفت.

۱- نگاه کنید به اسناد منتشره در کتاب Vincent Novizille، (متن ذکر شده)

۲- برای هزینه اجاره این هواپیما، باز اول یک چک بی‌محل پرداخت شد، بار دیگر از روزنامه‌نویسان فرانسوی و خارجی که مایل به همراهی با خمینی بودند، پول نقد جمع‌آوری گردید که ناپدید شد. سرانجام بیمه دولتی فرانسه Coface (یعنی مالیات‌دهندگان فرانسوی) آن را پراختند.

۳- Peter Jennings، خبرنگار تلویزیون آمریکایی A.B.C. News نیز این مصاحبه را ضبط کرد که قابل رؤیت است.

4 -Roge Giquel

در برنامه دیگری ژان لو دومین یو[1] به «چهره‌های خندان مردم»، و یک «حماسه» اشاره کرد. در اخبار خارجی تعداد شرکت‌کنندگان، ۳ یا ۴ میلیون یا حتی ۵ میلیون ذکر شده. A.B.C. News آن را به ۶ میلیون نفر تخمین زد. در شهری که نفوس آن از ۳/۵ میلیون نفر تجاوز نمی‌کرد.

آیت‌الله خمینی نخستین سخنرانی خود را در قبرستان بهشت‌زهرا ایراد کرد. از جمله گفت: «سلسله پهلوی غیرقانونی است... مجلس موسسانی که این سلسله را به تخت سلطنت نشاند به زور سر نیزه انتخاب شده و غیرقانونی بود. شاه غیرقانونی است. مجلس غیرقانونی است. من به صورتِ دولت فعلی سیلی خواهم زد. من دولت را تعیین خواهم کرد. من همه این‌ها را تحویل دادگاه‌هایی خواهم داد که خودم تعیین می‌کنم. این آقا را[2] نه دوستانش قبول دارند، نه ارتش. نظامی‌ها از او به دستور آمریکا حمایت می‌کنند. این آقا (بختیار) می‌گوید که در این مملکت دو دولت نمی‌تواند وجود داشته باشد. چه بهتر خودش برود».

ارتش، هنوز شکست خود را قبول نکرده پابرجا و منسجم بود. به دستور سرلشکر علی نشاط فرمانده گارد شاهنشاهی، گارد نمایش نظامی و عظیمی در خیابان‌های پایتخت ترتیب داد. واحدهای زرهی گارد و افراد مسلح آن در کامیون‌ها نشسته در خیابان‌ها به گردش پرداختند نیروی ارتش و قدرت عمل گارد چشم‌گیر بود. شاپور بختیار سعی کرده بود از این نمایش قدرت جلوگیری کند. سرلشکر نشاط زیربار نرفته بود. سپهبد بدره‌ای به وی اجازه و شاید دستور داده بود.

ارتش می‌خواست قدرت خود را نشان دهد. این هم نمایشی بود. اما به چه منظور؟ به نفع چه کسی؟

هرج و مرج بر همه جا حکمفرما بود. در بسیاری از محلات برای سربازان کف زدند. در جاهای دیگر به سوی آنان سنگ پرتاب شد. این جا و آن‌جا مخالفان و موافقان به زد و خورد پرداختند.

---

1 -Jean Lou Demingmeux

۲- متن فرانسه در
Herve Broquet, Catherine Lannequ, Simon Peterman... les 100 discours qui ont marqué le xxe siècle, André Versaille, Editeur

آیت‌الله خمینی، در ساختمان دبیرستانی فرود آمد و اقامت گزید. دیگر او مرکز و مرجع قدرت بود. در روز ۵ فوریه فرمانی صادر کرد و مهدی بازرگان، یک «اسلامگرای معتدل» یار پیشین مصدق را به نخست‌وزیری انتخاب کرد. چند روزی ایران دو نخست‌وزیر داشت. شاپور بختیار اعلام کرد که تا دقیقه آخر، مانند سالوادر آلنده، مقاومت خواهد کرد.

حال می‌بایست ترتیب انتقال قدرت از «دولتی» به «دولت» دیگر داده شود. آمریکایی‌ها به این کار پرداختند. ژنرال هویزر که مأمور این کار بود ساعت‌ها با رهبران نظامی و روسای گروه‌های مخالف شاه به گفتگو نشست. وعده و وعید، از یک سو، و تهدید و ارعاب، از سوی دیگر به کار می‌گرفت. یکی از جلساتش با رهبران انقلابی تندرو ده ساعت به طول انجامید. مسأله در وجود دولت بختیار نبود که نه قدرتی داشت و نه اعتباری مسأله در رویه ارتش بود.

رویه‌ی حکومت کارتر در آمریکا مورد تائید بسیاری از سیاستمداران و صاحب‌نظران نبود. جرج بوش، معاون آینده رئیس‌جمهوری و سپس رئیس‌جمهور ایالات متحده در ۲۵ ژانویه ۱۹۷۹ به اعزام ژنرال هویزر به ایران برای فلج کردن ارتش شدیداً اعتراض کرد.[1]

ژنرال هیگ[2] رئیس مستقیم ژنرال هویزر که کارتر بدون اطلاع وی این مأموریت را به معاونش داده بود، به عنوان اعتراض از شغل خود استعفا داد. او مخالف سیاست آمریکا در ایران بود.

اما، به هر حال، از نظر آمریکاییان، دیگر دست مخالفان افراطی رژیم کاملاً باز بود. ارتشبد قره‌باغی رئیس ستاد بزرگ و ارتشبد فردوست، که هیچ‌گونه سمتی در ارتش نداشت، با آقا شهاب اشراقی، داماد خمینی، که دیگر به وی عنوان حجت‌الاسلام داده می‌شد، سندی دایر به پیوستن ارتش به «امام» امضاء کردند و سپس آن را به «تصویب» یک شورای عالی ساختگی رساندند.[3] که در ساعت ۱۴ (دو بعدازظهر) از رادیو تهران پخش شد. از حاضران در آن جلسه فقط ارتشبد جعفر شفقت وزیر جنگ از امضای این سند خودداری کرد. رئیس ستاد بزرگ می‌توانست دستور بدهد که سربازان در سربازخانه‌ها

1 -Washington Post, 25 January 1979

۲- Alexandra Haig فرمانده کل قوای پیمان آتلانتیک شمالی که در زمان ریاست جمهوری رنالد ریگان به وزارت امور خارجه ایالات متحده منصوب شد.

۳- که در خاطرات دکتر امیراصلان افشار، منبع ذکر شده، نقل شده است.

بمانند که ارتش متلاشی نشود. آنان را برای مدت کوتاهی مرخص کرد. شاپور بختیار حتی از این جلسه و این تصمیم باخبر نبود. همان صحنه پایان سلطنت رضاشاه و اضمحلال ارتش به تصمیم شورایی غیرقانونی تکرار شد.[1]

محمدرضا شـــاه و شهبانو و دوستانش این جریان‌ها را از طریق چند دستگاه گیرنده رادیو در اقامتگاه‌شان در رباط تعقیب می‌کردند. اما دیگر تماس مستقیمی با تهران نداشتند.

حتی خبری به ســفیر ایران در مراکش، ســپهبدی، نرسیده بود. وزارت امور خارجه دیگر مسئول و فعالیتی نداشت.

فضای حاکم بر اقامتگاه محمدرضا شــاه و همســرش در رباط پر از اندوه و تعجب بود. شــاه در حال غریبی بود. گویی دیگر در این دنیا نیســت. همه آرزوها و اندیشه‌های دور و درازش درباره ایران و تمدن بزرگ، به دســت نابودی سپرده شده بود. متوجه شد که بختیار قادر به مقابله با بحران نبود و در حقیقت فدای عدم اعتمادش به ارتش شد که می‌توانست با اتکای به آن همه چیز را رو به راه کند. بعداً آگاه شد که در همان شب تعداد زیادی از امرا و افسران ارتش در محل کار خود به قتل رسیده‌اند و بر اثر تصمیم قره‌باغی، اسلحه‌خانه‌های سربازخانه‌ها و پادگان‌ها به دست انقلابیون غارت شده. پس از این شب

۱- پس از پیروزی انقلاب، حسین فردوست ظاهراً زندانی نشد. اما یکی از بنیان‌گذاران سازمان‌های اطلاعاتی جمهوری اسلامی بود (ساواما، جانشین ساواک) کتب زشت و موهنی هم درباره شاه و خانواده‌اش نوشت، یا به نام و امضای او انتشــار دادند. پنج ســال بعد، درگذشتش اعلام شد. به عقیده بعضی از صاحب نظران در امور اطلاعاتی وی را (که وابسته به سرویس‌های اطلاعاتی روسیه شوروی بود) شوروی‌ها از ایران خارج کردند. به هر حال سرنوشــت او مبهم است. ارتشــبد قره‌باغی در ایران ماند. خمینی در یک دستورالعمل کتبی (که رونوشت مصدق آن را در اختیار داریم) مقرر داشت که حقوق و مزایای بازنشستگی وی برقرار و موجبــات رفاهــش فراهم شــود و به او اجازه ترک ایران را بدهند که از راه ســوریه بــه پاریس آمد و در همین شهر درگذشت. سرلشکرعلی نشاط به دستور خمینی به قتل رسید. سپهبد بدره‌ای در پایان جلسه «شــورای عالی» ارتش با عصبانیت گفت که «تســلیم ارتش در برابر خمینی قابل قبول نیست» و سپس فریاد زد که جلوی ســقوط کشــور را در هرج و مرجی خونین خواهد گرفت. سوار هلی‌کوپتر خود شد که دفتر فرماندهی‌اش باز گردد. از درون هلی‌کوپتر به سپهبد وشمگیر معاونش دستور داد که فوراً فرماندهان واحدهــای مختلف را احضار کند و مقدمــات به حرکت آوردن آن‌ها را فراهم آورد. در حقیقت قصد کودتا داشت. هنگامی که به مقر فرماندهی‌اش رسید و از هلی‌کوپتر پیاده شد وی را با رگبار مسلسل از پشت هدف قرار دادند و در جا کشته شد. سرتیپ بیگلری یکی از همکارانش که در کنارش بود به همین سرنوشت دچار گردید. در تهران شایع بود که ضارب (یا قاتل) یک افسر آمریکایی از همکاران نیروی زمینی بوده است. اما دلیلی بر صحت این شایعه وجود ندارد و طبیعتاً تحقیقی هم در مورد آن به عمل نیامد. سپهبد وشمگیر دستگیر و پس از تحمل شکنجه‌های بسیار در زندان کشته شد. او موفق شد از زندان نامه کوتاهی به دوست خود فیروز مجللی که روزنامه‌نویس شناخته شده‌ای بود، بنویسد و ماجرا را نقل کند. نویسنده ایرانی این کتاب عین نامه را که در اختیار فیروز مجللی بود در پاریس دیده و خوانده است.

یازدهم به دوازدهم فوریه ۱۹۷۹ او دیگر آخرین شاهنشاه ایران بود.

در بامداد روز دوازدهم فوریه، محمدرضا شاه از حالت بهت‌زدگی خود خارج شد و تصمیم گرفت تکلیف «شاهین» هواپیمای اختصاصی خود را هر چه زودتر روشن کند.

بعضی از همراهان توصیه کردند که هواپیما را در اختیار خود نگاه دارد. پاسخ داد: «این هواپیما متعلق به ما نیست، متعلق به نیروی هوایی ایران است (کلمات نیروی هوایی شاهنشاهی را که معمول بود، به کار نبرد) باید آن را به تهران بازگرداند. تصمیم گرفت که پاداشی به سرهنگ معزّی خلبان مخصوصش و سایر خدمه هواپیما داده شود. وی مخصوصاً علاقه داشت که پاداش سرهنگ معزی که از چند سال پیش خلبان وی بود شایسته و مناسب باشد. از اصلان افشار خواست که به هر یک از خدمه هواپیما مبلغی مناسب به ریال و نه به ارزهای خارجی بدهد که به هنگام مراجعت به ایران بتوانند مدعی شوند که این وجوه متعلق به خودشان بوده. یافتن ریال به اندازه کافی در کشور مراکش و در آن شرایط آسان نبود. هر کسی هر قدر پول ایرانی در اختیار داشت به رئیس کل تشریفات داد. خود او نیز پیش از ترک تهران، دوازده ماه حقوقی را که تشریفات به او بدهکار بود، از حسابداری دربار شاهنشاهی گرفته بود. مبلغ عمده‌ای نبود.

خوشبختانه سید جعفری بهبهائیان مسئول حسابداری اختصاصی زوج سلطنتی وارد مراکش شده بود و مقداری دلار در اختیار داشت. بنابراین هر چه ریال فراهم شده بود با دلار عوض کردند. اصلان افشار به سراغ فرد فرد خدمه هواپیما رفت و پاکتی از جانب «اعلیحضرت همایونی» به آنان داد. شاه خواستار شد که از مقامات مراکشی اجازه پرواز دیر هنگام شبانه برای هواپیما گرفته شود که هنگامی که وارد تهران شدند، بتوانند بگویند که بی‌اجازه شاه و شبانه مراکش را ترک کرده‌اند.

در ساعت ۲۰ (هشت شب) سرهنگ معزّی، کمک خلبان، مهندس مکانیک و کارمندان هواپیما برای خداحافظی به حضور شاه آمدند. شاه دستخوش احساسات شده بود. با اندوه و تأثر به آنان بدورد گفت. معزّی در مقابل او زانو زد، دست‌های شاه را گرفت و گفت «اعلیحضرت، انتقام‌تان را خواهیم گرفت».[1]

۱- تمام این جزئیات را مدیون روایات کتبی و شفاهی دکتر امیراصلان افشار هستیم. در مراجعت به تهران کسی مزاحم سرهنگ مغزّی و خدمه هواپیما نشد. او سپس خلبان هواپیمای مخصوص رئیس‌جمهوری اسلامی شد که ابوالحسن بنی‌صدر با آن از ایران گریخت. سرهنگ معزّی پس از آن به گروه مجاهدین خلق

طی روزهای بعد، همه کشورهای جهان، رژیم اسلامی تهران را به رسمیت شناختند. البته ایالات متحده آمریکا در شمار نخستین آنان بود. محمدرضا پهلوی دیگر پادشاهی بود مخلوع از تاج و تخت خود، در تبعید و سربار. وی که آن همه در کمک به روسای ممالک دیگر که با دشواری‌ها روبرو گردیده یا مجبور به کناره‌گیری از مقام خود شده بودند، کرده بود، دیگر کسی را نمی‌یافت که پذیرایش شود.

دلش می‌خواست مدت بیشتری در مراکش بماند. در رباط زندگی نسبتاً راحتی داشت. حسن دوم، با حفظ ظاهر دوستی و مهربانی، عجله داشت که شاه هر چه زودتر از کشورش دور شود. قرار بود به زودی کنفرانس اسلامی در آن کشور تشکیل شود و ملک از تظاهراتی به این بهانه سخت بیمناک بود.

اردشیر زاهدی، که با تجربه طولانی‌اش در روابط بین‌المللی، مفهوم ناگفته‌ها را خوب درمی‌یافت، همه روابط خود را به کار گرفت که محلی برای مرحله بعدی اقامت شاه بیابد و مسافرتش را از مراکش ممکن گرداند.

سوئیس، معذرت خواست. پاریس، بدون تردید فوراً رد کرد. موناکو قبول کرد، به شرطی که پاریس که نوعی قیمومیت بر آن شاهزاده‌نشین دارد، اجازه بدهد که این اجازه قابل تصوّر نبود و داده نشد. لندن جواب منفی داد. مگر نه آن‌که پس از انقلاب بلشویکی، جرج پنجم از پناه دادن به نیکلای دوم و خانواده‌اش با وجود قرابت خانوادگی نزدیک میان آن دو، سرباز زده بود؟ اردشیر زاهدی با خانم مارگارت تاچر رهبر حزب محافظه‌کار تماس گرفت که وعده داد اگر به ریاست دولت برسد تقاضای شاه را با حسن قبول تلقی خواهد کرد.

رویه آمریکایی‌ها همچنان منفی و مخالف بود. C.I.A. ریچارد پارکر[1] سفیر آمریکا در مراکش و دان آگِر[2] معاون وزرات بازرگانی در زمان ریاست جمهوری لیندن جانسن را مأمور کرد که هم مخالفت آمریکا را با پذیرفتن شاه تکرار کنند و هم نگرانی فزاینده ملک حسن را از اقامت شاه در کشورش بازگو نمایند.

پیوست که بعد از مدتی همراهی و همکاری صمیمانه با آیت‌الله خمینی، در شمار مخالفین سرسختش درآمده بودند.

1 -Richard Parker
2 -Don Agger

محمدرضا شاه در وضعی بس دشوار و توهین‌آمیز قرار داشت و راه‌حلی هم در برابر خود نمی‌دید. تقریباً همه کشورهای دنیا درهای خود را به روی او می‌بستند. ملک حسن دست به دامان کنت آلکساندر دومارانش شد که بیانگر تقاضایش از شاه برای ترک مراکش باشد. «یکی از دلخراش‌ترین مأموریت‌های دوران خدمتم بود. هر دو پادشاه مرا با اعتماد و دوستی خود مفتخر می‌کردند. من می‌بایست راه‌حلی که به سود همگان باشد پیدا کنم.»[۱]

پس از مذاکراتش با کنت دومارانش، شـــاه رسماً به ملک حسن گفت که قصد ترک مراکش را دارد. آمریکایی‌ها به شـــاه پیشـــنهاد کردند که به پاراگوئه[۲] برود. سپس آفریقای جنوبی را پیش کشـــیدند که کشـــوری دوست ایران شاهنشـــاهی و حاضر به استقبال از محمدرضا شـــاه بود. متأسفانه کشـــور تبعیضات نژادی نیز بود. در ضمن شاه خاطره تلخ تبعید و مرگ رضاشاه، پدرش را، فراموش نمی‌کرد و این از لحاظ روانی مانعی در برابرش بود. اما می‌دانســـت که در آن‌جا با آداب و تشـــریفات از او پذیرایی خواهد شد و وسایل پزشکی لازم نیز برای مراقبت در وضع مزاجی و بیماری‌اش وجود دارد. در تردید فراوان بود که بار دیگر دان آگر از او وقت ملاقات خواست و در روز ۲۴ مارس به دیدارش آمد. «اعلیحضرت من فقط مجاز هستم به شما بگویم که هواپیما در روز جمعه برای پرواز شما از رباط آماده خواهد بود.» اخراجی بود بدون تعارف و تشـــریفات و حتی ادب. ضربه‌ای سنگین بر روحیه خراب محمدرضا پهلوی.

صبح جمعه ۳۰ مارس، زوج سلطنتی، سرهنگ جهان‌بینی، دکتر پیرنیا و دو پیشخدمت مخصوص شاه رهسپار فرودگاه رباط شدند. هواپیمای بوئینگ ۷۴۷ ملک حسن دوم در انتظارشان بود. برنامه‌ی قبلی پرواز به مقصد آفریقای جنوبی تنظیم و تائید شده بود. اما طی سه روز قبل از آن کوشش‌های هماهنگ اردشیر زاهدی، شاهدخت اشرف، دیوید راکفلر[۳] و هنری کســـینجر[۴] وضع را تغییر داد و مقصد دیگری پیدا شـــد. مجمع‌الجزایر باهاماس[۵] توافقی غیرمنتظر بر انتخاب این نقطه تحقق یافت. برنامه پرواز مسیر هواپیما در دقیقه آخر تغییر یافت. این راه‌حل شـــاه را تا حدی خوشحال کرد. باهاماس یک محل اقامت دائمی

۱- متن ذکر شده

2 -Paraguay
3 -David Rockefeller
4 -Henry Kissinger
5 -BAHAMAS

نمی‌توانست باشد. به علاوه تصمیم گرفته و به اردشیر زاهدی نیز گفته بود که مایل است به مکزیک برود و در آنجا مستقر شود. باهاماس او را به مقصدش نزدیک می‌کرد. از دولت مکزیک در این مورد استفسار شده بود. قول داده بودند که پاسخی بدهند.

اقامت شاه در کشور مراکش نُه هفته به طول انجامید و در محیطی بسیار سرد پایان یافت، ولو آنکه همه آداب و ظواهر تا دقیقه آخر رعایت شد.

در فرودگاه ناسائو[1] پایتخت مجمع‌الجزایر باهاماس، مردی سی‌ساله، لاغر اندام خوش‌پوش و با قیافه جدی، چنان‌که همه افراد حرفه‌ای آمریکایی باید باشند، منتظر ورود شاه و همراهانش بود. او مدیر یک بنگاه کوچک و بی‌نام و نشان روابط عمومی بود که در خدمت برادران راکفلر و بانک چیز مانهاتان[2] فعالیت می‌کرد. او رابرت آرمائو[3] نام داشت و معاونش، که او هم آمریکایی بود، مارک مورس[4]

این دو از آن پس برنامه‌ریزی اجرایی و کارهای مربوط به اقامت شاه و خانواده‌اش را در دست گرفتند. هلی‌کوپتری منتظر شاه و شهبانو بود و آن‌ها را بدون درنگ به یکی از هفتصد جزیره مجمع‌الجزایر باهاماس موسوم به «جزیره بهشت»[5] انتقال داد.

آرمائور در آنجا ویلای کوچکی در کنار دریا برای شاه و شهبانو اجاره کرده بود که فقط یک خدمتکار می‌توانست در آنجا سکنی داشته باشد. ساختمان راحتی نبود، اما مستقیماً در کنار دریا قرار داشت و این مزیتی بود. برای همراهان اطاق‌هایی در یک مهمانسرا واقع در جزیره‌ای دیگر به ۲۵۰ دلار در روز کرایه شده بود.

مقامات محلی شرایط سختی بر اقامت زوج سلطنتی نهاده بودند. آن‌ها حق نداشتند از «جزیره بهشت» خارج شوند. حق مصاحبه با مطبوعات را نداشتند. نمی‌بایست با شخصیت‌های سیاسی ملاقات کنند. نوعی بازداشت در محل اقامت!

فضای زندگی در این شرایط با وجود منظره زیبای دریا و شن‌های گرم ساحلی

---

1 - NASSAU
2 - Chase Manhattan Bank
3 - Robert Armao
4 - Mark Morse
5 - Paradise Island

«جزیره بهشــت» سنگین و فرســاینده بود و خبرهایی که از ایران می‌رسید دلخراش. در این‌جا بود که شاه خبر قتل هویدا نخست‌وزیر پیشین و صدها تن از همکارانش، وزیرانش، افســران عالی‌رتبه ارتشــش و بسیاری کسان دیگر را که می‌شــناخت شنید. در میان آنان افرادی غیر منتظر نیز بودند. مدیر یک مدرســه الهیات که صدســاله بود (علامه حیدری مسئول مدرسه عالی سپهسالار- مترجم)، روشنفکران سرشناس، پزشکانی که کاری به کار سیاست نداشتند، مردم عادی، سربازان وظیفه، افسران جزء. شاه بیشتر اوقات تنها بود و به دریا می‌نگریست. شهبانو دائم سیگار می‌کشید. حتی شاه که مدت‌ها بود دیگر ترک سیگار کرده بود، هر روز چند سیگاری دود می‌کرد.

مهم‌ترین مســأله‌ای که باید حل می‌شــد، امنیت بود. شــاه و شهبانو احساس امنیت نمی‌کردند. پلیس محلی عادت به این قبیل شخصیت‌ها و این گونه مسائل نداشت. مقامات حکومت اسلامی و یاسر عرفات علناً شاه را تهدید به مرگ می‌کردند.

پلیس بر شمار محافظان ویلای محل اقامت زوج سلطنتی افزود. اما کار بیشتری از عهده‌اش برنمی‌آمد. لاجرم، آرمائو از یک شرکت تخصصی آمریکایی کمک خواست که ســی مأمور حرفه‌ای ورزیده با وسائل الکترونیکی پیشرفته به آن‌جا فرستاد و مخصوصاً مراقبت شبانه اقامتگاه شاه را به عهده گرفت. استقرار این مأموران از طرفی به شاه و شهبانو اطمینان بیشتری داد و از طرف دیگر بر احساس زندانی بودن آن‌ها می‌افزود. شاه دیگر تنها بود. حال روحی‌اش بر وضع مزاج و بیماری‌اش تأثیر گذاشــت و در بیماری‌اش وخامتی پدیدار شد.

شهبانو به دستیار پروفسور ژان برنار، دکتر فلاندرن، تلفن کرد و از او خواست که به باهاماس بیاید. نه نامش شناخته بود و نه قیافه‌اش. بدون جلب نظر آمد. بیمارش را معاینه کرد. کار عمده‌ای جز تجویز چند دارو از عهده‌اش برنمی‌آمد.

با تمام این احوال، لحظات شادی و خوشی نیز وجود داشت. فرزندان خانواده سلطنتی برای مدتی کوتاه به باهاماس آمدند. شاه و شهبانو واقعاً از دیدارشان خوشحال شدند و به خاطر آنان تظاهر به خوشی کردند. محیط زندگی بهتر شد. شهبانو پذیرفت که بدون جلب نظر با خبرنگار پاریس ماچ[1] هفته‌نامه معروف فرانسوی مصاحبه‌ای انجام دهد. درد دل‌های

1 -Paris Match

خود را بیان داشت. مصاحبه‌ای بود بسیار تأثرانگیز که هر خواننده را به تأسف وامی‌داشت.

فرار سگ کوچک زوج سلطنتی از اقامتگاهشان، گرچه فوراً پیدا و به صاحبانش مسترد شد سبب ارسال یک «یادداشت رسمی اعتراض» از جانب مقامات محلی به شاه شد، گریه‌آور بود. اما رفتار این مقامات آن‌قدر سبک و دور از آداب بود که علتی برای تفریح و خنده هم شد.

جهانگردان فرانسوی، آمریکایی و انگلیسی در این فصل فراوان بودند. اکثر آنان شاه را می‌شناختند. برایش دست تکان می‌دادند یا کف می‌زدند، یا از او امضایی به یادگار می‌خواستند. محمدرضا شاه به عادت معمولش با همه‌ی آنان رفتاری محبت‌آمیز داشت و این برخوردها برایش دلگرم‌کننده و مطبوع بود.

در این گیر و دار، دیداری غیرمنتظره نیز پیش آمد. سِر دنیس رایت[1] سفیر پیشین بریتانیای کبیر در ایران، مردی که ایران‌شناس بود و فارسی هم می‌دانست، از لندن به باهاماس آمده در مهمانسرایی[2] با نام مستعار ادوارد ویلسون[3] اقامت گزیده بود. از شاه رسماً تقاضای ملاقات کرد.[4] شاه برای یادآوری آداب و شاید گذشته‌ها، او را چهل و هشت ساعت در انتظار گذاشت. سرانجام، در رأس ساعت مقرر، شش بعدازظهر ۲۰ مه به حضور شاه رسید. به شاه گفت که «دولت علیاحضرت ملکه» نمی‌تواند به او پناهندگی سیاسی بدهد و امیدوار است که او (یعنی محمدرضا شاه) این موضع‌گیری را بپذیرد و بفهمد. در حقیقت مسافرت سردنیس به باهاماس و تماسش با شاه، پس از موفقیت محافظه‌کاران در انتخابات بریتانیا و به قدرت رسیدن خانم تاچر بود، که می‌خواست به این ترتیب وعده‌ای را که سابقاً به اردشیر زاهدی داده بود (اما در آن هنگام رهبر اقلیت مخالف دولت وقت لندن بود) باطل سازد. محمدرضا پهلوی پاسخ مقتضی به فرستاده لندن نداد. به گفتگو درباره مسائل باستان‌شناسی و جستجوی آثار قدیم پرداخت.

سردنیس، به ریزه‌کاری‌های رفتار ایرانیان آشنا بود. به گفتگو ادامه داد. با هم از

1 -Sir Denis Wright

۲- موسوم به Ocean Club

3 -Edward Wilson

۴- سردنیس در آن هنگام مرد شماره ۲ دیپلماسی بریتانیا بود. امیراصلان افشار در خاطراتش (منبع ذکر شده) نوشته که شایع بود برای آن‌که شناخته نشود ریش و سبیل مصنوعی گذاشته بود. اما این شایعه را تایید یا تکذیب نمی‌کند. در هر حال، نزد شاه با قیافه معمول خود باریافت.

خاطرات گذشــته تاریخ و باستان‌شناسی ســخن گفتند. ساعتی بعد، سر دنیس دوباره به اصل مطلب بازگشت. این بار عکس‌العمل شاه، سیاستمدارانه نبود، بی‌پروا هم بود. دنیای غرب را متهم کرد که سرچشمه بحران کشورش و بالا گرفتن اسلام‌گرایی افراطی است خطرات این جریان را برای همه کشورهای جهان یادآور شد. فرستاده لندن با خونسردی گوش داد، اما سوالش را تکرار کرد. آیا شاه موضع دولت بریتانیا را قبول می‌کند؟ شاه پاسخ داد که کار دیگری نمی‌تواند بکند ولی علت این پرســش را نمی‌فهمد، او هرگز تقاضای پناهندگی سیاسی در بریتانیا نکرده. بنابراین اقدام «دولت علیاحضرت ملکه» در اعزام او هیچ دلیلی نداشــته است. شاه حق داشت و سردنیس نظرش را پذیرفت. محمدرضا شاه پیروزی بی‌اهمیتی به دست آورد. با این حال انگلیسی‌ها خوشنود بودند. زیرا دیگر سخنی از اقامت شاه در انگلستان به میان نیامد.

چشمان شاه دیگر به مکزیک دوخته بود.

تقاضاهای دســتگاه راکفلرها و شاهدخت اشرف، با مخالفت دولت مکزیک روبرو نشده بود. اما موافقتی هم از آن سو واصل نمی‌شد. اردشیر زاهدی کار را به دست گرفت. شخصاً عازم پایتخت مکزیک شد. با رئیس‌جمهوری آن کشور خوزه لوپز پرتی‌یو[1] روابط حسنه داشت. با وی ملاقات کرد و رئیس‌جمهوری شامی به افتخارش ترتیب داد و پاسخ کتبی مساعد دولت خود را با مسافرت و اقامت شاه و خانواده سلطنتی به وی تسلیم کرد.

چنیــن بود کــه در روز ده ژوئن ۱۹۷۹، شــاه و همراهانش با یــک هواپیمای جت خصوصی که اجاره کرده بودند، در فرودگاه پایتخت مکزیک فرود آمدند. بعداً شــاه در خاطراتش، که در مکزیک تنظیم شده بود، نوشت: «بدین ترتیب دشوارترین دوران تبعید ما به پایان رسید» نمی‌دانست چه مشقات در انتظارش است.

شــاه و همراهان به شهر کوئرناواکا[2] در یک صد کیلومتری پایتخت کشور مکزیک رفتند و در آن‌جا سکونت گزیدند. این شهر از زمان سلطنت ماکسی میلین[3] آن‌جا را دوست داشت معروف شده بود. از آن پس بسیاری از نامداران و یا ثروتمندان جهان به آن‌جا رفت

1 -Jose Lopez Portillo

2 -Cuernavaca

۳- Maximilien (۱۸۶۷-۱۸۳۲)، شــاهزاده اتریشی که ناپلئون سوم او را به عنوان امپراتور به مکزیک تحمیل کرد. پس از شورش مردم علیه او توقیف، محاکمه و تیرباران شد. (مترجم)

و آمد داشتند مانند آلدوس هاکسله[1]، ریچارد برتن ولیز[2]، تایلور[3] یا گابریل گارسیا مارکز[4]. اردشـــیر زاهدی در آن جا ســه ویلا نزدیک به هم در محله پالمیرا[5] به ماهی ده‌هزار دلار برای شاه و همراهانش اجاره کرد. شاه و شهبانو در «ویلای گل‌های سرخ»[6] مستقر شدند. ساختمانی با یک ایوان وسیع، مشرف به باغی که در آن گل سرخ‌های بسیار کاشته شده بود و استخری بزرگ. شاه از ایوان بزرگ غرق در گل آن خوشش می‌آمد. غالباً در آن‌جا می‌نشست، مطالعه می‌کرد یا به موسیقی گوش می‌داد. ترجیح می‌داد تا حدامکان تنهایش بگذارند. در کنار ویلای محل اقامت آنان ساختمان دیگری وجو د داشت که به میهمانان و بازدیدکنندگان اختصاص داده شده بود. هر دو ویلا در بن‌بست کوچکی قرار داشتند که حفاظت از آن آسان بود. اندکی دورتر ساختمان دیگری برای خدمه و محافطین اجاره شده بود. چند صدمتر دورتر از آن‌جا، شاهدخت شمس و همسرش مهرداد پهلبد نیز خانه‌ای کرایه کرده بودند. ملکه مادر، تاج‌الملوک، که در سنین هشتاد عمرش تقریباً حافظه خود را از دست داده و خوشبختانه چیزی از آن‌چه بر او و خانواده‌اش گذشته بود، درک نمی‌کرد، با آنان می‌زیست.

محمدرضا شاه سرانجام احساس امنیت و آسایش نسبی کرد. در ابتدا حال مزاجیش بهبود یافت. به مطالعه می‌پرداخت، در باغ اقامتگاهش راه می‌رفت، حتی تنیس‌بازی می‌کرد و همبازی تقریباً همیشگی‌اش مهرداد پهلبد، همسر شاهدخت شمس بود.

با اســتفاده از این آرامش نســبی، جداً به تدوین خاطراتــش پرداخت. هر چه را به نظرش می‌رسید، ضبط می‌کرد. با هانری بونیه ملاقات‌های متعدد داشت. سندپژوهان گروه نبیه که بعضاً همراه او می‌آمدند، نوارها را تکمیل می‌کردند و بونیه فصول کتاب را مدوّن می‌ساخت و بر روی کاغذ می‌آورد. محمدرضا شاه با دقت بسیار این متون را می‌خواند، غالباً تصحیح می‌کرد.

در نیمه ســپتامبر متن فرانسه و اندکی پس از آن متن فارسی کتاب آماده شد. شاه به

1 -Aldouse Huxley
2 -Richard Burton
3 -Liz Taylor
4 -Gabriel Garcia Marquez
5 -Palmira
6 - Villa Les Roses

دقت دو متن را مقایسه می‌کرد و پای هر یک از اوراق متن فرانسه یا فارسی که مورد تائیدش بود،[۱] «پارافی» می‌گذاشت. متن آمریکایی کتاب در آخرین روزهای زندگی‌اش با اضافاتی آماده شد و شامل بر انتقاداتی از سیاست دنیای غرب بود، که محمدرضا پهلوی ترجیح می‌داد در زمان اقامتش در مکزیک ابراز نکند. بدین‌سان پاسخ به تاریخ در فرانسه در نیمه دسامبر ۱۹۷۹، در پاریس منتشر شد و متن فارسی آن به همت خواهرزاده‌اش آزاده شفیق سه هفته بعد در همین شهر[۲].

شاه که تندرستی نسبی و آرامش خود را بازیافته بود، بخشی از فعالیت‌های معمول خود را از سر گرفت. با رئیس‌جمهوری مکزیک ملاقات‌هایی طولانی و بسیار دوستانه داشت. کسان بسیاری نیز به دیدارش می‌آمدند. از جمله داویدرکفلر، جزف رید[۳] معاون بانک «چیز» که بعداً از طرف، رنالد ریگان به سفارت آن کشور در مراکش منصوب شد و هنری کسینجر وزیر و همکار نیکسن و جرالد فرد، که در آن موقع هنوز موضع‌گیری‌هایش درباره شاه فاش نشده بود. اما به هر حال در زمان تبعید به وی کمک کرد.

از همه این دیدارها جالب‌تر و مطبوع‌تر، مسافرت ریچارد نیکسن به کوئرناواکا بود که بیش از ۲۴ ساعت در آن‌جا اقامت گزید و با شاه به گفتگوهای طولانی پرداخت. هر دو بعداً از این ملاقات خاطرات خوب و مثبت خود را یادآور شدند.

اردشیر زاهدی که چند سالی سفیر «آکردیته» در مکزیک بود.[۴] در این کشور دوستان بسیار داشت، میان سوئیس (که مادرش در آن‌جا مبتلا به سرطان بود و حالی نگران‌کننده داشت) و مکزیک در رفت و آمد دائم بود. از روابط خود برای مراقبت در شرائط زندگی شاه و شهبانو و راحتی خیال آنان استفاده می‌کرد. هوشنگ نهاوندی که موفق شده بود در ماه ژوئیه ۱۹۸۰ از ایران فرار کند، از ۱۸ تا ۲۳ سپتامبر میهمان زوج سلطنتی بود. وی

۱- متن فرانسه کتاب خاطرات شاه، با وجود افراطش در احتیاط و اجتناب از ورود به مباحث سیاسی تندرو، در فرانسه توفیق قابل ملاحظه‌ای یافت. جراید بسیار به بحث درباره آن پرداختند که طبیعتاً بر علیه آن نوشتند. سال‌ها بعد در تبلیغات مستمرش علیه شاه، جمهوری اسلامی، متن فارسی این کتاب را به ترجمه از ترجمه انگلیسی آن(!) با تغییرات عمده و پانویس‌های موهن در تهران انتشار داد و در خارج پراکند. اقدام به پخش آن در خارج ابهاماتی به وجود آورد که متأسفانه ذوی‌الحقوق شاه اقدامی علیه آن نکردند.

۲- دختر شاهدخت اشرف و شوهر دومش احمد شفیق. آزاده که سال‌ها بعد در فرانسه درگذشت و برادرش ناخدا شهریار شفیق (که به دست عوامل جمهوری اسلامی در پاریس به قتل رسید) گروه مقاومتی به وجود آورده با شجاعت به مبارزه با جمهوری اسلامی می‌پرداختند.

3 -Joseph Reed

۴- به هنگام دومین سفارتش در واشنگتن. (مترجم)

نخســـتین کسی بود که بعد از انقلاب از ایران خارج شــده و به دیدار شاه آمده بود. شاه طی ســاعت‌ها از او درباره وضع ایران سوالات متعدد کرد. همچنین متن کتابش را برای اظهارنظر به او داد. به بعضی از پیشنهادهایش توجه کرد.

از مکزیک شاه بار دیگر به اوضاع ایران پرداخت. شاپور بختیار در پاریس به عنوان یکی از مخالفان انقلاب اسلامی قد علم کرده بود. اما شاه همچنان به او بی‌اعتماد بود. از دور ارتشبد اویسی[۱]، «تنها کسی را که می‌تواند کاری انجام دهد» تشویق کرد که در رأس حرکت ضدانقلابی قرار گیرد. هم تشویق معنوی و سیاسی و هم کمک مادی. این سوال مطرح می‌شــود و مطرح اســت که چرا در زمانی که واقعاً از دســت اویسی، فرمانده کل نیروی زمینی، کاری بر می‌آمد، به او اعتماد نکرد. در این دوران آرامش نســبی، فقط یک اتفاق موجب عصبانیت و ناراحتی علنی شــاه شد. هلی‌کوپتری از فاصله نزدیک بر فراز اقامتگاه، زوج سلطنتی به پرواز درآمد. نگاهبانان به خیال آن‌که قصد سویی در میان است، چند تیر اخطارگونه به سوی آن شلیک کردند و هلی‌کوپتر دور شد. اندکی بعد معلوم شد که خلبان هلی‌کوپتر شــاهپور رضا فرزند ارشــد زوج سلطنتی بود که می‌خواست پدر و مادرش را غافلگیر کند! شــاه از این «شوخی» سخت عصبانی شد و تندی‌ها کرد. ولی به هر تقدیر ترتیبات امنیتی حفاظت او چندان به چشم نمی‌خورد. شاه پشت فرمان اتومبیل شخصی‌اش[۲] در شهر به این سو و آن سو می‌رفت و فقط یک اتومبیل مأمور حفاظت پشت سرش حرکت می‌کرد.

در روز یکشنبه ۲۳ سپتامبر، زوج سلطنتی و همراهان‌شان به ناهاری در باشگاه افسران پلس شــهر کوئرناواکا دعوت شدند. شــاه حوصله رفتن به این ناهار را نداشت. اما افراد پلیس شهر با وی آن قدر مهربان بودند که نمی‌خواست اسباب رنجش آن‌ها را فراهم آورد، پذیرفت. چندان عادتی به معاشرت با این گروه نداشت. بهترین و بیشترین سعی خود را کرد که با آنان به گرمی و محبت رفتار کند. هر چه می‌توانستند برای ناهار کرده بودند. حتی ارکســتری فراهم شده بود و آهنگ‌هایی که ایرانی تلقی می‌شد به خاطر شاه می‌نواختند. در پایان غذا حال شــاه به هم خورد، صورتش قرمز شــد، برخاست که برود. شهبانو هم

۱- ارتشبد اویسی در روز ۷ فوریه ۱۹۸۴ به سن شصت و چهار سالگی در پاریس به قتل رسید. وی را در مقابل محل اقامتش به قتل رســاندند. برادرش نیز همراه او بود. از لندن گروهی موسوم به جهاد اسلامی، Islamic Jihad، مدعی مسئولیت این جنایت شد. مقامات فرانسوی موضوع را مسکوت گذاشتند.
۲- یک اتوموبیل Chevrolet معمولی

خواست او را همراهی کند، نپذیرفت و گفت، «دلشان می‌شکند. شما بمانید» شاه و خانم دکتر پیرنیا به اقامتگاه مراجعت کردند.

در طی سه ماه اخیر، در وضع سلامت شاه علائم نگران‌کننده خاصی دیده نشده بود. پروفسور میلی‌یز[1] یک بار از پاریس، با رعایت همه احتیاطات، به دیدارش آمد، معاینه‌اش کرده و هیچ‌چیز نگران‌کننده‌ای که مستلزم تغییر اساسی در ترتیب درمان باشد نیافته بود.

هوشنگ نهاوندی می‌بایست فردای آن روز به پاریس مراجعت کند. اجازه دیدار شاه را خواست که خداحافظی کند. وی را در اطاق خوابش پذیرفت. در رختخواب خوابیده بود: «می‌فهمم که در جریان ناهار، گفتگوها با هم‌سفرگان، شما را به راستی خسته کرده باشد» شاه جواب داد: «به هیچ وجه. این‌ها آدم‌های خوبی هستند. واقعاً خسته شدم و حالم بد شد. می‌دانید من بسیار بیمارم». از «ما»ی شاهانه که همیشه در گفتگوهایش به کار می‌برد. دیگر خبری نبود. در حقیقت، روز ۲۳ سپتامبر ۱۹۷۹، مرحله آخر بیماری که به درگذشت شاه منتهی شد و هنوز چند روزی همه کوشیدند آن را پنهان نگاه دارند، آغاز شد.

به گمان تنی چند از پزشکان متخصص مکزیکی که بدون اطلاع به مقدمات و مراحل آغاز این بیماری به بعضی از جزئیات آن در زمان اقامت شاه در کشورشان اطلاع یافتند در این هنگام شاه «دچار نوعی یرقان همراه با تب شدید و کاهش وزنش شد. طبیب معالجش (دکتر پیرنیا) و یک طبیب فرانسوی متخصص امراض داخلی (دکتر فلاندرن) با توجه به این‌که وی در یک محیط نیمه استوایی زندگی می‌کرد، تصور کردند که وی دچار نوعی بیماری مالاریا شده و وی را برای مقابله با این بیماری مداوا کردند. شاه که به بی‌فایدگی درمان پی برد از دوستش دیوید راکفلر کمک خواست و وی یک پزشک متخصص بیماری‌های استوایی دکتر بنژامین کین[2] را در نیویورک برایش فرستاد.[3] در حقیقت، این اطلاعات که در مراجع مکزیکی داده شد در ظاهر نادرست نیست. اما دقیق و منطبق با

---

1 - Professor Milliez
2 - Dr. Benjamin H. Kean

۳- برگرفته از نوشته چند پزشک مکزیکی
Dr. Jose Asz Sigall, Dr. Gerardo Fernandez Sobrino, Dr. Jorge Cervantes Castro, Mexico y la Crisis Political Por Enfermedad Delshah De Iran, Cirusano General, Vol. 27 November 1, Mexico, 2005

عمق مسأله نیز به نظر نمی‌رسد. مارک مورس، دستیار آرمائو در آن هنگام در کوئرناواکا بود[۱] از رئیس مستقیم‌اش کسب تکلیف کرد. وی با موافقت راکفلر و بدون شک با تائید مقامات رسمی آمریکایی تصمیم گرفت که مداوای شاه باید به پزشکان آمریکایی تفویض شود. بدون موافقت قبلی شاه به دکتر کین متخصص بیماری‌های مناطق استوایی مراجعه و از او خواسته شد که به عیادت شاه برود. دکتر کین به کوئرناواکا وارد شد و به سراغ شاه رفت. وی برآشفت وگفت که به پزشکان خود اعتماد دارد و حتی از گفتن نام داروهایی که به او تجویز شده خودداری کرد. دکتر کین با عصبانیت به نیویورک بازگشت. اما قبل از خداحافظی به شاه گفت که تصور می‌کند بیماری وی جدی باشد و او نیاز به درمانی پیچیده و دقیق دارد، که محمدرضا شاه از این نکته غافل نبود.

شهبانو بار دیگر به دکتر فلاندرن متوسّل شد. نظر فلاندرن این بود که شاه به معاینات دقیق‌تری در یک محیط بیمارستانی نیاز دارد. به عبارت دیگر باید سریعاً در بیمارستانی بستری شود.

اما در کجا؟ شاه شدیداً با مسافرت به آمریکا مخالفت کرد: «بعد از بلایی که به سرم آورده‌اند اگر زانو بزنند و التماس کنند که به کشورشان بروم، قبول نخواهم کرد». میان پیرامونیان اختلاف درگرفت. اردشیر زاهدی که به آن‌جا آمده بود و شاهپور رضا با نظر شاه موافق بودند. شاهدخت اشرف، که او نیز پس از اطلاع از وخامت ناگهانی حال برادرش خود را به کوئرناواکا رساند، عقیده به طب آمریکایی داشت و پیشنهاد کرد که شاه به بیمارستانی در آن کشور منتقل شود.

شاه عقیده دیگری داشت. در اول اکتبر از هوشنگ نهاوندی درخواست که «به طور خصوصی» و از جانب شخص خودش از مقامات فرانسوی محرمانه درباره امکان این‌که در فرانسه بستری شود، استفسار نماید.

هوشنگ نهاوندی چهل و هشت ساعت بعد با آلن پرفیت[۲] وزیر دادگستری فرانسه ملاقات کرد و موضوع را مطرح نمود. پرفیت پس از انتقادی بی‌پرده از رویه دولت

۱- ظاهراً در زندگی روزانه زوج سلطنتی دخالتی نمی‌کرد. نویسنده ایرانی کتاب او را در مدت اقامتش در کوئرناواکا هرگز ندید.

2 -Alain Peyrefitte

فرانسه که «پیرمرد بی‌شعور»ی[1] را در پاریس پذیرفته (اشاره به خمینی) و به او کمک‌ها کرده، پاسخ داد که موضوع را با کاخ الیزه[2] مطرح خواهد کرد چرا که تنها رئیس‌جمهوری می‌تواند در این باره تصمیم بگیرد.

در این گیر و دار دکتر پیرنیا و دکتر فلاندرن، به چند بیمارستان دانشگاهی یا خصوصی پایتخت مکزیک سر زدند و در نهایت امر نظر دادند که شاه مبتلا به بیماری والدنستروم[3] بود. در بخش سرطان یکی از بیمارستان‌های دانشگاهی آن‌جا بستری شود. رئیس بخش پزشکی تحصیل‌کرده فرانسه بود و وسایل کافی در اختیار داشت. از پاسخ پاریس خبری نبود. آرمائو از آمریکا سری به شاه زد که از اوضاع و احوال مستقیماً باخبر شود. با دکتر فلاندرن دیداری داشت و از صحبت‌هایش فهمید که وی دستیار پروفسور ژان برنار است. این نکته را به دکتر کین در نیویورک اطلع داد. شهرت جهانی ژان برنار کافی بود که طبیب آمریکایی متوجه گرفتاری شاه و علت اختفای بیماری و مداوایش بشود. «مصالح مملکتی» در میان بود. دکتر کین با چند تنی در این مورد گفتگو کرد و همین کافی بود که بیماری شاه کاملاً عیان و آشکار شود و جراید و وسایل ارتباط جمعی بر آن بپردازند!

شاه همچنان ترجیح می‌داد که در مکزیک بماند و در همان جا بستری شود. اما اختلاف میان اطرافیان بالا گرفت. دکتر کین و آرمائو همچنان با بستری شدن شاه در مکزیک مخالف بودند. خود او نمی‌خواست به آمریکا برود. از پاریس پاسخی نمی‌رسید. بدون توجه به نظر شاه گروه «آمریکایی‌ها» در مقام تدارک انتقال محمدرضا پهلوی به ایالات متحده برآمدند و می‌خواستند وی را در بیمارستانی وابسته به دانشگاه کرنل[4] در نیویورک بستری نمایند.

فلاندرن و کین به جر و بحث پرداختند. فلاندرن چند کلمه‌ای انگلیسی می‌دانست و کین اندک آشنایی به زبان فرانسه نداشت و نمی‌توانست بفهمد که چگونه کسی انگلیسی نداند و حرفی برای گفتن داشته باشد. اما هر دو در یک موضوع موافق بودند. شاه باید بستری شود و ابتدا کیسه صفرا و سپس طحال وی مورد عمل جراحی قرار گیرد.

---

1 -Vieillard Senile

۲- کاخ Elysee مقر ریاست جمهوری فرانسه (مترجم)

۳- خاطرات فرح پهلوی.

4 -Cornell

«سفارت آمریکا در مکزیک با دکتر ژُرژ سروانتس[1] تماس گرفت که پرونده بیماری شـــاه را دیده و به مســـائل مربوط به کیســـه صفرا آگاه بود. دکتر سروانتس، یک طبقه از بیمارستان A.B.C پایتخت مکزیک را برای پذیرایی از شاه آماده کرده بود و عقیده داشت که عمل جراحی باید فوراً انجام شود. دکتر بِن داستین معاون وزارت امور خارجه آمریکا از وی درباره تجهیزات موجود در بیمارستان سوال کرد. پاسخ دکتر سروانتس آن بود که وسائل موجود برای انجام عمل جراحی و درمان‌های بعدی کفایت دارد. اما نظر مشاوران کارتر آن بود که اصلح است شاه فوراً به آمریکا بیاید چرا که در مکزیک وسائل کافی برای مداوا و عمل جراحی او وجود ندارد.[2]

اطلاعاتی که به جیمی کارتر داده شد نادرست یا لااقل ناقص بود. گفته نشد که در ۱۹۷۴ اطبای فرانســـوی وجود غده‌ای را در گردن شاه دریافته و بیماری غدد لنفاوی وی را بـــا دارویی بـــه نام Clorambucil و رادیو درمانی موضعی تحـــت درمان قرار داده‌اند. در هنگام اقامت شـــاه در مجمع‌الجزایر باهاماس، این وضع محدود و درمان‌پذیر به نظر می‌رسید. اما پیدایش و وجود غدد دیگری را در گردن شاه مشاهده کرده بودند که به سبب «مصالح مملکتی» اشاره‌ای به آن نمی‌شد.

به هر حال چنین به نظر می‌رسد که به بهانه‌ی عدم کفایت وسائل درمانی در مکزیک، آمریکایی‌ها می‌خواســـتند، اختیار شـــاه را در وضعی که روز به روز بحرانی‌تر می‌شد در دست داشته باشند. اما در سایه اتفاقات بعدی می‌توان گفت که بی‌چون و چرا، در مرگ او تسریع کردند و برای واشنگتن و مقامات آمریکایی نیز اشتباهی بزرگ بود. چرا که در همه صحنه‌ها به نحوی نه چندان شایسته سیاست‌شان با ناکامی روبرو شد.

جیمـــی کارتـــر و وزارت امورخارجه آمریکا، به تابعیت از مجامع و محافل بانفوذی که مخالف رژیم شاه بودند، مدت‌ها در موافقت با انتقال شاه به آمریکا تأمل کردند. بعداً تحت فشار دیوید راکفلر، جزف رید و شخصیت‌های دیگری کارتر به سفیر خود در تهران

1 -Dr. Jorge Cervantes

۲- رجوع شود به مقاله ذکر شده، همچنین به
M. Bloom, The Pahlavi problem: a seeqaficiae diagnosis brought the shah into the United States, Science Magazine 1980. Shah's admission to the U.S linked to Misinformation on this sickness, New-York times, 13 May 1981. U.S decision to admit the shah; key events in a 8 months of delete, Washington Post, 18 November 1979.

«دربدری و رنج‌های بسیار» ۸۰۷

دستور داد که از مهدی بازرگان نخست‌وزیر آیت‌الله خمینی و وزیر امور خارجه‌اش دکتر ابراهیم یزدی نظرخواهی کند.

وی این کار را انجام داد و مخالفت مقامات ایرانی را به اطلاع کاخ سـفید و وزارت امورخارجه آمریکا رساند.

رهبران تهران از وضع بیماری شاه اطلاع درستی نداشتند. در حقیقت بیمناک بودند که شاه در آمریکا موفق به تغییر سیاست ولی نعمت‌شان شود و واشنگتن را به مخالفت با رژیم جدید ایران برانگیزد. برای حل «مسأله» وزارت امورخارجه آمریکا یک گروه پزشکی را مأمور معاینه شاه کرد و پیرامونیانش را واداشت که دکتر فلاندرن را روانه فرانسه کنند. زوج سلطنتی تحت فشار قدرت و مداخلات آمریکایی‌ها تسلیم شد و بار دیگر آلت دست قرار گرفت. همه‌ی جراید مهم جهان به صورت یک پاورقی از بیماری شاه و رفتاری که با او می‌شد صحبت می‌کردند. تحقیری بالاتر از این نمی‌شد. کار شاه به جایی رسیده بود، که در تبعید حتی بیمارستانی که خود را در آن تحت درمان قرار دهد، نمی‌یافت.

جمهوری‌خواهان کارتر را متهم کردند که ترتیب مرگ شاه را داده، کسی را که دوست و هم‌پیمان ایالات متحده بود. دیگران او را مستقیماً متهم به قتل کردند.

کارتر عقب نشسـت و موافقت کرد که شـاه برای «اقامتی کوتاه و برای معالجه» به آمریکا بیاید. حال شاه وخیم بود. سرانجام تسلیم شد که رهسپار آمریکا شود. قبل از آن از پرزیدنت لوپزپوریتو قول گرفت که بتواند پس از پایان معالجاتش به مکزیک باز گردد.

شامگاه ۲۲ اکتبر، آرامش نسبی ویلای غرق در گل‌های سرخ کوئرناواکا را ترک کرد و با یک جت خصوصی و اجاره‌ای کوچک عازم نیویورک شد. به زحمت روی پای خود ایسـتاده بود اما از این‌که در هواپیما دراز بکشد امتناع کرد. می‌خواست ایستاده و سربلند باشد.

قرار بود هواپیما مستقیماً به نیویورک برود. اما آن را در یک فرودگاه کوچک در نیمه راه فرود آوردند. به سرنشـینان اجازه خروج از هواپیما داده نشد. درون هواپیما گرم بود و هوا تقریباً غیرقابل تنفس. یک بازرس کشـاورزی آمد که می‌خواست بداند آیا هواپیما

گیاهی حمل نمی‌کند و اطمینان حاصل کند که زباله‌هایش را بر خاک ایالات متحده فرو نمی‌ریزد. سرنشینان یک ساعت در داخل هواپیما ماندند. بالاخره اجازه پرواز داده شد و هواپیما در ساعت ۲۳ (یازده شب) عازم نیویورک گردید. در اوائل بامداد روز ۲۳ اکتبر، سرانجام هواپیما در فرودگاه لاگودیا[1] نیویورک، فرود آمد. قرار بود ورود شاه محرمانه بماند. سرنشینان از هواپیما پیاده شدند و همان‌گونه که قرار بود در وسائل نقلیه‌ای که از پیش آماده شده بود سوار و به سوی اقامتگاه شاهدخت اشرف در بخش شرقی نیویورک رهسپار شدند. ناراحتی پیش‌بینی نشده دیگری در انتظار شاه و همراهانش بود. در چند صدمتری مقصد به آنان اطلاع دادند که صدها روزنامه‌نویس و عکاس و فیلم‌بردار در مقابل منزل اشرف جمع شده منتظرشان هستند. اتوموبیل‌ها راه خود را منحرف کردند و مستقیماً عازم بیمارستان نیویورک[2] شدند. برای احتیاط محمدرضا شاه پهلوی در آن‌جا به نام دیوید نیوسام[3] کارمند عالیرتبه وزارت امورخارجه آمریکا پذیرفته و بستری شد.

باز ناراحتی غیرمترقبه‌ای روی آورد. چند دقیقه‌ای پس از پذیرش محمدرضا شاه وسایل ارتباط جمعی از آن مطلع شدند و از سحرگاه ۲۴ اکتبر، به صورت دائم بساط‌شان را در برابر بیمارستان پهن کردند. در روز ۲۴ اکتبر، در حالی که شاه تحت عمل جراحی قرار گرفت با اجازه پلیس، تظاهراتی علیه او در مقابل بیمارستان آغاز شد. کسانی از هواداران او نیز کوشیدند که در آن‌جا گردهم آیند. پلیس تظاهرات آنان را ممنوع و پراکنده کرد. حتی سبدهای گل فراوانی که برای او فرستاده شده بود ضبط گردید و به او داده نشد. با تمام مراقبت‌هایی که می‌شد هواپیمای کوچک یک موتوره‌ای در فضای نیویورک پدیدار شد و نوار بزرگی را که متضمن خوش‌آیند مهرآمیزی به شاه بود، به پرواز درآورد. بعداً دانسته شد که خلبان آن یکی از سران طوائف بلوچستان است که افسر نیروی هوایی بود.

از این پس دیگر نظارت بر مداوا و معالجه شاه، در اختیار خود او یا خانواده و نزدیکانش نبود. دکتر کین و آرمائو همکارش همه تصمیمات را می‌گرفتند. از مداخله دکتر فلاندرن که شهبانو مایل به فراخواندن او بود جلوگیری شد. به آزمایش‌هایی که قبلاً انجام شده بود وقعی ننهادند و همه چیز را از سر گرفتند. از دکتر مورتن کولمان جراح معروف[4]

1 -La Guairdia
2 - New-York Hospital
3 -David Newsome
4 -Dr. Morton Colman

«دربدری و رنج‌های بسیار»

خواسته شد که عمل جراحی را انجام دهد. در آن محیط پر هیاهو و تشنج او می‌خواست عمل جراحی کیسه صفرا را انجام دهد و طحال را بردارد. هنگامی که به بیمارستان رسید و خواست کار خود را انجام دهد، مشاهده کرد که گروهی جراح ناشناخته شاه را به اطاق عمل برده جراحی را شروع کرده‌اند! اشتباه عمدی یا غیرعمدی اصلی در همین جا انجام گرفت. طحال برداشته نشد. چه کسی چنین تصمیمی را گرفته و دکتر کولمان را که کسی در صلاحیت وی تردیدی نداشت، کنار گذاشته بود؟ هرگز پاسخی به این سوال داده نشد، یا علناً داده نشد.

مخبرین جراید و وسایل ارتباط جمعی سرتاسر جهان تحول وضع سلامت شاه را دنبال می‌کردند. هر ساعت خبر تازه‌ای پخش می‌شد. هر کس چیزی می‌گفت. هر روزنامه‌نویس شایعاتی را منعکس می‌کرد. از رعایت حرمت بیمار و رازداری پزشکی و درمانی خبری نبود.

هفته‌ای گذشت. عکس‌برداری‌های رادیویی نشان داد که عمل جراحی به درستی انجام نشده و هنوز اقلاً در کیسه صفرا سنگ‌ها و بقایائی هست که مانع فعالیت آن می‌شود. با وضعی که شاه داشت تجدید عمل جراحی دیگر میسر نبود.

تصمیم گرفته شد که معالجات و مداوا در یک مرکز طبی مجاور بیمارستان[1] که با یک راهرو زیرزمینی با آن ارتباط داشت، ادامه یابد. سال‌ها قبل شاه برای تشکر از اطبای بیمارستان که مادرش، ملکه تاج‌الملوک را، با دلسوزی معالجه و مداوا کرده بودند، عطیه‌ای معادل یک میلیون دلار به این مرکز درمانی داده بود. تنی چند از همان پزشکان سوگند خود را فراموش کرده اعلام کردند که از معالجه شاه امتناع خواهند کرد. آرمائو آنان را تهدید کرد که عطیه شاه را به بیمارستان که آن‌ها نیز از آنان بهره‌مند شده بودند به اطلاع مطبوعات خواهد رساند. سرانجام توافق حاصل شد که جلسات رادیو درمانی، شب‌ها انجام شود و قبل از ساعت پنج بامداد پایان یابد. رویه‌ای غیرعادی، فرساینده برای بیمار و مخصوصاً اهانت‌آمیز. هدف تحقیر شاه بود.

برای هر جلسه درمانی شاه را در صندلی چرخ‌داری می‌نشاندند، با آسانسور به زیرزمین می‌بردند مانند یک مجرم ده‌ها مأمور پلیس او را محاصره داشتند. شهبانو به دنبال

1- Memorial Sloan Kettering

صندلی چرخ‌دار می‌دوید که همسرش را تنها نگذارد.

در روز ۱۵ نوامبر، سرانجام پاسخ دولت فرانسه به امضای آلن پرفیت وزیر دادگستری به دست هوشنگ نهاوندی رسید. البته منفی بود. اما با عباراتی پرمعنا پایان می‌یافت. «من هم مثل شما از آن‌چه می‌گذرد سخت بیمناکم». یار دیرین ژنرال دوگل می‌خواست به این ترتیب مدرکی از مخالفت رئیس جمهور فرانسه با پذیرفتن شاه در یکی از بیمارستان‌های آن کشور به جا بگذارد و دانسته شود که خود او با چنین رویه‌ای موافق نیست.

مقامات حکومت اسلامی سخت از این‌که سرانجام شاه به آمریکا آمده، در بیمارستانی پذیرفته شده و تحت درمان است، در خشم بودند. در روز ۲۳ اکتبر، ۳۰،۰۰۰ نفر به عنوان اعتراض به این عمل در برابر سفارت آمریکا در تهران به تظاهر پرداختند. این مقدمه‌ای بیش نبود. در روز ۴ نوامبر، در حالی‌که وضع مزاجی شاه تقریباً تثبیت شده، گروهی از افراطیون چپ که خود را «دانشجویان خط امام» نام نهاده بودند سفارت آمریکا را در تهران اشغال کردند و ۵۲ دیپلمات و کارمند سفارت را به گروگان گرفتند.

نخستین گروگان‌گیری رسمی و دولتی در تاریخ روابط بین‌المللی، چنین آغاز شد و ۴۴۴ روز به طول انجامید و جهان را در التهاب نگاه داشت و مخصوصاً به صورت نقطه عطفی در تاریخ ایالات متحده آمریکا درآمد. این گروگان‌گیری به خصوص چهره واقعی حکومت جدید ایران را به جهانیان نشان داد. گروگان‌گیران، تهدید کردند که هر بیست و چهار ساعت یکی از گروگان‌ها را به قتل خواهند رساند در برابر آزادی آنان خواستار «ثروت شاه» و اخراج او از آمریکا و تحویلش به دولت ایران بودند.[1]

«ثروت خانواده پهلوی» گفتگوها و توهمات بسیار برانگیخته. بسیاری سرمایه‌گذاری‌های وسیع ایران را در خارج و نیز دارایی‌های متعلق به بنیاد پهلوی را به عنوان ثروت شاه یا متعلق به وی تلقی و معرفی می‌کردند.

البته درست است که پس از سال ۱۹۷۰ و افزایش سریع عواید نفتی، ایران به سرمایه‌گذاری‌های مهمی در خارج از کشور دست زد، کاری که امروز در همه کشورهای

۱- بهزاد نبوی یکی از رهبران آن موقع حکومت تهران اعلام داشت که این گروگان‌گیری عملی بی‌سابقه در تاریخ جهان و هدف آن ممانعت از هر نوع نزدیکی و همکاری میان ایران اسلامی و ایالات متحده بود. ابوالحسن بنی‌صدر نیز بیاناتی در همین راستا ایراد کرد.

صادرکننده نفت معمول است. مجموع این سرمایه‌گذاری‌ها در اواخر سال ۱۹۷۷ و اوائل سال ۱۹۷۸ متجاوز از بیست میلیارد دلار بود. هدف آن بود که علاوه بردرآمدهای حاصل از بهره‌برداری و فروش نفت، ایران منابع ارزی دیگری هم در اختیار داشـــته باشد و تنها محتاج به نفت نباشد که به حکم اجبار، ذخائر آن روزی به پایان می‌رسید. همچنین ایران می‌خواست مســـتقیماً به فن‌آوری‌ها و شیوه‌های جدید تولید دسترسی داشته باشد و نیز به عنوان شریک در موسسات بزرگ اقتصادی جهان در تصمیمات آنان که تا حد زیادی تعیین‌کننده سیاست‌های بین‌المللی بود و هست، نقش و سهمی داشته باشد. واحد کوچکی در دفتر نخست‌وزیر در تهران و تنی چند در لوکزامبورگ بر این کار نظارت داشتند.

شـــاه همواره به این سرمایه‌گذاری‌ها علاقمند بود و تا حد ممکنات مملکت آنها را تائید می‌کرد. این رویه او هم ناشی از یک دورنگری واقع‌بینانه اقتصادی بود و هم نشان از جاه‌طلبی شخصی و مملکتی داشت که ایران در صحنه جهان به حساب بیاید.

هر یک از این تصمیمات سرمایه‌گذاری در مطبوعات خارجی به عنوان تصمیمات با «ســـرمایه‌گذاری‌های شاه» معرفی شد.[۱] حال آنکه متعلق به دولت ایران، یا بنیاد پهلوی بود، نه شاه. مقامات حکومت اسلامی ناچار شدند به هنگام گروگان‌گیری سفارت آمریکا در تهران، که بهانه رسمی آن «استرداد ثروت شاه»، بود، رقمی را عنوان کنند. بهزاد نبوی یکی از رهبران اصلی حکومت در آن زمان که مدت‌ها مسئولیت مذاکرات با آمریکایی‌ها را درباره این «معامله» به عهده داشت، رقم ۲۲ یا حتی ۲۳ میلیارد دلار را عنوان کرد و این رقم رسمیت یافت. او در یک بیان رسمی گفت که «کسی در جایی» به آن‌ها گفته بود که ثروت شاه بر ۲۲ میلیارد دلار بالغ است. و «ما هم» دیدیم ضرری ندارد که چنین رقمی را مطالبه کنیم، حال آن‌که سند و مدرکی در این مورد نداشته و نداریم.[۲]

۱- طبیعی اســـت که بعد از آنکه حکومت اســـلامی به رسمیت شناخته شد، همه این دارایی‌ها، به خودی خود به جمهوری اسلامی تعلق یافتند. همچنین بنیاد پهلوی، که دارای اساسنامه‌ای شبه دولتی بود، تغییر نام داد و به بنیاد علوی موسوم شد و همه اموال آن در خارج و داخل به رژیم جدید منتقل شدند، از جمله آســـمان‌خراش سی و سه طبقه‌ای در نیویورک که همه آن را «آسمان‌خراش شاه» می‌نامیدند. باید گفت که سرنوشت و نحوه بهره‌برداری از این دارایی‌های عظیم پس از انقلاب روشن نیست (و به اصطلاح عوام قسمتی یا تمام آن ممکن است ملاخور شده باشد. مترجم).

۲- متن کامل و دقیق ســـخنان بهزاد نبوی در ماهنامه صف ارگان رســـمی قوای مسلح جمهوری اسلامی ایران شماره ۳۵، آبان ۱۳۶۱ (۲۱ اکتبر تا ۲۱ نوامبر ۱۹۸۲) مندرج است. این سخنان در میان جمعی از صاحب‌منصبان ارتش و سپاه پاسداران، به عبارت دیگر در یک جلسه رسمی و محدود ایراد شد.

باید گفت که خانواده سلطنتی، یعنی شاه و همسر و فرزندانش، ثروتمند هستند[1] و در این نکته تردید نیســت. خود شاه در مصاحبه‌ای با باربارا والترز[2] روزنامه‌نگار معروف آمریکایی گفت «ما فقیر نیستیم. ولی محتملاً از بعضی از آمریکایی‌ها نیز ثروتمندتر نیستم.» پاسخی سیاسی اما معقول.

بهر تقدیر، اســترداد ثروت شــاه، که ارائه ارقام و مدارک آن آســان نبود، به زودی از شمار شرایط جمهوری اسلامی برای استرداد شاه خارج شد، یا در رده دوم قرار گرفت و تقاضای توقیف او را به عنوان بهانه و خواسته اصلی خود درآوردند.

در ایالات متحده آمریکا، مسأله استرداد شاه، به صورت یک مورد اختلاف و بحث سیاسی نه تنها در زمینه روابط بین‌المللی بلکه در راستای مجادلات داخلی درآمد.

شاه به هنگامی که در بیمارستان نیویورک بستری و تحت مداوا بود، چندین هزار نامه و کارت پستال دائر بر پشتیبانی و ابراز محبت دریافت کرد که نشان می‌داد سیاست دولت کارتر را تائید نمی‌کنند.

همچنین بسیاری از ایرانیان مقیم خارج حمایت و جانبداری خود را از او عیان کردند. صدها دسته‌گل به بیمارستان برایش فرستاده شد که دیگر پلیس نیویورک قادر به مخفی کردن آن‌ها نبود.

بسیاری از آمریکاییان و شخصیت‌های معروف جهان به دیدارش آمدند یا نسبت به او ابراز حمایت کردند. موضع‌گیری فرانک سیناترا[3] هیاهوی بسیار به پا کرد. وی شدیداً رویه دولت کارتر را محکوم و شاه را به ملک شخصی مجلل خود در پالم اسپرینگ[4] دعوت کرد که ایام نقاهتش را در آن‌جا بگذراند. رُنالد ریگان که مبارزه خود را برای داوطلبی حزب جمهوری‌خواه در انتخابات ریاست جمهوری آغاز کرده بود، پیامی محبت‌آمیز برای شاه

۱- در این مورد نگاه کنید به احمد انصاری من و خاندان پهلوی، تهران، انتشــارات توکا، ۱۹۹۲ نویسنده، پسرخاله شهبانو، طی چند سال پس از انقلاب اداره قسمتی از این دارایی‌ها را به عهده داشت و از نزدیکترین افراد به شــهبانو و شــاهپور رضا بود. سپس از آنان جدا شد و به ایران رفت و این کتاب را با کمک مقامات جمهوری اســلامی و به قصد اضرار به پهلوی‌ها انتشــار داد. بنابراین باید در درجه اول آن را با یک ســند تبلیغاتی تلقی کرد. معذالک از بعضی اطلاعات جالب نیز بری نیست.

2 -Barbara Walter

3 -Frank Sinatra

4 -Palm Spring

فرستاد که طبیعتاً بازتاب فراوان داشت.

در اواخر نوامبر حال مزاجی و وضع سلامت شاه نسبتاً تثبیت شده بود و خواست به کوئرناواکا باز گردد. مارک مورس به آنجا اعزام شد که ویلای گل‌های سرخ را برای مراجعت و اقامت خانواده سلطنتی آماده نماید. مقامات مکزیکی اندکی این دست و آن دست کردند و بالاخره به محمدرضا شاه پیغام دادند که از پذیرش وی در آن کشور معذورند. شاه به معنای واقعی بی‌خانمان بود. جایی نداشت. نمی‌دانست به کجا برود. شخصاً مایل بود باز مدتی در نیویورک، در ساختمان متعلق به خواهرش شاهدخت اشرف، بماند. اما جیمی کارتر که مبارزه انتخاباتی خود را شروع کرده بود، رسماً و قویاً با آن مخالفت کرد.

شخصی به دیدار شاه فرستاد و توصیه کرد که فعلاً به پایگاه هوایی لاکلاند[1] در تگزاس برود. در آنجا یک مرکز پزشکی مجهز وجود داشت که شاه می‌توانست در آن به معالجات خود ادامه دهد. کارتر اضافه کرد که امنیت‌اش در یک پایگاه نظامی مسأله‌ای مطرح نخواهد کرد و با آسودگی خیال خواهد توانست در جستجوی مأوا و پناهگاه دیگری برآید. محمدرضا پهلوی چاره‌ای جز قبول این تصمیم نداشت. با آمدن به آمریکا خود را دست بسته تسلیم آمریکایی‌ها و دولت کارتر کرده بود.

در روز اول دسامبر، اندکی قبل از نیمه شب، مأمورین امنیتی شاه را در صندلی چرخ‌داری مستقر کردند، به سرعت در دالان‌های بیمارستان به سوی آسانسور و از آنجا به زیرزمین بردند. این ساعت غیرعادی برای اجتناب از تظاهرات یا اتفاقات غیرمترقبه انتخاب شده بود.

در زیرزمین صندلی را به درون آمبولانسی بردند. ده‌ها تن از مأموران امنیتی متعلق به سازمان F.B.I با حداکثر تجهیزات متصور شاه و آمبولانس را در محاصره گرفته بودند. آمبولانس در حفاظت چندین اتومبیل پلیس که همه آژیرهای خطرشان را به صدا درآورده بودند رهسپار فرودگاه شد.

همین رفتار در بیکام پلیس[2]، محل اقامت شهبانو، با او شد. شاه اندکی پس از آگاهی

---

1 - Lakeland
2 - Beekman place

از تصمیم جیمی کارتر، به شهبانو اطلاع داد که می‌بایست نیویورک را ترک کنند. پلیس به جستجوی او آمد. حتی در اتومبیل شهبانو مأموران امنیتی نشاندند، وسائل نقلیه دیگری متعلــق به پلیس آن را محاصره کردند. ســر و صدا و هیاهــو و آژیر اتومبیل‌های پلیس شــاهدخت لیلای خردســال را که نُه سال بیشتر نداشــت (او آخرین فرزند شاه و گویا سوگلی پدرش بود) از خواب پراند. مادرش هنگامی که در خواب بود رفته بود، به دنبال مادر می‌گشت. فریاد می‌زد، گریه می‌کرد، صحنه‌ای دلخراش بود.

هر دو کاروان در فرودگاه لاگواردیا به یکدیگر پیوســتند. یک هواپیمای ارتشــی در حلقه محاصره گروه کثیری از مردان مسلح که به لباس‌های ضدگلوله ملبس بودند، اطراف هواپیما را گرفته انتظار شــاه و شهبانو را می‌کشیدند. زوج سلطنتی را بدون کوچک‌ترین رعایت و نزاکتی وارد هواپیما کردند که بی‌درنگ به پرواز درآمد و راهی تگزاس شد.

در موقع ورود هواپیما به پایگاه لاکلند، با وجود این‌که سحرگاه و همه چیز خلوت و آرام بود، تعداد زیادی از مأموران امنیتی حاضر بودند. زوج سلطنتی را با خشونت به درون یک آمبولانس کردند بســیار ناراحت که مخصوص حمل و نقل زندانیان بیمار بود، هُل دادند که به سرعت به سوی بیمارستان روانی پایگاه روانه شد. شاهپور رضا بعداً رنج‌های آن روز پدر و مادرش را بیان کرد، «هر دو در شرایطی بسیار نامناسب و ناراحت نشسته بودند. شاه و ملکه به دلیل سرعت آمبولانس و دست‌اندازهای جاده، به این سو و آن سو پرتاب می‌شدند. سرهای‌شان به یکدیگر می‌خورد. چگونه بیماری را که تازه مورد عمل جراحی قرار گرفته بود، در این شرایط حرکت می‌دادند».[1]

شاه و شهبانو سپس در اطاقی که پنجره‌هایش میله‌های آهنی داشت و کاملاً بسته بود محبوس شدند. کرکره‌ها را هم بسته بودند که مانع ورود روشنایی به داخل اطاق شود.

در، از درون دستگیره نداشت. در اطاق مجاور، زنجیرها و لباس‌های دیوانگان آماده بود که اگر پهلوی‌ها بخواهند سر و صدا راه بیاندازند و مخالفت کنند... دولت آمریکا همه چیز را برنامه‌ریزی کرده بود.

محمدرضا پهلوی، خاموش بود و رنج می‌کشــید. آیا از ترک ایران پشــیمان بود؟ به

۱- در Christian Malar et Alain Rodier - Reza Pahlavi, op.cit

اشتباه خود در تسلیم به توقعات و خواسته‌های غربی‌ها پی برده بود؟ از این که به دوستان دروغین و دو رو اعتماد کرده است رنج می‌برد؟

شهبانو، آرام نگرفت و اعتراض کرد. به وی گفتند که آن اطاق، مطمئن‌ترین و امن‌ترین محل پایگاه است. اما واقعاً در داخل یک پایگاه نظامی که همه تدابیر حفاظتی در آن رعایت می‌شد، چه خطری می‌توانست متوجه آنان باشد. همه این‌ها برای تحقیر شاه بود و بس.

چند ساعتی گذشت. بالاخره برای آرام کردن شهبانو به او اجازه دادند به یک یا دو نفر تلفن کند. موفق شد با دوستانی در نیویورک تماس بگیرد و شرایط زندگی یا در حقیقت زندانی شدن‌شان را به آن‌ها بازگو کند. بر اثر مداخله موثر این دوستان از فردای آن روز شرایط زندگی شاه و شهبانو اندک بهبودی یافت. آن‌ها را به یک خانه کوچک سه اطاقه منتقل کردند. نیمکتی پلاستیکی، نشیمنگاه اصلی اطاق نشیمن بود.

ژنرال آکِر[۱] فرمانده پایگاه به دیدن شاه آمد. چندین بار از شرایط اقامت‌شان عذر خواست و محرمانه مخالفت خود را با سیاست رسمی دولت‌اش ابراز داشت. از محمدرضا شاه خواست که فعلاً از ویلا خارج نشود. اما زوج سلطنتی را به شام دعوت کرد. شرف نظامی هنوز برای او و بسیاری از نظامیان آمریکایی معنی و مفهومی داشت.

زندگی شاه در پایگاه آکلند اندک اندک حالت عادی‌تر به خود گرفت. میل داشت در اطراف محل اقامتش قدم بزند. موافقت شد. خلبانان ایرانی بسیاری در آکلند آموزش دیده بودند و در آن‌جا دوستانی داشتند. تنی چند از افسران آمریکایی پایگاه به ایران سفر کرده، از آن کشور خاطراتی خوش داشتند. هر یک که شاه را می‌دیدند برایش کف می‌زدند و به او ابراز احترام می‌کردند. بعضی از مسائل هوایی نظامی با او گفتگو می‌کردند و اطلاعات وی آن‌ها را شگفت‌زده می‌کرد. می‌پذیرفت که با آنان عکس بیاندازد یا به آن‌ها امضاء بدهد. شهبانو هم یکی دو بار تنیس بازی کرد. زندگی طبیعی‌تر شد. اما مسأله اصلی باقی بود. به کجا بروند؟ اقامت در این پایگاه کاملاً موقت بود، گرچه شاه اندک اندک آرامتر می‌شد و حالش بهبود می‌یافت.

آفریقای جنوبی، همچنان از اقامت شاه و پذیرایی از او حسن استقبال می‌کرد. بعضی

1 - Acker

از دوستان شاه شیلی و تایوان (فرمز) را پیشنهاد کردند. نپذیرفت.

دعوتی غیرمنتظره از رئیس‌جمهوری رومانی، نیکلاچائوشسکو[1] رسید. شاه نمی‌خواست به یک کشور دیکتاتوری و کمونیستی برود. تشکر کرد و عذرخواست. اما درهای همه کشورهایی که دارای حکومت دمکراسی بودند، به رویش بسته بود. هیچ‌کس بر سردار شکسته خورده ترحم نمی‌کند. تنها راه‌حل چند کشور آمریکای مرکزی باقی مانده بود.

سرنوشت نیکلای دوم همچنان پیش روی شاه بود و او را نگران می کرد و رنج می‌داد. ظاهراً اندیشه استقرار شاه در پاناما، برای نخستین بار از جانب مرد قوی آن کشور ژنرال عمر توریخُس[2] مطرح شد. او از دوستان فیدل کاسترو بود، اما خود را مدیون کارتر می‌دانست که دستور به تخلیه منطقه ترعه پاناما از نیروهای آمریکایی داده بود. می‌خواست به نحوی دین خود را ادا کند. از مشکلات کارتر آگاه شد و در خفا این پیشنهاد را به او کرد. شاه پس از تردیدهای بسیار پذیرفت. انتخاب دیگری هم پیش رویش نبود.

دکتر کین که دیگر با محمدرضا پهلوی حسُن رابطه یافته، مورد اعتماد او قرار گرفته بود، وی را از مسافرت به پاناما «این کشور غریب» نهی کرد.[3] سرانجام تصمیم به مسافرت به پاناما قطعی شد. بار دیگر اردشیر زاهدی وارد کار شد. با آریستید رویو[4] رئیس‌جمهوری پاناما که در ۱۱ اکتبر ۱۹۷۸ به این سمت انتخاب شده بود، دوستی و آشنایی داشت. رویو، دکتر در حقوق و مردی خوشنام بود، اما اختیاری نداشت و مقامش تشریفاتی بود. ولی به هر حال واسطه و وسیله‌ای بود. اردشیر زاهدی شاهپور رضا را برداشت و هر دو عازم پاناما شدند. رئیس‌جمهوری ضیافت شامی به افتخار آنان ترتیب داد. در میانه شام ژنرال توریخس سررسید به زاهدی گفت «من نمی‌فهمم که چطور پادشاه شما با ارتشی وفادار و منضبط و پانصد هزار نظامی که در اختیارش بود، با یک پلیس توانا و با آن همه کسان که به وی وفادار مانده بودند،کشورش را رها کرد»[5] ژنرال سپس به زاهدی گفت، «معذالک به شاه بگویید که ما او را در این جا با آغوش باز پذیرا خواهیم شد».

1- Nicola Causeuscu
2- Omar Torrijos
3- American Medical News, 7 aout 1981
4- Aristid Royo
۵- روایت اردشیر زاهدی به نویسنده ایرانی کتاب

اردشیر زاهدی، از یکی از دوستانش گابریل لویس[1] که پیش‌تر سفیر پاناما در واشنگتن بـود، ویلای زیبایی در جزیره کونتادورا[2] که در پنجاه کیلومتری پایتخت پاناما واقع بود، اجاره کرد. لویس، محبت را به جایی رساند که هواپیمای شخصی خود را نیز در اختیار شاه نهاد، که اگر نیازی پدیدار شد...

در روز ۱۵ دسامبر، شاه و شهبانو و اطرافیان‌شان به این جزیره منتقل شدند. زندگی آن‌ها در ابتدا آرام بود. شـاه وقت زیـادی را مصروف مطالعه می‌کرد، مخصوصاً مطالعه زندگی‌نامه بزرگان، یا لااقل تظاهر به مطالعه می‌کرد که آسوده‌اش بگذارند.

ژنـرال توریخس غالباً به دیدارش می‌آمد. وی را Senor Shah می‌خواند، که این بر محمدرضا شـاه بسیار ناخوشـایند بود. بازدیدهای پرزیدنت رویو، با رعایت ادب و تشریفات شایسته همراه بود و بیشتر به دل شاه می‌نشست.

نزدیکـی انتخابات آمریکا و کینه عمیق گروهی از نزدیکان کارتر نسـبت به شـاه، رئیس‌جمهوری آمریکا را واداشـت که مذاکـرات محرمانه‌ای را با تهران جهت معاوضه شـاه با گروگان‌های آمریکایی آغاز کند. اما در پایتخت ایالات متحده هیچ چیز محرمانه نمی‌ماند. ژنرال توریخس و دستیارش ژنرال مانوئل نوریه‌گا[3] که پیاپی دسته گل‌هایی برای شهبانو می‌فرستاد و به او اظهار علاقه می‌کرد، از این مذاکرات باخبر شدند.

برای این‌که «سرمایه» خود را از دست ندهند، مقرر داشتند که دویست سرباز مسلح ویلای محل اقامت زوج سلطنتی را محاصره کنند. تلفن‌های آنان تحت شنود قرار گرفت. نامه‌هـای آن‌ها را باز کرده عکس‌برداری می‌کردند، یا اصلاً به آنان نمی‌دادند، یا ارسـال نمی‌داشتند. ملاقات‌ها محدود شد. فقط شاهدخت اشرف، فرزندان شاه، اردشیر زاهدی و یکی دو روزنامه‌نویس به دیدارشان آمدند.

مذاکرات واشـنگتن و تهران برای معاوضه شاه با گروگان‌های آمریکایی دیگر علنی

---

1 - Gabriel Lewis

2 -Contadora

۳- Manuel Noriega. پس از آنکه توریخُس در یک حادثه عجیب کشته شد، ژنرال نوریه‌گا، به عنوان مرد قوی پاناما و با حمایت کامل واشنگتن جای او را گرفت. چندی بعد به عنوان مشارکت و دخالتش در قاچاق و معاملات مواد مخدر، کماندوهای آمریکایی او را ربودند، محاکمه و محکوم شـد و هنوز در زندان است.

شـــده بود. فرســـتادگان تهران میان پاناما و واشنگتن در رفت و آمد دائم بودند. گاهی هم توقفی در پاریس داشـــتند. مطبوعات سراسر جهان رفت و آمدهای آنان را منعکس و در جریان مذاکرات گزارش‌هایی کم و بیش مطابق با واقعیات منتشـــر می‌نمودند. هامیلتون جُردن[1] دبیر کل کاخ سفید، در مرکز همه این مذاکرات بود.

محمدرضا شاه که از این رفت آمدها آگاه و نگران بود با حقوقدان معروف انگلیسی لُرد هارتله شوکراس[2]، قاضی پیشین دادگاه نورمبرگ و رئیس انجمن روابط ایران و بریتانیا تلفنی مشورت کرد. به او اعتماد داشت. لرد شوکراس به وی جواب داد که تحویل او به مقامات حکومت ایران حتی قابل تصور هم نیست و اگر چنین اقدامی به جریان افتد وی با کمال میل به دفاع از شـــاه برخواهد خواست و مانع این کار خواهد شد. چند روز بعد خود او به شاه تلفن کرد، نظر قبلی‌اش را تائید نمود، اما گفت که «به دلایل سیاسی که خود اعلیحضرت حدس می‌زنند» از قبول دفاع وی در مراجع قضایی معذور است. شاه دانست که دولتین آمریکا و انگلیس در این کار دخالت کرده مانع شده‌اند.[3] شاهدخت آزاده شفیق، خواهرزاده شاه، در پاریس با دو تن از وکلای دادگستری معروف فرانسه تماس گرفت که پذیرفتند، در صورت نیاز، پرونده را در دست بگیرند و از حقوق شاه دفاع کنند.

هامیلتون جُردن دائماً مزاحم شـــاه بود. از شاه خواســـت که از دولت پاناما تقاضای پناهندگی سیاســـی کند. می‌دانســـت که پس از رد این تقاضا که محتوم بود، توقیف شاه، اخراجش از پاناما و تحویلش به مقامات حکومت اسلامی مانع حقوقی نخواهد داشت.[4]

محمدرضا شاه نپذیرفت. سپس از وی خواست که برای اطمینان تهران رسماً از مقام خود استعفاء بدهد. باز شاه قبول نکرد.

در اواخر مارس به محمدرضا شاه ابلاغ شد که حق خروج از ویلای خود را ندارد. از همه سو به وی اطلاع داده می شد که عنقریب توقیف، اخراج و به مقامات حکومت تهران تحویل داده خواهد شد. تصمیم گرفت که هر چه زودتر پاناما را ترک کند. حال روانی‌اش

---

1 - Hamilton Jordan
2 - Lord Hartley Shawcross
۳- روایت شاه به نویسنده ایرانی کتاب در قاهره، ماه مه ۱۹۸۰
4 - Hamilton Jordan, Crisis the last year of the carter presidency, ed. Putman, New-York 1982

در حال مزاجیش تاثیر گذاشت و بیماری‌اش مجدداً شدت یافت. با دکتر کین مشورت شد که یک عمل جراحی فوری را تجویز کرد. از دکتر مورتون کلمن خواسته شد که به پاناما بیاید. واشنگتن به جای او پروفسور مایکل دوباکی[1] را اعزام داشت. او جراح مشهور قلب و عروق بود. با این حال قبول کرد که عمل جراحی در یک بیمارستان آمریکایی واقع در منطقه ترعه پاناما انجام گیرد. این بار دولت پاناما موافق نبود و یک بیمارستان خصوصی موسوم به پائی‌تیا[2] واقع در مرکز پایتخت آن کشور را توصیه یا در حقیقت تعیین کرد. توریخُس و نوریه‌گا افزودند که عمل جراحی باید الزاماً به وسیله جراحان پانامایی صورت گیرد که به حیثیت آن کشور لطمه وارد نیاید و احتمالاً پروفسور دوباکی خواهد توانست به عنوان دستیار آنان به هنگام عمل حضور داشته و کمک کند.

سرانجام نظر شاه را از او خواستار شدند. شاه همه حرف‌ها را شنید و جواب داد، «روز به خیر آقایان» و اطاق را ترک کرد. سپس به دکتر کین که به دنبالش بود گفت، «باید از اینجا رفت، حتی اگر میسر باشد در نیم ساعت آینده».

در ۱۹ مارس به هامیلتون جُردن دستور داده شد مجدداً به پاناما برود و به هر قیمت شده، مانع خروج شاه از آن کشور شود. او ابتدا با پروفسور دوباکی ملاقات کرد و نظر کارتر را به او گفت. جراح آمریکایی به وی پاسخ داد، «من جداً تردید دارم که شاه بگذارد او را در این‌جا عمل کنند.» جُردن اصرار ورزید، این بار پاسخ دوباکی روشن‌تر و بلکه خشن بود، ماندن یا نماندن شاه در پاناما مسأله شما و مسأله رئیس‌جمهوری است. مسأله من سلامت شاه است.

ناگهان، مسأله انجام عمل جراحی شاه کنار گذاشته شد. CIA اطلاع داد که شاه و شهبانو همه تدارکات را برای ترک پاناما دیده‌اند و آماده حرکت هستند. کاخ سفید از توریخُس خواست که مانع حرکت او شود. اما خشونت به کار نبرد. کارتر از تظاهرات مخالفین خودش در آمریکا بیم داشت چرا که رُنالد ریگان دائماً این مسأله را در مبارزات انتخاباتی خود مطرح می‌کرد. انورالسادات دعوت خود را از محمدرضا شاه تجدید کرد و حتی پیشنهاد نمود که هواپیمای شخصی‌اش را برای او بفرستد. کارتر در جریان این پیشنهاد قرار گرفت. به سادات تلفن زد و گفت: «به هیچ وجه مصلحت نیست که شاه

---

1 - Michael De Bakey
2 - Paitilla

به قاهره برود» ســادات جواب داد «شما نگران مصر نباشید. به فکر گروگان‌های خودتان باشید. من شاه را می‌خواهم و او را زنده می‌خواهم».

تمام کوشش‌های کارتر برای تحویل شاه به حکومت تهران با مانع روبرو شده بود. حال آنکه اعلام می‌کردند که توقیف او قطعی است. حتی قفسی هم ساخته شده بود که وی را در آن قرار دهند و در شهر بگردانند و به نمایش بگذارند.

کارتــر تصمیم گرفت هیأتی مرکب از لوید کاتلر[1] و هامیلتون جُردن و دو تن دیگر را به سراغ شاه بفرستد. هنگامی آنان به ویلای محل اقامت شاه و شهبانو آمدند که همه تدارکات سفر فراهم و جامه‌دان‌ها بسته شده. به آن‌ها اطلاع داده شده بود که زوج سلطنتی همه صورتحســاب‌های خود را پرداخته‌اند. کاتلر در برابر شــاه به همان دلایل و سخنان متعارف متوسل شد. با قیافه جدی از محبت و دوستی کارتر نسبت به او سخن گفت وعده داد که اگر اقلاً شاه قبول به استعفاء کند، ممکن است به او اجازه بازگشت به آمریکا داده شود که بتواند در آن‌جا به معالجات خود در شرایط مطلوب ادامه دهد.

شاه با وقار و بی‌اعتنایی گفت، «من می‌دانم که در حال مرگ هستم، ولی می‌خواهم با وقار و احترام و در میان دوستانم بمیرم» و به گفتگو پایان داد.

مأموریتی که به کاتلر داده شده بود، با شکست مواجه شد. توقیف شاه با خشونت، یعنی در حقیقت ربودن او، از نظر افکار عمومی آمریکا غیرممکن بود. برای کاخ سفید یک راه‌حل بیشتر باقی نماند. حرکت شاه را مصر هر چه ممکن است به تأخیر بیاندازد. سادات همچنان هواپیمای شخصی خود را پیشنهاد می‌کرد. اما اقلاً چهل و هشت ساعت ضروری بود که آن هواپیما به فرودگاه پایتخت پاناما برسد و ممکن بود جلب نظر مأموران پانامایی را کرده مزاحمت‌هایی فراهم آورند. تصمیم گرفته شد، هواپیمایی کرایه کنند که در هر آن قادر به پرواز از فرودگاه باشد. می‌بایستی گریخت. برای رسیدن به فرودگاه پاناما لازم بود که شاه و شهبانو و همراهان از جزیره کونتادورا بروند. سه هواپیمای کوچک، یکی پس از دیگری اجاره شد. هیچ یک نیامدند. روزهای ۲۱ مارس (نوروز سال نو ایرانیان) و ۲۲ مارس در خوف و انتظار گذشت. سرانجام در روز ۲۳ مارس، هواپیمایی که دیوید راکفلر فرستاده بود رسید. CIA نتوانسته بود مانع پروازش شود. زوج سلطنتی، دکتر لیوسا پیرنیا،

1 - Loyd Cutler

سرهنگ جهان‌بینی و سرهنگ نویسی و امیر پورشجاع خدمتکار باوفای شاه و نیز آرمائو و مارک مورس بر آن سوار شدند. هواپیمای راکفلر هر چه ممکن بود به هواپیمایی که برای حرکت شاه آماده کرده بودند، نزدیک شد. محمدرضا شاه با وجود حال زاری که داشت، به سوی این هواپیما دوید که خبرنگاران و فیلم‌برداران مختلف ناظر آن بودند. میان فرود شاه و همراهان در فرودگاه و پرواز هواپیمای‌شان از آن‌جا فقط ۱۵ دقیقه فاصله پدید آمد. نه آمریکایی‌ها توانستند وسیله و بهانه قانونی برای جلوگیری از این سفر بیابند و نه دولت پاناما پروا کرد که بدون اجازه صریح کارتر و واشنگتن این کار را بکند.

در این یکشنبه ۲۳ مارس ۱۹۸۰، ساعت ۱۴ (دوبعدازظهر) هواپیما به سوی قاهره پرواز کرد. اقامت شاه در پاناما سه ماه به طول انجامیده بود.

محمدرضا پهلوی همچنان نگران بود. این بار بیم داشت که هواپیما ربوده شود. به سرهنگ نویسی دستور داد به کابین خلبانی برود. او اطاعت کرد. اما علت این دستور را درنیافت. بعداً شاه به او گفت آن‌ها که نمی‌دانستند شما از خلبانی اطلاعی ندارید. احساس می‌کردند که تحت مراقبت قرار گرفته‌اند. محمدرضا شاه سرانجام می‌توانست نسبتاً آسوده خاطر شود.

به هنگام فرود در جزایر آسور[1] که قسمتی از فرودگاه آن تحت نظارت نیروی هوایی آمریکا بود. گروهی از شخصیت‌های رسمی محلی به استقبال شاه آمده بودند. شاه لباس کامل پوشید و با آنان با محبت و عنایت به مذاکره پرداخت. بنزین‌گیری هواپیما به انجام رسید. اما اجازه پرواز داده نمی شد. جُردن و توریخُس از وزارت دفاع آمریکا خواستار شده بودند که هر چه ممکن است پرواز هواپیما را به تأخیر بیاندازند تا توافق‌های نهایی با تهران به عمل آید. مقامات حکومت تهران به آمریکایی‌ها پیغام دادند که همه چیز برای آزادی گروگان‌ها آماده شده، آن‌ها را در یک جا جمع کرده‌اند و منتظر توقیف شاه هستند که بلافاصله تحویل هر سفارت خارجی مقیم پایتخت ایران که واشنگتن خواستار شود، بدهند.

نگرانی شدیدی طی دو ساعت بر همه سرنشینان هواپیما حاکم بود. نمی‌دانستند علت توقف چیست و چه می‌گذرد؟

1 -Acorey

در تهران کسی جرأت نمی‌کرد خمینی یا بنی‌صدر رئیس‌جمهوری را بیدار کند و اجازه نهایی را بگیرد. کسی نبود که آخرین مرحله مذاکرات را با واشنگتن انجام دهد. ادامه توقیف هواپیمایی که رئیس‌جمهور مصر در انتظارش بود، بیش از این امکان نداشت. از قاهره پیام‌های حاکی از بی‌صبری «رئیس» به واشنگتن رسیده بود. او را هم نمی‌شد و نمی‌بایست رنجاند.

سرانجام اجازه پرواز هواپیما داده شد. نظامیان آمریکایی دیگر نمی‌توانستند مانع آن شوند. هواپیما پرواز کرد. شاه نفس راحتی کشید. دیگر می‌دانست که آخرین روزهای زندگی‌اش را در دیار یار خواهد گذراند.

فصل چهارم

«در سرزمین دوست»

در فرودگاه قاهره، رئیس‌جمهوری مصر و خانم سادات منتظر ورود شاه و شهبانوی ایران بودند. محمدرضا شاه نه توقع آن را داشت و نه انتظارش را. غافلگیر شد. با عجله از پله‌کان هواپیما پائین آمد. سادات که خوب می‌دانست بر او چه گذشته و چه سختی‌ها کشیده، به گرمی شاه را در آغوش گرفت. چون یک دوست، یک برادر و مردی که شرف خود را از دست نداده است. شاه، سادات، شهبانو و خانم سادات سوار بر هلی‌کوپتر رئیس‌جمهوری شدند که آن‌ها را چند دقیقه بعد در کاخ قبه ساختمانی که در قرن نوزدهم به دستور خدیو اسمعیل ایجاد شده، در چند کیلومتری شمال قاهره قرار دارد، فرود آورد. سادات با ظرافت شرقی و شرافت ذاتی‌اش می‌خواست به شاه ایران نشان دهد که وی کمک‌هایش را به هنگام جنگ مصر و اسرائیل فراموش نکرده و از او نه به عنوان یک پناهنده و یک فراری که به‌سان یک دوست و یک پادشاه استقبال می‌کند.

کاخ قبّه برای شاه ناشناخته نبود. همان جایی بود که با نخستین همسرش شاهزاده خانم فوزیه که از ۱۹۳۹ تا ۱۹۴۱ همسر ولیعهد و سپس تا ۱۹۴۸ ملکه ایران بود، دیدار کرده بود.

توقف آنان در کاخ قبّه ده دقیقه بیشتر به طول نیانجامید. فنجان چایی نوشیدند، دوباره بر هلی‌کوپتر سوار شدند و به بیمارستان معادی رفتند. زمان توجه فوری به وخامت وضع شاه فرا رسیده بود. دکتر فلاندرن، دکتر کین، پروفسور دباکی و نیز سه پزشک متخصص عالی‌مقام مصری در انتظارش بودند. در روز ۲۸ مارس کاری که می‌بایست ماه‌ها پیش انجام می‌شد، صورت گرفت و طحال شاه برداشته شد دباکی به نتیجه کار خوشبین بود و در یک مصاحبه مطبوعاتی اظهار داشت که شیمی درمانی مناسبی خواهد توانست بهبود موثر در حال شاه ایجاد کند و به طور محسوس به طول عمرش بیافزاید.

محمدرضا شاه به مدت ده روز در بیمارستان تحت مراقبت بود. سپس به کاخ قبّه بازگشت این بار زندگی وی آرام بود و امنیت‌اش برقرار. حالش رو به بهبود نهاد. با این حال شمار کسانی که به دیدارش می‌آمدند چندان نبود. شاهدخت اشرف، اردشیر زاهدی، بعضی از شخصیت‌های ایرانی. به دوستان شهبانو که غالباً مورد عنایت شاه نبودند، اشاره شده بود که نیایند. سادات و همسرش غالباً به دیدار شاه و شهبانو می‌آمدند. شاه و سادات به گوشه‌ای می‌رفتند و درباره وضع سیاسی جهان و خاورمیانه به گفتگو می‌نشستند.

در روز ۲۵ آوریل خبری غریب و بلکه مضحک (اگر تلفات بسیار به بار نیاورده بود) به ساکنان کاخ قبه رسید. کوشش ارتش آمریکا برای آزادسازی گروگان‌ها و شکست آن در شرایطی نه چندان درخشان. هواپیما و هلی‌کوپترهایی از چند ناو هواپیمابر یا کشتی جنگی آمریکایی در خلیج‌فارس برخاسته در میان صحرای بزرگ شرق ایران، در طبس، فرود آمده بودند. با وجود همه «اطلاعات‌شان» آمریکایی‌ها نمی‌دانستند که فرودگاه کوچک نزدیک به این شهر سال‌هاست که متروک شده و شن سرتاسر آن را پوشانده است.

سه هلی‌کوپتر در شن‌های فرودگاه گیر کردند و چهارمین با طیاره‌ای تصادم کرد و منفجر شد. کارتر به باقی‌مانده افراد اعزامی دستور داد که به پایگاه‌ها و کشتی‌های خود باز گردند. همه این اتفاقات در پانصد کیلومتری تهران روی داد، فاصله‌ای بسیار با محل بازداشت گروگان‌های آمریکایی. ارتکاب چنین اشتباهاتی برای تواناترین ارتش‌های دنیا حتی قابل تصّور هم نبود، ولی شکستی بود مفتضحانه!

در اواخر ماه آوریل، حال شاه ناگهان وخامت یافت. دکتر دباکی و همکارانش، دکتر

کولمان به دعوت شاهدخت اشرف و دکتر فلاندرن به خواهش شهبانو فرح، به سرعت خود را به قاهره رساندند. با هم اتفاق نظر نداشتند، قادر به اتخاذ تصمیم نبودند. سرانجام بر آن شدند که نظر خود «اعلیحضرت» را جویا شوند. شاه آنان را با لباس کامل، با کروات و در کمال خونسردی پذیرفت. کمی با آن‌ها شوخی کرد. اطباء بار دیگر به مشورت پرداختند. مقدار داروهایی را که به شاه داده شده بود اندکی کم و زیاد کردند و هر کس به راه خود رفت.

بازدیدکنندگان از شاه دوباره راهی قاهره شدند. از جمله خانم دیبا مادر شهبانو، تنی چند از دوستان شاه و نیز چند وکیل دادگستری و کارمند عالیرتبه بانک، همه آمریکایی، که شاه آنان را برای ترتیب مسائل مربوط به ارث خود فراخوانده بود.

محمدرضا پهلوی سعی می‌کرد ظاهری سالم و آراسته داشته باشد. صبح‌ها، مدتی طولانی در باغ کاخ قبه قدم می‌زد. اما کاخ را ترک نمی‌کرد. اشتهایش را بازیافته بود. بعد از ناهار استراحت می‌کرد. خانم دکتر پیرنیا، همیشه خندان و مهربان، با دقت مواظب حالش بود. گاهی در بازی کارت بعدازظهر، گرچه این کار را چندان دوست نداشت، شرکت می‌کرد. شام سبک بود. بعد از آن غالباً فیلمی تماشا می‌کردند و شاه، به کمک قرص خواب‌آور سبکی، به استراحت می‌پرداخت.

بر اثر بهبود وضع مزاجی شاه، شهبانو چند روزی از قاهره غیبت کرد و به کشور هاشمی اردن رفت که در آن‌جا تغییر محیطی بدهد و استراحتی کند. ماه مه به آرامش و بدون نگرانی خاص گذشت. در اوائل ژوئن شاه بار دیگر ناچار شد به بیمارستان برود. شهبانو دکتر فلاندرن را خبر کرد و او چند جراح فرانسوی را به همراه آورد.

دکتر دباکی گرفتار بود. شاهدخت اشرف دکتر کولمان را فرا خواند و او هم سر رسید. بار دیگر فرانسوی‌ها و مصری‌ها از یک طرف و آمریکایی‌ها از طرف دیگر، اختلافات خود را از سر گرفتند و راه‌حل‌های مختلف پیشنهاد می‌کردند. شاه دیگر قادر به اتخاذ تصمیم نبود. پزشکان معالج به شهبانو و سادات متوسّل شدند. این دو حق را به گروه فرانسوی-مصری دادند. عمل جراحی مجددی این بار در لوزالمعده انجام گرفت، آمریکایی‌ها به کشور خود بازگشتند.

فرج کوتاهی حاصل شد. اما مجدداً حال شاه به وخامت گرایید. شاه را در اطاق مراقبت‌های درمانی مستمر بستری کردند. با حال بدی که داشت، با آرامش و بی‌اعتنایی به رنج‌هایش، به تصحیح متن انگلیسی کتابش پرداخت. می‌گفت که زندگی و مرگ با خداست و او چشم به راه مشیت الهی.

اصلان افشار که چند ماهی به سبب بیماری مادر کهنسالش دور شده بود، دوباره به شاه پیوست. با وی از وضع ایران سخن گفت. اردشیر زاهدی هم در کنارش بود. با هم خاطرات خصوصی گذشته‌ها را به یاد می‌آوردند، از ثریا صحبت می‌کردند.

در روز ۲۵ ژوئیه قطعی شد که پایان کار محمدرضا پهلوی نزدیک و مساله ساعت است نه روز. چند تن از ایرانیان که می‌توانستند به قاهره آمده بودند. از آن جمله بودند رضا قطبی و بعضی از نزدیکان شهبانو که قبلاً پروای آن را نداشتند. جلساتی تشکیل شد که در آن وصیت‌نامه‌ای بنویسند و آن را به نوعی به تائید با حتی امضای شاه برسانند. اردشیر زاهدی مطلع شد و با خشونت آنان را به سوء استفاده از موقعیت تهدید کرد و افزود که از مراجعه به دستگاه قضایی برای جلوگیری از این کار خودداری نخواهد کرد. اندیشه تهیه وصیت‌نامه سیاسی کنار گذاشته شد.

به دستور زاهدی همه خطوط تلفنی که به آپارتمان محل بستری شدن شاه متصل بود قطع شدکه او را لااقل در ساعات آخر عمر آسوده بگذارند.

در شب ۲۵ به ۲۶ ژوئیه، از فرزندان شاه که در اسکندریه می‌زیستند که از قیل و قال قاهره برکنار باشند، خواسته شد که به پایتخت مصر بازگردند. زندگی شاه به آخر می‌رسید.

در روز ۲۶ ژوئیه، پزشکانی تصمیم گرفتند که بگذارند طبیعت کار خود را انجام دهد چرا که دیگر استفاده از هر وسیله درمانی بی‌فایده بود. افراد خانواده موافقت خود را ابراز داشتند. شاه به حالت اغماء رفت. آن روز، ۲۶ ژوئیه سالگرد مرگ پدرش بود.

در آغاز بامداد ۲۷ ژوئیه صدای چند نفس عمیق به گوش رسید، سپس دمی عمیق فرو داد، و کار پایان یافت.

تمام لوله‌های امدادرسانی را قطع کردند. دکتر پیرنیا حلقه ازدواج را از انگشتش به در

آورد و به شهبانو داد. اردشیر زاهدی و یک پرستار مصری چشمانش را بستند.

در ساعت ۹ و ۵۶ دقیقه، درگذشت شاه رسمی شد و به اطلاع جهانیان رسید.

سرانجام

قاهره، ۲۹ ژوئیه ۱۹۸۰

محمدرضا پهلوی مانند سه شاه دیگر قبل از او، دور از وطن جان سپرد. دو پادشاه آخر قاجار در کربلا، در محل مخصوصی به خاک سپرده شده‌اند.

جنازه رضا شاه، چند هفته قبل از پایان سلطنت در ایران، به دستور پسرش به جایی امن انتقال یافت. در روزهای آخر عمرش شاه به بعضی از پیرامونیان می‌گفت که می‌خواهد پس از بازگشت آزادی و سربلندی به ایران جنازه‌اش را در کنار همه شهیدان نظامی انقلاب، افسران و سربازانش، در نقطه‌ای که نام می‌برد به خاک بسپارند. می‌توان پنداشت که جنازه پدرش نیز در همان‌جا مدفون است.

در روزهای ۲۷ و ۲۸ ژوئیه، هنگامی که مقدمات تشییع جنازه و خاکسپاری محمدرضا شاه در گفتگو بود، این مسائل جایی نداشت. باز هم دوستان شهبانو و اطرافیان شاهدخت اشرف درباره جزئیات مراسم به بگومگو پرداختند و توافق حاصل نمی‌کردند. سرانجام اردشیر زاهدی و امیراصلان افشار به حل و فصل مسائل پرداختند. اردشیر زاهدی با صراحت بیان همیشگی‌اش. اصلان افشار برای ترتیب مسائل تشریفاتی.

انورالسادات تصمیم گرفت که تشیع جنازه پرشکوهی برای شاه فقید ایران ترتیب

دهد. او رسماً اعلام داشت:

«داوری درباره محمدرضا شاه را به تاریخ واگذاریم. ما در مصر مسلمان، با او با همان افتخار و احترامی رفتار خواهیم کرد که هنگامی که به این سرزمین آمد به او عرضه داشتیم. مصر هرگز کمک ایران را به هنگام جنگ ۱۹۷۳ مصر و اسرائیل از یاد نخواهد برد.»

به دستور سادات محل تدفین او را در مسجد جامع «الرفاعی» از پیش آماده کرده بودند. همان‌جایی که پدرش چند سالی به طور موقت مدفون بود. جنازه محمدرضا پهلوی هنوز در همان‌جا است.

امیراصلان افشار به کمک صاحب منصبان تشریفات مصر ترتیب پاسخ به پیام‌های تسلیتی را که می‌رسید و انجام مراسم تشییع جنازه را داد. بعضی از پیام‌های تسلیت گرم و شایسته بودند. مانند تلگراف‌های پادشاه و ملکه بلژیک، پرنس موناکو و همسرش، کنت دوپاری وارث تاج و تخت فرانسه. بعضی دیگر نشان از احتیاط فراوان داشتند. در پیام رئیس‌جمهوری فرانسه نه نامی از شاه بود، نه نامی از ایران، نه اشاره‌ای به روابط دیرین دو کشور. ساده و بی‌روح و تقریباً دور از آداب بود.

ثریا، تصمیم گرفته بود، به قاهره بیاید و در تشییع جنازه شرکت کند. اردشیر زاهدی وی را با زحمت بسیار و به نام دوستی دیرینه‌شان منصرف کرد. ثریا تاج گل باشکوهی فرستاد که همراه جنازه بود.

مراسم شستشوی مذهبی جنازه (غسل) در حضور و به وسیله انورالسادات و اردشیر زاهدی انجام شد. جنازه را کفن کردند و سپس در تابوتی گذاردند، بر روی یک عراده توپ قرار دادند که دوازده اسب آن را می‌کشیدند.

در پیشاپیش تابوت، سه افسر با لباس‌های نظامی، هر یک بالش مخملی در دست داشتند و که به هر یک مدالی نصب شده بود. شاه فقید در دوران زندگی‌اش، بالاترین نشان‌های تقریباً همه کشورهای جهان را دریافت داشته بود. حالا چرا فقط سه مدال؟ میان پیرامونیان اختلاف درگرفت. پورشجاع وفادار همه مدال‌های شاه را در جعبه بزرگی جای داده، همه جا با خود می‌برد.

برخی از نزدیکان شاه می‌خواستند که همه آن‌ها را بر روی بالش‌های مخمل خاص قرار دهند و پیشاپیش کاروان تشیع جنازه- چنان که تشریفات در وضع عادی ایجاب می‌کرد- به حرکت آورند. افشار مخالفت کرد اولاً افسر ایرانی نبود که این کار را بکند. ثانیاً چگونه می‌شد پذیرفت که نشان‌هایی را به نمایش گذاشت و به آن‌ها افتخار کرد که روسای ممالک آنان رفتاری شرم‌آوری با شاه داشتند. اردشیر زاهدی هم با او موافق بود. سرانجام قرار بر آن شد که سه نشان در پیشاپیش جنازه به حرکت درآید. نشان درجه اول ذوالفقار نشان ارتش شاهنشاهی، دیگر گردن‌بند بزرگی که علامت همه نشان‌های کشور ایران بود و سوم نشان بزرگ مصر.

پشت سر جنازه، انورالسادات و همسرش، شهبانو فرح و چهار فرزند شاه، (شاهدخت شهناز غایب بود)، حرکت می‌کردند. و به دنبال آن‌ها بیشتر اعضای خانواده سلطنتی، به جز شاهدخت شمس که در کنار مادرش مانده بود که او متوجه مرگ شاه نشود و شاهدخت فاطمه که غایب بود. ایرانیان بسیاری حاضر بودند. اما در شرایط آن روز بسیاری دیگر فاقد اسناد و مدارک لازم برای مسافرت فوری به مصر بودند.

از «بزرگان» جهان، ریچارد نیکسون رئیس‌جمهور پیشین آمریکا در آن‌جا بود که اعلام داشت «رفتار آمریکا با شاه ایران، صفحه سیاهی در تاریخ این کشور است» هیچ شخصیت مهم جهانی دیگر حاضر نبود. پادشاه سابق یونان و همسرش و شاهزاده ویکتور امانوئل ایتالیایی که از دوستان خانواده پهلوی بودند، در مراسم حضور داشتند پنج سفیر به نمایندگی کشورهای خود آمده بودند. سفرای ایالات متحده، فرانسه، آلمان فدرال، استرالیا و اسرائیل. مراکش و بریتانیای کبیر یکی از اعضای سفارت خود را مأمور کرده بودند. ملک حسین پادشاه کشور هاشمی اردن تاج گلی عظیم نثار کرده بود.

کاروان عظیم تشییع جنازه از میان سه میلیون مصری که در دو طرف مسیر گرد آمده بودند گذشت. پنج‌هزار سرباز مصری در دو طرف مسیر گارد احترام را تشکیل می‌دادند.

تدفین جنازه به طور خصوصی انجام پذیرفت. چند مشت خاک بر تابوت ریخته و سپس مقبره را پوشاندند.

افسانه‌ای به پایان رسید.

تصاویر

سردار سپه همراه با فرزندانش شمس و محمدرضا

محمدرضا شاه ۱۳۰۵

محمدرضا پهلوی در مدرسه لوروزه سوئیس ۱۳۱۴

از راست: اشرف پهلوی، علیرضا پهلوی، تاج‌الملوک آیرملو (همسر دوم شاه)، محمدرضا پهلوی و شمس پهلوی

رضاه شاه و محمدرضا پهلوی ۱۳۱۷

رضاه شاه و محمدرضا پهلوی در کنار رجبعلی منصور نخست‌وزیر وقت ۱۳۱۸

محمدرضا پهلوی بر بالای جنازه پدر در تهران ۱۳۲۹

تصاویر

محمدرضا شاه پهلوی و فوزیه همسر اول وی

دکتر محمد مصدق

محمد علی فروغی (ذکاءالملک) در حضور محمدرضا شاه پهلوی

محمدرضا شاه پهلوی در حال دریافت دکترای افتخاری

دکتر هوشنگ نهاوندی به اتفاق دیگر رجال در حضور محمدرضا شاه پهلوی

محمدرضا شاه پهلوی و پرزیدنت جان اف کندی رییس جمهور وقت امریکا

دکتر حسین فاطمی به هنگام دریافت نشان از سفیرکبیر اسپانیا در تهران. (مجموعه خانم سدا آغاسیان)

کابینه حسنعلی منصور پس از معرفی به شاه. (مجموعه خانم سدا آغاسیان)

۱۹۷۳، شهبانو در جشن هنر شیراز با هنرمندان باله بنگلادش. (مجموعه ت - ش)

استقبال محمدرضا شاه از مارشال تیتو رئیس جمهوری فدرال یوگوسلاوی (۱۹۷۳)

محمدرضا شاه در دانشگاه تهران، (۱۹۷۱) پشت سر ایشان دکتر هوشنگ نهاوندی در مقابل دکتر عبدالله شیبانی، دکتر حسین نصر، دکتر محمد نصیری، دکتر ابوالقاسم پیرنیا، دکتر شمس‌الدین مفیدی... (مجموعه خصوصی)

سلام نوروز- دانشگاهیان تهران - پشت سر ایشان دکتر هوشنگ نهاوندی (مجموعه خصوصی)

آخرین اجتماع ۲۸ مرداد در میدان مخبرالدوله (مجموعه ت - ش)

۲۶ اکتبر ۱۹۷۱، سال‌روز تولد شاه، (تبریک دانشگاهیان- دکتر هوشنگ نهاوندی تبریک می‌گوید. در کنار وی دکتر داود کاظمی قائم مقام دانشگاه، پشت سر: مهندس سلیمان جاوید، حمید صدر...) مجموعه خصوصی

بازدید شاه از نیروی دریایی جنوب، در سمت چپ ایشان دریادار سیامک دیهیمی (مجموعه دریادار دیهیمی)

ذوالفقار علی بوتو در حضور شاه، کاخ نیاوران (مجموعه ت-ش)

ژنرال ضیاءالحق در حضور شاه، کاخ نیاوران (مجموعه ت - ش)

چائوشیسکو در کاخ نیاوران (مجموعه ت - ش)

تبریک پروفسور انوشیروان پویان، رئیس دانشگاه ملی به شاه در مراسم نوروزی
پشت سر ایشان شهبانو و دکتر نهاوندی (مجموعه خصوصی)

اردشیر زاهدی
مونترو، سوئیس ۲۰۱۲

۲۱ ژوئیه ۱۹۵۲ احمد قوام در راه کاخ سعدآباد برای تقدیم استعفای خود

رضا شاه و شاهپور محمدرضا در تخت جمشید (مجموعه آقای مهرداد پهلبد)

ملکه ثریا (مجموعه آقای اردشیر زاهدی)

شاه و سلطان قابوس پادشاه عمّان

شاه و اردشیر زاهدی گردش در رودخانه رَن آلمان (مجموعه اردشیر زاهدی)

نوامبر ۱۹۷۷، اعطای گواهینامه خلبانی به ولیعهد شاهپور رضا (مجموعه ت - ش)

سپهبد زاهدی در مونترو
(مجموعه اردشیر زاهدی)

انور السادات، شاه، شهبانو، شاهپور رضا در کاخ نیاوران (مجموعه ت - ش)

حسنی مبارک (در آن موقع معاون رئیس جمهوری مصر) در کاخ نیاوران (یک سال قبل از انقلاب). (مجموعه ت - ش)

۱۹۷۶، افتتاح دانشکده پزشکی داریوش کبیر دانشگاه تهران (در دست راست شاه دکتر نهاوندی رئیس دانشگاه، در دست چپ وی شهبانو و دکتر اقبال. (مجموعه خصوصی)

۱۹۷۷ افتتاح موزه فرش، در کنار شاه و شهبانو، دکتر هوشنگ نهاوندی، شاهپور غلامرضا و همسرش والاحضرت منیژه نیز در تصویر دیده می‌شوند. (مجموعه خصوصی)

صدمین سالگرد تولد رضا شاه در آرامگاه وی. (مجموعه خصوصی)

شرفیابی دفتر هماهنگی گروه بررسی مسائل ایران (۱۹۷۴) در برابر شاه: دکتر نهاوندی، دکتر احمد هوشنگ شریفی، دکتر ناصر یگانه، دکتر کاظم ودیعی، دکتر قاسم معتمدی (مجموعه خانم سدا آغاسیان)

۱۹۷۷- شاه و انورالسادات، آسوان (مجموعه ت - ش)

۱۹۷۷، بوشهر. بازدید از خانه‌های سازمانی نیروی دریایی دریا سالار حبیب الهی و دریادار سیامک دیهیمی نیز در تصویر دیده می‌شوند. (مجموعه دریادار دیهیمی)

محمدرضا شاه علاقه بسیار به رانندگی و خلبانی داشت

جشن‌های تاجگذاری

جشن‌های تاجگذاری

جشن‌های تاجگذاری

جشن‌های تاجگذاری

فهرست اعلام

آ

آتابای، ابوالفتح ۸۱, ۲۷۷, ۲۸۰, ۲۹۷, ۳۱۴
آتاتورک، مصطفی کمال ۷۵, ۴۹۱
آتلی، کلمنت ۱۸۲, ۲۰۲
آرامش، احمد ۴۱۳
آرمائو، رابرت ۷۹۶, ۷۹۷, ۸۰۴, ۸۰۵, ۸۰۸, ۸۰۹, ۸۲۱
آزموده، حسین ۷, ۳۰۹, ۳۱۱, ۳۳۰, ۴۲۶
آزمون، منوچهر ۳۵۲, ۶۹۸, ۷۰۳, ۷۰۶, ۷۲۸, ۷۳۱, ۷۳۲
آستانه‌ای، مهدی ۷
آشتیانی، میرزا هدایت ۲۳۱
آغاسیان، سدا ۷, ۱۲۹
آغاسی، حاج میرزا ۳۲
آقاخان نوری ۳۶, ۳۷
آقا محمدخان قاجار ۲۷, ۲۸, ۳۹
آگنیو، اسپیرو ۵۵۱, ۵۵۸
آلکساندر اول ۲۹
آلکساندر دوم ۱۹
آلن، جرج ۱۷۰
آلنده، سالوادر ۷۴۲, ۷۹۱
آموزگار، پرویز ۷
آموزگار، جمشید ۷, ۳۶۰, ۴۱۰, ۴۲۵, ۴۲۷, ۴۶۶, ۵۰۳, ۵۱۳, ۵۴۲, ۶۲۰, ۶۲۶, ۶۲۷, ۶۲۸, ۶۴۲, ۶۵۶, ۶۶۰, ۶۶۲, ۶۶۳, ۶۶۵, ۶۶۷, ۶۶۸, ۶۷۱, ۶۷۲, ۶۷۸, ۶۸۶, ۶۹۰, ۶۹۳, ۷۳۶, ۷۷۳, ۸۳۴
آموزگار، جهانگیر ۴۲۵, ۴۲۷
آن، پرنسس ۲۰۲
آنتوانت، ماری ۳۹۴
آنتونیونی، میکل آنژلو ۲۱۱
آیرملو، تیمورخان ۲۱
آیرملو، نیمتاج خانم ۲۲, ۴۷
آیزنهاور، ژنرال ۱۹۹, ۲۴۴, ۲۸۳, ۳۲۳, ۳۳۳, ۳۳۷, ۴۱۲, ۴۲۳
آیرونساید ۴۳, ۴۴, ۴۵

ا

ابتهاج، ابوالحسن ۱۶۸, ۲۸۲, ۳۳۶, ۳۳۹, ۳۹۹, ۴۰۵, ۴۲۶
ابن‌سینا ۱۴۰, ۳۳۳
ابوالقاسم خان ۱۸
احمد شاه ۹, ۲۲, ۴۴, ۴۵, ۴۶, ۵۰, ۵۱, ۵۲, ۵۳, ۵۶, ۵۷, ۵۸, ۵۹, ۶۰, ۹۳, ۱۲۸, ۱۳۸, ۱۴۶, ۲۴۸, ۲۷۱, ۳۹۸, ۴۷۲
احمدی، امیر ۱۲۶
ادیب‌السلطنه ۲۰, ۷۲, ۱۴۰
ارانی، تقی ۷۶
اردلان، ابوالفتح ۶۴۲
اردلان، علیقلی ۲۴۱, ۷۴۷, ۷۵۲
ارسنجانی، حسن ۲۵۲, ۲۵۴, ۴۲۵, ۴۳۱, ۴۳۲, ۴۳۴, ۴۳۷, ۴۸۹, ۴۹۶, ۵۲۱
ارفع، حسن ۱۴۹, ۷۵۶
ارفع، مادام ۸۱, ۸۲
ارهارت، لودویک ۵۹۸
اریه، مراد ۲۸۰
اریول، وَنسان ۱۱۱, ۱۸۲
ازهاری، غلامرضا ۶۲۴, ۶۹۷, ۷۵۴, ۷۵۵
استالین ۱۳۷, ۱۴۹, ۱۵۲, ۱۵۳, ۱۵۴, ۱۵۷, ۱۶۳, ۱۶۵, ۱۶۶, ۱۶۷, ۱۶۸, ۱۷۰, ۱۷۳, ۱۷۴, ۱۷۷, ۲۱۷, ۲۶۱, ۳۲۸, ۳۹۸, ۴۱۸, ۵۲۶, ۵۷۴, ۸۳۹
استاینویک، باربارا ۱۹۹
استوکس، ریچارد ۲۳۹
اسدآبادی، جمال‌الدین ۴۰
اسدی، محسن ۲۴۱
اسعد، سردار ۷۶, ۱۸۸
اسفندیاری ۱۸۶, ۱۸۸, ۱۸۹, ۳۵۲
اسفندیاری، محتشم‌السلطنه ۹۸, ۱۱۸, ۱۳۳, ۱۳۴, ۱۳۸
اسکندر مقدونی ۱۵, ۲۰, ۵۳۷, ۵۴۴
اسکندر میرزا، ژنرال ۴۱۵, ۴۲۱, ۵۷۶
اسکندری، سلیمان میرزا ۶۱
اسکندری، ایرج میرزا ۱۶۷, ۱۸۶
اسمیت، والتر بدل ۲۸۳
اشرف ← رک به پهلوی والاحضرت اشرف
اصفیا، صفی ۵۱۸
اعرابی، ژنرال ۳۷۴

اعلم، پروفسور جمشید ۴۸۶, ۵۱۲
اعلم، مظفر ۳۰۴
افشار، امیراصلان ۷, ۴۷۷, ۵۷۹, ۶۵۱, ۷۰۱, ۷۲۴, ۷۴۳, ۷۴۴, ۷۴۷, ۷۵۰, ۷۶۵, ۷۷۷, ۷۷۹, ۷۸۱, ۷۹۱, ۷۹۳, ۷۹۸, ۸۲۹, ۸۳۰
افشار، امیرخسرو ۷, ۱۴۷, ۱۶۵, ۱۶۸, ۵۸۷, ۵۹۰, ۵۹۲
افشار، ایرج ۷
اقبال، دکترمنوچهر ۵, ۲۱۰, ۳۵۴, ۳۸۵, ۴۰۴, ۴۰۵, ۴۰۶, ۴۰۷, ۴۰۸, ۴۰۹, ۴۱۱, ۴۱۲, ۴۱۳, ۴۲۱, ۴۹۸, ۴۵۰, ۴۹۶, ۴۹۸, ۵۰۸, ۵۸۳, ۶۰۲, ۶۵۶, ۶۹۶
اُکرنت، کریستین ۷۵۴
الموتی، نورالدین ۴۲۵
الهی، صدرالدین ۱۰, ۴۶, ۷۵۰
الیزابت دوم (ملکه بریتانیا) ۲۰۲
امامی، آیت‌الله دکتر سیدحسن ۲۴۷, ۲۵۷, ۳۸۵, ۵۳۰
امامی، جمال ۲۲۹, ۲۳۰, ۲۴۰, ۲۴۱, ۳۳۲
امانت، حسین ۵۶۲
امجد السلطان ۳۸۰
امیراحمدی، سپهبد ۱۲۶, ۱۳۳, ۱۳۹, ۱۵۰, ۱۵۱
امیرارجمند، شاهرخ ۳۹۴
امیراکرم، چراغعلی‌خان ۷۹
امیرتومان ۲۱
امیرخسروی، بابک ۳۳۰
امیرکبیر ۳۶, ۳۷, ۶۳, ۷۰, ۷۲, ۳۱۶, ۵۰۴, ۵۶۹
امینه ۳۵۶, ۳۵۷
امینی، ابوالقاسم ۲۵۶
امینی، علی ۱۰۰, ۳۲۵, ۳۳۹, ۳۴۶, ۴۰۷, ۴۲۴, ۴۲۵, ۴۲۶, ۴۲۷, ۴۲۸, ۴۲۹, ۴۳۲, ۴۳۴, ۴۳۷, ۴۳۹, ۴۹۴, ۴۹۹, ۵۷۵, ۶۸۶, ۶۸۷, ۶۸۸, ۷۵۵
امیرصادقی، اصغر ۴۷۷
اناسیس، ژاکلین ۴۵۷
انتظام، عبدالله ۳۳۹, ۴۵۰, ۴۹۶, ۵۱۴, ۷۳۸
انتظام، نصرالله ۱۰۱, ۱۰۲, ۱۱۷, ۱۲۱, ۱۲۲, ۱۲۴, ۲۴۱, ۴۲۰, ۷۳۹
انصاری، هوشنگ ۷۲۶
انورالسادات ۵۷۹, ۵۸۲, ۵۸۳, ۷۳۴, ۷۸۲, ۸۱۹, ۸۲۹, ۸۳۰, ۸۳۱
اواکارل ۱۸۹
اولیائی، ناصر ۶۱۸
اومبرتوی دوم ۳۸۲, ۳۸۳
اویسی، غلامعلی ۸۹, ۶۹۷, ۷۳۱, ۷۳۹, ۷۴۰, ۷۴۳, ۷۴۴, ۷۵۵, ۷۶۷,۷۶۴, ۸۰۲
ایادی، دکتر کریم ۱۷۳, ۱۹۲, ۱۹۴, ۲۱۰, ۲۱۲, ۴۶۶, ۴۸۰, ۶۲۹, ۶۳۰, ۶۸۱, ۶۸۲, ۶۸۵
ایدن، آنتونی ۱۵۲, ۲۰۲, ۲۴۲, ۲۶۵, ۳۲۴
ایزدی، علی ۱۳۱
ایندو وینا، فرانکو ۲۱۲
ایوب‌خان، مارشال (رئیس جمهوری پاکستان) ۵۲۳
ایو بونه ۳۵۰, ۳۵۱
ایوِر، بنوا ۸

ب

باتمانقلیچ، نادر ۳۰۲
بازرگان، مهدی ۸۳, ۱۱۷, ۱۹۰, ۲۳۴, ۲۴۳, ۲۶۶, ۲۸۰, ۳۶۴, ۶۱۶, ۶۵۷, ۶۷۷, ۷۰۳, ۷۰۸, ۷۱۴, ۷۵۳, ۷۵۴, ۷۹۱, ۸۰۷
باستین، سرهنگ ۵۲۷
بال، جرج ۶۳۵, ۶۴۸
باهری، محمد ۴۳۱, ۴۳۷, ۶۲۷, ۶۳۰, ۷۰۵, ۷۳۱, ۷۷۶, ۷۷۷
بتون، سه‌سیل ۱۰۳
بخارائی، محمد ۳۵۸, ۵۱۱, ۵۱۴
بختیار، تیمور ۳۲۹, ۳۵۲, ۳۵۳, ۳۵۴, ۳۵۵, ۳۵۶, ۳۵۷, ۳۵۸, ۳۷۴, ۳۷۷, ۴۰۰, ۴۰۹, ۴۲۱, ۴۲۷, ۵۰۰
بختیار، شاپور ۶۰۳, ۶۲۵, ۷۶۳, ۷۶۴, ۷۶۵, ۷۶۷, ۷۶۶, ۷۷۲, ۷۷۳, ۷۷۴, ۷۷۶, ۷۷۸, ۷۷۹
بختیاری، فروغ ظفر ۱۸۶
بدره‌ای، عبدالعلی ۷۲۴
بدیع، امیرناصر ۵۰۵
برژنف، لئونید ۴۹۱
برنار، پروفسور ۵۴۸, ۵۵۲, ۵۵۸, ۶۲۹, ۷۹۷, ۸۰۵
بروجردی، آیت‌اله عظمی ۱۶۱, ۱۸۶, ۲۸۷, ۲۹۲, ۲۹۳, ۳۰۴, ۳۴۳, ۴۴۲, ۴۴۳, ۷۶۲
بشیری، سیاوش ۳۵۰, ۴۲۵
بقایی، مظفر ۲۴۱, ۴۵۰, ۷۵۹, ۷۶۰, ۷۶۶, ۲۶۷
بگین ۵۸۲
بنش، ادوارد ۶۹
بنی‌صدر، ابوالحسن ۳۶۸, ۷۰۹, ۷۱۴, ۷۱۵, ۷۱۶, ۷۹۳, ۸۱۰, ۸۲۲
بنی‌هاشمی، ابوالقاسم ۷, ۷۵۵
بهار، دکتر مهدی ۷۸۷
بهبهانی، آیت الله محمد ۲۵۹, ۲۸۸, ۷۸۸
بهبهانیان، سید جعفر ۶۷۸
بهبهانی، سید عبدالله ۴۲
بهبودی، سلیمان ۲۴, ۷۹, ۸۱, ۸۳, ۸۹, ۱۲۱, ۳۳۱, ۵۷۴
بهزادی، سیاوش ۷
بهشتی، دکتر محمد ۷۵۵
بهنیا، عبدالحسین ۴۳۱
بودلِر ۵۱۵
بودوئن و فابیولا ۵۵۰
بوذرجمهری، کریم ۶۵
بورقیبه، حبیب ۵۲۳

بوش، جرج ۷۹۱
بوشهری، امیر همایون ۲۴۱
بولارد (وزیر مختار بریتانیا) ۱۳۲
بولگانین، نیکلای ۴۱۶
بیات، مرتضی قلی (سهام‌السلطان) ۱۵۴, ۱۵۹, ۲۳۴, ۲۴۱
بیسمارک ۱۷۷, ۱۷۸, ۵۳۰
بیگلری، منوچهر ۷

پ

پادگورنی، نیکلا (رئیس جمهوری شوروی) ۵۵۱, ۵۶۰
پارسونز، سرآنتونی ۳۹۰
پاکروان، حسن ۳۵۷, ۳۵۸, ۳۵۹, ۳۶۴, ۴۲۷, ۴۵۰, ۴۷۹, ۵۰۹, ۵۱۳, ۵۱۸, ۵۲۱, ۶۷۴, ۷۵۲
پاکروان، فتح الله ۳۵۶
پتن، مارشال ۱۴۴, ۴۹۳
پرفیت، آلن ۸۰۴, ۸۱۰
پِرُن، ارنست ۸۶
پَسندیده، آقا مرتضی ۴۴۱, ۴۴۲
پهلبد، مهرداد ۷, ۲۳, ۱۳۱, ۴۶۰, ۵۰۸, ۵۵۷, ۸۰۰
پهلوی، اقدس ۶۰
پهلوی، شاهپور علی پاتریک ۹۰, ۲۰۷
پهلوی، شاهدخت فرحناز ۳۸۶
پهلوی، شاهدخت لیلا ۳۸۶
پهلوی، فاطمه ۲۷۷, ۴۶۲, ۴۸۵, ۴۸۶, ۵۱۶, ۸۳۱
پهلوی، والاحضرت احمدرضا ۲۳
پهلوی، والاحضرت شمس ۷, ۲۲, ۲۳, ۱۰۳, ۱۳۱, ۱۸۷, ۱۸۸, ۱۹۰, ۱۹۶, ۲۵۸, ۲۸۹, ۴۶۰, ۵۵۷, ۸۰۰, ۸۳۱
پهلوی، والاحضرت غلامرضا ۲۳, ۲۱۳, ۳۴۷, ۶۹۴
پهلوی، والاحضرت اشرف ۲۲, ۵۲, ۸۵, ۹۹, ۱۰۲, ۱۰۳, ۱۳۰, ۱۴۱, ۱۴۷, ۱۴۸, ۱۴۹, ۱۶۳, ۱۶۷, ۱۷۶, ۱۸۰, ۱۸۱, ۱۸۸, ۱۹۲, ۱۹۳, ۱۹۴, ۱۹۶, ۲۱۷, ۲۱۸, ۲۳۷, ۲۴۱, ۲۴۵, ۲۵۵, ۲۵۶, ۲۶۶, ۲۶۷, ۲۶۸, ۲۸۳, ۲۸۵, ۳۰۴, ۳۳۲, ۳۳۸, ۳۶۱, ۴۵۵, ۴۶۱, ۴۶۲, ۴۸۶, ۵۱۶, ۵۵۲, ۵۵۳, ۶۰۳, ۶۷۰, ۷۵۱, ۷۹۵, ۷۹۹, ۸۰۱, ۸۰۴, ۸۰۸, ۸۱۳, ۸۱۷, ۸۲۴, ۸۲۵, ۸۲۹
پهلوی، والاحضرت شاهپور رضا ۲۴, ۹۱, ۳۸۵, ۳۸۶, ۴۵۹, ۴۶۳, ۴۶۴, ۴۷۴, ۵۲۹, ۶۵۰, ۸۰۲, ۸۰۴, ۸۱۲, ۸۱۴, ۸۱۶
پهلوی، والاحضرت شاهپور غلامرضا ۲۳, ۲۴, ۸۵, ۹۰, ۱۷۷, ۲۰۷, ۲۰۸, ۲۱۳, ۲۳۷, ۲۳۹, ۲۸۹, ۳۴۷, ۳۸۶, ۴۶۲, ۴۸۶, ۶۵۲, ۶۹۰, ۶۹۴, ۷۴۵, ۷۴۸, ۷۷۶, ۷۷۷
پهلوی، والاحضرت شهناز ۱۰۳, ۱۰۹, ۱۱۰, ۲۰۴, ۲۰۹, ۳۴۶, ۳۸۳, ۳۸۶, ۴۲۰, ۴۶۳, ۵۲۸, ۸۳۱
پهلوی، والاحضرت محمودرضا ۲۳
پوپ، پروفسور ۵۰۶
پورشجاع، امیر ۸۲۱, ۸۳۰
پومپیدو، ژرژ ۵۵۱, ۵۵۳
پیرنیا، حسن ۴۱, ۵۳, ۵۹, ۷۲
پیرنیا، حسین ۴۱, ۵۸, ۳۲۲
پیرنیا، خدیجه ۳۲۲
پیرنیا، دکتر لیوسا ۷۷۷, ۷۸۱, ۷۹۵, ۸۰۳, ۸۰۵, ۸۲۰, ۸۲۵, ۸۲۶
پیشه‌وری، جعفر ۱۵۷, ۱۵۸
پینه، آنتوان ۴۰۸
پینوشه، ژنرال ۶۵۳

ت

تاج‌الملوک، ملکه ۲۲, ۲۳, ۲۴, ۳۰, ۴۷, ۷۴, ۸۵, ۹۴, ۹۶, ۹۹, ۱۰۲, ۱۰۹, ۱۴۱, ۱۸۶, ۱۸۷, ۱۹۰, ۱۹۳, ۱۹۶, ۲۰۷, ۳۴۴, ۳۷۹, ۳۸۰, ۳۸۵, ۴۵۹, ۴۶۰, ۴۶۳, ۶۶۰, ۶۸۵, ۶۹۰, ۸۰۰, ۸۰۹
تاچر، مارگارت ۷۹۴, ۷۹۸
ت - اس - کندی ۳۱۰
تانگ، کومین ۲۲۵
تایلور، الیزابت ۴۵۷
تایلور، رابرت ۲۰۰
تجدّد، مصطفی ۳۴۱, ۷۰۴
تروتسکی ۵۲۶
ترومن، هاری ۱۱۱, ۱۷۰, ۱۹۳, ۲۴۳, ۲۴۴
تفضلی، جهانگیر ۱۶۵, ۳۸۲
تقوی، میرزا نصرالله ۷۲
تقی‌زاده، حسن ۶۰, ۶۸, ۶۹, ۱۶۴, ۲۹۹, ۳۳۲, ۳۴۴
تقی‌زاده، محمدرضا ۷, ۳۹۱, ۷۸۸
توریخُس، ژنرال ۸۱۶, ۸۱۷, ۸۱۹, ۸۲۱
تونگ، مائوتسه ۴۳۲, ۵۹۹, ۶۰۰
تیتو، مارشال ۵۶۰
تیمورتاش، عبدالحسین ۷۰, ۷۱, ۷۶, ۸۵, ۸۶

ث

ثابتی، پرویز ۳۶۱, ۳۶۲, ۳۶۴, ۳۷۱, ۶۱۵
ثریا، ملکه ۴, ۵, ۱۰۹, ۱۸۵, ۱۸۶, ۱۸۷, ۱۸۸, ۱۸۹, ۱۹۰, ۱۹۱, ۱۹۲, ۱۹۳, ۱۹۴, ۱۹۵, ۱۹۶, ۱۹۷, ۱۹۸, ۱۹۹, ۲۰۰, ۲۰۱, ۲۰۲, ۲۰۳, ۲۰۴, ۲۰۵, ۲۰۶, ۲۰۷, ۲۰۸, ۲۰۹, ۲۱۰, ۲۱۱, ۲۱۲, ۲۱۳, ۲۱۴, ۲۳۴, ۲۳۶, ۲۵۷, ۲۶۳, ۲۶۷, ۲۷۷, ۲۷۸, ۲۷۹, ۲۸۵, ۲۸۸, ۲۹۷, ۲۹۸, ۳۰۴, ۳۰۸, ۳۳۷, ۳۳۸, ۳۴۲,

۳۴۶, ۳۵۲, ۳۷۹, ۳۸۲, ۳۸۵, ۴۰۲, ۴۱۴,
۴۱۵, ۴۱۷, ۴۱۹, ۴۴۳, ۴۶۱, ۴۸۳, ۴۸۵,
۴۹۱, ۷۶۴, ۸۲۶, ۸۳۰, ۸۳۹

ج

جانسون، لیندن ۵۰۵
جُردن، هامیلتون ۸۱۸, ۸۱۹, ۸۲۰
جعفریان، سپهبد بقراط ۷۵۱
جعفری، شعبان ۳۳۱
جم، فریدون ۴۶۰
جم، محمود (مدیرالملک) ۷۶, ۹۷, ۹۸, ۱۰۵, ۱۰۶,
۱۰۷, ۱۱۸, ۴۶۰
جهانبانی، امان‌الله میرزا ۵۴, ۵۹, ۱۴۵, ۴۱۶, ۴۱۷
جهانبانی، خسرو ۱۰۳
جهانبانی، نادر ۳۶۴
جهان‌بینی، سرهنگ ۷۷۷
جهانشاه‌لو، نصرت‌الله ۱۷۲, ۸۳۴
جوادی، رضا ۳۱۳

چ

چارلز، پرنس ۲۰۲
چرچیل، وینستون ۶۷, ۱۴۸, ۱۵۲, ۱۵۳, ۱۶۴, ۱۸۲,
۲۰۲, ۲۰۳, ۲۳۵, ۲۴۴, ۲۶۴, ۲۶۶, ۴۱۵
چنگیز ۱۵
چوئن لای ۶۰۰
چیان کای چک، مارشال ۴۲۰

ح

حائری، آیت‌الله ۴۴۱
حائری‌زاده، سید ابوالحسن ۲۲۶, ۳۴۴
حاتم، سپهبد امیرهوشنگ ۷۳۹
حاج امین‌الحسینی ۱۰۸
حاج رضائی، طیب ۴۴۷, ۴۵۰
حاج نظام‌العلما ۳۷۹
حافظ ۷۱, ۱۲۵, ۱۴۰
حجازی، محمد ۷۳
حسام‌السلطنه ۳۹
حسن البکر، مارشال ۵۹۵
حق‌شناس، جهانگیر ۲۷۵, ۲۸۰
حکمت، علی‌اصغر ۷۲, ۱۱۸
حکمت، فاخر ۲۱۶, ۳۸۵
حکیمی، ابراهیم ۵, ۱۵۶, ۱۵۸, ۱۷۷, ۲۱۶, ۲۱۷, ۲۴۹
حمیدرضا ۲۳
حمید میرزا ۱۲۸
حیدریان، محسن ۳۳۰

خ

خاتم، ارتشبد ۴۸۵, ۴۸۶
خاتم، سرگرد ۲۷۷, ۲۹۷
خانلری، ناتل ۴۳۱, ۴۳۸
خدایارخان ۲۳
خروشچف، نیکیتا ۴۱۶, ۴۱۷, ۴۱۸
خسروانی، عطاءالله ۵۰۳, ۵۱۷
خسروداد، منوچهر ۳۶۴, ۵۶۹, ۷۳۹, ۷۶۷, ۷۸۶
خشایار شاه ۳۹۷, ۴۲۸, ۸۴۰
خلخالی، آیت‌الله ۷۵۴
خلعتبری، ارسلان ۳۴۳
خلعتبری، عباس ۶۰۳
خمینی، روح‌اله ۱۳۲, ۱۵۶, ۲۳۴, ۲۵۸, ۲۵۹, ۳۵۰,
۳۵۸, ۳۵۹, ۳۶۴, ۳۶۸, ۳۶۹, ۳۷۱, ۳۷۷,
۴۳۴, ۴۳۵, ۴۴۰, ۴۴۱, ۴۴۲, ۴۴۳, ۴۴۴,
۴۴۶, ۴۴۷, ۴۴۸, ۴۴۹, ۴۵۰, ۴۸۹, ۴۹۳,
۴۹۵, ۵۰۵, ۵۰۹, ۵۱۰, ۵۲۲, ۵۲۷, ۵۳۵,
۵۷۷, ۵۸۲, ۶۰۳, ۶۱۸, ۶۵۳, ۶۵۶, ۶۸۹,
۶۹۱, ۶۹۲, ۶۹۳, ۶۹۶, ۶۹۹, ۷۰۷, ۷۰۸,
۷۰۹, ۷۱۰, ۷۱۱, ۷۱۲, ۷۱۳, ۷۱۴, ۷۱۵,
۷۱۶, ۷۱۷, ۷۱۸, ۷۱۹, ۷۵۰, ۷۵۲, ۷۵۳,
۷۵۴, ۷۶۲, ۷۶۴, ۷۶۵, ۷۶۷, ۷۶۸, ۷۶۹,
۷۷۰, ۷۷۱, ۷۷۲, ۷۷۴, ۷۷۵, ۷۷۶, ۷۷۷, ۷۷۸
خوآن پابلو پرز آلفونسو ۳۵۴
خوئی، آیت‌الله عظمی ابوالقاسم ۶۴۸, ۶۵۵, ۶۵۶,
۷۰۸, ۷۵۷, ۷۶۱
خواجه نوری، نظام‌السلطان ۲۷۹
خوانساری، آیت‌الله عظمی حاج آقا احمد ۷۷۶
خوزه لوپز پرتییو ۷۹۹
خیلتاش، سرهنگ سیروس ۷

د

دادگر، عدل‌الملک ۲۹۹, ۳۳۲
دارسی، ویلیام ناکس ۶۶, ۶۷, ۶۸
داریوش کبیر ۲۰, ۳۹۷, ۵۳۶, ۵۳۷, ۵۳۸, ۵۵۴, ۵۵۵
داسَن، جو ۹۱
دالس، آلن ۲۶۸
دالس، جان فوستر ۱۹۹, ۲۴۴, ۲۶۶, ۲۶۸
دانکوس، هلن کارر ۷۰, ۱۶۰, ۱۶۶, ۲۱۹, ۲۶۵, ۵۹۷
داور، علی اکبر ۵, ۶۹, ۷۰
دانشیان، غلام یحیی ۱۶۸, ۱۷۲

دباکی، پروفسور ۸۲۴، ۸۲۵
درخشانی ۱۶۱، ۳۷۶، ۵۶۰، ۶۵۴
درخشش، محمد ۴۲۳، ۴۲۵
دروئن، موریس ۶۵۴
دشتی، علی ۷۳، ۶۹۱
دکارت ۱۲۵
دلکاسه، تئوفیل ۶۰۲
دلماس، ژاک شابان (رئیس‌الوزرای فرانسه) ۵۵۲
دوانی، حجت‌الاسلام علی ۶۹۱
دوباری، مادام ۱۹۹
دوبووار، سیمون ۷۶۸، ۷۷۱
دوپاری، کنت ۲۱۳، ۸۳۰
دوتاسینیی، مارشال دولاتر ۱۸۱
دوساووا، ویکتور امانوئل ۵۵۱
دوگاسپری، آلچیدو ۱۸۳
دوگل، ژنرال ۱۰، ۱۵۴، ۱۵۵، ۱۶۰، ۱۷۷، ۳۸۲، ۳۸۵، ۴۰۴، ۴۰۸، ۴۲۳، ۴۳۳، ۴۳۶، ۴۴۸، ۴۶۷، ۴۹۱، ۴۹۲، ۴۹۳، ۴۹۴، ۴۹۵، ۵۰۶، ۵۲۴، ۵۲۷، ۵۵۲، ۵۷۵، ۵۷۷، ۵۹۷، ۶۳۷، ۶۵۲، ۸۱۰
دولت آبادی، حسام ۳۰۳
دولتشاهی، عصمت ۲۳
دومارانش، کنت آلکساندر ۶۳۷، ۶۳۸، ۶۴۵، ۶۵۴، ۷۰۰، ۷۰۹، ۷۷۶، ۷۹۵
دوویلیه، پروفسور مُران ۵۸۴، ۵۸۹
دیبا، اسفندیار ۳۸۳
دیبا طباطبائی، ملکه فرح ۴، ۵، ۱۷۷، ۱۹۶، ۲۱۲، ۳۴۷، ۳۷۲، ۳۷۹، ۳۸۰، ۳۸۱، ۳۸۲، ۳۸۳، ۳۸۴، ۳۸۵، ۳۸۶، ۳۸۷، ۳۹۰، ۳۹۱، ۳۹۳، ۳۹۵، ۴۰۰، ۴۰۱، ۴۱۴، ۴۶۰، ۴۶۱، ۴۶۳، ۴۷۵، ۴۸۰، ۴۸۲، ۴۸۴، ۴۸۵، ۴۹۰، ۵۰۵، ۵۱۳، ۵۲۳، ۵۴۱، ۵۴۸، ۵۵۲، ۵۵۳، ۵۵۸، ۵۹۹، ۶۰۰، ۶۲۵، ۶۴۸، ۶۹۴، ۶۹۶، ۷۲۸، ۷۴۴، ۷۶۴، ۷۶۵، ۷۷۱، ۷۸۵، ۸۰۵، ۸۲۵، ۸۳۱
دیوبری ۱۹۹

ذ

ذوالفقاری، برادران ۱۶۱

ر

رابین، ژنرال ۵۸۱
راجرز، ویلیام ۶۳۴
راد، احمد ۹۵، ۹۶
راسپوتین ۱۹۱
راسک، دین ۵۰۵
راکفلر، دیوید ۷۹۵، ۷۹۶، ۸۰۳، ۸۰۴، ۸۰۶، ۸۲۰، ۸۲۱
رامبد، هلاکو ۶۶۲
رایت، سِر دنیس ۷۹۸، ۷۹۹
رحیمی لاریجانی، سپهبد ۷۵۳
رُدَنسون، ماکسیم ۷۷۰
رزم‌آراء، سپهبد ۵، ۱۶۸، ۱۶۹
رضائی، علی ۷
رضازاده شفق، پروفسور ۱۷۵، ۵۲۴
رضایی، محسن ۶۹۲، ۶۹۳، ۷۰۴
رضوی، احمد ۲۸۶، ۲۹۲، ۳۱۱
روحانی، منصور ۵۰۲، ۵۱۸، ۶۱۹
روحانی، مرتضی ۶۷۲، ۶۷۳
روزولت، فرانکلین ۱۲۲، ۱۴۲، ۱۵۲، ۱۵۳، ۲۷۰
روزولت، کرمیت ۲۶۸، ۲۶۹
روسو، هانری ۲۵۵
رولن، هانری ۲۴۶، ۵۹۰، ۵۹۱
ریاحی، اسمعیل ۴۳۱، ۴۹۶، ۵۰۰، ۵۰۸، ۵۱۳
ریاحی، تقی ۲۷۳، ۲۷۴، ۲۷۵، ۲۷۶، ۲۷۷، ۲۸۰، ۲۸۱، ۲۸۲، ۲۸۷، ۲۹۱، ۲۹۲، ۲۹۵، ۲۹۷، ۳۰۲، ۳۱۱
ریاحی، فرهاد ۳۹۴
ریگان، رُنالد ۸۲، ۶۵۳، ۷۱۹

ز

زاهدی، اردشیر ۸، ۱۰۳، ۱۰۹، ۱۱۰، ۱۵۵، ۱۹۷، ۲۰۳، ۲۰۴، ۲۰۵، ۲۰۹، ۲۱۳، ۲۷۰، ۲۸۶، ۲۸۸، ۳۰۰، ۳۰۱، ۳۰۹، ۳۲۰، ۳۲۱، ۳۲۲، ۳۳۱، ۳۳۲، ۳۳۶، ۳۳۹، ۳۴۰، ۳۴۱، ۳۴۵، ۳۴۶، ۳۸۲، ۳۸۳، ۴۱۴، ۴۱۶، ۴۱۹، ۴۲۰، ۴۲۲، ۴۵۰، ۴۵۶، ۴۵۷، ۴۶۱، ۴۶۳، ۵۱۲، ۵۲۶، ۵۲۸، ۵۳۴، ۵۴۲، ۵۷۹، ۵۸۳، ۵۸۵، ۵۸۶، ۵۸۷، ۵۸۸، ۵۹۰، ۵۹۱، ۶۰۲، ۶۱۳، ۶۳۴، ۶۳۶، ۶۴۶، ۶۵۱، ۶۸۴، ۶۹۷، ۷۱۹، ۷۵۳، ۷۵۸، ۷۶۰، ۷۶۱، ۷۶۲، ۷۶۳، ۷۷۶، ۸۲۴، ۸۲۶، ۸۲۷، ۸۲۹، ۸۳۰، ۸۳۱
زاهدی، حسن ۵۰۳
زاهدی، سپهبد فضل‌الله ۵، ۱۰، ۵۵، ۶۰، ۱۰۳، ۱۰۹، ۱۲۷، ۱۶۹، ۱۹۵، ۱۹۷، ۲۰۱، ۲۰۳، ۲۰۴، ۲۰۵، ۲۰۹، ۲۲۳، ۲۳۳، ۲۵۵، ۲۵۶، ۲۵۹، ۲۶۷، ۲۷۰، ۲۸۲، ۳۰۰، ۳۰۵، ۳۰۶، ۳۰۷، ۳۰۸، ۳۰۹، ۳۱۰، ۳۱۱، ۳۱۶، ۳۱۹، ۳۲۰، ۳۲۱، ۳۲۲، ۳۲۳، ۳۲۴، ۳۲۶، ۳۲۷، ۳۲۸، ۳۲۹، ۳۳۰، ۳۳۱، ۳۳۲، ۳۳۳، ۳۳۴، ۳۳۵، ۳۳۶، ۳۳۷، ۳۳۸، ۳۳۹، ۳۴۰، ۳۴۱، ۳۴۲، ۳۴۳، ۳۴۴، ۳۴۵، ۳۴۶، ۳۴۷، ۳۵۱، ۳۵۳، ۳۶۵، ۳۹۷، ۳۹۸، ۴۰۵، ۴۰۶، ۴۱۴، ۴۱۵، ۴۲۰، ۴۲۲، ۴۲۷، ۴۴۳، ۴۵۵، ۴۵۷، ۴۶۱،

۵۲۸, ۵۷۴, ۵۷۵, ۵۹۶, ۶۰۱, ۶۰۲, ۶۰۴,
۶۸۷, ۷۱۴, ۷۶۲, ۷۵۹
زند فرد، فریدون ۲۴۱, ۲۴۳, ۳۶۳
زیتا، ملکه ۴۶۵
زیرک‌زاده، احمد ۲۷۵, ۲۸۰, ۲۹۲
زیمرمن، والتر ۷۱۶

ژ

ژان پل دوم، پاپ ۳۶۸, ۷۷۱
ژانسن ۱۹۵, ۴۷۳, ۵۴۳
ژرژ ششم ۶۳, ۱۱۱
ژوئل ۴۶۳
ژوئن، مارشال ۱۸۱
ژیدل، شارل ۷۳, ۲۵۵, ۴۶۵, ۶۶۶
ژیسکاردستن، والری ۵۵۳, ۶۳۵, ۶۵۰, ۶۵۱, ۶۵۲,
۶۵۴, ۷۱۰, ۷۱۶, ۷۷۴

س

سابلیه، ادوارد ۱۷۴, ۷۱۶
ساپیرنیا، دکتر لیو ۳۸۶
سادات ۵۷۹, ۵۸۱, ۵۸۳, ۷۳۴, ۷۸۲, ۷۸۴, ۸۱۹, ۸۲۰,
۸۲۳, ۸۲۴, ۸۲۵, ۸۳۰
سادچیکوف ۱۷۲
سارتر، ژان پل ۷۶۸, ۷۷۱
ساعد، محمد ۵, ۹۲, ۱۲۸, ۱۴۵, ۱۵۱, ۱۵۳, ۱۵۴,
۲۱۶, ۲۱۹, ۲۲۰, ۲۲۱, ۲۲۲, ۲۲۳, ۳۴۴,
۴۱۶, ۴۱۷, ۶۰۲
سالمی، محمد حسن ۷, ۲۵۳, ۲۸۶
سانتاکرس، ژزف ۷
سایمون، ویلیام ۶۳۶
سایکس، سِرپرسی ۳۸
سپهبدی، عیسی ۲۴۱
سجادی، محمد ۳۰۸, ۷۷۸
سروری، محمد ۷۳۸, ۷۳۹
سعدی ۷۱, ۱۲۵, ۱۹۷, ۶۴۴
سلاسی، هایله ۵۵۰, ۵۵۹
سلطان علی قاجار، شاهزاده ۷
سلطان قابوس بن‌سعید (پادشاه عمان) ۵۹۳
سمیعی، شیرین ۳۱۳
سمیعی، حسین (ادیب‌السلطنه) ۷۲, ۱۴۰
سنجابی، کریم ۲۲۶, ۲۳۳, ۲۴۱, ۲۶۲, ۲۷۲, ۶۲۵, ۷۶۴
سهیلی، علی ۱۲۴, ۱۲۸, ۱۲۹, ۱۳۲, ۱۴۱, ۱۴۲, ۱۴۴,
۱۴۵, ۱۴۶, ۱۵۱, ۱۵۳, ۱۵۴, ۱۶۴
سولیوان، ویلیام ۷۸۲
سیاسی، علی اکبر ۷۵۵
سید ضیاء ۴۶, ۵۱, ۱۵۰
سیکار، پروفسور ۵۱۲
سینکی، جواد ۹۶

ش

شاه اسمعیل ۶۱, ۶۲
شاهدخت شهناز ۱۰۳, ۱۰۹, ۱۱۰, ۲۰۴, ۲۰۹, ۳۴۶,
۳۸۳, ۳۸۶, ۴۲۰, ۵۲۸, ۸۳۱
شاه عباس ۳, ۲۸, ۳۶, ۳۹, ۶۲, ۶۶, ۸۳, ۳۹۵, ۴۵۳,
۵۳۷, ۵۵۵
شاهنده، سرلشکر ۲۹۱
شایگان، داریوش ۷۷۱
شایگان، سیدعلی ۲۲۶
شایگان، علی ۲۴۱, ۲۸۱, ۲۸۶, ۲۸۷, ۲۹۲, ۳۱۱
شریعتمداری، آیت‌الله عظمی سیدکاظم ۱۶۱, ۴۵۰,
۴۶۲, ۶۴۸, ۶۸۰, ۶۸۱, ۶۸۲, ۶۸۳, ۶۸۴,
۶۸۵, ۶۸۶, ۶۸۷, ۶۸۹, ۶۹۴, ۶۹۶, ۷۵۶, ۷۶۱
شریف امامی، جعفر ۳۳۹, ۴۱۲, ۴۱۳, ۴۲۳, ۴۲۴,
۴۲۵, ۴۶۰, ۴۶۷, ۴۹۸, ۵۰۳, ۶۲۸, ۶۹۴,
۶۹۵, ۶۹۶, ۷۰۳, ۷۰۵, ۷۱۸, ۷۵۱, ۷۵۵
شریعتی، علی ۶۷۳
شعاع‌الدوله ۳۷۹, ۳۸۰
شفا، شجاع الدین ۲۴۱, ۳۷۳, ۵۳۸, ۵۶۸, ۷۱۷
شفقت، ارتشبد جعفر ۷۹۱
شفیق، آزاده ۴۶۲
شفیق، احمد ۲۶۶, ۴۶۲
شفیق، ناخدا شهریار ۴۶۲, ۵۹۱
شمس‌آبادی، رضا ۵۲۵
شمعون، کامیل ۱۹۷, ۴۲۱
شهاب‌الدوله ۵۲
شهبانو فرح پهلوی ← رک به دیبا طباطبایی، ملکه فرح
شوارتزکف، ژنرال نرمان ۲۶۸
شیخ خزعل ۵۵, ۵۶
شیخ عیسی بن‌سلمان آل‌خلیفه ۵۸۹
شیروانی، داریوش ۷, ۷۶۰, ۷۶۶
شیرین بیک ۱۱۰
شیبانی، عبدالله ۷۳۰, ۷۳۶, ۷۴۲

ص

صاحب جمع، فریدون ۸۶, ۸۹, ۳۵۹, ۵۷۸
صادق، حسین ۲۸۰
صالح، اللهیار ۱۶۷, ۲۲۳, ۲۲۶, ۲۴۱, ۲۴۲, ۲۴۹, ۲۶۴

صالح، دکتر جهانشاه، ۳۸۶
صانعی، جعفر ۷, ۶۹۷, ۷۰۳, ۷۴۷, ۷۶۵, ۷۶۶, ۷۷۷
صانعی، منوچهر ۷, ۷۴۷, ۷۶۵, ۷۷۷
صباغیان، هاشم ۵۰۵
صدام حسین ۳۵۶, ۳۷۴, ۳۷۵, ۵۹۵, ۵۹۶, ۶۵۶
صدر، جواد ۵۰۹
صدر، محسن (صدرالاشراف) ۱۵۶, ۳۸۵
صدیقی، غلامحسین ۲۶۲, ۲۷۱, ۲۷۲, ۲۷۳, ۲۸۵, ۲۸۹, ۲۹۰, ۲۹۱, ۲۹۲, ۲۹۵, ۲۹۶, ۳۰۱, ۳۰۲, ۳۰۳, ۳۱۲, ۷۵۸, ۷۵۹, ۷۶۴
صفار هرندی، رضا ۵۱۱
صفویان، عباس ۷, ۴۶۶, ۶۲۹, ۶۸۴
صمدیان‌پور، سپهبد ۷۳۱
صمصام بختیاری، لوئیز ۳۹۴, ۷۶۴
صنیعی، اسدالله ۵۱۲
صورتگر، لطفعلی ۵۳۱

ض

ضرغامی، سرلشکر ۱۲۶
ضیاءالسلطنه ۲۳۱, ۲۹۶, ۳۱۴

ط

طباطبائی، سیدضیاءالدین ۱۰, ۴۵, ۴۶, ۴۶, ۵۰, ۵۱, ۵۲, ۵۳, ۱۵۰, ۲۲۹, ۲۳۰, ۲۳۱, ۲۶۵, ۲۷۱
طباطبایی، سید محمد ۴۲
طرفه، منیژه ۴۷۵
طهماسبی، خلیل ۲۲۷

ع

عاطفی، حسن ۷۰۶
عالمی، ابراهیم ۲۸۵, ۲۹۳
عامری، جواد ۱۲۱, ۱۲۴
عاملی، محمدرضا ۶۹۲, ۶۹۴
عباسعلی خان ۱۶
عباس میرزا ۲۹, ۳۰, ۳۱, ۳۲, ۳۳, ۳۹
عباسی، ابوالحسن ۳۲۹
عبدالرضا ۲۳, ۴۸۶
عبده، جلال ۲۴۱
عدل، یحیی ۵۱۲
عدل، پرویز ۷۲۶
عرفات، یاسر ۷۹۷
عزت‌الدوله ۳۸
عسگری، نورمحمد ۷, ۳۰۰, ۳۰۵, ۳۰۸, ۳۲۱, ۳۳۱
عصار، سروان سیف ۵۰۹
عضدالملک ۴۳, ۳۹۸
عقیلی‌پور، محمد حسن ۷, ۷۱۱
علاء، حسین ۶۰, ۱۰۶, ۲۲۷, ۲۲۹, ۲۳۷, ۲۴۷, ۲۵۶, ۳۳۹, ۳۴۲, ۳۵۱, ۳۵۲, ۳۸۵, ۳۹۷, ۳۹۸, ۳۹۹, ۴۰۲, ۴۵۰, ۷۳۸
علم، امیر اسدالله ۹۰, ۱۴۳, ۱۵۸, ۳۳۹, ۳۴۱, ۳۶۱, ۴۱۰, ۴۲۹, ۴۳۰, ۴۳۴, ۴۳۷, ۴۳۹, ۴۴۷، ۴۵۶, ۴۶۲, ۴۶۶, ۴۹۶, ۵۲۶, ۵۴۲, ۵۷۱, ۶۲۰, ۶۲۲, ۶۴۲, ۶۵۶, ۶۶۷
علی بوتو، ذوالفقار (رهبر پاکستان) ۵۷۶, ۶۱۳
علی پاتریک ۲۴, ۹۰, ۲۰۷, ۲۰۸
علیخان، حکیم ۱۷
عمواغلی، حیدر ۵۴

غ

غفاری، هادی ۶۹۲
غنی، دکتر قاسم ۹۳، ۹۷، ۱۰۷, ۱۰۸, ۱۰۹، ۱۴۰

ف

فاطمی، حسین ۲۲۶, ۲۴۱, ۲۵۷, ۲۷۵, ۲۸۰, ۲۸۱, ۲۸۲, ۲۸۳, ۲۸۶, ۲۸۷, ۲۹۲, ۲۹۵, ۳۰۸, ۳۳۰, ۳۳۱, ۳۳۲
فاطمی، سیف‌پور ۲۴۱
فتح الله خان اکبر ۴۶
فتحعلی شاه قاجار ۲۸, ۲۹, ۳۰, ۳۱, ۶۲
فخرالدوله ۱۰۰
فرانکو، ژنرال ۴۲۰, ۵۵۱
فرانکو، ویکتور ۵۴۳, ۵۴۵
فراهانی، قائم مقام ۳۱, ۳۲
فردوست، حسین ۸۰, ۸۵, ۸۹, ۳۶۷, ۴۵۷, ۴۵۸, ۷۵۶, ۷۹۱, ۷۹۲
فردوسی، ابوالقاسم ۱۵, ۷۱, ۷۴, ۱۲۵, ۱۵۱, ۱۵۲, ۵۱۵, ۵۵۵, ۷۷۳
فرمانفرمائیان، خداداد ۵۰۲, ۵۰۳
فرمانفرمائیان، شاهزاده عبدالعزیز ۷, ۱۴۷, ۲۵۴, ۵۶۲
فرمانفرما، عبدالحسین میرزا ۲۰, ۲۲
فرهمند، علی‌اصغر بشیر ۲۸۰
فروغی، محمدعلی (ذکاءالملک) ۵, ۴۱, ۶۱, ۶۳, ۶۸, ۶۹, ۷۰, ۷۲, ۷۳, ۷۶, ۱۲۳, ۱۲۴, ۱۲۵, ۱۲۶, ۱۲۷, ۱۲۸, ۱۲۹, ۱۳۰, ۱۳۲, ۱۳۳, ۱۳۴, ۱۳۵, ۱۳۸, ۱۳۹, ۱۴۱, ۱۴۲, ۱۴۳, ۱۴۴, ۱۴۵, ۳۰۰, ۳۰۱, ۳۰۵, ۳۰۷, ۳۱۶, ۴۹۸, ۵۰۵, ۵۶۶, ۵۷۴

فروغی، محسن ۱۲۹، ۵۰۵
فروهر، داریوش ۶۲۵، ۷۵۳
فریور، مهندس غلام علی ۴۲۵
فلاندرن، دکتر ۶۳۰، ۷۹۷، ۸۰۳، ۸۰۴، ۸۰۵، ۸۰۷، ۸۰۸، ۸۲۴، ۸۲۵
فلشه، ماکس ۴۰۸
فلوره، امانوئل ۸
فهلینگر، پروفسور ۶۲۸
فهیمی، خلیل ۲۲۷
فواد اول ۹۵، ۱۰۰
فور، اِدگار ۷۵۳
فورد، جرالد ۶۳۵، ۶۳۶، ۷۸۳
فوزیه، ملکه ۵، ۹۳، ۹۵، ۹۶، ۹۷، ۹۸، ۹۹، ۱۰۱، ۱۰۲، ۱۰۳، ۱۰۴، ۱۰۵، ۱۰۶، ۱۰۷، ۱۰۸، ۱۰۹، ۱۱۰، ۱۱۱، ۱۱۶، ۱۴۰، ۱۴۱، ۱۴۵، ۱۸۵، ۱۸۸، ۱۹۰، ۱۹۸، ۲۰۸، ۲۰۹، ۲۱۰، ۳۴۶، ۳۷۹، ۳۸۶، ۴۶۱، ۵۸۲، ۸۲۳، ۸۳۹
فوکو، میشل ۷۶۸، ۷۶۹، ۷۷۰
فولادوند، سرلشکر ۲۹۵، ۳۰۲
فیلیپ (شوهر ملکه بریتانیا) ۵۵۸
فیروزمیرزا (نصرت‌الدوله) ۴۴، ۴۶، ۷۶

ق

قاسم، ژنرال عبدالکریم ۳۵۵، ۴۲۲
قره‌باغی، ارتشبد عباس ۸۹، ۴۵۸، ۷۳۱، ۷۸۶، ۷۹۱، ۷۹۲
قره گزلو ۴۳، ۳۹۸
قریب، جمشید ۶۳۷
قریب، عبدالعظیم‌خان ۸۲
قشقائی، ناصر ۳۱۹، ۳۲۰، ۳۲۱
قطب‌زاده، صادق ۳۷۳، ۷۱۴، ۷۱۵، ۷۱۶
قطبی، الهه ۷
قطبی، رضا ۳۸۱، ۳۸۲، ۳۸۹، ۳۹۰، ۳۹۴، ۶۹۸، ۷۴۷، ۷۴۸، ۷۴۹، ۷۵۰، ۷۵۲، ۷۵۷، ۷۶۴، ۸۲۶
قطبی گیلانی، محمدعلی ۳۸۰، ۳۸۱، ۳۸۳، ۳۸۴، ۳۹۴، ۷۴۷، ۷۶۴، ۷۶۵، ۷۶۶
قوام، احمد (قوام‌السلطنه) ۵، ۴۱، ۵۱، ۵۲، ۵۳، ۵۷، ۶۰، ۱۱۱، ۱۲۳، ۱۳۷، ۱۴۴، ۱۴۵، ۱۴۶، ۱۴۷، ۱۴۸، ۱۴۹، ۱۵۰، ۱۵۱، ۱۵۶، ۱۶۳، ۱۶۴، ۱۶۵، ۱۶۶، ۱۶۷، ۱۶۸، ۱۶۹، ۱۷۰، ۱۷۱، ۱۷۲، ۱۷۳، ۱۷۴، ۱۷۵، ۱۷۶، ۱۷۷، ۱۷۸، ۱۷۹، ۲۰۴، ۲۱۵، ۲۱۶، ۲۱۷، ۲۱۸، ۲۱۹، ۲۲۰، ۲۲۴، ۲۴۸، ۲۴۹، ۲۵۱، ۲۵۲، ۲۵۳، ۲۵۴، ۲۵۵، ۲۵۶، ۲۵۷، ۲۶۰، ۲۷۱، ۲۹۶، ۲۹۹، ۳۰۰، ۳۰۱، ۳۰۶، ۳۰۷، ۳۱۶، ۳۲۵، ۳۲۸، ۳۳۳، ۳۳۸، ۳۳۹، ۳۴۶، ۳۴۷، ۴۰۴، ۴۰۵، ۴۰۸، ۴۱۵، ۴۲۴، ۴۲۵، ۴۲۷، ۴۳۰، ۴۳۳، ۴۳۷، ۴۴۸، ۴۶۱، ۴۷۶، ۴۸۹، ۵۱۶، ۶۰۳، ۶۷۷، ۶۸۷، ۷۶۳، ۸۳۵، ۸۳۹

ک

کاتلر، لوید ۸۲۰
کاتم، ریچارد ۷۱۷
کارتر، جیمی ۵۸۱، ۶۰۰، ۶۲۵، ۶۳۵، ۶۳۹، ۶۴۰، ۶۴۲، ۶۴۳، ۶۴۴، ۶۴۵، ۶۴۶، ۶۴۷، ۶۴۸، ۶۵۳، ۶۵۴، ۷۱۸، ۷۱۹، ۷۶۷، ۷۷۵، ۷۷۶، ۷۸۳، ۷۹۱، ۸۰۶، ۸۰۷، ۸۱۲، ۸۱۳، ۸۱۴، ۸۱۶، ۸۱۷، ۸۱۹، ۸۲۰، ۸۲۱، ۸۲۴
کارل، فرانز ۱۸۹
کارنال، موسیو ۸۶، ۸۷
کاسترو، فیدل ۳۹۷، ۴۳۸، ۸۱۶، ۸۴۰
کاسیگین، الکسی ۵۹۸، ۵۹۹
کاشانی، آیت‌الله سیدابوالقاسم ۲۲۸، ۲۵۳، ۲۵۴، ۲۵۶، ۲۵۷، ۲۵۸، ۲۵۹، ۲۶۰، ۲۸۶، ۲۸۸، ۲۹۱، ۳۲۴، ۳۲۹، ۳۳۱، ۴۱۶، ۴۴۲، ۴۴۳، ۴۴۴
کاشانی، ابراهیم ۴۱۶
کاشی، نایب حسین ۲۲
کاظمی، باقر ۲۴۱
کامران میرزا ۱۷
کربن، هانری ۵۶۸
کردِل هول ۱۲۱، ۱۵۲
کرمانی، میرزا رضا ۴۰
کریمخان زند ۲۷
کسروی، احمد ۲۲۲
کشاورز، فریدون ۱۶۷، ۱۸۶، ۳۳۱
کلالی، امیر تیمور ۴۱۵
کلمانسو ۱۷۷
کمال، سپهبد ۵۲۷
کمال، مصطفی ← رک به به آتاتورک
کندی، پرزیدنت جان ۳۵۴، ۴۱۳، ۴۲۴، ۴۲۵، ۴۲۶، ۴۳۳، ۴۵۷، ۵۰۵، ۶۴۱
کندی، رابرت ۳۵۵
کندی، ژاکلین ۴۲۴
کوپر، گاری ۲۰۰
کورش کبیر ۶۱، ۷۱، ۳۴۰، ۳۹۷، ۵۳۲، ۵۳۶، ۵۳۷، ۵۶۲، ۵۶۳، ۵۶۷، ۵۶۸، ۵۷۰، ۵۷۱، ۵۷۷، ۵۸۳
کولمان، دکتر مورتن ۸۰۸، ۸۰۹، ۸۲۵
کیسینجر، هنری ۶۳۴، ۶۳۵
کین، دکتر ۸۰۴، ۸۰۵، ۸۰۸، ۸۱۶، ۸۱۹

گ

گابریل، ماری ۳۸۲
گارسون، گریر ۱۹۹
گارلاند، جودی ۱۹۹
گارودی، رژه ۷۷۱
گاندی، ایندیرا ۲۰۵، ۳۱۶, ۴۱۵, ۷۷۱
گرچیاردی، بارون ویتوریو رینسپر ۵۸۸
گرومیکو، آندره ۴۱۶
گریدی، هانری ۲۲۰, ۲۳۷, ۲۳۹, ۲۴۴
گریبایدف ۳۳
گلاستر، دوک اف ۲۰۲
گلشاهیان، عباسقلی ۷۳۶
گنجی، منوچهر ۷۳۱
گوگوش ۴۶۰
گیلدا یا (طلا) ۴۸۴, ۴۸۵

ل

لاهیجی، عبدالکریم ۳۶۹
لبه، ماری ۴۸۲, ۴۸۵
لعل نهرو، جواهر ۲۰۵, ۴۱۴
لوئی شانزدهم ۸۳, ۱۳۷, ۳۹۴, ۷۶۷
لیلا ۳۸۶, ۴۶۴

م

مؤتمن‌الملک، حسین ۴۱, ۵۸, ۷۲, ۷۶, ۶۰۲
مؤدب‌الدوله، دکتر ۸۵, ۸۷, ۸۸, ۹۷
مارتن، دانی یل ۷
ماری، آندره ۱۱۱, ۱۸۲
ماژورل، سه‌سیل ۸
ماکزیمف ۱۵۳
مالک، نادر ۷, ۶۲۲
مایر، آرمین ۵۷۶
مبشّر، ایرج ۷
متین دفتری، احمد ۷۶, ۹۸, ۱۱۸, ۱۱۹, ۲۳۲, ۲۴۱,
۳۰۱
متینی، جلال ۲۲۱, ۲۲۶
مجاهد، سید محمد ۳۷
مجتهد، سید محمد ۳۱
مجدالسلطنه ۲۳
مجیدی، عبدالمجید ۶۲۷, ۷۵۳
محمد حسن میرزا ۵۵, ۵۷, ۵۹, ۶۰, ۱۲۸
محمد شاه ۳۱, ۳۲, ۳۳
محمدعلی پاشا ۹۵
محمد علی میرزا ۴۲
مدرس، سید حسن ۴۴, ۵۵, ۵۶, ۷۶, ۳۴۴
مدرسی، حجت‌الاسلام ۶۹۲
مرادعلی خان (پدربزرگ رضاشاه) ۱۶
مستشارالدوله ۵۹, ۸۳۵
مستوفی، حسن (مستوفی‌الممالک) ۵۳, ۵۸, ۵۹
مسعود انصاری، عبدالحسین ۴۱۵, ۴۱۷
مسعودی، عباس ۲۴۱, ۴۸۷, ۵۱۹, ۵۸۳
مشار، یوسف ۳۱۲
مشیرالدوله ۴۱, ۵۳, ۵۸, ۵۹, ۷۲, ۷۶
مصباح‌زاده، مصطفی ۲۴۱
۵۹, ۷۶, ۲۷۱
مصدق، خانم ضیاء اشرف ۲۴۱
مصدق، دکتر محمد (مصدق‌السلطنه) (شیر پیر) ۵, ۲۴,
۵۹, ۶۰, ۶۴, ۶۹, ۷۴, ۷۶, ۱۱۹, ۱۵۰, ۱۵۴,
۱۶۰, ۱۹۵, ۲۲۰, ۲۲۱, ۲۲۳, ۲۲۶, ۲۲۷,
۲۲۹, ۲۳۰, ۲۳۲, ۲۳۸, ۲۳۹, ۲۴۱, ۲۴۲,
۲۴۳, ۲۴۴, ۲۴۶, ۲۴۷, ۲۴۸, ۲۵۲, ۲۵۳,
۲۵۹, ۲۶۰, ۲۶۱, ۲۶۲, ۲۶۳, ۲۶۴, ۲۶۶,
۲۶۷, ۲۶۹, ۲۷۰, ۲۷۱, ۲۷۲, ۲۷۳, ۲۷۴,
۲۷۵, ۲۸۱, ۲۸۲, ۲۸۵, ۲۹۱, ۲۹۲, ۲۹۳,
۲۹۴, ۲۹۵, ۲۹۶, ۳۰۱, ۳۰۳, ۳۰۷, ۳۰۸,
۳۱۳, ۳۱۴, ۳۱۹, ۳۲۱, ۳۲۵, ۳۲۶, ۳۲۷,
۳۲۹, ۳۴۹, ۳۵۲, ۳۵۹, ۳۹۸, ۴۲۶, ۴۳۳,
۴۴۴, ۴۵۴, ۴۶۱, ۵۰۱, ۶۸۴, ۷۱۲, ۷۵۸,
۷۵۹, ۷۶۳, ۷۶۶, ۸۳۳, ۸۳۴, ۸۳۵, ۸۳۶
مصدق، غلامحسین ۲۴۱, ۲۸۴, ۳۱۳
مظفرالدین شاه ۴۲, ۵۱, ۶۶, ۶۷, ۱۵۶
مظفرالدین میرزای ۴۱
مظفری، مهدی ۳۳۵
معتضد، سرلشکر ۶۷۴, ۶۷۵
معتضد، علی ۳۶۴, ۳۷۴
معتمدی، احمد ۱۱۶
معزی، سرهنگ بهزاد ۷۸۱, ۷۹۳
معظمی ۲۶۰, ۲۶۴, ۲۷۲, ۳۰۱, ۳۰۲, ۳۰۳
معظّمی، سیف‌الله ۲۹۵
معظمی، عبدالله ۲۶۰, ۲۶۴, ۲۷۲
معینیان، نصرت‌الله ۴۵۸, ۴۵۹
معین‌زاده، سرتیپ جواد ۷۳۹, ۷۴۱
مفتاح، عبدالحسین ۱۳۲, ۲۰۷, ۲۰۸, ۲۴۵, ۲۴۶, ۲۸۳,
۲۸۷, ۲۹۲
مقتدر، محمدرضا (مهندس معمار) ۷, ۵۴۹, ۵۶۴
مقدم، دکتر ۳۰۳
مقدم، ناصر ۳۶۴, ۶۷۳
مقرّبی، سرتیپ ۳۷۵, ۳۷۶
مکّی، حسین ۲۲۶, ۲۳۴
ملک حسن دوم ۵۰۶, ۵۷۸, ۶۵۳, ۷۰۰, ۷۸۲, ۷۸۳,

۷۸۴, ۷۸۵, ۷۹۴, ۷۹۵
ملک حسین ۴۲۱, ۵۵۱, ۵۶۰, ۵۷۸, ۷۳۳, ۷۳۴, ۸۳۱
ملک عبدالعزیز بن سعود ۴۰۲, ۴۰۳
ملک فاروق ۹۴, ۹۵, ۹۷, ۹۹, ۱۰۶, ۱۰۷, ۱۰۸, ۱۱۰, ۱۱۱, ۱۲۰, ۲۶۶, ۳۴۲, ۵۸۲, ۵۸۳
ملک فیصل ۲۷۸, ۲۷۹, ۴۰۳, ۴۲۱, ۵۲۳, ۵۳۴, ۵۸۵, ۵۹۳, ۶۱۲, ۷۶۷
ملکم خان ناظم‌الدوله، پرنس ۴۰
ملکه الیزابت ۶۳, ۵۵۸
ملکه اوژنی ۳۹۲
ممتاز، سرهنگ ۱۶, ۲۷۴, ۲۸۸, ۲۹۲, ۴۱۵, ۷۳۰, ۷۳۳, ۷۵۸
منشی‌زاده، داود ۳۵۵, ۳۷۴
منصور، حسنعلی ۵, ۷۶, ۱۲۴, ۲۴۹, ۳۵۸, ۴۰۷, ۴۶۰, ۴۶۱, ۴۸۱, ۴۹۸, ۴۹۹, ۵۰۰, ۵۰۱, ۵۰۲, ۵۰۳, ۵۰۶, ۵۰۷, ۵۰۸, ۵۱۰, ۵۱۱, ۵۱۲, ۵۱۳, ۵۱۴, ۵۱۵, ۵۱۶, ۵۱۷, ۵۱۸, ۵۲۲, ۵۲۳, ۶۱۹, ۶۵۶, ۷۳۹
منصور، علی ۱۱۹, ۱۲۱, ۱۲۲, ۱۲۳, ۲۲۳, ۲۲۴, ۲۳۲, ۲۴۹, ۲۶۵, ۴۰۷
مهدعلیا ۳۳, ۳۵, ۳۷, ۳۸
مهدوی، فریدون ۶۱۶
مهران، علیرضا ۷
مهرپور ۸۵
مورس، مارک ۷۹۶, ۸۰۴, ۸۱۳, ۸۲۱
موریزه، ژاک کزیوزکو ۵۸۹
موسولینی ۴۶, ۱۱۷
موسوی، سناتورحسین ۶۶۲, ۶۶۳, ۶۷۰, ۶۷۸
مولوتف ۱۵۲, ۱۵۳, ۱۶۵
مونتاگو، کریستوفر ۲۶۹
مونت باتن، لرد لوئی ۲۰۱
مونتنی ۱۲۵, ۲۱۱
میرزاکوچک‌خان ۵۴
میرعلائی، هوشنگ ۵۱۲
میکویان، آناستاز ۴۱۶
میلانی، عباس ۴۵۷, ۵۱۴, ۷۴۹, ۷۵۰
مین باشیان، فتح‌الله ۵۵۵
مین‌باشیان، عزت‌الله ۴۶۰

ن

ناپلئون ۱۶, ۲۹, ۳۹, ۶۶, ۸۳, ۱۵۴, ۱۸۲, ۳۹۲, ۴۵۶, ۴۷۵, ۷۹۹
ناتل خانلری، پرویز ۴۳۱, ۴۳۸
ناجی، سرلشکر ۳۶۴, ۶۸۹
نادرشاه ۳, ۳۹, ۶۲, ۶۳, ۵۵۵, ۵۵۹
نازلی، ملکه ۹۹, ۱۰۰, ۱۰۱, ۱۰۲, ۱۰۴, ۱۰۶, ۱۱۱
ناصرالدین شاه ۱۹, ۲۳, ۳۲, ۳۳, ۳۶, ۳۷, ۳۹, ۴۰, ۲۳۱, ۴۷۲, ۴۷۴, ۵۲۹
ناصر، سرهنگ ۹۹, ۱۱۰, ۴۲۱, ۴۴۶, ۴۴۸, ۴۵۴, ۵۸۲, ۵۹۸
نبوی، بهزاد ۸۱۰, ۸۱۱
نجم‌السلطنه، شاهزاده خانم ۲۳۱
نجیب، ژنرال ۱۱۰
نحاس پاشا، مصطفی ۹۵, ۹۶, ۲۴۳
نخجوان، احمد ۱۲۶, ۱۶۱
نخجوان، محمد (امیرموثق) ۱۲۶
نشاط، علی ۳۷۲, ۷۸۶, ۷۹۰
نصر، سید حسین ۷۴۷, ۷۴۸, ۷۴۹, ۷۵۰, ۷۵۷
نصیری، نعمت‌الله ۸۹, ۲۷۲, ۲۷۳, ۲۷۴, ۲۷۵, ۲۷۶, ۲۷۷, ۲۸۱, ۲۸۴, ۲۹۷, ۳۰۲, ۳۰۵, ۳۰۶, ۳۴۰, ۳۵۹, ۳۶۰, ۳۶۱, ۳۶۲, ۳۶۳, ۳۶۴, ۳۶۷, ۳۷۲, ۳۷۴, ۳۹۳, ۳۹۷, ۴۲۸, ۴۵۷, ۴۸۵, ۵۰۱, ۵۰۸, ۵۱۰, ۵۱۳, ۵۱۷, ۵۲۱, ۵۲۲, ۵۲۸, ۵۳۵, ۶۰۳, ۶۱۵, ۶۱۶, ۶۱۸, ۶۴۱, ۶۸۳, ۷۰۸
نصیری، دکتر ۵۱۰
نصیری، سرهنگ ۲۷۲, ۲۷۳, ۲۷۴, ۲۷۵, ۲۷۷, ۲۸۱, ۲۸۴, ۲۹۷, ۳۵۹
نصیری، محمد ۳۹۷, ۴۲۸, ۵۰۱, ۵۰۸, ۵۱۰
نفیسی، سعید (مؤدب‌الدوله) ۷۴, ۸۵, ۸۷, ۹۷
نقراشی پاشا ۱۰۶
نهاوندی، هوشنگ ۵۵, ۹۹, ۵۰۸, ۵۱۸, ۵۶۴, ۵۶۶, ۶۳۸, ۶۴۲, ۶۸۰, ۶۸۷, ۷۰۵, ۷۱۰, ۷۵۰, ۷۵۲, ۷۷۹
نهرو، پاندیت ۲۰۵
نواب، حسین ۲۴۱
نُواک، کیم ۱۹۹
نوری، آیت‌الله علامه ۶۹۹, ۷۰۰
نوری سعید پاشا ۳۵۵, ۴۲۱
نوری، میرزا آقاخان ۳۶, ۳۷, ۳۸
نوریه‌گا، ژنرال مانوئل ۸۱۷, ۸۱۹
نوش آفرین ۱۶, ۱۷, ۱۸, ۲۱
نویسی، سرهنگ یزدان ۷, ۷۷۷, ۷۸۱, ۸۲۱
نیکخواه، پرویز ۵۲۷
نیکسون، ریچارد ۱۹۹, ۳۳۳, ۵۵۱, ۵۹۲, ۶۳۴, ۶۳۵, ۸۰۱, ۸۳۱
نیکلای دوم ۱۳۷, ۷۶۷
نیک‌نژند، مرتضی ۵۱۱
نیما ۷۴, ۶۹۹

هـ

هاریمان، آورل ۲۰۱, ۲۳۷, ۲۳۸, ۲۳۹, ۴۱۳, ۴۱۴
هدایت، صادق ۷۳
هدایت، عبدالله ۳۰۸
هدایت، مخبرالسلطنه ۷۶, ۱۰۰
هدایت، نصرالملک ۲۹۹
هدایتی، محمدعلی ۲۱۰
هدایتی، هادی ۷, ۵۰۳
هرست، راندلف ۱۹۹
هژیر، عبدالحسین ۲۱۶, ۲۲۲, ۲۳۷
همایون، داریوش ۳۶۰
همایونفر، عزت‌الله ۲۹۳
همدانی، ناصرالملک (نایب‌السلطنه احمدشاه) ۳۲, ۳۳, ۴۳, ۳۹۸
هندرسن، ۲۴۴, ۲۶۸, ۲۷۶, ۲۸۳, ۲۸۴, ۲۸۵, ۳۰۵, ۳۱۰, ۳۳۴
هندی، آقا نور ۴۴۲
هوور، هربرت. جی. ۳۲۵
هویدا، امیرعباس ۹۰, ۹۱, ۱۴۲, ۱۸۲, ۲۱۷, ۲۴۵, ۳۵۲, ۳۵۸, ۳۶۱, ۳۶۲, ۳۷۲, ۳۹۳, ۴۰۹, ۴۶۲, ۴۶۶, ۴۸۷, ۵۰۳, ۵۰۷, ۵۱۲, ۵۱۳, ۵۱۴, ۵۱۵, ۵۱۶, ۵۱۷, ۵۱۸, ۵۲۲, ۵۲۳, ۵۲۶, ۵۲۸, ۵۳۵, ۵۴۲, ۵۴۹, ۵۵۰, ۵۵۲, ۵۶۷, ۵۷۹, ۵۹۹, ۶۰۰, ۶۰۳, ۶۰۴, ۶۱۵, ۶۱۶, ۶۱۷, ۶۱۸, ۶۱۹, ۶۲۰, ۶۲۴, ۶۲۵, ۶۲۶, ۶۲۷, ۶۳۷, ۶۴۲, ۶۹۲, ۶۹۵, ۶۹۶, ۷۵۱, ۷۵۲, ۷۵۳, ۷۵۴
هویزر، ژنرال رابرت ۷۷۵, ۷۷۶
هیتلر، آدولف ۱۰۸, ۱۱۷, ۱۱۸, ۷۷۱
هیکل، محمد حسنین ۴۴۸, ۴۵۴

و

وارسته، محمدعلی ۷۵۵
واگنر، رابرت ۲۰۱
والاس، مایک ۵۸۰
والانتینو ۳۹۳, ۵۴۷, ۷۷۸
والترز، ورنن ۲۳۸, ۲۳۹, ۲۴۳, ۲۴۶, ۸۱۲
والدهایم، کورت ۳۶۸, ۳۷۲, ۳۷۳
وانس، سیروس ۷۷۶
وثوق، حسن (وثوق‌الدوله) ۷۲, ۱۶۸
ودیعی، کاظم ۳۹۱, ۳۹۲, ۶۶۴, ۷۳۱
ورشیلف، مارشال ۱۵۲
وکیل، مهدی ۵۱۲
وکیلی، توران ۷
وهمن، فریدون ۳۶
وودهاوز ۲۶۹
ویشینسکی، آندره ۱۵۹, ۱۶۴, ۳۹۸
ویکتوریا، ملکه ۶۳, ۵۸۴
ویلماره، پییِر دو ۷

ی

یاسائی ۶۰
یاسمی، رشید ۹۷
یحیی پاشا ۹۷, ۹۸
یزدان پناه فریدون ۷
یزدان‌پناه، مرتضی ۱۰, ۱۴, ۱۴۰, ۱۰۵, ۲۱۰, ۲۷۳, ۴۱۶, ۴۱۷, ۵۲۱, ۵۲۶, ۵۲۹, ۵۳۱
یزدی، ابراهیم ۷۰۷, ۷۰۸, ۷۱۰, ۷۱۳, ۷۱۴
یزدی، مرتضی ۱۶۷
یگانه، ناصر ۵۱۲, ۷۵۳

فهرست منابع فارسی*

- ابتهاج، ابوالحسن. خاطرات، دو جلد، لندن ۱۹۹۱
- اسکندری، ایرج. خاطرات سیاسی، سه جلد، به اهتمام بابک امیر خسروی فریدون آذرنور، ناشر، جنبش توده‌ای‌های مبارز انفصالی، ۱۳۶۶
- انتظام، نصرالله. خاطرات، تهران - سازمان اسناد ملّی، ۱۹۹۹.
- اسناد سفارت امریکا در تهران. ۴۰ جلد.
- امیر خسروی، بابک - حیدریان، محسن. مهاجرت سوسیالیستی و سرنوشت ایرانیان، مهاجرین حزب کمونیست ایران، فرقه دموکرات آذربایجان حزب توده ایران، سازمان فدائیان اکثریت، پیام امروز، تهران.
- الموتی، دکتر مصطفی. بازیگران سیاسی، هفت جلد، لندن، پگاه.
- اسلامیه، مصطفی. فولاد قلب، زندگی‌نامه سیاسی دکتر محمد مصدق. نیلوفر، تهران ۱۳۸۱.
- افشار، ایرج. مصدق و مسائل حقوق و سیاست، تهران، زمینه، ۱۳۵۸ (مجموعه‌ای است از یادداشت‌ها و نوشته‌های دکتر محمد مصدق).
- امینی، ایرج. بر بال بحران، زندگی سیاسی علی امینی (مشتمل بر یادداشت‌ها و خاطرات ایشان)، نشر ماهی، تهران ۲۰۱۰
- امینی، ناصر. روزها و سال‌ها، خاطرات. آبنوس، پاریس، ۲۰۰۰
- اباصلتی، پری و میرهاشم هوشنگ. اردشیر زاهدی و رازهای ناگفته، انتشارات راه زندگی، لس‌آنجلس، ۲۰۰۲
- اندرمانی زاده، جلال‌الدین. زاهدی‌ها در تکاپوی قدرت، مجموعه تاریخ معاصر ایران، تهران ۱۳۷۷
- انصاری، احمد. من و خاندان پهلوی، تهران، انتشارات توکا، ۱۹۹۲
- افشار، دکتر امیراصلان. خاطرات، نشر فرهنگ، مونترال ۲۰۱۲
- بشیری، سیاوس. آذر آذربایگان، انتشارات پرنگ، پاریس ۱۹۸۴. آیا مصدق قاتل بود؟. قصه ساواک، پرنگ، لوالوآ، ۱۹۸۷. هشدارهای ناشنیده، زرتشت ۱۹۸۱ (دو جلد). دوباره بخوانیم، انتشارات پرنگ ۱۹۸۸. توفان در ۵۷، دو جلد انتشارات پرنگ لوالوآ، ۱۹۸۵. شاهنشاه، پرنگ، لوالوا ۱۹۸۰. سایه‌ای از سردار، زندگی‌نامه سیاسی اعلیحضرت رضاشاه کبیر، پرنگ لوالوا ۱۹۹۱.

*- تاریخ انتشار را چنان که در کتب مذکور است، آورده‌ایم که گاه به تاریخ خورشیدی و گاه به تاریخ میلادی است.

*- در این فهرست به کتاب‌ها اکتفا شده، برای مقالات مراجعه شود به حواشی.

- بهبودی، سلیمان. خاطرات، طرح نو، تهران
- بزرگمهر، سرهنگ جلیل. مصدق در محکمه نظامی، دو مجلد، تهران، نشر تاریخ ایران، ۱۳۶۳ (تجدید چاپ شرکت کتاب، لس‌آنجلس)
- بروجردی، حسین. پشت پرده‌های انقلاب اسلامی به کوشش و ویرایش بهرام چوبینه، انتشارات نیما، آلمان، ۲۰۰۲
- بختیار، شاپور. سی و هفت روز پس از سی و هفت سال، انتشارات رادیو ایران، پاریس
- پیمائی، نادر. رضاشاه از آلاشت تا ژوهانسبورگ، چاپ دوم، لس‌آنجلس، ۲۰۰۴
- پیمائی، نادر. محمدرضا شاه پهلوی و بازیگران دوران سلطنت او، واشنگتن ۲۰۰۵
- پیرنیا، منصوره و پیرنیا داریوش. اردشیر زاهدی فرزند توفان، انتشارات مهر ایران، پوتوماک، ۲۰۰۵
- پهلوی، محمدرضا. مأموریت برای وطنم. انتشارات پرنگ لوالوا ۱۹۸۷
- پیراسته، مهدی. آخوندشناسی (مشتمل بر خاطرات سیاسی) دو جلد، آرش، استکهلم، ۲۰۰۵
- ثابتی، پرویز. در دامگه حادثه (خاطرات) در گفتگو با عرفان قانعی‌فرد، لس‌آنجلس، شرکت کتاب ۲۰۱۲
- جهانشاهلو افشار، دکتر نصرت‌الله. ما و بیگانگان، خاطرات. شرکت کتاب، لوس‌آنجلس.
- چوبینه، دکتر بهرام. دکتر محمد مصدق و بهائیان، شرکت کتاب، لس‌آنجلس ۲۰۰۹
- حجتی، عبدالمجید، مصدق، مرد سال، مرد سده، مرد هزاره‌ها، تهران، سیمای فرهنگ ۱۳۸۴
- خشایار، دکتر هـ. از آموزگار تا خمینی، انتشارات آرمانخواه، آلمان.
- خامه‌ای، دکتر انور، پنجاه نفر و سه نفر، انتشارات هفته، تهران
- خامه‌ای، دکتر انور، فرصت بزرگ از دست رفته، انتشارات هفته، تهران - ۱۳۶۳
- دوانی، حجت‌الاسلام علی. تاریخ نهضت روحانیت ایران، بنیاد فرهنگی امام رضا، تهران، ۷ جلد
- زند فرد، دکتر فریدون. خاطرات خدمت در وزارت امورخارجه، پیمان دیپلماسی نوین ایران، تهران، نشر آبی، ۲۰۰۵
- زند فرد، دکتر فریدون. ایران و جهانی پر تلاطم، شیرازه، تهران، بدون تاریخ
- روحانی، فؤاد. زندگی سیاسی مصدق در متن نهضت ملی ایران، انتشارات نهضت مقاومت ملی ایران، پاریس ۱۳۶۶
- روشنگر، دکتر... کوروش بزرگ و محمدابن عبدالله، انتشارات پارس، سانفرانسیسکو، ۱۹۹۰
- رضایی، محسن. تاکتیک‌ها و تکنیک‌های انقلاب، نشریه سپاه پاسداران تهران ۱۹۸۲
- سالمی، دکتر محمدحسن، تاریخ نهضت ملی شدن صنعت نفت ایران از نگاهی دیگر، تهران مرکز اسناد انقلاب اسلامی، ۱۳۸۸

- سـالمی، دکتر محمدحسـن. یاد باد، گوشه‌هایی از خاطرات محمدحسـن سالمی، اسکاتزدل (آریزونا) ۲۰۱۲
- سماکار، عباس. من یک شورشی هستم (خاطرات)، شرکت کتاب، لس‌آنجلس ۲۰۰۱
- سمیعی، شیرین. در خلوت مصدق، لس‌آنجلس، شرکت کتاب ۲۰۰۶
- سمیعی، شیرین. شاهنشاه، لس‌آنجلس، شرکت کتاب ۲۰۰۸
- سنجر، دکتر حسین. شاهزاده محبوب من، لس‌آنجلس ۲۰۰۲
- شمشـیری، مهدی. راه‌آهن سرتاسـری ایران، رضاشـاه بزرگ و محمد مصدق، نشر.. به‌پارس، هوستون تگزاس ۱۳۸۴
- شمشیری، مهدی. گفته نشده‌ها درباره روح‌الله خمینی، پارس، تگزارس، ۲۰۰۲
- شمیم، علی اصغر. تاریخ ایران از زمان قاجاریه، علمی، تهران، ۱۹۹۰.
- شفا، شجاع‌الدین. جنایت و مکافات، سه جلد، پاریس، ۱۳۶۳
- شوکت، حمید. در تیررس حادثه، زندگی سیاسی قوام‌السلطنه، تهران، اختران، ۱۳۸۵
- شهبازی، شاپور. کوروش بزرگ، انتشارات دانشگاه پهلوی، شیراز، ۱۳۴۹
- صدر، محسن. خاطرات صدرالاشراف، انتشارات وحید، تهران ۱۳۶۴
- صادق، صادق. مستشارالدوله، یادداشت‌های تاریخی، انتشارات فردوسی، تهران، ۱۳۶۱
- صدر، حمید. در آینه ۳۷ روز، پاریس، ۱۹۹۰
- صفائی، ابراهیم. اشتباه بزرگ ملی شدن نفت، تهران، کتاب‌سرا ۱۳۷۱
- صفائی، ابراهیم. زندگی‌نامه سپهبد زاهدی، تهران، علمی، ۱۳۷۳
- عدل، دکتر پرویز. خانه ما در فیشرآباد، خاطرات پراکنده، شرکت کتاب، لس‌آنجلس، ۲۰۰۴
- علم. خاطرات علم، ۶ جلد.
- عسگری، نورمحمد. شاه- مصدق- سپهبد زاهدی، آرش، استکهلم.
- غنی، دکتر قاسم. یادداشت‌ها، دوازده جلد، به همت دکتر سیروس غنی، لندن ۱۹۸۰ - ۱۹۸۴، ایتاکا Itaka.
- فاتح، مصطفی. پنجاه سال نفت ایران، چاپ دوم، تهران، پیام ۱۳۵۸
- قشقایی، محمد ناصر. خاطرات، سال‌های بحران، تهران، موسسه خدمات فرهنگی رضا، ۱۳۶۶
- کشاورز، دکتر فریدون. من متهم می‌کنم، کمیته مرکزی حزب توده را، تهران، دسامبر ۱۹۷۸، بدون نام ناشر
- معتمدی، مهندس احمد، تاریخ بی‌سیم و رادیو در ایران، لس‌آنجلس، کلبه کتاب، ۲۰۰۹
- مفتاح، عبدالحسین. ایران پل پیروزی جنگ جهانی دوم، لندن، انتشارات مرد امروز، ۱۹۸۴
- مفتاح، عبدالحسین. راستی بیرنگ است، انتشارات پَرنگ لوا لوا ۱۹۸۴

- ملکی، احمد. تاریخچه جبهه ملی، چرا جبهه ملی تشکیل شد؟ چگونه جبهه ملی منحل گردید؟، آرش، استکهلم، ۲۰۰۵
- متینی، دکتر جلال. نگاهی به کارنامه سیاسی دکتر محمد مصدق. شرکت کتاب، لس‌آنجلس ۲۰۰۵
- مصدق، محمد. خاطرات و تألمات، چاپ هفتم، تهران، علمی
- مصدق، دکتر غلامحسین. در کنار پدرم، خاطرات دکتر غلامحسین مصدق، موسسه خدمات فرهنگی رضا
- میرفطروس، دکتر علی. برخی منظره‌ها و مناظره‌های فکری در ایران امروز، نشر فرهنگ کانادا، چاپ دوم، ۲۰۰۵
- میرفطروس، دکتر علی. دکتر محمد مصدق، آسیب شناسی یک شکست، چاپ سوم، نشر فرهنگ ۲۰۱۱
- موحد، دکتر محمدعلی. خواب آشفته نفت، دکتر مصدق و نهضت ملی ایران، ۲ جلد، تهران، ۱۳۷۸
- موسوی، حسین. یادنامه‌ها... خاطرات سیاسی، کُلن ۲۰۰۴
- وهمن، دکتر فریدون. صد و شصت سال مبارزه با آیین بهایی در ایران، نشر باران، سوئد ۲۰۱۰
- ودیعی، دکتر کاظم. شاهد زمان (خاطرات سیاسی) دو جلد پاریس، دایره مینا ۲۰۰۷
- هدایت، حاج مخبرالسلطنه. خاطرات و خطرات، تهران زوّار، چاپ سوم
- همایونفر، دکتر عزت‌الله. از سپاهیگری تا ستمداری، زندگی‌نامه سپهبد فضل‌الله زاهدی، ژنو، ۱۹۷۷
- همایون، داریوش. دیروز و فردا، بدون نام ناشر، ایالات متحده، ۱۹۸۱
- یزدی، دکتر ابراهیم. آخرین تلاش‌ها در آخرین روزها، قلم، تهران ۱۳۶۳